金剛三昧經了解
금강삼매경요해

금강삼매경요해

초판인쇄   2018년   4월 20일
초판발행   2018년   4월 30일
교정인쇄   2020년   7월 25일

저   자 세웅스님
펴 낸 이 소광호
펴 낸 곳 관음출판사

주   소 08730 서울시 관악구 봉천동 1000번지 관악현대상가 지하1층 20호
전   화 02) 921-8434, 929-3470
팩   스 02) 929-3470
홈페이지 www.gubook.co.kr
E - mail gubooks@naver.com

등   록 1993. 4.8 제1-1504호
ⓒ 관음출판사 1993

정가 70,000원

金剛三昧經了解
금강삼매경요해

이 경(經)은
제불지혜상무상경(諸佛智慧上無上經)이며,
여래결정성(如來結定性)인
불성(佛性),
인(印)을 드러내는
일각요의(一覺了義)의 설(說)이니,
이는,
일미진실(一味眞實)
무상무생(無相無生)
결정실제(結定實際)
본각이행(本覺利行)이다.

 관음출판사

차례

인연사(因緣事) • 14

경(經)을 열며 • 20

○ 일러두기 • 24

본문 및 요해(了解) 찾기

1. 서품(序品) • 30

2. 무상법품(無相法品) • 36

3. 무생행품(無生行品) • 58

4. 본각리품(本覺利品) • 72

5. 입실제품(入實際品) • 90

6. 진성공품(眞性空品) • 116

7. 여래장품(如來藏品) • 133

8. 총지품(摠持品) • 153

9. 유통품(流通品) • 175

금강삼매경 요해(了解)

1. 서품(序品) • 184

- 일미진실(一味眞實) • 187
  - 무상무생(無相無生)
  - 결정실제(決定實際)
  - 본각리행(本覺利行)
- 금강삼매(金剛三昧) • 191
- 의(義) • 194

2. 무상법품(無相法品) • 201

- 결정성(決定性) • 202
- 일각요의(一覺了義) • 204
- 난해난입(難解難入) • 206
- 일각(一覺) • 207

● 12인연법(十二因緣法) • 225
  ○ 12인연(十二因緣)의 순관(順觀)
  ○ 12인연(十二因緣)의 역관(逆觀)
  ○ 12인연(十二因緣)의 멸순관(滅順觀)
  ○ 12인연(十二因緣)의 역멸관(逆滅觀)
  ○ 12인연(十二因緣)과 제식(諸識)과의 관계
  ○ 12인연(十二因緣)과 제식(諸識)의 작용
  ○ 3세(三世) 윤회(輪廻)와 12인연(十二因緣)의 관계
  ○ 12인연(十二因緣)과 깨달음의 관계

● 생관(生觀)과 멸관(滅觀) • 235

● 유(有)와 무(無) • 240

● 여래장(如來藏) • 252

● 여래장(如來藏)의 적멸(寂滅) • 258

● 돈오(頓悟)와 돈각(頓覺) • 261

● 이(理) • 274

● 심왕(心王) • 276

● 식(識)의 전변세계(轉變世界) • 280

● 무심(無心)의 차별세계 • 294

● 무생(無生)과 열반(涅槃) • 318

3. 무생행품(無生行品) • 325

- 무생법인(無生法忍)과 무생법인(無生法印) • 327
- 인지무생(忍智無生)과 인지무생(印智無生) • 341
- 결정성(結定性) • 350
- 불무생(不無生)과 무생(無生) • 357
- 연기비생(緣起非生) 연사비멸(緣謝非滅) • 360
- 시각(始覺)과 본각(本覺) • 379
- 적멸심(寂滅心)과 무생심(無生心) • 399
- 무상총지(無相摠持) • 403
- 선(禪) • 405
- 선(禪)의 성품 • 407
- 무생반야바라밀(無生般若波羅蜜) • 409

4. 본각리품(本覺利品) • 415

- 전변(轉變) • 419
- 일각(一覺) • 421
- 8종식(八種識) • 425
- 공(空)과 불공(不空) • 454

- 각(覺) • 460

- 4종불지(四種佛智) • 468
  - 기지청정 여정유리(其地淸淨 如淨琉璃)
  - 성상평등 여피대지(性常平等 如彼大地)
  - 각묘관찰 여혜일광(覺妙觀察 如慧日光)
  - 이성득본 여대법우(利性得本 如大法雨)

- 4홍지(四弘智) • 470

- 2종(二種)의 지혜 • 482

- 이(利) • 484

- 열반(涅槃)과 보리(菩提)와 진여(眞如)의 관계 • 488

- 각(覺)의 뜻 • 496

- 12인연법 무명(無明)과 8식 함장식(含藏識)과
  불승(佛乘) 지혜성품과 9식 암마라식의 관계 • 505

- 결정성(結定性)의 이해 • 522

5. 입실제품(入實際品) • 527

- 무결정성(無決定性) • 531

- 결정성(結定性)과 무결정성(無結定性)과 결정무생(結
  定無生)과 무생성(無生性)과 공(空)과 인(印) • 532

- 범성지지 이능측은(凡聖之智 而能測隱) • 533

● 보살의 지혜세계 • 535

● 승(乘)의 차별세계 • 538

● 공무공상(空無空相) • 545

● 3공(三空) • 549
　○ 공상역공(空相亦空)
　○ 공공역공(空空亦空)
　○ 소공역공(所空亦空)

● 2입(二入) • 560
　○ 이입(理入)
　○ 행입(行入)

● 의무여고(義無如故)와 여고(如故) • 569

● 여(如)의 이해 • 571

● 연연공공(緣緣空空) • 585

● 6행(六行) • 590

● 이(利)의 이해 • 597

● 3해탈법(三解脫法) • 605
　○ 허공해탈(虛空解脫)
　○ 금강해탈(金剛解脫)
　○ 반야해탈(般若解脫)

● 깨달음의 세계 • 608

- 8식해징 9식유정(八識海澄 九識流淨) • 627
- 3공(三空)과 3해탈(三解脫)의 관계 • 636
- 3신불(三身佛) • 641
  - 여래장불(如來藏佛)
  - 과족만덕불(果足滿德佛)
  - 형상불(形像佛)

6. 진성공품(眞性空品) • 649

- 4대연(四大緣) • 651
  - 섭률의계(攝律儀戒)
  - 섭선법계(攝善法戒)
  - 섭중생계(攝衆生戒)
  - 순어여주(順於如住)
- 대력관(大力觀) • 657
- 각관(覺觀) • 658
- 37도품법(三十七道品法) • 665
- 불법(佛法)의 중도(中道) • 673
- 여(如)의 결정성(結定性) • 680
- 여래(如來)에 이르는 5등위(五等位) • 682
  - 신위(信位): 대승(大乘)
  - 사위(思位): 일승(一乘)

○ 수위(修位): 일불승(一佛乘)

○ 행위(行位): 불승(佛乘)

○ 사위(捨位): 여래(如來)

● 여(如) • 699

● 4선(四禪) • 706

7. 여래장품(如來藏品) • 719

● 3행(三行) • 727

○ 수사취행(隨事取行)

○ 수식취행(隨識取行)

○ 수여취행(隨如取行)

● 여각수순3행(如覺隨順三行) • 730

● 여래장(如來藏) • 731

● 3종(三種)의 공견(空見) • 732

○ 범부공견(凡夫空見)

○ 보살공견(菩薩空見)

○ 여래공견(如來空見)

● 4종대지(四種大智) • 741

○ 정지(定智)

○ 부정지(不定智)

○ 열반지(涅槃智)

　　　　○ 구경지(究竟智)

● 불각(佛覺)을 향한 깨달음의 지혜세계 • 746
　　　　○ 깨달음 승(乘)의 단계
　　　　○ 소승(小乘)의 지혜성품
　　　　○ 대승(大乘)의 지혜성품
　　　　○ 일승(一乘)의 지혜성품
　　　　○ 일불승(一佛乘)의 지혜성품
　　　　○ 불승(佛乘)의 지혜성품
　　　　○ 승(乘)의 12인연(十二因緣) 소멸의 증입처
　　　　○ 승(乘)과 5지(五智)와 관계

● 3삼매(三三昧) • 782
　　　　○ 공삼매(空三昧)
　　　　○ 무상삼매(無相三昧)
　　　　○ 무작삼매(無作三昧)

● 3해탈(三解脫)과 3삼매(三三昧)의 관계 • 783

● 대(大), 의(義), 과(科) • 787

8. 총지품(總持品) • 809

● 여(如)와 공 · 가 · 중(空 · 假 · 中) • 823

● 무자성지혜(無自性智慧)의 차별 • 834

● 지유비실 여양염수(知有非實 如陽焰水) • 850

- 지실비무 여화성생(知實非無 如火性生) • 852
- 의명(義命) • 854
- 3해탈도(三解脫道) 일체무성(一體無性) • 856
- 정(定)과 혜(慧) • 862
- 3대제(三大諦) • 881
- 3대제(三大諦)와 이입(理入)과 행입(行入) • 883
- 불법총섭3문(佛法總攝三門) • 886
- 3무도(三無道) • 888

9. 유통품(流通品) • 908

- 대비심(大悲心)의 염원(念願) • 921

각(覺)의 비밀장(秘密藏) • 925

인연사(因緣事)

어느 날, 천지인(天地人) 축복(祝福) 대광명세상(大光明世上), 축복충만대명대발원(祝福充滿大明大發願) 천지인대명원력(天地人大明願力)의 금강삼매경(金剛三昧經) 요해불사(了解佛事)를 해야겠다는 원력(願力)을 가지게 되었다. 이 경(經)의 측량할 수 없는 무변제(無邊際)의 지혜와 한량없는 수승한 공덕(功德)의 가치가, 천경(千經)의 무상도(無上道)를 통섭(通攝)해 담았고, 만경(萬經)의 무상지(無上智)를 총섭(總攝)해 갖추어, 무상공덕(無上功德) 불가사의 일체총지(一切總持)를 두루 원융원만구족(圓融圓滿具足)한, 부사의 여래장총지(如來藏總智) 원만대해(圓滿大海), 불지혜(佛智慧)의 공덕(功德)을 충만구족(充滿具足)하였기 때문이다.

이 경전(經典)이 전해오는 본문(本文)이 종류에 따라, 서로 미미한 차이가 있음을 알아, 금강삼매경, 대장경(大藏經) 목판본(木版本)을 탁본(拓本)한 고서(古書)를 구해야겠다는 생각을 했다. 금강삼매경(金剛三昧經)은, 여래(如來)의 무상지혜(無上智慧) 무상설(無上說) 중, 불지혜(佛智慧)의 더 없는 최상경(最上經)이므로, 이 경전(經典)을 요해(了解)함에, 본문(本文)이 부족함이 없는 충실한 경(經)이 되도록 노력해야겠다는, 일념을 가지게 되었다. 그리하여, 대장경(大藏經)을 탁본(拓本)한 고서

(古書)를 구하고자 노력하였으나, 고서(古書)를 구할 수가 없었다.

어느 하루, 대구(大邱)에 있는 월인사(月印寺), 혜관(慧關)스님과 월인
사에서 다담(茶談)을 하면서, 내가 요해(了解)한, 원각경요해(圓覺經了
解)를 드리니까, 우연히, 혜관스님이 이런 말을 했다. 자기가 아는 노
장(老長)스님께서, 몇십 년 동안 8만대장경(八萬大藏經)을 혼자, 복원
불사(佛事)를 하시는 스님이 계신다고 하였다. 그 나이에도 컴퓨터를
배워, 경(經) 불사작업을 하시는데, 그 원력과 신심이 놀랍다고 하였
다. 나는 그 말을 들으며, 세상에 그런 분도 계시구나, 그냥 그렇게,
예사로이 스치는 말로 흘리고 말았다. 그리고 월인사에서 다담(茶談)
을 끝내고, 내 처소로 왔다. 그런데, 법당에서 부처님전에 잠시, 좌
복(坐服)에 앉았는데, 혜관스님이 말한 그 노장(老長)스님이, 신라시
대(新羅時代)의 고승(高僧) 대안대사(大安大師)임을 알았다. 천년(千年)
이 넘은 인연이다. 천년 세월이 넘었어도, 시공(時空)을 넘은 옛정이
그대로 피어올랐다. 이생에서, 다시 만나리라는 생각을 하지 못했
다. 바로 만나고 싶은 생각이 들었으나, 대안스님이 어떤 상황인지
를 모르니, 대안스님을 알고 있는 혜관스님과 함께 가야겠다는 생각

15

에, 혜관스님에게 연락을 했다. 며칠 뒤에 혜관스님과 같이, 천년이
훌쩍 넘은 세월, 옛 대안스님을 찾아갔다. 계시는 곳은, 대구(大邱)에
있는 정토사(淨土寺) 회주 수성(守性)스님이었다. 놀라운 것은, 천년
전이나 지금이나 경전(經典)을 맞추고 작업하는 불사(佛事)는, 천년 세
월이 넘었어도 다름없이 한결같았다. 대안스님 혼자 8만대장경(八萬
大藏經)을 40년 정도 작업하여, 4분의 1을 완성하였다고 하니, 그 정
성(精誠) 일념이, 천년 세월이 넘었어도 오로지, 그 한길의 삶이시다.

금강삼매경, 대장경(大藏經)을 탁본(拓本)한 고서(古書)를, 이리저리
알아보아도 구할 수가 없었다. 어느 하루, 대안스님인 수성스님에
게, 경(經)을 탁본한 원본을 구할 수 없으니, 대장경(大藏經)에서 좀 찾
아 달라고 부탁을 드렸다. 내가 부탁을 하고 이삼일이 지나니까, 대
안스님께서 고려대장경(高麗大藏經) 금강삼매경(金剛三昧經)을 가지고,
내 처소로 찾아오셨다. 며칠 뒤에 대안스님에게 또, 부탁해, 대정신
수대장경(大正新脩大藏經)의 금강삼매경과 고려대장경(高麗大藏經) 원효
(元曉)의 금강삼매경론(金剛三昧經論)도 대안스님에게 얻게 되었다. 그
리고, 속장경(續藏經) 속에 있는, 중국(中國) 명대(明代) 원징(圓澄)의 금
강삼매경주해(金剛三昧經註解)와 중국(中國) 청대(淸代) 주진(誅震)의 금
강삼매경통종기(金剛三昧經通宗記)는, 경주(慶州)에 있는 동국대학교(東
國大學校) 도서관, 고서(古書) 열람실에서 구할 수가 있었다.

이 경(經)이 난해(難解)하고 어려운 것은, 두 가지 이유 때문이다.
하나는, 여래(如來)의 불각(佛覺)을 바로 드러낸, 무상불지(無上佛智)의

수승한 경(經)이므로, 결정성(結定性) 불각(佛覺)을 증득한, 여래지(如來智)에 밝지 못하면, 법(法)을 드러내는 언어(言語)의 경계와 구절(句節)의 뜻과 깊이를 이해하거나, 헤아려 가름하기가 쉽지 않기 때문이다. 두 번째는 경(經)의 내용이, 깨달음에 들어, 불지(佛智)를 수순(隨順)하는 상근지혜(上根智慧)를 위한 설(說)이라, 경구(經句)가 너무 압축(壓縮)되고, 간결하게 축약(縮約)된 글이므로, 여래(如來)의 결정(結定) 성품의 이치에 두루 능히 밝지 못하면, 무상불지(無上佛智)의 부사의 지혜를 압축과 축약으로 드러낸, 경구(經句)의 이치와 뜻을 이해하는데, 한계가 있기 때문이다.

이 경(經)은, 일각요의(一覺了義)의 결정실제(結定實際)인 여래결정성(如來結定性)을 드러내므로, 누구나, 이 경(經)을 가까이할수록 불지혜(佛智慧)가 열리어, 여래결정각(如來結定覺)에 들게 된다. 이 경(經)은, 불지혜(佛智慧) 정각(正覺)의 지혜정안(智慧正眼)과 불각정수(佛覺正修)의 최상경(最上經)이므로, 이 한 권의 경전(經典)을 통해, 천경(千經)의 무상도(無上道)를 깨닫고, 만경(萬經)의 무상지혜(無上智慧)를 얻을 것이다. 그 까닭은, 모든 경(經)의 궁극(窮極)의 도(道)와 무상(無上)의 지혜를 총섭(總攝)하고, 총지(總持)하여 융통(融通)한 결정성(結定性)인, 여래장불지혜(如來藏佛智慧)의 무상총지경(無上總智經)이기 때문이다.

그러므로, 경(經)의 마무리 불설(佛說)에, 이 경(經)은, 여래(如來) 일체지혜(一切智慧)의 바다에 들며, 만약, 중생이 이 경(經)을 지니는 자는, 모든 경(經) 중에 더, 바라거나 구할 것이 없다. 이 경(經)은, 모든 경(經)을 총섭(總攝)해 가졌으며, 모든 경전의 핵심(核心)인 요체(要諦)를 통섭(通攝)하여, 모든 경전의 근본이며 으뜸이므로, 여래(如來)가 거듭 당부하는 것은, 오직, 이 경전(經典)뿐이다. 라고 하셨다. 누구나, 이 경(經)을 가까이할수록, 모든 경(經)을 총섭(總攝)한 불지혜(佛智慧)의 바다에 들어, 무상불지혜(無上佛智慧)를 원만히 성취하며, 무상불각(無上佛覺)인 대각정지(大覺正智)를 밝게 열 것이다.

이 경(經)의 요해(了解)에 있어서, 경전(經典)의 말씀과 구절(句節)을 따라, 두 가지에 주안점(主眼點)을 두었다. 첫째는 성불(成佛)에 이르기까지, 보살지(菩薩智)의 전변지혜(轉變智慧)인 무위지혜(無爲智慧)의 차별에 따른, 승(乘)의 개념(槪念)이 아직, 명확히 정립(正立)되지 않은 것에 대해, 확립(確立)하고자 노력하였다. 둘째는 성불(成佛)에 이르는 식(識)의 전변(轉變) 체계(體系)와 그에 따른 지혜상승 과정에 대해, 정립(正立)하고자 노력하였다. 이러한 역점(力點)의 기반(基盤)은, 수행실증(實證)의 지혜확립이, 기본 바탕이 되었다. 성불(成佛)을 향한 지혜과정에는, 여러 차별경계가 있으므로, 식(識)의 전변(轉變) 과정(過程)인 총체적(總體的) 체계에 대해, 바른 이해와 지혜가 수행에는 참으로 중요하다. 이에 대해 명확히, 지혜전변 과정의 체계적 개념(槪念)도 확립되어 있지 않아, 무상(無上)을 향한 깨달음, 불지혜(佛智慧)의 과정에, 무엇 하나 의지할 곳 없는 수행 속에는, 그에 대해, 자세하고 밀밀한 과정의 지혜가 참으로 절실하다. 이에 대해, 안목(眼目)을 열고자 원력(願力)을 더하며, 그 과정의 실증(實證)을 통한, 명확한 지혜의 법리적(法理的) 개념(槪念)을 확립하고자, 노력하였다.

이 금강삼매경요해(金剛三昧經了解)에서는, 각(各) 대장경(大藏經)에 실린, 금강삼매경의 미미한 차별도 서로 보완하고 대조할 수 있도록, 고려대장경(高麗大藏經)에 실린 금강삼매경과 원효(元曉)의 금강삼매경론(金剛三昧經論)과 대정신수대장경(大正新脩大藏經)에 실린 금강삼매경과 대일본속장경(大日本續藏經) 제35권에 실린 중국(中國) 명대(明代) 원징(圓澄)의 금강삼매경주해(金剛三昧經註解)와 중국(中國) 청대(淸代) 주진(誅震)의 금강삼매경통종기(金剛三昧經通宗記), 이 5종(五種)의 금강삼매경 본문(本文)을 하나로 묶어, 천지인(天地人) 축복(祝福) 대광명세상(大光明世上), 축복충만대명원력(祝福充滿大明願力)의 경불사(經佛事)에, 좀 더 세심한 정성을 더 하고자 노력하였다. 3세(三世) 불법(佛法)의 인연이 깊고 깊어, 이 경(經)을 보는 인연 있는 모든 분들이, 이 경(經)의 인연으로 마음 광명이 열리어, 천경(千經)의 도(道)를 깨닫고, 만경(萬經)의 지혜를 두루 열어, 천지인(天地人) 축복(祝福), 너나 없는 한생명 세상, 대광명(大光明) 행복세상을 여는, 모두의 평화와 행복의 삶을 축복하는, 일불(一佛) 광명(光明)의 삶이시기를 축원합니다.

천지인 축복 대광명세상을 발원하며
불국정토 세웅(世雄) 축원

19

경(經)을 열며

금강삼매경은, 여래장(如來藏) 불성(佛性)의 공덕대해(功德大海)이다. 여래장 진성(眞性) 물결이 출렁이는, 여(如)의 시방(十方) 청정원융 여래장 큰 바다에, 부처님의 지혜광명을 따라, 여래(如來)의 결정성(結定性) 인(印)을 찾도록, 여래장 공덕성품의 이름을 가진, 중생구제 대원력(大願力)의 다섯 보살과 세 비구와 한 장자가, 여래장대해(如來藏大海)의 한 품씩을 맡아, 무생반야선(無生般若船)의 뱃사공이 되어, 모든 심성(心性)들이, 여래(如來)의 결정성(結定性)인 인(印)을 찾도록, 여래(如來)의 지혜에 의지(依支)해 이끌며, 도와주고 있다.

경(經)의 서품(序品)을 여는 아가타(阿伽陀)는, 때 묻음 없음과 멸죄(滅罪), 무병(無病), 불사약(不死藥) 등의 뜻을 가진 이름이니, 중생구제를 위한 명호로써, 과연 금강삼매경의 서품을 여는, 충분한 공덕을 가진 인연사의 이름이다. 아가타(阿伽陀)의 이름은 여래장 성품의 공능(功能)이니, 금강삼매에 든 심신부동(心身不動)인 부처님을, 삼매(三昧)에서 나오게 하시어, 금강삼매경의 서품장(序品章)의 문(門)을 연다. 아가타의 공덕으로 금강삼매경에 드는 모든 생명은, 때 묻음 없을 것이며, 일체 심식(心識)에 얽매인 병(病)뿐만 아니라, 생사(生死)를

20

벗어나는, 불사(不死)의 경지에 들 것이다.

해탈보살(解脫菩薩)이, 여래장 큰 공덕대해(功德大海) 무상법품(無相法品)을 맡아, 모든 심성(心性)들을, 여래장 무상(無相)의 세계로 인도한다. 해탈보살이 무상법품의 인도자가 된 것은, 불성(佛性) 여래장 무상법(無相法)에 들려면, 일체 식(識)과 지혜까지도 벗어난, 무상해탈(無相解脫)을 해야 하기 때문이다. 그러므로, 해탈보살이 무상법품의 뱃사공이 되어, 모두를, 불성(佛性) 여래장 무상법(無相法)으로 인도하여, 일체 식(識)과 지혜까지도 벗어난, 여래장 해탈세계로 인도한다.

심왕보살(心王菩薩)이, 여래장 큰 공덕대해(功德大海) 무생행품(無生行品)을 맡아, 모든 심성(心性)들을, 무생행(無生行)의 세계로 인도한다. 심왕보살이 무생행품의 인도자가 된 것은, 불성(佛性) 여래장 무생행(無生行)에 들려면, 일체 식(識)을 벗어난, 심왕(心王)이어야 하기 때문이다. 그러므로, 심왕보살이 무생행품의 뱃사공이 되어, 모두를, 불성(佛性) 여래장 무생행(無生行)인, 심왕(心王)의 세계로 인도한다.

무주보살(無住菩薩)이, 여래장 큰 공덕대해(功德大海) 본각리품(本覺利品)을 맡아, 모든 심성(心性)들을, 본각(本覺)의 세계로 인도한다. 무주보살이 본각리품의 인도자가 된 것은, 불성(佛性) 여래장 본각(本覺)에 들려면, 일체 상(相)과 지혜에도 머묾 없는, 무주(無住)의 성품에 들어야 하기 때문이다. 그러므로, 무주보살이 본각리품의 뱃사공이 되어, 모두를, 일체 상(相)과 지혜까지도 끊어진, 여래장 본각대해(本覺大海), 무주(無住)의 성품세계로 인도한다.

대력보살(大力菩薩)이, 여래장 큰 공덕대해(功德大海) 입실제품(入實際品)을 맡아, 모든 심성(心性)들을, 여래장 실제(實際)세계로 인도한다. 대력보살이 입실제품의 인도자가 된 것은, 불성(佛性) 여래장 실제(實際)에 들려면, 각(覺)의 무상대력(無相大力)이 있어야 하기 때문이다. 그러므로, 대력보살이 입실제품의 뱃사공이 되어, 모두를, 불성(佛性) 여래장(如來藏), 각(覺)의 무상대력(無相大力) 무상공덕(無相功德)인 참 성품, 실제(實際)의 세계로 인도한다.

사리불(舍利弗)이, 여래장 큰 공덕대해(功德大海) 진성공품(眞性空品)을 맡아, 모든 심성(心性)들을, 여래장 진성(眞性)세계로 인도한다. 사리불이 진성공품의 인도자가 된 것은, 불성(佛性) 여래장 진성(眞性)인 진공(眞空)에 들려면, 일체(一切) 상(相)이 없는, 지혜가 밝아야 하기 때문이다. 그러므로, 지혜 제일인 사리불이, 진성공품의 뱃사공이 되어, 모두를, 일체(一切) 상(法)이 없는, 불성(佛性) 여래장 진성(眞性)인, 진공(眞空)의 세계로 인도한다.

범행장자(梵行長者)가, 여래장 큰 공덕대해(功德大海) 여래장품(如來藏品)을 맡아, 모든 심성(心性)들을, 여래장세계로 인도한다. 범행장자가 여래장품의 인도자가 된 것은, 불성(佛性) 여래장에 들려면, 생(生)이 없는 무생청정행(無生淸淨行)에 들어야 하기 때문이다. 그러므로, 범행장자가 여래장품의 뱃사공이 되어, 모두를, 불성(佛性) 여래장 청정성품, 무생(無生) 결정성(結定性)의 세계로 인도한다.

지장보살(地藏菩薩)이, 여래장 큰 공덕대해(功德大海) 총지품(摠持品)

을 맡아, 모든 심성(心性)들을, 불성(佛性) 여래장 공덕총지(功德總持)의 세계로 인도한다. 지장보살이, 여래장 총지품의 인도자가 된 것은, 지장(地藏)의 명호가 곧, 본지본성(本地本性)인 여래장(如來藏)이니, 지장보살이 총지품의 뱃사공이 되어, 모두를, 불성(佛性) 여래장 공덕총지(功德總持)의 세계로 인도한다.

아난(阿難)의 이름이 무염(無染), 환희(歡喜), 경희(慶喜)이니, 경(經)의 마무리에, 불성(佛性) 여래장 큰 공덕바다 유통품(流通品)을 맡아, 미래제(未來際)의 모든 심성(心性)들에 이르기까지, 여래장 공덕대해, 불지혜(佛智慧)의 유통(流通)을 위해, 경명(經名)을 물어, 경(經)의 특성을 요약하여 이름하고, 모든 심성(心性)들이 경(經)을 수지(受持)하여, 제불(諸佛)의 지혜광명인 무염(無染), 환희(歡喜)에 들도록, 광대무변한 지혜를 모두, 경명(經名)에 수용하여 유통하게 끝맺음을 한다.

불성(佛性), 여래장(如來藏) 공덕대해(功德大海)가 곧, 청정 본성(本性)의 성품이니, 각 품의 뱃사공이, 상구보리(上求菩提) 하화중생(下化衆生)을 실천하는, 자기(自己) 성품의 이름이다. 불설(佛說)을 따라 사유(思惟)하며, 여래장 공덕세계로 인도하는 뱃사공을 따라가다 보면, 불성(佛性) 여래장 진성대해(眞性大海), 일체총지(一切總持)의 보물(寶物), 여래(如來)의 결정성(結定性) 인(印)을 얻어, 불(佛)을 성취한다. 인(印)이 곧, 여래결정각(如來結定覺)인 여래장(如來藏) 법계인(法界印)이다.

일러두기

본(本)
금강삼매경요해(金剛三昧經了解)의
경(經) 본문(本文)은
고려대장경(高麗大藏經)의
금강삼매경(金剛三昧經)을 주본(主本)으로 하여
금강삼매경(金剛三昧經) 5종(五種)의 경(經) 본문(本文)을
하나로 묶었다.

하나로 묶은
5종(五種)의 경(經) 본문(本文)은
고려대장경(高麗大藏經)의
금강삼매경(金剛三昧經) 본문(本文),

신라(新羅) 원효(元曉)의
금강삼매경론(金剛三昧經論) 경(經) 본문(本文),

일본(日本)
대정신수대장경(大正新脩大藏經)에 실린

금강삼매경(金剛三昧經) 본문(本文),

일본(日本) 卍속장경(卍續藏經)
제35권 No651에 실린
중국(中國) 명대(明代) 원징(圓澄)의
금강삼매경주해(金剛三昧經註解) 경(經) 본문(本文),

제35권 No652에 실린
중국(中國) 청대(淸代) 주진(誅震)의
금강삼매경통종기(金剛三昧經通宗記) 경(經) 본문(本文),

5종(五種)의 경(經) 본문(本文)을 하나로 묶어
함께 실었다.

고려대장경의 금강삼매경을 주본(主本)으로 하여
경(經) 본문(本文)이 서로 다른 부분은 별도 표시를 하였다.

별도 표시 내용은 다음과 같다.

[高:], [고:], 고(高)
고려대장경(高麗大藏經)의 경(經) 본문(本文)이다.

[論:], [논:], 논(論)
금강삼매경론(金剛三昧經論)의 경(經) 본문(本文)이다.

[大:], [대:], 대(大)
대정신수대장경(大正新脩大藏經)의 경(經) 본문(本文)이다.

[續1:], [속1:], 속1(續1)
卍속장경(卍續藏經) 제35권 No651
금강삼매경주해(金剛三昧經註解)의 경(經) 본문(本文)이다.

[續2:], [속2:], 속2(續2)
卍속장경(卍續藏經) 제35권 No652
금강삼매경통종기(金剛三昧經通宗記)의 경(經) 본문(本文)이다.

기본 주본(主本)인
고려대장경 본문(本文)과 다른 부분 중
서로 같은 부분은 [論:大:續1,2] [논:대:속1,2] 등과 같이
함께 묶어 표기하였다.

□ 본(本) 경(經)의 뜻을 살핌과 이해를 돕고자
경(經)을 510구절(句節)로 나누어 요해(了解) 하였다.

□ 경(經) 중에 결정(決定), 결정성(決定性)과 요해(了解)의 해설 중, 결정(結定), 결정성(結定性)은, 본(本) 금강삼매경요해(金剛三昧經了解)에서는, 동일성품으로 규정(規定)하여 같이 사용한다. 결정성(決定性)과 결정성(結定性)이, 두 글이 의미하는바 뜻이 다를 수가 있으나, 이 요해(了解)에서는, 경(經)의 뜻과 내용상, 결정성(決定性)이 결정성(結定性)이란 결론(決論)의 차원에서, 서로 다름없는 성품으로 간주(看做)하여 혼용(混用)하며, 같이 사용함을 일러둔다.

□ 요해 찾기에, 요해구절(了解句節) 번호 뒤에 [123] 등의 숫자는 요해 찾기 페이지 번호이다.

金剛三昧經了解
금강삼매경요해

본문 및 요해 찾기

金剛三昧經 序品 第一
금강삼매경 서품 제일

○ 1[184] 경(經)을 열다.

如是我聞
여 시 아 문

이와 같이, 나는 들었다.

○ 2[184] 부처님께서, 대아라한(大阿羅漢)들 1만인(一萬人)과 함께하셨다.

一時 佛 在王舍大城 耆闍崛山中 與大比丘衆一萬人俱
일시 불 재왕사대성 기사굴산중 여대비구중일만인구

皆得阿羅漢道 其名曰 舍利弗 大目犍連 須菩提
개득아라한도 기명왈 사리불 대목건련 수보리

如是衆等阿羅漢
여시중등아라한

**한때에 부처님께옵서, 왕사대성, 기사굴 산중에 계실 때에, 더불어 대
비구들, 1만 인(人)과 함께하시니, 그들은 모두, 아라한(阿羅漢) 도(道)를
얻은 이들로, 그 이름이 사리불, 대목건련, 수보리 등, 이와 같은 아라
한들이었다.**

○ 3[184] 부처님께서, 보살마하살(菩薩摩訶薩) 2천인(二千人)과 함께하셨다.

復有菩薩摩訶薩 二千人俱 其名曰 解脫菩薩 心王菩薩
부유보살마하살 이천인구 기명왈 해탈보살 심왕보살

無住菩薩 如是等菩薩
무 주 보 살 여 시 등 보 살

또, 보살마하살, 2천 인(人)과 함께하시니, 그들의 이름은 해탈보살, 심왕보살, 무주보살 등, 이와 같은 보살들이었다.

○ 4[185] 부처님께서, 장자(長者) 8만인(八萬人)과 함께 하셨다.

復有長者八萬人俱 其名曰 梵行長者 大梵行長者
부 유 장 자 팔 만 인 구 기 명 왈 범 행 장 자 대 범 행 장 자

樹提長者 如是等長者
수 제 장 자 여 시 등 장 자

그리고, 장자, 8만 인(人)과 함께하시니, 그 이름은 범행장자, 대범행장자, 수제장자 등, 이와 같은 장자들이었다.

○ 5[185] 사람과 사람아닌 대중 등, 60만억(六十萬億)이 함께 하였다.

復有天 龍 夜叉 乾闥婆 阿修羅 迦樓羅 緊那羅
부 유 천 용 야 차 건 달 바 아 수 라 가 루 라 긴 나 라

摩睺羅伽 人非人等 六十萬億
마 후 라 가 인 비 인 등 육 십 만 억

그리고 또, 천, 용, 야차, 건달바, 아수라, 가루라, 긴나라, 마후라가 등, 사람과 사람 아닌 대중 등, 60만 억이 함께하였다.

○ 6[185] 세존(世尊)께서, 둘러싼 대중(大衆)에게 말씀하셨다.

爾時 尊者[續1,2: 世尊] **大衆圍遶**[續1,2: 四衆圍遶]
이 시 존 자 [속1,2: 세존] 대 중 위 요 [속1,2: 사중위요]

그때, 세존께옵서는, 겹겹이 둘러싼 대중에게 말씀하시었다.

○ 7[186] 대승경(大乘經) 이름이, 일미진실 무상무생 결정실제 본각리행이다.

爲諸大衆 說大乘經 名一味眞實 無相無生 決定實際
위 제 대 중 설 대 승 경 명 일 미 진 실 무 상 무 생 결 정 실 제

本覺利行
본 각 리 행

모든 대중을 위해, 대승경(大乘經)을 설하고자 하니, 이름이 일미진실(一味眞實), 무상무생(無相無生), 결정실제(結定實際), 본각리행(本覺利行)이니라.

○ 8[188] 한 4구게를 지니면 불지(佛智)에 들어, 대선지식(大善知識)이 된다.

若聞是經 乃至受持一四句偈 是人則[論: 是人即] 爲入佛智地
약 문 시 경 내 지 수 지 일 사 구 게 시 인 즉 [논: 시인즉] 위 입 불 지 지
能以方便 敎化衆生 爲一切衆生[論: 爲一切生] 作大知識
능 이 방 편 교 화 중 생 위 일 체 중 생 [논: 위일체생] 작 대 지 식

만약, 이 경(經)을 듣고, 또한, 한 4구게(四句偈)를 받아 지니면, 이 사람은 곧, 불지혜(佛智慧)의 성품[本地]에 들어, 능히, 방편(方便)으로 중생을 교화(敎化)하리니, 일체중생을 위하는, 대(大) 선지식(善知識)의 행(行)을 하리라.

○ 9[190] 이 경(經)을 설할 것을 천명(闡明)하여 마치시고, 금강삼매에 들다.

佛說此經已 結加趺坐[論:續1,2: 結跏趺坐]
불 설 차 경 이 결 가 부 좌 [논:속1,2: 결가부좌]
即[大:續1,2: 即]入金剛三昧 身心不動
즉 [대:속1,2: 즉] 입 금 강 삼 매 신 심 부 동

부처님께옵서, 이 경(經)을 설(說)하시려는 뜻을 천명(闡明)하여 마치시고, 결가부좌하여 곧, 금강삼매(金剛三昧)에 드시니, 심신(心身)이 부동(不動)이었다.

○ 10[193] 아가타(阿伽陀) 비구가, 청법(請法)의 게송(偈頌)을 올리다.

爾時 衆中 有一比丘 名曰阿伽陀[論: 名阿伽陀] 從座而起
이 시 중 중 유 일 비 구 명 왈 아 가 타 [논: 명아가타] 종 좌 이 기
合掌蹦跪[論:續1,2: 合掌胡跪] 欲重宣此義[論:續1,2: 欲宣此義]
합 장 호 궤 [논:속1,2: 합장호궤] 욕 중 선 차 의 [논:속1,2: 욕선차의]

而說偈言
이 설 게 언

이때 대중 속에, 한 비구가 있었으니, 이름이 아가타(阿伽陀)였다. 곧, 자리에서 일어나 무릎을 꿇어 합장하고, 그 법의 실상[義:實相]을, 베풀어 주시옵기를 간절히 원하며, 청법(請法)의 게송을 올리었다.

○ 11[196] 무한 자비(慈悲)로, 모든 중생이 깨우치도록 제도해 주시옵소서.

大慈滿足尊 智慧通無㝵[大:續1,2: 智慧通無礙] 廣度衆生故
대 자 만 족 존 지 혜 통 무 애 [대:속1,2: 지혜통무애] 광 도 중 생 고

무한 자비 충만으로 구족하신 세존이시여!
지혜가 막힘 없이 두루 통하시어, 무엇에도 걸림이 없사오니
모든 중생을, 마땅히 널리 깨우쳐, 제도하여 주옵소서.

○ 12[196] 한 진리 일미도(一味道)로, 모두 실상(實相)에 들게 하옵소서.

說於一諦義 皆以一味道 終不以小乘 所說義味處
설 어 일 제 의 개 이 일 미 도 종 불 이 소 승 소 설 의 미 처
皆悉離不實
개 실 이 불 실

한 진리[諦]의 실상[義:實相]을 설하시어
모두 차별 없는, 한 법[味:法]의 도(道)에 이르도록 이끄시어서
결정코[終], 소승(小乘)을 벗어나게 하옵시며
설하옵는 진리의 실상[義:實相] 법[味:法]에 이르게 하시어
모두 다, 실(實)이 아님을 벗어나게 하옵소서.

○ 13[197] 모두 세간(世間)을 벗어나 지혜의 결정성으로 해탈하게 하옵소서.

入佛諸智地[論:續1,2: 入諸佛智地] 決定眞實際 聞者皆出世
입 불 제 지 지 [논:속1,2: 입제불지지] 결 정 진 실 제 문 자 개 출 세
無有不解脫
무 유 불 해 탈

부처님의 모든 지혜의 성품[本地]에 들게 하시어
결정성(結定性)인, 진성(眞性) 실제(實際)에 들게 하옵시며
듣는 자, 모두 세간(世間)을 벗어나게 하시어서
해탈(解脫)하지 않는 이, 없게 하옵소서.

○14[198] 모두, 법(法)의 적멸상(寂滅相) 지혜의 궁극 결정처에 들게 하옵소서.

無量諸菩薩 皆悉度衆生 爲衆廣深問 知法寂滅相
무 량 제 보 살　개 실 도 중 생　위 중 광 심 문　지 법 적 멸 상
入於決定處
입 어 결 정 처

무량한 모든 보살(菩薩)들이
모든 중생을 다 제도하고자, 일념(一念) 서원(誓願)으로
중생들을 위해, 널리 깊고 심오한 물음을 묻고자 하오니
법(法)의 적멸상(寂滅相)을 오롯이 깨닫도록 이끄시어
진리의 궁극(窮極) 결정처(結定處)에, 모두 들게 하시옵소서.

○15[198] 여래의 지혜와 방편력으로 모두 실상에 들어, 일승이게 하옵소서.

如來智方便 當爲入實說 隨順皆一乘 無有諸雜味
여 래 지 방 편　당 위 입 실 설　수 순 개 일 승　무 유 제 잡 미

여래의 지혜와 신통한 방편력(方便力)으로
당연히, 결정(結定) 성품 실제(實際)에 들도록 설하시어
모두 차별 없는, 일승(一乘)을 수순(隨順)하여
지혜가 미숙한 일체(一切) 잡맛을, 벗어나게 해주옵소서.

○16[199] 모두 일미(一味) 실상법에 젖어, 두루 지혜를 충만하게 하옵소서.

猶如一雨潤 衆草皆悉榮 隨其性各異 一味之法潤
유 여 일 우 윤　중 초 개 실 영　수 기 성 각 이　일 미 지 법 윤
普充於一切
보 충 어 일 체

가히 차별 없는, 한 빗줄기에 젖어
뭇 풀이, 모두 빠짐 없이 무성해지듯이
그 성품이 각각 다름을 따라 법을 수순하여도
위 없는, 한 맛의 법에 젖게 하시오며
두루 일체를, 지혜로 충만하게 하시옵소서.

◯ **17**[199] 금강(金剛) 결정성에 들어, 지혜의 결정 인(印)을 이루게 하소서.

如彼一雨潤 皆長菩提芽
여 피 일 우 윤 개 장 보 리 아

入於金剛味 [續1: 入於金剛昧] [續2: 入金剛三昧]
입 어 금 강 미 [속1: 입어금강매] [속2: 입금강삼매]

證法眞實定 決定斷疑悔 一法之印成
증 법 진 실 정 결 정 단 의 회 일 법 지 인 성

저 한 빗줄기에 젖음에는 뭇 풀이 차별 없듯
모두, 위 없는 보리(菩提)의 싹이 자라나
금강(金剛) 일미진성[味:一味眞性]에 들게 하시어
법(法)의 진실정(眞實定)을 증득(證得)하여
결정코, 미혹의 혼돈(混沌)과 방황(彷徨)의 잘못됨이 끊어져
위 없는 한 법의, 결정(結定) 인(印)을 이루게 하옵소서.

金剛三昧經 無相法品 第二
금강삼매경 무상법품 제이

○ 18[201] 불지혜(佛智慧)는, 결정성 무상실제 일각요의이므로 난해난입이다.

爾時 尊者[續1,2: 世尊] **從三昧起 而說是言 諸佛智地**
이 시 존 자[속1,2: 세존] 종 삼 매 기 이 설 시 언 제 불 지 지

入實法相 決定性故 方便神通 皆無相利 一覺了義
입 실 법 상 결 정 성 고 방 편 신 통 개 무 상 리 일 각 요 의

難解難入
난 해 난 입

이때 세존께옵서, 삼매(三昧)에서 일어나 이렇게 말씀을 하시니, 모든 부처님 지혜의 성품[本地]은, 실법상(實法相)에 든 결정성(決定性)인 까닭으로, 방편(方便)이 걸림 없이 일체(一切)에 두로 통함[神通]은, 다, 무상(無相) 성품의 실제[利:實際]인 일각요의(一覺了義)이므로, 이해하기도 어렵고, 들어가기도 어려우니라.

○ 19[206] 2승(二乘) 소견이 아닌, 결정성 일미의 법으로 중생을 제도한다.

非諸二乘之所知見 唯佛菩薩[續1,2: 惟佛菩薩] **乃能知之**
비 제 이 승 지 소 지 견 유 불 보 살[속1,2: 유불보살] 내 능 지 지

可度眾生 皆說一味
가 도 중 생 개 설 일 미

모든 2승(二乘)의 소견(所見)이나 지견(知見)이 아니므로 오직, 부처와 보살만이 능히 알 수 있느니라. 가히 중생을 제도함에, 모두, [일각요의

(一覺了義)의 결정성] 일미(一味)의 법을 설하느니라.

○ 20[208] 말겁(末劫) 중생이, 3계(三界) 윤회(輪廻)를 벗어나지 못할 것입니다.

爾時 解脫菩薩 即[大:續1,2: 卽] 從座起 合掌蹞跪[論:續1,2: 合掌胡跪]
이 시 해 탈 보 살 즉 [대:속1,2: 즉] 종 좌 기 합 장 호 궤 [논:속1,2: 합장호궤]

而白佛言 尊者 若佛滅後 正法去世 像法住世 於末劫中
이 백 불 언 존 자 약 불 멸 후 정 법 거 세 상 법 주 세 어 말 겁 중

五濁衆生 多諸惡業 輪廻三界 無有出時
오 탁 중 생 다 제 악 업 윤 회 삼 계 무 유 출 시

이때 해탈보살이 곧, 자리에서 일어나 무릎을 꿇어 합장하고, 부처님께 말씀 사뢰옵기를, 세존이시여! 만약, 부처님께옵서 멸도(滅度)하신 뒤에 정법(正法)이 세상에서 사라지고, 상법(像法)이 머무는 세상 말겁(末劫) 중에는 5탁(五濁) 중생들이, 많은 모든 악업(惡業)을 지어, 3계(三界)를 윤회(輪廻)하며, 벗어나지 못할 때가 있을 것이옵니다.

○ 21[209] 말겁(末劫) 중생도, 저희들과 같이 해탈하게 하옵소서.

願佛慈悲 爲後世衆生[論:續1: 爲後衆生] 宣說一味決定眞實
원 불 자 비 위 후 세 중 생 [논:속1: 위후중생] 선 설 일 미 결 정 진 실

令彼衆生 等同解脫
영 피 중 생 등 동 해 탈

원하오니, 부처님의 자비로움으로 후세(後世)의 중생들을 위해, 일미결정(一味結定) 진실(眞實)을 베풀어 설하여 주시오며, 그 중생들로 하여금, 저희와 동등(同等)하게, 다 같이 해탈(解脫)하게 하시옵소서.

○ 22[210] 세간(世間)을 벗어나는 것은 일대사(一大事)이니, 불가사의이다.

佛言 善男子 汝能問我出世之因 欲化衆生 令彼衆生
불 언 선 남 자 여 능 문 아 출 세 지 인 욕 화 중 생 영 피 중 생

獲得出世之果 是一大事 不可思議
획 득 출 세 지 과 시 일 대 사 불 가 사 의

부처님께옵서 말씀하옵기를, 선남자여! 그대는, 능히 세간(世間)을 벗어나는 결정 인(因)을 나에게 물어서, 저 중생들을, 간절히 구제하고자 하는구나. 저 중생들로 하여금, 세간(世間)을 벗어나는 과(果)를 획득하게 하는 것, 이것은 일대사(一大事)이므로, 불가사의이니라.

○ 23[211] 자비심(慈悲心)으로 법을 청(請)하니, 법을 베풀어 설하리라.

以大慈故 以大悲故 我若不說 即[大:續1,2: 即]**墮慳貪**
이 대 자 고 이 대 비 고 아 약 불 설 즉 [대:속1,2: 즉] 타 간 탐

汝等一心 諦聽諦聽[論:續1,2: 諦聽]**爲汝宣說**
여 등 일 심 체 청 체 청 [논:속1,2: 체청] 위 여 선 설

큰 지혜의 사랑과 큰 지혜의 연민으로 말미암아 법을 청(請)하구나. 내가 만약 설하지 않으면 곧, 법을 아끼어 인색하며, 탐착함에 빠짐이 되느니라. 그대들은 일심으로 자세히 살피고, 자세히 살피며 들을 지니라. 그대들을 위해 베풀며 설하리라.

○ 24[212] 무생법(無生法)으로 교화(敎化)해야, 한량없는 무한 교화이다.

善男子 若化衆生 無生於化 不生無化 其化大焉
선 남 자 약 화 중 생 무 생 어 화 불 생 무 화 기 화 대 언

선남자여! 만약, 중생(衆生)을 교화(敎化)하려면, 무생(無生)으로 교화(敎化)해야 하느니라. 무생(無生)으로 교화(敎化)해야만 생(生)이 아니므로, 그 교화(敎化)가 무엇보다 큰 것이니라.

○ 25[213] 일체(一切) 마음과 나는, 본래(本來) 공적(空寂)하다.

令彼衆生 皆離心我 一切心我 本來空寂
영 피 중 생 개 리 심 아 일 체 심 아 본 래 공 적

저 중생으로 하여금, 모든 마음[受想行識]과 나[自我와 四大身]를 벗어나게 해야 하느니라. 일체(一切)의 마음과 나는, 본래 공적(空寂)하니라.

○ 26[215] 식심(識心)이 공(空)하면, 본심(本心)은 환화(幻化)가 아니다.

若得空心 心不幻化
약 득 공 심 심 불 환 화

만약, 마음[識心:受想行識]이 공(空)함을 얻으면, 마음[本心]은 환화[幻化: 識心]가 아니니라.

○ 27[216] 생멸(生滅)이 끊어지면 환(幻)이 사라져, 무생(無生)을 얻는다.

無幻無化 即[大:續1,2: 卽] **得無生**
무 환 무 화 즉 [대:속1,2: 즉] 득 무 생

환[幻:色受想行識]이 없어, 생멸(生滅)의 변화도 끊어지면 곧, 무생[無生: 本心]을 얻느니라.

○ 28[218] 무생(無生) 본심(本心)은, 생멸이 끊어진 성품으로 존재한다.

無生之心 在於無化
무 생 지 심 재 어 무 화

무생(無生)의 마음은, 생멸의 변화가 끊어진 성품으로 존재하느니라.

○ 29[219] 공적한 마음으로, 어떻게 닦아, 공(空)한 본심을 얻사옵니까?

解脫菩薩 而白佛言 尊者 衆生之心 性本空寂 空寂之心
해 탈 보 살 이 백 불 언 존 자 중 생 지 심 성 본 공 적 공 적 지 심

體無色相 云何修習 得本空心 願佛慈悲 爲我宣說
체 무 색 상 운 하 수 습 득 본 공 심 원 불 자 비 위 아 선 설

해탈보살이 부처님께 말씀 사뢰옵기를, 세존이시여! 중생의 마음 성품이 본래 공적(空寂)하다면, 공적(空寂)한 마음은 색[色聲香味觸]도 상[受想行識]도 없는 체(體)이오니, 어떻게 닦고 익혀야, 본래 공(空)한 마음[本心]을 얻을 수 있사옵니까? 오직, 간곡히 원하오니, 부처님의 자비로움으로 저희를 위하사, 그 길을 베풀어 설하여 주시옵소서.

○30[220] 마음은 본래 근본(根本)이 없어, 공적(空寂)하여 무생(無生)이다.

佛言 菩薩 一切心相 本來無本 本無本處 空寂無生
불언 보살 일체심상 본래무본 본무본처 공적무생

부처님께옵서 말씀하옵기를, 보살이여! 일체 마음[受想行識]의 모습은 본래 근본이 없고, 본래 본처(本處)가 없어 공적(空寂)하여 무생(無生)이니라.

○31[222] 마음이 생(生)함이 끊어지면, 공(空)한 마음을 얻는다.

若心無生 即[大:續1,2: 即]**入空寂 空寂心地**
약 심 무 생 즉 [대:속1,2: 즉] 입 공 적 공 적 심 지
即[大:續1,2: 即]**得心空**
즉 [대:속1,2: 즉] 득 심 공

만약, 마음[受想行識]이 생(生)함이 끊어지면 곧, 공적(空寂)함에 듦이니, 이 공적(空寂)한 마음 성품[本地]이 곧, 공(空)한 마음[本心]을 얻음이니라.

○32[223] 상(相) 없는 마음은, 마음도 나도 없고, 법상(法相)도 이와 같다.

善男子 無相之心 無心無我 一切法相 亦復如是
선 남 자 무 상 지 심 무 심 무 아 일 체 법 상 역 부 여 시

선남자여! 상(相) 없는 마음[本心]에는, 마음[受想行識]도 없고, 나[自我와 四大身]도 없느니라. 일체 법상(法相)이 또한, 역시 이와 같으니라.

○33[223] 나와 마음이 있는 자는, 어떤 법으로 깨닫게 하옵니까?

解脫菩薩 而白佛言 尊者 一切衆生 若有我者 若有心者
해 탈 보 살 이 백 불 언 존 자 일 체 중 생 약 유 아 자 약 유 심 자
以何法覺 令彼衆生 出離斯縛
이 하 법 각 영 피 중 생 출 리 사 박

해탈보살이 부처님께 말씀 사뢰오며 여쭈옵기를, 세존이시여! 일체중생이 만약, 내가 있다는 자나, 만약, 마음이 있다는 자는 어떤 법으로 깨닫게 하여, 저들 중생으로 하여금, 그 속박을 벗어나도록 해야 하옵니까?

○34[224] 내가 있는 자는, 12인연(十二因緣)을 관(觀)하도록 하라.

佛言 善男子 若有我者 令觀十二因緣
불언 선남자 약유아자 영관십이인연

부처님께옵서 말씀하옵기를, 선남자여! 만약, 내가 있다는 자는, 12인연(十二因緣)을 관(觀)하도록 하여라.

○35[224] 인과(因果)로 일어난 마음도 없으니 어찌, 몸인들 있겠느냐?

十二因緣 本從因果 因果所起 興於心行 心尙不有 何況有身
십이인연 본종인과 인과소기 흥어심행 심상불유 하황유신

12인연은, 본래 인과(因果)를 좇음이니, 인과(因果)로 일어난바, 마음[心:十二因緣心]의 작용이 치성하여도, 마음[受想行識]도 오히려 있지 않음이니, 어찌 하물며 몸이 있겠느냐?

○36[233] 나 있는 자 유견(有見)을 멸하고, 나 없는 자 무견(無見)을 멸하라.

若有我者 令滅有見 若無我者 令滅無見
약유아자 영멸유견 약무아자 영멸무견

만약, 내가 있다는 자는, 유견[有見:있다는 견해]을 멸하게 하고, 만약, 내가 없다는 자는, 무견[無見:없다는 견해]을 멸해야 하느니라.

○37[234] 생(生)은 멸성(滅性)을 멸하고, 멸(滅)은 생성(生性)을 멸하게 하라.

若心生者 令滅滅性[續1,2: 令滅生性] **若心滅者**
약심생자 영멸멸성 [속1,2: 영멸생성] 약심멸자

令滅生性[續1,2: 令滅滅性]
영멸생성 [속1,2: 영멸멸성]

만약, 마음[受想行識]이 생(生)하는 자는, 멸(滅)의 성품을 멸(滅)하게 하여라. 만약, 마음(識心)이 멸(滅)하는 자는, 생(生)의 성품을 멸(滅)하게 하여라.

◯38[236] 생멸이 멸한 성품을 보면, 생멸(生滅) 없는 실제(實際)에 든다.

滅是見性 即[大:續1,2: 卽]**入實際**
멸 시 견 성 즉[대:속1,2: 즉] 입 실 제

[생(生)도 멸(滅)도] **멸**(滅)**한 이 성품을 보면 곧,** [생(生)과 멸(滅)이 끊어진 성품] **실제**[實際:實性]**에 드느니라.**

◯39[236] 본래 생(生)도 멸(滅)도 아니니, 일체법(一切法)이 그러하니라.

何以故 本生不滅 本滅不生[論: 不滅不生] **不滅不生**
하 이 고 본 생 불 멸 본 멸 불 생 [논: 불멸불생] 불 멸 불 생

不生不滅 一切諸法[論:續1,2: 一切法相] **亦復如是**
불 생 불 멸 일 체 제 법 [논:속1,2: 일체법상] 역 부 여 시

무엇 때문이냐면, 본래 생(生)도 멸(滅)도 아니며, 본래 멸(滅)도 생(生)도 아니기 때문이니라. 멸(滅)이 아님은 생(生)이 아니기 때문이며, 생(生)이 아니므로 멸(滅)도 아니니라. 일체 모든 법(法)도 또한, 역시 이와 같으니라.

◯40[238] 생견(生見)은 어떻게 멸하며, 멸견(滅見)은 어떻게 멸하옵니까?

解脫菩薩 而白佛言 尊者 若有衆生 見法生時 令滅何見
해 탈 보 살 이 백 불 언 존 자 약 유 중 생 견 법 생 시 영 멸 하 견

見法滅時[論: 없음] **令滅何見**[論: 없음]
견 법 멸 시 [논: 없음] 영 멸 하 견 [논: 없음]

해탈보살이 부처님께 말씀 사뢰오며 여쭈옵기를, 세존이시여! 만약 중생이 있어, 법(法)이 생(生)함을 볼 시(時)에는 어떤 견해를 멸(滅)해야 하며, 법(法)이 멸(滅)함을 볼 시(時)에는 어떤 견해를 멸(滅)해야 하옵니까?

◯41[239] 생견은 무견(無見)을 멸하고, 멸견은 유견(有見)을 멸해야 한다.

佛言 菩薩 若有衆生 見法生時 令滅無見 見法滅時
불 언 보 살 약 유 중 생 견 법 생 시 영 멸 무 견 견 법 멸 시

令滅有見
영 멸 유 견

부처님께옵서 말씀하옵기를, 보살이여! 만약, 중생이 있어, 법(法)이 생(生)함을 볼 시(時)에는 무견(無見)을 멸(滅)하게 하고, 법(法)이 멸(滅)함을 볼 시(時)에는 유견(有見)을 멸(滅)해야 하느니라.

○ 42[239] 유견(有見)과 무견(無見)이 멸하면, 결정성에 들어 무생(無生)이니라.

若滅是見 得法眞無[續1,2: 得法眞源無] **入決定性 決定無生**
약 멸 시 견 득 법 진 무 [속1,2: 득법진원무] 입 결 정 성 결 정 무 생

만약, 이 견[有無見]이 멸(滅)한, 법(法)의 진무(眞無)를 증득하여 결정성(結定性)에 들면, 결정(結定) 무생(無生)이니라.

○ 43[246] 무생(無生)에 머무르게 하면, 무생(無生)이옵니까?

解脫菩薩 而白佛言 尊者 令彼衆生 住於無生
해 탈 보 살 이 백 불 언 존 자 영 피 중 생 주 어 무 생

是無生也[論:續1,2: 是無生耶]
시 무 생 야 [논:속1,2: 시무생야]

해탈보살이 부처님께 말씀 사뢰오며 여쭈옵기를, 세존이시여! 저 중생들로 하여금 무생(無生)에 머무르게 하면, 이것이 무생(無生)이옵니까?

○ 44[247] 무생(無生)에 머묾은 생(生)이니, 머묾도 없어야 무생(無生)이다.

佛言 住於無生 即是有生[論: 即是生][大:續1,2: 即是有生]
불 언 주 어 무 생 즉 시 유 생 [논: 즉시생][대:속1,2: 즉시유생]

何以故 無住無生 乃是無生
하 이 고 무 주 무 생 내 시 무 생

부처님께옵서 말씀하옵기를, 무생(無生)에 머무름은 곧, 이것이 생(生)이 있음이니라. 무엇 때문이냐면, 무생(無生)에 머무름도 없어야, 이것이 무생(無生)이니라.

○ 45[248] 생(生)을 없애려고 하면, 생(生)으로 생(生)을 멸(滅)하려 함이다.

菩薩 若生無生 以生滅生
보살 약생무생 이생멸생

보살이여! 만약, 생(生)을 없애려고 마음을 일으키면, 생(生)으로써 생(生)을 멸(滅)하려 함이니라.

○ 46[249] 생(生)과 멸(滅)을 함께 멸(滅)해야, 머무름 없는 무생(無生)이다.

生滅俱滅 本生不生 心常空寂 空性無住[論:續1,2: 空寂無住]
생멸구멸 본생불생 심상공적 공성무주[논:속1,2: 공적무주]

心無有住 乃是無生
심무유주 내시무생

생(生)과 멸(滅)이 함께 멸(滅)하면, 생(生)이 본래 불생(不生)이므로, 마음이 항상 공적(空寂)하니라. 공(空)한 성품은 머묾이 없어, 마음이 머무름이 끊어졌으므로, 이것이 무생(無生)이니라.

○ 47[250] 마음이 머무름 없이, 어떻게 닦고 배울 수 있사옵니까?

解脫菩薩 而白佛言 尊者 心無有住 有何修學
해탈보살 이백불언 존자 심무유주 유하수학

爲有學也[續1,2: 爲有學耶] **爲無學也**[續1,2: 爲無學耶]
위유학야[속1,2: 위유학야] 위무학야[속1,2: 위무학야]

해탈보살이, 부처님께 말씀 사뢰오며 여쭈옵기를, 세존이시여! 마음이 머무름이 없으면, 어떻게 닦고 배울 수 있사옵니까? 배움이 있어야 합니까? 배움이 없어야 하옵니까?

○ 48[251] 무생심(無生心)은 본래 여래장이니, 적멸(寂滅)하여 부동(不動)이다.

佛言 菩薩 無生之心 心無出入 本如來藏 性寂不動
불언 보살 무생지심 심무출입 본여래장 성적부동

부처님께옵서 말씀하옵기를, 보살이여! 무생(無生)의 마음은 출입(出入)이 없는 마음이니, 본래 여래장(如來藏)이므로, 성품이 적멸(寂滅)하여 부동(不動)이니라.

○ 49[256] 배울 바 있는 것도 없는 것도 아님은, 배워야 한다.

亦非有學 亦非無學 無有學不學
역 비 유 학 역 비 무 학 무 유 학 불 학

是卽無學[大:續1,2: 是卽無學] **非無有學 是爲所學**
시 즉 무 학 [대:속1,2: 시즉무학] 비 무 유 학 시 위 소 학

그러므로, 배울 바 있는 것도 아니며, 또한, 배울 바 없는 것도 아니니라. 배울 바 있는 것도 없는 것도 아님을 배움으로, 이로써 곧, 배움이 없어지니라. 배울 바 있는 것도 없는 것도 아닌 것, 이것은 배워야 할 바이니라.

○ 50[257] 여래장(如來藏) 성품이 어찌, 적멸(寂滅)하여 부동(不動)이옵니까?

解脫菩薩 而白佛言 尊者 云何如來藏 性寂不動
해 탈 보 살 이 백 불 언 존 자 운 하 여 래 장 성 적 부 동

해탈보살이 부처님께 말씀 사뢰오며 여쭈옵기를, 세존이시여! 어찌하여 여래장(如來藏) 성품이 적멸하여, 부동(不動)이옵니까?

○ 51[257] 여래장(如來藏)은 참 성품이니, 적멸(寂滅)하여 부동(不動)이다.

佛言 如來藏者 生滅慮知相 隱理不顯 是如來藏 性寂不動
불 언 여 래 장 자 생 멸 려 지 상 은 리 불 현 시 여 래 장 성 적 부 동

부처님께옵서 말씀하옵기를, 여래장(如來藏)은, 생멸의 생각이나 앎의 상(相)으로 드러나지 않아, 알 수 없는 참 성품[理]이니, 이 여래장(如來藏)은, 성품이 적멸(寂滅)하여 부동(不動)이니라.

○ 52[273] 어떤 것이 생멸(生滅)의 생각이며, 앎의 상(相)이옵니까?

解脫菩薩 而白佛言 尊者 云何生滅慮知相
해 탈 보 살 이 백 불 언 존 자 운 하 생 멸 려 지 상

해탈보살이 부처님께 말씀 사뢰오며 여쭈옵기를, 세존이시여! 어떤 것이 생멸(生滅)의 생각이며, 앎의 상(相)이옵니까?

○53[273] 분별(分別)하는 천만(千萬) 가지 생각 모두가 생멸상(生滅相)이다.

佛言 菩薩 理無可不 若有可不
불언 보살 이무가부 약유가부

即生諸念[大:續1,2: 即生諸念] 千思萬慮 是生滅相
즉 생 제 념 [대:속1,2: 즉생제념] 천 사 만 려 시 생 멸 상

부처님께옵서 말씀하옵기를, 보살이여! 참 성품[理]은 이것과 저것, 또한, 옳고 그름의 일체 분별[可不]이 없느니라. 만약, 분별[可不]이 있다면 곧, 모든 생각이 일어남이니, 천(千) 가지 생각과 만(萬) 가지 헤아림, 이것이 생멸상(生滅相)이니라.

○54[275] 참 성품은 스스로 충만(充滿)하나, 분별심에 심왕(心王)을 잃는다.

菩薩 觀本性相 理自滿足 千思萬慮 不益道理
보 살 관 본 성 상 이 자 만 족 천 사 만 려 불 익 도 리

徒爲動亂 失本心王
도 위 동 란 실 본 심 왕

보살이여! 본성(本性)의 모습을 관(觀)하면, 참 성품[理]은, 스스로 충만하고 구족(具足)함이니, 천(千) 가지 생각과 만(萬) 가지 헤아림이, 참 성품[理]의 도[道:行]에 이롭지 않으므로, 부질없이 움직여 [5온과 18계, 사량과 분별 등] 혼란하면, 본 심왕(心王)을 잃게 되느니라.

○55[277] 식심(識心)이 끊어지면 적멸하여 청정하니, 이것이 대승(大乘)이다.

若無思慮 則[論: 即]無生滅 如實不起 諸識安寂 流注不生
약 무 사 려 즉 [논: 즉] 무 생 멸 여 실 부 기 제 식 안 적 유 주 부 생

得五法淨 是謂大乘
득 오 법 정 시 위 대 승

만약, 생각과 헤아림이 끊어지면 곧, 생멸(生滅)이 끊어져, 일어나지 않

아 여(如)의 실(實)이므로, 모든 식(識)이 적멸(寂滅)하여 평안하며, 흐름과 머무름이 생(生)하지 않아, 5법(五法) 청정(清淨)을 얻음이니, 이것이 대승(大乘)이니라.

○ 56[279] 5법(五法)의 청정(清淨)함에 들면, 마음에 망념(妄念)이 없다.

菩薩 入五法淨 心卽無妄[大:續1,2: 心卽無妄]
보살 입오법정 심 즉무망 [대:속1,2: 심즉무망]

보살이여! 5법(五法)의 청정(清淨)함에 들면, 마음에 곧, 망념(妄念)이 없느니라.

○ 57[279] 망식(妄識)이 없으면, 여래자각성지(如來自覺聖智)의 성품에 든다.

若無有妄 卽[大:續1,2: 卽]**入如來自覺聖智之地 入智地者**
약무유망 즉[대:속1,2: 즉]입 여 래 자 각 성 지 지 지 입 지 지 자
善知一切從本不生 知本不生 卽[大:續1,2: 卽]**無妄想**
선 지 일 체 종 본 불 생 지 본 불 생 즉[대:속1,2: 즉]무 망 상

만약, 망식(妄識)이 없으면 곧, 여래자각성지(如來自覺聖智)의 성품[本地]에 드느니라. 이 지혜의 성품[本地]에 든 자는, 일체(一切)가 본성(本性)을 따라 불생(不生)임을 잘 알며, 본래(本來) 불생(不生)임을 앎으로 곧, 망(妄)의 상념(想念)이 없느니라.

○ 58[290] 허망한 상념(想念)을 없애려면, 생각을 쉬고 그치면 되옵니까?

解脫菩薩 而白佛言 尊者 無妄想者 應無止息
해 탈 보 살 이 백 불 언 존 자 무 망 상 자 응 무 지 식

해탈보살이 부처님께 말씀 사뢰오며 여쭈옵기를, 세존이시여! 망(妄)의 상념(想念)을 없애려는 자는, 응당히 생각을 그치고, 쉬면 없어지옵니까?

○ 59[292] 망념(妄念)은 본래(本來) 불생(不生)이니, 쉬어야 할 것이 없다.

佛言 菩薩 妄本不生 無妄可息
불 언 보 살 망 본 불 생 무 망 가 식

부처님께옵서 말씀하옵기를, 보살이여! 망념(妄念)은 본래 불생(不生)이니, 가히 쉬어야 할 망념(妄念)이 없느니라.

○ 60[293] 마음이 무심(無心)임을 알면, 그쳐야 할 마음이 없다.

知心無心 無心可止 無分無別 現識不生 無生可止
지심무심 무심가지 무분무별 현식불생 무생가지

마음이 무심(無心)임을 알면, 가히 그쳐야 할 마음이 없어, 분별(分別)도 없고 차별(差別)도 없으므로, 현식(現識)이 불생(不生)이니, 가히 그칠 생(生)이 없느니라.

○ 61[293] 마음이 불생(不生)임은, 그칠 것도 끊어졌기 때문이다.

是則無止 亦非無止 何以故 止無止故
시즉무지 역비무지 하이고 지무지고

이는 곧, 그칠 것이 끊어졌으니, 역시, 그침으로 없어진 것이 아니니라. 무엇 때문이냐면, 그칠 것 없음도 끊어졌기 때문이니라.

○ 62[302] 그친 것은 생(生)이오니, 어찌 무생(無生)이라 하옵니까?

解脫菩薩 而白佛言 尊者 若止無止
해탈보살 이백불언 존자 약지무지
止即是生 [大:續1,2: 止即是生] **何謂無生**
지즉시생 [대:속1,2: 지즉시생] 하 위 무생

해탈보살이 부처님께 말씀 사뢰오며 여쭈옵기를, 세존이시여! 만약, 그칠 것 없음도 끊어졌다면, 끊어짐이 곧, 이것이 생(生)이오니, 어찌하여 무생(無生)이라 하옵니까?

○ 63[305] 생(生)이면 그쳐야 하나, 이미 끊어졌다면 생(生)이 아니다.

佛言 菩薩 當止是生 止已無止 亦不住於無止
불언 보살 당지시생 지이무지 역부주어무지

亦不住於無住 云何是生
역부주어무주 운하시생

부처님께옵서 말씀하옵기를, 보살이여! 이것이 생(生)이면 당연히 그쳐
야 하며, 이미 끊어졌다면 그칠 것이 없느니라. 역시, 그칠 것이 없으
면 머무름이 아니며, 또한, 머무름이 없으면 머묾도 아니니, 어찌하여
이것이 생(生)이겠느냐?

◯64[306] 무생(無生)이면 어찌 취사가 있으며, 법상(法相)에 머무르옵니까?

解脫菩薩 而白佛言 尊者 無生之心 有何取捨 住何法相
해 탈 보 살 이 백 불 언 존 자 무 생 지 심 유 하 취 사 주 하 법 상

해탈보살이 부처님께 말씀 사뢰오며 여쭈옵기를, 세존이시여! 무생(無
生)이 마음이면, 어찌하여 취사(取捨)가 있사오며, 어찌하여 법상(法相)
에 머무름이 있사옵니까?

◯65[306] 무생(無生)의 마음은, 마음 아님과 법(法) 아님에 머문다.

佛言 無生之心 不取不捨 住於不心 住於不法
불 언 무 생 지 심 불 취 불 사 주 어 불 심 주 어 불 법

부처님께옵서 말씀하옵기를, 무생(無生)의 마음은, 취(取)하지도 않고
버리지도 않으며, 마음 아님에 머물며, 법(法) 아님에 머무느니라.

◯66[307] 어찌하여, 마음 아님과 법(法) 아님에 머무르옵니까?

解脫菩薩 而白佛言 尊者 云何住於不心 住於不法
해 탈 보 살 이 백 불 언 존 자 운 하 주 어 불 심 주 어 불 법

해탈보살이, 부처님께 말씀 사뢰오며 여쭈옵기를, 세존이시여! 어찌하
여 마음 아님에 머무르며, 법(法) 아님에 머무르옵니까?

◯67[307] 마음과 법(法)이 본래 불생(不生)이니, 이 불생(不生)에 머묾이다.

佛言 不生於心 是住不心 不生於法 是住不法
불 언 불 생 어 심 시 주 불 심 불 생 어 법 시 주 불 법

부처님께옵서 말씀하옵기를, 마음이 불생(不生)이니, 이것이 마음 아님에 머묾이며, 법(法)이 불생(不生)이니, 이것이 법(法) 아님에 머묾이니라.

○ 68[307] 마음과 법(法)이 불생(不生)이니, 마음이 항상 공적(空寂)하다.

善男子 不生心法 即[大:續1,2: 即]**無依止 不住諸行**
선 남 자 불 생 심 법 즉 [대:속1,2: 즉] 무 의 지 부 주 제 행

心常空寂 無有異相[續1,2: 無有異想]
심 상 공 적 무 유 이 상 [속1,2: 무유이상]

선남자여! 마음과 법(法)이 불생(不生)이므로 곧, 무엇에 의지하거나 무엇을 그칠 것이 없고, 제행(諸行)에 머물지 않음이니, 마음이 항상 공적(空寂)할 뿐, 다른 모습이 없느니라.

○ 69[308] 허공(虛空)이 생(生)하거나 작용이 없음과 같으니라.

譬彼虛空 無有動住 無起無作 無彼無此
비 피 허 공 무 유 동 주 무 기 무 작 무 피 무 차

비유하여, 저 허공이 무엇에 머물거나 움직임이 없어, 일어남도 없고 작용함도 없으므로, 이런 허공도 없고, 저런 허공도 없느니라.

○ 70[308] 공(空)한 지혜를 얻으면, 5음(五陰)과 6입(六入)이 다 공적하다.

得空心眼[續1,2: 得心空眼] **得法空身**[續1,2: 得法空心]
득 공 심 안 [속1,2: 득심공안] 득 법 공 신 [속1,2: 득법공심]

五陰六入 悉皆空寂
오 음 육 입 실 개 공 적

공(空)한 심안(心眼)을 얻으면, 법(法)이 공(空)한 몸임을 깨달아[得], 5음(五陰)과 6입(六入)이 다 모두 공적(空寂)하니라.

○ 71[309] 공(空)을 닦는 자는, 3계(三界)와 계(戒)의 상(相)에도 머물지 않는다.

善男子 修空法者 不依三界 不住戒相
선 남 자 수 공 법 자 불 의 삼 계 부 주 계 상

선남자여! 공(空)한 법(法)을 닦는 자는 3계(三界)에 의지하지 않으므로, 계(戒)의 상(相)에도 머물지 않느니라.

○ 72[310] 공(空)한 성품은 금강(金剛)으로, 3보(三寶)와 6바라밀이 구족하다.

清淨無念 無攝無放 性等金剛 不壞三寶 空心不動
청정무념 무섭무방 성등금강 불괴삼보 공심부동

具六波羅蜜
구육바라밀

념(念)이 끊어져, 청정하여 [계(戒)를] 섭수함도 없고 놓음도 없으니, 성품의 평등에 들어, 금강(金剛)과 같아 3보(三寶)를 파괴하지 않으며, 공(空)한 마음이 부동(不動)이므로, 6바라밀이 구족하느니라.

○ 73[310] 6바라밀은 상(相)이니, 세간(世間)을 벗어날 수가 있사옵니까?

解脫菩薩 而白佛言 尊者 六波羅蜜者 皆是有相
해탈보살 이백불언 존자 육바라밀자 개시유상

有相之法 能出世也[論:續1: 能出世耶]
유상지법 능출세야 [논:속1: 능출세야]

해탈보살이 부처님께 말씀 사뢰오며 여쭈옵기를, 세존이시여! 6바라밀, 이것은 모두 상(相)이 있음이오니, 상(相)이 있는 법(法)으로, 능히 세간(世間)을 벗어날 수가 있사옵니까?

○ 74[311] 내가 말한 6바라밀(六波羅蜜)은 무위(無爲)이므로, 상(相)이 없다.

佛言 善男子 我所說六波羅蜜者 無相無爲
불언 선남자 아소설육바라밀자 무상무위

부처님께옵서 말씀하옵기를, 선남자여! 내가 말한 바 6바라밀(六波羅蜜)은, 무위(無爲)이므로 상(相)이 없느니라.

○ 75[311] 6바라밀(六波羅蜜)이, 상(相)이 없는 까닭은

何以故
하 이 고

무엇 때문이냐면,

○ 76[312] 본성(本性)으로 사람을 이롭게 함이, 보시(布施)바라밀이다.

[一] **若人離欲**[論:續1,2: 善入離欲] **心常淸淨 實語方便**
　　약 인 이 욕 [논:속1,2: 선입이욕] 심 상 청 정 실 어 방 편

本利利人 是檀波羅蜜
본 리 이 인 시 단 바 라 밀

[1] 만약 사람이 욕망을 벗어나, 마음이 항상 청정(淸淨)하여, 실상(實相)에 의한 말의 방편(方便)과 본성(本性) 실제[利:實際]로, 사람들을 이롭게 함이니, 이것이 보시(布施)바라밀이니라.

○ 77[312] 3계(三界)에 집착하지 않음이, 지계(持戒)바라밀이다.

[二] **志念堅固**[論:續1,2: 至念堅固] **心常無住 淸淨無染**
　　지 념 견 고 [논:속1,2: 지념견고] 심 상 무 주 청 정 무 염

不著三界[論: 不着三界] **是尸波羅蜜**
불 착 삼 계 [논: 불착삼계] 시 시 바 라 밀

[2] 의지(意志)와 생각이 견고(堅固)하여, 마음이 항상 머무름이 없어, 청정하여 무엇에도 물듦이 없고, 3계(三界)를 집착하지 않음이니, 이것이 지계(持戒)바라밀이니라.

○ 78[313] 공(空)을 닦아 머묾이 없음이, 인욕(忍辱)바라밀이다.

[三] **修空斷結 不依諸有 寂靜三業 不住身心 是羼提波羅蜜**
　　수 공 단 결 불 의 제 유 적 정 삼 업 부 주 신 심 시 찬 제 바 라 밀

[3] 공(空)을 닦아, 안[能]과 밖[所]의 얽매임이 끊어져, 모든 유위(有爲)에 의지(依支)하지 않음으로, 3업(三業)이 적정(寂靜)하여, 몸과 마음에 머무르지 않음이니, 이것이 인욕(忍辱)바라밀이니라.

○ 79[313] 5음(五陰)이 공(空)한 성품에 듦이, 정진(精進)바라밀이다.

[四] **遠離名數 斷空有見 深入陰空 是毘梨耶波羅蜜**
원 리 명 수 단 공 유 견 심 입 음 공 시 비 리 야 바 라 밀

[4] 분별하여 이름함과 헤아려 머무름인 수(數)의 세계를 멀리 벗어나, 일체 유견(有見)이 공(空)하여 끊어져, 5음(五陰)이 공(空)한 성품에 깊이 듦이니, 이것이 정진(精進)바라밀이니라.

○ 80[314] 모든 공(空)에도 머무름 없음이, 선(禪)바라밀이다.

[五] **俱離空寂**[續1,2: 具離空寂] **不住諸空**
구 리 공 적 [속1,2: 구리공적] 부 주 제 공

心處無住[論: 心處無在] **不住大空**[論: 大空] **是禪波羅蜜**
심 처 무 주 [논: 심처무재] 부 주 대 공 [논: 대공] 시 선 바 라 밀

[5] 공(空)과 적멸(寂滅)을 모두 벗어나, 모든 공(空)에도 머무르지 않으므로, 심처(心處)가 머묾이 끊어져, 대공(大空)에도 머무르지 않으니, 이것이 선(禪)바라밀이니라.

○ 81[316] 마음은 출입이 없고 지혜상(智慧相)도 없으니, 반야바라밀이다.

[六] **心無心相 不取虛空 諸行不生 不證寂滅 心無出入**
심 무 심 상 불 취 허 공 제 행 불 생 부 증 적 멸 심 무 출 입

性常平等 諸法實際 皆決定性 不依諸地 不住智慧
성 상 평 등 제 법 실 제 개 결 정 성 불 의 제 지 부 주 지 혜

是般若波羅蜜
시 반 야 바 라 밀

[6] 마음은, 심상[色受想行識]이 없어 비어 공(空)함도 취하지 않으며, 모든 행이 불생(不生)이니 적멸(寂滅)을 증득하지도 않으며, 마음이 출입(出入)이 없어 성품이 항상 평등하니라. 제법(諸法)의 실제(實際)는 모두 결정성(結定性)이므로, 모든 법과 지혜의 경지(境地)에도 의지하지 않으며, 일체 지혜에도 머물지 않음이니, 이것이 반야(般若)바라밀이니라.

◯82[317] 6바라밀은, 본성(本性) 결정성에 든 걸림 없는 해탈(解脫)이다.

善男子 是六波羅蜜者 皆獲本利 入決定性 超然出世
선남자 시육바라밀자 개획본리 입결정성 초연출세

無㝵解脫 [論:大:續1,2: 無礙解脫]
무애해탈 [논:대:속1,2: 무애해탈]

선남자여! 이 6바라밀(六波羅蜜)은, 모두, 본성 실제[利:實際]를 증득한
결정성에 듦이니, 초연히 세간(世間)을 벗어나, 걸림 없는 해탈이니라.

◯83[317] 해탈은 무상행(無相行)이니, 해탈상도 없어 이름이 해탈이다.

善男子 如是解脫法相 皆無相行 亦無解不解 是名解脫
선남자 여시해탈법상 개무상행 역무해불해 시명해탈

선남자여! 이와 같은 해탈법(解脫法)의 모습은, 다 무상행(無相行)이므로
역시, 해탈(解脫)도 없어 해탈(解脫)도 끊어졌으니, 이를 이름하여, 해탈
(解脫)이라 하니라.

◯84[318] 해탈은 무생열반(無生涅槃)이니, 열반상(涅槃相)을 취하지 않는다.

何以故 解脫之相 無相無行 無動無亂 寂靜涅槃
하이고 해탈지상 무상무행 무동무란 적정열반

亦不取涅槃相
역불취열반상

무엇 때문이냐면, 해탈(解脫)의 모습은, 상(相)도 없고 행(行)도 없으
니, 마음이 동(動)함이 없어 [식(識)의] 분별과 혼란이 끊어져, 적정(寂
靜) 무생(無生)의 열반(涅槃)이니 역시, 열반상(涅槃相)을 취(取)하지도
않느니라.

◯85[320] 베풀어주신 뜻을 깊이 새기며, 게송을 올렸다.

解脫菩薩 聞是語已 心大欣懌 得未曾有 欲宣義意 而說偈言
해탈보살 문시어이 심대흔역 득미증유 욕선의의 이설게언

해탈보살이, 이 말씀을 다 듣고, 마음이 크게 기쁘고 즐거우며, 지금까지 얻지 못하였던 것을 얻음으로, 원(願)하는 바를 베풀어주신 그 뜻[意]과 실상[義:實相]을 깊이 새기며, 게송을 올리었다.

◯ 86[321] 일승법(一乘法)을 설하시어, 일미(一味)의 공덕을 얻었사옵니다.

大覺滿足尊 爲衆敷演法 皆說於一乘 無有二乘道
대 각 만 족 존 위 중 부 연 법 개 설 어 일 승 무 유 이 승 도

一味無相利
일 미 무 상 리

대각(大覺)이 충만하여 구족(具足)하신 세존(世尊)이시여!
중생들을 생각하여 법(法)을 자상히 설명하여 펴시오며
모두 일승(一乘)의 법(法)을 설하시어
2승(二乘)의 도(道)가 없사오니
일미(一味)인, 무상(無相) 성품 실제[利:實際]를 얻었사옵니다.

◯ 87[321] 허공(虛空)과 같이 모두 수용하여, 다 본성(本性)을 얻었사옵니다.

猶如太虛空[論: 猶如大虛空] **無有不容受 隨其性各異**
유 여 태 허 공 [논: 유여대허공] 무 유 불 용 수 수 기 성 각 이

皆得於本處
개 득 어 본 처

가히, 무한 허공과 같아서
모두를 수용하지 아니함이 없으시니
그 성품이 각각 다름을 따라 수순하여
모두, 본래의 성품을 얻었사옵니다.

◯ 88[322] 모두, 한 법(法)의 차별 없는 본성(本性) 공덕을 얻었사옵니다.

如彼離心我 一法之所成 諸有同異行
여 피 리 심 아 일 법 지 소 성 제 유 동 이 행

悉獲於本利[論: 皆獲於本利]
실 획 어 본 리 [논: 개획어본리]

마음[受想行識]과 나[自我와 四大身]를 벗어남이 서로 같아서
한 법(法)을 이루었사오니
모두, 각각 다른 차별법(差別法) 속에 행함이 있었어도
다 본성 실제[利:實際]을 얻었사옵니다.

○89[322] 적정(寂靜) 열반(涅槃)에 머물지 않아, 결정처에 들었사옵니다.

滅絶二相見 寂靜之涅槃 亦不住取證 入於決定處
멸 절 이 상 견 적 정 지 열 반 역 부 주 취 증 입 어 결 정 처

2상[二相:有無]의 견해(見解)가 멸(滅)하여 끊어진
적정(寂靜)의 열반(涅槃)을
또한, 머물거나, 취하거나 증득하지 않으므로
결정처(結定處)에 들었사옵니다.

○90[323] 적멸심(寂滅心) 무생(無生)으로, 6바라밀이 구족하게 하옵니다.

無相無有行 空心寂滅地 寂滅心無生 同彼金剛性
무 상 무 유 행 공 심 적 멸 지 적 멸 심 무 생 동 피 금 강 성

不壞於三寶 具六波羅蜜
불 괴 어 삼 보 구 육 바 라 밀

상(相)이 끊어져, 행(行)이 있음이 끊어졌으니
공(空)한 마음 적멸지(寂滅地)를 이루어
적멸심(寂滅心) 무생(無生)이
저 금강(金剛)의 성품과 같아서
3보(三寶)를 파괴하지 않고
6바라밀이 두루 구족(具足)하게 하시옵니다.

○91[323] 일미(一味) 결정성 법인(法印)으로, 일승(一乘)을 이루게 하옵니다.

度諸一切生 超然出三界 皆不以小乘 一味之法印
도 제 일 체 생 초 연 출 삼 계 개 불 이 소 승 일 미 지 법 인
一乘之所成
일 승 지 소 성

모든, 일체중생을 구제(救濟)하심에
초연히 3계(三界)를 해탈(解脫)하게 하시오며
결정코, 다 소승(小乘)의 견해(見解)를 벗어나게 하시고자
일미(一味)의 결정성(決定性) 법인(法印)으로
일승(一乘)을 원만히 이루게 하시옵니다.

○92[324] 대중이, 상(相) 없는 무한 결정성에 들어 무명(無明)을 벗어났다.

爾時 大衆 聞說是義 心大欣懌 得離心我 入空無相
이 시 대 중 문 설 시 의 심 대 흔 역 득 리 심 아 입 공 무 상
恢廓曠蕩 皆得決定 斷結盡漏
회 확 광 탕 개 득 결 정 단 결 진 루

그때 대중이, 이 설하심의 실상[義:實相]을 듣고, 마음이 크게 기뻐 즐거워하며, 마음[受想行識]과 나[自我와 四大]를 벗어남을 얻어, 상(相) 없는 공(空)에 드니, 광대하여 넓고 텅 비어 무한에 이르러, 모두 결정성을 얻어, 무명(無明)이 완전히 소멸[盡漏]하니, 미혹의 속박이 끊어졌다.

金剛三昧經 無生行品 第三
금강삼매경 무생행품 제삼

◯ 93[325] 심왕보살(心王菩薩)이 게송(偈頌)으로, 부처님께 여쭈었다.

爾時 心王菩薩 聞佛說法 出三界外 不可思議 從座而起
이시 심왕보살 문불설법 출삼계외 불가사의 종좌이기

又手合掌 以偈問曰
차수합장 이게문왈

그때 심왕보살이 부처님의 설법을 듣고, 3계(三界)를 해탈해 벗어나므
로 불가사의하여, 자리에서 일어나 공손히 차수(又手)를 하며 합장하
고, 게송으로 부처님께 여쭈었다.

◯ 94[325] 설하신 실상(實相)으로, 일체중생이 유루(有漏)가 다 할 것입니다.

如來所說義 出世無有相 可有一切生 皆得盡有漏
여래소설의 출세무유상 가유일체생 개득진유루

여래께옵서 설하오신 바 실상[義:實相]은
상(相)이 있는 바가 없어, 세간(世間)을 벗어났사오니
가히 일체중생들에 있어서
모두, 유루(有漏)가 다함을 얻을 것이옵니다.

◯ 95[326] 무생(無生)에는 생(生)도 없거늘, 무생인(無生忍)인들 얻겠사옵니까?

斷結空心我 是則[論: 是即]無有生 云何無有生
단결공심아 시즉[논: 시즉]무유생 운하무유생

而得無生忍 [論: 而有無生忍]
이 득 무 생 인 [논: 이유무생인]

마음과 내가 본래 공[本空]하여 얽매임이 끊어졌사오니
이는 곧, 생(生)이 없음이옵니다.
하물며, 생(生)도 없거늘
무생인(無生忍)을 얻겠사옵니까?

○ 96[327] 제행이 무생(無生)이니, 무생인(無生忍)을 얻음이 곧, 허망함이니라.

爾時 佛告心王菩薩言 善男子 無生法忍 法本無生
이 시 불 고 심 왕 보 살 언 선 남 자 무 생 법 인 법 본 무 생

諸行無生 非無生行 得無生忍 即[大:續1,2: 卽]爲虛妄
제 행 무 생 비 무 생 행 득 무 생 인 즉 [대:속1,2: 즉] 위 허 망

이때 부처님께옵서 심왕보살에게 말씀하옵기를, 선남자여! 무생법인
(無生法忍)이라 함은, 법(法)이 본래 무생(無生)이니 제행(諸行)이 무생(無
生)이므로, 생(生)의 행(行)을 없앤 것이 아님이니, 무생인(無生忍)을 얻
음이 곧, 허망(虛妄)함이니라.

○ 97[339] 무생인(無生忍)을 얻음이 없어야, 허망함이 없사옵니까?

心王菩薩言 尊者 得無生忍 即[大:續1,2: 卽]爲虛妄
심 왕 보 살 언 존 자 득 무 생 인 즉 [대:속1,2: 즉] 위 허 망

無得無忍 應非虛妄
무 득 무 인 응 비 허 망

심왕보살이 말씀 사뢰오며 여쭈옵기를, 세존이시여! 무생인(無生忍)을
얻음이 곧, 허망(虛妄)함이라 하시오니, 무생인(無生忍)이 없어, 얻음이
없어야, 응당, 허망(虛妄)함이 아니옵니까?

○ 98[339] 무생인(無生忍)을 얻을 것이 없음이 곧, 얻은 바가 있음이다.

佛言 不也[論: 不] 何以故 無得無忍 是則有得
불 언 불 야 [논: 불] 하 이 고 무 득 무 인 시 즉 유 득

부처님께옵서 말씀을 하옵기를, 아니니라. 무엇 때문이냐면, 무생인(無生忍)이 없어, 얻을 것이 없다는 이것이 곧, 얻었음이 있기 때문이니라.

◯ 99[340] 무생인(無生忍)을 얻었거나, 얻을 바 있음이 다 허망함이다.

有得有忍[論: 有得有住] **是則有生 有生於得 有所得法**
유득유인 [논: 유득유주] 시 즉 유생 유생 어득 유소득법

並爲虛妄
병 위 허 망

무생인(無生忍)이 있어, 얻음이 있음은, 이는 곧, 생(生)이 있음이니라. 생(生)이 있어 얻었거나, 얻을 바의 법이 있음이, 아울러 다 허망함이니라.

◯ 100[341] 무생인(無生忍)이 없는 무생심이어야, 허망하지 않사옵니까?

心王菩薩言 尊者 云何無忍無生心 而非虛妄
심 왕 보 살 언 존 자 운 하 무 인 무 생 심 이 비 허 망

심왕보살이 말씀 사뢰오며 여쭈옵기를, 세존이시여! 어떻게 해야, 무생인(無生忍)이 없는 무생심(無生心)으로, 허망하지 않사옵니까?

◯ 101[349] 무생심(無生心)은, 본래 처소(處所)가 없는 결정성(結定性)이다.

佛言 無忍無生心者 心無形段 猶如火性 雖處木中
불 언 무 인 무 생 심 자 심 무 형 단 유 여 화 성 수 처 목 중

其在無所 決定性故
기 재 무 소 결 정 성 고

부처님께옵서 말씀하옵기를, 무생인(無生忍)이 없어야, 무생심자(無生心者)이니라. 마음은, 어떤 형체도 종류도 없어 다만, 불[火]의 성품과 같아, 비록 나무 가운데 처(處)해 있을 뿐, 그 존재의 처소(處所)가 없음은, 결정성(結定性)인 까닭이니라.

◯102[355] 일컫고 이름하여도, 성품을 가히 얻을 수 없다.

但名但字 性不可得 欲詮其理 假說爲名 名不可得
단 명 단 자 성 불 가 득 욕 전 기 리 가 설 위 명 명 불 가 득

단지 이름하여 일컬으며, 또한 문자로 드러내어도, 그 성품을 가히, 얻을 수 없느니라. 그 참 성품[理]을 깨닫게 하고자, 가설(假說)하여 이름함이니, 이름하여도 가히, 얻을 수가 없느니라.

◯103[356] 마음이 처소(處所)가 없음은, 무생심(無生心)이기 때문이다.

心相亦爾 不見處所 知心如是 則無生心[續1: 則無心生]
심 상 역 이 불 견 처 소 지 심 여 시 즉 무 생 심 [속1: 즉무심생]

마음[受想行識]의 모습 또한, 이와 같아, 처소(處所)를 볼 수 없느니라. 마음[識心]이 이와 같음을 앎이 곧, 무생심(無生心)이니라.

◯104[357] 마음의 성품은 생(生)함이 없어, 무생(無生)도 아니다.

善男子 是心性相 又如阿摩勒果[論: 又如阿摩勒菓]
선 남 자 시 심 성 상 우 여 아 마 륵 과 [논: 우여아마륵과]

本不自生 不從他生 不共生 不因生 不無生[論: 無生]
본 부 자 생 부 종 타 생 불 공 생 불 인 생 불 무 생 [논: 무생]

선남자여! 이 마음[受想行識]의 성품과 모습은, 아마륵 열매와 같아서, 본래 스스로 생겨남이 아니며, 타(他)를 좇아 생겨남이 아니며, 다 함께 더불어 생겨남이 아니며, 원인으로 생겨남이 아니며, 무생(無生)도 아니니라.

◯105[360] 연(緣)이 머묾이 없어, 상(相)이 끊어졌다.

何以故 緣代謝故 緣起非生 緣謝非滅 隱顯無相
하 이 고 연 대 사 고 연 기 비 생 연 사 비 멸 은 현 무 상

무엇 때문이냐면, 연(緣)이, 머묾 없는[代] 변환[謝:變換]의 까닭으로, 연(緣)이 일어남이 생(生)이 아니며, 연(緣)의 변환[謝:變換]이 멸(滅)이 아니므로, 숨고 나타남이, 상(相)이 끊어졌기 때문이니라.

○106[372] 참 성품은, 어느 곳 없이 두루 존재하는 결정성이다.

根理寂滅 在無有處 不見所住[續1,2: 不見處所住] **決定性故**
근리적멸 재무유처 불견소주[속1,2: 불견처소주] 결정성고

근본 참 성품[理]은 적멸(寂滅)하여, 어느 곳 없이 존재하여도, 머무른
바를 보지 못함은, 결정성(結定性)인 까닭이니라.

○107[373] 결정성은, 네 가지를 벗어나 언어(言語)의 도(道)가 끊어졌다.

是決定性 亦不一不異 不斷不常 不入不出 不生不滅
시결정성 역불일불이 부단불상 불입불출 불생불멸

離諸四謗 言語道斷
이제사방 언어도단

이 결정성은 또한, 하나도 아니며 다름도 아니며, 끊어짐도 아니며 항
상함도 아니며, 들어감도 아니며 나옴도 아니며, 생(生)도 아니며 멸(滅)
도 아니므로, 네 가지[일이(一異), 단상(斷常), 출입(出入), 생멸(生滅)]의 모
든 분별[謗]을 벗어났으니, 언어(言語)의 도(道)가 끊어졌느니라.

○108[375] 마음이 무생(無生)이므로, 생(生)이 없고 무생인(無生忍)도 없다.

無生心性 亦復如是 云何說生不生 有忍無忍
무생심성 역부여시 운하설생불생 유인무인

마음의 성품은, 무생(無生)이므로 또한, 역시 이와 같음이니, 어찌하여
불생(不生)을 생(生)이라고 설하겠으며, 무생인(無生忍)이 없음에도, 무
생인(無生忍)이 있다고 하겠느냐?

○109[376] 마음이 머무름이 있는 자는, 아뇩다라삼먁삼보리 얻지 못한다.

若有說心 有得有住 及以見者
약유설심 유득유주 급이견자

即[大:續1,2: 即]**爲不得阿耨多羅三藐三菩提**
즉[대:속1,2: 즉] 위부득 아뇩다라삼먁삼보리

般若是爲長夜[續1,2: 是爲長夜]
반야시위장야[속1,2: 시위장야]

만약, 마음을 설(說)할 수 있고 얻을 수 있으며, 머무를 수 있다는 견해(見解)를 가진 자는 곧, 아뇩다라삼먁삼보리를 얻지 못하리니, 이것이 반야(般若)에 미혹한 긴 밤이니라.

○ 110[378] 본성도 무생(無生)이며, 깨달음 시각(始覺)도 무생(無生)이다.

了別心性者 知心性如 是性亦如[續1,2: 是性亦如是]
요 별 심 성 자 지 심 성 여 시 성 역 여 [속1,2: 시성역여시]

是無生無行[論:續1,2: 是無生行]
시 무 생 무 행 [논:속1,2: 시무생행]

마음의 성품을 깨달아 밝힌 자는, 마음 성품[本性]이 [무생(無生)의] 여(如)임을 알며, 이 깨달은 성품[始覺:用覺] 역시, 여(如)이므로, 이[始覺:用覺] 또한, 무생(無生)이며, 행(行)이 끊어졌느니라.

○ 111[382] 제행이 무생(無生)이면, 행을 생(生)하여도 무생행이 되옵니까?

心王菩薩言 尊者 心若本如 無生於行 諸行無生
심 왕 보 살 언 존 자 심 약 본 여 무 생 어 행 제 행 무 생

生行不生 不生無行 即[大:續1,2: 卽]**無生行也**
생 행 불 생 불 생 무 행 즉 [대:속1,2: 즉] 무 생 행 야

심왕보살이 말씀 사뢰오며 여쭈옵기를, 세존이시여! 마음이 만약, 본래 여(如)의 성품이며, 행(行)이 무생(無生)이오면, 모든 행(行)이 무생(無生)이므로, 생(生)을 행(行)하여도 생(生)이 아닐 것이옵니다. 생(生)이 아니오면 행(行)이 없음이니 곧, 무생행(無生行)이옵니까?

○ 112[384] 행(行)으로써, 무생(無生)을 증득(證得)하려 하느냐?

佛言 善男子 汝以無生 而證無生行也[論:續2: 耶]
불 언 선 남 자 여 이 무 생 이 증 무 생 행 야 [논:속2: 야]

부처님께옵서 말씀하옵기를, 선남자여! 생(生)이 없다고 하니, 그대는 행(行)으로써, 무생(無生)을 증득하려 하느냐?

◯113[384] 무생행(無生行)은 공적하여, 취(取)하고 증득할 수 없사옵니다.

心王菩薩言 不也[論: 不] **何以故 如無生行 性相空寂**
심왕보살언 불야 [논: 불] 하이고 여무생행 성상공적

無見無聞 無得無失 無言無說 無知無相 無取無捨
무견무문 무득무실 무언무설 무지무상 무취무사

云何取證
운하취증

심왕보살이 말씀 사뢰옵기를, 아니옵니다. 무슨 연유인가 하오면, 무생행(無生行)은 여(如)이므로, 성품과 모습이 공적하여, 볼 수도 없고 들을 수도 없으며, 얻을 수도 없고 잃을 수도 없으며, 말로 일컬을 수도 없고 설(說)하여 드러낼 수도 없으며, 상(相)도 없어 알 수도 없고, 취(取)할 수도 없으며 버릴 수도 없사온데 어떻게, 취(取)하고 증득(證得)하겠사옵니까?

◯114[386] 취(取)하고 증득(證得)할 수 없어, 무생행(無生行)이옵니다.

若取證者 即爲諍論[大:續2: 即爲諍論][續1: 即無諍論]
약 취증자 즉위쟁론 [대: 속2: 즉위쟁론] [속1: 즉무쟁론]

無諍無論 乃無生行
무쟁무론 내무생행

만약, 취(取)하거나 증득하는 것이오면 [유위(有爲)이므로] 곧, 다툼과 논란(論難)할 것이오나, 다툴 것이 끊어졌고, 논란(論難)할 것도 끊어졌으니, 무생행(無生行)이옵니다.

◯115[386] 그대는, 아뇩다라삼먁삼보리를 얻었는가?

佛言 汝得阿耨多羅三藐三菩提也[論: 耶]
불언 여득아뇩다라삼먁삼보리야 [논: 야]

부처님께옵서 말씀하옵기를, 그대는, 아뇩다라삼먁삼보리를 얻었는가?

○116[387] 보리(菩提)는, 얻음도 잃음도 깨달음도 앎도 없사옵니다.

心王菩薩言 尊者 我無得阿耨多羅三藐三菩提
심 왕 보 살 언 존 자 아 무 득 아 뇩 다 라 삼 먁 삼 보 리

何以故 菩提性中 無得無失 無覺無知
하 이 고 보 리 성 중 무 득 무 실 무 각 무 지

심왕보살이 말씀 사뢰옵기를, 세존이시여! 저는, 아뇩다라삼먁삼보리를 얻음이 없사옵니다. 무슨 연유인가 하오면, 보리(菩提)의 성품 중에는, 무엇을 얻음도 없고 무엇을 잃음도 없으며, 깨달음도 없고 [깨달음의] 앎도 없사옵니다.

○117[388] 청정 성품은, 대상(對相)과 분별이 끊어져 설할 수 없사옵니다.

無分別相 無分別中 卽[大:續1,2: 卽]淸淨性 性無間雜
무 분 별 상 무 분 별 중 즉[대:속1,2: 즉] 청 정 성 성 무 간 잡

[大:續1,2: 性無間雜] 無有言說 非有非無 非知非不知
[대:속1,2: 성무간잡] 무 유 언 설 비 유 비 무 비 지 비 부 지

분별할 상(相)이 없어, 분별이 끊어진 가운데는 곧, 청정한 성품으로, 성품이 간격[間:分離]과 잡됨[雜:分別妄念]이 없어, 말하거나 설(說)할 수 없으므로, 유(有)도 아니며 무(無)도 아니며, 앎도 아니며 앎이 아닌 그 무엇도 아니옵니다.

○118[390] 모든 행(行)이, 대상(對相)과 분별(分別)이 끊어져 청정하옵니다.

諸可法行 亦復如是
제 가 법 행 역 부 여 시

모든 법(法)을 가히 행(行)함이 역시, 또한 이와 같사옵니다.

○119[390] 결정성이 아뇩다라삼먁삼보리이므로, 얻지 못하옵니다.

何以故 一切法行 不見處所 決定性故 本無有得不得
하 이 고 일 체 법 행 불 견 처 소 결 정 성 고 본 무 유 득 부 득

云何得阿耨多羅三藐三菩提
운 하 득 아 뇩 다 라 삼 먁 삼 보 리

그 연유는, 일체 법(法)을 행함이, 처소(處所)를 보지 못하는 결정성(結定性)인 까닭이옵니다. 본래, 얻을 수 없어 얻지 못함이오니, 어찌 아뇩다라삼먁삼보리를 얻겠사옵니까?

○ 120[390] 마음이 상(相)이 없어 체성이 공적하여, 식(識)이 무생(無生)이다.

佛言 如是如是 如汝所言 一切心行 不過無相 體寂無生
불언 여시여시 여여소언 일체심행 불과무상 체적무생

可有諸識[論: 可有識識][續1,2: 所有諸識] **亦復如是**
소유 제 식 [논: 가유식식] [속1,2: 소유제식] 역 부 여 시

부처님께옵서 말씀하옵기를, 그렇고, 그러하니라. 그대가 말한 바와 같이, 일체 마음의 행(行)이, 무상(無相)을 벗어나지 않으므로[不過], 체성(體性)이 공적(空寂)하여 무생(無生)이니, 가히 있는 바 모든 식(識)이 또한, 역시 이와 같음이니라.

○ 121[391] 안근과 색경이 다 공적하여, 고락사(苦樂捨) 3수(三受)가 적멸이다.

何以故 眼眼觸 悉皆空寂 識亦空寂 無有動不動相
하 이 고 안 안 촉 실 개 공 적 식 역 공 적 무 유 동 부 동 상

內無三受 三受寂滅
내 무 삼 수 삼 수 적 멸

무엇 때문이냐면, 눈[眼:眼根]과 안촉[眼觸:色境]이 모두 다 공적하며, 안식[識:眼識]이 또한 공적하여, 동(動)함 없는 부동(不動)의 모습이므로, 안으로 받는 3수[三受:고락사(苦樂捨)]가 없어, 3수(三受)가 적멸이니라.

○ 122[392] 6, 7, 8식이 모두 불생(不生)의 적멸심이니, 무생심(無生心)이다.

耳鼻舌身 心意 意識 及以末那 阿梨耶識[論:續1,2: 阿梨耶]
이 비 설 신 심 의 의 식 급 이 말 나 아 리 야 식 [논:속1,2: 아리야]

亦復如是 皆亦不生 寂滅之心[論:續1,2: 寂滅心] **及無生心**
역 부 여 시 개 역 불 생 적 멸 지 심 [논:속1,2: 적멸심] 급 무 생 심

귀, 코, 혀, 몸, 심의(心意)와 의식[意識:六識], 내지 말나[末那:七識], 아

리야식[阿梨耶識:八識] 또한, 역시 이와 같아 모두 역시, 생(生)이 없어, 적멸심(寂滅心)이므로 또한, 무생심(無生心)이니라.

○ 123[398] 적멸심 무생심을 일으키면, 3수(三受) 3행(三行) 3계(三戒)가 있다.

若生寂滅心 若生無生心 是有生行
약 생 적 멸 심 약 생 무 생 심 시 유 생 행

非無生行菩薩[論:續1,2: 非無生行] **內生三受 三行三戒**
비 무 생 행 보 살 [논:속1,2: 비무생행] 내 생 삼 수 삼 행 삼 계

만약, 적멸심(寂滅心)이라는 생각을 일으키거나 얻으려 하거나, 만약, 무생심(無生心)이라는 생각을 일으키거나 얻으려 하면, 이는, 생(生)의 행(行)이 있음이니라. 무생행(無生行)의 보살이 아니면, 안으로 3수[三受:고락사(苦樂捨)]를 일으켜, 3행[三行:신구의행(身口意行)]과 3계[三戒:신구의계(身口意戒)]가 있느니라.

○ 124[401] 불생심(不生心)이면, 증득(證得)과 증득 없음에도 머물지 않는다.

若已寂滅[論:續1,2: 若寂滅生] **生心不生**[論: 心不生][續1,2: 心則不生]
약 이 적 멸 [논:속1,2: 약적멸생] 생 심 불 생 [논: 심불생][속1,2: 심즉불생]

心常寂滅 無功無用 不證寂滅相 亦不住於無證
심 상 적 멸 무 공 무 용 부 증 적 멸 상 역 부 주 어 무 증

만약, 이미 적멸(寂滅)하여, 생(生)하는 마음이 불생(不生)이면, 마음이 항상 적멸(寂滅)하여 작용이 없으니, 성취(成就)의 공과(功果)도 끊어져, 적멸상(寂滅相)을 증(證)함도 아니며, 또한, 증(證)함이 없음에도 머무르지 않느니라.

○ 125[402] 무생심은 생(生)도 행(行)도 없어, 삼매와 좌선에도 머묾 없다.

可處無住 摠持無相 則[論:續1,2: 即]**無三受**
가 처 무 주 총 지 무 상 즉 [논:속1,2: 즉] 무 삼 수

三行三戒[論: 等三][續1,2: 三受等三]
삼 행 삼 계 [논: 등삼][속1,2: 삼수등삼]

悉皆寂滅 清淨無住 不入三昧 不住坐禪 無生無行
실 개 적 멸 청 정 무 주 불 입 삼 매 부 주 좌 선 무 생 무 행

가히, 무엇에도 머무름이 없어 무상(無相)의 총지(總持)이니 곧, 3수[三
受:苦樂捨]가 끊어져, 3행[三行:身口意行] 3계[三戒:身口意戒]가 모두 다
적멸(寂滅)하여 청정하므로 머무름이 없으니, 삼매(三昧)에도 들지 않
으며, 좌선(坐禪)에도 머무르지 않으므로, 생(生)도 없고 행(行)도 끊어
졌느니라.

○126[404] 선(禪)은 환란(幻亂)을 그치는데 어찌, 선(禪)도 아니라 하옵니까?

心王菩薩言 禪能攝動 定諸幻亂 云何不禪
심 왕 보 살 언 선 능 섭 동 정 제 환 란 운 하 불 선

심왕보살이 말씀 사뢰오며 여쭈옵기를, 선(禪)은, 능히 동(動)함을 다스
리며, 모든[諸:五陰諸識] 환란(幻亂)을 고요하게 함이온데, 어찌하여, 선
(禪)도 아니라고 하시옵니까?

○127[405] 그것은 동(動)함이니, 동(動)함 없음이 무생선(無生禪)이다.

佛言 菩薩 禪即是動[大:續1,2: 禪即是動] **不動不禪 是無生禪**
불 언 보 살 선 즉 시 동 [대:속1,2: 선즉시동] 부 동 부 선 시 무 생 선

부처님께옵서 말씀하옵기를, 보살이여! 선(禪)이 곧, 그러함은 동(動)이
니라. 동(動)이 없어, 선(禪)도 없는 이것이, 무생선(無生禪)이니라.

○128[406] 선(禪)의 성품을 깨달아, 동정(動靜) 없는 무생(無生)을 얻는다.

禪性無生 離生禪相 禪性無住 離住禪動
선 성 무 생 이 생 선 상 선 성 무 주 이 주 선 동

若知禪性[論: 知禪性] **無有動靜 即**[大:續1,2: 即] **得無生**
약 지 선 성 [논: 지선성] 무 유 동 정 즉 [대:속1,2: 즉] 득 무 생

선(禪)의 성품이 무생(無生)이므로, 선(禪)의 모습이나, 생(生)함을 벗어
나야, 선(禪)의 성품인, 머무름 없음이니라. 선(禪)이, 동(動)함이나 머무

름을 벗어나 만약, 선(禪)의 성품을 깨달으면, 움직임[動]도, 고요함[靜]도 끊어져 곧, 무생(無生)을 얻느니라.

○129[409] 동(動)함 없는 지혜로, 무생(無生) 반야바라밀을 얻는다.

無生般若 亦不依住 心亦不動 以是智故
무생반야 역불의주 심역부동 이시지고
故得無生般若波羅蜜
고득무생반야바라밀

무생(無生) 반야(般若) 또한, 무엇에 의지하거나 머무름이 없으므로, 마음이 역시, 동(動)함이 없어, 이러한 지혜인 까닭에 그러므로, 무생(無生)인 반야바라밀(般若波羅蜜)을 얻느니라.

○130[410] 무생(無生) 반야(般若)는, 일체처(一切處)에 머무름이 없사옵니다.

心王菩薩言 尊者 無生般若 於一切處無住 於一切處無離
심왕보살언 존자 무생반야 어일체처무주 어일체처무리
心無住處 無處住心
심무주처 무처주심

심왕보살이 말씀 사뢰옵기를, 세존이시여! 무생(無生) 반야(般若)는, 일체처(一切處)에 머묾이 끊어져, 일체처(一切處)를 벗어남도 없고, 마음이 머무른 곳도 없어, 어느 곳에 머무를 마음도 끊어졌사옵니다.

○131[410] 머무른 마음도 없어, 생(生)함도 머무름도 없사옵니다.

無住無心 心無生住 如此住心 即[大:續1,2: 卽]無生住
무주무심 심무생주 여차주심 즉 [대:속1,2: 즉] 무생주

머무름도 끊어지고, 마음[受想行識]도 없으니, 마음을 일으키거나 머묾도 없사옵니다. 이렇게 머무른 마음, 여(如)이니 곧, 생(生)도, 머무름도 없사옵니다.

◯ 132[411] 생(生)도 행(行)도 없는 불가사의라, 설(說)할 수 없사옵니다.

尊者 心無生住[論:續1,2: 心無生行] **不可思議 不思議中**
존 자 심 무 생 주 [논:속1,2: 심무생행] 불 가 사 의 부 사 의 중

可不可說
가 불 가 설

세존이시여! 마음이, 생(生)하거나 머묾이 끊어져, 불가사의이오며, 생각하거나, 논의(論議)할 수 없는 것은 가히, 설할 수가 없사옵니다.

◯ 133[412] 불가사의(不可思議)하여, 설(說)할 수 없느니라.

佛言 如是如是
불 언 여 시 여 시

부처님께옵서 말씀하옵기를, 그렇고, 그러하니라.

◯ 134[412] 미증유(未曾有)라 찬탄하며, 게송을 올리었다.

心王菩薩 聞如是言 歎未曾有 而說偈言
심 왕 보 살 문 여 시 언 탄 미 증 유 이 설 게 언

심왕보살이 이와 같은 말씀을 들으며, 지금까지 없었든 일이라 찬탄하며, 게송을 올리었다.

◯ 135[412] 설(說)하지 않은 무생법(無生法)을, 이제야 설(說)하시옵니다.

滿足大智尊 廣說無生法 聞所未曾聞 未說而今說
만 족 대 지 존 광 설 무 생 법 문 소 미 증 문 미 설 이 금 설

대 지혜가 무한 충만으로 구족하신 세존이시여!
광범위하게 자세히, 무생법(無生法)을 설하여 주옵시니
지금까지, 듣지 못한 것을 듣게 되었사오며
아직, 설(說)하지 않은 것을, 이제야 설(說)하시옵니다.

◯ 136[413] 미묘한 감로법(甘露法), 만나기도 뜻을 알기도 어렵사옵니다.

猶如淨甘露 時時乃一出 難遇難思議 聞者亦復難
유여정감로 시시내일출 난우난사의 문자역부난

마치, 미묘한 지혜의 청정 감로(甘露)와 같아서
때[時]가 되고, 때[時]가 되어야만 한번 나오듯
만나기도 어렵고, 뜻이 깊어 헤아리기도 어려우니
듣는 자 역시 또한, 깊고 심오한 뜻 알기가 어렵사옵니다.

◯ 137[413] 위 없는 복전(福田)이며, 최상(最上) 영묘(靈妙)한 약(藥)이옵니다.

無上良福田 寂[論:大:續1,2: 最]**上勝妙藥 爲度衆生故**
무상양복전 최[논:대:속1,2: 최]상 승묘약 위도중생고

而今爲宣說[大: 而今說宣說]
이금위선설[대: 이금설선설]

위 없는, 으뜸의 한량없는 복전(福田)이며
최상(最上)의 수승한, 영묘(靈妙)한 약(藥)이오니
중생들을 구제하시려는 무한 대비(大悲)의 연유로
이제야, 베푸시며, 설(說)하여 주시옵니다.

◯ 138[414] 설(說)하심을 듣고, 대중이 무생(無生) 반야(般若)를 이루었다.

爾時 衆中 聞說此已 皆得無生 無生般若
이시 중중 문설차이 개득무생 무생반야

이때 대중들이, 이 설하심을 듣고, 다 무생(無生)을 얻어, 무생(無生) 반야(般若)를 이루었다.

金剛三昧經 本覺利品 第四
금강삼매경 본각리품 제사

○ 139[415] 무주보살이 청정경지에 들어, 심신부동(心身不動)이었다.

爾時 無住菩薩 聞佛所說 一味眞實 不可思議 從遠近來
이 시 무 주 보 살 문 불 소 설 일 미 진 실 불 가 사 의 종 원 근 래

親如來座 專念諦聽 入淸白處 身心不動
친 여 래 좌 전 념 체 청 입 청 백 처 신 심 부 동

이때 무주보살이, 부처님께옵서 설하시는 바를 듣고, 일미(一味) 진실(眞實)이, 불가사의하여, 멀리에서 일어나 근처에 와서, 여래(如來)의 자리 가까이 앉아, 자세히 살펴 듣기를 오직 전념하니, 일체가, 청백(淸白)한 경지에 들어, 심신(心身)이 부동(不動)이었다.

○ 140[415] 어디에서 왔으며, 지금 어디에 이르렀는가?

爾時 佛告無住菩薩言 汝從何來 今至何所
이 시 불 고 무 주 보 살 언 여 종 하 래 금 지 하 소

이때 부처님께옵서, 무주보살에게 말씀하옵기를, 그대는 어디에서 왔으며, 지금 어디에 이르렀는가?

○ 141[416] 근본(根本) 없음에서 와, 근본(根本) 없음에 이르렀사옵니다.

無住菩薩言 尊者 我從無本來 今至無本所
무 주 보 살 언 존 자 아 종 무 본 래 금 지 무 본 소

무주보살이 말씀 사뢰옵기를, 세존이시여! 저는, 근본(根本) 없음에서 왔으며, 지금, 근본(根本) 없음에 이르렀사옵니다.

○142[416] 본래(本來) 온 것도 아니며, 이른 곳도 없다.

佛言 汝本不從來 今本不至所[論:續1,2: 今亦不至所]
불언 여본부종래 금본부지소 [논:속1,2: 금역부지소]

汝得本利 不可思議 是大菩薩摩訶薩
여득본리 불가사의 시대보살마하살

부처님께옵서 말씀하옵기를, 그대는, 본래 온 것도 아니며, 지금, 근본 (根本)에 이른 것도 아니니라. 그대가 들음[得]이, 본성(本性) 실제[利:實際] 의 불가사의이니, 이제, 대보살마하살이니라.

○143[417] 광명(光明)을 대천(大千)세계에 두루 비추시며, 게송을 설하셨다.

卽[大:續1,2: 卽]**放大光 遍照千界**[論:續1,2: 遍照大千界]**而說偈言**
즉[대:속1,2: 즉] 방대광 변조천계 [논:속1,2: 변조대천계] 이 설게 언

곧, 큰 광명을 놓아, 대천세계(大千世界)를 두루 비추시며, 게송을 설하 셨다.

○144[417] 보살(菩薩)이여, 지혜가 원만(圓滿)하고 구족(具足)하구나.

大哉菩薩 智慧滿足
대 재 보 살 지 혜 만 족

훌륭하도다. 보살이여!
지혜가, 원만(圓滿)하고 구족(具足)하구나.

○145[417] 본성(本性)으로, 중생(衆生)을 이익(利益)되게 해야 한다.

常以本利 利益衆生
상 이 본 리 이 익 중 생

항상, 본성(本性) 실제[利:實際]로써
중생을, 이익(利益)되게 해야하느니라.

○146[418] 본성(本性) 성품에 머물러, 불퇴전(不退轉)하게 해야 한다.

於四威儀 常住本利 導諸群庶 [續2: 導諸羣庶]
어 사 위 의　상 주 본 리　도 제 군 서 [속2: 도제군서]

不來不去 [論: 不來去去]
불 래 불 거 [논: 불래거거]

행주좌와(行住坐臥) 4위의(四威儀)에서

항상, 본성(本性) 실제[利:實際]에 머물러

여러, 모든 중생들을 인도(引導)하여

불래[不來: 오고 감이 없는 성품 공능의 이로움]에서

불거[不去: 물러남이 없도록]해야 하느니라.

○147[419] 어떤 전변(轉變)으로, 중생식(衆生識)이 암마라에 들게 되옵니까?

爾時 無住菩薩 而白佛言 尊者 以何利轉
이 시　무 주 보 살　이 백 불 언　존 자　이 하 이 전

而轉衆生一切情識 入庵摩羅 [論:續1,2: 入唵摩羅]
이 전 중 생 일 체 정 식　입 암 마 라 [논:속1,2: 입암마라]

이때 무주보살이 부처님께 말씀 사뢰오며 여쭈옵기를, 세존이시여! 어떤 성품[利:功能]으로 전변(轉變)하여, 중생의 일체 정식(情識)이 변화하여, 암마라(庵摩羅)에 들게 되옵니까?

○148[420] 일각(一覺)으로, 제식(諸識)을 전변(轉變)하여 암마라에 들게 한다.

佛言 諸佛如來 常以一覺 而轉諸識 [續1: 以轉諸識]
불 언　제 불 여 래　상 이 일 각　이 전 제 식 [속1: 이전제식]

入庵摩羅 [論:續1,2: 入唵摩羅]
입 암 마 라 [논:속1,2: 입암마라]

부처님께옵서 말씀하옵기를, 제불(諸佛) 여래(如來)는, 항상, 일각[一覺: 本覺]으로 모든 식(識)을 전변하여, 암마라에 들게 하느니라.

○ 149[423] 중생의 본각(本覺)인 일각으로, 공적무생(空寂無生)이게 한다.

何以故 一切衆生本覺 常以一覺 覺諸衆生 令彼衆生
하 이 고 일 체 중 생 본 각 상 이 일 각 각 제 중 생 영 피 중 생

皆得本覺 覺諸情識 空寂無生
개 득 본 각 각 제 정 식 공 적 무 생

무엇 때문이냐면, 일체중생의 본각(本覺)이기 때문이니라. 항상, 일각(一覺)으로써, 모든 중생을 깨닫게 하며, 저 중생으로 하여금, 모두 본각(本覺)을 얻게 함으로, 모든 정식(情識)의 성품을 깨달아, 공적(空寂)하여 무생(無生)이니라.

○ 150[425] 결정(結定) 본성(本性)은, 본래(本來) 동(動)함이 없느니라.

何以故 決定本性 本無有動
하 이 고 결 정 본 성 본 무 유 동

무엇 때문이냐면, 결정 본성은, 본래 동(動)함이 없기 때문이니라.

○ 151[425] 8종식(八種識)이 일어남이니, 어찌 동(動)함이 아니옵니까?

無住菩薩言 可一八識[續1,2: 可一切識] **皆緣境起 如何不動**
무 주 보 살 언 가 일 팔 식 [속1,2: 가일체식] 개 연 경 기 여 하 부 동

무주보살이 말씀 사뢰오며 여쭈옵기를, 가히, 일체(一切) 8종식(八種識)이, 다 인연(因緣)의 경계로 일어남이오니, 어찌하여, 동(動)함이 아니라고 하시옵니까?

○ 152[449] 식(識)이 본래(本來) 공(空)하여, 인연(因緣)의 성품이 끊어졌다.

佛言 一切境本空 一切識本空 空無緣性 如何緣起
불 언 일 체 경 본 공 일 체 식 본 공 공 무 연 성 여 하 연 기

부처님께옵서 말씀하옵기를, 일체(一切) 경계가 본래 공(空)하므로, 일체(一切) 식(識)도 본래 공(空)하니라. 공(空)에는, 인연의 성품이 끊어졌으니, 어찌, 인연하여 일어남이 있겠느냐?

○153[449] 일체(一切) 경계(境界)가 공(空)이면, 어찌 봄이 있사옵니까?

無住菩薩言 一切境空 如何有見[論: 如何見] [續1,2: 如何言見]
무 주 보 살 언 일 체 경 공 여 하 유 견 [논: 여하견] [속1,2: 여하언견]

무주보살이 말씀 사뢰오며 여쭈옵기를, 일체(一切) 경계가 공(空)이오면, 어찌하여 보는 바가 있사옵니까?

○154[450] 만유(萬有)가 무생무상(無生無相)이며, 자성이 없어 공적하다.

佛言 見卽爲妄[大:續1,2: 見卽爲妄] **何以故 一切萬有**
불 언 견 즉 위 망 [대:속1,2: 견즉위망] 하 이 고 일 체 만 유

無生無相 本不自名 悉皆空寂
무 생 무 상 본 부 자 명 실 개 공 적

부처님께옵서 말씀하옵기를, 봄(見)이 즉, 허망(虛妄)이니라. 무엇 때문이냐면, 일체(一切) 만유(萬有)가 무생(無生)이며 무상(無相)이므로, 본래 자성(自性)이라 이름할 것이 없어, 모두 다 공적(空寂)하니라.

○155[451] 몸도 있지 않음인데, 어찌 봄이 있겠느냐?

一切法相 亦復如是 一切衆生身 亦如是 身尙不有
일 체 법 상 역 부 여 시 일 체 중 생 신 역 여 시 신 상 불 유

云何有見[論: 云何見]
운 하 유 견 [논: 운하견]

일체(一切) 법상이 또한 역시, 이와 같으며, 일체중생의 몸도 또한, 이와 같아, 몸도 오히려 있지 않음인데, 어찌, 봄이 있겠느냐?

○156[452] 일체(一切)가 공(空)이면, 각(覺)도 공(空)하옵니까?

無住菩薩言 一切境空 一切身空 一切識空 覺亦應空
무 주 보 살 언 일 체 경 공 일 체 신 공 일 체 식 공 각 역 응 공

무주보살이 말씀 사뢰오며 여쭈옵기를, 일체(一切) 경계가 공(空)하오면, 일체(一切) 몸도 공(空)하며, 일체(一切) 식(識)도 공(空)함이니, 각[覺: 本覺]도 역시, 응당 공(空)하옵니까?

○ 157[453] 일각(一覺)은 결정성이므로, 공(空)도 불공(不空)도 끊어졌다.

佛言 可一覺者 不毁不壞 決定性故[論: 決定性]
불언 가일각자 불훼불괴 결정성고[논: 결정성]

非空非不空 無空不空
비공비불공 무공불공

부처님께옵서 말씀하옵기를, 가히, 일각(一覺)은 훼손하지 못하며, 파괴하지도 못하는 결정성(結定性)인 까닭으로, 공(空)도 아니며, 공(空)이 아님도 아니므로, 공(空)과 불공(不空)도 끊어졌느니라.

○ 158[455] 일체 경계(境界)가 공(空)도 아니며, 공(空) 아닌 것도 아니옵니까?

無住菩薩言 諸境亦然 非空相 非無空相
무주보살언 제경역연 비공상 비무공상

무주보살이 말씀 사뢰오며 여쭈옵기를, 모든 경계가 역시, 그러하오면, 공(空)한 모습도 아니며, 공(空)한 모습이 없는 것도 아니옵니까?

○ 159[456] 경계(境界)의 성품은 본래(本來) 결정성이므로, 처소(處所)가 없다.

佛言 如是 彼可境者 性本決定 決定性根 無有處所
불언 여시 피가경자 성본결정 결정성근 무유처소

부처님께옵서 말씀하옵기를, 그러하니라. 가히 저 경계는, 성품이 본래 결정된 것이므로, 결정성(結定性)인 근본은, 처소(處所)가 없느니라.

○ 160[458] 각(覺)도, 처소(處所)가 없사옵니까?

無住菩薩言 覺亦如是 無有處所
무주보살언 각역여시 무유처소

무주보살이 말씀 사뢰오며 여쭈옵기를, 각[覺:菩提]도 또한, 이와 같아서, 처소(處所)가 없사옵니까?

◯ 161[459] 청정(淸淨) 성품은 처소(處所)가 없어, 각(覺)도 색(色)도 없다.

佛言 如是 覺無處故淸淨[續2: 覺無處所故淸淨] 淸淨無覺
불언 여시 각무처고청정 [속2: 각무처소고청정] 청정무각

物無處故淸淨[續1,2: 物無處所故淸淨] 淸淨無色
물무처고청정 [속1,2: 물무처소고청정] 청정무색

부처님께옵서 말씀하옵기를, 그러하니라. 각[覺:菩提]은, 처소(處所)가 없는 까닭으로 청정(淸淨)하며, 청정(淸淨)에는, 각[覺:菩提]도 없느니라. 만물(萬物)은, 처소(處所)가 없는 까닭으로 청정(淸淨)하며, 청정(淸淨)에는, 색[色:色聲香味觸]도 없느니라.

◯ 162[461] 마음과 안근(眼根)과 안식(眼識)이 공(空)하여, 불가사의옵니다.

無住菩薩言 心眼識 亦復如是 不可思議
무주보살언 심안식 역부여시 불가사의

무주보살이 말씀 사뢰옵기를, 마음[受想行識]과 안근(眼根)과 안식(眼識)이 역시, 또한 이와 같아, 불가사의이옵니다.

◯ 163[461] 마음과 안근(眼根)과 안식(眼識)이 공(空)하여, 불가사의이다.

佛言 心眼識 亦復如是 不可思議
불언 심안식 역부여시 불가사의

부처님께옵서 말씀하옵기를, 마음[受想行識]과 안근(眼根)과 안식(眼識)이 역시 또한, 이와 같아서, 불가사의이니라.

◯ 164[462] 색(色)과 눈과 마음이 청정하여, 식(識)의 처소(處所)가 없다.

何以故 色無處所 淸淨無名 不入於內 眼無處所
하이고 색무처소 청정무명 불입어내 안무처소

淸淨無見 不出於外 心無處所 淸淨無止[論: 淸淨無上]
청정무견 불출어외 심무처소 청정무지 [논: 청정무상]

無有起處 識無處所
무유기처 식무처소

무엇 때문이냐면, 색(色)은, 처소(處所)가 없어 청정(淸淨)하여, 이름할 바가 끊어졌으므로 안으로 듦도 없으며, 눈이, 처(處)한 바가 없어 청정(淸淨)하여, 봄이 끊어졌으므로 밖으로 나감도 없느니라. 마음도, 처(處)한 바가 끊어져, 청정(淸淨)하여 그칠 것도 끊어졌으니, 일으키거나, 처(處)한 바가 없으므로, 식(識)의 처소(處所)가 없느니라.

○165[463] 성품이 청정(淸淨)하여 동(動)함이 없으니, 깨달음도 없다.

淸淨無動 無有緣別 性皆空寂 性無有覺 覺則爲覺
청 정 무 동 무 유 연 별 성 개 공 적 성 무 유 각 각 즉 위 각

청정(淸淨)하여 동(動)함이 없으니, 유[有:相]에 인연한 분별도 끊어져, 성품이 다 공적(空寂)하니라. 성품에는, 깨달음이 있음도 끊어져야, 각[覺:菩提]을 곧, 깨달았다 할 수가 있느니라.

○166[463] 금강지(金剛智)의 성품은, 해탈(解脫)의 도(道)도 끊어졌느니라.

善男子 覺知無覺 諸識則入 何以故 金剛智地 解脫道斷
선 남 자 각 지 무 각 제 식 즉 입 하 이 고 금 강 지 지 해 탈 도 단

선남자여! 깨달으면, 깨달음도 [깨달음의] 앎도 끊어지므로, 모든 식(識)이 곧, 소멸[入:消滅]하느니라. 무엇 때문이냐면, 금강지[金剛智:결정성의 지혜]의 성품[本地]에는, 해탈(解脫)의 도(道)도 끊어졌느니라.

○167[466] 머무름 없는 성품에 들면, 처소(處所) 없는 결정성의 성품이다.

斷已入無住地 無有出入 心處無在 決定性地
단 이 입 무 주 지 무 유 출 입 심 처 무 재 결 정 성 지

이미 끊어진, 머무름 없는 성품[本地]에 들면, 출입이 끊어져, 마음이 처소(處所)가 없는, 결정성(決定性)의 성품[本地]이니라.

○168[467] 청정성품은 불지혜(佛智慧) 경지이며, 제식이 불생(不生)이다.

其地淸淨 如淨琉璃 性常平等 如彼大地
기 지 청 정 여 정 유 리 성 상 평 등 여 피 대 지

覺妙觀察 如慧日光 利成得本 如大法雨
각묘관찰 여혜일광 이성득본 여대법우

入是智者 是入佛智地 入智地者 諸識不生
입시지자 시입불지지 입지지자 제식불생

그 성품[地]은 청정하여 맑고 투명한 유리(琉璃)와 같고, 성품이 항상 평등하여 저 대지(大地)와 같으며, 각(覺)의 묘관찰(妙觀察)은 그 지혜가 일광(日光)과 같고, 본성을 얻어 성취한 성품의 실제[利:實際]는 큰 법비[法雨]와 같으니라. 이 지혜에 든 것이어야, 이것이 불지혜(佛智慧)의 성품[地]에 듦이며, 이 지혜의 성품에 든 자(者)이어야, 제식(諸識)이 불생(不生)이니라.

○169[469] 일각(一覺)의 지혜 4홍지는, 중생 본각의 실제(實際)이옵니다.

無住菩薩言 如來所說 一覺聖力 四弘智地
무주보살언 여래소설 일각성력 사홍지지

即一切衆生[論: 即一切生][大:續1,2: 即一切衆生] 本根覺利
즉 일 체 중 생 [논: 즉일체생][대:속1,2: 즉일체중생] 본 근 각 리

무주보살이 말씀 사뢰옵기를, 여래(如來)께옵서 설하신 일각(一覺)의 성스러운 지혜의 힘은, 4종[四種:대원경지(大圓鏡智), 평등성지(平等性智), 묘관찰지(妙觀察智), 성소작지(成所作智)] 큰 지혜의 경지이오니 곧, 일체중생의 본성(本性)인, 근본 각(覺)의 실제[利:實際]이옵니다.

○170[470] 4홍지(四弘智)는, 이 몸 가운데 본래(本來) 충만(充滿)입니다.

何以故 一切衆生 即[大:續1,2: 即]此身中 本來滿足
하 이 고 일 체 중 생 즉 [대:속1,2: 즉]차 신 중 본 래 만 족

무슨 연유인가 하오면, 일체중생이 곧, 이 몸[身] 가운데, 본래 충만하여, 구족(具足)하기 때문이옵니다.

○171[479] 중생의 성품이 무루(無漏)이나, 아직 항복 받지 못하였다.

佛言 如是 何以故 一切衆生 本來無漏 諸善利本
불 언 여 시 하 이 고 일 체 중 생 본 래 무 루 제 선 이 본

今有欲剌 爲未降伏
금유욕자 위미항복

부처님께옵서 말씀하옵기를, 그러하니라. 무엇 때문이냐면, 일체중생이, 본래 무루(無漏)이기 때문이니라. 모든 선근(善根)의 실제[利:實際] 본성(本性)으로, 욕망의 미혹이 있음을 아직, 항복하지 못하였느니라.

○172[480] 중생이 법(法)을 집착하면, 어떻게 조복(調伏)해야 하옵니까?

無住菩薩言 若有衆生 未得本利 猶有探集 云何降伏難伏
무주보살언 약유중생 미득본리 유유채집 운하항복난복

무주보살이 말씀 사뢰오며 여쭈옵기를, 만약, 중생이 있어, 본성(本性) 실제[利:實際]를 얻지 못하여, 오히려, 법(法)을 쌓고 모은다[探集]면, 어떻게 하면, 항복 받기 어려운 것을, 조복(調伏)하겠사옵니까?

○173[480] 공(空)에 들어, 5음(五陰)이 끊어진 반열반(般涅槃)에 들어야 한다.

佛言 若集若獨行 分別及以染[論:分別及與染] 廻神住空窟
불언 약집약독행 분별급이염 [논: 분별급여염] 회신주공굴

降伏難調伏 [續1(있음): 遠離諸欲剌] 解脫魔所縛
항복난조복 [속1(있음): 원리제욕자] 해탈마소박

超然露地坐 識陰般涅槃
초연노지좌 식음반열반

부처님께옵서 말씀하옵기를, 만약, 법(法)을 쌓고 모으거나, 만약 독각(獨覺)의 행을 하거나, 여러 것에 물들어 법을 분별한다면, 정신을 돌이켜, 공(空)에 머물러 사무치면, 항복(降伏)하기 어려운 것을 조복(調伏)하며, [속1: 모든 욕망을 제거하여 멀리 벗어나] 마(魔)의 속박으로부터 해탈하여, 초연(超然)히 본연(本然)의 성품[露地]에 들어[坐], 식(識)의 5음(五陰)이 끊어진, 반열반(般涅槃)에 드느니라.

○174[482] 반연(伴緣) 없는 독각(獨覺)의 열반에 머물면, 해탈이옵니까?

無住菩薩言 心得涅槃 獨一無伴 常住涅槃 應當解脫
무 주 보 살 언 심 득 열 반 독 일 무 반 상 주 열 반 응 당 해 탈

무주보살이 말씀 사뢰오며 여쭈옵기를, 마음이 열반(涅槃)을 얻어, 독각(獨覺)의 반연[伴:伴緣:對相] 없는, 한 경계(境界)에 항상 머무른 열반(涅槃)이오면, 응당 해탈이옵니까?

○175[482] 열반(涅槃)에 머묾은, 열반(涅槃)에 속박(束縛)됨이다.

佛言 常住涅槃 是涅槃縛
불 언 상 주 열 반 시 열 반 박

부처님께옵서 말씀하옵기를, 항상 열반(涅槃)에 머묾은, 이것은, 열반(涅槃)에 속박(束縛)됨이니라.

○176[483] 열반(涅槃)이 본각(本覺) 성품이며, 본각(本覺)이 열반(涅槃)이다.

何以故 涅槃本覺利 利本覺涅槃 [論: 利本涅槃] [續1,2: 覺利本涅槃]
하 이 고 열 반 본 각 리 이 본 각 열 반 [논: 이본열반] [속1,2: 각리본열반]

무엇 때문이냐면, 열반(涅槃)이, 본각(本覺)의 실제[利:實際]이며, 실제[利:實際] 본각(本覺)이, 열반(涅槃)이니라.

○177[485] 열반(涅槃)과 각(覺)을 분리(分離)하면, 본각(本覺)을 나눔이다.

涅槃覺分 即 [大:續1,2: 卽] 本覺分
열 반 각 분 즉 [대:속1,2: 즉] 본 각 분

열반(涅槃)과 본각[覺:菩提:本覺]을 나누면 곧, 본각(本覺)을 나눔이 되느니라.

○178[486] 각(覺)과 열반(涅槃)이 본래 무생(無生)한 성품이니, 다름이 없다.

覺性不異 涅槃無異 覺本無生 涅槃無生 覺本無滅
각 성 불 이 열 반 무 이 각 본 무 생 열 반 무 생 각 본 무 멸

涅槃無滅 涅槃覺本無異故 [論:續1,2: 涅槃本故]
열 반 무 멸 열 반 각 본 무 이 고 [논:속1,2: 열반본고]

각[覺:本覺]의 성품도 [열반(涅槃)과] 다르지 않으며, 열반(涅槃)도 [각(覺)의 성품과] 다름이 없다. 각[覺:本覺]이 본래 무생(無生)이므로 열반(涅槃)도 무생(無生)이며, 각[覺:本覺]이 본래 멸(滅)함이 없어 열반(涅槃)도 멸(滅)함이 없음이니, 열반(涅槃)과 각[覺:本覺]이, 본래 다름없는 까닭이니라.

○179[500] 열반(涅槃)은 얻을 수 없고, 머무를 수도 없다.

無得涅槃 涅槃無得 云何有住
무 득 열 반 　 열 반 무 득 　 운 하 유 주

얻을 수 없는 것이 열반(涅槃)이며, 열반(涅槃)은, 얻을 수 없음이니, 어찌, 머무를 수 있겠느냐?

○180[500] 각(覺)은 본래 무생(無生)이며, 중생의 분별(分別)을 벗어났다.

善男子 覺者 不住涅槃 何以故 覺本無生 離眾生垢
선 남 자 　 각 자 　 부 쥬 열 반 　 하 이 고 　 각 본 무 생 　 이 중 생 구

선남자여! 깨달은 자는 열반(涅槃)에 머무르지 않느니라. 무엇 때문이냐면, 각[本覺:菩提]은 본래 무생(無生)이니, 중생(眾生)의 때 묻음인, 분별을 벗어났기 때문이니라.

○181[501] 마음이 출입(出入)과 머무름이 끊어져, 암마라식(菴摩羅識)에 든다.

覺本無寂 離涅槃動 住如是地 心無所住 無有出入
각 본 무 적 　 이 열 반 동 　 주 여 시 지 　 심 무 소 주 　 무 유 출 입

入庵摩羅識[論: 入唵摩羅] [續1,2: 入唵摩羅識]
입 암 마 라 식 [논: 입암마라] [속1,2: 입암마라식]

각[覺:本性]의 본성(本性)은 적멸(寂滅)도 끊어져, 구함과 머무름인 동(動)의 열반(涅槃)을 벗어났느니라. 이와 같은 성품[本地]에 머물되, 마음이 머무른 바가 없어야 출입이 끊어져, 암마라식에 드느니라.

○ **182**[511] 암마라식(菴摩羅識)에 들려면, 암마라식을 얻어야 하옵니까?

無住菩薩言 庵摩羅識[論:續1,2: 唵摩羅識] **是有入處**
무주보살언 암마라식 [논:속1,2: 암마라식] 시 유 입 처

處有所得 是得法也[續2: 是得法耶]
처 유 소 득 시 득 법 야 [속2: 시득법야]

무주보살이 말씀 사뢰오며 여쭈옵기를, 암마라식 이것이 있어 들어야 할 곳이오면, 얻어야 할 바가 있는 곳이오니, 이 법을 얻어야 하옵니까?

○ **183**[511] 본래 암마라식(菴摩羅識) 속에 있음이나, 깨닫지 못할 뿐이다.

佛言 不也[論: 不] **何以故 譬如迷子 手執金錢 而不知有**
불 언 불 야 [논: 불] 하 이 고 비 여 미 자 수 집 금 전 이 불 지 유

遊行十方 經五十年 貧窮困苦 專事求索 而以養身
유 행 시 방 경 오 십 년 빈 궁 곤 고 전 사 구 색 이 이 양 신

而不充足 其父見子 有如是事 而謂子言 汝執金錢
이 불 충 족 기 부 견 자 유 여 시 사 이 위 자 언 여 집 금 전

何不取用 隨意所須 皆得充足 其子醒已 而得金錢
하 불 취 용 수 의 소 수 개 득 충 족 기 자 성 이 이 득 금 전

心大歡喜 而謂得錢 其父謂言 迷子 汝勿欣懌 所得金錢
심 대 환 희 이 위 득 전 기 부 위 언 미 자 여 물 흔 역 소 득 금 전

是汝本物 汝非有得 云何可喜
시 여 본 물 여 비 유 득 운 하 가 희

부처님께옵서 말씀하옵기를, 아니니라. 무엇 때문이냐면, 비유하여, 미혹한 아들이 수중에 금전을 지니고 있어도, 가지고 있음을 알지 못해, 시방을 떠돌며 50년 세월이 흘러, 가난이 극심하여 고통스러운 어려움에 괴로움을 겪으면서, 일할 곳을 찾고 구하며, 몸을 보존하려 하여도 충족하지를 못하다가, 그 아버지가 아들을 만나, 이 같은 일이 있었음을 알고, 아들에게 말을 하며, 네가 금전을 지니고 있으니, 어찌하여 가진 돈을 사용하지 않는가를 물으며, 원하는 바의 뜻을 따라 사용하면, 모두 충족함을 얻을 것이다. 하니, 그 아들이 마침 깨닫고는, 금전을 얻었으므로, 마음이 크게 기뻐 어찌할 줄을 몰라, 금전을

얻었다고 하므로, 그 아버지가 말하기를, 어리석은 아들아! 너는 기뻐하며, 즐거워하지 말라. 얻었다고 생각하는 금전은, 네가 본래 가지고 있었던 물건이지, 네가 얻은 것이 아니거늘, 어찌하여 그렇게 기뻐하느냐? 하였다.

○184[512] 본래(本來), 암마라식(菴摩羅識)을 벗어난 적이 없다.

善男子 庵摩羅者[論:續1,2: 唵摩羅者] 亦復如是 本無出相
선 남 자 암 마 라 자 [논:속1,2: 암마라자] 역 부 여 시 본 무 출 상

今即[論: 今則][續1,2: 今卽]非入 昔迷故非無 今覺故非入
금 즉 [논: 금즉] [속1,2: 금즉] 비 입 석 미 고 비 무 금 각 고 비 입

선남자여! 암마라도 역시 또한, 이와 같아서, 본래 [암마라] 모습을 벗어난 적도 없어, 지금 곧, [암마라에] 듦도 아니니라. 옛적, 미혹(迷惑)하였을 때에도 [암마라가] 없었든 것도 아니며, 지금 깨달은 까닭으로 [암마라에] 듦도 아니니라.

○185[513] 괴로움을 겪은 뒤에, 고통(苦痛)을 벗는 법(法)을 말씀하옵니까?

無住菩薩言 彼父知其子迷 云何經五十年 十方遊歷
무 주 보 살 언 피 부 지 기 자 미 운 하 경 오 십 년 시 방 유 력

貧窮困苦 方始告言
빈 궁 곤 고 방 시 고 언

무주보살이 말씀 사뢰오며 여쭈옵기를, 저 아버지가, 그 아들의 어리석음을 알았다면, 어찌, 50년 세월이 지나도록, 시방(十方)을 떠돌아다니며, 가난이 극심하여 고통스러운 어려움과 괴로움을 겪은 뒤에야, 비로소, 고통을 벗어나는 방법을 말하였사옵니까?

○186[514] 세월이 한 생각이며, 시방을 떠돎이 사량(思量) 분별(分別)이다.

佛言 經五十年者[論: 經五十年] 一念心動 十方遊歷 遠行遍計
불 언 경 오 십 년 자 [논: 경오십년] 일 념 심 동 시 방 유 력 원 행 변 계

부처님께옵서 말씀하옵기를, 50년 세월은, 한 생각 마음이 움직임이

며, 시방(十方)을 떠돌아다님은, 오래도록 두루 사량(思量)하고, 분별한 행(行)을 일컫느니라.

◯ 187[514] 무엇이, 한 생각이옵니까?

無住菩薩言 云何一念心動
무 주 보 살 언   운 하 일 념 심 동

무주보살이, 말씀 사뢰오며 여쭈옵기를, 무엇이, 한 생각, 마음이 움직임이옵니까?

◯ 188[515] 한 생각이 5음(五陰)이며, 한 생각에 50악(五十惡)이 갖추었다.

佛言 一念心動 五陰俱生 [論: 五陰具生] **五陰生中 具五十惡**
불 언 일 념 심 동 오 음 구 생 [논: 오음구생] 오 음 생 중 구 오 십 악

부처님께옵서 말씀하옵기를, 한 생각, 마음이 움직이므로, 5음[五陰: 色受想行識]이 함께 일어나느니라. 5음(五陰)이 일어나는 가운데는, 50악(五十惡)이 갖추어지느니라.

◯ 189[516] 어떻게, 한 생각이 일어나지 않도록 해야 하옵니까?

無住菩薩言 遠行遍計 遊歷十方 一念心生 具五十惡
무 주 보 살 언 원 행 변 계 유 력 시 방 일 념 심 생 구 오 십 악

云何令彼衆生 無生一念
운 하 영 피 중 생 무 생 일 념

무주보살이 말씀 사뢰오며 여쭈옵기를, 오래도록 분별하고 사량(思量)하여 시방(十方)을 떠돌아 다니며, 한 생각 마음을 일으켜, 50가지 악(惡)을 갖추었다면, 저 중생들로 하여금 어떻게, 한 생각 일어남이 없도록 해야 하옵니까?

◯ 190[516] 마음이 안좌(安坐)하여 금강지(金剛智)에 들면, 한 생각이 없다.

佛言 令彼衆生 安坐心神 住金剛地 靜念無起 心常安泰
불 언 영 피 중 생 안 좌 심 신 주 금 강 지 정 념 무 기 심 상 안 태

即無一念 [大: 即無一念] [續1,2: 即無生一念]
즉 무 일념 [대: 즉무일념] [속1,2: 즉무생일념]

부처님께옵서 말씀하옵기를, 저 중생들로 하여금, 심신(心神)이 안정(安定)
되어, 동(動)함이 없어[坐] 금강지(金剛地)에 머물면, 생각이 일어남이 끊어
져, 적정(寂靜)하여 마음이 항상 크게 평안하며 곧, 한 생각이 없으리라.

◯ 191[517] 생각 일어나지 않음이 각이며 곧, 본각실제(本覺實際)이옵니다.

無住菩薩言 不可思議 覺念不生 其心安泰
무 주 보 살 언 불 가 사 의 각 념 불 생 기 심 안 태
即 [大:續1,2: 即] 本覺利
즉 [대:속1,2: 즉] 본 각 리

무주보살이 말씀 사뢰옵기를, 불가사의이옵니다. 생각이 일어나지 않
음이 각[覺:菩提]이며, 그 마음 크게 평안함이 곧, 본각(本覺)의 실제[利:
實際]이옵니다.

◯ 192[518] 깨달음도, 깨달음의 앎도 끊어진 것이 각(覺)이옵니다.

利無有動 常在不無 無有不無 不無不覺 覺知無覺
이 무 유 동 상 재 불 무 무 유 불 무 불 무 불 각 각 지 무 각

동(動)함 없는 성품 실제[利:實際]는 항상하므로, 없어지는 존재가 아니
옵니다. 없어지지 않음은, 유[有:相]가 끊어졌기 때문이옵니다. 없어지
지 않는 것은, 깨달음으로 얻는 것이 아니옵니다. 깨달음도, [깨달음의]
앎도, 끊어진 것이 각[覺:菩提]이 옵니다.

◯ 193[521] 본성(本性)이 본각(本覺)이며, 각(覺)은 결정성(結定性)입니다.

本利本覺 覺者淸淨 無染無著 [論:續1,2: 無染]
본 리 본 각 각 자 청 정 무 염 무 착 [논:속1,2: 무염]
不變不易 決定性故 不可思議
불 변 불 역 결 정 성 고 불 가 사 의

본성(本性) 실제[利:實際]가 본각(本覺)이오니, 각[覺:本覺]이란 것은 청정(淸淨)하여 물듦이 없고, 집착이 없으며, 변하지도 않고, 바뀌지도 않음은, 결정성(結定性)인 까닭이오니, 불가사의이옵니다.

○194[524] 그러하니라.

佛言 如是
불 언 여 시

부처님께옵서 말씀하옵기를, 그러하니라.

○195[524] 무주보살(無住菩薩)이, 게송(偈頌)을 올리었다.

無住菩薩 聞是語已 得未曾有 而說偈言
무 주 보 살 문 시 어 이 득 미 증 유 이 설 게 언

무주보살이 이 말씀을 다 듣고, 지금까지 얻지 못하였든 것을 얻고서, 게송을 올리었다.

○196[525] 무생심(無生心)은 항상하여, 멸(滅)하지 않사옵니다.

尊者大覺尊 說生無念法 無念無生心 心常生不滅
존 자 대 각 존 설 생 무 념 법 무 념 무 생 심 심 상 생 불 멸

세존이시여! 원만 대각(大覺)을 이루신 세존이시여!
중생들에게 무념법(無念法)을 설하시오니
생각이 끊어진 무생심(無生心)은
마음이 항상하여, 생(生)도 멸(滅)도 아니옵니다.

○197[525] 본각(本覺)의 성품을 얻어도, 얻음이 아니옵니다.

一覺本覺利 利諸本覺者 如彼得金錢
일 각 본 각 리 이 제 본 각 자 여 피 득 금 전

所得即非得 [大:續1,2: 所得即非得]
소 득 즉 비 득 [대:속1,2: 소득즉비득]

일각(一覺)은, 본각(本覺)의 성품 실제[利:實際]이오니
성품 실제[利:實際]로, 모두 본각(本覺)의 사람이게 하심은
저 금전(金錢)을 얻음과 같음이어서
얻은바 이오나 곧, 얻음이 아님이옵니다.

○ 198[526] 대중이, 본각(本覺)의 실제(實際) 반야바라밀을 얻었다.
爾時 大衆 聞說是語 皆得本覺利般若波羅蜜
이 시 대 중 문 설 시 어 개 득 본 각 리 반 야 바 라 밀

이때 대중들이, 이 설하심의 말씀을 듣고 모두, 본각(本覺)의 성품 실제
[利:實際]인, 반야바라밀(般若波羅蜜)을 얻었다.

金剛三昧經 入實際品 第五
금강삼매경 입실제품 제오

○ **199[527]** 본각(本覺) 실제(實際) 성품으로, 모든 중생을 제도(濟度)하라.

於是如來 作如是言 諸菩薩等 本利深入 可度衆生
어시여래 작여시언 제보살등 본리심입 가도중생

이에, 여래께옵서 이와 같이 말씀하옵기를, 모든 보살들은, 본각(本覺)
실제[利:實際]에 깊이 들어가, 가히 모든 중생을 제도해야 하느니라.

○ **200[527]** 훗날, 중생 근기(根機)에 상응(相應)한 법(法)을 설(說)해야 한다.

若後非時 應如說法
약후비시 응여설법

時說利不俱 [大: 時說利不但] [論:續1,2: 時利不俱]
시 설 리 불 구 [대: 시설리불단] [논:속1,2: 시리불구]

順不順說 非同非異 相應如說
순불순설 비동비이 상응여설

만약, 훗날 [정법(正法)의] 시절이 아니면, 응당 설하는 법이 같아도, 시
절이 [정법(正法)의 선근(善根)이 부족하여] 설하는 법의 실제[利:實際]에
함께하지 못할 것이니, 순응(順應)할 수 있는 법으로 또는, 순응(順應)하
지 못하는 법이어도 설하여, 그들의 성품과 같지도 않게 또한, 다르지
도 않도록 상응(相應)하여, 그들에 맞게 설해야 하느니라.

○ 201[528] 5공(五空)의 성품에서, 출입(出入)과 취사(取捨)가 없게 해야한다.

引諸情智 流入薩婆若海 [論: 流入薩般若海]
인 제 정 지 유 입 살 바 야 해 [논: 유입살반야해]

無令可衆揖彼虛風 悉令彼庶 一味神乳 [論: 一味神孔]
무 령 가 중 읍 피 허 풍 실 령 피 서 일 미 신 유 [논: 일미신공]

世聞非世聞 [論: 世聞非世] [大·續1,2: 世間非世間]
세 간 비 세 간 [논: 세간비세] [대·신1,2: 세간비세간]

住非住處 五空出入 無有取捨
주 비 주 처 오 공 출 입 무 유 취 사

모든 정(情)과 견해[智:見解]를 이끌어, 불지혜(佛智慧)의 바다로 흘러들게 하여, 가히, 중생들이, 저 허망한 정(情)과 견해(見解)의 바람에 이끌림이 없도록 해야 하느니라. 저들로 하여금 모두, 일미(一味)의 불가사의[神] 법유(法乳)로, 세간(世間)이 세간이 아니며, 머묾이 머무를 곳이 아닌 5공(五空)에서, 출입(出入)과 취사(取捨)가 없게 해야 하느니라.

○ 202[530] 모든 법(法)이 유(有)도 무(無)도 아님은, 무결정성이기 때문이다.

何以故 諸法空相 性非有無 [論: 法性非無] 非無不無
하 이 고 제 법 공 상 성 비 유 무 [논: 법성비무] 비 무 불 무

不無不有 無決定性 不住有無
불 무 불 유 무 결 정 성 부 주 유 무

무엇 때문이냐면, 모든 법이 공(空)한 모습이므로, 성품이 유(有)도 무(無)도 아니기 때문이니라. 무(無)가 아님은 없음이 아니기 때문이며, 없음이 아니어도 유(有)도 아님은, 무결정성(無結定性)이므로, 유(有)에도 무(無)에도 머물지 않기 때문이니라.

○ 203[533] 결정성(結定性)은, 성인(聖人)의 지혜로도 찾을 수 없다.

非彼有無 凡聖之智 [續2: 凡聖之皆] 而能測隱
비 피 유 무 범 성 지 지 [속2: 범성지개] 이 능 측 은

저 유(有)와 무(無)가 아님은, 범부(凡夫)는 물론, 성인(聖人)의 지혜로써

능히 헤아려도, 찾을 수가 없느니라.

◯ 204[534] 보살(菩薩)이 결정성(結定性)을 깨달으면, 보리(菩提)를 얻는다.

諸菩薩等 若知是利 即[大:續1,2: 卽] 得菩提
제 보 살 등 약 지 시 리 즉 [대:속1,2: 즉] 득 보 리

모든 보살(菩薩)들이 만약, 이 성품 실제[利:實際]를 깨달으면[知] 곧, 보리(菩提)를 얻음이니라.

◯ 205[543] 5공(五空)에 출입과 취사가 없으려면, 어떻게 해야 하옵니까?

爾時 衆中 有一菩薩 名曰大力 即[大:續1,2: 卽] 從座起
이 시 중 중 유 일 보 살 명 왈 대 력 즉 [대:속1,2: 즉] 종 좌 기

前白佛言 尊者 如佛所說[論: 如如所說] 五空出入
전 백 불 언 존 자 여 불 소 설 [논: 여 여 소 설] 오 공 출 입

無有取捨 云何五空 而不取捨
무 유 취 사 운 하 오 공 이 불 취 사

이때, 대중 가운데에 한 보살(菩薩)이 있으니, 이름이 대력(大力)이었다. 곧, 자리에서 일어나, 부처님 전에 이르러, 말씀 사뢰오며 여쭈옵기를, 세존(世尊)이시여! 부처님께옵서 설하신 바와 같이, 5공(五空)에, 출입(出入)이나 취사(取捨)가 없어야 한다면, 무엇이 5공(五空)이오며, 어떻게 함이 취사(取捨)가 아니옵니까?

◯ 206[544] 5공(五空)은 3유, 6도, 법상, 명상, 심식(心識)이 공(空)이다.

佛言 菩薩 五空者 三有是空 六道影是空 法相是空
불 언 보 살 오 공 자 삼 유 시 공 육 도 영 시 공 법 상 시 공

名相是空 心識義是空
명 상 시 공 심 식 의 시 공

부처님께옵서 말씀하옵기를, 보살이여! 5공(五空)이라 함은, 3유(三有)가 공(空)이며, 6도(六道)의 그림자가 공(空)이며, 법상(法相)이 공(空)이며, 명상(名相)이 공(空)이며, 심식(心識)의 실체[義:實體]가 공(空)이니라.

○ 207[545] 취(取)함 없는 성품에 들면, 3공(三空)에 듦이다.

菩薩 如是等空 空不住空 空無空相 無相之法 有何取捨
보살 여시등공 공부주공 공무공상 무상지법 유하취사

入無取地 則[論: 即]入三空
입무취지 즉[논: 즉]입삼공

보살이여! 이와 같은 공(空) 등은, 공(空)하므로 머무르지 않음이니 공(空)이며, 상(相)이 공(空)하여 없으므로 공(空)이며, 상(相)이 없는 법이니, 어떻게 취하거나 버릴 수 있겠느냐? 취함이 끊어진 성품[本地]에 들면 곧, 3공(三空)에 듦이니라.

○ 208[548] 무엇이, 3공(三空)이옵니까?

大力菩薩言 云何三空
대력보살언 운하삼공

대력보살이 말씀 사뢰오며 여쭈옵기를, 무엇이 3공(三空)이옵니까?

○ 209[549] 3공(三空)은, 상공(相空) 공공(空空) 소공(所空)이다.

佛言 三空者 空相亦空 空空亦空 所空亦空 如是等空
불언 삼공자 공상역공 공공역공 소공역공 여시등공

不住三相 不無眞實 文言道斷 不可思議
부주삼상 불무진실 문언도단 불가사의

부처님께옵서 말씀하옵기를, 3공(三空)이란, 공(空)한 상(相)이니 역시 공(空)이며, 공(空)한 것도 공(空)하니 역시 공(空)이며, 공(空)한 바 또한 공(空)이니라. 이와 같은 공(空) 등의 3상(三相)에 머물지 않음은, 진(眞)인 실(實)이 없지 않기 때문이니, 문자(文字)와 언어(言語)의 도(道)가 끊어져, 불가사의이니라.

○ 210[551] 진(眞)인, 실(實)의 성품 모습이 응당 있사옵니까?

大力菩薩言 不無眞實 是相應有
대력보살언 불무진실 시상응유

대력보살이 말씀 사뢰오며 여쭈옵기를, 진(眞)인, 실(實)이 없는 것도 아니라고 하옵시니, 그 모습은 응당 있는 것이옵니까?

◯ 211[551] 무(無)와 유(有)에 머무름 없으며, 무(無)도 유(有)도 아니다.

佛言 無不住無 有不住有[論: 없음] **不無不有**[續1,2: 없음]
불언 무부주무 유불주유 [논: 없음] 불무불유 [속1,2: 없음]

부처님께옵서 말씀하옵기를, 무(無)에 머물지 않는 무(無)이며, 유(有)에 머물지 않는 유(有)이니, 무(無)도 아니며 유(有)도 아니니라.

◯ 212[552] 유무(有無)로 헤아려도, 그 성품을 얻을 수 없다.

不有之法 不即住無[大:續1,2: 不卽住無] **不無之相**
불유지법 부즉주무 [대:속1,2: 부즉주무] 불무지상

不即住有[大:續1,2: 不卽住有] **非以有無而詮得理**
부즉주유 [대:속1,2: 부즉주유] 비이유무이전득리

유(有)가 아닌 법이어도 곧, 무(無)에 머무르지 않으며, 무(無)가 아닌 모습이어도 곧, 유(有)에 머무르지 않으므로, 유(有)로써 무(無)로써 이리 저리 헤아려도, 그 참 성품[理:眞性]을 이해하여 알거나, 헤아려 얻을 수 없느니라.

◯ 213[553] 이름하는 실체(實體)는 모습이 없어, 불가사의이다.

菩薩 無名義相 不可思議 何以故 無名之名 不無於名
보살 무명의상 불가사의 하이고 무명지명 불무어명

無義之義 不無於義
무의지의 불무어의

보살(菩薩)이여! 이름하는 실체[義:實體]는 모습이 없어, 불가사의이니라. 무엇 때문이냐면, 일컬어 이름할 것이 없어도 이름함은, 없지 아니함으로 이름하며, 실체[義:實體]가 없어도 실체[義:實體]라 함은, 없지 아니함으로 실체[義:實體]라 하느니라.

○ 214[553] 여(如)는 여래(如來)의 모습이며, 여(如)는 상(相)이 없사옵니다.

大力菩薩言 如是名義 眞實如相 如來如相 如不住如
대력보살언 여시명의 진실여상 여래여상 여불주여

如無如相
여무여상

대력보살이 말씀 사뢰옵기를, 이와 같이 이름함의 실체[義:實體]는, 진실(眞實)한 여(如)의 모습이니, 여래(如來)의 여(如)의 모습이옵니다. 여(如)는, [무엇에도] 머무르지 않으니 여(如)이므로, 여(如)는, 여(如)의 모습도 끊어졌사옵니다.

○ 215[554] 중생심도 여래(如來)이며, 분별의 경계가 없사옵니다.

相無如故 非不如來 衆生心相 相亦如來 衆生之心 應無別境
상무여고 비불여래 중생심상 상역여래 중생지심 응무별경

모습도 끊어진 여(如)인 까닭에, 여래(如來)가 아님이 아니옵니다. 중생의 심상(心相) 모습 또한, 여래(如來)이오니, 중생의 마음도 응당, 분별의 경계가 끊어졌사옵니다.

○ 216[554] 중생(衆生)도 분별 없음은, 마음이 본래(本來) 청정하기 때문이다.

佛言 如是 衆生之心 實無別境 何以故 心本淨故
불언 여시 중생지심 실무별경 하이고 심본정고

理無穢故
이무예고

부처님께옵서 말씀하옵기를, 그러하니라. 중생의 마음도, 실(實)로 분별의 경계가 없느니라. 무엇 때문이냐면, 마음은, 본래(本來) 청정(清淨)한 까닭으로, 참 성품[理]은, 때 묻음과 더러움이 없기 때문이니라.

○ 217[555] 마음이 망념(妄念)이 없으면, 분별의 경계가 끊어진다.

以染塵故 名爲三界 三界之心 名爲別境 是境虛妄
이염진고 명위삼계 삼계지심 명위별경 시경허망

從心化生 心若無妄 即[大:續1,2: 即]無別境
종심화생 심약무망 즉[대:속1,2: 즉]무별경

티끌에 물든 까닭으로 이름하여 3계(三界)이며, 3계(三界)의 마음을 이름함이 분별의 경계이니라. 이 허망(虛妄)한 경계는, 마음이 변화를 좇아 일으킨 것이니, 마음이 만약, 망념(妄念)이 없으면 곧, 분별의 경계가 끊어지느니라.

◯ 218[556] 마음이 청정(淸淨)하면, 3계(三界)도 없사옵니다.

大力菩薩言 心若在淨 諸境不生 此心淨時 應無三界
대력보살언 심약재정 제경불생 차심정시 응무삼계

대력보살이 말씀 사뢰옵기를, 마음이 만약, 청정(淸淨)해 있으면, 모든 경계가 나지 않으며, 이 마음이 청정(淸淨)할 시(時)에는, 응당 3계(三界)도 없사옵니다.

◯ 219[556] 마음이 경계를 일으키지 않으면, 보는 바가 없다.

佛言 如是 菩薩 心不生境 境不生心 何以故 所見諸境
불언 여시 보살 심불생경 경불생심 하이고 소견제경

唯所見心 心不幻化 則[論: 即]無所見
유소견심 심불환화 즉[논: 즉]무소견

부처께옵서 말씀하옵기를, 그러하니라. 보살이여! 마음이 경계(境界)를 일으키지 않으면, 경계(境界)가 마음을 일어나게 하지 않느니라. 무엇 때문이냐면, 모든 경계(境界)의 소견(所見)은 오직, 마음의 소견(所見)이니, 마음이 환(幻)을 따라 변화하지 않으면 곧, 소견(所見)이 없느니라.

◯ 220[557] 마음이 공적(空寂)하면, 3계(三界)가 없다.

菩薩 內無衆生 三性空寂 則無己衆 亦無他衆 乃至二入
보살 내무중생 삼성공적 즉무기중 역무타중 내지이입

亦不生心 得如是利 則[論: 即]無三界
역불생심 득여시리 즉[논: 즉]무삼계

보살(菩薩)이여! 안으로 중생(衆生)이 없어, 세 가지[욕계·색계·무색계]의 성품이 공적(空寂)하여 곧, 중생(衆生)인 자기(自己)가 없으므로 또한, 남의 중생(衆生)도 없느니라. 내지, 2입(二入)이 지극하여 또한, 마음을 일으키지 않아, 이와 같이 성품의 실제[利:實際]에 들면 곧, 3계(三界)가 없느니라.

○221[558] 마음이 본래 불생(不生)이니, 어떻게 듦이 있사옵니까?

大力菩薩言 云何二入 不生於心 心本不生 云何有入
대력보살언 운하이입 불생어심 심본불생 운하유입

대력보살이 말씀 사뢰오며 여쭈옵기를, 무엇이, 2입(二入)으로 내지 않는 마음이오며, 마음이 본래 불생(不生)이온데, 어떻게 듦이 있사옵니까?

○222[559] 2입(二入)은, 이입(理入)과 행입(行入)이다.

佛言 二入者 一謂理入 二謂行入
불언 이입자 일위이입 이위행입

부처님께옵서 말씀하옵기를, 2입(二入)이란, 첫째는 이입(理入)이며, 둘째는 행입(行入)이니라.

○223[559] 금강심(金剛心)의 적정무위로 분별 없음이, 이입(理入)이다.

理入者 深信衆生不異眞性 不一不共 但以客塵之所翳障
이입자 심신중생불이진성 불일불공 단이객진지소예장
不去不來 凝住覺觀 諦觀佛性 不有不無 無己無他 凡聖不二
불거불래 응주각관 체관불성 불유불무 무기무타 범성불이
金剛心地 堅住不移 寂靜無爲 無有分別 是名理入
금강심지 견주불이 적정무위 무유분별 시명이입

이입[理入:참 성품에 듦]이란, 중생의 참 성품[眞性]은 일체 차별이 없음[不異]을 깊게 믿어, 하나도 아니며 더불어도 아니며, 단지, 객진[客塵:一切相]에 장애되어 가려져 있음을 알아, [참 성품은] 가는 것도 아니며 오는 것도 아님으로, 각관(覺觀)에 머물러 응시(凝視)하여, 불성(佛性)을 관(觀)하고 자세히 살피어서, [참 성품은] 유(有)도 아니며 무(無)도 아니며, 자기도 없고 남도 없으며, 범부(凡夫)와 성인(聖人)이 둘이 아닌 금강심(金剛心)의 성품[本地]에, 견고하게 머물러 벗어나지 않으며, 적정(寂靜) 무위(無爲)로 분별이 없음이니, 이것을 이름하여 이입[理入:참 성품에 듦]이라 하느니라.

◯ 224[561] 상(相)이 끊어져, 일어남도 취사(取捨)도 없음이 행입(行入)이다.

行入者 心不傾倚 影無流易 於所有處 靜念無求 風鼓不動
행입자 심불경의 영무유역 어소유처 정념무구 풍고부동

猶如大地 捐離心我 救度衆生 無生無相[續1: 無生無根]
유여대지 연리심아 구도중생 무생무상 [속1: 무생무근]

不取不捨
불 취 불 사

행입[行入:無生行에 듦]이란, 마음을 무엇에 기울이거나 의지하지 않아서, 그림자[色聲香味觸法과 受想行識]가 흐르고 바뀌는 변화가 끊어져, 처(處)하여 있는 곳에서 생각을 고요하게 하거나 구(求)함도 없으며, 경계의 흐름이 요란하여도 동(動)함이 없어, 마치 대지(大地)와 같으며, 마음[受想行識]과 나[自我와 四大身]를 벗어나 중생을 구제하고 제도하여도, 상(相)이 끊어져 일어남이 없어, 취(取)함도 없고 버림도 없음이니라.

◯ 225[562] 참 성품은, 출입심(出入心)이 없으면, 듦이 없이 든다.

菩薩 心無出入 無出入心 入不入故 故名爲入
보살 심무출입 무출입심 입불입고 고명위입

보살이여! 마음[本心]은 출입이 없으니, 출입의 마음[受想行識]이 끊어지면 듦이 없이 드는 까닭에, 그러함을 이름하여 듦이라 하느니라.

◯ 226[563] 법(法)이, 공(空)하지 않는 법(法)은 허망(虛妄)하지 않다.

菩薩 如是入法 法相不空 不空之法 法不虛棄
보살 여시입법 법상불공 불공지법 법불허기

보살(菩薩)이여! 이와 같이 든 법은, 법의 모습이 공(空)도 아님이니, 공(空)도 아닌 법(法)은, 법(法)이 허망(虛妄)하거나 여읜 것이 아니니라.

○ 227[564] 없어지지 않는 법(法)은, 공덕이 구족하여 법(法)이 청정하다.

何以故 不無之法 具足功德 非心非影 法爾淸淨
하 이 고 불 무 지 법 구 족 공 덕 비 심 비 영 법 이 청 정

무엇 때문이냐면, 없어지지 않는 법은 공덕(功德)이 구족(具足)하여, 마음[受想行識]도 아니며 그림자[相:色聲香味觸法]도 아니므로, 법(法)이 청정(淸淨)하기 때문이니라.

○ 228[565] 법(法)이, 마음도 그림자도 아닌 청정법(淸淨法)이라 하시옵니까?

大力菩薩言 云何非心非影 法爾淸淨
대 력 보 살 언 운 하 비 심 비 영 법 이 청 정

대력보살이, 말씀 사뢰오며 여쭈옵기를, 어찌하여, 마음도 아니며, 그림자[影]도 아니라고 하시며, 법(法)이 청정(淸淨)하다고 하시옵니까?

○ 229[566] 여(如)는 결정성(結定性)으로, 이름도 실체(實體)도 없다.

佛言 空如之法 非心識法 非心使所有法 非空相法
불 언 공 여 지 법 비 심 식 법 비 심 사 소 유 법 비 공 상 법

非色相法 非心有爲不相應法[論: 非心不相應法]
비 색 상 법 비 심 유 위 불 상 응 법 [논: 비심불상응법]

非心無爲是相應法[論: 非心無爲相應法] **非所現影 非所顯示**
비 심 무 위 시 상 응 법 [논: 비심무위상응법] 비 소 현 영 비 소 현 시

非自性 非差別 非名非相非義[論: 非名非相義]
비 자 성 비 차 별 비 명 비 상 비 의 [논: 비명비상의]

부처님께옵서 말씀하옵기를, 공(空)한 여(如)의 법은, 심식(心識)의 법도 아니며 마음이 소유(所有)한 법도 아니며, 공(空)한 상법(相法)도 아니며 색(色)의 상법(相法)도 아니며, 마음이 유위(有爲)에 상응(相應)하지 않는 법도 아니며 마음이 무위(無爲)에 상응(相應)한 법도 아니며,

나타난 생멸의 환영(幻影)도 아니며 뚜렷이 보이는 존재도 아니며, 자성(自性)도 아니며 차별도 아니며, 이름도 아니며 상(相)도 아니며, 실체[義:實體]도 아니니라.

○230[568] 여(如)의 참 성품 실체(實體)는, 여(如)도 끊어져 없다.

何以故 義無如故[論: 如故] **無如之法**[論: 非如之法]
하 이 고 의 무 여 고 [논: 여 고] 무 여 지 법 [논: 비 여 지 법]

亦無無如 無有無如 非無如有
역 무 무 여 무 유 무 여 비 무 여 유

무엇 때문이냐면, 실체[義:實體]에는 여(如)도 없기 때문이니라. 여(如)도 끊어진 법은 역시, 여(如)가 끊어진 그것도 없느니라. 여(如)가 끊어진 것도 없으므로 여(如)는, 유(有)도 무(無)도 아니니라.

○231[579] 근본(根本) 참 성품[理]은, 그 모습을 볼 수가 없다.

何以故 根理之法 非理非根 離諸諍論 不見其相
하 이 고 근 리 지 법 비 리 비 근 이 제 쟁 론 불 견 기 상

무엇 때문이냐면, 근본 참 성품[理]의 법[法:實體]은, 참 성품[理]도 아니며 근본도 아니므로, 모든 다툼과 논란(論難)할 바를 벗어났음은, 그 모습을 볼 수가 없기 때문이니라.

○232[581] 청정(清淨)한 법(法)은, 생(生)도 아니며 멸(滅)도 아니다.

菩薩 如是淨法 非生之所生生 非滅之所滅滅
보 살 여 시 정 법 비 생 지 소 생 생 비 멸 지 소 멸 멸

보살이여! 이와 같이 청정(清淨)한 법[法:實體]은, 생(生)하는 바 생(生)이 생(生)이 아니며, 멸(滅)하는 바 멸(滅)이 멸(滅)이 아니니라.

○233[581] 참 성품은, 생(生)도 멸(滅)도 상(相)도 아니므로 불가사의옵니다.

大力菩薩言 不可思議 如是法相 不合成 不獨成
대 력 보 살 언 불 가 사 의 여 시 법 상 불 합 성 부 독 성

不羈不絆[論: 不羈不伴] 不聚不散[論: 不聚散]
불 기 불 반 [논: 불기불반] 불 취 불 산 [논: 불취산]
不生不滅[論: 不生滅] 亦無來相 及以去住[論:續1,2: 及以去相]
불 생 불 멸 [논: 불생멸] 역 무 래 상 급 이 거 주 [논:속1,2: 급이거상]
不可思議
불 가 사 의

대력보살이 말씀 사뢰옵기를, 불가사의이옵니다. 이와 같은 법상(法相)
은 합(合)하여 이루어짐도 아니며 홀로 이루어짐도 아니며, 끌려 다님
도 아니며 묶임도 아니며, 모임도 아니며 흩어짐도 아니며, 생(生)함도
아니며 멸(滅)함도 아니며 또한, 오는 현상이나 가고 머무는 것도 끊어
졌으므로, 불가사의이옵니다.

◯ 234[582] 여(如)는 부사의 마음으로, 차별 없는 마음이다.
佛言 如是 不可思議 不思議心 心亦如是 何以故 如不異心
불 언 여 시 불 가 사 의 부 사 의 심 심 역 여 시 하 이 고 여 불 이 심

부처님께옵서 말씀하옵기를, 그러하니라. 불가사의이며 부사의 마음
[本心]이니, 마음[識心:受想行識] 또한, 이와 같으니라. 무엇 때문이냐면,
다르지 않는 마음[體用不二無自性心], 여(如)의 성품이기 때문이니라.

◯ 235[583] 중생(衆生)과 불성(佛性)이 차별 없고, 성품이 열반(涅槃)이다.
心本如故 衆生佛性 不一不異 衆生之性 本無生滅
심 본 여 고 중 생 불 성 불 일 불 이 중 생 지 성 본 무 생 멸
生滅之性 性本涅槃
생 멸 지 성 성 본 열 반

마음은, 본래 여(如)인 까닭으로, 중생(衆生)과 불성(佛性)이 하나도 아
니며 다름도 아니며, 중생(衆生)의 성품이 본래 생멸(生滅)이 없어, 생멸
(生滅)의 성품이 본래, 열반(涅槃)의 성품이니라.

◯236[584] 상(相)이 본래 여(如)이므로, 인연(因緣)을 따라 일어남이 없다.

性相本如 如無動故 一切法相 從緣無起 起相性如 如無所動
성 상 본 여 여 무 동 고 일 체 법 상 종 연 무 기 기 상 성 여 여 무 소 동

성품과 상(相)이 본래 여(如)이며, 여(如)의 성품은 동(動)함이 끊어진 까닭으로, 일체(一切) 법(法)의 모습이 인연을 좇아 일어남이 없고, 일어난 상(相)의 성품이 여(如)이므로, 여(如)의 성품은 동(動)한 바가 없느니라.

◯237[584] 성(性)과 상(相)이 인연(因緣)을 따름이, 연연공공(緣緣空空)이다.

因緣性相 相本空無 緣緣空空 無有緣起
인 연 성 상 상 본 공 무 연 연 공 공 무 유 연 기

인연(因緣)의 성품과 모습이, 상(相)이 본래 공(空)하여 끊어졌으므로, 연(緣)을 따르고 연(緣)을 따름이 공(空)하고 공(空)하여, 연(緣)을 따라 일어남이 없느니라.

◯238[585] 연(緣)도 망견(妄見)이니, 연(緣)이 본래(本來) 생(生)이 끊어졌다.

一切緣法 惑心妄見 現本不生 緣本無故
일 체 연 법 혹 심 망 견 현 본 불 생 연 본 무 고

일체 연(緣)의 법은, 미혹한 마음의 망견(妄見)이니, 나타남이 본래 불생(不生)임은, 연(緣)이, 본래 끊어졌기 때문이니라.

◯239[585] 마음이 여(如)이며, 법(法)이 공(空)하여 없다.

心如法理 自體空無
심 여 법 리 자 체 공 무

마음이 여(如)인, 법(法)의 참 성품[理]은, 자성체(自性體)가 공(空)하여 없느니라.

◯240[586] 여(如)의 공왕(空王)은, 본래 머무는 곳이 없다.

如彼空王 本無住處 凡夫之心 妄分別見
여 피 공 왕 본 무 주 처 범 부 지 심 망 분 별 견

여(如)인, 저 공왕(空王)은, 본래 머무는 곳이 없으나, 범부(凡夫)의 마음인 망념(妄念)으로, 분별(分別)하여 봄이니라.

◯ 241[586] 여(如)는 유무(有無)도 아니니, 유무(有無)는 심식의 헤아림이다.

如如之相 本不有無 有無之相 見唯心識[續1: 見惟心識]
여여지상 본불유무 유무지상 견유심식[속1: 견유심식]

[체(體)도] 여(如)이며, [상(相)도] 여(如)인 모습은 본래, 유(有)도 무(無)도 아니므로, 유무(有無)의 상(相)은 다만, 심식(心識)으로 헤아려 봄이니라.

◯ 242[587] 여(如)의 법(法)은, 언설(言說)로 일컬을 성품이 아니다.

菩薩 如是心法[論: 如心之性] **不無自體 自體不有**
보살 여시심법 [논: 여심지성] 불무자체 자체불유

不有不無 菩薩 無不無相 非言說地
불유불무 보살 무불무상 비언설지

보살(菩薩)이여! 여(如)의 이 마음 법(法)은, 자성체(自性體)가 없는 것도 아니며 자성체(自性體)가 있는 것도 아니므로, 유(有)도 아니며 무(無)도 아니니라. 보살(菩薩)이여! 상(相)이 없어도 없는 것이 아님이니, 언설(言說)로 드러내거나 일컬을 성품[本地]이 아니니라.

◯ 243[588] 진여(眞如)는 상(相)이 없어, 6행(六行) 보살이라야 알 수 있다.

何以故 眞如之法 虛曠無相 非二乘所及[論: 非二所及]
하이고 진여지법 허광무상 비이승소급[논: 비이소급]

虛空境界 內外不測 六行之士 乃能知之
허공경계 내외불측 육행지사 내능지지

무엇 때문이냐면, 진(眞)인 여(如)의 법은, 비고 비어서 상(相)이 없으니, 2승(二乘)의 소견(所見)이 미칠 바가 아니니라. 비어 공(空)한 경계(境界)는, 내외[內外:能所:色心]가 끊어져, 6행(六行)의 보살(菩薩)이라야 능히, 알 수 있느니라.

◯ 244[589] 무엇을, 6행(六行)이라 하옵니까?

大力菩薩言 云何六行 願爲說之

대 력 보 살 언 운 하 육 행 원 위 설 지

대력보살이 말씀 사뢰오며 여쭈옵기를, 무엇을, 6행(六行)이라 하옵니까? 알고자 원하오니, 설하여 주시옵소서.

◯ 245[589] 6행(六行)은, 10신 10주 10행 10회향 10지(十地) 등각(等覺)이다.

佛言 一者十信行 二者十住行 三者十行行 四者十廻向行

불 언 일 자 십 신 행 이 자 십 주 행 삼 자 십 행 행 사 자 십 회 향 행

五者十地行 六者等覺行 如是行者 乃能知之

오 자 십 지 행 육 자 등 각 행 여 시 행 자 내 능 지 지

부처님께옵서 말씀하옵기를, 첫째는 10신행이며, 둘째는 10주행이며, 셋째는 10행행이며, 넷째는 10회향행이며, 다섯째는 10지행이며, 여섯째는 등각행이니라. 이와 같이 행하는 자는, 능히 아느니라.

◯ 246[597] 각(覺)의 성품은 출입(出入)이 없으니, 어떻게 듦을 얻사옵니까?

大力菩薩言 實際覺利 無有出入 何等法心 得入實際

대 력 보 살 언 실 제 각 리 무 유 출 입 하 등 법 심 득 입 실 제

대력보살이 말씀 사뢰오며 여쭈옵기를, 실제(實際) 각[覺:本覺]의 성품[利]은 출입(出入)이 끊어졌으니, 어떠한 법(法)과 마음으로, 그 성품 실제(實際)에 듦을 얻사옵니까?

◯ 247[599] 참 성품은, 무자성(無自性)의 마음으로, 참 성품에 든다.

佛言 實際之法 法無有際 無際之心 則入實際

불 언 실 제 지 법 법 무 유 제 무 제 지 심 즉 입 실 제

부처님께옵서 말씀하옵기를, 실제[實際:실자성(實自性)]의 법은, 제[際:자성(自性)]가 없는 법이니, 무제[無際:무자성(無自性)]의 마음으로 곧, 실제[實際:실자성(實自性)]에 드느니라.

○248[600] 무자성(無自性) 마음은, 경계 없는 지혜로 실제에 듦이옵니다.

大力菩薩言 無際心智 其智無崖[論:續1,2: 其智無涯]
대력보살언 무제심지 기지무애 [논:속1,2: 기지무애]

無崖之心[論:續1,2: 無涯之心] **心得自在 自在之智 得入實際**
무 애 지 심 [논:속1,2: 무애지심] 심 득 자 재 자 재 지 지 득 입 실 제

대력보살이 말씀 사뢰오며 여쭈옵기를, 무제심[無際心:무자성심(無自性心)]의 지혜는, 그 지혜(智慧)가 경계(境界)가 없사옵니다. 경계 없는 마음이어야, 마음의 자재(自在)를 얻어, 자재(自在)한 지혜로, 실제[實際:실자성(實自性)]에 듦을, 증득(證得)하게 되옵니다.

○249[600] 중생(衆生)은, 어떤 법(法)으로 실제(實際)에 들 수 있사옵니까?

如彼凡夫 軟心衆生 其心多喘 以何法御 令得堅心 得入實際
여 피 범 부 연 심 중 생 기 심 다 천 이 하 법 어 영 득 견 심 득 입 실 제

저 범부(凡夫)와 같이, 미약(微弱)한 마음을 가진 중생들은, 그 마음이 많이 벅차 힘들어 할 것이오니, 어떤 법으로 다스려야, 그 마음이 견고함[堅:불퇴전(不退轉)]을 얻어, 실제[實際:실자성(實自性)]를 증득(證得)하여 들 수가 있겠사옵니까?

○250[601] 큰 용(龍)이 놀라, 혼란한 마음에 힘들어 벅찰 것이다.

佛言 菩薩 彼心喘者 以内外使 隨使流注 滴瀝成海
불 언 보 살 피 심 천 자 이 내 외 사 수 사 유 주 적 력 성 해

大風鼓浪[論: 天風鼓浪] **大龍驚駭 驚駭之心 故令多喘**
대 풍 고 랑 [논: 천풍고랑] 대 룡 경 해 경 해 지 심 고 령 다 천

부처님께옵서 말씀하옵기를, 보살(菩薩)이여! 저들의 마음이 힘들어 하는 것은, 내외[內外:能所] 식심[使:識心]의 분별심[隨使:分別心]을 따라 흘러 모여, 그 모이고 쌓임이 바다를 이루어, 큰 바람에 파도(波濤)가 치니, 큰 용(龍)이 놀라 혼란(混亂)하여, 두려운 마음에 그러한 까닭에, 많이 힘들어 벅찰 것이니라.

◯ **251**[602] 3을 보존(保存)하여, 1을 지켜 여래선(如來禪)에 들어야 한다.

菩薩 令彼衆生 存三守一 入如來禪 以禪定故 心則無喘
보살 영피중생 존삼수일 입여래선 이선정고 심즉무천

보살이여! 저 중생으로 하여금 세 가지를 보존하므로, 하나를 지켜 여래선(如來禪)에 들면, 선정(禪定)에 의해 마음이 곧, 힘듦이 없으리라.

◯ **252**[602] 어떤 것이, 3을 보존하여 여래선(如來禪)에 드는 것이옵니까?

大力菩薩言 何謂存三守一 入如來禪
대력보살언 하위존삼수일 입여래선

대력보살이 말씀 사뢰오며 여쭈옵기를, 어떤 것이, 세 가지를 보존(保存)함이며, 하나를 지키어 여래선(如來禪)에 드는 것이옵니까?

◯ **253**[603] 3해탈(三解脫)로, 일심(一心) 여(如)의 여래선(如來禪)에 든다.

佛言 存三者 存三解脫 守一者 守一心如 入如來禪者
불언 존삼자 존삼해탈 수일자 수일심여 입여래선자

부처님께옵서 말씀하옵기를, 세 가지를 보존(保存)하는 것은, 3해탈(三解脫)을 보존(保存)함이며, 하나를 지키는 것은, 일심(一心)의 여(如)를 지켜, 여래선(如來禪)에 드는 것이니라.

◯ **254**[603] 참 성품[理]을 관(觀)하여, 여(如)의 실제(實際)에 든다.

理觀心淨如[論:續1,2: 理觀心如] **入如是心地**[論:續1,2: 入如是地]
이 관 심 정 여 [논:속1,2: 이관심여] 입 여 시 심 지 [논:속1,2: 입여시지]
即[大:續1,2: 卽] **入實際**
즉 [대:속1,2: 즉] 입 실 제

마음 청정한 여(如)의 성품, 참 성품[理:眞性]을 관(觀)하여, 이 마음 성품[本地], 여(如)에 듦이 곧, 실제(實際)에 듦이니라.

○ 255[604] 3해탈(三解脫)과 참 성품 관(觀)하는 삼매(三昧)는 무엇이옵니까?

大力菩薩言 三解脫法 是何等事 理觀三昧 從何法入
대력보살언 삼해탈법 시하등사 이관삼매 종하법입

대력보살이 말씀 사뢰오며 여쭈옵기를, 3해탈법(三解脫法), 이것은 어떠한 것이오며, 참 성품[理]을 관(觀)하는 삼매(三昧)는, 어떤 법(法)을 좇아 들게 되옵니까?

○ 256[604] 3해탈(三解脫)이 허공, 금강, 반야(般若)며, 여(如)가 참 성품이다.

佛言 三解脫者 虛空解脫 金剛解脫 般若解脫
불언 삼해탈자 허공해탈 금강해탈 반야해탈

理觀者[論:續1,2: 理觀心者] **心如理淨 無可不心**
이 관 자 [논:속1,2: 이관심자] 심 여 리 정 무 가 부 심

부처님께옵서 말씀하옵기를, 3해탈(三解脫)이란, 허공해탈(虛空解脫) 금강해탈(金剛解脫) 반야해탈(般若解脫)이니라. 참 성품[理]을 관(觀)하는 것은, 마음이 여(如)의 참 성품[理]이니, 청정(淸淨)하여 옳고 그름과 순(順)과 역(逆)의 분별[可不]이 없는 마음이니라.

○ 257[606] 보존(保存)함과 관(觀)함을, 어떻게 해야 하옵니까?

大力菩薩言 云何存用 云何觀之
대력보살언 운하존용 운하관지

대력보살이 말씀 사뢰오며 여쭈옵기를, 어떻게 함이 보존(保存)함의 행(行)이며, 어떻게 함이 관(觀)하는 것이옵니까?

○ 258[606] 마음을 행(行)함에 불이(不二)가, 보존(保存)함의 행이다.

佛言 心事不二 是名存用 內行外行 出入不二 不住一相
불언 심사불이 시명존용 내행외행 출입불이 부주일상

부처님께옵서 말씀하옵기를, 마음을 행(行)함에 불이(不二)인 이것을 이름하여, 보존(保存)함의 행(行)이니라. 안[內:能]으로 행(行)함과 밖[外:所]

으로 행(行)하는 출입(出入)이 불이(不二)인, 하나의 모습[一相:空相]에도 머무르지 않느니라.

◯ 259[607] 얻음도 잃음도 없는 청정심(淸淨心)에 듦이, 관(觀)이다.

心無得失 一不一地 淨心流入 是名觀之
심 무 득 실　일 불 일 지　정 심 유 입　시 명 관 지

마음에는 무엇을 얻음도 잃음도 없어, 하나[一:空]도 아닌 여(如)의 성품[一地:本地], 청정심(淸淨心)에 흘러든 이것을 이름하여, 관(觀)이라 하느니라.

◯ 260[620] 2상(二相)이 없어, 보살도로 미래에 불보리(佛菩提)를 이루리라.

菩薩 如是之人 不在二相 雖不出家 不住在家
보 살　여 시 지 인　부 재 이 상　수 불 출 가　부 주 재 가

雖無法服[論:續1,2: 故雖無法服]
수 무 법 복 [논:속1,2: 고수무법복]

而[論:續1,2: 而 없음]**不具持波羅提木叉戒**[續2: 戒 없음]
이 [논:속1,2: 이 없음] 불 구 지 바 라 제 목 차 계 [속2: 계 없음]

不入布薩 能以自心 無爲自恣 而獲聖果 不住二乘
불 입 포 살　능 이 자 심　무 위 자 자　이 획 성 과　부 주 이 승

入菩薩道 後當滿地 成佛菩提
입 보 살 도　후 당 만 지　성 불 보 리

보살(菩薩)이여! 이와 같은 사람은 2상(二相)이 있지 않으므로, 비록 출가(出家)하지 않았어도 재가(在家)에 머묾도 아니니라. 비록 법복(法服)도 없고, 바라제목차계를 지니어 갖추지 않아 포살(布薩)에 들지 않았어도 능히, 스스로 마음이 무위(無爲)로 자재(自在)하여, 걸림이 없는 성과(聖果)를 얻었으므로, 2승(二乘)에 머무르지 않고, 보살도(菩薩道)에 들었느니라. 후일에는 당연히, 지혜(智慧)의 성품이 충만하여, 불보리(佛菩提)를 이루리라.

○261[622] 열반에 들어 여래 옷을 입고, 보리좌(菩提坐)에 앉음이옵니다.

大力菩薩言 不可思議 如是之人 非出家 非不出家
대력보살언 불가사의 여시지인 비출가 비불출가

何以故 入涅槃宅 著[論: 着]如來依 坐菩提座 如是之人
하이고 입열반택 착 [논: 착] 여래의 좌보리좌 여시지인

乃至沙門 冝應敬養[大:續1,2: 宜應敬養]
내지사문 의응경양 [대:속1,2: 의응경양]

대력보살이 말씀 사뢰옵기를, 불가사의이옵니다. 이와 같은 사람은 출가(出家)도 아니며, 출가(出家) 아님도 아니옵니다. 무슨 연유인가 하오면, 열반(涅槃)의 집에 들어, 여래(如來)의 옷을 입고 보리좌(菩提座)에 앉음이오니, 이와 같은 사람은 또한, 사문(沙門)이라도 응당히, 공경(恭敬)하며 공양(供養)할 것이옵니다.

○262[622] 3계(三界)를 초월한 정각(正覺)에 들었으니, 공경 공양해야 한다.

佛言 如是 何以故 入涅槃宅 心超三界[論: 心起三界]
불언 여시 하이고 입열반택 심초삼계 [논: 심기삼계]

著[論: 着]如來依 入法空處 坐菩提座
착 [논: 착] 여래의 입법공처 좌보리좌

登正覺地[論:續1,2: 登正覺一地] 如是之人
등정각지 [논:속1,2: 등정각일지] 여시지인

心超二我[續1,2: 心超二乘] 何況沙門 而不敬養
심초이아 [속1,2: 심초이승] 하황사문 이불경양

부처님께옵서 말씀하옵기를, 그러하니라. 무엇 때문이냐면, 열반(涅槃)의 집에 들어, 마음이 3계(三界)를 초월하여 여래(如來)의 옷을 입고, 법이 공(空)한 곳에 들어 보리좌(菩提座)에 앉아, 정각(正覺)의 성품[地]에 들었기 때문이니라. 이와 같은 사람은, 마음이 2아(二我)를 초월하였으니, 어찌 하물며, 사문(沙門)이라 하여, 공경하고 공양하지 않겠느냐?

○ 263[624] 여(如)의 대해(大海)는, 2승(二乘)의 지혜로는 보지 못하옵니다.

大力菩薩言 如彼一地 及與空海 二乘之人 爲不見也
대력보살언 여피일지 급여공해 이승지인 위불견야

대력보살이 말씀 사뢰옵기를, 여(如)의 저 한 성품[一地:本地]은, 일체(一切)가 공(空)한 바다이므로, 2승(二乘)의 사람은 지혜[見]가 미치지 못하며, 보지도 못하옵니다.

○ 264[624] 2승(二乘)은 삼매(三昧)를 탐착하여, 보리(菩提)를 얻지 못한다.

佛言 如是 彼二乘人 味著[論:味着]三昧 得三昧身
불언 여시 피이승인 미착[논:미착]삼매 득삼매신

於彼空海一地 如得酒病 惛醉不醒 乃至數劫 猶不得覺
어피공해일지 여득주병 혼취불성 내지수겁 유불득각

酒消始悟 方修是行[論:續1: 方脩是行] 後得佛身
주소시오 방수시행[논:속1: 방수시행] 후득불신

부처님께옵서 말씀하옵기를, 그러하니라. 저 2승(二乘)의 사람은 삼매(三昧)의 맛을 집착하여, 삼매(三昧)를 얻은 몸으로는, 저 공(空)한 바다의 한 성품[一地:本地]에 이르려면, 술병을 얻음과 같이, 혼미(昏迷)하게 취하여 깨어나지 못해, 수 겁(劫)이 지난 뒤에도 오히려, 보리[覺:菩提]를 얻지 못하므로, 술에서 깨어나야 함을 비로소 깨닫고, 방편(方便)의 수행으로 이 행에 들어, 후일에 불각[佛身:佛覺]을 얻게 되느니라.

○ 265[625] 천제(闡提)를 벗어, 6행으로 금강지(金剛智)에서 자비행을 한다.

如彼人者 從捨闡提 即[大:續1,2: 卽]入六行 於行地所
여피인자 종사천제 즉[대:속1,2: 즉]입육행 어행지소

一念淨心 決定明白 金剛智力 阿鞞跋致 度脫衆生
일념정심 결정명백 금강지력 아비발치 도탈중생

慈悲無盡
자비무진

저와 같은 사람은 천제(闡提)를 버림을 좇아, 곧, 6행(六行)에 들어, 그

행의 수행지(修行地)에서, 일념 청정심(淸淨心)이 오롯한 결정(結定)이 명백한, 금강지혜(金剛智慧)의 힘으로 불퇴전(不退轉)에 이르러, 중생을 제도하여 해탈하게 하며, 다함 없는 자비행(慈悲行)을 하게 되느니라.

◯ 266[626] 계(戒)를 지니지 않아, 사문(沙門)을 공경하지 않을 것이옵니다.

大力菩薩言 如是之人 應不持戒 於彼沙門 應不敬仰
대력보살언 여시지인 응불지계 어피사문 응불경앙

대력보살이 말씀 사뢰옵기를, 이와 같은 사람은, 응당히 계(戒)를 지니지 않았으므로, 저 사문(沙門)을, 응당히 공경(恭敬)하거나, 우러러보지 않을 것이옵니다.

◯ 267[626] 8종식(八種識)이 멸하여 9식(九識)에 든, 청정(淸淨) 공(空)이다.

佛言 爲說戒者 不善慢故 海波浪故 如彼心地
불언 위설계자 불선만고 해파랑고 여피심지

八識海澄[論: 八識海澂] **九識流淨 風不能動 波浪不起**
팔식해징 [논: 팔식해징] 구식유정 풍불능동 파랑불기

戒性等空
계성등공

부처님께옵서 말씀하옵기를, 계(戒)를 설하는 것은, 선(善)하지 않고, 어리석은 오만(傲慢)함이, 바다의 파도처럼 물결치기 때문이니라. 저[수행자(修行者)]와 같은 마음 성품[本地]은, 8식(八識)의 바다가 맑아져 9식(九識) 청정에 흘러들어, 경계의 바람에 능히, 움직임이 없어, 파도의 물결이 일어나지 않아, 계(戒)의 성품이 평등한, 공(空)함이니라.

◯ 268[634] 제식(諸識)이 멸(滅)하여, 3불(三佛)을 벗어나지 않는다.

持者迷倒 如彼之人 七六不生 諸集滅定 不離三佛
지자미도 여피지인 칠육불생 제집멸정 불리삼불

미혹(迷惑)으로 전도(顚倒)된 자가 계(戒)를 지님이니, 저와 같은 사람은, 7식(七識)과 6식(六識)이 일어나지 않으므로, 모든 집착[集]이 멸(滅)한 정(定)이니, 3불(三佛)을 벗어나지 않느니라.

◯ 269[635] 보리(菩提)에 들어 3무상(三無相)을 수순하니, 누구나 공경한다.
而發菩提 三無相中 順心玄入 深敬三寶 不失威儀
이 발 보 리　삼 무 상 중　순 심 현 입　심 경 삼 보　부 실 위 의
於彼沙門 不無恭敬
어 피 사 문　불 무 공 경

보리(菩提)를 발하여, 3무상(三無相) 속에 수순심(隨順心)의 현묘(玄妙)함에 들어, 3보(三寶)를 깊이 공경(恭敬)하며, 위의(威儀)의 여실(如實)함을 잃지 않으므로, 저 사문(沙門)을, 공경(恭敬)하지 않음이 없으리라.

◯ 270[639] 동(動)과 부동(不動) 없는 3공취(三空聚)에, 3유심(三有心)이 없다.
菩薩 彼仁者 不住世間動不動法[論:大:續1,2: 不住世間動不動法]
보 살　피 인 자　부 주 세 간 동 부 동 법 [논:대:속1,2: 부주세간동부동법]
入三空聚 滅三有心
입 삼 공 취　멸 삼 유 심

보살이여! 저 인자는, 세간의 동(動)함이나 부동법(不動法)에도 머무르지 않으며, 3공취(三空聚)에 들어, 3유심(三有心)을 멸(滅)하였느니라.

◯ 271[639] 보리심(菩提心)의 3계심(三界心) 멸행(滅行)이, 불가사의이옵니다.
大力菩薩言 彼仁者
대 력 보 살 언　피 인 자
於果足滿德佛[論: 於果滿足德佛][續1,2: 果滿於足德佛]
어 과 족 만 덕 불 [논: 어과만족덕불][속1,2: 과만어족덕불]
如來藏佛 形像佛 如是佛所 發菩提心[論:續1,2: 而發菩提心]
여 래 장 불　형 상 불　여 시 불 소　발 보 리 심 [논:속1,2: 이발보리심]
入三聚戒 不住其相 滅三界心[論:續1,2: 滅三有心]
입 삼 취 계　부 주 기 상　멸 삼 계 심 [논:속1,2: 멸삼유심]

不居寂地 不捨可衆 入不調地 不可思議
부 거 적 지 불 사 가 중 입 불 조 지 불 가 사 의

대력보살이 말씀 사뢰오며 여쭈옵기를, 저 인자[仁者:성품을 수순하는 자]는, 과족만덕불(果足滿德佛), 여래장불(如來藏佛), 형상불(形象佛), 이와 같은 불소(佛所)에서 보리심(菩提心)을 발하여, 3취계(三聚戒)에 들었어도 그 상(相)에 머무르지 않으며, 3계(三界)의 마음이 멸(滅)하였어도, 적멸(寂滅)의 성품[本地]에 머물지 않아 가히, 중생을 버리지도 않으므로, 중생세계[不調地]에 듦이 불가사의이옵니다.

◯272[643] 사리불(舍利弗)이, 게송(偈頌)을 올리었다.

爾時 舍利弗 從座而起 前說偈言
이 시 사 리 불 종 좌 이 기 전 설 게 언

이때 사리불이 자리에서 일어나 앞으로 나가, 게송을 올리었다.

◯273[644] 열반(涅槃)에 머묾이 없어, 높은 곳 피안(彼岸)에도 머물지 않네.

具足波若海[論:續1,2: 具足般若海] 不住涅槃城 如彼妙蓮華
구 족 파 야 해 [논:속1,2: 구족반야해] 부 주 열 반 성 여 피 묘 련 화
高原非所出
고 원 비 소 출

구족(具足) 바라밀[波] 반야(般若)의 바다에 들었어도
열반(涅槃)의 부사의 성(城)에도, 머물지 않으시며
저와 같은 지혜(智慧)의 묘법(妙法) 연화(蓮華)장엄이어도
높은 피안(彼岸) 법처(法處)에도 머물지[出所] 않으시네.

◯274[644] 중생구제하고자, 진흙 같은 곳에 지혜의 연꽃으로 오시었네.

諸佛無量劫 不捨諸煩惱 度世然後得 如泥華所出
제 불 무 량 겁 불 사 제 번 뇌 도 세 연 후 득 여 니 화 소 출

모든 부처님께옵서 무량한 겁(劫) 속에도

자비(慈悲)의 모든 번뇌(煩惱)를 버리지 않으시고
세간(世間) 중생을 다 구제한 연후에 증입처(證入處)에 들고자
진흙[五濁惡世] 같은 곳에 지혜의 법연[法蓮:佛]으로 오시었네.

○ 275[645] 3공취(三空聚)는, 보리(菩提)의 참된 도(道)라네.

如彼六行地 菩薩之所修[論: 菩薩之所脩] **如彼三空聚**
여 피 육 행 지 보 살 지 소 수 [논: 보살지소수] 여 피 삼 공 취

菩提之眞道[論: 菩提之直道]
보 리 지 진 도 [논: 보리지직도]

저와 같은 6행(六行)의 수행지(修行地)는
보살(菩薩)들이 닦고 행(行)하는 바이며
저와 같은 3공취(三空聚)는
보리(菩提)의 참된 도(道)라네.

○ 276[646] 부처님처럼, 중생구제(衆生救濟) 구족(具足)한 연후에 벗어오리다.

我今住不住 如佛之所說 來所還復來 具足然後出
아 금 주 부 주 여 불 지 소 설 내 소 환 부 래 구 족 연 후 출

저도 이제, [五濁惡世] 머물 곳이 아니어도 머물러
부처님께옵서 설하시는 바와 같이
오는 바, 세세생생[還:世世生生] 다시 와서
중생구제(衆生救濟), 구족(具足)한 연후에 벗어나리다.

○ 277[647] 모든 중생(衆生)을, 둘 없는 한 성품 정각(正覺)에 들게 하오리다.

復令諸衆生 如我一無二 前來後來者 悉令登正覺
부 령 제 중 생 여 아 일 무 이 전 래 후 래 자 실 령 등 정 각

또한, 모든 중생으로 하여금
나와 같이, 둘 없는[無二] 한 성품[如]에 이르게 하여
앞에 온 이나, 뒤에 오는 자이어도

모두로 하여금, 정각(正覺)에 오르도록 하오리다.

◯ 278[647] 그대는, 무량 중생을 생사고해(生死苦海)에서 초월하게 하리라.

爾時 佛告 舍利弗言 不可思議 汝當於後 成菩提道
이 시 불 고 사 리 불 언 불 가 사 의 여 당 어 후 성 보 리 도

[論: 成菩薩道] **無量衆生 超生死苦海**[論:續1,2: 超生死海]
[논: 성보살도] 무 량 중 생 초 생 사 고 해 [논:속1,2: 초생사해]

이때 부처님께옵서 사리불에게 말씀하옵기를, 불가사의이니라. 그대
는, 당연히 후(後)에 보리도(菩提道)를 이루어, 무량 중생을, 생사(生死)
의 괴로움 바다에서 초월(超越)하게 할 것이니라.

◯ 279[648] 모두 보리(菩提)를 깨달아, 5공(五空)의 바다에 들었다.

爾時 大衆 皆悟菩提 諸小衆等 入五空海
이 시 대 중 개 오 보 리 제 소 중 등 입 오 공 해

이때 대중들이 모두, 보리(菩提)를 깨달았으며, 모든 소승(小乘)의 군중
들도, 5공(五空)의 바다에 들었다.

金剛三昧經 眞性空品 第六
금강삼매경 진성공품 제육

○ 280[649] 보살도(菩薩道)를, 어떻게 중생(衆生)에게 설(說)해야 하옵니까?

爾時 舍利弗 而白佛言 尊者 修菩薩道 無有名相
이시 사리불 이백불언 존자 수보살도 무유명상

三戒無儀 云何攝受 爲衆生說 願佛慈悲 爲我宣說
삼계무의 운하섭수 위중생설 원불자비 위아선설

이때 사리불이 부처님께 말씀 사뢰오며 여쭈옵기를, 세존(世尊)이시여! 보살도(菩提道)를 닦음에는 이름과 상(相)이 없다고 하시니, 3계(三戒)에 위의(威儀)가 없다면, 어떻게 섭수(攝受)하여 중생들을 위해 설(說)해야 하옵니까? 원하오니, 부처님의 자비로움으로 저희들을 위해, 베풀어 설(說)하여 주시옵소서.

○ 281[649] 여(如)의 일처(一處)에서 다스리면, 모든 인연(因緣)이 끊어진다.

佛言 善男子 汝今諦聽 爲汝宣說 善男子 善不善法
불언 선남자 여금체청 위여선설 선남자 선불선법

從心化生 一切境界 意言分別 制之一處 衆緣斷滅
종심화생 일체경계 의언분별 제지일처 중연단멸

부처님께옵서 말씀하옵기를, 선남자여! 그대들은 자세히 살피어 들을 지니라. 그대들을 위해 베풀어 설하리라. 선남자여! 선(善)하거나 선(善)하지 않은 법은, 마음의 변화를 좇아 일어난 것이니라. 일체 경계가, 생각[意]과 언어(言語)의 분별(分別)이며 차별(差別)이니, 일처[一處: 如處]에서 다스리면[制], 모든 인연이 끊어져, 멸(滅)하느니라.

○282[650] 참 성품 행은, 6도(六道)가 멸(滅)해 3계(三戒)가 구족(具足)이다.

何以故 善男子 一本不起 三用無施 住於如理 六道門杜
하 이 고 선 남 자 일 본 불 기 삼 용 무 시 주 어 여 리 육 도 문 두

四緣如順 三戒具足
사 연 여 순 삼 계 구 족

무엇 때문이냐면 선남자여! 하나[一:如]의 근본(根本)은 일어나지 않음이니, [3취정계(三聚淨戒)] 세 가지의 작용에도 행[施]함이 없어, 여(如)의 참 성품[理]에 머물러 6도(六道)의 문(門)이 닫히고, 4연(四緣)에 여(如)의 성품을 수순(隨順)하여 3계(三戒)가 구족(具足)하니라.

○283[651] 무엇이 4연(四緣) 여(如)의 수순이며, 3계(三戒)가 구족이옵니까?

舍利弗言 云何四緣如順 三戒具足
사 리 불 언 운 하 사 연 여 순 삼 계 구 족

사리불이 말씀 사뢰오며 여쭈옵기를, 어떤 것이 4연(四緣)에 여(如)의 성품을 수순함이며, 3계(三戒)가 구족(具足)한 것이옵니까?

○284[651] 4연(四緣)이란 것은

佛言 四緣者
불 언 사 연 자

부처님께옵서 말씀하옵기를, 4연(四緣)이라 함은,

○285[652] 첫째, 택멸(擇滅)을 취하는 연(緣)이니 섭률의계(攝律儀戒)이다.

一謂作擇滅力取緣 攝律儀戒
일 위 작 택 멸 력 취 연 섭 률 의 계

첫째는 택멸의 힘을 취하는 연(緣)을 지음이니, 섭률의계(攝律儀戒)이니라.

○286[652] 둘째, 본성 청정 힘을 모으는 연이니 섭선법계(攝善法戒)이다.

二謂本利淨根力 所集起緣 攝善法戒
이 위 본 리 정 근 력 소 집 기 연 섭 선 법 계

둘째는 본 성품 실제[利:實際]인 청정 근(根)의 힘을 모으며, 일으키는 연(緣)을 지음이니, 섭선법계(攝善法戒)이니라.

○287[652] 셋째, 본성지혜 대비력(大悲力)의 연이니 섭중생계(攝衆生戒)이다.

三謂本慧大悲力緣 攝衆生戒
삼 위 본 혜 대 비 력 연　섭 중 생 계

셋째는 본성(本性)의 지혜(智慧)로 대자비력(大慈悲力)의 연(緣)을 지음이니, 섭중생계(攝衆生戒)이니라.

○288[652] 넷째, 일각(一覺) 지혜의 연(緣)이니, 여(如) 수순(隨順)이다.

四謂一覺通智力緣 順於如住 是謂四緣
사 위 일 각 통 지 력 연　순 어 여 주　시 위 사 연

넷째는 일각(一覺)을 통(通)한 지혜력(智慧力)의 연(緣)을 지음이니, 여(如)의 성품에 머물러 수순(隨順)함이니라. 이것이 4연(四緣)이니라.

○289[653] 4대연(四大緣)으로 행(行)과 상(相)을 벗어나, 구함도 끊어졌다.

善男子 如是四大緣力 不住事相 不無功用 離於一處
선 남 자　여 시 사 대 연 력　부 주 사 상　불 무 공 용　이 어 일 처
則[論: 即]不可求
즉 [논: 즉] 불 가 구

선남자여! 이와 같이 4대연(四大緣)의 힘으로, 일체 행[事:行]과 상(相)에 머무르지 않으므로, 성품[功:功能]의 행[用:行]이 없지 않으나 어느 곳[一處]에도 머묾이 없어 곧, 가히 구할 수 없느니라.

○290[653] 여(如) 수순이 6행 통섭(通攝)이니, 불보리의 일체지(一切智)이다.

善男子 如是一事 通攝六行
선 남 자　여 시 일 사　통 섭 육 행
是佛菩提薩婆若海[論: 是佛菩提薩般若海]
시 불 보 리 살 바 야 해 [논: 시불보리살반야해]

선남자여! 여(如)의 이[是] 일사[一事:如隨順行]로 6행(六行)을 두루 통섭 (通攝)함이니, 이것이 불보리(佛菩提) 일체지(一切智)의 바다이니라.

○ 291[656] 무주행(無住行)이, 진공(眞空)이며 상락아정이며 대반열반이옵니다.

舍利弗言 不住事相 不無功用 是法眞空 常樂我淨
사리불언 부주사상 불무공용 시법진공 상락아정

超於二我 大般涅槃
초어이아 대반열반

사리불이 말씀 사뢰옵기를, 일체 행[事:行]과 상(相)에 머무르지 않으나, 성품[功:功能]의 작용이 없지 않으니, 이 법이 진공(眞空)이며, 상락아정 (常樂我淨)이며, 2아(二我)를 초월한 대반열반(大般涅槃)이옵니다.

○ 292[657] 머묾 없음이 대력관(大力觀)이며, 37도품 행(行)이옵니다.

其心不繫 是大力觀 是觀覺中 應具三十七道品法
기심불계 시대력관 시관각중 응구삼십칠도품법

그 마음 얽매임 없으니, 이것이 대력관(大力觀)이옵니다. 이 각관(覺觀) 중에는 응당히, 37도품법(三十七道品法)이 온전히 갖추어졌사옵니다.

○ 293[664] 37도품이 하나의 실체이며, 그 법의 실체(實體)를 얻을 수 없다.

佛言 如是 具三十七道品法 何以故 四念處 四正勤
불언 여시 구삼십칠도품법 하이고 사념처 사정근

四如意足 五根 五力 七覺分 [論: 七覺] 八正道等 多名一義
사여의족 오근 오력 칠각분 [논: 칠각] 팔정도등 다명일의

不一不異 以名數故 但名但字 法不可得
불일불이 이명수고 단명단자 법불가득

부처님께옵서 말씀하옵기를, 그러하니라. 37도품법이 갖추어졌느니 라. 무엇 때문이냐면, 4념처, 4정근, 4여의족, 5근, 5력, 7각분, 8정도 등, 이름함이 많아도 하나의 실체[義:實體]이니, [그 실체는 37도품법과] 하나도 아니며 다름도 아니어서, 분별을 따라 이름하고, 헤아림을 따라

수(數)를 일컫는 까닭으로, 다만 이름하여도 단지 문자일 뿐, 그 법을 가히 얻을 수 없느니라.

○294[668] 하나의 실체(實體)는 여(如)이며, 일체(一切)가 구족(具足)하다.

不得之法 一義無文 無文相義[論: 無文之相] 眞實空性
부 득 지 법 일 의 무 문 무 문 상 의 [논: 무문지상] 진 실 공 성

空性之義 如實如如 如如之理 具一切法
공 성 지 의 여 실 여 여 여 여 지 리 구 일 체 법

얻을 수 없는 법, 하나[一:如]의 실체[義:實體]는 문자가 끊어졌느니라. 문자와 모습도 끊어진 실체[義:實體]는, 진실(眞實) 공성(空性)이니라. 공(空)한 성품 실체[義:實體]인 여(如)의 실(實)은, [체(體)도 여(如)이며, 상(相)도 여(如)인] 여여(如如)의 성품이니라. [체(體)도 여(如)이며, 상(相)도 여(如)인] 여여(如如)의 참 성품[理:眞性]은, 일체 법(法)이 구족(具足)하니라.

○295[668] 여(如)에 든 자는, 3계(三界) 고해(苦海)를 벗어났다.

善男子 住如理者[續2: 住於如理] 過三苦海
선 남 자 주 여 리 자 [속2: 주어여리] 과 삼 고 해

선남자여! 여(如)의 참 성품[理]에 머무른 자는, 3계(三界)의 괴로움 바다를 벗어났느니라.

○296[669] 여(如)는, 언설(言說)이 불가(不可)인데 어떻게 설법을 하시옵니까?

舍利弗言 一切萬法 皆悉言文[論: 皆悉文言]
사 리 불 언 일 체 만 법 개 실 언 문 [논: 개실문언]

言文之相[論: 文言之相] 卽[大·續1,2: 卽] 非爲義 如實之義
언 문 지 상 [논: 문언지상] 즉 [대·속1,2: 즉] 비 위 의 여 실 지 의

不可言議[論·續1,2: 不可言說] 今者如來 云何說法
불 가 언 의 [논·속1,2: 불가언설] 금 자 여 래 운 하 설 법

사리불이 말씀 사뢰오며 여쭈옵기를, 일체 만법이 모두 다, 말과 글이옵니다. 말과 글의 상(相)이 곧, 실체[義:實體]가 아니라고 하시오니, 여(如)

의 실(實)인 실체[義:實體]는, 언설(言說)로 가히 사의[議:思議]할 수 없사
온데, 지금, 여래께옵서는, 어떻게 법(法)을 설(說)하시고 계시옵니까?

○ 297[670] 여래설(如來說)은 실상(實相)을 말할 뿐, 문자(文字)가 아니다.

佛言 我說法者 以汝衆生 在生說故 說不可說 是故說之
불언 아설법자 이여중생 재생설고 설불가설 시고설지

我所說者 義語非文
아소설자 의어비문

부처님께옵서 말씀하옵기를, 내가 법을 설하는 것은, 그대와 중생들이
언설(言說)에 의지한 삶을 사는 까닭으로, 가히 설할 수 없는 것을 설함
이니라. 이러한 까닭으로 설하여도, 내가 설하는 것은, 실상[義:實相]을
말할 뿐, 문자(文字)가 아니니라.

○ 298[670] 실상(實相)의 말이 아니면 체성(體性)이 없어, 허망한 말이다.

衆生說者 文語非義 非義語者 皆悉空無 空無之言
중생설자 문어비의 비의어자 개실공무 공무지언

無言於義 不言義者 皆是妄語
무언어의 불언의자 개시망어

중생들의 언설(言說)은, 실상[義:實相]이 아닌 문자(文字)의 말이니라. 실
상[義:實相]의 말이 아닌 것은, 모두 다 헛된[空無] 것이니라. 헛된[空無]
말은 실체[義:實體]가 없는 말이므로, 실상[義:實相]의 말이 아닌 것은,
모두, 이것은 허망(虛妄)한 말이니라.

○ 299[671] 실상(實相)의 말은 여(如)이며, 공(空)과 실(實)을 벗어났다.

如義語者 實空不空 空實不實 離於二相
여의어자 실공불공 공실부실 이어이상

中間不中[大:續1,2: 中間不中]
중 간 부 중 [대:속1,2: 중간부중]

여(如)의 실상[義:實相]을 말하는 것은, 실(實)이 공(空)이어도 공(空)이 아

니며, 공(空)이 실(實)이어도 실(實)도 아니니, 두 모습을 벗어났으므로, 중간(中間)의 중(中)도 아니니라.

◯ 300[672] 3상(三相)을 벗어나 견(見)의 처소(處所)가 없어, 여여여설이다.

不中之法 離於三相 不見處所 如如如說
부 중 지 법 이 어 삼 상 불 견 처 소 여 여 여 설

중(中)도 아닌 법은, 3상[三相:有·無·中]을 벗어나 견(見)의 처소가 없어, [일체(一切) 상(相)도 여(如)며, 행(行)도 여(如)며, 체(體)도 여(如)인] **여여여설(如如如說)**이니라.

◯ 301[672] 여설(如說)은, 유무(有無)의 존재(存在)가 아님을 설(說)한다.

如無無有 無有於無 如無有無 有無於有
여 무 무 유 무 유 어 무 여 무 유 무 유 무 어 유

如有無不在[論:續1,2: 有無不在] **說不在說故**[論:續1,2: 說不在故]
여 유 무 부 재 [논:속1,2: 유무부재] 설 부 재 설 고 [논:속1,2: 설부재고]

여(如)에는 유(有)도 무(無)도 없느니라. 유(有)와 무(無)가 없음은, 여(如)에는 유(有)도 무(無)도 끊어졌기 때문이니라. 유(有)와 무(無)는 유견(有見)이나, 여(如)는 유무(有無)의 존재가 아니므로, 설(說)함이, 존재(存在)가 아닌 까닭을 설(說)하느니라.

◯ 302[679] 여(如)는, 유무(有無)도 아니므로 여(如)라고 한다.

不在於如 如不有如 不無如說
부 재 어 여 여 불 유 여 불 무 여 설

존재 아님이 여(如)이니, 여(如)는 유(有)가 아니므로 여(如)이며, 무(無)도 아니므로 여(如)라고 말하느니라.

◯ 303[681] 천제(闡提)는, 어떤 등급에 머물러 여래(如來)의 실상에 드옵니까?

舍利弗言 一切衆生 從一闡提 闡提之心 住何等位
사 리 불 언 일 체 중 생 종 일 천 제 천 제 지 심 주 하 등 위

得至如來如來實相
득 지 여 래 여 래 실 상

사리불이 말씀 사뢰오며 여쭈옵기를, 일체중생이 일천제(一闡提)를 좇다가, 천제(闡提)의 마음으로부터 어떤 순위(順位)의 등급에 머물러야, 여래께옵서 이르신, 여래(如來)의 실상(實相)을 얻을 수 있사옵니까?

○304[681] 여래(如來)의 실상(實相) 과정에까지, 5등급 수행(修行)에 머문다.

佛言 從闡提心 乃至如來 如來實相 住五等位
불 언 종 천 제 심 내 지 여 래 여 래 실 상 주 오 등 위

부처님께옵서 말씀하옵기를, 천제(闡提)의 마음으로, 여래(如來)가 이른 여래(如來)의 실상(實相)에까지, 5등급의 순위(順位)에 머무르느니라.

○305[682] 첫째 신위(信位)이니, 진여(眞如)가 망심(妄心)에 가림을 믿음이다.

一者 信位 信此身中 眞如種子 爲妄所翳 捨離妄心
일 자 신 위 신 차 신 중 진 여 종 자 위 망 소 예 사 리 망 심

淨心清白 知諸境界意言分別
정 심 청 백 지 제 경 계 의 언 분 별

첫째는 신위(信位)이니라. 믿음은, 이 몸 가운데 진여(眞如)의 종자(種子)가 망심(妄心)에 가린 바임을 믿으며[대승기신大乘起信], 망심(妄心)을 버리고 벗어나면[신위信位 과果의 인행因行(대승수행大乘修行)], 맑은 마음[淨心]이 청정명백(淸淨明白)하여, 모든 경계가 의식[意]과 언어(言語)의 분별과 차별임을 아느니라[신위信位 인행因行의 과果(대승공지大乘空智: 대승과지大乘果智:6식멸과六識滅果)].

○306[683] 둘째 사위(思位)이니, 경계가 나의 본식(本識)이 아님을 앎이다.

二者 思位 思者觀諸境界 唯是意言 意言分別 隨意顯現
이 자 사 위 사 자 관 제 경 계 유 시 의 언 의 언 분 별 수 의 현 현

所見境界 非我本識 知此本識 非法非義 非所取 非能取
소 견 경 계 비 아 본 식 지 차 본 식 비 법 비 의 비 소 취 비 능 취

둘째는 사위(思位)이니라. 사자(思者)는, 모든 경계를 관하여[사위관思位觀(일승관一乘觀)], 오직, 이 모두가 의식(意識)과 언어(言語)이며, 의식(意識)과 언어(言語)의 분별과 차별로, 의식(意識)을 따라 나타난 현상을 보는 바[能所相]의 경계가, 나의 본식(本識)이 아니니라[사위思位 과과의 인행因行(일승수행一乘修行)]. 이 본식(本識)을 알면 법도 아니며, 실체[義:實體]도 아니며, 대상을 취함[所取]도 아니며, 마음이 일어나 취함[能取]도 아님을 아느니라[사위思位 인행因行의 과과(일승원지一乘圓智:일승본심진여지一乘本心眞如智:7식멸과七識滅果)].

○307[684] 셋째 수위(修位)이니, 원융각명(圓融覺明)으로 얽매임을 벗음이다.

三者 修位 修者常起能起 起修同時 先以智導 排諸障難
삼 자 수 위 수 자 상 기 능 기 기 수 동 시 선 이 지 도 배 제 장 난
出離盖纏[大: 出離盖纏] [論:續1,2: 出離蓋纏]
출 리 개 전 [대: 출리개전] [논:속1,2: 출리개전]

셋째는 수위(修位)이니라. 수자(修者)는, 항상 경계가 일어남을 따라 스스로 능히 닦음을 일으키되[수위관修位觀(일불승관一佛乘觀)], 경계의 일어남과 닦음을 동시에 함이니[수위修位 과과의 인행因行(일불승수행一佛乘修行)], 먼저 지혜로 이끌어 모든 장애의 어려움을 물리쳐, 업력에 덮힘과 경계에 얽매임을 벗어나는 것이니라[수위修位 인행因行의 과과(일불승원융각명지一佛乘圓融覺明智:일불승각조쌍차쌍조행一佛乘覺照雙遮雙照行:8식출입식멸과八識出入識滅果)].

○308[686] 넷째 행위(行位)이니, 대반열반으로 공(空)한 무한(無限)에 든다.

四者 行位 行者離諸行地 心無取捨 極淨根利 不動心如
사 자 행 위 행 자 이 제 행 지 심 무 취 사 극 정 근 리 부 동 심 여
決定實性 大般涅槃 唯性空大
결 정 실 성 대 반 열 반 유 성 공 대

넷째는 행위(行位)이니라. 행자(行者)는, 모든 수행지[修行地:動覺地]를

벗어난 것이니[행위수행行位修行], 마음에 취사[取捨:覺行]가 끊어져 지극한 청정근(淸淨根)의 성품 실제[利:實際]이며, 부동심(不動心) 여(如)의 성품 결정실성(決定實性)인 대반열반(大般涅槃)으로[행위行位 과果의 인행因行(불승수행佛乘修行)], 오직 성품이 공(空)한 무한에 이르느니라[행위行位 인행因行의 과果(불승부동지佛乘不動智:불승부동열반성지佛乘不動涅槃性智:8식 함장식 멸과八識含藏識滅果)].

◯309[691] 다섯째 사위(捨位)는, 여(如)에도 머묾 없는 여래에 이른 것이다.

五者 捨位 捨者不住性空 正智流易 大悲如相 相不住如
오 자 사 위 사 자 부 주 성 공 정 지 유 역 대 비 여 상 상 부 주 여
三藐三菩提 虛心不證 心無邊際 不見處所 是至如來
삼 먁 삼 보 리 허 심 부 증 심 무 변 제 불 견 처 소 시 지 여 래

다섯째는 사위(捨位)이니라. 사자(捨者)는, 성품의 공(空)함에도 머물지 않으며[사위각捨位覺], 바른 지혜[시각(始覺)도 본각(本覺)도 벗은 각명(覺明)]로 흘러 바뀌어[유역流易:전변轉變(사위捨位 과果의 인행因行)], 여(如)의 모습 대자비로 여(如)에도 머물지 않는 모습으로, 아뇩다라삼먁삼보리의 마음도 비워 증득하지 않으며, 마음이 끝없는 무한 초월에 이르러[무변제無邊際:무생결정성無生結定性], 견(見)의 처소(處所)가 끊어졌으니[결정무생심結定無生心], 이것이 여래(如來)에 이른 것이니라[사위捨位 인행因行의 과果(여래결정각如來結定覺:무생여래결정성지無生如來結定性智)].

◯310[694] 5종(五種)이 일각(一覺)의 작용이니, 본성(本性)을 수순함이다.

善男子 五位一覺 從本利入 若化衆生 從其本處
선 남 자 오 위 일 각 종 본 리 입 약 화 중 생 종 기 본 처

선남자여! 다섯 종류 순위(順位)의 등급이 일각(一覺)의 작용이니, 본성 성품의 실제[利:實際]를 수순하여 듦이니라. 만약, 중생을 교화(敎化)하려면, 그 본성(本性)의 성품[處]을 수순(隨順)하도록 해야 하느니라.

○311[694] 어떻게 함이, 본성(本性)을 수순(隨順)함이옵니까?

舍利弗言 云何從其本處
사 리 불 언　운 하 종 기 본 처

사리불이 말씀 사뢰오며 여쭈옵기를, 어떻게 함이, 그 본성(本性)의 성품을 수순(隨順)함이옵니까?

○312[695] 자성(自性) 결정성인 보리심(菩提心)으로, 성도(聖道)를 이룬다.

佛言 本來無本處 於無處空際
불 언　본 래 무 본 처　어 무 처 공 제

入實發菩提心[論: 入實發菩提] **而滿成聖道**
입 실 발 보 리 심 [논: 입 실 발 보 리] 이 만 성 성 도

부처님께옵서 말씀하옵기를, 본래 본성(本性)은 처소(處所)가 없어, 처(處)함이 끊어져 공(空)한 자성[際:自性]이면, 결정성[實:結定性]에 들어 보리심(菩提心)을 발하여, 성도(聖道)를 원만하게 이루느니라.

○313[698] 허공(虛空)을 잡음과 같아, 얻음도 얻지 못함도 아니다.

何以故 善男子 如手執彼空 不得非不得
하 이 고　선 남 자　여 수 집 피 공　부 득 비 부 득

무엇 때문이냐면, 선남자여! 손으로 저 허공을 잡음과 같음이니, 얻음도 아니며 얻지 아니함도 아니니라.

○314[698] 본성(本性)을 수순하면, 생멸심(生滅心)이 적멸(寂滅)하옵니다.

舍利弗言 如尊所說[續1,2: 如尊者所說] **在事之先 取以本利**
사 리 불 언　여 존 소 설 [속1,2: 여 존 자 소 설] 재 사 지 선　취 이 본 리

是念寂滅
시 념 적 멸

사리불이 말씀 사뢰옵기를, 세존(世尊)께옵서 설하신 바는 여(如)의 수순행[事]에 있어서 먼저, 본 성품 실제[利:實際]에 수순[取:隨順]하여, 이 생멸심[念:生滅心]을 적멸(寂滅)하게 하옵니다.

○315[699] 여(如)는 공덕총지(功德總持)이며, 원융불이(圓融不二)옵니다.

寂滅是如 摠持諸德 該羅萬法 圓融不二 不可思議
적 멸 시 여 총 지 제 덕 해 라 만 법 원 융 불 이 불 가 사 의

적멸한 이 여(如)의 성품은 모든 공덕[諸德: 일체 불지혜와 삼라만상 만법]의 총지(總持)이니, 두루 만법을 갖춘 원융불이(圓融不二)로 불가사의이옵니다.

○316[700] 이 법(法)이 반야바라밀이며, 대신 대명 무상주(無上呪)입니다.

當知是法 即[大:續1,2: 卽]是摩訶般若波羅蜜 是大神呪
당 지 시 법 즉 [대:속1,2: 즉] 시 마 하 반 야 바 라 밀 시 대 신 주

是大明呪 是無上呪[論: 是無上明呪] 是無等等呪
시 대 명 주 시 무 상 주 [논: 시무상명주] 시 무 등 등 주

당연히 이 법을 앎이 곧, 이 마하반야바라밀(摩訶般若波羅蜜)이며, 이 대신주(大神呪)이며, 이 대명주(大明呪)이며, 이 무상주(無上呪)이며, 이 무등등주(無等等呪)이옵니다.

○317[703] 진여(眞如)는 공성(空性)이니, 식(識)의 흔적이 없다.

佛言 如是如是 眞如空性 性空智火 燒滅諸結 平等平等
불 언 여 시 여 시 진 여 공 성 성 공 지 화 소 멸 제 결 평 등 평 등

等覺三地 妙覺三身 於九識中 皎然明淨 無有諸影
등 각 삼 지 묘 각 삼 신 어 구 식 중 교 연 명 정 무 유 제 영

부처님께옵서 말씀하옵기를, 그렇고 그러하니라. 진(眞)인 여(如)의 공성(空性)은, 성품이 공(空)한 지혜의 불(火)이니, 모든 얽매임을 불태워 소멸하므로 평등[平等:相平等]하고 평등[平等:性平等]하여, 등각(等覺) 3지(三地)와 묘각(妙覺) 3신(三身)이, 9식(九識) 가운데 밝고 밝으며 걸림 없이 청정하여, 모든 식(識)의 그림자가 없느니라.

○318[704] 성품이 공(空)하므로, 공(空)한 모습도 공(空)하다.

善男子 是法非因非緣 智自用故 非動非靜 用性空故
선 남 자 시 법 비 인 비 연 지 자 용 고 비 동 비 정 용 성 공 고

義非有無[續1,2: 非有非無] **空相空故**
의 비 유 무 [속1,2: 비유비무] 공 상 공 고

선남자여! 이 법은 인(因)도 아니며 연(緣)도 아님은, 자성공능[自:自性功能] 자재작용[用:自在作用]의 본지성품[智:本智性品]인 까닭으로, 동(動)도 아니 며 정(靜)도 아님은, 지혜작용의 성품이 공(空)한 까닭이니라. 그 실체[義: 實體]가 유(有)도 무(無)도 아님은, 공(空)한 모습도 공(空)하기 때문이니라.

○319[705] 실체(實體)의 관(觀)에 들어야, 여래(如來)를 본다.

善男子 若化衆生 令彼衆生 觀入是義 入是義者 是見如來
선 남 자 약 화 중 생 영 피 중 생 관 입 시 의 입 시 의 자 시 견 여 래

선남자여! 만약 중생(衆生)을 교화(敎化)하려면, 저 중생(衆生)들로 하여 금, 이 실체[義:實體]의 관(觀)에 들게 해야 하느니라. 이 실체[義:實體]에 든 자(者)는, 이 여래(如來)를 보리라.

○320[705] 여래의관(如來義觀)은, 4선(四禪) 유정(有頂)을 초월하옵니다.

舍利弗言 如來義觀 不住諸流 應離四禪 而超有頂
사 리 불 언 여 래 의 관 부 주 제 류 응 리 사 선 이 초 유 정

사리불이 말씀 사뢰옵기를, 여래(如來)의 실체[義:實體]를 관(觀)함은, 모 든 [색(色)과 상(相)과 식(識)과 심(心)과 견(見)과 일체 수행 과위(果位)의] 흐 름에도 머물지 않으므로, 응당 4선(四禪)을 벗어나, 유정(有頂)을 초월 (超越)함이옵니다.

○321[708] 모든 법(法)은 분별(分別)의 이름이니, 4선(四禪)도 이와 같다.

佛言 如是 何以故 一切法名數 四禪亦如是
불 언 여 시 하 이 고 일 체 법 명 수 사 선 역 여 시

부처님께옵서 말씀하옵기를, 그러하니라. 무엇 때문이냐면, 일체(一切) 법(法)은, 분별(分別)이 있어 이름하며, 헤아릴 것이 있어 수(數)이니, 4 선(四禪) 역시, 이와 같으니라.

○322[708] 여래(如來)는 심자재(心自在)이니, 평등(平等)한 성품이다.

若見如來者 如來心自在 常在滅盡處 不出亦不入
약 견 여 래 자 여 래 심 자 재 상 재 멸 진 처 불 출 역 불 입

內外平等故
내 외 평 등 고

만약 여래(如來)를 본 자는, 여래(如來)는 심자재(心自在)이니, 항상 멸진처(滅盡處)에 있어, 나옴도 아니며 또한, 듦도 아님은, 내외(內外)가 끊어진 평등한 성품인 까닭이니라.

○323[710] 저 모든 선관(禪觀)은, 상념(想念)의 공정(空定)이다.

善男子 如彼諸禪觀 皆爲想空定 [論: 皆爲故想定]
선 남 자 여 피 제 선 관 개 위 상 공 정 [논: 개 위 고 상 정]

선남자여! 저와 같은 모든 선관(禪觀)은, 모두 함[作爲]이 있는 상념(想念)의 공정(空定)이니라.

○324[710] 여관(如觀)은 실(實)일 뿐, 상(相)을 관(觀)하거나 봄이 아니다.

是如非復彼 何以故 以如觀如實 不見觀如相
시 여 비 부 피 하 이 고 이 여 관 여 실 불 견 관 여 상

이 여(如)는, 저 관행(觀行)으로 다시 돌아가지 않느니라. 무엇 때문이냐면, 여(如)의 성품을 관(觀)함은 여(如)의 실(實)일 뿐, 여(如)의 상(相)을 관(觀)하거나, 봄(見)이 아니니라.

○325[711] 모든 상(相)이 적멸(寂滅)이며, 적멸(寂滅)이 여(如)의 실체이다.

諸相相已寂滅 [論:續1,2: 諸相已寂滅]
제 상 상 이 적 멸 [논:속1,2: 제 상 이 적 멸]

寂滅卽如義 [大:續1,2: 寂滅卽如義]
적 멸 즉 여 의 [대:속1,2: 즉 멸 즉 여 의]

모든 상[相:所相:對相]과 상[相:能相:心相]이 이미 적멸(寂滅)하여, 적멸(寂滅)이 곧, 여(如)의 실체[義:實體]이기 때문이니라.

◯ 326[713] 상념(想念)의 선정(禪定)은 동(動)함이니, 선(禪)이 아니다.

如彼想禪定 是動非是禪
여 피 상 선 정 시 동 비 시 선

저와 같은 상념(想念)의 선정(禪定)은, 이는 동(動)이므로 이는, 선(禪)이 아니니라.

◯ 327[713] 선(禪)의 성품은, 동(動)함 없는 본성(本性)의 성품이다.

何以故 禪性離諸動 非染非所染 非法非影 離諸分別
하 이 고 선 성 리 제 동 비 염 비 소 염 비 법 비 영 이 제 분 별

本利義故 [論:續1,2: 本義義故]
본 리 의 고 [논:속1,2: 본의의고]

무엇 때문이냐면, 선(禪)의 성품은, 모든 동(動)함이 끊어졌으므로, [동(動)과 정(靜)에] 물듦도 아니며 물들 바도 아니므로, 법도 아니며 상념(想念)인 그림자도 아니며, 모든 분별과 차별을 벗어난, 본성의 성품 실제[利:實際]이며, 실체[義:實體]이기 때문이니라.

◯ 328[714] 이것이 관(觀)이며, 정(定)이며, 선(禪)이다.

善男子 如是觀定 乃名爲禪
선 남 자 여 시 관 정 내 명 위 선

선남자여! 이와 같음이 관(觀)이며, 정(定)이며, 또한, 이름함이 선(禪)이니라.

◯ 329[715] 여래(如來)는, 여(如)의 성품 실(實)로써 교화(教化)하시옵니다.

舍利弗言 不可思議 如來常以如實 而化衆生
사 리 불 언 불 가 사 의 여 래 상 이 여 실 이 화 중 생

사리불이 말씀 사뢰옵기를, 불가사의이옵니다. 여래께옵서는 항상, 여(如)의 성품 실(實)로써, 중생을 교화(教化)하시옵니다.

○330[715] 둔근(鈍根)은, 어떤 방편(方便)으로 여(如)에 들 수 있사옵니까?

如是實義 多文廣義 利根衆生 乃可修之[續1: 乃可脩之]
여 시 실 의 다 문 광 의 이 근 중 생 내 가 수 지 [속1: 내가수지]

鈍根衆生 難以措意 云何方便 令彼鈍根 得入是諦
둔 근 중 생 난 이 조 의 운 하 방 편 영 피 둔 근 득 입 시 제

이와 같이, 실(實)의 실체[義:實體]를 드러내는 글의 종류도 많고, 그 뜻[義]도 광범위하여, 지혜로운 이근(利根)의 중생은 가히, 닦을 수 있겠으나, 둔근(鈍根)의 중생은 뜻[意]을 가름하여도, 헤아리기도 어려우니, 어떤 방편(方便)으로, 저 둔근(鈍根)으로 하여금, 이 진리[眞諦]를 증득(證得)하여, 들 수가 있사옵니까?

○331[716] 둔근(鈍根)은, 4구게(四句偈)를 지니면 실상(實相)에 든다.

佛言 令彼鈍根 受持一四句偈 即[大:續1,2: 即]**入實諦**
불 언 영 피 둔 근 수 지 일 사 구 게 즉 [대:속1,2: 즉]입 실 제

一切佛法 攝在一四偈中[論: 攝在一偈中][續1,2: 攝在一四句偈中]
일 체 불 법 섭 재 일 사 게 중 [논: 섭재일게중][속1,2: 섭재일사구게중]

부처님께옵서 말씀하옵기를, 저 둔근(鈍根)으로 하여금, 한 4구게(四句偈)를 받아 지니게 하면 곧, 실제(實際)인 진리[諦]에 들게 되느니라. 일체 불법(佛法)이, 한 4구게(四句偈) 속에 총섭(總攝)해 있느니라.

○332[717] 4구게(四句偈)를 설(說)하여 주옵소서.

舍利弗言 云何一四句偈 願爲說之
사 리 불 언 운 하 일 사 구 게 원 위 설 지

사리불이 말씀 사뢰오며 여쭈옵기를, 어떤 것이, 한 4구게(四句偈)이온지, 원하오니 설하여 주시옵소서.

○333[717] 세존(世尊)께서, 4구게(四句偈)를 설하셨다.

於是 尊者 而說偈言
어 시 존 자 이 설 게 언

이때 세존(世尊)께옵서, 게(偈)를 설하셨다.

○334[717] 실체(實體)는, 생(生)도 아니며, 멸(滅)도 아니다.

因緣所生義 是義滅非生 滅諸生滅義 是義生非滅
인연소생의 시의멸비생 멸제생멸의 시의생비멸

인연(因緣) 따라 생(生)한 실체[義:相]
이 실체[義:相]는 멸(滅)해 생(生)이 아니네.
모든 생멸(生滅)이 멸(滅)한 실체[義:理(참모습)]
이 실체[義:理(참모습)]는 생(生)도 멸(滅)도 아니네.

○335[718] 대중이, 4구게(四句偈)를 듣고, 반야(般若)의 지혜에 들었다.

爾時 大衆 聞說是偈 僉大歡喜 皆得滅生 滅生般若
이시 대중 문설시게 첨대환희 개득멸생 멸생반야

性空智海[續2: 性空智海 없음]
성공지해 [속2: 성공지혜 없음]

이때 대중들이, 이 4구게(四句偈)의 설하심을 듣고, 모두가 대 환희(歡喜) 속에, 모두, 생(生)이 멸(滅)한 성품을 증득(證得)하여, 생(生)이 멸(滅)한 반야(般若)로, 성품이 공(空)한 지혜(智慧)의 바다에 들었다.

金剛三昧經 如來藏品 第七
금강삼매경 여래장품 제칠

○ 336[719] 생멸(生滅)의 실체가 불생불멸이며, 불(佛)의 보리(菩提)이옵니다.

爾時 梵行長者 從本際起 而白佛言 尊者 生義不滅
이 시 범 행 장 자 종 본 제 기 이 백 불 언 존 자 생 의 불 멸

滅義不生 如是如義 即[大:續1,2: 即]**佛菩提**
멸 의 불 생 여 시 여 의 즉 [대:속1,2: 즉] 불 보 리

이때 범행장자가 본제(本際)에서 일어나, 부처님께 말씀 사뢰오며 여쭈옵기를, 세존(世尊)이시여! 생(生)의 실체[義:實體]가 불멸(不滅)이오며, 멸(滅)의 실체[義:實體]도 불생(不生)이옵니다. 이와 같이, 여(如)의 실체[義:實體]는 곧, 불(佛)의 보리(菩提)이옵니다.

○ 337[720] 보리(菩提)의 무궁지혜의 성품은, 분별(分別)이 끊어졌사옵니다.

菩提之性 則[論: 即]**無分別 無分別智 分別無窮 無窮之相**
보 리 지 성 즉 [논: 즉] 무 분 별 무 분 별 지 분 별 무 궁 무 궁 지 상

唯分別滅[續1,2: 惟分別滅]
유 분 별 멸 [속1,2: 유분별멸]

보리(菩提)의 성품은 곧, 분별(分別)이 끊어졌사옵니다. 분별(分別) 없는 지혜는 분별(分別)이 무궁(無窮)하여도, 무궁(無窮) 성품의 모습은 오직, 분별(分別)이 끊어졌사옵니다.

○338[721] 실체(實體)는, 부사의(不思議) 성품으로 분별(分別)이 없사옵니다.

如是義相 不可思議 不思議中 乃無分別
여 시 의 상 불 가 사 의 부 사 의 중 내 무 분 별

이와 같이, 실체[義:實體]의 모습은, 불가사의(不可思議)이오며, 부사의 (不思議) 성품 중에는, 분별(分別)이 끊어졌사옵니다.

○339[721] 실체(實體)의 성품, 일성(一性)에 머물려면 어떻게 해야 하옵니까?

尊者 一切法數 無量無邊 無邊法相 一實義性 唯住一性
존 자 일 체 법 수 무 량 무 변 무 변 법 상 일 실 의 성 유 주 일 성

其事云何
기 사 운 하

세존이시여! 일체 법(法)의 수(數)는 무량무변(無量無邊)이며, 무변(無邊) 법상(法相)이오니, 일실(一實) 실체[義:實體]의 성품인 오직, 일성(一性)에 머물고자 하오면, 그 행[事:行]을 어떻게 해야 하옵니까?

○340[721] 일체 방편법(方便法)이, 일실(一實)인 실체(實體)의 지혜이다.

佛言 長者 不可思議 我說諸法 爲迷者故
불 언 장 자 불 가 사 의 아 설 제 법 위 미 자 고

方便導故[論: 方便道故] **一切法相 一實義智**
방 편 도 고 [논: 방편도고] 일 체 법 상 일 실 의 지

부처님께옵서 말씀하옵기를, 장자여! 불가사의이니라. 내가 설(說)한 모든 법은, 미혹(迷惑)한 자를 위한 것이니, 방편(方便)으로 인도(引導)하 는 까닭은, 일체 법의 모습이, 일실(一實) 실체[義:實體]의 지혜이니라.

○341[722] 어느 방편법(方便法)이든, 같은 한 성품에 든다.

何以故 譬如一市 開四大門 是四門中 皆歸一市
하 이 고 비 여 일 시 개 사 대 문 시 사 문 중 개 귀 일 시

如彼衆庶 隨意所入 種種法味 亦復如是
여 피 중 서 수 의 소 입 종 종 법 미 역 부 여 시

무엇 때문이냐면, 비유하여, 한 도시에 네 곳으로 오는 길의 대문(大門)이 열려 있으면, 이 네 곳 길의 문(門) 중에, 모두가 어느 길의 문(門)으로 들어오든, 한 도시에 들게 되느니라. 저 여러 사람들과 같이, 자기의 뜻을 따라 들어 오듯, 가지가지 법의 차별[味]도 또한 역시, 이와 같으니라.

○342[723] 일미(一味)의 법(法)은, 모든 법(法)을 총섭(總攝)하옵니까?

梵行長者言 法若如是 我住一味 應攝一切諸味
범 행 장 자 언 법 약 여 시 아 주 일 미 응 섭 일 체 제 미

범행장자가 말씀 사뢰오며 여쭈옵기를, 법이 만약 이와 같다면, 제가 머무는 일미[一味:一法]는 응당, 일체 모든 법[味:法]을 총섭(總攝)하옵니까?

○343[723] 일미(一味)의 실체(實體)는, 모든 법을 총섭(總攝)한다.

佛言 如是如是 何以故 一味實義 如一大海[論: 味如一大海]
불 언 여 시 여 시 하 이 고 일 미 실 의 여 일 대 해 [논: 미 여 일 대 해]

一切衆流 無有不入
일 체 중 류 무 유 불 입

부처님께옵서 말씀하옵기를, 그렇고 그러하니라. 무엇 때문이냐면, 일미[一味:一法]의 실(實)인 실체[義:實體]는, 여(如)의 한 성품 큰 바다[一大海]이므로, 일체 뭇 종류의 흐름들이, 들지 않음이 없느니라.

○344[724] 모든 차별법(差別法)이 바다에 이르면, 한 맛[一味]이다.

長者 一切法味 猶彼衆流 名數雖殊 其水不異 若住大海
장 자 일 체 법 미 유 피 중 류 명 수 수 수 기 수 불 이 약 주 대 해

則[論: 卽]**括衆流 住於一味 則攝諸味**[論: 卽攝諸味]
즉 [논: 즉] 괄 중 류 주 어 일 미 즉 섭 제 미 [논: 즉섭제미]

장자여! 일체 법의 특성[味]은 다만, 저 뭇 종류의 흐름을 따라 이름과 수(數)가 비록 다르나, 그 물은 다르지 않듯이, 만약 큰 바다에 머무르면 곧, 뭇 종류의 흐름들이 모이어, 한 맛이 되리니, 즉, 모든 종류의 맛을 총섭(總攝)함이니라.

○345[724] 모든 법(法)이 한 맛이면, 어찌, 3승(三乘)이 차별있사옵니까?

梵行長者言 諸法一味 云何三乘道 其智有異
범행장자언 제법일미 운하삼승도 기지유이

범행장자가 말씀 사뢰오며 여쭈옵기를, 모든 법이 한 맛[一味]이오면, 어찌하여, 3승(三乘)의 도(道)는, 그 지혜가 다름이 있사옵니까?

○346[725] 물이 바다에 이르는 과정에 따라, 이름함이 다르다.

佛言 長者 譬如江河淮海 大小異故 深淺殊故 名文別故
불언 장자 비여강하회해 대소이고 심천수고 명문별고

水在江中 名爲江水 水在淮中 名爲淮水 水在河中
수재강중 명위강수 수재회중 명위회수 수재하중

名爲河水 俱在海中 唯名海水
명위하수 구재해중 유명해수

부처님께옵서 말씀하옵기를, 장자여! 비유하여, 강(江)과 하(河)와 회(淮)와 바다[海]는 크고 작음의 차별이 있어, 깊고 얕음이 다른 까닭으로, 이름함과 글이 다름이 있느니라. 물이 강(江) 중에 있으면 강물이라 이름하고, 물이 회(淮) 중에 있으면 회수(淮水)라고 이름하며, 물이 하(河) 중에 있으면 하수(河水)라 이름하고, 함께 바다[海] 중에 있으면 오직, 바닷물이라 이름하느니라.

○347[726] 진여(眞如)에 이르면 불도(佛道)이니, 3행(三行)을 통달(通達)한다.

法亦如是 俱在眞如 唯名佛道 長者 住一佛道
법역여시 구재진여 유명불도 장자 주일불도

卽[大:續1,2: 卽]達三行
즉 [대:속1,2: 즉] 달 삼 행

법(法)도 역시 이와 같아, 함께 진(眞)인 여(如)에 있으면 오직, 이름함이 불(佛)의 도(道)이니라. 장자여! 하나[一:如]인, 불(佛)의 도(道)에 머물면 곧, 3행(三行)을 통달(通達)하느니라.

◯348[727] 무엇이, 3행(三行)이옵니까?

梵行長者言 云何三行
범 행 장 자 언 운 하 삼 행

범행장자가 말씀 사뢰오며 여쭈옵기를, 무엇을 3행(三行)이라 하옵니까?

◯349[727] 첫째, 사(事) 수순행(隨順行)이다.

佛言 一 隨事取行
불 언 일 수 사 취 행

부처님께옵서 말씀하옵기를, 첫째는, 사(事:相)를 수순(隨順)하여 취(取)하는 행이니라.

◯350[728] 둘째, 식(識) 수순행(隨順行)이다.

二 隨識取行
이 수 식 취 행

둘째는, 식(識:心)을 수순(隨順)하여 취(取)하는 행이니라.

◯351[728] 셋째, 여(如) 수순행(隨順行)이다.

三 隨如取行
삼 수 여 취 행

셋째는, 여(如:本)를 수순(隨順)하여 취(取)하는 행이니라.

◯352[729] 3행(三行)은, 일체 법(法)을 총섭(總攝)한다.

長者 如是三行 摠攝衆門 一切法門 無不此入
장 자 여 시 삼 행 총 섭 중 문 일 체 법 문 무 불 차 입

장자여! 이와 같은 3행(三行)은, 모든 지혜(智慧)의 문(門)을 총섭(總攝)하므로, 일체(一切) 법(法)의 지혜(智慧)의 문(門)이, 여기에 들지 않음이 없느니라.

◯353[731] 공(空)한 상(相)을 생(生)하지 않아, 여래장(如來藏)에 든다.

入是行者 不生空相 如是入者 可謂入如來藏[論: 可謂入如來]
입 시 행 자 불 생 공 상 여 시 입 자 가 위 입 여 래 장 [논: 가위입여래]

이 행[行:여수순3행如隨順三行]에 든 자는, 공(空)한 상(相)을 생(生)하지 않으며, 이와 같이 든 자는 가히, 여래장(如來藏)에 듦이니라.

◯354[737] 여래장(如來藏)에 든 자는, 들어도 듦이 아니다.

入如來藏者[論: 入如來者] **入不入故**[論: 入入不入]
입 여 래 장 자 [논: 입여래자] 입 불 입 고 [논: 입입불입]

여래장(如來藏)에 든 자는, 들어도, 듦이 아닌 까닭이니라.

◯355[738] 여래장(如來藏)에 들어도, 듦이 없사옵니다.

梵行長者言 不可思議 入如來藏 如苗成實 無有入處
범 행 장 자 언 불 가 사 의 입 여 래 장 여 묘 성 실 무 유 입 처

범행장자가 말씀 사뢰오며 여쭈옵기를, 불가사의이옵니다. 여래장에 듦이, 여(如)의 싹이 결실을 이룸이라[시각(始覺:用覺)이 본각(本覺:體覺)의 불이(不二)에 듦], 드는 곳이 없사옵니다.

◯356[739] 근본(根本) 성품, 본래(本來) 공능(功能)의 완연함을 이룸이옵니다.

本根利力 利成得本
본 근 이 력 이 성 득 본

본래(本來) 근본(根本) 성품, 실제[利:實際] 공능력[力:功能力]이므로, 성품 실제[利:實際] 본래(本來)의 완연(完然)한 원만(圓滿)함을 이룸이옵니다.

◯357[740] 근본(根本) 성품 실제(實際)에 들면, 그 지혜는 얼마나 되옵니까?

得本實際 其智幾何
득 본 실 제 기 지 기 하

근본 성품 실제(實際)를 얻으면, 그 지혜(智慧)가 어느 정도이옵니까?

○358[741] 그 지혜는 무궁(無窮)하며, 4종류(四種類)가 있다.

佛言 其智無窮 略而言之 其智有四 何者爲四
불언 기지무궁 약이언지 기지유사 하자위사

부처님께옵서 말씀하옵기를, 그 지혜는 무궁(無窮)하니라. 간략하게 말하면, 그 지혜는 4종류(四種類)가 있느니라. 무엇이 4종류(四種類)인가 하면,

○359[741] 첫째 정지(定智)이니, 여(如)를 수순(隨順)함이다.

一者 定智 所謂隨如
일자 정지 소위수여

첫째는 정지(定智)이니, 소위, 여(如)의 성품을 수순(隨順)함이니라.

○360[742] 둘째 부정지(不定智)이니, 상(相)을 타파(打破)함이다.

二者 不定智 所謂方便破病[論:續1,2: 所謂方便摧破]
이자 부정지 소위방편파병 [논:속1,2: 소위방편최파]

둘째는 부정지(不定智)이니, 소위, 방편지[方便:方便智]로, 병[病:一切相迷惑]을 깨뜨려 파괴함이니라.

○361[742] 셋째 열반지(涅槃智)이니, 경계상(境界相)이 제거(除去)됨이다.

三者 涅槃智 所謂除電覺際[論: 所謂除電覺][續1,2: 所謂慧除電覺]
삼 자 열반지 소위제전각제 [논: 소위제전각] [속1,2: 소위혜제전각]

셋째는 열반지(涅槃智)이니, 소위, 번개처럼 깨닫는[覺] 성품[際]이 제거(除去)됨이니라.

○362[743] 넷째 구경지(究竟智)이니, 구족불도(具足佛道)에 듦이다.

四者 究竟智 所謂入實具足佛道[論:續1,2: 所謂入實具足道]
사 자 구경지 소위입실구족불도 [논:속1,2: 소위입실구족도]

넷째는 구경지(究竟智)이니, 소위, 실다운 구족(具足)한 불(佛)의 도(道)에 듦이니라.

○363[778] 4대사(四大事)의 행(行)은, 제불(諸佛)이 설(說)한 바이다.

長者 如是四大事用 過去諸佛所說 是大橋梁 是大津濟
장자 여시사대사용 과거제불소설 시대교량 시대진제

若化衆生 應用是智
약화중생 응용시지

장자여! 이와 같이 4대사[四大事]의 행[用]은, 과거의 모든 부처님께서도 설하신 바이니라. 이는 큰 교량이며, 큰 나루를 건너는 것이니라. 만약, 중생을 교화(敎化)하려면, 응당 행함이 이 지혜여야 하느니라.

○364[779] 4대사(四大事)의 큰 지혜의 작용에, 3대사(三大事)가 있다.

長者 用是大用 復有三大事
장자 용시대용 부유삼대사

장자여! 이 지혜(智慧)의 큰 작용에는 또, 3대사(三大事)가 있느니라.

○365[779] 첫째, 내외(內外)의 상(相)에 이끌림 없는 3삼매(三三昧)이다.

一者 於三三昧 內外不相奪
일자 어삼삼매 내외불상탈

첫째는 3삼매(三三昧)이니, 내외(內外)의 상(相)에 이끌리거나, 얽매이지 않음이니라.

○366[779] 둘째, 도(道)의 수순(隨順)에 택멸(擇滅)하는 대의과(大義科)이다.

二者 於大義科 隨道擇滅
이자 어대의과 수도택멸

둘째는 대(大), 의(義), 과(科)이니, 도(道)를 수순(隨順)함에 선택하여 멸(滅)함이니라.

○367[780] 셋째, 여(如)의 정혜(定慧)와 자비행(慈悲行)을 갖춤이다.

三者 於如慧定[續1,2: 於如慧如定] **以悲俱利**
삼자 어여혜정 [속1,2: 어여혜여정] 이비구리

셋째는 여(如)의 성품인 정(定)과 혜(慧)와 자비(慈悲)를 함께 갖추어, 이롭게 함이니라.

○ 368[780] 3사행(三事行)이 아니면, 4지혜(四智慧)에 들지 못한다.

如是三事 成就菩提 不行是事
여 시 삼 사 성 취 보 리 불 행 시 사

則不能流入[論: 即不能流入][續1,2: 則不流入]**彼四智海**
즉 불 능 유 입 [논: 즉불능유입][속1,2: 즉불유입] 피 사 지 해

爲諸大魔所得其便
위 제 대 마 소 득 기 편

이와 같이 3사(三事)로 보리(菩提)를 성취하느니라. 행함이 이런 지혜행 [事:智慧行]이 아니면 곧, 저 4지혜(四智慧)의 바다에 능히, 흘러 들지 못하여, 모든 큰 마(魔)들의 힘에 휩쓸릴 것이니라.

○ 369[781] 성불(成佛)에까지 항상, 닦고 익혀야 한다.

長者 汝等大衆 乃至成佛 常當修習
장 자 여 등 대 중 내 지 성 불 상 당 수 습

勿令暫失[論:續1,2: 勿令暫失]
물 령 잠 실 [논:속1,2: 물령잠실]

장자여! 그대와 더불어 대중은 성불(成佛)에 이르기까지, 항상 당연히 닦고 익히어, 잠시도 잃지 말아야 하느니라.

○ 370[781] 어떤 것이, 3삼매(三三昧)이옵니까?

梵行長者言 云何三三昧
범 행 장 자 언 운 하 삼 삼 매

범행장자가, 말씀 사뢰오며 여쭈옵기를, 무엇이 3삼매(三三昧)이옵니까?

○ 371[782] 3삼매(三三昧)는, 공(空)삼매 무상(無相)삼매 무작(無作)삼매이다.

佛言 三三昧者 所謂空三昧 無相三昧[論: 無作三昧]
불 언 삼 삼 매 자 소 위 공 삼 매 무 상 삼 매 [논: 무작삼매]

無作三昧[論: 無相三昧] **如是三昧**[續2: 없음]
무 작 삼 매 [논: 무상삼매] 여 시 삼 매 [속2: 없음]

부처님께옵서 말씀하옵기를, 3삼매(三三昧)는 소위, 공삼매(空三昧), 무상삼매(無相三昧), 무작삼매(無作三昧), 이 같은 삼매(三昧)이니라.

○ 372[787] 무엇이, 대의과(大義科)이옵니까?

梵行長者言 云何於大義科
범 행 장 자 언 운 하 어 대 의 과

범행장자가 말씀 사뢰오며 여쭈옵기를, 무엇이 대(大), 의(義), 과(科)이옵니까?

○ 373[787] 대(大)는 4대, 의(義)는 5음 18계 6입, 과(科)는 본식(本識)이다.

佛言 大謂四大 義謂陰界入等 科謂本識
불 언 대 위 사 대 의 위 음 계 입 등 과 위 본 식

是謂於大義科[論:續1,2: 是爲於大義科]
시 위 어 대 의 과 [논:속1,2: 시위어대의과]

부처님께옵서 말씀하옵기를, 대(大)는 4대(四大)이며, 의(義)는 5음(五陰), 18계(十八界), 6입(六入) 등이며, 과(科)는 본식(本識)이니라. 이것이 대(大), 의(義), 과(科)이니라.

○ 374[789] 이 지혜는, 열반(涅槃)에 머묾 없는 보살도(菩薩道)이옵니다.

梵行長者言 不可思議 如是智事 自利利人 過三界地
범 행 장 자 언 불 가 사 의 여 시 지 사 자 리 이 인 과 삼 계 지

不住涅槃 入菩薩道
부 주 열 반 입 보 살 도

범행장자가 말씀 사뢰옵기를, 불가사의이옵니다. 이와 같은 지혜의 행[事]은 자신을 이롭게 하고, 사람들을 이롭게 할 것이옵니다. 3계(三界)의 성품[地]을 벗어나 열반(涅槃)에도 머물지 않고, 보살도(菩薩道)에 들

게 하옵니다.

○375[790] 분별(分別)을 벗어나면, 성품이 불멸(不滅)이옵니다.

如是法相 是生滅法 以分別故 若離分別 法應不滅

여시법상 시생멸법 이분별고 약리분별 법응불멸

이와 같은 법(法)의 모습에서는, 이 생멸법(生滅法)은 분별(分別)과 차별(差別)인 까닭으로, 만약 분별(分別)과 차별(差別)을 벗어나면, 법(法)은 응당히 불멸(不滅)이옵니다.

○376[790] 여래(如來)께옵서, 게송(偈頌)을 설(說)하셨다.

爾時 如來 欲宣此義 而說偈言

이시 여래 욕선차의 이설게언

이때 여래께옵서, 이 실상[義:實相]을 베풀고자, 게송을 설하시었다.

○377[790] 분별(分別)이 멸(滅)하면, 법(法)은 생(生)도 멸(滅)도 아니다.

法從分別生 還從分別滅 滅諸分別法 是法非生滅

법종분별생 환종분별멸 멸제분별법 시법비생멸

법(法)은 분별을 좇아 일어나
다시 분별을 좇아 멸(滅)하느니라.
모든 분별하는 법(法)이 멸(滅)하면
이 법(法)은 생(生)도 멸(滅)도 아니니라.

○378[791] 범행장자(梵行長者)가 뜻을 베풀고자, 게송(偈頌)을 읊었다.

爾時 梵行長者 聞說是偈 心大欣懌 欲宣其義 而說偈言

이시 범행장자 문설시게 심대흔역 욕선기의 이설게언

이때 범행장자가 이 게(偈)를 설하심을 듣고, 마음이 크게 기쁨으로 충만하여, 그 실상[義:實相]을 널리 베풀고자 게송(偈頌)을 읊었다.

◯379[791] 법(法)이 본래(本來) 적멸(寂滅)이며, 무생(無生)이옵니다.

諸法本寂滅 寂滅亦無生
제 법 본 적 멸 적 멸 역 무 생

모든 법(法)이, 본래(本來) 적멸(寂滅)이오니
적멸(寂滅) 또한, 무생(無生)이옵니다.

◯380[791] 생멸법(生滅法)은, 무생(無生)이 아니옵니다.

是諸生滅法 是法非無生
시 제 생 멸 법 시 법 비 무 생

이 모든 생멸(生滅)하는 법(法)은
이 법(法)은, 무생(無生)이 아니옵니다.

◯381[792] 생멸(生滅)이 무생(無生)이 아님은, 단상(斷常)이기 때문입니다.

彼則不共此 爲有斷常故
피 즉 불 공 차 위 유 단 상 고

저것이 곧, 이것[無生法]과 함께하지 않음은
단(斷)과 상(常)이 있다고 하기 때문이옵니다.

◯382[792] 무생(無生)은, 둘 없는 공(空)에도 머물지 않사옵니다.

此則[論: 此即]**離於二 亦不在一住**
차 즉 [논: 차즉] 이 어 이 역 부 재 일 주

이는 곧, 두 모습이 끊어진 것이어서
또한, 하나[空]에도 머물러 있지 않사옵니다.

◯383[792] 만약 설(說)한 법(法)이 있다면, 환(幻)이옵니다.

若說法有一 是相如毛輪
약 설 법 유 일 시 상 여 모 륜

만약, 설(說)한 법(法)이 하나라도 있다면
이 상(相)은, 모륜[毛輪:幻]과 같사옵니다.

◯384[793] 모든 것은, 전도(顚倒)된 허망(虛妄)한 것이옵니다.

如燄水迷倒 爲諸虛妄故
여 염 수 미 도 위 제 허 망 고

아지랑이를 물로 착각[迷倒]함과 같아서
모든 것이 허망(虛妄)한 까닭이옵니다.

◯385[793] 법(法)이 없음은, 공(空)과 같사옵니다.

若見於法無[續1: 若見于法無] 是法同於空
약 견 어 법 무 [속1: 약견우법무] 시 법 동 어 공

만약, 법(法)이 없음을 본다면
이 법(法)은, 공(空)과 같사옵니다.

◯386[793] 설(說)한 법(法)은, 실체(實體)가 없사옵니다.

如盲無目倒[論:續2: 如盲無日倒] 說法如龜毛
여 맹 무 목 도 [논:속2: 여맹무일도] 설 법 여 구 모

맹인(盲人)이 눈이 없어, 전도[顚倒]됨과 같음이니
설하신 법(法)은, 거북의 털과 같사옵니다.

◯387[794] 설(說)함을 듣고, 두 견해(見解)를 벗어났사옵니다.

我今聞佛說 知法非二見
아 금 문 불 설 지 법 비 이 견

제가 지금, 부처님의 설(說)하심을 듣고
법이, 두 견해(見解)를 벗어났음을 알았사옵니다.

○388[794] 중(中)에도 머묾 없음은, 무주(無住)인 까닭이옵니다.

亦不依中住 故從無住取
역 불 의 중 주 　 고 종 무 주 취

또한, 중(中)에도 머무르거나 의지하지 않음은
머물거나, 취함이 없음을 따르는 까닭이옵니다.

○389[794] 설(說)하신 법(法)은, 무주(無住)를 수순(隨順)하는 것이옵니다.

如來所說法 悉從於無住
여 래 소 설 법 　 실 종 어 무 주

여래(如來)께옵서 설(說)하신 법(法)은
모두, 머무름이 끊어진 성품을 수순(隨順)하는 것이옵니다.

○390[795] 무주처(無住處)의 여래(如來)에 예경(禮敬) 올리옵니다.

我從無住處 是處禮如來
아 종 무 주 처 　 시 처 예 여 래

제가 수순(隨順)함은, 머무를 곳이 끊어졌사오니
이곳의 여래(如來)에게 예경(禮敬)을 올리옵니다.

○391[795] 예경(禮敬)의 여래상(如來相)은, 부동지(不動智)이옵니다.

敬禮如來相 等空不動智
경 례 여 래 상 　 등 공 부 동 지

지극히 공경(恭敬)하며, 예경(禮敬)하는 여래(如來)의 모습은
일체 차별(差別) 없는, 공(空)한 부동지(不動智)이옵니다.

○392[795] 무주신(無住身)에, 지극한 공경(恭敬)의 예경(禮敬)을 올리옵니다.

不著[論: 不着]**無處所 敬禮無住身**
불 착 [논: 불착] 무 처 소 　 경 례 무 주 신

집착(執着) 없어, 처소(處所)가 끊어진 곳에서
머묾 없는 성품[身:體]에, 지극한 공경(恭敬)의 예(禮)를 올리옵니다.

○393[797] 일체처(一切處)에서, 여래(如來)를 뵈옵니다.

我於一切處 常見諸如來
아 어 일 체 처 상 견 제 여 래

나는, 일체(一切) 모든 곳에서
항상하신 모든, 여래(如來)를 뵈옵니다.

○394[798] 항상한 법(法)을, 설(說)해주옵소서.

唯[續1,2: 惟]**願諸如來 爲我說常法**
유 [속1,2: 유] 원 제 여 래 위 아 설 상 법

오직, 원하오니 모든, 여래(如來)께옵서는
저희들을 위해, 항상한 법(法)을 설하여 주시옵소서.

○395[798] 항상한 법(法)을 설(說)하리라.

爾時 如來 而作是言 諸善男子 汝等諦聽 爲汝衆等
이 시 여 래 이 작 시 언 제 선 남 자 여 등 체 청 위 여 중 등
說於常法
설 어 상 법

이때 여래께옵서, 이렇게 말씀하옵기를, 모든 선남자여! 그대들은 자세
히 살피어 들을지니라. 그대들을 위해, 항상한 법(法)을 설하리라.

○396[798] 항상하는 법은, 모든 망념(妄念)된 단견(斷見)과 분별을 벗어났다.

善男子 常法非常法 非說亦非字 非諦非解脫 非無非境界
선 남 자 상 법 비 상 법 비 설 역 비 자 비 제 비 해 탈 비 무 비 경 계
離諸妄斷際
이 제 망 단 제

선남자여! 항상하는 법은, 항상하는 법도 아니니, 언설이 아니며 또한,

문자도 아니며, 진리[諦]도 아니며 해탈도 아니며, 무(無)도 아니며 경계도 아니므로, 모든 망념(妄念)된 단견(斷見)과 분별[際]을 벗어났느니라.

○397[799] 요견식(了見識)은 항상하며, 적멸(寂滅)이다.

是法非無常 離諸常斷見 了見識爲常 是識常寂滅
시 법 비 무 상　이 제 상 단 견　요 견 식 위 상　시 식 상 적 멸

寂滅亦寂滅
적 멸 역 적 멸

이 법(法)은, 항상함이 없는 것도 아님이니, 모든 상견(常見)과 단견(斷見)을 벗어난, 요견식(了見識)은 항상하느니라. 이 식(識)은, 항상 적멸(寂滅)이며, 적멸(寂滅) 또한, 적멸(寂滅)하니라.

○398[800] 적멸(寂滅)을 얻은 자는, 항상 적멸(寂滅)한 성품을 본다.

善男子 知法寂滅者 不寂滅心 心常寂滅 得寂滅者 心常眞觀
선 남 자　지 법 적 멸 자　부 적 멸 심　심 상 적 멸　득 적 멸 자　심 상 진 관

선남자여! 법(法)이 적멸(寂滅)임을 아는 자는, 마음을 적멸(寂滅)하게 하지 않느니라. 마음은 항상 적멸(寂滅)하여, 적멸(寂滅)을 얻은 자(者)는, 마음이 항상 참[眞] 성품임을 보느니라.

○399[800] 미혹(迷惑)이 분별(分別)이며, 분별(分別)이 모든 법(法)이다.

知諸名色 唯是癡心 癡心分別 分別諸法
지 제 명 색　유 시 치 심　치 심 분 별　분 별 제 법

모든 것을 이름하고, 색[色:色聲香味觸法]을 앎이 오직, 이 미혹의 마음이니라. 미혹의 마음이 분별(分別)이니, 분별함이 모든 법(法)이니라.

○400[801] 법(法)의 성품을 깨달으면, 글과 말에 이끌리지 않는다.

更無異事 出於名色 知法如是 不隨文語[續1,2: 不隨文說]
갱 무 이 사　출 어 명 색　지 법 여 시　불 수 문 어　[속1,2: 불수문설]

다시, 차별(差別) 상[事:相]이 없으면, 이름과 색[色:色聲香味觸法]에서 벗어나, 법(法)이, 이 여(如)임을 알아, 글과 말에 이끌리지 않느니라.

○401[802] 마음 실체(實體)는, 분별의 내가 아니므로 적멸(寂滅)을 얻는다.

心心於義 不分別我 知我假名 即[大:續1,2: 即]**得寂滅**
심 심 어 의 불 분 별 아 지 아 가 명 즉[대:속1,2: 즉] 득 적 멸

마음 본심(本心)의 실체[義:實體]는, 분별(分別)하는 내가 아니므로, 나[我]라고 이름함이 헛된 것임을 앎으로 곧, 적멸(寂滅)을 얻느니라.

○402[802] 적멸(寂滅)을 얻음이, 아뇩다라삼먁삼보리이다.

若得寂滅 即[大:續1,2: 即]**得阿耨多羅三藐三菩提**
약 득 적 멸 즉[대:속1,2: 즉] 득 아 뇩 다 라 삼 먁 삼 보 리

만약, 적멸(寂滅)을 얻으면 곧, 아뇩다라삼먁삼보리를 얻음이니라.

○403[802] 범행장자(梵行長者)가, 게송(偈頌)을 읊었다.

爾時 長者梵行 聞說是語 而說偈言
이 시 장 자 범 행 문 설 시 어 이 설 게 언

이때 범행장자께서 이 설하심의 말씀을 듣고, 게송을 읊었다.

○404[803] 명(名) 상(相) 분별(分別)과 진여 정묘지가 이루어 다섯이옵니다.

名相分別事 及法名爲三 眞如正妙智 及彼成於五
명 상 분 별 사 급 법 명 위 삼 진 여 정 묘 지 급 피 성 어 오

명(名)과 상(相)과 분별사(分別事)는
법을 이름함이 셋이 되며
진여(眞如)와 정묘지(正妙智)가
저것과 이루어 다섯이 되옵니다.

◯ 405[803] 단견(斷見) 상견(常見)은 생멸(生滅)이니, 항상함이 아니옵니다.

我今知是法 斷常之所繫 入於生滅道 是斷非是常
아 금 지 시 법 단 상 지 소 계 입 어 생 멸 도 시 단 비 시 상

나는, 이제 이 법(法)을 알았사오니
단견(斷見)과 상견(常見)에 얽매인 바는
생(生)하고 멸(滅)하는 도(道)에 듦이므로
이는 끊어짐이니, 이것은 항상함이 아니옵니다.

◯ 406[804] 공(空)한 법(法)은, 인연이 불생(不生) 불멸(不滅)이옵니다.

如來說空法 遠離於斷常 因緣無不生 不生故不滅
여 래 설 공 법 원 리 어 단 상 인 연 무 불 생 불 생 고 불 멸

여래(如來)께옵서 설하신 공(空)한 법은
단견(斷見)과 상견(常見)을 멀리 벗어나
인(因)과 연(緣)이 없어, 일어나지 않으므로
생(生)이 아닌 까닭에, 멸(滅)도 아니옵니다.

◯ 407[804] 인연(因緣)을 집착해도, 필경 얻지 못하옵니다.

因緣執爲有 如探空中華 猶取石女子[續1,2: 猶如石女子]
인 연 집 위 유 여 채 공 중 화 유 취 석 여 자 [속1,2: 유여석여자]
畢竟不可得
필 경 불 가 득

인연(因緣)을 집착(執着)함이 있으면
허공(虛空) 중에 꽃을 취(取)하려 함과 같음이니
마치, 석녀(石女)가 자식을 가지려함과 같아
필경(畢竟) 가히, 얻지를 못하옵니다.

◯ 408[805] 여(如)에 의지하므로, 여실(如實)을 얻사옵니다.

離諸因緣取 亦不從他滅 及於己義大 依如故得實
이 제 인 연 취 역 부 종 타 멸 급 어 기 의 대 의 여 고 득 실

모든, 인연(因緣) 취(取)함을 벗어나고
또한, 밖의 생멸(生滅)함을 좇지 않으면
자기와 5음[義:五陰 · 十八界 · 六入]과 4대[大:四大]도 닿지 않아
여(如)에 의지(依支)한 까닭으로, 여실(如實)을 얻사옵니다.

○ 409[805] 진여(眞如)는 자재(自在)이니, 만법(萬法)은 여(如)가 아니옵니다.

是故眞如法 常自在如如[續1: 當自在如如] **一切諸萬法**
시 고 진 여 법 상 자 재 여 여 [속1: 당자재여여] 일 체 제 만 법
非如識所化[論: 不如識所化]
비 여 식 소 화 [논: 불여식소화]

이런 까닭에, 진(眞)인 여(如)의 법은
항상, 자재(自在)하여 여여(如如)하므로
일체(一切) 모든, 만법(萬法)은
식(識)의 변화이므로, 여(如)가 아니옵니다.

○ 410[806] 설(說)한 법(法)은, 생멸(生滅)이 끊어져 열반(涅槃)이옵니다.

離識法即空[大:續1,2: 離識法卽空] **故從空處說 滅諸生滅法**
이 식 법 즉 공 [대:속1,2: 이식법즉공] 고 종 공 처 설 멸 제 생 멸 법
而住於涅槃
이 주 어 열 반

법(法)은 곧, 공(空)하여 식(識)을 벗어났으니
그러므로, 공(空)을 수순(隨順)하여 설하는 곳에는
모든, 생멸(生滅)의 법(法)이 끊어져
열반(涅槃)에 머무르옵니다.

○ 411[807] 멸(滅)에 머묾 없는 열반(涅槃)이니, 여래장(如來藏)이옵니다.

大悲之所奪 涅槃滅不住 轉所取能取 入於如來藏
대 비 지 소 탈 열 반 멸 부 주 전 소 취 능 취 입 어 여 래 장

대자비(大慈悲)를 빼앗기실[베푸실] 때에도
멸(滅)에 머무르지 않은 열반(涅槃)이므로
밖을 취함[所取]도, 안을 취함[能取]도 끊어져[轉]
계신 곳이, 여래장(如來藏)이옵니다.

○ 412[808] 대중이 설(說)함을 듣고, 여래장(如來藏) 바다에 들었다.

爾時 大衆 聞說是義 皆得正命 入於如來如來藏海
이시 대중 문설시의 개득정명 입어여래여래장해

이때 대중들이, 이 실상[義:實相]의 설하심을 듣고, 모두, 바른 지혜의
명(命)을 얻어, 여래(如來)의 성품, 여래장(如來藏) 바다에 들었다.

金剛三昧經 總持品 第八
금강삼매경 총지품 제팔

○413[809] 대중이 아직, 의심사(疑心事)가 다 풀어지지 않았사옵니다.

爾時 地藏菩薩 從衆中起 至于佛前 [續1,2: 至於佛前]
이 시 지장보살 종중중기 지우불전 [속1,2: 지어불전]

合掌蹴跪 [論:續1: 合掌胡跪] **而白佛言 尊者 我觀大衆**
합 장 호 궤 [논:속1: 합장호궤] 이백불언 존 자 아 관 대 중

心有疑事 猶未得決
심 유 의 사 유 미 득 결

이때 지장보살이 대중 속에서 일어나, 부처님 전에 이르러 무릎을 꿇어 합장하고, 부처님께 말씀 사뢰오며 여쭈옵기를, 세존이시여! 제가 대중을 살펴보니, 마음속에는, 해결되지 못한 의심사(疑心事)가 남아 있어, 아직도, 법을 얻으려 결단(決斷)한 바를, 얻지 못한 것이 있사옵니다.

○414[810] 여래(如來)의 자비(慈悲)로, 대중의 의심사를 풀어 주옵소서.

今者如來 欲爲除疑 我今爲衆 隨疑所問 願佛慈悲 垂哀聽許
금 자 여 래 욕 위 제 의 아 금 위 중 수 의 소 문 원 불 자 비 수 애 청 허

지금 여래(如來)께옵서는, 원(願)함을 따라, 미혹의 의심(疑心)을 제거해 주옵시니, 제가 지금 대중을 위해, 의심(疑心)하는 바를 따라 묻고져 하옵니다. 간곡히 원(願)하오니, 부처님의 자비로움으로, 불쌍히 여기시어 허락해 주시오며, 들음을 따라, 베풀어 주시옵소서.

○415[810] 중생을 구제하고자 하니, 마땅히 물어라. 베풀어 설하리라.

佛言 菩薩摩訶薩 汝能如是 救度衆生 是大悲愍
불언 보살마하살 여능여시 구도중생 시대비민

不可思議 汝當廣問 爲汝宣說
불가사의 여당광문 위여선설

부처님께옵서 말씀하옵기를, 보살마하살이여! 그대는 능히, 이와 같이 중생들을 구제하고 제도하고자, 이렇게 큰 자비심(慈悲心)으로, 깊이 가 엾이 여기며, 연민(憐愍)하여 근심함이 불가사의하도다. 그대는, 마땅 히 널리 물을지어다. 그대들을 위해 베풀고, 설할 것이니라.

○416[811] 모든 법(法)이, 인연(因緣)으로 생긴 것이 아니라고 하시옵니까?

地藏菩薩言 一切諸法 云何不緣生
지장보살언 일체제법 운하불연생

지장보살이 말씀 사뢰오며 여쭈옵기를, 일체 모든 법(法)이 어찌하여, 인연(因緣)으로 생긴 것이 아니라고 하시옵니까?

○417[811] 여래(如來)께서 실상(實相)을 베풀고자, 게(偈)를 설하였다.

爾時 如來 欲宣此義 而說偈言
이시 여래 욕선차의 이설게언

이때 여래(如來)께옵서 이 실상[義:實相]을 베풀고자, 게(偈)를 설하시어 말씀하시었다.

○418[812] 법성(法性)이 없는데, 인연에서 어찌 법(法)을 생(生)하겠느냐?

若法緣所生 離緣可無法 云何法性無 而緣可生法
약법연소생 이연가무법 운하법성무 이연가생법

만약, 법(法)이 인연(因緣)으로 소생(所生)한다면
인연(因緣)이 사라지면 가히, 법(法)도 없음이니
어찌, 법(法)의 성품이 없거늘
인연(因緣)으로 가히, 법(法)을 생(生)하겠느냐?

◯419[812] 법(法)이 무생(無生)이면, 법(法)을 좇는 마음이 일어나옵니까?

爾時 地藏菩薩言 法若無生 云何說法 法從心生
이 시 지 장 보 살 언 법 약 무 생 운 하 설 법 법 종 심 생

이때 지장보살이 말씀 사뢰오며 여쭈옵기를, 법(法)이 만약 무생(無生)이오면, 어찌하여 법(法)을 설하시오며, 법(法)을 좇는 마음이 일어나옵니까?

◯420[812] 법(法)은 허공(虛空)의 꽃과 같아, 있는 것이 아니다.

於是尊者 而說偈言 是心所生法 是法能所取 如醉眼空華
어 시 존 자 이 설 게 언 시 심 소 생 법 시 법 능 소 취 여 취 안 공 화

是法然非彼
시 법 연 비 피

이에 세존께옵서 게를 설하여 말씀하옵시니,
이 마음에서 소생(所生)한 법(法)은
이 법은, 마음의 분별[能取]과 경계의 분별[所取]로 취함이니
술 취한 사람의 눈에 보이는, 허공의 꽃과 같아
이 법[分別法]은 그러하나, 저 법[無生法]은 아니라네.

◯421[813] 법(法)은, 상대(相對) 없이 스스로 이루어지옵니까?

爾時 地藏菩薩言 法若如是 法則[論: 法即]無待 無待之法
이 시 지 장 보 살 언 법 약 여 시 법 즉 [논: 법즉] 무 대 무 대 지 법

法應自成
법 응 자 성

이때 지장보살이 말씀 사뢰오며 여쭈옵기를, 법(法)이, 만약 그와 같다면, 법은 곧, 상대[待:對]가 없사옵니다. 상대[待:對]가 없는 법(法)은, 법(法)이 응당 스스로 이루어지옵니까?

◯422[814] 이루어지고 사라짐이, 머묾이 끊어진 것이다.

於是 尊者 而說偈言 法本無有無 自他亦復爾
어 시 존 자 이 설 게 언 법 본 무 유 무 자 타 역 부 이

不始亦不終 成敗則[論: 成敗即]**不住**
불 시 역 부 종 성 패 즉 [논: 성패즉] 부 주

이에 세존께옵서 게(偈)를 설하여 말씀하옵시니,
법(法)은, 본래 유(有)도 무(無)도 없으니
자(自)와 타(他) 역시, 또한 이와 같으니라.
시작[始:生]이 없어 또한, 마침[終:滅]도 없음이니
이뤄지고 사라짐이 곧, 머묾이 끊어진 것이라네.

○ **423**[814] 본래(本來) 열반(涅槃)이면, 이 법(法)의 성품이 여(如)이옵니까?
爾時 地藏菩薩言 一切諸法相 即[大:續1,2: 即]**本涅槃**
이 시 지 장 보 살 언 일 체 제 법 상 즉 [대:속1,2: 즉] 본 열 반
涅槃及空相亦如是 無是等法 是法應如
열 반 급 공 상 역 여 시 무 시 등 법 시 법 응 여

이때 지장보살이 말씀 사뢰오며 여쭈옵기를, 일체 모든 법의 모습이
곧, 본래 열반(涅槃)이오면, 열반(涅槃)과 공상(空相) 또한, 이와 같사오
니, 이 같은 법(法)들은 없으므로, 이 법(法)이 응당, 여(如)이옵니까?

○ **424**[815] 법(法)의 성품은 여(如)도 끊어졌으니, 여(如)이다.
佛言 無如是法 是法是如
불 언 무 여 시 법 시 법 시 여

부처님께옵서 말씀하옵기를, 이 법(法)의 성품은 여(如)도 끊어졌으니,
이 법(法)이 이러하므로, 여(如)이니라.

○ **425**[815] 마음도 법(法)도 공적(空寂)하여, 그 성품이 적멸(寂滅)이옵니다.
地藏菩薩言 不可思議 如是如相 非共不共 意取業取
지 장 보 살 언 불 가 사 의 여 시 여 상 비 공 불 공 의 취 업 취
即[大:續1,2: 即]**皆空寂 空寂心法 俱不可取**[論: 俱不俱取]
즉 [대:속1,2: 즉] 개 공 적 공 적 심 법 구 불 가 취 [논: 구불구취]

亦應寂滅
역응적멸

지장보살이 말씀 사뢰옵기를, 불가사의이옵니다. 이 같은 여(如)의 모습은, [生滅과] 함께하거나 [生滅과] 함께 하지 않은 것도 아니어서, 뜻[意]으로 취[能取]하고 업(業)으로 취[所取]함이 곧, 다 공적(空寂)하옵니다. 마음[能心]도 법[所相]도 공적(空寂)하여, 다 가히 취하지 못하는 것이오니, 역시, 응당 적멸(寂滅)이옵니다.

○ 426[816] 적멸(寂滅)한 성품은 공(空)함도 끊어져, 적멸(寂滅)의 마음도 없다.

於是 尊者 而說偈言 一切空寂法 是法寂不空
어시 존자 이설게언 일체공적법 시법적불공

彼心不空時 是得心不有
피심불공시 시득심불유

이에 세존께옵서 게를 설하시어 말씀하옵시니,
일체가, 공(空)하여 적멸(寂滅)한 법(法)이니
이 법(法)은, 적멸(寂滅)하여 공(空)함도 끊어졌네.
저 마음, 공(空)함도 끊어질 시(時)에
적멸[是:寂滅]을 얻은, 마음이 있음도 끊어지네.

○ 427[818] 이 법(法)은 3제(三諦)인 색·공·심 역시, 멸(滅)하였사옵니다.

爾時 地藏菩薩言 是法非三諦 色空心亦滅 是法本滅時
이시 지장보살언 시법비삼제 색공심역멸 시법본멸시

是法應是滅
시법응시멸

이때 지장보살이 말씀 사뢰옵기를, 이 법[法:如:一切空寂滅法]은, 3제[三諦:色·空·心]가 아니므로, 색(色)이, 공(空)한 마음도 또한, 멸(滅)하였사옵니다. 이 법[法:色이 滅한 空心]이 본래[本來:本性] 따라 멸(滅)할 시(時)에, 이 법[法:色이 空한 마음도 滅하여 얻은 如의 寂滅心]도 따라[應:從:

本性隨順], 이것[是:色이 空한 마음도 滅하여 얻은 如의 寂滅心인 如의 마음]
도 멸(滅)하여, 끊어지옵니다.

○ 428[833] 법(法)이 본래(本來) 무자성(無自性)이며, 상(相)의 성품이다.

於是 尊者 而說偈言 法本無自性 由彼之所生
어 시 존 자 이 설 게 언 법 본 무 자 성 유 피 지 소 생

不於如是處 而有彼如是
불 어 여 시 처 이 유 피 여 시

이에 세존께옵서 게을 설하시어 말씀하옵시니,

법(法)은, 본래(本來) 무자성(無自性)이니

저[無自性]로 말미암이 생(生)하는 바이네.

[無自性은] 이[生滅]와 같은 곳이 아니어도

저[無自性]가 이[生滅]와 같이 있다네.

○ 429[835] 제법이 무생무멸(無生無滅)이면 어찌, 한 성품이 아니옵니까?

爾時 地藏菩薩言 一切諸法 無生無滅 云何不一
이 시 지 장 보 살 언 일 체 제 법 무 생 무 멸 운 하 불 일

이때 지장보살이 말씀 사뢰오며 여쭈옵기를, 일체 제법(諸法)이 무생(無
生)이며 무멸(無滅)이오면, 어찌하여 하나가 아니옵니까?

○ 430[836] 일체가 공(空)이니 이름, 언설, 법(法)이 능소(能所)를 취함이다.

於是 尊者 而說偈言 法住處無在 相數空故無
어 시 존 자 이 설 게 언 법 주 처 무 재 상 수 공 고 무

名說二與法 是則[論: 是即]能所取
명 설 이 여 법 시 즉 [논: 시즉] 능 소 취

이에 세존께옵서 게(偈)를 설하시어 말씀하옵시니,

법(法)이, 머문 곳이 있을 수 없고

모습(相)과 수(數)가 공(空)한 까닭으로 없음이니

이름과 언설(言說) 두 가지와 더불어 법(法)이

이것이 곧, 마음으로 헤아리고[能取], 경계를 취함[所取]이네.

○431[837] 일체 법상(法相)이, 생멸(生滅)과 중(中)에도 머물지 않사옵니다.

爾時 地藏菩薩言 一切諸法相 不住於二岸 亦不住中流
이시 지장보살언 일체제법상 부주어이안 역부주중류

이때 지장보살이 말씀 사뢰오며 여쭈옵기를, 일체 모든 법상(法相)이 두 곳[生滅]에 머물지 않음이니, 역시, 중(中)의 흐름에도 머물지 않사옵니다.

○432[837] 심식(心識)이 머묾 없다면, 어찌 식(識)이 일어나옵니까?

心識亦如是 云何諸境界 從識之所生
심식역여시 운하제경계 종식지소생

심식(心識) 또한, 이와 같사오면, 어찌하여, 모든 경계(境界)가 식(識)을 따라 일어나옵니까?

○433[837] 식(識)이 무생이면 어찌, 능생(能生)과 소생(所生)이 있사옵니까?

若識能有生 是識亦從生 云何無生識 能生有所生
약식능유생 시식역종생 운하무생식 능생유소생

만약, 식(識)이 능히 생(生)함이 있다면, 이 식(識)은 역시 생(生)을 좇음이오니, 어찌하여 식(識)이 무생(無生)이온데, 능생(能生)과 소생(所生)이 있사옵니까?

○434[838] 소생(所生)과 능생(能生)은, 능연(能緣)과 소연(所緣)이다.

於是 尊者 而說偈言 所生能生二 是二能所緣
어시 존자 이설게언 소생능생이 시이능소연

이에 세존(世尊)께옵서 게를 설하시어 말씀하옵시니,
소생(所生)과 능생(能生)의 둘은
이것이, 능연(能緣)과 소연(所緣)의 둘이라네.

○ 435[839] 본래 자성(自性)이 없어, 취(取)할 것 있음이 공(空)한 꽃이다.

俱本各自無 [論: 俱本名自無] 取有空華幻
구 본 각 자 무 [논: 구본명자무] 취 유 공 화 환

모두, 본래 각각, 자성(自性)이 없어
취할 것 있음이, 공(空)한 꽃이며, 환(幻)이라네.

○ 436[839] 식(識)이 생(生)하지 않을 시(時), 경계(境界)가 일어나지 않는다.

識生於未時 境不是時生
식 생 어 미 시 경 불 시 시 생

식(識)이 생(生)하지 않을 시(時)
경계(境界)가 일어난 때가 아니라네.

○ 437[840] 경계(境界)가 일어난 시(時) 아니면, 식(識)이 멸(滅)이다.

於境生未時 是時識亦滅
어 경 생 미 시 시 시 시 식 역 멸

경계(境界)가 일어난 시(時)가 아니면
이 시(時)에, 식(識)은 역시 멸(滅)이라네.

○ 438[840] 경계(境界)와 식(識)이 본래 함께 끊어져, 있음이 아니다.

彼即本俱無 [大:續1,2: 彼即本俱無] 亦不有無有
피 즉 본 구 무 [대:속1,2: 피즉본구무] 역 불 유 무 유

저 경계(境界)와 식(識)이 곧, 본래(本來) 함께 끊어졌으니
또한, 있는 바가 없어, 있음이 아니라네.

○ 439[840] 생(生)도 식(識)도 없어, 경계를 좇을 바 없다.

無生識亦無 云何境從有
무 생 식 역 무 운 하 경 종 유

생(生)이 없어, 식(識)도 또한 없음이니
어찌, 경계(境界)를 좇을 바 있으리요.

○440[841] 법상(法相)이 공(空)하여, 경계와 지혜가 적멸(寂滅)이옵니다.

爾時 地藏菩薩言 法相如是 内外俱空 境智二衆 本來寂滅
이시 지장보살언 법상여시 내외구공 경지이중 본래적멸

이때 지장보살이 말씀 사뢰옵기를, 법상(法相)은 이와 같이, 내외(内外)가 함께 공(空)하오니, 경계와 지혜 둘이 모두, 본래 적멸이옵니다.

○441[841] 실상(實相) 진공(眞空)은 여(如)의 법이니, 모일 수 없사옵니다.

如來所說 實相眞空 如是之法 即[大:續1,2: 即]非集也
여래소설 실상진공 여시지법 즉[대:속1,2: 즉]비 집 야

여래(如來)께옵서 설하신 실상(實相) 진공(眞空)은, 이 여(如)의 법(法)이므로 곧, 모일[集] 수 없사옵니다.

○442[841] 여실법(如實法)은, 색도 없고 머묾도 없어 일본리법(一本利法)이다.

佛言 如是 如實之法 無色無住 非所集 非能集
불언 여시 여실지법 무색무주 비소집 비능집

非義非大[續1,2: 非義非文] 一本利法[論:續1,2: 一本科法]
비 의 비 대 [속1,2: 비의비문] 일 본 리 법 [논:속1,2: 일본과법]

深功德聚
심 공 덕 취

부처님께옵서 말씀하옵기를, 그러하니라. 여(如)의 실법(實法)은 색[色聲香味觸法]도 없고 머묾도 없어, 소집(所集)도 아니며 능집(能集)도 아니어서, 의[義:五陰,十八界,六入]도 아니며 대[大:地水火風]도 아니므로, 하나의 근본 실제[利:實際]의 법으로, [여래장공능(如來藏功能)의] 깊은 공덕을 갖추었느니라.

○443[844] 불가사의(不可思議)이며, 부사의(不思議) 총섭(總攝)이옵니다.

地藏菩薩言 不可思議 不思議聚
지 장 보 살 언 불 가 사 의 부 사 의 취

지장보살이 말씀 사뢰옵기를, 불가사의이오며, 부사의(不思議) 총섭(聚:

總攝)이옵니다.

◯ 444[844] 제식(諸識)이 불생(不生)이며, 끊어졌사옵니다.
七五不生[續2: 七六不生] **八六寂滅**[續2: 八五寂滅] **九相空無**
칠 오 불 생 [속2: 칠육불생] 팔 육 적 멸 [속2: 팔오적멸] 구 상 공 무

7식(七識) 5식(五識)이 불생(不生)이며, 8식(八識) 6식(六識)이 적멸(寂滅)
이며, 9식(九識) 상(相)도 공(空)하여 끊어졌사옵니다.

◯ 445[844] 유무(有無)가 공(空)하여, 끊어졌사옵니다.
有空無有 無空無有
유 공 무 유 무 공 무 유

유(有)가 공(空)하여 있는 바가 없으며, 무(無)도 공(空)하여 있는 바가 끊
어졌사옵니다.

◯ 446[845] 여(如)의 성품, 법의 실상(實相)도 공(空)하옵니다.
如尊者所說[論: 如尊所說] **法義皆空**
여 존 자 소 설 [논: 여존소설] 법 의 개 공

세존(世尊)께옵서 설하신 바 여(如)의 성품, 법(法)의 실체[義:實體]도, 다
공(空)하옵니다.

◯ 447[845] 공(空)에 들면 모든 업(業)도 끊어져, 원(願)도 없사옵니다.
入空無行 不失諸業 無我我所 能所身見 內外結使
입 공 무 행 불 실 제 업 무 아 아 소 능 소 신 견 내 외 결 사
悉皆寂靜 故願亦息[續1,2: 故諸願亦息]
실 개 적 정 고 원 역 식 [속1,2: 고제원역식]

공(空)에 들면 행(行)도 끊어져, 모든 업(業)의 과실(過失)도 끊어지므로,
나와 나의 것도 없으며, 능소(能所)의 신견(身見)과 내외에 묶임이 모두,
다 적정(寂靜)이오니, 그러므로 원(願)하는 바도 역시, 끊어지옵니다.

◯448[846] 여(如)는 공(空)한 법(法)이니, 훌륭한 약(藥)이옵니다.

如是理觀 慧定眞如 尊者常說 寔如空法[續1,2: 實如空法]
여 시 이 관　혜 정 진 여　존 자 상 설　식 여 공 법 [속1,2: 실여공법]
即[大:續1,2: 卽]**良藥也**
즉 [대:속1,2: 즉] 양 약 야

이와 같이 참 성품[理]을 관(觀)하는, 정혜(定慧)의 진성(眞性) 여(如)의 성품을, 세존(世尊)께옵서 항상, 설하셨사옵니다. 참으로 여(如)는, 공(空)한 법(法)이오니 곧, 훌륭한 약(藥)이옵니다.

◯449[846] 법성(法性)은 공하므로 무생(無生)이며, 마음도 무생(無生)이다.

佛言 如是 何以故 法性空故[論: 空故] **空性無生 心常無生**
불 언　여 시　하 이 고　법 성 공 고 [논: 공고] 공 성 무 생　심 상 무 생

부처님께옵서 말씀하옵기를, 그러하니라. 무엇 때문이냐면, 법(法)의 성품이 공(空)한 까닭이니라. 공(空)한 성품은 생(生)이 끊어졌으므로, 마음이 항상 무생(無生)이니라.

◯450[847] 공(空)한 성품은 멸(滅)도 끊어져, 마음도 머묾 없다.

空性無滅 心常無滅 空性無住 心亦無住
공 성 무 멸　심 상 무 멸　공 성 무 주　심 역 무 주

공(空)한 성품은 멸(滅)도 없으므로 마음도, 항상 멸(滅)도 없으며, 공(空)한 성품은 머묾이 없어 마음 역시, 머묾이 없느니라.

◯451[847] 공성(空性)은 무위(無爲)며 출입(出入)이 끊어져, 18계 5음이 없다.

空性無爲 心亦無爲 空無出入 離諸得失
공 성 무 위　심 역 무 위　공 무 출 입　이 제 득 실
界陰入等[論:續1,2: 陰界入等] **皆悉亦無**
계 음 입 등 [논:속1,2: 음계입등] 개 실 역 무

공(空)한 성품은 무위(無爲)이므로 마음 역시, 무위(無爲)이며, 공(空)은 출입이 끊어져, 모든 얻음과 잃음을 벗어났으므로, 18계(十八界)와 5음

(五陰)과 6입(六入) 등, 모두가 다 역시, 끊어졌느니라.

◯452[848] 여(如)의 공(空)한 법(法)에, 모든 유(有)가 파괴(破壞)된다.

心如不著[論: 心如不着] 亦復如是
심 여 불 착 [논: 심여불착] 역 부 여 시
菩薩 我說空法[論:續1,2: 我說諸空] 破諸有故
보 살 아 설 공 법 [논:속1,2: 아설제공] 파 제 유 고

마음이 여(如)이니, 집착이 없어 또한, 역시 이와 같느니라. 보살이여!
내가 설(說)한 공(空)한 법(法)에, 모든 유(有)가 파괴되느니라.

◯453[848] 유(有)가 실(實)이 아니며, 실(實)이 없음[斷滅]이 아니옵니다.

地藏菩薩言 尊者 知有非實 如陽焰水
지 장 보 살 언 존 자 지 유 비 실 여 양 염 수
知實非無 如火性生[論: 如實非無 如火性王] 如是觀者
지 실 비 무 여 화 성 생 [논: 여실비무 여화성왕] 여 시 관 자
是人智也[論: 是人智耶]
시 인 지 야 [논: 시인지야]

지장보살이 말씀 사뢰오며 여쭈옵기를, 세존이시여! 유(有)가 실(實)이
아님을 앎으로, 아지랑이[陽焰]와 물이 다를 바 없으며[如], 실(實)이 없
음[無:斷滅]이 아님을 앎으로, 불[火]의 성품이 생(生)함과 같사옵니다.
이와 같이 관(觀)하는 자는, 이 사람이 지혜로운 사람이옵니까?

◯454[855] 관(觀)이, 일체(一切) 적멸(寂滅)이니 불(佛)을 봄을 잃지 않는다.

佛言 如是 何以故 是人眞觀 觀一寂滅 相與不相 等以空取
불 언 여 시 하 이 고 시 인 진 관 관 일 적 멸 상 여 불 상 등 이 공 취
空以修空故[論:續1,2: 以修空故] 不失見佛 以見佛故 不順三流
공 이 수 공 고 [논:속1,2: 이수공고] 불 실 견 불 이 견 불 고 불 순 삼 류

부처님께옵서 말씀하옵기를, 그러하니라. 무엇 때문이냐면, 이 사람은
진관(眞觀)이므로, 관(觀)에 일체가 적멸(寂滅)하여, 상(相)과 상(相) 아님

이 더불어 평등한 공(空)을 수순함[取]이니, 공(空)으로써 공(空)을 닦는 까닭으로 불(佛)을 봄을 잃지 않으며, 불(佛)을 보는 까닭으로 3계(三界)의 흐름을 따르지 않느니라.

○455[856] 3해탈(三解脫)이 하나의 체성이며, 성품이 끊어져 공(空)하다.

於大乘中 三解脫道 一體無性 以其無性故空
어 대 승 중 삼 해 탈 도 일 체 무 성 이 기 무 성 고 공

대승(大乘) 가운데 3해탈[空三昧, 無相三昧, 無作三昧]의 도(道)가 하나의 체성(體性)이므로, 각각 성품도 끊어졌느니라. 그 성품이 끊어진 까닭은, 공(空)하기 때문이니라.

○456[860] 공(空)하므로, 상(相)과 지음과 구(求)함이 끊어졌다.

空故無相 無相故無作 無作故無求
공 고 무 상 무 상 고 무 작 무 작 고 무 구

공(空)한 까닭으로 상(相)이 없으니, 상(相)이 끊어진 까닭으로 지음[作]도 끊어졌느니라. 지음이 끊어진 까닭으로 구(求)함도 끊어졌느니라.

○457[860] 마음이 청정(清淨)하여 불(佛)을 봄으로, 정토(淨土)에 든다.

無求故無願 無願故以是知業故須淨心[論:續1,2: 以是業故淨心]
무 구 고 무 원 무 원 고 이 시 지 업 고 수 정 심 [논:속1,2: 이시업고정심]
以心淨故 便得見佛[論:續1,2: 見佛] **以見佛故 當生淨土**
이 심 정 고 편 득 견 불 [논:속1,2: 견불] 이 견 불 고 당 생 정 토

구(求)함이 끊어진 까닭으로 원(願)도 없느니라. 원(願)이 끊어진 까닭에, 이 업[業:淸淨業]의 지견(知見)으로 말미암아 마침내, 마음이 청정(清淨)에 이르니, 마음이 청정(清淨)한 까닭으로 순히, 불(佛)을 봄을 얻느니라. 불(佛)을 보는 까닭으로, 당연히 정토(淨土)에 드느니라.

○ 458[861] 3화(三化)를 닦아 정혜(定慧)가 원만하여, 3계(三界)를 초월한다.

菩薩 於是深法 三化勤修 慧定圓成 即[大:續1,2: 卽]**超三界**
보살 어시심법 삼화근수 혜정원성 즉[대:속1,2: 즉] 초삼계

보살이여! 이 깊은 법(法)의 3화[三化:空 · 無相 · 無作三昧]를 부지런히 닦아, 정(定)과 혜(慧)를 원만히 이루어 곧, 3계(三界)를 초월하느니라.

○ 459[875] 여래께옵서 설(說)하신 법(法)은, 생멸(生滅)이 끊어졌사옵니다.

地藏菩薩言 如來所說 無生無滅 即[大:續1,2: 卽]**是無常**
지장보살언 여래소설 무생무멸 즉[대:속1,2: 즉] 시무상

滅是生滅
멸시생멸

지장보살이 말씀 사뢰오며 여쭈옵기를, 여래(如來)께옵서 설하신 바는, 생(生)도 없고 멸(滅)도 없으며 곧, 이것은 항상함도 없음이오니 이는, 생(生)과 멸(滅)이 끊어진 것이옵니다.

○ 460[875] 생멸(生滅)이 멸한 적멸(寂滅)은 항상하여, 끊어짐이 없사옵니다.

生滅滅已 寂滅爲常 常故不斷
생멸멸이 적멸위상 상고부단

생멸(生滅)이 이미 멸(滅)한 것은 적멸(寂滅)이므로 항상하며, 항상한 까닭으로 끊어짐이 없사옵니다.

○ 461[876] 항상하는 법은, 3계의 동(動)과 부동법(不動法)을 벗어났습니다.

是不斷法 離諸三界動不動法
시부단법 이제삼계동부동법

이 끊어짐이 아닌 법(法)은, 모든 3계(三界)의 동(動)과 부동(不動)의 법(法)을 벗어났사옵니다.

○ 462[876] 어떤 법(法)에 의지해야, 유위법을 벗어난 일문(一門)에 드옵니까?

於有爲法 如避火坑 依何等法 而自呵責[續1,2: 而自訶責]
어 유 위 법 여 피 화 갱 의 하 등 법 이 자 가 책 [속1,2: 이자가책]
入彼一門
입 피 일 문

유위법(有爲法)은 불구덩이와 같아 벗어나야 하오니, 어떤 법에 의지해
야만 스스로를 제도[呵責]하여, 저 일문(一門)에 들 수가 있겠사옵니까?

○ 463[877] 3대사(三大事)에 마음을 가책해, 3대제(三大諦) 행에 들어야 한다.

佛言 菩薩 於三大事 呵責其心[續1,2: 訶責其心] **於三大諦**
불 언 보 살 어 삼 대 사 가 책 기 심 [속1,2: 가책기심] 어 삼 대 제
而入其行
이 입 기 행

부처님께옵서 말씀하옵기를, 보살이여! 3대사(三大事)에서 그 마음을
가책(呵責)해, 3대제(三大諦)의 그 행에 들어야 하느니라.

○ 464[877] 3사(三事)에 가책과 3제(三諦)의 일행(一行)이 무엇이옵니까?

地藏菩薩言 云何三事 而責其心 云何三諦 而入一行
지 장 보 살 언 운 하 삼 사 이 책 기 심 운 하 삼 제 이 입 일 행

지장보살이 말씀 사뢰오며 여쭈옵기를, 어떠한 3사(三事)에서 그 마음을
가책(呵責)해야 하오며, 무엇이, 3제(三諦)에 드는 일행(一行)이옵니까?

○ 465[877] 3대사(三大事)는 인·과·식이니, 본래 공(空)함을 좇아 없느니라.

佛言 三大事者[論: 三事者] **一謂因 二謂果 三謂識**
불 언 삼 대 사 자 [논: 삼사자] 일 위 인 이 위 과 삼 위 식
如是三事 從本空無 非我眞我 云何於是 而生愛染
여 시 삼 사 종 본 공 무 비 아 진 아 운 하 어 시 이 생 애 염

부처님께옵서 말씀하옵기를, 3대사(三大事)는 첫째는 인(因)이며, 둘째
는 과(果)이며, 셋째는 식(識)이니라. 이와 같은 3사(三事)는, 본래(本來)

공(空)함을 수순[從:隨順]하여 없으므로, 아(我)도, 진아(眞我)도 아니니, 어찌 이것에 애착(愛着)하며, 물듦을 일으키겠느냐?

○466[878] 3사(三事)에 얽매여 고해(苦海)에 듦이니, 벗어나야 한다.
觀是三事 爲繫所縛[論: 爲繫所飄] **飄流苦海 以如是事**
관 시 삼 사 위 계 소 박 [논: 위계소표] 표 류 고 해 이 여 시 사
常自呵責[續1,2: 常自訶責]
상 자 가 책 [속1,2: 상자가책]

이 3사[三事:因·果·識]를 관(觀)하여서, 얽매이며 묶이어 고해(苦海)로 흘러들어 떠돌게 되는 이와 같은 3사[事:三事]에, 항상 자신을 가책(呵責)하여 제도해야 하느니라.

○467[879] 3대제(三大諦) 첫째는 보리도(菩提道)이니, 평등한 진리(眞理)이다.
三大諦者[論:續1,2: 三諦者] **一謂菩提之道 是平等諦**
삼 대 제 자 [논:속1,2: 삼제자] 일 위 보 리 지 도 시 평 등 제
非不平等諦[論: 非不等諦]
비 불 평 등 제 [논: 비불등제]

3대제(三大諦)는, 첫째는 보리(菩提)의 도(道)이니라. 이는 평등(平等)한 진리이므로, 불평등(不平等)의 진리가 아니니라.

○468[879] 둘째 대각정지(大覺正智)이니, 바른 지혜를 얻는 진리(眞理)이다.
二謂大覺 正智得諦 非邪智得諦
이 위 대 각 정 지 득 제 비 사 지 득 제

둘째는 대각(大覺)이니라. 바른 지혜[正智]를 얻는 진리이므로, 삿된 지혜로 얻는 진리가 아니니라.

○469[880] 셋째 정혜(定慧)이니, 차별 없는 행(行)의 진리(眞理)이다.
三謂慧定 無異行入諦 非雜行入諦[續1,2: 非離行入諦]
삼 위 혜 정 무 이 행 입 제 비 잡 행 입 제 [속1,2: 비이행입제]

셋째는 정혜(定慧)이니라. 차별 없는 행(行)에 드는 진리이므로, 잡행(雜行)으로 드는 진리가 아니니라.

○ 470[881] 3제(三諦)를 닦아, 불(佛)의 보리(菩提)를 이룬다.

以是三諦 而修佛道 是人於是法 無不得正覺 得正覺智
이 시 삼 제 이 수 불 도 시 인 어 시 법 무 불 득 정 각 득 정 각 지

流大極慈 己他俱利 成佛菩提
유 대 극 자 기 타 구 리 성 불 보 리

이 3제(三諦)의 불도(佛道)를 닦는 이 사람은, 이 법(法)으로 정각(正覺)을 얻지 아니함이 없느니라. 정각(正覺)의 지혜(智慧)를 얻어, 무한 지극한 대자비(大慈悲)의 흐름을 따라, 자타(自他)를 함께 이롭게 하므로, 불(佛)의 보리(菩提)를 완성(完成)하느니라.

○ 471[897] 인연 없는 부동법(不動法)으로 어찌, 여래(如來)에 들게 되옵니까?

地藏菩薩言 尊者 如是之法 則[論: 即]**無因緣 若無緣法**
지 장 보 살 언 존 자 여 시 지 법 즉 [논: 즉] 무 인 연 약 무 연 법

因則[論: 因即]**不起 云何不動法入如來**[續1,2: 云何不動法得入如來]
인 즉 [논: 인즉] 불 기 운 하 부 동 법 입 여 래 [속1,2: 운하부동법득입여래]

지장보살이, 말씀 사뢰오며 여쭈옵기를, 세존(世尊)이시여! 이와 같은 법(法)은 곧, 인(因)과 연(緣)이 없사옵니다. 만약, 연(緣)이 없는 법(法)이오면 인(因)이 곧, 일어나지 않으리니, 어찌하여 부동법(不動法)으로, 여래(如來)에 들게 되옵니까?

○ 472[898] 여래(如來)께옵서, 게(偈)를 설하셨다.

爾時 如來 欲宣此義 而說偈言
이 시 여 래 욕 선 차 의 이 설 게 언

이때 여래께옵서, 이 실상[義:實相]을 베풀고자, 게를 설하여 말씀하시었다.

○473[898] 모든 법(法)의 모습은 공(空)하여, 부동(不動)도 끊어졌다.

一切諸法相 性空無不動
일 체 제 법 상 　 성 공 무 부 동

일체 모든 법(法)의 모습은
성품이 공(空)하여, 부동(不動)도 끊어졌느니라.

○474[898] 이 법을 일컬을 시(時), 법이 전후(前後)가 끊어져 적멸(寂滅)이다.

是法於是時 不於是時起 法無有異時 不於異時起
시 법 어 시 시 　 불 어 시 시 기 　 법 무 유 이 시 　 불 어 이 시 기

法無動不動 性空故寂滅
법 무 동 부 동 　 성 공 고 적 멸

이 법(法)을 일컬을 시(時)
이 시(時)가 일어났음(起)이 끊어져
법(法)이 전후(前後)의 시(時)에는 있은 바가 없어
전후(前後)의 시(時)에는 일어남이 없으니
법(法)이 동(動)도 부동(不動)도 끊어져
성품이 공(空)한 까닭에 적멸(寂滅)이니라.

○475[899] 법(法)이 공(空)해, 상(相)이 적멸(寂滅)하여 인연이 끊어졌다.

性空寂滅時 是法是時現 離相故寂住 寂住故不緣
성 공 적 멸 시 　 시 법 시 시 현 　 이 상 고 적 주 　 적 주 고 불 연

성품이 공(空)하여 적멸(寂滅)한 시(時)
이 법(法)은 이 찰나[時:刹那]에만 나타나
상(相)은, 사라진 까닭에 머묾이 끊어진 적멸(寂滅)이니
머묾이 끊어져 적멸(寂滅)인 까닭에 인연도 끊어졌느니라.

○476[899] 인연이 불생(不生)이니 생멸이 없어, 성품이 공적(寂滅)하다.

是諸緣起法 是法緣不生 因緣生滅無 生滅性空寂
시 제 연 기 법 　 시 법 연 불 생 　 인 연 생 멸 무 　 생 멸 성 공 적

이 모든 인연(因緣)으로 일어난 법(法)은
이 법(法)은 인연(因緣)을 생(生)하지 않으므로
인연(因緣)으로 생(生)하고 멸(滅)함도 끊어져
생(生)과 멸(滅)의 성품이 공적(寂滅)하니라.

◯477[900] 법(法)이 일어나도 연(緣)이 끊어져, 일어남도 없다.

緣性能所緣 是緣本緣起 故法起非緣 緣無起亦爾
연 성 능 소 연   시 연 본 연 기   고 법 기 비 연   연 무 기 역 이

연(緣)의 성품이 능연(能緣)과 소연(所緣)이니
이 연(緣)이 본래 연(緣)으로 일어나나
법(法)이 일어나도 연(緣)이 아닌 까닭에
연(緣)이 일어남이 역시, 끊어졌느니라.

◯478[900] 인연(因緣)이 생멸(生滅)하는 모습이어도, 생멸(生滅)이 끊어졌다.

因緣所生法 是法是因緣 因緣生滅相 彼則無生滅
인 연 소 생 법   시 법 시 인 연   인 연 생 멸 상   피 즉 무 생 멸

인연(因緣)으로 소생(所生)한 법(法)
이 법(法) 이 인연(因緣)은
인연(因緣)으로 생(生)하고 멸(滅)하는 모습이어도
저것이 곧, 생멸(生滅)이 끊어졌느니라.

◯479[901] 법이 전후(前後) 없는 시(時)에, 자성(自性)이 일어나 출몰한다.

彼如眞實相 本不於出沒 諸法於是時 自生於出沒
피 여 진 실 상   본 불 어 출 몰   제 법 어 시 시   자 생 어 출 몰

저 여(如)의 진실(眞實)한 모습은
본래(本來) 나타나고 사라짐이 아니므로
모든 법(法)이, 전후(前後) 없는 이 시(時)에
자성(自性)이 홀연히 일어나 출몰(出沒)하느니라.

◯480[901] 지극한 청정(淸淨) 성품을 얻음이, 본래(本來)의 본성(本性)이다.

是故極淨本 本不因衆力 即[大:續1,2: 即]**於後得處**
시 고 극 정 본 본 불 인 중 력 즉 [대:속1,2: 즉] 어 후 득 처

得彼於本得[論:續1,2: 得得於本得]
득 피 어 본 득 [논:속1,2: 득득어본득]

이런 까닭에 지극한 청정(淸淨) 본성(本性)은
본래 인연(因緣)들의 세력이 끊어졌으므로
곧, 후(後)에 증득(證得)하여 드는 곳[處]
그 얻음[證得]이, 본래(本來)의 것을 얻음이니라.

◯481[902] 대중의 의심(疑心)이 끊어져, 지장보살이 게송(偈頌)을 올렸다.

爾時 地藏菩薩 聞佛所說 心地快然 時諸衆等 無有疑者
이 시 지 장 보 살 문 불 소 설 심 지 쾌 연 시 제 중 등 무 유 의 자

知衆心已 而說偈言
지 중 심 이 이 설 게 언

이때 지장보살이 부처님의 설하심을 듣고, 마음 성품이 맑고 상쾌하였
다. 그때 모든 대중들은, 미혹(迷惑)의 남은 의심(疑心)들이 끊어지니,
대중의 마음을 이미 알고, 게송으로 말씀을 올리었다.

◯482[903] 대중의 의심(疑心)이 끊어지며, 2승(二乘)도 깨달음을 얻었다.

我知衆心疑 所以殷固問 如來大慈善 分別無有餘
아 지 중 심 의 소 이 은 고 문 여 래 대 자 선 분 별 무 유 여

是諸二衆等 皆悉得明了
시 제 이 중 등 개 실 득 명 료

제가, 대중의 마음에 풀리지 않은 미혹의 의심을 알고
간절함을 따라, 심히 깊고 견고한 물음을 물었사오나
여래께옵서, 끝없는 무한 자비의 은혜로운 공덕을 베푸시어
법을 분별하여, 미진한 의심의 남음이 없도록 해주시오니
이 모든 2승(二乘)의 군중들은

모두 다, 깨달음의 밝음을 얻었사옵니다.

○483[903] 여래와 같이, 중생구제의 본 서원(誓願)을 버리지 않겠사옵니다.

我今於了處 普化諸衆生 如來之大悲[論:續1,2: 如佛之大悲]
아 금 어 요 처 보 화 제 중 생 여 래 지 대 비 [논:속1,2: 여불지대비]

不捨於本願
불 사 어 본 원

저도 이제, 이르는 곳[了處]마다
널리, 모든 중생을 구제하겠사오며
여래(如來)의 끝없는 큰 자비로움과 같이
중생구제, 본래의 서원(誓願)을 버리지 않겠사옵니다.

○484[904] 서원(誓願)을 따라, 일자지(一子地)에서 중생구제를 하겠사옵니다.

故於一子地 而住於煩惱
고 어 일 자 지 이 주 어 번 뇌

그같이, 서원(誓願)을 따라 일자지(一子地)에 머물러
중생의 번뇌 속에 머물겠사옵니다.

○485[905] 이 보살(菩薩)의 이름으로, 악도(惡道)와 고난(苦難)을 벗어난다.

爾時 如來 而告衆言 是菩薩者 不可思議
이 시 여 래 이 고 중 언 시 보 살 자 불 가 사 의

恒以大慈[論: 恒以大悲] **拔衆生苦 若有衆生 持是經法**
항 이 대 자 [논: 항이대비] 발 중 생 고 약 유 중 생 지 시 경 법

持是菩薩名者[論:續1,2: 持是菩薩名]
지 시 보 살 명 자 [논:속1,2: 지시보살명]

卽[大:續1,2: 卽]**不墮於惡趣 一切障難 皆悉除滅**
즉 [대:속1,2: 즉] 불 타 어 악 취 일 체 장 난 개 실 제 멸

이때 여래(如來)께옵서 대중들에게 이르시기를, 이 보살(菩薩)은 불가사
의이니라. 항상 대자비(大慈悲)로써, 중생의 고통을 제거하여 구제하구

나. 만약, 중생이 있어 이 경(經)의 법(法)을 가지며, 이 보살(菩薩)의 이름을 지니는 자는 곧, 악도(惡道)에 떨어지지 않으며, 일체 장애(障礙)와 고난(苦難)이 모두 다 소멸(消滅)되어, 제거되느니라.

○486[906] 보살(菩薩)이 화신(化身)이 되어, 속히 보리(菩提)를 얻게 한다.

若有衆生 [續1,2(있음): 持此經者] **無餘雜念 專念是經**
약 유 중 생 [속1,2(있음): 지차경자] 무 여 잡 념 전 념 시 경

如法修習 爾時 菩薩 常作化身 而爲說法 擁護是人
여 법 수 습 이 시 보 살 상 작 화 신 이 위 설 법 옹 호 시 인

終不蹔捨 [論:大:續1,2: 終不暫捨] **令是人等**
종 부 잠 사 [논:대:속1,2: 종부잠사] 영 시 인 등

速得阿耨多羅三藐三菩提
속 득 아 뇩 다 라 삼 약 삼 보 리

만약 중생이 있어, [속1,2: 이 경을 지니는 자가] 잡념(雜念) 없이 오로지, 이 경(經)에 전념하여 법(法)과 같이 닦고 익히면, 이때 보살(菩薩)이 항상, 화신(化身)이 되어 법(法)을 설할 것이며, 이 사람을 옹호(擁護)하여, 끝내 잠시도 방심(放心)하지 않으리라. 이런 사람들로 하여금, 속히 아뇩다라삼먁삼보리를 얻게 하리라.

○487[906] 이것이 대승(大乘) 결정성을 요달(了達)한 실체, 대승결정요의이다.

汝等菩薩 若化衆生 皆令修習如是 大乘決定了義
여 등 보 살 약 화 중 생 개 령 수 습 여 시 대 승 결 정 요 의

그대들 보살은, 만약 중생을 교화(敎化)하려면, 모두로 하여금, 이와 같이 닦고 익히게 해야 하느니라. 이것이, 대승(大乘) 지혜의 결정성(結定性)을 요달(了達)한 실체(實體)인, 대승결정요의(大乘結定了義)이니라.

金剛三昧經 流通品 第九
금강삼매경 유통품 제구

○488[908] 대승(大乘) 총섭(總攝)인 결정성(結定性)은, 불가사의옵니다.

爾時 阿難 從座而起 前白佛言 如來所說 大乘福聚
이시 아난 종좌이기 전백불언 여래소설 대승복취

決定斷結 無生覺利 不可思議
결정단결 무생각리 불가사의

그때, 아난이 자리에서 일어나, 부처님 전에 말씀 사뢰오며 여쭈옵기를, 여래(如來)께옵서 설하신, 대승복(大乘福)의 총섭(總攝)인 결정성(結定性)으로, 일체 얽매임을 끊어버리는 무생(無生) 본각(本覺)의 실제[利: 實際]는, 불가사의이옵니다.

○489[908] 경(經) 이름이 무엇이며, 경을 지니는 복(福)이 얼마나 되옵니까?

如是之法 名爲何經 受持是經 得幾所福 願佛慈悲
여시지법 명위하경 수지시경 득기소복 원불자비

爲我宣說
위아선설

이와 같은 법(法)을, 이름함이 무슨 경(經)이라 하오며, 이 경(經)을 받아 지니오면, 그 복(福)을 얼마나 얻게 되옵니까? 원하오니, 부처님의 자비로움으로 저희들을 위하사, 베풀어 설해주옵소서.

○490[909] 이 경은 제불(諸佛)이 옹호하며, 여래(如來)의 일체지혜에 든다.

佛言 善男子 是經名者 不可思議 過去諸佛之所護念
불언 선남자 시경명자 불가사의 과거제불지소호념

能入如來一切智海
능입여래일체지해

부처님께옵서 말씀하옵기를, 선남자여! 이 경(經)의 이름은, 불가사의
이니라. 과거(過去)의 모든, 부처님께서도 지키시고 옹호(擁護)하는 바
이며 능히, 여래(如來)의 일체, 지혜(智慧)의 바다에 드느니라.

○491[909] 모든 경(經) 중에 이 경(經)을 지니면, 더 구(求)할 것이 없다.

若有衆生 持是經者 則[論: 即]**於一切經中**
약유중생 지시경자 즉 [논: 즉] 어일체경중

無所悕求[論:續1,2: 無所希求]
무소희구 [논:속1,2: 무소희구]

만약, 중생이 있어, 이 경(經)을 지니는 자(者)는 곧, 일체(一切) 경(經) 중
에, 더 바라고, 구(求)할 것이 없느니라.

○492[910] 이 경(經)은, 모든 경전(經典)의 요체(要諦)이며 근본 으뜸이다.

是經典法 摠持衆法 攝諸經要 是諸經法 法之繫宗
시경전법 총지중법 섭제경요 시제경법 법지계종

이 경전(經典)의 법(法)은, 모든 경전(經典) 법(法)의 총지(總持)이며, 모든
경전(經典)의 요체(要諦)를 통섭(通攝)하였으므로 이 경(經)은, 모든 경법
(經法)의 법(法)의 근본(根本)이며, 으뜸인 종(宗)이니라.

○493[911] 경명(經名)이, 섭대승경 금강삼매 무량의종(無量義宗)이다.

是經名者 名攝大乘經 又名金剛三昧 又名無量義宗
시경명자 명섭대승경 우명금강삼매 우명무량의종

이 경명(經名)은, 이름이 섭대승경(攝大乘經)이며, 또, 이름이 금강삼매
(金剛三昧)이며, 또, 이름이 무량의종(無量義宗)이니라.

○ 494[911] 이 경(經)을 지님은, 백천제불(百千諸佛)의 공덕을 지님과 같다.

若有人受持是經典者 即[大:續1,2: 卽]名受持百千諸佛
약유인수지시경전자 즉[대:속1,2: 즉]명수지백천제불

如是功德 譬如虛空 無有邊際 不可思議 我所囑累
여시공덕 비여허공 무유변제 불가사의 아소촉루

唯是經典
유시경전

만약 사람이 있어, 이 경전(經典)을 받아 지니는 사람은 곧, 백(百) 천(千) 제불(諸佛)의 명호(名號)를 받아 지니는, 이와 같은 공덕(功德)이 있느니라. 비유하면, 허공(虛空)이 끝이 없어 불가사의함과 같으니라. 내가 거듭, 당부하는 것은 오직, 이 경전(經典)뿐이니라.

○ 495[912] 어떤 사람이, 이 경(經)을 받아지니옵니까?

阿難言 云何心行 云何人者 受持是經
아난언 운하심행 운하인자 수지시경

아난이 말씀 사뢰오며 여쭈옵기를, 어떤 마음으로 행하오며, 어떤 사람이, 이 경(經)을 받아 지니옵니까?

○ 496[913] 이 경(經)을 지니는 자는, 법(法)을 얻음도 잃음도 없다.

佛言 善男子 受持是經者 是人心無得失
불언 선남자 수지시경자 시인심무득실

부처님께옵서 말씀하옵기를, 선남자여! 이 경(經)을 받아 지니는 자(者)는, 이 사람의 마음은, 얻음도 잃음도 없느니라.

○ 497[913] 항상 범행(梵行)으로, 3유(三有)를 집착하지 않는다.

常修梵行 若於戲論 常樂靜心[論: 常樂淨心] 入於聚落
상수범행 약어희론 상락정심[논: 상락정심] 입어취락

心常在定 若處居家 不著三有
심상재정 약처거가 불착삼유

항상 범행(梵行)을 닦으므로 만약, 희론(戱論)에도 항상, 고요한 마음을 즐기느니라. 대중 생활에서도 마음이 항상 정(定)에 있으므로, 만약, 집의 처소(處所)에 있어도, 3유(三有)를 집착하지 않느니라.

○498[914] 이 사람은, 현세(現世)에 5종(五種)의 복(福)이 있다.

是人現世 有五種福 一者 衆所尊敬 二者 身不橫夭
시 인 현 세　유 오 종 복　일 자　중 소 존 경　이 자　신 불 횡 요

三者 辯答邪論[續1: 辯答衰論] **四者 樂度衆生**
삼 자　변 답 사 론 [속1: 변답사론]　사 자　낙 도 중 생

五者 能入聖道 如是人者 受持是經
오 자　능 입 성 도　여 시 인 자　수 지 시 경

이 사람은, 현세(現世)에 5종(五種)의 복(福)이 있느니라. 첫째는 대중에게 존경을 받음이니라. 둘째는 몸의 횡액(橫厄)이나 요절(夭折)하지 않음이니라. 셋째는 사론(邪論)에도 변재(辯才)의 지혜로 답변을 잘 하느니라. 넷째는 중생을 구제하고 제도함을 즐거워하느니라. 다섯째는 능히 성도(聖道)에 듦이니라. 이와 같은 사람이, 이 경(經)을 받아지님이니라.

○499[915] 그 사람은, 중생제도하므로 공양(供養)을 받을 수 있사옵니까?

阿難言 如彼人者 度諸衆生 得受供養不[論: 得受供不]
아 난 언　여 피 인 자　도 제 중 생　득 수 공 양 부 [논: 득수공부]

아난이 말씀 사뢰오며 여쭈옵기를, 그와 같은 사람은, 모든 중생을 제도하므로, 공양(供養)을 받거나, 얻을 수 있지 않겠사옵니까?

○500[915] 대복전(大福田)을 지음이니, 대지혜로 권(權)과 실(實)을 베푼다.

佛言 如是人者 能爲衆生 作大福田 常行大智 權實俱演
불 언　여 시 인 자　능 위 중 생　작 대 복 전　상 행 대 지　권 실 구 연

부처님께옵서 말씀하옵기를, 이와 같은 사람은, 능히 중생을 위해 대복전(大福田)을 지음이니라. 항상, 대지혜(大智慧)의 행으로, 권(權)과 실(實)을 함께 베푸느니라.

○501[916] 4의승(四依僧)이니 공양을 받으며, 그대들의 선지식(善知識)이다.

是四依僧 於諸供養 乃至頭目髓腦 亦皆得受 何況衣食
시 사 의 승 어 제 공 양 내 지 두 목 수 뇌 역 개 득 수 하 황 의 식

而不得受 善男子 如是人者 是汝知識 是汝橋梁
이 부 득 수 선 남 자 여 시 인 자 시 여 지 식 시 여 교 량

何況凡夫 而不供養
하 황 범 부 이 불 공 양

이는 4의승(四依僧)이니, 모든 공양(供養) 내지 머리, 눈, 골수, 뇌도 또한, 다 받을 수 있음이니, 어찌 하물며, 옷과 음식을 받지 못하겠느냐? 선남자여! 이와 같은 사람은 그대들의 선지식(善知識)이며, 그대들의 교량(橋梁)이거늘, 어찌 하물며, 범부(凡夫)의 공양(供養)을 못 받겠느냐?

○502[917] 경(經)을 받으며, 공양(供養)하면 얼마나 복(福)을 얻사옵니까?

阿難言 於彼人所 受持是經 供養是人 得幾所福
아 난 언 어 피 인 소 수 지 시 경 공 양 시 인 득 기 소 복

아난이 말씀 사뢰오며 여쭈옵기를, 저 사람에게서 이 경(經)을 받아 지니오며, 이 사람이 공양(供養)을 올리면, 얼마나 복(福)을 얻사옵니까?

○503[918] 이 사람이, 공양(供養)을 올리는 것은 불가사의(不可思議)이다.

佛言 若復有人 持以滿城金銀 而以布施
불 언 약 부 유 인 지 이 만 성 금 은 이 이 보 시

不如於是人所受持是經一四句偈
불 여 어 시 인 소 수 지 시 경 일 사 구 게

供養是人[續1,2: 없음] **不可思議**[論: 없음]
공 양 시 인 [속1,2: 없음] 불 가 사 의 [논: 없음]

부처님께옵서 말씀하옵기를, 만약, 다시 어떤 사람이 있어, 성(城)에 가득한 금(金)과 은(銀)을 가지고 보시(布施)하여도, 이 사람이, 이 경(經)의 한 4구게(四句偈)만이라도 받아 지니는 것만 같지 못함이니, 이 사람이 공양(供養)을 올리는 것은, 불가사의이니라.

○504[918] 모든 중생이, 이 경(經)으로 본심(本心)을 잃지 않게 해야한다.

善男子 令諸衆生 持是經者 心常在定 不失本心 若失本心
선남자 영제중생 지시경자 심상재정 불실본심 약실본심

當即[論: 即當][大: 當即][續1,2: 即當]懺悔 懺悔之法 是爲淸涼
당 즉 [논: 즉당] [대: 당즉] [속1,2: 즉당] 참 회 참 회 지 법 시 위 청 량

선남자여! 모든 중생(衆生)으로 하여금, 이 경(經)을 지니는 자(者)이게 하여, 마음이 항상 정(定)에 있어야 본심(本心)을 잃지 않느니라. 만약, 본심(本心)을 잃으면, 마땅히 곧, 참회(懺悔)하리니, 참회(懺悔)의 법(法)으로, 이로써 청량(淸涼)해지느니라.

○505[919] 참회(懺悔)는, 지난 죄(罪)의 과오(過誤)를 벗어남이 옵니다.

阿難言 懺悔 先罪不入 於過去也
아 난 언 참 회 선 죄 불 입 어 과 거 야

아난이 말씀 사뢰옵기를, 참회(懺悔)는, 지난 죄(罪)에 들지 않음이오니, 과오(過誤)를 벗어남[去]이 옵니다.

○506[919] 어두운 방에 등(燈)을 밝히면, 어둠이 사라진다.

佛言 如是 猶如暗室 若遇明燈 暗即[大:續1,2: 暗即]滅矣
불 언 여 시 유 여 암 실 약 우 명 등 암 즉 [대:속1,2: 암즉] 멸 의

부처님께옵서 말씀하옵기를, 그러하니라. 다만 어두운 방[暗室:無明]과 같아서 만약, 등[燈:覺]의 밝음을 만나면, 어두움[暗:無明]이 곧, 사라지느니라.

○507[920] 참회(懺悔)는, 잘못의 허물을 벗어남을 말하느니라.

善男子 無說悔先所有諸罪 而以爲說 入於過去
선 남 자 무 설 회 선 소 유 제 죄 이 이 위 설 입 어 과 거

선남자여! 지난 있는 바 모든 죄(罪)가 없어짐을 참회[悔]라 말하느니라. 그러므로 설(說)하는 뜻은, 든[入] 과오(過誤)를 벗어남[去]이니라.

◯508[920] 어떻게 함을 이름하여, 참회(懺悔)라고 하옵니까?

阿難言 云何名爲懺悔
아 난 언 운 하 명 위 참 회

아난이 말씀 사뢰오며 여쭈옵기를, 어떻게 함을 이름하여, 참회(懺悔)라고 하시옵니까?

◯509[921] 진실관(眞實觀)에 들어, 죄(罪)가 멸하여 보리(菩提)를 이룬다.

佛言 依此經敎 入眞實觀 一入觀時 諸罪悉滅 離諸惡趣
불 언 의 차 경 교 입 진 실 관 일 입 관 시 제 죄 실 멸 이 제 악 취

當生淨土 速成阿耨多羅三藐三菩提
당 생 정 토 속 성 아 녹 다 라 삼 먁 삼 보 리

부처님께옵서 말씀하옵기를, 이 경(經)의 가르침에 의지(依支)해, 진실관(眞實觀)에 듦이니라. 일입관시[一入觀時:如入觀時]에 모든 죄(罪)가 다 멸(滅)하여, 모든 악취(惡趣)를 벗어나 당연히 정토(淨土)에 들어, 속히, 아녹다라삼먁삼보리(阿耨多羅三藐三菩提)를 이루느니라.

◯510[923] 경(經)을 마치니, 모두 무한 환희심으로 받들어 행(行)하였다.

佛說是經已 爾時 阿難 及諸菩薩 四部大衆[續1,2: 四部之衆]
불 설 시 경 이 이 시 아 난 급 제 보 살 사 부 대 중 [속1,2: 사부지중]

皆大歡喜 心得決定 頂禮佛足 歡喜奉行
개 대 환 희 심 득 결 정 정 례 불 족 환 희 봉 행

부처님께옵서 이 경(經)의 설하심을 마치시니, 이때 아난과 모든 보살과 4부대중(四部大衆)이, 모두, 대(大) 환희(歡喜)의 부사의 심(心) 결정성(結定性)을 얻어, 무한 대비(大悲)의 부처님 발에, 지극한 마음으로 이마를 조아리며, 무한 감사와 무한 기쁨과 무한 공경(恭敬)의 예경(禮敬)을 올리며, 모두, 깊은 감명(感銘)과 감동(感動)과 환희심(歡喜心)으로, 이 경(經)의 지혜(智慧)의 말씀을 받들어, 행(行)하였다.

金剛三昧經了解
금강삼매경요해

金剛三昧經 序品 第一
금강삼매경 서품 제일

◯ 1. 경(經)을 열다.

如是我聞
여 시 아 문

이와 같이, 나는 들었다.

◯ 2. 부처님께서, 대아라한(大阿羅漢)들 1만인(一萬人)과 함께하셨다.

一時 佛 在王舍大城 耆闍崛山中 與大比丘衆一萬人俱
일시 불 재왕사대성 기사굴산중 여대비구중일만인구

皆得阿羅漢道 其名曰 舍利弗 大目犍連 須菩提
개득아라한도 기명왈 사리불 대목건련 수보리

如是衆等阿羅漢
여 시 중 등 아 라 한

한때에 부처님께옵서, 왕사대성, 기사굴 산중에 계실 때에, 더불어 대비구들, 1만 인(人)과 함께하시니, 그들은 모두, 아라한(阿羅漢) 도(道)를 얻은 이들로, 그 이름이 사리불, 대목건련, 수보리 등, 이와 같은 아라한들이었다.

◯ 3. 부처님께서, 보살마하살(菩薩摩訶薩) 2천인(二千人)과 함께하셨다.

復有菩薩摩訶薩 二千人俱 其名曰 解脫菩薩 心王菩薩
부유보살마하살 이천인구 기명왈 해탈보살 심왕보살

無住菩薩 如是等菩薩
무 주 보 살 여 시 등 보 살

또, 보살마하살, 2천 인(人)과 함께하시니, 그들의 이름은 해탈보살, 심왕보살, 무주보살 등, 이와 같은 보살들이었다.

○4. 부처님께서, 장자(長者) 8만인(八萬人)과 함께 하셨다.
復有長者八萬人俱 其名曰 梵行長者 大梵行長者
부 유 장 자 팔 만 인 구 기 명 왈 범 행 장 자 대 범 행 장 자
樹提長者 如是等長者
수 제 장 자 여 시 등 장 자

그리고, 장자, 8만 인(人)과 함께하시니, 그 이름은 범행장자, 대범행장자, 수제장자 등, 이와 같은 장자들이었다.

○5. 사람과 사람아닌 대중 등, 60만억(六十萬億)이 함께 하였다.
復有天 龍 夜叉 乾闥婆 阿修羅 迦樓羅 緊那羅
부 유 천 용 야 차 건 달 바 아 수 라 가 루 라 긴 나 라
摩睺羅伽 人非人等 六十萬億
마 후 라 가 인 비 인 등 육 십 만 억

그리고 또, 천, 용, 야차, 건달바, 아수라, 가루라, 긴나라, 마후라가 등, 사람과 사람 아닌 대중 등, 60만 억이 함께하였다.

● 천, 용, 야차, 건달바, 아수라, 가루라, 긴나라, 마후라가, 는 불법(佛法)을 수호하는 8부(八部) 신장(神將)들이다.

○6. 세존(世尊)께서, 둘러싼 대중(大衆)에게 말씀하셨다.
爾時 尊者[續1,2: 世尊] **大衆圍遶**[續1,2: 四衆圍遶]
이 시 존 자 [속1,2: 세존] 대 중 위 요 [속1,2: 사중위요]

그때, 세존께옵서는, 겹겹이 둘러싼 대중에게 말씀하시었다.

♣ 그때, 세존께옵서 많은 대중이 모인 가운데, 그들의 의중(意中)과

그 뜻을 알아차리시고, 아직, 견(見)의 미혹(迷惑)을 벗어나지 못해, 여래(如來)의 무상지혜(無上智慧)를 간절히 구(求)하고 있으므로, 대자비심(大慈悲心)으로 그들을 구제하고자, 대승경(大乘經)을 설(說)할 것임을 천명(闡明)하시었다.

□ 고(高), 논(論), 대(大) 경(經)에 존자(尊者)가, 속1,2(續1,2) 경(經)에는 세존(世尊)으로 되어 있다.

□ 고(高), 논(論), 대(大) 경(經)에 대중위요(大衆圍遶)가, 속1,2(續1,2) 경(經)에는 사중위요(四衆圍遶)로 되어 있다.

● 위의 구절(句節) 글에는, 부처님께옵서 경(經)을 설(說)할 것임을 천명(闡明)하는, 인연사(因緣事) 내용의 글은 축약(縮約)되어 없다. 그러나, 수 없는 대중들이 구름처럼 모이어, 금강삼매경 설법회상(說法會上)에 운집(雲集)함이 곧, 불(佛)의 설법(說法)을 듣기 위한 법회(法會)의 회상(會上)이니, 부처님께옵서, 법(法)을 설(說)할 것임을 천명(闡明)한, 인연사(因緣事)의 모임이다.

◯ **7.** 대승경(大乘經) 이름이, 일미진실 무상무생 결정실제 본각리행이다.

爲諸大衆 說大乘經 名一味眞實 無相無生 決定實際
위 제 대 중 설 대 승 경 명 일 미 진 실 무 상 무 생 결 정 실 제

本覺利行
본 각 리 행

모든 대중을 위해, 대승경(大乘經)을 설하고자 하니, 이름이 일미진실(一味眞實), 무상무생(無相無生), 결정실제(結定實際), 본각리행(本覺利行)이니라.

♣ 모든 대중을 위해, 위 없는 대승경(大乘經)을 설하고자 하니, 이름하여, 일체 차별을 초월한 근본실제(根本實際)인 일미진실(一味眞實)이며, 그 어떤 사유(思惟)와 분별로도 알 수 없는 무상무생(無相無生)이며, 어떤 수승한 지혜와 법에도 파괴됨이 없는 결정실제(結定實際)이며, 일체 본성(本性)의 부사의 공능(功能)인 본각리행(本覺利行)이니라.

■ 일미진실(一味眞實)

일미(一味)는 차별 없는 실상(實相)이며, 진실(眞實)은 실상(實相)의 진실이니 곧, 실상(實相)의 실제(實際)이다. 일(一)은, 일체 차별을 초월한 성품이며, 미(味)는, 차별 없는 성품의 법(法)을 말한다. 진실(眞實)은, 실상(實相) 일미(一味)로, 상(相)과 식(識)에 물듦 없고, 변함 없는 실제(實際)의 성품을 일컬음이다. 진실(眞實)은, 설대승경(說大乘經)의 성품, 진성(眞性)인 실(實)이니, 일미(一味)의 체(體)며, 일미(一味)는, 진실(眞實) 체(體)의 성품 작용인 공능(功能)을 말함이다. 일미진실(一味眞實)은, 본성(本性)의 실상(實相), 실제(實際)를 말함이다.

● **무상무생(無相無生):** 무상(無相)은 상(相)이 없음을 말하며, 무생(無生)은 생멸(生滅)이 없음을 말한다. 무상무생(無相無生)은 본성(本性)의 모습, 일체 생멸(生滅)이 끊어진 무생(無生)인, 결정성(結定性)을 드러냄이다.

● **결정실제(決定實際):** 결정(決定)은 곧, 결정(結定)이니, 파괴됨이 없고, 파괴할 수 없는 무생(無生)의 성품을 말한다. 실제(實際)는 두 가지의 뜻이 있으니, 하나는 궁극무생(窮極無生)의 성품임과 또 하나는 일체 모든 상(相)과 식(識)과 존재의 그 실체(實體)이며, 바탕임을 드러냄이다. 결정실제(結定實際)란, 파괴할 수 없고 파괴되지 않는 본성(本性)의 성품으로, 일체 심식(心識)과 존재의 바탕이며, 실체(實體)의 성품을 드러냄이다.

● **본각리행(本覺利行):** 본각(本覺)은, 본래(本來)의 각(覺)이란 뜻이다. 본래(本來)란, 세 가지의 뜻이 있다. 하나는, 시종(始終) 없음을 일컬으며, 또 하나는, 항상함을 일컬으며, 또 하나는, 모든 존재가 그 근본(根本) 실체(實體)를 벗어나 있지 않음임을 뜻한다. 각(覺)은, 본래 성품이 밝게 깨어 있는, 원융각성(圓融覺性)인 보리(菩提)를 각(覺)이

라 한다. 이행(利行)은, 각(覺)의 공능작용(功能作用)이다. 이(利)는, 본래 성품이 가진 공덕성(功德性)이다. 이는, 근본(根本) 성품이 가진 일체총지성(一切總持性)으로, 본유내재성(本有內在性)인 본공덕총지성(本功德總持性)이다. 이 이(利)는, 본성(本性) 여래장(如來藏)의 공덕(功德)으로, 제불지혜(諸佛智慧)의 공덕총지(功德總持)이며, 제불만행(諸佛萬行)의 원융원만(圓融圓滿) 성품이며, 일체만물(一切萬物)의 작용, 일체총지(一切總持)의 성품이다. 이 이(利)에 의해, 심식(心識)과 만물만상(萬物萬相)이 창출되어, 천지(天地) 우주의 조화(造化)가 펼쳐져 운행하고 있다. 이 모든 것이, 본성(本性)의 부사의 공능(功能)인, 이(利)의 작용이다. 본성(本性)이 가진 불가사의 본유내재성(本有內在性)인, 공덕총지성(功德總持性)의 공능작용(功能作用)을 이(利)라고 한다. 이행(利行)은, 곧, 성품의 공능행(功能行)이다. 본각리행(本覺利行)은, 본각(本覺) 성품의 무상실제행(無相實際行)이다.

○8. 한 4구게를 지니면 불지(佛智)에 들어, 대선지식(大善知識)이 된다.

若聞是經 乃至受持一四句偈 是人則[論: 是人卽]**爲入佛智地**
약 문 시 경　내 지 수 지 일 사 구 게　시 인 즉 [논: 시인즉] 위 입 불 지 지

能以方便 敎化衆生 爲一切衆生[論: 爲一切生] **作大知識**
능 이 방 편　교 화 중 생　위 일 체 중 생 [논: 위일체생] 작 대 지 식

만약, 이 경(經)을 듣고, 또한, 한 4구게(四句偈)를 받아 지니면, 이 사람은 곧, 불지혜(佛智慧)의 성품[本地]에 들어, 능히, 방편(方便)으로 중생을 교화(敎化)하리니, 일체중생을 위하는, 대(大) 선지식(善知識)의 행(行)을 하리라.

♣ 만약, 이 경(經)을 듣고 또한, 무생(無生) 실상(實相)의 한 4구게(四句偈)를 받아 지니면, 이 사람은 곧, 불지혜(佛智慧)의 성품[本地]에 들어, 능히, 걸림 없는 방편으로 중생을 교화(敎化)하리니, 일체 중생구제의 대(大) 지혜를 행하는, 선지식(善知識)이 되리라.

□ 고(高), 대(大), 속1,2(續1,2) 경(經)에 시인즉(是人則)이, 논(論) 경(經)에는 시인즉(是人卽)으로 되어 있다.

□ 고(高), 대(大), 속1,2(續1,2) 경(經)에 위일체중생(爲一切衆生)이, 논(論) 경(經)에는 위일체생(爲一切生)으로 되어 있다.

● **4구게(四句偈):** 실상(實相)의 성품과 이치(理致)와 도리(道理)를 4구절(四句節)로 드러내는, 진리(眞理)의 말씀이다.

● **불지혜(佛智慧):** 이 구절의 불지혜(佛智慧)는, 무생결정성(無生結定性)의 지혜이니, 여래결정각(如來結定覺)의 지혜이다. 이는, 유위(有爲)와 무위(無爲)를 벗어난, 무생본성지혜(無生本性智慧)이다.

● 불(佛)의 모든 지혜(智慧)를 5종(五種)의 지혜로 분류할 수가 있다. ①원융지(圓融智) ②이지(理智) ③사지(事智) ④도지(道智) ⑤방편지(方便智)가 있다.

① 원융지(圓融智): 일체색계(一切色界), 일체식계(一切識界), 일체지혜(一切智慧) 그 무엇에도 걸림 없는 원융한 밝은 지혜이다.

② 이지(理智): 실상본성(實相本性)에 대한 근본지혜(根本智慧)이다.

③ 사지(事智): 일체(一切)를 요별(了別) 하는 일체분별지(一切分別智)로, 일체색계(一切色界)와 일체식계(一切識界)와 일체지혜(一切智慧)와 일체중생계(一切衆生界)와 일체제불계(一切諸佛界)를 세세히 밝게 분별하여 아는 지혜이다.

④ 도지(道智): 무상지혜(無上智慧)인 성불(成佛)의 길을 밝게 분별하여 아는 지혜이다.

⑤ 방편지(方便智): 중생(衆生)의 차별지혜와 선근(善根)과 근기(根機)와 심식(心識)과 원력(願力)과 인과(因果)와 뜻[意]의 일체차별을 따라, 성취하게 하고, 길을 열어주는 대비방편(大悲方便)의 지혜이다. 중생계(衆生界)에 펼쳐지는 일체불법(一切佛法)이, 불(佛)의 대비심(大悲心)에 의한 근본(根本) 방편지(方便智)에 해당한다.

◯ **9.** 이 경(經)을 설할 것을 천명(闡明)하여 마치시고, 금강삼매에 들다.

佛說此經已 結加趺坐[論:續1,2: 結跏趺坐]
불 설 차 경 이 결 가 부 좌 [논:속1,2: 결가부좌]

即[大:續1,2: 卽]**入金剛三昧 身心不動**
즉[대:속1,2: 즉] 입 금 강 삼 매 신 심 부 동

부처님께옵서, 이 경(經)을 설(說)하시려는 뜻을 천명(闡明)하여 마치시고, 결가부좌하여 곧, 금강삼매(金剛三昧)에 드시니, 심신(心身)이 부동(不動)이었다.

♣ 부처님께옵서, 일미진실(一味眞實) 무상무생(無相無生) 결정실제(結定實際) 본각리행(本覺利行)인, 이 대승경(大乘經)의 대의(大義)를 밝히시어, 이 경(經)을 설하시려는 뜻[意中]을, 대중(大衆)과 두루 시방법계(十方法界)에 천명(闡明)하여 마치시고, 결가부좌하여 곧, 금강삼매(金剛三昧)에 바로 드시어, 이 법의 실체(實體)인 일미진실(一味眞實) 무상무생(無相無生) 결정실제(結定實際) 본각리행(本覺利行)의 실제(實際)를, 바로 시방법계(十方法界)에 두루, 온전히 다 드러내어 보이시니, 심신(心身)이 적멸(寂滅)하여, 무생부동(無生不動)이었다.

□ 고(高), 대(大) 경(經)에 결가부좌(結加趺坐)가, 논(論), 속1,2(續1,2) 경(經)에는 결가부좌(結跏趺坐)로 되어 있다.
□ 고(高), 논(論) 경(經)에 즉(即)이, 대(大), 속1,2(續1,2) 경(經)에는 즉(卽)으로 되어 있다.

● **불설차경이(佛說此經已):** 부처님께옵서, 이 경(經)을 설(說)하시려는 뜻을 천명(闡明)하여 마치심이다. 이 구절(句節)의 뜻은, 경(經)을 설(說)하시기 전에, 대중에게 이제, 일미진실(一味眞實) 무상무생(無相無生) 결정실제(結定實際) 본각리행(本覺利行)인, 이 경(經)의 대의(大義)를 밝히시며, 이 대승경(大乘經)을 설(說)할 것임을 천명(闡明)함을 마치심이다.

● **결가부좌 즉입금강삼매(結加趺坐 即入金剛三昧):** 이 경(經)을 설(說)할 것임을 천명(闡明)하여 마치시고, 결가부좌하여 곧, 금강삼매

(金剛三昧)에 드심은, 법(法)을 설(說)하는 수순(隨順)이다. 이는 법(法)을 설(說)하는 법(法)의 공덕(功德) 일체총지(一切總持)의 인연사(因緣事)를 펼치심이다. 무상심(無相心) 무상법(無相法) 무생일심(無生一心)이니, 이로부터 체(體)가 되어, 수연상(隨緣相) 인연(因緣)을 따라, 용(用)의 무량무상경설(無量無相經說)의 지혜장엄(智慧莊嚴)이 피어난다.

● **신심부동(身心不動):** 신심부동(身心不動)이, 몸과 마음이 움직임이 없는 것이 아니다. 그것은 유심(有心)이며, 자아상념(自我想念)이다. 몸도 없고, 마음도 없음이 신심부동(身心不動)이다. 그러므로 금강삼매(金剛三昧)이다. 여기에 몸은 안이비설신(眼耳鼻舌身)이며, 마음은 수상행식(受想行識)이다. 본래 생멸(生滅)이 끊어져 무생(無生)이니, 부동(不動)이라고 한다.

● 언설(言說)의 법(法)이 필요 없는, 시방천(十方天) 수승(殊勝)한 지혜자(智慧者)들을 위해, 먼저 이 경(經)의 실제(實際)인, 일미진실(一味眞實) 무상무생(無相無生) 결정실제(結定實際) 본각리행(本覺利行)의 진경실제(眞經實際)를, 금강삼매(金剛三昧)에 든 심신부동(心身不動)으로, 온전히 다 드러내 보이심이다.

● 심신부동(心身不動)의 금강삼매(金剛三昧)에 드심이 곧, 이 경(經)의 실제(實際), 온전한 적멸부동(寂滅不動)이며, 여(如)의 결정성(結定性)인, 일체 언설(言說)이 끊어진 실체(實體)를, 온전히 모두, 시방법계(十方法界)에 두루 드러내어 보이심이다.

■ 금강삼매(金剛三昧)

금강삼매(金剛三昧)는 본성부동삼매(本性不動三昧)이다. 금강(金剛)은 부동결정성(不動結定性)이며, 삼매(三昧)는 심(心)이 동(動)함이 없음이다. 금강삼매(金剛三昧)는 유심삼매(有心三昧)나 상념삼매(想念三昧)가 아니므로, 고요하고 적멸한 삼매가 아니다. 금강삼매(金剛三昧)는 결정본성부동삼매(結定本性不動三昧)이므로, 삼매(三昧) 자체가 성품의 무생결정성(無生

結定性)이므로, 동(動)과 정(靜)을 초월했으며, 열반(涅槃)과 고요도 벗어나 난 청정원융무생부동삼매(淸淨圓融無生不動三昧)이다. 본성(本性) 부동(不動)은 상(相)의 부동(不動)이 아닌 무생부동(無生不動)으로, 그 자체가 일체에 걸림 없는 무생무애(無生無礙)인 원융성(圓融性)이다. 그러므로 삼매(三昧) 그 자체가 동(動)과 정(靜), 상(相)과 무상(無相)을 벗어난 결정성(結定性)이다. 이것은 곧, 본성정(本性定)이며, 본성(本性)의 성품이 파괴되지 않는, 무생결정성(無生結定性)인 금강(金剛) 그 자체이다. 깨닫고 보면 일체가 본성삼매(本性三昧)인, 결정성(結定性) 금강삼매(金剛三昧)를 벗어나 있지 않다. 다만, 심식(心識)의 작용으로 부동삼매(不動三昧)에 무명(無明)의 물결, 미혹(迷惑)의 상념(想念)파동을 일으킬 뿐이다. 그러나 이 삼매(三昧)는 유심(有心)으로도 무심(無心)으로도 들 수가 없다. 본성(本性) 무생공능(無生功能)에 들면, 부사의(不思議) 여래장(如來藏) 금강삼매(金剛三昧)에 들게 된다. 이것이 이 경(經)에서 설해지는 결정성(結定性) 여(如)이며, 인(印)의 성품이다. 이 경(經)의 일체(一切)가 여래장(如來藏) 성품, 금강삼매(金剛三昧)의 결정성(結定性)에서 벗어나지 않고 이루어진다. 금강삼매(金剛三昧)는 들 곳이 없어 듦이 없고, 나올 곳이 없어 나옴도 끊어져, 출(出)과 입(入)이 끊어졌다. 만약, 듦이 있으면 금강삼매(金剛三昧)가 아니며, 들 곳이 있어도 금강삼매(金剛三昧)가 아니며, 들었다 나옴이 있어도 금강삼매(金剛三昧)가 아니다. 또한, 금강삼매(金剛三昧)에 머물러 있어도, 그 또한, 금강삼매(金剛三昧)가 아니다. 금강삼매(金剛三昧)는 출(出)과 입(入), 동(動)과 정(靜), 또한, 중(中)도 끊어진 무생결정성(無生結定性)이어야, 이 삼매(三昧)를 알 수가 있다. 이는, 식(識)의 생멸이 끊어진 무생무루(無生無漏)이므로, 금강삼매(金剛三昧)는 본성삼매(本性三昧)이니, 심식(心識)의 작용으로 삼매(三昧)에 들 수가 없다. 제불(諸佛)뿐만 아니라, 일체중생의 본성(本性)이 이 삼매(三昧)를 벗어나 있지 않다. 그러므로 상(相)과 식(識)이 끊어지면 작위(作爲)하지 않아도, 이 삼매(三昧)에 들게 된다. 이 삼매(三昧)는, 일체 상(相)과 제식(諸識)이 끊어진 적멸성(寂

滅性)이며, 상(相)과 제식(諸識)이 없어 무생부동(無生不動)이다. 또한, 일체상(一切相)과 일체식(一切識)이 끊어져 파괴할 수도 없고, 파괴되지 않으므로, 이 성품의 특성을 일러, 이 경(經)에서는, 결정성(結定性)이라 하며, 생멸(生滅)이 없으므로 무생(無生)이라 하며, 일체 차별을 벗어나 변함이 없어 여(如)라고 하며, 불변(不變)의 결정성(結定性)이므로 인(印)이라고 한다. 여래(如來)의 일체총지공덕성(一切總持功德性)이므로, 여래장(如來藏)이라고 한다. 이는 곧, 일각요의(一覺了義)인 일미진실(一味眞實) 무상무생(無相無生) 결정실제(結定實際) 본각리행(本覺利行)의 성품이다.

○10. 아가타(阿伽陀) 비구가, 청법(請法)의 게송(偈頌)을 올리다.

爾時 衆中 有一比丘 名曰阿伽陀[論: 名阿伽陀] **從座而起**
이 시 중중 유일비구 명 왈 아 가 타 [논: 명아가타] 종 좌 이 기

合掌蹋跪[論:續1,2: 合掌胡跪] **欲重宣此義**[論:續1,2: 欲宣此義]
합 장 호 궤 [논:속1,2: 합장호궤] 욕 중 선 차 의 [논:속1,2: 욕선차의]

而說偈言
이 설 게 언

이때 대중 속에, 한 비구가 있었으니, 이름이 아가타(阿伽陀)**였다. 곧, 자리에서 일어나 무릎을 꿇어 합장하고, 그 법의 실상**[義:實相]**을, 베풀어 주시옵기를 간절히 원하며, 청법**(請法)**의 게송을 올리었다.**

♣ 이때, 대중 속에 한 비구가 있었으니, 이름이 아가타(阿伽陀)였다. 부처님께옵서 천명(闡明)하신 의중(意中)을 받들어 청법자(請法者)가 되어, 곧, 자리에서 일어나 무릎을 꿇어 합장하고, 일미진실(一味眞實) 무상무생(無相無生) 결정실제(結定實際) 본각리행(本覺利行)의 실상[義:實相]인, 무상법(無上法)을 설(說)하는 설법(說法)의 동기(動機) 부여(附與)와 인연사(因緣事)의 법단(法壇)을 장중(莊重)히, 그리고 정중(鄭重)히 마련하고자, 무생결정(無生結定) 본각리행(本覺利行)의 여래지(如來智), 무상법(無上法)을 설하여 주시옵기를, 간곡히 간절하게 원(願)하며, 여래(如來)의 설법(說法)을 청(請)하는, 청법(請法)의 게송(偈頌)을 올리었다.

□ 고(高), 대(大), 속1,2(續1,2) 경(經)에 명왈아가타(名曰阿伽陀)가, 논(論) 경(經)에는 명아가타(名阿伽陀)로 되어 있다.

□ 고(高), 대(大) 경(經)에 합장호궤(合掌蹞跪)가, 논(論), 속1,2(續1,2) 경(經)에는 합장호궤(合掌胡跪)로 되어 있다.

□ 고(高), 대(大), 경(經)에 욕중선차의(欲重宣此義)가, 논(論), 속1,2(續1,2) 경(經)에는 욕선차의(欲宣此義)로 되어 있다.

● **합장호궤(合掌蹞跪):** 무릎을 꿇어 합장하고, 부처님께 법을 청(請)하는 자세이다.

■ 의(義)

　의(義)의 글자는, 경(經)의 구절(句節) 내용 속에 계속 사용하고 있다. 구절이 뜻하는 의(義)의 법리(法理)와 그 의미를 생각하지 않고, 단순, 글자의 뜻만을 새기면, 의(義)가 뜻하며, 드러내고자 하는 법(法)의 실체와 의미가 왜곡되거나, 법(法)의 정해(正解)와 이해(理解)가 법리(法理)적으로, 그 뜻(義)이 명확하지 않을 수도 있다. 이 의(義)의 글이 가진 뜻, 의의(意義)는, 무엇을 명확히 지적하고, 인식하게끔 가리키는 손가락이다. 그러므로 경(經)의 구절에 따라, 그 뜻이 명확히 고정되어 있지가 않다. 그러므로 미리 이것은 이것이라고 정(定)할 필요가 없다. 왜냐면 그 문장 속에, 그 글이 드러내고자 뜻하는 의미와 독특한 역할이 있기 때문이다. 그러나 의(義)의 이 글이 의미하는 바의 역할은 중요하다. 분별이 불가능하고, 언설로 명확히 드러낼 수 없어, 사량(思量)과 분별의 대상(對相)이 아닌 것도, 그 실체(實體)를, 이 의(義)의 한 글자로 부족함이 없이 온전히 담아낼 수 있고, 감당할 수가 있다. 사량과 분별이 닿지 않는 것에는, 상황에 따라, 그에 적절한 언어를 유추하거나 끌어내기가 쉽지 않고, 또한 그 언어로, 그 당체(當體)를 가름하기가 쉽지 않은 경우도 있다. 어떤 해석에는 의(義)를 뜻으로 해석해 놓은 것도 있다. 그러나 구절의 내용상, 법(法)의 명확한 실체(實體)를 드러내는 것에 뜻이라고 해버리면, 구절의 상황에 따라서는, 의(義)의 명확한 뜻과 그 실체(實體)를 종잡을 수 없고, 모호한 의미에 빠질 수도 있다. 경(經)의 내용을 읽어가며, 그 구절마다, 의(義)에 대한 법(法)의 명확한 실체(實體)와 그 뜻의 실상(實相)을 유추(類推)해보기를 바란다.

어떤 씨앗이든 그 씨앗에는, 그 씨앗의 실체(實體)가 그 씨앗에 들어 있다. 그러나 어떤 씨앗이든, 그 씨앗 자체가 곧, 그 실체(實體)는 아니다. 그 씨앗을 땅에 심으면, 그 씨앗으로부터 생성되는 결과물을 보며, 그 씨앗의 실체(實體)를 알 수가 있다. 씨앗의 실체(實體)를 알고자, 그 씨앗을 쪼개어 아무리 살펴도, 그 씨앗의 실체(實體)를 확인하거나 알 수가 없다. 왜냐면, 씨앗의 실체(實體)는, 그 씨앗을 쪼개어 보아도, 눈으로 확인할 수 있는 성질이 아니기 때문이다. 그 씨앗의 실체(實體)를 씨앗 속에서 눈으로 확인할 수는 없어도, 그 씨앗을 벗어나, 그 씨앗의 실체(實體)가 또한, 있는 것이 아니다. 씨앗은 눈으로 확인할 수 있어도, 그 씨앗의 실체(實體)는 눈으로 확인할 수가 없다. 이는, 씨앗에 그 실체(實體)가 없어, 눈으로 확인하지 못하는 것이 아니다. 단지, 그 실체(實體)는 눈으로 볼 수 있는 성질이 아니기에, 눈으로 다만, 보지 못할 뿐이다. 눈에는 그 실체(實體)가 보이지 않아도, 그 실체(實體)가 그 씨앗 안에 없지 않음이니 이는, 단지, 보이지 않고, 드러나지 않고, 확인할 수 없어도, 눈에 보이지 않는 그 자체가 곧, 실체(實體)임이니, 이 실체(實體)는 상(相)이 없어 일러, 무엇이라고 일컫고 이름할 수가 없다. 또한, 상(相)이 없고, 또한, 상(相)이 아니며, 또한, 무생(無生)이니, 어떤 지식과 앎과 지혜로 추측하거나 헤아려도 알 수가 없고, 또한, 어떤 앎과 지식과 지혜로 이름하거나 무엇이라고 일컬어도, 그것은 단지, 추측이며, 헤아림의 사량(思量)과 분별일 뿐, 그 실체(實體)가 아니다. 상(相)이 없고, 또한, 상(相)이 아니며, 또한, 무생(無生)이므로, 명(名)과 상(相)과 분별(分別)을 벗어났어도, 그 실체(實體)가 없지 않음이니, 무엇이라 일컬을 수도 없고, 무엇이라 이름할 수도 없으며, 어떻게 헤아리어 분별할 수도 없고, 모습이 없어 드러낼 수도 없으며, 눈으로 확인할 수가 없어, 어떤 사량(思量)과 분별로도 헤아려 알 수 없는 이 실체(實體)를 명백히 드러내며, 그를 명확히 일컫고 이름하여, 의(義)라고 한다.

○ **11.** 무한 자비(慈悲)로, 모든 중생이 깨우치도록 제도해 주시옵소서.

大慈滿足尊 智慧通無导[大:續1,2: 智慧通無礙] **廣度衆生故**
대 자 만 족 존 지 혜 통 무 애 [대:속1,2: 지혜통무애] 광 도 중 생 고

무한 자비 충만으로 구족하신 세존이시여!
지혜가 막힘 없이 두루 통하시어, 무엇에도 걸림이 없사오니
모든 중생을, 마땅히 널리 깨우쳐, 제도하여 주옵소서.

♣ 무한 자비 충만으로 지혜가 구족하옵신 세존이시여!
결정성 무생지혜에 두루 통하시어 무엇에도 걸림이 없사오니
모든 중생이 미혹을 해탈하도록 널리 깨우쳐 제도해 주옵소서.

□ 고(高), 논(論) 경(經)에 지혜통무애(智慧通無导)가, 대(大), 속1,2(續1,2) 경(經)에는 지혜통무애(智慧通無礙)로 되어 있다.

○ **12.** 한 진리 일미도(一味道)로, 모두 실상(實相)에 들게 하옵소서.

說於一諦義 皆以一味道 終不以小乘 所說義味處
설 어 일 제 의 개 이 일 미 도 종 불 이 소 승 소 설 의 미 처

皆悉離不實
개 실 이 불 실

한 진리[諦]의 실상[義:實相]을 설하시어
모두 차별 없는, 한 법[味:法]의 도(道)에 이르도록 이끄시어서
결정코[終], 소승(小乘)을 벗어나게 하옵시며
설하옵는 진리의 실상[義:實相] 법[味:法]에 이르게 하시어
모두 다, 실(實)이 아님을 벗어나게 하옵소서.

♣ 한 성품, 진실한 실상[義:實相]을 설하시어
모두 차별 없는, 한 법[味:法]의 도(道)에 이르도록 이끄시어서

결정코[終], 차별법에 의지한 소승(小乘)을, 벗어나게 하옵시며
설하옵는 진리의 결정성, 실상[義:實相] 법[味:法]에 들게 하시어
모두 다, 결정 실제(實際)의 실(實)이 아님을 벗어나게 하옵소서.

● **일미(一味):** 차별 없는 법(法)의 성품이니 곧, 둘 없는 불이성(不二性)이다. 이는 무생일성(無生一性)이다.

● **일미도(一味道):** 한 맛의 도(道)이니 곧, 불이도(不二道)이다. 이는, 무생일법(無生一法)이며, 무생일도(無生一道)이다.

◯**13.** 모두 세간(世間)을 벗어나 지혜의 결정성으로 해탈하게 하옵소서.
入佛諸智地[論:續1,2: 入諸佛智地] **決定眞實際 聞者皆出世**
입 불 제 지 지 [논:속1,2: 입제불지지] 결 정 진 실 제 문 자 개 출 세
無有不解脫
무 유 불 해 탈

부처님의 모든 지혜의 성품[本地]에 들게 하시어
결정성(結定性)인, 진성(眞性) 실제(實際)에 들게 하옵시며
듣는 자, 모두 세간(世間)을 벗어나게 하시어서
해탈(解脫)하지 않는 이, 없게 하옵소서.

♣ 부처님의 모든 무량한 지혜의 성품[本地]에 들게 하시어
여래의 결정성, 진성(眞性) 실제(實際)에 들게 하옵시며
듣는 자, 모두 여래의 성품에 들어, 세간을 벗어나게 하시어서
모두, 해탈하지 않는 이, 없게 하옵소서.

□ 고(高), 대(大) 경(經)에 입불제지지(入佛諸智地)가, 논(論), 속1,2(續1,2) 경(經)에는 입제불지지(入諸佛智地)로 되어 있다.

● **결정진실제(決定眞實際):** 결정(決定)은 결정(結定)이니, 파괴됨이 없음을 일컬으며, 진실제(眞實際)는 진성실제(眞性實際)를 일컬음이다. 결정진실제(結定眞實際)는 결정진성실제(結定眞性實際)이니, 이는 여래

결정성(如來結定性)이다. 곧, 무생본성(無生本性)이다.

◯14. 모두, 법(法)의 적멸상(寂滅相) 지혜의 궁극 결정처에 들게 하옵소서.

無量諸菩薩 皆悉度衆生 爲衆廣深問 知法寂滅相
무 량 제 보 살   개 실 도 중 생   위 중 광 심 문   지 법 적 멸 상

入於決定處
입 어 결 정 처

무량한 모든 보살(菩薩)들이
모든 중생을 다 제도하고자, 일념(一念) 서원(誓願)으로
중생들을 위해, 널리 깊고 심오한 물음을 묻고자 하오니
법(法)의 적멸상(寂滅相)을 오롯이 깨닫도록 이끄시어
진리의 궁극(窮極) 결정처(結定處)에, 모두 들게 하시옵소서.

♣ 한량없는 모든 보살(菩薩)들이
모든, 중생을 다 제도하고자, 중생구제 일념으로 서원(誓願)하며
중생들을 위해, 다양하고 깊은, 밀밀한 물음을 묻고자, 하오니
법의 결정성, 무생(無生) 적멸상을 오롯이, 깨닫도록 이끌으시어
진리의 궁극, 여래(如來)의 결정처(結定處)에 모두 들게 하시옵소서.

● **법적멸상(法寂滅相):** 생멸이 멸한 법의 적멸상이다. 이는 무생법
상(無生法相)이다. 곧, 무생결정성(無生結定性)이다.

◯15. 여래의 지혜와 방편력으로 모두 실상에 들어, 일승이게 하옵소서.

如來智方便 當爲入實說 隨順皆一乘 無有諸雜味
여 래 지 방 편   당 위 입 실 설   수 순 개 일 승   무 유 제 잡 미

여래의 지혜와 신통한 방편력(方便力)으로
당연히, 결정(結定) 성품 실제(實際)에 들도록 설하시어
모두 차별 없는, 일승(一乘)을 수순(隨順)하여
지혜가 미숙한 일체(一切) 잡맛을, 벗어나게 해주옵소서.

♣ 여래의 위 없는 불가사의 지혜와 걸림 없는 방편력으로
당연히, 결정(結定) 성품인 무상(無上) 실제(實際)에 들도록 설하시어
모두 차별 없는, 법(法)의 일승(一乘)을 수순(隨順)하여
차별 지혜에 의한 일체(一切) 잡맛을, 벗어나게 해주옵소서.

● **일승(一乘):** 차별지혜를 벗어나, 실상(實相)지혜인 불이(不二)의 성
품에 든 승(乘)을 말한다.

○ **16.** 모두 일미(一味) 실상법에 젖어, 두루 지혜를 충만하게 하옵소서.
猶如一雨潤 衆草皆悉榮 隨其性各異 一味之法潤
유 여 일 우 윤 중 초 개 실 영 수 기 성 각 이 일 미 지 법 윤
普充於一切
보 충 어 일 체

가히 차별 없는, 한 빗줄기에 젖어
뭇 풀이, 모두 빠짐 없이 무성해지듯이
그 성품이 각각 다름을 따라 법을 수순하여도
위 없는, 한 맛의 법에 젖게 하시오며
두루 일체를, 지혜로 충만하게 하시옵소서.

♣ 만물이 가히 차별 없는 한 빗줄기에 젖어
뭇 풀이, 모두 빠짐 없이 무성해지듯이
그 지혜 성품이 각각 다름을 따라 법을 수순하여도
위 없는, 한 맛의 무상일법(無上一法)에 젖게 하시오며
두루 일체를, 여래(如來)의 지혜로, 충만하게 하시옵소서.

○ **17.** 금강(金剛) 결정성에 들어, 지혜의 결정 인(印)을 이루게 하소서.
如彼一雨潤 皆長菩提芽
여 피 일 우 윤 개 장 보 리 아
入於金剛味 [續1: 入於金剛眛] [續2: 入金剛三昧]
입 어 금 강 미 [속1: 입어금강매] [속2: 입금강삼매]

證法眞實定 決定斷疑悔 一法之印成
증법진실정 결정단의회 일법지인성

저 한 빗줄기에 젖음에는 뭇 풀이 차별 없듯
모두, 위 없는 보리(菩提)의 싹이 자라나
금강(金剛) 일미진성[味:一味眞性]에 들게 하시어
법(法)의 진실정(眞實定)을 증득(證得)하여
결정코, 미혹의 혼돈(混沌)과 방황(彷徨)의 잘못됨이 끊어져
위 없는 한 법의, 결정(結定) 인(印)을 이루게 하옵소서.

♣ 저 한 빗줄기에 젖음에는 뭇 풀이 차별 없듯
모두, 위 없는 결정(結定) 무상보리(無上菩提)의 지혜가 자라나
파괴 없는 금강(金剛)의 성품, 일미진성(一味眞性)에 들게 하시어
위 없는 무생법(無生法)의 진실정(眞實定)에 증입(證入)하여
결정코, 미혹(迷惑)의 혼돈(混沌)과 방황(彷徨)의 잘못됨이 끊어져
위 없는 일법(一法)의, 무생(無生) 인(印)을 이루게 하옵소서.

□ 고(高), 논(論), 대(大) 경(經)에 입어금강미(入於金剛味)가, 속1(續1) 경(經)에는 입어금강매(入於金剛昧)로, 속2(續2) 경(經)에는 입금강삼매(入金剛三昧)로 되어 있다.

金剛三昧經 無相法品 第二
금강삼매경 무상법품 제이

○ **18.** 불지혜(佛智慧)는, 결정성 무상실제 일각요의이므로 난해난입이다.

爾時 尊者[續1,2: 世尊] **從三昧起 而說是言 諸佛智地**
이 시 존 자[속1,2: 세존] 종 삼 매 기 이 설 시 언 제 불 지 지

入實法相 決定性故 方便神通 皆無相利 一覺了義
입 실 법 상 결 정 성 고 방 편 신 통 개 무 상 리 일 각 요 의

難解難入
난 해 난 입

이때 세존께옵서, 삼매(三昧)에서 일어나 이렇게 말씀을 하시니, 모든 부처님 지혜의 성품[本地]은, 실법상(實法相)에 든 결정성(結定性)인 까닭으로, 방편(方便)이 걸림 없이 일체(一切)에 두로 통함[神通]은, 다, 무상(無相) 성품의 실제[利:實際]인 일각요의(一覺了義)이므로, 이해하기도 어렵고, 들어가기도 어려우니라.

♣ 이때 세존께옵서, 아가타의 간곡한 중생구제의 청법게(請法偈)를 듣고, 삼매(三昧)에서 일어나 말씀을 하시니, 모든 부처님 지혜의 성품[本地]은, 실법상(實法相)에 든, 파괴됨이 없는 결정성인 까닭으로, 방편이, 상(相)과 식(識)과 법(法)과 지혜의 무엇에도 걸림이 없이, 일체(一切)에 두루 통함은, 다 무상(無相) 성품의 실제[利:實際]인, 일각(一覺)을 요달한 실체(實體), 일각요의(一覺了義)이므로, 일체(一切) 상(相)과 식(識)과 법(法)과 지혜를 다 벗어난 것이니, 이해하기도 어렵고,

들어가기도 어려우니라.

□ 고(高), 논(論), 대(大) 경(經)에 존자(尊者)가, 속1, 2(續1, 2) 경(經)에는 세존(世尊)으로 되어 있다.

■ 결정성(決定性)

　　결정성(決定性)은 파괴할 수 없고, 파괴되지 않는 무생(無生) 본성(本性)의 성품이다. 이 성품은, 시종(始終) 없고, 파괴되지 않으며, 변함 없는 성품으로, 모든 존재의 시종(始終) 없는 근본(根本)이며, 제불(諸佛) 지혜(智慧)의 실상(實相)인 금강(金剛)과 여래장(如來藏) 성품 부동성(不動性)과 부동지(不動智)의 실체(實體)이다. 이 성품의 특성을 이 경(經)에서는 결정성(決定性)이란 언어로 드러내고 있다. 이 결정성(決定性)의 뜻은, 파괴할 수 없고 파괴되지 않는 무생금강(無生金剛)이며, 불변(不變)인 인(印)의 성품이란 뜻이다. 그런데, 이 결정성(決定性)의 언어(言語)가 가진 의미와 뜻에는, 결정(決定)의 성질이, 인위적인 작용의 의미와 뜻이 함의(含意)되어 있으며 또한, 어떤 목적과 결과를 성취하기 위한, 인위(人爲)의 작용으로 결단하고, 결정하며, 고쳐 다잡고, 바로 세우며, 건립하고, 행위하는 어떤 결과를 위한 행위 의지(意志)와 정신(精神)의 뜻이 담겨 있다. 그러므로, 제불(諸佛)과 만생명(萬生命)과 만물만법(萬物萬法)의 일체총지성(一切總持性)인 완전한 절대성(絕對性)으로, 무엇에도 파괴되지 않고, 무엇으로도 파괴할 수 없는 불변(不變)인, 무생금강(無生金剛)의 특성을 가진 인(印)의 성품을, 결정성(決定性)이란 언어(言語)에 담아 드러내기에는, 언어(言語)의 공덕(功德)이 부족함이 있고, 또한, 이 결정성(決定性)의 언어(言語)에, 인(印)의 성품을 담기에는, 언어(言語) 자체의 뜻과 역량이, 완전한 절대성(絕對性)을 드러내지 못하는, 부족한 역량의 한계성이 있다.

　　결정성(決定性)의 언어(言語)로 드러내는 인(印)의 성품이 곧, 여래장(如來藏) 총지(總持)인, 본연무연중절대성(本然無然中絕對性)인 무생결정성(無生結定性)이며, 여래결정성(如來結定性)이며, 여래결정각(如來結定覺)이다. 이는 곧, 여래(如來)의 성품이며, 불지(佛智)의 파괴됨이 없는 인(印)인 결정성(結定性)이다. 그러므로, 이 경(經)의 요해(了解)에서는, 결정성(決定性)이란 언어가 가진 뜻과 역량의 공덕 한계성(限界性)에, 얽매이거나 의존(依存)하지 않고, 바뀌거나 변함이 없는, 결정성(結定性)이란 언어(言語)에, 무한무변절대성(無限無邊絶對性)인 인(印)의 성품을 담아, 그 뜻과 공덕(功德)을 드러내고자 한다. 결정성(結定性)의 언어(言語)로, 무변금강(無變金剛)의 절대성(絶對性) 성품인 무생결정성(無生結定性)이며, 여래결정성(如來結定性)이며, 여래결정각(如來結定覺)인, 파괴됨이 없는 성품, 여래장(如來藏) 인(印)의 특성 성품을 담아, 드러내고자 한다. 결정성(決定性)과 결정성(結定性)은 단순, 글의 의미에도 뜻과 성질이 다르고, 차이가 있다. 또한 심법(心法)의 경계에도, 결정성(決定性)과 결정성(結定性)이 차이가 있다. 그것은, 결(決)과 결(結)의 글자가 함용(含用)하고, 함의(含意)하여 머금고 있는 성질의 특성과 성격의 본바탕이 다르기 때문이다. 결정(決定)은, 유위(有爲)와 인위(人爲)의 뜻을 머금고 있어, 어떤 목적과 결과를 위한 인위적 행위로 결정하고, 결단하며, 바로 세우고, 고쳐 다잡는 의지(意志)의 뜻과 정신(精神)이 담겨 있다. 결정(結定)은, 두 성품 특성에서 볼 수가 있으니, 유위성결정(有爲性結定)과 무한절대성결정(無限絶對性結定)이다. 유위결정성(有爲結定性)이어도 인위적인 것보다 자연적인 또는, 구조적 결정(結定)의 의미와 뜻을 갖추었고, 인위적인 것이어도 파괴할 수 없고, 파괴될 수 없는 상태나, 구조적 견고한 부동(不動)의 뜻을 담고 있다.

경(經)에, 파괴할 수 없고, 파괴되지 않는 무생(無生) 인(印)의 성품 실체(實體)를, 결정성(決定性)이란 언어(言語)로 드러내므로, 이 경(經)에서 결정성(決定性)의 언어(言語)로 드러내는 성품이, 여래장(如來藏) 성품으로, 파괴되지 않는 무생(無生)성품이므로, 그 성품이 무한무변절대성(無限無邊絕對性)인 일체초월성(一切超越性)이니, 결정성(決定性)이 곧, 결정성(結定性)이란 결론의 차원에서, 결정성(決定性)과 결정성(結定性)이 언어(言語)는 달라도 이 경(經)의 특성상, 성품이 다를 바 없는 한 성품임을 규정하여, 이 경(經)을 요해(了解)하고 해설함에, 결정성(決定性)과 결정성(結定性)을 같이 사용하기로 했다. 결정성(決定性)과 결정성(結定性)이 글은 달라도 한 성품이니, 해설에 따라, 두 언어(言語)를 같이 혼용하여 사용하므로, 두 글이 달라도, 같은 성품임을 인지하며, 경(經)과 요해(了解)의 이해에 차별이 없기를 바란다. 그러나, 더 깊은 섬세한 지혜의 차별경계에서는, 결정성(決定性)은, 인위적 의지(意志)와 행위함의 뜻이 함의(含意)되어 있어, 이는, 시각(始覺)과 본각(本覺)이 둘 다 끊어지지 않은, 무생법인지(無生法忍智)인 무위지혜행(無爲智慧行)의 지혜성품을 배제할 수가 없음은, 결정(決定)은, 무엇을 이루기 위해 결정(決定)하며, 결단(決斷)하고, 바로 세우고[正立], 지향(志向)하며, 고쳐 다잡는 인위적(人爲的) 행위함을 벗어날 수 없는, 글자가 가진 함의(含意)의 한계성과 그 특성이 있기 때문이다. 결정성(結定性)이 중요한 것은, 곧, 여래(如來)의 여(如)의 실체(實體) 본성(本性)이며, 부동금강지(不動金剛智)의 성품인 결정성(結定性)으로, 이 경(經)의 실체(實體)이며, 주(主)이며, 근본(根本)이며, 파괴할 수 없고, 파괴됨이 없는 불(佛)의 성품으로, 공성(空性)과 무위(無爲)의 무생법인지(無生法忍智)까지 초월한, 상명무상각(上明無上覺)의 실체(實體)이기 때문이다. 이는 곧, 여래(如來)의 상명무상(上明無上)인 여(如)의 성품이며, 여래결정성(如來結定性)인 여래결정각(如來結定覺)의 실체(實體)이다. 이 성품이 곧, 파괴됨이 없는 인(印)이며, 금강(金剛)이며, 불(佛)의 근본(根本) 일체총지(一切總持)인, 여래장(如來藏)의 실체(實體)이다.

■ 일각요의(一覺了義)

일각요의(一覺了義)는, 일각(一覺)을, 요달(了達)한 실체(實體)이다. 일각(一覺)은, 본성각명(本性覺明)이다. 위의 구절을 통해 논할 것 같으면, 일각요의는, 실법상(實法相)에 든 결정성(結定性)이다. 이는 곧, 무상(無相) 실제(實際)이다. 곧, 본성(本性) 무상(無相) 성품을 요달한 실체(實體)이다. 무상(無相) 성품을 일각(一覺)이라고 함은, 본성(本性) 불이(不二)의 무생각성(無生覺性)이기 때문이다. 여기에서 무상(無相)이라 함은, 상(相)이 멸하였거나, 성품이 없는 그 자체를 일컬음이 아니다. 상(相)이 멸하였거나 없는 것은, 상견(相見)인 유무(有無)의 세계이다. 상(相)이 멸하였거나 없는 그 자체도 초월한, 본공실성(本空實性)인 진성(眞性)을 일컬음이다. 이 성품은, 무상총지(無相總持)의 부사의 공능(功能)의 성품이다. 이 성품이 결정성(結定性)이며, 무상실제(無相實際)이며, 일체를 초월한 일각(一覺)이며, 무생일법(無生一法)인 일미(一味)의 성품이다. 제불(諸佛)의 경지(境地)는, 이 무생실법(無生實法)의 결정성(結定性)에 든 지혜이며, 일체에 걸림 없는 방편(方便)의 신통(神通)이, 무생실법(無生實法)의 결정성(結定性)에 의함임을 밝히고 있다. 이 결정성(結定性)을 요달함이 일각요의(一覺了義)이며, 일각요의는 곧, 무상(無相) 본성(本性)의 부사의 공능총지(功能總持)인 여래장(如來藏)에 든 것이다. 무상(無相) 본성(本性)의 부사의 공덕(功德)인 공능(功能)은, 인식(認識)과 상념(想念)과 사유(思惟)와 견해(見解)로는 알 수 없는, 불가사의한 일체총지(一切總持)의 결정성(結定性)이므로, 상(相)의 상념(想念) 속에 있는 2승(二乘)의 견해(見解)로는, 분별하여 헤아리며, 추론(推論)하여도 알 수가 없다. 이 결정성(結定性)의 공능세계에 든, 부처[佛]와 보살(菩薩)만이 능히 알 수 있을 뿐임을 설하시며, 이 결정성(結定性)이 곧, 일미(一味)의 법(法)임을 설하고 있다. 그러므로, 일미(一味)는 곧, 무생(無生) 성품이며, 무상(無相) 성품인 본성(本性) 공능(功能)의 여래장(如來藏)세계이며, 법(法)의 실상(實相)세계이다. 이 일체(一切)가 무생본성(無生本性)의 성품, 진성(眞性)세계이다.

■ 난해난입(難解難入)

이해하기도 어렵고, 증입(證入)하기도 어렵다. 왜냐면, 일각요의(一覺了義)는 곧, 무생결정성(無生結定性)이므로, 깨달음이나, 지혜로도 들 수가 없다. 깨달음의 지혜도 초월하고, 무위(無爲)의 지혜상(智慧相)도 끊어져야, 결정성(結定性)인 무생본성(無生本性)에 들게 된다. 이 경(經) 전체가, 무생결정성(無生結定性)의 난해난입(難解難入)을, 정해정입(正解正入)하는 지혜의 가르침이다. 곧, 여래(如來)의 결정성(結定性)에 드는 지혜의 경(經)이다. 여래(如來)의 결정성(結定性)이 무생결정성(無生結定性)이며, 바로 본성(本性)의 실체(實體)이다. 이 성품을 깨달음이, 일각요의(一覺了義)이다. 일각요의(一覺了義)는, 무생(無生) 결정성(結定性)의 실제(實際)에 듦이다. 일각(一覺)은, 본성실제(本性實際)인 본각(本覺)을 일컬음이다.

○ **19.** 2승(二乘) 소견이 아닌, 결정성 일미의 법으로 중생을 제도한다.

非諸二乘之所知見 唯佛菩薩[續1,2: 惟佛菩薩] **乃能知之**
비 제 이 승 지 소 지 견 유 불 보 살 [속1,2: 유불보살] 내 능 지 지

可度衆生 皆說一味
가 도 중 생 개 설 일 미

모든 2승(二乘)의 소견(所見)이나 지견(知見)이 아니므로 오직, 부처와 보살만이 능히 알 수 있느니라. 가히 중생을 제도함에, 모두, [일각요의(一覺了義)의 결정성] **일미(一味)의 법을 설하느니라.**

♣ 일각요의(一覺了義)는, 모든, 2승(二乘)이 상(相)에 의지한 바, 소견(所見)이나, 지견(知見)이 아니므로 오직, 부처와 보살의 지혜로만 능히, 알 수 있느니라. 가히, 여래(如來)는, 중생을 제도함에, 일각(一覺)을 요달한 결정성(結定性), 일각요의(一覺了義)의 일미실상법(一味實相法)을 설하여, 제도하느니라.

□ 고(高), 논(論), 대(大) 경(經)에 유불보살(唯佛菩薩)이, 속1,2(續1,2) 경(經)에는 유불보살(惟佛菩薩)로 되어 있다.

■ 일각(一覺)

일각(一覺)은 본각(本覺)이며, 요의(了義)는, 일각(一覺)을 요달한 실체(實體)이다. 의(義)는, 일각(一覺)을 요달한 실체(實體)인, 실제실성(實際實性)이다. 요의(了義)한 것이 일각(一覺)이며, 일각(一覺)의 성품은, 파괴됨이 없는 결정성(結定性)이다. 이는, 무생결정성(無生結定性)이다. 무생(無生)이란, 생멸(生滅) 없는 무생(無生) 본연(本然)의 성품이기 때문이며, 이를 결정성(結定性)이라고 함은, 이 성품이 무엇에도 파괴되지 않는 특성을 일컬음이다. 이는, 생멸(生滅)과 유무(有無)와 어떤 지혜에도 파괴되는 성품이 아니기 때문이다. 파괴되지 않는 까닭은 무생성(無生性)이기 때문이며, 무상성(無相性)이기 때문이며, 무생공성(無生空性)이기 때문이며, 무생적멸성(無生寂滅性)이기 때문이며, 청정부동성(淸淨不動性)이기 때문이며, 무엇에도 걸림 없는 무애성(無礙性)이기 때문이며, 무엇에도 머묾 없는 무주성(無住性)이기 때문이다. 이 성품이 무한무변절대성(無限無邊絶對性)인 본연무연중절대성(本然無然中絶對性)이다. 이 결정성(結定性)에 들려면, 사량의 분별과 헤아림으로는 들 수가 없으며, 깨달음의 지혜로도 들 수가 없다. 깨달음은 무위(無爲)의 지혜이니, 시각(始覺)과 본각(本覺)이 둘 다 끊어지므로, 무위(無爲) 각식(覺識)의 지혜상(智慧相)까지 끊어져, 제식(諸識)의 적멸(寂滅)로 무생성(無生性)에 들어야 하기 때문이다. 그러므로, 앎의 어떤 사량과 분별로도 알 수가 없으며, 깨달음의 어떤 지혜로도 알 수가 없다. 결정성(結定性)은 깨달음에 든, 무위(無爲)의 일체 지혜까지 초월하여 끊어진, 여래결정성(如來結定性)이다. 만약, 무위지혜(無爲智慧)에 들어 있는 보살(菩薩)은, 무위공성(無爲空性)의 지혜로도 이 결정성(結定性)에 증입할 수가 없다. 왜냐면, 무위(無爲)에 든 공청정(空淸淨) 무위각식(無爲覺識)이 끊어지지 않았기 때문이다. 무위보살(無爲菩薩)은 무위지(無爲智)에서 이 결정성(結定性)을 가름하여도, 그것은 무위공성(無爲空性)이니, 무위지혜(無爲智慧)까지 타파하여 벗어나므로, 여래결정성(如來結定性)인, 무생결정성(無生結定性)을 깨닫게 된다. 여래(如

來)와 일각(一覺)과 본성(本性)과 결정성(結定性)은 한 성품이다. 무생결정성(無生結定性)에 들었으므로 여래(如來)라고 하며, 그 지혜가 일각(一覺)이다. 일각(一覺)이 본성(本性)의 성품이며, 본성(本性)이 무생결정성(無生結定性)이다. 여래(如來)의 여(如)는 곧, 무생결정성(無生結定性)으로, 파괴됨이 없이 항상, 무생여여(無生如如)한 불변진성(不變眞性)을 일컬으며, 래(來)는, 무생결정성(無生結定性)의 부사의 공능행(功能行)이다. 공능(功能)이란, 무생결정성(無生結定性)이 가진 부사의 공덕성(功德性)이니, 공(功)은, 무생결정성(無生結定性)이 가진, 여래(如來)의 일체지혜(一切智慧)와 만물만상(萬物萬相) 부사의 일체총지(一切總持)이며, 능(能)은, 일체총지(一切總持)의 원융무애성(圓融無礙性)으로, 무엇에도 걸림 없는 부사의 무상공능(無相功能)의 작용이다. 이 성품이 일체총지(一切總持)임은, 제불(諸佛)의 일체불지혜(一切佛智慧)와 무량자비(無量慈悲)의 근본성품이며, 시방법계(十方法界) 만법(萬法) 만상(萬相) 만물(萬物)의 근본성품이기 때문이다.

○ **20.** 말겁(末劫) 중생이, 3계(三界) 윤회(輪廻)를 벗어나지 못할 것입니다.

爾時 解脫菩薩 即[大:續1,2: 卽] **從座起 合掌跪跪**[論:續1,2: 合掌胡跪]
이 시 해 탈 보 살 즉 [대:속1,2: 즉] 종 좌 기 합 장 호 궤 [논:속1,2: 합장호궤]

而白佛言 尊者 若佛滅後 正法去世 像法住世 於末劫中
이 백 불 언 존 자 약 불 멸 후 정 법 거 세 상 법 주 세 어 말 겁 중

五濁衆生 多諸惡業 輪廻三界 無有出時
오 탁 중 생 다 제 악 업 윤 회 삼 계 무 유 출 시

이때 해탈보살이 곧, 자리에서 일어나 무릎을 꿇어 합장하고, 부처님께 말씀 사뢰옵기를, 세존이시여! 만약, 부처님께옵서 멸도(滅度)하신 뒤에 정법(正法)이 세상에서 사라지고, 상법(像法)이 머무는 세상 말겁(末劫) 중에는 5탁(五濁) 중생들이, 많은 모든 악업(惡業)을 지어, 3계(三界)를 윤회(輪廻)하며, 벗어나지 못할 때가 있을 것이옵니다.

♣ 이때 해탈보살이 곧, 자리에서 일어나, 무릎을 꿇어 합장하고 부처님께 말씀 사뢰롭기를, 세존이시여! 만약, 부처님께옵서 멸도(滅度)

하신 뒤에, 세월이 흐름을 따라, 정법(正法)의 지혜는 세상에서 점차 사라질 것이옵니다. 정법(正法)이 사라진 그 세상의 사람들은, 지혜와 선근(善根)이 부족하여, 그 세상에는 정법(正法)이 사라져, 상(相)을 좇아 사는 상법(像法)의 세상이므로, 말겁(末劫) 중에는 상(相)을 좇아 5탁(五濁) 중생들이, 많은 모든 악업(惡業)을 지어, 3계(三界)의 윤회를 벗어나지 못할 때가 있을 것이옵니다.

□ 고(高), 논(論) 경(經)에 즉(即)이, 대(大), 속1,2(續1,2) 경(經)에는 즉(卽)으로 되어 있다.

□ 고(高), 대(大) 경(經)에 합장호궤(合掌蹴跪)가, 논(論), 속1,2(續1,2) 경(經)에는 합장호궤(合掌胡跪)로 되어 있다.

● **5탁(五濁):** ①겁탁(劫濁) ②견탁(見濁) ③번뇌탁(煩惱濁) ④중생탁(衆生濁) ⑤명탁(命濁)이다.

① 겁탁(劫濁): 시대(時代)의 업(業)이 탁(濁)함이니, 사람의 수명(壽命)이 점차 짧아지며, 세상은 재앙으로 질병과 전쟁과 굶주림 등으로 혼탁해짐이다.

② 견탁(見濁): 견(見)의 업(業)이 탁(濁)함이니, 사견(邪見)과 사법(邪法)이 성(盛)하여 혼란하고 견해(見解)가 혼탁함이다.

③ 번뇌탁(煩惱濁): 번뇌(煩惱)의 업(業)이 탁(濁)함이니, 탐진치(貪瞋癡) 3독(三毒)으로 마음이 잡되어 흐려져 혼탁함이다.

④ 중생탁(衆生濁): 중생(衆生)의 업(業)이 탁(濁)함이니, 마음과 행이 악(惡)하고 삿됨으로 혼탁함이다.

⑤ 명탁(命濁): 명(命)의 업(業)이 탁(濁)함이니, 수명(壽命)이 단명(短命)하고 단축(短縮)하여 혼탁함이다.

○**21.** 말겁(末劫) 중생도, 저희들과 같이 해탈하게 하옵소서.

願佛慈悲 爲後世衆生[論:續1: 爲後衆生] **宣說一味決定眞實**
원 불 자 비 위 후 세 중 생 [논:속1: 위후중생] 선 설 일 미 결 정 진 실

令彼衆生 等同解脱
영 피 중 생 등 동 해 탈

원하오니, 부처님의 자비로움으로 후세(後世)의 중생들을 위해, 일미결정(一味結定) 진실(眞實)을 베풀어 설하여 주시오며, 그 중생들로 하여금, 저희와 동등(同等)하게, 다 같이 해탈(解脱)하게 하시옵소서.

♣ 간곡히 원하옵니다. 부처님의 무한 자비로움으로, 미래(未來) 정법말세(正法末世) 중생들을 위해, 무상일미(無上一味)의 결정성(結定性), 진실제(眞實際)를 베푸시어, 여래(如來)의 법을 듣는 저희와 동등(同等)하게, 다 같이 해탈할 수 있도록 하시옵소서.

□ 고(高), 대(大), 속2(續2) 경(經)에 위후세중생(爲後世衆生)이, 논(論), 속1(續1) 경(經)에는 위후중생(爲後衆生)으로 되어 있다.

● **일미결정진실(一味決定眞實)**: 무생결정진실제(無生結定眞實際)를 말함이다. 일미(一味)는, 일체(一切)의 사량(思量)과 분별(分別)과 견(見)과 지혜(智慧)의 차별법이 끊어져 차별 없음이며, 결정(決定)은 결정(結定)이니, 무엇에도 걸림 없고 파괴됨이 없는 무생성(無生性)이며, 진실(眞實)은 진성실제(眞性實際)이다. 일미결정(一味決定)은 무생결정성(無生結定性)이며, 결정진실(決定眞實)은 무생진성실제(無生眞性實際)이다. 이는 곧, 무생본성(無生本性)이다. 그럼 무생본성(無生本性)을 왜, 일미결정진실(一味決定眞實)이라고 하는가 하면, 일미결정진실(一味決定眞實)은 일체 차별을 벗어버린 일각요의(一覺了義)의 깨달음에 의한, 무생본성(無生本性)의 특성, 결정실제(結定實際)를 일컬음이다.

○**22.** 세간(世間)을 벗어나는 것은 일대사(一大事)이니, 불가사의이다.
佛言 善男子 汝能問我出世之因 欲化衆生 令彼衆生
불 언 선 남 자 여 능 문 아 출 세 지 인 욕 화 중 생 영 피 중 생
獲得出世之果 是一大事 不可思議
획 득 출 세 지 과 시 일 대 사 불 가 사 의

부처님께옵서 말씀하옵기를, 선남자여! 그대는, 능히 세간(世間)을 벗어나는 결정 인(因)을 나에게 물어서, 저 중생들을, 간절히 구제하고자 하는구나. 저 중생들로 하여금, 세간(世間)을 벗어나는 과(果)를 획득하게 하는 것, 이것은 일대사(一大事)이므로, 불가사의이니라.

♣ 부처님께옵서 말씀하옵기를, 선남자여! 그대는, 능히 생사(生死)의 세간(世間)을 벗어나는, 결정 인(因)을 나에게 물어서, 정법(正法)이 사라진 여래(如來) 없는 그 세상의 중생들을 연민(憐愍)하여, 간절히 구제(救濟)하고자 하는구나. 저 중생들로 하여금, 생사(生死)의 세간을 벗어나는, 과(果)를 얻는 것은, 생사(生死)와 3계(三界)를 벗어나, 불(佛)을 성취함이니, 이 일대사(一大事)는 불가사의이니라.

● 일대사(一大事): 일대사(一大事)는, 일(一)은 근본(根本)이며, 대(大)는 근본대용(根本大用)이며, 사(事)는 근본만행(根本萬行)이니, 일대사(一大事)는 일본대사(一本大事)로, 일성대사(一性大事)이며, 본성대사(本性大事)이다. 일대사(一大事)에는 중생(衆生)과 불(佛)의 2종사(二種事)가 있으니, 그것이, 중생해탈(衆生解脫)의 일각대사(一覺大事)와 제불제행(諸佛諸行)의 일불대사(一佛大事)이다. 불(佛)의 일대사(一大事)는, 중생(衆生)을 무명(無明)으로부터 구제함이다. 중생(衆生)의 일대사(一大事)는, 무명(無明)을 벗어 해탈하여 불(佛)을 성취함이다.

○ **23.** 자비심(慈悲心)으로 법을 청(請)하니, 법을 베풀어 설하리라.
以大慈故 以大悲故 我若不說 即[大:續1,2: 即]**墮慳貪**
이 대 자 고　이 대 비 고　아 약 불 설　즉[대:속1,2: 즉] 타 간 탐
汝等一心 諦聽諦聽[論:續1,2: 諦聽]**為汝宣說**
여 등 일 심　체 청 체 청[논:속1,2: 체청] 위 여 선 설

큰 지혜의 사랑과 큰 지혜의 연민으로 말미암아 법을 청(請)하구나. 내가 만약 설하지 않으면 곧, 법을 아끼어 인색하며, 탐착함에 빠짐이 되느니라. 그대들은 일심으로 자세히 살피고, 자세히 살피며 들을 지니

라. 그대들을 위해 베풀며 설하리라.

♣ 중생들을 사랑하여, 어여삐 여기는 한량없는 마음에 연유하여, 중생구제 보살의 마음을 일으키고, 중생들을 끝없이 불쌍히 여기어 연민(憐愍)하는, 끝없는 마음에 연유하여, 해탈 길을 열어 주고자, 나에게 길을 물어, 베풀기를 청하는구나. 내가 만약 설하지 않으면 곧, 법을 아끼어 인색하며, 탐착함에 빠짐이 되느니라. 내가, 그대들이 가지는 수승한 보살(菩薩)의 마음과 중생을 생각하는 연민(憐愍)의 원력(願力)을 따라, 마땅히 베풀 것이니라. 설하는 바를 따라, 그대들은 일심으로 자세히 살피고 자세히 살피어 들을지니라. 그대들의 뜻을 따라 위하고자, 베풀며, 설하리라.

□ 고(高), 논(論) 경(經)에 즉(即)이, 대(大), 속1,2(續1,2) 경(經)에는 즉(卽)으로 되어 있다.

□ 고(高), 대(大) 경(經)에 체청체청(諦聽諦聽)이, 논(論), 속1,2(續1,2) 경(經)에는 체청(諦聽)으로 되어 있다.

● 여래께옵서, 자신이 걸어온 원력과 삶의 길이라 어찌, 중생들을 향한 보살의 순수한 연민과 자비를 모를까마는, 중생을 향한 무한 연민의 마음은, 보살의 순수 지혜의 충만에서 발현함이다. 작은 씨앗 하나가 땅에 떨어져, 온 산이 숲을 이루고, 동쪽에서 해가 솟으니, 온 천지 세상이 두루 밝음을 이루니, 이 상서로운 인연의 물음, 연민의 씨앗이, 여래의 지혜바다에 떨어진 그 인연을 따라, 무상지혜(無上智慧)의 광명이 펼쳐진다. 여래장(如來藏) 지혜의 문(門)을 여는 보살의 물음과 불(佛)의 장엄한 여래장(如來藏) 지혜광명의 물결이 출렁이는 무상설(無上說)인, 금강삼매경 불지혜(佛智慧)의 여래장세계가 펼쳐진다.

◯ **24.** 무생법(無生法)으로 교화(敎化)해야, 한량없는 무한 교화이다.
善男子 若化衆生 無生於化 不生無化 其化大焉
선 남 자 약 화 중 생 무 생 어 화 불 생 무 화 기 화 대 언 선남자여! 만약, 중생(衆生)을 교화(教化)하려면, 무생(無生)으로 교화(教化)해야 하느니라. 무생(無生)으로 교화(教化)해야만 생(生)이 아니므로, 그 교화(教化)가 무엇보다 큰 것이니라.

♣ 선남자여! 만약, 중생(衆生)을 교화(教化)하고자 하면, 무생결정성(無生結定性)인 무생법(無生法)으로, 교화(教化)를 해야 하느니라. 무생법(無生法)으로 교화를 해야만, 생(生)이 끊어져 생(生)이 없으므로, 그 교화(教化)가 무엇보다 큰, 일미진실(一味眞實) 무상무생(無相無生)인, 결정실제(結定實際) 본각리행(本覺利行)의 무한 큰 교화(教化)이니라.

● 위의 구절을 교법설(教法說)과 교화심(教化心)의 두 가지로 볼 수가 있다. 교법설(教法說)은 위와 같으며, 교화심(教化心)으로 보면, 다음과 같다. [선남자여! 만약, 중생을 교화(教化)하면, 교화(教化)한다는 마음이 일어남이 없어야 하며, 교화(教化)함이 없다는 마음도 일어나지 않아야, 그것이 무엇보다 큰 교화(教化)이니라.] 교법설(教法說)은 중생이 무생상(無生相)에도 머묾이 없는 일미진실(一味眞實) 무생(無生) 성품에 들도록 해야 한다는 가르침이다. 교화심(教化心)은 보살지혜인 무생심(無生心)으로 교화(教化)해야 함을 일컬음이다. 그러나 이어지는 다름 구절을 보면, 교법설(教法說)이 합당하다.

○ **25.** 일체(一切) 마음과 나는, 본래(本來) 공적(空寂)하다.
令彼衆生 皆離心我 一切心我 本來空寂
영피중생 개리심아 일체심아 본래공적

저 중생으로 하여금, 모든 마음[受想行識]과 나[自我와 四大身]를 벗어나게 해야 하느니라. 일체(一切)의 마음과 나는, 본래 공적(空寂)하니라.

♣ 중생을 무생(無生)으로 교화(教化)하여, 저 중생으로 하여금, 모든 헤아림의 식심(識心)인 수상행식(受想行識)과 4대(四大)의 몸을, 나로 알고 있음을 벗어나게 해야 하느니라. 모든 식(識)의 마음과 4대(四大)의

몸인 나는, 본래 실체(實體)가 없고, 아(我)가 없어 공적(空寂)하니라.

● **일체심아(一切心我):** 일체심(一切心)과 일체아(一切我)이니, 곧, 색수상행식(色受想行識)의 일체심(一切心), 일체아(一切我)이다. 이는 심아(心我)와 색아(色我)이니, 심아(心我)는 일체분별(一切分別)의 자아(自我)이며, 색아(色我)는 지수화풍의 4대신(四大身)인 색성향미촉(色聲香味觸)의 감각체(感覺體)인 몸이다. 일체심아(一切心我)의 실체(實體)가 자성(自性)이 없어 무생(無生)이며, 적멸(寂滅)임을 말씀하심이다.

● **본래공적(本來空寂):** 일체심아(一切心我)가 본래 공(空)하여 적멸(寂滅)임을 말한다. 공(空)은 실체가 없음을 말하며, 적멸(寂滅)은 생멸이 없음을 말한다. 실체(實體)가 없음은, 만유(萬有)가 머묾이 없어, 실체 없는 성품이기 때문이다. 만유(萬有)가 실체 없는 것에는, 그 성품이 본래 머묾이 없는 결정(結定)의 성품이기 때문이며, 상(相) 또한 그 본성을 따라 머묾이 없기 때문이다. 공(空)을 따라 일어난 그 모습이 곧, 실체 없는 공(空)한 모습이다. 일체심아(一切心我)가 공(空)한 것임을 보는 것이, 상(相)의 성품을 보는 자성(自性)의 지혜이다. 자성(自性)을 관(觀)하여, 상(相)이 공(空)함을 깨달으면, 상(相) 그 자체가 곧, 생멸이 끊어진 적멸성(寂滅性)임을 깨닫게 된다. 적멸성을 깨달으면, 상(空)이 상(空)이 아닌 무자성(無自性)임을 봄으로, 상공(相空)의 지혜에 들게 된다. 그러면, 일체심아(一切心我)의 공(空)함을 깨달아, 일체심아(一切心我)의 상념(想念)을 벗어나게 된다. 그곳에서 자신의 본성(本性)을 깨달아, 상(相)의 일체상념(一切想念)이 소멸하여 무아(無我)의 성품에 듦으로, 색수상행식의 마음과 자타(自他) 4상심(四相心)이 소멸하여, 깨달음의 지혜를 얻게 된다. 깨달음의 지혜는, 일체심아(一切心我)가 공적(空寂)한 지혜에 듦이다. 깨달음의 지혜로, 대 우주와 둘이 아닌 본성에 들게 된다. 이 세계가 불이(不二)의 세계이다. 불이(不二)의 세계는, 일체심아(一切心我)가 공적한 깨달음 각성(覺性)의 세계이다. 곧, 무생(無生) 결정성(結定性)의 세계이다.

○ **26.** 식심(識心)이 공(空)하면, 본심(本心)은 환화(幻化)가 아니다.

若得空心 心不幻化
약 득 공 심 심 불 환 화

만약, 마음[識心:受想行識]이 공(空)함을 얻으면, 마음[本心]은 환화[幻化: 識心]가 아니니라.

♣ 만약, 식심(識心)인 수상행식(受想行識)이, 실체 없는 공(空)임을 깨달으면, 식심(識心)이 아닌 곧, 본심(本心)을 깨달으리니, 본심(本心)은, 생멸하는 식심(識心)이 아니므로, 환화(幻化)가 아니니라.

● 앞의 마음은, 분별심인 수상행식의 마음이다. 분별심은, 잠시도 머물러 있지 않으므로, 방금 생겨 났어도, 머묾이 없어 금세 사라져, 찰나의 전(前)과 후(後)가 존재하지 않는, 환(幻)과 같은 생멸(生滅)의 환심(幻心)이다. 그 분별심이 있을 때는, 자신의 본심(本心)은 알 수가 없다. 왜냐면, 분별심에 가려, 본심(本心)이 드러나지 않기 때문이다. 분별심이 사라지면, 분별에 가린 본심(本心)이 드러난다. 이것은, 분별심인 자아(自我)가 사라지는 깨달음을 통해, 본심(本心)을 깨닫게 된다. 분별심이 사라지기 전에는, 본심(本心)을 알 수가 없다. 본심(本心)을 깨달음이 분별심이 사라짐이며, 분별심이 사라짐이 본심(本心)을 깨달음이다. 본심(本心)을 깨닫기 전에는, 환심(幻心)인 수상행식과 자타(自他) 분별의 4상심(四相心) 속에 머무르게 된다. 왜냐면, 자아(自我)는, 상(相)을 분별하는 분별의식(分別意識)이며, 의식(意識)은, 상(相)을 분별하는 생멸심(生滅心)이기 때문이다. 위의 구절은, 분별심이 공(空)함을 깨달아 끊어지면 본심(本心)을 깨달으며, 깨달은 본심(本心)은 생멸하는 분별심이 아니므로, 환(幻)과 같이 생멸하는 마음이 아님을 말씀하신다. 그러므로, 생멸하는 분별의 환심(幻心)을, 허망한 마음이라고 한다. 분별심이 공(空)함을 깨달아, 환심(幻心)이 끊어지면 본심(本心)이 드러난다. 본심(本心)은, 분별의식(分別意識)인 자아(自我)가 끊어져, 내가 없다. 왜냐면, 본심(本心)은, 일체 차별을 벗어난 무생심(無生心)이

기 때문이다. 이 본심(本心)은, 육체 안에 있는 것이 아닌 곧, 시방 우주와 불이(不二)인 마음이다. 육체와 환심(幻心)인 분별심은 생멸의 존재이나, 본심(本心)은 생멸하는 심식상(心識相)이 아니므로, 생사와 생멸이 없어, 생사와 생멸에 물듦 없고, 어떤 무엇에도 걸림 없고 변함 없는, 항상하는 마음이다. 이 마음을 진여심(眞如心)이라고 한다. 왜냐면, 무엇에도 물들거나 변함이 없는 마음이기 때문이다. 이 마음을 깨달으려면, 일체심아(一切心我)가 공(空)한 지혜를 얻어야 한다. 왜냐면, 분별하고 생각하는 이 환심(幻心)이 나이며, 내 마음이라는 생각에, 본심(本心)이 가려져 있기 때문이다. 진여(眞如)인 본심(本心)을 깨달으면, 이 육체와 마음작용의 자아(自我)가 곧, 나 아님을 깨닫게 된다. 본심(本心)을 깨닫기 전에는, 생사(生死)와 생멸(生滅)에 걸림 없는, 자기의 본심(本心)을 알 수가 없다. 그러므로, 생사생멸하는 분별의 환심(幻心)을 자기로 알고 집착하며, 본심(本心)을 잃은 분별의 환심(幻心)이 중생심(衆生心)이다. 중생심은, 일체 경계를 분별하고 헤아리며, 생각하는 생멸심이다. 본심(本心)은 진여심(眞如心)이라 분별이 없다. 무엇에도 때묻거나 물듦이 없어 항상 청정하다. 그 마음의 삶이 자기 본심(本心)을 깨달은, 깨달음의 삶이다. 깨달음의 삶은, 일체 분별이 끊어져, 일체에 물듦 없는 청정한 진여(眞如)의 삶이다.

◯ **27.** 생멸(生滅)이 끊어지면 환(幻)이 사라져, 무생(無生)을 얻는다.

無幻無化 即[大:續1,2: 卽]**得無生**
무 환 무 화 즉 [대:속1,2: 즉] 득 무 생

환[幻:色受想行識]**이 없어, 생멸(生滅)의 변화도 끊어지면 곧, 무생**[無生:本心]**을 얻느니라.**

♣ 마음이 공(空)함을 얻어, 일체상(一切相) 일체환(一切幻)의 분별심(分別心)인 색수상행식 5음(五陰)이 없어, 마음의 생멸 변화도 끊어지면 곧, 무생(無生)의 본심(本心)을 얻느니라.

□ 고(高), 논(論) 경(經)에 즉(即)이, 대(大), 속1,2(續1,2) 경(經)에는 즉(即)으로 되어 있다.

● **무환무화(無幻無化):** 생멸(生滅)하는 색성향미촉법과 수상행식의 환(幻)도 없고, 마음의 생멸(生滅) 변화도 없다. 생멸심(生滅心)으로는 변화를 멈출 수가 없다. 왜냐면, 생멸심(生滅心) 자체가 변화하는 마음이기 때문이다. 환(幻)도 없고 변화도 없는 것은, 무엇에도 물듦 없는, 진여(眞如)의 본심(本心)이다. 진여(眞如)의 본심(本心)에는, 생멸(生滅)과 생사(生死)와 일체 변화가 끊어진, 우주(宇宙)의 근본 성품과 하나인, 시종(始終) 없는 영원한 마음으로, 그 마음은 생겨난 마음이 아니며, 태어나기 그 전부터, 우주와 함께 항상 했던 본래의 마음이다. 그러므로 본심(本心)을 깨달으면, 이 우주와 하나인 마음의 성품에 들게 되며, 생사(生死)와 생멸(生滅)이 없는, 본래 본심(本心)을 깨닫게 된다.

● **즉득무생(即得無生):** 곧, 무생(無生)을 얻는다. 상(相)과 분별심이 끊어져, 진여(眞如)인 본심(本心)을 깨달으면, 생(生)이 없는 자기 본래의 본심(本心)을 얻는다는 뜻이다. 무생(無生)이란, 생사(生死)와 생멸(生滅)이 없는 본심(本心)을 말함이다. 이 무생(無生) 본심(本心)을 얻으면, 삼라만상 만물이 생멸 없는 성품도 더불어 깨닫게 된다. 왜냐면, 본심(本心)과 이 우주의 근원이 다름없기 때문이다. 그러므로 무생(無生)을 얻으면, 일체 존재의 무생(無生) 성품을 깨닫게 된다. 이 세계는 자아(自我)가 끊어진 세계이다. 자아(自我)는, 생멸 속에 존재하는 분별의식(分別意識)인 환심(幻心)이기에, 자아(自我)가 있으면, 진여(眞如)인 본심(本心)을 알 수가 없고, 생멸이 끊어진, 무생(無生)이라는 말을 이해할 수가 없다. 왜냐면, 무생(無生)이 아닌 생멸의 흐름 속에 있기 때문에, 보고 들음의 일체가 곧, 생멸하는 것뿐이기 때문이다. 그러나 생멸의 환심(幻心)이 끊어지면, 생멸 없는 진여(眞如)의 세계에 들게 된다.

◯ **28.** 무생(無生) 본심(本心)은, 생멸이 끊어진 성품으로 존재한다.

無生之心 在於無化
무 생 지 심 재 어 무 화

무생(無生)의 마음은, 생멸의 변화가 끊어진 성품으로 존재하느니라.

♣ 생멸 없는 무생(無生)의 마음은, 생멸의 변화가 끊어진 성품이므로, 생멸상(生滅相)인 색수상행식(色受想行識)과 생사(生死)인 윤회(輪廻)와 관계 없이, 항상 존재하느니라.

● **무생지심(無生之心):** 생(生)이 없는 마음이다. 생(生)이 없는 마음은 곧, 진여(眞如)인 본심(本心)을 일컬음이다. 이 진여심(眞如心)에 들기 전에는, 생멸심(生滅心)만 알기에, 생각을 일으켜야만 마음이 있고, 또한, 마음작용을 할 수가 있다. 그것은, 환심(幻心)인 생멸(生滅)의 마음에 의지한 분별심이다. 진여(眞如)는, 환심(幻心)처럼 생각을 일으켜야 있는 것이 아니다. 본래 일으킴이 없는 마음이므로, 무생심(無生心)이라고 한다. 생사(生死)와 생멸(生滅)에 물듦이 없으므로, 본심(本心)을 깨달으면, 생각을 일으키지 않은 그 마음 그대로를 쓰게 된다. 이 말은, 생멸심(無生心)으로는 이해할 수가 없다. 왜냐면, 분별심은 생각을 일으켜야만 마음작용이 이루어지기 때문이다. 그러므로 상심(相心)의 분별세계는, 환(幻)과 같은 찰나의 생멸세계라고 한다. 진여(眞如)의 세계는, 일체 생멸이 끊어진 세계이다. 깨달으면, 바로 생멸 없는 진여(眞如)의 마음을 쓰게 된다. 이것이 진여심(眞如心)이다.

● **재어무화(在於無化):** 생멸의 변화가 끊어진 성품으로 존재한다. 는 뜻이다. 성품이란, 작용하는 일체가 성품이며, 보고 듣고 말하는 일체가 성품이다. 일체행(一切行) 그 본체(本體)가 곧, 진여(眞如)이다. 진여(眞如)는 분별하는 환심(幻心)에 가려져 보지 못하므로, 생멸하는 생각이 일어났다 사라지는 분별의 의식을 자기로 알게 되고, 진여(眞如)를 잃은 분별의 삶을 자기의 삶으로 착각하게 된다. 그것이 생멸에 의지한 분별심의 세계이다.

일체 생멸이 끊어지면, 생멸의 변화가 끊어진 성품을 깨닫는다. 그러나 진여(眞如)를 깨닫지 못하면, 진여(眞如)가 있다는 사실도 모르고, 생사와 생멸에 의지한 삶에 얽매여, 그런 세계가 있다는 사실을 알기는 고사하고, 믿으려고도 하지를 않는다. 왜냐면, 모든 생각과 사유(思惟)의 바탕이, 색성향미촉법 생멸의 환심(幻心) 속에서 이루어지기 때문이다. 그것을 벗어남이 해탈이다. 해탈은 자기가 자기 마음을 알지 못하는 미혹이 끊어짐이다. 그 미혹을 벗어나면, 바로 무생심(無生心)인 진여(眞如)의 세계에 들게 된다. 재어무화(在於無化)라는 뜻이, 생멸과 변화가 끊어진 항상한 성품이 있음을 일컬음이다. 이 세계가 무생진여(無生眞如)의 세계이다.

○ **29.** 공적한 마음으로, 어떻게 닦아, 공(空)한 본심을 얻사옵니까?

解脫菩薩 而白佛言 尊者 衆生之心 性本空寂 空寂之心
해 탈 보 살　이 백 불 언　존 자　중 생 지 심　성 본 공 적　공 적 지 심
體無色相 云何修習 得本空心 願佛慈悲 爲我宣說
체 무 색 상　운 하 수 습　득 본 공 심　원 불 자 비　위 아 선 설

해탈보살이 부처님께 말씀 사뢰옵기를, 세존이시여! 중생의 마음 성품이 본래 공적(空寂)하다면, 공적(空寂)한 마음은 색[色聲香味觸]도 상[受想行識]도 없는 체(體)이오니, 어떻게 닦고 익혀야, 본래 공(空)한 마음[本心]을 얻을 수 있사옵니까? 오직, 간곡히 원하오니, 부처님의 자비로움으로 저희를 위하사, 그 길을 베풀어 설하여 주시옵소서.

♣ 해탈보살이 부처님께 사뢰옵기를, 세존이시여! 중생의 마음, 그 성품이 본래 생멸도 없고 분별도 없어 본래 공적(空寂)하여, 여러 분별의 생각과 자아(自我)가 끊어진 적멸한 마음이오면, 색성향미촉의 색(色)도 없고, 보고, 듣고, 생각하는 수상행식의 마음도 없는 그 자체이오며 그 실체(實體)이오니, 자아(自我)도 없고, 생각도 없는 그것으로 어떻게 수행하여 닦고 익히며, 어떻게 본래의 공(空)한 마음인, 본심(本心)을 얻을 수 있사옵니까? 자아(自我) 없는 그 마음을 씀이, 저희들은

도저히 이해할 수도 없고, 행할 수도 없고, 상상도 할 수 없는 일이오니, 행하고자 뜻을 가져도 어떻게 해야 할 바를 모르는 저희들을 위해, 이해하고 행할 수 있도록 오직, 간곡히 원하오니, 부처님의 자비로움으로 저희들을 위해, 그 길을 베풀어 설하여 주시옵소서.

○30. 마음은 본래 근본(根本)이 없어, 공적(空寂)하여 무생(無生)이다.

佛言 菩薩 一切心相 本來無本 本無本處 空寂無生
불언 보살 일체심상 본래무본 본무본처 공적무생

부처님께옵서 말씀하옵기를, 보살이여! 일체 마음[受想行識]의 모습은 본래 근본이 없고, 본래 본처(本處)가 없어 공적(空寂)하여 무생(無生)이니라.

♣ 부처님께옵서 말씀하옵기를, 보살이여! 일체 식심(識心)의 마음인, 사물(事物)을 받아들이고, 보고 듣는 일체 작용인 수상행식(受想行識)은, 본래 그 근본이 없고, 본래 그 본처(本處)도 없으며, 실체(實體)가 없어 공(空)하여 자성(自性)이 없으므로, 생멸 또한 없어 적멸(寂滅)이니, 본래 생(生)함이 없는 무생(無生)의 성품이니라.

● **본래무본(本來無本):** 일체 모든 분별의 마음이 본래 근본이 없다. 일체 모든 마음[識心]이 근본이 없음은, 마음이 일어나도 일어난 근본 뿌리가 없고, 그 분별심 자체가 실체가 없기 때문이다. 또한, 일어난 그 환(幻)과 같은 상념(想念) 또한, 멈추거나 머물러 있는 실체도 아니며, 보이고 만져지는 상(相)도 아니며, 찰나에 일어나 머묾 없이 금세 사라지니, 찰나 전에는 존재한 것도 아니며, 또한 방금 일어난 것 같아도, 사라져 형체도 느낄 수 없고, 찰나 중에도 존재하지 않으니, 뿌리도, 일어난 모습도, 실체도 없는 허망한 환(幻)일 뿐이다. 그러므로 일체 마음이 본래 그 자체가, 허공의 아지랑이와 같이, 그 성품이 뿌리도, 실체도, 모습도, 근본도 없는 것이다. 그러므로 환(幻)이라고 한다.

● **본무본처(本無本處):** 일체 분별의 마음은, 근본(根本)이 없어 본

처(本處)가 없다. 일체 분별의 마음은 본래 머무른 곳이 없으니, 허공에 있다가 몸으로 들어온 것도 아니고, 몸 안에 있다가 나온 것도 아니며, 동쪽에 있는 것도 아니고 서쪽에 있는 것도 아니며, 마음속에 있다가 나타난 것도 아니므로, 일체 분별의 마음은, 본래 그 본처(本處)가 없다. 그 또한 머무른 처소(處所)가 없음이니 단지, 허공(虛空)의 아지랑이와 같아서, 환(幻)과 같이 금세 일어난 것 같으나, 실체가 없어 금세 사라져 없는 환(幻)과 같아, 일체 식심(識心)은, 그 근본(根本)도, 처소(處所)도, 머묾도 없다.

● **공적무생(空寂無生):** 일체 분별의 마음은, 공(空)하여 적멸하므로, 무생(無生)이다. 일어난 것 같아도 곧, 사라져, 머묾도 실체도 없고, 머묾이 없으니 모습의 실체도 없어 공(空)하며, 멸(滅)한 것 같아도 실체 없는 사라짐이라, 환(幻)과 같이 허망할 뿐이다. 그러므로, 그 성품이 일어나고 멸(滅)하는 것 같아도, 그 성품이 일어난 실체가 없어 생(生)이 생(生)도 아니며, 일어난 것 같아도 실체가 없어 생(生)이 아니니 멸(滅)도 아니므로, 그 성품이 생(生)과 멸(滅)이 끊어진 환(幻)이며 적멸성(寂滅性)이다. 본래 어디에서 온 본처(本處)도 없고, 본래 일어남의 실체도 없는 상념(想念)의 환(幻)일 뿐이다. 이것은 논리가 아니라, 깨달음으로 진여(眞如)에 들게 되면, 뿌리 없는 성품에 각력(覺力)이 증입하여, 일체상이 공(空)한 적멸성(寂滅性)의 실체를 실증(實證)하게 된다. 그러므로, 일체가 무상(無相)이며, 무아(無我)임을 확연히 체달(體達)하게 된다. 이는 곧, 무상(無相)과 무아(無我)의 깨달음 지혜에 듦이다. 상념(想念)의 세계에서 생각하는 것과 깨달아 무상(無相)과 무아(無我)의 실체에 든 실증(實證)의 차원이 다르다. 상(相)의 분별심인 상념(想念)은, 유무(有無)의 상(相)을 벗어나지 못하므로, 아무리 추측하고 헤아려도, 상(相) 없음을 알 수가 없다. 왜냐면, 상(相)인 유무(有無)의 분별심이 끊어진 성품이기 때문이다. 유무(有無)의 분별심은, 유무(有無) 밖에는 헤아려 알 수가 없다.

그 분별심이 끊어지면, 상(相)이 그대로 상(相)이 아님을 깨달아, 파괴됨이 없는 성품, 무염(無染) 청정한 진여(眞如)에 들게 된다. 그러면, 생사(生死)와 생멸(生滅) 없는 본심(本心)을 깨달아, 나의 몸과 나의 자아(自我)가 나 아님을 깨닫게 되므로, 진여(眞如)의 본심(本心)을 따라, 생사(生死) 없는 청정한 성품의 삶을 살게 된다. 이 진여(眞如)의 마음에는 나도 없고, 남도 없는 불이(不二)의 마음이다. 일체 분별을 초월한 불이(不二)의 본심(本心), 진여(眞如)의 세계이다. 진여(眞如)의 본심(本心)에 들기 전에는, 분별심을 자기의 마음으로 알고 있는, 그 상심(相心)을 벗어날 수가 없다. 그것이 생사(生死)의 마음이며, 생멸(生滅)의 마음이며, 자타(自他)를 분별하는 4상심(四相心)의 분별심(分別心)이다.

◯ **31.** 마음이 생(生)함이 끊어지면, 공(空)한 마음을 얻는다.

若心無生 即[大:續1,2: 卽] **入空寂 空寂心地**
약 심 무 생 즉 [대:속1,2: 즉] 입 공 적 공 적 심 지
即[大:續1,2: 卽] **得心空**
즉 [대:속1,2: 즉] 득 심 공

만약, 마음[受想行識]이 생(生)함이 끊어지면 곧, 공적(空寂)함에 듦이니, 이 공적(空寂)한 마음 성품[本地]이 곧, 공(空)한 마음[本心]을 얻음이니라.

♣ 만약, 수상행식(受想行識)의 마음이 생(生)함이 끊어지면, 일체 색성향미촉법의 색계(色界)와 수상행식의 분별심이 끊어진 공적(空寂)한 성품에 듦이니, 이 공적한 마음 성품이 곧, 모든 분별심에 물듦 없고, 생멸 없는 청정한, 본래의 마음을 얻음이니라. 이 성품은, 일체 상(相)과 시간과 세월의 흐름을 초월한 불가사의 마음이며, 무엇에도 물듦 없는 청정한 공(空)한 성품으로, 삼라만상 시방 우주와 둘이 아닌, 생사(生死)를 벗어난 본심(本心), 진여(眞如)의 마음이니라.

□ 고(高), 논(論) 경(經)에 즉(即)이, 대(大), 속1,2(續1,2) 경(經)에는 즉(卽)으로 되어 있다.

○ **32.** 상(相) 없는 마음은, 마음도 나도 없고, 법상(法相)도 이와 같다.

善男子 無相之心 無心無我 一切法相 亦復如是
선 남 자 무 상 지 심 무 심 무 아 일 체 법 상 역 부 여 시

선남자여! 상(相) 없는 마음[本心]에는, 마음[受想行識]도 없고, 나[自我와 四大身]도 없느니라. 일체 법상(法相)이 또한, 역시 이와 같으니라.

♣ 선남자여! 상(相) 없는 마음 본심(本心)에는, 수상행식의 식심(識心)도 없고, 자아(自我)도 없고, 4대(四大) 육신(肉身)의 나도 없느니라. 그리고, 안으로 일어나는 일체 상념(想念)과 밖으로 생멸하는 만물만상(萬物萬相)도 또한, 이와 같이 공적(空寂)하므로, 내외(內外)의 일체상(一切相)이 끊어져, 적멸(寂滅)이니라.

● 본심(本心)은 무생심(無生心)이니 상(相)도 없으며, 자아(自我)도 없고, 색(色), 식(識), 심(心)의 일체상(一切相)이 적멸(寂滅)이다. 일체가 무생(無生)이며, 일체가 무생진여(無生眞如)이다. 자아의식(自我意識)이 끊어지면 들게 되는, 무생본심(無生本心)의 세계이다.

○ **33.** 나와 마음이 있는 자는, 어떤 법으로 깨닫게 하옵니까?

解脫菩薩 而白佛言 尊者 一切衆生 若有我者 若有心者
해 탈 보 살 이 백 불 언 존 자 일 체 중 생 약 유 아 자 약 유 심 자

以何法覺 令彼衆生 出離斯縛
이 하 법 각 영 피 중 생 출 리 사 박

해탈보살이 부처님께 말씀 사뢰오며 여쭈옵기를, 세존이시여! 일체중생이 만약, 내가 있다는 자나, 만약, 마음이 있다는 자는 어떤 법으로 깨닫게 하여, 저들 중생으로 하여금, 그 속박을 벗어나도록 해야 하옵니까?

♣ 해탈보살이 부처님께 말씀 사뢰오며 여쭈옵기를, 세존이시여! 일체중생이, 4대(四大:地水火風) 육신(肉身)을 나로 알고, 자타(自他)를 분별하며 내가 있다는 자나, 마음을 일으키는 자아(自我)가 있으므로 내가 있다고 하는 자나, 색수상행식으로 분별하는 그것이 자기이며,

자기의 마음으로 알고 있는 자는, 어떤 법으로 그 실상(實相)을 깨닫게 하여, 환(幻)을 집착해 사는 저 중생들로 하여금, 그 환(幻)의 속박에서 벗어나도록 해야 하옵니까?

◯ **34.** 내가 있는 자는, 12인연(十二因緣)을 관(觀)하도록 하라.

佛言 善男子 若有我者 令觀十二因緣
불언 선 남 자 약 유 아 자 영 관 십 이 인 연

부처님께옵서 말씀하옵기를, 선남자여! 만약, 내가 있다는 자는, 12인연(十二因緣)을 관(觀)하도록 하여라.

♣ 부처님께옵서 말씀하옵기를, 선남자여! 만약, 내가 있다는 자는, 상(相)을 집착하여 머무름이니, 4대(四大)의 몸과 자아(自我) 생성(生成)의 인연상(因緣相)인, 12인연법을 관(觀)하도록 하여라.

● 12인연법(十二因緣法)은, 3세인과(三世因果) 인연생기12인연법(因緣生起十二因緣法)이다.

● 12인연법을 관함에는, 인연관(因緣觀)과 자성관(自性觀)이 있다. 인연관(因緣觀)은, 순관(順觀)과 역관(逆觀)과 순역쌍관(順逆雙觀)이 있다. 순관(順觀)은, 무명(無明)으로부터 노사(老死)에 이르기까지, 그 인(因)과 연(緣)과 과(果)의 순(順)을 관하는 것이며, 역관(逆觀)은, 과(果)를 관하고, 과(果)를 생(生)하게 한 그 연(緣)을 관하며, 연(緣)이 일어난 그 인(因)을 관하는 것이다. 순역쌍관(順逆雙觀)은, 순(順)과 역(逆)을 쌍관(雙觀)함이다. 자성관(自性觀)은, 그 인연관(因緣觀)을 따라 생(生)하고 멸(滅)하는 그 성품의 실체(實體)를 관함이다.

◯ **35.** 인과(因果)로 일어난 마음도 없으니 어찌, 몸인들 있겠느냐?

十二因緣 本從因果 因果所起 興於心行 心尙不有 何況有身
십 이 인 연 본 종 인 과 인 과 소 기 흥 어 심 행 심 상 불 유 하 황 유 신

12인연은, 본래 인과(因果)를 좇음이니, 인과(因果)로 일어난바, 마음 [心:十二因緣心]의 작용이 치성하여도, 마음[受想行識]도 오히려 있지 않음이니, 어찌 하물며 몸이 있겠느냐?

♣ 12인연은, 본래 인과(因果)를 좇아 일어남이니, 일체 경계와 분별과 집착이 치성하여도, 인과(因果)로 일어난바 12인연에 의한 마음이니, 12인연의 마음도 오히려 있지 않음인데, 어찌 하물며, 수상행식의 분별심(分別心)으로 일으킨, 4대(四大)의 몸이 있겠느냐?

● 위의 구절(句節)은, 실공(實空)에 들지 않으면 알 수 없는 경계의 말씀이다. 12인연(十二因緣)의 인연관(因緣觀)이나 자성관(自性觀)을 통해, 이 지혜에 들 수가 있다. 12인연관은, 12인연을 순(順)으로 관하며 역(逆)으로 관하며, 순(順)과 역(逆)을 쌍(雙)으로 관하며, 12인연관으로 깊은 관행에 듦으로, 비로소, 나의 실체가 없음을 깨닫게 된다. 또한 자성관(自性觀)은, 상(相)의 자성(自性)을 밀밀히 관(觀)함으로, 12인연이 끊어져, 일체상이 공(空)한 성품에 들 수가 있다.

■ 12인연법(十二因緣法)

① 무명(無明): 마음 본성의 밝음을 잃음이다.
② 행(行): 밝음을 잃은 마음이 경계에 동(動)함이다.
③ 식(識): 경계에 머묾의 의식이 생성됨이다.
④ 명색(名色): 식(識)이 색성(色性)과 결합함이다.
⑤ 6처(六處): 눈귀코혀몸과 의식(意識)이 갖추어짐이다.
⑥ 촉(觸): 6근(六根)이 색성향미촉법(色聲香味觸法)에 닿음이다.
⑦ 수(受): 6근(六根)으로 촉(觸)의 감각을 받아 들임이다.
⑧ 애(愛): 감각을 따라 좋아함을 일으킴이다.
⑨ 취(取): 좋은 것을 취하고 싫은 것을 멀리함이다.
⑩ 유(有): 취사(取捨)로 인하여 업(業)이 생성됨이다.

⑪ 생(生): 업(業)에 의한 취사(取捨)의 삶이 이루어짐이다.

⑫ 노사(老死): 업(業)의 인과(因果)로 늙음과 죽음이 있음이다.

● **명색(名色):** 명(名)은, 몸을 이루는 물질과 결합(結合)한 심식(心識)이다. 입태(入胎)하여 아직, 6근식(六根識)을 이루지 못한 상태이므로, 무엇이라 이름할 수가 없어, 단지, 명(名)이라 함이다. 색(色)은, 6근(六根)을 이루는 색(色)의 물질이다. 아직, 태(胎) 안에서, 완전한 6근(六根)을 갖추지 못했으므로, 6근(六根)을 이룰 물질인 색(色)이라 이름한다. 명색(名色)은, 태(胎)에서 6근식(六根識)을 이룰 식(識)과 6근(六根)을 이룰 물질이 결합해 있는 상태이다.

● **12인연(十二因緣)의 순관(順觀)**

① 무명(無明)의 연(緣)으로 행(行)이 이루어짐을 관한다.

② 행(行)의 연(緣)으로 식(識)이 이루어짐을 관한다.

③ 식(識)의 연(緣)으로 명색(名色)이 이루어짐을 관한다.

④ 명색(名色)의 연(緣)으로 6처(六處)가 이루어짐을 관한다.

⑤ 6처(六處)의 연(緣)으로 촉(觸)이 이루어짐을 관한다.

⑥ 촉(觸)의 연(緣)으로 수(受)가 이루어짐을 관한다.

⑦ 수(受)의 연(緣)으로 애(愛)가 이루어짐을 관한다.

⑧ 애(愛)의 연(緣)으로 취(取)가 이루어짐을 관한다.

⑨ 취(取)의 연(緣)으로 유(有)의 업(業)이 이루어짐을 관한다.

⑩ 유(有)의 연(緣)으로 생(生)이 이루어짐을 관한다.

⑪ 생(生)의 연(緣)으로 노사(老死)가 이루어짐을 관한다.

⑫ 노사(老死)가 있어 다음 윤회(輪廻)가 있음을 관한다.

● **12인연(十二因緣)의 역관(逆觀)**

① 노사(老死) 있음이 생(生)에 의함임을 관한다.

② 생(生) 있음이 유(有)의 업(業)에 의함임을 관한다.

③ 유(有) 있음이 취(取)에 의함임을 관한다.

④ 취(取) 있음이 애(愛)에 의함임을 관한다.

⑤ 애(愛) 있음이 수(受)에 의함임을 관한다.

⑥ 수(受) 있음이 촉(觸)에 의함임을 관한다.

⑦ 촉(觸) 있음이 6처(六處)에 의함임을 관한다.

⑧ 6처(六處) 있음이 명색(名色)에 의함임을 관한다.

⑨ 명색(名色) 있음이 식(識)에 의함임을 관한다.

⑩ 식(識) 있음이 행(行)에 의함임을 관한다.

⑪ 행(行) 있음이 무명(無明)에 의함임을 관한다.

⑫ 무명(無明) 있음이 본성의 밝음을 잃음에 의함임을 관한다.

● **12인연(十二因緣)의 멸순관(滅順觀)**

① 무명(無明) 없으면 행(行)이 없음을 관한다.

② 행(行) 없으면 식(識)이 없음을 관한다.

③ 식(識) 없으면 명색(名色)이 없음을 관한다.

④ 명색(名色) 없으면 6처(六處)가 없음을 관한다.

⑤ 6처(六處) 없으면 촉(觸)이 없음을 관한다.

⑥ 촉(觸) 없으면 수(受)가 없음을 관한다.

⑦ 수(受) 없으면 취(取)가 없음을 관한다.

⑧ 취(取) 없으면 애(愛)가 없음을 관한다.

⑨ 애(愛) 없으면 유(有)의 업(業)이 없음을 관한다.

⑩ 유(有) 업(業)이 없으면 생(生)이 없음을 관한다.

⑪ 생(生) 없으면 노사(老死)가 없음을 관한다.

⑫ 노사(老死) 없으면 윤회(輪廻)도 없음을 관한다.

● **12인연(十二因緣)의 역멸관(逆滅觀)**

① 노사(老死) 없음이 생(生)이 없음임을 관한다.

② 생(生) 없음이 유(有)의 업(業)이 없음임을 관한다.

③ 유(有) 없음이 취(取)가 없음임을 관한다.

④ 취(取) 없음이 애(愛)가 없음임을 관한다.

⑤ 애(愛) 없음이 수(受)가 없음임을 관한다.

⑥ 수(受) 없음이 촉(觸)이 없음임을 관한다.

⑦ 촉(觸) 없음이 6처(六處)가 없음임을 관한다.

⑧ 6처(六處) 없음이 명색(名色)이 없음임을 관한다.

⑨ 명색(名色) 없음이 식(識)이 없음임을 관한다.

⑩ 식(識) 없음이 행(行)이 없음임을 관한다.

⑪ 행(行) 없음이 무명(無明)이 없음임을 관한다.

⑫ 무명(無明) 없음이, 본성의 밝음을 잃지 않음임을 관한다.

● **12인연(十二因緣)과 제식(諸識)과의 관계**

① 무명(無明): 8식(八識)의 함장식(含藏識)이다.

② 행(行): 8식(八識)의 출입식(出入識)이다.

③ 식(識): 7식(七識) 자아의식(自我意識)이다.

④ 명색(名色): 7식(七識)이 색성(色性)과 결합함이다.

⑤ 6처(六處): 눈, 귀, 코, 혀, 몸, 뜻 6근식(六根識)이다.

⑥ 촉(觸): 6근식(六根識)이 대상(對相)인 경계에 닿음이다.

⑦ 수(受): 6근식(六根識)이 촉(觸)의 대경(對境)을 받아들임이다.

⑧ 애(愛): 7식(七識)이 수(受)를 분별하여 좋아함이다.

⑨ 취(取): 7식(七識)이 상(相)을 취사(取捨)함이다.

⑩ 유(有): 7식(七識)의 업(業)이 생성됨이다.

⑪ 생(生): 7식(七識)이 5, 6식 대경(對境)에 의지한 삶이다.

⑫ 노사(老死): 6근(六根) 4대(四大)의 몸이 늙고 병듦과 죽음이다.

● **12인연(十二因緣)과 제식(諸識)의 작용**

① 무명(無明): 본래(本來) 본성(本性)의 청정성(淸淨性)을 잃은, 그 처음을 알 수 없는 심(心)의 작용으로 생성(生成)되어, 없어지거나 사라지거나 파괴되거나 끊어지지 않고 3세유전(三世遺傳)으로 내려온, 중생

심(衆生心) 작용의 근본업식(根本業識)인, 8식(八識) 함장식(含藏識)이다.

② 행(行): 청정본성(淸淨本性)을 잃은 무명심(無明心)에 의해, 상(相)에 머무르는 업력(業力)의 무의식(無意識) 습관적(習慣的) 식(識)의 작용 행위로, 8식(八識) 능소(能所)의 출입식(出入識)이다. 모든 상(相)의 성품이 찰나(刹那)에도 머무름 없는 무자성(無自性) 공성(空性)의 흐름인 색성향미촉법(色聲香味觸法)의 환(幻)을, 업력(業力)에 젖은 무의식(無意識) 습관적(習慣的)으로 취(取)하거나, 유(有)의 상(相)임을 정(定)해 봄으로 일어나는, 업(業)이 습관화(習慣化)된 무의식(無意識) 업식(業識)의 작용인, 8식(八識) 능소(能所)의 출입식(出入識)이다.

③ 식(識): 모든 것을 인식(認識)하고 분별(分別)하며, 판단(判斷)하고 행위(行爲)하는 7식(七識)인, 분별주체(分別主體) 자아의식(自我意識)이다.

④ 명색(名色): 7식(七識)이, 색(色)으로 이루어진 물질(物質)과 결합(結合)하여, 식(識)과 색신(色身)이 하나가 됨이다.

⑤ 6처(六處): 식(識)과 색신(色身)이 결합(結合)하여, 하나로 이루어진 결합체(結合體)인 눈, 귀, 코, 혀, 몸, 뜻[意], 감각(感覺)의 6근(六根)과 6근(六根)에 의한 감각식(感覺識)인 6근식(六根識)이다.

⑥ 촉(觸): 6근식(六根識)이, 대(對)의 색성향미촉법(色聲香味觸法)에 닿음이다.

⑦ 수(受): 6근식(六根識)이, 대(對)의 색성향미촉법(色聲香味觸法)을 촉(觸)의 감응(感應)으로 받아들임이다.

⑧ 애(愛): 7식(七識)이, 색성향미촉법(色聲香味觸法)의 촉(觸)의 감응(感應)을 분별(分別)하여 좋아함과 싫어함이다.

⑨ 취(取): 7식(七識)이, 색성향미촉법(色聲香味觸法)의 촉(觸)의 감응(感應)을 분별(分別)하여 좋아함과 싫어함을 따라, 집착(執着)하여 취사(取捨)함이다.

⑩ 유(有): 7식(七識)이, 색성향미촉법(色聲香味觸法)의 촉(觸)의 감응(感應)을 분별(分別)하여 좋아함과 싫어함을 따라, 취사(取捨)의 집착(執着)으

로 탐착(貪着)의 업(業)에 얽매이며 고착(固着)되어, 분별(分別)의 마음으로 좋아함과 싫어함을 따라 마음으로 업(業)을 짓고, 분별(分別)함의 뜻을 따라 입으로 업(業)을 짓고, 취사(取捨) 분별(分別)함의 탐착(貪着)을 따라 몸의 행(行)으로 업(業)을 지음이 있음이다. 이는, 업(業)의 형성(形成)으로, 다음 어떤 결과(結果)를 생성하는 업(業)의 인(因)이 생김이다.

⑪ 생(生): 7식(七識)이 좋아함과 싫어함이 습관화(習慣化)되어, 취사(取捨)의 집착(執着)이 고착(固着)된, 탐착(貪着)에 의한 분별(分別)로, 취사(取捨)의 연속(連續)이 끊임 없는, 업(業)의 삶이다.

⑫ 노사(老死): 좋아함과 싫어함의 취사(取捨)에 고착(固着)된, 집착(執着)과 탐착(貪着)이 끊임 없는 업(業)의 삶 속에, 6근(六根)의 몸이 늙고 병듦과 죽음이다.

● 3세(三世) 윤회(輪廻)와 12인연(十二因緣)의 관계

① 무명(無明): 3세(三世) 윤회(輪廻)의 근본식(根本識)이다.

② 행(行): 이 몸을 받기 전, 무명식(無明識)의 작용이다.

③ 식(識): 이 몸을 받아 날 업식(業識)이 생성됨이다.

④ 명색(名色): 식(識)이 부모(父母)의 혈육(血肉)과 결합함이다.

⑤ 6처(六處): 6근식(六根識)을 갖추어 태어남이다.

⑥ 촉(觸): 6근식(六根識)으로 대경(對境)을 접함이다.

⑦ 수(受): 6근식(六根識)이 대경(對境)을 받아 들임이다.

⑧ 애(愛): 7식(七識)이 수(受)의 상(相)을 좋아함이다.

⑨ 취(取): 7식(七識)이 상(相)을 탐착하여 취사(取捨)함이다.

⑩ 유(有): 7식(七識)의 업(業)이 생성됨이다.

⑪ 생(生): 업(業)이 있어 다음 윤회의 생(生)에 들게 된다.

⑫ 노사(老死): 미래 생(生) 윤회(輪廻)의 생사(生死)를 거듭한다.

● 12인연(十二因緣)과 깨달음의 관계

상(相)을 타파하여, 상(相)이 공(空)한 깨달음으로 무위지혜(無爲智慧)

에 들면, 깨달음 각력(覺力)의 차별차원에 따라, 지혜성품이 열린 깊이의 차별차원이 있다. 각력(覺力)이 깊어지면, 8식(八識) 함장식(含藏識)인 근본 무명식(無明識)까지 자연히 깨닫게 되며, 깨달음의 각성력(覺性力)으로, 윤회의 근본 무명식(無明識)을 타파하여, 본성각명(本性覺明)인 불성(佛性)에 증입(證入)하게 된다.

① **무명(無明):** 깨달음이, 8식(八識) 함장식(含藏識)이 끊어진 성품에 들면, 8식(八識) 함장식(含藏識)이 12인연법의 무명(無明)이니, 12인연법의 무명(無明)도 끊어진 성품, 부동열반성(不動涅槃性)에 증입하게 된다. 이는 불승지(佛乘智)이며, 무위본성(無爲本性)의 지혜성품이다. 깨달음 각력(覺力)이 8식(八識) 함장식(含藏識)이 끊어진 성품에 들면, 무명(無明)의 동식(動識)일 때는 함장식(含藏識)이며, 12인연법의 무명(無明)이지만, 8식(八識) 함장식(含藏識)이 끊어지니, 함장식(含藏識)이 함장식(含藏識)이 아니며, 무명(無明)이 무명(無明)이 아닌, 그 성품이 본래 출입(出入)과 동(動)함이 없는 부동성품(不動性品)이므로, 그 성품이 전변(轉變)한 체성(體性)이 청정부동열반성(淸淨不動涅槃性)이다. 그러므로 불승(佛乘)은 함장식(含藏識)과 무명(無明)이 끊어진, 무명(無明) 자재(自在)인 청정부동열반성지(淸淨不動涅槃性智)에 들게 된다. 이 지혜성품이 불승지(佛乘智)인 부동열반성지(不動涅槃性智)이다. 무명(無明)이 끊어져도 불(佛)에 증입하지 못함은, 시각(始覺)의 공능이 아직, 본각(本覺)에 이르지 못해, 시각(始覺)과 본각(本覺)의 성품이 차별이 있어, 깨달음 무위각식(無爲覺識)이 끊어지지 않아, 무위부동열반각식(無爲不動涅槃覺識)의 작용이 이루어지고 있기 때문이다. 불승(佛乘)은 불각(佛覺)에 들기 전, 최종(最終) 무위구경(無爲究竟)의 열반지(涅槃智)이다. 이 열반부동성지(涅槃不動性智)를 타파하여 벗어나면, 무생결정성(無生結定性)인 불각(佛覺)을 성취한다. 불각(佛覺)에 들면, 제불(諸佛)의 성품, 여래(如來)의 결정성(結定性)이다.

② **행(行):** 깨달음이, 8식(八識) 출입식(出入識)이 타파되어 끊어지면,

12인연법의 행(行)이 타파되어 끊어지게 된다. 이는 일불승지(一佛乘智)이며, 원융각명보리(圓融覺明菩提)의 지혜성품이다. 8식(八識) 출입식(出入識)이 타파되어, 무명(無明)에 의한 출입식(出入識)이 끊어진 자재(自在)에 듦이, 일불승(一佛乘)인 대원경지(大圓鏡智)이다. 이 지혜는 원융무애(圓融無礙)한 무위구경각(無爲究竟覺)이며, 무위원융본각(無爲圓融本覺)의 성품이다.

③ **식(識):** 깨달음 각력(覺力)에, 7식(七識)인 자아의식(自我意識)이 타파되어 끊어지면, 12인연법의 식(識)이 타파되어 끊어지게 된다. 이는 일승지(一乘智)이며, 무위본심(無爲本心)의 지혜성품이다. 깨달음 각력(覺力)으로 7식(七識)이 타파되면, 7식(七識)이 끊어진 7식자재(七識自在)의 지혜성품, 일승(一乘)인 청정무염진여지(淸淨無染眞如智)에 들게 된다. 곧, 무자성(無自性) 환지(幻智)인 진여성(眞如性)이며, 무위본심(無爲本心)의 성품이다.

④ **명색(名色):** 깨달음 각력에, 6근(六根)에 의한 6식(六識)이 타파되어 끊어지면, 12인연법의 명색(名色)이 타파되어 끊어지게 된다. 이는 대승지(大乘智)이며, 무위공성(無爲空性)의 지혜성품이다. 깨달음 각력(覺力)으로 6식처(六識處)가 공(空)한 지혜성품, 색공자재(色空自在)인 대승(大乘)의 상공지혜(相空智慧), 일체색공청정지(一切色空淸淨智)에 들게 된다. 색상(色相)인 색성향미촉(色聲香味觸)의 체성(體性)인, 6식공(六識空)의 자재(自在)에 듦이다. 이는, 유무(有無)와 생멸(生滅)과 생사(生死)가 공(空)함을 깨달은, 대승(大乘)의 상공(相空)을 발(發)한 지혜이다. 색성향미촉(色聲香味觸)의 색상공(色相空)에 들면, 대경(對境)인 ⑤6처(六處) ⑥촉(觸) ⑦수(受) ⑧애(愛) ⑨취(取) ⑩유(有) ⑪생(生) ⑫노사(老死)가 실체가 없는 공(空)임을 깨닫는다. 색상공(色相空)은, 무위(無爲)의 초입(初入)이다. 이 경계에 들면 공(空)의 지혜를 얻음으로, 반야(般若)의 지혜를 얻음이다. 그러나, 상공(相空)의 반야(般若)를 초월하여, 더 깊은 실상반야(實相般若)에 들려면, 자신이 얻은 상공반야(相空般若)를 타파하여, 더 깊

은 지혜전변(智慧轉變)의 성품에 들어야 한다. 그 과정은 대승공(大乘空)을 타파하여, 일승(一乘)의 진여지(眞如智)에 들며, 또한, 일승(一乘)의 무염진여성(無染眞如性)을 타파하여, 일불승(一佛乘)의 보리각명지(菩提覺明智)에 들어야 한다. 또한, 일불승(一佛乘)인 대원경지(大圓鏡智)를 타파하여, 열반부동성지(涅槃不動性智)인 불승(佛乘)에 들어야 한다. 또한, 최종(最終) 승지(乘智)인 불승(佛乘)을 벗어나, 불각(佛覺)을 얻어야 한다. 불승(佛乘)을 벗어나는 것은, 시각(始覺)과 본각(本覺)이 둘 다 끊어져, 여래(如來)의 결정성(結定性)에 증입(證入)하기 때문이다.

○ **36.** 나 있는 자 유견(有見)을 멸하고, 나 없는 자 무견(無見)을 멸하라.

若有我者 令滅有見 若無我者 令滅無見
약 유 아 자 영 멸 유 견 약 무 아 자 영 멸 무 견

만약, 내가 있다는 자는, 유견[有見:있다는 견해]을 멸하게 하고, 만약, 내가 없다는 자는, 무견[無見:없다는 견해]을 멸해야 하느니라.

♣ 만약, 내가 있다는 자는, 있다는 견해(見解)인 유견(有見)으로 말미암이니, 있다는 상견(相見)인 유견(有見)을 멸(滅)하게 하여라. 만약, 내가 없다는 자는, 없다는 견해(見解)인 무견(無見)으로 말미암이니, 이 또한, 없다는 상견(相見)으로부터 비롯하므로, 상견(相見)인 무견(無見)을 멸(滅)해야 하느니라. 유견(有見)과 무견(無見)이, 둘 다 상(相)으로 말미암아 비롯한 상견(相見)이니, 이 둘의 상견(相見)을 멸해야, 유(有)와 무(無)의 두 견해(見解)를 벗어나니라.

● **유견(有見):** 있다는 견(見)이다.
● **무견(無見):** 없다는 견(見)이다.
● **상견(相見):** 상(相)의 견(見)이다. 유견(有見)도 무견(無見)도, 둘 다 상(相)으로 비롯함이니, 둘 다 곧, 상견(相見)이다.

○ **37.** 생(生)은 멸성(滅性)을 멸하고, 멸(滅)은 생성(生性)을 멸하게 하라.

若心生者 令滅滅性[續1,2: 令滅生性] **若心滅者**
약 심 생 자　영 멸 멸 성 [속1,2: 영멸생성] 약 심 멸 자

令滅生性[續1,2: 令滅滅性]
영 멸 생 성 [속1,2: 영멸멸성]

만약, 마음[受想行識]이 생(生)하는 자는, 멸(滅)의 성품을 멸(滅)하게 하여라. 만약, 마음(識心)이 멸(滅)하는 자는, 생(生)의 성품을 멸(滅)하게 하여라.

♣ 만약, 분별의 마음이 일어남을 보는 자는, 멸(滅)을 바탕하여 일어남을 봄이니, 생(生)의 바탕인 멸(滅)의 성품을 관(觀)하여, 멸(滅)의 성품이 끊어져 멸(滅)하게 하여라. 만약, 분별심이 멸(滅)함을 보는 자는, 생(生)을 바탕하여 멸(滅)함을 봄이니, 멸(滅)의 바탕인 생(生)의 성품을 관(觀)하여 생(生)이 끊어져 멸(滅)하게 하여라.

□ 고(高), 논(論), 대(大) 경(經)에 영멸멸성(令滅滅性)이, 속1,2(續1,2) 경(經)에는 영멸생성(令滅生性)으로 되어 있다.
□ 고(高), 논(論), 대(大) 경(經)에 영멸생성(令滅生性)이, 속1,2(續1,2) 경(經)에는 영멸멸성(令滅滅性)으로 되어 있다.

□ 속1,2경구(續1,2經句)
약심생자 영멸생성 약심멸자 영멸멸성(若心生者 令滅生性 若心滅者 令滅滅性): 만약, 마음이 일어나는 자는 생하는 성품을 멸하게 하라. 만약, 마음이 멸하는 자는 멸의 성품을 멸하게 하라.

● 고려장경구(高麗藏經句)와 속장경구(續藏經句)가 문구가 달라도, 그 성품의 이치는 다를 바 없다. 고려장경구에서는, 생자(生者)는, 멸성(滅性)을 관(觀)하여 생견(生見)을 벗어나게 하고, 멸자(滅者)는, 생성(生性)을 관(觀)하여 멸견(滅見)을 벗어나게 한다. 그러나, 속장경구에서는, 생자(生者)는, 생성(生性)을 관(觀)하여 생견(生見)을 벗어나게 하고, 멸자(滅者)는, 멸성(滅性)을 관(觀)하게 하여 멸견(滅見)을 벗어나

게 한다. 문구는 서로 달라도, 성품의 이치는 다른 것이 아니다. 왜냐면, 생관(生觀)을 하여 생(生)이 끊어지면, 더불어 멸(滅)도 끊어지기 때문이다. 또한, 멸관(滅觀)을 하여 멸(滅)이 끊어지면, 더불어 생(生)도 끊어진다. 왜냐면, 생(生)이 의지한 곳이 멸(滅)이며, 또한, 멸(滅)이 의지한 곳이 생(生)이기 때문이다. 그러므로, 생(生)이 끊어지든 멸(滅)이 끊어지든, 생(生)과 멸(滅)이 둘 다 끊어지게 된다.

● 위의 앞 요해구절 34, 35에서는 12인연(十二因緣)의 인과관(因果觀)으로 상(相)을 벗어나는 법을 설했으며, 이 36, 37구절에서는 상(相)의 자성(自性)을 관(觀)하여, 상(相)의 실상(實相)을 깨달음으로 생멸이 끊어지는, 자성관(自性觀)을 하도록 설하고 있다.

■ 생관(生觀)과 멸관(滅觀)

생(生)하는 성품을 관(觀)하여, 생(生)이 멸(滅)하는 생멸성관(生滅性觀)과 멸(滅)의 성품을 관하여, 멸(滅)이 멸(滅)하는 멸멸성관(滅滅性觀)인 두 관(觀)이, 생(生)과 멸(滅)의 성품을 관(觀)하는 자성관(自性觀)이다. 생(生)하는 성품을 관(觀)하여 생(生)이 끊어지면, 더불어 멸(滅)도 끊어진다. 또한, 멸(滅)하는 성품을 관(觀)하여 멸(滅)이 끊어지면, 더불어 생(生)도 끊어진다. 생(生)과 멸(滅)은, 서로 의존하여 존재하는 대(對)의 상견(相見)이므로, 생(生)과 멸(滅), 어느 것 하나만 끊어지면, 더불어 대(對)의 관계인 상념(想念)이 또한 끊어지게 된다. 그 까닭은 생(生)이든 멸(滅)이든, 서로 대(對)의 관계로 존재하기 때문이다. 그러므로, 생(生)을 관(觀)하여, 생(生)이 생(生)이 아닌 실상(實相)을 깨달으면, 바로 멸(滅)의 실상(實相)도 더불어 깨달아 멸(滅)도 끊어지며, 멸(滅)을 관(觀)하여, 멸(滅)이 멸(滅)이 아닌 실상(實相)을 깨달으면, 생(生)의 실상(實相)도 더불어 깨달아 생(生)의 성품도 끊어지게 된다. 왜냐면, 이 둘은 혼자 존재할 수가 없기 때문이다.

○**38.** 생멸이 멸한 성품을 보면, 생멸(生滅) 없는 실제(實際)에 든다.

滅是見性 即[大:續1,2: 即]**入實際**
멸 시 견 성 즉[대:속1,2: 즉] 입 실 제

[생(生)도 멸(滅)도] **멸(滅)한 이 성품을 보면 곧,** [생(生)과 멸(滅)이 끊어진 성품] **실제**[實際:實性]**에 드느니라.**

♣ 생(生)의 성품도 생(生)이 아니며, 멸(滅)의 성품도 멸(滅)이 아니므로, 생(生)과 멸(滅)이 끊어진 성품을 보면 곧, 생멸 없는 성품의 실제(實際) 실성(實性)에 들게 되느니라.

□ 고(高), 논(論) 경(經)에는 즉(即)이, 대(大), 속1,2(續1,2) 경(經)에는 즉(即)으로 되어 있다.

● **실제(實際):** 본성(本性)이다. 실제(實際)는, 생멸(生滅)이 끊어진 무생실체(無生實體)의 성품이다. 실(實)은 진(眞), 성(性), 본(本)을 일컬으며, 제(際)는 자(自), 상(相), 극(極)을 일컬음이다.

○**39.** 본래 생(生)도 멸(滅)도 아니니, 일체법(一切法)이 그러하니라.

何以故 本生不滅 本滅不生[論: 不滅不生] **不滅不生**
하 이 고 본 생 불 멸 본 멸 불 생 [논: 불멸불생] 불 멸 불 생

不生不滅 一切諸法[論:續1,2: 一切法相] **亦復如是**
불 생 불 멸 일 체 제 법 [논:속1,2: 일체법상] 역 부 여 시

무엇 때문이냐면, 본래 생(生)도 멸(滅)도 아니며, 본래 멸(滅)도 생(生)도 아니기 때문이니라. 멸(滅)이 아님은 생(生)이 아니기 때문이며, 생(生)이 아니므로 멸(滅)도 아니니라. 일체 모든 법(法)도 또한, 역시 이와 같으니라.

♣ 생멸이 끊어진 실제(實際)에 듦은 무엇 때문이냐면, 본래 성품이 실체(實體) 없는 무자성(無自性)이므로, 생겨남도 멸(滅)함도 아니며, 또한, 본래 멸(滅)함도 생겨남도 아니니라. 멸(滅)이 아님은 생(生)이 아니기 때문이며, 생(生)이 아니므로 멸(滅)도 아니니라. 일체 모든 법

의 모습 성품 또한, 역시 이와 같으니라.

□ 고(高), 대(大), 속1,2(續1,2) 경(經)에 본멸불생(本滅不生)이, 논(論) 경(經)에는 불멸불생(不滅不生)으로 되어 있다.

□ 고(高), 대(大) 경(經)에 일체제법(一切諸法)이, 논(論), 속1,2(續1,2) 경(經)에는 일체법상(一切法相)으로 되어 있다.

□ 논경구(論經句)

본생불멸 불멸불생(本生不滅 不滅不生): 본래 생도 멸도 아니므로, 멸도 아니며 생도 아니다.

● **본생불멸(本生不滅):** 본래 생도 멸도 아니다.
● **본멸불생(本滅不生):** 본래 멸도 생도 아니다.
● **불멸불생(不滅不生):** 멸이 아니니 생도 아니다.
● **불생불멸(不生不滅):** 생이 아니니 멸도 아니다.

● 위의 구절은, 유무(有無)의 생멸견(生滅見)으로는 도저히 이해할 수 없는 구절이다. 왜냐면, 자성(自性)을 보는 무자성(無自性)의 지혜가 없기 때문이다. 그러나 깨달음을 얻어, 자아의식(自我意識) 7식(七識)이 끊어지면 곧, 바로 이 무자성(無自性) 실상세계인 환지(幻智), 진여(眞如)의 세계에 들게 된다. 그러면, 내외(內外) 능소(能所)의 일체상이 뿌리 없는 무자성(無自性), 환(幻)의 세계에 증입한다. 이 세계가, 상(相)인 사(事)와 공성(空性)인 이(理)의 두 세계가 끊어져, 이사무애지(理事無礙智)에 든, 일승보살(一乘菩薩)의 지혜성품세계이다. 이 세계가, 무엇에도 물듦 없는 청정무염진여(淸淨無染眞如)의 환지법계(幻智法界)이다. 이 수행이 환지수행(幻智修行)인 삼마발제(三摩鉢提)의 수행이다. 삼마발제의 수행은 공(空)의 무자성(無自性) 환지(幻智)에 들어야만, 실제(實際)의 온몸, 온 세상, 일체행이 삼마발제(三摩鉢提) 환지수행(幻智修行)이 가능하다. 그러나, 무자성(無自性) 환지(幻智)를 얻지 못하였어도, 상(相)의 성품, 무자성(無自性)을 관(觀)하여, 상(相)의 무자성(無自性)을 깨달아 상(相)의 성품

이 공(空)한 지혜에는 들 수가 있다. 그러나, 7식(七識)이 끊어져, 자아(自我)가 소멸해 벗어나야, 실제(實際) 무자성(無自性) 환지(幻智)의 세계에 들어, 진여(眞如)가 무엇인지를 깨닫게 되며, 물듦 없는 청정(淸淨)이 무엇인지를 실증(實證)하게 된다. 그것이 진여지(眞如智)이며, 자아(自我)가 끊어져 무자성(無自性)에 든, 일승(一乘) 원지(圓智)의 지혜세계이다. 7식(七識)의 소멸로 자아(自我)가 끊어져 이 세계에 증입하면, 아주 맑고 밝으며, 상(相) 없어 투명한 물듦 없는, 거울 속과도 같다. 이것이 진여(眞如)의 성품에 든, 일승(一乘) 무자성(無自性) 지혜의 환지세계(幻智世界)이다. 시방(十方) 우주 일체 만물이 그 자체로, 시(時)와 상(相)이 전후(前後) 없어, 상(相)의 상속(相續)과 인과(因果)가 끊어져, 뿌리 없고 실체 없는 환(幻)이다. 그러므로 꽃이 피어도, 인(因)도 연(緣)도 끊어진 생멸 없는 적멸성(寂滅性)의 꽃이며, 만물만상이 또한 이와 같다. 생사생멸(生死生滅) 없는 일체상의 세계이다. 그것은 생멸과 유무(有無)의 견(見)으로는 상상(想像)도 할 수 없는 세계이다. 그러므로 일승(一乘)에 들면, 더러움과 깨끗함에도 물듦이 없는, 일체가 환(幻)인 묘법연화(妙法蓮華)의 무염법계(無染法界)에 증입한다. 이 환지세계(幻智世界)가 묘법연화경(妙法蓮華經)의 실제세계(實際世界)이다. 일체(一切)가 뿌리 없는 청정(淸淨) 환(幻)이다. 이것이, 일승(一乘)의 보살이 깨달음을 통해 든 지혜성품, 무염청정진여(無染淸淨眞如)의 묘법세계(妙法世界)이다.

◯ **40.** 생견(生見)은 어떻게 멸하며, 멸견(滅見)은 어떻게 멸하옵니까?

解脫菩薩 而白佛言 尊者 若有衆生 見法生時 令滅何見
해 탈 보 살 이 백 불 언 존 자 약 유 중 생 견 법 생 시 영 멸 하 견

見法滅時[論: 없음] **令滅何見**[論: 없음]
견 법 멸 시[논: 없음] 영 멸 하 견[논: 없음]

해탈보살이 부처님께 말씀 사뢰오며 여쭈옵기를, 세존이시여! 만약 중생이 있어, 법(法)이 생(生)함을 볼 시(時)에는 어떤 견해를 멸(滅)해야 하며, 법(法)이 멸(滅)함을 볼 시(時)에는 어떤 견해를 멸(滅)해야 하옵니까?

♣ 해탈보살이 부처님께 말씀 사뢰오며 여쭈옵기를, 세존이시여! 만약, 중생이, 색성향미촉법(色聲香味觸法)의 모든 현상이 생겨남을 볼 시에는, 어떤 견해를 멸(滅)해야 하며, 또한, 색성향미촉법(色聲香味觸法)의 모든 현상이 소멸함을 볼 시에는, 어떤 견해를 멸(滅)해야 하옵니까?

□ 고(高), 대(大), 속1,2(續1,2) 경(經)에 견법멸시 영멸하견(見法滅時 令滅何見)이, 논(論) 경(經)에는 없다.

● 위의 물음은 생견(生見)과 멸견(滅見)인 유무(有無)의 상견(相見)을 타파하는 물음이다.

○41. 생견은 무견(無見)을 멸하고, 멸견은 유견(有見)을 멸해야 한다.

佛言 菩薩 若有衆生 見法生時 令滅無見 見法滅時
불언 보살 약유중생 견법생시 영멸무견 견법멸시

令滅有見
영멸유견

부처님께옵서 말씀하옵기를, 보살이여! 만약, 중생이 있어, 법(法)이 생(生)함을 볼 시(時)에는 무견(無見)을 멸(滅)하게 하고, 법(法)이 멸(滅)함을 볼 시(時)에는 유견(有見)을 멸(滅)해야 하느니라.

♣ 부처님께옵서 말씀하옵기를, 보살이여! 만약, 중생이 있어, 색성향미촉법(色聲香味觸法)이 생(生)함을 볼 시에는, 상(相)의 무견(無見)으로부터 비롯함이니, 생(生)함을 보는 바탕인 무견(無見)을 멸(滅)하게 하고, 색성향미촉법(色聲香味觸法)이 멸(滅)함을 볼 시에는, 상(相)의 유견(有見)으로부터 비롯함이니, 멸(滅)함을 보는 바탕인 유견(有見)을 멸(滅)해야 하느니라.

○42. 유견(有見)과 무견(無見)이 멸하면, 결정성에 들어 무생(無生)이니라.

若滅是見 得法眞無[續1,2: 得法眞源無] **入決定性 決定無生**
약 멸 시 견 득 법 진 무 [속1,2: 득법진원무] 입 결 정 성 결 정 무 생 만약, 이 견[有無見]이 멸(滅)한, 법(法)의 진무(眞無)를 증득하여 결정성(結定性)에 들면, 결정(結定) 무생(無生)이니라.

♣ 만약, 생(生)과 멸(滅)의 두 모습, 유무(有無)를 보는 유견(有見)과 무견(無見)이 멸(滅)하면, 내외(內外) 일체상이 끊어진, 진성(眞性) 실공(實空)인 진무(眞無), 그 청정적멸(淸淨寂滅)의 결정성(結定性)에 들어, 파괴됨이 없는 결정무생(結定無生)이니라.

□ 고(高), 논(論), 대(大) 경(經)에 득법진무(得法眞無)가, 속1, 2(續1, 2) 경(經)에는 득법진원무(得法眞源無)로 되어 있다.

□ 속1, 2경구(續1, 2經句)

약멸시견 득법진원무(若滅是見 得法眞源無): 만약, 유무견(有無見)이 멸(滅)하면, 법의 진원(眞源)인 무(無)를 얻느니라. 여기에서 무(無)는 없음을 뜻함이 아니라, 진성(眞性) 실제(實際)를 드러냄이다. 곧, 결정성(結定性) 그 자체이다. 이 경(經)에서 설하는, 결정성이란 법어(法語) 실제(實際)를 깨닫거나 들려면, 무생결정성(無生結定性)인 불각(佛覺)에 들어야 한다. 결정성이 곧, 여래(如來)의 여(如)의 성품이다. 이 경(經)에서는 이 성품을, 결정(決定), 결정성(決定性), 금강(金剛), 금강지(金剛智), 여래장(如來藏), 여(如), 무생(無生), 실제(實際), 인(印), 의(義), 이(利) 등으로 표현하고 있다.

■ 유(有)와 무(無)

유(有)가 없는 것도 무(無)이며, 유(有)가 없는 무(無), 그것도 없어, 유(有)와 무(無)가 둘 다 없는 그것도 무(無)이며, 유무(有無)가 없는 그것 또한, 실체가 없어 무(無)이다. 유(有)가 없어 무(無)라고 하여도, 그 무(無)는, 유(有)를 바탕한 대(對)에 의한 상념(想念)이니, 유(有)와 다를 바 없는, 무(無)에 대한 견(見)이 있음이다.

유(有)를 벗어나도, 벗어났다는 그 생각이 또한 유(有)이니, 상(相)

을 벗어나 무(無)라고 생각하여도, 그 뿌리는 유(有)를 벗어나지 못한 상념(想念)이다. 유(有)의 상념(想念)을 벗어나려면, 유(有)가 없는 무(無)의 상념(想念)까지 벗어나야 한다. 유(有)와 무(無)를 벗어났어도, 벗어났다는 그 자체가 곧, 자아(自我)를 또한, 벗어나지 못했음이니, 또, 유무(有無)를 생성하며, 유무(有無)의 세계가 끊임없이 펼쳐진다. 모든 분별이 유무(有無)이니, 자아(自我)를 벗어나면, 분별이 끊어진, 자아(自我) 없는 세계에 들게 된다.

깨달음을 얻지 못하면, 깨달음을 얻지 못하였으므로, 깨달았다는 생각이 없다. 그러나 만약, 깨달으면, 깨달았으므로, 깨달았다는 생각과 깨달음을 얻은 그 깨달음의 상견(相見)을 갖게 된다. 이 또한, 자아(自我)가 끊어지지 않아, 깨달았다는 유(有)의 상념(想念)을 벗어나지 못해, 자아(自我)와 유무(有無)를 완전히 벗어난 깨달음이 아니다. 거기에서 더 깨달아, 깨달은 자아(自我)와 그 깨달음까지 끊어진, 더 깊은 깨달음이 요구되는 과정 속에 있음이다. 그러므로 깨달음이 있음이, 아직, 자아(自我)가 끊어지지 않은 미혹이며, 증득(證得)함이 있음이, 자아(自我)의 분별심(分別心)인 미혹이다. 그러나, 이 깨달음으로 얻는 무위지혜(無爲智慧)는, 그냥 얻어진 것이 아니다. 유무(有無)의 상(相)이 타파된 깨달음으로 얻음이니, 이것은 단순 미혹(迷惑)이 아니다. 유위(有爲)인 유무견(有無見)으로는 알 수 없는 공견(空見)의 지혜상(智慧相)에 듦이니, 이는 곧, 깨달음 각식(覺識)에 의한 지혜상견(智慧相見)이다.

유(有)와 무(無)의 상념(想念) 속에 있으면, 상(相)의 세계를 벗어나고 싶어도, 상(相)의 상념(想念)세계를 벗어날 수가 없다. 왜냐면, 상(相), 그 외는 모르기 때문이다. 그것은 아직, 상(相)을 벗어나 보지 못했기 때문이다. 상(相)을 벗어나므로 비로소, 상(相)이 없어, 유(有)도 무(無)도 없는 공(空)의 세계를 깨달아, 상(相) 없는 공(空)의 지혜를 얻게 된다. 상(相) 속에 있을 때는 상(相)만 알아, 모든 의식과 인식과 일체행이

상(相)의 세계를 벗어날 수가 없다. 왜냐면, 상(相)을 벗어난 지혜가 없어, 상(相) 밖에는 몰라 어떻게 할 수가 없다. 그러나, 상(相)이 타파되는 깨달음을 얻으므로 그 유무(有無)의 상념(想念)을 벗어날 수가 있다.

그와 마찬가지로 깨달음을 얻어 공견(空見)에 들면, 공견(空見)에 머물러 있는 상태이기에, 이것을 어떻게 벗어나야 할지를 모른다. 더 각력이 상승하여 공(空)의 세계를 벗어나면, 그제야, 공견(空見)인 지혜상(智慧相)에 머묾의 허물을 스스로 깨닫게 된다. 유무(有無)의 상(相)에 젖어 있을 때는 그것이 잘못인지를 모르듯, 공견(空見)을 얻으면, 공(空)을 깨달았다는 공견(空見)에 머물 뿐, 그 깨달음의 경계를 타파해, 더 상승한 깨달음으로 나아가야 하는 과정임을 모른다. 왜냐면, 자신이 머물러 있는 공(空)의 세계만 인식하므로, 그 세계뿐이기 때문이다. 이것은 누구나 자기가 사는 세상 밖을 벗어날 수가 없는 것과도 같다. 왜냐면 그것을 벗어날 수 있는 길도, 지혜도 없기 때문이다. 만약 자기의 눈에 자기가 사는 그 세계 하늘과 땅을 벗어나는 길이 보인다면 벗어날 수가 있으나, 자기가 사는 세상에는 그런 것이 없다. 왜냐면, 그 속의 생각과 의식과 감각세계를 벗어날 수가 없기 때문이다.

깨달음의 세계는 깨달았다는 것이 중요한 것이 아니다. 그 깨달음이 무상불과(無上佛果)의 완전한 깨달음이냐, 아니면 무상불과(無上佛果)를 향한 깨달음 과정의 차원인가를 알아야 한다. 깨달아도 무상불과(無上佛果)의 완전함을 얻지 못하였다면, 그 깨달음은 무상불과(無上佛果)를 향한 식(識)의 전변(轉變) 과정 중의 어느 한 차원의 경계에 머물러 있음이다. 그러나 스스로 그 깨달음이 완전함에 이르는 과정 중에 어디쯤인 줄을 스스로는 알 수가 없다. 왜냐면, 무상불과(無上佛果)를 얻지 못하였으니, 실증(實證)한 체험의 그 과정을 알 수도 없음과 또한, 자신이 깨달은 지혜 안목의 한계성을 벗어날 수가 없기 때문이다. 그것을 벗어나는 계기는, 더 상승한 깨달음이 열려야만 벗어나게 된다. 그 과정을 통해 또, 상승하여 새로운 지혜성품세계가 펼쳐지게 된다. 완전한 불(佛)의 무상(無上)에 이르지 못하였으면, 그 깨달음은 완전함에 이르는 과정 중에 있음이다. 깨달았어도 깨달음 각식(覺識)의 경계에 의한 지혜상(智慧相)은, 완전한 지혜를 가리게 되니, 이 지혜상을 벗어나는 과정이 보살지(菩薩智)의 수행세계이다.

그러므로, 소승(小乘)은 적멸(寂滅)의 열반(涅槃)을 집착하므로, 그것이 장애(障礙)가 되어 보리(菩提)의 세계에 들지 못한다. 상(相)이 공(空)함을 깨달은 대승(大乘)은 공(空)함에 젖거나, 공견(空見)에 가리어 완전한 지혜에 들지 못한다. 그 공견(空見)을 타파하여 벗어나, 일승지(一乘智) 무염청정진여성(無染淸淨眞如性)에 들어도, 상(相)과 공(空)에도 물듦 없는 진여성(眞如性)에 머무르면, 더 상승하지 못하고 청정진여(淸淨眞如)의 지혜상(智慧相)에 머물게 된다. 일승(一乘)이, 상(相)과 공(空)에도 물듦이 없는 것은, 7식(七識) 자아(自我)가 타파되어 벗어나, 진여(眞如) 속에 있기 때문이다. 대승(大乘)과 일승(一乘)의 지혜경계는 너무나 다르다. 대승(大乘)은 6근(六根)의 대상인 색성향미촉법(色聲香味觸法)의 색상공(色相空)의 지혜이지만 아직, 7식(七識)이 타파되지 않아, 자아(自我)를 벗어나지 못해, 공견(空見)인 상공(相空)에 들어 있으며, 일승(一乘)은 7식(七識)이 타파되어 자아(自我)가 끊어져, 공(空)을 벗어버린 이사무애청정진여지(理事無礙淸淨眞如智)이기 때문이다. 대승(大乘)의 지혜로써는 상상(想像)도 못하는 곳이다. 왜냐면, 자기가 머무른 공(空)이 타파되어 끊어진 지혜성품의 세계이기 때문이다. 대승(大乘)이 자기가 머무른 그곳을 벗어나지 못하는 것은, 공(空) 그 자체를 벗어나는 지혜가 없기 때문이다. 이것은, 물 속에 있는 물고기는, 물을 벗어난 세상을 알 수가 없고, 허공을 나는 새는, 허공을 벗어난 그 세계가 있는지 모르는 것과도 같다. 그러므로 깨달았다 하여도, 깨달음의 견(見)이나 지혜 속에 있으면, 깨달음에 의한 각식(覺識)과 각아(覺我)를 벗어나지 못해, 깨달음을 얻은 자기경계를 벗어나지 못하고 있다. 이것이, 깨달은 각식(覺識)의 경계, 지혜상에 머물거나, 지혜에 얽매인 무위(無爲)의 세계이다.

금강경(金剛經), 제7(第七) 무득무설분(無得無說分)에도, 깨달았어도 일체 현성(賢聖)이 모두, 무위법(無爲法)에서 차별이 있음을 드러내고 있다. 일승(一乘)의 청정진여무염계(淸淨眞如無染界)를 벗어나면, 대원경지(大圓鏡智)인 8식(八識) 출입식(出入識)이 끊어진, 일불승(一佛乘)의 각명보리원융성(覺明菩提圓融性)에 들게 된다. 이곳에 들면, 청정진여무염계(淸淨眞如無染界)인 일승보살지(一乘菩薩智)의 세계와는 완전히 다른 세계이다. 왜냐면, 무염진여성(無染眞如性)이 타파되어 끊어지므로 드러난, 원융한 지혜성품 각성지(覺性智)이기 때문이다. 이 세계는 시방(十方)과 우주가 타파되고, 원융무애(圓融無礙)한 각성각명(覺性覺明)으로, 시방(十方) 두루 원융각명(圓融覺明)이 충만한 세계이다. 이는 시방편재원융각명(十方遍在圓融覺明)의 세계이다. 이 대원경지(大圓鏡智)에 들면, 각성각명원융(覺性覺明圓融)의 작용이 있어 더 상승하지 못하고, 그 지혜세계에 머무를 수가 있다. 이 세계에 들면, 각명원융(覺明圓融)의 쌍차쌍조雙遮雙照)가 이루어진다. 대원경지(大圓鏡智)인 일불승(一佛乘)은, 8식(八識) 출입식(出入識)이 끊어져, 쌍차쌍조(雙遮雙照)의 원융각명(圓融覺明)으로, 시방(十方)이 걸림 없는 원융한 각성각명행(覺性覺明行)이 이루어진다. 이 또한 지나고 보면, 깨달음 지혜 각식(覺識)의 망(妄)임을 깨달으나, 이 지혜성품에서는 그 각명작용(覺明作用)을 없게 하거나, 벗어날 수가 없다. 왜냐면, 8식(八識) 출입식(出入識)이 끊어진 대원경지(大圓鏡智)의 지혜성품이 곧, 시방원융각명(十方圓融覺明)인 쌍차쌍조(雙遮雙照)의 각명작용이 이루어지는 지혜작용의 세계이기 때문이다.

쌍차쌍조(雙遮雙照)도 차별경계가 있으니, 자아(自我)가 끊어지지 않은 유루(有漏)인 식(識)의 출입 속에 있으면, 그것은 8식(八識) 출입식

(出入識)이 끊어진 대원경지(大圓鏡智)인, 원융각명(圓融覺明)의 지혜가 아니다. 8식(八識) 출입식(出入識)이 끊어지지 않으면, 쌍차쌍조(雙遮雙照)를 생각해도, 그것은 각(覺)을 얻기 위한, 자아(自我)의 상념작용(想念作用)에 불과하다. 대원경지(大圓鏡智)에서는 출입식(出入識)이 끊어져, 대원경지(大圓鏡智)의 원융각명(圓融覺明)이 곧, 자기의 기본 지혜 성품이다. 그러나, 각력(覺力)이 더욱 밝아, 대(對)가 사라진 원융각(圓融覺), 일불승(一佛乘)의 각명작용(覺明作用)인 쌍차쌍조(雙遮雙照)도 벗어나면, 곧, 이것이 각(覺)의 지혜상(智慧相)임을 앎으로, 각식(覺識)의 미망(迷妄)임을 안다. 그러나 그 경계에서는, 자기 경지(境地)의 지혜 성품 각력작용이니, 그 경계를 벗어나기 전에는, 쌍차쌍조(雙遮雙照)의 각명작용을 쉬게 하거나 벗어날 수가 없다. 쌍차(雙遮)는 대(對)의 장애(障礙)가 끊어진 원융이다. 이는 시방(十方)이 끊어진 장애(障礙) 없는 원융이다. 쌍조(雙照)는 대(對)의 장애(障礙)가 끊어진 시방원융각 성각명(十方圓融覺性覺明)의 작용이 시방 두루 원융편재원만(圓融遍在圓滿)함이다. 쌍차(雙遮)는, 대(對)의 장애(障礙)가 끊어진 심(心)의 원융이니, 이는, 8식 출입식이 끊어지면, 대(對)의 장애가 끊어진 쌍차(雙遮)의 원융에 증입(證入)하게 된다. 쌍조(雙照)는 걸림 없는 원융한 각명 작용이다. 이는 사사원융무애각명지(事事圓融無礙覺明智)이다. 각력상 승으로 지혜성품이 더 깊어지면, 원융한 각명작용도 끊어진다. 왜냐 면, 대(對)가 끊어진 쌍차쌍조(雙遮雙照)의 쌍(雙)과 비춤이, 둘 다 각식 (覺識)의 지혜상(智慧相)이므로 끊어지며, 또한, 각(覺)의 원융(圓融)도 끊어져 벗어나기 때문이다. 각조(覺照)의 비춤이 허물이며, 각식(覺識)에 의한 망(妄)의 경계이다. 더 나아가면, 원융한 각명작용인 비춤 도 끊어져, 부동적멸열반성(不動寂滅涅槃性)에 들게 된다. 공·가·중 (空·假·中) 일체(一切)가 무위각식(無爲覺識)의 미망경계(迷妄境界)이다.

일불승(一佛乘) 대원경지(大圓鏡智)에서는, 일승(一乘)의 지혜에서도 알 수 없는 원융각(圓融覺)의 체성(體性)인, 파괴되지 않는 부동열반체성(不動涅槃體性)과 그 작용인 원융각명보리(圓融覺明菩提)의 부사의 불이(不二)의 두 성품을 같이 보게 된다. 그러나, 이 두 경계의 성품을 벗어나므로, 그 또한, 허망한 각(覺)의 환(幻)인 망(妄)임을 깨닫게 된다. 무엇이든, 끝까지 가지 않았으면, 자신이 선 그 지점이 어디쯤인지를 모른다. 단지, 자신이 선 그 지점에서 보이고, 확인할 수 있는 그것만 명확히 보게 되고, 그것만 요별(了別)하여 알며, 그것만 지혜로 인식하게 된다. 그러므로, 깨달음 과정 중에는, 그 안목의 지혜와 앎이, 어느 정도인지를 스스로 알 수가 없다. 단지, 그 밝음이, 자신이 지금 선 지점의 안목일 뿐이다. 그 이상은 가보지 않았으니 알 수도 없고, 또한, 누가 무슨 말을 하여도, 직접 확인하지 못한 것이니, 믿음을 낼 수도 없고, 또한, 긍정(肯定)도 부정(否定)도 할 수가 없다. 스스로 확인하지 않은 것도 의심 없이 믿을 수 있는 것은, 오직, 부처님뿐이다. 왜냐면, 첫째 이유는, 지혜가 무상(無上)에 이르도록 끝까지 스스로 체험하신 분임을 의심이 없이 믿기 때문이다. 또한, 둘째 이유는, 무한 대비심에 나를 속일 이유가 전혀 없기 때문이다. 셋째 이유는, 현재의 인연사(因緣事)로는 그 외는 길이 없기 때문이다. 그러므로 나의 뜻이 아니더라도, 또 다른 선택이나 물러날 다른 길이 없다. 그 길이 설사, 나의 선택이었다 하여도, 나 스스로 생사(生死) 속에서 애쓰며, 해결할 수밖에 없는 것은, 그분의 말씀과 지혜의 경계를 꿰뚫거나, 내 것으로 온전히 담을 수 없는, 내 스스로 부족한 지혜의 한계성이 있기 때문이다.

◯ **43.** 무생(無生)에 머무르게 하면, 무생(無生)이옵니까?

解脫菩薩 而白佛言 尊者 令彼衆生 住於無生
해탈보살 이백불언 존자 영피중생 주어무생

是無生也 [論:續1,2: 是無生耶]
시무생야 [논:속1,2: 시무생야]

해탈보살이 부처님께 말씀 사뢰오며 여쭈옵기를, 세존이시여! 저 중생들로 하여금 무생(無生)에 머무르게 하면, 이것이 무생(無生)이옵니까?

♣ 해탈보살이 부처님께 말씀 사뢰오며 여쭈옵기를, 만약, 유무견(有無見)이 멸하면, 법의 진무(眞無)를 증득하여 결정성(結定性)에 듦으로. 무생(無生)의 결정(結定)이라 하오니, 저 중생들로 하여금, 무생(無生)에 머무르게 하면, 이것이 무생(無生)이옵니까?

□ 고(高), 대(大) 경(經)에 시무생야(是無生也)가, 논(論), 속1,2(續1,2) 경(經)에는 시무생야(是無生耶)로 되어 있다.

● 무생(無生), 이는, 3종(三種) 무생(無生)이 있다. 첫째는 유무(有無)의 무생(無生)이다. 이는 유(有)가 생(生)함이 없음을 일러 무생(無生)이라고 한다. 이는, 유무견(有無見)의 무생(無生)이다. 둘째는 무위(無爲)의 무생(無生)이다. 이는 일체가 공(空)함으로 생멸(生滅)이 끊어진 공성(空性)의 무생(無生)이다. 이는 무위공성(無爲空性)의 무생(無生)이다. 셋째는 여래께옵서 말하는 결정무생(結定無生)이다. 이는, 생멸(生滅)없는 공(空)도 끊어진, 결정성(結定性)이다. 이는, 불지혜(佛智慧)를 깨달아야 알게 되는, 결정무생(結定無生)이다. 왜냐면, 불지혜(佛智慧)가 곧, 결정무생(結定無生)이기 때문이다. 이는, 여래결정성(如來結定性)이다. 유무(有無)의 무생(無生)은, 상견(相見)이다. 공성(空性)의 무생(無生)은, 무위보살(無爲菩薩)의 무생법인지(無生法忍智)인, 무위공성무생(無爲空性無生)이다. 결정무생(結定無生)은, 무위(無爲)를 벗어난 본연무연중절대성(本然無然中絶對性)인, 불(佛)의 결정각(結定覺)이다.

○44. 무생(無生)에 머묾은 생(生)이니, 머묾도 없어야 무생(無生)이다.
佛言 住於無生 即是有生[論: 即是生][大:續1,2: 即是有生]
불 언 주 어 무 생 즉 시 유 생 [논: 즉시생][대:속1,2: 즉시유생]
何以故 無住無生 乃是無生
하 이 고 무 주 무 생 내 시 무 생

부처님께옵서 말씀하옵기를, 무생(無生)에 머무름은 곧, 이것이 생(生)이 있음이니라. 무엇 때문이냐면, 무생(無生)에 머무름도 없어야, 이것이 무생(無生)이니라.

♣ 부처님께옵서 말씀하옵기를, 무생(無生)에 머무름은, 무생상(無生相)을 일으켜 무생상(無生相)을 가짐이니, 이는, 무생상(無生相)을 일으켜 정(定)해 봄이니라. 그러므로, 무생(無生)에 머무름은 곧, 이것은 무생(無生)이 아닌, 무생상(無生相)을 일으킨 생(生)이 있음이니라. 생멸(生滅)도 멸하고 유무(有無)도 멸하며, 멸(滅)한 것도 끊어져 진무(眞無)에 들면, 무생(無生)도 끊어짐이니, 그러므로, 머무를 무생(無生)이 없어, 무생(無生)에 머무름도 없음이니, 이것이 무생(無生)이니라.

□ 고(高) 경(經)에 즉시유생(即是有生)이, 논(論) 경(經)에는 즉시생(即是生)으로, 대(大), 속1,2(續1,2) 경(經)에는 즉시유생(即是有生)으로 되어 있다.

● 자아(自我)나 식(識)의 출입이 있으면 무생(無生)이 아니다. 자아(自我)나 식(識)의 출입이 없는 그것도 무생(無生)이 아니다. 무생(無生)에는 무생(無生)이 없다. 그러므로 무생(無生)이다. 왜냐면, 무생(無生)에는 이것이다. 저것이다. 가 없기 때문이다. 왜냐면, 그 분별이 끊어진, 본래 무생(無生)이기 때문이다. 같은 언어이어도, 차원이 점차 깊어지는 지혜의 차별성품이다. 그러나, 수평적 사고에서 같은 언어를 수용하면, 전구(前句)의 경계를 타파하여 끊어지게 하는 후구(後句)의 깊은 지혜의 성품임을 몰라, 수평적 사고에는, 같은 언어가 같은 경계에서 반복하며, 맴돌게 된다.

◯**45.** 생(生)을 없애려고 하면, 생(生)으로 생(生)을 멸(滅)하려 함이다.

菩薩 若生無生 以生滅生
보살 약생무생 이생멸생

보살이여! 만약, 생(生)을 없애려고 마음을 일으키면, 생(生)으로써 생(生)을 멸(滅)하려 함이니라.

♣ 보살이여! 만약, 무생(無生)에 들려는 자가, 무생상(無生相)을 일으켜, 무생(無生)은 이런 것이라고 인식하여 생각하거나 규정하여, 생(生)한 것을 멸(滅)하고자 하거나, 무생(無生)하려는 마음을 일으키거나, 무생(無生)하도록 유도하거나, 무생(無生)하도록 내버려 두거나 하는 것은, 마음을 일으켜, 생(生)으로써 생(生)을 멸(滅)하려 함이니라.

● 나, 있음이 곧, 동(動)이니, 생각이 일어나도 나며, 생각이 멈추어도 나 있음이다. 나 있으면, 분별을 멈출 수가 없다. 왜냐면, 나, 곧, 자아의식(自我意識)은, 상(相)을 분별하는 분별심(分別心)을 나라고 하며, 자아(自我)라고 이름하기 때문이다. 자아의식(自我意識)이 끊어져야 분별이 끊어지며, 분별이 있음은 곧, 자아의식이 있음이다. 분별의식(分別意識)을 자아(自我), 또는, 나라고 한다. 그러므로, 나 있으면, 분별을 멈출 수가 없으며, 분별을 멈추었다고 생각하는 그 자체도 또한, 분별이다. 자아(自我)가 있으면 대(對)가 있어 안팎의 능소(能所)가 있으며, 능소(能所)의 대(對) 속에 있으면, 분별을 멈출 수가 없다. 분별을 멈추었다고 생각하는 그것도, 대(對)의 분별인 능소심(能所心)이다. 분별이 없음은, 능소심(能所心)이 없음이다. 능소심(能所心)이 없으면, 분별할 대상도, 분별할 자도 없다. 생각을 멈춘다고 무생(無生)이 아니다. 하늘은 온몸을 무한으로 다 드러내어도, 무생(無生)이다. 허공이 공(空)이기 때문에 무생(無生)이 아니며, 텅 비었기에 무생(無生)이 아니며, 걸림이 없기 때문에 무생(無生)이 아니며, 원융(圓融)이기 때문에 무생(無生)이 아니며, 잡을 수 없고 취할 수 없으므로 무생(無生)이 아니다. 왜냐면, 그 일체가 다 생(生)이다. 그러면, 하늘을 무생(無生)이라고 하는 까닭은, 무생(無生)이기에 무생(無生)이라 할 뿐이다.

○ **46.** 생(生)과 멸(滅)을 함께 멸(滅)해야, 머무름 없는 무생(無生)이다.

生滅俱滅 本生不生 心常空寂 空性無住 [論:續1,2: 空寂無住]
생 멸 구 멸　본 생 불 생　심 상 공 적　공 성 무 주 [논:속1,2: 공적무주]

心無有住 乃是無生
심 무 유 주 내 시 무 생

생(生)과 멸(滅)이 함께 멸(滅)하면, 생(生)이 본래 불생(不生)이므로, 마음이 항상 공적(空寂)하니라. 공(空)한 성품은 머묾이 없어, 마음이 머무름이 끊어졌으므로, 이것이 무생(無生)이니라.

♣ 생(生)과 멸(滅)을 함께 멸(滅)하면, 멸(滅)하려 일으킨 생(生)과 멸(滅)하였다는 그 멸(滅)도 또한 멸(滅)하여, 생(生)의 성품이 본래 생(生)이 아니므로, 마음이 그대로 본 성품을 따라 공적(空寂)하니라. 공(空)한 성품은 머묾이 없음이니, 마음이, 생(生)과 멸(滅)과 무생(無生)에도 머묾이 없어 끊어졌으니, 이것이 무생(無生)이니라.

□ 고(高), 대(大) 경(經)에 공성무주(空性無住)가 논(論)과 속1, 2(續1, 2)에는 공적무주(空寂無住)로 되어 있다.

□ 논:속1, 2경구(論:續1, 2經句)

공적무주(空寂無住): 공(空)한 적멸이므로 머묾이 없다. 공성무주(空性無住)와 공적무주(空寂無住)는 다를 바 없고, 차별이 없다. 공성무주(空性無住)는 공성(空性)은 자성(自性)이 없어 머무름이 없으며, 공적무주(空寂無住)는 공(空)한 성품은 생멸(生滅)이 끊어져 공적하므로 머무름이 없다. 공성(空性)은 공(空)의 성품을 말하며, 공적(空寂)은 공(空)의 성품이 생멸(生滅)이 없음을 일컬음이다.

○**47.** 마음이 머무름 없이, 어떻게 닦고 배울 수 있사옵니까?

解脫菩薩 而白佛言 尊者 心無有住 有何修學
해 탈 보 살 이 백 불 언 존 자 심 무 유 주 유 하 수 학

爲有學也[續1,2: 爲有學耶] **爲無學也**[續1,2: 爲無學耶]
위 유 학 야 [속1,2: 위유학야] 위 무 학 야 [속1,2: 위무학야]

해탈보살이, 부처님께 말씀 사뢰오며 여쭈옵기를, 세존이시여! 마음이 머무름이 없으면, 어떻게 닦고 배울 수 있사옵니까? 배움이 있어야 합

니까? 배움이 없어야 하옵니까?

♣ 해탈보살이 부처님께 말씀 사뢰오며 여쭈옵기를, 세존이시여! 마음이 본래 공적(空寂)하며 무생(無生)이라 하시오니, 마음이 머무름이 없으면, 어떻게 닦고 배울 수가 있사옵니까? 무생(無生)에 들려함이 생(生)이라고 하옵시니, 배움이 있어야 하옵니까? 배움이 없어야 하옵니까?

□ 고(高), 논(論), 대(大) 경(經)에 야(也)가, 속1,2(續1,2) 경(經)에는 야(耶)로 되어 있다.

● 이것은 해탈보살의 물음이 아니라 만인(萬人)의 물음이다. 무생(無生)에 걸려 무생(無生)을 모른다. 멈추어도 벗어날 수 없고, 놓아도 벗어날 수가 없다. 그 까닭은 일체(一切)가 자아(自我)가 있음이기 때문이며, 또한, 일체가 무생(無生)이기 때문이다. 일어남이 일어남이 없음을 모르면, 쉬어 무생(無生)하려고 한다. 무생(無生)은 쉬거나 놓는 것이 아니라, 수행 몰입의 거센 불길에 자신의 온몸과 자기(自己)와 자아(自我)가 티끌 없이 사라져야만 알 수가 있다. 무생(無生)에 들지 않으면, 사량(思量)과 분별(分別)의 헤아림으로는 무생(無生)을 알 수가 없다. 왜냐면, 무생(無生)은, 생(生)과 자아(自我)와 깨달음의 세계 무위지혜(無爲智慧)의 일체(一切)가 끊어져, 시각(始覺)과 본각(本覺)이 둘다 끊어진 결정성(結定性)이기 때문이다. 자아(自我)가 있으면 생(生)을 벗어날 수가 없다. 왜냐면, 자아(自我)가 곧, 생(生)이기 때문이다. 생(生)으로는 무생(無生)을 알 수가 없다. 왜냐면, 자아(自我)가 끊어지고, 일체 식(識)의 출입도 끊어진 결정성(結定性) 그 자체가 곧, 무생(無生)이기 때문이다.

◯48. 무생심(無生心)은 본래 여래장이니, 적멸(寂滅)하여 부동(不動)이다.
佛言 菩薩 無生之心 心無出入 本如來藏 性寂不動
불언 보살 무생지심 심무출입 본여래장 성적부동

부처님께옵서 말씀하옵기를, 보살이여! 무생(無生)의 마음은 출입(出入)이 없는 마음이니, 본래 여래장(如來藏)이므로, 성품이 적멸(寂滅)하여 부동(不動)이니라.

♣ 부처님께옵서 말씀하옵기를, 보살이여! 무생(無生)의 마음은 유무(有無), 생멸(生滅), 능소(能所), 취사(取捨), 출입(出入)이 없는, 제식(諸識)이 끊어진 마음이니, 생(生)을 멸(滅)하여 들거나, 멸(滅)을 증득하여 들거나, 멸(滅)을 또한 멸(滅)하여 드는 무생(無生)이 아니니라. 본래 본성의 성품이 여래장(如來藏)이므로, 항상 성품이 생멸(生滅)이 없어, 적멸(寂滅)하여 부동(不動)이니라.

● 유무(有無)와 생멸(生滅)과 능소(能所)와 자아(自我)를 벗어나지 못하면, 상견(相見)인 유심(有心)이므로, 이 말을 이해할 수가 없다. 왜냐면, 상견(相見)을 벗어나지 못하면, 상(相) 이외의 것은 헤아려 알 수가 없기 때문이다. 여래장(如來藏)은, 생멸(生滅)이 끊어진 적멸부동(寂滅不動)의 본성(本性)이며, 본심(本心)이며, 본각(本覺)이다. 적멸(寂滅)을 상견(相見)으로는 알 수가 없다. 왜냐면, 적멸(寂滅)이 곧, 적멸상(寂滅相)도 끊어진 무생(無生) 결정성(結定性)이기 때문이다. 이는, 불성(佛性)이며, 여래(如來)의 성품이다. 적멸(寂滅)을 상(相)으로 헤아리면, 그것은 적멸(寂滅)이 아니라, 상견부동(相見不動)의 혹견(惑見)인 상념상(想念相)이다. 여래장(如來藏)의 적멸(寂滅)과 부동(不動)은, 적멸(寂滅)과 부동상(不動相)이 끊어진 무생원융청정각성광명(無生圓融清淨覺性光明)이다.

■ 여래장(如來藏)

여래장(如來藏)은, 일체중생과 제불(諸佛)의 무생본성(無生本性)으로, 성품이 결정성(結定性)이다. 이는 곧, 여래(如來)의 공덕장(功德藏) 총지(總持)의 성품이므로 여래장(如來藏)이라 한다. 중생의 본성(本性)이 여래장(如來藏)이다. 그러므로 본성(本性)에 듦이, 여래장(如來藏) 성품에 듦이며, 여래장(如來藏) 공능(功能)에 듦이다. 공능(功能)이란, 성품이 본래 가진 부사의 일체공덕총지(一切功德總持)가 공(功)이며, 능(能)은, 그 공(功)의 원융무애로 무엇에도 걸림 없는 불가사의 작용이다. 이 것이 부사의 여래장(如來藏) 공덕총지(功德總持)이며, 본성(本性)의 부사의 능력이다. 이 여래장 공덕총지(功德總持)인 공능(功能)에 의해, 삼라만상(森羅萬象)과 유형무형(有形無形) 일체 존재와 심식(心識)의 일체가 창출되며, 이 우주 삼라만상(森羅萬象)의 운행(運行)도, 이 공능(功能)의 작용이며, 공능(功能)의 행이다. 이 공능(功能)에 듦으로 깨달음을 얻고, 불(佛)을 성취하는 일체(一切) 무량공덕의 조화(造化)가 이루어진다. 이것이 무상총지(無相總持) 여래장(如來藏)의 세계이다. 형체가 없어도 이루지 못함이 없고, 일체 유형무형(有形無形) 만물(萬物)이, 이 성품의 이(理)를 따라 생멸운행하며, 작용한다. 깨달음을 얻음도 이 공능(功能)에 듦이며, 깨달음을 얻으므로, 이 여래장(如來藏)에 들어, 여래장(如來藏) 무상공능행(無相功能行)이 이루어진다. 이 공능(功能)의 완전한 회복이 불(佛)이다. 형체가 없어도 그것이 공능(功能)의 모습이며, 형체가 있어도 그것이 공능(功能)의 모습이다. 공능(功能)이 본래 무상(無相)이므로, 일체(一切) 근본(根本)이 무상실제(無相實際)이다. 일체 만상(萬相)이 그 체성(體性)을 따름이 곧, 이 공능(功能)을 따름이며, 이 공능(功能)의 모습이다.

이 공능(功能)의 성품을 이름함이, 본래부터 있었으므로 본성(本性)이라 하며, 곧, 여래(如來)의 성품이므로 여래장(如來藏)이라 한다. 이 성품 원융각명(圓融覺明)의 작용이 보리(菩提)이다. 시방 일체가 여래장(如來藏) 공능(功能)의 세계이며, 공능(功能)에 의한 불가사의 법계(法界)이다. 사람 또한, 이 공능작용(功能作用)에 의해 살아가며, 보고 듣는 일체가, 이 공능(功能)의 작용이다. 일체가 이 공능(功能)의 보리(菩

提)이며, 무생본성(無生本性)이다. 깨달으면 공능(功能)의 실상(實相)을 깨달으며, 이 공능(功能)에 듦이다. 그러나 공능(功能)은 무상불생(無相不生)의 성품이므로, 깨달음의 각성(覺性)으로만 알 수가 있다. 그것을 모르면, 자신이 공능(功能)의 본체(本體)이며, 주체(主體)라는 사실을 모르고 상(相)에 얽매이게 된다. 불(佛)이 되면 곧, 이 공능(功能)의 본성(本性)에 들게 된다. 공능(功能)이 무상(無相)이며, 무생(無生)이며, 여래장(如來藏) 부사의 성품이다. 감추어 있는 것이 아니라, 여래(如來)의 성품으로, 일체공덕총지(一切功德總持)를 함장(含藏)하고 있으므로, 여래장(如來藏)이라고 한다. 또한, 그 자체가 무상(無相)이며, 무생(無生)이므로, 상견(相見)으로 헤아리니, 감추어져 있다고 한다. 감추어져 있다고 함은, 감추어져 있어 감추어져 있다고 함이 아니라, 이는 곧, 무상무생(無相無生)의 성품임을 일컬음이다. 그러나 깨달으면, 삼라만상(森羅萬象)이 그대로 여래장(如來藏)세계인, 무상공능(無相功能)의 여래장(如來藏)세계임을 깨닫게 된다. 이것이, 일체 만상(萬相)이 불생불멸(不生不滅)의 진성공(眞性空)임을 깨달음이다.

공능(功能)은, 그 실체(實體)가 무상(無相) 결정성(結定性)이며, 무생(無生) 결정성(結定性)이므로, 파괴되거나 파괴할 수가 없다. 이 공체(空體)와 공용(空用)과 공상(空相)의 세계가 곧, 무생(無生)의 세계이다. 이 세계는, 어떤 앎과 지식으로도 접근할 수가 없다. 다만, 무생공능(無生功能)의 성품과 불이(不二)인 한 성품에 드는 깨달음의 과정을 통해, 식(識)의 출입(出入)인 생멸(生滅)과 자아(自我)가 끊어진 무생(無生) 성품에 들어야만 알 수가 있다. 깨달음이란, 일체가 무상(無相)성품이며, 무생(無生)성품임을 깨달음이다. 일체상이 이 공능(功能)임을 깨달았을 때에, 일체 만상(萬相)이 차별 없는 성품세계에 듦이다. 하늘과 땅이 다르고, 물과 불이 다르고, 만상(萬相)이 달라도, 그 성품이 다를 바 없는 한 경계에 들게 된다. 이 불이(不二)의 경계와 성품을, 이 경(經)에는 여(如)라고 했다. 이는, 공능(功能)의 모습이며, 이 공능(功能) 실제(實際)의 성품세계이다. 이 성품은 파괴되거나 파괴할 수 없으므로, 그 성품의 특성을 결정성(結定性)이라고 하며, 인(印)이라고 한다. 결정성(結定性)이 곧, 인(印)이며, 인(印)은 곧, 공능(功能)이 파괴됨이 없는 성품의 특성이다. 이 특성이 곧, 파괴됨이 없는 금강(金剛)이다. 이 특성에 의해 우주가 파괴되지 않고, 시종(始終) 없이 흐르고 있다. 유(有)이어도 그것이 공(空)이며, 수 억겁(億劫)이 흘러도, 한 촌음도 옮겨간 것이 없다. 일체가 본래 그 모습 그대로이다. 이것을 깨달으면, 일체상에 얽매인 제식(諸識)의 상념(想念)작용이 끊어진다. 왜냐면, 나의 성품이 곧, 공능(功能)의 실체(實體)이며, 일체공덕총지(一切功德總持)의 성품이기 때문이다.

일체 존재 그 자체는 곧, 여래장(如來藏) 공능(功能)의 세계이므로, 중생뿐만 아니라, 일체 만물(萬物)도 여래장(如來藏)과 간격(間隔)이 없어 곧, 여래장(如來藏) 불이공능(不二功能)의 실제(實際)이다. 단지, 깨달으므로 스스로 여래장(如來藏) 실성(實性)에 듦이니, 그것이 본래(本來) 본(本) 성품에 듦이다. 여래장(如來藏) 성품은 일체총지성(一切總持性)이므로 이(理)라고 하며, 생멸 없는 진성(眞性)이므로 곧, 참 성품이라고 한다. 참 성품은 무상심(無相心)이며, 무생심(無生心)이다. 이는 공능(功能)의 실제(實際)이며, 중심(中心)이다. 그러므로 참 성품이라 한다. 참 성품 그 자체가 곧, 공능(功能)의 청정한 그 모습을 일컬음이며, 또한, 본성(本性) 공능(功能)을 수용한 마음이란 뜻이다. 이는 단순한 말이 아니니, 불가사의한 마음이다. 왜냐면, 그 자체가 곧, 여래심(如來心)이며, 여래(如來)의 결정성(結定性)이기 때문이다. 이것이 곧, 부처의 마음인 부사의 불심(佛心)이다. 이는 상(相)이 없어, 오고 감이 없는 공능심(功能心)이다. 상(相)이 없어도 일체총지성(一切總持性)이므로 만물(萬物)을 창출하고, 시방 우주를 운행하듯, 이 무상공능총지(無相功能總持) 속에 일체행이 이루어짐이 곧, 여래장(如來藏) 실제(實際)의 세계이다. 이는, 물듦 없는 참 성품 행(行)인, 제불(諸佛)의 일체지혜(一切智慧)의 세계이다. 여기에는, 너나의 분별이 사라진, 무상공능총지(無相功能總持)의 불가사의 실상(實相)세계이다. 부처도 부처의 상(相)이 없고, 중생도 중생의 상(相)이 없는, 일체(一切)가 그대로 무엇에도 물듦 없는 청정한 곳으로, 청정연화장(淸淨蓮華藏)세계이다. 일체 성품이 때 묻음 없는 불가사의 이상세계(理想世界)이다. 연화장엄(蓮華莊嚴)세계는 곧, 여래장(如來藏)세계이다.

○ **49.** 배울 바 있는 것도 없는 것도 아님은, 배워야 한다.

亦非有學 亦非無學 無有學不學
역 비 유 학 역 비 무 학 무 유 학 불 학
是即無學[大:續1,2: 是卽無學] **非無有學 是爲所學**
시 즉 무 학 [대:속1,2: 시즉무학] 비 무 유 학 시 위 소 학

그러므로, 배울 바 있는 것도 아니며, 또한, 배울 바 없는 것도 아니니라. 배울 바 있는 것도 없는 것도 아님을 배움으로, 이로써 곧, 배움이 없어지니라. 배울 바 있는 것도 없는 것도 아닌 것, 이것은 배워야 할 바이니라.

♣ 본래 여래장(如來藏)이므로, 성품이 적멸(寂滅)하여 부동(不動)이니, 그러므로 배울 바 있는 것도 아니며, 그렇다고 무명(無明) 속에 있으니, 배울 바 또한, 없는 것도 아니니라. 여래장(如來藏) 성품은 적멸(寂滅)하여 부동(不動)이니, 배울 바 있는 것도 아니며, 또한, 배울 바 없는 것도 아님을 배움으로, 이로써 곧, 배울 바가 없어지느니라. 배울 바 있는 것도 없는 것도 아닌 것임을 깨닫는 것 이것은, 배워야 하느니라.

□ 고(高), 논(論) 경(經)에 즉(即)이, 대(大), 속1,2(續1,2) 경(經)에는 즉(卽)으로 되어 있다.

○**50.** 여래장(如來藏) 성품이 어찌, 적멸(寂滅)하여 부동(不動)이옵니까?

解脫菩薩 而白佛言 尊者 云何如來藏 性寂不動
해 탈 보 살 이 백 불 언 존 자 운 하 여 래 장 성 적 부 동

해탈보살이 부처님께 말씀 사뢰오며 여쭈옵기를, 세존이시여! 어찌하여 여래장(如來藏) 성품이 적멸하여, 부동(不動)이옵니까?

♣ 해탈보살이, 부처님께 말씀 사뢰오며 여쭈옵기를, 세존이시여! 본래 여래장(如來藏) 성품이 적멸(寂滅)하여, 부동(不動)이라 하옵시니, 어찌하여 여래장(如來藏) 성품이 적멸(寂滅)이며, 부동(不動)이옵니까?

● 이 구절의 부동(不動)은, 움직임이 없는 부동(不動)이 아니다. 움직임이 없는 부동(不動)은, 유상부동(有相不動)이다. 상(相) 없는 성품의 부동(不動)은, 머묾 없고, 동(動)함 없는 부동(不動)이니, 이는, 무생(無生) 성품이다. 이 무생(無生)은, 생(生)이 없음이 아니라, 생(生)이 없는 그것도 끊어진, 무생(無生) 결정성(結定性)의 성품이다. 그러므로, 생(生)도 멸(滅)도 끊어진, 진무(眞無)라고 한다. 진무(眞無)는, 생(生)도 멸(滅)도 끊어졌으므로 진(眞)이며, 생(生)도 멸(滅)도 끊어진 그것도 없으므로, 무(無)라고 한다. 진무(眞無)는, 상(相)과 생멸(生滅)이 없을 뿐, 성품이 없음이 아니니, 이는 곧, 결정성(結定性)인 무생실제(無生實際)이다. 이는, 여래장(如來藏) 실제(實際) 실성(實性)이며, 일체 생명의 실체(實體)이다. 무(無)라고 하여, 성품이 없지 않음이니, 곧, 무(無)라고 함은, 결정성(結定性)의 성품 특성을 드러냄이다.

○**51.** 여래장(如來藏)은 참 성품이니, 적멸(寂滅)하여 부동(不動)이다.

佛言 如來藏者 生滅慮知相 隱理不顯 是如來藏 性寂不動
불 언 여 래 장 자 생 멸 려 지 상 은 리 불 현 시 여 래 장 성 적 부 동

부처님께옵서 말씀하옵기를, 여래장(如來藏)은, 생멸의 생각이나 앎의 상(相)으로 드러나지 않아, 알 수 없는 참 성품[理]이니, 이 여래장(如來藏)은, 성품이 적멸(寂滅)하여 부동(不動)이니라.

♣ 부처님께옵서 말씀하옵기를, 여래장(如來藏) 성품이 상(相)이거나 동(動)의 성품이면, 생멸(生滅)의 생각이나 식심(識心)으로 알 수가 있다. 그러나, 상(相)이나 동(動)의 성품이 아니므로, 식심(識心)인 생멸심(生滅心)으로는 알 수가 없어, 드러나지 않는 참 성품[理]이니, 이 여래장(如來藏) 성품은, 생멸(生滅) 없는 무생(無生)의 성품으로, 적멸(寂滅)한 부동(不動)의 성품이니라.

■ 여래장(如來藏)의 적멸(寂滅)

여래장(如來藏)의 적멸(寂滅)은, 무생결정성(無生結定性)이므로, 드러나지 않아 알 수가 없다. 여래장은, 여래(如來)의 공덕장(功德藏)이며, 일체중생의 본성(本性)이며, 일체 제법(諸法)의 총지공덕장(總持功德藏)이며, 여래(如來)의 일체 지혜의 성품이다. 일체 만유(萬有)의 본성(本性)으로, 장(藏)은, 가짐의 총지(總持)와 드러나지 않음의 함장(含藏)과 부사의 공능(功能)의 심오한 불가사의를 함축한 법(法)의 언어(言語)로, 여래(如來)의 실체(實體)이며, 일체 만유(萬有)의 본성(本性)이다. 깨달으면, 이 여래장(如來藏)에 들게 되며, 제식(諸識)이 멸한 아뇩다라삼먁삼보리에 들면 그것이 본성(本性), 여래장(如來藏)이다. 깨달음 각성 작용의 일체가 곧, 이 여래장(如來藏)의 공능행(功能行)이다. 일체중생의 일체 행이 또한, 이 여래장(如來藏)의 공능행(功能行)이다. 깨달음으로 이 여래장(如來藏)에 들어, 여래장(如來藏) 성품의 부사의 공능(功能)을 수용한 삶을 살게 된다. 이것이 본성(本性) 수순행(隨順行)이다.

여래장(如來藏)을 적멸성(寂滅性)이라 함은 생멸(生滅)이 끊어졌기 때문이며, 부동성(不動性)이라 함은 무생(無生)이므로 동(動)함이나 생멸(生滅)이 없기 때문이며, 또한, 상(相)의 생멸(生滅)과 유무(有無)에 이끌림이 없기 때문이다. 이는, 여래장 성품이 곧, 파괴됨이 없는 결정성(結定性)이기 때문이다. 이 지혜가 불지혜(佛智慧) 금강지(金剛智)이며, 이 성품이 여래(如來)의 여(如)의 성품이며, 파괴됨이 없는 결정성(結定性)이므로 인(印)이라고 한다. 이 성품이, 일체(一切) 제불(諸佛)의 무생본심(無生本心)이며, 무생본성(無生本性)이며, 무생본각(無生本覺)이다. 이 성품이, 물듦 없는 무생(無生) 성품 특성인 무염성(無染性)을 진여(眞如)라고 한다. 이 성품이 두루 밝아 원융하여, 법계(法界)에 두루 밝게 깨어 있는 이 무생(無生) 성품 특성인 각명성(覺明性)을 보리(菩提)라고 한다. 이 성품이 적멸(寂滅)하여 무엇에도 동(動)함이 없는 무생(無生) 성품 특성인 부동성(不動性)을 열반(涅槃)이라고 한다. 이 지혜가 무상정등정각(無上正等正覺)인 아뇩다라삼먁삼보리이다. 이 성품을 여(如)라고 함은, 이 성품의 3대성(三大性)인 적멸(寂滅)의 열반성(涅槃性)과 무염(無染)의 진여성(眞如性)과 각명(覺明)의 보리성(菩提聲)을 총섭(總攝)한 무생(無生) 성품 불변(不變)의 특성을 드러냄이다.

이 성품, 파괴됨이 없는 여(如)의 결정성(結定性)에 드는 길이, 원각경(圓覺經)에서 설한, 원각(圓覺) 3종자성(三種自性)의 수행이다. 원각3종자성(圓覺三種自性)의 수행은, 본성(本性) 열반성(涅槃性)을 수순함이 사마타행(奢摩他行)이며, 본심(本心) 진여성(眞如性)을 수순함이 삼마발제행(三摩鉢提行)이며, 본각(本覺) 보리성(菩提性)을 수순함이 선나행(禪那行)이다. 이는, 본성(本性)의 성품, 본기청정(本起淸淨) 인지법행(因地法行)인, 원각수순(圓覺隨順) 3종자성수행으로, 원각본제(圓覺本際) 무연일성(無然一性)에 들게 한다. 그러나, 원각경(圓覺經)의 수행지혜는, 무생법인(無生法忍)을 수순하는 무위성품 수순행이라, 원각3종자성(圓覺三種自性)의 수행지(修行智)로는, 이 금강삼매경의 무생결정성(無生結定性)의 성품과 경지를 알 수가 없어, 이해하기가 쉽지 않다. 왜냐면, 원각경(圓覺經)은, 원각(圓覺)을 깨달은 무위지혜 수순행인, 무생법인지(無生法忍智)의 수행으로, 이 지혜는, 대승(大乘)과 일승(一乘)과 일불승(一佛乘)과 불승(佛乘)의 무위지혜의 수행이기 때문이다. 원각경(圓

覺經)은, 대승(大乘) 청정공성지(淸淨空性智)와 일승(一乘) 무염진여지(無染眞如智)와 일불승(一佛乘) 원융각명지(圓融覺明智)와 불승(佛乘) 부동열반지(不動涅槃智)의 무위수행지(無爲修行智)인, 무생법인(無生法忍)의 인지수행(忍智修行)이다.

원각경(圓覺經) 수행지(修行智)는, 청정원각(淸淨圓覺)을 깨달은 원각성(圓覺性)을 수순하는, 원지(圓智)의 수행이며, 금강삼매경의 수행은, 무생(無生) 결정성(結定性)을 수순하는, 돈각지(頓覺智)의 수행이다. 그러므로 원각경은 원지수행경(圓智修行經)이며, 금강삼매경은 돈각수행경(頓覺修行經)이다. 원지(圓智)의 수행 의지처는, 무위수순행(無爲隨順行)인 무위무생법인(無爲無生法忍)이며, 돈각(頓覺) 수행은, 무위(無爲)를 벗어버린 무생결정성(無生結定性)인, 결정무생법인(結定無生法印)이다. 그러므로 원지(圓智)의 무위수행에는, 수순해야할 원각3종자성(圓覺三種自性)인 열반(涅槃), 진여(眞如), 보리(菩提)의 성품에 의지하게 된다. 그러나, 금강삼매경 돈각수행(頓覺修行)에서는, 수순해야 할 법(法)이 없다. 왜냐면, 시각(始覺)과 본각(本覺)이 둘 다 끊어져, 무위지혜인 무생법인지(無生法忍智)까지 끊어진, 무생결정성(無生結定性)이기 때문이다. 그러므로 원지(圓智) 원각행(圓覺行)에서는, 사마타(奢摩他) 열반(涅槃)수순행과 삼마발제(三摩鉢提) 진여(眞如)수순행과 선나(禪那) 보리(菩提)수순행에 의지한, 무위원각행(無爲圓覺行)이 있다. 그러나 금강삼매경 돈각행(頓覺行)에서는, 수순해야 할 성품인 열반(涅槃)과 진여(眞如)와 보리(菩提)의 성품이 끊어져 벗어났으므로, 무생법인(無生法忍)도 없고, 열반성(涅槃性)과 진여성(眞如性)과 보리성(菩提性)도 끊어진 무생(無生)성품, 여래결정성(如來結定性)이다. 무생법인(無生法忍)의 무위성(無爲性)인 열반(涅槃), 진여(眞如), 보리(菩提)가 끊어지는 것은, 무위(無爲)를 벗어버린 돈각(頓覺)에 의함이니, 이 지혜는, 무생결정성(無生結定性)인 무생법인(無生法印)에 증입(證入)했기 때문이다. 무생법인(無生法

忍)의 인지(忍智)에 들면 무위원지수순행(無爲圓智隨順行)이 있으나, 무생법인(無生法印)의 인지(印智)에 들면 무위(無爲)도 끊어져, 무생결정성(無生結定性)이라 닦을 법이 끊어졌다. 다만, 결정성(結定性) 여(如)의 성품을 수순하는 법보화신(法報化身) 3신불행(三身佛行)의 닦음 없는 부사의 일체총지행(一切總持行)인, 여래장공능행(如來藏功能行)에 들게 된다. 이는, 대승청정공지(大乘淸淨空智)와 일승진여무염지(一乘眞如無染智)와 일불승원융각명지(一佛乘圓融覺明智)와 불승적멸부동지(佛乘寂滅不動智)를 벗어난 여래결정성(如來結定性)인, 여래결정각(如來結定覺)에 증입하였기 때문이다.

색(色)인 색성향미촉법의 색공(色空)에 들면, 유무(有無)가 공(空)하여 대승지(大乘智)를 발한다. 그러나 능식(能識)의 식공(識空)에 들지 못해, 상공(相空)을 벗어나지 못하고 있다. 식공(識空)에 들면, 사(事)와 이(理)를 벗어나, 이사무애(理事無碍)인 원지(圓智)에 들게 된다. 그러나, 식공(識空)의 차별차원이 있으니, 그것이, 일승(一乘)과 일불승(一佛乘)과 불승(佛乘)의 차원으로, 각식(覺識)의 차별차원이 있다. 이는, 깨달음 돈오(頓悟)의 지혜성품, 각식(覺識)의 차별차원이다. 깨달음 경지(境地)를 일컬음에, 돈오(頓悟)와 돈각(頓覺)이 있다. 돈오(頓悟)와 돈각(頓覺)에 대한 법(法)의 관점(觀點)은, 오(悟)와 각(覺)의 지혜성품을 보는 인식(認識)과 관점(觀點)과 판단(判斷)에 따라 달라진다. 만약, 돈오(頓悟)와 돈각(頓覺)의 오(悟)와 각(覺)이 동일성품이면, 돈오(頓悟)와 돈각(頓覺)은 다를 바가 없다. 그러나, 돈오(頓悟)와 돈각(頓覺)의 오(悟)와 각(覺)이 성품이 같지 않으면, 돈오(頓悟)와 돈각(頓覺)은 서로 성품이 다른 지혜이다.

■ 돈오(頓悟)와 돈각(頓覺)

돈오(頓悟)와 돈각(頓覺)에 대해 살펴보면, 돈오(頓悟)와 돈각(頓覺)의 지혜성품을 이해하고, 인식(認識)하는 견해(見解)의 관점(觀點)에 따라, 돈오(頓悟)와 돈각(頓覺)이 서로 같거나, 서로 다른 지혜가 된다. 돈오(頓

悟)와 돈각(頓覺)은, 깨달음에 든 지혜성품을 드러내므로, 단순, 글의 뜻만을 일컬음이 아니다. 돈오(頓悟)로, 또는, 돈각(頓覺)으로 드러내는 지혜성품을 일컬음이다. 이는, 돈각(頓覺)의 각(覺)을 어떻게 보느냐의 견해(見解)와 지혜의 차원에 따라, 돈각(頓覺)의 지혜성품이 달라지기 때문이다. 만약 돈각(頓覺)의 각(覺)을, 깨달음인 오(悟)로 본다면, 돈오(頓悟)와 돈각(頓覺)은 다를 바 없는, 둘 다 미혹(迷惑)이다. 만약, 돈각(頓覺)의 각(覺)이 깨달음이 아닌, 시각(始覺)과 본각(本覺)이 둘 다 끊어진, 본연무연중절대성(本然無然中絶對性)인 여래지(如來智), 무생본성(無生本性) 무생보리(無生菩提)이면, 돈각(頓覺)은, 깨달음 돈오(頓悟)도 없는, 불(佛)이다. 깨달음은 미혹이다. 깨달음도 끊어져야, 깨달음의 미혹을 벗어난다. 본성(本性)인 각(覺)에는 깨달음도 없다. 불(佛)이, 깨달아 불(佛)이 되는 것이 아니다. 본래 불(佛)이므로, 불(佛)이다. 그러므로, 불(佛)이 되는 것이다. 깨달아 불(佛)이 되는 것은 증득(證得)이니, 증득불(證得佛)은 미망견(迷妄見)의 사념(邪念)이다. 그러므로 무상(無上)의 깨달음에는 깨달음이 없다. 왜냐면, 무생보리(無生菩提)에는 깨달음도 없고, 본래 깨달을 것도 끊어졌기 때문이다. 그러므로, 만약, 돈각(頓覺)의 각(覺)을 오(悟)로 본다면, 시각(始覺)과 본각(本覺)이 둘 다 끊어진, 무생불(無生佛)을 모르는, 돈오(頓悟)와 돈각(頓覺)은 다를 바 없는, 깨달음을 얻은 무생법인(無生法忍), 각식(覺識)과 각아(覺我)의 지혜상(智慧相)인 미혹(迷惑)이다. 이 미혹은, 유위견(有爲見)인 무명상견(無明相見)의 미혹이 아니라, 아직, 시각(始覺)과 본각(本覺)이 둘 다 끊어지지 않은, 공청정(空淸淨) 무생법인(無生法忍)을 깨달은, 각식(覺識)과 각아(覺我)의 지혜상(智慧相)인, 미혹(迷惑)이란 뜻이다. 만약, 시각(始覺)과 본각(本覺)이 둘 다 끊어져, 깨달음의 각식(覺識)과 각아(覺我)까지 끊어진, 무생결정성(無生結定性)인 불지(佛智)에 들면, 깨달음이란 돈오(頓悟)가 끊어져 없다. 본래불(本來佛)에 돈오(頓悟)가 있다면, 그 돈오(頓悟)는 곧, 각(覺)의 미혹(迷惑)이니, 더 깨달아 돈오(頓悟)까지 끊어져야 할, 공청정(空淸淨) 무생법인(無生法

忍)을 깨달아 무위(無爲)에 든, 깨달음 각식(覺識)과 각아(覺我)의 지혜상(智慧相)이다. 왜냐면, 시각(始覺)과 본각(本覺)이 둘 다 끊어진 완전한 결정성(結定性)에 들면, 깨달았거나, 깨달음을 이룬 각식(覺識)과 깨달음의 일체 지혜(智慧)까지 끊어져, 깨달음의 일체(一切)가 흔적 없기 때문이다. 시종(始終) 없는 본래본성(本來本性)인 무생본성(無生本性)에, 본성(本性)을 장애(障礙)하는 망(妄)의 티끌이나, 깨달음의 각식(覺識)인 환(幻)의 그림자가 있을리 만무(萬無)하다.

깨달음의 성품에 각식(覺識)이 있느냐, 각식(覺識)까지 끊어졌느냐는 것은 중요하다. 만약, 공성(空性)을 깨달아, 무위(無爲)에 든 깨달음과 깨달음의 지혜인 각식(覺識)이 있으면, 그것은 돈오(頓悟)이다. 그러나 만약, 시각(始覺)과 본각(本覺)이 둘 다 끊어져, 무위공성(無爲空性)까지 끊어지고, 무위각식(無爲覺識)과 각아(覺我)도 끊어지고, 깨달음도 끊어지고, 깨달음의 일체 지혜까지 끊어져, 무생결정성(無生結定性)에 든 무생본성(無生本性)이면, 여래결정성(如來結定性)에 든 돈각(頓覺)이다. 돈오(頓悟)는 깨달음이니 이는, 증득(證得)이며, 돈각(頓覺)은 깨달음과 증득(證得)도 끊어진 불각(佛覺)이다. 불각(佛覺)이란, 불(佛)의 깨달음이 아닌, 불(佛)의 무생보리(無生菩提)이다. 깨달음이 있음은, 무위(無爲)인 돈오(頓悟)의 경계이다. 불각(佛覺)에는 깨달음이 없고, 깨달음이 없는 그 자체도 끊어졌다. 그러므로, 본래(本來) 불(佛)이라 무생불(無生佛)이니, 그러므로, 돈오(頓悟) 없는 불각(佛覺)이다.

깨달음에 의한 각식(覺識)과 각아(覺我)가 단박 끊어져, 무생결정성(無生結定性)인 돈각(頓覺)이면, 깨달음도, 깨달은 자(者)도 없는 본래 무생결정성(無生結定性)이며, 무생보리(無生菩提)인 무생본성(無生本性)이다. 돈각(頓覺)은 깨달음과 아무런 상관도 없는, 본래 본성(本性)에 즉입(卽入)이다. 이는, 시각(始覺)의 공능이 본각(本覺)에 완전히 증입(證入)해, 시각(始覺)과 본각(本覺)이 동일성품, 불이(不二)의 결정성(結

定性)에 듦으로, 시각(始覺)과 본각(本覺)이 둘 다 끊어진, 무생본연(無生本然)인 시본불이(始本不二)이다. 돈오(頓悟)는 깨달음이니, 미혹 벗은 깨달음 오(悟)와 증(證)과 각(覺)이 있음은, 상(相)이 무상(無相)이며 공(空)임을 깨달아, 무위(無爲)에 든 각식(覺識)과 각아(覺我)가 있으므로, 각식(覺識)과 각아(覺我)가 완전히 끊어진, 무생결정성(無生結定性)인 돈각(頓覺)에 들 때까지, 더 깊이 깨달아야 한다. 그러면, 돈각(頓覺)은 무엇이냐면, 시각(始覺)도 본각(本覺)도 둘 다 끊어진, 본연무연중절대성(本然無然中絕對性)으로 체용불이원융성(體用不二圓融性)이니, 심(心)과 각(覺)의 체(體)와 용(用)이 끊어진, 바로 법보화신(法報化身) 3신원융일신각(三身圓融一身覺)인 불각(佛覺)이다. 돈각(頓覺)은, 본래 본성(本性)의 시종(始終) 없는 무연원융각명(無然圓融覺明)인, 3불원융일신각(三佛圓融一身覺)이다. 이는, 무생결정성(無生結定性)이며 무생결정각(無生結定覺)이다. 곧, 여래결정성(如來結定性)이며, 여래결정각(如來結定覺)이니, 이는, 본연불성(本然佛性)이며, 돈각본성(頓覺本性)이다.

시각(始覺)과 본각(本覺)이 둘 다 끊어진, 본연무연중절대성(本然無然中絕對性)인 무생결정성(無生結定性)이면, 이는, 돈오(頓悟)가 아닌, 돈각(頓覺)이다. 돈각(頓覺)의 각(覺)이, 돈오(頓悟)의 오(悟)가 아닌, 무생결정성(無生結定性)이면, 이는 곧, 여래결정성(如來結定性)인 여래결정각(如來結定覺)이니, 돈오(頓悟)와 돈각(頓覺)은, 근본적으로 지혜성품이 다르다. 돈각(頓覺)의 각(覺)은 오(悟)가 아닌, 본래 무생본성(無生本性)인 원융보리(圓融菩提)이며, 돈각(頓覺)은 돈오(頓悟)가 아닌, 깨달음도 끊어져 없는 본시불(本是佛)인, 무생본각(無生本覺)의 원융보리(圓融菩提)이다. 돈오(頓悟)는, 무생보리(無生菩提)의 불각(佛覺)인, 돈각(頓覺)이 아니므로, 돈각(頓覺)의 무생본성에서 보면, 돈오(頓悟)의 지혜는, 무위청정공성(無爲淸淨空性)을 깨달아, 각식(覺識)과 각아(覺我)의 지혜작용을 따라, 완전한 무상각(無上覺)의 결정성인, 돈각(頓覺)을 향한 무위(無爲)지혜, 무생법인지(無生法忍智)의 보살지혜(菩薩智慧)이다.

돈오(頓悟)와 돈각(頓覺)은, 오(悟)와 각(覺)의 지혜성품 차별차원으로, 돈오(頓悟)의 돈(頓)과 돈각(頓覺)의 돈(頓)이 다르다. 돈(頓)은 즉입(卽入)이니, 돈오(頓悟)의 돈(頓)은 유위(有爲)의 타파인, 상심(相心)과 상견(相見)이 타파되어 끊어져, 무위(無爲)의 깨달음, 무생법인(無生法忍)에 듦이 오(悟)의 돈(頓)이며, 돈각(頓覺)의 돈(頓)은, 시각(始覺)과 본각(本覺)이 둘 다 끊어져, 각(覺)의 출입(出入)까지 끊어졌다. 그러므로, 각(覺)으로, 망견(妄見) 혹(惑)을 벗어남의 출(出)과 각(覺)에 듦의 오(悟)인 입(入)이 끊어져, 일체(一切) 무생법인(無生法忍)인, 무위(無爲)의 일체(一切) 깨달음과 깨달음의 지혜(智慧)와 각식(覺識)까지 모두 끊어진 무생보리(無生菩提)인, 여래결정성(如來結定性)에 즉입(卽入)이 각(覺)의 돈(頓)이다. 이는, 무생법인(無生法忍)의 지혜세계인 일체 깨달음과 각식(覺識)과 각아(覺我)와 무위지혜의 일체가 끊어짐이다. 그러므로 돈오(頓悟)는, 상심상견(相心相見)의 미혹상(迷惑相)이 끊어져, 무자성청정(無自性淸淨) 무위공성(無爲空性)의 지혜를 열어, 무위무생법인(無爲無生法忍)의 깨달음에 듦이다. 돈각(頓覺)은, 일체 깨달음과 깨달음의 지혜까지 끊어져, 본래 깨달음도, 깨달음의 지혜도 없는 본연무연중절대성(本然無然中絕對性)인, 무생결정성(無生結定性)에 듦이다. 이는 곧, 시각(始覺)과 본각(本覺)이 둘 다 끊어져, 지혜의 체상용(體相用)이 끊어진, 각(覺)의 원융일성(圓融一性)인 여래결정성(如來結定性)으로, 법보화신(法報化身) 3불원융일신각(三佛圓融一身覺)이다.

돈오(頓悟)의 돈(頓)은, 상(相)의 미혹인 유무견(有無見)과 생멸견(生滅見)이 끊어짐이며, 돈오(頓悟)의 오(悟)는, 유무(有無)와 생멸(生滅)의 상심상견(相心相見)이 끊어져, 무위청정공성(無爲淸淨空性)인 무생법인(無生法忍)의 깨달음, 무위공무생지혜(無爲空無生智慧)에 듦이다. 돈각(頓覺)의 돈(頓)은, 시각(始覺)과 본각(本覺)이 둘 다 끊어져, 깨달음의 지혜인 각식(覺識)과 각아(覺我)와 무위공성(無爲空性) 무자성지혜(無自性智慧)의 일체가 끊어짐이며, 돈각(頓覺)의 각(覺)은, 본연무연중절대성(本然無然中絕對性)인 무생결정성(無生結定性)이다. 이는, 무위공무생지혜(無爲空無生智慧)도 벗어난 불각(佛覺)으로, 무생법인지(無生法忍智)도 끊어진, 결정무생법인지(結定無生法印智)이다.

돈오(頓悟)의 지혜성품은, 무생법인(無生法忍)인 무위(無爲)에 듦이며, 돈각(頓覺)의 지혜성품은, 무위(無爲)가 아닌 무생결정성(無生結定性)으로, 무생법인(無生法印)인 무생본성(無生本性)이다. 돈오(頓悟)는, 깨달음을 전제로 한 지혜성품을 일컬음이며, 돈각(頓覺)은, 깨달음과 깨달음의 지혜까지 끊어진 무생결정본성(無生結定本性)인, 불각(佛覺)을 전제로 한 지혜성품을 일컬음이다. 돈오(頓悟)는 보살지(菩薩智)이며, 돈각(頓覺)은 불지(佛智)이다. 불지(佛智)에는 돈각(頓覺)만 있을 뿐, 깨달음과 증득(證得)의 출입(出入)인 돈오(頓悟)는 없다. 돈오(頓悟)는, 식(識)의 전변(轉變)으로 깨달음이 이루어져, 깨달음 각식(覺識)으로, 무위(無爲)의 무생법인지(無生法忍智)에 듦이며, 돈각(頓覺)은, 전변(轉變)의 일체 지혜까지 끊어진 여래결정각(如來結定覺)인, 무생법인지(無生法印智)이다. 이 차이는, 깨달음인 오(悟)와 깨달음 일체 지혜까지 끊어진, 무생결정각(無生結定覺)의 차별이다. 돈오(頓悟)는, 시각(始覺)이 본각(本覺)에 이르지 못해, 완연한 불지(佛智)에 증입하지 못하여, 깨달음 지혜의 상승 점차가 있으니, 그 돈오(頓悟)의 깊이, 깨달음 시각(始覺)의 지혜성품 차별차원에 따라, 대승공지(大乘空智), 또는 일승무염진여지(一乘無染眞如智), 또는 일불승원융각명지(一佛乘圓融覺明智), 또는 불승청정열반부동지(佛乘淸淨涅槃不動智)에 들게 된다. 그러나, 돈각(頓覺)은 여래결정성(如來結定性)이므로, 각(覺)의 일체(一切)가 끊어져, 본연무연중절대성(本然無然中絕對性)인 체용불이성(體用不二性)으로, 무연일각원융(無然一覺圓融)인, 법보화신(法報化身) 3신불원융일신각(三身佛圓融一身覺)이다. 돈오(頓悟)로, 무위보살지(無爲菩薩智)인 무생법인지(無生法忍智)에 들며, 돈각(頓覺)은, 여래결정성(如來結定性)인 여래무생법인지(如來無生法印智)이다. 이 지혜의 차별은, 상(相)과 미혹을 벗어난 깨달음으로 각(覺)에 듦이 있으면, 깨달음과 깨달음에 의한 각식(覺識)이 있음이니, 돈오(頓悟)이다. 깨달음의 각식(覺識)이 끊어져, 깨달음과 깨달음 지혜의 일체를 벗어나, 무생결정성(無生結定性)인 체용불이(體用不二)의 법보화신(法報化身), 3불원융일신각(三佛圓融一身覺) 무연자재(無然自在)이면, 돈각(頓覺)이다. 돈각(頓覺)은, 일체 깨달음과 깨달음의 각식(覺識)이 끊어진, 무생불각(無生佛覺)이다.

돈오(頓悟)의 깨달음 깊이인, 깨달음 각식(覺識)의 지혜성품 차별차원에 따라, 무위지혜의 4종성(四種性)이 있으니, 6식(六識)이 끊어진 대승지(大乘智)인 상공성(相空性)과 7식(七識)이 끊어진 일승지(一乘智)인 무염진여성(無染眞如性)과 8식(八識)의 출입식(出入識)이 끊어진 일불승지(一佛乘智)인 원융각명편재성(圓融覺明遍在性)과 8식(八識)의 함장식(含藏識)이 끊어진 불승(佛乘)인 부동열반청정성(不動涅槃淸淨性)이다. 무위(無爲)를 깨달아 든 무생법인지(無生法忍智)에서는, 시각(始覺)의 각력(覺力)이 본각(本覺)에 이르지 못해, 깨달음 무위각식(無爲覺識)의 지혜작용이 있으니, 일체상 무위청정공(無爲淸淨空)의 각식(覺識)인 대승지(大乘智)가 있으며, 무염청정진여(無染淸淨眞如)의 각식(覺識)인 일승지(一乘智)가 있으며, 원융청정각명(圓融淸淨覺明)의 각식(覺識)인 일불승지(一佛乘智)가 있으며, 부동청정열반성(不動淸淨涅槃性)의 각식(覺識)인 불승지(佛乘智)가 있다. 이것이, 깨달음으로 무위지혜(無爲智慧)에 든, 깨달음 각식(覺識)의 차별차원 지혜상(智慧相)이다.

이 무위지혜(無爲智慧)를 모두 타파해 벗어나면, 여래결정성(如來結定性)에 들게 되니, 시각(始覺)과 본각(本覺)이 둘 다 끊어진, 무생법인지(無生法印智)인 무생결정성(無生結定性)이다. 그러므로, 무위지혜(無爲智

慧)의 일체공(一切空)과 일체무염진여(一切無染眞如)와 일체각명보리(一切覺明菩提)와 일체부동열반(一切不動涅槃)의 성품과 지혜가, 모두 끊어져 벗어나게 된다. 이 결정성(結定性)은 곧, 3불원융일신각(三佛圓融一身覺)이다. 이는, 본연무연중절대성(本然無然中絶對性)으로, 여래결정각(如來結定覺)이다. 3불원융일신각(三佛圓融一身覺)이란, 용각(用覺)이 체각(體覺)을 꿰뚫어, 용각(用覺)과 체각(體覺)이 동일성품, 체용불이(體用不二)에 듦으로, 체각(體覺)과 용각(用覺)이 둘 다 끊어진 무생무연원융각(無生無然圓融覺)으로, 법신(法身)과 보신(報身)과 응화신(應化身)의 성품이 차별 없는 원융성(圓融性)으로, 3불신(三佛身)의 성품이 따로 없는, 3불무생원융일신각(三佛無生圓融一身覺)이다. 이는, 법신(法身)의 성품을 벗어나 보신(報身)과 응화신(應化身)이 없으며, 보신(報身)의 성품을 벗어나 법신(法身)과 응화신(應化身)이 없으며, 응화신(應化身)인 일신각(一身覺)의 성품을 벗어나 법신(法身)과 보신(報身)이 따로 없다. 결정성(結定性)에 들면, 법신(法身)과 보신(報身)과 응화신(應化身)이 차별 없는, 원융한 한 성품 진성(眞性)이므로, 셋이 없으니, 법신(法身)이 보신(報身)과 응화신(應化身)이 한 성품이며, 보신(報身)이 법신(法身)과 응화신(應化身)이 한 성품이며, 응화신(應化身)이 법신(法身)과 보신(報身)이 한 성품인, 3불3신원융일신각(三佛三身圓融一身覺)을 이루게 된다. 법신(法身)이란, 무생본성(無生本性)이다. 보신(報身)이란, 시각(始覺)과 본각(本覺)이 둘 다 끊어진 본성각명(本性覺明)이다. 응화신(應化身)이란, 응신(應身)은 법신(法身)이 수연상(隨緣相)을 따르는 것이며, 화신(化身)은 법신(法身)의 화현상(化現相)이다. 이 지혜성품은 무생결정성(無生結定性)으로, 무연본성열반(無然本性涅槃)과 무연본각보리(無然本覺菩提)와 무연본심진여(無然本心眞如)가 따로 없는 곧, 무연원융일성(無然圓融一性)이다.

　돈각(頓覺)의 각(覺)이, 깨달음이 아닌 본성각명보리(本性覺明菩提)이므로, 보리(菩提)에는 돈(頓)도 끊어졌으니, 돈각(頓覺)의 돈(頓)은, 깨달음의 돈(頓)이 아니라, 무생본성즉입(無生本性卽入)이다. 깨달음의 돈(頓)이면, 깨달음이 있는 돈오(頓悟)의 의미로 해석이 된다. 돈오(頓悟), 이것은 깨달음을 일컬음이니, 돈각(頓覺)에서 보면, 이 돈오(頓悟)는 아직, 시각(始覺)과 본각(本覺)이 둘 다 끊어지지 않아, 무생본연무연중절대성(無生本然無然中絶對性)에 들지 못했으므로, 완전한 무상불지(無上佛智)의 깨달음이 아니다. 이는, 깨달음으로 무위각성(無爲覺性)에 들었으나, 아직 각식(覺識)이 끊어지지 않아, 각식(覺識)의 장애(障礙)를 벗어나지 못한 미혹(迷惑)의 경계이다. 깨달음은, 각식(覺識)의 법이므로, 돈각(頓覺)이 아니다. 돈각(頓覺)의 돈(頓)은, 시각(始覺)과 본각(本覺)이 둘 다 끊어진, 무생보리(無生菩提)이니, 일체 깨달음과 깨달음의 각식(覺識)과 무위지혜상(無爲智慧相)까지 끊어져 흔적이 없다. 이는, 무연무생일심(無然無生一心)이며, 무연무생일각(無然無生一覺)이다. 그러므로, 무위지혜(無爲智慧)의 원각수순경(圓覺隨順經)인 원각경(圓覺經)은, 원각수순(圓覺隨順)이 있는 원지(圓智)이므로, 제8 변음보살장(辨音菩薩章)에 사마타(奢摩他), 삼마발제(三摩鉢提), 선나(禪那)의 원각(圓覺) 25종 수행에서, 오직, 단박 각(覺)에 즉입(卽入)한 돈각인(頓覺人)과 법(法)을 수순하지 않는 불수순(不隨順) 자는, 제외된다는 구절이 있다. 그러나, 제12 현선수보살장(賢善首菩薩章)에서, 이 경(經)의 이름이 돈교대승(頓敎大乘)이니, 돈기중생(頓機衆生)이 이를 좇아 개오(開悟)한다 함은, 사유(思惟)와 분별(分別)에 의지하지 않고 원각성(圓覺性)에 들며, 사마타(奢摩他), 삼마발제(三摩鉢提), 선나(禪那)에 의해 돈기(頓機) 중생이 개오(開悟)함을 일컬음이다. 금강삼매경은 무생결정성(無生結定性)이니, 수순할 성품과 법과 지혜가 없어, 무생결정성(無生結定性)인 여래장(如來藏) 무생행(無生行)에 듦이니, 돈각지(頓覺智)이다. 일체 깨달음의 무위지혜상(無爲智慧相)을 초월해 끊어지면, 깨달음도 끊어져 없고, 본성보리(本性菩提)인 무생보리(無生菩提)도 끊어져, 무생결정성(無生結定性)에 들게 된다. 왜냐면, 무생보리(無生菩提)가, 생(生)도 상(相)도 끊어졌기 때문이다. 무생결정성(無生結定性)에 들면, 일체 3종상(三種相)이 끊어지니, 이는, 일체 색상(色相)과 일체 식상(識相)과 일체 깨달음의 지혜상(智慧相)이 끊어져 없다. 색상(色相)은, 색성향미촉법의 6근(六根)으로 대하는 만물일체상(萬物一切相)이며, 식상(識相)은, 수상행식(受想行識)의 능소(能所) 일체 심식(心識)작용인, 제식(諸識)의 출입(出入)과 취사(取捨)의 일체상(一切相)이며, 지혜상(智慧相)은, 깨달음에 의한 공(空), 진여(眞如), 보리(菩提), 열반(涅槃), 본성(本性), 본각(本覺), 본심(本心), 불법(佛法), 불지혜(佛智慧), 아눅다라삼먁삼보리 등, 일체지혜상(一切智慧相)이다. 일체 3종상(三種相)이 끊어짐은, 상(相)과 생(生)이 끊어져, 구(求)함과 머묾과 취사(取捨)가 끊어진 무생결정성(無生結定性)인, 바로 여래결정성(如來結定性)이다. 이것이 돈각(頓覺)이다.

돈각(頓覺)인 무생(無生)의 각(覺)과 돈오(頓悟)인 상(相)의 타파인 깨달음 오(悟)에 따라, 돈(頓)의 성품이 근본적으로 다르며, 각(覺)과 오(悟)의 지혜성품 차원이, 불지(佛智)와 보살지(菩薩智)로 달라진다. 돈각(頓覺)의 각(覺)은, 일체(一切) 무생원융(無生圓融)으로, 무생결정각(無生結定覺)이므로, 미(迷)와 오(悟)가 없는 무생보리(無生菩提)이니, 돈각(頓覺)에는 깨달음도 없고, 깨달음의 지혜도 끊어져 없다. 그러나, 돈오(頓悟)의 오(悟)는, 시각(始覺)도 본각(覺覺)도 끊어진 본연무연중절대성(本然無然中絕對性)인, 무생본성(無生本性)에 들지 못해, 깨달음의 시각(始覺)이, 무생본각(無生本覺)의 성품과 차별이 있어, 시각(始覺)과 본각(本覺)이 둘 다 끊어지지 않아, 각(覺)의 점차(漸次)의 차별 속에 있으므로, 돈오(頓悟)에는, 깨달음 각식(覺識)의 차별차원에 따라, 그 지혜성품이 다르다. 그러므로 돈오(頓悟)는, 각력(覺力)이 무생결정성(無生結定性)에 들어야, 시각(始覺)과 본각(本覺)이 둘 다 끊어져, 일체 각(覺)의 출입(出入) 점차가 끊어진다. 무생(無生)도, 돈오무생(頓悟無生)과 돈각무생(頓覺無生)이 있다. 돈오무생(頓悟無生)은, 공청정(空淸淨) 무위무생(無爲無生)이며, 돈각무생(頓覺無生)은, 무위무생(無爲無生)도 끊어진, 결정무생(結定無生)인 인(印)이다. 결정무생(結定無生)은 무위무생(無爲無生)이 아닌, 여래장(如來藏)인 여래결정각(如來結定覺)이다. 무위무생(無爲無生)에는, 무위지혜의 차별성품에 따라, 대공청정무생(大空淸淨無生)도 있고, 무염진여무생(無染眞如無生)도 있고, 각명원융무생(覺明圓融無生)도 있고, 부동열반무생(不動涅槃無生)도 있다. 이는, 각식(覺識)의 지혜성품이므로, 여래결정성(如來結定性)에 들면, 일체 무위각식(無爲覺識)의 지혜성품이 모두, 끊어진다. 그러므로, 무생결정성(無生結定性)인 본연무연중절대성(本然無然中絶對性) 원융일성각(圓融一性覺)에서, 법보화신(法報化身) 3불원융일신각(三佛圓融一身覺)을 이룬다.

만약, 돈오(頓悟)에서, 단박 상(相)이 끊어지면, 상공(相空)에 들어 대승지(大乘智)를 발한다. 단박, 식(識)이 끊어지면, 식공(識空)에 들어, 대승지(大乘智)의 상공(相空)을 초월한 각력에 따라, 이사무애(理事無礙)의 일승(一乘)이나, 사사원융(事事圓融)의 일불승(一佛乘)이나, 부동열반성(不動涅槃性)인 불승(佛乘)에 들게 된다. 만약, 보살 증득 일체지혜상(一切智慧相)까지 끊어지면, 여래(如來)의 결정성 불과(佛果)에 들게 된다. 그러나, 불과(佛果)에 들지 못하면, 보살 증득 지혜상도 차별차원이 있으니, 대승(大乘)의 상공지혜상(相空智慧相)이 끊어지면, 일승보살지(一乘菩薩智)에 들게 된다. 일승무염청정진여상(一乘無染淸淨眞如相)이 끊어지면, 일불승보살지(一佛乘菩薩智)에 들게 된다. 일불승원융무애각명상(一佛乘圓融無礙覺明相)이 끊어지면 불승보살지(佛乘菩薩智)에 들게 된다. 불승적멸부동열반상(佛乘寂滅不動涅槃相)이 끊어지면, 결정성(結定性), 여래장(如來藏) 성품인 무생불각(無生佛覺)에 들게 된다. 그러나 무위지혜에서도, 각력상승(覺力上昇)의 공능력(功能力)에 따라, 순차적인 차원을 뛰어넘을 수도 있다. 그러나, 깨달음이 있는 그 자체가 곧, 무위(無爲)의 각식(覺識)과 각아(覺我)에 의한 작용이니, 이는 곧, 각력상승으로 타파해 벗어나야 할, 각(覺)의 미혹이다.

　돈각(頓覺)은, 깨달음 일체 지혜까지 끊어지니, 본래 무생(無生)에는 깨달음도, 깨달음의 지혜도 끊어져 없다. 무엇에 의지한 어떤 앎과 지혜도 없는 무생원융(無生圓融) 성품이기에, 원융결정본성(圓融結定本性)의 지혜가 두루 밝아, 일체불이원융각(一切不二圓融覺)인 3불원융일신각(三佛圓融一身覺)을 이루게 된다. 이것이, 여래(如來)의 결정성(結定性)이다. 깨달을 바가 있어 깨달았으면, 깨달음이 있음이니, 이는, 돈각(頓覺)이 아닌 돈오(頓悟)이다. 돈오자(頓悟者)는 반드시, 깨달음 지혜의 미혹인 각식(覺識)을 타파해, 벗어나야 한다. 왜냐면, 그 깨달음에는, 깨달음을 얻은 각식(覺識)과 각아(覺我)가 있기 때문이다. 그 깨달음의 각식(覺識)과 각아(覺我)가 있으면, 깨달은 무위상(無爲相)이 있어, 이 경(經)에서 논(論)하는 결정성(結定性)을, 아무리 헤아려도 알 수가 없다. 왜냐면, 깨달음 각식(覺識)과 각아(覺我)도 끊어진 성품이 곧, 무생(無生) 결정성(結定性)이기 때문이다. 무생결정성(無生結定性)에 증입하지 않으면, 시각(始覺)과 본각(本覺)이 차별성이 있어, 둘 다 끊어지지 않아, 깨달음에 의한 무위각식(無爲覺識) 지혜작용의 허물이, 무엇인지 알 수가 없다. 그 점검은, 원융지혜(圓融智慧)의 장애(障礙)가 있어, 일신(一身) 중에, 법신불(法身佛)과 보신불(報身佛)과 응화신불(應化身佛)이 원융한, 3불원융무연일신각(三佛圓融無然一身覺)이 시현(示顯)되지 않는다. 그 까닭은, 각(覺)의 작용인, 지혜의 체(體)와 용(用)이 둘 다 끊어지지 않아, 시각(始覺)과 본각(本覺)이 서로 차별 속에 있어, 둘 다 끊어지지 않았기 때문이다. 시각(始覺)과 본각(本覺)이 둘 다 끊어지지 않으면, 본각(本覺)과 시각(始覺)과 일신(一身)이, 서로 성품이 차별 속에 있어, 본각(本覺)과 시각(始覺)과 일신(一身)이 차별 없는, 체용불이(體用不二)의 결정성(結定性)을 이루지 못해, 무연원융일신각(無然圓融一身覺)을 이룰 수가 없다. 이것이, 돈오(頓悟)와 돈각(頓覺)의 지혜성품 차별이다. 이는 곧,

보살지(菩薩智)인 무위무생법인지(無爲無生法忍智)와 불지(佛智)인 결정무생법인지(結定無生法印智)의 지혜성품 차별이다.

○52. 어떤 것이 생멸(生滅)의 생각이며, 앎의 상(相)이옵니까?

解脫菩薩 而白佛言 尊者 云何生滅慮知相
해 탈 보 살 이백불언 존 자 운하생멸려지상

해탈보살이 부처님께 말씀 사뢰오며 여쭈옵기를, 세존이시여! 어떤 것이 생멸(生滅)의 생각이며, 앎의 상(相)이옵니까?

♣ 해탈보살이, 부처님께 말씀 사뢰오며 여쭈옵기를, 세존이시여! 여래장(如來藏)은, 생멸의 생각이나 앎의 상(相)으로 드러나지 않는, 참 성품[理]이라 하옵시니, 어떤 것이, 여래장(如來藏)을 알 수 없는 생멸의 생각이며, 앎의 상(相)이옵니까?

○53. 분별(分別)하는 천만(千萬) 가지 생각 모두가 생멸상(生滅相)이다.

佛言 菩薩 理無可不 若有可不
불언 보 살 이무가부 약유가부

即生諸念[大:續1,2: 即生諸念] **千思萬慮 是生滅相**
즉 생 제 념 [대:속1,2: 즉생제념] 천 사 만 려 시 생 멸 상

부처님께옵서 말씀하옵기를, 보살이여! 참 성품[理]은 이것과 저것, 또한, 옳고 그름의 일체 분별[可不]이 없느니라. 만약, 분별[可不]이 있다면 곧, 모든 생각이 일어남이니, 천(千) 가지 생각과 만(萬) 가지 헤아림, 이것이 생멸상(生滅相)이니라.

♣ 부처님께옵서 말씀하옵기를, 보살이여! 참 성품[理]은, 무엇을 보고 헤아림이 없어, 이것과 저것, 또는 옳고 그름의 일체(一切) 분별(分別)이 없느니라. 만약, 무엇을 보고 헤아리거나 앎을 일으킨다면 곧, 모든 생각이 일어남이니, 이것이, 천(千) 가지 생각과 만(萬) 가지 헤아림이니, 이것이 곧, 생멸상(生滅相)이니라.

□ 고(高), 논(論) 경(經)에 즉(即)이, 대(大), 속1,2(續1,2) 경(經)에는 즉(卽)으로 되어 있다.

■ 이(理)

　참 성품이다. 이(理)를 참 성품이라 함은, 본성(本性)이, 제불지혜(諸佛智慧)와 만물만법만상(萬物萬法萬相)의 근본, 일체총지(一切總持)의 이성(理性)이기 때문이며, 또한, 본성이 일체총지성(一切總持性)이므로, 본성을 일컬어 이(理)라 한다. 이(理)는, 성품이 작용하는 내재성을 가진, 또 다른 일면의 이름이다. 성품 공능(功能)에 의한 작용이 섭리(攝理)이며, 이(理)의 공능에 의한 일체 현상이 곧, 사(事)이다. 사(事)의 본성을 이(理)라고 할 때는, 일체 만상(萬相), 만심(萬心), 만물(萬物)의 섭리(攝理)를 함유(含有)한 총지성(總持性)이기 때문이다. 성품이 곧, 이(理)이며, 이(理)가 곧, 성품이다. 이(理)와 성품은 분리할 수가 없다. 성품을 떠나 이(理)는 존재할 수가 없고, 이(理)이기에 성품이라고 하며, 이(理)를 벗어나 성품은 존재할 수가 없다. 이(理)가 작용하는 공능(功能) 실체(實體)를 성품이라고 하고, 성품이 작용하는 그 자체를 일러 공능(功能)이라고 하며, 공능(功能)의 행(行)을 이(理)의 작용이라고 한다. 본성(本性)은, 일체(一切) 사(事)의 현상을 드러내는 섭리(攝理)의 근본(根本) 성품이며, 체(體)이기에 성품을 일러 이(理)라고 한다. 위의 구절에서는, 청정본성을 일컬어 이(理)라고 했을 뿐, 성품의 작용인 이치나, 섭리를 일컬음이 아니다. 이치(理致)나 섭리(攝理)는 분별이며, 차별이며, 상(相)인 사(事)의 세계이다. 위 구절은, 어떤 이치와 섭리에도 변함 없는 참 성품을 일러, 이(理)라고 하였다. 이(理)는 곧, 청정본성이다. 이치와 섭리는, 상(相)인 사(事)의 차별세계이다. 일체 차별 현상인 사(事)의 성품[理]은, 일체 차별을 벗어났으므로, 청정한 참 성품, 무생리(無生理)이므로, 일체 차별을 벗어나, 무엇에도 걸림 없어, 원융하여 일체 만상(萬相)을 드러낸다. 그러나, 일체 현상 또한, 그 성품이 무자성(無自性)이므로, 청정공성(淸淨空性)이다. 그러므로 이사불이(理事不二)이며, 사사원융(事事圓融)이므로, 상(相)도 공(空)하고, 체(體)도 공(空)하여 일체청정상(一切淸淨相)이다.

○ **54.** 참 성품은 스스로 충만(充滿)하나, 분별심에 심왕(心王)을 잃는다.

菩薩 觀本性相 理自滿足 千思萬慮 不益道理
보살 관본성상 이자만족 천사만려 불익도리

徒爲動亂 失本心王
도위동란 실본심왕

보살이여! 본성(本性)의 모습을 관(觀)하면, 참 성품[理]은, 스스로 충만하고 구족(具足)함이니, 천(千) 가지 생각과 만(萬) 가지 헤아림이, 참 성품[理]의 도[道:行]에 이롭지 않으므로, 부질없이 움직여 [5온과 18계, 사량과 분별 등] **혼란하면, 본 심왕(心王)을 잃게 되느니라.**

♣ 보살이여! 본성의 성품을 관(觀)하면, 본 성품은, 스스로 완연하여 충만하고, 부족함이 없어 구족함이니, 천(千) 가지 생각과 만(萬) 가지 헤아림이, 충만하고 구족(具足)한 참 성품[理]의 원융무애성(圓融無礙性)인, 공능(功能)의 도(道)에 이롭지 못함이니라. 그러므로, 5음(五陰)과 18계(十八界), 사량과 분별 등, 심식(心識)의 혼란에 휩쓸리면, 본성(本性)의 심왕(心王)을 잃게 되느니라.

● 본성(本性)은, 스스로 충만하고 구족(具足)하다 함은, 본성의 실상(實相)을 말함이다. 본성을 본래, 스스로 구족하고 원만하며 충만하다. 왜냐면, 일체상을 벗어난 자성원융(自性圓融)의 성품으로, 무상공덕일체충만총지(無相功德一切充滿總持)의 성품이기 때문이다. 일체충만총지(一切充滿總持)라 함은, 일체가 그로부터 출현하고, 작용하며, 존재함으로 총지(總持)라 한다. 총지(總持)의 실체는 곧, 본성이다. 본성이 일체를 창출하는 총지(總持)로, 스스로 충만하고 원만하며, 자재(自在)한 성품이다. 성품 그 자체가 곧, 일체 총지(總持)의 불가사의한 이(理)의 성

품이다. 제불(諸佛)의 일체지혜와 만법(萬法)을 구족(具足)하게 하고, 천지 만물만상의 조화(造化)가 무량하며, 생각하는 대로 상념(想念)이 나타나고, 행(行)의 성격을 따라 인과(因果)가 드러난다. 천(千) 가지 생각과 만(萬) 가지 헤아림의 5음(五陰)을 생성하고, 18계 시방세계를 형성하니, 5음과 18계 상념(想念)의 사량과 분별로는, 본 성품[理] 원융무애(圓融無礙)한 공능(功能)의 도(道)에 들지 못하므로, 성품의 도(道)에 이롭지 않다고 한다. 그러므로 심왕(心王)을 잃음을 뜻한다.

■ 심왕(心王)

본심(本心)이다. 본심은 본성심(本性心)이다. 본성(本性)과 본심(本心)이 다르지 않다. 본성의 마음이 본심이다. 근본 성품을 본성(本性)이라 하며, 근본 성품이 각(覺)으로 작용하면 본각(本覺)이라 하며, 근본 성품이 심(心)으로 작용하면 본심(本心)이라고 한다. 성(性), 심(心), 각(覺)이 곧, 다름없는 한 성품이다. 본(本)이라고 할 때는 일체의 체성(體性)임을 일컬으며, 성(性)이라고 할 때는 무상(無相) 성품의 공능(功能)작용을 일컬음이다. 성(性)이 부동성(不動性)으로 작용할 때는, 무엇에도 동(動)함 없는 본성(本性)인 열반(涅槃)의 성품이라 한다. 성(性)이 무염성(無染性)으로 작용할 때는, 무엇에도 때 묻음 없는 본심(本心)인 진여(眞如)의 성품이라 한다. 성(性)이 원융각성(圓融覺性)으로 작용할 때는, 무엇에도 걸림 없이 두루 밝은 본각(本覺)인 보리(菩提)의 성품이라 한다. 본성(本性), 본심(本心), 본각(本覺)이 한 성품일 뿐, 셋이 아니다. 근본 성품의 3대성(三大性)인 성(性), 심(心), 각(覺)은, 성(性)은 열반성(涅槃性)을 일컬으며, 심(心)은 진여성(眞如性)을 일컬으며, 각(覺)은 보리성(菩提性)을 일컫는다. 열반성(涅槃性)은 무엇에도 동(動)함 없는 적멸부동성(寂滅不動性)이며, 진여성(眞如性)은 무엇에도 물듦 없는 무염청정성(無染淸淨性)이며, 보리성(菩提性)은 무엇에도 걸림 없는 원융각명성(圓融覺明性)이다. 이는, 근본 성품의 특성인 3대성(三大性)이므로, 각각 분리되거나 떨어져 존재할 수 없는, 한 성품 작용의 3대성(三大性)이다. 깨달음으로, 본성(本性)의 열반성(涅槃性)과 본심(本心)의 진여성(眞如性)과 본각(本覺)의 보리성(菩提性)인 본(本) 성품에 들면, 부사의 3대성(三大性)의 작용을 깨닫게 된다. 이 3대성(三大性)의 작용이 서로 원융조화(圓融造化)를 이루어, 마음의 원융원만작용이 이루어진다. 마음이 동(動)함 없음이 열반성(涅槃性)이며, 마음이 무엇에도 물듦 없음이 진여성(眞如性)이며, 마음이 항상 두루 밝게 깨어 있음이 보리성(菩提性)이다. 이 3대성(三大性) 중에 어느 것 하나라도 잃으면, 마음작용을 할 수가 없다. 본심(本心)을 심왕(心王)이라고 함은, 본심은, 생멸하는 제식(諸識)의 바탕이기 때문이며, 제식(諸識)의 근본이기 때문이다. 그러나 본심(本心)을 깨닫지 못하면, 분별의 식심(識心)을 자기의 마음으로 앎은, 심왕(心王)인 본심(本心)을 모르기 때문이다. 식(識)이 작용하는 분별심을 마음으로 알고 있음이 곧, 심왕(心王)인 본심을 모름이다. 이는, 분별하는 식(識)의 혼란에 가리어 본심을 알 수가 없음이니, 7식(七識) 자아(自我)가 끊어지면, 바로 진여(眞如)인 본심에 들게 된다. 7식(七識)이 끊어지지 않으면, 진여(眞如)를 알 수가 없음은, 자아의 분별심으로 청정본심(淸淨本心)이 드러나지 않기 때문이다. 일체 분별의 7식(七識)이 끊어지면, 무엇에도 물듦 없는 진여(眞如)인 본심을 깨닫는다. 7식(七識)이 끊어지기 전에는 진여(眞如)를 안다 해도, 그것은 사량이며, 분별의 지식(知識)일 뿐, 진여(眞如)의 실증(實證) 지혜가 없어, 알 수가 없다. 진여(眞如)의 실체에 듦이, 7식(七識) 자아(自我)가 끊어진 일승(一乘) 이사무애(理事無礙)의 지혜성품인 무염진여성(無染眞如性)이다.

○**55.** 식심(識心)이 끊어지면 적멸하여 청정하니, 이것이 대승(大乘)이다.

若無思慮 則[論: 即]**無生滅 如實不起 諸識安寂 流注不生**
약 무 사 려 즉 [논: 즉] 무 생 멸 여 실 부 기 제 식 안 적 유 주 부 생

得五法淨 是謂大乘
득 오 법 정 시 위 대 승

만약, 생각과 헤아림이 끊어지면 곧, 생멸(生滅)이 끊어져, 일어나지 않아 여(如)의 실(實)이므로, 모든 식(識)이 적멸(寂滅)하여 평안하며, 흐름과 머무름이 생(生)하지 않아, 5법(五法) 청정(清淨)을 얻음이니, 이것이 대승(大乘)이니라.

♣ 만약, 생각과 헤아림의 분별인 색수상행식(色受想行識)이 끊어지면 곧, 생멸이 끊어져 5음(五陰)이 일어나지 않아, 여(如)의 실(實)이므로 곧, 제식(諸識)이 끊어져 적멸하여, 식(識)의 혼란과 얽매임이 없어 평안하며, 일체 식(識)의 흐름과 머무름이 없는 상(相), 명(名), 분별(分別), 정지(正智), 여여(如如)의 5법(五法) 청정함을 얻음이니, 이것이 대승(大乘)이니라.

□ 고(高), 대(大), 속1,2(續1,2) 경(經)에 즉(則)이 논(論) 경(經)에는 즉(即)으로 되어 있다.

● **5법(五法):** ①상(相), ②명(名), ③분별(分別), ④정지(正智), ⑤여여(如如)이다.

① 상(相): 색성향미촉법(色聲香味觸法)의 일체상(一切相)인 만물만상(萬物萬相)의 모습이다.

② 명(名): 상(相)의 차별을 따라 이름함이다.

③ 분별(分別): 상(相)과 명(名)을 따라 일으키는 일체 능소(能所)의 분별(分別)이다.

④ 정지(正智): 상(相), 명(名), 분별(分別)이 실체(實體) 없음을 아는 바른 지혜이다.

⑤ 여여(如如): 상(相), 명(名), 분별(分別)의 모습[相]도, 그 체(體)도 실체 없는 여여(如如)의 무생(無生) 결정성(結定性)이다.

● 모든 승(乘)을 상황에 따라, 대승(大乘)으로 수용하여 칭하는 경우

와 일승(一乘)으로 수용하여 칭하는 경우가 있다. 그것은, 대승(大乘)으로 칭할 때는 지혜의 차별을 분별하지 않고, 불(佛)의 성품에서 모두를 한 성품 대승행자(大乘行者)로 수용하는 경우가 있으며, 또한, 모두를 일승(一乘)으로 칭할 때는, 일체 지혜의 뿌리가, 하나의 지혜임을 수용하는 관점이다. 여기에서는 5법(五法) 청정에 듦이, 대승(大乘)임을 말씀하신다.

● 요해구절(了解句節) 404에도 5법(五法)에 대한 구절이 있다.

○56. 5법(五法)의 청정(淸淨)함에 들면, 마음에 망념(妄念)이 없다.

菩薩 入五法淨 心即無妄[大:續1,2: 心卽無妄]
보 살 입 오 법 정 심 즉 무 망 [대:속1,2: 심즉무망]

보살이여! 5법(五法)의 청정(淸淨)함에 들면, 마음에 곧, 망념(妄念)이 없느니라.

♣ 보살이여! 일체 상(相), 명(名), 분별(分別), 정지(正智), 여여(如如)의 청정성품에 들면, 마음에 곧, 일체 망념(妄念)이 없느니라.

□ 고(高), 논(論) 경(經)에 즉(即)이, 대(大), 속1,2(續1,2) 경(經)에는 즉(卽)으로 되어 있다.

○57. 망식(妄識)이 없으면, 여래자각성지(如來自覺聖智)의 성품에 든다.

若無有妄 即[大:續1,2: 卽]入如來自覺聖智之地 入智地者
약 무 유 망 즉 [대:속1,2: 즉] 입 여 래 자 각 성 지 지 지 입 지 지 자
善知一切從本不生 知本不生 即[大:續1,2: 卽]無妄想
선 지 일 체 종 본 불 생 지 본 불 생 즉 [대:속1,2: 즉] 무 망 상

만약, 망식(妄識)이 없으면 곧, 여래자각성지(如來自覺聖智)의 성품[本地]에 드느니라. 이 지혜의 성품[本地]에 든 자는, 일체(一切)가 본성(本性)을 따라 불생(不生)임을 잘 알며, 본래(本來) 불생(不生)임을 앎으로 곧, 망(妄)의 상념(想念)이 없느니라.

♣ 만약, 망식(妄識)이 없으면 곧, 여래(如來)의 자성보리(自性菩提)인, 성지(聖智)의 성품[本地]에 드느니라. 이 지혜의 성품[本地]에 든 자는, 색성향미촉법의 일체(一切) 색(色)과 수상행식의 일체(一切) 식(識)이, 본성(本性)을 따라 불생(不生)임을 잘 알며, 본래(本來) 불생(不生)임을 앎으로, 망(妄)의 상념(想念)이 없느니라.

□ 고(高), 논(論) 경(經)에 즉(卽)이, 대(大), 속1,2(續1,2) 경(經)에는 즉(卽)으로 되어 있다.

● **여래자각성지(如來自覺聖智):** 여래자각(如來自覺)은 여래자성각(如來自性覺)이며, 여래자증각(如來自證覺)이며, 여래결정경계(如來結定境界)이며, 여래내자증(如來內自證)이다. 이 모두, 다를 바 없는 동일한 성품이다. 이는, 시각(始覺)이 본각(本覺)을 꿰뚫어, 완전한 불이(不二)의 공능(功能)을 이룸이다. 이는, 각(覺)의 용(覺)과 체(體)가 불이(不二)인, 원융각명(圓融覺明)이다. 성지(聖智)는, 일체 미망(迷妄)을 벗어난 지혜이다.

■ 식(識)의 전변세계(轉變世界)

여래자각성지(如來自覺聖智)인 무상각(無上覺)에 이르기까지, 지혜전변(智慧轉變)에 의한, 깨달음의 각력상승(覺力上昇) 보살지(菩薩智)의, 지혜성품 차별차원이 있다. 그것이, 각력상승으로, 점차 색수상행식(色受想行識) 5음(五陰)이 끊어지는 과정이며, 이는 6근, 6식, 7식, 8식이 끊어지는 과정들이다.

5음(五陰)은 5온(五蘊)이다. 5음(五陰)은 색수상행식(色受想行識)이다. 색(色)은 색성향미촉(色聲香味觸)의 물질이며, 수상행식(受想行識)은 심식(心識)의 작용이다. 수(受)는, 안이비설신의근(眼耳鼻舌身意根)으로 색성향미촉법(色聲香味觸法)을 받아 들이는 감수작용인, 6근(六根) 수(受)이다. 상(想)은 6경(六境)이며, 6진(六塵)인, 색성향미촉법(色聲香味觸法)을 안이비설신의(眼耳鼻舌身意)로 받아 들인, 상(相)의 심상(心相)인 6식

(六識)이다. 6식(六識)은, 안이비설신의식(眼耳鼻舌身意識)이니, 6근(六根) 수(受)에 의한 심상(心相)인, 6식(六識)이다.

색성향미촉법(色聲香味觸法) 중에 법(法)이란, 뜻[意]으로 인식하여 분별하거나, 헤아려 가름하는 일체(一切) 유형(有形), 무형(無形), 논리(論理), 개념(概念), 사상(思想), 철학(哲學), 사회적 인식(認識)의 통념(通念)과 규정(規定), 선악(善惡) 등, 일체 분별의 대상(對相) 모두가 곧, 이 법(法)에 수용된다. 색성향미촉(色聲香味觸)의 물질이, 심(心)의 대상(對相)으로 작용하면 곧, 인식(認識)과 분별(分別)과 사유(思惟)의 대상(對相)이므로, 이 또한, 법(法)이 된다. 색성향미촉(色聲香味觸) 자체가 물질이어도, 법(法)으로 수용되면, 색성향미촉이 순수 물질의 성질과는 다른, 업(業)의 성질인, 법(法)의 특성을 가지게 된다. 물질이 법(法)으로 수용되면, 이 법(法)은, 색성향미촉(色聲香味觸)의 물질과 같은 것도 아니며, 그렇다고 또한, 다른 것도 아닌, 법(法)으로 수용되는 촉각(觸覺)과 감각(感覺)과 인식(認識)과 분별(分別)과 사유(思惟)의 업(業)의 특성에 따라, 물질의 성질이, 인식(認識)하는 상념업성(想念業性)의 성질로 변화하게 된다. 이는, 중생 차별세계의 업(業)의 특성과 또는, 개인적 차별업(業)의 특성에 따라, 색성향미촉(色聲香味觸)의 성질이 그에 따라 변화되며, 업(業)의 특성의 성질로 바뀌어 변화되며 달라진다.

행(行)은, 6식(六識)의 거울에 비친 심상(心相)을 인지하여 분별하고, 헤아리어 판단하며, 취사(取捨)의 행위를 결정하는 자아의식(自我意識)으로 7식(七識)이다. 7식(七識)이라 함은, 6식(六識)에서 자아(自我)의 행(行)의 식(識)이 하나 더하므로 7식(七識)이라 한다. 색수상행(色受想行)의 다음 식(識)이 8식(八識)이다. 8식(八識)에는 2종식(二種識)이 있으니, 출입식(出入識)과 함장식(含藏識)이다. 출입식(出入識)은, 색수상행(色受想行)인 6근, 6식, 7식의 일체 작용을, 함장식(含藏識)에 저장하는 입(入)의 작용과 함장식(含藏識)에 저장되어 있는 전세(前世)와 현세

(現世)의 모든 업(業)이 저장된 기억(記憶)과 정념(情念)의 정보(情報)를, 7식, 6식, 6근의 작용이 원활하도록, 뜻[意]과 의지(意志)와 반응적 무의식작용에 따라, 저장된 정보(情報)를 끌어내는, 출(出)의 작용을 하는 식(識)이다. 8식(八識) 중 함장식(含藏識)은, 동(動)함이 없는 부동식(不動識)으로, 3세(三世)의 모든 업(業)을 저장한 식(識)이다. 8식(八識) 함장식(含藏識)은, 중생(衆生)의 근본 무명식(無明識)이다.

8식(八識)에 대한 것은, 각론(各論)의 성격에 따라 차별이 있다. 전체의 식(識)을 8종식(八種識)으로 규정하는 논(論)도 있으며, 9종식(九種識)으로 규정하는 논(論)도 있으며, 10종식(十種識)으로 규정하는 논(論)도 있다. 그것은, 각 논(論)의 성격과 설정에 따라, 그에 따른 차이가 있다. 명확히, 통합적 일관성으로 규정하고 결정된 바는 없다. 그것이 그럴 수밖에 없음은, 8식(八識)부터의 식(識)은 그 차원이, 관념(觀念)과 인식(認識)으로는 알 수가 없기 때문이다. 그러므로 깊은 식(識)은, 관념과 인식으로는 무의식(無意識) 세계이므로, 막연하고 추상적이라 구분할 수가 없는 불가사의이니, 깨달음의 각력으로 그 식(識)에 증입해야만 알 수가 있다. 그러므로, 8식(八識)부터 그 이상의 식(識)은, 스스로 수행적 실증(實證)이 없으면 다만, 이론(理論)과 논리(論理)에 불과할 뿐이다.

그러나 중요한 것은, 수행이 이 경계에 이르면, 이 식(識)의 성품 차별차원에 따라, 중생(衆生)의 성품과 보살(菩薩)의 성품과 불(佛)의 성품 차원이 나뉘므로, 8식, 9식, 10식에 대해, 분명하고 명확히 가름하는, 각력(覺力)의 분별지혜가 중요함을 새삼 느끼게 된다. 또한, 깨달음 지혜가 그 경계에 들어도, 식(識)의 차원이, 지혜로 명확히 구분되지 않으면, 그 수행경계에서 자기 지혜성품의 차원이 명확히 가름되지 않는, 혼돈(混沌)의 수행기간이 될 수도 있다. 그러나 그 지혜성품의 차원을 넘어서며, 지혜성품 차별차원을 가름하는 분별지혜가 더욱 밝아지며, 자연히, 자신 수행의 실증(實證) 경계를 돌아보며, 명확한 판단과 옳고 그름의 안목을 자연히 열게 된다. 그러나, 수행의 지혜가 여기에까지 미치지 못하면, 이 식(識)의 차원은 막연하고 추상적이라 다만, 논리에 불과한 것으로 인식하고 치부할 수도 있다. 그러나 수행이 이 경계에 이르게 되면, 이는, 다만 논리가 아니라, 당장, 꿰뚫어 명확히 해결해야 할, 수행이 맞닥뜨린 당면과제이다. 그 당면한 경계의 지혜성품을 명확히 구분하고 해결해야만, 중생(衆生)과 보살(菩薩)과 불(佛)의 성품 경계를 밝게 가름하여, 무상불각(無上佛覺)을 이룰 수가 있다.

각력이 상승하고 수행이 깊어질수록, 미세한 지혜성품 각성(覺性)의 차별차원을 명확히 가름하는, 밝은 분별의 지혜가 얼마나 중요한가를 새삼 깨닫게 된다. 지혜성품의 차별차원에 대해 밝지 못하면, 무엇이든, 당면한 수행경계를 밝게 가름할 수가 없어, 궁극 무상(無上)을 향한 수행 의지(意志) 속에도, 수행 향방(向方)의 바른 안목을 잃을 수도 있다. 그것을 모르면, 깨달음의 차별차원, 얕고 깊은 무수(無數)경계에서, 깨달음 각종 경계를 밝게 가름하지 못해, 지혜가, 자아(自我)가 끊어지지 않은 중생성품임에도, 스스로 무상불각(無上佛覺)으로 착각할 수도 있고, 깨달음의 지혜가 보살경계임에도, 스스로 무상불각(無上佛覺)으로 착각할 수도 있다. 왜냐면, 무상불각(無上佛覺)의 지혜성품을 명확히 모르기 때문이다. 깨달음이 중생지(衆生智)이면, 성품이 맑아지며 지혜가 밝아져도, 상(相)의 유무(有無)와 자아(自我)가 끊어지지 않아, 능소(能所)의 분별심(分別心)과 자타분별(自他分別)의 4상심(四相心)을 일으킨다. 그러므로, 능소(能所)의 출입식(出入識)이 끊어지지 않아, 대(對)를 벗어나지 못해 아상(我相)을 일으키며, 자타(自他)를 분별하고, 식(識)의 변화로 자기(自己)에 대한 아상(我相)과 우월감의 중생심(衆生心)을 일으킨다. 깨달음이 보살지(菩薩智)이면, 상(相)

의 유무(有無)를 벗어나, 지혜가 무위공성(無爲空性)에 증입하므로, 깨달음과 깨달음의 증득세계(證得世界)가 있으며, 깨달은 무위지혜(無爲智慧)의 각식(覺識)이 있어, 깨달은 각식(覺識)의 지혜로 일체경계(一切境界)를 두루 비추고 작용하는, 각식(覺識)의 지혜작용이 이루어진다. 이는, 깨달음이 본각(本覺)에 이르지 못해, 시각(始覺)과 본각(本覺)이 차별 속에 있으므로, 시각(始覺)과 본각(本覺)이 둘 다 끊어지지 않고 있어, 무위각식(無爲覺識)의 작용이 이루어지고 있음이다. 깨달음이 불각(佛覺)이면, 시각(始覺)과 본각(本覺)이 둘 다 끊어져, 바로 무생결정성(無生結定性)에 들어, 일체 깨달음과 깨달음의 지혜와 깨달음의 지혜작용인 무위각식(無爲覺識)까지 일체가 끊어져, 체용불이(體用不二)의 무생결정성(無生結定性)인 원융각(圓融覺)으로 여래결정성(如來結定性)이니, 이 몸을 벗어나지 않고, 바로 이 몸으로, 법보화신(法報化身) 3불원융일신각(三佛圓融一身覺)을 이룬다.

수행이 8식(八識) 출입식(出入識)이 끊어진 그 이상을 넘어가지 않으면, 그 이상의 식(識)의 구별을 중요하게 생각하지 못한다. 왜냐면, 깨달음은, 그것과 상관없는 것으로도 생각할 수가 있다. 그러나, 깨달음은 제식(諸識)이 끊어지는 지혜전변(智慧轉變)의 과정이니, 제식(諸識)이 끊어지지 않으면, 무생무루(無生無漏)인 무상불각(無上佛覺)에 들지 못한다. 무상불각(無上佛覺)은, 무루(無漏)까지 벗어난 무생결정각(無生結定覺)이다. 무상불각(無上佛覺)이 왜 무루(無漏)까지 벗어나는가 하면, 무루(無漏)는, 식(識)의 출입이 끊어짐이며, 무상불각(無上佛覺)은 그것을 넘어선, 지혜무생(智慧無生)의 결정각(結定覺)이기 때문이다. 제식(諸識)의 출입(出入)인 동(動)이 끊어진 그것이 무루(無漏)이다. 무상불각(無上佛覺)에 이르는 지혜에는, 무루(無漏)는 기본이다. 식(識)의 무루(無漏)를 벗어나, 각(覺)의 동(動)과 정(靜)까지 끊어져야 한다. 그래야만, 무생결정성(無生結定性)인 여래결정각(如來結定覺)에 이르게 된다. 제식(諸識)의 출입을 소멸하여 무루(無漏)에 들지 않고는, 무상불각(無上佛覺)에 들 수가 없다. 이는, 무상불각(無上佛覺)에 이르려는 자는, 누구나 반드시 벗어야 할 중생식(衆生識)이며, 지혜로 타파해야 할 무명업식(無明業識)이다. 왜냐면, 생(生)과 출입식(出入識)으로는 무상불각(無上佛覺)에 이를 수가 없기 때문이다. 깨달음은, 무상불지(無上佛智)의 과정 중, 완전하지 못한 각(覺)의 미혹 상태이다. 그러나, 깨달음을 얻지 못함은 무명(無明)이니, 깨달음을 얻지 못한 무명(無明)과 깨달음에 의한 각식(覺識)의 미혹까지 둘 다 벗어난, 무생(無生) 결정성(結定性)에 들어야 한다. 이것이 무생본성(無生本性)인 여래결정성(如來結定性)이며, 여래결정각(如來結定覺)이다.

제식(諸識)을 8종식(八種識)으로 봄이 보편화 되어 있다. 왜냐면, 무루(無漏)에 들지 않아도 관력(觀力)이 깊어지면, 8식(八識) 출입식(出入識)까지 동식(動識)이므로, 관(觀)할 수가 있기 때문이다. 그러나, 식(識)을 관(觀)하는 것과 식(識)이 끊어지는 것은 별개이다. 식(識)을 관(觀)하는 것은, 그 관력(觀力)의 깊이에 따라, 그에 따른 식(識)에 대해 밝게 아는 관지(觀智)를 얻는다. 식(識)이 끊어지는 것은, 그 식(識)의 세계를 벗어나는 식(識)의 전변(轉變)이니, 그 식(識)의 세계가 타파되어 끊어지므로, 그 식(識)에 얽매인 일체 업력(業力)의 세계를 벗어나게 된다. 식(識)이 전변(轉變)하는 상승각력(上昇覺力)의 차원에 따라, 다른 차원의 지혜세계에 증입하게 된다. 식(識)이 전변(轉變)하는 지혜세계가, 6식(六識)이 끊어지면 상공지(相空智)를 얻어 대승(大乘)의 지혜세계에 증입(證入)하며, 7식(七識)이 끊어지면 무염진여지(無染眞如智)를 얻어 일승(一乘)의 지혜세계에 증입하며, 8식(八識) 출입식(出入識)이 끊어지면 원융각명지(圓融覺明智)를 얻어 일불승(一佛乘)의 지혜세계에 증입하며, 8식(八識) 함장식(含藏識)이 끊어지면 열반부동지(涅槃不動智)를 얻어 불승(佛乘)의 지혜세계에 증입하며, 또한, 시각(始

覺)과 본각(本覺)이 둘 다 끊어지면, 무생법인(無生法忍)의 무위지혜(無爲智慧)까지 끊어져, 여래결정성(如來結定性)인 불지(佛智)에 증입한다.

제식(諸識)을 규정(規定)하고 논(論)함에, 8종식(八種識)에도, 8식(八識)을 출입식(出入識)과 함장식(含藏識)으로 나누지 않고, 하나로 묶는 경우는, 8식(八識)이 염정식(染淨識)이 된다. 왜냐면, 8식(八識) 출입식(出入識)은 6근, 6식, 7식의 작용을 도와주고 원활하게 하는 업(業)의 염식(染識)이며, 함장식(含藏識)은 동식(動識)이 아니므로, 무엇에도 동(動)함이 없는 부동정식(不動靜識)이기 때문이다. 이 8식(八識) 함장식(含藏識)이, 6근, 6식, 7식, 8식 출입식까지의 동식(動識)에서는 함장식(含藏識)이며, 12인연법에서는 무명(無明)이다.

이 8식(八識) 함장식(含藏識)을, 어떻게 규정(規定)하고 설정(設定)하며, 정의(定義)하느냐에 따라, 식(識)의 구분이 달라진다. 만약, 8식(八識) 함장식(含藏識)은 출입식(出入識)과 다르므로, 9식(九識)으로 규정할 때는, 본성(本性)은 10식(十識)으로 규정된다. 또한, 출입식(出入識)과 함장식(含藏識)을, 염정식(染淨識)으로 하나로 묶으면, 본성(本性)은 9식(九識)이 된다. 이 경(經)에는 본성(本性)을, 암마라식(菴摩羅識) 9식(九識)으로 규정하고 있다. 때 묻음이 없는 청정식(淸淨識)이라는 뜻의 이름인, 암마라식(菴摩羅識)이라는 이름은 중요하지 않다. 왜냐면, 6식(六識)이 끊어진 공(空)에 든 대승지(大乘智)도 청정식(淸淨識)이며, 7식(七識)이 끊어진 일승지(一乘智)도 청정식(淸淨識)이며, 8식(八識) 출입식(出入識)이 끊어진 일불승지(一佛乘智)도 청정식(淸淨識)이며, 8식(八識) 함장식(含藏識)이 끊어진 불승지(佛乘智)도 청정식(淸淨識)이다. 또한, 함장식(含藏識)도 동식(動識)이 아니므로 청정식(淸淨識)이며, 본성(本性)도 청정식(淸淨識)이기 때문이다. 다만, 청정식(淸淨識)의 지혜성품 종류와 차원이 서로 다를 뿐이다. 식(識)의 이름보다 중요한 것은, 그 지혜성품의 특성인, 종성(種性)이 무엇이냐가 중요하다. 이 경(經)에서는, 암마라식

(菴摩羅識)의 종성(種性)을, 9식(九識) 본성으로 규정하고 있다.

함장식(含藏識)이 전변(轉變)하면, 3종성(三種性)으로 나뉠 수 있으니, 하나는, 무명(無明)인 함장식(含藏識)이며, 또 하나는, 불승(佛乘)이 12인연의 무명(無明)인 8식(八識) 함장식(含藏識)을 타파하여 전변(轉變)한, 부동열반성(不動涅槃性)이며, 또 하나는, 무생결정성(無生結定性)인 본성(本性)이다. 이는, 지혜의 전변(轉變)에 따라 성품이 전변(轉變)함이다. 이것은, 하나의 허공이 밤이면 어둠의 허공이며, 낮이면 밝음의 허공이다. 그러나, 허공성(虛空性)은 어둠과 밝음에도 물듦 없이, 본래 청정한 성품 그대로인 것과도 같다. 그러므로, 중생(衆生)의 무명(無明)인 함장식(含藏識)과 불승(佛乘)의 부동열반성(不動涅槃性)과 본성(本性)의 암마라식(菴摩羅識)의 지혜성품에 따라, 전변(轉變)한다. 그러므로, 불승(佛乘)이, 무명(無明)인 함장식(含藏識)을 타파해 들면, 무명(無明)과 함장식(含藏識)이 끊어진 성품, 체성(體性)이 부동열반성(不動涅槃性)이며, 또한, 각력(覺力)이 무생결정성(無生結定性)에 들면, 불승(佛乘)의 부동열반성(不動涅槃性)도 끊어져, 무생결정(無生結定)인 여래결정성(如來結定性)에 증입한다.

6근(六根), 색성향미촉법(色聲香味觸法)의 수(受)의 작용이 끊어진 지혜성품이 성소작지(成所作智)이며, 6근(六根)이 끊어져, 안이비설신의(眼耳鼻舌身意) 6식(六識)이 공(空)한 색공(色空) 청정에 든 지혜성품이, 묘관찰지(妙觀察智)이다. 이는, 대승지(大乘智)인 색성향미촉법 일체색공지(一切色空智)이다. 이는 4법계(四法界) 중, 공법계(空法界)인 이법계(理法界)이다.

7식(七識), 자아의식(自我意識)이 끊어진 지혜성품이 평등성지(平等性智)이다. 이는 일승지(一乘智)로, 4법계(四法界) 중, 이사무애법계(理事無礙法界)이며, 지혜성품이 무염진여지(無染眞如智)이다.

8식(八識), 출입식(出入識)이 끊어진 지혜성품이 대원경지(大圓鏡智)이다. 이는 일불승지(一佛乘智)로, 4법계(四法界) 중, 사사원융법계(事事圓融法界)이며, 지혜성품이 원융각명지(圓融覺明智)이다.

8식(八識), 함장식(含藏識)이 끊어진 지혜성품이 무위체성지(無爲體性智)이다. 이는 불승지(佛乘智)로, 4법계(四法界)의 일체 지혜성품을 타파해 벗어났으며, 지혜성품이 부동열반지(不動涅槃智)이다.

대승(大乘), 일승(一乘), 일불승(一佛乘), 불승(佛乘), 모두가 무생법인(無生法忍)을 증득한 무생법인지(無生法忍智)이며, 무위지혜(無爲智慧)의 깊이가 다른 차별차원이다.

대일여래(大日如來)의 5지(五智)와 무위보살지(無爲菩薩智)의 5지(五智)는 지혜성품의 차별이 있다. 대일여래(大日如來)의 5지(五智)는, 불지원융5지(佛智圓融五智)이며, 무위보살지(無爲菩薩智)는, 제식(諸識)의 차별차원을 따라 증각(證覺)하는, 무위5종지(無爲五種智)이다. 무위5종지(無爲五種智)는 6근, 6식, 7식, 8식을 타파하며 하나하나 증득하므로, 5지(五智)의 각 지혜성품 차원이 다르다. 그 까닭은, 불지원융5종지(佛智圓融五種智)는, 제식(諸識)이 끊어진 한 성품 무생본지(無生本智)이며, 무위5종지(無爲五種智)는, 물질 성품과 결탁한 6근수(六根受)로부터, 색계(色界)를 벗어난 각각 능식(能識)과 또한, 물질과 식(識)의 성품과도 결탁함이 없는 본성에 이르기까지, 다양한 식(識)의 차원 층(層)을 이루고 있어, 식(識)의 차원이 다른 6근, 6식, 7식, 8식의 전변(轉變)으로, 5지(五智)를 하나하나 성취하므로, 5지(五智)의 각각 지혜성품이 다르다. 그러므로, 더 깊은 지혜성품에 증입할 때는, 현재의 식(識)이 타파되므로, 다음 차원의 지혜성품에 들게 된다.

불지(佛智)에 들 때는, 수승한 무위지혜도 끊어져, 무생(無生) 결정성(結定性)에 들게 된다. 이는 여래(如來)의 결정성(結定性)이다. 무위지혜(無爲智慧)의 성품이 아무리 깊고 수승해도, 결정성(結定性)이 아님은, 무위지혜(無爲智慧)는, 공성증득(空性證得)에 의한 각식(覺識)의 지혜세계이기 때문이다. 이 무위지혜는, 각식(覺識)과 각아(覺我)의 지혜작용이 있으나, 무생결정성(無生結定性)에 들면, 각식(覺識)과 각아(覺我)가 파괴되므로, 무생불지(無生佛智)에 드는 순간, 그 무한공성지혜(無限空性智慧)의 흔적을 찾을 수가 없다. 왜냐면, 깨달음으로 얻은 일체(一切)가 곧, 각식(覺識)의 지혜상(智慧相)이기 때문이다. 그러므로, 깨달음으로 얻은 것이 무엇이든, 무생결정성(無生結定性)에 들면, 모두 파괴되어 끊어진다. 그것이, 결정성(結定性) 무생공능법력(無生功能法力)이다. 그 이유는, 본래, 깨닫고 얻을 것 없는 무생본성(無生本性), 무생결정성(無生結定性)이니, 깨달음과 얻음이 곧, 각식(覺識)의 지혜상(智慧相)이기 때문이다. 그러므로 무생결정성(無生結定性)에 들면, 깨달음으로 얻은 무생법인(無生法忍)의 무위세계(無爲世界)와 무위지혜(無爲智慧)의 각식(覺識)도 다 파괴되어 끊어진다.

이 결정성(結定性)에 들면, 시각(始覺)과 본각(本覺)이 둘 다 끊어져, 5지원융불지(五智圓融佛智)에 들게 된다. 무위지혜(無爲智慧)와 결정각(結定覺)에서 사용하는 언어가 같아서, 언어의 성품이 같은 것 같아도, 그 언어의 지혜성품이 다르다. 그러므로 무위지혜 속에 있을 때는, 법어(法語)를 무위지혜로 수용하게 되고, 무위지혜를 벗어나 결정성(結定性)에 들게 되면, 그 언어의 성품이 다름을 깨닫게 된다. 이는, 공성무위(空性無爲)와 무생결정성(無生結定性)의 지혜성품 차별차원이다. 이 차이는, 무위지혜(無爲智慧)는, 공(空)을 깨달은 무생법인(無生法忍)인, 무위지혜의 각식세계(覺識世界)이며, 무생(無生) 결정성(結定性)은, 무생법인(無生法忍)도 끊어진, 여래결정성(如來結定性)이다. 이는, 무생본성(無生本性)으로, 상(相)과 식(識)과 자아(自我)와 깨달음과 증득의 지혜 무위공성(無爲空性)까지 끊어진, 여래결정각(如來結定覺)이다.

비유하여, 상(相)이 타파되어 끊어지므로 공성(空性)인 무위(無爲)에 들듯이, 또한 무위공성(無爲空性)이 타파되어 끊어지므로, 무생(無生) 결정성(結定性)에 들게 된다. 무생(無生)도, 무위무생(無爲無生)과 결정 무생(結定無生)이 있다. 무위무생(無爲無生)은, 결정성(結定性)에 증입할 때에 타파되어 끊어진다. 그러나, 결정무생(結定無生)은, 생멸(生滅)과 유무(有無)에도 파괴되지 않으며, 또한, 공(空)과 무위(無爲)와 깨달음 에도 파괴되지 않으며, 또한, 여래결정성(如來結定性)인 불지(佛智)에 도 파괴되지 않는다. 그러므로, 어떤 상(相)과 어떤 지혜에도 파괴되 지 않으므로, 결정성(結定性)이라고 하며, 이 지혜에 듦을, 무생법인 (無生法印)이라고 한다. 무생법인(無生法印)을 줄여 법인(法印), 또는 인 (印)이라고 한다. 이것이 결정성(結定性)이며, 이 결정성(結定性)의 성 품이 곧, 여래장(如來藏)이며, 여래(如來)의 여(如)의 성품이므로, 여래 결정성(如來結定性)이라고 한다. 이는 곧, 무생결정성(無生結定性)이며, 인(印)의 성품이다. 중생은, 상(相)에 의지한 유견상념(有見想念)인 식 심(識心)의 성품 속에, 유무(有無)의 취사(取捨)의 삶이 이루어지며, 보 살(菩薩)은 공(空)에 의지한 공성무위(空性無爲)의 성품 속에, 취사(取 捨) 없는 지혜의 삶이 이루어지며, 제불(諸佛)은 무생결정성(無生結定 性)의 성품 속에 무생원융(無生圓融)의 삶이 이루어진다.

○ **58.** 허망한 상념(想念)을 없애려면, 생각을 쉬고 그치면 되옵니까?

解脫菩薩 而白佛言 尊者 無妄想者 應無止息
해탈보살 이백불언 존자 무망상자 응무지식

해탈보살이 부처님께 말씀 사뢰오며 여쭈옵기를, 세존이시여! 망(妄)의 상념(想念)을 없애려는 자는, 응당히 생각을 그치고, 쉬면 없어지옵니까?

♣ 해탈보살이, 부처님께 말씀 사뢰오며 여쭈옵기를, 만약, 망식(妄 識)이 없으면 곧, 여래자각성지(如來自覺聖智)에 든다고 하시오니, 일 체 식(識)인 색수상행식(色受想行識)이 있어, 이 망(妄)의 상념(想念)을 없애려는 자는, 응당히 생각을 그치고 쉬면 없어지옵니까?

● 자아(自我)를 두고 망(妄)의 상념(想念)을 끊을 수 없으니, 자아(自我)가 끊어지면 망식(妄識)이 끊어진다. 왜냐면, 일체 분별이 곧, 자아(自我)이기 때문이다.

● 해탈보살이, 여래(如來)의 무상지혜(無上智慧)로, 미혹의 중생을 구제하고자, 자신의 물음이 아닌, 중생구제의 일념으로, 무량 중생들의 해탈 길을 물으며, 대비심 보살 삶이 끝없는, 청정심 3세(三世) 원력의 수행길을 가고 있다. 위와 같은 물음은, 자아(自我) 있는 자의 물음이다. 보살의 지혜는 공(空)한 무위(無爲)의 지혜이다. 상(相)이 공(空)함에 든 자는 자아(自我)가 끊어져, 위와 같은 상(相)에 얽매인, 머묾의 질문을 하지 않는다. 중생들은 자기의 아상(我相)에 젖어 있어, 자기의 자존심과 자기 잘남과 교만함과 우쭐함과 자기 체면 등의 아집 때문에, 지혜 밝은 대중 속에 자신의 허물을 스스로 드러내려 하지 않는다. 그러나 오직, 하나의 자식만을 생각하는 간절한 대비의 어머니, 보살의 마음이라면, 자신의 허물과 못남을 생각하지 않고, 오로지 뭇 생명의 생사를 안고 있는 대지의 마음처럼, 중생들을 생각하는 연민의 마음에, 여래(如來)의 지혜를 갈구하며 얻기 위해, 중생을 향한 대비심에서 조금도 물러설 수 없어, 오직, 여래(如來)의 위없는 광명의 지혜를 바라는 간절한 일념의 물음이다. 중생들을 생각하는 이 연민의 대비심에, 초연히 자신의 모두를 내려놓은 가운데, 가슴 속 연민심, 중생을 생각하는 그 일념으로 여래(如來)의 지혜를 갈구하는 깊은 보살심, 청정 일념 연민의 연꽃만 피어있을 뿐이다. 경전(經典)을 살펴보면, 시공(時空)을 초월해 가슴의 혼빛으로, 그 상황을 인식하며 느껴지는 부분들이 많다. 부처님께서 중생을 향한 끝없는 한결같은 자비로운 마음을 느낄 때도 있고, 법을 청하는 청법자의 그 간절한 중생구제 연민의 눈빛을, 글을 통해 가슴으로, 혼빛으로 그 상황을 느낄 때도 있다. 그를 통해, 부처님의 끝없는 대비

심, 따뜻한 마음 길을 느끼기도 하고, 보살들이 중생구제를 위해, 자신의 지혜는 반딧불과 같고, 부처님의 지혜광명은 태양과 같으므로, 부처님의 더 없는 지혜의 광명으로, 중생들에게 조금이라도 더 넓고 세밀한 명확한 길을 열어주고자, 부처님을 향해, 지혜와 자비를 갈구하며, 중생들이 미혹으로 알 수 없는, 불가사의한 위 없는 지혜의 길을 부처님에게 의지해 물으며, 부처님이 계시지 않을 그 미래의 중생들이 지혜를 갈구하여도, 의지할 불(佛)이 없는 그곳에서도 방황하지 않고, 깨달음 길을 갈 수 있도록, 부처님에게 간절한 마음으로 묻고, 또, 묻고 있다. 중생들의 위 없는 깨달음 길을, 보살의 연민과 대비심으로 간절히 그 길을 물으며, 중생들을 향한 연민의 간절한 청법이 끝없이 이어진다. 청법자의 가슴 깊이 중생들을 생각하는 그 마음을 놓지 않고, 여래(如來)의 밀밀한 설법을 따라 생각하고, 또, 사유하며, 여래(如來) 없는 그 세상 중생들이 잘못됨이 없도록, 깊고, 더욱 세밀한 폭넓은 물음을 묻고 또, 묻는다. 여래(如來) 없는 세상은 있어도, 중생은 끝없으니, 중생들을 연민하며, 여래(如來) 없는 그 세상을 생각하고 또, 염려해, 오직, 여래(如來)를 바라보는 그 간절한 눈빛을, 물음을 통해 생생히 느끼며, 시공(時空)을 초월한 지금도, 그 물음의 연민이, 글을 보는 자의 마음을 청정하게 하며, 가슴 순수의 혼빛 속에 느껴진다. 묻는 자의 그 마음 연민을 여래(如來) 또한 알기에, 끝없는 깊은 물음에, 위 없는 지혜의 광명이 자상하고 자세하며, 밀밀함이 끝없이 이어진다.

◯ **59.** 망념(妄念)은 본래(本來) 불생(不生)이니, 쉬어야 할 것이 없다.

佛言 菩薩 妄本不生 無妄可息
불언 보살 망본불생 무망가식

부처님께옵서 말씀하옵기를, 보살이여! 망념(妄念)은 본래 불생(不生)이니, 가히 쉬어야 할 망념(妄念)이 없느니라.

♣ 부처님께옵서 말씀하옵기를, 보살이여! 망념(妄念)의 분별과 헤아림인 5음(五陰)과 4상심(四相心)과 자아(自我)와 제식(諸識)은, 본래 불생(不生)이니, 가히 쉬어야할 망념(妄念)이 본래 없느니라.

○ **60.** 마음이 무심(無心)임을 알면, 그쳐야 할 마음이 없다.

知心無心 無心可止 無分無別 現識不生 無生可止
지 심 무 심　무 심 가 지　무 분 무 별　현 식 불 생　무 생 가 지

마음이 무심(無心)임을 알면, 가히 그쳐야 할 마음이 없어, 분별(分別)도 없고 차별(差別)도 없으므로, 현식(現識)이 불생(不生)이니, 가히 그칠 생(生)이 없느니라.

♣ 마음이 본래 색수상행식의 일체 식심(識心)이 없음을 깨달아 알면, 가히 그쳐야 할 식심(識心)의 마음이 없어, 경계를 분별하는 마음도 없고, 취사(取捨)의 차별인 일체 상(相)도 없으므로, 상(相)을 따르는 현식(現識)이 일어남이 없어, 가히 그치거나 쉬어야할 생(生)이 없느니라.

○ **61.** 마음이 불생(不生)임은, 그칠 것도 끊어졌기 때문이다.

是則無止 亦非無止 何以故 止無止故
시 즉 무 지　역 비 무 지　하 이 고　지 무 지 고

이는 곧, 그칠 것이 끊어졌으니, 역시, 그침으로 없어진 것이 아니니라. 무엇 때문이냐면, 그칠 것 없음도 끊어졌기 때문이니라.

♣ 현식(現識)이 불생(不生)이며, 가히 그칠 생(生)이 없음은, 이것은 곧, 그칠 것이 끊어졌기 때문이니라. 이것은 역시, 생(生)을 그치고 쉼으로 없어진 것이 아니니라. 무엇 때문이냐면, 그칠 것과 그친 것과 그칠 것 없는 그 자체도, 본래 끊어졌기 때문이니라.

● 무자성(無自性) 공성(空性)과 무생(無生) 결정성(決定性)을 모르면, 유무견(有無見)으로는, 위의 구절이 해결되지 않는 부분이다. 이 지혜

는, 인지(忍智)인 무생법인(無生法忍)의 지혜까지 벗어난, 결정성(結定性)의 지혜이다. 위의 경계는, 유무견(有無見)과 생멸견(生滅見)과 무위지(無爲智)인 인지(忍智)를 벗어난, 결정성(結定性)이다. 곧, 여래장(如來藏) 무생(無生)성품이다.

■ 무심(無心)의 차별세계

무심(無心)은, 체(體)의 무심(無心)과 지혜(智慧)의 무심(無心), 두 종류가 있다. 체(體)의 무심(無心)은, 마음의 본성(本性)이 본래 무심(無心)이며, 지혜(智慧)의 무심(無心)은, 5음(五陰)이 공(空)하여, 지혜(智慧)가 본성(本性) 공능(功能)의 무심(無心)을 행(行)하는 지혜각심(智慧覺心)이 곧, 무심(無心)이다.

만약, '있다' 또는, '없다' 속에 있으면 그것은 무심(無心)이 아니다. 왜냐면, '있다'만 유심(有心)이 아니라, '없다'도 유심(有心)이기 때문이다. 모든 분별은, 두 가지의 분별심 때문에 일어난다. 두 가지의 분별심은, '있다'와 '없다'이다. '있다'를 벗어나, '없다'에 들었어도, 그것은 무심(無心)이 될 수가 없다. 왜냐면, '없다'도 곧, '있다'의 분별에 의한 상념(想念)이기 때문이다. '있다'와 '없다'를 둘 다 벗어나면, 상(相) 없는 무심(無心)에 들게 된다. '있다'와 '없다'를 둘 다 벗어난 그것은, 만물의 성품을 보는 지혜라고 한다. '있다'와 '없다'는 것에 들어 있으면, '있다'와 '없다'를 벗어날 수가 없다. 왜냐면 '있다'와 '없다' 그 둘 외에는 모르기 때문이다. '있다'와 '없다'가 둘 다 있거나, 어느 쪽 하나만 있어도, 그것은 미혹이므로, 만물의 성품을 알지 못해, 무명(無明)이라고 한다. 왜냐면, 만물과 자기의 성품을 알지 못해, '있다'와 '없다'의 두 생각에 머물러 있기 때문이다. 그 속에 있으면, 그것밖에 없는 것으로 알며, 그 생각 속에, 일체 사고의 상념(想念) 속에 살게 된다.

'있다'와 '없다'를 둘 다 벗어난 것을, 공(空)이라고 한다. 만물의 성품을 보는 공(空)은 그냥 얻어지는 것이 아니다. 상(相)인 '있다'와 '없다'의 성품 실상(實相)을 깨달아 벗어나야만, 공(空)에 듦으로, '있다' '없다'와 달리, '있다'와 '없다'를 둘 다 벗어났으므로, 만물의 성품인 공(空)의 깨달음을 지혜라고 한다. 왜냐면, 상(相)의 분별세계인 '있다'와 '없다'를 벗어난, 성품의 지혜를 얻은 깨달음이기 때문이다. 그러나, 그 공(空)의 깨달음이 깊지 못하면, 자기가 든 공견(空見)에 머물게 된다. 공견(空見)은, 무생실성(無生實性)에서 보면, 또한, 상(相)이므로, 이것을 지혜상(智慧相)이라고 한다. 그러므로, '있다'와 '없다'를 둘 다 벗어났어도, 공(空)의 세계에 머물게 된다. 이것이 대승공견(大乘空見)의 지혜상이다. '있다'와 '없다'를 벗어났어도, 유(有)와 무(無)를 벗어나 깨달은 공(空)의 성품을 또한, 지혜로 꿰뚫어 벗어나야 한다. '있다'와 '없다'는 것의 세계 안에 있으면, '있다'와 '없다'를 벗어날 수가 없듯이, 역시 공(空) 속에 있으면, 허공을 나는 새가, 허공을 벗어날 수 없는 것과도 같다. 허공을 나는 새가 허공을 벗어나는 지혜를 얻지 못하면, 허공을 벗어날 수가 없다. 허공의 새가, 허공의 상을 타파하여 깨트리는 지혜를, 스스로 터득했을 때에만 가능하다. 허공의 새가, 허공의 생각을 벗어나지 못하면, 허공 속에 생(生)을 다하게 된다. 또, 허공을 벗어나고자 하는 새가, 허공을 벗어나기 위해서는, 허공을 벗어날 지혜를 알고 있지 않다면, 허공을 벗어난 자나, 아니면, 그 길을 아는 자에게 길을 물어야 한다. 만약, 그런 자를 만나지 못하면, 스스로 해결하는 길뿐이다. 만약, 그 길을 모르면 그 길을 찾거나, 그 지혜를 얻을 때까지, 허공 속에 머물러야 한다. 그리고, 허공의 새는, 자기가 머무른 그 하늘만 보일 뿐, 그 하늘 밖, 또 다른 세계를 알 수가 없다. 다만, 그 세계를 벗어나므로, 보이는 또 다른 세계가 있음을 알게 된다.

'있다'와 '없다' 둘 다 벗었어도, 유무(有無)와는 다른 세계인, 공상계(空相界)에 있다면, 이 또한 벗어나야 할 세계이다. 이것은 '있다'와 '없다' 유무(有無)의 세계가 아닌, 식(識)의 세계이므로, 식(識)의 세계를 벗어나는 것에는, 단순, '있다'와 '없다'보다 더 밀밀하고, 세밀하며, 정밀한 차원의 세계이니, 단순, '있다'와 '없다'를 벗어나는 것보다 더, 분별하기 어렵고, 정밀한 식(識)을 분별하는 지혜가 요구된다. 왜냐면, 상(相)은 6근(六根)으로 인식할 수 있지만, 식(識)은 6근(六根)으로 인식할 수가 없기 때문이다. 그 식(識)의 차별차원이, 깨달음에 의한 차별세계이다. '있다'와 '없다'의 상을 벗어난 지혜를 무위지혜(無爲智慧)라고 한다. 왜냐면, '있다'와 '없다'는 것의 유위상(有爲相)을 벗어났기 때문이다. 무위지혜(無爲智慧)에 든 보살(菩薩)의 차별차원이 곧, 대승(大乘), 일승(一乘), 일불승(一佛乘), 불승(佛乘)의 무위보살승(無爲菩薩乘)의 차별차원이 있다.

2승(二乘)은, 상(相)의 상념(想念)을 벗어나지 못하고 있으므로, 무위지혜성품에는 들지 못하고 있다. 대승(大乘)의 상공(相空)지혜만 얻어도, 상(相)의 인과수행(因果修行)인, 12인연법과 사성제(四聖諦)의 수행경계를 벗어나게 된다. 왜냐면, 공(空)에 들면, 상법(相法)과 인과법(因果法)이 끊어지기 때문이다. 상(相)과 인연법은, '있다'와 '없다'는 것의 상(相)의 세계이기 때문이다. 공(空)에 들면 상(相)이 타파되므로, '있다'와 '없다'를 벗어나니, 상(相)과 상념(想念)과 자아(自我)를 벗어나므로, '있다'와 '없다'는 것의 인과(因果)와 윤회(輪廻)가 공(空)함을 깨닫게 된다. 그러므로, 소승(小乘)이 갈구하는 열반도, 허망한 분별임을 깨닫게 된다. 열반을 갈구하는 것도, '있다'와 '없다'는 것의 상(相)의 세계 속의 일이다. 얻지 않아도, 일체가 그대로 열반의 성품이니, 만들거나 구하는 열반은 유위(有爲)의 열반이라, 얻어도 그것은 지혜가 밝아지면 파괴되므로, 벗어나게 된다. 왜냐면, 구하였거나,

성취하였거나, 얻은 열반은, 의식(意識)의 작용에 의한 상념상(想念相)으로 형성한, 환각(幻覺)의 세계이기 때문이다.

그러므로, 소승(小乘)이 상념(想念) 속에 든 열반은, 유위(有爲)의 열반(涅槃)이며, 상념(想念)의 열반(涅槃)이라, 언젠가는 벗어나야 할, 망집(妄執)이다. 깨달으면, 시방 우주가 그대로, 열반성(涅槃性)에 들게 된다. 만약, '있다'와 '없다'는 것의 유위심(有爲心) 속에, 고요한 꿀맛의 정(定)을 얻었거나, 희유한 깊은 선정(禪定) 속에, 천년(千年)을 머물렀어도, '있다'와 '없다'는 것의 상념(想念)을, 아직 벗어나지 못한 중생이다. 시방 우주를 타파하여 벗어나는, 법계대공(法界大空)에 들지 못한, 망념(妄念)의 집을 짓고, 그 속에 머묾이다. 이 시방 우주가 타파되어 벗어나는 것은, 7식(七識)이 타파되어 자아(自我)를 벗어난, 청정무염진여(淸淨無染眞如)의 일승(一乘)의 지혜에서도 불가능하다. 8식(八識) 출입식(出入識)이 끊어지면, 편재원융각명보리성(遍在圓融覺明菩提性)에 시방이 끊어지므로, 시방 우주가 타파된 그곳에, 원융각명(圓融覺明)이 충만으로 두루하여, 온 시방이 사라진 일체(一切)에, 원융각성각명(圓融覺性覺明)이 충만구족(充滿具足)하다. 이것이, 각성원융보리(覺性圓融菩提)인 대원경지(大圓鏡智)이다.

대원경지(大圓鏡智)에 들기 전에는 보리(菩提)가 무엇인지, 각(覺)이 무엇인지를 모른다. 여기에서 각(覺)이란, 깨달음이 아니라, 본성각명(本性覺明)이다. 깨달음이란, 본성각명(本性覺明)에는 곧, 망(妄)이다. 만약, 8식(八識) 출입식(出入識)이 끊어진 대원경지(大圓鏡智)에 들지 않고, 각(覺)인 보리(菩提)를 안다고 한다면, 그것은 분별심이며, 상념상(想念相)이다. 보리(菩提)는 원융성품이므로, 일체(一切) 대(對)의 이사(理事)가 끊어져 무한 원융(圓融)에 이르니, 이 세계가, 화엄장엄(華嚴莊嚴)인 대방광불화엄계(大方廣佛華嚴界)이다. 이 세계가, 일불승(一佛乘) 깨달음의 지혜성품세계이다. 이 세계는, 온 우주가 각성광명(覺性

光明)으로 두루한, 원융편재원만각명계(圓融遍在圓滿覺明界)이다. 이 보다, 더 깊은 지혜성품 차원이 있다. 이 일불승지(一佛乘智)의 지혜성품세계에 있으면, 원융각명(圓融覺明)이 두루한 쌍차(雙遮)와 쌍조(雙照)의 원융각명세계에 얽매이며 묶이게 된다. 대(對)가 사라져도, 사라진 원융각명으로 두루 비추는, 각명작용이 있다. 쌍차쌍조(雙遮雙照)의 비춤이 지혜상(智慧相)이므로, 각식(覺識)의 허물이니, 이 세계도, 각력으로 또한 벗어나야 한다. 쌍차쌍조(雙遮雙照) 그것은, 각성각명식(覺性覺明識)의 허물이다. 지혜가 더 깊이 들어가면, 시방 원융으로 펼쳐진, 시방원융각성각명편재성(十方圓融覺性覺明遍在性)도 끊어지게 된다. 이 지혜가, 불승(佛乘) 부동지(不動智)이다. 이는, 사법계(事法界)의 상(相)과 이법계(理法界)의 공성(空性)과 이사무애법계(理事無礙法界)의 무염진여(無染眞如)와 사사원융법계(事事圓融法界)의 원융각명(圓融覺明)인 4법계(四法界)를 벗어남이니, 일체각식동(一切覺識動)의 지혜세계를 벗어난, 불승(佛乘)의 부동열반성지(不動涅槃性智)이다.

불승(佛乘)에 들면, 대원경지(大圓鏡智)의 원융한 각(覺)을 두루 비춤이 각(覺)의 허물이며, 대(對)가 끊어진 원융지(圓融智)의 조화(造化)도 타파해야 할, 지혜각상(智慧覺相)임을 깨닫게 된다. 그러나 지혜가 더 깊이 들면, 열반부동지(涅槃不動智)인 불승(佛乘)의 지혜도 벗어나게 된다. 그러면, 일체(一切) 무생법인지(無生法忍智)를 타파해 벗어나, 파괴됨이 없는 무생결정성(無生結定性)인, 여래인(如來印)을 성취한다. 곧, 파괴됨이 없는 결정성품 불지(佛智)인, 금강지(金剛智)이다. 용(用)의 공능(功能) 지혜가 체성(體性)을 꿰뚫어, 완전한 체용불이(體用不二)에 이르니, 체(體)가 사라져 없어, 체(體)의 무심(無心)도 벗어나고, 용(用)이 근본에 들어 일체가 끊어지니, 용(用)의 지혜무심(智慧無心)도 벗어난다. 체(體)와 용(用)을 논하고, 무심(無心)을 논함이, 깨달음과 무위각식(無爲覺識)을 벗어나지 못했음이다. 왜냐면, 체(體)도, 용(用)

도, 각(覺)도, 무심(無心)도 끊어졌기 때문이다.

업(業)의 경계에서는, 아침에 대원경지(大圓鏡智)에 들고, 점심때에 무생결정성(無生結定性)에 들어도, 서로 지혜성품이 차원이 다르므로, 아침에 얻은 대원경지(大圓鏡智)가, 까마득한 전생(前生)의 일이다. 그처럼 지혜성품의 차원이 다르다. 무생결정성(無生結定性)이라 하여, 동(動)과 정(靜)의 세계가 아니다. 출입이 끊어진 대원경지(大圓鏡智)도 벗어나고, 부동열반지(不動涅槃智)도 벗어났으니, 동(動)과 정(靜)이 다 끊어진 결정성(結定性)이다. 경(經)에 무심(無心)을 논함이, 구하거나 얻는 것이 아니다. 구하는 것도, 쉬는 것도 끊어진, 본래 무심(無心)을 설하고 있다. 이 무심(無心)은 체(體)도, 용(用)도, 각(覺)도 끊어진 무심(無心)이기에, 경(經)에서는 여래장(如來藏) 참 성품, 이(理)라 하였으며, 항상하므로 여(如)라고 하였으며, 파괴되지 않고, 파괴할 수 없으므로, 결정성(結定性)이라 하였다. 곧, 무위(無爲)의 무생법인(無生法忍)도 끊어진 결정성(結定性)이 곧, 경(經)에서 일컫는 인(印)이다. 이는, 무생(無生)의 무심(無心)이다. 무심(無心)하여 무심(無心)이 아니다. 본래 무심(無心)이니 무심(無心)이다. 이것은, 제식(諸識)의 출입이 끊어져, 듦도 없고 나옴도 없는 무생무루(無生無漏)인, 식(識)의 출입이 끊어진 진무심(眞無心)이다. 이는, 자아(自我) 무심(無心)이 아니라, 곧, 여래(如來)인 진성진불(眞性眞佛)이다. 그러므로 결정성(結定性)이며, 인(印)이며, 여래(如來)의 여(如)이다. 이 성품이 곧, 여래장(如來藏)이다.

이를 이(理)라 함은, 이로부터 삼라만상과 일체 심식(心識)이 출현하고 창출하므로, 일러 일체총지(一切總持)라고 한다. 이 이(理)는 무생결정성(無生結定性)이며, 대일여래(大日如來)의 법계체성(法界體性)이다. 이 원융무애(圓融無礙) 자재(自在)작용을, 무상(無相)성품의 공능(功能)이라고 한다. 이 성품이 곧, 여래장(如來藏)이다. 이 여래장(如來藏)을 곧, 원효(元曉)는 일심(一心)이라고 한다. 일심(一心)은, 일각요의(一

覺了義)인 여래(如來)의 인(印)이며, 여래(如來)의 파괴되지 않는 결정성(結定性)이니, 곧, 여래(如來)의 성품이다. 이는, 체(體), 상(相), 용(用)과 일체식(一切識)의 출입을 벗어났으니, 중생이 이해하기 어렵고, 그러므로 중생들을 거두어 섭수(攝受)할 수 없어, 색수상행식과 일체 만법만심(萬法萬心)을 거느린 심왕(心王)이, 일체를 수용하고 총섭(總攝)하므로 바로, 일심(一心)이라 한다. 일심(一心)에서 나오지 않은 것이 없다. 시방 삼라만상과 제식(諸識)과 부처와 중생의 일체(一切)가 곧, 일심(一心)을 근원으로, 근본으로, 왕(王)으로한 조화(造化)의 세계이다. 일심(一心)의 일(一)은 하나의 뜻만이 아니다. 그 하나[一]가 곧, 일체총지(一切總持)이며, 일체총섭(一切總攝)이며, 여래장(如來藏) 공능(功能)의 성품 이(理)이다. 일심(一心)의 심(心)은 곧, 공능행(功能行)이니, 여래(如來)로부터, 한 생명작용의 벌레[蟲]와 한 풀 포기의 한 잎 사귀까지, 일체를 총섭(總攝)하여 일컬음이다. 일체 시방(十方)이 일심(一心)의 일(一)의 세계이며, 이 일체(一切)가, 일(一)의 공능(功能)인, 일심(一心)의 심(心)에 들어오게 된다. 이는 곧, 일심(一心) 일(一)의 공능총지(功能總持)의 세계이며, 일심(一心)의 심(心)인 총지공능(總持功能)의 마음작용세계이다. 이 경(經)에서는 일(一)을, 일체총지(一切總持)인 참 성품 이(理)라고 하였으며, 이 무상공능(無相功能)을 이(利)라고 하며, 이 실체(實體)를 의(義)라고 한다. 이 성품의 실제(實際)를 여(如)라고 하며, 여래장(如來藏)이라고 한다. 이 행(行)이 일체총지(一切總持)인 무상공능(無相功能)이며, 곧, 일미진실(一味眞實) 무상무생(無相無生) 결정실제(結定實際) 본각리행(本覺利行)이다. 이를 일심(一心)이라고 하니, 모두가 자기 성품따라 알아 듣고, 각각 성품의 근기(根機)를 따라 그 뜻을 헤아리며, 자기 지혜 그릇의 크고 작은 모양대로, 가득가득 담아 앎의 세계를 구축하고, 지혜의 눈을 뜨며, 삼라만상을 고스란히 담아 사는, 자신의 모습 진성(眞性)을 추구하며, 꿰뚫고자 노력한다.

일심(一心)을 여기에서, 심왕(心王)이라 함은, 무상지혜(無上智慧)의 사람을 위한 말이다. 보통의 지혜는 왕(王)이라 하면, 스스로 식(識)의 삶을 산, 분별과 헤아림에 선뜻, 자신이 왕(王)임을 깨닫지 못한다. 이 왕(王)을 깨닫지 못하면 항상, 그리고 세세생생 하인(下人)이 되거나, 부림을 받는 종의 삶을 산다. 깨달았다 하여도, 명확한 깨달음에 들지 못하면, 완전한 깨달음이 아니므로, 깨달음의 경계에서 혼동하며, 헷갈리게 된다. 왜냐면, 깨달아도, 스스로 이 경(經) 본각리품(本覺利品) 요해구절(了解句節) 183에 나오는 어리석은 아들이며, 법화경(法華經)의 신해품(信解品) 장자의 아들이 되어 있으니, 색수상행식과 6근(六根), 6진(六塵), 6식(六識)과 일체상과 그 분별심의 제식(諸識)만 먹고 살아, 식(識)의 몸을 이루고 있어, 항상 배고프고 허기진, 어리석은 아들의 신세를, 면하지 못하였기 때문이다. 이것은 아직 지혜가, 왕(王)과 하인(下人)의 경계가 명확하지 않기 때문이다. 왕(王)과 하인(下人)이 명확하지 않은 경계이므로, 스스로 깨달은, 그 깨달음에 대해, 새로운 정리의 지혜가 요구되는 경계이다. 깨달았음이 중요한 것이 아니다. 깨달음, 그 자체는 불법(佛法)의 기본이다. 깨달음도, 완전한 불각(佛覺)이 아니면, 깨달음 과정의 경계이다. 이 과정 속에 있으면, 스스로 깨달음을 얻은 지혜상을 벗어날 수가 없다. 공(空)을 깨달은 업력(業力)인 각식(覺識)을 스스로 놓지 못하므로, 그 지혜상에 묶이게 된다. 더 깨달아, 깨달음의 각식(覺識)인, 각아(覺我)까지도 끊어져야 한다. 어떤 깨달음을 얻었어도 왕(王)과 하인(下人)을 구별하지 못하면, 하인(下人)이 왕(王)의 노릇을 하므로, 깨달았어도 깨달음의 순간을 조금 지나면, 깨달은 것 같지도 않고, 그렇다고 안 깨달은 것은 아니고, 도대체 이 상황을 스스로가 가름하고 판단하기가 어렵다. 왜냐면, 왕(王)은 보이지 않고, 하인(下人)인 종들만 두루 가득하며, 서로 주인 노릇을 하기 때문이다. 하인(下人)은, 능소(能所) 일체(一切)에 출입하는 5음제식(五陰諸識)인 색수상행식(色受想行識)이다. 왕

(王)과 하인(下人)이 분명함을 깨달으면, 하인(下人)은, 왕(王)이 거느린 종이니, 이것에 명확한 지혜를 열면, 이를 통해 부동지(不動智)와 대원경지(大圓鏡智)와 평등성지(平等性智)와 묘관찰지(妙觀察智)와 성소작지(成所作智)가 하나로 융통한, 법보화신(法報化身) 3신불(三身佛)을 총섭(總攝)한, 한몸의 지혜를 이루게 된다. 제불(諸佛)도, 3신(三身)을 갖추는 것은, 하인(下人)뿐만 아니라, 왕(王)도 초월한 무상왕(無上王)의 무생결정인(無生結定印)인, 여래결정각(如來結定覺)에 들었기 때문이다. 분별을 아직 벗어나지 못했으면, 다시, 가난한 하인(下人)의 모습으로 돌아간다. 본래 적멸이라, 듦도 없고 나옴도 없어, 출입이 끊어졌으니, 아직, 초라한 종의 모습을 벗지 못했으면, 당당한 왕(王)의 원만구족(圓滿具足)한 일체총지(一切總持)를, 아직 갖추지 못했기 때문이다. 왕(王)의 원만구족(圓滿具足)한 공덕총지일신(功德總持一身)이 곧, 법보화신(法報化身) 3불원융일신각(三佛圓融一身覺)이다.

○**62. 그친 것은 생(生)이오니, 어찌 무생(無生)이라 하옵니까?**

解脫菩薩 而白佛言 尊者 若止無止
해 탈 보 살 이 백 불 언 존 자 약 지 무 지

止即是生[大:續1,2: 止卽是生] **何謂無生**
지 즉 시 생 [대:속1,2: 지즉시생] 하 위 무 생

해탈보살이 부처님께 말씀 사뢰오며 여쭈옵기를, 세존이시여! 만약, 그칠 것 없음도 끊어졌다면, 끊어짐이 곧, 이것이 생(生)이오니, 어찌하여 무생(無生)이라 하옵니까?

♣ 해탈보살이, 부처님께 말씀 사뢰오며 여쭈옵기를, 세존이시여! 만약, 그칠 것 없음도 끊어졌다면, 끊어진 것이 있음은 곧, 이것이 생(生)이오니, 어찌하여 무생(無生)이라 하옵니까?

□ 고(高), 논(論) 경(經)에 즉(即)이, 대(大), 속1,2(續1,2) 경(經)에는 즉(卽)으로 되어 있다.

● 이 구절을 이해함에, 유무(有無)의 무견(無見)과 무위(無爲)의 무생견(無生見)과 결정무생(結定無生)의 차별이 있다. 유무(有無)의 무견(無見)은 유(有) 아닌 무(無)를 생각하며, 무위(無爲)의 무생견(無生見)은 유무(有無)도 아닌 무자성(無自性) 무위공성(無爲空性)을 생각하며, 결정무생(結定無生)은 유무(有無)도 아니며, 공(空)도 아닌, 결정성(結定性)인 무생(無生)임을 안다. 유위견(有爲見)은, 그 분별이 유무(有無)를 벗어나지 못하고, 무위견(無爲見)은, 그 사유(思惟)가 무위(無爲)인 공(空)과 무자성(無自性)을 벗어나지 못하므로, 결정성(結定性) 무생(無生)이라 하여도, 무위무생(無爲無生)인 공견(空見)과 무자성견(無自性見)을 일으킨다. 결정성(結定性) 무생(無生)은, 자성공(自性空)과 자성무생(自性無生)을 벗어나, 공(空)도 자성(自性)도 없는, 결정성(結定性) 무생(無生)이다. 무생(無生)이란 언어를, 무위지(無爲智)에서 일컫는 성품과 결정성(結定性)에서 일컫는 무생(無生)이 글은 같으나, 지혜의 성품이 다르다. 그 차별이, 무위무생법인지(無爲無生法忍智)와 결정무생법인지(結定無生法印智)의 지혜성품이 다르기 때문이다.

무위지(無爲智)인 무생법인지(無生法忍智)는, 무위공성(無爲空性)에 든 깨달음의 지혜상(智慧相)인, 각식(覺識)의 지혜작용이 있는 보살지(菩薩智)이며, 결정성(結定性) 무생법인지(無生法印智)는, 깨달음의 각식(覺識)이 끊어져, 깨달음과 깨달음의 지혜작용까지 끊어진, 여래결정성(如來結定性)이다. 그러므로 무생법인지(無生法忍智)는, 무위(無爲)의 지혜성품 시각(始覺)이 아직, 무생본각(無生本覺)에 들지 못해, 시각(始覺)과 본각(本覺)이 둘 다 끊어지지 않아, 결정성(結定性)인 무생(無生)을 알 수가 없다. 이 경계를 스스로 점검하려면, 자신이 깨달았거나, 또는, 깨달음이 있거나, 또한, 공(空), 무상(無相), 자성(自性), 무자성(無自性), 무위(無爲), 열반(涅槃), 진여(眞如), 보리(菩提), 본성(本性), 본심(本心), 본각(本覺), 반야(般若), 무위무상각(無爲無上覺)인 아뇩다라삼먁삼보리의 성품 속에 있으면, 무위지혜(無爲智慧)의 깨달음, 각식(覺識) 속에 있음이다. 그 증명(證明)은, 법신불(法身佛)과 보신불(報身佛)과 화신불(化身佛)이, 바로 이 몸으로 시현(示顯)하는 3신불원융일신각(三身佛圓融一身覺)이, 구현(具顯)이나 시현(示顯)되지 않는다. 왜냐면, 체각(體覺)과 용각(用覺)이 둘 다 끊어지지 않아, 시각(始覺)과 본각(本覺)이 불이(不二)가 아닌 차별 속에 있으므로, 3신불(三身佛)인 법신불(法身佛)과 보신불(報身佛)과 화신불(化身佛)과 일신(一身)이, 각각 성품이 다른 차별 속에 있어, 원융하지 못하기 때문이다. 그러나, 무생결정성(無生結定性)에 들면, 바로 이 몸으로, 법보화신(法報化身) 3불원융일신각(三佛圓融一身覺)을 시현(示顯)하게 된다. 그 까닭은, 체각(體覺)과 용각(用覺)이 불이(不二)로 둘 다 끊어진, 무생원융일성(無生圓融一性)인 무생결정성(無生結定性)에 들어, 법신불(法身佛)과 보신불(報身佛)과 화신불(化身佛)이 차별 없는, 원융일각(圓融一覺)의 성품을 이루었기 때문이다. 이는, 무생결정성(無生結定性)이 체각(體覺)과 용각(用覺)이 둘 다 끊어진, 본연무연중절대성(本然無然中絕對性)인 여래결정각(如來結定覺)이기 때문이다. 무위무생법인(無爲無生法忍)의 세계는, 일체가 무자성무위(無自性無爲)의 세계이다. 그러나 결정성(結定性)에 들면, 시각(始覺)과 본각(本覺)이 둘 다 끊어져, 무자성무위(無自性無爲)의 세계도 끊어진, 무생원융일각(無生圓融一覺)이다. 그 까닭은, 체각(體覺)과 용각(用覺)이 둘 다 끊어지니, 무위각식(無爲覺識)과 각아(覺我)가 모두 끊어져, 일체무생(一切無生)에 들기 때문이다. 이 결정성은, 자성(自性), 공(空), 무위(無爲)의 세계가 아니다. 자성(自性), 공(空), 무위(無爲)의 세계는 제식(諸識)이 끊어지는 점차(漸次) 속에 지혜를 밝히는 각성(覺性) 과정인 무위보살지(無爲菩薩智)의 지혜성품이다. 그러나 결정성(結定性)에서 자성(自性), 공(空), 무위(無爲)의 언어를 씀은, 이는 무위성품이 아닌, 자성(自性), 공(空), 무위(無爲)가 끊어져, 드러낼 수 없는 무생결정성(無生結定性)을, 차별지(差別智) 속에 있는 중생식(衆生識)

을 수용한, 방편(方便)의 언어(言語)이다. 무생결정성(無生結定性)에 들면, 무위지혜상(無爲智慧相)과 언어지혜상(言語智慧相)까지 끊어져, 언어(言語)는 같으나, 지혜성품의 차원이 다르다. 이 말의 뜻은, 결정무생(結定無生)에서는, 유위(有爲)와 무위(無爲)가 둘 다 끊어진 무생성품을 일러, 자성(自性), 공(空), 무위(無爲)라고 한다. 곧, 결정성(結定性)을 일컬음이다. 그러나 이는, 차별지(差別智)를 수용한 방편의 언어이므로, 자성(自性), 공(空), 무위(無爲)도, 그 바탕이 상(相)에 의지한 말이다. 차별지(差別智)의 성품에게, 무생결정성(無生結定性)을 이해하도록 드러낼 언어가, 차별지(差別智)의 한계성을 벗어날 수가 없다. 왜냐면, 모두가 방편(方便)이기 때문이다. 자성(自性), 공(空), 무위(無爲)가 결정성(結定性)을 명확히 드러내는 언어가 아니므로, 자성(自性), 공(空), 무위(無爲)의 말이 필요없는 것은, 결정(結定), 결정성(結定性), 인(印) 등의 언어가 무생결정성(無生結定性)의 성품과 여래장(如來藏) 일체총지(一切總持) 공능(功能)의 뜻을 담았기 때문이다. 무생법인지(無生法忍智)인 무위지혜(無爲智慧)를 타파해, 무생(無生) 결정성(結定性)에 들면, 이 뜻을 명확히 알게 된다. 이 경(經)에서, 결정성(結定性)을 드러내는 언어는, 결정(決定), 결정성(決定性), 여(如), 이(理), 무생(無生), 부동(不動), 적멸(寂滅), 금강(金剛), 인(印), 실(實), 이(利), 진(眞), 의(義), 실제(實際) 등이다.

○**63.** 생(生)이면 그쳐야 하나, 이미 끊어졌다면 생(生)이 아니다.

佛言 菩薩 當止是生 止已無止 亦不住於無止
불언 보살 당지시생 지이무지 역부주어무지

亦不住於無住 云何是生
역부주어무주 운하시생

부처님께옵서 말씀하옵기를, 보살이여! 이것이 생(生)이면 당연히 그쳐야 하며, 이미 끊어졌다면 그칠 것이 없느니라. 역시, 그칠 것이 없으

면 머무름이 아니며, 또한, 머무름이 없으면 머묾도 아니니, 어찌하여 이것이 생(生)이겠느냐?

♣ 부처님께옵서 말씀하옵기를, 보살이여! 그칠 것 없는 것도 끊어진 이것이 만약, 머무름이면, 당연히 머무름의 생(生)을 그쳐야 하며, 그러나 또한, 머무름과 일체 생(生)이 이미 끊어졌다면, 그칠 것이 없느니라. 일체 식(識)이 끊어져 그칠 것이 없으면 역시, 머무름이 아니며, 또한, 머무름이 없으면 머묾도 아니니, 어찌하여 이것이 생(生)이겠느냐?

◯ 64. 무생(無生)이면 어찌 취사가 있으며, 법상(法相)에 머무르옵니까?

解脫菩薩 而白佛言 尊者 無生之心 有何取捨 住何法相
해 탈 보 살 이 백 불 언 존 자 무 생 지 심 유 하 취 사 주 하 법 상

해탈보살이 부처님께 말씀 사뢰오며 여쭈옵기를, 세존이시여! 무생(無生)이 마음이면, 어찌하여 취사(取捨)가 있사오며, 어찌하여 법상(法相)에 머무름이 있사옵니까?

♣ 해탈보살이, 부처님께 말씀 사뢰오며 여쭈옵기를, 세존이시여! 색수상행식 일체 식(識)이 일어남이 없는 무생(無生)이 마음이라면, 어떻게 좋고 싫음의 취사(取捨)가 있사오며, 어찌 색성향미촉법과 수상행식의 일체상(一切相)과 일체식(一切識)에 머무름이 있사옵니까?

◯ 65. 무생(無生)의 마음은, 마음 아님과 법(法) 아님에 머문다.

佛言 無生之心 不取不捨 住於不心 住於不法
불 언 무 생 지 심 불 취 불 사 주 어 불 심 주 어 불 법

부처님께옵서 말씀하옵기를, 무생(無生)의 마음은, 취(取)하지도 않고 버리지도 않으며, 마음 아님에 머물며, 법(法) 아님에 머무느니라.

♣ 부처님께옵서 말씀하옵기를, 일체 식(識)이 일어남이 없는 무생(無生)의 마음은, 색성향미촉법과 수상행식을 취(取)하지도 않고 버리지

도 않으며, 일체 수상행식(受想行識)의 식심(識心) 아님에 머물며, 일체 법(法)인 색성향미촉법(色聲香味觸法) 아님에 머무느니라.

○**66.** 어찌하여, 마음 아님과 법(法) 아님에 머무르옵니까?

解脫菩薩 而白佛言 尊者 云何住於不心 住於不法
해 탈 보 살 이 백 불 언 존 자 운 하 주 어 불 심 주 어 불 법

해탈보살이, 부처님께 말씀 사뢰오며 여쭈옵기를, 세존이시여! 어찌하여 마음 아님에 머무르며, 법(法) 아님에 머무르옵니까?

♣ 해탈보살이, 부처님께 말씀 사뢰오며 여쭈옵기를, 세존이시여! 어찌하여 수상행식이 아님에 머무르며, 색성향미촉법 아님에 머무르옵니까?

○**67.** 마음과 법(法)이 본래 불생(不生)이니, 이 불생(不生)에 머묾이다.

佛言 不生於心 是住不心 不生於法 是住不法
불 언 불 생 어 심 시 주 불 심 불 생 어 법 시 주 불 법

부처님께옵서 말씀하옵기를, 마음이 불생(不生)이니, 이것이 마음 아님에 머묾이며, 법(法)이 불생(不生)이니, 이것이 법(法) 아님에 머묾이니라.

♣ 부처님께옵서 말씀하옵기를, 마음인 수상행식(受想行識)이 일어남이 없음이니, 이것이 마음 아님에 머묾이며, 색성향미촉법(色聲香味觸法)이 일어남이 없음이니, 이것이 법(法) 아님에 머묾이니라.

○**68.** 마음과 법(法)이 불생(不生)이니, 마음이 항상 공적(空寂)하다.

善男子 不生心法 即[大:續1,2: 卽]**無依止 不住諸行**
선 남 자 불 생 심 법 즉 [대:속1,2: 즉] 무 의 지 부 주 제 행

心常空寂 無有異相[續1,2: 無有異想]
심 상 공 적 무 유 이 상 [속1,2: 무유이상]

선남자여! 마음과 법(法)이 불생(不生)이므로 곧, 무엇에 의지하거나 무엇을 그칠 것이 없고, 제행(諸行)에 머물지 않음이니, 마음이 항상 공적

(空寂)할 뿐, 다른 모습이 없느니라.

♣ 선남자여! 일체 식(識)인 마음과 일체 상(相)인 법(法)이, 그 성품이 불생(不生)이므로, 일체 식(識)과 일체 상(相)에 의지해, 머물러 취하거나 버림이 없어, 마음을 일으키거나 머물지 않음이니 그칠 것이 없으며, 일체 식(識)과 일체 상(相)과 일체 법(法)이 공(空)하여, 마음이 머무름이 없어, 항상 공적(空寂)하여 무생(無生)일뿐, 다른 모습이 없느니라.

□ 고(高), 논(論) 경(經)에 즉(即)이, 대(大), 속1,2(續1,2) 경(經)에는 즉(卽)으로 되어 있다.
□ 고(高), 논(論), 대(大) 경(經)에 무유이상(無有異相)이, 속1,2(續1,2) 경(經)에는 무유이상(無有異想)으로 되어 있다.

○ **69.** 허공(虛空)이 생(生)하거나 작용이 없음과 같으니라.
譬彼虛空 無有動住 無起無作 無彼無此
비 피 허 공 무 유 동 주 무 기 무 작 무 피 무 차

비유하여, 저 허공이 무엇에 머물거나 움직임이 없어, 일어남도 없고 작용함도 없으므로, 이런 허공도 없고, 저런 허공도 없느니라.

♣ 이를 비유하면, 저 허공의 성품이 항상 청정하고 공(空)하여, 무엇에 머물거나 움직임이 없어, 이런 모습의 허공이 일어나거나 저런 모습의 허공이 생겨나는 것도 없으므로, 이런 모습의 허공도 없고, 저런 모습의 허공도 없는 것과 같으니라.

○ **70.** 공(空)한 지혜를 얻으면, 5음(五陰)과 6입(六入)이 다 공적하다.
得空心眼[續1,2: 得心空眼] **得法空身**[續1,2: 得法空心]
득 공 심 안 [속1,2: 득심공안] 득 법 공 신 [속1,2: 득법공심]
五陰六入 悉皆空寂
오 음 육 입 실 개 공 적

공(空)한 심안(心眼)을 얻으면, 법(法)이 공(空)한 몸임을 깨달아[得], 5음(五陰)과 6입(六入)이 다 모두 공적(空寂)하니라.

♣ 공(空)한 지혜의 심안(心眼)을 얻으면, 6근(六根)과 4대(四大)의 몸이 공(空)한 법(法)임을 깨달아, 5음(五陰)인 색수상행식(色受想行識)과 색성향미촉법(色聲香味觸法)의 6입(六入)이 모두 다 끊어져, 능(能)과 소(所)와 근(根)이 공적(空寂)하니라.

□ 고(高), 논(論), 대(大) 경(經)에 득공심안(得空心眼)이, 속1,2(續1,2) 경(經)에는 득심공안(得心空眼)으로 되어 있다.
□ 고(高), 논(論), 대(大) 경(經)에 득법공신(得法空身)이, 속1,2(續1,2) 경(經)에는 득법공심(得法空心)으로 되어 있다.

□ 속1,2경구(續1,2經句)
득심공안 득법공심 5음6입 실개공적(得心空眼 得法空心 五陰六入 悉皆空寂): 심공(心空)의 눈을 얻으면 법공(法空)의 마음을 얻어, 5음과 6입이 모두 다 공적하니라. 심공(心空)은, 수상행식이 공(空)함이다. 법공(法空)은, 색성향미촉법이 공(空)함이다.

◯71. 공(空)을 닦는 자는, 3계(三界)와 계(戒)의 상(相)에도 머물지 않는다.
善男子 修空法者 不依三界 不住戒相
선 남 자 수 공 법 자 불 의 삼 계 부 주 계 상

선남자여! 공(空)한 법(法)을 닦는 자는 3계(三界)에 의지하지 않으므로, 계(戒)의 상(相)에도 머물지 않느니라.

♣ 선남자여! 일체 무생(無生)인 공(空)한 법(法)을 닦는 자는, 일체취사(一切取捨)의 욕계(欲界)와 일체상(一切相)인 색성향미촉법의 색계(色界)와 일체심식(一切心識)의 무색계(無色界)인 3계(三界)에 의지하지 않으므로, 계(戒)의 상(相)에도 머물지 않느니라.

◯72. 공(空)한 성품은 금강(金剛)으로, 3보(三寶)와 6바라밀이 구족하다.

清淨無念 無攝無放 性等金剛 不壞三寶 空心不動
청 정 무 념 무 섭 무 방 성 등 금 강 불 괴 삼 보 공 심 부 동

具六波羅蜜
구 육 바 라 밀

념(念)이 끊어져, 청정하여 [계(戒)를] 섭수함도 없고 놓음도 없으니, 성품의 평등에 들어, 금강(金剛)과 같아 3보(三寶)를 파괴하지 않으며, 공(空)한 마음이 부동(不動)이므로, 6바라밀이 구족하니라.

♣ 공(空)한 법을 닦는 자는, 일체 성품이 청정하여, 식심(識心)의 흐름인 색수상행식이 끊어져, 계(戒)를 섭수함도 없고, 그렇다고 계(戒)를 놓음도 없으며, 성품의 평등에 들어, 파괴됨이 없어 금강(金剛)과 같으니, 계(戒)를 섭수함과 놓음의 두 마음이 없으므로, 3보(三寶)를 파괴하지 않으며, 공(空)한 마음이, 경계에 이끌리거나 동(動)함이 없어, 부동(不動)이므로, 6바라밀이 구족하니라.

● **불괴삼보(不壞三寶):** 3보를 파괴함이 없다. 이는 성품의 자성평등(自性平等)에 든 자성삼보(自性三寶)를 일컬음이다. 자성불보(自性佛寶)는 자성청정성(自性淸淨性)이다. 자성법보(自性法寶)는 자성청정심(自性淸淨心)이다. 자성승보(自性僧寶)는 자성청정행(自性淸淨行)이다.

● **불법삼보(佛法三寶):** 불보(佛寶)는 무상각명불(無上覺明佛)이며, 법보(法寶)는 무상무주법(無相無住法)이며, 승보(僧寶)는 신해행증승(信解行證乘)이다.

● **교단삼보(敎團三寶):** 불보(佛寶)는 대각불세존(大覺佛世尊)이시며, 법보(法寶)는 불지혜설(佛智慧說)이며, 승보(僧寶)는 4부대중(四部大衆)이다.

◯73. 6바라밀은 상(相)이니, 세간(世間)을 벗어날 수가 있사옵니까?

解脫菩薩 而白佛言 尊者 六波羅蜜者 皆是有相
해 탈 보 살 이 백 불 언 존 자 육 바 라 밀 자 개 시 유 상

有相之法 能出世也[論:續1: 能出世耶]
유 상 지 법 능 출 세 야 [논:속1: 능출세야]

해탈보살이 부처님께 말씀 사뢰오며 여쭈옵기를, 세존이시여! 6바라밀, 이것은 모두 상(相)이 있음이오니, 상(相)이 있는 법(法)으로, 능히 세간(世間)을 벗어날 수가 있사옵니까?

♣ 해탈보살이, 부처님께 말씀 사뢰오며 여쭈옵기를, 세존이시여! 6바라밀은 행(行)이 있으며, 지음이 있사오니, 6바라밀은 모두, 상(相)이 있음이옵니다. 상(相)의 법으로는 세간을 벗어날 수가 없사온데, 상(相)이 있는 법으로, 능히, 세간을 벗어날 수가 있사옵니까?

□ 고(高), 대(大), 속2(續2) 경(經)에 야(也)가, 논(論), 속1(續1) 경(經)에는 야(耶)로 되어 있다.

○ **74.** 내가 말한 6바라밀(六波羅蜜)은 무위(無爲)이므로, 상(相)이 없다.

佛言 善男子 我所說六波羅蜜者 無相無爲
불 언 선 남 자 아 소 설 육 바 라 밀 자 무 상 무 위

부처님께옵서 말씀하옵기를, 선남자여! 내가 말한 바 6바라밀(六波羅蜜)은, 무위(無爲)이므로 상(相)이 없느니라.

♣ 부처님께옵서 말씀하옵기를, 선남자여! 내가 말한 바 6바라밀(六波羅蜜)은, 일체 심식(心識)이 끊어진, 무위(無爲)이므로, 6바라밀(六波羅蜜) 일체 행(行)이, 지음의 상(相)이 없느니라.

○ **75.** 6바라밀(六波羅蜜)이, 상(相)이 없는 까닭은

何以故
하 이 고

무엇 때문이냐면,

♣ 6바라밀의 일체 행이 상(相)이 없는 까닭은 무엇 때문이냐면,

◯ **76.** 본성(本性)으로 사람을 이롭게 함이, 보시(布施)바라밀이다.

[一] **若人離欲**[論:續1,2: 善入離欲] **心常淸淨 實語方便**
　　약 인 이 욕 [논:속1,2: 선입이욕] 심 상 청 정 실 어 방 편

本利利人 是檀波羅蜜
본 리 이 인 시 단 바 라 밀

[1] 만약 사람이 욕망을 벗어나, 마음이 항상 청정(淸淨)하여, 실상(實相)에 의한 말의 방편(方便)과 본성(本性) 실제[利:實際]로, 사람들을 이롭게 함이니, 이것이 보시(布施)바라밀이니라.

♣ 만약 사람이 일체 욕망을 초월하여, 마음이 항상 성품을 따라 청정하며, 성품 실상(實相)에 의한 말의 방편과 본성의 성품 실제[利:實際]로 사람을 이롭게 함이니, 이것이 보시(布施)바라밀이니라.

□ 고(高), 대(大) 경(經)에 약인이욕(若人離欲)이, 논(論), 속1,2(續1,2) 경(經)에는 선입이욕(善入離欲)으로 되어 있다.

□ 논:속1,2경구(論:續1,2經句)
약인이욕(若人離欲)은 만약 사람이 욕망을 벗어남을 말하며, 선입이욕(善入離欲)은 욕망을 벗어난 선(善)에 듦을 말함이다. 선(善)의 성품이 본성이니, 두 글이 달라도 뜻은 차별이 없다. 이 구절의 선(善)이, 유위심(有爲心) 분별의 선악(善惡)의 선(善)이 아니라, 취사(取捨)의 욕(欲)을 벗어난 본성(本性)의 성품을 선(善)이라 한다.

◯ **77.** 3계(三界)에 집착하지 않음이, 지계(持戒)바라밀이다.

[二] **志念堅固**[論:續1,2: 至念堅固] **心常無住 淸淨無染**
　　지 념 견 고 [논:속1,2: 지념견고] 심 상 무 주 청 정 무 염

不著三界[論: 不着三界] **是尸波羅蜜**
불 착 삼 계 [논: 불착삼계] 시 시 바 라 밀

[2] 의지(意志)와 생각이 견고(堅固)하여, 마음이 항상 머무름이 없어, 청정하여 무엇에도 물듦이 없고, 3계(三界)를 집착하지 않음이니, 이것

이 지계(持戒)바라밀이니라.

♣ 의지(意志)와 생각이 지극하여 견고(堅固)하며, 마음이 항상 머무름이 없어, 청정하여 무엇에도 물듦이 없으니, 취사(取捨)의 욕계(欲界)와 색성향미촉법(色聲香味觸法)의 상(相)에 머무름의 색계(色界)와 수상행식(受想行識)의 제식(諸識)의 흐름 무색계(無色界)인 3계(三界)를, 집착하지 않음이니, 이것이 지계(持戒)바라밀이니라.

□ 고(高), 대(大) 경(經)에 지념견고(志念堅固)가, 논(論), 속1,2(續1,2) 경(經)에는 지념견고(至念堅固)로 되어 있다.
□ 고(高), 대(大), 속1,2(續1,2) 경(經)에는 불착삼계(不著三界)가, 논(論) 경(經)에는 불착삼계(不着三界)로 되어 있다.

□ 논:속1,2경구(論:續1,2經句)
지념견고(至念堅固): 생각이 지극함에 이르러 견고함이다.

◯ 78. 공(空)을 닦아 머묾이 없음이, 인욕(忍辱)바라밀이다.
[三] **修空斷結 不依諸有 寂靜三業 不住身心 是羼提波羅蜜**
　　수 공 단 결　불 의 제 유　적 정 삼 업　부 주 신 심　시 찬 제 바 라 밀

[3] 공(空)을 닦아, 안[能]과 밖[所]의 얽매임이 끊어져, 모든 유위(有爲)에 의지(依支)하지 않음으로, 3업(三業)이 적정(寂靜)하여, 몸과 마음에 머무르지 않음이니, 이것이 인욕(忍辱)바라밀이니라.

♣ 공(空)을 닦아, 밖의 색성향미촉법과 안의 수상행식에 얽매임이 끊어져, 모든 유위(有爲)의 6근, 6진, 6식, 18경계에 머물거나 의지함이 없어, 신구의(身口意) 행이 끊어져 적멸하여, 4대(四大)의 몸과 수상행식에 머무르지 않음이니, 이것이 인욕(忍辱)바라밀이니라.

◯ 79. 5음(五陰)이 공(空)한 성품에 듦이, 정진(精進)바라밀이다.
[四] **遠離名數 斷空有見 深入陰空 是毘梨耶波羅蜜**
　　원 리 명 수　단 공 유 견　심 입 음 공　시 비 리 야 바 라 밀

[4] 분별하여 이름함과 헤아려 머무름인 수(數)의 세계를 멀리 벗어나, 일체 유견(有見)이 공(空)하여 끊어져, 5음(五陰)이 공(空)한 성품에 깊이 듦이니, 이것이 정진(精進)바라밀이니라.

♣ 분별하여 이름함과 헤아려 머무르는 일체법인 5음(五陰), 6근(六根), 6진(六塵), 6식(六識), 18계(十八界), 6바라밀(六波羅蜜), 37도품(三十七道品) 등, 일체 유견(有見)의 상념상(想念相)이 끊어져, 5음(五陰)이 공(空)한 성품에 깊이 듦이니, 이것이 정진(精進)바라밀이니라.

◯ 80. 모든 공(空)에도 머무름 없음이, 선(禪)바라밀이다.

[五] **俱離空寂**[續1,2: 具離空寂] **不住諸空**
　　　구 리 공 적 [속1,2: 구리공적] 부 주 제 공

心處無住[論: 心處無在] **不住大空**[論: 大空] **是禪波羅蜜**
심 처 무 주 [논: 심처무재] 부 주 대 공 [논: 대공] 시 선 바 라 밀

[5] 공(空)과 적멸(寂滅)을 모두 벗어나, 모든 공(空)에도 머무르지 않으므로, 심처(心處)가 머묾이 끊어져, 대공(大空)에도 머무르지 않으니, 이것이 선(禪)바라밀이니라.

♣ 제법(諸法)이 공(空)하여, 적멸(寂滅)한 지혜도 모두 벗어나, 일체 지혜와 수행의 증과(證果)인 모든 공(空)에도 머무르지 않으므로, 심처(心處)가 무엇에도 머무름이 없어, 대공(大空)의 적멸(寂滅)에도 머물지 않음이니, 이것이 선(禪)바라밀이니라.

☐ 고(高), 논(論), 대(大) 경(經)에 구리공적(俱離空寂)이, 속1,2(續1,2) 경(經)에는 구리공적(具離空寂)으로 되어 있다.
☐ 고(高), 대(大), 속1,2(續1,2) 경(經)에 심처무주(心處無住)가, 논(論) 경(經)에는 심처무재(心處無在)로 되어 있다.
☐ 고(高), 대(大), 속1,2(續1,2) 경(經)에 부주대공(不住大空)이, 논(論) 경(經)에는 대공(大空)으로 되어 있다.

● 고려장경(高麗藏經)과 속장경(續藏經)과 논경(論經)에 글이, 서로 다

른 부분이 있다. 경(經)의 그 처음 시본(始本)인, 시경(始經)은 차별이 있을 수가 없고 다를 바 없으나, 세월을 따라 전래(傳來)되는, 흐름의 갈래가 달라지고, 전사(轉寫)로 전사(轉寫)로 사경(寫經)이 되어, 많은 세대(世代)의 흐름을 따라 전래(傳來)되어, 시경(始經)으로부터, 많은 세월이 흐른 후에야, 대장경불사(大藏經佛事)로 통해 정리(整理)되어 오늘에 이르니, 경(經)의 시본(始本)인 시경(始經)은 알 수 없으나, 시경(始經)으로부터, 그 흐름의 세월을 알 수 없는 지금, 이 경전(經典)이, 그 많은 변화의 역사(歷史)와 세월의 흐름에도 없어지지 않고, 존재(存在)하는 것만으로도, 감사할 뿐이다. 성품에서 글을 보면, 글이 서로 다른 바가 있어도, 성품에서 그 뜻을 수용하므로, 글의 의미(意味)와 그 뜻이 달라지지 않는다. 성품을 벗어나 다만, 글만을 헤아리면, 이(異)의 헤아림으로 분별심(分別心)이 일어날 수도 있다. 이는, 성품에서 글을 수용하지 않고, 다만 글만을 헤아리어 그 뜻을 분별(分別)하기 때문이다.

□ 논:속1, 2경구(論:續1, 2經句)

구리공적(具離空寂): 공(空)과 적멸(寂滅)을 완전히 벗어났다. 대장경구(大藏經句)의 구리공적(俱離空寂)인, 공(空)과 적멸(寂滅)을 모두 벗어났다. 는 뜻과 다를 바가 없다. 공(空)은 상(相)이 없음이며, 적멸(寂滅)은 생멸(生滅)이 없음이다. 구리공적(具離空寂)은 공(空)하여 생멸(生滅)이 끊어진 적멸상(寂滅相)까지 벗어났음을 일컬음이다.

□ 논경구(論經句)

심처무재 대공(心處無在 大空): 심처(心處)의 존재(存在)가 끊어진 대공(大空)이다. 대장경구(大藏經句)의 심처무주 부주대공(心處無住 不住大空)은, 심처(心處)가 머묾이 끊어져 대공(大空)에도 머무르지 않는다. 논경구(論經句)와 대장경구(大藏經句)가 달라도 뜻이 다르지 않음은, 성품이 다르지 않기 때문이다. 그러나 글이 다름은, 성품이 다를 바 없으나, 그 성품을 드러내는 방편(方便)이 달라졌을 뿐이다. 논경구(論經句)는, 공(空)과 적멸(寂滅)을 벗어난 성품의 실제(實際), 대공(大空)의 성품 특성을 드러내었고, 대장경구(大藏經句)는, 공(空)과 적멸(寂滅)을 벗어난 그 성품의 경계(境界)인, 대공(大空)에도 머무르지 않는 그 성품의 특성을 드러냄이다. 논경구(論經句)와 대장경구(大藏經句)가 글은 다르나, 그 성품이 다르지 않음이니, 경설(經說)은 공(空)과 적멸(寂滅)을 벗어난 성품을 드러내므로, 글이 다르다 하여 성품이 다르지 않다. 그러나 단지, 글과 말이 다름은, 그 성품을 드러내는 방편(方便)이 달라졌을 뿐이다.

◯**81.** 마음은 출입이 없고 지혜상(智慧相)도 없으니, 반야(般若)바라밀이다.

[六] **心無心相 不取虛空 諸行不生 不證寂滅 心無出入**
심 무 심 상　불 취 허 공　제 행 불 생　부 증 적 멸　심 무 출 입
性常平等 諸法實際 皆決定性 不依諸地 不住智慧
성 상 평 등　제 법 실 제　개 결 정 성　불 의 제 지　부 주 지 혜
是般若波羅蜜
시 반 야 바 라 밀

[6] 마음은, 심상[色受想行識]이 없어 비어 공(空)함도 취하지 않으며, 모든 행이 불생(不生)이니 적멸(寂滅)을 증득하지도 않으며, 마음이 출입(出入)이 없어 성품이 항상 평등하니라. 제법(諸法)의 실제(實際)는 모두 결정성(結定性)이므로, 모든 법과 지혜의 경지(境地)에도 의지하지 않으며, 일체 지혜에도 머물지 않음이니, 이것이 반야(般若)바라밀이니라.

♣ 마음에 5음(五陰)의 심상(心相)이 끊어졌으니 비어 공(空)함도 취하지 않으며, 제법(諸法)의 일체(一切) 행이 불생(不生)이므로 적멸(寂滅)을 증득하지도 않으며, 마음이 출입이 없어 성품이 항상 무생(無生) 청정하여 평등하니라. 제법(諸法)의 실제(實際)는, 모든 생멸이 끊어져, 파괴됨이 없는 무생(無生) 결정성이므로, 모든 법과 지혜에도 머무르지 않으며, 일체 지혜인 해탈, 공(空), 삼매, 증득, 깨달음, 진여, 보리, 열반, 본성, 본심, 본각, 아뇩다라삼먁삼보리 등, 불지혜(佛智

慧)에도 머무르지 않음이니, 이것이 반야(般若)바라밀이니라.

○82. 6바라밀은, 본성(本性) 결정성에 든 걸림 없는 해탈(解脫)이다.
善男子 是六波羅蜜者 皆獲本利 入決定性 超然出世
선 남 자 시 육 바 라 밀 자 개 획 본 리 입 결 정 성 초 연 출 세
無導解脫 [論:大:續1,2: 無礙解脫]
무 애 해 탈 [논: 대: 속1,2: 무애해탈]

선남자여! 이 6바라밀(六波羅蜜)은, 모두, 본성 실제[利:實際]를 증득한
결정성에 듦이니, 초연히 세간(世間)을 벗어나, 걸림 없는 해탈이니라.

♣ 선남자여! 이 상(相) 없는, 무생(無生)의 6바라밀(六波羅蜜)은, 모두,
유위(有爲)의 지음이 아닌, 본성(本性) 실제[利:實際]를 증득하여, 파괴
됨이 없는 무생(無生) 결정성에 든 행(行)이니, 초연히 세간(世間)을 벗어
나, 모두 걸림이 없는 해탈이니라.

□ 고(高) 경(經)에 무애해탈(無導解脫)이, 논(論), 대(大), 속1,2(續1,2) 경(經)에
는 무애해탈(無礙解脫)로 되어 있다.

○83. 해탈은 무상행(無相行)이니, 해탈상도 없어 이름이 해탈이다.
善男子 如是解脫法相 皆無相行 亦無解不解 是名解脫
선 남 자 여 시 해 탈 법 상 개 무 상 생 역 무 해 불 해 시 명 해 탈

선남자여! 이와 같은 해탈법(解脫法)의 모습은, 다 무상행(無相行)이므로
역시, 해탈(解脫)도 없어 해탈(解脫)도 끊어졌으니, 이를 이름하여, 해탈
(解脫)이라 하니라.

♣ 선남자여! 이와 같은 해탈법(解脫法)의 모습은, 모두, 본성의 무생
(無生) 결정성(結定性)인 무상행(無相行)이므로, 해탈(解脫)도 끊어졌으
니 해탈(解脫)도 아니니라. 이 결정성(結定性) 무상행(無相行)을 이름하
여, 해탈(解脫)이라 하느니라.

○ **84.** 해탈은 무생열반(無生涅槃)이니, 열반상(涅槃相)을 취하지 않는다.

何以故 解脫之相 無相無行 無動無亂 寂靜涅槃
하 이 고 해 탈 지 상 무 상 무 행 무 동 무 란 적 정 열 반

亦不取涅槃相
역 불 취 열 반 상

무엇 때문이냐면, 해탈(解脫)의 모습은, 상(相)도 없고 행(行)도 없으니, 마음이 동(動)함이 없어 [식(識)의] 분별과 혼란이 끊어져, 적정(寂靜) 무생(無生)의 열반(涅槃)이니 역시, 열반상(涅槃相)을 취(取)하지도 않느니라.

♣ 무엇 때문이냐면, 결정성인 해탈의 모습은 무생(無生)이므로, 제법의 일체 상(相)도 없고, 심식(心識)의 일체 행도 없어, 일체 분별인 망(妄)과 지혜의 두 모습, 5음과 6바라밀 등, 이름과 수(數)의 분별이 끊어져, 망(妄)과 지혜에도 동(動)함이 없어, 적정(寂靜)하여 무생(無生)의 열반이니 역시, 열반상(涅槃相)을 취하지도 않느니라.

■ 무생(無生)과 열반(涅槃)

무생(無生)이 열반(涅槃)이며, 열반(涅槃)이 무생(無生)이다. 열반(涅槃)과 무생(無生)의 성품이 둘이 아니며, 다름이 없다. 성품이 생(生)이 없으니 무생(無生)이라고 하며, 성품이 생멸(生滅)이 없으니 열반(涅槃)이라고 한다. 그러므로, 무생(無生)과 열반(涅槃)이 한 성품일 뿐, 다름이 없다. 무생(無生)에 들면, 그 성품이 생멸(生滅)이 끊어진 열반(涅槃)이며, 열반(涅槃)에 들면 그 성품이 생(生)이 없어, 무생(無生)의 성품이다. 그러나, 본성(本性) 무생(無生)의 열반(涅槃)에 이르는 과정에는 차별 무생(無生)과 차별 열반(涅槃)이 있다.

무생(無生)에는 유위무생(有爲無生), 무위무생(無爲無生), 결정무생(結定無生)이 있다. 또한, 열반(涅槃)에는 유위적정열반(有爲寂靜涅槃), 무위적정열반(無爲寂靜涅槃), 결정무생열반(結定無生涅槃)이 있다.

유위무생(有爲無生)과 유위적정열반(有爲寂靜涅槃)은 유위상념(有爲想念)에 의한 유위상념무생(有爲想念無生)과 유위상념열반(有爲想念涅槃)이다.

무위무생(無爲無生)과 무위적정열반(無爲寂靜涅槃)은 무위지혜(無爲智慧)에 의한 무위공무생(無爲空無生)과 무위공적정열반(無爲空寂定涅槃)이다.

결정무생(結定無生)과 결정무생열반(結定無生涅槃)은 무생결정성(無生結定性)인 본성(本性) 무생성(無生性)이다.

유위상념(有爲想念)에 의한 유위무생(有爲無生)과 유위적정열반(有爲寂靜涅槃)은, 5음(五陰)과 자아의식상념(自我意識想念) 속에 이루어지는, 경계심을 일으킴이 없는 유위심(有爲心)이, 유위무생(有爲無生)이다. 유위무생(有爲無生)이 이어지면, 유위심(有爲心)이 고요해지고 평안을 느끼며, 고요가 깊어 적정평안(寂靜平安)에 듦이, 유위적정열반(有爲寂靜涅槃)이다.

무위지혜(無爲智慧)에 의한 무위무생(無爲無生)과 무위적정열반(無爲寂靜涅槃)은, 상(相)이 공(空)함을 깨달아, 자아(自我)가 끊어져, 5음(五陰)이 공(空)함에 든 지혜작용이다. 무위지혜의 공(空)한 각력에 따라, 5음(五陰)이 공(空)한 깊이의 지혜성품 차원이 다르다. 그 무위(無爲) 지혜성품의 깊이 차별차원에 따라, 무위무생(無爲無生)과 무위적정열반(無爲寂靜涅槃)의 지혜경계가 다르다.

무위대승지(無爲大乘智)인 공(空)의 지혜성품 속에 있으면, 무위공무생(無爲空無生)과 무위공적정열반(無爲空寂靜涅槃)이다.

무위일승지(無爲一乘智)인 진여(眞如)의 지혜성품 속에 있으면, 무위진여무생(無爲眞如無生)과 무위진여적정열반(無爲眞如寂靜涅槃)이다.

무위일불승지(無爲一佛乘智)인 원융각명보리(圓融覺明菩提)의 지혜성품 속에 있으면, 무위원융각명무생(無爲圓融覺明無生)과 무위원융각명적정열반(無爲圓融覺明寂靜涅槃)이다.

무위불승지(無爲佛乘智)인 부동열반(不動涅槃)의 지혜성품 속에 있으면, 무위부동무생(無爲不動無生)과 무위부동적정열반(無爲不動寂靜涅槃)이다.

　무생결정성(無生結定性)에 의한 결정무생(結定無生)과 결정무생열반(結定無生涅槃)은 무생본성(無生本性)으로, 무생(無生)도 열반(涅槃)도 끊어져, 무생(無生)도 열반(涅槃)도 없는, 성품의 결정성(結定性)이다. 이는 곧, 여래장(如來藏) 무생(無生) 성품이며, 여래(如來)의 결정성(結定性)으로, 일체상(一切相)과 일체법(一切法)과 일체지(一切智)가 끊어진, 결정성(結定性)인 인(印)이다.

● 인(印): 무생법인(無生法印)이며, 무생인(無生印)이며, 결정성(結定性)이며, 불변성(不變性)이며, 절대성(絕對性)이다. 인(印)은, 무생본성(無生本性)의 성품이며, 불(佛)의 결정성(結定性) 인(印)이다. 파괴할 수도 파괴 될 수도 없는, 무생(無生) 결정성(結定性)이다. 이는 또한, 어떤 상(相)이나, 어떤 심(心)이나, 어떤 지혜도 파괴되는, 상무상명(上無上明) 결정(結定)의 성품이니, 곧, 금강(金剛)의 성품이다.

○85. 베풀어주신 뜻을 깊이 새기며, 게송을 올렸다.

解脫菩薩 聞是語已 心大欣懌 得未曾有 欲宣義意 而說偈言
해 탈 보 살　문 시 어 이　심 대 흔 역　득 미 증 유　욕 선 의 의　이 설 게 언

해탈보살이, 이 말씀을 다 듣고, 마음이 크게 기쁘고 즐거우며, 지금까지 얻지 못하였던 것을 얻음으로, 원(願)하는 바를 베풀어주신 그 뜻[意]과 실상[義:實相]을 깊이 새기며, 게송을 올리었다.

♣ 해탈보살이, 이 깊은 결정성의 무생법(無生法)을 듣고, 마음이 무생(無生)의 법에 깊이 사무쳐 크게 기쁘고 즐거우며, 지금껏 얻지 못하였든 것을 얻으므로, 원(願)하는 바를 따라 자비심으로, 자상히 베풀어주신 그 뜻[意]과 실상[義:實相]을 깊이 새기며, 게송을 올리었다.

○86. 일승법(一乘法)을 설하시어, 일미(一味)의 공덕을 얻었사옵니다.

大覺滿足尊 爲衆敷演法 皆說於一乘 無有二乘道
대 각 만 족 존 위 중 부 연 법 개 설 어 일 승 무 유 이 승 도

一味無相利
일 미 무 상 리

대각(大覺)이 충만하여 구족(具足)하신 세존(世尊)이시여!
중생들을 생각하여 법(法)을 자상히 설명하여 펴시오며
모두 일승(一乘)의 법(法)을 설하시어
2승(二乘)의 도(道)가 없사오니
일미(一味)인, 무상(無相) 성품 실제[利:實際]를 얻었사옵니다.

♣ 위 없는 대각이 충만하여, 지혜가 구족하신 세존이시여!
세존 없는, 그 세상 중생들도 생각하여, 법을 자상히 펴시오며
모두, 차별 없는 성품, 일승(一乘)의 법을 설하시어
법을 따라 분별하는, 차별법 2승(二乘)의 도가 없사오니
오직, 일미인, 상 없는 무상(無相) 성품의 실제를 얻었사옵니다.

○87. 허공(虛空)과 같이 모두 수용하여, 다 본성(本性)을 얻었사옵니다.

猶如太虛空[論: 猶如大虛空] **無有不容受 隨其性各異**
유 여 태 허 공 [논: 유여대허공] 무 유 불 용 수 수 기 성 각 이

皆得於本處
개 득 어 본 처

가히, 무한 허공과 같아서
모두를 수용하지 아니함이 없으시니
그 성품이 각각 다름을 따라 수순하여
모두, 본래의 성품을 얻었사옵니다.

♣ 가히, 삼라만상을 품은, 무한 끝없는 허공과 같아서
무수 차별의 근기와 지혜성품을 수용하지 않음이 없으시니

그 근기와 지혜가 각각 다름을 따라 모두, 수순하여
모두가 본래의 결정성, 무생성품을 얻었사옵니다.

□ 고(高), 대(大), 속1,2(續1,2) 경(經)에 유여태허공(猶如太虛空)이, 논(論) 경(經)에는 유여대허공(猶如大虛空)으로 되어 있다.

◯88. 모두, 한 법(法)의 차별 없는 본성(本性) 공덕(功德)을 얻었사옵니다.

如彼離心我 一法之所成 諸有同異行
여 피 리 심 아　일 법 지 소 성　제 유 동 이 행

悉獲於本利[論: 皆獲於本利]
실 획 어 본 리 [논: 개획어본리]

**마음[受想行識]과 나[自我와 四大身]를 벗어남이 서로 같아서
한 법(法)을 이루었사오니
모두, 각각 다른 차별법(差別法) 속에 행함이 있었어도
다 본성 실제[利:實際]을 얻었사옵니다.**

♣ 본래 성품에 들어, 5음과 4대의 나를 벗어남이 서로 같아서
진실한 일미(一味)인, 위 없는 한 법[一法]을 이루었사오니
모두, 지혜의 성품이 달라, 각각 다른 차별법 속에 행함이었어도
다 차별 없는 결정성인, 본성 실제[利:實際]를 얻었사옵니다.

□ 고(高), 대(大), 속1,2(續1,2) 경(經)에 실획어본리(悉獲於本利)가, 논(論) 경(經)에는 개획어본리(皆獲於本利)로 되어 있다.

◯89. 적정(寂靜) 열반(涅槃)에 머물지 않아, 결정처에 들었사옵니다.

滅絶二相見 寂靜之涅槃 亦不住取證 入於決定處
멸 절 이 상 견　적 정 지 열 반　역 부 주 취 증　입 어 결 정 처

**2상[二相:有無]의 견해(見解)가 멸(滅)하여 끊어진
적정(寂靜)의 열반(涅槃)을
또한, 머물거나, 취하거나 증득하지 않으므로
결정처(結定處)에 들었사옵니다.**

♣ 일체 분별의 두 모습, 유무의 견해가 멸하여 끊어진
적정(寂靜)의 열반(涅槃)을 구하지 않으며
또한, 머물거나, 취하거나 증득하지 않으므로
일미 진실인 무생(無生)의 성품, 결정처에 들었사옵니다.

○90. 적멸심(寂滅心) 무생(無生)으로, 6바라밀이 구족하게 하옵니다.
無相無有行 空心寂滅地 寂滅心無生 同彼金剛性
무상무유행 공심적멸지 적멸심무생 동피금강성
不壞於三寶 具六波羅蜜
불괴어삼보 구육바라밀

상(相)이 끊어져, 행(行)이 있음이 끊어졌으니
공(空)한 마음 적멸지(寂滅地)를 이루어
적멸심(寂滅心) 무생(無生)이
저 금강(金剛)의 성품과 같아서
3보(三寶)를 파괴하지 않고
6바라밀이 두루 구족(具足)하게 하시옵니다.

♣ 일체 색과 5음 상(相)이 끊어져, 식의 출입이 없으니
공(空)한 마음 결정성, 무생(無生)의 적멸지(寂滅地)를 이루어
본성의 생멸 없는 적멸심(寂滅心), 무생(無生)의 성품이
저 파괴됨이 없는 결정성 금강(金剛)의 성품과 같으므로
3보(三寶)를 여의거나 벗어남이 없어, 3보를 파괴하지 않고
6바라밀이 두루, 구족하고 원만하게 하시옵니다.

○91. 일미(一味) 결정성 법인(法印)으로, 일승(一乘)을 이루게 하옵니다.
度諸一切生 超然出三界 皆不以小乘 一味之法印
도제일체생 초연출삼계 개불이소승 일미지법인
一乘之所成
일승지소성

모든, 일체중생을 구제(救濟)하심에
초연히 3계(三界)를 해탈(解脫)하게 하시오며
결정코, 다 소승(小乘)의 견해(見解)를 벗어나게 하시고자
일미(一味)의 결정성(結定性) 법인(法印)으로
일승(一乘)을 원만히 이루게 하시옵니다.

♣ 모든 일체중생을 차별 없는 무생법으로 구제하심에
법을 구하거나 여읨이 없이, 초연히 3계를 해탈하게 하시오며
결정코 다 소승의 견해를 벗어, 일체상을 초월하게 하시고자
위 없는 일미의 결정성인 파괴됨이 없는 법인(法印)으로
무생 본성의 지혜성품 일승(一乘)을 원만히 이루게 하시옵니다.

◯**92.** 대중이, 상(相) 없는 무한 결정성에 들어 무명(無明)을 벗어났다.
爾時 大衆 聞說是義 心大欣懌 得離心我 入空無相
이 시 대 중 문 설 시 의 심 대 흔 역 득 리 심 아 입 공 무 상
恢廓曠蕩 皆得決定 斷結盡漏
회 확 광 탕 개 득 결 정 단 결 진 루

그때 대중이, 이 설하심의 실상[義:實相]을 듣고, 마음이 크게 기뻐 즐
거워하며, 마음[受想行識]과 나[自我와 四大]를 벗어남을 얻어, 상(相) 없
는 공(空)에 드니, 광대하여 넓고 텅 비어 무한에 이르러, 모두 결정성
을 얻어, 무명(無明)이 완전히 소멸[盡漏]하니, 미혹의 속박이 끊어졌다.

♣ 그때 모든 대중이, 세존께옵서 설하시는 무생 결정성의 실상[義]
을 듣고, 일체 법의 장애(障礙)를 벗어나 청정(淸淨)에 이르니, 마음이
크게 기뻐 즐거워하며, 색수상행식 5음(五陰)의 마음과 4대(四大)의
몸을 벗어남을 얻어, 일체 상이 끊어진 무연진공(無然眞空)에 드니,
시방 허공세계의 우주가 사라져, 광대하여 넓고, 텅 비어 무한 원융
편재에 이르러, 모두 무생 결정성을 얻어, 일체 식(識)의 출입이 끊어
져, 무명(無明)이 완전히 소멸하니, 미혹의 일체 속박이 끊어졌다.

金剛三昧經 無生行品 第三
금강삼매경 무생행품 제삼

○**93.** 심왕보살(心王菩薩)이 게송(偈頌)으로, 부처님께 여쭈었다.

爾時 心王菩薩 聞佛說法 出三界外 不可思議 從座而起
이시 심왕보살 문불설법 출삼계외 불가사의 종좌이기

叉手合掌 以偈問曰
차수합장 이게문왈

그때 심왕보살이 부처님의 설법을 듣고, 3계(三界)를 해탈해 벗어나므로 불가사의하여, 자리에서 일어나 공손히 차수(叉手)를 하며 합장하고, 게송으로 부처님께 여쭈었다.

♣ 그때, 심왕보살이, 무생(無生) 결정진실(結定眞實)에 대한, 부처님의 설법을 듣고, 초연히, 3계(三界)를 벗어나 해탈하므로 불가사의하여, 자리에서 일어나 공손히 차수(叉手)하며 합장하고, 게송으로 부처님께 여쭈었다.

○**94.** 설하신 실상(實相)으로, 일체중생이 유루(有漏)가 다 할 것입니다.

如來所說義 出世無有相 可有一切生 皆得盡有漏
여래소설의 출세무유상 가유일체생 개득진유루

여래께옵서 설하오신 바 실상[義:實相]은
상(相)이 있는 바가 없어, 세간(世間)을 벗어났사오니

가히 일체중생들에 있어서
모두, 유루(有漏)가 다함을 얻을 것이옵니다.

♣ 여래께옵서 설하오신, 무생 결정성의 실상[義:實相]은
상(相)이 없어, 일체상이 끊어져, 세간(世間)을 벗어났사오니
가히, 세존이 계시거나 없는 세상, 일체중생들에 있어서도
모두, 식(識)의 출입이 끊어져, 유루(有漏)가 다함을, 얻을 것이옵니다.

● **유루(有漏):** 식(識)의 능소(能所) 출입 5음(五陰)작용이 있다.
● **무루(無漏):** 식(識)의 능소(能所) 출입 5음(五陰)작용이 없다.

○ **95.** 무생(無生)에는 생(生)도 없거늘, 무생인(無生忍)인들 얻겠사옵니까?

斷結空心我 是則[論: 是即]**無有生 云何無有生**
단 결 공 심 아 시 즉[논: 시즉] 무 유 생 운 하 무 유 생

而得無生忍[論: 而有無生忍]
이 득 무 생 인 [논: 이유무생인]

마음과 내가 본래 공[本空]하여 얽매임이 끊어졌사오니
이는 곧, 생(生)이 없음이옵니다.
하물며, 생(生)도 없거늘
무생인(無生忍)을 얻겠사옵니까?

♣ 마음과 내가 본래 공(空)하여, 얽매임이 끊어졌사오니
이는 곧, 본래 생(生)이 없음이옵니다.
하물며, 본래 생(生)이 없어, 무생(無生)이거늘
무생법인(無生法忍)인들 얻겠사옵니까?

□ 고(高), 대(大), 속1,2(續1,2) 경(經)에 시즉(是則)이, 논(論) 경(經)에는 시즉(是即)으로 되어 있다.
□ 고(高), 대(大), 속1,2(續1,2) 경(經)에 이득무생인(而得無生忍)이, 논(論) 경(經)에는 이유무생인(而有無生忍)으로 되어 있다.

○ 96. 제행이 무생(無生)이니, 무생인(無生忍)을 얻음이 곧, 허망함이니라.

爾時 佛告心王菩薩言 善男子 無生法忍 法本無生
이시 불고심왕보살언 선남자 무생법인 법본무생

諸行無生 非無生行 得無生忍 即[大:續1,2: 即]**爲虛妄**
제 행 무생 비무생행 득 무생인 즉 [대:속1,2: 즉] 위 허 망

이때 부처님께옵서 심왕보살에게 말씀하옵기를, 선남자여! 무생법인
(無生法忍)이라 함은, 법(法)이 본래 무생(無生)이니 제행(諸行)이 무생(無生)이므로, 생(生)의 행(行)을 없앤 것이 아님이니, 무생인(無生忍)을 얻음이 곧, 허망(虛妄)함이니라.

♣ 이때, 부처님께옵서, 심왕보살에게 말씀하옵기를, 선남자여! 무생법인(無生法忍)이라 함은, 일체 법과 마음이 생멸이 없어, 본래 무생(無生)이니, 제행(諸行)이 무생(無生)이므로, 이는, 생(生)의 행을 없앤 것이 아님이니라. 그러므로, 무생법인(無生法忍)을 얻으려 하거나, 얻었다면 곧, 허망(虛妄)함이니라.

□ 고(高), 논(論) 경(經)에 즉(即)이, 대(大), 속1,2(續1,2) 경(經)에는 즉(卽)으로 되어 있다.

● 일체법이 본래 생멸이 없어 본래 무생(無生)이니, 무생(無生)을 얻거나 무생(無生)에 들 수가 없다. 그 까닭은, 일체가 무생(無生)을 벗어나 있지 않기 때문이다. 다만 생멸을 봄은, 무생(無生)임을 모르는 식(識)의 출입(出入)인 생멸심(生滅心)의 미혹 속에 있음이니, 이 미혹을 벗어나므로, 일체가 무생(無生)임을 깨닫게 된다.

■ 무생법인(無生法忍)과 무생법인(無生法印)

무생법인(無生法忍)은, 법(法)이 공(空)하여 무생(無生)임을 깨달아, 그 무생법(無生法)을 수순함이다. 무생법(無生法)이 곧, 생멸이 끊어진 무위법(無爲法)이다. 인(忍)이라고 함은, 무생법(無生法)을 수순(隨順)함을 인(忍)이라고 한다. 무생법(無生法)을 수순(隨順)함이 있음은, 법(法)

이 공(空)한 무생(無生)임을 깨달았으나, 아직 지혜가, 완전한 무생(無生) 결정성(結定性)에 들지 못하였기 때문이다. 무생결정성(無生結定性)에 들기 위한 무위지혜의 행이 이루어지니, 그 행은, 무위(無爲)를 수순하는 심무생행(心無生行)인 이입(理入)과 행위 수순의 행무생행(行無生行)인 행입(行入)의 무위수순행(無爲隨順行)이 이루어진다. 이 무위지혜(無爲智慧) 작용의 이입(理入)과 행입(行入)에 있어서, 심사(心事)의 순(順)과 역(逆)을 다스리며, 무생(無生)을 수순하는 인위행(忍爲行)이 이루어지므로, 그 행을 무생법인행(無生法忍行)이라고 하며, 그 지혜를 무생법인지(無生法忍智)라고 한다. 이를 무생법인(無生法忍), 또는 무생인(無生忍)이라 하며, 또는, 축약(縮約)하여 인(忍)이라고도 한다.

　무생법인(無生法忍)은 곧, 무위법인(無爲法忍)이다. 무생법인(無生法忍)은, 생멸(生滅)과 유무(有無)를 벗어나 상(相)이 끊어져, 법(法)이 공(空)한 무위(無爲)에 듦이다. 그러나, 본래 무생(無生)인 결정성(結定性)에 완전히 들지 못하면, 깨달음의 각력인 지혜성품 깊이의 차별에 따라, 무위지혜(無爲智慧) 각식(覺識)의 차별성품, 지혜차별차원에 들게 된다. 이 깨달은, 무위(無爲)의 차별차원이, 무생법인지(無生法忍智)의 차별지(差別智)이며, 무생법인지(無生法忍智)에 든 수행지(修行智)가 곧, 무위보살지(無爲菩薩智)이다. 법(法)이 공(空)한 무위(無爲)에 들어도, 무생결정성(無生結定性)에 들지 못하는 까닭은, 본연무연중절대성(本然無然中絶對性)인 완전한 무생결정성(無生結定性)에 이르지 못해, 자아(自我)가 아직, 끊어지지 않았거나, 자아(自我)가 끊어졌어도, 깨달음의 각식(覺識)과 각아(覺我)가 끊어지지 않아, 깨달음 각식(覺識)의 지혜작용이 이루어지고 있기 때문이다. 각식(覺識)과 각아(覺我)는 깨달음으로 생성되며, 시각(始覺)과 본각(本覺)이 둘 다 끊어지면, 깨달음의 각식(覺識)과 각아(覺我)까지 완전히 끊어져, 무생결정성(無生結定性)에 듦으로, 본연무연중절대성(本然無然中絶對性)인 완전한 지혜이다. 깨달음에 의한 각식(覺識)과 각아(覺我)의 작용을 멈추고 싶다고 멈추어지는 것이 아니다. 이는, 유위심(有爲心)에서도 마찬가지이니, 자아의식(自我意識)의 작용을 벗어나거나 멈추고 싶다고, 벗어나거나 멈추어지는 것이 아니듯, 각식(覺識)이 타파되어 끊어지기 전에는, 각식(覺識)의 작용을 벗어나거나 멈출 수가 없다. 왜냐면, 깨달은 지혜세계가 있으며, 깨달음에 의한 지혜작용인, 각식(覺識)과 각아(覺我)의 작용이 이루어지고 있기 때문이다. 이는, 더 깊은 깨달음에 듦으로, 증득(證得)한 무생법인(無生法忍)인, 깨달음의 지혜까지 끊어지므로, 각식(覺識)과 각아(覺我)도 끊어져, 벗어나게 된다. 이 무생법인(無生法忍)의 깨달음에 든 차별차원의 수행위(修行位)가 대승(大乘), 일승(一乘), 일불승(一佛乘), 불승(佛乘)의 무위지혜(無爲智慧)의 세계이다. 청정본성(淸淨本性)인 무생결정성(無生結定性)에 들기 전에는, 깨달음의 차원에 따라, 대승지(大乘智), 일승지(一乘智), 일불승지(一佛乘智), 불승지(佛乘智)의 각식(覺識)에 의한, 각아(覺我)의 무위지혜 차별차원의 보살수행이 이루어진다.

무생법인(無生法忍)의 지혜행(智慧行)이, 대승지(大乘智), 일승지(一乘智), 일불승지(一佛乘智), 불승지(佛乘智)의 무위(無爲)를 수순하는 무위수행(無爲修行)인 무생법인행(無生法忍行)이다. 무위(無爲)를 깨달은 무위지혜상(無爲智慧相)이 타파되어 무생법인(無生法忍)을 벗어나지 못하면, 무생법인(無生法忍)을 벗어난 무생(無生) 결정성(結定性)을 알지 못한다. 무생법인(無生法忍)의 인지수행(忍智修行)에서, 근본 무명식(無明識)을 벗어난 불승지혜상(佛乘智慧相)까지 완전히 끊어지면, 무생법인(無生法忍)을 벗어나 무생(無生) 결정성(結定性)인, 무생법인(無生法印)에 들게 된다. 깨달음의 무위지혜상(無爲智慧相)인 각(覺)의 제식(諸識)까지 완전히 벗어나, 무생결정성(無生結定性)인 9식(九識) 본성(本性)의 암마라식(菴摩羅識)에 들어야, 결정성(結定性)과 무생법인(無生法印)이라는 뜻과 그 성품의 지혜를 명확히 깨닫게 된다. 그러하기 전에는, 무위지혜(無爲智慧)인 무생법인(無生法忍)과 결정성지혜(結定性智慧)인 무생법인(無生法印)의 지혜성품 차별을 알지 못한다. 왜냐면, 무생법인지(無生法忍智)는, 시각(始覺)과 본각(本覺)이 둘 다 끊어지지 않아, 무생(無生) 결정성(結定性)에 들지 못했기 때문이다.

무위(無爲)의 인지(忍智)로 대승지(大乘智), 일승지(一乘智), 일불승지(一佛乘智), 불승지(佛乘智)의 무위수행을 하는 수행지(修行智)에서는, 무위(無爲)를 수순하는 무생법(無生法) 속에 있으므로, 무위무생법(無爲無生法)이 최상의 지혜라고 생각할 수도 있다. 그러나 각식(覺識)까지 타파되어 무생법인(無生法忍)을 벗어나, 법의 결정성(結定性)인 인(印)의 성품에 들면, 불가사의한 깊은 무위무생(無爲無生)도 벗어난, 또 다른 결정성(結定性)의 지혜성품이 있음을 깨닫게 된다. 무위지(無爲智)인 무생법인지(無生法忍智)에 있을 때는, 무생법인(無生法印)이라고 하면, 그것이 무위공성(無爲空性)인 무자성무생(無自性無生)이려니 생각한다. 그러나, 무위각식(無爲覺識)을 타파하여, 무생(無生) 결정성(結定性)인 무생법인(無生法印)에 들면, 결정성(結定性)인 무생법인(無生法印)이, 무위(無爲)의 무위공성(無爲空性)이 아님을 실증(實證)하여, 인(忍)과 인(印)의 지혜성품 차원이 다름을, 명확히 분별하는 밝은 지혜의 눈을 열게 된다.

무생법인(無生法忍)과 무생법인(無生法印)이 다르다. 무생법인(無生法忍)은, 무위공성(無爲空性)인 무위무생법인(無爲無生法忍)으로 보살지(菩薩智)이며, 무생법인(無生法印)은, 무위공성(無爲空性)도 끊어진 결정무생법인(結定無生法印)인 불지(佛智)이다. 무생법인(無生法忍)은, 제상(諸相)이 공(空)한 공성(空性)을 깨달았으나, 지혜가 무생본성(無生本性)에 들지 못한 보살지혜세계이며, 무생법인(無生法印)은, 무위공성(無爲空性)까지 타파하여 끊어진 결정성(結定性)인, 무생본성(無生本性)의 불지혜(佛智慧)세계이다. 무생법인(無生法忍)은, 무위지혜(無爲智慧)가 열린 점차(漸次)의 차별세계인 대승지(大乘智), 일승지(一乘智), 일불승지(一佛乘智), 불승지(佛乘智)의 무위지혜의 세계로, 아직, 완전한 지혜의 불이성(不二性)인 결정성(結定性)을 이루지 못해, 시각(始覺)과 본각(本覺)이 둘 다 끊어지지 않아, 깨달음 증득(證得)에 의한 각식(覺識)과 각아(覺我)의 무위지혜(無爲智慧)작용이 있으며, 무생법인(無生法印)은, 완전한 지혜의 불이(不二)의 결정성(結定性)인, 무생결정본성(無生結定本性)에 들어, 시각(始覺)과 본각(本覺)이 둘 다 끊어져, 깨달음 증득(證得)에 의한 각식(覺識)과 각아(覺我)까지 끊어진, 무상정각(無上正覺)이다. 무생법인(無生法忍)은, 깨달음으로 증득하여 든 무위공성(無爲空性) 보살지(菩薩智)의 세계이며, 무생법인(無生法印)은, 보살지(菩薩智)를 벗어난 여래결정성(如來結定性)이다. 그러므로, 무생법인(無生法印)은 곧, 3신불원융일신각(三身佛圓融一身覺)인 여래지(如來智)이다.

무생법인(無生法忍)은, 지혜의 완전한 결정성(結定性)에 이르지 못해, 제법공성(諸法空性)을 깨달아 든 깨달음세계와 깨달은 각식(覺識)과 각아(覺我)가 있다. 그러므로 무생법인(無生法忍)에서는, 깨달은 지혜상(智慧相)과 지혜행(智慧行)인, 깨달음의 각식(覺識)과 각아(覺我)의 무위지혜작용이 이루어진다. 각식(覺識)은, 깨달은 지혜성품이므로, 깨달음 각식(覺識)의 무위세계가 있으며, 또한, 깨달음 각식(覺識)과 각아(覺我)가 있어, 완전한 무생(無生) 결정성(結定性)에 증입할 때까지, 각력상승으로 각식(覺識)과 각아(覺我)는, 더욱 미세해지며, 무생(無生) 결정성(結定性)에 완전히 증입하여, 시각(始覺)과 본각(本覺)이 둘 다 끊어질 때까지, 시각(始覺)의 각식(覺識)과 각아(覺我)는 지혜전변(智慧轉變)의 상승(上昇)을 거듭하며, 밀밀(密密)한 공성(空性)과 진여(眞如)와 각명(覺明)과 열반(涅槃)의 지혜작용을 하게 된다. 이 각식(覺識)의 각아(覺我)는, 대승지(大乘智)에는 공식(空識)인 공아(空我)이며, 일승지(一乘智)에는 무염식(無染識)인 무염아(無染我) 진여(眞如)이며, 일불승지

(一佛乘智)에는 원융각명(圓融覺明)인 원융각식(圓融覺識) 원융각아(圓融覺我)이며, 불승지(佛乘智)에는 부동열반(不動涅槃)인 부동열반식(不動涅槃識) 부동열반아(不動涅槃我)이다.

그러나, 각식(覺識)의 작용인 시각(始覺)의 공능(功能)이, 본각(本覺)과 동일성품 불이(不二)에 들어, 시각(始覺)과 본각(本覺)이 둘 다 끊어져 무생(無生) 결정성(結定性)에 들면, 각식(覺識)과 각아(覺我)가 흔적없이 사라져, 증득(證得)에 의한 각(覺)의 지혜 일체(一切)가 끊어진다. 그러므로, 무생결정성(無生結定性)인 여래결정성(如來結定性)에 들면, 깨달음 각식(覺識)이 끊어져, 지혜성품인 공(空)도 없고, 무염진여(無染眞如)도 없으며, 원융각명(圓融覺明)도 없고, 부동열반(不動涅槃)도 끊어진다. 그러므로, 일체(一切)가 무생(無生) 결정성(結定性)이며, 여래결정각(如來結定覺)인 본연무연중절대성(本然無然中絶對性)에 증입하게 된다. 만약, 수행경계나 수행지혜에 공(空)이 있거나, 무염진여(無染眞如)가 있거나, 원융각명(圓融覺明)이 있거나, 부동열반(不動涅槃)이 있으면, 시각(始覺)과 본각(本覺)이 둘 다 끊어지지 않아, 아직, 깨달음의 각식(覺識)과 각아(覺我)를 벗어나지 못하였다. 그러므로 스스로 깨달았다고 하나, 그 깨달음에는, 깨달음인 무위(無爲)의 각식(覺識)과 각아(覺我)가 있음이다. 깨달은 각식(覺識)과 각아(覺我)가 있음이 아직, 시각(始覺)과 본각(本覺)이 둘 다 끊어지지 않은 지혜의 차별 속에 있으므로, 보리(菩提)와 열반(涅槃)이 같지 않아 다르므로 차별이 있어 둘이며, 정(定)과 혜(慧)가 같지 않아 다르므로 차별이 있어 둘이며, 동(動)과 정(靜)이 같지 않아 다르므로 차별이 있어 둘이며, 부동(不動)과 각명(覺明)이 같지 않아 다르므로 차별이 있어 둘이며, 체(體)와 용(用)이 같지 않아 다르므로 차별이 있어 둘이며, 중생(衆生)과 불(佛)이 같지 않아 다르므로 차별이 있어 둘이다. 이는, 시각(始覺)과 본각(本覺)이 둘 다 끊어지지 않아, 체(體)와 용(用)이 완전한 불이(不二)의 결정성(結定性)인, 본연무연중절대성(本然無然中絶對性)이 아닌, 지혜의 차별 속에 있으므로, 각(覺)이 완전하지 못한 무위지혜에 머물러 있음이다. 이는, 여래(如來)의 정각(正覺), 여래결정성(如來結定性)인 불지(佛智)에 이르지 못한, 각식(覺識)의 미혹(迷惑) 속이다.

상(相)이 공(空)함을 깨달아, 무위(無爲)의 무생법인(無生法忍)에 들면, 상(相)이 타파되어 무위(無爲)에 듦으로, 일체가 공(空)한 무위법(無爲法)이 최상(最上)이며, 무상(無上)이라고 생각할 수도 있다. 그러나 무위법(無爲法)을 벗어나야, 법의 결정성(結定性)인 인(印)에 들게 된다. 인(印)이라 함은, 일체불이절대성(一切不二絶對性)이니, 파괴됨이 없는 불지(佛智)인 법의 결정성품으로, 깨달음 시각(始覺)의 공능이 본각(本覺)을 완전히 꿰뚫어, 시각(始覺)과 본각(本覺)이 불이(不二)에 들어, 시각(始覺)과 본각(本覺)이 둘 다 끊어진, 무생본연무연중절대성(無生本然無然中絶對性)이다. 인(印)은, 지혜의 완전한 결정성(結定性)인, 일체불이무생각명결정성(一切不二無生覺明結定性)이며, 일체불이무연각명결정각(一切不二無然覺明結定覺)이다. 그러면, 유위법(有爲法)과 무위법(無爲法)을 둘 다 벗어나게 된다. 유위(有爲)를 벗어나고 또한, 무위(無爲)도 벗어나면, 무생(無生) 결정성(結定性)에 증입하므로, 무생결정성(無生結定性)과 인(印)이란, 이 지혜성품의 말과 뜻을 명확히 이해하고, 깨닫게 된다. 이는 곧, 불지(佛智)이다. 이 지혜성품에 들기 전에는, 무생(無生)과 결정성(結定性)과 인(印)이란 이 말의 뜻을, 명확히 알 수가 없다. 이는, 제식(諸識)을 벗어난 무생본성(無生本性)이다. 이는, 3공취(三空聚)인, 상공(相空)인 공상역공(空相亦空)과 이공(理空)인 공공역공(空空亦空)과 지혜공(智慧空)인 소공역공(所空亦空)까지 벗어났다.

만약, 결정성(結定性) 무생법인(無生法印)에 들지 못하면, 무생법인지(無生法忍智)에서는, 결정성(結定性)과 인(印)이라는 이 말과 뜻을 알지 못해, 인(印)의 성품이, 무자성(無自性)이나 무위공성(無爲空性)이려니 생각하게 된다. 그러므로 무생법인(無生法忍)의 지혜에서도, 무생법인(無生法印)의 무생(無生)을, 무위청정공성(無爲淸淨空性)인, 무자성무생법인(無自性無生法忍)이려니 생각하고 수용하게 된다. 깨달음이 있고, 깨달은 각식(覺識)이 있으며, 깨달은 지혜세계인 공(空), 무위(無爲), 진여(眞如), 각명(覺明), 열반(涅槃) 등이 있음이, 제법공청정(諸法空淸淨)인 무생법인(無生法忍)의 세계이며, 깨달음도 끊어졌고, 깨달음 세계도 끊어졌고, 깨달은 각식(覺識)이 없으며, 깨달은 지혜까지 끊어져 없어, 시각(始覺)도, 무생본각(無生本覺)도, 둘 다 끊어졌음이, 무생법인(無生法印)이다. 공성(空性)과 무자성(無自性)과 무위(無爲)와 진여(眞如)와 열반(涅槃)과 보리(菩提)와 아뇩다라삼먁보리가 있음이, 무위공성(無爲空性)인 무생법인(無生法忍)이며, 공성(空性)과 무자성(無自性)과 무위(無爲)와 진여(眞如)와 열반(涅槃)과 보리(菩提)와 아뇩다라삼먁삼보리까지 끊어졌음이, 무생결정성(無生結定性)인 무생법인(無生法印)이다.

그러므로 무생결정성(無生結定性)에 증입하지 못하면, 무위공성(無爲空性) 무생법인(無生法忍)과 결정성(結定性) 무생법인(無生法印)의 지혜성품 차별을, 명확히 분별할 지혜가 없어, 두 법의 성품 차이를 헤아려도, 알 수가 없다. 그러므로 인지(忍智)에서는, 인지(印智)나 무생결정성(無生結定性)이, 무자성무위공성(無自性無爲空性)이려니 생각하게 된다. 그러므로 무위(無爲)의 불가사의한 지혜상승의 경계이어도, 결정성(結定性)인 무생법인지(無生法印智)에 들면, 무위(無爲)의 수승한 일체지혜(一切智慧)가 모두 파괴되어, 그 흔적을 찾을 수가 없다. 왜냐면, 무생본성(無生本性)에는 그 어떤 미혹도, 그 어떤 깨달음도, 그 어떤 깨달음의 지혜도 끊어진, 시종(始終) 없는 성품으로, 스스로 구족(具足)하고, 완연(完然)하며 원만(圓滿)한 성품으로, 불가사의 일체총지(一切總持) 공능(功能)의 무상공덕(無上功德)을 가진, 무생무상(無生無相)의 결정성(結定性)인, 본연무연중절대성(本然無然中絶對性)이기 때문이다.

이 결정성(結定性)의 성품을 이 경(經)에서는, 이(利)라고 하였다. 이(利)는, 무생결정성(無生結定性)의 일체총지(一切總持) 무상공능(無相功能)이므로, 공능(功能)이, 무엇에도 걸림이 없이 원융무애(圓融無礙)하다. 이 이(利)는, 바로, 불각(佛覺)의 성품이다. 이 성품의 실체를 일러 의(義)라고 하였으며, 이 실제(實際) 불변의 성품을 여(如)라고 하였으며, 이 성품이 파괴됨이 없으므로 결정성(結定性)이라고 하였으며, 이 성품은 생멸(生滅)이 끊어졌으므로 무생(無生)이라고 하며, 이 성품은 파괴되지 않으므로 인(印)이라고 하였으며, 이 여(如)의 성품은 여래(如來)의 성품 여(如)이므로, 이 여(如)의 성품에 듦이 여래결정성(如來結定性)이며 여래결정각(如來結定覺)이다. 이는 곧, 무생법인(無生法印)인 무생결정성(無生結定性)이다. 이는, 이 경(經)의 근본 성품이다. 이 성품이 곧, 여래(如來)의 일체총지(一切總持) 공덕체(功德體)인 여래장(如來藏)이다. 여래장(如來藏)은 곧, 무생(無生)이며 결정성(結定性)의 성품이다.

인지(忍智)는, 제법무자성(諸法無自性) 무위공청정(無爲空淸淨) 보살지(菩薩智)이며, 인지(印智)는, 결정무생(結定無生) 여래장총지(如來藏總持) 여래결정성(如來結定性)이다. 인지(忍智)와 인지(印智)의 지혜성품 차별을 모름은, 깨달음에 의한 시각(始覺)이 무생본각(無生本覺)에 들지 못해, 체각(體覺)과 용각(用覺)이 완전한 불이(不二)인, 무생결정성(無生結定性)에 증입하지 못했기 때문이다. 무생결정성(無生結定性)에는, 용각(用覺)의 공능(功能)이 체각(體覺)을 꿰뚫어, 체각(體覺)과 용각(用覺)이 둘 다 끊어진, 무연불이원융성(無然不二圓融性)이니, 체각(體覺)과 용각(用覺)이 둘 다 끊어져 없다. 그러므로, 각원융절대불이결정성(覺圓融絶對不二結定性)인 인(印)에 들게 된다.

이 경(經)에서, 법이 파괴됨이 없는 무생결정성(無生結定性)을, 결단(決斷)하고, 결정(決定)하는 작위(作爲)의 의지(意志)와 마음가짐의 정신(精神)과 목적한 과(果)를 향한 결심(決心)의 뜻이 담긴, 결정성(決定性)

이란 언어로 드러내고 있어, 결정성(決定性)이란 언어(言語)가, 무생법인(無生法忍) 각식(覺識)의 지혜작용인 지혜성품과 경계를 품은 의지와 뜻을 지니고 있으므로, 파괴됨이 없는 무생결정성(無生結定性)이며 여래결정성(如來結定性)인, 인(印)의 성품을 담거나, 그 특성을 드러내기에는, 언어(言語)의 뜻과 공덕(功德)이 부족한 한계성을 지니고 있다. 무생법인(無生法忍)에서는, 무위(無爲)를 따르고 수순하는, 제법무자성(諸法無自性)인, 무위공청정(無爲空淸淨)의 대승지(大乘智), 일승지(一乘智), 일불승지(一佛乘智), 불승지(佛乘智)의 각식(覺識) 무위행(無爲行)이 있으므로, 그 경계에서는, 각식(覺識)의 지혜상(智慧相)이 타파되지 못하여, 여래결정성(如來結定性)에 들기 위해, 무위(無爲)를 수순하는 무위각식행(無爲覺識行)을 하게 된다. 그러므로 결정성(決定性)이란 언어는, 무위(無爲)를 수순하는 무생법인(無生法忍) 각식(覺識)의 지혜성품과 수행의지(修行意志)를 함의(含意)한 언어의 뜻과 의미도 지니고 있다. 그러므로 결정성(決定性)이란 언어(言語)에, 인(印)의 성품의 특성을 총지(總持)해 담아 드러내기에는, 언어(言語)의 성품 공덕(功德)이 부족한 한계성이 있다. 그러나, 경(經)에 결정성(決定性)이란 언어로, 여래(如來)의 절대성(絕對性)인 인(印)의 성품을 드러내므로, 이 경(經)의 결정성(決定性)으로 드러내는 성품이 곧, 여래장(如來藏)의 성품, 무변절대성(無變絕對性)이니, 그러므로, 이 경(經)의 요해(了解)에, 결정성(決定性)이란 언어(言語)의 의미(意味)와 뜻의 한계성에, 의존하거나 얽매이지 않고, 변함 없고 파괴되지 않는 인(印)의 성품을 담아 드러내기에 합당한, 성품의 뜻을 가진 결정성(結定性)이란 언어를 선택하여, 결정성(決定性)과 결정성(結定性)을 같이 사용하므로, 이 경(經)의 요해(了解)에, 결정성(決定性)과 결정성(結定性)이, 성품과 경계가 다른 것이 아님을, 서두에서 밝힌 바가 있다. 결정성(決定性)의 언어(言語)에는, 어떤 목적과 결과를 위한 인위적 행위의지(行爲意志)의 성격이 있어, 이는, 목적과 결과를 위해 결단하고, 결심하며, 고쳐다잡고, 바로 세우는,

과(果)를 향한 인행(因行)의 의지와 뜻이 담겨 있다. 그러나 경(經)에서 논하는 결정성(決定性)이, 성품이 파괴됨이 없는 무생(無生)의 성품이니, 언어(言語)야 성품의 이름이므로, 성품이야 다를 바가 없으나, 언어(言語)의 뜻과 역량이, 성품과 합일(合一)을 이루지 못하여, 언어(言語)의 성격과 품성과 뜻이, 무생결정성(無生結定性)인 여래장(如來藏) 성품이, 파괴됨이 없는 인(印)의 특성과 불가사의 무량무한(無量無限) 일체총지성(一切總持性)을 완전히 품지 못하며, 그 공덕을 다 담아내지 못하는, 언어(言語)의 공덕 한계성은 어떻게 할 수가 없다.

무위성(無爲性)인 무생법인(無生法忍)과 결정성(結定性)인 무생법인(無生法印)이 지혜성품이 다르다. 만약, 이 지혜성품과 경계를 명확히 이해하려면, 무위무생법인지(無爲無生法忍智)와 결정무생법인지(結定無生法印智)의 지혜성품 차별을 알아야 한다. 이 성품의 차별을 알려면, 무생결정성(無生結定性)인 여래결정성(如來結定性)에 들어야 한다. 그 지혜과정이, 6식(六識)이 끊어진 상공대승지(相空大乘智)를 벗어나고, 7식(七識)이 끊어진 무염진여일승지(無染眞如一乘智)를 벗어나고, 8식(八識) 출입식(出入識)이 끊어진 원융각명일불승지(圓融覺明一佛乘智)를 벗어나고, 8식(八識) 함장식(含藏識)이 끊어진 부동열반불승지(不動涅槃佛乘智)를 벗어나므로, 시각(始覺)의 공능(功能)이 무생본각(無生本覺)을 꿰뚫어, 시각(始覺)과 본각(本覺)이 동일성품 불이(不二)에 듦으로, 용각(用覺)과 체각(體覺)이 둘 다 끊어진, 무생결정성(無生結定性)에 증입하면, 곧, 여래결정성(如來結定性)인 불각(佛覺)이니, 무생법인(無生法印)의 인지(印智)이다. 그러면 무생법인(無生法忍)의 무생(無生)은, 깨달음 각식(覺識)의 지혜상(智慧相)인, 제법무자성(諸法無自性) 무위공청정(無爲空淸淨)인, 무위각식행(無爲覺識行)의 성품으로, 각(覺)이 완전하지 못한, 무위지혜의 성품임을 깨닫는다. 인(印)의 결정성(結定性)의 지혜는, 무위공성(無爲空性)과 무염진여(無染眞如)와 각명보리(覺明菩提)와 부동열반(不動涅槃)을 벗어나, 용각(用覺)도 체각(體覺)도 둘 다 끊어진, 여래결정각(如來結定覺)이다. 이는, 각인(覺印)이며, 불인(佛印)이다. 돌아보면, 수 없는 환(幻)의 법(法)에 걸린 세월이었고, 무상(無上)을 향한 의지(意志)에, 끝없는 구함과 여읨의 취사(取捨)에 허덕인 세월이다. 바로 인(印)의 그 자리에서, 중생의 환(幻)뿐만 아니라, 일체경(一切經), 지혜장엄(智慧莊嚴)의 환(幻)까지 모두, 벗어나게 된다.

그러므로, 부처님께옵서 위의 구절에서, 무생법인(無生法忍)을 얻음이 곧, 허망함이라 하셨다. 그러나 이 말은, 깨달음에 증입한 각지(覺智)에 머묾을, 경계하는 말씀이다. 만약, 생멸 유무견(有無見) 속에 있으면, 일체가 자아(自我)에 의한 유위세계(有爲世界)이니, 제법공성(諸法空性)인 무위(無爲)의 무생법인(無生法忍)에 증입하지 않으면, 결정성(結定性)인 무생인(無生印)에 증입할 길이 없다. 이 지혜의 과정이, 유무(有無)와 생멸(生滅)의 상심(相心)이 끊어져, 공성(空性)이 열리어 대승(大乘)에 들고, 자아(自我)가 끊어져, 무염진여(無染眞如)가 열리어 일승(一乘)에 들며, 능소출입식(能所出入識)이 끊어져, 원융각명(圓融覺明)이 열리어 일불승(一佛乘)에 들고, 일체 깨달음 무위지혜(無爲智慧)의 동각(動覺)이 끊어져, 열반부동지(涅槃不動智)가 열리어 불승(佛乘)에 들며, 구경(究竟) 부동지(不動智)까지 끊어져, 구경(究竟)을 넘어선 무생(無生)의 성품, 여래(如來)의 결정각(結定覺)을 얻게 된다.

이 여래(如來)의 성품을, 경(經)에서 여(如)라고 했다. 이 여(如)는, 진여(眞如)도 아니며, 열반(涅槃)도 아니며, 보리(菩提)도 아니며, 여래(如來)의 결정성(結定性)인, 본연무연중절대성(本然無然中絕對性)으로 여래(如來)의 여(如)이며, 무생(無生)의 인(印)이다. 이는, 본심(本心)과 본성(本性)과 본각(本覺)과 진여(眞如)와 열반(涅槃)과 보리(菩提)뿐만 아니라, 아뇩다라삼먁삼보리까지 끊어진, 무생(無生) 결정체(結定體), 여래결정성(如來結定性)이다. 그러므로, 이를 일컬어, 여래(如來)의 인(印)이라고 한다. 이는, 여래결정각(如來結定覺)이다. 여래(如來)와 인(印)이 둘이 아니니, 인(印)은 곧, 여래(如來)의 체(體)며, 명(明)이며, 성(性)이다.

○**97.** 무생인(無生忍)을 얻음이 없어야, 허망함이 없사옵니까?

心王菩薩言 尊者 得無生忍 即[大:續1,2: 卽] **爲虛妄**
심 왕 보 살 언 존 자 득 무 생 인 즉 [대:속1,2: 즉] 위 허 망

無得無忍 應非虛妄
무 득 무 인 응 비 허 망

심왕보살이 말씀 사뢰오며 여쭈옵기를, 세존이시여! 무생인(無生忍)을 얻음이 곧, 허망(虛妄)함이라 하시오니, 무생인(無生忍)이 없어, 얻음이 없어야, 응당, 허망(虛妄)함이 아니옵니까?

♣ 심왕보살이, 말씀 사뢰오며 여쭈옵기를, 세존이시여! 무생법인(無生法忍)을 얻음이 곧, 허망함이라고 하심은, 무생법인(無生法忍)을 얻을 수 없기 때문이옵니다. 그러므로, 무생법인(無生法忍)이 없어, 무생법인(無生法忍)을 얻음이 없어야, 응당, 허망함이 아니옵니까?

□ 고(高), 논(論) 경(經)에 즉(即)이, 대(大), 속1,2(續1,2) 경(經)에는 즉(卽)으로 되어 있다.

○**98.** 무생인(無生忍)을 얻을 것이 없음이 곧, 얻은 바가 있음이다.

佛言 不也[論: 不] **何以故 無得無忍 是則有得**
불 언 불 야 [논: 불] 하 이 고 무 득 무 인 시 즉 유 득

부처님께옵서 말씀을 하옵기를, 아니니라. 무엇 때문이냐면, 무생인(無生忍)이 없어, 얻을 것이 없다는 이것이 곧, 얻었음이 있기 때문이니라.

♣ 부처님께옵서 말씀을 하옵기를, 아니니라. 무엇 때문이냐면, 무생법인(無生法忍)이 없어, 무생법인(無生法忍)을 얻을 것이 없다는 이것이 곧, 무생법인(無生法忍)을 얻었음이 있기 때문이니라.

□ 고(高), 대(大), 속1,2(續1,2) 경(經)에 불야(不也)가, 논(論) 경(經)에는 불(不)로 되어 있다.

● 무생법인(無生法忍)을 얻기 전에는, 무생법인(無生法忍)이, 얻을 것이 없음을 알지 못한다. 왜냐면, 무생법인(無生法忍)을 얻기 전에는, 상(相)의 상념(想念) 속에 있기 때문이다. 상(相)의 상념(想念) 속에 있으면, 일체 상(相)이 무생(無生)임을 알지 못하며, 또한, 일체상(一切相)이 공(空)함을 알지 못하기 때문이다. 그러므로, 깨달음으로 일체상(一切相)이 공(空)한, 무생법인(無生法忍)의 지혜를 얻으려고 한다. 그러나, 이 구절은, 일체법이 무생(無生)임을 깨달은, 그 지혜상(智慧相)을 타파하는 지혜설(智慧說)이니, 만약, 일체상(一切相)이 무생(無生)임을 모르는 자기 미혹, 생멸유무(生滅有無)의 경계에서, 이 구절(句節)을 그대로 수용하게 되면, 상(相)의 상념(想念)을 벗어날 수가 없다. 그러므로, 깨달음을 구하여, 일체상(一切相)이 무생(無生)인 무위지혜성품에 들어야 한다. 만약, 깨달음을 얻어 무위지혜(無爲智慧)에 들어, 무생(無生)을 얻었다면, 이는, 무생상(無生相)을 가짐이니, 더 깨달아, 무생(無生)이, 얻을 수 없는 결정성(結定性)임을, 깨달아야 한다. 무생(無生) 결정성(結定性)에 들지 못하면, 무위상(無爲相)에 들어 있어, 그 지혜는, 깨달음 증득(證得)과 깨달음세계의 무위공성(無爲空性)을 벗어나지 못한, 각식(覺識)의 망(妄) 속에 있음이다. 이 깨달음과 깨달음의 각식(覺識)이 타파되어야, 다음 구절의 진실을 깨닫게 된다. 깨달은 자기가 있고, 깨달은 경계가 있음이 곧, 각식(覺識)에 의한 망(妄)의 허물이다.

○**99.** 무생인(無生忍)을 얻었거나, 얻을 바 있음이 다 허망함이다.

有得有忍[論: 有得有住] **是則有生 有生於得 有所得法**
유 득 유 인 [논: 유득유주] 시 즉 유 생 유 생 어 득 유 소 득 법

並爲虛妄
병 위 허 망

무생인(無生忍)이 있어, 얻음이 있음은, 이는 곧, 생(生)이 있음이니라. 생(生)이 있어 얻었거나, 얻을 바의 법이 있음이, 아울러 다 허망함이니라.

♣ 무생인(無生忍)이 있어 무생인(無生忍)을 얻음이 있거나, 무생인(無生忍)을 얻을 바가 있음은, 이는 곧, 생(生)이 있음이니라. 생(生)이 있어 무생인(無生忍)을 얻었거나, 얻을 바인 무생인(無生忍)의 법이 있음이, 아울러 다 허망함이니라.

□ 고(高), 대(大), 속1,2(續1,2) 경(經)에 유득유인(有得有忍)이, 논(論) 경(經)에는 유득유주(有得有住)로 되어 있다.

□ 논경구(論經句)

유득유주(有得有住): 얻음이 있으면 머묾이 있다. 앞 뒤의 구절을 연결하면, 무생인(無生忍)이 없어, 무생인(無生忍)을 얻을 것이 없다는 이것이 곧, 무생인(無生忍)을 얻은 바가 있기 때문이니라. 얻음이 있으면 머묾이 있음이니, 이는 곧, 생(生)이 있음이니라.

○ **100.** 무생인(無生忍)이 없는 무생심이어야, 허망하지 않사옵니까?

心王菩薩言 尊者 云何無忍無生心 而非虛妄
심 왕 보 살 언 존 자 운 하 무 인 무 생 심 이 비 허 망

심왕보살이 말씀 사뢰오며 여쭈옵기를, 세존이시여! 어떻게 해야, 무생인(無生忍)이 없는 무생심(無生心)으로, 허망하지 않사옵니까?

♣ 심왕보살이, 말씀 사뢰오며 여쭈옵기를, 세존이시여! 무생인(無生忍)을 얻으려 하거나, 얻어도 허망이라고 하시오니, 식(識)의 출입(出入)과 생멸(生滅)의 유루(有漏) 속에 있으면, 무생인(無生忍)을 얻지 않아도 또한, 허망이옵니다. 어떻게 해야, 무생인(無生忍)이 없는 무생심(無生心)으로, 허망하지 않사옵니까?

■ 인지무생(忍智無生)과 인지무생(印智無生)

무생(無生)과 무생심(無生心)이 말은 같으나, 이 말을 수용함에는, 두 지혜의 경계가 있다. 무생(無生)이 달라, 다른 것이 아니다. 지혜

가 달라, 서로 수용하는 경계가 다를 뿐이다. 이는, 인지(忍智)의 무생(無生)과 인지(印智)의 무생(無生)이, 지혜성품과 지혜경계가 다르다. 인지(忍智)의 무생(無生)은, 인지(印智)에 들면, 인지(忍智)의 무생(無生) 지혜와 상념(想念)과 개념이 파괴되어, 인지(印智)의 무생(無生) 지혜성품으로 전변(轉變)하여 바뀐다. 왜냐면, 인지(忍智)와 인지(印智)가 서로, 무생(無生) 지혜성품의 차원이 다르기 때문이다. 인지(忍智)의 무생(無生)은 무위무생지(無爲無生智)이며, 인지(印智)의 무생(無生)은 파괴됨이 없는 결정무생지(結定無生智)인, 인(印)의 성품이기 때문이다. 인지(忍智)의 무생(無生)은, 유위(有爲)의 상(相)을 벗어난 무위공성무생(無爲空性無生)이다. 그러나, 인지(印智)의 무생(無生)은, 유위(有爲)와 무위(無爲)를 둘 다 벗어난, 무생(無生) 결정성(結定性)인 곧, 인성(印性)이다. 이는 곧, 경(經)에서 여래(如來)의 여(如)라고 했다.

인지(忍智)의 무생(無生)은, 여래(如來)의 결정성(結定性)인, 여(如)의 결정무생(結定無生)이 아니다. 여래(如來)의 여(如)의 무생(無生)은, 결정성인지(結定性印智)의 무생(無生)이다. 그러므로 인지(忍智)의 무생행(無生行)은, 여(如)의 행이 아니다. 인지(忍智)의 무생(無生)은, 무생법인(無生法忍)의 법을 수용하고, 섭수하며 닦음의 제법무자성(諸法無自性)인, 무위공청정(無爲空淸淨) 무위각식행(無爲覺識行)이다. 이 무위수순행(無爲隨順行)이, 원각경(圓覺經)에는, 청정원각(淸淨圓覺)을 깨닫고, 원각삼종자성수순행(圓覺三種自性隨順行)인, 본성열반(本性涅槃) 수순행인 사마타(奢摩他)와 본심진여(本心眞如) 수순행인 삼마발제(三摩鉢提)와 본각보리(本覺菩提) 수순행인 선나(禪那)이다. 이것이, 무위공성(無爲空性) 지혜가 점차 깊어지는, 무위지혜의 인지행(忍智行)인, 무생법인행(無生法忍行)이다. 그러나, 이 무위지혜(無爲智慧)의 공성무생(空性無生)을 타파하여 벗어나면, 인지(印智)의 결정무생(結定無生)에 들게 된다. 그러면, 수용하고 섭수해야 할, 무위각식(無爲覺識)의 대(對)가 완전히 끊어져, 섭수해야 할 법도, 성품도 끊어진, 본연무연중절대성(本然無然中絶對性)이다. 그러므로 여(如)의 무생결정성(無生結定性)이며, 본각리행(本覺利行)인, 여래장(如來藏) 무생공능행(無生功能行)에 들게 된다. 이것이, 무생법인(無生法忍)이 없는 무생심(無生心)이다. 이는, 이 경(經)에서 말하는, 일미진실(一味眞實) 무상무생(無相無生) 결정실제(結定實際) 본각리행(本覺利行)인, 무상(無相) 공능행(功能行)이며, 여(如)의 공능행(功能行)이다. 진여(眞如)도, 무위진여(無爲眞如)를 벗어난 인(印)의 진여(眞如)가 있고, 열반(涅槃)도 무위열반(無爲涅槃)을 벗어난 인(印)의 열반(涅槃)이 있으며, 보리(菩提)도 무위보리(無爲菩提)를 벗어난 인(印)의 보리(菩提)가 있다. 이 말은, 인(忍)인 공성(空性)을 바탕한, 무위지(無爲智)에서 수용하는 진여(眞如), 열반(涅槃), 보리(菩提)는, 그 성품이 무위공성(無爲空性)인 무위성(無爲性)이다. 이 경계에서는, 공청정(空淸淨) 무위(無爲)의 성품이 곧, 진여(眞如)의 성품이며, 열반(涅槃)의 성품이며, 보리(菩提)의 성품이다. 인(忍)의 무위성품을 벗어나면, 무위(無爲) 지혜성품이 전변(轉變)하여, 인(印)에 듦으로, 무위(無爲)의 진여(眞如), 열반(涅槃), 보리(菩提)를 타파하여 벗어나, 진여(眞如), 열반(涅槃), 보리(菩提)의 무위성품이 끊어진, 파괴됨이 없는 인(印)의 성품, 무생결정성(無生結定性)이 곧, 진여(眞如), 열반(涅槃), 보리(菩提)의 무생체성(無生體性)임을 깨닫게 된다.

공성(空性), 무위지혜의 과정이, 상(相)이 공(空)함을 깨달아 대승공(大乘空)에 들며, 대승공(大乘空)을 타파해, 일승(一乘) 진여(眞如)에 들며, 일승(一乘) 진여(眞如)를 타파하여, 일불승(一佛乘) 보리(菩提)에 들며, 일불승(一佛乘) 원융보리(圓融菩提)를 타파하여, 부동지(不動智) 불승(佛乘)에 들며, 부동지(不動智)도 타파하여, 인(印)의 결정(結定) 성품인, 불각(佛覺)에 들게 된다. 이 지혜성품, 지혜전변(智慧轉變)의 과정과 경계를 모르면, 일승(一乘)에서 진여(眞如)를 얻었는데 또, 타파하여 벗어나는 것을 이해할 수가 없고, 또, 대원경지(大圓鏡智)인 원융각명보리(圓融覺明菩提)를 얻었는데, 또, 타파하여 벗어나는 것을 이해하지 못해, 진여(眞如)가 깨어지고, 보리(菩提)가 타파된다는 이 말의 경계를 종잡을 수가 없고, 자기 상념(想念)과 법상(法相)의 경계에서 이해할 수 없어, 의아(疑訝)하게 생각하거나, 왜곡(歪曲)되게 생각을 할 수도 있다. 그것은 식(識)의 차별차원, 각력상승 지혜전변(智慧轉變)의 차별세계, 지혜성품의 차별차원을 모르기 때문이다.

보살지(菩薩智)의 진여(眞如), 열반(涅槃), 보리(菩提)는, 불지(佛智)의 진여(眞如), 열반(涅槃), 보리(菩提)와 지혜성품이 다르다. 보살지(菩薩智)의 진여(眞如), 열반(涅槃), 보리(菩提)는, 진여(眞如)는 물듦이 없음이며, 열반(涅槃)은 생멸(生滅)이 없어 동(動)함이 없음이며, 보리(菩提)는 두루 밝은 원융각명(圓融覺明)이다. 이것은, 진여(眞如)와 열반(涅槃)과 보리(菩提)의 성품이 차별이 있기 때문이다. 왜냐면, 무위지혜는, 깨달음의 시각(始覺)인, 각식(覺識)의 차별성품 속에 증득하는, 진여(眞如), 열반(涅槃), 보리(菩提)의 지혜세계이기 때문이다. 이는, 시각(始覺)이 본각(本覺)의 성품에 들지 못해, 시각(始覺)도 본각(本覺)도 끊어지지 않아, 진여(眞如)와 열반(涅槃)과 보리(菩提)가 원융한 불이(不二)인, 무생결정성(無生結定性)에 들지 못하였기 때문이다. 그러나, 불지(佛智)에 증입하면, 진여(眞如), 열반(涅槃), 보리(菩提)의 성품이 끊어져 흔적이 없다. 일체가 무생(無生) 결정성(結定性)인 한 성품이다. 무생결정성(無生結定性), 이것이 곧, 불(佛)의 진여(眞如), 열반(涅槃), 보리(菩提)의 성품이다. 무생결정성(無生結定性)에는 진여(眞如)도 끊어져 없는 것이 진여(眞如)의 성품이며, 열반(涅槃)도 끊어져 없는 것이 열반(涅槃)의 성품이며, 보리(菩提)도 끊어져 없는 것이 보리(菩提)의 성품이다. 보살지(菩薩智)의 진여(眞如), 열반(涅槃), 보리(菩提)의 성품은, 각각(各各) 성품이, 각식(覺識)에 따른 차별특성이 있다. 왜냐면, 완전한 지혜의 성품은, 일체불이(一切不二)의 결정성(結定性)이므로, 각(各) 지혜성품의 근원인, 결정성(結定性)에 들지 못해, 지혜성품이 원융하지 못한 차별지(差別智) 속에 있기 때문이다. 이는 아직도, 지혜를 가리는 식(識)의 장애(障礙)를 완전히 벗어나지 못했기 때문이다.

불지(佛智)는, 무생결정성(無生結定性)인 무생(無生) 성품이 곧, 진여(眞如)이며, 열반(涅槃)이며, 보리(菩提)이다. 그러므로 불지(佛智)에는, 진여(眞如), 열반(涅槃), 보리(菩提)도 끊어진, 무생결정성(無生結定性)이니, 무생결정성(無生結定性)에는 진여(眞如)도, 열반(涅槃)도, 보리(菩提)도 끊어져 없다. 진여(眞如), 열반(涅槃), 보리(菩提)도 끊어져 없는 무생결정성(無生結定性)이 곧, 무생진여(無生眞如), 무생열반(無生涅槃), 무생보리(無生菩提)의 성품이다. 이는, 진여(眞如), 열반(涅槃), 보리(菩提)가 차별 없는, 무생일성(無生一性)이다. 그러므로 무생결정성(無生結定性)에는, 진여(眞如)도 따로 없고, 열반(涅槃)도 따로 없으며, 보리(菩提)도 따로 없는, 무생일성(無生一性)인 결정성(結定性) 한 성품이 곧, 진여(眞如), 열반(涅槃), 보리(菩提)의 체성(體性)이다. 진여(眞如), 열반(涅槃), 보리(菩提)도 끊어진, 무생일각(無生一覺)인 무생결정성(無生結定性)이, 불(佛)의 일신(一身) 원융각체(圓融覺體)이니, 진여(眞如), 열반(涅槃), 보리(菩提)의 성품이 차별이 없다. 곧, 일체불이(一切不二)인, 무생결정성(無生結定性)의 한 성품이기 때문이다.

무위(無爲)지혜에서는, 지혜 점차(漸次)의 차별에 따라, 식(識)의 장애(障礙)를 제거한, 지혜성품의 차별이 있어도, 무생결정성(無生結定性)에는 일체(一切)의 근원(根源), 여래장(如來藏) 일체총지(一切總持)인, 결정성(結定性) 무생일성일각(無生一性一覺)이니, 일체(一切) 분별식(分別識)과 차별심(差別心)이 끊어져, 분별과 차별의 두 성품이 없다. 그러므로, 한 성품 일지(一智)인, 5지원융지(五智圓融智)이다. 그러나 보살지(菩薩智)에서는, 깨달음의 깊이, 식(識)의 장애(障礙)를 제거한 각식(覺

識)의 차별차원이 있어, 각각 식(識)의 차별차원을 타파하여, 5지(五智)를 하나하나 증득하므로, 지혜차별의 각식(覺識) 속에는, 5지(五智)가 한 성품으로, 원융이 이루어지지 않는다. 보살지(菩薩智)에서는, 무위지혜 속에 있으므로, 7식(七識)이 끊어져 진여(眞如)에 들고, 8식(八識) 출입식(出入識)이 끊어져 보리(菩提)에 들고, 8식(八識) 함장식(含藏識)이 끊어져 열반(涅槃)에 드는, 깨달음 차원이 다른, 차별성이 있다. 그 까닭은, 마음작용이 각종 다른, 차별차원의 식(識)에 얽매여, 결탁(結託)해 있어, 그 결탁(結託)으로 묶인, 얽매임을 타파해 벗어나는, 식(識)의 층(層)들이 각각 차원이 다르기 때문이다. 이는, 각각(各各) 식(識)의 층(層)인, 식(識)의 차원에 따라, 식(識)의 성품 종류가 다르기 때문이다.

식(識)의 차원이 각각 다르므로, 6근, 6식, 7식, 8식, 능소(能所)의 제식(諸識)이 모두, 함께 심(心)의 작용을 하여도, 서로 차원이 달라, 걸림이 없어, 심(心)의 작용이 원융원만하게 이루어진다. 이는 식(識)의 차원에 따라, 식(識)의 특성, 업(業)의 성품 파장(波長)이 서로 다르기 때문이다. 그러므로, 식(識)의 층(層)을 따라, 제식(諸識)을 하나하나 타파하므로, 식(識)의 장애를 벗어나, 점차 장애(障礙) 없는 원융지(圓融智)에 이르게 된다. 그러므로 무위보살지(無爲菩薩智)에서는, 이치(理致)로는 진여(眞如), 열반(涅槃), 보리(菩提)가 하나의 체성(體性)임을 알아도, 불지(佛智)처럼, 완전한 용(用)의 불3원융일성각(不三圓融一性覺)이 이루어지지 않는다. 왜냐면, 각각 식(識)의 장애(障礙)를 타파하는, 무위차별지(無爲差別智)를 아직, 완전히 벗어나지 못하였기 때문이다. 그러므로 무위지혜는, 체용불이(體用不二)의 결정성(結定性)인, 완전한 원융지(圓融智)가 아니므로, 일체식(一切識)을 타파한, 완전한 지혜의 결정성(結定性)인, 법보화신(法報化身) 3불원융일신각(三佛圓融一身覺)을 이룰 수가 없다. 보살지(菩薩智)에서는, 제식(諸識)의 차별차원을 따라, 하나하나 타파하며, 진여(眞如), 보리(菩提), 열반(涅槃)의 성품에 들게 된다. 왜냐면, 식(識)의 차별지(差別智) 속에 있으므로, 진여(眞如), 보리(菩提), 열반(涅槃)를 한목 융통일원(融通一圓)하지 못한다. 이는, 식(識)의 장애를 완전히 벗어나지 못한, 지혜의 차별 속에 있기 때문이다. 그러나, 시각(始覺)과 본각(本覺)이 둘 다 끊어져, 무생결정성(無生結定性)에 들면, 법신불성(法身佛性)인 무생열반(無生涅槃)과 보신불성(報身佛性)인 무생보리(無生菩提)와 화신불성(化身佛性)인 무생진여(無生眞如)가 융통일원(融通一圓)하여, 일신(一身) 중에, 법보화신(法報化身) 3불원융일신각(三佛圓融一身覺)을 시현(示顯)하게 된다.

유무(有無)의 경계에서, 상식적(常識的)으로 생각하는 유상진여(有相眞如)와 유상열반(有相涅槃)과 유상보리(有相菩提)는, 무위(無爲)를 깨달으면, 생멸견(生滅見)에서 생각한 유상진여(有相眞如)와 유상열반(有相涅槃)과 유상보리(有相菩提)의 인식(認識)과 상념(想念)을 타파해 벗어나, 무위공성(無爲空性)인 무위진여(無爲眞如)와 무위열반(無爲涅槃)과 무위보리(無爲菩提)의 성품에 들고, 무위(無爲)를 타파하면, 대승공(大乘空)과 일승진여(一乘眞如)와 일불승보리(一佛乘菩提)와 불승열반(佛乘涅槃)을 모두 타파하여, 인(印)의 결정성(結定性)에 들게 된다. 무위지혜(無爲智慧)에서는, 유위(有爲)를 벗어나 얻은 것이라, 무위공성(無爲空性)의 진여(眞如)와 열반(涅槃)과 보리(菩提)의 성품 속에 있으면, 그 무위성품이 파괴되며 깨어지는 성품임을 모른다. 이는 무위지혜이므로, 진여(眞如), 열반(涅槃), 보리(菩提)가 곧, 청정성품임은 알아도, 이것을 타파해 벗어나는 지혜차원이 있음을 알 수가 없다. 스스로 무위를 깨달아 그것이 최상(最上)이며, 무상(無上)이라고 생각할 수도 있다. 자신이 들어 있는, 청정하고 맑고 밝은 투명한 무위공성(無爲空性)의 지혜를 아직, 벗어나지 못했기 때문이다. 무위(無爲)의 인지(忍智)와 무위(無爲)를 벗어난 결정성(結定性) 인지(印智)가, 각(覺)의 성품이 차원이 다르다. 보살지(菩薩智)는 무위공성(無爲空性)의 지혜성품이며, 불지(佛智)는 무생결정성(無生結定性)이다. 보살지(菩薩智)는 무위무생법인지(無爲無生法忍智)이며, 불지(佛智)는 결정무생법인지(結定無生法印智)이다.

진여(眞如), 열반(涅槃), 보리(菩提), 본성(本性), 본심(本心), 본각(本覺), 불생(不生), 여(如), 무생(無生), 결정(結定), 반야(般若), 해탈(解脫), 법성(法性), 청정(淸淨), 원융(圓融), 무애(無礙), 각(覺), 여래(如來), 불성(佛性), 무상(無相), 무상(無上), 정(定), 혜(慧), 부동(不動), 무염(無染), 공(空), 적멸(寂滅), 적정(寂靜), 금강(金剛), 아뇩다라삼먁삼보리(阿耨多羅三藐三菩提) 등, 인지(忍智)와 인지(印智)가 언어의 씀은 같아도, 지혜성품이 다르다. 무위지혜(無爲智慧)는, 무위각성(無爲覺性)의 차별 속에 있으므로, 각각 언어의 성품이, 서로 특성과 차별이 있다. 그 까닭은, 무위(無爲)와 공성(空性)은 아직, 시(始)와 종(終), 시각(始覺)과 본각(本覺), 체(體)와 용(用)이 완전히 끊어진, 일체불이(一切不二)의 결정성(結定性)에 이르지 못한, 지혜의 차별성품 속에 있기 때문이다. 그러나, 무생결정성(無生結定性)인 불지(佛智)에 들면, 시(始)와 종(終), 시각(始覺)과 본각(本覺), 체(體)와 용(用)이 완전히 끊어진, 본연무연중절대성(本然無然中絶對性)인 결정성(結定性)에 듦으로, 일체(一切)가 방편(方便)이니, 인연(因緣)과 경계(境界)를 따라 이름을 달리할 뿐, 일체가 무생결정성(無生結定性)인, 무생일각(無生一覺) 한 성품일 뿐이다. 왜냐면, 무상지(無上智)에는, 시(始)와 종(終), 시각(始覺)과 본각(本覺), 체(體)와 용(用)의 일체 분별과 차별을 초월해 벗어났으므로, 일체가 무상각(無上覺) 무생일성(無生一性)인, 여래장(如來藏) 한 성품이기 때문이다. 그러므로, 제불제설(諸佛諸說)은, 무생일각(無生一覺) 여래장(如來藏) 한 성품을 벗어나지 않으며, 무생일각(無生一覺)으로, 일체중생을 구제하고 제도한다. 불(佛)의 일체법(一切法)의 차별은, 인연과 경계를 따라 펼치는, 일체(一切)가 불지혜(佛智慧)의 방편(方便)이다. 무생결정성(無生結定性)을 벗어나면, 그것은 곧, 중생의 근기(根機)와 지혜와 성품의 특성과 인연사를 따라 펼치는, 일체가 불(佛)의 대비(大悲) 방편설(方便說)이다. 그러므로 불(佛)께옵서, 진여(眞如), 열반(涅槃), 보리(菩提)를 설(說)하여도, 방편을 벗어나 있지 않다. 왜냐면, 불성(佛性)에는 성품이 둘이 있을 수가 없고, 또, 성품이 차별이 있을 수가 없으며, 또한, 둘 없는 하나도 있을 수가 없음이니, 일러 여(如)라고 하며, 그 성품이 파괴됨이 없어 인(印)이라고 할 뿐, 일체설(一切說)에 하나를 세우고, 둘을 건립(建立)하는 일체(一切)가, 불지혜(佛智慧) 대비(大悲)의 방편이다. 결정성(結定性)에는 다름도 없고, 같음도 없음이니, 대(對)를 이루어, 서로 같거나 다른, 차별이 있을 수가 없다. 왜냐면, 무생(無生) 결정성(結定性)이니, 그래서 여(如)이다. 여(如)는 같음도 아니며, 다름도 아니며, 그렇다고 하나도 아니며, 진(眞)도 아니며, 그렇다고 허(虛)도 아니며, 없음도 아니며, 있음도 아니며, 일체 유위(有爲)와 무위(無爲)의 사량과 분별의 지혜를 벗어난 결정성(結定性)이다. 이 결정성(結定性)은, 본연무연중절대성(本然無然中絶對性)이므로, 결정성(結定性)도 끊어졌다. 그러므로, 이를 결정성(結定性)이라고 한다. 이는 곧, 여래결정성(如來結定性)이며, 여래결정각(如來結定覺)인 일체총지원융원만구족편재청정절대성(一切總持圓融圓滿具足遍在淸淨絶對性)이다.

○ **101.** 무생심(無生心)은, 본래 처소(處所)가 없는 결정성(結定性)이다.

佛言 無忍無生心者 心無形段 猶如火性 雖處木中
불언 무인무생심자 심무형단 유여화성 수처목중

其在無所 決定性故
기재무소 결정성고

부처님께옵서 말씀하옵기를, 무생인(無生忍)이 없어야, 무생심자(無生心者)이니라. 마음은, 어떤 형체도 종류도 없어 다만, 불[火]의 성품과 같아, 비록 나무 가운데 처(處)해 있을 뿐, 그 존재의 처소(處所)가 없음은, 결정성(結定性)인 까닭이니라.

♣ 부처님께옵서 말씀하옵기를, 무생인(無生忍)이 없어야, 무생심자(無生心者)이니라. 마음은, 어떤 상태인 모양이나, 형태나, 색깔이나, 종류도 없어, 다만 불[火]의 성품과 같아서, 비록 나무 가운데 처(處)해 있을 뿐, 그 존재의 처소(處所)가 없음은 결정성(結定性)이듯, 마음 또한, 만물 가운데 처(處)해 있어도, 그 존재의 처소(處所)가 없음은, 결정성(結定性)인 까닭이니라.

● 이 결정성(結定性)이, 여래(如來)의 파괴됨이 없는 성품 결정성이며, 이 결정성이, 여래(如來) 불각(佛覺)의 결정체이다. 깨달음이, 결정성 불인(佛印)의 지혜에 들면, 불인(佛印)이 곧, 무생결정성(無生結定性)이며, 여래장(如來藏) 일체총지(一切總持)의 성품임을 깨닫는다.

■ 결정성(結定性)

유위세계(有爲世界)의 결정성(結定性)은, 금강석(金剛石)처럼 단단하여 파괴되지 않는 성질이나 구조를 가진, 결정체(結定體)의 상(相)이나, 특성의 성질로 생각한다. 이 경(經)에서 말하는 결정성(決定性)은, 법(法)이 파괴되지 않는, 결정성(結定性)을 말한다. 법(法)이란, 유위(有爲)에서는 일체상(一切相)을 일컬어 법(法)이라고 한다. 그것은 유위(有爲)의 법(法)이다. 무위(無爲)에서는 공성(空性)을 일컬어 법(法)이라고 한다. 그것은 무위(無爲)의 법(法)이다. 여기에서 법(法)이란, 결정성(結定性)을 일컬음이다. 그러므로 파괴되지 않는 법(法)이란, 곧, 파괴되지 않는 성품이다. 그러므로, 일체(一切) 생(生)이 생(生)이 아니며, 또한, 멸(滅)이 멸(滅)이 아니다. 이는 곧, 무생(無生) 결정성(結定性)인 인(印)이다. 곧, 여래성(如來性)이다. 법(法)의 결정성(結定性)은, 상(相)과 식(識)과 유위(有爲)와 무위(無爲)와 깨달음과 진여(眞如)와 열반(涅槃)과 보리(菩提)에도 파괴되지 않는 성품인 결정성(結定性)이다. 그러나, 결정성(結定性)에 파괴되지 않는 법(法)과 지혜가 없다. 그것이 유위(有爲)이든, 무위(無爲)이든, 공성(空性)이든, 깨달음이든, 진여(眞如)이든, 열반(涅槃)이든, 보리(菩提)이든, 아뇩다라삼먁삼보리이든, 불법(佛法)이든, 불지혜(佛智慧)이든, 금강(金剛)이든, 결정성(結定性)에 파괴되지 않는 것이 없다. 만약, 파괴되지 않는 것이 있다면, 그것은 무생(無生) 결정성(結定性)이다. 왜냐면, 무생(無生)이기 때문이며, 무상(無相)이기 때문이다. 일체(一切)가 파괴되는 것은, 상(相)이기 때문이며, 앎과 식(識)이기 때문이며, 상념(想念)이기 때문이며, 증득(證得)이기 때문이며, 법상(法相)이기 때문이며, 견(見)이기 때문이며, 각식(覺識)의 지혜상(智慧相)이기 때문이다.

그런데, 이 결정성(結定性)이 불[火]의 성품과 같다고 함은, 불[火]의 성품, 화대(火大)는 여래장(如來藏) 성품인 결정성(結定性)이므로, 시방 우주에 가득 충만하다. 그러나, 그 성품이 결정성(結定性)이라 눈에 보이지 않고, 느낄 수도 없고, 그 존재를 확인하거나, 알 수가 없어도, 나무를 인연하여 불이 일어나듯, 나무가 불에 다 타면, 불의 성품은 또, 본래의 적멸성(寂滅性)으로 돌아 간다. 불꽃과 불[火]의 결정성(結定性)인 성품은 다르다. 불꽃은 인연으로 나타난 상(相)이니, 눈으로 확인 할 수 있는 것이다. 지수화풍(地水火風) 4대(四大)의 성품은 눈으로, 감각으로, 촉각으로 확인할 수가 없다. 촉각과 감각으로 인식하고 확인하는 것은, 4대성(四大性)이 아니라 4대(四大)의 인연작용(因緣作用)의 현상이다.

가령, 물이 형태를 가짐은 지대(地大)의 성품작용이며, 물이 젖고 흡수되며 융화(融和)함은 수대(水大)의 성품작용이며, 물이 온도(溫度)가 있음은 화대(火大)의 성품작용이며, 물이 움직임은 풍대(風大)의 성품작용이다. 가령, 불이 형태를 가짐은 지대(地大)의 성품 작용이며, 불이 온도와 빛을 가짐은 화대(火大)의 성품작용이며, 불이 끌어당기고 세력을 가지는 응집력(凝集力)은 수대(水大)의 성품작용이며, 불이 움직임은 풍대(風大)의 성품작용이다. 또한 가령, 바람이 어떤 형태를 가짐은 지대(地大)의 성품작용이며, 바람이 움직임은 풍대(風大)의 성품작용이며, 바람이 따뜻하거나 온도(溫度)를 가짐은 화대(火大)의 성품작용이며, 바람이 무엇이든 흡수하고 수용하며 젖게 하는 것은 수대(水大)의 성품작용이다. 또한 가령, 흙이나, 돌이나, 바위나, 어떤 물체이든 형태를 가짐은 지대(地大)의 성품작용이며, 흙이나 어떤 물체이든 온도를 가짐은 화대(火大)의 성품작용이며, 흙이나 어떤 물체이든 흡수하고 뭉치며 결합하고 융화(融和)함은 수대(水大)의 성품작용이며, 흙이나 어떤 물체이든 움직임이 있음은 풍대(風大)의 성품작용이다. 또한 심식(心識)과 마음작용의 어떤 형태가 있음은 지대(地大)의 성품작용이며, 심식(心識)과 마음작용에 순응하고 젖으며, 마음과 몸이 유순해지고 수기(水氣)를 유발함은 수대(水大)의 성품작용이며, 심식(心識)과 마음작용으로 몸과 마음이 따뜻해지고 화기(火氣)를 유발하며, 감정(感情)에 온도의 변화가 있음은 화대(火大)의 성품작용이며, 심식(心識)과 마음작용이 움직임은 풍대(風大)의 성품작용이다. 여기에, 수상행식(受想行識)의 다양한 색깔 특성 성질의 작용에 따라, 각종 순(順)과 역(逆)의 성질에 의한 여러 형태의 다양한 변화들이 있다.

그러나, 4대체성(四大體性)인 지대(地大)의 성품이 결정성(結定性)이므로, 눈이나 감각으로 인식할 수가 없다. 그러나 결정성(結定性)이므로, 어느 곳 없이 두루 편재원만(遍在圓滿)으로 없는 곳 없이, 두루 원융충만(圓融充滿)하다. 또한, 수대(水大)의 성품이 결정성(結定性)이므로, 눈이나 감각으로 인식할 수가 없다. 그러나 결정성(結定性)이므로, 어느 곳 없이 두루 편재원만(遍在圓滿)으로 없는 곳 없이, 두루 원융충만(圓融充滿)하다. 또한, 화대(火大)의 성품이 결정성(結定性)이므로, 눈이나 감각으로 인식할 수가 없다. 그러나 결정성(結定性)이므로, 어느 곳 없이 두루 편재원만(遍在圓滿)으로 없는 곳 없이, 두루 원융충만(圓融充滿)하다. 또한, 풍대(風大)의 성품이 결정성(結定性)이므로, 눈이나 감각으로 인식할 수가 없다. 그러나 결정성(結定性)이므로, 어느 곳 없이 두루 편재원만(遍在圓滿)으로 없는 곳 없이, 두루 원융충만(圓融充滿)하다.

4대(四大)의 성품은, 무생(無生) 결정성(結定性)이므로, 감각과 촉각으로 인식할 수가 없다. 촉각하고 인식하는 것은, 4대종성(四大種性) 인연작용의 현상(現象)이다. 불의 성품은, 불꽃을 말함이 아니다. 불을 일어나게 하는 근본 성품, 그 화대(火大)의 성품을 일컬음이다. 이 불[火]의 성품은, 우주에 두루 충만하며 가득하다. 그러므로, 우주의 어느 곳이나, 불이 일어날 조건성을 갖추면, 하늘이든, 땅이든, 이 우주의 어느 곳이든, 불이 일어난다. 그러나, 불의 성품이 우주에 가득해도, 불이 일어날 인연을 갖추지 못하면, 불이, 현상으로 드러나지 않는다. 이것은, 어떤 씨앗이어도, 그 씨앗이 싹틀 인연을 갖추지 못하면, 그 씨앗 그대로 있는 것과도 같다.

마음의 성품도 결정성(結定性)이므로, 볼 수도 없고, 느낄 수도 없고, 찾을 수도 없다. 마음의 성품도, 이 시방 우주에 충만하며 가득하다. 불[火]의 성품이 나무를 인연하여 불꽃이 일어나듯, 마음이 작용할 육체와 만물의 일체상에 인연하여 그 마음이 작용한다. 그 마음이 작용할 인연의 성품이 끊어지면, 나무를 태우던 불꽃처럼, 또한 마음작용도 사라지게 된다. 이것은, 마음이 의지한 일체상이 공(空)함에 들면, 식(識)이 의지할 상(相)이 끊어지니, 일체식(一切識)이 소멸하는 것과도 같다. 그러나, 자아의식(自我意識)이 있으면, 6근(六根)으로 인식하는 밖의 대상(對相)인, 색성향미촉법(色聲香味觸法)이 사라져도, 각종 차원의 얕고 깊은 제식(諸識)이 있기에, 거기에 의지해 식(識)의 작용이 이루어진다. 이것은, 무색계(無色界)이므로, 밖의 색성향미촉법(色聲香味觸法)은 끊어졌어도, 마음 안에 작용하는 수상행식

(受想行識)의 상(相)에 불이 붙어, 점차 깊은 근원의 식(識)으로 불꽃이 옮겨가며, 더 태울 것 없이 다 탈 때까지, 무색계(無色界)인 제식(諸識)을, 공성(空性)의 지혜 불꽃이 태우게 된다. 나무에 붙은 불길이, 나무가 다 타면 불꽃도 사라지듯, 식(識)이 다 소멸하면, 공성(空性)의 지혜 불꽃도 사라진다. 그러면, 적멸(寂滅)의 본 성품으로 돌아가게 된다. 여러 차원의 식(識)도 다 사라지고, 지혜의 불꽃도 사라지면, 식(識)이 끊어져, 무생(無生) 본래의 모습이 드러난다. 지혜의 불꽃은, 본래 무자성(無自性)의 성품인 공성(空性)의 불꽃과 무상(無相)의 불꽃과 무생(無生)의 불꽃으로, 제식(諸識)을 불사르게 된다.

　대승(大乘)의 지혜성품은 공성(空性)의 불꽃이므로, 상(相)과 유(有)의 일체식(一切識)을 불태운다. 일승(一乘)의 지혜성품은 무염(無染)의 불꽃이므로, 일체염식(一切染識)을 불태운다. 일불승(一佛乘)의 지혜성품은 원융(圓融)의 불꽃이므로, 대(對)의 능소일체출입식(能所一切出入識)을 불태운다. 불승(佛乘)의 지혜성품은 부동(不動)의 불꽃이므로, 일체동식(一切動識)을 불태운다. 그러므로 대승(大乘)의 지혜는, 공성(空性)의 불꽃으로, 상식(相識)의 일체를 태우는, 청정공성(淸淨空性)의 세계이다. 일승(一乘)의 지혜는 무염(無染)의 불꽃으로, 자아(自我) 염식(染識)의 일체를 태우는 무염진여(無染眞如)의 세계이다. 일불승(一佛乘)의 지혜는 원융(圓融)의 불꽃으로, 능소(能所)의 출입 대(對)의 일체를, 쌍차쌍조(雙遮雙照)로 태우는, 각명보리(覺明菩提)의 세계이다. 불승(佛乘)은 부동(不動)의 불꽃으로, 동식(動識)의 일체를 태우는, 부동열반(不動涅槃)의 세계이다. 무생결정성(無生結定性)에 들면, 일체동식(一切動識)의 지혜뿐만 아니라, 일체정식(一切靜識)인 부동열반식(不動涅槃識)까지도 끊어진다. 그러므로, 무생결정성(無生結定性)에 증입하면, 일체 상(相)과 공(空), 동(動)과 정(靜), 염(染)과 정(淨), 내(內)와 외(外), 능(能)과 소(所), 이(二)와 일(一), 차별(差別)과 평등(平等), 대(大)

와 소(小), 무명(無明)과 각(覺), 미(迷)와 오(悟), 자(自)와 타(他), 허(虛)와 실(實), 망(妄)과 진(眞), 각(覺)과 불각(不覺), 중생(衆生)과 불(佛), 일체가 다 끊어진다. 그러므로, 불(佛)은 불[火]이 붙을 곳이 없어, 어떤 지혜의 불꽃에도 탈 것이 없고, 타지 않는 무생(無生) 결정성(結定性)의 불가사의 성품인 인(印)이다. 이는 불(佛)의 결정성(結定性)이므로, 일러 불성(佛性)이라고 한다. 불성(佛性)은, 적멸(寂滅)의 불꽃에도 타지 않는 적멸(寂滅)이며, 무염(無染)의 불꽃에도 타지 않는 무염(無染)이며, 원융(圓融)의 불꽃에도 타지 않는 원융(圓融)이다. 이는 불가사의 여래성(如來性)이며, 인(印)의 성품이므로, 불(佛)이라 한다. 불(佛)은 깨달음이 아니다. 깨달음은 미혹의 지혜상(智慧相)이며, 각식(覺識)의 환(幻)이므로, 무생(無生) 결정성(結定性)에 들면, 흔적 없이 사라진다. 불(佛)은 인(印)의 결정성(結定性)이니, 그대로 항상 시방(十方) 우주(宇宙)와 함께 호흡하며, 시종(始終) 없이 밝게, 불가사의로 깨어 있는 성품이다.

○ 102. 일컫고 이름하여도, 성품을 가히 얻을 수 없다.

但名但字 性不可得 欲詮其理 假說爲名 名不可得
단 명 단 자 성 불 가 득 욕 전 기 리 가 설 위 명 명 불 가 득

단지 이름하여 일컬으며, 또한 문자로 드러내어도, 그 성품을 가히, 얻을 수 없느니라. 그 참 성품[理]을 깨닫게 하고자, 가설(假說)하여 이름함이니, 이름하여도 가히, 얻을 수가 없느니라.

♣ 무생인(無生忍)이 없는 무생심(無生心)은 곧, 결정성(結定性)이므로, 단지, 이름하여 일컬으며, 또한, 문자로 드러내어도, 그 성품은 상(相)이 아니며, 무생(無生) 적멸(寂滅)하여, 그 체성(體性)을 일컬을 상(相)이 없어, 그 성품을 가히, 얻을 수가 없느니라. 단지, 그 참 성품[理]을 깨닫게 하고자, 가설(假說)하여 이름하며, 또한, 일컫고 이름하여도, 이름하는 그 실체와 성품을 가히, 얻을 수가 없느니라.

● 무생인(無生忍)이 없는 무생심(無生心)을, 무엇으로도 그 실체를 드러낼 수 없음은, 무생(無生)이기 때문이며, 또한, 상(相)이 없기 때문이다. 일체 분별은, 상(相)을 분별하는 상념(想念)의 작용이니, 상(相)으로, 상념(想念)으로, 지식으로, 그 어떤 앎으로 헤아려도, 무생(無生)이며, 무상(無相)의 성품인 결정성(結定性)은 알 길이 없다. 상(相)이 없는 것은, 상(相)의 촉각이나, 상(相)을 헤아리는 상념(想念)의 작용으로는 알 수 없으니, 상(相) 없는 무생(無生) 결정성(結定性)의 지혜로만, 알 수가 있다. 그러나, 이는, 일체 상(相)을 느끼고 알며, 촉각하는 그 자체가 곧, 결정성(結定性)인, 무생인(無生忍)이 없는 무생심(無生心)이다. 작용이 있으니, 없는 것이 아니며, 작용은 있으나 실체가 없어, 실체 없는 그것이, 바로 그 실체이니, 온몸을 감춤 없이 두루 다 드러내었다. 단지, 지혜가 없어 모를 뿐, 작용을 보고도 없다 함이 곧, 미혹이다. 불[火]의 성품이 결정성이므로 볼 수 없으나, 나무에 인연하여, 불꽃이 일어나듯, 또한, 무생심(無生心)이 없음이 아님은, 만상(萬相)과 이 몸을 인연하여 그 무궁 조화(造化)의 작용이 드러나니, 없지 않음이 두루 명백하다.

○ **103.** 마음이 처소(處所)가 없음은, 무생심(無生心)이기 때문이다.

心相亦爾 不見處所 知心如是 則無生心 [續1: 則無心生]
심 상 역 이 불 견 처 소 지 심 여 시 즉 무 생 심 [속1: 즉무심생]

마음[受想行識]의 모습 또한, 이와 같아, 처소(處所)를 볼 수 없느니라. 마음[識心]이 이와 같음을 앎이 곧, 무생심(無生心)이니라.

♣ 수상행식(受想行識)의 마음 또한, 일컬어 이름하고 문자로 드러내어도, 그 모습과 실체 또한, 처소(處所)가 없는 결정성(結定性)이므로, 그 있는 바 처소(處所)를 볼 수도, 얻을 수도 없느니라. 마음[識心]이 이와 같음을 앎이 곧, 그 마음이 무생심(無生心)이니라.

□ 고(高), 논(論), 대(大), 속2(續2) 경(經)에 즉무생심(則無生心)이, 속1(續1) 경(經)에는 즉무심생(則無心生)으로 되어 있다.

□ 속1경구(續1經句)
즉무심생(則無心生): 곧, 마음이 생(生)이 없음이니라.

◯ **104.** 마음의 성품은 생(生)함이 없어, 무생(無生)도 아니다.
善男子 是心性相 又如阿摩勒果[論: 又如阿摩勒菓]
선 남 자 시 심 성 상 우 여 아 마 륵 과 [논: 우여아마륵과]
本不自生 不從他生 不共生 不因生 不無生[論: 無生]
본 부 자 생 부 종 타 생 불 공 생 불 인 생 불 무 생 [논: 무생]

선남자여! 이 마음[受想行識]의 성품과 모습은, 아마륵 열매와 같아서, 본래 스스로 생겨남이 아니며, 타(他)를 좇아 생겨남이 아니며, 다 함께 더불어 생겨남이 아니며, 원인으로 생겨남이 아니며, 무생(無生)도 아니니라.

♣ 선남자여! 이 수상행식(受想行識)의 마음 성품 무생(無生)의 모습은, 아마륵 열매의 성품과 같아서, 그 모습의 실체(實體)가 없으니, 본래 스스로 생겨난 것도 아니며, 다른 것을 좇아 생겨난 것도 아니며, 더불어 함께 생겨난 것도 아니며, 인과(因果)로 생겨난 것도 아니며, 그렇다고 무생(無生)도 아니니라.

□ 고(高), 대(大), 속1,2(續1,2) 경(經)에 과(果)가, 논(論) 경(經)에는 과(菓)로 되어 있다.
□ 고(高), 대(大), 속1,2(續1,2) 경(經)에 불무생(不無生)이, 논(論) 경(經)에는 무생(無生)으로 되어 있다.

■ 불무생(不無生)과 무생(無生)

고(高), 대(大), 속1,2(續1,2) 경(經)에는 이 마지막 구절이 불무생(不無生)으로 되어 있으며, 논(論)의 경(經)에는 무생(無生)으로 되어있다. 불무생(不無生)과 무생(無生)이 다름없는 같은 의미(意味)이다. 불무생

(不無生)과 무생(無生)의 상(相)을 가지면, 두 글과 뜻이 차별의 세계에 떨어지므로, 두 글이 뜻하는 바를 벗어나게 된다. 그러나 결정성(結定性) 청정불이(淸淨不二)를 모르면, 불무생(不無生)에도 막히고 무생(無生)에도 막히게 된다. 왜냐면, 유무(有無)와 생멸(生滅)을 벗어난, 무생(無生) 결정성(結定性)을 드러내기 때문이다. 그러나, 글이 다른 까닭은, 하나의 이치와 뜻을 밝힘은 같으나, 방편(方便)이 다소 차이가 있다. 불무생(不無生)은 중생(衆生)의 분별심인, 무생(無生)의 상념(想念)을 걷어내기 위해, 결정성(結定性)인 무생(無生)이 드러나도록, 무생(無生)의 상(相)을 타파함이며, 무생(無生)이라 함은, 상(相) 없는 성품을 바로 드러내기 때문이다. 고(高), 대(大), 속1,2(續1,2) 경(經)과 논(論)의 경구(經句)가 서로 달라도 이치와 뜻이 다르지 않다.

성품에 막혀, 모든 것을 글에 의지해, 뜻을 분별하려 하면, 성품의 이치를 벗어나게 되고, 성품에서 글을 보면, 순(順)이든 역(逆)이든 다를 바가 없다. 왜냐면, 성품은 둘이 없고, 다만, 이치를 드러내는 상황에 따라, 방편(方便)이 다를 뿐이다. 글은 성품의 이치를 품었어도, 성품에 막히면, 글에 의지해 성품의 이치를 헤아리며, 알려 한다. 그러나 성품을 모르면, 성품의 이치에 막혀, 글의 뜻을 종잡을 수가 없다. 이러한 부분들이, 특히 글의 뜻이 축약되고, 압축된 상지무상설(上智無上說)인, 여래결정성(如來結定性)을 드러내는, 금강삼매경 경설(經說)의 지혜성품에 통하지 못하면, 압축되고, 축약된 글의 뜻을 헤아려도 난해함이 있어, 글에 의지해, 뜻을 헤아려 알기가 어려움이 있다. 경(經)의 첫 부분에, 제불지지(諸佛智地)는 결정성(結定性)이므로, 일각요의(一覺了義)는 난해난입(難解難入)으로, 이해하기도 어렵고, 듣기도 어렵다고 했다.

무생(無生)과 불무생(不無生)은 글은 다르나, 이 뜻은 다를 바가 없다. 왜냐면, 무생(無生)이라는 말은, 일체 생(生)이 없는 결정성(結定性)

을 드러내며, 불무생(不無生)이라 함은, 결정무생(結定無生)을 모르면 무생(無生)이라고 하면, 단멸(斷滅)이나 무견(無見)이나, 무생상(無生相)을 일으키므로, 그 상념(想念)의 무생상(無生相)을 제거하고자, 불무생(不無生)이라고 한다. 참 성품인 이(理)의 성품에서 구절(句節)을 보면, 무생(無生)이라고 하거나, 불무생(不無生)이라 하여도, 차별 없는 성품임을 깨닫게 되나, 무생(無生)이나 불무생(不無生)이라 일컫는 성품을 모르면, 단지 글에 의지해 그 이(理)인 참 성품과 의(義)인 참 성품의 실체(實體)를 분별하여 헤아리려 하니, 글 따라 이치가 달라지고, 말에 따라 생각이 분분(紛紛)해진다. 이 경(經) 전체가 여래장(如來藏) 실성(實性), 일각요의(一覺了義)인 무생결정성(無生結定性)의 한 성품을 벗어나 있지 않다. 그 일미진실(一味眞實)을 드러내고, 그 성품 무상무생(無相無生)의 결정실체(結定實際)를 드러내어, 본(本) 성품의 본각리행(本覺利行)에 들도록 함이다. 이는, 곧, 무위지혜상(無爲智慧相)까지 벗어나, 여래결정성(如來結定性)인 본성실제(本性實際)의 세계로 이끎이다. 이것이 곧, 일각요의(一覺了義)인, 일미진실(一味眞實) 무상무생(無相無生) 결정실제(結定實際) 본각리행(本覺利行)이다.

● 이 구절은, 상(相)의 2견(二見)이 있으면 상견(相見)에 치우쳐, 이 구절이 이해가 되지 않는다. 왜냐면, 무생(無生) 결정성(結定性)의 세계를, 헤아려 알 수가 없기 때문이다. 이 구절을 이해하려면, 있음과 없음의 유무(有無)로 헤아림의 견(見)을 벗어나야 한다. 왜냐면, 상견(相見)인 유무견(有無見)은 있는 것과 없는 것, 그것밖에 알 수 없기 때문이다. 유(有)와 무(無)를 벗어난 말은 그 뜻을 헤아려도, 그것이려니, 또는 그럴 것이리라고 생각할 뿐, 그 실체(實體)를 종잡을 수가 없다. 왜냐면, 생각이나 견(見)이 유(有)와 무(無)를 벗어나지 못하니, 유(有)와 무(無)가 끊어진 성품을 알 수가 없기 때문이다.

○ 105. 연(緣)이 머묾이 없어, 상(相)이 끊어졌다.

何以故 緣代謝故 緣起非生 緣謝非滅 隱顯無相
하 이 고 연 대 사 고 연 기 비 생 연 사 비 멸 은 현 무 상

무엇 때문이냐면, 연(緣)이, 머묾 없는[代] 변환[謝:變換]의 까닭으로, 연(緣)이 일어남이 생(生)이 아니며, 연(緣)의 변환[謝:變換]이 멸(滅)이 아니므로, 숨고 나타남이, 상(相)이 끊어졌기 때문이니라.

♣ 수상행식(受想行識)의 마음이, 처소(處所)가 없음은 무엇 때문이냐면, 그 까닭은, 연(緣)이 머묾 없는 변환(變換)의 까닭으로, 실체가 없어, 생(生)이 생(生)이 아니며, 또한 머묾 없는 변환(變換)이, 멸(滅)인 것 같아도, 머묾 없는 변환(變換)에는 실체가 없어, 멸(滅)하여도, 멸(滅)이 아니니라. 모습이 나타나고 사라짐이, 생멸(生滅)인 것 같아도, 나타나고 사라지는 그 자체가, 실체가 없는, 공(空)한 것이니, 머묾의 상(相)이, 없기 때문이니라.

● 위의 구절은, 무자성(無自性)의 성품을, 상견(相見)을 가진 자의 이해를 돕고자, 상법(相法)에 의지해 설함일 뿐, 무자성(無自性)의 성품은 상속상(相續相)이 끊어져, 머묾도, 머묾 없음도, 바뀜도, 바뀜 없음도 없다. 왜냐면, 인(因)과 연(緣)이 끊어져, 성품이 무생(無生)이며, 공적(空寂)하기 때문이다.

■ 연기비생(緣起非生) 연사비멸(緣謝非滅)

연(緣)이 머묾 없는[代] 변환[謝:變換]의 까닭으로, 연(緣)이 일어남이 생(生)이 아니며, 연(緣)의 변환[謝:變換]이 멸(滅)이 아니므로, 숨고 나타남이 상(相)이 끊어졌다.

위의 구절의 뜻을, 유무견(有無見)과 생멸견(生滅見)으로, 곰곰이 생각하고 깊이 헤아리면, 그럴 것도 같고, 이해할 것 같아도, 그것은 상념(想念)의 헤아림일 뿐, 성품의 지혜가 아니다. 위의 말이 이해하

기가 쉽지 않아도, 그것이 사실이다. 상(相)의 자성견(自性見)이 없으면, 헤아림의 분별로, 밀밀히 생각해볼 수밖에 없다. 단지, 깨달은 자와 깨닫지 못한 자의 차별은, 위의 구절을 봄에, 깨달았으면 단지, 생멸 없는 성품을 볼 뿐이며, 깨닫지 못하였으면, 분별심으로 상(相)의 생멸상을 좇아, 상(相)의 상속상(相續相)을 유추하게 될 것이다. 그러나, 그렇게 사유(思惟)가 깊어지면, 어느 한순간에, 생멸상(生滅相)이 생멸이 끊어진 그 성품을 보게 된다. 상(相)의 성품을 보는 자성(自性)의 지혜를 얻으면, 상(相)의 상속상(相續相)이 끊어져, 일체 인연이 끊어진 현상의 성품을 보는 자성(自性)의 지혜로, 일체상이 무생(無生)임을 실증(實證)하게 된다. 상견(相見)이 끊어진 무자성(無自性) 실제(實際), 그 세계에 증입해 있는 보살이, 무염진여(無染眞如)의 환지보살(幻智菩薩)이다.

환지(幻智)에 든 환지보살(幻智菩薩)의 경계가, 상(相)의 생주이멸(生住異滅) 중에 멸(滅)이 끊어지고, 이(異)도 끊어지고, 주(住)도 끊어지고, 부사의 생(生) 속에 있음이다. 생주이멸(生住異滅)의 생(生)은 상(相)이 생성(生成)됨이며, 주(住)는 생성(生成)된 상(相)이 머물러 존재(存在)함이며, 이(異)는 상(相)의 존재(存在)가 파괴되어 흩어짐이며, 멸(滅)은 상(相)의 존재(存在)가 사라져 없음이다. 중생(衆生)이 상(相)을 보는 것은, 생상(生相)도 아니며, 주상(住相)도 아니며, 이상(異相)도 아니며, 상(相)이 멸(滅)하여 존재하지 않는 멸상(滅相)이다. 중생(衆生)이 보는 상(相)이 멸상(滅相)임은, 색성향미촉(色聲香味觸)의 상(相)이 실체(實體) 없는 무자성(無自性)이므로, 이미 상(相)의 존재가 멸(滅)하여 존재하지 않으나, 식심작용(識心作用)에 의한 마음의 상념상(想念相)은, 심상(心相)에서 멸(滅)하지 않고, 상(相)이 계속 상속(相續)하여 존재(存在)하는, 상(相)의 상념상(想念相)이다. 이는, 심식(心識)에 의한 상(相)의 상념상(想念相)으로, 상(相)의 유견(有見)이다. 이는, 심식작용(心識

作用)으로 유견상(有見相)이며, 유무심식(有無心識)의 작용이다.

멸상(滅相)인 중생심식(衆生心識)의 상념상(想念相)이 끊어지면, 생주이멸(生住異滅) 중에, 이(異)에 들게 된다. 이(異)는 상(相)의 멸상(滅相)인 상념상(想念相)이 끊어져, 상(相)이 머묾 없는 무아(無我)임을 깨달아, 색성향미촉법(色聲香味觸法)이 아성(我性)이 없음을 앎이다. 생주이멸(生住異滅) 중 이(異)에 듦은, 상(相)이 무아성(無我性)임을 깨달아 무아지(無我智)를 발(發)함이다. 이는, 상(相)의 성품이 무주(無住)이며, 무상(無相)임을 깨달아, 제상(諸相)이 공성(空性)임을 깨닫는, 인연(因緣)의 동기부여(動機附與)가 된다. 상(相)의 멸상(滅相)이 끊어지므로, 상(相)의 이(異)에 들게 된다. 이는, 상(相)의 아성(我性)을 벗어난 지(智)를 발함이니, 이 무아지(無我智)가 곧, 성소작지(成所作智)이다. 이는, 색성향미촉법(色聲香味觸法)의 상(相)이 아성(我性)이 없는 무아(無我)임을 깨달아, 색성향미촉법(色聲香味觸法)의 수(受)인 6근(六根)이 끊어짐이다.

생주이멸(生住異滅) 중에, 상(相)의 멸상(滅相)이 끊어져, 상(相)의 이(異)에 들어, 상(相)이 아성(我性)이 없는 무아(無我)를 깨달아, 색성향미촉법(色聲香味觸法)이 없어 6근(六根)이 끊어지면, 색성향미촉법(色聲香味觸法)의 상(相)을 인식하는 6식(六識)이 공(空)하여 끊어지니, 비로소 색성향미촉법(色聲香味觸法)의 제상(諸相)이 공(空)한 지(智)를 발(發)하게 된다. 이는, 제법공성지(諸法空性智)이며, 이 지(智)가 상(相)의 성품이 공(空)함을 실관(實觀)하는 묘관찰지(妙觀察智)이다. 생주이멸(生住異滅) 중에 6식(六識)이 끊어져 주(住)에 들면, 상(相)의 존재(存在)인 주(住)가 끊어진, 공성(空性)이 끊어지지 않는다. 공성(空性)이 끊어지지 않음은, 공성(空性)은 생멸상(生滅相)이 아니니, 그 공성(空性)을 벗어나기 전에는, 공성(空性)이 끊어지지 않는다. 이는, 색성향미촉법(色聲香味觸法)이 공(空)함을 깨달은, 공성(空性)의 지혜인 대승지(大乘智)를 발(發)함이다. 이 공성(空性)에 듦이, 색성향미촉법(色聲香味觸法)이 끊어져, 6근(六根)과 6식(六識)이 끊어진 것이니, 아직, 7식(七識)의 자아식(自我識)이 끊어지지 않아, 자아(自我) 분별의 4상심(四相心)인, 아인중생수자상(我人衆生壽者相)은 끊어지지 않는다. 공성(空性)의 지혜가 깊어져, 공성(空性)이 끊어지면, 생주이멸(生住異滅)의 상(相)인 주(住)가 끊어져 든, 공성(空性)을 벗어나게 된다. 그러면, 생주이멸(生住異滅)의 상(相)의 주(住)와 공(空)의 주(住)도 끊어져, 멸(滅)도, 이(異)도, 주(住)도 없는 부사의 생(生)에 들게 된다.

생주이멸(生住異滅) 중에, 생(生)에 들게 된 것은, 6근(六根)과 6식(六識)이 끊어져 공성(空性)에 들어, 공성(空性)에 머묾의 7식(七識) 자아(自我)가 끊어지면, 공성(空性)까지 끊어져, 7식(七識) 자아(自我)가 없기 때문이다. 7식(七識) 자아(自我)가 끊어지면, 공성(空性)과 자아(自我)가 둘 다 끊어지므로, 청정공성(淸淨空性)과 자아(自我)까지도 초월(超越)한 지(智)를 발(發)하니, 이것이, 무염진여성지(無染眞如性智)이다. 이 지(智)가 무염진여지(無染眞如智)인 평등성지(平等性智)이다. 이는, 무자성(無自性) 환지(幻智)이니, 자아(自我)가 없어, 무엇에도 물듦이 없는 진여(眞如)의 성품이다. 이는, 상(相)의 멸상(滅相)도 끊어지고, 이(異)도 끊어지고, 주(住)도 끊어져, 부사의 무자성(無自性)인 생(生)만 있을 뿐, 머묾도, 멸함도 없는 지혜성품의 세계이다. 상(相)이 머무름도, 멈춤도 없어, 그 상(相)에 머무르거나, 물들 수도 없으며, 상(相)이 무자성(無自性) 환(幻)이라, 머무름도 없고, 멈추었다 사라지는 멸(滅)도 없어, 일체상(一切相)이 뿌리없는 환(幻)이며, 일체 삼라만상(森羅萬象)이 그대로, 무자성(無自性)인 부사의 묘유(妙有)의 환(幻)이다.

보살(菩薩)이 이 지혜에 든 것은, 멸(滅)의 식(識)이 끊어지고, 이(異)의 식(識)도 끊어지고, 주(住)의 식(識)도 끊어졌기 때문이다. 이 지혜성품에 든 보살관행(菩薩觀行)이 삼마발제(三摩鉢提) 환관(幻觀)이다. 일체(一切)가, 뿌리도 몸도 상(相)도 없는 부사의 생(生)만 있는, 무자성

(無自性) 묘법(妙法)의 지혜세계이다. 이 보살의 지혜세계 환관(幻觀)이 곧, 삼마발제(三摩鉢提)이다. 원각경(圓覺經)에 환관(幻觀)을 닦는, 환지보살(幻智菩薩)의 수행이 있다. 이것이 원각(圓覺)을 깨달은, 원각3종자성(圓覺三種自性) 수행 중에, 환지보살행(幻智菩薩行)이다.

이 세계에 들면, 맑고 밝으며, 상(相) 없는 투명한 거울 속에 든 것과도 같다. 이것이 식(識)의 멸상(滅相)과 이상(異相)과 주상(住相)이 끊어지고, 부사의 생(生)에 들어 있는, 환지(幻智)보살의 세계이다. 이 지혜가, 상(相)의 사(事)와 공(空)의 이(理)를 타파하여 든, 이사무애지(理事無礙智)로, 7식(七識) 자아(自我)의식이 끊어진, 무염청정진여성(無染清淨眞如性)에 든, 원지일승(圓智一乘)의 지혜세계이다. 이 세계에는, 마음이 자아(自我) 없는, 무자성(無自性) 환(幻) 속에 있으니, 마음이, 자아(自我) 없는 무염진여(無染眞如)이므로, 물들일 수도 없고, 물들 수 없는 청정진여(清淨眞如)의 성품에 증입해 있다. 이는, 상(相)의 멸상(滅相)과 이상(異相)과 주상(住相)이 끊어져, 일체상이 무자성(無自性)인, 부사의 묘법(妙法)의 생(生)만 있는, 무자성(無自性) 환지보살(幻智菩薩)의 지혜성품법계(智慧性品法界)이다.

생주이멸(生住異滅) 중에, 부사의 생(生)도 끊어지면, 생주이멸(生住異滅)의 세계를 모두 벗어나므로, 일체원융(一切圓融) 성품에, 부사의 무자성(無自性) 생(生)도 끊어져, 사사원융법계(事事圓融法界)인, 시방원융각명편재성(十方圓融覺明遍在性)에 들게 된다. 이는, 8식(八識) 출입식(出入識)이 끊어져, 능소(能所)가 없어 일체대(一切對)가 사라진, 대원경지(大圓鏡智)인 일불승지(一佛乘智)이다.

중생들은, 생(生)과 주(住)와 이(異)와 멸(滅)의 실상(實相)을 볼 지혜가 없어, 멸(滅)한 멸상(滅相)인, 상(相)의 상념상(想念相)에 들어 있다. 그러므로, 상(相)에 머묾인, 유무생멸(有無生滅)의 식심(識心)을 일으키므로, 중생식심(衆生識心)의 상념상(想念相)은, 상(相)이 멈추거나, 상

(相)이 변화하는 유(有), 무(無), 생(生), 멸(滅)의 상(相)을 일으키니, 이것이 멸상(滅相)이다. 멸상(滅相)이란, 식심(識心)의 상념상(想念相)으로 유(有), 무(無), 생(生), 멸(滅)로 고정되거나, 변화하는 상(相)이다. 그러므로 중생들은, 식심(識心)의 상념상(想念相) 속에, 상(相)이 멈추어 있거나, 고정되어 변화하는 것으로만 인식하게 된다. 이에 의한 심식(識心)의 마음작용이 곧, 중생(衆生)의 분별심(分別心)이다. 그러므로, 마음이 식심(識心)의 작용으로, 멸상(滅相)인 상념상(想念相)에 얽매여, 원융하지 못한 까닭이, 식심(識心)의 상념상(想念相)인, 생멸(生滅)의 유무심(有無心) 때문이다. 그러므로, 중생의 유무심(有無心)은, 물질 성품과 결탁(結託)하여 거칠고, 둔탁하며, 염식(念識)도 느리고 둔하다. 그러므로, 식(識)이 원융하지 못하고, 식(識)의 장애(障礙)를 일으킨다. 그 원인은, 식(識)이 물질 성품과 결탁(結託)해 있고, 거기에 상(相)에 머묾과 물질과 결탁(結託)한 취사(取捨)의 분별 정식(情識)이, 더불어 결탁(結託)하여 엉겨있기 때문이다.

대승(大乘)이 깨달은 공(空)의 세계는, 4법계(四法界) 중 사법계(事法界)인 색상(色相)을 벗어난 공(空)한 이법계(理法界)에 들어 있다. 이 이법계(理法界)가 끊어지면, 공(空)의 이법계(理法界)를 타파하여, 사(事)와 이(理)를 한목 벗어나, 이사(理事)에 걸림 없는 이사무애지(理事無礙智)에 들게 된다. 이사(理事)를 벗어난 이사무애지(理事無礙智)가 이(理)와 사(事)에 걸림 없는 원지(圓智)이며, 이를, 일승(一乘)이라고 한다. 일승(一乘)의 일(一)은 불이(不二)이니, 사(事)와 이(理)의 두 성품을 벗어나 이사(理事)에 걸림 없는 무애성(無礙性)인 원지(圓智)이기 때문이다. 원지(圓智)의 원(圓)은, 사(事)와 이(理)의 두 성품을 벗어나 이사(理事)에 걸림 없는 지혜성품이기 때문이다. 이사(理事)에 걸림 없는 이사무애지(理事無礙智)에 들면 원지보살(圓智菩薩)이다. 지혜성품의 작용인 승(乘)이 이사무애(理事無礙) 불이(不二)의 원지(圓智)이니, 일승(一

乘)이라고 한다. 원지보살(圓智菩薩)에 일승(一乘)과 일불승(一佛乘)이 있다. 일불승(一佛乘)은, 일승(一乘)의 지혜성품에 불(佛)의 지혜작용인 원융각(圓融覺)의 성품이 더하여, 승(乘)의 이름이 일불승(一佛乘)이다.

일승(一乘)과 일불승(一佛乘)의 지혜성품이, 이사(理事)에 걸림 없는 무애(無礙)인 원지(圓智) 일(一)에 증입하였으므로, 일승(一乘)과 일불승(一佛乘)은, 원지보살(圓智菩薩)이며, 지혜성품작용인 승(乘)의 이름에 불이(不二)의 일(一)이 들어가게 된다. 그러므로 일승(一乘)과 일불승(一佛乘)은, 이(理)와 사(事)에 걸림 없는 원지보살(圓智菩薩)이다.

일승(一乘)과 일불승(一佛乘)의 차이는, 이사(理事)에 걸림 없는 무애(無礙)인 원지보살(圓智菩薩)이어도, 각각 승(乘)의 지혜성품이 다른, 원지무염진여보살(圓智無染眞如菩薩)과 원지원융각명보살(圓智圓融覺明菩薩)의 지혜성품차별이다. 일승(一乘)인 원지무염청정진여보살(圓智無染淸淨眞如菩薩)은, 7식(七識) 자아(自我)가 끊어져 무염진여지(無染眞如智)에 증입한 보살이며, 일불승(一佛乘)인 원지원융각명보살(圓智圓融覺明菩薩)은 8식(八識) 출입식(出入識)이 끊어진 원지원융각명지(圓智圓融覺明智)이다. 원지무염청정진여보살(圓智無染淸淨眞如菩薩)은 지혜작용인 승(乘)의 지혜성품이 이사무애지(理事無礙智)의 일승(一乘)이며, 원지원융각명보살(圓智圓融覺明菩薩)은 지혜작용인 승(乘)의 지혜성품이 사사원융각명무애지(事事圓融覺明無礙智)인 일불승(一佛乘)이다.

일승(一乘)은, 지혜성품이 7식(七識) 자아(自我)가 끊어진 이사무애지(理事無礙智)로, 무염청정진여(無染淸淨眞如)의 지혜성품작용이며, 일불승(一佛乘)은, 8식(八識) 출입식(出入識)이 끊어진 사사원융지(事事圓融智)로, 원융각명(圓融覺明)의 지혜성품작용이다. 또한, 이(理)와 사(事)에 걸림 없는 이사무애(理事無礙)의 무염청정진여(無染淸淨眞如)와 사사원융(事事圓融)의 원융각명(圓融覺明)까지 타파해 벗어나, 일체 무위각(無爲覺)의 동각식(動覺識)이 끊어져, 지혜성품작용이 이사무애원융(理事無礙圓融)인, 불이원지(不二圓智)의 일(一)을 초월해 벗어나므로, 일(一)이 끊어진 지혜성품 불승(佛乘)에 들게 된다.

대승(大乘)은 6식(六識)이 끊어진 지혜성품작용이며, 일승(一乘)은 7식(七識)이 끊어진 지혜성품작용이며, 일불승(一佛乘)은 8식(八識) 출입식(出入識)이 끊어진 지혜성품작용이며, 불승(佛乘)은 8식(八識) 함장식(含藏識)이 끊어진 지혜성품작용이다. 이 8식(八識) 함장식(含藏識)이 12인연법(十二因緣法)의 근본 무명(無明)이다. 생멸도 끊어지고, 식(識)의 출입도 없는 함장식(含藏識)이다. 함장식(含藏識)이라 함에는 두 가지의 뜻이 있으니, 출입이 끊어져 드러나지 않는 부동식(不動識)이므로 함장식(含藏識)이며, 또한, 6근, 6식, 7식(七識)의 작용 일체와 3세(三世) 업(業)의 일체를 저장하여 함장(含藏)해 있으므로 함장식(含藏識)이라 한다. 함장식(含藏識)은 6근, 6식, 7식, 8식 출입식(出入識)이 끊어져도 알 수가 없다. 8식 출입식이 끊어져도, 왜 모르느냐 하면, 8식(八識) 출입식(出入識)은 동식(動識)이며, 출입식(出入識)인 동식(動識)이 끊어진 지혜작용인 원융각명(圓融覺明)이 또한, 각식(覺識)의 작용 쌍차쌍조(雙遮雙照)의 원융각명작용이 끊임없어, 부동성(不動性)인 함장식(含藏識)을 알 수도, 함장식(含藏識)에 들 수도 없다. 함장식(含藏識)은, 8식 출입식이 끊어진 원융각명(圓融覺明)보다 더 깊은 식(識)이므로, 원융각명지(圓融覺明智)로도 함장식(含藏識)을 알 수가 없다.

불승(佛乘)은, 이사무애원융(理事無礙圓融)의 동각지(動覺智)의 지혜성품, 불이원지(不二圓智)인 일(一)을 타파해 끊어졌으므로, 일(一)이 제거된 불승(佛乘)이 되어, 지혜성품이 불(佛)에 더 가까워졌다. 승(乘)이 상승할수록 식(識)의 장애가 끊어져 벗어나므로, 청정(淸淨)과 각명(覺明) 또한, 상승하게 된다. 승(乘)이란, 무상불(無上佛)을 향한 깨달음 각식(覺識)의 지혜성품작용이다. 수행에 있어서 승(乘)의 차별을 논함은, 깨달음으로 증입한 무위(無爲)의 지혜성품 차원이 다르기 때문이다. 그것이 곧, 대승(大乘), 일승(一乘), 일불승(一佛乘), 불승(佛乘)의 차별차원이다. 대승(大乘)은 깨달음이 증입한 지혜성품이 상공지(相空智)이며, 일승(一乘)은 깨달음이 증입한 지혜성품이 무염진여지(無染眞如智)이며, 일불승(一佛乘)은 깨달음이 증입한 지혜성품이 원융각명지(圓融覺明智)이며, 불승(佛乘)은 깨달음이 증입한 지혜성품이 부동열반지(不動涅槃智)이다. 무상불(無上佛)을 향하는 승(乘)의 행(行)은, 식(識)의 전변(轉變)에 의한 깨달음 각식(覺識)의 지혜성품작용이 있으며, 원만불각(圓滿佛覺)을 향함에 수용하고 수순하며, 의지하는 수행지혜의 성품이 있으므로, 승(乘)이라고 한다. 불승(佛乘)은 부동열반지(不動涅槃智)만 타파하면, 무생(無生) 결정성(結定性)에 들어 무위지혜상(無爲智慧相)이 끊어져, 여래결정성(如來結定性)인 불지(佛智)를 이루게 된다.

대승(大乘)은 지혜성품이 색성향미촉법(色聲香味觸法)이 공(空)한 공성(空性)에 들어 있다. 대승(大乘)은 반야경(般若經)의 지혜성품세계이다. 일승(一乘)은 지혜성품이 이사무애(理事無礙) 무염진여(無染眞如)의 환지세계(幻智世界)로, 무엇에도 마음이 물듦 없는 심청정연화(心淸淨蓮華)인 묘법연화경(妙法蓮華經)의 지혜성품세계이다. 일불승(一佛乘)은 지혜성품이 사사원융각명(事事圓融覺明)의 대원경지(大圓鏡智)로, 이 원융각(圓融覺)에 시방이 사라지고, 우주 삼라만상이 사라져 끊어지게 된다. 시방 우주가 사라진 그곳에, 원융각명(圓融覺明)이 충만구족하여, 원융각명작용인 쌍차쌍조(雙遮雙照)가 이루어진다. 그러므로, 이 지혜성품에서, 시방 우주가 하나의 식계(識界)의 환(幻)임을 깨닫게 된다. 이 일불승(一佛乘)의 사사원융각명계(事事圓融覺明界)가, 대방광불화엄경(大方廣佛華嚴經)의 지혜성품세계이다. 이 지혜를 벗어나 8식(八識) 함장식(含藏識)이 타파되면, 8식(八識) 함장식(含藏識)은 출입이 없어 동식(動識)이 아니므로, 무명(無明)이 타파된 함장식(含藏識) 자재(自在)는, 청정부동열반지(淸淨不動涅槃智)에 들게 된다. 12인연법의 근본 무명(無明)이 끊어진 무명자재(無明自在)에 듦이다. 근본 무명(無明)이 타파되어 끊어져도 불(佛)이 아님은, 깨달음 시각(始覺)의 공능(功能)이 아직, 무생본각(無生本覺)에 들지 못해, 8식(八識) 함장식(含藏識)이 타파된 자재(自在)한, 부동청정열반성(不動淸淨涅槃性)을 수순하는 지혜성품 각식(覺識)인, 승(乘)의 지혜작용이 있기 때문이다. 이 지혜성품은 무위구경열반성(無爲究竟涅槃性)으로, 그 부사의 청정함이 불각(佛覺)으로, 착각할 수가 있다. 그러나 무생결정성(無生結定性)에 들면, 불승(佛乘)의 부동청정열반성(不動淸淨涅槃性)과 불(佛)의 청정지혜성품 차원이 다름을, 명확한 지혜로 깨닫게 된다.

청정(淸淨)도, 지혜성품에 따라 차별이 있다. 유무견(有無見)에서는 더러움 없음이 청정(淸淨)이며, 소승(小乘)은 경계심이 일어나지 않음이 청정(淸淨)이며, 대승(大乘)은 상(相) 없는 공(空)이 청정(淸淨)이며, 일승(一乘)은 자아(自我) 없어 물듦 없는 진여성(眞如性)이 청정(淸淨)이며, 일불승(一佛乘)은 식(識)의 출입이 끊어진 원융각명성(圓融覺明性)이 청정(淸淨)이며, 불승(佛乘)은 무위각(無爲覺)의 일체동각(一切動覺)이 끊어진 부동열반성(不動涅槃性)이 청정(淸淨)이며, 불(佛)은 무생(無生)결정성(結定性)이 청정(淸淨)이다.

파괴됨이 없는 결정성(結定性)에 들려면, 청정구경열반성(淸淨究竟涅槃性)을 벗어나야 한다. 그러므로, 2승(二乘)의 열반(涅槃)뿐만 아니라, 보살의 청정무상공열반(淸淨無相空涅槃), 청정무염진여열반(淸淨無染眞如涅槃), 청정각성원융열반(淸淨覺性圓融涅槃), 청정적멸부동열반(淸淨寂滅不動涅槃)에 머묾을 허락하지 않는다. 왜냐면, 그것은 무위각식(無爲覺識)의 지혜상(智慧相)이기 때문이다.

8식(八識) 출입식(出入識)이 끊어진, 일불승(一佛乘) 원융각명대원경지(圓融覺明大圓鏡智)인, 구경각성각명(究竟覺性覺明)을 타파하여 벗어나, 불각(佛覺)을 이루는 것은, 구경각성각명(究竟覺性覺明)이 각력상승으로, 본성부동열반성(本性不動涅槃性)에 증입하기 때문이다. 구경각성각명(究竟覺性覺明)에서 본성부동열반성(本性不動涅槃性)에 증입하면, 구경각성각명(究竟覺性覺明)도 타파해 벗어나며, 또한, 증입한 본성부동열반성(本性不動涅槃性)도 타파되어 벗어나게 된다. 왜냐면, 구경각성각명(究竟覺性覺明)이 본연무연중절대성(本然無然中絕對性)인 무생결정성(無生結定性)을 벗어난, 무위각식(無爲覺識)의 지혜상(智慧相)이므로, 본성무생결정성(本性無生結定性)에 듦으로 타파되며, 또한, 본성부동열반성(本性不動涅槃性)이 타파됨은, 본성부동열반성(本性不動涅槃性) 자체가, 무생부동열반성(無生不動涅槃性)과 무생각명보리성(無生覺明菩提性)이 불이성(不二性)인, 무생결정성(無生結定性)이기 때문이다.

또한, 8식(八識) 함장식(含藏識)이 끊어진 불승(佛乘)이, 구경부동열반(究竟不動涅槃)을 타파하여 벗어나, 불각(佛覺)을 이루는 것은, 구경부동열반성(究竟不動涅槃性)이 각력상승으로, 본성원융각명성(本性圓融覺明性)에 증입하기 때문이다. 구경부동열반(究竟不動涅槃)에서 본성원융각명성(本性圓融覺明性)에 증입하면, 구경부동열반성(究竟不動涅槃性)도 타파해 벗어나고, 또한, 증입한 본성원융각명성(本性圓融覺明性)도 타파해 벗어나게 된다. 왜냐면, 구경부동열반성(究竟不動涅槃性)이 본연무연중절대성(本然無然中絕對性)인 무생결정성(無生結定性)을 벗어난, 무위각식(無爲覺識)의 지혜상(智慧相)이므로, 본성무생결정성(本性無生結定性)에 듦으로 타파되며, 또한, 본성원융각명성(本性圓融覺明性)이 타파됨은, 본성원융각명성(本性圓融覺明性) 자체가, 무생각명보리성(無生覺明菩提性)과 무생부동열반성(無生不動涅槃性)이 불이성(不二性)인, 무생결정성(無生結定性)이기 때문이다.

이는, 각명보리성(覺明菩提性)과 부동열반성(不動涅槃性)이, 본연본성(本然本性) 귀일불이(歸一不二)의 본연섭리묘법작용(本然攝理妙法作用)이다. 정력(定力)으로 구경부동열반(究竟不動涅槃)에 이르든, 혜력(慧力)으로 구경각명보리(究竟覺明菩提)에 이르든, 그 일체(一切)는, 본래의 한 성품, 본연불이성(本然不二性)에 귀일(歸一)하므로, 무생결정성(無生結定性)을 이루게 된다. 이는, 시각(始覺)과 본각(本覺)이 둘 아닌, 무상지혜(無上智慧)의 완전한 결정성(結定性)에 드는, 무연본성(無然本性)의 순수 본연섭리(本然攝理)의 지혜작용인 묘도(妙道)이다. 무상(無上) 지혜성품의 완전함에 이르는 이 과정은, 각명보리성(覺明菩提性)과 부동열반성(不動涅槃性)이, 본래(本來) 본연무연중절대성(本然無然中絕對性)인, 무생결정성(無生結定性)에 귀일(歸一)하여, 각명(覺明)과 열반(涅槃)이 본연(本然) 한 성품, 불이(不二)의 결정성(結定性) 완전함으로 돌아가는, 여각(如覺)의 길이다.

만약 정점(頂點)이 있으면, 그것은 정점(頂點)이 아니다. 정점(頂點)도 끊어지면, 정점(頂點)은 사라져 없어도, 그것이 일체(一切) 대(對)와 변(邊)이 끊어진, 무변제(無邊際)의 본연무연중절대성(本然無然中絕對性)인 무생본성(無生本性)이다. 그러므로 무상(無上)에 이르면, 본연무연중절대성(本然無然中絕對性)인 평등성품에 들게 된다. 무연본연(無然本然)의 절대(絕對) 평등각(平等覺)에 이르지 못한 지혜는, 정점(頂點)이며 무상(無上)이라 하여도, 완전함이 아니다. 정점(頂點)을 벗어나고, 무상(無上)도 벗어나야 완전함에 이르러, 각식(覺識)의 지혜상 그림자가 완전히 끊어진다. 본래 자취가 없는 불생(不生)이며, 여(如)이니, 무엇이든 각식(覺識)의 지혜 속에 건립하고 세운 것이 있으면, 그것을 타파해 벗어나야, 그림자 없는 밝음 무연광명일성(無然光明一性)인 무생본성(無生本性)에 귀일(歸一)한다. 아무리 좋은 배를 타고, 건널 수 없는 생사(生死)의 바다를 건넜어도, 바다를 건넜으면, 그 배가 무염진여(無染眞如)라도 벗어나야 하며, 그 배가 부동열반(不動涅槃)이라도 벗어나야 하며, 그 배가 각명보리(覺明菩提)라도 벗어나야 한다. 생사(生死)의 바다를 건너는 진귀한 모든 것을 쌓고 모으며, 일으키고 세우며 건립한 일체(一切)가, 각식(覺識)의 환(幻)이다. 그러므로 무생결정성(無生結定性)에 들면, 깨달음 지혜의 일체가 흔적 없이 끊어진다.

일체가 환(幻)이니, 청정불성(淸淨佛性)인 진여(眞如)도 허락하지 않고, 무상각력(無上覺力) 상승으로 시방과 우주를 허문 광명보리(光明菩提)도 허락하지 않는다. 일체중생을 씻어 구제한, 청정(淸淨) 중(中) 청정(淸淨)인 열반(涅槃)도 허락하지 않는다. 일체(一切)를 허락하지 않으니, 이(二)도 허락하지 않고, 일(一)도 허락하지 않고, 불이(不二)도 허락하지 않고, 원(圓)도 허락하지 않는다. 왜냐면, 본연무연중절대성(本然無然中絶對性)은 스스로 원만하여 부족함이 없는, 시종(始終) 없이 구족(具足)한 성품이기 때문이다. 그것이 무엇이든, 완연한 일체초월절대성(一切超越絶對性)으로 원만하여 구족함이 아니면, 허물이니 허락할 수가 없다. 본래 부족함이 없는 무연본연(無然本然)이어야만 여(如)이므로, 허락하고 허락할 뿐이다. 원만하여 충만하지 못한 것은, 최상(最上)이며, 무상(無上)이라 하여도, 그것이 허물임을 알지 못하는 자기 허물을 지니고 있다. 무엇이든 성취한 것이든, 얻은 것이든, 완성한 것이든, 그 일체는 각식(覺識)의 지혜상(智慧相)이다. 그것이 무엇이든, 무상(無上)이어도 환(幻)이니 타파해 벗어나야, 무엇에도 파괴됨이 없는 무생결정성(無生結定性) 여(如)의 성품 인(印)에 들게 된다.

◯ **106.** 참 성품은, 어느 곳 없이 두루 존재하는 결정성이다.

根理寂滅 在無有處 不見所住[續1,2: 不見處所住] **決定性故**
근 리 적 멸　재 무 유 처　불 견 소 주 [속1,2: 불견처소주]　결 정 성 고

근본 참 성품[理]은 적멸(寂滅)하여, 어느 곳 없이 존재하여도, 머무른 바를 보지 못함은, 결정성(結定性)인 까닭이니라.

♣ 근본 참 성품[理]은 적멸하여, 일체(一切) 심(心)과 식(識)과 물(物)의 성품으로 존재하여도, 그 모습을 보지 못함은, 무생(無生) 결정성(結定性)의 성품인 까닭이니라.

□ 고(高), 논(論), 대(大) 경(經)에 불견소주(不見所住)가, 속1,2(續1,2) 경(經)에는 불견처소주(不見處所住)로 되어 있다.

● 결정성(決定性)과 결정성(結定性)을 같이 사용함에 이해를 돕고자, 한번 더 말씀을 드리기로 한다. 경(經)에 무생(無生) 여(如)의 성품을 결정성(決定性)이란 언어로 드러낸다. 결정성(決定性), 언어의 뜻을 살펴보면, 어떤 목적과 결과를 위해, 무엇을 결정하고 결단하며, 지향하고 고쳐 다잡는 행위의 의지(意志)와 정신(精神)이 담겨 있어, 글이 가진 함의(含意)의 한계성과 그 인위적 성질이 있기에, 결정성(決定性) 언어에, 본연무연중절대성(本然無然中絕對性)인 파괴됨이 없는 성품, 제불일체공덕(諸佛一切功德)과 만물만상일체총지성(萬物萬相一切總持性)인 결정성(結定性) 인(印)이며, 무생(無生) 여(如)의 특성 무변제(無邊際)인 절대성(絕對性) 성품을 담기에는, 언어의 뜻과 공덕이 부족함도 있고, 또한, 결정성(決定性)이 무생법인(無生法忍)인 무위행(無爲行)의 성품을 배제할 수 없는, 행위함의 성질도 지니고 있다. 결정성이 중요함은, 결정성이 여래장(如來藏)으로, 이 경(經)의 실체(實體)이며, 주(主)이며, 근본(根本)으로, 시각(始覺)과 본각(本覺)이 둘 다 끊어진 여래결정성(如來結定性)이며, 여래결정각(如來結定覺)이기 때문이다. 그러나, 경(經)에, 무생(無生) 여(如)의 성품을 결정성(決定性)이란 언어로 드러내므로, 결정성(決定性)으로 드러내는 성품이 곧, 무생(無生) 여(如)의 절대성(絕對性), 인(印)의 성품과 부사의 공덕 일체총지성(一切總持性)이며, 파괴됨이 없는 무변제(無邊際)의 절대성(絕對性)인 결정성(結定性)이므로, 결정성(結定性)이란 언어에, 이 인(印)의 성품을 담아, 이 경(經)의 요해(了解)에 결정성(決定性)과 함께 사용하므로, 결정성(決定性)과 결정성(結定性)의 성품이 다름 없는 한 성품임을 이해함에 차별이 없기를 바란다.

◯ **107.** 결정성은, 네 가지를 벗어나 언어(言語)의 도(道)가 끊어졌다.

是決定性 亦不一不異 不斷不常 不入不出 不生不滅
시 결 정 성 역 불 일 불 이 부 단 불 상 불 입 불 출 불 생 불 멸

離諸四謗 言語道斷
이 제 사 방 언 어 도 단

이 결정성은 또한, 하나도 아니며 다름도 아니며, 끊어짐도 아니며 항상함도 아니며, 들어감도 아니며 나옴도 아니며, 생(生)도 아니며 멸(滅)도 아니므로, 네 가지[일이(一異), 단상(斷常), 출입(出入), 생멸(生滅)]의 모든 분별[謗]을 벗어났으니, 언어(言語)의 도(道)가 끊어졌느니라.

♣ 이 결정성은, 무생(無生)이며 무상(無相)이므로, 체(體)도 없고 상(相)도 없고, 작용도 끊어져 적멸하니, 하나도 아니며 차별도 아니며, 멸(滅)하여 끊어짐도 아니며 항상함도 아니며, 들어감도 아니며 나옴도 아니며, 생(生)도 아니며 멸(滅)도 아니니라. 결정성(結定性)은, 네 가지의 허물 됨인 일이(一異), 단상(斷常), 출입(出入), 생멸(生滅)의 모든, 미혹의 분별을 벗어났으므로, 언어(言語)의 도(道)가 끊어졌느니라.

● 만약, 결정성(結定性)을 안다면, 그것은 여래(如來)와 자신의 실상(實相)을 깨달음이며, 아뇩다라삼먁삼보리를 깨달음이며, 이 우주 시방의 근본(根本) 무생본성(無生本性)을 깨달음이며, 생멸(生滅) 생사(生死) 없는 생명의 실체(實體)를 깨달음이며, 5음(五陰)이 공(空)한 성품 적멸성(寂滅性)을 깨달음이며, 진여(眞如), 보리(菩提), 열반(涅槃)의 실성(實性)을 깨달음이며, 본심(本心), 본각(本覺), 본성(本性)의 실체(實體)를 깨달음이며, 시각(始覺)이 체각(體覺)을 꿰뚫어, 시각(始覺)과 본각(本覺)이 끊어진, 불이공능(不二功能)을 깨달음이며, 제불증득자증각(諸佛證得自證覺)의 실체(實體)를 깨달음이다. 그러므로 만약, 결정성을 깨달으면, 제불(諸佛)의 일체 지혜설(智慧說)인, 높고 깊은 일체경(一切經)이 환(幻)과 같이 사라진다. 왜냐면, 결정성이 제불(諸佛)의 일체(一切) 지혜의 근본(根本)이며, 일체총지(一切總持)이니, 그 어떤 상(相)과 수승한 지혜도 끊어진다. 결정성(結定性)이, 일체 분별과 사량(思量)이 끊어진 제불(諸佛)의 불가사의 실체(實體)이며, 진성(眞性)이다. 그러므

로, 이 결정성(結定性)이 곧, 여래(如來)의 성품 결정성(結定性)이며, 불인(佛印)이라고 한다. 불인(佛印)은 곧, 결정성(結定性)인 인(印)이며, 인(印)은 곧, 본연무연중절대성(本然無然中絕對性)인 무생결정성(無生結定性)이며, 무생법인(無生法印)이다. 이는 곧, 제불여래(諸佛如來)의 일체묘법(一切妙法)이, 이 본연무연중절대성(本然無然中絕對性)인 결정성(結定性)에서 피어난 지혜광명의 꽃이다. 이 결정성(結定性)이 곧, 불(佛)의 일체총지(一切總持)의 성품인 여래장(如來藏)이다.

○ **108.** 마음이 무생(無生)이므로, 생(生)이 없고 무생인(無生忍)도 없다.

無生心性 亦復如是 云何說生不生 有忍無忍
무생심성 역부여시 운하설생불생 유인무인

마음의 성품은, 무생(無生)이므로 또한, 역시 이와 같음이니, 어찌하여 불생(不生)을 생(生)이라고 설하겠으며, 무생인(無生忍)이 없음에도, 무생인(無生忍)이 있다고 하겠느냐?

♣ 마음의 성품은 무생(無生)이므로, 일이(一異), 단상(斷常), 출입(出入), 생멸(生滅)이 끊어져, 이를 또한 벗어났음이니, 어찌하여 불생(不生)을 생(生)이라고 설하겠으며, 무생인(無生忍)이 없음에도, 무생인(無生忍)이 있다고 하겠느냐?

● 불가사의이며 불가사의이다. 마음 성품이 생(生)이 없어, 일체상(一切相)도 불생(不生)이며 생(生)이 없고, 무생인(無生忍)도 설 자리가 없어 사라져 없고, 진여(眞如)와 보리(菩提)와 열반(涅槃)도 설 자리가 없어 사라져 없고, 본심(本心), 본각(本覺), 본성(本性)도 의지하여 설 자리가 없어 사라져 없다. 그러므로 마음이 불생(不生)이며, 여(如)이며, 성품이 부동(不動)이니, 눈으로 일체상을 명확히 요별하고, 귀로 일체 소리를 분명히 분별하여도, 걸림이 없어, 6근(六根) 촉각을 하나도 놓치지 않고, 뚜렷이 꿰뚫고 있다. 만약, 마음이 생(生)이 있다면,

이러한 원융각명(圓融覺明)의 묘법조화(妙法造化)가 끊어진다. 마음이 무엇에도 의지함이 없고, 머묾 없는 무생(無生) 결정성이므로, 무궁조화(無窮造化)의 분별이 무궁무한(無窮無限)이다. 그러나 무궁조화(無窮造化)의 근본은 일체 분별이 끊어져, 봄이 분명해도 찾을 수 없고, 들음이 역력해도 그 자취가 끊어졌다. 왜냐면, 무생(無生) 결정성(結定性)이기 때문이다. 참으로 불가사의 불가사의이다. 그것이 무생(無生) 결정성(結定性)이다.

○ **109.** 마음이 머무름이 있는 자는, 아뇩다라삼먁삼보리 얻지 못한다.

若有說心 有得有住 及以見者
약 유 설 심 유 득 유 주 급 이 견 자

卽[大:續1,2: 卽]**爲不得阿耨多羅三藐三菩提**
즉 [대:속1,2: 즉] 위 부 득 아 뇩 다 라 삼 먁 삼 보 리

般若是爲長夜[續1,2: 是爲長夜]
반 야 시 위 장 야 [속1,2: 시위장야]

만약, 마음을 설(說)할 수 있고 얻을 수 있으며, 머무를 수 있다는 견해(見解)를 가진 자는 곧, 아뇩다라삼먁삼보리를 얻지 못하리니, 이것이 반야(般若)에 미혹한 긴 밤이니라.

♣ 만약, 마음이 이것이라고 설(說)할 수 있고, 무생심(無生心)을 능히 얻을 수 있으며, 무생본심(無生本心)에 또한, 머무를 수 있다는 견해(見解)를 가진 자는 곧, 아뇩다라삼먁삼보리를 얻지 못하리니, 이것이 무생(無生) 반야(般若)에 미혹(迷惑)한 긴 밤이니라.

□ 고(高), 논(論) 경(經)에 즉(卽)이, 대(大), 속1,2(續1,2) 경(經)에는 즉(卽)으로 되어 있다.
□ 고(高), 논(論), 대(大) 경(經)에 반야시위장야(般若是爲長夜)가, 속1,2(續1,2) 경(經)에는 시위장야(是爲長夜)로 되어 있다.

□ 속1,2경구(續1,2經句)
반야시위장야(般若是爲長夜)가 속1,2(續1,2) 경(經)에 시위장야(是爲長

夜)로 되어 있다. 시위장야(是爲長夜)란, 아뇩다라삼먁삼보리에 미혹(迷惑)한 무명(無明)이란 뜻이다. 앞에 반야(般若)가 있으나 없으나 다를 바 없는 것은, 그 앞에, 아뇩다라삼먁삼보리가 있기 때문이다. 아뇩다라삼먁삼보리와 반야(般若)의 성품이 다를 바가 없다. 아뇩다라삼먁삼보리는, 심(心)의 밝은 무생각명(無生覺明)이며, 반야(般若)는, 심(心)의 무생각명(無生覺明)의 청정성(淸淨性)이다. 그러나, 반야(般若)라 하지 않고, 아뇩다라삼먁삼보리라고 함은, 심(心)의 무생원융각명성(無生圓融覺明性)을 드러내며, 또한, 아뇩다라삼먁삼보리라 하지 않고 반야(般若)라 함은, 심(心)의 무생청정성(無生淸淨性)을 드러내기 때문이다.

● 반야(般若)가 무생결정성(無生結定性)인 심무상(心無相)이다. 아뇩다라삼먁삼보리가 무생결정성(無生結定性)의 심각명(心覺明)이다. 무생(無生)이 결정성(結定性)의 체(體)며, 무상(無相)이 결정성(結定性)의 모습이다. 무생(無生) 결정성(結定性)을 일컫고 드러내려하니, 일이(一異), 단상(斷常), 출입(出入), 생멸(生滅)의 네 가지로 훼손함이라 했다.

● 참 성품 결정성(結定性)인 마음을 설(說)할 수 없음은, 무상(無相)성품이기 때문이며, 머무를 수 없음은, 유무(有無)와 생멸(生滅)이 끊어진, 무생(無生)성품이기 때문이다. 참 성품인 마음에 머무를 수 있다는 견해(見解)를 가진 자는, 아뇩다라삼먁삼보리를 얻을 수 없음은, 상(相)이 아니므로, 머무를 수 없는 무생(無生)성품인 결정성(結定性)이 곧, 아뇩다라삼먁삼보리의 실체(實體)이기 때문이다. 무생(無生)은 단멸(斷滅)이 아니며, 성품이 없음을 일컬음이 아니다. 단지, 성품의 실체(實體)가 생멸(生滅)과 유무(有無)의 성품이 아니므로, 상(相)과 견(見)과 일체상념(一切想念)이 끊어진, 무생무변절대성(無生無變絶對性)이므로, 결정성(結定性)이라고 한다.

○ **110.** 본성도 무생(無生)이며, 깨달음 시각(始覺)도 무생(無生)이다.

了別心性者 知心性如 是性亦如[續1,2: 是性亦如是]
요 별 심 성 자 지 심 성 여 시 성 역 여 [속1,2: 시성역여시]

是無生無行[論:續1,2: 是無生行]
시 무 생 무 행 [논:속1,2: 시무생행]

마음의 성품을 깨달아 밝힌 자는, 마음 성품[本性]이 [무생(無生)의] 여(如)임을 알며, 이 깨달은 성품[始覺:用覺] 역시, 여(如)이므로, 이[始覺:用覺] 또한, 무생(無生)이며, 행(行)이 끊어졌느니라.

♣ 마음 본성을 깨달아 밝힌 자는, 마음 본성이 무생(無生)의 여(如)임을 알며, 마음 본성이 무생(無生)의 여(如)임을 아는 시각(始覺)인 용각(用覺)의 성품, 역시 또한, 무생(無生)의 여(如)임을 아느니라. 이 용각(用覺)인 시각(始覺)이 또한, 무생(無生)이니, 행(行)이 끊어졌느니라.

□ 고(高), 논(論), 대(大) 경(經)에 시성역여(是性亦如)가, 속1,2(續1,2) 경(經)에는 시성역여시(是性亦如是)로 되어 있다.

□ 고(高), 대(大) 경(經)에 시무생무행(是無生無行)이, 논(論), 속1,2(續1,2) 경(經)에는 시무생행(是無生行)으로 되어 있다.

□ 속1,2경구(續1,2經句)

시성역여시 시무생행(是性亦如是 是無生行): 이[始覺] 성품 역시, 이여(如)이며, 이 성품[始覺]도, 생(生)과 행(行)이 끊어졌느니라.

● 이 구절은 용각(用覺)이, 체각(體覺)을 꿰뚫어, 체각(體覺)이 무생(無生) 여(如)임을 깨달음과 깨달은 용각(用覺) 또한, 무생(無生)의 여(如)이므로, 무생(無生)이며, 무행(無行)임을 일컬음이다.

● 용각(用覺)이 체각(體覺)을 꿰뚫어, 용각(用覺)이 체각(體覺)에 듦은, 체각(體覺)과 용각(用覺)이 무생(無生)의 여(如)이므로, 용각(用覺)과 체각(體覺)이 불이(不二)의 여각(如覺)을 이루기 때문이다. 체각(體覺)은 본성본각(本性本覺)이며, 용각(用覺)은, 시각(始覺)인 용각(用覺)의 무상공능(無相功能)인, 원융각명작용(圓融覺明作用)이다.

● 체(體)도 무생(無生)이며, 상(相)도 무생(無生)이며, 용(用)도 무생(無生)이다. 용(用)이 체(體)를 꿰뚫어 통해도, 꿰뚫은 상(相)이 없음은, 용(用)이 무생(無生)이기 때문이며, 용(用)이 체(體)를 꿰뚫을 수 있었던 것은, 용(用)이 무생(無生)이므로, 체(體)를 꿰뚫어, 무생불이(無生不二)에 들기 때문이다. 용(用)이 체(體)를 꿰뚫어, 용(用)이 체(體)의 성품에 듦은, 체(體)도 무생(無生)의 여(如)이며, 용(用)도 무생(無生)의 여(如)이기 때문이다. 용(用)이 체(體)를 꿰뚫어, 체(體)와 용(用)이 사라짐은, 체(體)와 용(用)이 무생(無生)이므로, 체(體)와 용(用)이 무생불이(無生不二)의 여각(如覺)이기 때문이다.

■ 시각(始覺)과 본각(本覺)

시각(始覺)은, 깨달음으로 비롯된 각(覺)이다. 본각(本覺)은, 시종(始終) 없는 본래(本來)의 각(覺)이다. 여기에서 각(覺)이란, 깨달음이 아닌, 각성(覺性)을 일컬음이다. 각성(覺性)이란, 보리(菩提)를 뜻한다. 이는, 모든 생명(生命)이 본래(本來) 깨어있는 본(本) 성품이란 뜻이다. 깨달음의 각(覺)인 시각(始覺)은, 시(始)가 곧, 깨달음을 뜻하며, 각(覺)은 깨달음에 의해 증득한 각(覺)의 성품인 각성(覺性)을 일컬음이다. 시각(始覺)이라고 함은, 두 가지의 뜻이 있음이니, 무명심(無明心)과 무명견(無明見)의 미혹(迷惑)을 벗은, 깨달음이란 뜻과 아직, 본각(本覺)에 이르지 못해, 완전하지 않은 각(覺)이란 뜻이다. 왜, 시각(始覺)이, 미혹(迷惑)을 벗은 깨달음으로 얻은 각(覺)인데, 본각(本覺)에 이르지 못한 미완성(未完成)의 각(覺)인가 하면, 시각(始覺)의 지혜가 아직, 본각(本覺)에 이르지 못해, 본각(本覺)의 성품과 동일(同一)한 같은 성품이 아니기 때문이다. 그러므로, 시각(始覺)의 지혜인 각성(覺性)이 상승하여, 본각(本覺)과 동일(同一)한 성품인 불이(不二)에 들면, 시각(始覺)도 본각(本覺)도, 둘 다 끊어진다. 왜냐면, 시각(始覺)과 본각(本覺)의 대(對)가 끊어진, 무생불이(無生不二)에 들기 때문이다. 미혹

(迷惑)이나 시각(始覺)의 대(對)가 있으므로 본각(本覺)이라고 하며, 깨달았으나, 그 깨달음의 각성(覺性)이 아직, 본각(本覺)에 든 완전한 각(覺)이 아니므로, 시각(始覺)이라고 한다. 그러므로, 시각(始覺)은, 깨달음 지혜의 각성(覺性)으로, 본연무연중절대성(本然無然中絶對性)인 완전한 지혜의 본각(本覺)을 향해, 깨달음의 지혜를 더욱 밝히는 과정 속에 있음이다. 그러므로, 본연무연중절대성(本然無然中絶對性)에 아직, 증입(證入)하지 못해, 완전하지 못한 미완성(未完成)의 각(覺)이란 뜻이다. 이는, 시각(始覺)의 지혜가 아직, 본각(本覺)에 이르지 못해, 완전하지 못한 깨달음의 지혜를, 완전함을 위해, 더욱 지혜를 밝히는 과정이다. 그러므로 시각(始覺)의 각성(覺性)에는, 지혜가 식(識)의 장애(障礙)로 본각(本覺)의 원융성(圓融性)을 완전히 회복하지 못한, 각(覺)의 장애(障礙)인 미혹(迷惑)이 있다. 이 과정이, 깨달음을 증득(證得)하였으나 아직, 불지(佛智)에 이르지 못한, 보살지(菩薩智)의 수행이다. 이 지혜는, 깨달음으로 유위상견(有爲相見)을 벗어난, 무위각성지(無爲覺性智)의 세계이다. 이 지혜가 무생법인지(無生法忍智)이며, 그 무위지혜(無爲智慧)가 열린 차별성품에 따라, 무위공성(無爲空性)에 든 대승(大乘)과 무염진여성(無染眞如性)에 든 일승(一乘)과 대원각명성(大圓覺明性)에 든 일불승(一佛乘)과 부동열반성(不動涅槃性)에 든 불승(佛乘)의 차별세계가 있다.

그러므로, 금강경(金剛經), 제7 무득무설분(無得無說分)에, 일체현성개이무위법 이유차별(一切賢聖 皆以無爲法 而有差別), 일체(一切) 현성(賢聖)이 모두 무위법(無爲法)에서 차별(差別)이 있다. 고 했다. 그러므로 시각(始覺)이, 본각(本覺)의 성품과 차별성이 있으므로, 시각(始覺)의 지혜는 차별지혜이며, 차별지혜는, 그 지혜의 성품이, 일체불이(一切不二)의 결정성(結定性)이 아닌, 대(對)의 차별 속에 있으므로, 지혜가 대(對)의 장애(障礙) 없이, 원융하지를 못한다. 지혜가 대(對)의 차별성품 속에 원융하지 못하면, 지혜성품이, 일체(一切) 장애(障礙) 없는 원융불이원만지(圓融不二圓滿智)인, 본연무연중절대성(本然無然中絕對性)이 아니므로, 완전하지 못한 지혜성품 대(對)의 장애(障礙)는, 대(對)의 분별(分別)인 차별상(差別相)을 일으키므로, 중생(衆生)과 불(佛), 정(定)과 혜(慧), 보리(菩提)와 열반(涅槃), 각(覺)과 미혹(迷惑), 상(相)과 공(空), 체(體)와 용(用), 동(動)과 정(靜)의 성품이 차별이 있는, 대(對)의 차별지혜 속에 있음이다. 이는 아직, 시각(始覺)과 본각(本覺)이 둘 다 끊어지지 않아, 지혜성품이, 일체불이(一切不二)의 완전한 원융원만지(圓融圓滿智)에 들지 못한, 차별지(差別智) 속에 있기 때문이다. 이는, 본연무연중절대성(本然無然中絕對性)인, 본각(本覺)의 일체원융성(一切圓融性)에 이르지 못해, 시각(始覺)이 각(覺)의 차별 점차(漸次)의 과정 속에 있으므로, 시각(始覺)과 본각(本覺)의 대(對)가 끊어지지 않은, 지혜 속에 있음이다. 이러한 지혜 상승(上昇)의 점차(漸次)를 따라, 무위증득(無爲證得)의 무생법인(無生法忍) 지혜세계인, 무위청정공성세계(無爲淸淨空性世界)와 무위무염진여세계(無爲無染眞如世界)와 무위원융각명세계(無爲圓融覺明世界)와 무위부동열반세계(無爲不動涅槃世界)에 들게 된다.

깨달음, 시각(始覺)의 지혜 상승으로, 이러한 지혜세계에 드는 까닭은, 능소(能所)의 경계에 얽매인, 식심(識心)의 제식(諸識)을 점차 타파해 벗어나므로, 일체(一切) 식(識)의 장애(障礙)를, 점점 타파해 끊으며 벗어나니, 식(識)의 장애(障礙)가 점차 사라져, 차별차원에 얽매인 식(識)이 점점 제거되어, 장애(障礙) 없는 본래 각성(覺性)의 원융성(圓融性)이, 점차 열리는 과정의 지혜성품 차별세계이다. 일체(一切) 얽매임인 제식(諸識)이 끊어지고, 시각(始覺)의 각성공능(覺性功能)이, 본각(本覺)과 동일(同一)한 불이(不二)의 결정성(結定性)을 이루면, 시각(始覺)과 본각(本覺)의 대(對)가 사라져, 시각(始覺)도 본각(本覺)도 둘 다 끊어지니, 곧, 본연무연중절대성(本然無然中絕對性)인 무생결정성(無生結

定性)이다. 이는, 무연일각원융성(無然一覺圓融性)인 여래결정성(如來結定性)이며, 완전한 무생본각(無生本覺)의 결정성(結定性)에 듦이다. 이는, 체(體)와 용(用)이 완전히 끊어진 원융불이성(圓融不二性)이니, 일체(一切) 차별상(差別相)인 중생(衆生)과 불(佛)의 차별이 끊어진 성품이며, 정(定)과 혜(慧)의 차별이 끊어진 성품이며, 보리(菩提)와 열반(涅槃)의 차별이 끊어진 성품이며, 각(覺)과 미혹(迷惑)의 차별이 끊어진 성품이며, 상(相)과 공(空)의 차별이 끊어진 성품이며, 체(體)와 용(用)의 차별이 끊어진 성품이며, 동(動)과 정(靜)의 차별이 끊어진 성품이다. 일체 차별이 끊어진 결정성(結定性)의 성품에는, 일체(一切)가 본연무연중절대성(本然無然中絕對性)이니, 같음도 없으며 다름도 없다. 같음도 차별세계이며 다름도 차별세계이다. 일체(一切) 차별이 끊어진 본연무연중절대성(本然無然中絕對性)인 결정성(結定性)의 지혜와 결정성(結定性)의 성품에서, 법신(法身)인 부동성(不動性)도 대(對) 없는 불이결정성(不二結定性)인 원융일성일각원융(圓融一性一覺圓融)이며, 보신(報身)인 각명성(覺明性)도 불이결정성(不二結定性)인 원융일성일각원융(圓融一性一覺圓融)이며, 응화신(應化身)인 수연각성(隨緣覺性)도 불이결정성(不二結定性)인 무연일성일각원융(無然一性一覺圓融)으로, 3불3신원융일성(三佛三身圓融一性)이다. 곧, 법신부동체성(法身不動體性)과 보신원융각명(報身圓融覺明)과 응화신수연각(應化身隨緣覺)이 원융일성일각원융(圓融一性一覺圓融)으로, 일신(一身) 중에, 체용불이원융일각(體用不二圓融一覺)인 법보응화일신각(法報應化一身覺)을 시현(示顯)하니, 일체응화(一切應化)가, 시각(始覺)도 본각(本覺)도 끊어진, 원융법신(圓融法身)의 화현(化現)이다.

◯ **111.** 제행이 무생(無生)이면, 행을 생(生)하여도 무생행이 되옵니까?

心王菩薩言 尊者 心若本如 無生於行 諸行無生
심 왕 보 살 언 존 자 심 약 본 여 무 생 어 행 제 행 무 생

生行不生 不生無行 卽[大:續1,2: 卽]無生行也
생 행 불 생 불 생 무 행 즉 [대:속1,2: 즉] 무 생 행 야

심왕보살이 말씀 사뢰오며 여쭈옵기를, 세존이시여! 마음이 만약, 본래 여(如)의 성품이며, 행(行)이 무생(無生)이오면, 모든 행(行)이 무생(無生)이므로, 생(生)을 행(行)하여도 생(生)이 아닐 것이옵니다. 생(生)이 아니오면 행(行)이 없음이니 곧, 무생행(無生行)이옵니까?

♣ 심왕보살이, 말씀 사뢰오며 여쭈옵기를, 세존이시여! 마음이 만약, 본래 무생(無生)인 여(如)의 성품이며, 행(行)이 무생(無生)이오면, 모든 행(行)이 무생(無生)이므로, 마음에, 5음(五陰)의 행(行)을 일으켜도 생(生)이 아닐 것이옵니다. 생(生)이 아니오면 행(行)이 없음이니, 이것이, 곧, 무생행(無生行)이옵니까?

□ 고(高), 논(論) 경(經)에 즉(卽)이, 대(大), 속1,2(續1,2) 경(經)에는 즉(卽)으로 되어 있다.

● 논리(論理)는, 실제(實際)를 뚫지 못한다. 왜냐면, 실(實)이 아니기 때문이다. 실(實)은, 논리도 실(實)도 아닌 바로, 무생공능(無生功能)이며, 무상공능(無相功能)이다. 무생공능(無生功能)을 일러, 실(實)이라 하며, 이(理)라 하며, 체(體)라고 하며, 법(法)이라고 하며, 자성(自性)이라고 하며, 법성(法性)이라고 한다. 이는 곧, 일체(一切)의 생명성(生命性)이다. 이 무상무생공능(無相無生功能)의 일체(一切)를 통틀어, 성(性)이라고 한다. 성(性)이 곧, 결정성(結定性)이며, 인(印)이며, 여(如)며, 금강(金剛)이다. 금강(金剛)은, 생명(生命)과 마음의 무생실체(無生實體)를 일컬음이다. 무생실체(無生實體)는 곧, 결정실체(結定實體)이다.

● 유위견(有爲見)으로는 무생(無生)을 알 수가 없다. 유위견(有爲見)으로는 무생(無生)에 대해 헤아려도, 유무(有無)의 상견(相見)으로 사량하고 분별하게 되므로, 앞 구절에서 행(行)이 무생(無生)이라고 하니, 중생이 미혹의 사견(邪見)을 일으킬까봐, 심왕보살이, 중생의 미혹 사견(邪見)인 무생견(無生

見)을 끊고자, 대비심으로 중생의 견해(見解)를 드러내어, 사량 분별의 무생견(無生見)을 묻게 된다. 이는, 심왕보살이, 중생이 사견(邪見)으로 미혹하지 않도록, 중생을 향한 염려와 연민의 대비심(大悲心)을 발함이다.

○112. 행(行)으로써, 무생(無生)을 증득(證得)하려 하느냐?

佛言 善男子 汝以無生 而證無生行也 [論:續2: 耶]
불언 선남자 여이무생 이증무생행야 [논:속2: 야]

부처님께옵서 말씀하옵기를, 선남자여! 생(生)이 없다고 하니, 그대는 행(行)으로써, 무생(無生)을 증득하려 하느냐?

♣ 부처님께옵서 말씀옵기를, 선남자여! 마음 본성이 무생(無生)의 여(如)임을 아는 시각(始覺), 역시 또한, 행(行)이 끊어진 무생(無生)의 여(如)임을 말하니, 일체가 무생(無生)이라는 생각에, 그대는, 5음(五陰)을 생(生)하는 행(行)을 일으키면서, 무생(無生)을 증득(證得)하려 하느냐?

□ 고(高), 대(大), 속1(續1) 경(經)에 야(也)가, 논(論), 속2(續2) 경(經)에는 야(耶)로 되어 있다.

○113. 무생행(無生行)은 공적하여, 취(取)하고 증득할 수 없사옵니다.

心王菩薩言 不也 [論: 不] **何以故 如無生行 性相空寂**
심왕보살언 불야 [논: 불] 하이고 여무생행 성상공적

無見無聞 無得無失 無言無說 無知無相 無取無捨
무견무문 무득무실 무언무설 무지무상 무취무사

云何取證
운하취증

심왕보살이 말씀 사뢰옵기를, 아니옵니다. 무슨 연유인가 하오면, 무생행(無生行)은 여(如)이므로, 성품과 모습이 공적하여, 볼 수도 없고 들을 수도 없으며, 얻을 수도 없고 잃을 수도 없으며, 말로 일컬을 수도 없고 설(說)하여 드러낼 수도 없으며, 상(相)도 없어 알 수도 없고, 취(取)할 수도 없으며 버릴 수도 없사온데 어떻게, 취(取)하고 증득(證

得)하겠사옵니까?

♣ 심왕보살이 말씀 사뢰옵기를, 아니옵니다. 무슨 연유인가 하오면, 무생행(無生行)은, 무생(無生) 결정성(結定性)인 여(如)의 성품이므로, 성품과 모습이 공적하여 상(相)이 아니니 볼 수도 없고 들을 수도 없으며, 취사(取捨)의 것이 아니니 얻을 수도 없고 잃을 수도 없으며, 언설(言說)을 벗어났으니 말로 일컫거나 설(說)할 수도 없으며, 일체(一切) 식(識)과 견(見)과 사유(思惟)를 벗어났으니, 어떤 앎으로도 헤아릴 수도 없고, 모습의 그림자나 흔적(痕跡)도 없으니, 취(取)할 수도 없고 버릴 수도 없사온데, 어떻게 취(取)하고, 증득(證得)할 수가 있겠사옵니까?

□ 고(高), 대(大), 속1,2(續1,2) 경(經)에 불야(不也)가, 논(論) 경(經)에는 불(不)로 되어 있다.

● 무생(無生)을 증득할 수 없음은, 무생(無生)이며, 본성이기 때문이다. 그러므로, 구하고 얻는 것이 아니며, 또한, 잃은 것이 아니다. 본성이 무생(無生)이니, 일체가 무생(無生)이며, 무생행(無生行)이다. 만약 무생(無生)을 얻었거나, 찾았거나, 무생행(無生行)에 들었거나, 무생행(無生行)을 하거나, 이 모두가 지음일 뿐, 무생(無生)이 아니며, 무생행(無生行)이 아니다. 무생(無生)이 만약, 본성을 벗어나면 일체가 허물이며, 그 무생(無生)은 출입(出入)과 생멸(生滅)의 상념상(想念相)이다. 만약, 무엇을 하지 않고 가만히 있어도, 그 또한 상념상(想念相)이다. 왜냐면, 그 모두가 무생(無生) 결정성(結定性)이 아니기 때문이다. 결정성(結定性)에는 식(識)의 출입(出入)과 상념(想念)의 생멸(生滅)과 일체 머묾이 끊어졌기 때문이다. 일체가 끊어져 무생(無生)이라고 한다. 무생(無生)은 들어가고 나옴도 없다. 무생(無生)이니 출입(出入)이 끊어져 무생(無生)이라고 한다. 다른 말로 하면, 연연공공(緣緣空空)이다. 일체상이 연연공공(緣緣空空)의 무생(無生)임은, 스스로 되돌아 봐도

그 모습이 끊어졌고, 전후(前後) 없는 그 성품이 무생(無生)이기 때문이다.

◯114. 취(取)하고 증득(證得)할 수 없어, 무생행(無生行)이옵니다.

若取證者 即爲諍論[大·續2: 即爲諍論] [續1: 即無諍論]
약 취 증 자 즉 위 쟁 론 [대: 속2: 즉위쟁론] [속1: 즉무쟁론]

無諍無論 乃無生行
무 쟁 무 론 내 무 생 행

만약, 취(取)하거나 증득하는 것이오면 [유위(有爲)이므로] 곧, 다툼과 논란(論難)할 것이오나, 다툴 것이 끊어졌고, 논란(論難)할 것도 끊어졌으니, 무생행(無生行)이옵니다.

♣ 만약, 무생(無生)을 취하거나 증득할 수 있는 상(相)이나 유위(有爲)이오면, 분별을 따라 옳고 그름을 다투고, 이러함과 저러함을 따라 논란할 수가 있겠사오나, 무생(無生)은, 일체 분별이 끊어졌고, 일체 상(相)이 끊어져, 분별 하거나 다툴 것이 끊어졌사오니, 논란할 것도 끊어졌으므로, 무생행(無生行)이옵니다.

□ 고(高), 논(論) 경(經)에 즉위쟁론(即爲諍論)이, 대(大), 속2(續2) 경(經)에는 즉위쟁론(即爲諍論)으로, 속1(續1) 경(經)에는 즉무쟁론(即無諍論)으로 되어 있다.

● 다툼은 이렇다, 저렇다 함이며, 논란은 이러쿵저러쿵함이다. 다툼은 견해의 차이로 서로 부딪침이며, 논란은 명확한 결정과 정의(正義)를 도출하지 못한 모습이다. 그러나 무생(無生)은 유위(有爲)가 아니므로, 이러저러한 분별의 다툼과 논란의 대상을 벗어났다. 그러나 다툼과 논란이 있다면, 그것은 무생(無生)이 아닌, 분별 때문이다.

◯115. 그대는, 아뇩다라삼먁삼보리를 얻었는가?

佛言 汝得阿耨多羅三藐三菩提也[論: 耶]
불 언 여 득 아 뇩 다 라 삼 막 삼 보 리 야[논: 야]

부처님께옵서 말씀하옵기를, 그대는, 아뇩다라삼먁삼보리를 얻었는가?

♣ 부처님께옵서 말씀하옵기를, 그대는, 무생(無生) 결정성(結定性)인 아뇩다라삼먁삼보리를 얻었는가?

□ 고(高), 대(大), 속1,2(續1,2) 경(經)에 야(也)가, 논(論) 경(經)에는 야(耶)로 되어 있다.

◯ **116.** 보리(菩提)는, 얻음도 잃음도 깨달음도 앎도 없사옵니다.

心王菩薩言 尊者 我無得阿耨多羅三藐三菩提
심 왕 보 살 언 존 자 아 무 득 아 뇩 다 라 삼 먁 삼 보 리
何以故 菩提性中 無得無失 無覺無知
하 이 고 보 리 성 중 무 득 무 실 무 각 무 지

심왕보살이 말씀 사뢰옵기를, 세존이시여! 저는, 아뇩다라삼먁삼보리를 얻음이 없사옵니다. 무슨 연유인가 하오면, 보리(菩提)의 성품 중에는, 무엇을 얻음도 없고 무엇을 잃음도 없으며, 깨달음도 없고 [깨달음의] 앎도 없사옵니다.

♣ 심왕보살이 말씀 사뢰옵기를, 세존이시여! 저는 위 없는 무생(無生) 보리(菩提)의 성품, 아뇩다라삼먁삼보리를 얻음이 없사옵니다. 무슨 연유인가 하오면, 보리(菩提)의 성품은, 무생(無生) 결정성(結定性)이므로 증득하여 얻을 수도 없고, 무생(無生) 본성(本性)이니 벗어나거나 잃을 수도 없으며, 깨달아도 깨달음의 증득(證得)이 없어 깨달음이 없고, 깨달은 것이 무생(無生)이므로, 성품이 자취도 흔적도 없어, 드러내고 일컬을 것이 없으므로, 깨달아도, 깨달음의 앎도 없사옵니다.

● 아뇩다라삼먁삼보리는 무생(無生) 본성각명(本性覺明)이니, 무생결정성(無生結定性)의 원융한 밝음이다. 아뇩다라삼먁삼보리를 무상정등정각(無上正等正覺)이라고 한다. 무상정등정각(無上正等正覺)은 각(覺)의 무상(無上)과 정등(正等)과 정각(正覺)의 세 가지 특성을 드러낸다. 무상(無上), 정등(正等), 정각(正覺)의 성품이 무생결정성(無生結定性)이다.

무상각(無上覺)은 무생결정각(無生結定覺)이다. 일체 차별지(差別智)를 초월한 각명(覺明)이기에 무상각(無上覺)이라고 한다. 무상(無上)이 무생결정성(無生結定性)이며 곧, 여래결정성(如來結定性)이다. 무상각(無上覺)이 곧, 여래무생결정각(如來無生結定覺)이다. 이 무상각(無上覺)에 들면, 여래결정성(如來結定性)에 들기 이전의 일체 수행과위(修行果位)의 증득각(證得覺)이 모두 파괴되어 끊어진다. 그러므로 결정무상각(結定無上覺)에 증입하게 된다. 무상(無上)은 곧, 인지(印智)에 듦이니, 이는, 일체상(一切相)과 일체법(一切法)과 일체지(一切智)가 끊어진 무생결정성(無生結定性)이다.

정등각(正等覺)은 결정무생평등각(結定無生平等覺)이다. 일체 차별성(差別性)을 초월한 무생평등각(無生平等覺)으로, 온 시방 우주 만물이 무연중절대성(無然中絕對性)으로, 일체가 차별 없이 평등하고 원융한 성품, 무생평등각(無生平等覺)이다.

정각(正覺)은 결정무생청정각(結定無生淸淨覺)이다. 일체 각(覺)의 대소(大小), 상하(上下), 점차(漸次), 취사(取捨), 대립(對立), 차별(差別)이 끊어진, 결정무생정각(結定無生正覺)이다. 만약, 정각(正覺)이 아니면, 각(覺)의 대소(大小), 상하(上下), 점차(漸次), 취사(取捨), 대립(對立), 차별(差別) 등의 경계 속에, 각(覺)의 작용이 이루어진다.

◯**117.** 청정 성품은, 대상(對相)과 분별이 끊어져 설할 수 없사옵니다.

無分別相 無分別中 即[大:續1,2: 即]**淸淨性 性無間雜**
무 분 별 상 무 분 별 중 즉[대:속1,2: 즉] 청 정 성 성 무 간 잡
[大:續1,2: 性無間雜] **無有言說 非有非無 非知非不知**
[대:속1,2: 성무간잡] 무 유 언 설 비 유 비 무 비 지 비 부 지

분별할 상(相)이 없어, 분별이 끊어진 가운데는 곧, 청정한 성품으로, 성품이 간격[間:分離]과 잡됨[雜:分別妄念]이 없어, 말하거나 설(說)할 수 없으므로, 유(有)도 아니며 무(無)도 아니며, 앎도 아니며 앎이 아닌 그 무엇도 아니옵니다.

♣ 아뇩다라삼먁삼보리는 분별할 상(相)이 없어, 분별이 끊어진 가운데는 곧, 청정한 성품이므로, 나와 보리(菩提)와 간격이 없어 둘이 아니며, 나와 남, 이와 저, 번뇌와 보리, 중생과 부처, 더러움과 깨끗함, 선(善)과 악(惡), 색(色)과 심(心), 윤회와 해탈, 안과 밖, 출(出)과 입(入), 생(生)과 멸(滅) 등, 미망(迷妄)의 망념(妄念)과 잡됨이 없으므로, 아뇩다라삼먁삼보리를 말하거나 설(說)할 수도 없고, 유(有)도 아니며 무(無)도 아니며, 앎도 아니며 앎이 아닌 그 무엇도 아니옵니다.

□ 고(高), 논(論), 경(經)에 즉(即)이, 대(大), 속1,2(續1,2) 경(經)에는 즉(卽)으로 되어 있다.
□ 고(高), 논(論) 경(經)에 성무간잡(性無閒雜)이, 대(大), 속1,2(續1,2) 경(經)에는 성무간잡(性無間雜)으로 되어 있다.

● **성무간잡(性無閒雜):** 성품이 간격과 잡됨이 없다. 아뇩다라삼먁삼보리의 성품은, 상(相) 없는 무생성품이니 간격이 없으며, 또한, 나의 실체(實體)이므로, 나와 간격이 있을 수가 없다. 상(相) 없는 무생성품이 나의 실체(實體)이므로, 나와 간격이 없어 볼 수도 없고, 잡을 수도 없으며, 인식할 수도 없고, 느낄 수도 없다. 그러므로, 어느 것도 아니며, 상(相) 없는 무생성품이므로, 어느 곳에도 있지 않음이 없다. 이는, 알 수 없음은, 간격이 없음과 상(相) 없는 결정성이기 때문이다. 일체 색(色)과 식(識)의 대(對)가 끊어진 결정성, 아뇩다라삼먁삼보리는, 나의 실체(實體) 본 성품이다. 나와 간격이 없는 상(相) 없는 결정성, 아뇩다라삼먁삼보리는 상(相) 없는 무생(無生) 성품이므로, 어떤 분별과 사량(思量)과 미혹과 머묾과 취사(取捨)와 생멸에 물듦 없어 잡됨이 없다. 아뇩다라삼먁삼보리는 나의 실체(實體)이며, 상(相) 없는 무생결정성(無生結定性)으로 간격이 없어, 일체 대(對)가 끊어져 출입(出入)과 취사(取捨)도 끊어졌고, 얻을 수도 없고, 잃을 수도 없다. 그러므로 5음(五陰)인 제식(諸識)의 출입과 분별심이 끊어져야, 무생결정성(無生結定性)인 자기의 본성을 깨닫게 된다.

○ **118.** 모든 행(行)이, 대상(對相)과 분별(分別)이 끊어져 청정하옵니다.

諸可法行 亦復如是
제 가 법 행 역 부 여 시

모든 법(法)을 가히 행(行)함이 역시, 또한 이와 같사옵니다.

♣ 모든 마음을 행함에 보리(菩提)의 성품과 간격이 없고, 둘이 아니므로, 일체 법행(法行)인 6바라밀과 아뇩다라삼먁삼보리심 등, 역시 또한 이와 같이, 무상공능(無相功能)인 청정여각행(淸淨如覺行)이옵니다.

○ **119.** 결정성이 아뇩다라삼먁삼보리이므로, 얻지 못하옵니다.

何以故 一切法行 不見處所 決定性故 本無有得不得
하 이 고 일 체 법 행 불 견 처 소 결 정 성 고 본 무 유 득 부 득

云何得阿耨多羅三藐三菩提
운 하 득 아 뇩 다 라 삼 먁 삼 보 리

그 연유는, 일체 법(法)을 행함이, 처소(處所)를 보지 못하는 결정성(結定性)인 까닭이옵니다. 본래, 얻을 수 없어 얻지 못함이오니, 어찌 아뇩다라삼먁삼보리를 얻겠사옵니까?

♣ 일체 청정 무생행(無生行)을 하는 그 연유는, 일체 법(法)을 행하는 그 성품이, 무생(無生)의 성품이므로 분별이 끊어져, 처소(處所)를 볼 수 없는 결정성인 까닭이옵니다. 결정성이라 본래 얻을 수 없고, 얻지 못하는 무생(無生) 청정한 그 성품이, 아뇩다라삼먁삼보리이옵니다. 결정성은 간격(間隔)이 없어, 나와 본래 분리(分離)되어 있지 않은 무생(無生) 본성이므로, 결정성이라 얻을 수 없는 성품이니 얻을 수 없으며, 또한, 나와 간격(間隔)이 없어 얻지 못함이오니, 어찌 아뇩다라삼먁삼보리를 얻겠사옵니까?

○ **120.** 마음이 상(相)이 없어 체성이 공적하여, 식(識)이 무생(無生)이다.

佛言 如是如是 如汝所言 一切心行 不過無相 體寂無生
불 언 여 시 여 시 여 여 소 언 일 체 심 행 불 과 무 상 체 적 무 생

可有諸識[論: 可有識識][續1,2: 所有諸識] **亦復如是**
소 유 제 식 [논: 가유식식][속1,2: 소유제식] 역 부 여 시

부처님께옵서 말씀하옵기를, 그렇고, 그러하니라. 그대가 말한 바와 같이, 일체 마음의 행(行)이, 무상(無相)을 벗어나지 않으므로[不過], 체성(體性)이 공적(空寂)하여 무생(無生)이니, 가히 있는 바 모든 식(識)이 또한, 역시 이와 같음이니라.

♣ 부처님께옵서 말씀하옵기를, 그렇고 그러하니라. 그대가 말한 바와 같이, 마음의 성품이 결정성이므로, 일체 마음의 행(行)이 상(相)이 없어, 상(相)을 일으키거나 상(相)에 머물거나, 상(相)을 집착하거나 상(相)에 얽매임이 없으므로, 마음이 무상(無相)을 벗어나지 않음이니, 행(行)의 성품이 공적(空寂)하여 무생(無生)이므로, 가히 있는 바 모든 식(識)이 또한, 일어남이 없어, 역시 무생(無生)이니라.

□ 고(高), 대(大) 경(經)에 가유제식(可有諸識)이, 논(論) 경(經)에는 가유식식(可有識識)으로, 속1,2(續1,2) 경(經)에는 소유제식(所有諸識)으로 되어 있다.

□ 논:속1,2경구(論:續1,2經句)
가유식식(可有識識): 6근, 6식, 7식, 8식(識)과 일체 분별의 제식(諸識)을 일컬음이다. 또한, 속1,2(續1,2)의 경구, 소유제식(所有諸識)은 있는 바 모든 식(識)이다. 그러므로, 가유제식(可有諸識)과 가유식식(可有識識)과 소유제식(所有諸識)이 다를 바가 없다.

○**121.** 안근과 색경이 다 공적하여, 고락사(苦樂捨) 3수(三受)가 적멸이다.
何以故 眼眼觸 悉皆空寂 識亦空寂 無有動不動相
하 이 고 안 안 촉 실 개 공 적 식 역 공 적 무 유 동 부 동 상
內無三受 三受寂滅
내 무 삼 수 삼 수 적 멸

무엇 때문이냐면, 눈[眼:眼根]과 안촉[眼觸:色境]이 모두 다 공적하며, 안식[識:眼識]이 또한 공적하여, 동(動)함 없는 부동(不動)의 모습이므로,

안으로 받는 3수[三受:고락사(苦樂捨)]가 없어, 3수(三受)가 적멸이니라.

♣ 행(行)이 상(相)이 없고, 일체식이 일어남이 없는, 결정성 무생(無生)임은 무엇 때문이냐면, 무생심(無生心)에는 눈과 안촉(眼觸)이 모두 다 공적(空寂)하며, 눈에 의한 분별의 헤아림인 안식(眼識)이 또한, 일어남이 없어, 공적(空寂)하여 동(動)함 없는 부동(不動)의 모습이므로, 안으로 받는 괴로움과 즐거움과 싫어 버림도 없음이니, 고락사(苦樂捨) 3수(三受)가 무생(無生)이라, 적멸(寂滅)이니라.

○ **122.** 6, 7, 8식이 모두 불생(不生)의 적멸심이니, 무생심(無生心)이다.
耳鼻舌身 心意 意識 及以末那 阿梨耶識[論:續1,2: 阿梨耶]
이 비 설 신 심 의 의식 급 이 말 나 아 리 야 식 [논:속1,2: 아리야]
亦復如是 皆亦不生 寂滅之心[論:續1,2: 寂滅心] **及無生心**
역 부 여 시 개 역 불 생 적 멸 지 심 [논:속1,2: 적멸심] 급 무 생 심

귀, 코, 혀, 몸, 심의(心意)와 의식[意識:六識], 내지 말나[末那:七識], 아리야식[阿梨耶識:八識] 또한, 역시 이와 같아 모두 역시, 생(生)이 없어, 적멸심(寂滅心)이므로 또한, 무생심(無生心)이니라.

♣ 행(行)이 결정성(結定性) 무생(無生)임은, 6근(六根)인 눈, 귀, 코, 혀, 몸, 뜻과 6식(六識)인 안식(眼識), 이식(耳識), 비식(鼻識), 설식(舌識), 신식(身識), 의식(意識)과 자아의식(自我意識)인 7식(七識) 말나식(末那識)과 8식(八識)인 아리야식(阿梨耶識)이 또한, 무생(無生)인 결정성이므로 이와 같아, 모두, 역시 생(生)이 없어, 결정성(結定性)인 적멸심(寂滅心)이므로 또한, 무생심(無生心)이니라.

□ 고(高), 대(大) 경(經)에 아리야식(阿梨耶識)이, 논(論), 속1,2(續1,2) 경(經)에는 아리야(阿梨耶)로 되어 있다.
□ 고(高), 대(大) 경(經)에 적멸지심(寂滅之心)이, 논(論), 속1,2(續1,2) 경(經)에는 적멸심(寂滅心)으로 되어 있다.

● 6근(六根)과 제식(諸識)이 결정성이므로, 무생(無生)임을 설하심이

다. 논리로, 앎으로, 6근(六根)과 모든 식(識)이 결정성 무생(無生)이 되지 않는다. 6근, 6식, 7식, 8식이 있으면, 수행으로 색성향미촉법과 6근, 6식, 7식, 8식을 타파하여 무생(無生)의 결정성에 듦으로, 색(色)과 제식(諸識)이 공(空)한 결정성에 든다. 그러면, 일체행이 머묾 없는 제식(諸識)이 소멸한 결정성, 무생행(無生行)에 들게 된다. 이것은 생각으로 되는 것이 아니다. 지혜가 무생(無生) 결정성에 들어야 한다. 위의 구절은 무생심(無生心)인 용(用)의 경계와 지혜를 드러냄일뿐, 체성(體性)을 논하거나 일컬음이 아니다. 중생과 부처를 논하는 것은 체성(體性)을 일컫는 것이 아니다. 왜냐면, 체성(體性)에는 중생도 부처도 없기 때문이다. 중생을 논하고 부처를 일컬음은 체(體)가 아니라, 작용하며 살아있는 각(覺)의 공능행(功能行)인 용(用)이다. 이는, 작용하는 마음의 경계와 지혜와 행함의 상황을 일컬을 뿐, 중생과 부처가 하나라는 것을 일컫는 것이 아니다. 부처는 부처의 마음씀과 행과 지혜가 부처이기에 부처라고 한다. 남자와 여자가 그 근원이 같다고 해서, 여자가 남자가 아니며, 남자도 여자가 아니다. 또한, 산과 바다가 근원이 같다고, 산이 바다가 아니며, 바다가 산이 아니다. 무엇이든 공덕과 가치는 근본(根本)인 체(體)에 있는 것이 아니라, 무한(無限) 가치 창출에 응화(應化)하는, 살아 있는 작용인 용(用)에 있다.

금덩어리도 땅속에 있으면 금(金)으로써의 가치가 없다. 금(金)을 제련하고 가공하여 사용하므로, 용(用)에서 금(金)의 가치가 생성되는 것이다. 그러나 체(體)를 소중하게 생각하고, 의미를 부여하는 것은, 체(體)의 특성으로 용(用)의 무한 가치를 극대화할 수 있기 때문이다. 체(體)의 면에서 보면 중생이 부처가 아니라, 중생이 없다. 중생이라는 생각과 말을 일으키는 순간에 체(體)를 벗어난 것이다. 무생 결정성(無生結定性)인 부처의 지혜와 부처의 마음과 부처의 행이 아니면 중생이다. 결정성, 근본 성품을 모르면 중생이다. 모르기 때문에 본성의 지혜도 없고, 본성의 마음도 없고, 본성의 행도 없다. 그것이 무명(無明)이며, 중생이며, 미혹이다. 부처가 근본 성품을 논함은, 중생이 자기 성품을 모르기 때문이며, 본성의 지혜와 마음씀과 행을 드러냄은, 본성의 가치가 무한 무궁성이기 때문이다. 비유하여, 나무와 돌의 체성(體性)은 어떤 의미도 없다. 단지, 그것이 무엇이며, 그 존재의 역할이 무엇이냐가 중요하다. 나무와 돌이 그 생태환경 속에서 이로운 존재의 역할을 하며, 또, 이롭게 사용하고, 또한, 가공을 하여 작품을 만들면, 나무와 돌, 용(用)의 가치가 체(體)의 가치를 극대화한다. 생태환경의 존재세계에 용(用)으로써의 가치가 없는 것은, 존재의 의미와 가치가 없다. 가치는 체(體)에 있는 것이 아니라, 용(用)을 통해 드러난다. 허공(虛空)의 체(體)가 빈 것이 중요한 것이 아니며, 물의 체(體)가 맑고 깨끗한 것이 중요한 것이 아니다. 허공이 일체 만물을 수용하고 섭수하는 역할의 작용이 중요하며, 물이 모든 생명체에게 생명작용을 하는 생명수의 역할이 중요하다. 모든 가치는 존재에 있는 것이 아니라, 존재의 역할, 가치에 있다.

불법(佛法)의 가치도 체(體)에 있는 것이 아니라, 용(用)에 있다. 용(用)에 따라, 체(體)의 무한 무궁의 가치를 드러내기 때문이다. 존재의 참 의미는 존재가 아니라, 용(用)의 역할 가치에 있다. 무엇이든 용(用)으로써의 가치가 없으면, 존재의 의미를 상실하게 된다. 특히, 인연공동체 사회에서는, 사회적 건강과 안정, 사회적 행복과 발전을 위해, 존재의 의미, 용(用)의 가치가 더욱더 중요시 되고, 요구되는 상황이다. 부처를 논하며 일컫고, 중생이 부처라고 하는 것에는, 용(用)의 무한 무궁 극대화를 위한 길을 열고, 그 가치를 위해, 존재세계의 인연관계와 삶의 사회를 위한, 무한 무궁조화(無窮造化)의 극대화인 행복의 이상세계, 생명 불국토(佛國土)의 완성에 있다. 그러므로 근본을 드러내며, 무한 가치의 무궁성(無窮性)에 들도록 이끌며, 그 지혜와 그 마음과 그 일체행의 극대화인 무한 무궁 속에, 인연사회와 존재세계에 그 가치의 무한성과 무궁성을 향한 지혜의 가르침이다.

나무와 돌이 생태환경적으로 이로우며, 또한, 나무와 돌을 생활환경에 이롭게 활용하고, 또한 다듬고 작품을 만들면, 천년과 만년의 귀한 보물이 되어도, 생태환경 속에 가치가 없는 것은 금덩어리어도, 존재의 의미가 없다. 중생이 본래 부처라는 이 말은, 이 순간 찰라에 의미가 없다. 지금, 무엇이냐가 의미부여의 초점이다. 처음을 모르는 본래가 부처라는 말은, 지금 그 어떤 가치도, 의미가 없다. 지금, 무엇이냐가 관심이며, 가치부여의 눈길이며, 중생이 부처임을 드러내는 초점이다. 생명세계와 존재세계와 삶의 사회에는, 살아 있는 이 순간에 부처의 작용이 요구되고 필요하며 중요할 뿐, 처음도 끝도 없는, 시종(始終) 없는 부처가 중요한 것이 아니다. 촉각이 살아 있는 이 순간, 곧, 모두에게 생명작용을 하는, 살아 있는 부처가 요구되고, 필요하며, 절실할 뿐이다. 피부로 느끼는 중생의 아픔과 이 사회의 고통을 쉬게해 줄, 이 순간의 부처가 필요하다. 부처는 지금, 죽은 논리를 이야기하지 않는다. 지금, 이 순간 생생히 살아있음이, 금(金)보다 귀하고 소중하며, 절실하므로, 과거의 모두와 미래의 모두를 간격 없이하여, 현재 이 순간 찰나도 끊어져, 시(時)도 끊어진 성품의 부처가 되어, 시(時) 없는 영원 속에 부처로 살기를 일깨우고 있다.

부처는 시간의 간격을 두지 않는다. 짧은 순간과 짧은 찰나의 간격도 부처는 허락하지 않는다. 또한, 현재의 순간과 찰나를 쪼개고 또, 쪼개어 시간을 측정할 수 없는 제행무상(諸行無常) 그 짧은 것도 부처는 허락하지 않는다. 시간의 생멸(生滅)도 끊어진 그 자체가 결정성이다. 찰나도 끊어져, 시종(始終) 없이 생생히 부처로 살아있는 결정성, 그 자체를 논할 뿐이다. 그러므로 순간도, 찰나도 공(空)이라 한다. 공(空)에는 찰나의 시간도 허락하지 않는다. 그러므로 찰나도 없는 그 결정성(結定性) 부처의 마음에 들고, 찰나도 없는 불생(不生)인 부처의 마음을 씀이다. 이것이 무생심(無生心)이며, 결정심(結定心)이며, 아뇩다라삼먁삼보리심이며, 반야심(般若心)이며, 공심(空心)이며, 지혜이며, 불심(佛心)이며, 부처의 삶이다.

그러므로, 환지보살(幻智菩薩)이 생주이멸(生住異滅) 중에, 멸(滅)의 상념상(想念相)과 이(異)의 무아성(無我性)과 주(住)의 공성(空性)을 끊고, 부사의 생(生)에 들어 있다. 환지보살(幻智菩薩)의 세계는, 부사의 생(生)은 있어도 생념(生念)이 없음은, 념(念)은 분별이며, 전후(前後)의 흐름이니, 3세(三世)로 벌어진다. 념(念)이 없어, 부사의 생(生)만 있으므로, 일체상이 환(幻)인, 무자성(無自性) 환지(幻智)세계에 들게 된다. 환지보살(幻智菩薩)은, 마음이 흐르는 찰나의 시(時)가 없어, 념(念)의 흐름이 없는 세계에 들어 있으므로, 그 환지보살(幻智菩薩)의 세계는, 무엇에도 물듦 없는, 청정진여(清淨眞如)의 세계이다.

환지보살(幻智菩薩)에게, 근본(根本)이 불(佛)이라는 말을 하면, 아직까지, 지옥(地獄)의 업력(業力)을 벗어나지 못한, 미혹(迷惑) 중생이라고 탓할 것이다. 왜냐면, 근본이 곧, 무생(無生)인 결정성(結定性), 전후(前後) 없는 이 자체(自體)이기 때문이다. 근본(根本)이란, 념(念)의 세계인 상념(想念) 속에 존재하는, 관념(觀念)의 세계이다.

대승(大乘) 공(空)에 들어도, 근본(根本) 체(體)가 부처라는 이 생각이 끊어진다. 전후(前後)의 시간, 념(念)의 삶은, 결정본성(結定本性)인 체(體)를 잃어버리고, 자신이 곧, 근본(根本)이며, 체(體)임을 모르는, 3세(三世)의 관념(觀念) 속에서, 지금, 간격 없이 밝게 살아 깨어 있는 근본(根本) 체(體)를 모르니, 근본(根本), 체(體)타령을 하고 있다. 부처가 말한 체(體)는, 미혹인 염(念)의 세계에서 생각하는, 옛 근원을 일컬음이 아니다. 근본 체(體)는, 시간의 흐름이 끊어진 결정성이므로,

지금, 바로 그대가 곧, 전후 3세(三世)가 끊어진 근본(根本) 체(體)임을 드러내어, 바로 부처임을 일깨우며, 3세(三世)가 끊어진 결정성, 청정불성(淸淨佛性)인 여(如)의 삶을 살도록 일깨우고 있다. 그러므로, 체(體)는 들 수도 없고, 나올 수도 없고, 출입이 끊어진 무생(無生)이며, 여(如)라고 했다. 시간과 찰나의 흐름 속으로 들어가지 않으므로 곧, 무생(無生) 결정성(結定性)이라고 했으며, 부동성(不動性)이라고 했으며, 이 모든 것을 잘라, 시간과 세월의 흐름과 어떤 상(相)에도 파괴됨이 없는 인(印)이라고 했다. 인(印)은, 무엇에도 동(動)함이 없어, 입(入)과 출(出)이 끊어져, 유(有)와 무(無), 생(生)과 멸(滅), 자(自)와 타(他), 능(能)과 소(所), 취(取)와 사(捨), 고(苦)와 낙(樂), 주(住)와 무주(無住), 상(相)과 무상(無相), 불(佛)과 중생(衆生), 각(覺)과 무명(無明), 무엇에도 머묾 없어, 파괴 없는 심(心)이다.

인(印)은, 찰나의 시간까지 끊어진 무생(無生), 결정성(結定性)을 말함이다. 결정성(結定性)을 생각하는 그것이 무엇이든 생(生)이니, 일으킨 그것 아님의 성품이란 뜻이다. 다른 말로 하면, 무생대공적멸청정심(無生大空寂滅淸淨心)이다. 또 다른 말로 하면, 찰나의 시간도 끊어진 결정의 성품이란 뜻이다. 그러므로 여기에는 체(體)도 없고, 용(用)도 없고, 상(相)도 없고, 식(識)도 없고, 중생도 없고, 부처도 없고, 일체가 끊어져 없다. 그러므로, 결정성(結定性)의 성품은 스스로 충만하고, 원만하며, 구족하다. 만약, 어느 무엇에도 치우치면, 스스로 충만하고 원만한 구족함을 잃는다. 무엇에도 치우친 것은 완전함을 잃어, 스스로 그 성품이 충만함과 원만함과 구족함을 상실해 부족한 성품이 된다.

위의 구절은, 체성(體性)타령이나 본성(本性)타령을 하는 것이 아니다. 지금 살아 있어, 시간이 끊어진 그 무생(無生) 속에서도 보고, 듣고, 숨쉬는 용(用)의 원만함을 말하며, 지금 깨어있어, 시(時)와 공(空)을 초월해, 아뇩다라삼먁삼보리의 눈빛이 살아있는 그 부처, 여래결정성(如來結定性)의 성품을 일컬음이다. 부처와 중생을 논함이 허물이다. 불성(佛性)에는 체(體)도 없고, 상(相)도 없고, 행(行)도 없다. 그것이 무엇이라도 있으면, 너와 나, 이와 저, 명(名)과 상(相)의 분별로 대(對)의 간격(間隔)이 생기며, 흐름의 시간이 생기어 식(識)이 일어나고, 상(相)이 용출한다. 만약, 지금, 근본 체(體)를 논하고, 옛 부처를 논하면, 시종(始終) 없이 생생히 살아있는 결정성(結定性)인, 파괴됨이 없는 인(印)의 부처를 잃은 것이다. 불성(佛性)은, 3세(三世)가 끊어져 없으니, 전후(前後) 없이 깨어있는 각성각명(覺性覺明)의 부처를 잃은 그 순간, 곧, 생사(生死)와 윤회(輪廻)에 듦이다. 생사(生死)와 윤회(輪廻)는 곧, 결정성을 벗어난 제식(諸識)의 작용인 유루(有漏)이니, 이는, 너와 나, 이와 저를 분별하는 생멸(生滅)의 상념(想念)이다. 무루(無漏)는 시간 속에 있는 것이 아니다. 시간이 끊어진 결정성, 무생(無生) 그 자체이다. 그것을 불성(佛性)이라고 한다. 왜냐면, 3세(三世)가 끊어진 성품이며, 6도(六道)가 끊어진 성품이므로, 3계(三界)와 생멸이 끊어진 무생(無生) 결정성이기 때문이다. 3세(三世)와 6도(六道)와 3계(三界)와 생멸(生滅)과 윤회(輪廻)가 끊어진 아뇩다라삼먁삼보리심이 원융하여 물듦 없이, 시방 두루 밝게 깨어 있어, 무엇이든 보고, 무엇이든 듣고, 깨닫고 앎이 무생(無生)의 성품이니, 시종(始終)이 끊어져, 전후(前後) 없이 성성(醒醒)하다.

○ **123.** 적멸심 무생심을 일으키면, 3수(三受) 3행(三行) 3계(三戒)가 있다.

若生寂滅心 若生無生心 是有生行
약 생 적 멸 심　약 생 무 생 심　시 유 생 행

非無生行菩薩[論:續1,2: 非無生行] **內生三受 三行三戒**
비 무 생 행 보 살 [논:속1,2: 비무생행]　내 생 삼 수　삼 행 삼 계

만약, 적멸심(寂滅心)이라는 생각을 일으키거나 얻으려 하거나, 만약, 무생심(無生心)이라는 생각을 일으키거나 얻으려 하면, 이는, 생(生)의

행(行)이 있음이니라. 무생행(無生行)의 보살이 아니면, 안으로 3수[三受:고락사(苦樂捨)]를 일으켜, 3행[三行:신구의행(身口意行)]과 3계[三戒:신구의계(身口意戒)]가 있느니라.

♣ 만약, 마음이 적멸(寂滅)하다는 생각을 일으키거나, 또는, 적멸심(寂滅心)을 얻으려 하거나, 만약, 마음이 무생(無生)하다는 생각을 일으키거나, 또는, 무생심(無生心)을 얻으려 하면, 이는, 생(生)의 행(行)이니, 적멸심(寂滅心)과 무생심(無生心)이 아니므로, 안으로 괴로움과 즐거움과 취하고 버림의 3가지를 일으켜, 몸과 입과 생각의 작용인 3행(三行)과 몸과 입과 생각을 다스리는, 세 가지 지켜야 할 계(戒)가 있느니라.

□ 고(高), 대(大) 경(經)에 비무생행보살(非無生行菩薩)이, 논(論), 속1,2(續1,2) 경(經)에는 비무생행(非無生行)으로 되어 있다.

■ 적멸심(寂滅心)과 무생심(無生心)

적멸심(寂滅心)은 동(動)함이 없는 마음이며, 무생심(無生心)은 생(生)이 없는 마음이니, 적멸심(寂滅心)과 무생심(無生心)은 무생(無生)이니 대상(對相)이 없다. 대상이 없으므로 분별심이 없다. 분별심이 없으므로 일어난 마음이 없다. 마음이 일어남이 없으므로 일어나지 않는 마음도 없다. 만약, 마음이 적멸하여, 마음이 적멸하다는 생각을 일으키면 그것은 적멸한 마음이 아니니, 고요한 상념(想念)의 상태에 있는 것이므로 적멸심(寂滅心)이 아니다. 또한, 마음이 무생(無生)하여, 무생(無生)한 마음이라는 생각을 일으키면 그것은 무생심(無生心)이 아니니, 생각을 일으키지 않는다는 생(生)의 상념(想念)에 머무름이므로, 무생심(無生心)이 아니다. 일체 식(識)이 끊어져, 마음이 적멸(寂滅)하여 무생(無生)이면, 일체 대상(對相)이 끊어져, 적멸해 있는 능상(能相)도 적멸함을 보는 소상(所相)도 끊어져 없다. 적멸심(寂滅心)인 무생심(無生心)은, 능(能)도 없고 소(所)도 없어, 일체 식(識)이 끊어졌다. 그 마음에는, 일체 식(識)인 능식(能識)과 소식(所識)이 없어, 능상(能相)도 없고 소상(所相)도 끊어져 없으므로, 적멸한 마음도 없고, 일어나지 않는 무생(無生)의 마음도 없다. 일체 대(對)가 끊어져 적멸한 마음이 있고, 적멸한 마음을 보는 마음이 있음은 곧, 대(對)를 벗어나지 못한 것이다. 또한, 무생(無生)의 마음이 있고, 그 무생(無生)의 마음을 보는 마음이 있음은 이는, 아직 대(對)를 벗어나지 못했다. 그 살피고 관(觀)하는 마음이 곧, 자아(自我)인 동식(動識)이다. 자아(自我)가 끊어져야, 능(能)과 소(所)가 끊어져, 적멸(寂滅)도 무생(無生)도 끊어진 그것이, 적멸심(寂滅心)이며, 무생심(無生心)이다.

만약, 적멸심(寂滅心)과 무생심(無生心)에 들려하거나, 일체 번뇌와 일체 경계의 분별심을 벗어 나오려 하거나 하여, 원(願)함을 일으켜 얻으려 하고, 싫어함을 벗어 나오려 하는 출입(出入)과 취사(取捨)의 마음으로 얻어지는 유위(有爲)의 세계가 아니다. 일체가 그대로 본래 적멸(寂滅)이며, 무생(無生)임을 깨달음으로, 출입(出入)과 취사(取捨)가 없어도, 출입(出入)과 취사(取捨)가 끊어진, 바로 그 마음을 쓰게 된다. 이것은 생각으로, 앎으로, 이론(理論)으로 되는 것이 아니다. 자기의 무생(無生) 성품인 본성을 깨달아, 적멸무생(寂滅無生)의 그 마음을 행하여야 한다. 이것이, 본 성품을 깨달아 수순하는, 출입(出入)과 취사(取捨)가 없는 본 성품 적멸행(寂滅行)이며, 무생행(無生行)이다.

취사(取捨)가 있음은 출입(出入)이 있음이며, 출입(出入)이 있음은 유무(有無)와 생멸(生滅)이 있음이니, 대(對)의 경계가 일어나, 안과 밖의 상념(想念)을 일으켜 분별함이다. 대상(對相)에 대한 분별심이, 나와 남이라는 생각을 일으킴이니, 안과 밖인, 마음과 몸과 대상의 색성향미촉법에 분별상을 일으켜, 색수상행식과 6경(六境)과 6근(六根)과 6식(六識)인 18경계가 벌어지니, 시방을 분별하고, 무량법계의 상념만사(想念萬事)를 갖추게 된다. 이 일체가 본 성품 적멸인 무생(無生)

을 벗어난, 식(識)의 세계이다. 마음의 적멸(寂滅)과 무생(無生)은, 자아(自我)가 끊어져야 해결될 것이니, 자아(自我)가 있으면 분별을 쉴 수가 없고, 취사(取捨)를 벗어날 수가 없다. 왜냐면, 자아(自我)는 다름 아닌, 분별과 취사(取捨)가 곧, 자아(自我)이니, 자아(自我)가 있으므로 분별과 취사심(取捨心)으로, 적멸(寂滅)과 무생(無生)을 얻으려 하여도, 그 자아(自我)가 바로 사라지면, 그대로 적멸(寂滅)이며 무생심(無生心)이다. 적멸(寂滅)이 있다면 들어갈 수도 있고, 무생(無生)이 있다면 얻을 수가 있으나, 상(相)과 생(生)이 없음이 적멸(寂滅)이며 무생(無生)이니, 일으킴으로 구하고 얻으려 하니, 이것은, 생(生)으로써 생(生)이 없음을 구하려 하므로, 일으키는 생(生)의 마음으로는 얻을 수도, 구할 수도 없다. 또한, 일으키지 않아도 적멸(寂滅)과 무생(無生)이 아님은, 일으키지 않는 그것이 곧, 자아(自我)의 상념(想念)이기 때문이다. 자아(自我)가 끊어지지 않으면, 적멸(寂滅)과 무생(無生)이 아님은, 자아(自我)가 끊어진 그 자체를 일러, 적멸(寂滅)이며 무생(無生)이라 하기 때문이다. 이는, 자아(自我)가 끊어져, 대(對)와 능소(能所)가 끊어진 본심(本心)이다.

○**124.** 불생심(不生心)이면, 증득(證得)과 증득 없음에도 머물지 않는다.

若已寂滅[論:續1,2: 若寂滅生] **生心不生**[論: 心不生][續1,2: 心則不生]
약 이 적 멸 [논:속1,2: 약적멸생] 생 심 불 생 [논: 심불생][속1,2: 심즉불생]

心常寂滅 無功無用 不證寂滅相 亦不住於無證
심 상 적 멸 무 공 무 용 부 증 적 멸 상 역 부 주 어 무 증

만약, 이미 적멸(寂滅)하여, 생(生)하는 마음이 불생(不生)이면, 마음이 항상 적멸(寂滅)하여 작용이 없으니, 성취(成就)의 공과(功果)도 끊어져, 적멸상(寂滅相)을 증(證)함도 아니며, 또한, 증(證)함이 없음에도 머무르지 않느니라.

♣ 만약, 이미 적멸(寂滅)하여, 일으키는 마음이 끊어지면, 마음이,

항상 적멸(寂滅)하여 일체작용이 끊어져, 적멸(寂滅)에 들어도 상(相)이 없어, 증(證)함이 없음이니, 적멸(寂滅)에 듦의 성취(成就)도 끊어져, 적멸상(寂滅相)을 증득(證得)함도 아니며, 또한, 증득상(證得相)이 없는, 증득(證得)이 없음에도 머무르지 않느니라.

□ 고(高), 대(大) 경(經)에 약이적멸(若已寂滅)이, 논(論) 속1,2(續1,2) 경(經)에는 약적멸생(若寂滅生)으로 되어 있다.

□ 고(高), 대(大) 경(經)에 생심불생(生心不生)이, 논(論) 경(經)에는 심불생(心不生)으로, 속1,2(續1,2) 경(經)에는 심즉불생(心則不生)으로 되어 있다.

◯ 125. 무생심은 생(生)도 행(行)도 없어, 삼매와 좌선에도 머묾 없다.

可處無住 摠持無相 則[論:續1,2: 即]**無三受**
가 처 무 주   총 지 무 상   즉 [논:속1,2: 즉] 무 삼 수

三行三戒[論: 等三][續1,2: 三受等三]
삼 행 삼 계 [논: 등삼][속1,2: 삼수등삼]

悉皆寂滅 淸淨無住 不入三昧 不住坐禪 無生無行
실 개 적 멸   청 정 무 주   불 입 삼 매   부 주 좌 선   무 생 무 행

가히, 무엇에도 머무름이 없어 무상(無相)의 총지(總持)이니 곧, 3수[三受: 苦樂捨]가 끊어져, 3행[三行:身口意行] 3계[三戒:身口意]가 모두 다 적멸(寂滅)하여 청정하므로 머무름이 없으니, 삼매(三昧)에도 들지 않으며, 좌선(坐禪)에도 머무르지 않으므로, 생(生)도 없고 행(行)도 끊어졌느니라.

♣ 적멸(寂滅)은, 가히 무엇에도 머무름이 없어, 무상(無相) 성품의 불가사의 공능(功能)인 여래장(如來藏) 총지(總持)이니, 곧, 고락사(苦樂捨) 3수(三受)가 끊어져, 신구의(身口意)의 3행(三行)과 신구의계(身口意戒) 3계(三戒)가 모두 적멸하여, 청정성품 무생(無生)이므로, 머무름이 없어, 삼매(三昧)에도 들지 않고, 좌선(坐禪)에도 머무르지 않으므로, 생(生)도 없고, 행(行)도 끊어졌느니라.

□ 고(高), 대(大) 경(經)에 즉(則)이, 논(論), 속1,2(續1,2) 경(經)에는 즉(即)으로 되어 있다.

□ 고(高), 대(大) 경(經)에 삼행삼계(三行三戒)가, 논(論) 경(經)에는 등삼(等三)으로, 속1,2(續1,2) 경(經)에는 삼수등삼(三受等三)으로 되어 있다.

■ 무상총지(無相摠持)

무상총지(無相摠持)는, 여래장(如來藏)인 본성공능총지(本性功能摠持)이다. 무상(無相)은, 본성(本性) 무생(無生) 성품이 상(相)이 없음이며, 총지(摠持)는, 본성(本性) 일체공능(一切功能)의 이(理)이다. 공능(功能)은, 성품의 일체작용이다. 공능(功能)의 공(功)은, 시방 우주와 만물만상과 일체 생명과 일체 심식(心識)과 일체 유위(有爲) 무위(無爲)와 제불(諸佛)의 일체 세계인, 불가사의한 공덕총지(功德摠持) 이(理)의 능력이 바로 공(功)이며, 능(能)은, 공(功)의 불가사의한 무한 원융자재성(圓融自在性)의 작용이다. 무상(無相)과 공능(功能)의 관계는, 무상(無相)은 공능(功能)의 모습이며, 공능(功能)은 무상(無相)의 실체(實體)이다.

무상(無相)은, 상(相) 없음이니, 이는, 무생(無生)을 일컬을 뿐, 성품이 없음을 말함이 아니다. 무생(無生)인 무상(無相)이 의미가 있음은, 일체총지(一切摠持)의 성품, 공능(功能)의 작용이니, 곧, 이는, 상(相) 없는 성품, 공능(功能)의 총지성(摠持性) 때문이다. 총지성(摠持性) 공능(功能)을 일러, 곧, 자성(自性)이라고 한다. 자성(自性)의 자(自)는, 스스로 근본이며, 체(體)이다. 스스로 시종(始終) 없이 존재하므로 자(自)이며, 스스로 원만하고 충만하며, 구족하고 완전함으로 자(自)이다. 성품인 자(自)의 의미와 뜻은, 근(根), 본(本), 체(體), 연(然), 진(眞), 명(明), 주(主), 무(無), 원(圓), 만(滿), 일(一), 중(中), 원(元), 대(大), 여(如), 묘(妙), 심(心), 실(實), 공(空), 이(理), 성(性) 등의 뜻이 있다.

근(根)은 일체의 뿌리이기 때문이니 이는, 창출된 일체 만유(萬有)가 자(自)에 의한 만상(萬相)이기 때문이다. 본(本)은 일체의 바탕이기 때문이다. 체(體)는 일체가 그 성품의 작용이며 상(相)이기 때문이다. 연(然)은 본래 변함이 없어 그 모습 그대로이기 때문이다. 진(眞)

은 무엇에도 물듦 없는 청정진성(淸淨眞性)이기 때문이다. 명(明)은 밝고 밝아 비추지 아니함이 없기 때문이다. 주(主)는 대상(對相)인 객(客)이 없기 때문이다. 무(無)는 상(相)이 없으며, 어떤 잡됨이나 흠이 없기 때문이다. 원(圓)은 스스로 부족함이 없이 원만(圓滿)하기 때문이다. 만(滿)은 일체에 두루 충만하기 때문이다. 일(一)은 불이성(不二性)이며 무한 무궁(無窮)의 하나이기 때문이다. 중(中)은 변(邊)이 없기 때문이다. 원(元)은 으뜸이기 때문이다. 대(大)는 무한하기 때문이다. 여(如)는 변함이 없기 때문이다. 묘(妙)는 불가사의하고 헤아려 종잡을 수 없으며, 알 수 없기 때문이다. 심(心)은 곧, 마음이기 때문이다. 실(實)은, 일체를 창출하는 총지(總持)이기 때문이다. 공(空)은 실체(實體)가 없기 때문이다. 이(理)는, 일체가 그 성품의 섭리이기 때문이다. 성(性)은 가만있지 않고 작용하기 때문이다. 자성(自性)의 성(性)은 자(自)의 작용을 일컬음이다. 그러므로 성(性)은 곧, 공능(功能)이다. 자성(自性)은 무상(無相) 공능(功能)을 가진 성품이며, 유형무형(有形無形) 일체 것의 체성(體性)이며 본 성품이다. 곧, 이 일체가 공능(功能)의 실체를 일컬음이다. 무상(無相)이 곧, 무자성(無自性)이다. 무자성(無自性)이란 자성(自性)의 상(相)을 갖고 있지 않음이다. 만유(萬有)의 근본 그 본체(本體)는 곧, 자성(自性)이다. 자성(自性)은 곧, 무생(無生)의 결정성(結定性)이다. 그러므로 일체 부사의 공능(功能)을 행(行)한다.

◯ **126.** 선(禪)은 환란(幻亂)을 그치는데 어찌, 선(禪)도 아니라 하옵니까?

心王菩薩言 禪能攝動 定諸幻亂 云何不禪
심 왕 보 살 언 선 능 섭 동 정 제 환 란 운 하 불 선

심왕보살이 말씀 사뢰오며 여쭈옵기를, 선(禪)은, 능히 동(動)함을 다스리며, 모든[諸:五陰諸識] 환란(幻亂)을 고요하게 함이온데, 어찌하여, 선(禪)도 아니라고 하시옵니까?

♣ 심왕보살이, 말씀 사뢰오며 여쭈옵기를, 마음이 불생(不生)이면, 마

음이 항상 적멸(寂滅)하여, 무엇에도 머무름이 없어 무상(無相)의 총지(總持)이니, 모두 다 적멸(寂滅)하여 청정하므로 머무름이 없어, 삼매(三昧)에도 들지 않으며, 좌선(坐禪)에도 머무르지 않는다고 하시오니, 선(禪)은, 일체 미망(迷妄)의 망념(妄念)을 능히 다스리며, 모든 식심(識心)의 출입(出入)과 일체 5음(五陰)의 환란(幻亂)을 고요하게 함이온데, 어찌하여, 선(禪)에도 머물지 않으며, 선(禪)도 아니라고 하시옵니까?

○ **127.** 그것은 동(動)함이니, 동(動)함 없음이 무생선(無生禪)이다.

佛言 菩薩 禪即是動[大:續1,2: 禪卽是動] **不動不禪 是無生禪**
불 언 보 살 선 즉 시 동 [대:속1,2: 선즉시동] 부 동 부 선 시 무 생 선

부처님께옵서 말씀하옵기를, 보살이여! 선(禪)이 곧, 그러함은 동(動)이니라. 동(動)이 없어, 선(禪)도 없는 이것이, 무생선(無生禪)이니라.

♣ 부처님께옵서 말씀하옵기를, 보살이여! 선(禪)이 곧, 몸을 안정되게 가부좌(跏趺坐)를 하고 마음을 고요히 하거나, 마음을 다스리거나 마음을 찾거나, 마음이 선정(禪定)에 들거나 진리를 사유(思惟)하거나, 지혜를 밝히려 노력하는 등, 이것은 동(動)이니라. 선(禪)은, 고요함도 동(動)함도 없어, 선(禪)도 없는 이것이 무생선(無生禪)이니라.

□ 고(高), 논(論) 경(經)에 즉(即)이, 대(大), 속1,2(續1,2) 경(經)에는 즉(卽)으로 되어 있다.

■ 선(禪)

선(禪)은 무엇에도 의지함이 없어 몸이 앉음과 상관이 없고, 무엇을 찾으려거나 구하려거나 쉬게 하려거나 산란을 제거하려거나, 선정(禪定)에 들려거나 하는 취사(取捨)나 출입(出入)이 선심(禪心)이 아니다. 이 모든 행위는 분별에 의한 취사심(取捨心)이다. 만약, 선심(禪心)에 취사(取捨)와 분별심이 있다면 이는, 선지(禪智)인 무생본성(無生本性)에 들기 위한 유심소작(唯心所作)의 인행(因行)일 뿐, 선(禪)의 성품

은 아니다. 선(禪)의 성품은 식(識)의 출입에 의지하지 않고, 상(相)의 상념(想念)에도 의지하지 않으며, 취사(取捨)의 분별과 식(識)의 혼란과 방황이 없다. 왜냐면, 선성(禪性)이 곧, 무생(無生) 본성(本性)이기 때문이다. 본성(本性)은 결정성(結定性)이니, 출입이나 상(相) 없는 성품이므로 처소가 없어 들 수도 없고, 본성(本性)이니 잃은 것도 아니다. 다만, 출입심(出入心)이 없으면 그대로 무생선(無生禪)이다. 선심(禪心)에 이(二)가 있으면 분별이다. 선(禪)은 취사(取捨)나 분별의 미혹뿐만 아니라, 지혜상에도 머무름이 없다. 왜냐면, 선성(禪性)은 무생성(無生性)이라 일체에 걸림이 없고, 선지(禪智)는 무생각(無生覺)이라 무엇에도 의지하지 않고 두루 밝게 깨어 있는 각명(覺明)이기 때문이다. 이는, 미혹과 지혜상에도 이끌림이 없어, 항상 밝게 깨어 있는 무생심(無生心)이다. 선성(禪性)은 본성(本性)이며, 선지(禪智)는 상(相)과 식(識)에 머묾 없는 원융각명(圓融覺明)으로 무생본성(無生本性)이 두루 밝게 깨어 있음이다. 만약, 선심(禪心)에 상념(想念)이나 취사(取捨)가 있으면 이는, 이(二)가 있음이니, 이(二)는 미혹이며 분별이니 선(禪)이 아니다. 출입(出入) 없는 결정심(結定心)이면 곧, 선심(禪心)이다. 이는, 각심(覺心)으로 곧, 아뇩다라삼막삼보리심인 결정보리심(結定菩提心)이다. 이것이 무생심(無生心)이며 무생선(無生禪)이다. 이 선심(禪心)이 자성청정불이심(自性淸淨不二心)이며, 이 결정심(結定心)이 결정무한공덕총지성(結定無限功德總持性)인 불가사의 여래장심(如來藏心)이며, 무상공능(無相功能)인 일체총지심(一切總持心)이며, 여래청정결정심(如來淸淨結定心)이다. 취사(取捨)가 끊어지면, 시방(十方) 일체(一切)가 선심일여(禪心一如)이다.

○ **128.** 선(禪)의 성품을 깨달아, 동정(動靜) 없는 무생(無生)을 얻는다.

禪性無生 離生禪相 禪性無住 離住禪動
선 성 무 생 이 생 선 상 선 성 무 주 이 주 선 동

若知禪性[論: 知禪性] 無有動靜 即[大:續1,2: 卽] 得無生
약 지 선 성[논: 지선성] 무유동정 즉[대:속1,2: 즉]득 무 생

선(禪)의 성품이 무생(無生)이므로, 선(禪)의 모습이나, 생(生)함을 벗어나야, 선(禪)의 성품인, 머무름 없음이니라. 선(禪)이, 동(動)함이나 머무름을 벗어나 만약, 선(禪)의 성품을 깨달으면, 움직임[動]도, 고요함[靜]도 끊어져 곧, 무생(無生)을 얻느니라.

♣ 선(禪)의 성품은, 일체를 벗어난 무생(無生)인 본성(本性)이니, 선(禪)의 지음과 머무름의 상(相)을 벗어나면, 선(禪)의 성품인, 머무름 없음이니라. 선심(禪心)을 일으키거나 머무르는 동(動)함이 끊어져, 만약 선(禪)의 성품을 깨달으면, 선지(禪智)가 두루 밝아, 움직임[動]도 고요함[靜]도 끊어져 곧, 무생(無生)을 증득하느니라.

□ 고(高), 대(大), 속1,2(續1,2) 경(經)에 약지선성(若知禪性)이, 논(論) 경(經)에는 지선성(知禪性)으로 되어 있다.
□ 고(高), 논(論) 경(經)에 즉(卽)이, 대(大), 속1,2(續1,2) 경(經)에는 즉(卽)으로 되어 있다.

● 약지선성(若知禪性): 만약, 선(禪)의 성품을 깨달음이다. 앎인 지(知)가 유위의 분별인 지식(知識)의 앎도 있으며, 유위를 벗어난 깨달음의 지혜로 앎[知]이 있다. 지혜로 앎[知]은 유위의 분별인 지식(知識)을 벗어난 깨달음이다. 이 구절에서 선(禪)의 성품을 앎은 유위의 지식(知識)이 아니라, 유위의 분별인 지식(知識)을 벗어난 깨달음으로 앎[知]이다. 왜냐면, 지식(知識)은 유위의 분별심이니, 유위(有爲)가 끊어진 무생선(無生禪)의 성품을 알 수가 없기 때문이다.

■ 선(禪)의 성품

선(禪)의 성품은 무생(無生) 본성(本性)이다. 마음 본성(本性)을 벗어나, 따로 선(禪)이 없다. 만약, 본성(本性)을 벗어나 선(禪)이 따로 있다면, 이는 유심소작(有心所作)이니, 망견선(妄見禪)이다. 선(禪)은 곧,

본연심(本然心)이며 본연각(本然覺)이니, 무생각심(無生覺心)이며 무주청정각심(無住淸淨覺心)이다. 무생무주각행(無生無住覺行)이 선행(禪行)이며, 무생무주각심(無生無住覺心)이 선심(禪心)이며, 무생무주각성(無生無住覺性)이 선(禪)의 성품이다. 선(禪)이 창조(創造)나, 찾고 구(求)함이나, 마음 다스림이나, 분별(分別)이나, 식(識)의 지음이 아니니, 행하는 지음 속에 있으면, 이는 분별심, 망견(妄見) 속에 있음이다. 그러나 만약, 행에도 얽매임 없고, 청정 성품에도 머무름이 없으면, 선(禪)이 동(動)과 정(靜)에 이끌림도 없어 곧, 무생선(無生禪)에 들게 된다. 이는 자성선(自性禪)인 본성선(本性禪)이다. 본성(本性) 증입(證入)을 위한 인행(因行) 중이면, 무생본성(無生本性)인 근본지(根本智)가 아니어도, 이러한 부처님 말씀에 의지(依支)하면, 선(禪)의 여러 병통을 다스림에 도움이 될 수가 있다. 선(禪)의 대해(大海)에 이르는 과정 속에 있으면, 계곡물은 계곡을 따라 물소리가 그칠 순간이 없어도, 강에 이르면 소리 없는 흐름이 있으며, 바다에 이르면 과지(果地)도 끊어져, 우주와 자신이 둘이 아닌 본성(本性) 대해(大海)의 성품이 되어, 동(動)이어도 이끌림이 없고, 바람이 없어 고요하여도 고요에 머묾이 없다. 왜냐면, 취사(取捨)가 끊어져 인연 따라 흘러도 상(相)이 끊어졌기 때문이다. 바람이 불어 움직임이 거칠어도 동(動)함이 없어 연연공공(緣緣空空)이며, 바람이 그치어 고요하고 고요하여도 머묾 없고 동(動)함이 없어 연연공공(緣緣空空)이다. 연연공공(緣緣空空)이란, 인연을 따르고 인연을 따라도 공(空)하고 공(空)함이다. 이것이 무생선(無生禪) 수연각(隨緣覺)의 세계이다. 이는, 거울에 만상이 두루 비치어도, 거울은 그 만상(萬相)의 모습 동(動)과 정(靜)에 물듦 없음과도 같다. 선(禪)은, 성품의 근본(根本)에 듦이니, 근본(根本)은 시방 우주와 불이(不二)이니, 능소(能所) 없는 성품이다.

◯ **129.** 동(動)함 없는 지혜로, 무생(無生) 반야바라밀을 얻는다.

無生般若 亦不依住 心亦不動 以是智故
무 생 반 야 역 불 의 주 심 역 부 동 이 시 지 고

故得無生般若波羅蜜
고 득 무 생 반 야 바 라 밀

무생(無生) 반야(般若) 또한, 무엇에 의지하거나 머무름이 없으므로, 마음이 역시, 동(動)함이 없어, 이러한 지혜인 까닭에 그러므로, 무생(無生)인 반야바라밀(般若波羅蜜)을 얻느니라.

♣ 무생(無生) 지혜인 반야(般若) 또한, 선(禪)이나, 고요함이나, 무생(無生)이나, 지혜나, 법(法)이나, 깨달음이나 그 무엇에도 의지하거나 머무름이 없으므로, 역시, 마음이 무엇에도 동(動)함이 없어, 어디에도 의지함이 없는, 이와 같은 무생(無生) 지혜인 까닭에, 그러므로, 무생(無生) 성품인 반야바라밀(般若波羅蜜)을 얻느니라.

■ 무생반야바라밀(無生般若波羅蜜)

무생(無生) 반야바라밀(般若波羅蜜)이다. 무생(無生)이 반야바라밀(般若波羅蜜)이고, 반야바라밀(般若波羅蜜)이 무생(無生)이다. 무생심(無生心)이 반야(般若)이며, 바라밀(波羅蜜)이 무생심(無生心)이다. 무생본성(無生本性)을 벗어난 반야(般若)가 없고, 무생본성(無生本性)을 벗어난 바라밀(波羅蜜)이 없다. 반야(般若)와 바라밀(波羅蜜)에는 대(對)가 끊어졌으니, 대(對) 없어 상(相) 없는 지혜작용이 반야(般若)이며, 대(對) 없어 상(相) 없는 마음 성품이 바라밀(波羅蜜)이다. 반야(般若)는 머묾 없는 마음 무주심(無住心)이며, 바라밀(波羅蜜)은 생(生)함 없는 마음 무생심(無生心)이다. 상(相) 없는 무주심(無住心)이 반야(般若)이며, 취사(取捨)와 동정(動靜) 없는 청정성품 무생심(無生心)이 바라밀(波羅蜜)이다. 무생(無生)과 반야(般若)와 바라밀(波羅蜜)이 한 성품이니, 서로 다르거나 떨어져 있는 것이 아니다. 무생(無生)의 마음을 행하면 반야

(般若)이며, 머묾 없는 무생심(無生心)이 바라밀(波羅蜜)이다. 무생(無生)에는 체(體)와 용(用)이 둘 다 끊어져, 반야(般若)와 바라밀(波羅蜜)이 따로 있지 않다. 무생(無生) 그 자체가 반야(般若)이며, 바라밀(波羅蜜)이다. 무생반야바라밀(無生般若波羅蜜)은 무생(無生)이 곧, 반야바라밀(般若波羅蜜)이다. 유위심(有爲心)은 능소(能所)의 출입(出入)과 취사(取捨)의 차별 속에 있으므로, 벗어나야 할 유위심(有爲心)인 이곳이 있고, 가야 할 저곳 무생심(無生心)이 있다. 무생(無生)이면, 이곳이 없어, 저곳도 없다. 반야(般若)에는 대(對)가 끊어져, 벗어날 곳도 벗어난 곳도 없어, 무생(無生)이며, 반야(般若)이다. 이는, 능소(能所)의 분별과 취사(取捨)가 끊어진, 결정성(結定性)인 마음이다.

○ **130.** 무생(無生) 반야(般若)는, 일체처(一切處)에 머무름이 없사옵니다.

心王菩薩言 尊者 無生般若 於一切處無住 於一切處無離
심 왕 보 살 언 존 자 무 생 반 야 어 일 체 처 무 주 어 일 체 처 무 리
心無住處 無處住心
심 무 주 처 무 처 주 심

심왕보살이 말씀 사뢰옵기를, 세존이시여! 무생(無生) 반야(般若)는, 일체처(一切處)에 머묾이 끊어져, 일체처(一切處)를 벗어남도 없고, 마음이 머무른 곳도 없어, 어느 곳에 머무를 마음도 끊어졌사옵니다.

♣ 심왕보살이 말씀 사뢰옵기를, 세존이시여! 무생(無生) 반야(般若)는, 본래 무생(無生) 본성(本性)을 벗어나지 않으므로, 일체 상(相)과 일체 법(法)과 일체 지혜에도 머묾이 없어, 마음이 일어나지 않으므로 일체처(一切處)를 벗어남도 없고, 일체(一切)가 무생(無生)이므로 마음이 머무른 곳도 없어, 어느 곳에 머무를 마음도 끊어져 없사옵니다.

○ **131.** 머무른 마음도 없어, 생(生)함도 머무름도 없사옵니다.

無住無心 心無生住 如此住心 即[大:續1,2: 卽]**無生住**
무 주 무 심 심 무 생 주 여 차 주 심 즉 [대:속1,2: 즉] 무 생 주

머무름도 끊어지고, 마음[受想行識]도 없으니, 마음을 일으키거나 머묾도 없사옵니다. 이렇게 머무른 마음, 여(如)이니 곧, 생(生)도, 머무름도 없사옵니다.

♣ 무생(無生) 반야(般若)는 머무름도 끊어지고, 머무름이 끊어진 마음도 없으니, 마음을 일으키거나 머묾도 없사옵니다. 이렇게 무생(無生) 성품에 머무른 여(如)의 마음인 곧, 무생반야(無生般若)는, 무생심(無生心)을 일으키거나 머무름이 없사옵니다.

☐ 고(高), 논(論) 경(經)에 즉(卽)이, 대(大), 속1,2(續1,2) 경(經)에는 즉(卽)으로 되어 있다.

● 위의 구절은, 무생(無生) 대공적멸(大空寂滅)의 무생심(無生心)이다. 유위심(有爲心)으로 헤아리면, 텅 빈 허공처럼 생각할 수도 있다. 이는, 유위(有爲)의 분별심이다. 자아(自我)가 있으니 대상(對相)인 텅 빈 상(相)을 일으킨다. 대공적멸(大空寂滅)에는, 충만하여 찬 것도 없고, 텅 빈 허공도 없다. 만약, 대공적멸(大空寂滅)이 있음은, 이것은 분별이니, 공능(功能)도 끊어진, 텅 빈 대공적멸상(大空寂滅相)이다. 대공적멸(大空寂滅)은 그 모습을 찾을 수가 없다. 곧, 무생실제(無生實際)이니, 무생선(無生禪)인 무생반야(無生般若)의 성품이다.

◯ **132.** 생(生)도 행(行)도 없는 불가사의라, 설(說)할 수 없사옵니다.

尊者 心無生住[論:續1,2: 心無生行] **不可思議 不思議中**
존 자 심 무 생 주 [논:속1,2: 심무생행] 불 가 사 의 부 사 의 중

可不可說
가 불 가 설

세존이시여! 마음이, 생(生)하거나 머묾이 끊어져, 불가사의이오며, 생각하거나, 논의(論議)할 수 없는 것은 가히, 설할 수가 없사옵니다.

♣ 세존이시여! 마음이 일어나거나 머무름이 없음은, 어떤 사량과 분별로도 알 수가 없고, 어떤 지혜로 측량하여도 헤아려 알 수 없는 불

가사의이옵니다. 이 불생(不生) 성품의 마음 부사의함은, 가히, 어떻게 설할 수가 없사옵니다.

□ 고(高), 대(大) 경(經)에 심무생주(心無生住)가, 논(論), 속1,2(續1,2) 경(經)에는 심무생행(心無生行)으로 되어 있다.

◯ 133. 불가사의(不可思議)하여, 설(說)할 수 없느니라.

佛言 如是如是
불언 여시여시

부처님께옵서 말씀하옵기를, 그렇고, 그러하니라.

♣ 부처님께옵서 말씀옵기를, 그와 같고, 그와 같으니라. 무생(無生)의 마음은 불가사의하여, 그 부사의를 가히, 설할 수 없느니라.

◯ 134. 미증유(未曾有)라 찬탄하며, 게송을 올리었다.

心王菩薩 聞如是言 歎未曾有 而說偈言
심왕보살 문여시언 탄미증유 이설게언

심왕보살이 이와 같은 말씀을 들으며, 지금까지 없었든 일이라 찬탄하며, 게송을 올리었다.

♣ 심왕보살이, 무생선(無生禪) 반야바라밀(般若波羅蜜)의 선성무생(禪性無生)과 선성무주(禪性無住)와 선성무동(禪性無動)과 선심청정(禪心清淨)과 동정부동(動靜不動)의 무생반야선(無生般若禪)에 대해, 이와 같은 말씀을 듣고, 지금까지 없었든 일이라 찬탄하며, 게송을 올리었다.

◯ 135. 설(說)하지 않은 무생법(無生法)을, 이제야 설(說)하시옵니다.

滿足大智尊 廣說無生法 聞所未曾聞 未說而今說
만족대지존 광설무생법 문소미증문 미설이금설

대 지혜가 무한 충만으로 구족하신 세존이시여!
광범위하게 자세히, 무생법(無生法)을 설하여 주옵시니

지금까지, 듣지 못한 것을 듣게 되었사오며
아직, 설(說)하지 않은 것을, 이제야 설(說)하시옵니다.

♣ 불가사의 대지혜가 무한 충만하여 구족하신 세존이시여!
세존 없는 그 세상 중생까지 구제하시고자 자세히 설하옵시니
지금껏 듣지 못한 무생반야선법(無生般若禪法)을 들었사오며
아직, 설하지 않은 무생반야의 이치를, 이제야 설하시옵니다.

○ **136.** 미묘한 감로법(甘露法), 만나기도 뜻을 알기도 어렵사옵니다.

猶如淨甘露 時時乃一出 難遇難思議 聞者亦復難
유 여 정 감 로　시 시 내 일 출　난 우 난 사 의　문 자 역 부 난

마치, 미묘한 지혜의 청정 감로(甘露)와 같아서
때[時]가 되고, 때[時]가 되어야만 한번 나오듯
만나기도 어렵고, 뜻이 깊어 헤아리기도 어려우니
듣는 자 역시 또한, 깊고 심오한 뜻 알기가 어렵사옵니다.

♣ 마치, 미묘한 지혜의 위 없는 청정한 감로(甘露)와 같아서
때[時]가 되고, 때[時]가 되어야만 인연이 닿아 한번 나오듯
만나기도 어렵고, 뜻이 깊어, 부사의하여 헤아리기도 어려우니
듣는 자 역시 또한, 깊고, 심오한 뜻 헤아리기 어렵사옵니다.

○ **137.** 위 없는 복전(福田)이며, 최상(最上) 영묘(靈妙)한 약(藥)이옵니다.

無上良福田 最[論:大:續1,2: 最]**上勝妙藥 爲度衆生故**
무 상 양 복 전　최 [논:대:속1,2: 최] 상 승 묘 약　위 도 중 생 고

而今爲宣說[大: 而今說宣說]
이 금 위 선 설 [대: 이금설선설]

위 없는, 으뜸의 한량없는 복전(福田)이며
최상(最上)의 수승한, 영묘(靈妙)한 약(藥)이오니
중생들을 구제하시려는 무한 대비(大悲)의 연유로

이제야, 베푸시며, 설(說)하여 주시옵니다.

♣ 중생을 위한, 한량없는 최상 법의 무상(無上) 복전(福田)이며
일체 고통과 무명을 벗는, 위 없는 수승한 영묘한 약(藥)이오니
여래 없는, 그 세상 중생까지 연민하는, 무한 대비심의 연유로
이제야, 무생(無生) 반야선(般若禪) 바라밀법을 베풀어 주시옵니다.

□ 고(高) 경(經)에 최(冣)가, 논(論), 대(大), 속1,2(續1,2) 경(經)에는 최(最)로
되어 있다.
□ 고(高), 논(論), 속1,2(續1,2) 경(經)에 이금위선설(而今爲宣說)이, 대(大) 경
(經)에는 이금설선설(而今說宣說)로 되어 있다.

○ 138. 설(說)하심을 듣고, 대중이 무생(無生) 반야(般若)를 이루었다.

爾時 衆中 聞說此已 皆得無生 無生般若
이 시 중 중 문 설 차 이 개 득 무 생 무 생 반 야

이때 대중들이, 이 설하심을 듣고, 다 무생(無生)을 얻어, 무생(無生) 반야(般若)를 이루었다.

♣ 이때 대중들이, 무생(無生) 반야바라밀법을 설하심을 듣고, 무생선(無生禪)의 성품에 들어, 다 무생(無生) 결정성(結定性)을 얻어, 무생(無生) 반야(般若)를 이루었다.

金剛三昧經 本覺利品 第四
금강삼매경 본각리품 제사

○**139.** 무주보살이 청정경지에 들어, 심신부동(心身不動)이었다.

爾時 無住菩薩 聞佛所說 一味眞實 不可思議 從遠近來
이시 무주보살 문불소설 일미진실 불가사의 종원근래

親如來座 專念諦聽 入淸白處 身心不動
친여래좌 전념체청 입청백처 신심부동

**이때 무주보살이, 부처님께옵서 설하시는 바를 듣고, 일미(一味) 진실
(眞實)이, 불가사의하여, 멀리에서 일어나 근처에 와서, 여래(如來)의 자
리 가까이 앉아, 자세히 살펴 듣기를 오직 전념하니, 일체가, 청백(淸
白)한 경지에 들어, 심신(心身)이 부동(不動)이었다.**

♣ 이때 무주보살이, 부처님께옵서 설하시는바, 일체 지혜의 차별이
끊어진, 일미(一味)의 진실을 듣고, 불가사의하여, 멀리에서 일어나 부
처님 근처에 와서, 여래(如來)의 자리 가까이에 앉아, 자세히 살펴 듣
기를 오직 전념하니, 초연히, 일체 식(識)의 출입인 5음(五陰)과 3계(三
界)를 벗어나, 일체 청정한 맑은 경지에 이르니, 4대(四大)의 몸과 제
식(諸識)이 불생(不生)이라, 심신(心身)이 청정하여, 부동(不動)이었다.

○**140.** 어디에서 왔으며, 지금 어디에 이르렀는가?

爾時 佛告無住菩薩言 汝從何來 今至何所
이시 불고무주보살언 여종하래 금지하소

이때 부처님께옵서, 무주보살에게 말씀하옵기를, 그대는 어디에서 왔으며, 지금 어디에 이르렀는가?

♣ 이때 부처님께옵서, 무주보살의 청정경계를 보며 말씀하옵기를, 그대는 어디에서 왔으며, 지금 어디에 이르렀는가?

○141. 근본(根本) 없음에서 와, 근본(根本) 없음에 이르렀사옵니다.

無住菩薩言 尊者 我從無本來 今至無本所
무 주 보 살 언 존 자 아 종 무 본 래 금 지 무 본 소

무주보살이 말씀 사뢰옵기를, 세존이시여! 저는, 근본(根本) 없음에서 왔으며, 지금, 근본(根本) 없음에 이르렀사옵니다.

♣ 무주보살이 제식(諸識)이 끊어져, 심신(心身)이 부동(不動)인 청정경계(清淨境界)에 들어 말씀 사뢰옵기를, 세존이시여! 저는 근본(根本) 없음에서 왔으며, 지금, 근본(根本) 없음에 이르렀사옵니다.

○142. 본래(本來) 온 것도 아니며, 이른 곳도 없다.

佛言 汝本不從來 今本不至所[論:續1,2: 今亦不至所]
불 언 여 본 부 종 래 금 본 부 지 소 [논:속1,2: 금역부지소]

汝得本利 不可思議 是大菩薩摩訶薩
여 득 본 리 불 가 사 의 시 대 보 살 마 하 살

부처님께옵서 말씀하옵기를, 그대는, 본래 온 것도 아니며, 지금, 근본(根本)에 이른 것도 아니니라. 그대가 듦[得]이, 본성(本性) 실제[利:實際]의 불가사의이니, 이제, 대보살마하살이니라.

♣ 부처님께옵서 말씀하옵기를, 그대는, 근본(根本) 없는 청정 무생(無生)의 성품에 듦이니, 본래 온 것도 없으며, 지금 무엇에 이른 것도 없느니라. 그대가 듦[得]이, 본성(本性) 무생(無生) 실제[利:實際] 공능(功能)의 불가사의이니, 이제, 대보살마하살이니라.

□ 고(高), 대(大) 경(經)에 금본부지소(今本不至所)가, 논(論), 속1,2(續1,2) 경

(經)에는 금역부지소(今亦不至所)로 되어 있다.

● 출입(出入)과 일체상(一切相)이 끊어진 결정성, 무생공능(無生功能)의 실제(實際)에 듦이다.

○143. 광명(光明)을 대천(大千)세계에 두루 비추시며, 게송을 설하셨다.
卽[大:續1,2: 卽]放大光 遍照千界[論:續1,2: 遍照大千界] 而說偈言
즉[대:속1,2: 즉]방 대 광 변 조 천 계[논:속1,2: 변조대천계] 이 설 게 언

곧, 큰 광명을 놓아, 대천세계(大千世界)를 두루 비추시며, 게송을 설하셨다.

♣ 곧, 불가사의 지혜의 대광명(大光明)을, 시방 대천세계(大千世界)를 두루, 원융하게 걸림 없이 비추시며, 게송을 설하셨다.

□ 고(高), 논(論) 경(經)에 즉(卽)이, 대(大), 속1,2(續1,2) 경(經)에는 즉(卽)으로 되어 있다.
□ 고(高), 대(大) 경(經)에 변조천계(遍照千界)가, 논(論), 속1,2(續1,2) 경(經)에는 변조대천계(遍照大千界)로 되어 있다.

○144. 보살(菩薩)이여, 지혜가 원만(圓滿)하고 구족(具足)하구나.
大哉菩薩 智慧滿足
대 재 보 살 지 혜 만 족

훌륭하도다. 보살이여!
지혜가, 원만(圓滿)하고 구족(具足)하구나.

♣ 불가사의 공능(功能)을 성취함이니 훌륭하도다. 보살마하살이여!
무생(無生)의 결정성에 들어, 지혜가, 청정하고 원만하며 구족하구나.

○145. 본성(本性)으로, 중생(衆生)을 이익(利益)되게 해야 한다.
常以本利 利益衆生
상 이 본 리 이 익 중 생

항상, 본성(本性) 실제[利:實際]로써
중생을, 이익(利益)되게 해야하느니라.

♣ 항상, 본성 실제[利:實際] 청정 무생공능(無生功能)의 성품으로
중생을, 식(識)의 출입 없는 무생으로 이끌어, 이롭게 해야 하느니라.

○146. 본성(本性) 성품에 머물러, 불퇴전(不退轉)하게 해야 한다.

於四威儀 常住本利 導諸群庶[續2: 導諸羣庶]
어 사 위 의 상 주 본 리 도 제 군 서 [속2: 도제군서]
不來不去[論: 不來去去]
불 래 불 거 [논: 불래거거]

행주좌와(行住坐臥) 4위의(四威儀)에서
항상, 본성(本性) 실제[利:實際]에 머물러
여러, 모든 중생들을 인도(引導)하여
불래[不來: 오고 감이 없는 성품 공능의 이로움]**에서**
불거[不去: 물러남이 없도록]**해야 하느니라.**

♣ 행주좌와 청정지혜 4위의(四威儀)의 일상사(日常事)에
항상, 본성 공능, 무생(無生) 실제[利:實際]인 결정성에 머물러
여러 차별 근기(根機)의 모든 중생들을, 무생 청정지혜로 인도하여
제식(諸識)의 출입과 생멸이 끊어진, 무생 성품 반야(般若)에서
상(相)에 머물거나, 상심을 일으켜, 물러남이 없도록 해야 하느니라.

□ 고(高), 논(論), 대(大), 속1(續1) 경(經)에 도제군서(導諸群庶)가, 속2(續2) 경
(經)에는 도제군서(導諸羣庶)로 되어 있다.
□ 고(高), 대(大), 속1,2(續1,2) 경(經)에 불래불거(不來不去)가, 논(論) 경(經)에
는 불래거거(不來去去)로 되어 있다.

□ 논경구(論經句)
불래거거(不來去去): 오고 감이 아닌 성품[不來]에 이르고[去] 이르도
록[去] 해야 하느니라. 고려장경에 불래불거(不來不去)나, 논경구 불래

거거(不來去去)나 뜻은 차별이 없다.

● 생(生)이 있으면 멸(滅)이 있으며, 멸(滅)이 있음은 생(生)이 있기 때문이다. 생(生)이 없음은 멸(滅)이 없음이며, 멸(滅)이 없음은 생(生)이 없기 때문이다. 옴이 있으면 감이 있으며, 감이 있음은 옴이 있기 때문이다. 옴이 없음은 감이 없음이며, 감이 없음은 옴이 없기 때문이다. 래(來)가 끊어지면 거(去)가 끊어지며, 거(去)가 끊어짐은 래(來)도 끊어진다. 이는, 서로 따로 존재할 수 없는, 모습이다.

○ 147. 어떤 전변(轉變)으로, 중생식(衆生識)이 암마라에 들게 되옵니까?

爾時 無住菩薩 而白佛言 尊者 以何利轉
이 시 무 주 보 살 이 백 불 언 존 자 이 하 이 전
而轉衆生一切情識 入庵摩羅 [論:續1,2: 入唵摩羅]
이 전 중 생 일 체 정 식 입 암 마 라 [논:속1,2: 입암마라]

이때 무주보살이 부처님께 말씀 사뢰오며 여쭈옵기를, 세존이시여! 어떤 성품[利:功能]으로 전변(轉變)하여, 중생의 일체 정식(情識)이 변화하여, 암마라(庵摩羅)에 들게 되옵니까?

♣ 이때 무주보살이, 부처님께 말씀 사뢰오며 여쭈옵기를, 세존이시여! 어떤 성품으로 전변(轉變)하여, 중생의 미혹(迷惑)인, 안[能]과 밖[所]의 분별을 탐착하여 취사(取捨)하는, 일체 정식(情識)이 변화하여, 본성의 무생(無生) 청정한 암마라에 들게 되옵니까?

□ 고(高), 대(大) 경(經)에 입암마라(入庵摩羅)가, 논(論) 속1,2(續1,2) 경(經)에는 입암마라(入唵摩羅)로 되어 있다.

● **암마라(菴摩羅):** 청정 본성(本性)이다. 능소(能所)도 취사(取捨)도 없는 근본 성품이다. 제식(諸識)을 벗어나야, 이 청정 본 성품에 들게 된다.

■ **전변(轉變)**

식(識)의 변화로, 다른 차원의 식(識)이나, 지혜성품으로 바뀜을, 식

(識)의 전변(轉變)이라고 한다. 소승(小乘)의 지혜성품이 끊어져 전변하여 대승(大乘)이 되고, 대승(大乘)의 지혜성품이 끊어져 전변하여 일승(一乘)이 되고, 일승(一乘)의 지혜성품이 끊어져 전변하여 일불승(一佛乘)이 되고, 일불승(一佛乘)의 지혜성품이 끊어져 전변하여 불승(佛乘)이 되고, 불승(佛乘)의 지혜성품이 끊어져 전변하여 불(佛)이 되는 것이, 식(識)의 전변 상승행(上昇行)이다. 머묾의 식(識)이 끊어져 전변하지 않으면, 그 식(識)의 세계를 벗어날 수가 없어, 그 식(識)의 세계에 머무를 수밖에 없다. 수행을 하고, 깨달음을 구하는 그 자체가, 현재에 머물러 있는 식(識)의 전변(轉變) 상승(上昇)을 위한 인행(因行)이다. 전변(轉變)은 곧, 식(識)이 끊어져 변화하여 바뀜이니, 식(識)이 바뀌면, 식(識)의 차원이 변하여 달라지므로, 자신이 머물렀던 식(識)의 세계를 타파하여 벗어나게 된다. 식(識)의 전변에 대한 지혜가 없으면, 지금의 식(識)이 바뀌지 않고, 깨달음이 이루어지는 것으로 생각할 수도 있다. 식(識)이 전변(轉變)하지 않으면, 자신이 머물러 있는 식(識)의 세계를 타파하여 벗어나지 못한다. 깨달음은 반드시, 식(識)의 전변(轉變)을 통해 이루어진다. 그러므로 현재 머묾의 식(識)의 성품을 벗어나, 전변(轉變)한 식(識)의 차원 지혜성품에 들게 된다.

○ **148.** 일각(一覺)으로, 제식(諸識)을 전변(轉變)하여 암마라에 들게 한다.

佛言 諸佛如來 常以一覺 而轉諸識[續1: 以轉諸識]
불언 제불여래 상이일각 이전제식 [속1: 이전제식]
入庵摩羅[論:續1,2: 入唵摩羅]
입암마라[논: 속1,2: 입암마라]

부처님께옵서 말씀하옵기를, 제불(諸佛) 여래(如來)는, 항상, 일각[一覺: 本覺]으로 모든 식(識)을 전변하여, 암마라에 들게 하느니라.

♣ 부처님께옵서 말씀하옵기를, 제불(諸佛) 여래(如來)는, 항상 본각(本覺)인 일각(一覺)으로, 모든 능소(能所)의 일체 분별식을 전변하여,

청정 본각(本覺)의 성품인, 암마라(菴摩羅)에 들게 하느니라.

□ 고(高), 논(論), 대(大), 속2(續2) 경(經)에 이전제식(而轉諸識)이, 속1(續1) 경(經)에는 이전제식(以轉諸識)으로 되어 있다.

□ 고(高), 대(大) 경(經)에 입암마라(入庵摩羅)가, 논(論) 속1,2(續1,2) 경(經)에는 입암마라(入唵摩羅)로 되어 있다.

● 위의 말씀은, 모든 부처님께서는, 일체중생을 본성(本性)의 성품으로 구제하시어, 본성(本性)에 들게 한다는 뜻이다.

■ 일각(一覺)

본각(本覺), 일각(一覺), 암마라(菴摩羅)는 동일성품이며, 본성(本性)의 성품이다. 본성(本性)의 성품을 본각(本覺)이라고 함은, 본각(本覺)의 성품은 본래의 성품으로 항상 두루 밝게 깨어있기 때문이다. 본성(本性)의 성품을 일각(一覺)이라고 함은, 본성(本性)의 성품은 일체 분별이 끊어져, 차별 없는 원융한 밝은 한 성품이므로 일각(一覺)이라고 한다. 본성(本性)의 성품을 암마라(菴摩羅)라고 함은, 암마라는 청정(淸淨)의 뜻이니, 본(本) 성품은 무생(無生)의 성품이므로, 일체 식(識)의 능소(能所)의 분별과 식(識)의 출입과 상(相)의 취사(取捨)가 없으므로, 그 성품이 본래 청정(淸淨)하여 암마라(菴摩羅)라고 한다. 일체는 한 성품일 뿐, 두 성품이 없으니, 만약, 깨달음을 얻어 본성(本性)에 들면, 본각(本覺)인 일각(一覺) 암마라(菴摩羅)의 성품에 들어, 본각(本覺)인 일각(一覺)의 암마라(菴摩羅) 성품의 공능행(功能行)을 하게 된다. 이것이 여래장(如來藏)세계이다.

여래장(如來藏)과 본성(本性)과 본각(本覺)과 일각(一覺)과 암마라(菴摩羅)가 다르지 않다. 여래(如來)의 일체 공덕장(功德藏)의 성품이므로 여래장(如來藏)이라 하며, 본래의 성품이므로 본성(本性)이라 하며, 본래 성품이 두루 밝아 깨어 있으므로 본각(本覺)이라 하며, 본래 성품이 두루 밝은 둘 없는 한 성품이므로 일각(一覺)이라 하며, 본래 성품이 청정하여 물듦 없는 성품이므로 암마라(菴摩羅)라고 한다.

본성(本性)과 본각(本覺)과 일각(一覺)과 암마라(菴摩羅)가 곧, 여래장(如來藏) 한 성품이다. 그러므로 완전한 깨달음에 들면, 바로 여래장행(如來藏行)에 들게 된다. 중생은 일체 행(行)이 능소심(能所心)에 의한 분별의 제식행(諸識行)이다. 중생의 제식(諸識)이 전변하여 여래장(如來藏)에 들면, 바로, 본성(本性)과 본각(本覺)과 일각(一覺)과 암마라(菴摩羅)가 한 성품인 여래장(如來藏) 성품의 행(行)을 하게 된다. 이것이 일체 식(識)을 벗어난 적멸심(寂滅心)이며, 전후(前後)가 끊어져, 전후(前後) 없는 무생심(無生心)이다.

경(經) 중에, 간격(間隔)이 없다는 말씀이 나온다. 대(對)가 없음이 간격(間隔)이 없음이며, 간격이 없으면, 내외(內外)와 능소(能所)의 대(對)가 끊어져 식(識)의 출입도 끊어지고, 분별할 안과 밖의 능소(能所)도 끊어지며, 분별이 끊어져 취사(取捨)도 끊어지게 된다.

일체 분별의 식(識)은, 간격이 있는 대(對)로부터 일어나게 된다. 대(對)로 인하여 내외가 형성되고, 내외는 출입(出入)의 식(識)을 발생하며, 출입(出入)은 능소(能所)의 경계가 일어나고, 능소(能所)는 자타(自他)의 분별세계를 생성한다. 그러므로, 자타(自他)는 취사(取捨)의 법(法)을 발생하여, 시방(十方)의 색성향미촉법의 세계를 형성하여, 취사(取捨)의 욕계(欲界)를 구축하게 된다.

간격(間隔)이 없어 대(對)가 끊어지면, 바로 적멸심(寂滅心)인 무생(無生)에 들게 된다. 이 세계가 여래장(如來藏) 성품인 본성(本性), 일각(一覺), 암마라(菴摩羅)의 성품이다. 이 과정에서, 대(對)가 끊어지는 지혜의 차별차원에 따라, 무위(無爲)의 차별차원 지혜성품에 들어, 완전한 지혜를 위해 더욱 지혜를 밝히는 과정이 있으니, 그것이 무위지혜(無爲智慧)의 보살행이다. 깨달음의 각성(覺性) 지혜성품이, 색성향미촉법의 상(相)이 공(空)하여, 6식(六識)이 끊어진 지혜이면 대승(大乘)이며, 7식(七識)이 끊어진 이사무애지(理事無礙智)인 청정무염진여지(淸淨無染眞如智)이면 일승(一乘)이며, 8식(八識) 출입식(出入識)이 끊어진 사사원융지(事事圓融智)인 대원경지(大圓鏡智)이면 일불승(一佛乘)이며, 8식(八識) 함장식(含藏識)이 끊어진 적멸열반부동지(寂滅涅槃不動智)이면 불승(佛乘)이며, 일체 무위식(無爲識)이 끊어져, 파괴됨이 없는 결정성(結定性)에 들면, 바로 무생인(無生印)에 증입한 불각(佛覺)이다. 이는 곧, 무생(無生) 결정일각(結定一覺)이니 곧, 제불(諸佛)의 성품 여래결정성(如來結定性)이며, 여래결정각(如來結定覺)이다.

◯ **149.** 중생의 본각(本覺)인 일각으로, 공적무생(空寂無生)이게 한다.

何以故 一切衆生本覺 常以一覺 覺諸衆生 令彼衆生
하 이 고 일 체 중 생 본 각 상 이 일 각 각 제 중 생 영 피 중 생
皆得本覺 覺諸情識 空寂無生
개 득 본 각 각 제 정 식 공 적 무 생

무엇 때문이냐면, 일체중생의 본각(本覺)이기 때문이니라. 항상, 일각(一覺)으로써, 모든 중생을 깨닫게 하며, 저 중생으로 하여금, 모두 본각(本覺)을 얻게 함으로, 모든 정식(情識)의 성품을 깨달아, 공적(空寂)하여 무생(無生)이니라.

♣ 제불(諸佛) 여래(如來)는, 항상 일각(一覺)으로 모든 식(識)을 전변하여, 암마라(菴摩羅)에 들게 하는 까닭은 무엇 때문이냐면, 일각(一覺)이, 일체중생의 본각(本覺)이기 때문이니라. 항상 본각(本覺)인 일각(一覺)으로써, 모든 중생을 깨닫게 하며, 저 중생으로 하여금, 모두 본각(本覺)인 본성(本性)의 성품을 얻게 함으로, 모든 정식(情識)의 성품인 실상(實相)을 깨달아, 일체정식(一切情識)이 공적(空寂)하여, 무생(無生)이니라.

● **각제정식(覺諸情識):** 모든 정식(情識)의 성품, 실상(實相)을 깨닫는다. 이 뜻은, 모든 정식(情識)이 생멸 없는, 무생(無生)의 성품임을 깨달음이다. 만약, 정식(情識)의 성품 실상(實相)이, 무생(無生)의 성품이

아니면, 본각(本覺)인 일각(一覺)으로 전변하여, 공적무생(空寂無生)이게 할 수가 없다. 본래 일체 정식(情識)이 바로, 무생(無生)의 성품이므로, 일체 정식(情識)이 소멸한 전변(轉變)으로, 공적무생(空寂無生)의 일각(一覺)인 본각(本覺)에 들게 함이다.

● **정식(情識):** 중생(衆生)의 일체(一切) 심식(心識)이다. 정식(情識)은, 정(情)은 머묾[住]이며, 식(識)은 분별(分別)이니, 정식(情識)은 취사(取捨)와 분별(分別)의 일체(一切) 능소(能所)와 출입(出入)의 제식(諸識)이다.

● 해탈법(解脫法)이 내 마음을 벗어나 따로 부처에게나, 경전(經典)에나, 아니면, 지혜 밝은 선지식(善知識)에게 있는 것이 아니다. 그러므로, 바로 자기 마음 본성(本性)을 수순하도록 하는 것이다. 그러나 수순하고자 하여도, 본성(本性)을 모르니, 일체 머묾의 상(相)과 식(識)이 무생(無生)임을 깨달은 실상(實相)의 지혜를 발(發)하게 하여, 일체 상(相)과 식(識)이 끊어져, 일체 식(識)을 벗어나 본성(本性)을 깨닫도록 할 뿐이다. 중생의 성품이 바로 본각(本覺)이며, 일체 만상(萬相)이 본각(本覺)을 벗어난 것은 한 티끌도 없다. 일체가 본각(本覺)이다. 그러므로 본각(本覺)에 들면, 일체상(一切相)이 대(對)가 끊어진 본각(本覺)의 세계이니, 자타(自他)와 내외(內外)의 일체가 끊어져, 일체가 본각(本覺) 뿐, 그 외는 일물(一物)도 없다. 그러므로 불이(不二)이며, 결정성(結定性), 인(印)의 성품이다. 곧, 불생(不生)이며, 무생처(無生處)이다.

● 상(相)을 봄이, 중생과 보살과 부처가 다르다. 중생은 능소(能所)의 대(對)가 있어, 유위상(有爲相)으로 안과 밖, 자타를 분별한다. 보살은 대(對)가 없어 공(空)인 무위상(無爲相)으로 능소(能所)의 안과 밖, 자타가 없다. 부처는 대(對)가 없는 공(空) 그것도 끊어져 곧, 일체(一切)가 무생(無生) 결정성(結定性)이니, 일체가 끊어져, 끊어진 그 자체도 없다. 왜냐면, 유심(有心)도, 공심(空心)도 없는 청정본연(淸淨本然) 무연중절대성(無然中絕對性)인, 무생(無生) 결정성(結定性)이기 때문이다.

◯ **150.** 결정(結定) 본성(本性)은, 본래(本來) 동(動)함이 없느니라.

何以故 決定本性 本無有動
하 이 고 결 정 본 성 본 무 유 동

무엇 때문이냐면, 결정 본성은, 본래 동(動)함이 없기 때문이니라.

♣ 모든 중생으로 하여금, 모두 일각(一覺)의 본성(本性)을 얻게 함은 무엇 때문이냐면, 일체(一切) 상(相), 식(識), 심(心), 각(覺), 성(性)의 본성(本性)이 무생(無生)이며, 부동(不動) 결정성(結定性)인 본성(本性)이므로, 동(動)함 없는 무생일각(無生一覺)의 성품이기 때문이니라.

◯ **151.** 8종식(八種識)이 일어남이니, 어찌 동(動)함이 아니옵니까?

無住菩薩言 可一八識 [續1,2: 可一切識] 皆緣境起 如何不動
무 주 보 살 언 가 일 팔 식 [속1,2: 가일체식] 개 연 경 기 여 하 부 동

무주보살이 말씀 사뢰오며 여쭈옵기를, 가히, 일체(一切) 8종식(八種識)이, 다 인연(因緣)의 경계로 일어남이오니, 어찌하여, 동(動)함이 아니라고 하시옵니까?

♣ 무주보살이, 말씀 사뢰오며 여쭈옵기를, 능소(能所) 출입의 생멸상(生滅相)인 일체(一切) 8종식(八種識)이, 다 인연의 경계를 좇아 일어남이오니, 어찌하여, 동(動)함이 아니라고 하시옵니까?

□ 고(高), 논(論), 대(大) 경(經)에 가일팔식(可一八識)이, 속1,2(續1,2) 경(經)에는 가일체식(可一切識)으로 되어 있다.

■ 8종식(八種識)

8종식(八種識)은 일체 식(識)이다. 이는, 6근(六根) 수(受)와 안이비설신의식(眼耳鼻舌身意識)인 6식(六識)과 7식(七識)인 자아식(自我識)과 8식(八識)인 출입식(出入識)과 함장식(含藏識)이다.

6근(六根)은, 눈귀코혀몸뜻으로 색성향미촉법(色聲香味觸法)을 받아들이는, 수(受)의 식(識)이다. 이는 5음(五陰)인, 색수상행식(色受想行識)

중에 외부의 6경(六境)인, 색성향미촉법(色聲香味觸法)을 받아들이는 수(受)에 해당한다.

6식(六識)인 의식(意識)은, 외부로부터 받아들인 것을 인식(認識)한, 상(相)의 식(識)이다. 이것은 5음(五陰) 중에 상(想)에 해당한다. 왜냐면, 6식(六識)은, 외부로부터 받아들인 색성향미촉법(色聲香味觸法)의 상(相)을, 마음이 인식한 현상(現象)인 상(想)이기 때문이다. 6식(六識)은, 6근(六根)이 받아들인 외부의 상(相)이 비치는 거울과 같다. 그러므로, 외부로부터 받아들인 색성향미촉법이 어떤 것이든, 그 생긴 색깔과 형태와 성질대로, 6식(六識)인 의식(意識)의 거울에 비치게 된다. 외부로부터 듣고 말하는 이것도, 6식(六識)의 거울에 비치어 인식하게 된다. 상(相)이 맺히는 현상식(現象識)이다. 그 상(相)이 마음이 인식하니, 마음에 비친 모습인 상(想)이다.

7식(七識)은, 6식(六識)의 상(相)을 인식하여 분별하고 생각하며, 그 상(相)에 대해, 헤아리어 판단하며 행위를 결정하는 자아식(自我識)이다. 7식(七識)은, 분별식(分別識)이므로, 자아(自我)로 인식한다. 무엇이라도 인식하고 분별하며, 헤아리고 판단하여 결정하므로, 안과 밖을 분별하고, 촉각(觸覺)을 통해 대상을 받아들이는 것은 소(所)가 되며, 안으로 일으켜 헤아리어 분별하며, 구하고 원하는 취사(取捨)의 작용은 능(能)이 된다. 여기에서 대(對)의 관계가 벌어진다. 이렇게 되는 것은, 8식(八識) 함장식(含藏識)에 저장되어 있는, 모든 지난 업(業)의 기억과 생각의 정보와 감정(感情)의 업(業)의 씨앗들을, 8식(八識)의 출입식(出入識)이 끄집어 내어와 7식(七識)에게 전달하면, 8식(八識) 출입식(出入識)에게 받은 그 전(前)의 정보와 현재 6식(六識)으로부터 받아들인 자료를 분별하여 헤아리며, 분석하여 판단하고, 행위를 결정하게 된다. 왜냐면, 7식(七識)은, 행의 일체를 주관하는 자아의식이기 때문이다.

8식(八識)은, 동(動)과 정(靜)의 이종식(二種識)이 있다. 8식(八識) 동

식(動識)은 출입식(出入識)으로, 6근, 6식, 7식(七識)의 업(業)의 정보를 빠짐 없이 8식(八識) 중, 식(識)의 업(業)을 저장하는 업식(業識)의 창고인 함장식(含藏識)에 쉬지 않고 저장하며, 또한, 저장되어 있는 지난 업(業)의 정보들을 7식(七識)의 작용인, 인식의 분별과 헤아림의 판단과 다음 행위의 결정을 위해 끊임없이 전달하는, 빛의 속도보다 빠른 출입(出入)의 행을 하는 식(識)이다.

모든 식(識)은 움직이고 작용을 하나, 8식(八識) 함장식(含藏識)은 식(識)의 작용 행위인, 업(業)의 모든 정보를 저장하는 업(業)의 창고이므로 함장식(含藏識)이며, 또한, 움직임이 없어, 드러나지 않아 함장(含藏)되어 있으므로 함장식(含藏識)이라 한다.

6근(六根)은 대상인 색성향미촉법(色聲香味觸法)과 결탁해 있는 촉식(觸識)이며, 6식(六識)은 대상(對相)이 비치는 상(相)의 현상식(現象識)이며, 7식(七識)은 능소분별식(能所分別識)으로, 외부로부터 받아들인 상(相)의 현상 6식(六識)과 함장식(含藏識)으로부터 출입작용을 하는 8식(八識) 출입식에 의한 정보를 바탕으로 분별하고 판단하며, 능소(能所)를 헤아리어, 취사(取捨)를 결정하는 분별식이다. 6근, 6식은 외부의 상(相)과 연계된 소연식(所緣識)이며, 7식, 8식은 심(心)의 분별작용인 능연식(能緣識)이다. 대상을 받아들이는 6근(六根)으로부터 점차, 6식, 7식, 8식(八識)으로 심층 깊이 들어 갈수록 식(識)의 차원은 깊어지며, 정밀하고 미세해진다. 8식(八識) 부동정식(不動靜識)인 함장식(含藏識)은, 12인연법의 근본 무명(無明)이다. 8식(八識)의 출입식(出入識)은 12인연의 근본 무명(無明) 다음의 행(行)이다. 그러므로 일체 업식(業識)이, 근본 무명식(無明識)에 저장되며, 저장된 업(業)의 씨앗인 무명식(無明識)에 의해, 그 씨앗으로부터 무명식(無明識)의 행이 이루어진다. 8식(八識) 함장식(含藏識)은, 중생의 근본 무명식(無明識)으로, 그 시초(始初)를 알 수도 없고, 무명(無明)인 함장식(含藏識)의 업식(業識)에, 3세(三世) 업(業)의 모든 씨앗과 정보가 들어 있어, 그 함장식(含藏識)이 윤회의 씨앗인 근본 무명식(無明識)이다.

8식(八識) 함장식(含藏識)이 타파되면, 일체 무명업식(無明業識)의 장애를 벗어나게 된다. 7식(七識)은 단지, 인식되는 것에 대해 분별하여 헤아리며, 분석하여 판단하고, 다음 행(行)을 결정하는 그 역할을 할 뿐, 7식(七識)이 업식(業識)을 저장해 있는 것은 아니다. 7식(七識)의 작용에 지난 모든 것을 인식하고 분별하는 것은, 8식(八識) 출입식(出入識)이 함장식(含藏識)에 있는 업(業)의 정보들을 끊임없이, 7식(七識)에 빛보다 빠른 속도로 전달해주기 때문이다. 빛은 물질이지만, 식(識)은 마음작용이기에, 저항(抵抗)이나 장애(障礙)됨이 없어, 물질인 빛의 속도 보다 더 빠르다. 그 속도는 식(識)의 차원이 깊을수록, 맑고 원융하여 장애가 없어 더욱 빠르며, 식(識)이 밖의 물질 쪽으로 가까워질수록, 물질과 상(相)의 분별심과 취사(取捨)의 정식(情識)이 결탁(結託)하여 무겁고 둔하여 파동(波動)이 느려진다.

본성은, 생멸 업식(業識)의 작용이 끊어져, 일체 상(相)이 본성에는 끊어진다. 식(識)의 작용과 현상에 의해 형성된 상(相)이라도 본성은, 무생(無生)의 성품이며, 일체상(一切相)과 일체식(一切識)과 결탁해 있지 않으므로, 본성에는 상(相)이 있지 않다. 그러므로 깨달음을 얻어 본성의 성품에 들면, 우주 삼라만상의 일체상이 본성에는 실체가 없어 청정하며 적멸상이다. 그 까닭은 본래 일체 상(相)이 실체가 없는 무생(無生)의 성품이기 때문이다. 본성(本性) 본연(本然)의 무상(無相) 공능력이 비치고 작용하는 것에는 일체 상(相)이 끊어진다. 본성의 성품은 무생(無生)의 성품이므로, 본성공능(本性功能)은 원융무애 무한하며 무궁하다. 그 본성 무생공능(無生功能)의 조화(造化)로 만상(萬相)이 일어나도, 그 상(相)이 실체 없는 공성(空性)이므로, 머묾 없어 무자성(無自性) 공성(空性)의 조화(造化)를 따라 쉼 없이 변화하며, 시방 법성(法性) 공화(空華)인 법성원융(法性圓融)의 불가사의 법의 세계가, 무궁 무한으로 펼쳐지고 있다. 이 일체가 무자성(無自性) 공화(空華)의 조화(造化)이며, 원융무애(圓融無礙)한 무자성(無自性) 부사의 법계(法界)이다.

지혜가 본성의 부사의 밝은 공능력에 들면, 일체상이 타파되어 벗어나게 된다. 본래 실체가 없는 것이라, 부사의 상(相)을 취사(取捨)하는 식(識)만 끊어지면, 본래 상(相) 없는, 본성의 실체를 깨닫게 된다. 6근, 6식, 7식, 8식의 근본이 본성이다. 그러나 식(識)의 작용이 본성의 원융성(圓融性)을 장애(障礙)하여 가리므로, 본성이 장애(障礙)되어, 8식, 7식, 6식, 6근 밖의 대상과 가까워질수록, 상(相)의 취사분별심(取捨分別心)인 정식(情識)이 결탁하여, 본성 원융성(圓融性)의 장애를 더욱 일으킨다. 물질 쪽으로 갈수록, 식(識)이 맑음과 밝음이 흐려져, 거칠고 둔하며 탁하고 느리다. 그 까닭은, 식(識)이 색성향미촉 물질의 성품과 결합하여, 취사(取捨)의 정식(情識)이 엉기어 응결(凝結)되고, 식심(識心)이 색성(色性)과 결탁하여, 물질 성품과 한 덩어리가 되기 때문이다. 그러므로 물질에 가까워질수록 식(識)과 색성향미촉을 분리(分離)할 수가 없음은, 물질(物質)의 성품과 식(識)의 성품이 한 덩어리가 되어 있기 때문이다. 이는 12인연법의 식(識)과 물질이 결합한 명색(名色)으로, 색계(色界)의 색성향미촉법을 받아 들이는, 눈귀코혀몸뜻의 감각작용 6입(六入) 속에 들어 있기 때문이다.

무상법품 요해구절(了解句節) 54에 있듯이, 식(識)의 작용은 본성의 원융성을 상실하게 하며, 본성의 원융한 도(道)를 장애(障礙)하여 원활하지 못하게 하므로, 식(識)을 티끌[塵]이라고 한다. 식(識)은 본성의 청정원융(淸淨圓融) 무상공능(無相功能)을 장애(障礙)하는 티끌이기 때문이다. 6식, 7식, 8식으로 깊어질수록, 식(識)이 점차 미세하고 정밀하므로, 본성의 원융무애한 성품의 공능작용이 장애를 덜 받게 된다. 그러므로, 보살들이, 모든 식(識)이 점차 끊어지며 깊어짐으로, 점점 더 식(識)이 미세하여 청정하고, 식(識)인 티끌에 걸림이 없어,

원융한 지혜성품으로 나아가게 된다.

만약 상(相)이 공(空)함을 깨달으면, 눈귀코혀몸뜻으로 받아들이는 색성향미촉법이 끊어져, 6식(六識)이 청정해진다. 왜냐면, 상(相)이 공(空)하여 6근(六根)의 수(受)의 작용이 끊어져, 6식(六識)의 거울에 비치는 상(相)이 끊어지기 때문이다. 눈귀코혀몸뜻으로 밖의 것을 받아들이는 색성향미촉법이 끊어져, 색성향미촉법이 공(空)하니, 6식(六識)이 상(相)이 없어, 6식(六識)이 공(空)한 청정상(淸淨相)에 들어 있는 보살이, 색상공(色相空)에 든 대승보살(大乘菩薩)이다. 6식(六識) 청정공(淸淨空)에 든 것은, 색성향미촉법이 무아(無我)임을 깨달아, 6식(六識)의 상(相)이 공(空)한 지혜인, 색공(色空)에 든 공견보살(空見菩薩)이다. 색공(色空)에 듦이, 유무(有無)의 상(相)을 벗어난, 공(空)의 세계인 무위(無爲)에 초입(初入)한, 공(空)의 지혜를 얻은 보살이다. 그러나 6식(六識)이 공(空)한 청정식(淸淨識)에 든 보살이어도, 색공청정(色空淸淨)이므로, 7식(七識) 자아(自我)가 끊어지지 않고 그대로 있어, 색성향미촉법 색상(色相)이 공(空)함을 깨달은 공견(空見)인 상공지혜(相空智慧)에 머물며, 공견상(空見相)을 가지게 된다. 6근(六根)이 무아(無我)로 공(空)하여 6식(六識)의 청정공(淸淨空)에 듦이, 색공지혜(色空智慧)에 듦이다. 7식(七識)부터 끊어짐이 능식(能識) 식공(識空)의 세계이다. 이것은 색성향미촉법의 상공(相空)도 벗어난 식계(識界)이다.

6식(六識) 청정에 든 보살은, 생주이멸(生住異滅) 중에 멸이주(滅異住)까지 끊어진 공성지혜이니, 상공(相空)을 깨달아 6식(六識) 청정에 들면, 허공상(虛空相)도 파괴되어, 마음이 걸림 없는 허공 속에 있는 것과도 같다. 허공상(虛空相)도 색상(色相)이므로, 색성향미촉법의 색계(色界)가 파괴될 때에 허공상(虛空相)도 타파되어 끊어진다. 그리고 6식공(六識空)인 대승지(大乘智)를 발하면 색공무위(色空無爲)에 듦으로, 대승경(大乘經)인 반야경(般若經)의 경전(經典)을 보면 이해가 된다. 반야경(般若經)은 공설(空說)인 대승경(大乘經)이며, 색성향미촉법의 공성지혜(空性智慧)를 토대로 이루어진, 공(空)한 지혜성품의 경(經)이다. 그러므로 반야경(般若經)이 색성향미촉법의 상(相)이 공(空)한 가르침이다. 색공무위(色空無爲)에 들었어도 공(空)의 지혜가 깊지 못하여, 7식(七識) 자아상(自我相)이 있으므로, 아인중생수자상(我人衆生壽者相)의 4상(四相)을 벗어나게 하며, 공(空)의 지혜를 더욱 밝혀, 제식(諸識)의 5온(五蘊)이 공(空)함을 깊이 깨달아, 상공(相空)인 공견(空見)의 지혜까지 벗어나, 더 깊은 실상(實相) 반야지혜(般若智慧)로 이끄는 가르침이다.

유무(有無)의 상(相)을 타파하여 공(空)을 처음 깨달으면, 깨달았다는 상념(想念)을 버릴 수가 없다. 왜냐면, 상(相)이 공(空)한 6식(六識) 청정상(淸淨相)에 듦으로, 성품이 공청정(空淸淨)하기 때문이다. 상공(相空)에 들면, 내 몸이 나 아니며, 나는 생사(生死)가 없으며, 생사(生死) 없는 성품이 나임을 깨닫게 된다. 또, 아뇩다라삼먁삼보리가 무엇인지를, 공(空)을 깨달은 무위지(無爲智)로 알게 되며, 무유정법(無有定法)이 무엇인지를 깨닫게 되며, 반야(般若)가 비로소 무엇인지를 알게 된다. 그러나 이 반야(般若)는 상공(相空)의 반야이므로, 깊은 실상(實相)과 심공반야(心空般若)는 아니다. 또한, 공(空)을 깨달아 무위(無爲)가 무엇이지를 비로소 깨닫게 되며, 무유정법(無有定法)인 불법(佛法)이 무엇인지를 깨닫는다. 그러므로 반야경(般若經)을 읽으면, 가슴에 와 닿고, 이제 반야경(般若經)을 보는 지혜의 눈이 열린 것이다. 십리(十里) 천리(千里)를 가도, 가고 옴이 없다. 지혜성품이 공(空)에 들었기 때문이다.

그러나 자기 자신이, 공(空)에 머물러 있음을 자각하지 못한다. 일반 범부가 자신이 사는 세계에 머물러 있으면, 그냥 그 하늘과 땅에서 삶을 살 뿐, 그 세상에 머물러 있음을 모름과도 같다. 그러므로, 이 공(空)을 어떻게 벗어나야 하는지도 모르고, 이것이 도(道)인가 생각하며, 공견(空見)에 머물러 살 수도 있다. 그러나, 깨달음의 세월이 한참 지나고 보면, 스스로 공(空)을 깨달았어도, 뭔가 지혜가 부족함을 느끼게 된다. 그리고, 자기 자신의 깨달음 지혜의 깊이가 어느 정도이며, 어떤 과정의 상태인가를 알 수도 없고, 그것을 스스로 깨닫지도 못한다. 왜냐면, 공(空)을 타파해 벗어난 전변지혜(轉變智慧)인, 상(上)의 지혜가 없기 때문이다.

수행 중 기연(機緣)으로, 이 대승지(大乘智)인 공견(空見)을 타파하여 전변(轉變)하는 찰나에, 7식(七識) 자아(自我)가 끊어져, 무염청정진여지(無染淸淨眞如智)에 들게 된다. 이는 일승(一乘)으로, 능소(能所)를 분별하는 자아(自我)가 타파되어 끊어져 없다. 일승(一乘)은 7식(七識) 자아(自我)가 끊어져야만 들게 되는 일승보살지(一乘菩薩智)이다. 대승공(大乘空)인 6식(六識) 청정식(淸淨識)에 있을 때는 색공(色空)은 얻었으나, 7식(七識) 자아(自我)가 끊어지지 않아, 아인중생수자상(我人衆生壽者相)인 4상(四相)이 끊어지지 않는다. 왜냐면, 4상(四相)은 자아(自我)의 분별식이므로 7식(七識)이 끊어져야만 자아(自我)가 끊어져, 4상(四相)인, 아상(我相), 인상(人相), 중생상(衆生相), 수자상(壽者相)이 끊어져 벗어나게 된다. 그러므로, 반야(般若) 초입(初入)에 든 대승경(大乘經)인 반야경(般若經)은 상공설법(相空說法)이라, 색성향미촉법(色聲香味觸法)과 아상(我相), 인상(人相), 중생상(衆生相), 수자상(壽者相)이 없는, 7식(七識) 자아(自我)의 상념상(想念相)을 제거하는, 일체상이 공(空)한 설법으로 이루어져 있다. 또한, 더 깊은 반야지(般若智)에 들도록, 5온공(五蘊空)인 식공(識空)과 상공지혜상(相空智慧相)과 공견상(空見相)을 제거하는 공(空)이 공(空)한 지혜공(智慧空)을 설하게 된다. 왜냐면, 상(相)이 공(空)한 지혜를 얻어 6식(六識) 공(空)에 들어 있으므로, 상(相)이 공(空)함만을 알았지, 상(相)이 공(空)함을 깨달은 그 공(空)이, 또한, 공(空)한 공공(空空)을 모르며, 또한, 공(空)이 공(空)한 그 지혜까지 공(空)한, 공공공(空空空)은, 상공(相空)의 지혜로는 알 수가 없기 때문이다.

6식(六識) 청정 대승지혜(大乘智慧)는, 색성향미촉법(色聲香味觸法)의 생주이멸(生住異滅) 중에, 멸상(滅相)인 상념상(想念相)이 끊어져, 이(異)의 무아성(無我性)을 깨달아, 주(住)의 상(相)이 끊어진, 공성(空性)인 주(住)에 들었기에, 공성(空性)이 끊어지지 않고, 계속 이어지는 공(空)의 세계에 머무르게 된다. 멸(滅)의 세계인 범부는 찰나 생멸(生滅)의 세계이기에, 어떤 무엇이든, 찰나에도 머물러 있는 존재가 없다. 단지 어떤 것이든 스스로 고정되거나 머물러 있는 것처럼 느껴져도, 그것은 인식(認識)의 상념(想念)일 뿐, 사실은 찰나에도 머물러 있는 현상은 없다.

그러나, 대승(大乘) 지혜상(智慧相)인 공성(空性)이 끊어지고, 일승(一乘) 진여(眞如)의 성품에 들면, 무염진여(無染眞如)의 환지세계(幻智世界)에 들게 된다. 이것이 진여(眞如)의 성품에 든 일승보살지(一乘菩薩智)의 세계이다. 이 환지세계(幻智世界)는 왜, 여환(如幻)의 세계이냐 하면, 생주이멸(生住異滅) 중에 멸(滅)도 끊어지고, 이(異)도 끊어지고, 주(住)도 끊어져, 부사의 생(生)만 있기 때문이다. 그러므로 상(相)이어도, 뿌리도 실체(實體)도 없는 무자성(無自性) 무염청정(無染淸淨)의 환(幻)이므로, 자아(自我) 없는 진여(眞如)의 마음은, 물듦 없는 청정성(淸淨性) 그대로이다.

7식(七識), 자아(自我)가 끊어진 일승(一乘)의 지혜에 들어야만 진여(眞如)가 무엇인지, 진여(眞如)의 실제(實際)를 실증(實證)하게 된다. 대승공견(大乘空見)을 얻은 지혜로도 진여(眞如)의 실제(實際)를 모른다. 공(空)을 벗어나 진여(眞如)의 실증(實證)세계에 듦으로, 비로소 진여(眞如)가 무엇인지를 깨달으며, 자신의 마음 본심(本心)이 진여(眞如)이며, 그 마음이 생멸(生滅) 없고 시종(始終) 없는 무염진여(無染眞如)임을 깨닫게 된다. 대승(大乘)의 지혜로는 제상(諸相)이 공(空)임을 알 뿐, 본심(本心)이 무염진여(無染眞如)임을 모른다. 왜냐면, 대승(大乘)은 제상(諸相)이 공(空)한 이법계(理法界)에 증입해 있어도, 7식(七識) 자아(自我)가 끊어지지 않아, 사(事)뿐만 아니라 이(理)까지 끊어져 공(空)한 이사무애법계(理事無礙法界)에 증입하지 못하였기 때문이다. 사(事)뿐만 아니라 이(理)까지 끊어진 이사무애법계(理事無礙法界)에 증입해야 7식(七識) 자아(自我)가 끊어져, 이법계(理法界)의 공성(空性)까지 끊어지는 지혜전변(智慧轉變)으로, 사(事)와 공(空)에 걸림 없는 무염진여(無染眞如)에 증입하게 된다. 상(相)이 공(空)함을 깨달아 이법계(理法界)에 증입하였어도, 자아(自我)가 끊어지지 않아, 상공(相空)을 깨달은 자아(自我)의 상념(想念), 공견식(空見識)에 머물러, 공(空)한 이법계(理法界)를 벗어나지 못하고 있다. 공(空)한 이법계(理法界)도 벗어나, 자아(自我)가 끊어져 무엇에도 물듦 없는, 이사무애법계(理事無礙法界)의 진여(眞如) 성품에 들어야, 그제야 비로소 본심(本心)이, 사(事)와 공(空)에도 물듦 없는 무염진여(無染眞如)임을 깨닫게 된다.

대승(大乘)의 공견(空見)에서도, 몇 생(生)이 그 지혜상(智慧相) 속에 흐를 수도 있다. 상공(相空)에 든 공견(空見)의 타파가 그렇게 쉬운 것도 아니다. 공견(空見)에 든 깨달음, 각식(覺識)의 각아(覺我)가 끊어져야, 공견(空見)을 벗어날 수가 있다. 범부가 지금 살고 있는 하늘과 땅의 세계, 그 상념(想念)를 벗어난다는 것이 얼마나 어려운 것인가는 누구나 알 것이다. 대승(大乘)이 든 지혜성품 세상도 각식(覺識)의 세상이기 때문에, 그 속에 있으면, 그 각식(覺識)의 하늘과 땅만을 보기에, 그 이상의 세계는 그 세계를 벗어나야만 알 수가 있다. 그러므로, 자신이 머물러 있는 지혜 촉각의 세계를 벗어나기가 쉽지 않다. 대승(大乘)은 색상(色相)이 타파되어 끊어질 때에 허공상(虛空相)도 타파되어 끊어지니, 일체가 공(空)하여 허공성에 든 것과도 같아, 가도 감이 없고, 와도 옴이 없으며, 움직여도 움직임이 없는 지혜성품에 들게 된다.

그러나, 7식(七識) 자아(自我)가 끊어진 일승(一乘)에 들면 무염진여(無染眞如)의 지혜성품이므로, 맑고 투명한 상(相) 없는 거울 속에 든 것과도 같다. 거울에 비친 일체 상(相)이 실체가 없는 환(幻)이듯, 일체가 그대로 환(幻)이다. 원각경(圓覺經)에, 환지보살(幻智菩薩)에 대한 수행이 있으니, 삼마발제(三摩鉢提)의 환지보살행(幻智菩薩行)이 이루어진다. 삼마발제(三摩鉢提)가 환지행(幻智行)이다. 이를 다른 말로 하면 무자성상(無自性相)이며, 무자성행(無自性行)이다. 환지보살(幻智菩薩)의 세계가 곧, 무자성(無自性) 실제(實際)의 세계이다. 일체상(一切相)이 자성(自性)이 없어 물듦이 없는 무애(無礙)의 세계이니, 일체(一切)가 그대로 무자성(無自性)의 환(幻)이다. 그러나 일승(一乘)에 들면, 일체(一切)가 환(幻)임을 알며, 자아(自我)가 없어 일체에 물듦이 없어도, 지혜성품이 원융(圓融)하지를 못하다. 그 까닭은 8식(八識)의 출입식(出入識)이 아직, 끊어지지 않았기 때문이다. 일승(一乘) 무염진여(無染眞如)의 지혜성품부터 원지(圓智)이다. 왜냐면, 이사(理事)를 타파해 벗어나, 이사(理事)에 걸림이 없기 때문이다. 대승(大乘)은 상(相)인 사(事)를 벗었으나, 사(事)의 체성(體性)인 이법계(理法界) 공(空)에 들어 있다. 대승보살(大乘菩薩)은 공견보살(空見菩薩)이며, 일승보살(一乘菩薩)은 원지보살(圓智菩薩)이다. 그러나 원지(圓智)에도 이종보살(二種菩薩)이 있으니, 일승(一乘)과 일불승(一佛乘)이 원지보살(圓智菩薩)이다.

일승(一乘)의 원지(圓智)와 일불승(一佛乘)의 원지(圓智)가 지혜성품이 다르다. 일승(一乘)의 원지(圓智)는 지혜성품이 무염진여원지(無染眞如圓智)이며, 일불승(一佛乘)의 원지(圓智)는 지혜성품이 원융각명원지(圓融覺明圓智)이다. 무염진여지(無染眞如智)의 성품에서 원융각명지(圓融覺明智)인 보리지혜(菩提智慧)의 성품에 들게 되는 것은, 7식(七識) 자아(自我)가 끊어진 진여성(眞如性) 무염지(無染智)에서, 8식(八識) 출입식(出入識)이 끊어지면, 일체(一切) 능소출입(能所出入)의 대(對)가 끊어져 원융각명(圓融覺明)의 보리성(菩提性)에 들게 된다. 그러므로 일승(一乘)과 일불승(一佛乘)이 원지(圓智)이어도, 원지(圓智)의 지혜성품 차원이 다르다. 승(乘)의 성품이 일승(一乘)에서 불(佛)의 성품이 더해진 일불승(一佛乘)이 되는 것은, 일승(一乘)에서 원융각명성(圓融覺明性)의 지혜성품에 증입했기 때문이다.

대승(大乘)은, 상(相)의 대(對)인 유무(有無), 생멸(生滅)이 끊어져 상공(相空)에 들었으나, 자아(自我)가 끊어지지 않으므로, 능소(能所)의 대(對)가 끊어지지 않아, 자타 분별의 4상심(四相心)을 일으키게 된다. 대(對)도, 3종대(三種對)가 있으니 ①상(相)의 대(對), ②식(識)의 대(對), ③지혜의 대(對)가 있다. ①상(相)의 대(對)가 끊어져도 식(識)의 대(對)와 지혜의 대(對)가 파괴되지 않는다. ②식(識)의 대(對)가 끊어져도 지혜의 대(對)가 파괴되지 않는다. ③지혜의 대(對)가 끊어지면, 무생결정성(無生結定性)인 불지(佛智)에 들게 된다.

①상(相)의 대(對)가 끊어지면, 유무상(有無相)과 생멸상(生滅相)이 끊어져, 상공(相空)의 공성(空性)에 들게 된다. ②식(識)의 대(對)가 끊어지면, 식공(識空)의 원융(圓融)에 들어, 식(識)의 능소(能所)와 출입(出入)이 끊어진다. ③지혜의 대(對)가 끊어지면, 정(定)과 혜(慧), 체(體)와 용(用), 열반(涅槃)과 보리(菩提), 시각(始覺)과 본각(本覺), 무명(無明)과 각명(覺明), 중생(衆生)과 불(佛), 유위(有爲)와 무위(無爲), 시(始)와 종(終), 상(相)과 공(空) 등의 일체 차별 없는 성품, 절대평등본성(絕對平等本性)에 들게 된다. ①상(相)의 장애(障礙) 유무(有無)의 대(對)가 끊어지면 무위공성(無爲空性)에 들며, ②식(識)의 장애(障礙) 능소(能所)의 대(對)가 끊어지면 원융각성(圓融覺性)이 열리어 원융편재각성각명(圓融遍在覺性覺明)에 들며, ③지혜의 장애(障礙) 체용(體用)의 대(對)가 끊어지면, 일체 지혜상(智慧相)이 끊어져, 무생결정성(無生結定性)에 들어, 불(佛)을 성취한다. 그러므로, 시각(始覺)과 본각(本覺)이 둘 다 끊어져, 대승(大乘), 일승(一乘), 일불승(一佛乘), 불승(佛乘), 열반(涅槃)과 보리(菩提) 등, 지혜의 대(對)가 끊어지면, 일체 깨달음의 차별지혜가 끊어지며, 일체 불법(佛法)의 차별성품과 차별지혜까지 끊어져 절대평등각(絕對平等覺)에 이르니, 곧, 여래결정성(如來結定性)이며 여래결정각(如來結定覺)이

다. 모든 깨달음의 일체 각식(覺識)의 작용이 이루어지는 깨달음의 세계가 곧, 지혜의 차별 속에 이루어지는 각식(覺識)의 차별상이다. 지혜차별의 대(對) 속에 있으면 아직, 시각(始覺)과 본각(本覺)이 둘 다 끊어지지 않은 상태이다. 지혜가 더 깊어져, 시각(始覺)과 본각(本覺)이 둘 다 끊어지면, 모든 깨달음의 각식(覺識)이 끊어지며, 무생결정성(無生結定性)에 들어, 지난 모든 자취를 돌아보며, 지혜의 허(虛)와 실(實), 정(正)과 사(邪)를 밝게 요별하며, 명확히 분별하게 된다.

일승(一乘) 원지(圓智)는 7식(七識)이 끊어진 무염진여지(無染眞如智)이며, 일불승(一佛乘) 원지(圓智)는 8식(八識) 출입식(出入識)이 끊어진 원융각명지(圓融覺明智)이다. 일승(一乘)은 이사무애지(理事無礙智)이며, 일불승(一佛乘)은 사사원융지(事事圓融智)이다. 일승(一乘)의 지혜성품경(智慧性品經)이 무자성(無自性) 청정무염진여(淸淨無染眞如)인, 묘법연화경(妙法蓮華經)이다. 사사원융각성각명편재성(事事圓融覺性覺明遍在性)의 지혜성품경(智慧性品經)은 곧, 대원경지(大圓鏡智)의 법계원융(法界圓融)인 대방광불화엄경(大方廣佛華嚴經)이다.

일승(一乘)이 무염진여(無染眞如)의 지혜성품을 타파하여, 8식(八識) 출입식(出入識)이 끊어져, 일불승(一佛乘) 원융각명(圓融覺明)인 대원경지(大圓鏡智)에 들면, 그제야 비로소, 각성(覺性)이 무엇인지를 깨닫게 된다. 왜냐면, 8식(八識) 출입식(出入識)이 끊어지면, 시방(十方)의 얽매임을 벗어나 시방(十方)이 사라져, 삼라만상 우주도 사라지고, 시방과 우주가 사라진 그곳에, 무한원융각성각명(無限圓融覺性覺明)이 원융편재구족원만원융각명(圓融遍在具足圓滿圓融覺明)에 들기 때문이다. 비로소 원융(圓融)이 무엇인지, 시방(十方)이 없음이 무엇인지, 원융각명(圓融覺明)이 무엇인지, 원융무애(圓融無礙)가 무엇인지, 쌍차쌍조(雙遮雙照)가 무엇인지, 무변법계(無邊法界)가 무엇인지, 대원각명(大圓覺明)이 무엇인지를 깨닫게 된다. 이것이, 8식(八識) 출입식(出入識)이 끊어져 대원경지(大圓鏡智)

에 든 지혜성품의 세계이다. 일승(一乘)은 자아(自我) 없는 무염진여(無染眞如)의 무애승(無礙乘)이며, 일불승(一佛乘)은 식(識)의 능소(能所)와 출입(出入)이 끊어진 원융각명편재(圓融覺明遍在)의 원융승(圓融乘)이다.

일불승(一佛乘)인 대원경지(大圓鏡智)에 들면, 각성각명쌍차쌍조원융무애작용(覺性覺明雙遮雙照圓融無礙作用)에 들게 된다. 그것은 시방원융편재원만각성(十方圓融遍在圓滿覺性)이 8식(八識) 출입식(出入識)이 끊어진 지혜성품의 몸체이기 때문이다. 참으로 원융한, 시방원융각명(十方圓融覺明)의 쌍차(雙遮)와 쌍조(雙照)가 지혜몸체인 지혜성품세계이다. 쌍차(雙遮)는 능소(能所) 출입식(出入識)이 끊어져, 식(識)의 대(對)의 장애(障礙)가 제거됨이니, 대(對)인 시방(十方)이 끊어진 원융(圓融)이다. 쌍조(雙照)는 능소출입식(能所出入識)과 시방(十方)이 끊어진 원융각명편재원만성(圓融覺明遍在圓滿性)이다. 대원경지(大圓鏡智)에 들기 전에는 쌍차(雙遮)와 쌍조(雙照)를 말해도, 그것은 실증(實證) 없는 분별의 상념상(想念相)이다. 왜냐면, 식(識)의 출입이 끊어지지 않았기 때문이다. 각원융(覺圓融)에 들지 못하면, 쌍차쌍조(雙遮雙照)를 각(覺)의 몸체로 하지 못한다. 쌍차쌍조(雙遮雙照)를 논(論)하고 말해도 상념(想念)의 분별일 뿐, 그 지혜성품과 경계를 알 수가 없다. 왜냐면, 8식(八識) 출입식(出入識)이 끊어져 원융에 들지 못하면, 식(識)의 능소(能所)와 출입(出入)이 있어, 능소(能所) 분별의 상념(想念)이 시방(十方)에 얽매이고, 우주 삼라만상을 벗어날 수가 없으니, 쌍차(雙遮)와 쌍조(雙照)가 되지 않는다. 이 쌍차쌍조(雙遮雙照)는 상념(想念)과 분별심으로 되는 것이 아니다. 깨달음 6식청정(六識淸淨)의 공성(空性)도 벗어나고, 7식(七識) 능소(能所) 분별심 자아(自我)도 끊어진 이사무애법계(理事無礙法界)의 무염진여(無染眞如)도 벗어나고, 8식 출입식(出入識)이 끊어져 사사원융법계(事事圓融法界)에 증입한 지혜성품의 세계이다. 그러므로 대원경지(大圓鏡智)에 들면, 시방원융각성각명편재원융원만구족(十方圓融覺性覺明遍

在圓融圓滿具足)이다.

그런데, 이 대원경지(大圓鏡智)에 들면, 원융각성각명(圓融覺性覺明)의 바탕인 동(動)함 없는 열반부동성(涅槃不動性)이 시종(始終) 없이 원융각성(圓融覺明)의 체성(體性)으로 근본(根本)이 되어 있음을, 원융지혜(圓融智慧)로 그 부동열반성(不動涅槃性)을 보게 된다. 시방(十方)과 우주가 사라져 원융한 대원경지(大圓鏡智)의 원융각성(圓融覺性) 속에서도, 영원히 깨어지지 않는 부동열반적정적멸성(不動涅槃寂靜寂滅性)이 적적고요하고 고요한 성품이, 대원경지(大圓鏡智)의 각성각명(覺性覺明)의 바탕이며, 뿌리가 되어 있음을 각명지혜(覺明智慧)로 여실히 보게 된다. 시방과 우주가 파괴되어도 깨어지지 않고 있는 부동성품(不動性品)이다. 곧, 시종(始終) 없는 부동열반성(不動涅槃性)이다. 각성각명(覺性覺明)은 각성작용이며, 부동열반(不動涅槃)은 각(覺)의 체성(體性)이다. 이것은 일불승(一佛乘) 대원경지(大圓鏡智)에 들어, 각명(覺明)의 체성(體性)과 불이(不二) 속에 열반부동성(涅槃不動性)을 지혜로 바로 보는 것이다. 영원한 부동성(不動性)이며 적멸성(寂滅性)으로 부동열반(不動涅槃)의 근본 성품이다.

일불승(一佛乘)인 대원경지(大圓鏡智)의 지혜성품 특성이 원융각성(圓融覺性)으로, 쌍차쌍조(雙遮雙照)가 지혜작용의 몸체이므로, 쌍차쌍조(雙遮雙照)인 원융각명(圓融覺明)과 원융각명(圓融覺明)의 체성(體性)인 부동열반체성(不動涅槃體性)이 불이(不二)인 한몸의 상태로, 두 성품의 특성을 한목 보게 된다. 일불승(一佛乘) 대원경지(大圓鏡智)에서 각명보리(覺性菩提)와 부동열반(不動涅槃)의 두 성품을 한목 볼 수 있는 까닭은, 일불승(一佛乘) 대원경지(大圓鏡智)의 지혜성품이, 능소출입식(能所出入識)이 끊어져, 식(識)의 대(對)가 끊어졌기 때문이다. 그러므로 부동열반성(不動涅槃性)이 일불승(一佛乘) 각명보리(覺性菩提)의 체성(體性)이며, 그 용성(用性)의 지혜로 쌍차쌍조(雙遮雙照)의 지혜작용이 이루어진다. 일불승(一佛乘) 대원경지(大圓鏡智)가 이것이 가능한 것은, 8식(八識) 능소출입식(能所出入識)이 끊어지니 식(識)의 대(對)가 사라져, 쌍차쌍조(雙遮雙照)의 각(覺)의 원융성(圓融性)인, 대(對) 없는 원융각명(圓融覺明)에 증입했기 때문이다. 만약, 안과 밖이 대(對)가 있어서, 안과 밖이 차단되어 있으면, 안은 밖을 알 수가 없으며, 밖은 안을 알 수가 없다. 또한, 앞과 뒤가 있어서, 앞과 뒤가 대(對)로 차단되어 있으면, 앞은 뒤를 알 수도 없고, 뒤는 앞을 알 수가 없다. 또한, 동(動)과 정(靜)에 있어서, 동(動)이 동(動)에 치우쳐 대(對)인 정(靜)이 차단되어 있으면, 동(動)은 정(靜)을 알 수가 없다. 또한, 정(靜)이 정(靜)에 치우쳐, 대(對)인 동(動)이 차단되어 있으면, 정(靜)은 동(動)을 알 수가 없다. 또한, 정(定)과 혜(慧)에 있어서, 정(定)이 정(定)에 치우쳐 대(對)인 혜(慧)가 차단되어 있으면, 정(定)은 혜(慧)를 알 수가 없다. 또, 혜(慧)가 혜(慧)에 치우쳐 대(對)인 정(定)이 차단되어 있으면, 혜(慧)는 정(定)을 알 수 없다.

이와 같은 대(對)의 미혹(迷惑)이며 전도식견(顚倒識見)의 사실을 일컬으면, 유무(有無)와 생멸심(生滅心)에 치우친 중생(衆生)이, 자기(自己)의 참모습인 본심(本心)과 본성(本性)이 있는 줄을 몰라, 4대(四大)의 육신(肉身)과 유무(有無)의 생멸심(生滅心)이 자기(自己)의 실체(實體)로 알고 있는 것과도 같다. 이는, 유무(有無)와 생멸심(生滅心)에 치우친 중생(衆生)이, 유무(有無)의 상념(想念)에 얽매인 치우침이 대(對)의 형성으로 차단(遮斷)이 되어, 생사(生死)와 윤회(輪廻) 없는 자기(自己)의 참모습, 자기(自己)의 실체(實體)인 무생본심(無生本心)과 무생본성(無生本性)이 있음을 알지도 못하며, 깨닫지도 못함이다. 이는, 유무상견(有無相見)에 치우친 분별심(分別心)의 상념(想念)이 대(對)의 형성 차단(遮斷)으로, 유무상견(有無相見)에 얽매인 분별심(分別心)으로, 육신(肉身)과 생멸심(生滅心)이 자기(自己)의 실체(實體)임을 착각한 전도식견(顚倒識見) 속에,

자기(自己)의 실체(實體) 참모습이 있는 줄도 모르며, 그 전도미혹(顚倒迷惑)의 상념(想念)에 얽매여 벗어나지 못해, 세세생생(世世生生) 자기의 참모습을 모르며 사는 삶이다. 자기의 실체(實體) 참모습을 모르는 그 전도몽상(顚倒夢想)의 상념(想念)과 상심(相心)을 벗어나지 못해 얽매여 집착하며, 생사(生死)와 윤회(輪廻) 없는, 자기(自己)의 실체(實體)를 모르는 미혹(迷惑)의 모습이다.

또한, 무위지혜(無爲智慧)에 들었어도, 완전한 절대원융성(絕對圓融性)인 결정성(結定性)의 지혜가 아니므로, 깨달음에 의한 각각 자기(自己) 각식(覺識)의 지혜성품작용으로 지혜(智慧)의 대(對)를 형성해 차단(遮斷)이 되어 있다. 이는, 6, 7, 8식(八識)의 각각 식(識)의 층(層)인, 식(識)의 차원(次元)이 다르기 때문이며, 또한, 무위지혜(無爲智慧)를 깨달았어도, 깨달음에 든 지혜성품의 깊이 차원(次元)이 각각 달라, 서로 다른 차원(次元)의 지혜성품의 작용으로 대(對)를 형성해, 절대원융성(絕對圓融性)이 차단(遮斷)이 되어있기 때문이다. 6식(六識)이 끊어져 공성(空性)의 지혜성품인 대승(大乘)이 되어도, 공성각식(空性覺識)의 작용이 공성(空性)의 형성으로 대(對)를 형성해 차단(遮斷)이 되어, 7식(七識)이 끊어진 무염진여성(無染眞如性)과 8식(八識)의 출입식(出入識)이 끊어진 원융각명성(圓融覺明性)과 8식(八識)의 함장식(含藏識)이 끊어진 부동열반성(不動涅槃性)을 알 수가 없다. 또한, 7식(七識)이 끊어져 무염진여성(無染眞如性)의 지혜성품에 든 일승(一乘)이 되어도, 무염진여각식(無染眞如覺識)의 작용이 무염진여성(無染眞如性)의 형성으로 대(對)를 형성해 차단(遮斷)이 되어, 8식(八識)의 출입식(出入識)이 끊어진 원융각명성(圓融覺明性)과 8식(八識)의 함장식(含藏識)이 끊어진 부동열반성(不動涅槃性)을 알 수가 없다. 또한, 8식(八識)의 출입식(出入識)이 끊어져 원융각명성(圓融覺明性)의 지혜성품에 든 일불승(一佛乘)이 되어도, 원융각명각식(圓融覺明覺識)의 작용이 원융각명성(圓融覺明性)의 형성으로 대(對)

를 형성해 차단(遮斷)이 되어, 8식(八識) 함장식(含藏識)이 끊어진 부동열반성(不動涅槃性)을 알 수가 없다. 또한, 8식(八識)의 함장식(含藏識)이 끊어져 부동열반성(不動涅槃性)의 지혜성품에 든 불승(佛乘)이 되어도, 부동열반각식(不動涅槃覺識)의 작용이 부동열반성(不動涅槃性)의 형성으로 대(對)를 형성해 차단(遮斷)이 되어, 무생법인(無生法忍)인 무위지혜(無爲智慧)를 벗어난 절대원융성(絕對圓融性)인 자기본성(自己本性), 무생결정성(無生結定性)인 본연무연중절대성(本然無然中絕對性)을 알 수가 없다. 이는, 깨달음 무위지혜각식(無爲智慧覺識)의 각각 지혜상(智慧相)에 얽매여, 대(對)의 장애(障礙) 속에 있기 때문이다.

유무(有無)와 생멸상(生滅相)이 공(空)함을 깨달아, 무위지혜(無爲智慧)인 무생법인(無生法忍)에 든 수행자(修行者)의 깨달음, 시각(始覺)의 공능(功能)이 무생본각(無生本覺)과 동일성품, 불이(不二)의 결정성(結定性)에 이르지 못하면, 깨달음 무위각식(無爲覺識)을 벗어나지 못하여, 시각(始覺)과 본각(本覺)이 둘 다 끊어지지 않아, 깨달음 증득(證得)의 지혜인 공성(空性)과 진여(眞如)와 각명(覺明)과 열반(涅槃)과 정혜(定慧)의 각식(覺識)에 치우친 지혜상(智慧相)인, 각식(覺識)의 작용에 의한 대(對)의 형성으로 차단(遮斷)이 되어 있어, 깨달음의 무위지혜(無爲智慧)와 무생법인(無生法忍)의 깨달음과 깨달음에 의한 청정공성(淸淨空性)과 무염진여(無染眞如)와 원융각명(圓融覺明)과 부동열반(不動涅槃)과 무위정혜(無爲定慧)와 시각(始覺)과 본각(本覺)까지 흔적 없이 끊어진, 일체초월(一切超越) 불가사의 성품, 자기(自己)의 실체(實體) 참모습인, 결정무생본성(結定無生本性)이 있는 줄을 모른다. 그러므로, 본연무연중절대성(本然無然中絕對性)이며, 무생결정성(無生結定性)인 여래장(如來藏) 성품으로, 여래결정성(如來結定性)이며 여래결정각(如來結定覺)인, 무상불지(無上佛智)의 자기(自己) 성품이 있음을 알지도 못하며, 깨닫지도 못한다.

무위지혜(無爲智慧) 속에도 그러나, 8식(八識) 출입식(出入識)이 끊어지면, 식(識)의 일체능소(一切能所)의 대(對)가 끊어져 타파되므로, 시방(十方)이 끊어진 시방원융편재원만각명성(十方圓融遍在圓滿覺明性)이 열린다. 그러나, 8식(八識) 출입식(出入識)이 끊어진 일불승(一佛乘) 대원경지(大圓鏡智)는 아직, 시각(始覺)과 본각(本覺)이 둘 다 끊어지지 않은 상태이므로, 각명보리(覺性菩提)와 부동열반(不動涅槃)의 두 성품이 끊어진, 완전한 불이(不二)의 결정성(結定性)이 아니니, 각명보리(覺性菩提)와 부동열반(不動涅槃)의 두 성품이 불이(不二)이되 일신이면(一身二面)인 상태에서, 대원경지(大圓鏡智)의 쌍차쌍조(雙遮雙照)인 원융각명(圓融覺明)의 지혜작용이 이루어진다. 일불승(一佛乘) 대원경지(大圓鏡智)에서, 각명보리(覺性菩提)와 부동열반(不動涅槃)의 두 성품이 일신이면(一身二面)이 아닌, 각명보리(覺性菩提)와 부동열반(不動涅槃)의 두 성품이 완전한 끊어진 원융(圓融)인, 불이(不二)의 결정성(結定性)을 이루지 못하는 까닭은, 아직, 시각(始覺)의 성품이 완전한 본각(本覺)의 성품에 이르지 못하여, 8식(八識) 출입식(出入識)이 끊어진 원융각명(圓融覺明)이어도, 시각(始覺)과 본각(本覺)의 성품이 서로 성품이 다른 대(對)의 차별 속에 있으므로, 시각(始覺)과 본각(本覺)이 둘 다 끊어지지 않고 있기 때문이다. 그러므로, 각명보리(覺性菩提)와 부동열반(不動涅槃)의 두 성품이 한몸인 불이(不二)이되, 각명보리(覺性菩提)와 부동열반(不動涅槃)의 두 성품이 완전히 끊어진 불이(不二)의 결정성(結定性)이 아닌, 각명보리(覺性菩提)와 부동열반(不動涅槃)이 일신이면(一身二面)의 상태에서, 쌍차쌍조(雙遮雙照)의 원융각명지혜작용이 이루어진다. 그러므로, 일불승(一佛乘) 대원경지(大圓鏡智)의 지혜작용인 쌍차쌍조(雙遮雙照)는, 부동열반(不動涅槃)의 체성(體性)을 바탕한 용(用)을 지혜의 몸체로 한, 각명보리(覺性菩提)의 지혜성품작용이다.

그러나, 대원경지(大圓鏡智)를 타파하여 벗어나고, 그 열반부동성(涅槃不動性)도 타파하여 벗어나면, 그 불가사의(不可思議)한 놀라운 비밀스러움을 비로소 깨닫게 된다. 8식(八識) 출입식(出入識)이 끊어진 일불승(一佛乘) 대원경지(大圓鏡智)의 바탕, 쌍차쌍조(雙遮雙照)의 체성(體性)인 청정적멸부동열반성(淸淨寂滅不動涅槃性), 그것이 12인연법(十二因緣法)의 근본 무명(無明)성품임을 깨닫게 된다. 참으로 놀랍고 비밀스러운 경험이다. 시방이 타파되어 원융각명(圓融覺明) 쌍차쌍조(雙遮雙照)의 지혜에도 깨어지지 않는 불가사의한 성품이다. 일불승(一佛乘) 원융각명지(圓融覺明智)에서 볼 적에는, 영원히 깨어지지 않는 청정부동성품(淸淨不動性品)으로 부동열반본성(不動涅槃本性)인 줄 알았던, 적적고요로 신비(神秘)한 청정적멸(淸淨寂滅)인 청정부동열반성(淸淨不動涅槃性)이, 12인연(十二因緣)의 근원이며, 일체중생(一切衆生)의 근본인, 무명(無明)성품이다. 12인연(十二因緣)의 근본 중생식(衆生識), 그 처음을 알 수 없는 무명성품(無明性品)을, 원융각명편재성(圓融覺明遍在性)인 쌍차쌍조(雙遮雙照)의 일불승지(一佛乘智)와 일체각명동각식(一切覺明動覺識)을 벗어난 무명부동열반성(無明不動涅槃性)을 타파해 무생결정성(無生結定性)에 듦으로, 비로소 그 성품이, 그 처음을 알 수 없는 중생(衆生)의 근본식(根本識)이며, 12인연(十二因緣)의 최초 무명성품(無明性品)임을 깨닫게 된 것이다. 참으로 놀랍고 비밀스러운 중요한 경험이다. 이 실증(實證)의 경험을 통해, 시각(始覺)과 본각(本覺)이 둘 다 끊어진, 완전한 체용불이(體用不二)의 결정성(結定性), 무생결정성(無生結定性)에 들기 전에는, 그 어떤 깊은 열반(涅槃)과 심오(深奧)한 삼매(三昧)라도, 무상(無上)을 향하는 자(者)의 의지(意志)에는, 단지, 수행의 경계상(境界相)일 뿐이다. 그러므로, 수행 중, 심오한 그 어떤 무엇이든 아직, 완전한 불지(佛智)인 본연무연중절대성(本然無然中絶對性)이 아닌, 지혜(智慧)의 차별상이며, 대(對)의 분별을 벗어나지 못한 미혹의 경계상(境界相)일 뿐, 불지(佛智)인 정각(正覺)과 정지(正智)가 아니니, 반드시 타파해 벗어나야 할, 각식(覺識)의 지혜상(智慧相)인 미혹(迷惑)의 경계상(境界相)임을 비로소 깨닫게 되었다.

이 무명성품(無明性品)이 왜, 동(動)함이 없는 부동적멸열반성품(不動寂滅涅槃性品)인가 하면, 출입(出入)이 없는 부동함장식(不動含藏識)이기 때문이다. 12인연(十二因緣)의 무명(無明)은, 3세(三世)의 모든 업(業)의 식(識)을 저장한 동(動)함이 없는, 곧, 8식(八識) 함장식(含藏識)이다. 그러므로, 8식(八識) 출입식(出入識)을 타파한 일불승지(一佛乘智)로는 무명식(無明識)이 타파되지 않음은, 무명식(無明識)은 부동함장식(不動含藏識)이며, 동(動)함이 없어, 8식(八識) 출입식(出入識)이 끊어진 일불승(一佛乘) 대원경지(大圓鏡智)의 쌍차쌍조(雙遮雙照)는, 용(用)의 각명(覺明)인 동각(動覺)의 각명작용이므로, 부동함장무명식(不動含藏無明識)이 타파되지 않는다. 그 까닭은, 8식(八識) 출입식(出入識)이 끊어짐이 곧, 12인연법의 무명(無明) 다음인 행(行)의 식(識)이 끊어진 원융이니, 8식(八識) 출입식(出入識)이 끊어진 각명(覺明)으로도, 8식(八識) 출입식(出入識)보다 더 깊은 심층(深層) 차원의 부동함장무명식(不動含藏無明識)이 끊어질 수가 없다. 시방(十方)과 우주가 파괴된 원융각명지(圓融覺明智)인 일불승(一佛乘) 쌍차쌍조(雙遮雙照)의 대원경지(大圓鏡智) 속에서도, 함장식(含藏識)은 동식(動識)이 아니므로 파괴되지 않고, 끊어지지 않으며, 깨어지지 않고, 부서지지 않으며, 그렇게 적멸부동열반성(寂滅不動涅槃性)으로, 적적(寂寂)고요 청정식(淸靜識)으로 있는 것이다. 이 식(識)은 부동함장식(不動含藏識)이므로 동식(動識)으로는 파괴되지 않는다. 불승(佛乘)의 부동적멸열반성(不動寂滅涅槃性)으로 타파해 파괴하거나, 아니면, 불각(佛覺)인 무생결정성(無生結定性)으로 타파할 수가 있다. 그러나, 불승(佛乘)이 무명부동식(無明不動識)을 타파하여도, 무위성품이므로 또, 다시, 지혜전변(智慧轉變)하여, 무생결정성(無生結定性) 불각(佛覺)에 들어야 하는, 지혜전변의 과정이 남아 있다.

12인연(十二因緣)의 근본 무명식(無明識)은, 불승(佛乘)의 지혜성품이 함장식(含藏識)을 타파해, 무명(無明) 함장식(含藏識) 자재(自在)인 구경부동청정열반(究竟不動淸淨涅槃)에 들면 된다. 함장식(含藏識)은 동식(動識)일 때는 드러나지 않는 함장식(含藏識)이지만, 동식(動識)이 끊어지면, 함장식(含藏識)이 드러나게 된다. 다만, 함장식(含藏識)은 동(動)함이 없어, 동식(動識)으로는 알 수 없는 식(識)이므로, 함장식(含藏識)이라고 하나, 동식(動識)이 끊어지면, 그 식(識)의 몸도 더 감출 곳이 없다. 8식(八識) 출입식(出入識)이 끊어진 그 각식(覺識)은, 쌍차쌍조(雙遮雙照)의 원융각명작용(圓融覺明作用)이 이루어지는 용각(用覺)인, 각(覺)의 동식(動識)이다. 부동열반성지(不動涅槃性智)에 든 불승(佛乘)은, 무명(無明) 함장식(含藏識)을 타파해 들었어도, 지혜성품이 무위부동지(無爲不動智)이므로, 불승지(佛乘智)를 또한, 타파하여 완전한 지혜를 위해 벗어나야 하는, 깨달음이 요구된다. 무생법인(無生法忍)의 무위지혜(無爲智慧)까지 완전히 끊어진 무생결정성(無生結定性)인, 여래(如來)의 인(印)에 들면, 무시(無始)이며, 시종(始終) 없는 수억 겁(劫) 변함 없는 불가사의 무명부동식(無明不動識)도 완전히 끊어지며, 무생법인(無生法忍)의 무위지혜상(無爲智慧相)까지 타파하여 벗어나게 된다. 그것을 타파하는 결정적 지혜성품은, 이 경(經)의 성품인 무생결정성(無生結定性)인 곧, 인(印)이다.

대원경지(大圓鏡智)의 쌍차쌍조(雙遮雙照) 원융각명(圓融覺明)을 또한 타파하여 벗어나면, 쌍차쌍조(雙遮雙照)의 지혜상(智慧相)과 지혜의 허물이 무엇인지를 깨닫게 된다. 8식(八識) 출입식(出入識)이 끊어져, 대원경지(大圓鏡智)에 든 각조(覺照)가 곧, 원융각명(圓融覺明)의 작용인 쌍차쌍조(雙遮雙照)이다.

①8식(八識) 출입식(出入識)의 타파로, 8식(八識) 출입식(出入識)이 끊어진 일불승(一佛乘) 대원경지(大圓鏡智)의 지혜성품과 ②12인연법(十二因緣法)의 근본 무명식(無明識)인 8식(八識) 함장식(含藏識)의 부동함장성품(不動含藏性品)과 ③근본 무명(無明)인 8식(八識) 함장식(含藏識)까지 타파하여, 8식(八識) 함장식(含藏識) 자재(自在)에 든 불승(佛乘) 부동지(不

動智)의 지혜성품과 ④본성(本性) 무생(無生) 암마라식(菴摩羅識)의 지혜성품의 관계를 명확하게 꿰뚫지 못하면, ①8식(八識) 출입식(出入識)이 끊어진 일불승(一佛乘) 각명원융대원경지(覺明圓融大圓鏡智)나, ②8식(八識) 함장식(含藏識)에 든 함장부동적정식(含藏不動寂靜識)이나, ③함장식(含藏識)을 타파하여 든 불승(佛乘) 청정부동열반성지(淸淨不動涅槃性智)를, 제 각각 스스로 완전한 지혜로 착각할 수도 있다. ②8식(八識) 출입식(出入識)을 타파한 일불승(一佛乘)도 아니며, ③8식(八識) 함장식(含藏識)을 타파한 불승(佛乘)도 아닌, 지(止)와 정(定)에 의해 수행의 인연을 따라 우연히, ②12인연법(十二因緣法)의 근본 무명(無明), 8식(八識) 함장식(含藏識)인 함장부동정식(含藏不動靜識)에 들 수도 있다.

수행이 깊어져 각력이 상승하면, 여래(如來)의 결정성(結定性)에 드는 길이, 일불승(一佛乘)에서 드는 길과 불승(佛乘)에서 드는 길의 2종(二種)의 경우가 있다. ①8식(八識) 출입식(出入識)이 끊어진 일불승(一佛乘)인 대원경지(大圓鏡智)에서 무생본성부동열반성(無生本性不動涅槃性)에 증입하여 무생결정(無生結定)인 여래결정성(如來結定性) 인(印)에 드는 방법과 ②대원경지(大圓鏡智)를 벗어나 함장식(含藏識)이 끊어진 불승(佛乘) 부동열반지(不動涅槃智)에 들어, 무생본성원융각명성(無生本性圓融覺明性)에 증입하여 불승(佛乘)의 지혜성품이 끊어져 무생결정성(無生結定性)이며 여래결정성(如來結定性)인 인(印)에 드는 길이 있다. 또, 수행 과정 중 선정력(禪定力)이 깊어 대원경지(大圓鏡智)에 들지 않고 불승(佛乘) 부동열반지(不動涅槃智)에 먼저 들어, 무생본성원융각명성(無生本性圓融覺明性)에 증입하여 여래결정성(如來結定性) 인(印)에 드는 경우가 있다.

하나는, 각성(覺性)이 밝은 원융각명지(圓融覺明智)에서, 무생본성부동열반성(無生本性不動涅槃性)에 증입하여 여래결정성(如來結定性)에 들거나, 또 하나는, 선정력(禪定力)이 깊어, 부동열반지(不動涅槃智)에서 무생본성원융각명성(無生本性圓融覺明性)에 증입하여, 여래결정성(如來結定性)에 드는 길이다.

각명(覺明)이 밝은, 구경각명원융대원경지(究竟覺明圓融大圓鏡智)에 들어도, 여래결정성(如來結定性)에 들지 못함은, 그 원융각명지혜작용(圓融覺明智慧作用)이, 본연무연중절대성(本然無然中絕對性)인 절대본성(絕對本性)의 무생결정성(無生結定性)을 벗어났기 때문이다. 그러므로, 무생절대성(無生絕對性)인 무생본성부동열반성(無生本性不動涅槃性)에 증입하므로, 구경각성원융각명지(究竟覺性圓融覺明智)도 타파하여 벗어나고, 또한, 증입한 무생본성부동열반성(無生本性不動涅槃性)도 벗어나게 된다. 왜냐면, 구경각성원융각명지(究竟覺性圓融覺明智)가, 절대본성(絕對本性)을 벗어난, 깨달음 각식(覺識)의 무위지혜상(無爲智慧相)이기 때문이며, 또한, 무생본성부동열반성(無生本性不動涅槃性)이, 각명(覺明)과 열반(涅槃)이 불이결정성(不二結定性)이며, 무생결정성(無生結定性)인 무생성품이기 때문이다. 무생본성부동열반성(無生本性不動涅槃性)에 들면, 부동열반성(不動涅槃性)이 무생성(無生性)이므로, 각명(覺明)과 부동(不動)이 무생불이성(無生不二性)인 무생결정성(無生結定性)으로, 무연부동원융(無然不動圓融)하다.

부동선정(不動禪定)이 깊은, 구경열반부동지(究竟涅槃不動智)에 들어도, 여래결정성(如來結定性)에 들지 못함은, 그 적멸부동지혜작용(寂滅不動智慧作用)이, 본연무연중절대성(本然無然中絕對性)인, 절대본성(絕對本性)의 무생결정성(無生結定性)을 벗어났기 때문이다. 그러므로, 무생절대성(無生絕對性)인, 무생본성원융각명성(無生本性圓融覺明性)에 증입하므로, 구경열반부동지(究竟涅槃不動智)도 타파하여 벗어나고, 또한, 증입한 무생본성원융각명성(無生本性圓融覺明性)도 벗어나게 된다. 왜냐면, 구경열반부동지(究竟涅槃不動智)가, 절대본성(絕對本性)을 벗어난 깨달음 각식(覺識)의 무위지혜상(無爲智慧相)이기 때문이며, 또한, 무생본성원융각명성(無生本性圓融覺明性)이, 열반(涅槃)과 각명(覺明)이 불이결정성(不二結定性)이며 무생결정성(無生結定性)인, 무생성품이기 때문이다. 무생본성원융각명성(無生本性圓融覺明性)에 들면, 원융각명성(圓融覺明性)이 무생성(無生性)이므로, 부동(不動)과 각명(覺明)이 무생불이성(無生不二性)인 무생결정성(無生結定性)으로, 무연원융부동(無然圓融不動)하다.

○ **152.** 식(識)이 본래(本來) 공(空)하여, 인연(因緣)의 성품이 끊어졌다.
佛言 一切境本空 一切識本空 空無緣性 如何緣起
불언 일체경본공 일체식본공 공무연성 여하연기

부처님께옵서 말씀하옵기를, 일체(一切) 경계가 본래 공(空)하므로, 일체(一切) 식(識)도 본래 공(空)하니라. 공(空)에는, 인연의 성품이 끊어졌으니, 어찌, 인연하여 일어남이 있겠느냐?

♣ 부처님께옵서 말씀하옵기를, 일체 8종식(八種識)이, 어찌하여 동(動)함이 아닌가 하면, 일체 경계가 본래 공(空)하여 실체가 없어, 일어난 식(識)도 본래 공(空)하여 일어남도 머묾도 없고, 멸(滅)하는 멸상(滅相)도 공(空)하여 멸(滅)함이 없어, 일체 경계와 식(識)이, 본래 공(空)하니라. 공(空)한 결정성에는 인연이 끊어졌으니, 어찌, 서로 의지해 인연하며, 서로 바탕이 되어 일어남이 있겠느냐?

○ **153.** 일체(一切) 경계(境界)가 공(空)이면, 어찌 봄이 있사옵니까?
無住菩薩言 一切境空 如何有見 [論: 如何見][續1,2: 如何言見]
무 주 보 살 언 일 체 경 공 여 하 유 견 [논: 여하견][속1,2: 여하언견]

무주보살이 말씀 사뢰오며 여쭈옵기를, 일체(一切) 경계가 공(空)이오면, 어찌하여 보는 바가 있사옵니까?

♣ 무주보살이, 말씀 사뢰오며 여쭈옵기를, 일체 경계가 공(空)이오면, 생(生)이 없고 상(相)도 없어, 볼 수 없을 것이온데, 어찌하여, 보는 것이 있사옵니까?

□ 고(高), 대(大) 경(經)에 여하유견(如何有見)이, 논(論) 경(經)에는 여하견(如何見)으로, 속1,2(續1,2) 경(經)에는 여하언견(如何言見)으로 되어 있다.

◯ **154.** 만유(萬有)가 무생무상(無生無相)이며, 자성이 없어 공적하다.

佛言 見即爲妄[大:續1,2: 見卽爲妄] **何以故 一切萬有**
불 언 견 즉 위 망 [대:속1,2: 견즉위망] 하 이 고 일 체 만 유

無生無相 本不自名 悉皆空寂
무 생 무 상 본 부 자 명 실 개 공 적

부처님께옵서 말씀하옵기를, 봄(見)이 즉, 허망(虛妄)이니라. 무엇 때문이냐면, 일체(一切) 만유(萬有)가 무생(無生)이며 무상(無相)이므로, 본래 자성(自性)이라 이름할 것이 없어, 모두 다 공적(空寂)하니라.

♣ 부처님께옵서 말씀하옵기를, 상(相)을 본다 함이 곧, 미혹의 분별(分別)인 허망상(虛妄相)이니라. 왜냐면, 일체 만유(萬有)가 무자성(無自性)이라, 무생(無生)이며 무상(無相)이므로, 본래, 자성(自性)이라 이름할 것이 없어, 모두, 다 공적(空寂)하니라.

□ 고(高), 논(論) 경(經)에 즉(即)이, 대(大), 속1,2(續1,2) 경(經)에는 즉(卽)으로 되어 있다.

● **자성(自性):** 자(自)의 성품(性)이다. 자(自)는 실체(實體)를 말하며, 성(性)은 실제(實際)의 성품이다.

● **무자성(無自性):** 자성(自性)이 없음이니, 실체(實體)가 없음이다. 무자성(無自性)은 실체(實體)가 없음을 일컬을 뿐, 성품이 없음이 아니며, 또한 무견(無見)이나 단멸(斷滅)을 뜻함이 아니다.

● 자성(自性)과 무자성(無自性)의 관계는, 자성(自性)이 실체가 없으니 무자성(無自性)이며, 무자성(無自性)이 곧, 일체(一切)의 자성(自性)이다. 자성(自性)이라 함은, 존재 실체(實體)의 성품을 일컬음이며, 무자성(無自性)이라고 함은, 성품이 실체가 없음을 일컬음이다. 이는, 무상공능(無相功能)의 성품세계이기 때문이며, 무생결정성(無生結定性)의 성품세계이기 때문이다.

○ **155.** 몸도 있지 않음인데, 어찌 봄이 있겠느냐?

一切法相 亦復如是 一切衆生身 亦如是 身尙不有
일 체 법 상   역 부 여 시   일 체 중 생 신   역 여 시   신 상 불 유

云何有見[論: 云何見]
운 하 유 견 [논: 운 하 견]

일체(一切) 법상이 또한 역시, 이와 같으며, 일체중생의 몸도 또한, 이와 같아, 몸도 오히려 있지 않음인데, 어찌, 봄이 있겠느냐?

♣ 일체 만유(萬有)가 무생(無生)이며, 무상(無相)이므로 공적(空寂)하니, 일체 법상(法相)이, 또한, 무자성(無自性)이므로, 역시, 이와 같으며, 일체중생의 몸도, 또한, 이와 같아, 몸도, 오히려 있지 않음인데, 어찌하여, 봄이 있겠느냐?

□ 고(高), 대(大), 속1,2(續1,2) 경(經)에 운하유견(云何有見)이, 논(論) 경(經)에는 운하견(云何見)으로 되어 있다.

● 상(相)을 보는 경계는, 각성(覺性) 깊이의 차원에 따라, 상(相)을 수용하는 차원이 다르다. 이것은, 각성(覺性)이 깊고 얕음의 차이이다. 이 일체가, 불가사의한 무자성(無自性) 공능(功能)의, 무애자재한 공능총지(功能總持)이다. 자성(自性)도 공(空)하고, 일체상도 공(空)하며, 마음도 공(空)하다. 자성(自性)이 공(空)하지 않으면 보고 들을 수 없으며, 일체 상(相)이 공(空)하지 않으면, 부사의 묘법(妙法), 수연상(隨緣相)을 드러낼 수가 없다. 체성(體性)인 심(心)도 공(空)하고, 수연각(隨緣覺)인 용심(用心)도 공(空)하고, 일체상 인연한 바, 만상(萬相)이 공(空)하여, 불가사의 여래장(如來藏) 공능묘용(功能妙用)의, 부사의 불성계(佛性界)를 이루고 있다. 체성(體性)도, 용성(用性)도, 체심(體心)도, 용심(用心)도, 상리(相理)도, 성리(性理)도 무자성(無自性) 부사의 청정한 결정성(結定性)이다. 이 일체가, 인연을 따르고 인연을 따라도, 공(空)하고 공(空)할 뿐이다. 이것이, 부사의 결정성의 성품인, 무상공능작용(無相功能作用)이다. 깨달으면 본성공능(本性功能)에 들고, 깨닫지 못

하면, 본성(本性) 여래장(如來藏) 공능(功能)의 실상(實相)을 몰라, 상(相)에 얽매인 머묾을 따라, 무자성(無自性) 연연공공(緣緣空空)의 환(幻)에 이끌리어, 본성(本性) 여래장(如來藏) 공능(功能)을 잃은 삶을 살게 된다. 일체상(一切相)이 무자성(無自性) 환(幻)이어도, 본 성품은 신령(神靈)하여 그 밝음의 공능조화(功能造化)로, 일체 상(相)의 환(幻)이 두루 밝게 드러난다.

○ **156.** 일체(一切)가 공(空)이면, 각(覺)도 공(空)하옵니까?

無住菩薩言 一切境空 一切身空 一切識空 覺亦應空
무 주 보 살 언 일 체 경 공 일 체 신 공 일 체 식 공 각 역 응 공

무주보살이 말씀 사뢰오며 여쭈옵기를, 일체(一切) 경계가 공(空)하오면, 일체(一切) 몸도 공(空)하며, 일체(一切) 식(識)도 공(空)함이니, 각[覺: 本覺]도 역시, 응당 공(空)하옵니까?

♣ 무주보살이, 말씀 사뢰오며 여쭈옵기를, 일체(一切) 경계가, 본래 실체가 없어 공(空)하오면, 일체 몸도 공(空)하며, 일체 식(識)도 공(空)하오니, 본각(本覺)도 또한 역시, 응당 공(空)하옵니까?

● 깨달음이 공(空)한 것과 본각(本覺)이 공(空)함은 다르다. 깨달음은, 각식(覺識)의 지혜상(智慧相)인 미혹이니 파괴되며, 본각(本覺)은 무생(無生)이며, 상(相)도 없어 파괴할 수도 없고, 파괴되지도 않는 결정성(結定性)이다. 깨달음에는, 깨달음과 깨달음으로 얻은 지혜세계가 있으니, 깨달음과 깨달음으로 얻은 지혜, 이 두 가지가, 다 각식(覺識)의 작용이므로, 더 지혜가 밝아지면, 자연히 파괴된다. 왜냐면, 본래 깨달을 것이 없고, 또한 본래, 깨달아 얻을 것이 없기 때문이다. 그러므로, 깨달음과 깨달아 얻은 지혜가 곧, 각식(覺識)이 머묾의 지혜상(智慧相)이니, 미망(迷妄)이라고 한다. 그러나 이것은, 완전한 깨달음에 든 지혜에서 본 것이므로, 미혹이 있으면, 일체가 공(空)함을 깨달아야 하며, 깨달음으로 본각(本覺)의 지혜를 얻어야 한다. 깨달음이란, 두 가지의 상태를 말함이니,

상(相)에 머묾의 미혹을 벗음과 본래 상(相) 없는 실상(實相)을 깨달음이다. 상(相)에 머묾의 미혹을 벗음이란, 상견(相見)인 생멸심(生滅心)과 생멸견(生滅見)과 유무심(有無心)과 유무견(有無見)을 벗어남이다. 실상(實相)을 깨달음이란, 본래 일체상이 실체가 없는 무자성(無自性) 공(空)의 무생결정성(無生結定性)임을 깨달음이다. 그러므로 깨달음은, 본래의 실상(實相)을 깨달음이니, 깨달음이 있음이, 본래 청정한 공(空)한 마음에, 미혹의 상념(想念)인 망견(妄見)을 일으킴이며, 또한 깨달아 얻은 실상(實相), 그 자체가, 깨달음으로 얻음의 실상(實相)이 아닌, 본래 본 성품이니, 깨달음으로 얻었다고 생각함이, 곧, 미혹이며, 망견(妄見)이다. 그러므로, 깨달음과 깨달음으로 얻은 지혜상(智慧相)이, 모두 미망(迷妄)이며, 망견(妄見)이다. 지혜가 더 밝아지면, 깨달음과 깨달음으로 얻은 지혜가, 청정본성(淸淨本性)을 장애(障礙)하는, 미혹의 망견(妄見)이므로, 다 타파하여 벗어나게 된다. 처음부터 깨달을 것이 없고, 깨달아 얻을 것이 없기 때문이다. 깨달음이 공(空)하다고 함은, 깨달음이 미망(迷妄)의 환(幻)임을 일컬으며, 그 또한 타파하여 벗어나야 함과 그 깨달음도 실체가 없음을 일컬음이다.

그러나, 본각(本覺)이 공(空)함은, 깨달음과 깨달음으로 얻은 것과는 아무런 상관없는, 본각(本覺)의 무생(無生) 성품을 드러냄이다. 본각(本覺)의 성품은 무생(無生) 성품이므로, 그 실체가 없는 성품이니, 공(空)이다. 이 공(空)은 파괴됨이 없고, 파괴할 수 없는 실공(實空)으로, 무생(無生) 결정성(結定性)임을 일컬음이다.

◯ **157.** 일각(一覺)은 결정성이므로, 공(空)도 불공(不空)도 끊어졌다.

佛言 可一覺者 不毁不壞 決定性故[論: 決定性]
불 언 가 일 각 자 불 훼 불 괴 결 정 성 고 [논: 결정성]

非空非不空 無空不空
비 공 비 불 공 무 공 불 공

부처님께옵서 말씀하옵기를, 가히, 일각(一覺)은 훼손하지 못하며, 파괴하지도 못하는 결정성(結定性)인 까닭으로, 공(空)도 아니며, 공(空)이 아님도 아니므로, 공(空)과 불공(不空)도 끊어졌느니라.

♣ 부처님께옵서 말씀하옵기를, 본성(本性) 일각(一覺)은 가히, 생멸(生滅)로써 파괴할 수도 없고, 유무(有無)로도 파괴할 수도 없으며, 상견(相見)으로도 훼손할 수 없고, 지혜(智慧)로도 어찌할 수 없으므로, 파괴(破壞)하거나 파괴(破壞)될 수 없는 무생(無生) 결정성(結定性)이니 공(空)이 아니며, 그리고 불공(不空)도 아니므로, 일각(一覺)의 성품은, 공(空)도 불공(不空)도 끊어졌느니라.

□ 고(高), 대(大), 속1,2(續1,2) 경(經)에 결정성고(決定性故)가, 논(論) 경(經)에는 결정성(決定性)으로 되어 있다.

■ 공(空)과 불공(不空)

본각(本覺)의 온전한 의미를 드러냄이다. 공(空)과 불공(不空)의 견(見)은, 완전한 결정성(結定性)에 들지 못한 견(見)이다. 왜냐면, 헤아림과 분별의 자아(自我)가 없으면, 공(空)과 불공(不空)도 없다. 공(空)과 불공(不空) 또한, 견(見)이며, 만약, 안다 하여도, 이는, 각식(覺識)의 헤아림일 뿐이다. 분별식이 끊어지고, 각식(覺識)도 끊어져 완전한 결정성(結定性)에 들면, 일체가 사라져, 공(空)과 불공(不空)의 경계까지도 벗어나게 된다. 단지, 헤아림의 분별로, 공(空)과 불공(不空)을 헤아리면, 공(空)을 모르니, 더더욱 불가사의한 불공(不空)은 알 수가 없다. 공(空)이란, 일체가 실체 없는 그 모습과 성품을 일컬으며, 불공(不空)이란, 공(空)이란 껍질을 또한, 벗기고, 그 공성(空性)의 실다움을 드러냄이 불공(不空)이다. 미혹의 상(相)을 벗긴 모습이 공(空)이며, 미혹을 벗은 지혜상(智慧相)까지 벗긴 것, 더 없는 여실(如實)의 실체(實體)를 바로 드러내 보인 것이다. 눈이 밝지 못하면, 공(空)도 알 수 없으니, 눈이 밝아 공(空)의 지혜를 얻었어도, 그것까지 제거한 것이, 불공(不空)이다. 불공(不空), 그것도 없으니, 파괴됨이 없는 결정성(結定性)이며, 인(印)이다. 유무견(有無見)으로는 무생실상(無生實相)을 모르니, 무견(無見)이나 단멸상(斷滅相)을 가질 수가 있다. 이는, 성품이 없어 공(空)과 불공(不空)까지 끊어진 것이 아니라, 실상(實相)인 참 성품, 무생(無生) 성품이기에, 공(空)과 불공(不空)까지 끊어진 결정성(結定性)이다. 이는 파괴됨이 없는 금강성(金剛性)이며, 이 지혜가 결정성(結定性)의 지혜이니, 파괴됨이 없는 금강지(金剛智)이다.

◯ **158.** 일체 경계(境界)가 공(空)도 아니며, 공(空) 아닌 것도 아니옵니까?

無住菩薩言 諸境亦然 非空相 非無空相
무 주 보 살 언 제 경 역 연 비 공 상 비 무 공 상

무주보살이 말씀 사뢰오며 여쭈옵기를, 모든 경계가 역시, 그러하오면, 공(空)한 모습도 아니며, 공(空)한 모습이 없는 것도 아니옵니까?

♣ 무주보살이, 말씀 사뢰오며 여쭈옵기를, 모든 경계가 역시, 공(空)도 불공(不空)도 아닌 결정성(結定性)이오면, 일체(一切)가 공(空)한 모습도 아니며, 공(空)한 모습이 없는 그 자체도 아니옵니까?

● 공(空)도 상(相)이며, 불공(不空) 또한 상(相)이니, 공(空)과 불공(不空)의 지혜도 벗어나야, 무생인(無生印)인 결정성(結定性)을 깨닫게 된다. 공(空)과 불공(不空)도 상견(相見)의 공(空)과 불공(不空)이 있으며, 무위견(無爲見)의 공(空)과 불공(不空)이 있으며, 결정 무생(無生)의 공(空)과 불공(不空)이 있다. 상견(相見)의 공(空)과 불공(不空)은, 상(相)의 차별 유무(有無)이며, 무위견(無爲見)의 공(空)과 불공(不空)은, 공(空)과 불공(不空)이 무자성(無自性)과 무자성(無自性) 실공(實空)의 성품이며, 결정 무생(無生)의 공(空)과 불공(不空)은, 시각(始覺)과 본각(本覺)이 둘 다 끊어져, 무자성(無自性) 공(空)과 불공(不空)인 실공(實空)의 지혜까지 또한, 다 끊어졌다. 그러므로, 구경(究竟)을 벗어버린 결정성(結定性) 무

생(無生)에 이르게 된다. 이는, 청정 무위(無爲)의 지혜상(智慧相)까지 끊어져, 미망(迷妄)과 각(覺)의 지혜도 초월한 무연불각(無然佛覺)이다.

○ **159.** 경계(境界)의 성품은 본래(本來) 결정성이므로, 처소(處所)가 없다.

佛言 如是 彼可境者 性本決定 決定性根 無有處所
불언 여시 피가경자 성본결정 결정성근 무유처소

부처님께옵서 말씀하옵기를, 그러하니라. 가히 저 경계는, 성품이 본래 결정된 것이므로, 결정성(結定性)인 근본은, 처소(處所)가 없느니라.

♣ 부처님께옵서 말씀하옵기를, 그러하니라. 모든 경계가 공(空)한 모습도 아니며, 공(空)한 모습이 없는 그것도 아님은 가히, 저 경계는, 성품이 본래 파괴됨이 없는 무생(無生) 결정성(結定性)이므로, 결정성인 근본은, 무생(無生)의 성품이니, 처소(處所)가 없느니라.

● 유무(有無)의 상(相)이 공(空)하고, 상(相)이 공(空)한 이(理)도 공(空)하고, 상공(相空)과 이공(理空)에 든 그 지혜도 공(空)한, 삼공(三空)이 불생(不生)인 결정성이다. 일체가 공해(空海)인, 깊은 반야(般若)의 바다 심층세계이다.

그러나, 유무견(有無見)을 벗어나지 못하면, 그 성품이 유무(有無)만을 헤아려 앎으로, 이 지혜의 깊이를 알 수가 없어, 공(空)이라고 하면, 상(相)이 없는 무(無)일 것임을 생각하다가, 비공(非空)이나 불공(不空)이나 공공(空空)이라고 하면, 식(識)이 유무(有無)의 상(相)에 얽매여, 지혜가 더 깊이 들어갈 수가 없으므로, 다시, 없지 않은 유(有)인가 보다고 생각할 수가 있다. 왜냐면, 유무(有無) 상견(相見)의 성품은, 유무(有無) 이외는 헤아려 알 수가 없기 때문이다. 또한, 유무(有無)를 타파하여 공(空)을 깨달아도, 공성(空性)을 벗어나지 못해, 무위(無爲)의 지혜상에 머물러 있으면, 이 또한, 무위(無爲)가 최상의 지혜로만 알고 있을 뿐, 시각(始覺)과 무생본각(無生本覺)이 둘 다 끊어져,

그 각력(覺力)이 무위(無爲)를 타파하여 벗어난, 결정성(結定性)의 세계가 있음을 알지 못한다. 무위무생(無爲無生)과 결정무생(結定無生)을 밝게 구별한다면, 불지(佛智)를 얻었다고 할 수가 있다.

　무위무생(無爲無生)은, 깨달음의 시각(始覺)이 무생본각(無生本覺)에 들지 못한 무위공성(無爲空性)이며, 결정무생(結定無生)은, 시각(始覺)과 무생본각(無生本覺)이 둘 다 끊어져, 무위무생(無爲無生)의 무위공성(無爲空性)도 끊어진, 여래(如來)의 결정각(結定覺) 무생결정성(無生結定性)이다. 무위(無爲)에 들기도 어렵지만, 시각(始覺)과 본각(本覺)이 둘 다 끊어져, 무위(無爲)를 또한, 벗어나기는 더더욱 어렵다. 무위(無爲)의 지혜로, 이 경(經)의 결정경계를 헤아리기는, 각력(覺力)이 부족함이 있음은, 깨달음에 의한 시각(始覺)이 무생본각(無生本覺)에 들지 못해, 무자성(無自性) 무위공성(無爲空性)을 벗어나지 못한, 무위지혜(無爲智慧) 속에 있기 때문이다. 무위지혜의 깊이도 차별차원이 있다. 8식(八識) 출입식(出入識)이 끊어져 일불승(一佛乘) 대원경지(大圓鏡智)인 원융각(圓融覺)에 들어도, 이 경(經)에서 논하는 결정성(結定性)을 알 수가 없다. 8식(八識) 함장식(含藏識)이 끊어진 근본 무명(無明)을 타파한, 무명자재(無明自在)에 든 불승(佛乘)의 부동열반지(不動涅槃智)도 벗어나야, 비로소 이 경(經)에서 논하는, 결정성(結定性)의 성품을 알 수가 있다.

　이 경(經)에서 논하는 결정성을 깨닫는 과정은, 상(相)을 타파하고, 공(空)도 타파하고, 진여(眞如)도 타파하고, 원융각명(圓融覺明)도 타파하고, 부동열반(不動涅槃)도 타파하여, 시각(始覺)과 본각(本覺)이 둘 다 끊어져, 일체 깨달음의 각식(覺識)과 지혜까지 완전히 끊어진 지혜이어야 비로소, 이 경(經)의 무생결정성(無生結定性)의 성품과 깊이를 명확히 알 수가 있다. 이는 용각(用覺)이, 본각(本覺)인 체각(體覺)을 꿰뚫어, 용각(用覺)과 체각(體覺)이 동일성품 불이(不二)로, 용각(用覺)과 체각(體覺)이 둘 다 완전히 끊어진, 본연무연중절대성(本然無然中絕對性)인 결정성

(結定性)이기 때문이다. 유무(有無)를 타파하였어도, 파괴되지 않는 공(空)이 있다면, 그것이 상견(相見)이며, 파괴되지 않는 진여(眞如)가 있다면, 그 또한, 상견(相見)이며, 파괴되지 않는 원융각성(圓融覺性)이 있다면, 그 또한, 상견(相見)이며, 파괴되지 않는 부동열반(不動涅槃)이 있다면, 그 또한, 상견(相見)이며, 파괴되지 않는 불성(佛性)이 있다면, 그 또한, 상견(相見)이다. 모든 상(相)이 파괴되고, 모든 보살지혜 무생법인(無生法忍)이 파괴되고, 파괴되지 않는, 모든 부처의 무생(無生)지혜까지 파괴되어 끊어져야, 비로소, 이 경(經)에서 말하는 결정성(結定性)인 여(如)를, 비로소 깨닫게 된다. 이 결정성(結定性) 여(如)가 곧, 여래(如來)의 결정성(結定性)이며, 여래(如來)의 성품 실제(實際) 인(印)이다.

◯ 160. 각(覺)도, 처소(處所)가 없사옵니까?

無住菩薩言 覺亦如是 無有處所
무 주 보 살 언 각 역 여 시 무 유 처 소

무주보살이 말씀 사뢰오며 여쭈옵기를, 각[覺:菩提]도 또한, 이와 같아서, 처소(處所)가 없사옵니까?

♣ 무주보살이, 말씀 사뢰오며 여쭈옵기를, 본각(本覺)인 보리(菩提)도 또한, 이와 같아서, 결정성(結定性)이므로 처소(處所)가 없사옵니까?

● 각[覺:悟]과 각[覺:菩提]은 다르다. 경(經)의 구절에 깨달음의 각[覺:悟]과 보리[菩提:本覺]의 각(覺)을 구분하지 못하면, 구절에 따라 경(經)의 뜻이 달라지게 된다. 깨달음은 미혹(迷惑)의 작용인 증득(證得)이며, 보리(菩提)는 미혹(迷惑)과 깨달음과 증득(證得)과 아무런 상관이 없는, 본래 본각(本覺)이다. 깨달음이 곧, 미혹이니, 더 깨달아 깨달음을 벗어나야, 본래 본각(本覺)인 보리(菩提)를 깨닫게 된다. 보리(菩提)는 본각(本覺)이니, 미혹(迷惑)의 작용인 깨달음이 아니므로, 만약, 보리(菩提)를 깨달음으로 해석하면, 보리(菩提)의 성품과 뜻을 벗어나게 된다.

○ **161.** 청정(淸淨) 성품은 처소(處所)가 없어, 각(覺)도 색(色)도 없다.

佛言 如是 覺無處故淸淨[續2: 覺無處所故淸淨] **淸淨無覺**
불언 여시 각무처고청정 [속2: 각무처소고청정] 청정무각

物無處故淸淨[續1,2: 物無處所故淸淨] **淸淨無色**
물무처고청정 [속1,2: 물무처소고청정] 청정무색

부처님께옵서 말씀하옵기를, 그러하니라. 각[覺:菩提]은, 처소(處所)가 없는 까닭으로 청정(淸淨)하며, 청정(淸淨)에는, 각[覺:菩提]도 없느니라. 만물(萬物)은, 처소(處所)가 없는 까닭으로 청정(淸淨)하며, 청정(淸淨)에는, 색[色:色聲香味觸]도 없느니라.

♣ 부처님께옵서 말씀하옵기를, 그러하니라. 본각(本覺)은 무생(無生)이니, 그 성품이 처소(處所)가 없는 까닭으로 청정하며, 무생(無生) 청정한 성품은 결정성(結定性)이므로, 깨달음뿐만 아니라, 보리(菩提)의 성품도 없느니라. 만물(萬物) 또한, 그 성품이 처소가 없어 청정하며, 청정한 성품에는, 색성(色性)인 색성향미촉법(色聲香味觸法)도 없느니라.

□ 고(高), 논(論), 대(大), 속1(續1) 경(經)에 각무처고청정(覺無處故淸淨)이, 속2(續2) 경(經)에는 각무처소고청정 (覺無處所故淸淨)으로 되어 있다.
□ 고(高), 논(論), 대(大) 경(經)에 물무처고청정(物無處故淸淨)이, 속1,2(續1,2) 경(經)에는 물무처소고청정(物無處所故淸淨)으로 되어 있다.

● 본각(本覺)은, 분별하거나 헤아려 알 수도 없으며, 만물(萬物) 또한, 그 성품이 본각(本覺)과 다를 바 없는 결정성(結定性)이므로, 그 성품을 분별하거나, 헤아려 알 수 없음을 일컬음이다. 본각(本覺)의 실체와 만물(萬物)의 실체와 색성(色性)인 색성향미촉법의 성품이, 결정성(結定性)임을 드러내심이다.

● 청정(淸淨)은, 상(相) 없는 성품을 청정이라 한다. 그러므로 청정(淸淨)에는, 상(相)이 없을 뿐, 성품이 없음이 아니다.

■ 각(覺)

각(覺)은 곧, 본(本) 성품이다. 각(覺)과 깨달음은 다르다. 보리(菩提)인 각(覺)의 성품을, 증득(證得)인 깨달음으로 인식하거나, 깨달음을, 본(本) 성품 보리(菩提)로 인식하게 되면, 구절에 따라 경(經)을 이해함에, 왜곡될 수도 있다. 보리(菩提)는, 본성의 깨어 있는 본래의 성품이며, 깨달음은, 미혹을 벗어나 깨달음을 얻음인, 증득(證得)이다. 깨달음은, 각식(覺識)의 상념(想念)이며, 보리(菩提)의 성품은, 무생(無生)의 성품이므로, 깨달음과 상관이 없다. 깨달음이란, 상견(相見)인 미혹의 식(識)과 미혹의 경계를 전변(轉變)하여 벗어남이니, 이 깨달음은, 여러 식(識)의 차원을 타파하여, 완전한 본각(本覺)의 결정성에 들게 된다. 깨달았다 하여, 그 깨달음의 모두가, 본각(本覺)의 보리(菩提)는 아니다. 그러므로, 본성(本性) 보리(菩提)를, 깨달음인 증득으로 이해하면, 보리(菩提)와 깨달음을 동일성품으로, 잘못 이해하게 된다. 보리(菩提)에는 깨달음이 없다. 깨달음 그 자체도, 미혹의 분별이다. 또한, 깨달음으로 보리(菩提)가 얻어지는 것도 아니며, 보리(菩提)는 깨달음으로 구하거나, 얻을 수 있는 성품이 아니다. 보리(菩提)는, 식(識)의 전변(轉變)인 깨달음과 아무런 상관이 없다. 깨달음이란, 각식(覺識)의 미혹 경계이니, 더 깨달아, 이 깨달음의 각식(覺識)까지 타파해 벗어나야 한다. 그리하여, 깨달음이 무생(無生) 보리(菩提)에 들면, 깨달음이 곧, 미혹임을 깨닫게 된다. 또, 깨달음을 얻기 위한 일체 수행과 노력들이, 미망(迷妄)의 환(幻)이었음을 깨닫게 된다. 그것은, 본래 보리(菩提)를 벗어난 적도 없고, 보리(菩提)를 잃은 적도 없음을 깨닫게 되므로, 보리(菩提)를 구하려고, 수행의 방황과 혼돈을 거듭하며 노력하고, 보리(菩提)를 얻으려한 무한 세월들이, 보리(菩提)를 모르는 미혹의 몽환(夢幻) 속에 헤맸음을 깨닫게 된다. 그러나, 미혹을 벗어나 보리(菩提)를 깨닫게 되는 것은, 제식(諸識)을 멸하며, 보리(菩提)를 구하는 인행(因行)의 결과이니, 지혜가 점차 밝아지므로, 깨달음에 대한 인식(認識)도 달라진다. 무엇이든, 완전함을 추구하는 과정에서는, 허(虛)와 실(實)의 얕고 깊은 많은 경험을 통해, 바르고 바르지 못함을 증험(證驗)하며 수행 경계를 점검하고, 실증(實證)의 체달(體達)을 통해 바름[正]을 정립(正立)하며, 실(實)의 지혜를 밝게 확립하므로, 바른 지혜의 안목을 갖추게 된다. 만약, 이 구절에서, 각(覺)을 깨달음으로 이해하면, 법리(法理)에 맞지를 않다. 왜냐면, 깨달음 있음이 곧, 심처(心處)가 있음이기 때문이다. 이 구절에서의 각(覺)은, 깨달음과 아무런 상관이 없는, 본성(本性) 보리(菩提)를 일컬음이다. 깨달음은, 미혹의 환(幻)이며, 보리(菩提)는 무생본각(無生本覺)이다.

○162. 마음과 안근(眼根)과 안식(眼識)이 공(空)하여, 불가사의옵니다.

無住菩薩言 心眼識 亦復如是 不可思議
무 주 보 살 언 심 안 식 역 부 여 시 불 가 사 의

무주보살이 말씀 사뢰옵기를, 마음[受想行識]과 안근(眼根)과 안식(眼識)이 역시, 또한 이와 같아, 불가사의이옵니다.

♣ 무주보살이 말씀 사뢰옵기를, 마음인 수상행식(受想行識)과 색(色)을 받아 들이는 안근(眼根)과 안근(眼根)을 통해 색(色)을 인식하는 안식(眼識)이, 역시 또한, 이와 같이 처소가 없어, 불가사의이옵니다.

● 근(根), 경(境), 식(識)이, 그 성품이 무생결정성(無生結定性)이라, 처소(處所)가 없음을 일컬음이다.

○163. 마음과 안근(眼根)과 안식(眼識)이 공(空)하여, 불가사의이다.

佛言 心眼識 亦復如是 不可思議
불 언 심 안 식 역 부 여 시 불 가 사 의

부처님께옵서 말씀하옵기를, 마음[受想行識]과 안근(眼根)과 안식(眼識)이 역시 또한, 이와 같아서, 불가사의이니라.

♣ 부처님께옵서 말씀하옵기를, 수상행식의 마음도 그 성품이 처소(處所)가 없어 불가사의이며, 안근(眼根)도 그 성품이 처소(處所)가 없어 불가사의이며, 안식(眼識)도 그 성품이 처소(處所)가 없어 역시 또한, 불가사의이니라.

○164. 색(色)과 눈과 마음이 청정(淸淨)하여, 식(識)의 처소(處所)가 없다.

何以故 色無處所 淸淨無名 不入於內 眼無處所
하 이 고 색 무 처 소 청 정 무 명 불 입 어 내 안 무 처 소

淸淨無見 不出於外 心無處所 淸淨無止[論: 淸淨無上]
청 정 무 견 불 출 어 외 심 무 처 소 청 정 무 지 [논: 청정무상]

無有起處 識無處所
무 유 기 처 식 무 처 소

무엇 때문이냐면, 색(色)은, 처소(處所)가 없어 청정(淸淨)하여, 이름할 바가 끊어졌으므로 안으로 듦도 없으며, 눈이, 처(處)한 바가 없어 청정(淸淨)하여, 봄이 끊어졌으므로 밖으로 나감도 없느니라. 마음도, 처(處)한 바가 끊어져, 청정(淸淨)하여 그칠 것도 끊어졌으니, 일으키거나, 처(處)한 바가 없으므로, 식(識)의 처소(處所)가 없느니라.

♣ 일체(一切)가, 무생(無生) 결정성이라 불가사의함이니라. 왜냐면, 색(色)의 성품이 무자성(無自性)이라 실체(實體)가 없어 청정하여 처소(處所)가 없으니 이름할 바가 끊어져 없고, 색진(色塵)이 눈 안으로 듦도 없으니 눈이 처(處)한 바가 없어 청정하여 봄이 없으므로, 안식(眼識)이 끊어져 밖으로 나감도 없고, 수상행식(色受想行識)의 마음이 무자성(無自性)이라 처소(處所)가 없어 그칠 것도 끊어져 청정하여, 식(識)이 일어나거나 머무름이 없으니, 식(識)의 처소(處所)가 없느니라.

□ 고(高), 대(大), 속1,2(續1,2) 경(經)에 청정무지(淸淨無止)가, 논(論) 경(經)에는 청정무상(淸淨無上)으로 되어 있다.

□ 논경구(論經句)

청정무상(淸淨無上): 청정하여 위가 없다. 고려장경에는 청정무지(淸淨無止): 청정하여 그칠 것도 없다. 청정(淸淨)은 무자성(無自性) 무생(無生) 성품을 일컬음이다. 이는 곧, 실체 없음을 일컬음이니, 청정무상(淸淨無上)이나 청정무지(淸淨無止)가 다를 바가 없다. 청정무상(淸淨無上)이 차별 무상(無上)이 아닌, 일체 차별이 끊어진 성품의 청정이며 적멸성(寂滅性)임을 일컬음이니, 이는 곧, 무자성(無自性) 청정(淸淨) 무생(無生) 성품을 일컬음이다.

○**165.** 성품이 청정(淸淨)하여 동(動)함이 없으니, 깨달음도 없다.

淸淨無動 無有緣別 性皆空寂 性無有覺 覺則爲覺
청 정 무 동 무 유 연 별 성 개 공 적 성 무 유 각 각 즉 위 각

청정(淸淨)하여 동(動)함이 없으니, 유[有:相]에 인연한 분별도 끊어져, 성품이 다 공적(空寂)하니라. 성품에는, 깨달음이 있음도 끊어져야, 각[覺:菩提]을 곧, 깨달았다 할 수가 있느니라.

♣ 식(識)의 성품이, 처소(處所)가 없어 청정(淸淨)하여 동(動)함이 없으니, 색성향미촉법의 상(相)에 인연하여, 분별(分別)하는 색수상행식 5음(五陰)의 마음도 끊어져, 성품이 다 공적(空寂)하니라. 성품에는 깨달음이 있음도 끊어져야, 각[覺:菩提]을 곧, 깨달았다 할 수가 있느니라.

○**166.** 금강지(金剛智)의 성품은, 해탈(解脫)의 도(道)도 끊어졌느니라.

善男子 覺知無覺 諸識則入 何以故 金剛智地 解脫道斷
선 남 자 각 지 무 각 제 식 즉 입 하 이 고 금 강 지 지 해 탈 도 단

선남자여! 깨달으면, 깨달음도 [깨달음의] 앎도 끊어지므로, 모든 식(識)이 곧, 소멸(入:消滅)하느니라. 무엇 때문이냐면, 금강지[金剛智:결정성의 지혜]의 성품[本地]에는, 해탈(解脫)의 도(道)도 끊어졌느니라.

♣ 선남자여! 깨달아도, 그 깨달음이, 본래 청정한 무생(無生)성품에

듦이니, 본래 청정한 무생(無生)성품에는 깨달음도 없고, 깨달아 앎도 끊어졌으니, 깨달음도 깨달음의 증득(證得)도 깨달음의 앎도 깨달은 지혜까지도 끊어지므로, 모든 심식(心識)의 작용, 5음(五陰)인 색수상 행식(色受想行識)이 곧, 소멸하느니라. 무엇 때문이냐면, 무생(無生) 결정성(結定性)의 지혜인, 금강지(金剛智)의 무생(無生) 성품[本地]에 들면, 일체(一切)가 무생(無生)이니, 해탈(解脫)의 도(道)도 끊어지느니라.

● **각지무각(覺知無覺):** 깨달으면, 깨달음도 깨달음의 앎도 끊어진다. 본각(本覺)인 보리(菩提)의 각(覺)을 깨달으면, 깨달아도 깨달음이 없다. 깨달음이 없음은 두 가지의 특성 때문이니, 하나는, 깨달은 것이 무생본각(無生本覺)이기 때문이며, 또 하나는, 깨달음 그 자체가 곧, 미혹(迷惑)의 망념(妄念)임을 깨닫기 때문이다. 이는, 깨달은 것이, 깨달음도 없고, 깨달음도 끊어진 무생본각(無生本覺)이기 때문이다. 또한, 미혹을 벗어난 깨달은 그 깨달음이, 본각(本覺)을 모르는 미혹(迷惑)의 환(幻)이며, 미망(迷妄)이었음을 깨닫기 때문이다. 이는, 본래 무생(無生) 성품이며, 깨달을 것 없는 깨달음, 그 자체가 곧, 무생본각(無生本覺)을 모르는, 미혹의 망념(妄念)인 환(幻)이기 때문이다. 꿈속에 모든 일들이, 꿈을 깨어나면 실체 없는 허망한 환(幻)임을 깨달음과 같다. 그러나, 나 있음의 상(相)과 유무(有無)의 꿈속에 있으면, 그 꿈을 깨어나지 않으면, 그 꿈속을 벗어날 수가 없다. 자아(自我)가 끊어지고 유무(有無)가 타파되며, 나의 실체(實體) 본성(本性)이, 시방 우주의 근본(根本)과 하나임을 깨달으면, 몸과 자아(自我)가 나의 실체(實體)라고 생각하며, 유무(有無)의 취사(取捨) 속에 머물러 집착해 살은 삶이, 허망한 꿈속 일이었음을 깨닫게 된다.

시각(始覺)이 본각(本覺)의 성품에 들어, 시각(始覺)과 본각(本覺)이 불이(不二)에 듦으로, 시각(始覺)과 본각(本覺)의 대(對)가 끊어져, 완전한 불이(不二)의 지혜, 결정성(結定性)을 이루는 것은 곧, 우주의 근본(根本)

과 불이(不二)의 결정성(結定性)에 듦이다. 깨달음의 시각(始覺)은, 각식(覺識)인 아(我)에 즉(卽)한 시각(視角)이며, 본각(本覺)은, 아(我)에 즉(卽)한 시각(視角)이 아니라, 시방 우주와 둘 없는 불이(不二)의 결정성(結定性)인, 본래(本來)의 각(覺)이니, 본각(本覺)이라고 한다. 이 본각(本覺)이, 생멸(生滅)이 끊어진 절대성(絕對性)이므로, 무생본각(無生本覺)이다. 그러므로, 시각(始覺)의 각성공능(覺性功能)이 상승하여, 본각(本覺)의 성품과 동일성품 불이(不二)에 들면, 시각(始覺)과 본각(本覺)의 대(對)가 끊어져, 시각(始覺)도 본각(本覺)도 둘 다 끊어지면, 자아(自我)의 일체(一切)와 아(我)에 즉(卽)한 시각(視角)인 시각(始覺)의 일체(一切)와 시각(始覺)의 지혜인 무위지혜(無爲智慧) 일체(一切)도 끊어져 벗어나게 된다. 그 결정성(結定性)의 성품이, 시방 우주와 불이(不二)인 본연무연중절대성(本然無然中絕對性)인 본성(本性)이며 본각(本覺)이니, 몸과 자아(自我)를 나의 실체로 알고 유무(有無)의 취사심(取捨心)으로 살은 삶이, 시방 우주와 불이(不二)인 절대성(絕對性) 중(中)의 성품, 본연무연중절대성(本然無然中絕對性)인 나의 본성(本性), 본각(本覺)을 잃어버린 미혹인, 무명(無明) 꿈속의 환(幻)이며, 미망(迷妄) 속의 일임을 깨닫게 된다. 본래 나의 실체(實體)는, 시방 우주의 성품과 하나인 본래 본성(本性)이니, 깨달음을 얻음과 증득(證得)하는 그 자체가 곧, 무명(無明) 속의 환(幻)이기 때문이다. 이는, 꿈속 모든 일이, 꿈을 깨면 실체 없는 허망한 환(幻)임을 깨달음과 같다. 자아(自我)가 있음이, 무명(無明)의 꿈속이며, 일체 유무(有無) 취사(取捨)의 삶이 꿈[夢]이며 환(幻)이다.

● **제식즉입(諸識則入):** 제식(諸識)이 곧, 소멸(消滅)한다. 유견(有見)의 색수상행식(色受想行識)인 능소(能所) 분별의 제식(諸識)과 깨달음에 의한 증득(證得)과 깨달음의 일체(一切) 지혜 시각(始覺)까지 끊어짐이다. 이는 무생(無生)성품에 듦으로, 제식(諸識)의 성품과 깨달음의 일체(一切)가 실체 없는 환(幻)임을 깨달아, 유위(有爲)와 무위(無爲)의 일

체 식(識)이 자연히 끊어져 공적(空寂)해진다.

● **금강지지(金剛智地):** 금강지(金剛智)의 성품이다. 금강지(金剛智)는, 수행으로 형성하며, 이룩하여 완성하는 지혜가 아니다. 금강지(金剛智)는 무생(無生) 결정성(結定性)인 본성의 지혜이다. 본성지(本性智)는, 무생(無生) 결정성의 지혜이므로, 파괴됨이 없어 금강지(金剛智)라고 한다. 금강지(金剛智)는, 깨달음으로 얻거나, 수행으로 형성되거나 만들어지는 지혜가 아니다. 본성이 곧, 금강지(金剛智)의 체성(體性)이니, 깨달음으로 본성에 들면, 곧, 금강지(金剛智)의 성품에 들게 된다. 본성을 파괴하거나 훼손할 수 없으니, 금강지(金剛智)의 성품은, 파괴하거나 파괴될 수가 없다. 왜냐면, 무생(無生)이며, 무상(無相)의 성품이기 때문이다. 이는 성품이 파괴됨이 없는, 여래장(如來藏) 결정성(結定性)의 지혜이다.

● **해탈도단(解脫道斷):** 해탈(解脫)의 도(道)가 끊어진다. 깨달아 본성에 들면, 본성의 일체가 무엇에도 얽매임 없는 해탈(解脫)의 성품이니, 본성에 들면, 해탈(解脫)의 도(道)가 끊어진다. 해탈(解脫)의 도(道)가 끊어지는 것은, 해탈(解脫)하므로 해탈(解脫)의 도(道)를 이루어 끊어지는 것이 아니다. 해탈(解脫)은, 본래 성품이 해탈성(解脫性)임을 모르기 때문에 일으킨, 미혹(迷惑)의 망념(妄念)이다. 본성(本性)이 해탈성(解脫性)이니, 해탈본성(解脫本性)에 들면, 본래 일체 식(識)이 끊어져 없어, 일체 식(識)이 실체 없는 환(幻)임을 깨닫게 된다. 이것이 무생(無生) 결정성(結定性)의 해탈세계(解脫世界)이다.

○ **167.** 머무름 없는 성품에 들면, 처소(處所) 없는 결정성의 성품이다.
斷已入無住地 無有出入 心處無在 決定性地
단 이 입 무 주 지 무 유 출 입 심 처 무 재 결 정 성 지

이미 끊어진, 머무름 없는 성품[本地]에 들면, 출입이 끊어져, 마음이 처소(處所)가 없는, 결정성(結定性)의 성품[本地]이니라.

♣ 깨달아, 모든 식(識)이 이미 소멸하여, 머무름 없는 성품[本地]에 들면, 식(識)의 출입이 없어, 일체 해탈의 도(道)도 끊어진 금강지(金剛智)이니, 마음의 처소(處所)가 끊어진, 결정성의 성품[本地]이니라.

○ 168. 청정성품은 불지혜(佛智慧) 경지이며, 제식이 불생(不生)이다.
其地淸淨 如淨琉璃 性常平等 如彼大地
기지청정 여정유리 성상평등 여피대지
覺妙觀察 如慧日光 利成得本 如大法雨
각묘관찰 여혜일광 이성득본 여대법우
入是智者 是入佛智地 入智地者 諸識不生
입시지자 시입불지지 입지지자 제식불생

그 성품[地]은 청정하여 맑고 투명한 유리(琉璃)와 같고, 성품이 항상 평등하여 저 대지(大地)와 같으며, 각(覺)의 묘관찰(妙觀察)은 그 지혜가 일광(日光)과 같고, 본성을 얻어 성취한 성품의 실제[利:實際]는 큰 법비[法雨]와 같으니라. 이 지혜에 든 것이어야, 이것이 불지혜(佛智慧)의 성품[地]에 듦이며, 이 지혜의 성품에 든 자(者)이어야, 제식(諸識)이 불생(不生)이니라.

♣ 일체 식(識)이 끊어진 금강지(金剛智)의 결정성에 들면, 그 성품[地]은 청정하여 맑고 투명하며 걸림 없는 유리(琉璃)와 같은 대원경지(大圓鏡智)이며, 성품이 항상 평등하여 저 대지(大地)와 같은 평등성지(平等性智)이며, 각성(覺性)의 묘관찰(妙觀察)의 지혜는 햇빛의 일광(日光)과 같이 두루 밝은 묘관찰지(妙觀察智)이며, 본성을 얻어 성취한 성품의 실제[利:實際]는, 무한 법계성(法界性)의 법비[法雨]와 같은 성소작지(成所作智)이니라, 이 지혜에 든 것이어야, 이것이 불지혜(佛智慧)의 성품[地]에 듦이며, 이 지혜의 성품에 든 자(者)이어야, 일체 식(識)이 끊어져 불생(不生)이니라.

● 위의 구절은, 식(識)이 끊어진 결정성에 든, 4종불지(四種佛智)의

지혜경지를 드러냄이다.

■ 4종불지(四種佛智)

● **기지청정 여정유리(其地淸淨 如淨琉璃)**: 그 성품은 청정하여 맑고 투명한 유리(琉璃)와 같다. 이는 대원경지(大圓鏡智)로, 8식(八識)의 출입식(出入識)이 끊어지면 들게 되는, 깨달음의 대원경지(大圓鏡智)이다. 대원경지(大圓鏡智)에 들면, 성품은 각명보리(覺明菩提)의 성품이며, 지혜성품은 원융각명(圓融覺明)이며, 법계(法界)는 사사원융법계(事事圓融法界)이다. 이 경지는, 시방(十方)이 타파되어 끊어져, 원융한 각성광명(覺性光明)의 편재(遍在) 속에 듦이다. 시방(十方)이 사라지고, 우주가 사라진 경지 속에, 일체 원융각명(圓融覺明)이 쌍차쌍조(雙遮雙照)의 부사의, 각명지혜의 성품작용에 들게 된다. 이 지혜에 듦으로, 원융한 각명(覺明)작용의 본각(本覺)세계를 두루 밝게 깨닫게 된다.

● **성상평등 여피대지(性常平等 如彼大地)**: 성품이 항상 평등하여 저 대지(大地)와 같다. 이는 평등성지(平等性智)로, 7식(七識) 자아(自我)가 끊어지면 들게 되는, 깨달음의 경지 평등성지(平等性智)이다. 평등성지(平等性智)에 들면, 성품은 무염진여(無染眞如)의 성품이며, 지혜성품은 무염지혜(無染智慧)이며, 법계는 이사무애법계(理事無礙法界)이다. 이 경지는, 맑고 밝은 상(相) 없는 투명한 거울 속에 듦과 같다. 일체 시방의 모든 상(相)이 실체 없고 뿌리 없는, 허공의 꽃과 같은 무자성(無自性) 환지(幻智)의 세계이다. 이 지혜에 듦으로, 일체상(一切相)과 시간(時間)과 세월의 상속(相續)이 끊어져, 일체상(一切相)에 물듦 없는 무염본심(無染本心)을 깨닫게 된다.

● **각묘관찰 여혜일광(覺妙觀察 如慧日光)**: 각(覺)의 묘관찰(妙觀察)의 지혜는 태양의 밝은 빛과 같다. 이는 묘관찰지(妙觀察智)로, 6식(六識)인 색성향미촉법(色聲香味觸法)의 상(相)이 끊어진, 깨달음의 경지이

다. 묘관찰지(妙觀察智)에 들면, 성품은 색성향미촉법(色聲香味觸法)의 6경(六境)이 공(空)한 이성(理性)이며, 지혜는 색상공(色相空)의 지혜이며, 법계는 이법계(理法界)이다. 이 경지는 색공(色空)으로 색상(色相)이 타파될 때에, 허공(虛空)도 색상(色相)이니 타파되어, 허공이 사라져, 허공이 사라진 청정공(淸淨空)의 경지에 든다. 이 지혜에 듦으로, 공(空)에 대한 지혜를 얻어, 몸이 내가 아니며, 내 본성(本性)이 생사(生死)와 윤회(輪廻)가 없음을 깨달으며, 반야(般若)의 지혜를 얻는다.

● **이성득본 여대법우(利性得本 如大法雨):** 본 성품을 얻은 성품의 실제[利:實際]는, 큰 법비[法雨]와 같다. 이는 성소작지(成所作智)로, 6근(六根) 수(受)가 끊어져, 색성향미촉법(色聲香味觸法)의 아성(我性)이 없어, 6경무아(六境無我)를 깨달은 경지이다. 성소작지(成所作智)에 들면, 법성(法性)의 작용에 의한 시방(十方) 일체상(一切相)이 곧, 아(我)도 없고 상(相)도 없어, 일체 색성향미촉법(色聲香味觸法)이 아성(我性)이 없어, 무한법성(無限法性)의 큰 법비[法雨]와도 같다. 이 경지는, 6경무아(六境無我)에 들어, 색성향미촉법(色聲香味觸法)의 수(受)의 작용이 끊어진, 법성(法性)의 세계이다.

◯**169.** 일각(一覺)의 지혜 4홍지는, 중생 본각의 실제(實際)이옵니다.

無住菩薩言 如來所說 一覺聖力 四弘智地
무 주 보 살 언 여 래 소 설 일 각 성 력 사 홍 지 지

即一切衆生[論: 即一切生][大:續1,2: 即一切衆生] **本根覺利**
즉 일 체 중 생[논: 즉일체생][대:속1,2: 즉일체중생] 본 근 각 리

무주보살이 말씀 사뢰옵기를, 여래(如來)께옵서 설하신 일각(一覺)의 성스러운 지혜의 힘은, 4종[四種:대원경지(大圓鏡智), 평등성지(平等性智), 묘관찰지(妙觀察智), 성소작지(成所作智)] 큰 지혜의 경지이오니 곧, 일체중생의 본성(本性)인, 근본 각(覺)의 실제[利:實際]이옵니다.

♣ 무주보살이 말씀 사뢰옵기를, 여래께옵서 설하신 결정본성(結定本

性)인, 일각(一覺)의 성스러운 불가사의 지혜의 힘은, 4종대지(四種大智)인 대원경지(大圓鏡智), 평등성지(平等性智), 묘관찰지(妙觀察智), 성소작지(成所作智)인, 큰 지혜의 경지이오니, 이는 곧, 일체중생의 부사의 본성(本性)이며, 근본인 본각(本覺)의 작용, 실제[利:實際]이옵니다.

□ 고(高) 경(經)에 즉일체중생(即一切衆生)이, 논(論) 경(經)에는 즉일체생(即一切生)으로, 대(大), 속1,2(續1,2) 경(經)에는 즉일체중생(即一切衆生)으로 되어 있다.

◯ 170. 4홍지(四弘智)는, 이 몸 가운데 본래(本來) 충만(充滿)입니다.

何以故 一切衆生 即[大:續1,2: 卽] 此身中 本來滿足
하 이 고   일 체 중 생   즉 [대:속1,2: 즉] 차 신 중   본 래 만 족

무슨 연유인가 하오면, 일체중생이 곧, 이 몸[身] 가운데, 본래 충만하여, 구족(具足)하기 때문이옵니다.

♣ 성스러운 지혜인 대원경지(大圓鏡智), 평등성지(平等性智), 묘관찰지(妙觀察智), 성소작지(成所作智)의 큰 지혜는, 일체중생 본성의 지혜이며, 본각(本覺) 성품의 실제(實際)임은, 무슨 연유인가 하오면, 일체중생이 곧, 이 몸의 작용에, 4종대지(四種大智)가 본래 충만하고, 구족하기 때문이옵니다.

□ 고(高), 논(論) 경(經)에 즉(即)이, 대(大), 속1,2(續1,2) 경(經)에는 즉(卽)으로 되어 있다.

■ 4홍지(四弘智)

위에서 몸이라 함은, 본성(本性) 본각(本覺)의 공능행(功能行)이 이루어지고 있는, 이 몸을 일컬음이다. 법계체성지(法界體性智)를 더한 5종(五種)의 지혜가 본성본각(本性本覺)의 공능(功能)이므로, 이 몸의 작용 속에 법계체성지(法界體性智)까지, 5종(五種)의 지혜가 원만하게 이루어지고 있다. 그러나 본성본각(本性本覺)의 원융한 지혜가, 5음(五

陰)인 제식(諸識)의 업력장애(業力障礙)로, 지혜성품의 작용이 원만구족(圓滿具足)하지 못하므로, 그 원융공능(圓融功能)의 공덕을 원만하게 수용하지를 못하고 있다. 그러나, 이 본성(本性) 5종(五種) 지혜성품의 작용이 없으면, 일체 심행(心行)이 끊어지게 된다.

법계체성지(法界體性智)로 생사생멸(生死生滅)이 없이, 유무(有無)와 시(時)에 걸림 없는 마음 성품이 항상함이다. 대원경지(大圓鏡智)로 마음 성품이 시방(十方) 두루 걸림 없이 항상 밝게 깨어 있음이다. 평등성지(平等性智)로 마음 성품은, 눈에 보이거나, 귀에 들리거나, 코로 냄새를 알거나, 혀로 맛을 알거나, 몸으로 촉각을 알거나 차별 없이, 색성향미촉법(色聲香味觸法)을 수용하며, 성질이 다른 것이나, 또한 크고 작은 것이나, 형형색색 형태가 다른 것이어도 분별이나 차별 없이 평등하게 수용한다. 묘관찰지(妙觀察智)로 마음 성품이 색성향미촉법(色聲香味觸法)의 일체 미세한 변화의 모습을 찰나를 놓치지 않고 두루 밝게 깨닫는다. 성소작지(成所作智)로 마음 성품이 색성향미촉법(色聲香味觸法) 두두물물의 만물만상을 두루 접한다. 이 몸의 작용 속에 법계체성지(法界體性智)를 더한 5종(五種)의 지혜가 원융원만(圓融圓滿)하게 이루어지고 있음은, 5종(五種)의 지혜는 깨달음으로 얻는 지혜가 아닌, 마음 본성(本性)의 지혜이니, 이 몸을 떠나, 따로 존재하는 것이 아니다. 본래, 이 각(覺)의 원만지혜(圓滿智慧)가, 이 몸을 통해 이루어지고 있음을 말함이다. 그 까닭이, 5종(五種)의 지혜는, 수행으로 얻거나, 완성하여 생성된 지혜가 아니며, 본 성품이 가진, 본래 원만구족(圓滿具足)한 성품 공능에 의한 지혜이므로, 제식(諸識)이 멸(滅)하는 각명(覺明)을 통해, 제식(諸識)의 장애가 사라지므로, 본성 공능(功能)의 불지(佛智), 5지(五智)의 걸림 없는 무애자재(無礙自在)한 불가사의 원융원만5지(圓融圓滿五智)의 성품에 들게 된다. 이 5종(五種)의 지혜는, 5음(五陰)인 제식(諸識)의 작용이 아닌, 무생(無生) 본성공능(本性

功能)의 작용이니, 능소(能所) 분별의 수상행식(受想行識)인 식심(識心)이 아니므로, 식심(識心)의 작용을 5종(五種)의 지혜를 생각하면 안된다. 식심(識心)의 분별은, 5지(五智)의 원융원만성(圓融圓滿性)을 가로막고 장애(障礙)할 뿐이다. 그러므로, 무상법품 요해구절(了解句節) 54에, 본성(本性)의 모습을 관(觀)하면, 참 성품[理]은 스스로 충만하고 구족함이니, 천(千) 가지 생각과 만(萬) 가지 헤아림이, 참 성품[理]의 도[道:行]에 이롭지 않다고 하였다.

깨달음이 무생본성(無生本性)에 들면, 법계체성지(法界體性智)를 더한, 위의 구절에서 설한 일각(一覺)의 4홍지(四弘智)를, 생멸(生滅)이 끊어진 완전한 무생공능(無生功能)인, 무량(無量) 무한(無限) 무궁(無窮)의 원만구족(圓滿具足)한, 4종(四種) 지혜의 성품을 깨닫게 된다. 이 4종(四種) 지혜는 곧, 본성공능(本性功能)이며, 여래장(如來藏) 성품의 공능(功能)이다. 이 무생공능(無生功能)이, 이 경(經)에서 설해지는 성품의 공능(功能) 이(利)의 세계이다. 이는, 본성공능(本性功能)의 세계이다. 상(相)에 머묾이 타파되어, 제식(諸識)이 멸하는 무위(無爲)에 들면, 각력(覺力)의 상승을 따라, 무생본성(無生本性) 원융공능(圓融功能)을 장애(障礙)하는 식(識)인 6근, 6식, 7식, 8식이 끊어짐으로, 이 지혜성품의 세계를 하나하나 열어가게 된다. 그 과정이 대승지(大乘智), 일승지(一乘智), 일불승지(一佛乘智), 불승지(佛乘智)이다.

6근(六根)이 끊어진 지혜성품이 성소작지(成所作智)이다. 이는 색성향미촉법(色聲香味觸法)의 무아(無我)를 깨달아, 6근(六根)의 수(受)의 작용이 끊어져, 성소작지(成所作智)에 들게 된다. 6경무아(六境無我)를 깨달아 6근(六根)이 끊어지면, 색성향미촉법의 상(相)이 끊어져, 6식상(六識相)이 공(空)한, 6식공(六識空)에 들게 된다.

6식(六識)이 끊어진 지혜성품이 묘관찰지(妙觀察智)이다. 이는 색성향미촉법(色聲香味觸法)의 무아(無我)를 깨달아, 6근(六根)인 수(受)의 작용이 끊어지므로 상(相)이 공(空)하여, 6식(六識)의 상(相)이 더불어 끊어져, 공(空)에 듦이다. 묘관찰지(妙觀察智)의 지혜성품에 듦이 대승지(大乘智)이다. 묘관찰(妙觀察)이 곧, 일체상이 실체(實體)가 없는 공(空)임을 아는 지혜이다.

7식(七識)이 끊어진 지혜성품이 평등성지(平等性智)이다. 이는 상(相)도 공(空)도 초월하여, 성품의 평등에 든 지혜성품이니, 이 지혜성품이 이사무애지(理事無礙智)이며, 이 지혜성품에 듦이 일승지(一乘智)이다. 이 지혜성품이 무엇에도 물듦 없는 무염진여지(無染眞如智)이다.

8식(八識) 출입식(出入識)이 끊어진 지혜성품이 대원경지(大圓鏡智)이다. 이는 대승공(大乘空)도, 일승진여(一乘眞如)도 초월한, 사사원융지(事事圓融智)이며, 이 지혜성품에 듦이 일불승(一佛乘)이다. 이 지혜성품이, 쌍차쌍조(雙遮雙照)의 지혜작용이 이루어지는, 원융각명지(圓融覺明智)이다.

8식(八識) 함장식(含藏識)이 끊어진 지혜성품이, 무위체성지(無爲體性智)이다. 이는 대승공(大乘空)도, 일승진여(一乘眞如)도, 일불승원융각(一佛乘圓融覺)도 초월한 불승(佛乘)이다. 이는, 부동열반성지(不動涅槃性智)이다. 불승(佛乘)은, 무위(無爲)의 최상지(最上智)이며, 무위(無爲)의 성품을 벗어나면, 무생(無生) 결정성(結定性)에 들어, 무위(無爲)가 끊어진 불지(佛智), 여래결정성(如來結定性)에 든다.

이 경(經)에서 드러내는 지혜성품은, 4지(四智)와 무생지(無生智)인 결정성지(結定性智)로 이루어져 있다. 무생(無生) 결정성(結定性)인 여래결정성(如來結定性)이, 대일여래(大日如來)의 법계체성지(法界體性智)이다. 4지(四智)에도, 보살전변지(菩薩轉變智)인 무위4지(無爲四智)와 불지(佛智) 원융4지(圓融四智)가 있다. 보살전변지(菩薩轉變智)의 무위4지(無爲四智)는, 각성작용의 차원을 따라, 점차 제식(諸識)을 타파하며 증득하는 무위지혜이다. 불지(佛智)의 원융4지(圓融四智)는, 무생(無生) 결정성(結定性)인 불지원융4지(佛智圓融四智)이다. 이 경(經)에는, 4종지혜(四種智慧)의 성품인 성소작지(成所作智)와 묘관찰지(妙觀察智)와 평등성지(平等性智)와 대원경지(大圓鏡智)의 지혜성품과 작용에 대해서만 언급하였다. 이 경(經)에서 법계체성지(法界體性智)의 지혜성품에 대해, 언급하거나 드러내지 않았으나, 무생(無生) 결정성(結定性)인 여래결정성(如來結定性)이, 대일여래(大日如來) 5지(五智)의 법계체성지(法界體性智)에 해당한다. 왜냐면, 무생결정성(無生結定性)이 무생본성(無生本性)으로, 전변식(轉變識)의 최상지(最上智)인, 무생부동불지(無生不動佛智)이기 때문이다. 무생결정성(無生結定性)은, 8식(八識) 함장식(含藏識)을 전변(轉變)한 불승(佛乘)의 부동열반성(不動涅槃性)인, 무위체성지(無爲體性智)까지 전변(轉變)하여 끊어진, 무상불지(無上佛智)의 성품이다.

대일여래(大日如來)의 법계체성지(法界體性智)는, 9식(九識) 암마라식(菴摩羅識)을 전변(轉變)하여 든 지혜이다. 이 경(經)에서는, 9식(九識) 암마라식(菴摩羅識)을 무생결정성(無生結定性)인 불지(佛智)로 드러내고 있다. 그렇다고 이 경(經)에서 설하는, 9식(九識) 암마라식(菴摩羅識)을 전변(轉變)하여, 법계체성지(法界體性智)에 든 것은 아니다. 왜냐면, 이 경(經)에서 설하는 9식(九識) 암마라식(菴摩羅識)은, 본성(本性)인 무생결정성(無生結定性)이며, 최종(最終) 무상불지(無上佛智)이므로, 염식(染識)이 아닌 무생본성(無生本性)이니, 전변(轉變)할 수가 없기 때문이다. 이 식종(識種)의 차이는, 각 종론(宗論)의 성격에 따라, 식(識)의 설정과 규정에 따른 차이가 있다. 9식(九識) 암마라식(菴摩羅識)을 전변(轉變)하여 대일여래(大日如來)의 법계체성지(法界體性智)에 든다면, 법계체성지(法界體性智)에 든 전변(轉變)한 9식(九識) 암마라식(菴摩羅識)은, 무생결정성(無生結定性)이 전변(轉變)한 것이 아니라, 8식(八識) 출입식(出入識)이 끊어져 대원경지(大圓鏡智)에 드니, 염정식(染淨識)인 8식(八識) 함장식(含藏識)이, 법계체성지(法界體性智)에 든 전변(轉變)한, 9식(九識)에 해당한다. 또한, 법계체성지(法界體性智)는, 9식(九識)을 전변(轉變)한 지혜이므로, 법계체성지(法界體性智)는 10식(十識)에 해당한다. 그러므로, 대일여래(大日如來)의 5지(五智)는, 10종식(十種識)의 체계를 바탕하여 이루어진, 지혜성품의 세계이다. 법계체성지(法界體性智)가 9식(九識)을 전변(轉變)하였어도, 다른 식(識)의 전변(轉變)처럼, 전변한 식(識)의 차원층(次元層) 자재성품(自在性品)인, 9식(九識) 자재층(自在層)의 성품종성(性品種性)이 아닌 10식(十識)임은, 무상지(無上智)이니, 전변한 9식(九識) 층(層)의 자재(自在)까지 초월하여, 모든 식(識)의 차별차원을 벗어난, 무생결정성(無生結定性)인 인(印)에 들었기 때문이다.

이 경(經)은, 9종식(九種識)의 체계를 바탕으로 하였으며, 9식(九識)을 최상식(最上識)으로 본성인 암마라식(菴摩羅識)이라 규정하여, 설법이 이루어진다. 식(識)의 종류를 논(論)하고 설정(設定)함에는, 각 종논(宗論)의 특성에 따라, 다를 수가 있다. 이 차별은, 8종식(八種識)과 9종식(九種識)과 10종식(十種識)의, 식(識)의 기본 설정에 의한 차별이다. 10종식(十種識)일 때는, 8식(八識)은 출입식(出入識)이며, 9식(九識)은 함장식(含藏識)이며, 10식(十識)은 청정본성(清淨本性)이다. 9종식(九種識)일 때는, 8식(八識) 속에 출입식(出入識)과 함장식(含藏識)을 같은 차원의 식(識)으로 묶으며, 9식(九識)을 청정본성(清淨本性)으로 한다. 8종식(八種識)일 때는, 8식(八識)이 염정식(染淨識)이 된다. 왜냐면, 8식(八識) 안에 출입식(出入識)과 함장식(含藏識)과 청정본성(清淨本性)을 함께 묶으므로, 8식(八識)이 오염식(汚染識)과 청정식(清淨識)이 함께 있는, 염정식(染淨識)이 되기 때문이다.

식(識)의 구분과 설정을 어떻게 하느냐는 것은, 논(論)의 주체적 설정과 성격에 따라 달라진다. 여기에 따른 합리적 통일성을 못 갖추는 것은, 8식(八識) 출입식(出入識) 이상은, 감각과 의식(意識)으로 헤아려 알 수도 없고, 출입식(出入識)보다 더 깊은 차원의 식(識)에 대한 것을 논(論)하는 것은, 6근(六根) 위주의 현실적 삶에서는 인식하지도 못하는, 무의식(無意識)인 8, 9, 10식(十識)에 대한 실질적 중요한 의미를 갖지 못하기 때문이다. 그러나, 수행의 각력(覺力)이, 8식(八識) 출입식(出入識)의 차원을 넘어가면, 모든 차원의 미세한 무명염식(無明染識)을, 모두 타파하여 무상불지(無上佛智)에 이르게 되므로, 이러한 수행점검이 요구되는, 수행경계의 상황에서는, 어떤 차원의 무명염식(無明染識)이어도, 그냥 외면하여 무시할 수가 없다. 왜냐면, 지혜의 상승을 따라, 각 차원의 무명염식(無明染識)을 모두 타파해 벗어나야, 무상무생불지(無上無生佛智)에 이르기 때문이다. 무상(無上)을 향한 수행길은, 염정식(染淨識)에 대해 밀밀하고 명확한 심층지혜(深層智慧)로, 8식, 9식, 10식의 경계를, 명확히 분별하고, 무명(無明)의 일체 염식(染識)을 타파해 벗어나므로, 무상무생불각(無上無生佛覺)에 이르게 된다. 무엇이든, 보이고 촉각하며 인지되는 것은 무시할 수 없지만, 보이지 않고, 촉각 되지 않으며, 인지할 수 없는 것은 무시되기 마련이다. 그러나, 무상무생불지(無上無生佛智)에 이르는 길은, 6근(六根)의 촉각과 감각으로는 헤아려 알 수 없는, 무명염식(無明染識)의 일체식(一切識)을 타파하여, 무생본성(無生本性)의 불각(佛覺)에 이르는 지혜 길이다. 그 길은, 무상무생(無上無生)을 향해 제식(諸識)을 타파하여, 전변(轉變)하는 지혜의 길이니, 어떤 식(識)이든 타파하여, 끊어지지 않으면 이를 수 없는, 무상무생불지(無上無生佛智)의 길이다.

제식(諸識)이 끊어진 지혜전변각(智慧轉變覺)인 대일여래(大日如來)의 5지(五智)에, 9식(九識) 암마라식(菴摩羅識)을 전변(轉變)하여 법계체성지(法界體性智)에 들어도, 그 9식(九識)이, 이 경(經)에서 설(說)하는, 9식(九識) 암마라식(菴摩羅識)을 전변하여 든 것이 아님은, 암마라식(菴摩羅識)이 타파되어 전변한다면, 그 암마라식(菴摩羅識)은 무생결정성

(無生結定性)의 성품이 아닌, 염식(染識)이기 때문이다. 이 경(經)에서 설(說)하는 9식(九識) 암마라식(菴摩羅識)은 염식(染識)이 아니므로, 타파하여 파괴하거나 전변할 수 없는, 무생결정성(無生結定性)인 청정본성(淸淨本性)이다. 그리고, 9식(九識) 암마라식(菴摩羅識)을 전변하여 법계체성지(法界體性智)에 든다면, 법계체성지(法界體性智)는 9식(九識)이 전변하여 든 식(識)이니, 법계체성지(法界體性智)는 곧, 10식(十識)이다. 식(識)을 10종식(十種識)으로 설정하고 규정하였으니, 8식(八識) 출입식(出入識)이 끊어져 대원경지(大圓鏡智)에 들므로, 암마라식(菴摩羅識)을 전변하여 법계체성지(法界體性智)에 드는 그 전변(轉變)의 9식(九識) 암마라식(菴摩羅識)은 곧, 8식(八識) 함장식(含藏識)이다. 암마라식(菴摩羅識)은 청정식(淸淨識)이란 뜻이니, 이 암마라식(菴摩羅識) 청정식(淸淨識)은 3종(三種)의 암마라식(菴摩羅識)이 있다. 첫째는 8식(八識) 함장식(含藏識)은, 동식(動識)의 오염식(汚染識)이 아닌 부동정식(不動靜識)이므로 청정식(淸淨識)이다. 둘째는 함장식(含藏識)을 타파하여 든 불승(佛乘) 부동열반성(不動涅槃性)이다. 셋째는 청정본성(淸淨本性)이다. 불승(佛乘)이 함장식(含藏識)을 타파하여 부동열반성(不動涅槃性)에 들어도, 여래장법계체성지(如來藏法界體性智)가 아닌 무위체성지(無爲體性智)임은, 아직, 시각(始覺)과 본각(本覺)이 둘 다 끊어지지 않아, 무위지혜성품인 부동열반성(不動涅槃性)의 지혜작용을 벗어나지 못했기 때문이다.

그러므로, 여기에서 함장식(含藏識)을 타파하여 든 불승(佛乘) 부동열반성(不動涅槃性)은 무위체성(無爲體性)이며, 대일여래(大日如來)의 법계체성지(法界體性智)는 불승(佛乘)의 부동열반성(不動涅槃性)도 끊어진 무생결정성(無生結定性)으로 청정본성(淸淨本性)이며, 일체총지성(一切總持性)인 법계체성지(法界體性智)이다. 이 차이는, 불승(佛乘)의 부동열반성(不動涅槃性)은 무위무생법인지(無爲無生法忍智)이며, 대일여래(大日如來)의 법계체성지(法界體性智)는 결정무생법인지(結定無生法印智)이다.

이 지혜성품의 차별은, 무위열반보살지(無爲涅槃菩薩智)와 결정성불지(結定性佛智)이다. 두 지혜 또한, 불가사의함이라, 무생결정성(無生結定性)에 들지 못하면, 두 지혜성품의 차별을 알 수가 없다. 불승(佛乘)은 무위구경열반체성지(無爲究竟涅槃體性智)이며, 무생결정성(無生結定性)은, 일체 무위지혜까지 끊어진 여래결정성(如來結定性)이다.

이 경(經) 여래장품(如來藏品) 요해구절(了解句節) 362에서는 대원경지(大圓鏡智)를 구경지(究竟智)라고 했으며, 실다운 구족한 불(佛)의 도(道)에 듦이라고 했다. 대원경지(大圓鏡智)가 구경지(究竟智)라 하여도, 무상불지(無上佛智)가 아니다. 대원경지(大圓鏡智)를 구족불도(具足佛道)인 구경지(究竟智)라 하여도, 이는 불각(佛覺)이 아닌, 원융각(圓融覺)에 든 무위구경각명지(無爲究竟覺明智)이니, 지혜가 대원경지(大圓鏡智)를 벗어나지 못한 수행자에게는, 구경지(究竟智)라는 말에, 불각(佛覺)으로 잘못 인식할 수도 있다. 이 경(經)은, 불각(佛覺)의 지혜성품, 여래결정성(如來結定性)의 경계에서 설(說)해지는 경(經)이므로, 한결같이 경(經) 전체가, 결정성(結定性) 무생법인(無生法印)인, 여래(如來)의 결정각(結定覺)에서, 경(經)이 설해지고 있다. 지혜의 성품과 경계는, 각력(覺力)의 차원에 따라 각각 다르므로, 자신이 직접 경험하지 않고, 체험하지 않은 것을 글로 접하며, 지혜경계의 이치를 구하거나 세심히 살펴도, 지혜 차별차원의 성품과 그 경계를 드러냄이 자세하고 명확하지 않으면, 지혜의 성품과 경계를 명확히 분별할 수가 없다. 또한, 지혜전변(智慧轉變)의 차별차원을 체험하지 않으면, 글로만 이해하는 것에는 한계가 있다. 이 경(經)은, 여래(如來)의 결정경계(結定境界), 여래결정성(如來結定性)의 불지혜(佛智慧)를, 처음부터 끝까지 일관(一貫)되게 설하며, 불각(佛覺)의 무생지혜(無生智慧)인, 결정실제(結定實際)의 본각리행(本覺利行)으로, 모두를 이끌고 있다. 그 무생본성(無生本性)의 지혜로, 바로 깨달음의 수행과 깨달은 지혜를 점검 하는, 무상(無上)

지혜의 가르침이 다양하고 자상히 설해져 있어, 불각(佛覺)을 향한 모든 수행자에게는, 이 경(經)의 지혜가, 무상불각(無上佛覺)을 향한 정각정지정행(正覺正智正行)의 최상경(最上經)이며, 무상경(無上經)이다.

○**171.** 중생의 성품이 무루(無漏)이나, 아직 항복 받지 못하였다.

佛言 如是 何以故 一切衆生 本來無漏 諸善利本
불언 여시 하이고 일체중생 본래무루 제선이본

今有欲刺 爲未降伏
금유욕자 위미항복

부처님께옵서 말씀하옵기를, 그러하니라. 무엇 때문이냐면, 일체중생이, 본래 무루(無漏)이기 때문이니라. 모든 선근(善根)의 실제[利:實際] 본성(本性)으로, 욕망의 미혹이 있음을 아직, 항복하지 못하였느니라.

♣ 부처님께옵서 말씀하옵기를, 그러하니라. 중생의 몸에 원만한 4종대지(四種大智)인, 그 성품이 청정하여 맑고 투명한 유리(琉璃)와 같은 대원경지(大圓鏡智)와 그 성품이 항상 평등하여 저 대지(大地)와 같은 평등성지(平等性智)와 그 성품 각(覺)의 묘관찰(妙觀察)의 지혜가 일광(日光)과 같은 묘관찰지(妙觀察智)와 본성 성품의 실제(實際)인 큰 법비[法雨]와 같은 성소작지(成所作智)의 큰 지혜가 충만해 있음이니, 무엇 때문이냐면, 일체중생이 본래 무생(無生)이며, 무루(無漏)이기 때문이니라. 무생(無生)이며 무루(無漏)인 모든 선근(善根)의 실제[利:實際] 본성(本性)으로, 일체 욕망의 미혹을 제거해야 하나, 아직 항복하지 못하였느니라.

● **무루(無漏):** 본성을 일컬음이다. 무루(無漏)의 뜻은 식(識)의 출입이 없어, 일체 식(識)의 작용이 끊어진 것이 무루(無漏)이다. 이는, 수행으로 형성하거나, 성취하거나, 완성하는 것이 아니므로, 본래 일체 경계가 끊어진 마음으로 곧, 본성을 일컬음이다. 무루(無漏)에 들려면, 자아(自我)가 끊어지고, 능소(能所)의 출입식(出入識)이 끊어져야 한다.

◯**172.** 중생(衆生)이 법(法)을 집착하면, 어떻게 조복(調伏)해야 하옵니까?

無住菩薩言 若有衆生 未得本利 猶有採集 云何降伏難伏
무 주 보 살 언 약 유 중 생 미 득 본 리 유 유 채 집 운 하 항 복 난 복

무주보살이 말씀 사뢰오며 여쭈옵기를, 만약, 중생이 있어, 본성(本性) 실제[利:實際]를 얻지 못하여, 오히려, 법(法)을 쌓고 모은다[採集]면, 어떻게 하면, 항복 받기 어려운 것을, 조복(調伏)하겠사옵니까?

♣ 무주보살이, 말씀 사뢰오며 여쭈옵기를, 만약 중생이 있어, 무루 (無漏)의 본성(本性)인 무생(無生) 실제[利:實際]에 들지 못해, 오히려, 미혹으로, 법상(法相)을 일으켜 법(法)을 집착하며, 오히려 법상(法相) 을 쌓고 모은다면, 어떻게 하면, 항복받기 어려운 것을 조복(調伏)해, 벗어날 수가 있사옵니까?

◯**173.** 공(空)에 들어, 5음(五陰)이 끊어진 반열반(般涅槃)에 들어야 한다.

佛言 若集若獨行 分別及以染[論: 分別及與染] **廻神住空窟**
불 언 약 집 약 독 행 분 별 급 이 염 [논: 분별급여염] 회 신 주 공 굴

降伏難調伏 [續1(있음): 遠離諸欲刺] **解脫魔所縛**
항 복 난 조 복 [속1 (있음): 원리제욕자] 해 탈 마 소 박

超然露地坐 識陰般涅槃
초 연 노 지 좌 식 음 반 열 반

부처님께옵서 말씀하옵기를, 만약, 법(法)을 쌓고 모으거나, 만약 독각 (獨覺)의 행을 하거나, 여러 것에 물들어 법을 분별한다면, 정신을 돌이 켜, 공(空)에 머물러 사무치면, 항복(降伏)하기 어려운 것을 조복(調伏)하 며, [속1: 모든 욕망을 제거하여 멀리 벗어나] 마(魔)의 속박으로부터 해탈 하여, 초연(超然)히 본연(本然)의 성품[露地]에 들어[坐], 식(識)의 5음(五 陰)이 끊어진, 반열반(般涅槃)에 드느니라.

♣ 부처님께옵서 말씀하옵기를, 만약, 법(法)을 집착하여 탐하며, 업 (業)을 쌓고 모으거나, 만약, 2승(二乘)의 선정삼매(禪定三昧)와 깨달 음을 얻고자 독각(獨覺)의 수행을 하거나, 만약, 여러 종류의 법(法)

과 수행에 물이 들어, 앎의 사량과 분별의 헤아림으로 법(法)을 분별한다면, 정신을 돌이켜 공(空)에 깊이 사무치면, 항복하기 어려운 것을 조복하며, 모든 욕망을 제거하여 멀리 벗어나, 마(魔)의 속박으로부터 해탈하여, 초연히 본 성품에 들어, 색수상행식 5음(五陰)이 끊어진, 반열반(槃涅槃)에 드느니라.

□ 고(高), 대(大), 속1,2(續1,2) 경(經)에 분별급이념(分別及以染)이, 논(論) 경(經)에는 분별급여염(分別及與染)으로 되어 있다.

□ 고(高), 논(論), 대(大), 속2(續2) 경(經)에 없는 구절이, 속1(續1) 경(經)에는 원리제욕자(遠離諸欲刺)가 있다.

□ 속1경구(續1經句)

원리제욕자(遠離諸欲刺): 모든 욕망을 제거하여 멀리 벗어난다.

● **반열반(般涅槃):** 열반에 드는 인연사를 따라, 열반을 이름하는 종류는 많아도, 열반의 체성(體性)은 생멸 없는 무생본성(無生本性)이니, 열반의 이름이 다르다하여, 열반의 성품이 둘일 수가 없고, 열반의 성품이 다를 수 없어, 열반이 차별이 있을 수가 없다. 만약 차별이 있다면, 깊고 얕음의 차별과 열반에 드는 인연사가 다를 뿐이다. 그러나 만약, 차별 속에 있는 열반이면, 본성의 무생열반(無生涅槃)이 아니다. 무생열반(無生涅槃)은 무생결정성(無生結定性)이니, 취하거나, 얻었거나, 성취하였거나, 머무르는 열반은, 무생열반(無生涅槃)이 아닌 상념(想念)의 열반이므로, 깨어지고 부서지며 파괴되는 열반이다. 이 구절에서의 반열반(般涅槃)은, 본성에 들어, 5음(五陰)이 끊어진 열반을 반열반(般涅槃)이라 하였다. 반열반(般涅槃)은 곧, 무생열반(無生涅槃)이다. 무생(無生)은 본성이며, 열반(涅槃)은 생멸이 없음이니, 본성열반(本性涅槃)이 무생열반(無生涅槃)이다. 반열반(般涅槃)은, 무생반야열반(無生般若涅槃)이다.

○ **174.** 반연(伴緣) 없는 독각(獨覺)의 열반(涅槃)에 머물면, 해탈이옵니까?

無住菩薩言 心得涅槃 獨一無伴 常住涅槃 應當解脫
무 주 보 살 언 심 득 열 반 독 일 무 반 상 주 열 반 응 당 해 탈

무주보살이 말씀 사뢰오며 여쭈옵기를, 마음이 열반(涅槃)을 얻어, 독각(獨覺)의 반연[伴:伴緣:對相] 없는, 한 경계(境界)에 항상 머무른 열반(涅槃)이오면, 응당 해탈이옵니까?

♣ 무주보살이, 말씀 사뢰오며 여쭈옵기를, 마음이 열반(涅槃)을 얻어, 반연(伴緣)의 대상심(對相心)이 일어나지 않는 2승(二乘)인, 독각(獨覺)의 한 경계에 항상, 머무른 열반이오면, 응당 해탈이옵니까?

● **독일무반(獨一無伴):** 독각(獨覺)이 분별의 경계심이 일어나지 않는, 대(對)가 없는 한 경계이다. 이는 2승(二乘)의 열반이다. 무반(無伴)은 반연(伴緣)이 없음이니, 이는 대상심(對相心)이 없음이다.

○ **175.** 열반(涅槃)에 머묾은, 열반(涅槃)에 속박(束縛)됨이다.

佛言 常住涅槃 是涅槃縛
불 언 상 주 열 반 시 열 반 박

부처님께옵서 말씀하옵기를, 항상 열반(涅槃)에 머묾은, 이것은, 열반(涅槃)에 속박(束縛)됨이니라.

♣ 부처님께옵서 말씀하옵기를, 항상 열반(涅槃)에 머묾은, 머무름의 열반(涅槃)이니, 이것은 상념(想念)의 유위열반(有爲涅槃)이므로 곧, 열반(涅槃)에 얽매임이며 속박됨이니라.

■ 2종(二種)의 지혜

지혜에는 2종(二種)의 특성이 있으니, 열반(涅槃)과 보리(菩提)이다. 열반(涅槃)은 부동(不動)이며, 보리(菩提)는 원융(圓融)이다. 부동(不動)은 적멸(寂滅)이며, 원융(圓融)은 각명(覺明)이다. 열반(涅槃)은 동(動)이

끊어진 성품이며, 보리(菩提)는 상(相)이 끊어진 성품이다. 열반(涅槃)은 동(動)의 자재(自在)에 들어 부동성(不動性)에 들고, 보리(菩提)는 상(相)의 자재(自在)에 들어 원융성(圓融性)에 든다. 열반(涅槃)은 부동성(不動性)으로 적멸(寂滅)에 들며, 보리(菩提)는 원융성(圓融性)으로 각명(覺明)에 든다. 열반(涅槃)의 무상(無上)은 무생정(無生定)에 들고, 보리(菩提)의 무상(無上)은 무생각(無生覺)에 든다. 무생정(無生定)은 본성각(本性覺)과 불이(不二)이며, 무생각(無生覺)은 본성정(本性定)과 불이(不二)이다. 무생정(無生定)과 무생각(無生覺)이 불이(不二)이면, 무생정(無生定)과 무생각(無生覺)이 파괴됨이 없는, 무생불이일성(無生不二一性)인 결정성(結定性)으로, 인(印)을 이룬다. 정(定)과 각(覺)이, 무생일성(無生一性) 결정성(結定性)인 인(印)을 이루지 못하면, 정(定)은 정(定)에, 각(覺)은 각(覺)에 치우침이 있어, 무생일성(無生一性)의 본연무연중절대성(本然無然中絕對性)인 결정성(結定性)에 들지 못하니, 각력상승(覺力上昇)으로, 구경정(究竟定)은 무생각(無生覺)에 증입해, 정(定)과 각(覺)이 끊어진 결정성(結定性)으로 인(印)에 들며, 구경각(究竟覺)은 무생정(無生定)에 증입해, 각(覺)과 정(定)이 끊어진 결정성(結定性)으로 인(印)에 든다. 결정성(結定性)인 무생일성(無生一性)의 인(印)을 이루면, 정(定)도 각(覺)도 끊어진 무생본연정각불이원융일성(無生本然定覺不二圓融一性)인, 무상무생불지(無上無生佛智)의 결정성(結定性)을 이룬다. 무생일성원융지(無生一性圓融智)가 본연무연중절대성(本然無然中絕對性)으로 무생지법계체성(無生智法界體性), 무생지대원경(無生智大圓鏡), 무생지평등성(無生智平等性), 무생지묘관찰(無生智妙觀察), 무생지성소작(無生智成所作)의 5지원융(五智圓融)이다.

○ **176.** 열반(涅槃)이 본각(本覺) 성품이며, 본각(本覺)이 열반(涅槃)이다.

何以故 涅槃本覺利 利本覺涅槃[論: 利本涅槃][續1,2: 覺利本涅槃]
하 이 고 열 반 본 각 리 이 본 각 열 반 [논: 이본열반][속1,2: 각리본열반]

무엇 때문이냐면, 열반(涅槃)이, 본각(本覺)의 실제[利:實際]이며, 실제[利:實際] 본각(本覺)이, 열반(涅槃)이니라.

♣ 열반(涅槃)에 머묾이 속박임은 무엇 때문이냐면, 머물 수 없는 무생(無生) 열반(涅槃)이 본각(本覺)의 실제[利:實際]이며, 머물 곳 없는 무생(無生) 실제[利:實際] 본각(本覺)이 곧, 열반(涅槃)이니라.

□ 고(高), 대(大) 경(經)에 이본각열반(利本覺涅槃)이, 논(論) 경(經)에는 이본열반(利本涅槃)으로, 속1,2(續1,2) 경(經)에는 각리본열반(覺利本涅槃)으로 되어 있다.

□ 논경구(論經句)
열반본각리 이본열반(涅槃本覺利 利本涅槃): 열반이 본각의 실제[利:實際]이며, 실제[利:實際]가 본(本) 열반이니라.

□ 속1,2경구(續1,2經句)
열반본각리 각리본열반(涅槃本覺利 覺利本涅槃): 열반이 본각의 실제[利:實際]이며, 각[覺:本覺]의 실제[利:實際]가 본(本) 열반이니라.

● 위 구절의 뜻은, 열반(涅槃)이 곧, 본각(本覺)의 성품이며, 본각(本覺)이 곧, 열반(涅槃)의 성품이란 뜻이다. 이는, 열반(涅槃)과 본각(本覺)이 한 성품임을 일컬음이다. 생멸(生滅) 없고 동(動)함 없음이 열반(涅槃)이니, 이는 곧, 무생(無生)의 성품이다. 본각(本覺) 또한 무생본각(無生本覺)이니, 열반(涅槃)과 본각(本覺)은 무생본성(無生本性)의 한 성품이다. 본(本) 성품, 한 성품을 열반(涅槃)이며, 본각(本覺)이라고 함은, 본(本) 성품이 생멸이 끊어져 부동(不動)이므로, 열반(涅槃)이라고 하며, 본(本) 성품이 두루 밝아, 항상 깨어 있으므로 본각(本覺)이라고 한다.

■ 이(利)

이(利)는, 본성(本性)인 여래장(如來藏) 성품의 공능(功能)을 일컬음이다. 왜, 이(利)라고 하는가 하면, 본성(本性)은 일체공덕총지(一切功德總持)의 성품으로, 본연(本然)의 부사의 공덕(功德), 생(生)이 없는 무생(無生)의 결정성(結定性)인, 무상공능(無相功能)을 행하므로 일체 미혹을 벗게 하며, 무량(無量) 제불(諸佛)의 불가사의 지혜와 일체 생명세계와 일체 만물만상(萬物萬相)의 일체 공덕을 유출하는, 부사의 공덕(功德)을 행하기 때문이다. 이(利)는, 본성의 무상공능(無相功能)이니, 무상(無相)은, 공능행(功能行)이 상(相)이 없음이다. 공(功)은, 성품이 가진 무한 불가사의 공덕(功德)을 유출하는, 공덕총지성(功德總持性)을 일컬음이다. 능(能)은, 그 일체총지(一切總持)의 부사의 작용이 원융자재(圓融自在)하여, 무엇에도 걸림 없는 자재성(自在性)이다. 공(功)은, 일체공덕총지(一切功德總持)이며, 능(能)은, 무엇에도 걸림 없는 원융공덕총지행(圓融功德總持行)이다. 이는, 성품의 무상공능(無相功能)으로, 보고, 듣는 시방(十方) 일체만물(一切萬物)과 일체 불세계(一切佛世界)와 본성(本性)과 본각(本覺)과 열반(涅槃)의 일체(一切) 작용이 곧, 이 무상공능(無相功能)의 실제(實際)세계이다. 이 공능(功能)을 일컬어, 이(利)라고 한다. 이(利)는, 이익(利益)을 일컬음이 아닌 성품의 실제(實際)로, 무상공능(無相功能) 공덕총지(功德總持)의 성품 특성을 일컫고, 그 부사의 작용을 드러냄이다. 이는, 성품의 무상공능총지(無相功能總持)이니 곧, 공능(功能)의 성품, 실제(實際)를 일컬음이다. 이(利)는 곧, 성품의 무상총지공능(無相總持功能)의 부사의 실제(實際)이다.

◯ **177.** 열반(涅槃)과 각(覺)을 분리(分離)하면, 본각(本覺)을 나눔이다.

涅槃覺分 即[大:續1,2: 卽]本覺分
열 반 각 분 즉 [대:속1,2: 즉] 본 각 분

열반(涅槃)과 본각[覺:菩提:本覺]을 나누면 곧, 본각(本覺)을 나눔이 되느니라.

♣ 열반(涅槃)과 본각(本覺)을 다르게 생각하여, 분리한다면 곧, 본래 무생(無生) 성품의 본각(本覺)을 나누어, 분리(分離)시킴이 되느니라.

□ 고(高), 논(論), 경(經)에 즉(即)이, 대(大), 속1,2(續1,2) 경(經)에는 즉(卽)으로 되어 있다.

○**178.** 각(覺)과 열반(涅槃)이 본래 무생(無生)한 성품이니, 다름이 없다.

覺性不異 涅槃無異 覺本無生 涅槃無生 覺本無滅
각 성 불 이　열 반 무 이　각 본 무 생　열 반 무 생　각 본 무 멸

涅槃無滅 涅槃覺本無異故[論:續1,2: 涅槃本故]
열 반 무 멸　열 반 각 본 무 이 고　[논:속1,2: 열반본고]

각[覺:本覺]의 성품도 [열반(涅槃)과] 다르지 않으며, 열반(涅槃)도 [각(覺)의 성품과] 다름이 없다. 각[覺:本覺]이 본래 무생(無生)이므로 열반(涅槃)도 무생(無生)이며, 각[覺:本覺]이 본래 멸(滅)함이 없어 열반(涅槃)도 멸(滅)함이 없음이니, 열반(涅槃)과 각[覺:本覺]이, 본래 다름없는 까닭이니라.

♣ 각[覺:本覺]의 성품도 무생(無生)의 한 성품이라 나뉘거나 다를 수 없으며, 열반(涅槃)도 무생(無生)의 한 성품이라 나뉘거나 다를 수 없느니라. 각[覺:本覺]이 본래 무생(無生) 결정성이므로 열반(涅槃)도 무생(無生) 결정성이며, 각[覺:本覺]이 무생(無生) 결정성이므로 멸(滅)함이 없어, 열반(涅槃)도 무생(無生) 결정성이므로 멸(滅)함이 없느니라. 이는 열반(涅槃)과 각[覺:本覺]이 본래 다름없는, 한 성품인 까닭이니라.

□ 고(高), 대(大) 경(經)에 열반각본무이고(涅槃覺本無異故)가, 논(論), 속1,2(續1,2) 경(經)에는 열반본고(涅槃本故)로 되어 있다.

□ 논:속1,2경구(論:續1,2經句)

열반본고(涅槃本故): 열반이 본 성품인 까닭이니라.

● **각성불이 열반무이(覺性不異 涅槃無異):** 각성(覺性)도 이[異:差別性]가 아니므로, 열반(涅槃)도 이[異:差別性]가 없다. 각성불이(覺性不異)와 열반무이(涅槃無異)의 불이(不異)와 무이(無異)는, 본각(本覺)과 열반(涅槃)의 성품이 차별상(差別相)이 아닌 불이(不二)의 무생(無生)성품임을 일컬음이다. 이는 곧, 무생(無生)임과 결정성(結定性)임과 여(如)의 성품임을 드러냄이다. 이는, 유무(有無)와 생멸(生滅)의 상(相)이 아님을 일컬음이다. 유무(有無)와 생멸(生滅)의 일체상(一切相)은, 일체(一

切)가 차별(差別) 속에 있는 이(異)이니, 곧, 이상(異相)이며, 이성(異性)이다. 이는, 생멸(生滅)과 유무(有無)의 세계, 이(異)인 상(相)의 대(對) 차별 속에 있는 차별세계 이(異)의 존재이다. 이(異)는 차별 속에 있는 상(相)의 존재(存在)란 뜻이다. 이상(異相)과 이성(異性)에는 같음도 있고, 다름도 있고, 같지 않음도 있고, 다르지 않음도 있다. 일체(一切) 차별(差別)을 벗어난, 무생성(無生性)인 결정성(結定性)은 대(對)가 끊어져, 이상(異相)과 이성(異性)뿐만 아니라, 같음도 없고 다름도 없으며, 같지 않음도 없고 다름 없음도 없다. 왜냐면, 일체(一切) 분별(分別)의 상(相)과 견(見)과 식(識)과 사유(思惟)를 벗어났기 때문이다. 그 까닭은 무생(無生)이며, 결정성(結定性)이기 때문이다. 무생(無生)이란, 생멸(生滅)이 없음을 일컬을 뿐 성품이 없음이 아님이니, 이를 결정성(結定性)이라고 한다. 왜냐면, 일체(一切) 이(異)의 상(相)과 성(性)이 끊어졌기 때문이다. 그러므로 여(如)이다. 여(如)는 같음도 아니며 차별도 아닌 결정성(結定性)이니, 이는 상(相)이 아니므로, 변함이 없는 그것도 끊어져 무생결정성(無生結定性)이다. 변함이 없는 차별상(差別相)의 이(異)는, 상견(相見)의 분별세계이니, 무생(無生)과 결정성(結定性)과 여(如)에는 변함 없는 그것도 끊어져 무생(無生)이며, 결정성(結定性)이며, 여(如)이다. 이는 곧, 일체(一切) 심(心)과 생명(生命)과 만물(萬物)의 실체(實體)이며, 근본(根本) 성품이다. 곧, 여래장(如來藏) 일체총지성(一切總持性)이다. 만약, 이(異)가 있으면 차별(差別)이며 상(相)이니, 만약, 이(異)의 견(見)과 식(識)과 법(法)이 끊어지고, 끊어진 것까지 끊어지면, 상(相)과 성(性)이, 이(異) 없는 지(智)에 증입(證入)하니, 불지(佛智)이다. 이는, 이(異)인 시각(始覺)과 본각(本覺)이 둘 다 끊어져, 견(見), 식(識), 각(覺), 지혜(智慧), 심(心), 법(法), 차별(差別)의 상(相)과 성(性)의 일체(一切) 이(異)가 끊어졌기 때문이다. 이는 곧, 여래(如來)의 여(如)의 성품 인(印)에 듦이다.

■ 열반(涅槃)과 보리(菩提)와 진여(眞如)의 관계

열반(涅槃)은, 성품이 생멸(生滅)이 없어 열반(涅槃)이라 한다. 보리(菩提)는, 성품이 항상 깨어있어 보리(菩提)라 한다. 열반(涅槃)은, 성품이 동(動)함 없어 정(定)이라 한다. 보리(菩提)는, 성품이 밝게 깨어있어 각(覺)이라 한다. 열반(涅槃)의 성품과 보리(菩提)의 성품이 다르지 않다. 보리(菩提)의 성품이 생멸(生滅)이 없어 열반(涅槃)이며, 생멸(生滅) 없어 동(動)함 없는 성품이, 항상 밝게 깨어 있는 각명(覺明)작용을 하니, 각성(覺性)이라 한다. 이것을 아는 본심(本心) 성품이 있으니, 이 본심(本心) 성품이, 무엇에도 물듦 없는 청정한 성품 진여(眞如)이다.

본연일성(本然一性) 한 성품이, 열반(涅槃), 보리(菩提), 진여(眞如), 이름이 셋임은, 본(本) 성품, 무생심(無生心) 부사의 작용의 특성, 3종성(三種性)을 지혜로 요별(了別)함이다. 본(本) 성품 무생심(無生心)의 부사의 특성작용만 드러내면, 생멸 없고[涅槃], 밝게 깨어 있으며[菩提], 무엇에도 물듦 없는[眞如] 성품이다.

성품의 부사의 3종(三種) 특성은, 생멸 없어 동(動)함 없는 부동열반(不動涅槃)과 두루 밝게 깨어 있는 각명보리(覺明菩提)와 무엇에도 물듦 없는 무염진여(無染眞如)인 세 종류의 특성이다. 이는, 심(心)의 본래 성품의 특성인 3대성(三大性)이다. 그러므로, 성품이 본래 생멸(生滅) 없고, 동(動)함 없는 무생(無生) 성품이므로 본성(本性)이라고 한다. 성품이 본래 밝게 깨어 있는 무생(無生) 성품이므로 본각(本覺)이라고 한다. 성품이 본래 무엇에도 물듦 없이 청정한 이 성품이, 마음 본 바탕이므로, 이 무생(無生) 성품을 일러 본심(本心)이라고 한다.

그러므로, 생멸(生滅) 없고 동(動)함 없는 열반성(涅槃性)과 항상 두루 밝게 깨어 있는 보리성(菩提性)과 무엇에도 물듦 없는 진여성(眞如性)은 곧, 심(心)의 3대성(三大性)이다. 본(本) 성품 특성인 3대성(三大

性)이, 어느 특성 하나라도 빠지면 마음작용을 할 수가 없어, 하나를 잃으면 셋을 잃게 된다. 왜냐면, 마음작용은 열반(涅槃)의 부동성(不動性)과 보리(菩提)의 각명성(覺明性)과 진여(眞如)의 무염성(無染性)의 3종(三種) 특성이, 불3융화(不三融化)의 원융(圓融)한, 일심(一心)의 원만(圓滿)작용이 이루어지기 때문이다.

마음이, 생멸(生滅) 없는 열반(涅槃)의 부동성(不動性)이 없으면, 마음이 생멸(生滅)의 찰나(刹那)에 사라져 존재할 수가 없으며, 보리(菩提)의 각명성(覺明性)이 없으면, 시방 두루 밝게 깨어 있어 일체 사물(事物)과 일체 경계를 밝게 깨달을 수가 없으며, 진여(眞如)의 무염성(無染性)이 없으면, 어둠에 물들어 밝음이 없거나, 또는 밝음에 물들어 어둠이 없거나, 또는 청황적백흑(靑黃赤白黑)의 어느 색(色)에 물들어 청황적백흑(靑黃赤白黑)의 어느 색(色)이 되어 있거나, 또는 색성향미촉법(色聲香味觸法)의 어느 것에 물들어 색성향미촉법(色聲香味觸法)의 어느 것이 되어 있거나, 또는 수상행식(受想行識)의 어느 것에 물들어 수상행식(受想行識)의 어느 것이 되어 있거나, 또는 색계(色界)의 물질존재나 식계(識界)의 상념상(想念相)이 되어, 생멸작용으로 찰나에 소멸하여 사라지게 된다.

무엇에도 물듦 없는 무염진여(無染眞如) 무생(無生) 성품의 특성으로, 색계(色界)와 식계(識界)의 무엇에도 물듦 없는 마음작용, 무염진여(無染眞如)의 작용이 이루어지고 있다. 또한 무염진여(無染眞如)만 있고 각명보리(覺明菩提)가 없다면, 사물(事物)을 보고, 소리를 듣고, 냄새를 맡고, 맛을 보고, 몸으로 촉각하는 작용이 없다. 각명보리(覺明菩提)가 두루 밝게 깨어 있으므로 깨닫고 아는 것이다. 그러므로 무염진여(無染眞如)의 특성만 있고 각명보리(覺明菩提)의 특성이 없으면, 무염진여(無染眞如)의 작용도 끊어진다.

또한, 각명보리(覺明菩提)와 무염진여(無染眞如)의 두 성품의 특성만 있고, 부동열반(不動涅槃) 성품의 특성이 없으면, 각명보리(覺明菩提)

와 무염진여(無染眞如)의 작용이 이루어지는 것이 동(動)이므로, 부동열반(不動涅槃) 성품이 각명보리(覺明菩提)와 무염진여(無染眞如)의 바탕인 부동체성(不動體性)이 아니면, 보리(菩提)와 진여(眞如)가 상(相)의 환(幻)이 되어, 찰나(刹那)에 소멸하여 사라진다.

그리고, 열반(涅槃), 보리(菩提), 진여(眞如)의 3대성(三大性)을 관(觀)해보면, 보리(菩提) 성품의 각명(覺明)과 진여(眞如) 성품의 무염(無染)이, 열반(涅槃)의 부동성(不動性) 때문에 이루어진다. 또, 열반(涅槃)의 부동성(不動性) 때문에 각명보리(覺明菩提)가 시방편재원융각명원만성(十方遍在圓融覺明圓滿性)의 부사의 각명원융(覺明圓融)작용이 이루어진다. 또한, 열반(涅槃)의 부동성(不動性) 때문에 무염진여(無染眞如)가 시방청정편재무염청정성(十方淸淨遍在無染淸淨性)의 부사의 무염청정(無染淸淨)작용이 이루어진다. 또한, 열반(涅槃)의 부동성(不動性) 때문에 각명원융계(覺明圓融界)인 대방광불화엄장엄계(大方廣佛華嚴莊嚴界)가 펼쳐지며, 또, 열반(涅槃)의 부동성(不動性) 때문에 무염청정계(無染淸淨界)인 청정묘법연화장엄계(淸淨妙法蓮華莊嚴界)가 펼쳐진다. 이 일체가 부동열반(不動涅槃)이 몸체인 체성(體性)으로 하기 때문이다.

또한, 각각 성품작용 특성을 따로 분리하여 분별하면, 열반성(涅槃性)은 부동성(不動性)이라 일체작용이 끊어져, 두루 밝게 비치는 각성(覺性)작용도 없고, 진여(眞如)처럼 모든 것을 수용(受用)하여 물듦 없는 작용을 하지 않는다. 보리성(菩提性)은 두루 비치는 각명작용은 있으나 생멸 없는 부동성(不動性)과 진여(眞如)의 물듦 없는 수용성(收用性)은 없다. 진여(眞如)는 모든 것을 수용(收用)하여 물듦 없는 작용은 있으나, 열반(涅槃)의 부동성(不動性)과 보리(菩提)의 각명성(覺明性)이 없다.

열반(涅槃)과 보리(菩提)와 진여(眞如)가 각각 특성이 그러해도, 서로 다른 성품이 아닌, 무생(無生)인 한 성품[一性]의 특성이니, 열반(涅槃)과 보리(菩提)와 진여(眞如)의 특성이 서로 융화(融化)한 원융불3성(圓融不三

性)으로 어울어, 부사의 일성(一性) 원만작용을 한다. 이 3대성(三大性)이 융화하여 원융한 일성(一性)의 마음작용을 하니, 이것이 심(心)의 3대성(三大性)인, 열반(涅槃), 보리(菩提), 진여(眞如)의 성품인 일심(一心)작용이다. 본(本) 성품의 특성이 열반(涅槃), 보리(菩提), 진여(眞如)의 3대성(三大性)이니, 부동열반성(不動涅槃性)을 본성(本性)이라고 하며, 원융각명성(圓融覺明性)을 본각(本覺)이라고 하며, 무염진여성(無染眞如性)을 본심(本心)이라고 한다. 열반(涅槃), 보리(菩提), 진여(眞如)는 곧, 본성(本性), 본각(本覺), 본심(本心)의 성품인 본(本) 성품 3대성(三大性)이다.

마음이 생멸 없어 동(動)함 없음은 열반심(涅槃心)인 본성(本性)의 성품이며, 마음이 항상 두루 밝게 깨어 있어 색성향미촉법(色聲香味觸法)의 일체를 밝게 깨달음은 보리심(菩提心)인 본각(本覺)의 성품이며, 마음이 일체 만상(萬相)에 물듦 없이 수용하는 마음작용은 진여심(眞如心)인 본심(本心)의 성품이다. 이것은 본(本) 성품 특성을 요별(了別)하여 3대성(三大性)으로 분별한 것일 뿐, 열반(涅槃)과 보리(菩提)와 진여(眞如)의 성품이 따로 존재하는 것이 아니다. 본래 한 성품 부사의 작용이 세 가지 특성인 원융조화(圓融造化)의 일성(一性)으로 이루어짐을, 밝은 지혜로 요별(了別)한 것이다. 그러므로, 열반(涅槃)과 보리(菩提)와 진여(眞如)가 따로 있는 것이 아니다.

열반(涅槃)이 생멸 없고 동(動)함 없어 보리(菩提)와 진여(眞如)의 바탕 성품이 되고, 보리(菩提)와 진여(眞如)는 열반(涅槃)을 체성(體性)으로 원융작용(圓融作用)을 하니, 심(心)의 일체 조화(造化)가 원융(圓融)으로 원만하게 이루어진다.

그러므로, 열반(涅槃) 성품이 보리(菩提)와 진여(眞如)가 어우런 하나이니, 보리(菩提)와 진여(眞如)의 체성(體性)이 열반(涅槃)이며, 열반(涅槃)을 바탕하여 두루 깨어 있는 원융각명(圓融覺明)작용이 보리(菩提)이며, 두루 수용(收用)하여 물듦 없음이 청정진여(淸淨眞如)이다. 보리(菩

提)의 작용에 동(動)함 없는 열반(涅槃)을 바탕하고, 물듦 없는 진여(眞如)를 더불어 하여 보리(菩提)의 작용을 원활하고 원만하게 한다. 진여(眞如)의 작용에 열반(涅槃)이 바탕이 되어, 두루 깨어 있는 보리(菩提)가 더불어 작용하여 진여(眞如)의 작용을 원활하고 원만하게 한다. 이 성품 3대성(三大性)은 무생일성(無生一性)이라 분리될 수도 없고 서로 떨어질 수도 없으니, 원융(圓融) 속에 융화(融化)되어 한 성품 무생(無生) 결정성(結定性)을 이루고 있어, 열반(涅槃)이라 하여도 그 성품에는 보리(菩提)와 진여(眞如)의 성품이 더불어 하나된 융화체(融化體)이며, 보리(菩提)라 하여도 그 성품에는 열반(涅槃)과 진여(眞如)의 성품이 더불어 하나된 융화체(融化體)이며, 진여(眞如)라 하여도 그 성품에는 열반(涅槃)과 보리(菩提)의 성품이 더불어 하나된 융화체(融化體)이다.

열반(涅槃), 보리(菩提), 진여(眞如)는 단지, 한 성품 특성의 3대성(三大性)을 이름한 것이니, 성품이 다른 것이 아니다. 열반(涅槃)의 성품이 곧, 보리(菩提)이며 진여(眞如)이다. 보리(菩提)의 성품이 곧, 열반(涅槃)이며 진여(眞如)이다. 진여(眞如)의 성품이 곧, 열반(涅槃)이며 보리(菩提)이다. 그러므로 본성(本性)의 성품이 본각(本覺)이며 본심(本心)이다. 본각(本覺)의 성품이 본성(本性)이며 본심(本心)이다. 본심(本心)의 성품이 본성(本性)이며 본각(本覺)이다.

이름이 다르다고 다른 성품이 아니다. 단지, 한 성품 무생일성(無生一性)의 부사의 특성을 밝게 분별하여, 그 작용 특성의 이름을 달리하여 드러냄이다. 그러므로 열반(涅槃)을 깨달으면 보리(菩提)와 진여(眞如)를 더불어 깨닫게 된다. 또한, 보리(菩提)를 깨달으면 열반(涅槃)과 진여(眞如)를 더불어 깨닫게 된다. 또한, 진여(眞如)를 깨달으면 열반(涅槃)과 보리(菩提)를 더불어 깨닫게 된다. 왜냐면, 열반(涅槃)과 보리(菩提)와 진여(眞如)가 한 성품이기 때문이다. 그러나, 차별지(差別

智) 속에 있으면 식(識)의 장애(障礙) 차별 속에 있으므로, 부동열반(不動涅槃)과 각명보리(覺明菩提)와 무염진여(無染眞如)가 심(心)의 한 성품이어도, 식(識)의 장애(障礙)를 벗어나는 점차의 차별이 있어, 심(心)이 장애(障礙) 없는 점차에 따라 열반(涅槃)과 보리(菩提)와 진여(眞如)의 성품에 증입(證入)하는 차별이 있다. 이는, 열반(涅槃)과 보리(菩提)와 진여(眞如)가 성품이 다르거나 차별이 있어 그런 것이 아니다. 이는 단지, 일체 장애식(障礙識)을 점차 벗어나는, 식(識)의 전변(轉變) 점차의 과정에 따라, 심(心)이, 식(識)의 장애(障礙)를 벗어나므로 열리는, 차별의 점차가 있을 뿐이다. 이사(理事)의 장애(障礙)가 끊어지는 무애성(無礙性)과 능소(能所)의 장애(障礙)가 끊어지는 원융성(圓融性)과 일체 동식(動識)의 장애(障礙)가 끊어지는 부동성(不動性)에 따라, 열반(涅槃)과 보리(菩提)와 진여(眞如)가 한 성품이어도, 심(心)이, 얕고 깊은 각종 식(識)의 장애(障礙)를 벗어나는 점차의 차별성이 있다. 이는, 이사(理事)에 머묾인 상(相)의 분별 염식(染識)인 장애식(障礙識)을 벗어나니, 심(心)의 무염진여성(無染眞如性)이 열리고, 능소출입(能所出入) 대(對)의 분별 장애식(障礙識)을 벗어나니, 심(心)의 원융각명보리성(圓融覺明菩提性)이 열리고, 일체동식(一切動識)의 장애식(障礙識)을 벗어나니, 심(心)의 부동열반성(不動涅槃性)이 열리게 된다. 그 성품을 장애(障礙)하는 얕고 깊은 각종 장애식(障礙識)을 벗어나면, 심(心)의 3대성(三大性)인 무애성(無礙性)과 원융성(圓融性)과 부동성(不動性)이 장애(障礙)가 없어 스스로 열리게 된다.

그러므로 수행법이, 사마타(奢摩他)로 부동(不動)의 열반(涅槃)으로 들게 하거나, 선나(禪那)로 각명(覺明)의 보리(菩提)에 들게 하거나, 삼마발제(三摩鉢提)로 무염(無染)의 진여(眞如)에 들게 하는 수행의 특성이 있으나, 어느 한 성품의 근본(根本)만 명확히 깨달아도 다 같은 한 성품이니, 전체를 더불어 깨닫게 된다. 본성(本性), 본각(本覺), 본심

(本心)이 한 마음이며, 열반(涅槃), 보리(菩提), 진여(眞如)가 한 마음의 성품이다. 그러므로 마음 성품이 생멸(生滅) 없는 부동(不動)의 성품도 있으며, 두루 밝게 깨어 있는 각명(覺明)의 성품도 있으며, 일체(一切) 만상(萬相)을 두루 수용(收用)하여도 물듦 없는 청정성품도 지니고 있다. 이 마음의 3대성(三大性)이 그 특성을 따라 융화(融化)된 심3대 융화일성원만작용(心三大融化一性圓滿作用)을 하므로, 마음작용이 두루 원활하고 원만하며, 원융자재(圓融自在)하여 부족함이 없다.

열반(涅槃), 보리(菩提), 진여(眞如)는 자기 본래의 바탕 무생(無生) 성품이므로, 이 경(經)에서 청정본성(淸淨本性)이며 청정본각(淸淨本覺)이므로 암마라식(菴摩羅識)이라 하였다. 그러므로 일각(一覺)인 본성(本性)으로 일체중생을 구제하며, 중생을 구제함이 중생(衆生)의 본각(本覺)인 청정암마라식(淸淨菴摩羅識)에 들게 함이다. 열반(涅槃), 보리(菩提), 진여(眞如)가 중생의 본(本) 성품이니, 이를 벗어날 수도 없고 잃을 수도 없으며, 본래부터 항상한 자기 근본 성품이므로, 그 성품 속에 있으니 얻을 것도 없고 구할 것도 없다. 항상 열반(涅槃), 보리(菩提), 진여(眞如)의 작용 속에 삶이 이루어지고 있기 때문이다.

그러므로 제식(諸識)이 소멸(消滅)하면, 구하지 않아도 그대로 본성(本性)인 열반(涅槃)이며, 본각(本覺)인 보리(菩提)이며, 본심(本心)인 진여(眞如)이다. 본래부터 열반(涅槃), 보리(菩提), 진여(眞如)의 성품이 충만(充滿)하고 구족(具足)하며 원만(圓滿)하다. 그것이 곧, 신령하고 불가사의한 마음이다. 그 성품이 무생(無生) 성품이므로 파괴되지 않아 결정성(結定性)이며, 불변(不變)이니 인(印)이라 하며, 항상 변함 없어 여(如)라 하며, 그 진성실제(眞性實際)에 듦이 여래결정성(如來結定性)이니, 여래(如來)라고 한다. 그러므로 여래(如來)의 여(如)는 곧, 무생결정성(無生結定性)이므로 파괴할 수도 없고, 파괴되지 않는 본 성품, 결정성(結定性)을 일컬음이다. 그 진성(眞性)을 깨닫고, 그 실(實)의 여

(如)의 성품 공능(功能)으로부터 출현하므로, 여래(如來)라고 한다. 그러므로 열반(涅槃), 보리(菩提), 진여(眞如)는, 일체(一切) 불(佛)과 일체(一切) 중생(衆生)과 만물만상(萬物萬相)의 실체(實體)이며, 파괴할 수 없는 결정성(結定性)인 본(本) 성품이다.

열반체성(涅槃體性)과 보리각명(菩提覺明)과 진여무염성(眞如無染性)이 융통(融通)한 원융실상지(圓融實相智)에서, 대일여래(大日如來)의 5지(五智)인 법계체성지(法界體性智)와 대원경지(大圓鏡智)와 평등성지(平等性智)와 묘관찰지(妙觀察智)와 성소작지(成所作智)가 원융본성지(圓融本性智)인 하나의 불지혜(佛智慧)로 완성하게 된다.

대일여래(大日如來)의 5지(五智)를 식(識)의 전변(轉變)으로 6근, 6식, 7식, 8식 출입식(出入識)과 함장식(含藏識)을 전변하며, 점차 식(識)의 차원을 달리하며 깊이 깨닫게 되는 것은, 각각 성질이 다른, 몇 단계의 식(識)의 차별 층(層)으로 이루어져 있기 때문이다. 깨달음으로 식(識)의 전변(轉變) 상승행(上昇行)에서, 대상인 색성향미촉법과 결합하여, 대상과 마음이 한 덩어리 되어 있는 6근(六根)이 끊어지면 6근자재성(六根自在性)에 들어, 색성향미촉(色聲香味觸)의 색(色)의 무아(無我)를 깨달은 무아지(無我智)를 열며, 그 다음 층(層)은 물질의 상(相)에 반연(伴緣)하여 6식상(六識相)과 마음이 한 덩어리 되어 있는 6식(六識)이 끊어지면 6식자재성(六識自在性)에 들어, 색성향미촉법의 제상(諸相)이 공(空)함을 깨달은 상공지(相空智)를 열며, 그 다음 층(層)은, 상(相)을 분별하고 취사(取捨)하는 식(識)과 마음이 한 덩어리 되어 있는, 7식(七識)이 끊어지면 7식자재성(七識自在性)에 들어, 자아(自我)가 없음을 깨달아, 자아(自我) 없는 무염진여성(無染眞如性)에 들어 무염진여지(無染眞如智)를 열며, 그 다음 층(層)은, 업식(業識)에 물이 들어 출입작용을 하는 식(識)과 마음이 한 덩어리 되어 있는, 8식(八識) 출입식(出入識)이 끊어지면 8식출입식자재성(八識出入識自在性)에 들어, 일체(一切) 능소(能所)의 출입식(出入識)이 끊어진 원융각명성(圓融覺明性)에 증입(證入)해 원융각명지(圓融覺明智)를 열며, 그 다음 층(層)은, 무의식(無意識) 잠재 속에 들어 있는 무명(無明)의 함장식(含藏識)과 마음이 한 덩어리 되어 있는, 무명(無明) 함장식(含藏識)인 심식(心識)이 끊어지면 8식함장식자재성(八識含藏識自在性)에 들어, 함장무명식(含藏無明識)이 끊어져 열반부동성(涅槃不動性)인 열반부동지(涅槃不動智)를 열며, 일체(一切) 깨달음 동각(動覺)이 끊어진 열반부동성(涅槃不動性)까지 끊어지면, 색성향미촉법(色聲香味觸法)과 수상행식(受想行識)의 식(識)과 일체 깨달음 각식(覺識)의 지혜세계까지 끊어져, 일체 색(色)도, 일체 식(識)도, 일체(一切) 깨달음도 끊어진 청정본성(淸淨本性)인, 무생결정성(無生結定性)에 증입(證入)하게 된다.

그러므로, 밖의 대상(對相) 물질과 마음이 결합하여 한 덩어리 되어 있는 심식(心識)을 타파해 벗어나면, 각각 층(層)이 다른 차원의 식(識)과 마음이 한 덩어리 되어 있는 심식(心識)을 점차 타파해, 각 차별차원의 깨달음 지혜세계에 증입한, 깨달음까지 모두 벗어나므로, 물질(物質)과 각종 식(識)의 세계와 깨달음 증득의 지혜세계까지 모두 벗어나, 완전한 본성 무생결정성(無生結定性)에 증입하여, 불각(佛覺)을 성취하게 된다. 이는, 시각(始覺)의 공능(功能)인 각력상승으로 완전한 본각(本覺)에 들어, 시각(始覺)과 본각(本覺)이 불이(不二)로 둘 다 끊어져, 시각(始覺)과 본각(本覺)이 무생(無生) 결정성(結定性)을 이룸으로, 시(始)와 종(終), 체(體)와 용(用), 동(動)과 정(靜), 정(定)과 혜(慧)가 완전히 끊어진, 본연무연중절대성(本然無然中絕對性)에 들게 된다.

■ 각(覺)의 뜻

각(覺)의 뜻에는, 성품이 다른 2종각(二種覺)이 있다. 하나는 미혹(迷惑) 경계에서의 깨달음인 증득(證得)이며, 또 하나는, 미혹(迷惑)도 깨달음도 증득(證得)도 없는 본각(本覺)인 보리(菩提)이다. 이는, 깨달음

오(悟)를 일컫는 각(覺)의 뜻과 또 하나는, 본래 각(覺)인 보리(菩提)이다. 경(經)의 구절(句節) 속에 각(覺)이란 법어(法語)를 이해(理解)하거나 법(法)으로 수용할 때에, 깨달음인 시각(始覺)과 깨달음이 아닌 본각(本覺)의 뜻을 가름하지 않고, 깨달음인 증득(證得)과 본각(本覺)인 보리(菩提)를 같이 생각하거나 동일성품으로 혼동하면, 구절(句節)에 따라 경(經)의 뜻을 벗어나게 된다. 왜냐면, 본각(本覺)인 보리(菩提)에는 깨달음도 없고, 증득도 없고, 미혹도 없고, 미혹을 벗음도 없다. 만약, 깨달음의 각(覺)이면, 그 깨달음의 각(覺)은, 더 깨달아, 본각(本覺)은, 깨달음이 없음을 깨달아야 하며, 그리하여 깨달음과 깨달음의 증득까지 벗어나야 한다. 깨달음은 식(識)의 작용이니, 각(覺)의 미혹이며 증득상(證得相)이므로, 본각(本覺)이 아니며 보리(菩提)가 아니다. 증득(證得)인 깨달음의 각식(覺識)을 초월해야 보리(菩提)를 알게 된다. 보리(菩提)를 깨달았다 하여도 각식(覺識)이 끊어지지 않으면, 그 보리(菩提)는 보리(菩提)가 아닌, 벗어나야 할 무생법인(無生法忍)의 무위공성(無爲空性)인, 증득(證得)에 의한 각식(覺識)의 지혜상(智慧相)이다.

보리(菩提)는, 깨달음으로 들거나 얻는 것이 아니다. 보리(菩提)는, 깨달음과 아무런 상관도 없으며, 무위(無爲)까지 끊어진 무생(無生) 결정성(結定性)이다. 무위공성(無爲空性)과 무생결정성(無生結定性)의 두 성품 차이는, 지혜의 불가사의이며 미묘함이라, 무생법인(無生法忍)을 얻어 무위(無爲)에 든 보살이라 하여도, 그 불가사의하고 미묘한 지혜의 차별차원과 그 지혜성품의 차별경계를 알 수가 없다. 무생법인(無生法忍)을 얻은 무위(無爲)의 지혜상(智慧相)을 벗어나면, 무생결정성(無生結定性)인 무생보리(無生菩提)를 비로소 깨닫게 되며, 무생보리(無生菩提)를 깨달으므로, 무생법인(無生法忍)인 무위지혜(無爲智慧)의 허물을 명확히 알게 된다.

무위지혜(無爲智慧)는, 깨달음에 든 아(我)가 완전히 끊어지지 않아,

제법공성(諸法空性)을 깨달은 각식(覺識)인 각아(覺我)의 지혜작용이 있다. 무생법인(無生法忍)에 들면, 제법공성(諸法空性)을 깨달아 무위지혜(無爲智慧)에 증입하여, 6근(六根)과 심식(心識)의 자아(自我)가 없음을 깨닫고, 상아(相我)와 식아(識我)인 자아(自我)가 끊어져도, 제법공성(諸法空性)을 깨달은 각식(覺識)이 있음은, 아(我)를 완전히 벗어나지 못해, 제법공성(諸法空性)을 깨달은 각식(覺識)인 각아(覺我)가 있기 때문이다. 이 각식(覺識)인 각아(覺我)는, 완전한 무생결정성(無生結定性)의 불각(佛覺)인 여래결정성(如來結定性)에 들기까지 무위지혜(無爲智慧)의 작용을 하며, 지혜가 상승할수록 더욱 미세한 각식(覺識)의 각아(覺我)로, 지혜의 상승과 함께 존재하게 된다. 이 각식(覺識)인 각아(覺我)는, 대승(大乘)일 때는 제법공성(諸法空性)인 상공각식(相空覺識)이며, 일승(一乘)일 때는 청정무염(淸淨無染)인 진여각식(眞如覺識)이며, 일불승(一佛乘)일 때는 쌍차쌍조(雙遮雙照)인 원융각명각식(圓融覺明覺識)이며, 불승(佛乘)일 때는 적멸부동(寂滅不動)인 열반각식(涅槃覺識)이다.

각식(覺識)인 각아(覺我)가 머물러 있는 지혜성품의 차원에 따라, 승(乘)의 차원이 달라진다. 그러나, 일체 무위지혜(無爲智慧)를 벗어나 무생(無生) 결정성(結定性)에 들면, 시각(始覺)과 본각(本覺)이 둘 다 끊어져, 깨달음의 각식(覺識)인 무위지혜 작용의 각아(覺我)가 완전히 끊어진다. 무생결정성(無生結定性)에 드는 까닭이, 시각(始覺)과 본각(本覺)이 둘 다 끊어지므로, 무위각식(無爲覺識)인 각아(覺我)가 끊어져, 무생결정성(無生結定性)에 들게 된다. 무생결정성(無生結定性)에 들기 전에는 지혜의 차별성품 속에 있으므로, 지혜의 분별이 있어, 깨달음에 의한 무위각식(無爲覺識)인 각아(覺我)가 끊어지지 않는다. 지혜의 차별 속에 있다고 함은, 시각(始覺)의 성품이 본각(本覺)의 동일성품에 이르지 못해, 시각(始覺)과 본각(本覺)이 둘 다 끊어지지 않았기 때문이다. 그러므로 깨달음에 의한 각식(覺識)이 깨달음의 지혜상(智

慧相)을 가지며, 그 지혜상(智慧相)에 각아(覺我)가 머무르게 된다. 그러므로 각식(覺識)인 각아(覺我)의 작용으로, 자신 깨달음의 증득(證得) 세계와 그 지혜를 벗어나지 못하고 있다. 그러므로 깨달음을 얻었어도, 그 깨달음을 벗어나지 못하는 까닭은, 깨달음의 각식(覺識)이 끊어지지 않았기 때문이다.

각식(覺識)의 작용은, 깨달음 증득(證得)의 지혜작용이니, 각식(覺識)을 벗어나고 싶다고, 인위적으로 벗어날 수 있는 것이 아니다. 각력이 점차 상승하여, 더 높은 차원의 지혜성품에 듦이, 각식(覺識) 전변(轉變)의 지혜상승 과정이다. 그러나 무생결정성(無生結定性)에 들면, 깨달음 증득(證得)의 지혜작용인 무위각식(無爲覺識)인 각아(覺我)가 끊어져 흔적 없이 사라진다. 무생결정성(無生結定性)에 들기 전에는 지혜 상승을 따라, 각식(覺識)이 전변(轉變)을 거듭하며 상승하여도, 무생결정성(無生結定性)인 완전한 결정각(結定覺) 여래결정성(如來結定性)에 들지 못하면, 깨달음에 의한 시각(始覺)의 공능이 아직, 무생본각(無生本覺)에 들지 못해, 각식(覺識)에 의한 깨달음과 증득(證得)의 세계가 있어, 무위각식(無爲覺識)인 각아(覺我)를 벗어날 수가 없다. 무위각식(無爲覺識)의 지혜작용인 각아(覺我)가 있으면 아직, 무생결정성(無生結定性)인 여래(如來)의 인(印)에 증입하지 못하였으므로, 각식(覺識)의 분별로, 무생결정성(無生結定性)의 성품을 분별하여 헤아려도 알 수가 없다. 각식(覺識)이 끊어져, 무생결정성(無生結定性)인 여래(如來)의 결정성(結定性)에 들면, 무생법인(無生法忍)인 무위지혜의 허물이 무엇인지를 명확히 깨닫는다. 그러면 무위(無爲)의 무생법인(無生法忍)과 결정성(結定性)의 무생법인(無生法印)의 지혜성품차별을 명확히 가름하게 된다. 왜냐면, 시각(始覺)과 본각(本覺)이 둘 다 끊어져, 무위지혜(無爲智慧)를 벗어난, 여래결정성(如來結定性)인 불지(佛智)의 안목(眼目)을 열었기 때문이다.

◯**179.** 열반(涅槃)은 얻을 수 없고, 머무를 수도 없다.

無得涅槃 涅槃無得 云何有住
무 득 열 반 열 반 무 득 운 하 유 주

얻을 수 없는 것이 열반(涅槃)이며, 열반(涅槃)은, 얻을 수 없음이니, 어찌, 머무를 수 있겠느냐?

♣ 본각(本覺)과 열반(涅槃)은 다름없는 한 성품이며, 무생(無生) 결정성이 열반(涅槃)이므로, 얻을 수 없는 것이 열반(涅槃)이니라. 열반(涅槃)은 무생(無生)이므로, 상(相)과 처소(處所)가 없어 얻을 수가 없으니, 어찌, 열반(涅槃)에 머무를 수가 있겠느냐?

● 열반(涅槃)을 얻을 수 없고, 머무를 수 없음은, 세 가지의 특성 때문이다. 첫째는 무생(無生)의 성품이기 때문이다. 둘째는 상(相) 없는 성품이기 때문이다. 셋째는 본성(本性)이기 때문이다. 열반(涅槃)은 무생(無生) 성품이니 얻거나 머무를 수가 없다. 열반(涅槃)은 상(相) 없는 성품이니 얻거나 머무를 수가 없다. 열반(涅槃)은 본 성품이므로 얻을 수 없고 머무를 수 없음은, 열반(涅槃)이 곧, 나의 실체(實體)이니, 내가 나를 얻을 수 없고, 내가 나에게 머무를 수가 없기 때문이다. 그러므로, 만약, 얻을 수 있다거나, 머무를 수 있음은 곧, 망견(妄見)이며, 식(識)의 분별인 자아(自我)를 벗어나지 못한 혹견(惑見)의 분별심이다.

◯**180.** 각(覺)은 본래 무생(無生)이며, 중생의 분별(分別)을 벗어났다.

善男子 覺者 不住涅槃 何以故 覺本無生 離衆生垢
선 남 자 각 자 부 주 열 반 하 이 고 각 본 무 생 이 중 생 구

선남자여! 깨달은 자는 열반(涅槃)에 머무르지 않느니라. 무엇 때문이냐면, 각[本覺:菩提]은 본래 무생(無生)이니, 중생(衆生)의 때 묻음인, 분별을 벗어났기 때문이니라.

♣ 선남자여! 본각(本覺)인 보리(菩提)를 깨달은 자는, 열반(涅槃)에 머

무르지 않느니라. 무엇 때문이냐면, 각(覺)은 본래 무생(無生) 결정성(結定性)이니, 중생의 분별과 사량(思量)인, 상(相)의 상념(想念)으로 헤아리는 열반(涅槃)을 벗어났기 때문이니라.

○ **181.** 마음이 출입(出入)과 머무름이 끊어져, 암마라식(菴摩羅識)에 든다.
覺本無寂 離涅槃動 住如是地 心無所住 無有出入
각 본 무 적　이 열 반 동　주 여 시 지　심 무 소 주　무 유 출 입
入庵摩羅識[論: 入唵摩羅] [續1,2: 入唵摩羅識]
입 암 마 라 식 [논: 입암마라] [속1,2: 입암마라식]

각[覺:本覺]의 본성(本性)은 적멸(寂滅)도 끊어져, 구함과 머무름인 동(動)의 열반(涅槃)을 벗어났느니라. 이와 같은 성품[本地]에 머물되, 마음이 머무른 바가 없어야 출입이 끊어져, 암마라식에 드느니라.

♣ 각[覺:本覺]의 본성은 적멸(寂滅)도 끊어져, 구(求)함의 열반(涅槃)과 머무르는 상념(想念)인 동(動)의 열반(涅槃)을 벗어났느니라. 처소(處所)가 없는 무생(無生) 결정성의 성품[本地]에 머물되, 마음이 머무른 바가 없어야 일체 식(識)의 출입이 끊어져, 무생(無生) 결정성(結定性)인 암마라식에 드느니라.

□ 고(高), 대(大) 경(經)에 입암마라식(入庵摩羅識)이, 논(論) 경(經)에는 입암마라(入唵摩羅)로, 속1,2(續1,2) 경(經)에는 입암마라식(入唵摩羅識)으로 되어 있다.

● **각본무적(覺本無寂):** 각(覺)의 본성은 적멸(寂滅)도 끊어졌다. 각(覺)이 적멸성(寂滅性)이면 적멸상(寂滅相)이 있음이며, 각(覺)이 적멸상(寂滅相)이 없음은 무생(無生)의 성품이기 때문이다. 각(覺)이 적멸(寂滅)도 끊어졌다 함은, 각(覺)이 무생(無生)의 결정성(結定性)임을 드러냄이다. 이는, 각(覺)이 무생(無生)의 결정성(結定性)임을 모르는 적멸(寂滅)의 상(相)을 제거함이다. 그러나 각(覺)을 다른 구절에는, 적멸(寂滅)이라고 함은, 그 적멸(寂滅)은 무생(無生)의 결정성(結定性)임을 드러낼 뿐, 무생(無生)이 아닌, 적멸(寂滅)에 든 열반상(涅槃相)을 일컬음이 아니다.

무생(無生)의 성품에서 구절(句節)의 뜻을 헤아리면, 적멸(寂滅)과 적멸(寂滅) 아님의 두 뜻이, 무생(無生)의 성품을 벗어나지 않아 차별이 없다. 왜냐면, 적멸(寂滅)이라 함은, 무생(無生)을 드러냄이며, 적멸(寂滅)이 아니라고 함은, 적멸상(寂滅相)을 초월하였음을 일컬음이니, 이는, 무생(無生)을 몰라 일으키는 적멸상념(寂滅想念)을 제거함이다. 무생(無生) 성품을 벗어나면, 일체가 차별이다. 만약, 무생(無生) 성품을 알 수가 없어, 성품의 무생(無生)을 벗어나, 단지, 글과 말에 의지해 그 이치를 생각하면, 헤아림의 분별인 상념(想念)으로 이해하려 하므로, 일체 글과 말이, 상념(想念)의 차별상에 떨어진다. 만약, 무생(無生)을 모르면 결정성(結定性)을 알 수가 없고, 결정성(結定性)을 모르면 적멸(寂滅)과 적멸(寂滅) 아님이 상념(想念)의 분별상에 따라 서로 다른 두 성품이 되므로, 그 적멸상(寂滅相)을 제거하기 위해 적멸(寂滅)도 끊어졌다고 한다. 요해(了解)의 구절 해설에, 무(無)를 구절(句節)의 경계를 따라, 없다. 로 요해(了解)하지 않고, 끊어졌다. 로 요해(了解)하는 까닭은, 없다고 하면, 유무(有無)의 무견상(無見相)을 가질 수 있으므로, 그 무견(無見)과 무견상(無見相)을 제거하여, 구절(句節)의 본뜻을 바로 깨닫게 하기 위함이다. 성품의 무(無)는 유(有)도 아니며, 그렇다고 무(無)도 아니다. 단지, 그 성품의 무생(無生) 결정성(結定性)을 일러 무(無)라고 할 뿐이다. 그러므로 성품을 드러내는 무(無)는, 유(有)와 무(無)가 둘 다 끊어진 그 청정심(淸淨心)과 지혜(智慧)까지 제거하여 끊어버린 무생(無生) 결정성(結定性)을 일컬음이다.

● **이열반동(離涅槃動):** 동(動)의 열반(涅槃)을 벗어났다. 구(求)하는 열반(涅槃)은 상념(想念)인 동(動)의 열반(涅槃)이며, 머묾의 열반(涅槃)도 상념(想念)인 동(動)의 열반(涅槃)이다. 만약, 열반(涅槃)을 성취하였거나 열반(涅槃)에 머물러 있으면, 이는, 자아(自我)를 벗어나지 못한 상념(想念)의 열반(涅槃)이다. 왜냐면, 열반(涅槃)은 무생(無生) 결정성(結定性)이라

구할 수도 없고, 상(相)도 없고 처소(處所)도 없는 나의 실체(實體)이니 머물 수가 없기 때문이다. 이는, 성품이 상(相)과 처소(處所)가 없어 머물 수가 없기 때문이다. 또한, 그 까닭은, 구하고 머물지 않아도 본성이 무생(無生)인 열반(涅槃)이기 때문이다. 구(求)하고 머물 수 있는 열반(涅槃)은 본래 없다. 단지, 식(識)이 끊어지면, 일체가 본래 무생(無生)의 열반성(涅槃性)이므로, 열반(涅槃)에 들게 된다. 동(動)이나 생(生)으로는 열반(涅槃)을 구하거나, 열반(涅槃)에 머무를 수가 없다. 왜냐면, 열반(涅槃)은 동(動)이나 생(生)이 머물 수 있는 성품이 아닌, 무생(無生)의 성품이기 때문이다. 또한, 나의 실체(實體)이니, 내가 나에게 머무를 수가 없기 때문이다. 열반(涅槃)을 구하고 머무는 길은 오직, 식(識)의 출입(出入)이 끊어져 무생(無生)에 드는, 그 길뿐이다. 상념(想念)이나 식(識)의 동(動)으로 머무는 열반(涅槃)은, 일체가 자아(自我)가 끊어지지 않은 상념(想念), 동(動)의 열반(涅槃)인 상념(想念)의 열반(涅槃)이다.

● **암마라식(菴摩羅識):** 청정식(淸淨識)이다. 이 경(經)에서, 9식(九識) 암마라식은, 본성(本性)으로 무생(無生) 결정성이다. 이는, 여래(如來)의 성품이다. 암마라식 음역(音譯)이 고려장경과 신수장경에는 암마라식(庵摩羅識), 논(論)과 속(屬)1,2장경에는 암마라식(唵摩羅識), 일반 통용사전(通用辭典)에는 암마라식(菴摩羅識)으로 되어 있다.

● 일체 사유를 벗어난 부사의 3종(三種) 청정성품이 있으니, 그것은 중생의 근본 무명식(無明識)인 8식(八識) 함장식(含藏識)과 그 근본 무명(無明)을 타파하여 든 불승(佛乘)의 지혜성품 부동열반성(不動涅槃性)과 본성(本性)인 무생(無生) 결정성(結定性)이다.

8식(八識) 함장식(含藏識)은 출입이 없어 함장(含藏)이며, 동(動)함이 없어 부동(不動)이며, 생(生)과 멸(滅)이 없고, 상(相)이 없으니, 일체 사유(思惟)와 상념(想念)으로 헤아려 알 수 없는, 12인연의 근본 무명(無明)이며, 8식(八識) 함장식(含藏識)이 정식(靜識)인 청정성품이다. 이는 무명(無明)이라 하여, 유무견(有無見)으로 헤아리는 상(相)의 어둠의 식(識)이 아니다. 8식(八識) 출입식이 끊어진 대원경지(大圓鏡智)여도, 함장식(含藏識)이라 알 수 없는, 깊은 청정정식(淸淨靜識)이다. 이 식(識)이 대원경지(大圓鏡智)에서는, 원융각명(圓融覺明)작용의 부동체성(不動體性)으로, 영원히 깨어지지 않는 성품이며, 물듦 없고, 더러움이 없으며, 요동이 없는 부동열반성(不動涅槃性)임을 각명지혜로 보게 된다. 그러나, 대원경지(大圓鏡智)를 벗어나 무명식(無明識)이 타파되어 벗어나면, 그것이 각명원융(覺明圓融)의 부동체성(不動體性)이 아닌, 근본 무명식(無明識)인 함장식(含藏識)이었음을 깨닫게 된다. 그 까닭은, 만약, 근본 부동본성체성(不動本性體性)이면, 타파하거나, 깨어질 수가 없기 때문이다. 이 함장식(含藏識)에 들면, 생멸과 출입이 없는 함장식(含藏識)이라, 함장부동(含藏不動)의 청정성품이므로, 본성(本性) 암마라식(菴摩羅識)으로 착각할 수가 있다. 그러나 이 청정성품은 함장부동정식(含藏不動靜識)이다.

또, 하나는 8식 함장식(含藏識)인 12인연법의 근본 무명식(無明識)을 타파하여, 무명자재(無明自在)에 든 불승(佛乘)의 지혜성품 부동열반성(不動涅槃性)이다. 동(動)함 없는 부동(不動)이며, 출입(出入) 없는 함장식(含藏識)을 타파하여 든 부동열반성(不動涅槃性)이므로, 이 청정성(淸淨性)은 본성(本性) 암마라식(菴摩羅識)과 유사(類似)하여 불(佛)의 성품임을 착각할 수도 있다. 그러나 무위지혜(無爲智慧)를 벗어나면, 그것이 결정성(結定性)이 아님을 깨닫게 된다.

또, 하나는 부사의 일체 초월청정(超越淸淨) 무생(無生) 결정성(結定性)인 청정본성(淸淨本性)이다. 일체 지혜까지 벗어난 성품이다. 진여(眞如), 열반(涅槃), 보리(菩提), 본심(本心), 본성(本姓), 본각(本覺), 일체불법(一切佛法), 일체불지혜(一切佛智慧)까지 끊어진 무생결정성(無生結定性)이다.

■ 12인연법 무명(無明)과 8식 함장식(含藏識)과 불승(佛乘) 지혜성품과 9식 암마라식(菴摩羅識)의 관계

12인연법(十二因緣法)의 무명(無明)과 8식(八識) 함장식(含藏識)과 불승(佛乘) 부동열반성(不動涅槃性)과 9식(九識) 암마라식(菴摩羅識)은 성품의 차별차원으로, 무명업식(無明業識)과 유위업식(有爲業識)과 무위업식(無爲業識)과 무생본성(無生本性)의 차별차원이다.

12인연법에서는 무명(無明)이라고 함은, 12인연법은 무명업식(無明業識)의 작용으로 이루어지는 12인연법이니, 유식법(唯識法)의 8식(八識) 함장식(含藏識)이, 12인연법의 근본 무명(無明)이다.

8식(八識) 함장식(含藏識)이라 함은, 생멸(生滅)과 유무(有無)의 일체상념(一切相念) 유위업식(有爲業識)작용의 근본식(根本識)이며, 이는 출입(出入)작용의 동식(動識)이 아니므로, 움직임이 없어 함장식(含藏識)이라 한다. 또한, 함장식(含藏識)이라고 함은, 3세(三世) 일체(一切) 모든 업(業)을 담아 저장(貯藏)하여 함장(含藏)해 있으므로, 함장식(含藏識)이라고도 한다. 함장식(含藏識)은 모든 업식(業識)의 근본(根本)이다. 유식법(唯識法)에서, 6근, 6식, 7식, 8식(八識)의 출입식(出入識)은, 동식(動識)이므로 관(觀)할 수 있는 인지식(認知識)이며, 일체3세(一切三世) 업식(業識)을 담고 있는 함장식(含藏識)은, 동식(動識)이 아니므로 드러나지 않아 감추어져 있으니, 동식(動識)인 6근, 6식, 7식, 8식(八識)의 출입식(出入識)으로는 알 수도 없다. 그러나 동식(動識)으로는 알 수가 없어 함장식(含藏識)이라고 하나, 동식(動識)이 끊어져 부동(不動)에 들면, 드러나지 않는 함장식(含藏識)을 알 수가 있다.

무위업식(無爲業識)이라고 함은, 무위각식(無爲覺識)이니, 이는, 유무심(有無心)과 생멸심(生滅心)이 아닌, 상견(相見)을 타파하여 무위지혜(無爲智慧)를 얻어, 무생법인(無生法忍)에 증입한 각식(覺識)이, 완전한 불각(佛覺)의 증입(證入)을 위해, 무위지혜(無爲智慧)를 밝혀나가는 무생법인(無生法忍)의 무위지혜 각식(覺識)이다.

12인연(十二因緣)의 무명행(無明行)이 이루어지고 있으면, 8식(八識) 함장식(含藏識)이 무명식(無明識)이며, 12인연법의 무명(無明)이 끊어지면, 8식(八識) 함장식(含藏識)이 무명(無明)이 아니다. 12인연법의 무명(無明) 다음은, 행(行)의 식(識)이니, 이는 함장식(含藏識)에 의한 8식(八識) 출입식(出入識)의 작용이다. 12인연법의 행(行) 그 다음 식(識)이, 곧, 자아의식(自我意識)이며, 이는, 유식법(唯識法)에 7식(七識)이며, 자아의식(自我意識)이다.

유무(有無)와 생멸(生滅), 상(相)의 분별심인 6근, 6식, 7식, 8식인 능소(能所) 출입식이 끊어지지 않고 작용하고 있으면, 작용하는 6근, 6식, 7식, 8식인 출입식이 있어, 동식(動識)이 알 수 없는 무명(無明) 함장식(含藏識)이지만, 무명함장식(無明含藏識)이 끊어지면, 그대로 적정부동열반성(寂靜不動涅槃性)으로 전변(轉變)한다.

8식(八識) 함장식(含藏識)이 끊어져 증입한 지혜성품이 불승(佛乘)이다. 불승(佛乘)의 지혜성품이 부동적멸열반성지(不動寂滅涅槃性智)이다. 12인연의 무명(無明)작용에 의한 행(行)이 이루어지고 있으면, 함장식(含藏識)이 무명(無明)이겠지만, 무명(無明)이 타파되어, 불승(佛乘)이 그 성품에 들면, 그 성품의 처소(處所)가 무명(無明)도 함장(含藏)도 제거되어 없는, 청정무위부동체성(淸淨無爲不動體性)인 적정부동열반성(寂靜不動涅槃性)이다.

불승(佛乘)이, 무명(無明)이 끊어져, 함장식(含藏識)이 타파되어 사라져도 불(佛)이 아님은, 불승(佛乘)의 지혜성품이 무생본각(無生本覺)에 들지 못해, 무위지혜 각식(覺識)의 지혜작용인, 승(乘)의 행이 아직 이루어지고 있기 때문이다. 불승(佛乘)이 든 부동적멸열반성지(不動寂滅

涅槃性智)가 곧, 무위부동적멸열반성지(無爲不動寂滅涅槃性智)이다. 또, 불승(佛乘)이, 무생결정성(無生結定性)인 여래결정성(如來結定性)에 증입하지 못하는 결정적 요인의 까닭은, 그 지혜성품이 부동열반성(不動涅槃性)에 치우쳐, 무생결정성(無生結定性)인 본연무생무연중절대성(本然無生無然中絶對性)을 벗어난 치우침이기 때문이다.

각 종론(宗論)의 성격에 따라, 제식(諸識)의 종류와 성질을 구분하고 논(論)함에, 6식과 7식(七識)도 사람에 따라 이견(異見)이 있다. 제식(諸識)의 종류를 각 종논(宗論)의 특성에 따라, 8식(八識)부터 또한, 식(識)을 설정하고 규정하는 특성에 따라 차별이 있다. 8식(八識)의 출입식(出入識)과 함장식(含藏識)을 하나로 보아, 8식설(八識說)로 규정하는 종론(宗論)도 있으며, 함장식(含藏識)은 지혜성품 차별차원에 따라, 동식(動識)이 아닌 부동정식(不動靜識)으로, 8식(八識)과 구별하여 9식(九識)으로 규정하는 9식설(九識說)도 있다. 이 경(經)에는 8식(八識)의 출입식(出入識)과 함장식(含藏識)을 하나로 묶고, 9식(九識)을 청정본성(淸淨本性) 암마라식(菴摩羅識)으로 규정하고 있다. 또한, 제식(諸識)을 분류함에 10종식(十種識)이 있으니, 8식(八識) 출입식(出入識)을 8식(八識)으로 규정하여, 8식(八識) 함장식(含藏識)은 부동함장식(不動含藏識)이므로 9식(九識)으로 하며, 9식(九識) 함장식(含藏識)을 벗어난 본성(本性)을 10식(十識)으로 하는 10식설(十識說)도 있다. 대일여래(大日如來)의 5지(五智)는 10종식(十種識)으로 규정하여 체계화하였다.

그러나 8식(八識) 출입식부터는, 깊은 지혜가 아니면 알 수가 없는 식(識)이므로, 9식(九識)과 10식(十識)을 논(論)한다 하여도, 지혜가 그 식(識)을 인지하는 각력(覺力)이 없으면, 그 법(法)의 실의(實義)를 상실하게 된다. 지혜가 깊어야만 9식(九識)과 10식(十識)의 명확한 분별이 중요함을 깨닫게 된다. 대부분 중생의 삶이, 6근(六根)에 의지해 이루어지므로, 지혜가 거기에까지 미치지 못하여, 9식(九識)과 10식(十識)

의 세계는 막연하여 추상적이며, 무의식(無意識)의 세계로 생각하여, 6근(六根) 중심의 삶에서는, 그에 대한 어떠한 관심도 의미도 없다. 그러다 보니, 보편적 인식의 불법(佛法)에서는, 8식(八識) 출입식(出入識)과 함장식(含藏識)을 하나로 간주하고, 더불어 청정본성이 바탕이 되어 있는, 통합(統合)적 사고가 일반적이다. 그러다 보니, 8식(八識)이, 오염식(汚染識)과 청정식(淸淨識) 두 성품이 함께하는, 염정식(染淨識)인 인식(認識)의 경향이 있다.

이는, 8식(八識)과 9식(九識)과 10식(十識)의 경계가 명확하지 않아, 무의식(無意識) 세계의 하나로 보는 경향으로, 8식(八識) 속에 중생식(衆生識)과 청정본성(淸淨本性)을 하나로 묶어, 8식(八識)까지 보는 견해가 보편적이다. 왜냐면, 8식(八識)을 넘어가면, 동식(動識)으로는 알 수 없는 성품이므로, 동식(動識)의 사고(思考)와 이념(理念)에서는 단지, 알 수도 없어, 현실이 아닌, 무의식(無意識)세계의 논리(論理)일 뿐이라는 생각에 치우치기 때문이다. 그러나 8식(八識) 출입식(出入識)이 끊어져, 각력(覺力)이 동식(動識)을 벗어나면, 성불(成佛)에 이르기까지 각력상승으로, 8식(八識) 함장식(含藏識)을 타파하여 청정본성(淸淨本性)에 들어야 하니, 수행의 각력(覺力)이 8식(八識)을 넘어가면, 동식(動識)을 벗어난 무위식(無爲識) 차별차원을 명료히 밝게 깨닫고, 명확히 요별(了別)하여 타파해야 함이, 얼마나 중요한가를 비로소 깨닫게 된다. 그 무위식(無爲識) 성품의 차별경계와 그에 속한 지혜성품이 명확히 밝혀져 있지 않으므로, 동식(動識)을 벗어난 차별차원, 이 무위식(無爲識)의 깨달음 경계에 들면, 무위(無爲)를 깨달았어도 완전한 불각(佛覺)에 이르기까지, 깊은 깨달음의 각식(覺識)으로도, 지혜점검에 혼동(混同)을 거듭하며, 그 속에 실증(實證)의 밀밀한 경험과 지혜의 촉각으로, 한걸음 한 경계 수행지혜의 경계와 차원을 냉철히 살피고 점검하며, 더욱 깊고 심오한 지혜의 상승 길로 나아가게 된다.

왜냐면, 동식(動識)을 벗어난 부사의 무위지혜(無爲智慧)의 성품이니 상(相)도 없고, 또한, 겪어보지 않았으니, 체험적 실증지혜(實證智慧)와 지식도 없어, 알 수 없는 지혜의 길이라, 스스로 수행을 밀밀히 점검할 수 있는, 기본 바탕의 지혜가 없기 때문이다. 또한, 지혜의 상승으로, 다음 차원의 지혜성품에 들면, 그 지혜를 넘어선, 또 다른 지혜세계가 어떠한지 알 수가 없다. 그러므로, 자신의 깨달음이, 동식(動識)을 벗어난 깊고 심오한 무위지혜의 성품에 들면, 그 희유한 지혜의 경계를, 최상(最上)으로 생각할 수도 있다. 그러나, 일념(一念) 오롯한 수행정신(修行精神)에 명(命)을 세워, 스스로 경계하며 경책(警責)함이, 어떤 부사의 경계여도 머묾이 상(相)에 떨어짐이며, 머물게 함이 식(識)의 업력(業力)인 마(魔)임을 인식하고, 어떤 깊고 심오한 지혜경계에서도, 머물지 않고 각력(覺力)을 더하다 보면, 스스로 그 지혜경계의 차별차원을 하나하나 타파하며 점차 벗어나므로, 더 없는 불가사의한 지혜 체험의 실증(實證)을 통해, 깨달음의 상승이 총체적으로 연결되는, 지혜의 차별과정을 밝게 정립(正立)하게 되며, 완전한 지혜세계로 나아가게 된다.

이 경(經)에는, 암마라식(菴摩羅識)을 9식(九識)으로 규정하여, 무생(無生) 결정성(結定性)인 여래결정성(如來結定性)으로 규정하고 있다. 그러므로 9식(九識) 암마라식(菴摩羅識)은, 지혜성품이 ①12인연의 무명(無明)도 아니며, ②유위견(有爲見)의 함장식(含藏識)도 아니며, ③무위견(無爲見)의 무위무생(無爲無生)도 아니며, ④무생(無生) 본성(本性)인 여래(如來)의 성품으로 드러내고 있다. 성품 지혜의 차원을 따라 ①무명(無明)으로도, ②함장식(含藏識)으로도, ③무위부동적멸열반성지(無爲不動寂滅涅槃性智)로도, ④여래결정성(如來結定性)으로도 전변(轉變)하게 된다. 그러므로, ①중생의 근본 무명(無明)과 ②유무상견(有無相見)인 제식(諸識) 중 함장식(含藏識)과 ③불승(佛乘)의 지혜성품 무위부동열반성(無爲不動涅槃性)과 ④9식(九識) 무생결정성(無生結定性)으로 각성(覺性)의 차별차원에 따라 성품이 전변(轉變)하게 된다. 다만 이름하는 그 성품 차별차원이 있음은, 본래 본성은 차별이 없으나 단지, ①무명업식(無明業識)의 작용과 ②유위업식(有爲業識)의 작용과 ③무위업식(無爲業識)의 작용과 ④무생본성(無生本性) 여래각성(如來覺性)의 작용에 따라, 그 성품이 식(識)의 차별차원과 지혜성품을 따라 수연(隨緣)할 뿐이다. 이 일체 차별이 지혜성품작용의 차별차원이다.

9식(九識) 암마라식(菴摩羅識)은 이 경(經)의 지혜성품, 불지혜(佛智慧)의 무생본성(無生本性)으로, 모두를 이 결정실제(結定實際) 본각리행(本覺利行)인 무생결정성(無生結定性)에 들게 한다. 무생결정성(無生結定性)에 들면 5지원융(五智圓融)에 들게 된다. 그 까닭은 무생결정성(無生結定性)의 법리(法理)이다. 대일여래(大日如來)의 법계체성지(法界體性智)는 무생여래장본성(無生如來藏本性)이다. 이는, 무위보살(無爲菩薩)의 지혜전변(智慧轉變) 증득의 무위체성지(無爲體性智)가 아닌, 무생원융불지(無生圓融佛智)의 법계체성(法界體性)으로, 대일여래(大日如來)의 법계체성지(法界體性智)이며, 일체제불(一切諸佛)의 지혜와 출현(出現)의 일체총지법계체성(一切總持法界體性)이다. 이는, 이 경(經)에 설하는 무생결정성(無生結定性)인 9식(九識) 암마라식(菴摩羅識)이며, 곧, 여래장(如來藏) 결정성(結定性)이다.

①일체중생 생사윤회(生死輪廻)의 모습, 12인연법의 출현은 무명(無明)이 근원이며, ②일체중생 유무상견(有無相見)은 8식(八識) 부동정식(不動靜識)인 함장식(含藏識)이 근원이며, ③일체 무위지혜(無爲智慧)는 8식(八識) 함장식(含藏識)이 끊어진 무위부동열반성(無爲不動涅槃性)이 근원이며, ④일체 제불(諸佛)지혜의 일체총지(一切總持) 모든 공능(功能)은, 무생결정성(無生結定性)인 본성(本姓) 여래장(如來藏)이 근원이다.

④무생결정성(無生結定性)이 일체제불(一切諸佛)의 일체총지(一切總持)

이며, ③불승(佛乘)의 무위부동적멸열반성(無爲不動寂滅涅槃性)이 일체무위보살(一切無爲菩薩)의 무위일체총지(無爲一切總持)이며, ②8식(八識) 함장식(含藏識)이 일체중생유무견(一切衆生有無見)의 유위일체총지(有爲一切總持)이며, ①12인연법의 무명(無明)이 일체중생(一切衆生) 생사윤회(生死輪廻)의 무명일체총지(無明一切總持)이다. 이 일체(一切)가 일각(一覺)의 묘용(妙用)이며, 일체총지(一切總持)인 여래장본성(如來藏本性)의 불가사의 공능(功能)에 의한, 법성묘법(法性妙法)의 세계이다.

◯182. 암마라식(菴摩羅識)에 들려면, 암마라식을 얻어야 하옵니까?

無住菩薩言 庵摩羅識[論:續1,2: 唵摩羅識] **是有入處**
무 주 보 살 언   암 마 라 식 [논:속1,2: 암마라식] 시 유 입 처

處有所得 是得法也[續2: 是得法耶]
처 유 소 득   시 득 법 야 [속2: 시득법야]

무주보살이 말씀 사뢰오며 여쭈옵기를, 암마라식 이것이 있어 들어야 할 곳이오면, 얻어야 할 바가 있는 곳이오니, 이 법을 얻어야 하옵니까?

♣ 무주보살이, 말씀 사뢰오며 여쭈옵기를, 마음이 머무른 바가 없어야, 출입이 끊어져, 암마라식(菴摩羅識)에 든다고 하시오니, 식(識)의 출입이 끊어진 암마라식에 들어야 한다면, 당연히, 얻어야 할 바이니, 이 암마라식(菴摩羅識)을 얻어야 하옵니까?

□ 고(高), 대(大) 경(經)에 암마라식(庵摩羅識)이, 논(論), 속1,2(續1,2) 경(經)에는 암마라식(唵摩羅識)으로 되어 있다.
□ 고(高), 논(論), 대(大), 속1(續1) 경(經)에 시득법야(是得法也)가, 속2(續2) 경(經)에는 시득법야(是得法耶)로 되어 있다.

◯183. 본래 암마라식(菴摩羅識) 속에 있음이나, 깨닫지 못할 뿐이다.

佛言 不也[論: 不] **何以故 譬如迷子 手執金錢 而不知有**
불 언   불 야 [논: 불] 하 이 고   비 여 미 자   수 집 금 전   이 불 지 유

遊行十方 經五十年 貧窮困苦 專事求索 而以養身
유 행 시 방   경 오 십 년   빈 궁 곤 고   전 사 구 색   이 이 양 신

而不充足 其父見子 有如是事 而謂子言 汝執金錢
이불충족 기부견자 유여시사 이위자언 여집금전
何不取用 隨意所須 皆得充足 其子醒已 而得金錢
하불취용 수의소수 개득충족 기자성이 이득금전
心大歡喜 而謂得錢 其父謂言 迷子 汝勿欣懌 所得金錢
심대환희 이위득전 기부위언 미자 여물흔역 소득금전
是汝本物 汝非有得 云何可喜
시여본물 여비유득 운하가희

부처님께옵서 말씀하옵기를, 아니니라. 무엇 때문이냐면, 비유하여, 미혹한 아들이 수중에 금전을 지니고 있어도, 가지고 있음을 알지 못해, 시방을 떠돌며 50년 세월이 흘러, 가난이 극심하여 고통스러운 어려움에 괴로움을 겪으면서, 일할 곳을 찾고 구하며, 몸을 보존하려 하여도 충족하지를 못하다가, 그 아버지가 아들을 만나, 이 같은 일이 있었음을 알고, 아들에게 말을 하며, 네가 금전을 지니고 있으니, 어찌하여 가진 돈을 사용하지 않는가를 물으며, 원하는 바의 뜻을 따라 사용하면, 모두 충족함을 얻을 것이다. 하니, 그 아들이 마침 깨닫고는, 금전을 얻었으므로, 마음이 크게 기뻐 어찌할 줄을 몰라, 금전을 얻었다고 하므로, 그 아버지가 말하기를, 어리석은 아들아! 너는 기뻐하며, 즐거워하지 말라. 얻었다고 생각하는 금전은, 네가 본래 가지고 있었던 물건이지, 네가 얻은 것이 아니거늘, 어찌하여 그렇게 기뻐하느냐? 하였다.

□ 고(高), 대(大) 속1,2(續1,2) 경(經)에 불야(不也)가, 논(論), 경(經)에는 불(不)로 되어 있다.

○ **184.** 본래(本來), 암마라식(菴摩羅識)을 벗어난 적이 없다.
善男子 庵摩羅者[論:續1,2: 唵摩羅者] 亦復如是 本無出相
선 남 자 암 마 라 자 [논:속1,2: 암마라자] 역 부 여 시 본 무 출 상
今即[論: 今則][續1,2: 今卽]非入 昔迷故非無 今覺故非入
금 즉 [논: 금즉][속1,2: 금즉]비 입 석 미 고 비 무 금 각 고 비 입

선남자여! 암마라도 역시 또한, 이와 같아서, 본래 [암마라] 모습을 벗어난 적도 없어, 지금 곧, [암마라에] 듦도 아니니라. 옛적, 미혹(迷惑)하였을 때에도 [암마라가] 없었든 것도 아니며, 지금 깨달은 까닭으로 [암마라에] 듦도 아니니라.

♣ 선남자야! 미혹한 자식이 수중에 돈을 지니고 있음에도 몰랐듯이, 암마라도 또한, 이와 같아서, 본래 본 성품이므로 잃은 바가 없어, 암마라를 벗어난 적도 없으며, 지금, 이것을 앎으로 곧, 암마라에 듦도 아니니라. 헤아릴 수 없는 옛적 미혹하였을 때에도 암마라가 없었든 것이 아니며, 또한, 지금 그것을 깨달은 까닭으로, 암마라에 듦도 아니니라.

□ 고(高), 대(大) 경(經)에 암마라자(庵摩羅者)가, 논(論), 속1,2(續1,2) 경(經)에는 암마라자(唵摩羅者)로 되어 있다.
□ 고(高), 대(大) 경(經)에 금즉(今即)이, 논(論) 경(經)에는 금즉(今則)으로, 속1,2(續1,2) 경(經)에는 금즉(今卽)으로 되어 있다.

○ 185. 괴로움을 겪은 뒤에, 고통(苦痛)을 벗는 법(法)을 말씀하옵니까?

無住菩薩言 彼父知其子迷 云何經五十年 十方遊歷
무 주 보 살 언 피 부 지 기 자 미 운 하 경 오 십 년 시 방 유 력

貧窮困苦 方始告言
빈 궁 곤 고 방 시 고 언

무주보살이 말씀 사뢰오며 여쭈옵기를, 저 아버지가, 그 아들의 어리석음을 알았다면, 어찌, 50년 세월이 지나도록, 시방(十方)을 떠돌아다니며, 가난이 극심하여 고통스러운 어려움과 괴로움을 겪은 뒤에야, 비로소, 고통을 벗어나는 방법을 말하였사옵니까?

♣ 무주보살이, 말씀 사뢰오며 여쭈옵기를, 저 아버지가, 그 아들이 수중에 돈을 지니고 있으면서, 그 돈이 있음을 몰라, 그 돈을 쓰지 못하는 아들의 어리석음을 알았다면, 어찌 50년 세월이 지나도록,

시방을 떠돌아다니며, 가난이 극심하여, 고통스러운 어려움으로 괴로움을 겪은 뒤에야, 비로소, 그 돈이 있음을 알게 하여, 그 가난의 고통을 벗어나는 방법을 말하였사옵니까?

○ **186.** 세월이 한 생각이며, 시방을 떠돎이 사량(思量) 분별(分別)이다.

佛言 經五十年者[論: 經五十年] **一念心動 十方遊歷 遠行遍計**
불언 경 오 십 년 자 [논: 경 오 십 년] 일 념 심 동 시 방 유 력 원 행 변 계

부처님께옵서 말씀하옵기를, 50년 세월은, 한 생각 마음이 움직임이며, 시방(十方)을 떠돌아다님은, 오래도록 두루 사량(思量)하고, 분별한 행(行)을 일컫느니라.

♣ 부처님께옵서 말씀하옵기를, 극심한 괴로움과 고통의 삶 50년 세월은, 한 생각 마음이 움직임인 5음(五陰)의 작용이며, 시방(十方)을 떠돌아다님은, 오래도록 무명(無明)의 한 생각을 따라, 능(能)과 소(所)로 두루 사량(思量)하고 분별하며, 헤아리는 끊임 없는 행을 일컫느니라.

□ 고(高), 대(大), 속1,2(續1,2) 경(經)에 경오십년자(經五十年者)가, 논(論) 경(經)에는 경오십년(經五十年)으로 되어 있다.

○ **187.** 무엇이, 한 생각이옵니까?

無住菩薩言 云何一念心動
무 주 보 살 언 운 하 일 념 심 동

무주보살이, 말씀 사뢰오며 여쭈옵기를, 무엇이, 한 생각, 마음이 움직임이옵니까?

♣ 무주보살이, 말씀 사뢰오며 여쭈옵기를, 무엇이, 고해(苦海)를 떠돌게 한, 한 생각, 마음이 움직임이옵니까?

◯**188.** 한 생각이 5음(五陰)이며, 한 생각에 50악(五十惡)이 갖추었다.

佛言 一念心動 五陰俱生[論: 五陰具生] **五陰生中 具五十惡**
불언 일념심동 오음구생 [논 : 오음구생] 오음생중 구오십악

부처님께옵서 말씀하옵기를, 한 생각, 마음이 움직이므로, 5음[五陰 : 色
受想行識]이 함께 일어나느니라. 5음(五陰)**이 일어나는 가운데는, 50악**
(五十惡)이 갖추어지느니라.

♣ 부처님께옵서 말씀하옵기를, 한 생각, 마음이 움직이므로, 색수
상행식의 5음(五陰)이 함께 일어나느니라. 5음(五陰)이 함께 일어나는
가운데는, 5음(五陰) 취사(取捨)의 업(業)이, 본성(本性)의 청정성(淸淨
性)을 장애(障礙)하는, 50악(五十惡)이 두루 갖추어지느니라.

□ 고(高), 대(大), 속1,2(續1,2) 경(經)에 5음구생(五陰俱生)이, 논(論) 경(經)에
는 5음구생(五陰具生)으로 되어 있다.

● **50악(五十惡):** 한 생각, 마음이 움직이므로 일어나는, 본성(本性)
의 청정성을 장애하는 5음(五陰) 제식(諸識)의 작용이다. ①색계(色界)
색성향미촉(色聲香味觸)의 각각 취사심(取捨心) 2종업(二種業)이 10악사
(十惡事)를 이루며, ②수계(受界)의 색성향미촉(色聲香味觸)의 각각 생
멸심(生滅心) 2종업(二種業)이 10악사(十惡事)를 이루며, ③상계(想界)
의 색성향미촉(色聲香味觸)의 각각 유무심(有無心) 2종업(二種業)이 10
악사(十惡事)를 이루며, ④행계(行界)의 색성향미촉(色聲香味觸)의 각각
능소심(能所心) 2종업(二種業)이 10악사(十惡事)를 이루며, ⑤식계(識
界)의 색성향미촉(色聲香味觸)의 각각 출입심(出入心)의 2종업(二種業)
이 10악사(十惡事)를 이루어, 취사(取捨)와 생멸(生滅)과 유무(有無)와
능소(能所)와 출입(出入)의 제식(諸識)의 작용이 청정본성(淸淨本性)을
장애(障礙)하는 50악(五十惡)이 두루 갖추어진다.

● 무생(無生) 본성(本性)을 장애(障礙)하는 5음(五陰)이 일어남을 무생
(無生)의 장애(障礙)로 50악(五十惡)이라 했다. 여기에서 악(惡)이란, 무

생(無生)을 장애(障礙)하는 제식(諸識)이다. 왜냐면, 한 생각이 5음(五陰) 제식(諸識)의 작용이라, 무생(無生)의 청정성을 장애(障礙)하는 악근(惡根)이기 때문이다. 5음(五陰)이 끊어지면, 일체 장애식(障礙識)인 취사(取捨)와 생멸(生滅)과 유무(有無)와 능소(能所)와 출입(出入)의 제식(諸識)의 작용이 끊어져 무생(無生) 청정성(淸淨性)에 들게 된다. 한 생각 분별이 무생(無生)을 장애(障礙)하여 곧, 5음(五陰) 취사(取捨)의 시방(十方) 물·심(物·心)의 업계(業界)를 두루 갖추게 된다.

◯ **189.** 어떻게, 한 생각이 일어나지 않도록 해야 하옵니까?

無住菩薩言 遠行遍計 遊歷十方 一念心生 具五十惡
무주보살언 원행변계 유력시방 일념심생 구오십악

云何令彼衆生 無生一念
운하영피중생 무생일념

무주보살이 말씀 사뢰오며 여쭈옵기를, 오래도록 분별하고 사량(思量)하여 시방(十方)을 떠돌아 다니며, 한 생각 마음을 일으켜, 50가지 악(惡)을 갖추었다면, 저 중생들로 하여금 어떻게, 한 생각 일어남이 없도록 해야 하옵니까?

♣ 무주보살이 말씀 사뢰오며 여쭈옵기를, 일체 식(識)의 출입이 끊어진 암마라를 벗어나, 많은 세월 속에, 오래도록 분별하고 사량(思量)하여 시방을 떠돌아 다니며, 한 생각 마음을 일으켜, 50가지 악(惡)을 갖추었다면, 저 중생들로 하여금 어떻게, 한 생각이 일어남이 없도록 해야 하옵니까?

◯ **190.** 마음이 안좌(安坐)하여 금강지(金剛智)에 들면, 한 생각이 없다.

佛言 令彼衆生 安坐心神 住金剛地 靜念無起 心常安泰
불언 영피중생 안좌심신 주금강지 정념무기 심상안태

即無一念[大: 即無一念][續1,2: 即無生一念]
즉 무 일 념 [대: 즉무일념][속1,2: 즉무생일념]

부처님께옵서 말씀하옵기를, 저 중생들로 하여금, 심신(心神)이 안정(安定)되어, 동(動)함이 없어[坐] 금강지(金剛地)에 머물면, 생각이 일어남이 끊어져, 적정(寂靜)하여 마음이 항상 크게 평안하며 곧, 한 생각이 없으리라.

♣ 부처님께옵서 말씀하옵기를, 저 중생들로 하여금, 본성을 수순하여 심신(心神)이 안정(安定)되어 동(動)함이 없어, 결정성(結定性)인 금강지(金剛地)에 머물면, 생각이 일어남이 끊어져 적정(寂靜)하여, 마음이 무생(無生)이므로 항상 크게 평안하며, 곧, 한 생각이 없으리라.

□ 고(高), 논(論), 경(經)에 즉무일념(即無一念)이, 대(大) 경(經)에는 즉무일념(即無一念)으로, 속1,2(續1,2) 경(經)에는 즉무생일념(即無生一念)으로 되어 있다.

● 한 생각 소멸은, 무생(無生) 결정성을 수순하여 귀일(歸一)하는, 본성 수순 외길뿐이다. 만약, 그 길 외에 다른 길이 있다면 그 길은 유위법(有爲法)이며, 상념(想念)의 심식법(心識法)이다.

◯ **191.** 생각 일어나지 않음이 각이며 곧, 본각실제(本覺實際)이옵니다.
無住菩薩言 不可思議 覺念不生 其心安泰
무 주 보 살 언 불 가 사 의 각 념 불 생 기 심 안 태
即[大:續1,2: 即] **本覺利**
즉 [대:속1,2: 즉] 본 각 리

무주보살이 말씀 사뢰옵기를, 불가사의이옵니다. 생각이 일어나지 않음이 각[覺:菩提]이며, 그 마음 크게 평안함이 곧, 본각(本覺)의 실제[利:實際]이옵니다.

♣ 무주보살이 말씀 사뢰옵기를, 불가사의이옵니다. 생각이 일어나지 않음이 무생(無生) 보리(菩提)의 성품이며, 그 마음이 본각(本覺)을 수순하여 크게 평안함이 곧, 본각(本覺)의 실제[利:實際]이옵니다.

□ 고(高), 논(論), 경(經)에 즉(即)이, 대(大), 속1,2(續1,2) 경(經)에는 즉(即)으로 되어 있다.

◯ 192. 깨달음도, 깨달음의 앎도 끊어진 것이 각(覺)이옵니다.

利無有動 常在不無 無有不無 不無不覺 覺知無覺
이 무 유 동   상 재 불 무   무 유 불 무   불 무 불 각   각 지 무 각

동(動)함 없는 성품 실제[利:實際]는 항상하므로, 없어지는 존재가 아니옵니다. 없어지지 않음은, 유[有:相]가 끊어졌기 때문이옵니다. 없어지지 않는 것은, 깨달음으로 얻는 것이 아니옵니다. 깨달음도, [깨달음의] 앎도, 끊어진 것이 각[覺:菩提]이 옵니다.

♣ 동(動)함이 없는 성품 실제[利:實際]는, 생멸(生滅) 없는 무생(無生) 성품이므로 항상하며, 생멸(生滅)하여 없어지는 존재가 아니옵니다. 없어지지 아니함은, 생멸(生滅)의 유(有)도 아니며 상(相)도 아닌, 무생(無生) 성품이기 때문이옵니다. 유(有)도 아니며 상(相)도 아니므로 생멸(生滅)이 없어, 사라지거나 없어지지 않는 무생(無生) 결정성(結定性)인 여(如)의 성품은, 깨달음의 증득(證得)으로도 얻을 수 있는 것이 아니옵니다. 성품이 무생(無生) 결정성(結定性)이므로, 일체상(一切相)도 깨달음도 깨달음의 지혜(智慧)도 끊어진 성품이니, 깨달았어도 상(相)이 없으니, 깨달음도 없어 깨달음도 끊어지고, 깨달았어도 무생(無生)성품이므로, 깨달음의 앎도 끊어졌으니, 깨달음도 깨달음의 앎도 끊어진 그것이 곧, 무생(無生) 결정성(結定性)의 성품인, 본각(本覺)의 보리(菩提)이옵니다.

● **이무유동 상재불무(利無有動 常在不無):** 동(動)함 없는 성품[利]은 항상하므로, 없어지는 존재가 아니다. 생멸(生滅)이 끊어진 성품, 보리(菩提)인 무생(無生) 여(如)의 성품을 지칭함이다. 이(利)는 곧, 성품 공능(功能)의 실제(實際)를 일컬으며, 이는 곧, 성품 결정성(結定性)의 실제(實際)이다.

● **무유불무(無有不無):** 없어지지 아니함은, 유[有:相]가 끊어졌기 때문이다. 유(有)는 인연을 따라 생겨난 것이므로, 반드시 소멸한다. 그러므로 모든 상(相)은 멸하며, 항상하는 것이 없다. 그러나 본성은 상

(相)이 없어, 생멸하는 상(相)이 아닌 무생결정성(無生結定性)이므로, 생겨남이 없어 항상한다. 항상함이란, 성품이 생멸(生滅)과 시(時)가 끊어져, 상(相)이 없는 무생(無生) 성품이며, 결정성(結定性)임을 뜻한다. 그러므로 만물(萬物)과 만심(萬心)의 본 성품이며, 근원으로 항상한다. 이는, 깨달아 성품의 실체(實體)에 듦으로 깨닫게 된다. 성품의 결정성(結定性) 실체(實體)에서 상(相)이 없다는 것과 유무(有無)의 상견(相見)으로 상(相)이 없다는 것을 이해함이 서로 다르다. 유무견(有無見)에서는 상(相)이 없음은 유(有)가 아닌 무견(無見)을 일으켜, 유(有)가 없는 상태를 생각한다. 그러나 성품을 깨달으면, 없는 무(無), 그것도 끊어져, 없는 무(無)를 생각하지 않는다. 왜냐면, 유(有)와 무(無), 둘 다 아닌 성품의 결정성(結定性) 실체(實體)를 깨닫고 있기 때문이다. 그 성품은 여래장(如來藏) 일체총지(一切總持)의 공능(功能) 성품으로 무생(無生)이며, 상(相)이 끊어져 결정성(結定性)인 무상실체(無相實體)이다. 이 무상(無相)은, 무생(無生)의 성품이라 유(有)도 아니며 무(無)도 아니며, 그렇다고 유(有)와 무(無)를 떠나 있는 것도 아니며, 유무(有無)의 실체(實體)로써 실제(實際)하는 무상공능(無相功能)의 성품이다. 무상(無相)은 상(相)이 없을 뿐, 성품이 없는 것이 아니며, 그 성품 무상공능(無相功能)의 조화(造化)로 만유(萬有)가 생성되어 두루하니, 단순, 유무견(有無見)으로 생각하는 무(無)인, 없는 것이 아니다. 없는 것이 아니기에 눈으로 보고, 귀로 소리를 듣는 이것이 없는 것이 아님은, 곧, 성품의 일체총지공덕성(一切總持功德性)인 이(利)의 무상공능(無相功能)작용이 쉼 없이 항상하기 때문이다.

● **불무불각(不無不覺):** 없어지지 않는 것은 깨달음으로 얻는 것이 아니다. 왜냐면, 무생(無生)이며, 결정성(結定性)이니, 깨달음으로 증득(證得)하거나 얻어지는 것이 아니다. 이는, 무생(無生)이며, 결정성(結定性)이므로 상(相)이 없기 때문이다. 또한, 자기의 실체(實體)이니, 깨달아 얻을 수가 없기 때문이다. 그리고, 항상 그 실체(實體) 속에

있기 때문이다. 이는, 내가, 나를 취(取)할 수도, 얻을 수도 없기 때문이다. 그리고, 무생(無生) 결정성(結定性)이므로 구하여 얻거나 취(取)하는 그러한 성질이 아니기 때문이다. 허공은 항상 함께하며 같이 있어도 허공을 취하거나 얻을 수 없음은, 얻거나 취(取)할 수 있는 성질이 아님과도 같다. 모든 소리를 밝게 명확히 들어도 듣는 그 성품은 볼 수도 취할 수도 없고, 두두물물 만물의 형태와 모습을 밝게 분별하며 분명히 보아도, 보는 그 성품은 볼 수도 취할 수도 없다. 왜냐면, 무생(無生) 결정성(結定性)이기 때문이다.

● **각지무각(覺知無覺):** 깨달음도, 앎도 끊어진 것이 각[覺:菩提]이옵니다. 무생본각(無生本覺)을 깨달으면, 일체식(一切識)의 분별과 앎의 사량(思量)뿐 아니라, 깨달음도 끊어지고, 깨달음의 앎도 끊어진다. 왜냐면, 일체 깨달음과 깨달음의 앎까지 끊어진 성품, 무생결정성(無生結定性)이 본각(本覺)이기 때문이다. 또한, 깨달은 것이 무생본각(無生本覺)이니 상(相)도 없고, 무생결정성(無生結定性)이니 생(生)도 없어, 성품이 적멸(寂滅)하여 공적(空寂)하기 때문이다. 본각(本覺)은, 본래 깨달을 것 없는 본래의 성품이며, 또한, 무생결정성(無生結定性)이니, 무생본각(無生本覺)을 깨달으면, 깨달음과 깨달음의 일체 앎이 끊어진다. 그러므로, 무생본각(無生本覺)을 깨달으면 본래 성품이며, 무생(無生)성품이며, 상(相)이 없는 성품이니, 깨달을 것이 없어 깨달은 것도 없고, 깨달음의 일체 분별인 미망(迷妄)의 앎도 끊어지니, 깨달으면, 깨달을 것도 깨달은 것도 깨달음의 앎도 끊어져 없음을 깨달은 무생청정(無生淸淨)이, 바로 결정성(結定性)인 본각(本覺) 여(如)의 성품을 깨달음이다. 만약, 깨달음이 있고, 깨달아 앎이 있다면, 아직, 본각(本覺)에 들지 못해 차별지혜 속에 있으므로, 각식(覺識)의 장애(障礙)를 벗어나지 못했음이니, 무생결정성(無生結定性)인 무생본각(無生本覺)을 깨닫지 못했다. 더 깨달아, 시각(始覺)과 본각(本覺)이 둘 다 끊어져

일체(一切) 깨달음도 끊어지고, 일체(一切) 깨달음의 지혜인 앎도 끊어지면 무생결정성(無生結定性)에 들어, 본래의 성품 무생본각(無生本覺)을 깨닫게 된다. 일체(一切) 식(識)을 벗어난 깨달음의 지혜성품이 무생본각(無生本覺)과 동일성품에 이르지 못하면, 무생(無生) 결정성(結定性)인 무생본각(無生本覺)을 깨달을 수가 없다. 지혜의 성품이 무생본각(無生本覺)과 동일성품에 이르면, 시각(始覺)과 본각(本覺)이 둘 다 끊어져, 일체(一切) 깨달음과 깨달음의 일체(一切) 지혜의 앎까지 끊어지므로, 무생본각(無生本覺)을 깨닫게 된다. 본각(本覺)을 깨달으면, 본각(本覺)은, 일체(一切) 앎과 깨달음의 지혜가 끊어진 무생결정성(無生結定性)으로, 유무식(有無識)을 벗어난 본래의 성품임을 깨닫게 된다. 만약, 본각(本覺)을 깨달으면, 항상 보고 듣는 그 실체이며, 그리고 또한, 일체의 분별과 사량(思量)과 깨달음과 깨달음의 지혜인 앎까지 끊어진 무루(無漏)의 성품으로, 무엇에도 걸림 없이 두루 밝은 결정성(結定性)인, 무생본성(無生本性)의 성품임을 알게 된다. 일체식(一切識)과 일체 깨달음과 일체 깨달음 지혜의 앎까지 끊어진, 무생(無生) 결정성(結定性)에 들면, 무생(無生) 성품 본각(本覺)에 증입(證入)함이다.

◯ **193.** 본성(本性)이 본각(本覺)이며, 각(覺)은 결정성(結定性)입니다.

本利本覺 覺者淸淨 無染無著[論:續1,2: 無染]
본 리 본 각 각 자 청 정 무 염 무 착 [논:속1,2: 무염]

不變不易 決定性故 不可思議
불 변 불 역 결 정 성 고 불 가 사 의

본성(本性) 실제[利:實際]가 본각(本覺)이오니, 각[覺:本覺]이란 것은 청정(淸淨)하여 물듦이 없고, 집착이 없으며, 변하지도 않고, 바뀌지도 않음은, 결정성(結定性)인 까닭이오니, 불가사의이옵니다.

♣ 본성(本性)의 무상(無相) 실제[利:實際]인, 보고 듣는 이 일체가 곧, 본각(本覺)이오니, 각(覺)은 무생(無生) 성품이므로 청정하여 물듦이 없

고, 무엇에 머물거나 집착이 없어, 변하거나 바뀌지도 않음은, 무생(無生) 결정성(結定性)인 까닭이오니, 불가사의이옵니다.

□ 고(高), 대(大) 경(經)에 무염무착(無染無著)이, 논(論), 속1,2(續1,2) 경(經)에는 무염(無染)으로 되어 있다.

■ 결정성(結定性)의 이해

깨어지지 않는 성품, 결정성(結定性)이란 법어(法語)를 이해함은, 지혜 차원의 깊이에 따라, 이 법어(法語)를 이해하고 수용하는 깊이와 차원의 경계가 다르다. 유무견(有無見)에서는 상견(相見)으로 이 법어를 수용하므로, 깨어지지 않는 금강(金剛)과 같이 단단한 성품이나 성질의 것으로 생각할 수도 있다. 왜냐면, 유견(有見)은 상견(相見)이므로, 단단해야만 깨어지지 않기 때문이다. 공(空)을 깨달아 무위(無爲)에 들면, 결정성을 무위(無爲)의 성품 공성(空性)으로 생각한다. 왜냐면, 유위(有爲)의 상(相)은 그것이 아무리 단단해도, 공(空)의 성품에 파괴되기 때문이다. 그러므로 무위(無爲)에 든 지혜자는, 결정성이 곧, 무위(無爲)의 무자성(無自性) 공성(空性)인, 무상(無相) 성품이라고 생각한다. 만약, 무위(無爲)를 타파하여 무위(無爲)를 벗어나면, 무위(無爲)도 파괴됨을 깨달으므로, 유위(有爲)와 무위(無爲)를 둘 다 벗어난, 무생(無生) 결정성(結定性)을 알게 된다.

무생(無生)의 법어(法語)도, 상견(相見)과 무위견(無爲見)과 무생(無生) 결정성(結定性)인 인지(印智)에서 생각하는 것이 다르다. 상견(相見)에서는 무생(無生)이라고 하면, 유(有)가 소멸하였거나, 생겨나지 않는 무(無)의 상태를 생각하게 된다. 이 무견(無見)은, 상견(相見)의 분별에 의한 상념상(想念相)으로, 무기성(無記性)이나, 단멸성(斷滅性)이나, 멸인성(滅因性)이나, 유인성(有因性)이나, 허공성(虛空性)이다. 무위견(無爲見)에서는 무생(無生)이라고 하면, 생겨나지 않은 무(無)가 아니라, 무위(無爲)의 공성(空性)을 생각한다. 인지(印智)에서는 무(無)도 아니며, 무위(無爲)도 아니며, 공(空)도 아닌, 무생(無生) 결정성(結定性)인 인(印)임을 안다. 유위견(有爲見)에서는, 지칭하고 이름할 상념상(想念相) 그것이 있다. 무위견(無爲見)은, 지칭하고 이름할 것 없는 지혜상(智慧相) 무위(無爲)이며, 청정공성(淸淨空性)이 있다. 인지(印智)는, 일컫고 지칭할 그것 상념상(想念相)도 없고, 지칭하고 이름할 것 없는 무위(無爲)나 공(空), 그것도 없다.

무생(無生) 결정성(結定性) 인(印)에는, 무위(無爲)나 공(空)의 지혜상(智慧相)과 상(相) 아닌 지혜(智慧), 그것도 허락하지 않는다. 무위견(無爲見)과 인지(印智)의 차이는, 무위(無爲)의 지혜에 증입하면, 무위(無爲)나 공(空)의 지혜상(智慧相)인 각식(覺識)의 무위상(無爲相)이 있으므로, 무위견(無爲見)이 있다. 그러나 인지(印智)는, 증입(證入)도 없고, 상(相)도 없고, 견(見)도 없다. 왜냐면, 유무(有無)와 무위(無爲)가 끊어진 무생(無生)인, 결정성(結定性)이기 때문이다. 유무견(有無見)은, 그 견(見)이 유무(有無)와 생멸상(生滅相)에 얽매여 있고, 무위견(無爲見)은, 유무(有無)와 생멸상(生滅相)이 아닌, 공성(空性)인 무자성(無自性), 각식(覺識)의 무위상(無爲相)에 머물러 있다. 유무(有無)가 공(空)함을 깨달아 무위(無爲)에 들었어도, 유무(有無)를 벗어난 무위견(無爲見)을 또한, 벗어나지 못해, 무위(無爲)의 각식(覺識)에 머물러, 무위공상(無爲空相)인 무자성공견(無自性空見)을 가진다.

그것이 무엇이든 견(見)이 있으면, 그 견(見)에 의한 상(相)이 있으며, 그 견(見)의 상(相)이 타파되면, 그 견(見)도 끊어져 사라지게 된다. 무위(無爲)를 깨달아 든 지혜가 무위법(無爲法)인 무생법인지(無生法忍智)이며, 인지(印智)는 무위(無爲)인 무생법인지(無生法忍智)도 타파하여 벗어난, 결정성(結定性)인 무생법인지(無生法印智)이다. 무위(無爲)에 들면 무생법인지(無生法忍智)이므로, 깨달음의 각식(覺識)과 깨달음 증득(證得)에 의한 무위견(無爲見)이 있어, 무위법(無爲法)인 무생법인

(無生法忍)을 수순하는, 무위지혜(無爲智慧)의 공청정법행(空清淨法行)이 이루어진다. 그러나 인지(印智)에 들면 본연무연중절대성(本然無然中絶對性)인 본연무생(本然無生)이라, 수순할 법(法)이 끊어졌다. 무위(無爲)가 최상(最上)이 아니니, 지혜의 상승으로 무위(無爲)를 벗어나면, 무생(無生) 결정성(結定性)인 인(印)에 듦으로, 무위(無爲)는, 유위(有爲)를 벗어난 각식(覺識)의 지혜상(智慧相)인 무위견(無爲見)임을 깨닫게 된다.

○ **194.** 그러하니라.
佛言 如是
불 언 여 시

부처님께옵서 말씀하옵기를, 그러하니라.

♣ 부처님께옵서 말씀하옵기를, 그러하니라. 본래 성품 본성(本性)이 본각(本覺)이며, 각(覺)은 무생(無生)이므로, 본래 청정하여 물듦이 없어 집착이 없으며, 변하지 않고 바뀌지 않는 결정성(結定性) 여(如)의 성품이니, 불가사의이니라.

○ **195.** 무주보살(無住菩薩)이, 게송(偈頌)을 올리었다.
無住菩薩 聞是語已 得未曾有 而說偈言
무 주 보 살 문 시 어 이 득 미 증 유 이 설 게 언

무주보살이 이 말씀을 다 듣고, 지금까지 얻지 못하였든 것을 얻고서, 게송을 올리었다.

♣ 무주보살이, 무생(無生) 결정성(結定性)인, 본각(本覺) 보리(菩提)의 여(如)의 성품에 대한 이러한 말씀을 듣고 나서, 지금까지 얻어 듣지를 못한 희유함을 얻고서, 여래(如來)의 위 없는 지혜를 베푸심에, 깊은 법의 무한 감동과 감사의 기쁨으로, 게송을 올리었다.

◯**196.** 무생심(無生心)은 항상하여, 멸(滅)하지 않사옵니다.

尊者大覺尊 說生無念法 無念無生心 心常生不滅
존자대각존 설생무념법 무념무생심 심상생불멸

세존이시여! 원만 대각(大覺)을 이루신 세존이시여!
중생들에게 무념법(無念法)을 설하시오니
생각이 끊어진 무생심(無生心)은
마음이 항상하여, 생(生)도 멸(滅)도 아니옵니다.

♣ 세존이시여! 무상(無上) 대각(大覺) 원만하옵신 세존이시여!
생각에 얽매인 중생들에게, 대각(大覺)의 무념법을 설하시오니
모두 생멸 유무의 생각이 끊어진 무생심(無生心)에 들어
생멸 없는 본각 마음은 항상하여, 생(生)도 멸(滅)도 아니옵니다.

◯**197.** 본각(本覺)의 성품을 얻어도, 얻음이 아니옵니다.

一覺本覺利 利諸本覺者 如彼得金錢
일각본각리 이제본각자 여피득금전

所得即非得[大:續1,2: 所得卽非得]
소득즉비득 [대:속1,2: 소득즉비득]

일각(一覺)은, 본각(本覺)의 성품 실제[利:實際]이오니
성품 실제[利:實際]로, 모두 본각(本覺)의 사람이게 하심은
저 금전(金錢)을 얻음과 같음이어서
얻은바 이오나 곧, 얻음이 아님이옵니다.

♣ 일각(一覺)은 본각의 성품 무생(無生) 실제[利:實際]이오니
성품 실제[利:實際]로 모두 일각(一覺)인 본각(本覺)의 사람이 되게 하심은
저 어리석은 아들이 본래 자기의 금전(金錢)을 찾음과 같아서
일각인 본각(本覺)을 얻었사오나, 그 얻음이 곧, 얻음이 아니옵니다.

□ 고(高), 논(論), 경(經)에 즉(即)이, 대(大), 속1,2(續1,2) 경(經)에는 즉(卽)으로
되어 있다.

◯ **198.** 대중이, 본각(本覺)의 실제(實際) 반야바라밀을 얻었다.

爾時 大衆 聞說是語 皆得本覺利般若波羅蜜
이 시 대 중 문 설 시 어 개 득 본 각 리 반 야 바 라 밀

이때 대중들이, 이 설하심의 말씀을 듣고 모두, 본각(本覺)의 성품 실제 [利:實際]인, 반야바라밀(般若波羅蜜)을 얻었다.

♣ 이때 대중들이, 일각(一覺)인 본각(本覺) 성품의 부사의 결정성, 생멸 없어 항상한, 무생(無生) 청정성품에 대한 말씀을 듣고, 모두 본각(本覺)의 성품, 무생(無生) 실제[利:實際]인 반야바라밀을 얻었다.

● **상념상(想念相):** 상념상(想念相)이란, 념(念)은 심생(心生)이며, 상(想)은 념(念)이 생기(生起)한 자상(自相), 실체(實體), 형태(形態), 모습이며, 상(相)은 유(有)이다. 그러므로, 상념상(想念相)이란, 일체심생(一切心生)의 일체상(一切相)이다. 이는, 일체심(一切心), 일체견(一切見), 일체심행상(一切心行相)이다. 상념상(想念相)은, 심(心), 식(識), 견(見), 지(智)에 따라, 서로 다른 차별차원(差別次元)이 있다. 상념상(想念相)은, 유위상념상(有爲想念相)과 무위상념상(無爲想念相)이 있다. 유위상념상(有爲想念相)은 자아일체심행(自我一切心行)이니, 지(知), 정(情), 의(意), 견(見) 등, 각종 심행(心行)의 유위상심계(有爲相心界)이며, 무위상념상(無爲想念相)은 깨달음 무위각식(無爲覺識)의 세계인 공(空), 증(證), 득(得), 무아(無我), 증견(證見), 증지(證智), 각조(覺照), 지증사상(智證四相) 등, 각종 무위식계심(無爲識界心)이다.

金剛三昧經 入實際品 第五
금강삼매경 입실제품 제오

○ **199.** 본각(本覺) 실제(實際) 성품으로, 모든 중생(衆生)을 제도(濟度)하라.

於是如來 作如是言 諸菩薩等 本利深入 可度衆生
어시여래 작여시언 제보살등 본리심입 가도중생

이에, 여래께옵서 이와 같이 말씀하옵기를, 모든 보살들은, 본각(本覺) 실제[利:實際]에 깊이 들어가, 가히 모든 중생을 제도해야 하느니라.

♣ 이에, 여래께옵서 이와 같이 말씀하옵기를, 모든 보살들은 무생(無生) 결정성(結定性)인, 본각(本覺) 실제[利:實際]에 깊이 들어가, 그 결정성 무생(無生) 성품으로, 모든 중생을 제도해야 하느니라.

○ **200.** 훗날, 중생 근기(根機)에 상응(相應)한 법(法)을 설(說)해야 한다.

若後非時 應如說法
약후비시 응여설법

時說利不俱[大: 時說利不但][論:續1,2: 時利不俱]
시 설 리 불 구[대 : 시설리불단][논 : 속1,2 : 시리불구]

順不順說 非同非異 相應如說
순 불 순 설 비 동 비 이 상 응 여 설

만약, 훗날 [정법(正法)의] 시절이 아니면, 응당 설하는 법이 같아도, 시절이 [정법(正法)의 선근(善根)이 부족하여] 설하는 법의 실제[利:實際]에 함께하지 못할 것이니, 순응(順應)할 수 있는 법으로 또는, 순응(順應)하지 못하는 법이어도 설하여, 그들의 성품과 같지도 않게 또한, 다르지도 않도록 상응(相應)하여, 그들에 맞게 설해야 하느니라.

♣ 만약, 훗날 정법(正法)의 시절이 아니면, 응당 설하는 법(法)이 같아도, 시절의 흐름이, 정법(正法)을 수용하는 선근(善根)과 지혜의 공덕(功德)이 부족하여, 설하는 법(法)의 무생(無生) 실제[利:實際]에 함께하지 못할 것이니, 그들이 순응할 수 있는 법(法)으로, 또는, 순응하지 못하는 법(法)이어도 설(說)하여, 그들의 성품과 같지도 않게, 그렇다고 다르지도 않도록, 그들의 근기(根機)와 선근(善根)에 상응(相應)하여 맞게 설(說)해야 하느니라.

□ 고(高), 경(經)에 시설리불구(時說利不俱)가, 대(大) 경(經)에는 시설리분단(時說利不但)으로, 논(論), 속1,2(續1,2) 경(經)에는 시리불구(時利不俱)로 되어 있다.

□ 대경구(大經句)
시설리불단(時說利不但): 시절이 설하는 성품의 실제[利:實際]와 같지 않을 것이다.

□ 논:속1,2경구(論:續1,2經句)
시리불구(時利不俱): 시절이 성품의 실제[利:實際]에 함께하지 못할 것이다.

○ **201.** 5공(五空)의 성품에서, 출입(出入)과 취사(取捨)가 없게 해야한다.
引諸情智 流入薩婆若海[論: 流入薩般若海]
인 제 정 지 유 입 살 바 야 해 [논: 유입살반야해]
無令可衆揖彼虛風 悉令彼庶 一味神乳[論: 一味神孔]
무 령 가 중 읍 피 허 풍 실 령 피 서 일 미 신 유 [논: 일미신공]
世聞非世聞[論: 世聞非世][大:續1,2: 世間非世間]
세 간 비 세 간 [논: 세간비세] [대:신1,2: 세간비세간]
住非住處 五空出入 無有取捨
주 비 주 처 오 공 출 입 무 유 취 사

모든 정(情)과 견해[智:見解]를 이끌어, 불지혜(佛智慧)의 바다로 흘러들게 하여, 가히, 중생들이, 저 허망한 정(情)과 견해(見解)의 바람에 이끌림이 없도록 해야 하느니라. 저들로 하여금 모두, 일미(一味)의 불가사의[神] 법유(法乳)로, 세간(世間)이 세간(世間)이 아니며, 머묾이 머무를 곳이 아닌 5공(五空)에서, 출입(出入)과 취사(取捨)가 없게 해야 하느니라.

♣ 중생들의 근기(根機)에 상응(相應)한 설법(說法)으로, 제식(諸識)에 이끌림인 모든 정(情)과 견해(見解)를 이끌어, 무생불지혜(無生佛智慧)의 바다에 흘러들게 하여, 가히, 중생들이, 저 허망한 망식(妄識)의 정(情)과 견해(見解)의 바람에 이끌림이 없도록 해야 하느니라. 저들로 하여금 모두, 일체 차별의 정(情)과 견해(見解)가 끊어진, 일각(一覺) 진실의 차별 없는, 한 맛의 불가사의한 법유(法乳)의 공덕으로, 세간(世間)이 세간이 아니며, 머묾이 머무를 곳이 아닌, 5공(五空)의 성품에서 상(相)을 일으켜, 출입(出入)과 취사(取捨)가 없게 해야 하느니라.

□ 고(高), 대(大), 속1,2(續1,2) 경(經)에 유입살바야해(流入薩婆若海)가, 논(論) 경(經)에는 유입살반야해(流入薩般若海)로 되어 있다.
□ 고(高), 대(大), 속1,2(續1,2) 경(經)에 일미신유(一味神乳)가, 논(論) 경(經)에는 일미신공(一味神孔)으로 되어 있다.
□ 고(高) 경(經)에 세간비세간(世閒非世閒)이, 논(論) 경(經)에는 세간비세(世閒非世)로, 대(大), 속1,2(續1,2) 경(經)에는 세간비세간(世間非世間)으로 되어 있다.

● 일미신유(一味神乳): 일미(一味)의 신유(神乳)이다. 일미(一味)는 실상일법(實相一法)이며, 신유(神乳)는 불가사의 실상법(實相法)의 공능(功能)을 법유(法乳)에 비유함이다. 실상일법(實相一法)인 일미(一味)를 신유(神乳)라고 함은, 그 성품 공능의 불가사의 실제(實際)로 미혹을 벗고, 법신(法身)을 양육(養育)하며 성장시키기 때문이다. 감로(甘露)와 신유(神乳)는, 중생의 제식(諸識)을 소멸하며, 불성(佛性)인 보리(菩提)를 싹트고 성장하게 하는 실상불법(實相佛法)의 특성과 작용의 공덕을 비유로 드러낸 것이다. 일미신유(一味神乳)를 논(論)에는 일미신공(一

味神孔)이라고 하였다.

□ 논경구(論經句)

일미신공(一味神孔): 일미(一味)의 신공(神孔)이다. 일미(一味)는 실상일법(實相一法)이며, 신공(神孔)은 실상공성(實相空性)이다. 일미신유(一味神乳)나 일미신공(一味神孔)이나 신(神)은, 불가사의 실상공능(實相功能)을 일컬음이다. 이는, 어떤 추측과 사량으로 알 수 없기 때문이며, 또한, 실상공능(實相功能)의 불가사의한 실상공덕(實相功德)이 있기 때문이다. 공(孔)은 부사의 실공(實空)이다.

□ 유입살바야해(流入薩婆若海)와 유입살반야해(流入薩般若海)는 차별이 없고 둘이 아니다. 살바야해(薩婆若海)도 무생공능(無生功能)의 일체(一切) 불지혜(佛智慧)의 바다이며, 살반야해(薩般若海)도 무생공능(無生功能) 성품의 일체(一切) 불지혜(佛智慧)의 바다이니, 글과 말은 달라도 둘이 아니며, 차별이 없다. 만약, 무생(無生)이나 무생공능(無生功能)에 차별이 있다면, 무생(無生)이 아니며, 반야(般若)도 아니다. 다만, 차별이 있다면, 살바야해(薩婆若海)는 일체(一切) 무상총지성(無相總持性)을 드러내며, 살반야해(薩般若海)는 일체(一切) 무상총지(無相總持)의 무상청정체(無相淸淨體)를 드러냄이 차별이 있을 뿐이다. 그러나 이는, 한 일체지(一切智)의 무상성(無相性)을 일컬음일 뿐, 한 성품이니, 차별이 있을 수가 없다. 반야(般若)의 체성(體性)이 살바야(薩婆若)이며, 이 성품이 반야성(般若性)이며, 무상반야공능(無相般若功能)의 세계이다.

◯ **202.** 모든 법(法)이 유(有)도 무(無)도 아님은, 무결정성이기 때문이다.

何以故 諸法空相 性非有無 [論: 法性非無] **非無不無**
하 이 고 제 법 공 상 성 비 유 무 [논: 법 성 비 무] 비 무 불 무
不無不有 無決定性 不住有無
불 무 불 유 무 결 정 성 부 주 유 무

무엇 때문이냐면, 모든 법이 공(空)한 모습이므로, 성품이 유(有)도 무

(無)도 아니기 때문이니라. 무(無)가 아님은 없음이 아니기 때문이며, 없음이 아니어도 유(有)도 아님은, 무결정성(無結定性)이므로, 유(有)에도 무(無)에도 머물지 않기 때문이니라.

♣ 세간(世間)이 세간(世間)이 아니며, 머묾이 머무를 곳이 아님이니, 5공(五空)에 상(相)을 일으켜, 출입과 취사(取捨)가 없게 해야 함은 무엇 때문이냐면, 모든 법(法)이 공(空)한 모습이므로, 공(空)한 성품은 유(有)도 무(無)도 아니기 때문이니라. 공성(空性)이 무(無)가 아님은, 단멸(斷滅)이 아니기 때문이며, 단멸(斷滅)이 아니어도 유(有)도 아님은, 무생(無生)이니 상(相)이 없어, 결정(結定)된 성품이 없는 무결정성(無結定性)이니, 유(有)에도 무(無)에도 머물지 않기 때문이니라.

□ 고(高), 대(大), 속1,2(續1,2) 경(經)에 성비유무(性非有無)가, 논(論) 경(經)에는 법성비무(法性非無)로 되어 있다.

■ 무결정성(無結定性)

무결정성(無結定性)은, 결정(結定)된 성품이 없다. 이는 무생(無生) 성품을 일컬음이다. 결정성(結定性)과 무결정성(無結定性)이 글만을 헤아리면 뜻이 다르나, 성품에서 보면 글은 달라도 뜻이 다르지 않은 한 성품을 일컬음이니, 결정성(結定性)과 무결정성(無結定性)이 다를 바가 없다. 그러므로, 무결정성(無結定性)이 결정성(結定性)이며, 결정성(結定性)이 무결정성(無結定性)이다. 무결정성(無結定性)이라 함은, 무생청정성(無生淸淨性)인 무유정법(無有定法)이니, 성품이 유(有)와 무(無), 그 어떤 무엇에도 치우치거나 이끌림이 없는 절대성(絕對性)임을 일컬음이다. 결정성(結定性)이라 함은, 무생(無生) 결정(結定)의 절대성(絕對性)은 파괴할 수 없고, 파괴됨이 없는 절대결정성(絕對結定性)임을 일컬음이다. 이는 양변(兩邊)의 이(二)가 끊어진 절대성(絕對性)인 결정성(結定性)이다. 그러므로 불법(佛法)이 절대중도(絕對中道)이며, 무유정법(無有定法)이라고 한다. 이는 무생결정성(無生結定性)이며, 무상실상(無

相實相)이며, 무생본성(無生本性)의 특성인, 청정무애(淸淨無礙) 공능(功能)의 청정원융자재성(淸淨圓融自在性)이다. 이는 성품이 무연중절대성(無然中絕對性)인 무연원융실성(無然圓融實性)이기 때문이다. 이는 곧, 결정성(結定性) 성품의 불가사의 무생공능(無生功能)이다. 이는 무상본성(無相本性)의 불가사의 무량공덕(無量功德) 총지성(總持性)이다. 이는 곧, 일체(一切)의 체성(體性)이며, 실체(實體)이며, 여래(如來)의 공덕장(功德藏)인 여래장(如來藏) 실성(實性) 실체(實體)의 세계이다.

■ 결정성(結定性)과 무결정성(無結定性)과 결정무생(結定無生)과 무생성(無生性)과 공(空)과 인(印)

결정성(結定性)이 무결정성(無結定性)이며, 무결정성(無結定性)이 결정무생(結定無生)이며, 결정무생(結定無生)이 무생성(無生性)이며, 무생성(無生性)이 결정실공(結定實空)이며, 실공실제(實空實際)가 인(印)이다. 결정성(結定性)이라 함은, 생사(生死)와 생멸(生滅)과 유무(有無)의 변화가 끊어져, 파괴됨이 없는 본연무연중절대성(本然無然中絕對性)이므로 결정성(結定性)이라고 한다. 결정성(結定性)을 무결정성(無結定性)이라고 함은, 무생(無生)의 성품이니, 유(有)와 무(無), 생(生)과 멸(滅)이 끊어져, 어떤 무엇에도 치우침이나 이끌림이 없는 절대성(絕對性)인 결정(結定)의 성품이기 때문이다. 무생(無生)이라 하여 성품이 없음이 아니다. 그러므로 그 성품의 절대성(絕對性)을 결정성(結定性)이라 한다. 무생(無生)이라고 함은 단지, 성품이 생멸이 끊어졌기 때문이다. 결정성(結定性)을 결정무생(結定無生), 또는 무생결정(無生結定)이라 함은, 본연무연절대성(本然無然絕對性)이 파괴됨이 없는 무생(無生) 결정성(結定性) 무생(無生) 성품이기 때문이다. 결정성(結定性)을 무생성(無生性)이라고 함은, 파괴됨이 없는 결정성(結定性) 자체가 무생(無生)의 성품으로 생멸(生滅)이 끊어진 성품이기 때문이다. 결정성(結定性)을 공(空), 또는 실공(實空)이라고 함은, 파괴됨이 없는 결정성(結定性) 자체가 무생실공(無生實空)이기 때문이며, 결정성(結定性) 실제(實際) 실(實)이 무연절대성(無然絶對性) 무연공성(無然空性)이기 때문이다. 결정성(結定性)을 인(印)이라고 함은, 성품이 무엇에도 파괴됨이 없으므로 인(印)이라고 한다. 이는 본성(本性)이며, 여래(如來)의 실상(實相)이다. 이 일체(一切)는 무생(無生) 성품이 파괴됨이 없으므로, 무생법인(無生法印)이라고 한다. 무생법인(無生法印)은 무생결정성(無生結定性)을 일컬음이다. 이는, 무생본성(無生本性)이다. 보고, 듣는 그 성품의 실제(實際)이다. 이는 여래(如來)의 일체총지(一切總持) 여래장(如來藏) 성품이다.

◯ **203.** 결정성(結定性)은, 성인(聖人)의 지혜로도 찾을 수 없다.

非彼有無 凡聖之智[續2: 凡聖之皆] **而能測隱**
비 피 유 무 범 성 지 지 [속2: 범성지개] 이 능 측 은

저 유(有)와 무(無)가 아님은, 범부(凡夫)는 물론, 성인(聖人)의 지혜로써 능히 헤아려도, 찾을 수가 없느니라.

♣ 저 무생(無生) 결정성(結定性)인 유(有)도 무(無)도 아닌 성품은, 유무(有無)의 상(相)을 벗어나지 못하는 범부(凡夫)는 물론, 유무(有無)를 벗어난 성인(聖人)의 밝은 지혜(智慧)라 하여도, 능히 헤아려도, 찾을 수가 없느니라.

□ 고(高), 논(論), 대(大), 속1(續1) 경(經)에 범성지지(凡聖之智)가, 속2(續2) 경(經)에는 범성지개(凡聖之皆)로 되어 있다.

□ 범성지지(凡聖之智)나 범성지개(凡聖之皆)가 다를 바가 없다. 범성지지(凡聖之智)는 범부(凡夫)나 성인(聖人)의 지혜를 일컬으며, 범성지개(凡聖之皆)는 범부(凡夫)나 성인(聖人)의 모두를 일컬음이다.

■ 범성지지 이능측은(凡聖之智 而能測隱)

범부(凡夫)나, 성인(聖人)의 지혜로써 능히 헤아려도 찾을 수가 없다. 범부(凡夫)가 알지 못하는 까닭은 두 가지 때문이니, 무결정성(無

結定性)을 아는 지혜가 없음과 성품이 상(相)이 없어 알 수가 없기 때문이다. 성인(聖人)의 지혜로도 알 수 없음은, 무결정성(無結定性)을 깨달았어도, 무생(無生)의 결정성(結定性)이니 상(相)이 아니므로, 찾을 수가 없다. 알고 알지 못함은 지혜의 차별이며, 깨우쳐 능히 알아도 무생(無生)이니, 상(相)이 없고 처소(處所)가 없어 찾을 수가 없고, 또한, 능히 지혜가 밝아 알아도, 헤아리거나 드러낼 수 없음은, 무생(無生) 결정성(結定性)이기 때문이다. 이는, 성품이 없어 찾을 수가 없는 것이 아니다. 성품이 상(相)이 없는 무생(無生) 성품이므로, 찾을 수가 없다고 함이다. 이는 곧, 일체 사유(思惟)와 분별을 벗어난 결정성(結定性)의 부사의를 드러냄이다. 이 결정성(結定性)은 상(相)이 없어 처소가 없으나, 결정성(結定性)이니 또한, 어느 곳이든 없는 곳이 없다. 그러므로 일체에 두루하여, 충만하고 구족함이다. 일체(一切)의 근본(根本)이며 근원(根源)이므로 본성(本性)이라고 하며, 일체(一切)가 그로 비롯되므로 일체총지(一切總持)라고 하며, 불(佛)의 일체공덕장(一切功德藏)이므로 여래장(如來藏)이라고 하며, 파괴되거나 변함이 없으므로 결정성(結定性)이라 한다.

○ **204.** 보살(菩薩)이 결정성(結定性)을 깨달으면, 보리(菩提)를 얻는다.

諸菩薩等 若知是利 即[大:續1,2: 即]**得菩提**
제 보 살 등 약 지 시 리 즉 [대:속1,2: 즉] 득 보 리

모든 보살(菩薩)들이 만약, 이 성품 실제[利:實際]를 깨달으면[知] 곧, 보리(菩提)를 얻음이니라.

♣ 범부(凡夫)와 성인(聖人)이 능히 헤아려도 알 수 없는, 무생(無生) 결정성(結定性)을, 모든 보살들이 만약, 이 청정성품 실제[利:實際]를 깨달아 알면, 곧, 보리(菩提)를 얻음이니라.

□ 고(高), 논(論), 경(經)에 즉(即)이, 대(大), 속1,2(續1,2) 경(經)에는 즉(即)으로 되어 있다.

● **약지시리(若知是利):** 만약, 이 성품 실제[利:實際]를 깨닫는다. 이 구절(句節)의 지(知)는 앎이 아니라, 깨달음이다. 왜냐면, 지식(知識)과 앎[知]과 사유(思惟)를 벗어나, 앎[知]을 초월한 깨달음으로 곧, 결정성(結定性)을 깨닫기 때문이다. 유위(有爲)의 상념(想念) 자아의식(自我意識)에 의한 앎의 분별이나, 견(見)이나, 지식(知識)이나, 사유(思惟)로는 결정성(結定性)을 알 수가 없다. 지(知)의 세계는 두 종류의 특성세계가 있다. 자아의식(自我意識)에서 이루어지는 지(知)의 세계와 초월각성(超越覺性)에서 이루어지는 지(知)의 세계이다. 초월각성(超越覺性)에서 이루어지는 지(知)는, 자아의식(自我意識)에서 이루어지는 지(知)의 세계가 아니다. 자아의식(自我意識)에서 이루어지는 지(知)는 분별의식(分別意識)의 앎이지만, 초월각성(超越覺性)에서 이루어지는 지(知)는, 지(知)라 하여도, 자아의식(自我意識)을 초월한, 진리(眞理)의 본성(本性) 실상(實相)의 지혜(智慧)이다. 이는 곧, 깨달음에 의한 초월각성(超越覺性)이다.

● 무결정성(無結定性)과 보리(菩提)가 둘이 아니다. 무결정성(無結定性)이 보리(菩提)이며, 보리(菩提)는 무결정성(無結定性)의 부사의 각명(覺明)이다. 이 무결정성(無結定性)을 앎이 본연무연중절대성(本然無然中絶對性)인 보리(菩提)를 앎이며, 보리(菩提)를 앎이, 무결정성(無結定性)인 무생청정절대성(無生淸淨絶對性)인 결정성(結定性)을 앎이다. 무결정성(無結定性)이 곧, 불각(佛覺)인 보리(菩提)이다.

■ 보살의 지혜세계

보살(菩薩)의 지혜는 유무(有無)의 상(相)을 벗어난 무위(無爲)의 지혜이다. 무위(無爲)의 지혜 또한, 벗어나야, 무생(無生) 결정성(結定性)을 깨달아, 무생(無生)의 성품 인(印)에 들게 된다. 보살지(菩薩智)인 무위(無爲)의 지혜도 그 성품 깊이의 차별차원이 있다. 무위(無爲) 보살지(菩薩智)의 깊이에 따라, 대승보살지(大乘菩薩智), 일승보살지(一乘菩薩

智), 일불승보살지(一佛乘菩薩智), 불승보살지(佛乘菩薩智)의 차별차원이 있다. 대승(大乘), 일승(一乘), 일불승(一佛乘), 불승(佛乘)의 지혜가 모두 무위(無爲)의 지혜이나, 무위(無爲)를 깨달은 식(識)의 전변(轉變) 차별차원, 각력(覺力)의 깊이에 따라 지혜성품 차원이 차별이 있다.

대승(大乘)은, 색성향미촉법(色聲香味觸法)의 상(相)이 끊어져, 사(事)를 벗어나 상공(相空)인 이지(理智)를 발(發)해, 지수화풍(地水火風)의 4대(四大)와 색성향미촉법(色聲香味觸法)이 끊어져 공(空)한 청정공성지혜(淸淨空性智慧)에 들어 있다. 이는 소공(所空)에 들어, 5음(五陰)의 수(受)인 색성향미촉법(色聲香味觸法)의 6경(六境)이 끊어져, 상(想)인 6식(六識)이 공(空)한 자재(自在)에 들어 있다. 그러나, 5음(五陰)의 행(行)인 7식(七識)이 끊어지지 않아, 자아(自我)의 분별심(分別心)의 작용이 있으므로, 상공(相空)을 깨달은 공견(空見)을 벗어나지 못하고, 공상(空相)과 공견(空見)인 지혜상(智慧相)에 머물러 있다. 그러므로, 7식(七識)이 끊어지지 않고 자아(自我)의 분별심(分別心)의 작용이 이루어지고 있으므로, 대승경(大乘經)인 반야경(般若經)의 중심 지혜가, 지수화풍(地水火風)의 4대공(四大空)과 색성향미촉법(色聲香味觸法)의 6경공(六境空)과 안이비설신의(眼耳鼻舌身意)의 6근공(六根空)과 안이비설신의식(眼耳鼻舌身意識)의 6식공(六識空)인 18경계의 공(空)을 설하며, 7식(七識) 자아(自我)의 분별심 4상(四相)인 아상(我相), 인상(人相), 중생상(衆生相), 수자상(壽者相)이 공(空)하여 없음을 설하게 되는 까닭이 여기에 있다. 상(相)을 벗어나 공(空)에 들었으나, 7식(七識) 자아(自我)의 작용이 이루어지고 있기 때문이다. 소연(所緣)인 소공(所空)을 깨달았으나 능연(能緣)인 능공(能空)이 끊어지지 않아, 5음(五陰)이 공(空)함과 공견(空見)을 타파하여 더 깊은 반야(般若)의 지혜에 들도록, 지혜공(智慧空)을 더불어 설하며, 깊은 실상(實相) 반야(般若)에 들도록 설법이 이루어져 있다.

일승(一乘)은, 5음(五陰)의 행(行)인 자아의식(自我意識) 7식(七識)이

타파되어 끊어져, 상공지(相空智)인 대승지(大乘智)를 벗어나, 상(相)과 공(空)을 둘 다 벗어난 이사무애지(理事無礙智)에 증입해 있다. 7식(七識)이 타파되어 자아(自我)가 끊어져 일승지(一乘智)에 들어, 진여(眞如)의 성품인 무염본심(無染本心)을 깨닫게 되며, 무염진여(無染眞如)가 무엇인가를 실증(實證)하게 된다. 일승(一乘) 이사무애지(理事無礙智)에서 무염본심청정성(無染本心淸淨性)을 깨달으므로, 마음이 물듦 없음이 무엇인가를 비로소 깨닫게 된다. 그러나 8식(八識) 출입식(出入識)이 끊어지지 않아, 진여무염심(眞如無染心) 속에 있어도, 법계원융(法界圓融)에는 들지 못하고 있다.

일불승(一佛乘)은, 5음(五陰)의 식(識)인 8식(八識) 출입식(出入識)이 끊어져, 무염진여(無染眞如)를 타파하여, 법계원융지(法界圓融智)인 사사원융법계(事事圓融法界)에 증입하여, 대원경지(大圓鏡智)의 지혜성품 각명원융(覺明圓融)의 쌍차쌍조(雙遮雙照)가 시방원융편재원만성(十方圓融遍在圓滿性)이다. 온 법계가 각성각명(覺性覺明) 쌍차쌍조(雙遮雙照)의 원융일성(圓融一性)이다. 곧, 무위본각보리(無爲本覺菩提)의 법계원융일성각명(法界圓融一性覺明)이다. 그러나, 각력(覺力) 상승으로 이것도, 타파되어 벗어나게 되니, 그것이 대원경지(大圓鏡智)인 법계원융각명지(法界圓融覺明智)도 타파하여 벗어난 불승(佛乘)이다.

불승(佛乘)은, 8식(八識) 함장식(含藏識)을 타파해 청정부동지(淸淨不動智)에 듦이다. 이 지혜는 심열반적멸부동지(心涅槃寂滅不動智)이다. 8식(八識) 출입식(出入識)까지는 동식(動識)이다. 그러나 불승(佛乘)이 증입한 곳은, 출입(出入)도 끊어져 드러나지 않는 함장식(含藏識)이 타파된 심부동열반성지(心不動涅槃性智)이다.

불승(佛乘)의 심부동열반지(心不動涅槃智)까지 타파하여 벗어나면, 불각(佛覺)인 무생(無生) 결정성(決定性)에 증입하게 된다. 그러면 여래(如來)의 결정성(決定性)을 깨닫게 되며, 비로소 이 경(經)의 일각요의

(一覺了義)의 성품과 이치와 도리(道理)와 무생(無生)과 무상공능(無相功能)의 본각리행(本覺利行)을 깨닫게 된다. 이 결정성(結定性)인 무생(無生)과 무상(無相)과 여(如)는 무위무생(無爲無生)과 무위무상(無爲無相)과 무위여(無爲如)가 아니다. 시각(始覺)과 본각(本覺)이 둘 다 끊어져 결정성(結定性)에 든 무생(無生)과 무상(無相)과 여(如)는 곧, 무생본연성(無生本然性)인 무연무생절대성(無然無生絕對性)이며 결정성(結定性)인 인(印)이다. 그러므로 상공(相空)과 무염진여(無染眞如)와 원융각명대원경지(圓融覺明大圓鏡智)와 적멸부동열반지(寂滅不動涅槃智)를 모두 벗어나므로, 무생(無生) 결정각(結定覺)인 결정성(結定性)에 들게 된다. 승(乘)은 곧, 법(法)을 수용하고 수순(隨順)하는 각식(覺識)의 지혜성품작용이니, 대승(大乘)의 승(乘)은 공(空)이며, 일승(一乘)의 승(乘)은 무염진여(無染眞如)이며, 일불승(一佛乘)의 승(乘)은 원융각명(圓融覺明)이며, 불승(佛乘)의 승(乘)은 부동열반지(不動涅槃智)이다. 승(乘)까지 끊어져 벗어나면, 결정성(結定性)인 불(佛)의 인(印)을 성취하게 된다.

■ 승(乘)의 차별세계

각식(覺識)의 지혜작용인 승(乘)에는, 지혜작용 성품의 차별을 따라 5승(五乘)이 있으니, 소승(小乘), 대승(大乘), 일승(一乘), 일불승(一佛乘), 불승(佛乘)이다.

소승(小乘)은 상(相)에 의지한 유무(有無)와 인과(因果)의 지혜성품이며, 대승(大乘)은 공성(空性)의 지혜성품이며, 일승(一乘)은 무염진여(無染眞如)의 지혜성품이며, 일불승(一佛乘)은 원융각명(圓融覺明)의 지혜성품이며, 불승(佛乘)은 부동열반(不動涅槃)의 지혜성품이다.

무엇 때문에, 지혜작용 성품인 승(乘)이 소(小)이며, 소승(小乘)이라고 하는가 하면, 지혜의 작용이 상(相)이 공(空)한 법계성(法界性)에 증입하지 못해, 개아(個我)의 소(小)인, 아(我)와 상(相)의 분별에 의한 법

(法)의 차별상(差別相)인 유무(有無)와 인연과(因緣果)의 차별성품 속에, 상(相)을 분별하고 헤아리는 개아(個我)의 차별성품, 상(相)의 분별지혜의 작용이 이루어지기 때문이다.

무엇 때문에, 지혜작용 성품인 승(乘)이 대(大)이며, 개아(個我)의 소(小)를 벗어난 승(乘)의 세계, 대승(大乘)이라고 하는가 하면, 6식(六識)이 끊어져 상(相)을 타파하여, 상(相)의 성품이 공(空)한 이(理)에 증입해, 일체(一切) 개아(個我)가 공(空)한 차별 없는 성품, 대(大)의 공성(空性) 속에 공성(空性)을 수순하는 지혜의 행이 이루어지기 때문이다.

무엇 때문에, 지혜작용 성품인 승(乘)이 일(一)이며, 대(大)를 벗어난 승(乘)의 세계, 일승(一乘)이라고 하는가 하면, 7식(七識)이 끊어져 소승(小乘)의 상견(相見)과 대승(大乘)의 공견(空見)을 둘 다 벗어나, 상(相)과 공(空)을 초월한 이사불이(理事不二)로, 사상(事相)과 이공(理空)에 걸림 없는 원지일성(圓智一性)에 증입했기 때문이다. 일승(一乘)의 일(一)은 사(事)와 이(理)를 벗어난 불이(不二)의 성품을 일컬으며, 사(事)와 이(理)에 걸림 없어 무애(無礙)이니, 이를 원지(圓智)라고 한다. 일승(一乘)이라 함은 원지승(圓智乘)으로, 상(相)과 공(空)에 물듦 없는 불이성(不二性)인 이사무애지(理事無礙智)이며, 이 지혜는 진여(眞如)의 성품으로, 사(事)와 이(理), 상(相)과 공(空)의 무엇에도 물듦 없는 시방청정무염진여지(十方淸淨無染眞如智)로, 진여(眞如)의 성품 속에 지혜의 수순행이 이루어진다.

무엇 때문에, 지혜작용 성품인 승(乘)이 일불(一佛)이며, 일승(一乘)에서 불(佛)의 지혜성품 하나를 더한 승(乘)의 세계, 일불승(一佛乘)이라고 하는가 하면, 8식(八識) 출입식(出入識)이 끊어져 상(相)과 공(空)에 물듦 없는 이사무애(理事無礙)인 진여(眞如)의 무염지(無染智)를 타파해 초월하여, 사사원융각명(事事圓融覺明)인 시방원융편재각성각명(十方圓融遍在覺性覺明)의 성품 속에, 원융지혜의 수순행이 이루어지기 때문이다.

무엇 때문에 지혜작용 성품인 승(乘)이 불(佛)이며, 일불승(一佛乘)에서 일(一)이 끊어져 타파하여 초월한, 일(一)이 없는 승(乘)의 세계, 불승(佛乘)이라고 하는가 하면, 8식(八識) 함장식(含藏識)이 끊어져 이사무애(理事無礙)와 사사원융(事事圓融)의 이사(理事)에 걸림 없는 원지(圓智)인 일(一)을 타파해, 깨달음 무위(無爲)의 동각(動覺) 일체를 초월하여, 부동열반성(不動涅槃性)에 증입했기 때문이다. 불승(佛乘)은, 소승(小乘)의 상(相)과 대승(大乘)의 공(空)과 일승(一乘)의 진여(眞如)와 일불승(一佛乘)의 각명(覺明)까지, 일체(一切) 동각식(動覺識)을 타파하여, 각식(覺識) 동(動)의 일체 지혜작용을 벗어버린, 부동열반지(不動涅槃智)의 지혜성품 속에, 부동지(不動智)의 수순행이 이루어진다.

불승(佛乘)이 법(法)에 의지한 지혜작용인 승(乘)이 끊어져, 불(佛)을 이루는가 하면, 일체(一切) 무위(無爲)의 지혜작용이 끊어진, 결정성(結定性) 무생(無生)의 인(印)에 들기 때문이다.

소승(小乘)은 유위(有爲)의 지혜성품이며, 대승(大乘), 일승(一乘), 일불승(一佛乘), 불승(佛乘)은 유위(有爲)를 초월한 무위지혜(無爲智慧)이며, 무위지혜(無爲智慧)는 일체상(一切相)이 공(空)하여 생멸(生滅)이 없는 무생(無生)임을 깨달아, 무위각식(無爲覺識)의 지혜작용이 이루어지는 무위지혜(無爲智慧)의 성품이니, 이를 무생법인지(無生法忍智)라고 한다.

상(相)이 공(空)임을 깨달음이, 유무(有無)의 생멸(生滅)이 끊어진 무생법(無生法)을 깨달은 수행위(修行位)에 듦이므로, 무생법인(無生法忍)이라고 하며, 이 무위지혜(無爲智慧)를 무생법인지(無生法忍智)라고 한다. 무생법인(無生法忍)이라 함은, 무생법(無生法)을 깨달아 든 수행위(修行位)의 지혜성품을 인(忍)이라고 한다. 인(忍)은 무생법(無生法)을 수순하는 무위공성수순행지(無爲空性隨順行智)이다. 무생법(無生法)은, 일체상(一切相)이 생멸(生滅) 없는 공(空)한 무생법(無生法)임을 일컬으며, 인(忍)은, 생멸(生滅) 없는 공(空)한 무생법(無生法)을 깨달은 무위공성수순지혜(無爲空性隨順智慧)가 곧, 인지(忍智)이다. 무생법인(無生法忍)은 무위공성지혜(無爲空性智慧)를 일컬음이다. 일체가 공(空)한 무생법(無生法)을 수순하는 각식(覺識)의 지혜행(智慧行)이 이루어짐을 무생법인행(無生法忍行) 또는, 인행(忍行)이라 한다. 이 무위지혜(無爲智慧)를 무생법인지(無生法忍智), 또는 인지(忍智)라 한다.

왜, 인(忍)이라고 하는가 하면, 깨달은 무생(無生)의 지혜가 아직, 시각(始覺)과 본각(本覺)이 둘 다 끊어진 본연무연중절대성(本然無然中絕對性)인 완전한 무생(無生)의 결정성(結定性)에 이르지 못해, 깨달음에 의한 시각(始覺)인 각식(覺識)의 작용으로 공(空)한 무생법(無生法)을 섭수(攝受)하고 수용(收用)하며, 수순(隨順)함의 행이 있기 때문이다. 이는, 생멸(生滅) 없는 공(空)한 무생(無生)을 깨달았으나, 아직, 제식(諸識)의 장애(障礙)를 완전히 타파하지 못해, 완전한 지혜의 본연무생(本然無生)인 무생결정성(無生結定性)에 이르지 못했으므로, 지혜의 일체행(一切行)이, 완전한 무생지(無生智), 무생결정성(無生結定性)인 무생본각(無生本覺)에 들지 못한 까닭이다. 그러므로, 완전하지 못한 무생(無生)의 깨달음, 차별성품 속에 있는 각식(覺識)은, 수순해야 할 무위(無爲)의 무생법(無生法)이 있으므로, 깨달아 든 지혜성품 무생(無生)의 차별성에 따라, 무위(無爲)의 무생(無生)인 공성(空性)을 수순하는 각식(覺識)의 순행(順行)과 역행(逆行)의 다스림인, 공(空)한 무생법(無生法)에 의지한 무생법인(無生法忍)의 인행(忍行)이 이루어진다. 무생법인(無生法忍)의 지혜는, 완전한 무생(無生)인 체용불이(體用不二)의 결정성(結定性)에 이르지 못해, 각(覺)의 장애(障礙)를 벗어나는 지혜상승 점차가 있는 대승(大乘), 일승(一乘), 일불승(一佛乘), 불승(佛乘), 불(佛)의 과정으로, 무생결정성(無生結定性)인 여래결정각(如來結定覺)에 들게 된다. 무생결정성(無生結定性)에 들면 시각(始覺)의 공능이 본각(本覺)의 완전함에 들어, 시각(始覺)과 본각(本覺)이 동일성품 불이(不二)로 결정성(結定性)을 이루니, 시각(始覺)도 본각(本覺)도 둘 다 끊어지며, 깨달음의 무위각식(無爲覺識)까지 끊어진다.

유무(有無)와 생멸(生滅)이 없는 무생(無生)인 무위공(無爲空)을 깨달아, 무위(無爲)인 무생법인(無生法忍)에 증입하여 닦는 지혜상승 과정인 대승(大乘), 일승(一乘), 일불승(一佛乘), 불승(佛乘)의 무위지혜(無爲智慧)를 타파하여 벗어나면, 무위무생(無爲無生)이 아닌, 공(空)한 무위(無爲)까지 끊어진 완전한 절대(絕對) 결정성(結定性)인, 시각(始覺)도 본각(本覺)도 둘 다 끊어진, 무생본성(無生本性)인 절대성(絕對性)을 깨닫게 된다. 이 지혜는 결정성(結定性)이므로 파괴되지 않는 무생법인지(無生法印智)이다. 이 무생(無生)은 무위무생(無爲無生)이 아닌 결정무생(結定無生)이다. 무위무생(無爲無生)과 결정무생(結定無生)의 차이는, 무위(無爲)라 함은, 무자성(無自性) 무위공성(無爲空性)의 시각(始覺)의 세계이니, 이는, 깨달음 시각(始覺)의 무생지혜(無生智慧)가 완전하지 못하여, 완전한 무생(無生)인 본각(本覺)의 성품과 차별성인 대(對)가 끊어지지 않아, 완전한 무생지혜(無生智慧)인 본연무연중절대성(本然無然中絕對性)에 들지 못해, 아직, 용(用)의 시각(始覺)과 체(體)의 본각(本覺)이 대(對)의 차별 속에, 불이(不二)의 결정성(結定性)을 이루지 못하여, 시각(始覺)과 본각(本覺)이 둘 다 끊어지지 않은 상태이다. 그러므로, 유무(有無)와 생멸(生滅)이 무자성(無自性)으로 공(空)한 시각(始覺)인, 각식(覺識)작용의 지혜세계를 일러, 무위세계(無爲世界)라고 한다. 그러므로 무위무생(無爲無生)은, 유무(有無)와 생멸(生滅)의 성품이 공(空)한 시각공성(始覺空性)의 무생(無生)이다. 결정무생(結定無生)은, 시각(始覺)과 본각(本覺)이 무생결정성(無生結定性)으로 둘 다 끊어져, 본연무연중절대성(本然無然中絕對性)에 들었으므로, 무위무생(無爲無生) 그 자체도 끊어진 결정성(結定性)을 일컬음이다. 일체(一切)가 끊어진 성품, 무생(無生) 결정성(結定性)은 여래실상(如來實相)이다. 이는 결정본성(結定本性)으로 여래결정성(如來結定性)이며, 파괴됨이 없는 무생법(無生法)이므로 무생법인(無生法印)이라고 하며, 파괴됨이 없는 성품이므로 결정성(結定性)이며, 인(印)이라고 한다. 이 경(經)에서 이 성품을 여(如)라고 하며, 이 여(如)는 여래(如來)의 여(如)이다. 이 여(如)의 성품은 시각(始覺)과 본각(本覺)이 둘 다 끊어진 결정성(結定性)이니, 이 성품에는 열반(涅槃)도, 보리(菩提)도, 진여(眞如)도 끊어졌다. 그러므로 일체가 끊어진 성품, 이 여(如)는 무생결정성(無生結定性)이며, 인(印)이다. 이 지혜가 무생결정성지(無生結定性智)이며, 무생법인지(無生法印智)이며, 인(印), 또는, 인지(印智)라고도 한다. 이는 곧, 여래실제(如來實際)의 성품이며, 이 성품을 일러 여래결정성(如來結定性)인 여래장(如來藏)이라고 한다. 여래장(如來藏)은 여래결정성(如來結定性)인 부사의 여래공덕장(如來功德藏)이니 곧, 여래(如來)의 일체총지공덕장(一切總持功德藏)의 성품이다. 이 경(經)의 전체가 여래장(如來藏)세계인 여래장(如來藏) 성품의 바다이다. 이는 곧, 여래결정성(如來結定性)의 지혜이며 불지혜(佛智慧)의 바다이다. 이 성품이 여래결정각(如來結定覺)이다.

◯ 205. 5공(五空)에 출입과 취사가 없으려면, 어떻게 해야 하옵니까?

爾時 衆中 有一菩薩 名曰大力 即[大:續1,2: 即] 從座起
이시 중중 유일보살 명왈 대력 즉 [대:속1,2: 즉] 종 좌 기

前白佛言 尊者 如佛所說[論: 如如所說] 五空出入
전백불언 존자 여불소설 [논: 여여소설] 오공출입

無有取捨 云何五空 而不取捨
무유취사 운하오공 이불취사

이때, 대중 가운데에 한 보살(菩薩)이 있으니, 이름이 대력(大力)이었다. 곧, 자리에서 일어나, 부처님 전에 이르러, 말씀 사뢰오며 여쭈옵기를, 세존(世尊)이시여! 부처님께옵서 설하신 바와 같이, 5공(五空)에, 출입(出入)이나 취사(取捨)가 없어야 한다면, 무엇이 5공(五空)이오며, 어떻게 함이 취사(取捨)가 아니옵니까?

♣ 이때, 대중 가운데에 한 보살이 있으니, 이름이 대력이었다. 곧, 자리에서 일어나, 부처님 전에 이르러, 말씀 사뢰오며 여쭈옵기를, 세존이시여! 부처님께옵서 설하신 바와 같이, 5공(五空)에 상(相)을 일으켜, 식(識)의 출입이나 취사(取捨)가 없어야 한다면, 무엇이 5공(五空)이오며, 어떻게 함이 취사(取捨)가 아니옵니까?

□ 고(高), 논(論), 경(經)에 즉(即)이, 대(大), 속1,2(續1,2) 경(經)에는 즉(即)으로 되어 있다.

□ 고(高), 대(大), 속1,2(續1,2) 경(經)에 여불소설(如佛所說)이, 논(論) 경(經)에는 여여소설(如如所說)로 되어 있다.

□ 논경구(論經句)

여여소설(如如所說): 여(如)를 설하신 바와 같이, 의 뜻이다. 여불소설(如佛所說)이나 여여소설(如如所說)이나 그 뜻은 같다. 왜냐면, 부처님께옵서 5공(五空)을 설하시는 바가, 5공(五空)의 무생성(無生性)을 일컬음이며, 5공(五空)의 무생성(無生性)이 곧, 여(如)의 성품이며, 여(如)의 결정성이기 때문이다.

○ **206.** 5공(五空)은 3유, 6도, 법상, 명상, 심식(心識)이 공(空)이다.

佛言 菩薩 五空者 三有是空 六道影是空 法相是空
불언 보살 오공자 삼유시공 육도영시공 법상시공

名相是空 心識義是空
명상시공 심식의시공

부처님께옵서 말씀하옵기를, 보살이여! 5공(五空)이라 함은, 3유(三有)가 공(空)이며, 6도(六道)의 그림자가 공(空)이며, 법상(法相)이 공(空)이며, 명상(名相)이 공(空)이며, 심식(心識)의 실체[義:實體]가 공(空)이니라.

♣ 부처님께옵서 말씀하옵기를, 보살이여! 5공(五空)이라 함은, 욕계(欲界)와 색계(色界)와 무색계(無色界)인 3유(三有)가 공(空)이며, 지옥(地獄), 아귀(餓鬼), 축생(畜生), 아수라(阿多羅), 인간(人間), 천상(天上) 6도(六道)의 그림자가 공(空)이며, 일체상(一切相) 법상(法相)이 공(空)이며, 일체 이름[名相]이 공(空)이며, 심식(心識)의 실체[義:實體]가 공(空)이니라.

● **3유시공(三有是空):** 욕계와 색계와 무색계가 공(空)이다.

● **6도영시공(六道影是空):** 지옥, 아귀, 축생, 아수라, 인간, 천상이 공(空)이다.

- **법상시공(法相是空)**: 일체상(一切相)이 공(空)이다.
- **명상시공(名相是空)**: 일체 이름이 공(空)이다.
- **심식의시공(心識義是空)**: 심식(心識)의 실체(實體)가 공(空)이다.

◯ **207.** 취(取)함 없는 성품에 들면, 3공(三空)에 듦이다.

菩薩 如是等空 空不住空 空無空相 無相之法 有何取捨
보살 여시등공 공부주공 공무공상 무상지법 유하취사

入無取地 則[論: 卽]入三空
입무취지 즉[논: 즉]입삼공

보살이여! 이와 같은 공(空) 등은, 공(空)하므로 머무르지 않음이니 공(空)이며, 상(相)이 공(空)하여 없으므로 공(空)이며, 상(相)이 없는 법이니, 어떻게 취하거나 버릴 수 있겠느냐? 취함이 끊어진 성품[本地]에 들면 곧, 3공(三空)에 듦이니라.

♣ 보살이여! 3유(三有), 6도(六道), 법상(法相), 명상(名相), 심식(心識), 이와 같은 것이 공(空)임은, 그 실체(實體)가 없어 공(空)하여 머무르지 않음이니 공(空)이며, 상(相)이 공(空)하여 없으므로 공(空)이며, 그 일체가 실체(實體)가 없어 상(相)이 없는 법이니, 어떻게 취하거나 버릴 수 있겠느냐? 취함이 끊어진 성품[本地]에 듦이 곧, 3공(三空)에 듦이니라.

□ 고(高), 대(大), 속1,2(續1,2) 경(經)에는 즉(則)이, 논(論) 경(經)에는 즉(卽)으로 되어 있다.

- **공부주공(空不住空)**: 공하므로 머무르지 않음이니 공(空)이다. 이는 행공(行空)이다. 일체가 머묾 없는 작용 속에 있으니, 일체행(一切行)이 머묾의 모습이 없어 공(空)이다.

■ **공무공상(空無空相)**

상(相)이 공(空)하여 없어 공(空)이다. 이는 상공(相空)이다. 일체행(一切行)이 머묾이 없으므로 상(相) 또한, 찰나에도 머묾이 없어, 그 상(相)의 실체(實體)가 없으니 공(空)이다. 상(相)을 보면 멈추어 있는 것 같아도, 그것은 상(相)에 머무른 분별의 상념상(想念相)일 뿐, 실제(實際)의 법은 멈추어 있는 것이 없다. 만약, 멈추어 있다면, 일체상과 일체 존재는 존재할 수가 없다. 일체는 멈추어 있지 않기에, 멈춤 없는 환(幻)과 같은 무자성(無自性)의 상(相)을 드러낸다. 그러므로 모습이 있는 것 같아도, 그것은 분별의 상념(想念)이며, 실제(實際)의 법은 실체(實體) 없는 공상(空相)이다. 만약, 이 공상(空相)을 논리나 지식이 아닌, 상(相)의 상념식(想念識)이 타파되어, 상(相)의 공성(空性) 실제(實際)에 들면, 곧, 일체상(一切相)이 공(空)함을 깨닫게 되며, 일체상(一切相)이 타파되면, 무위(無爲)의 지혜를 얻게 된다. 이것이 상공(相空)의 지혜를 얻음이다. 논리(論理)는 실제(實際)가 아니며, 사량과 분별에 의한 앎의 지식이므로, 논리(論理)나 지식(知識)으로 공(空)의 원리(原理)를 안다 하여도, 상(相)을 타파한 공(空)에 들 수가 없다. 왜냐면, 논리(論理)는 실제(實際)가 아니기 때문이다. 그러므로, 논리(論理)나 지식(知識)으로 상(相)의 분별심인 중생심이 타파되지 않는다. 상(相)이 공(空)한 실제(實際)에 들어야, 분별심(分別心)이 타파되어 아상(我相)이 끊어지며, 자타(自他) 분별과 일체 상심(相心)이 끊어진다. 논리(論理)는 논리일 뿐이니, 자아의 분별심(分別心)이 끊어지지 않아, 법(法)의 실제(實際)에 들 수가 없다. 논리(論理)를 벗어나, 상(相)의 상념상(想念相)이 타파되어 끊어져, 자아(自我) 없는 공성실제(空性實際)에 들어야, 생사(生死)가 끊어진 본성(本性)을 깨닫게 된다. 아상(我相)이 있으면, 아상(我相)은 상(相)에 의지해, 상(相)을 분별하는 식(識)이니, 공(空)에 들 수가 없다. 왜냐면, 아상(我相)은 끊임없이 상(相)을 분별하고, 또 다른 상(相)을 일으키며, 상(相)을 집착하고 취사(取捨)하는 분별심이기 때문이다. 색상(色相)이 끊어지고 식상(識相)도 끊어지면, 아상(我相)도 식상(識相)이니 아상(我相)도 끊어지며, 자타(自他)의 분별심도 끊어진다. 왜냐면, 상(相)이 끊어진 무생실제(無生實際)에 들기 때문이다. 그 마음을 씀이 상(相)에 머묾 없는 공(空)한 무생심(無生心)이다. 곧, 자기의 무생본심(無生本心)을 바로 씀이다. 본심(本心)은 본래 상(相)이 없어 무엇에도 물듦 없는 진여심(眞如心)이기 때문이다. 이것이 생사(生死)와 윤회(輪廻) 없는 마음이다. 공(空)한 그것도 끊어져, 일체 식(識)의 출입이 끊어진 무루(無漏)인 무생(無生) 결정성(結定性)에 들면 곧, 여래(如來)의 불지혜(佛智慧)에 들어 불각(佛覺)을 이룬다. 이 성품이 무한절대성(無限絕對性)이며, 무상보리(無上菩提)인 아뇩다라삼먁삼보리이며, 완전한 자기의 본성(本性)이다. 왜냐면, 무엇에도 물듦 없는 본성(本性)이 곧, 불성(佛性)이며, 그 실제(實際)에 듦이 무상각(無上覺)이며, 그 마음을 씀이 곧, 불심(佛心)이기 때문이다.

중생과 부처는 체(體)에 있는 것이 아니라 용(用)에 있음이니, 본성(本性)이 불성(佛性)이라는 것이 중요한 것이 아니다. 지금, 이 순간, 그 용(用)이 불심(佛心)이냐는 것이 중요하다. 그래야만, 불(佛) 없는 무명(無明) 세상을 밝히는 불(佛)이기 때문이다. 모든 생명의 본성(本性)이 곧, 불성(佛性)이어도, 용(用)이 불심(佛心)이 아니기에, 무명(無明) 중생계(衆生界)라고 한다. 이 경(經) 또한, 이 무명(無明) 중생세계에 일불(一佛)이 출현했던, 그 밝은 지혜의 흔적이다. 이 지혜의 광명을 남기신 분은, 지금 이 세상에 없다. 그러나 그분이 온 그 흔적, 지혜광명에 의지해 무량 중생이 무명을 벗고 지혜를 얻음이니 이는, 그분이 이 세상에 온 무한 가치의 공덕이며, 생사와 윤회의 미혹을 벗어나는 무한 광명 무상(無上)의 보물이다. 그분이 온 지혜광명의 흔적이 없었으면 중생들이, 생사(生死) 없는 자기 본성(本性)이 있는 줄을 깨닫지도 못하였으며, 또한, 생사(生死) 없는 자기 본성(本性)을 가리는 무명(無明)이 있음을 깨닫지도 못했다. 또한, 다함 없는 무명(無明)을 벗고, 생사와 윤회를 벗어날 광명의 지혜를 얻고자 하여도 얻을 곳이 없고, 의지할 곳이 없다. 그러므로, 불(佛)의 흔적은 글이든 무엇이든, 내가 의

지할 티끌 하나라도 소중하고, 귀한 그 흔적이라도 있기에, 거기에 의지해 다함 없는 생사(生死)와 무명(無明)을 벗는 지혜의 의지처를 가지게 된다. 이 글의 흔적을 남기신 분은 지금 이 세상에 없으나, 그분에게 지극한 공경과 무한 지혜의 감사를 올린다. 서로 보지 못하고 만나지 못해도, 미래제(未來際)의 모든 중생을 연민하여 깊이 생각하며, 끝없는 대비심 지혜의 말씀에, 무한 지혜광명의 깊은 감명과 감동과 은혜에, 가슴 깊이 감사를 올린다. 세세생생 지혜를 밝히고자 원력을 쌓으시며, 끝없는 수행길, 부사의 경계의 여러 방황과 얕고 깊은 다양한 혼돈(混沌)을 겪으시며, 자신을 갈고 닦은 수승한 지혜를, 불(佛)이 없어 정법(正法)도 사라진 미래세상, 눈먼 중생들을 생각하고 근심하며 걱정스러워, 그 연민을 놓지 않고 자상히 알아 듣도록 설하셨던 그 가르침이, 그분은 홀연히 사라져 흔적이 없어도, 무수 세월이 지난 지금, 그분께옵서 전하려 했던 소중한 마음광명의 보물, 지혜광명의 말씀이 있으니, 세세생생 혼돈과 방황 속에 밀밀히 밤과 낮을 치열하게 갈고 닦은 소중한 지혜광명의 말씀, 한 글자라도 소중히 생각하며, 자신이 무량세월 쌓은 지혜를, 어린 자식을 염려하여 아낌없이 내어주신 부모님의 말씀처럼, 가슴에 깊이 담아 헛되지 않도록, 가슴에 새기고 또 새기고자 노력한다. 또한, 내가 이 세상에 홀연히 사라져 흔적이 없어도, 또 누군가 길을 찾아 혼돈과 방황 속에 헤매는 그 누군가에게는 또, 소중한 글이 될 수도 있을 것이다. 그 누군가를 위해, 수행 중 길이 없어 지혜의 방황과 혼돈 속에, 세밀한 점검을 통해 안목이 열린 수행의 지혜들을, 이 경(經)의 말씀을 따라 요해(了解)함에, 지혜의 세심함을 다하고자 노력한다. 나처럼 또 그런 상황에 놓일 수 있는, 무상(無上)을 향하는 소중한 도반(道伴)을 위해서이다.

○ **208.** 무엇이, 3공(三空)이옵니까?

大力菩薩言 云何三空
대 력 보 살 언   운 하 삼 공

대력보살이 말씀 사뢰오며 여쭈옵기를, 무엇이 3공(三空)이옵니까?

♣ 대력보살이, 말씀 사뢰오며 여쭈옵기를, 어떠한 것이 3유(三有), 6도(六道), 법상(法相), 명상(名相), 심식(心識)이 공(空)한 3공(三空)이옵니까?

◯ 209. 3공(三空)은, 상공(相空) 공공(空空) 소공(所空)이다.

佛言 三空者 空相亦空 空空亦空 所空亦空 如是等空
불언 삼공자 공상역공 공공역공 소공역공 여시등공
不住三相 不無眞實 文言道斷 不可思議
부주삼상 불무진실 문언도단 불가사의

부처님께옵서 말씀하옵기를, 3공(三空)이란, 공(空)한 상(相)이니 역시 공(空)이며, 공(空)한 것도 공(空)하니 역시 공(空)이며, 공(空)한 바 또한 공(空)이니라. 이와 같은 공(空) 등의 3상(三相)에 머물지 않음은, 진(眞) 인 실(實)이 없지 않기 때문이니, 문자(文字)와 언어(言語)의 도(道)가 끊어져, 불가사의이니라.

♣ 부처님께옵서 말씀하옵기를, 3공(三空)이란, 상(相)이 실체가 없어 공(空)이니 상(相)이 역시 공(空)이다. 공(空)한 성품이 또한 실체가 없어 공(空)이니 역시 공(空)이다. 상(相)도 공(空)하고, 공(空)한 성품도 공(空)함을 아는 바 그 지혜, 소공(所空) 또한 실체 없어 역시 공(空)이니라. 상(相)과 이(理)와 공(空)한 지혜가 공(空)하니, 이와 같은 3공상(三空相)에 머물지 않음은, 그 3공상(三空相)을 벗어난 진(眞)인 실(實)의 성품이 없지 않기 때문이니라. 그 부사의 무생(無生) 결정성(結定性)의 성품은, 문자와 언어의 도(道)가 끊어져, 불가사의이니라.

■ 3공(三空)

● **공상역공(空相亦空):** 상(相)이 공(空)하니 역시 공(空)이다. 이는 상(相)이 공(空)한 실상(實相)을 드러냄이다.

● **공공역공(空空亦空):** 공(空)한 것도 공(空)하니 역시 공(空)이다. 이

는 공(空)한 이(理)도 공(空)함을 드러냄이다. 이는 상(相)이 공(空)한 이(理)가 또한, 공(空)함이다.

● **소공역공(所空亦空):** 공(空)한 바가 또한 공(空)이다. 이는 상(相)도 공(空)하고 이(理)도 공(空)함을 아는 바 그 지혜 또한 공(空)이다. 이는 이사(理事)가 공(空)임을 아는 그 지혜도 역시 공(空)임을 드러냄이다.

● 상공(相空)에는 색성향미촉법(色聲香味觸法)이 공(空)한 색공(色空)과 수상행식(受想行識)이 공(空)한 식공(識空)이 있다.

● 이사공(理事空)에는 상(相)도 공(空)하고, 체(體)도 공(空)한 것이다. 이는 사법계(事法界)와 이법계(理法界)가 둘 다 공(空)이다. 이사(理事)도 공(空)한 이 지혜는 이사무애공지(理事無礙空智)와 사사원융공지(事事圓融空智)이다. 만약, 사(事)가 상(相)의 색계(色界)가 아닌 심상(心相)의 심식계(心識界)이면, 심식(心識)이 공(空)한 이법계(理法界)는 무위체성(無爲體性)이니, 이사(理事)도 공(空)한 이 지혜는 무생결정성지(無生結定性智)이다. 이는, 불지(佛智)이다. 위에서 말한 3공(三空)은 색성향미촉(色聲香味觸)의 색공(色空)인 상공(相空)과 색(色)의 체성(體性)인 이공(理空)과 이사공(理事空)인 소공(所空)의 지혜공(智慧空)이다. 상(相)이 공(空)이니 공(空)이며, 공(空)한 이(理)도 공(空)하니 공공(空空)이며, 상(相)인 사(事)와 이(理)가 공(空)임을 아는 공(空)한 지혜가 또한, 공(空)하니 공공공(空空空) 3공(三空)이다.

● 지혜공(智慧空)에는 5종공(五種空)이 있다. 대승공(大乘空), 일승공(一乘空), 일불승공(一佛乘空), 불승공(佛乘空), 불지공(佛智空)이다. 대승공(大乘空)은 상공(相空)이다. 일승공(一乘空)은 이사공(理事空)이다. 일불승공(一佛乘空)은 사사원융공(事事圓融空)이다. 불승공(佛乘空)은 적멸부동공(寂滅不動空)이다. 불지공(佛智空)은 무생공(無生空)이다. 대승공(大乘空), 일승공(一乘空), 일불승공(一佛乘空), 불승공(佛乘空)은 무위공성지(無爲空性智)이다. 불지공(佛智空)은 일체 지혜공(智慧空)을 벗어난,

불(佛)의 무생결정성(無生結定性)이다. 무위공성(無爲空性)은 시각공능(始覺功能)이다. 불지공(佛智空)은 시각(始覺)과 본각(本覺)이 둘 다 끊어진, 결정성(結定性)인 여래결정각(如來結定覺)이다.

◯ **210.** 진(眞)인, 실(實)의 성품 모습이 응당 있사옵니까?

大力菩薩言 不無眞實 是相應有
대력보살언 불무진실 시상응유

대력보살이 말씀 사뢰오며 여쭈옵기를, 진(眞)인, 실(實)이 없는 것도 아니라고 하옵시니, 그 모습은 응당 있는 것이옵니까?

♣ 대력보살이, 말씀 사뢰오며 여쭈옵기를, 상(相)도 공(空)하고, 체(體)도 공(空)하고, 공(空)한 지혜(智慧)도 공(空)한 3공(三空)에도 머물지 않음은, 문자(文字)와 언어(言語)의 도(道)가 끊어진, 진(眞)인, 실(實)이 없는 것도 아니라고 하옵시니, 그 모습은 응당 있는 것이옵니까?

◯ **211.** 무(無)와 유(有)에 머무름 없으며, 무(無)도 유(有)도 아니다.

佛言 無不住無 有不住有[論: 없음] **不無不有**[續1,2: 없음]
불언 무부주무 유불주유 [논: 없음] 불무불유 [속1,2: 없음]

부처님께옵서 말씀하옵기를, 무(無)에 머물지 않는 무(無)이며, 유(有)에 머물지 않는 유(有)이니, 무(無)도 아니며 유(有)도 아니니라.

♣ 부처님께옵서 말씀하옵기를, 무(無)에 속하지 않는 무자성(無自性) 실체(實體)이며, 유(有)에 속하지 않는 진성묘유(眞性妙有)이니, 무(無)도 아니며 유(有)도 아닌 성품으로, 무생(無生) 결정성(結定性)인, 불가사의 여래장(如來藏) 성품이니라.

□ 고(高), 대(大), 속1,2(續1,2) 경(經)에 있는 유불주유(有不住有)가, 논(論) 경(經)에는 없다.
□ 고(高), 대(大), 논(論) 경(經)에 있는 불무불유(不無不有)가, 속1,2(續1,2) 경(經)에는 없다.

● 무(無)에 속하지 않는 무(無)이기에 만상(萬相)을 두루 알아도 그 성품을 찾을 수 없고, 유(有)에 속하지 않는 유(有)이기에 6근(六根)으로 찾을 수 없어도, 보고 들음이 역력하다.

● 위의 구절은 무결정성(無結定性)인 결정성(結定性)의 실체를 드러내심이다. 무결정성(無結定性)이라고 하니, 아직 결정되지 않은 것이 있는가 보다 생각할 수도 있다. 무결정성(無結定性) 그 자체로 결정성(結定性)이므로, 그 자체가 파괴됨이 없어 항상 변함이 없다. 무결정성(無結定性)이란 무생(無生) 결정성(結定性)이니, 무생성(無生性)의 실체(實體)를 일컬음이다. 결정성(結定性)이란, 무생성(無生性)이 파괴되지 않는 그 성품의 실제(實際)를 일컬음이다.

○ **212.** 유무(有無)로 헤아려도, 그 성품을 얻을 수 없다.
不有之法 不即住無[大:續1,2: 不卽住無] **不無之相**
불 유 지 법 부 즉 주 무 [대:속1,2: 부즉주무] 불 무 지 상
不即住有[大:續1,2: 不卽住有] **非以有無而詮得理**
부 즉 주 유 [대:속1,2: 부즉주유] 비 이 유 무 이 전 득 리

유(有)가 아닌 법이어도 곧, 무(無)에 머무르지 않으며, 무(無)가 아닌 모습이어도 곧, 유(有)에 머무르지 않으므로, 유(有)로써 무(無)로써 이리저리 헤아려도, 그 참 성품[理:眞性]을 이해하여 알거나, 헤아려 얻을 수 없느니라.

♣ 무생(無生) 결정성(結定性)은, 유(有)가 아닌 성품[法]이어도 곧, 무(無)에 속하지 않으며, 무(無)가 아닌 실상(實相)이어도 곧, 유(有)에 속하지 않으므로, 상(相)의 유(有)로, 상(相)의 무(無)로 분별하여, 그 성품을 설명(說明)함을 따라 이리저리 헤아려도, 그 참 성품[理]을 이해하여 알거나 헤아려 알 수도 없고, 얻을 수도 없느니라.

□ 고(高), 논(論), 경(經)에 즉(即)이, 대(大), 속1,2(續1,2) 경(經)에는 즉(卽)으로 되어 있다.

◯ **213.** 이름하는 실체(實體)는 모습이 없어, 불가사의이다.

菩薩 無名義相 不可思議 何以故 無名之名 不無於名
보살 무명의상 불가사의 하이고 무명지명 불무어명

無義之義 不無於義
무의지의 불무어의

보살(菩薩)이여! 이름하는 실체[義:實體]는 모습이 없어, 불가사의이니라. 무엇 때문이냐면, 일컬어 이름할 것이 없어도 이름함은, 없지 아니함으로 이름하며, 실체[義:實體]가 없어도 실체[義:實體]라 함은, 없지 아니함으로 실체[義:實體]라 하느니라.

♣ 보살이여! 유(有)와 무(無)로 헤아려 생각해도 알 수 없는, 참 성품을 일컫고 이름하여도, 유(有)와 무(無)의 무엇에도 예속 되지 않는 청정성품 실체[義:實體]는, 모습이 없어, 불가사의이니라. 무엇 때문이냐면, 상(相)이 없어 일컬을 것이 없어도 이름함은, 없지 아니함으로 일컫고 이름하며, 무생(無生) 결정성(結定性)이라 실체[義:實體]가 없어도 실체[義:實體]라 함은, 없지 아니함으로 실체[義:實體]라 하느니라.

● 이 구절은 유(有)도 무(無)도 아니라고 하니, 성품의 무생결정성(無生結定性)을 모르면, 성품이 없다는 무견상(無見相)을 가질 수 있으므로, 무견(無見)이나 단멸상(斷滅相)에 빠지는 사견(邪見)을 염려하여 구제하기 위한, 중생구제 연민의 대비설(大悲說)이다.

◯ **214.** 여(如)는 여래(如來)의 모습이며, 여(如)는 상(相)이 없사옵니다.

大力菩薩言 如是名義 眞實如相 如來如相 如不住如
대력보살언 여시명의 진실여상 여래여상 여부주여

如無如相
여무여상

대력보살이 말씀 사뢰옵기를, 이와 같이 이름함의 실체[義:實體]는, 진실(眞實)한 여(如)의 모습이니, 여래(如來)의 여(如)의 모습이옵니다. 여(如)는, [무엇에도] 머무르지 않으니 여(如)이므로, 여(如)는, 여(如)의 모습도 끊어졌사옵니다.

♣ 대력보살이 말씀 사뢰옵기를, 일컬을 것이 없어, 이름할 것이 없어도 없지 않으므로 이름하며, 실체가 없어도, 없지 않으므로 실체라 함은, 이와 같이 이름함의 실체[義:實體]는, 진실한 결정성(結定性)인 여(如)의 성품 모습이니, 여래(如來)의 실상(實相) 여(如)의 모습이옵니다. 여(如)는, 무엇에도 머무름이 없어, 무생(無生) 결정성(結定性)이며 여(如)이니, 여(如)는, 여(如)의 상(相)도 끊어졌사옵니다.

● 이 구절은, 상(相)의 유(有)와 무(無)가 아니어도, 없지 않은 결정성(結定性) 여(如)의 성품, 여실(如實)한 실체(如實)를 드러냄이다.

◯ **215.** 중생심도 여래(如來)이며, 분별의 경계가 없사옵니다.
相無如故 非不如來 衆生心相 相亦如來 衆生之心 應無別境
상 무 여 고 비 불 여 래 중 생 심 상 상 역 여 래 중 생 지 심 응 무 별 경

모습도 끊어진 여(如)인 까닭에, 여래(如來)가 아님이 아니옵니다. 중생의 심상(心相) 모습 또한, 여래(如來)이오니, 중생의 마음도 응당, 분별의 경계가 끊어졌사옵니다.

♣ 여(如)는, 여(如)의 상(相)도 끊어진 까닭에, 상(相)이 없어도 없음이 아니니, 여래(如來)가 아닌 것이 아니옵니다. 중생(衆生)의 심상(心相), 그 모습 실상(實相) 또한, 여(如)이므로 여래(如來)이오니, 중생(衆生)의 마음 성품도 응당, 분별의 경계가 끊어졌사옵니다.

● 일체가 불생(不生)인 여(如)의 성품이므로, 중생의 심상(心相)도 여래(如來)와 차별 없는 여(如)의 성품이며, 중생의 마음 성품 또한, 차별경계가 없음을 드러냄이다. 이는 여(如)의 실상세계이다.

◯ **216.** 중생(衆生)도 분별 없음은, 마음이 본래(本來) 청정하기 때문이다.
佛言 如是 衆生之心 實無別境 何以故 心本淨故
불 언 여 시 중 생 지 심 실 무 별 경 하 이 고 심 본 정 고

理無穢故
이 무 예 고

부처님께옵서 말씀하옵기를, 그러하니라. 중생의 마음도, 실(實)로 분별의 경계가 없느니라. 무엇 때문이냐면, 마음은, 본래(本來) 청정(淸淨)한 까닭으로, 참 성품[理]은, 때 묻음과 더러움이 없기 때문이니라.

♣ 부처님께옵서 말씀하옵기를, 그러하니라. 중생의 마음 성품도, 실(實)로 분별의 경계가 없느니라. 무엇 때문이냐면, 마음 성품은, 본래, 그대로 변함이 없이 청정한 까닭에, 파괴됨이 없는 결정성 여(如)이므로, 참 성품[理] 여(如)는, 때 묻음과 더러움이 없기 때문이니라.

● 이(理)가 곧, 여(如)의 성품이며, 여(如)의 성품이 곧, 참 성품이다. 이(理)의 성품과 여(如)의 성품이 따로 있는 것이 아니며, 성품이 본래 두 개가 있는 것도 아니다. 진성(眞性)과 실체(實體)와 실상(實相)과 여(如)가 둘이 아니다. 그 성품이 불생(不生), 불멸(不滅), 부동(不動)의 결정성이므로 여(如)라고 한다. 일체 공능(功能) 총지(總持)의 성품이므로 이(理)라고 한다. 이(理)와 여(如)는 성품의 특성을 이름한 것이다. 이(理)와 여(如)는 한 성품이다. 이(理)는 여(如)의 성품 공능총지(功能總持)의 체성(體性)임을 일컬으며, 여(如)는 이(理)의 성품이 무생불변(無生不變)의 결정성(結定性)임을 일컬음이다. 만약, 이(理)를 이치(理致)로 보게 되면, 섭리(攝理)의 뜻이 됨이니, 구절이 드러내려는 성품의 청정(淸淨) 실(實)을 벗어나게 된다. 이(理)는 본성 공능의 실체(實體)를 일컬음이다. 이치(理致)는 사(事)이며, 사(事)의 본성이므로 이(理)라고 한다.

◯ **217.** 마음이 망념(妄念)이 없으면, 분별의 경계가 끊어진다.
以染塵故 名爲三界 三界之心 名爲別境 是境虛妄
이 염 진 고   명 위 삼 계   삼 계 지 심   명 위 별 경   시 경 허 망
從心化生 心若無妄 即[大:續1,2: 卽]無別境
종 심 화 생   심 약 무 망   즉 [대:속1,2: 즉] 무 별 경

티끌에 물든 까닭으로 이름하여 3계(三界)이며, 3계(三界)의 마음을 이름함이 분별의 경계이니라. 이 허망(虛妄)한 경계는, 마음이 변화를 좇아 일으킨 것이니, 마음이 만약, 망념(妄念)이 없으면 곧, 분별의 경계가 끊어지느니라.

♣ 마음은, 본래 청정한 까닭으로, 참 성품[理]은 때 묻음과 더러움이 없으나, 5음(五陰) 능소(能所)의 안과 밖, 경계의 티끌에 물든 까닭으로, 이름하여 3계(三界)이며, 3계(三界)의 마음을 이름함이, 분별의 경계이니라. 이 허망한 경계는, 마음이 일으킨 상(相)의 상념(想念)으로 능소(能所) 분별의 환화(幻化)를 좇는 것이니, 마음이 만약, 환화(幻化)인 변화를 좇는 망념(妄念)이 없으면 곧, 일체 5음(五陰)인, 능소(能所) 분별의 경계가 끊어지느니라.

□ 고(高), 논(論), 경(經)에 즉(即)이, 대(大), 속1,2(續1,2) 경(經)에는 즉(卽)으로 되어 있다.

○ **218.** 마음이 청정(清淨)하면, 3계(三界)도 없사옵니다.

大力菩薩言 心若在淨 諸境不生 此心淨時 應無三界
대 력 보 살 언 심 약 재 정 제 경 불 생 차 심 정 시 응 무 삼 계

대력보살이 말씀 사뢰옵기를, 마음이 만약, 청정(清淨)해 있으면, 모든 경계가 나지 않으며, 이 마음이 청정(清淨)할 시(時)에는, 응당 3계(三界)도 없사옵니다.

♣ 대력보살이 말씀 사뢰옵기를, 마음이 만약, 5음(五陰)의 티끌에 물듦 없이, 청정(清淨)한 참 성품이면, 능소(能所) 차별의 일체 경계가 끊어져 나지 않으며, 이 마음이 참 성품으로 청정(清淨)할 시(時)에는, 응당 3계(三界)도 없사옵니다.

○ **219.** 마음이 경계를 일으키지 않으면, 보는 바가 없다.

佛言 如是 菩薩 心不生境 境不生心 何以故 所見諸境
불 언 여 시 보 살 심 불 생 경 경 불 생 심 하 이 고 소 견 제 경

唯所見心 心不幻化 則[論: 即]無所見
유소견심 심불환화 즉[논: 즉]무소견

부처께옵서 말씀하옵기를, 그러하니라. 보살이여! 마음이 경계(境界)를 일으키지 않으면, 경계(境界)가 마음을 일어나게 하지 않느니라. 무엇 때문이냐면, 모든 경계(境界)의 소견(所見)은 오직, 마음의 소견(所見)이니, 마음이 환(幻)을 따라 변화하지 않으면 곧, 소견(所見)이 없느니라.

♣ 부처님께옵서 말씀하옵기를, 그러하니라. 보살이여! 마음이 변화의 환화(幻化)를 좇아, 능소(能所)의 경계를 일으키지 않으면, 경계가 마음을 일어나게 하지 않느니라. 무엇 때문이냐면, 모든 경계를 분별하는 헤아림인 소견(所見)은 오직, 마음이 일으킨 분별의 소견(所見)이니, 마음이 환(幻)을 따라 변화하지 않으면 곧, 참 성품에 들어, 경계를 분별하는 헤아림의 소견(所見)이 없느니라.

□ 고(高), 대(大), 속1,2(續1,2) 경(經)에 즉(則)이, 논(論) 경(經)에는 즉(即)으로 되어 있다.

● **심불환화(心不幻化):** 마음이 환(幻)을 따라 변화하지 않으면, 이 뜻은, 마음이 실체 없는 무자성(無自性) 일체상(一切相)에 머물러 분별하지 않으면, 이란 뜻이다.

○**220.** 마음이 공적(空寂)하면, 3계(三界)가 없다.

菩薩 內無衆生 三性空寂 則無己衆 亦無他衆 乃至二入
보살 내무중생 삼성공적 즉무기중 역무타중 내지이입
亦不生心 得如是利 則[論: 即]無三界
역불생심 득여시리 즉[논: 즉]무삼계

보살(菩薩)이여! 안으로 중생(衆生)이 없어, 세 가지[욕계·색계·무색계]의 성품이 공적(空寂)하여 곧, 중생(衆生)인 자기(自己)가 없으므로 또한, 남의 중생(衆生)도 없느니라. 내지, 2입(二入)이 지극하여 또한, 마음을 일으키지 않아, 이와 같이 성품의 실제[利:實際]에 들면 곧, 3계(三界)가 없느니라.

♣ 보살이여! 안으로 일체 분별인 3계심(三界心)의 중생이 없어, 욕계(欲界)인 취사심(取捨心)의 성품과 색계(色界)인 상주심(相住心)의 성품과 무색계(無色界)인 출입심(出入心)의 성품인 3성(三性)이 공적하여 곧, 중생인 자기가 없으므로 역시, 남의 중생도 없느니라. 내지 2입(二入)이 지극하여 역시, 마음을 일으키지 않아, 이와 같이 성품의 실제[利:實際]에 들면 곧, 3계(三界)가 없느니라.

□ 고(高), 대(大), 속1,2(續1,2) 경(經)에 즉(則)이, 논(論) 경(經)에는 즉(即)으로 되어 있다.

● **3계심(三界心):** 욕계심(欲界心), 색계심(色界心), 무색계심(無色界心)이다. 이는, 욕분별(欲分別), 상분별(相分別), 식분별(識分別)의 심(心)이다. 욕분별(欲分別)은 취사심(取捨心)이다. 상분별(相分別)은 상주심(相住心)이다. 식분별(識分別)은 출입식(出入識)이다.

● **삼성(三性):** 욕계(欲界), 색계(色界), 무색계(無色界)의 3계심(三界心)의 성품이니, 욕(欲)의 취사심(取捨心), 색(色)의 상주심(相住心), 식(識)의 출입식(出入識)이다.

○ **221.** 마음이 본래 불생(不生)이니, 어떻게 듦이 있사옵니까?

大力菩薩言 云何二入 不生於心 心本不生 云何有入
대 력 보 살 언 운 하 이 입 불 생 어 심 심 본 불 생 운 하 유 입

대력보살이 말씀 사뢰오며 여쭈옵기를, 무엇이, 2입(二入)으로 내지 않는 마음이오며, 마음이 본래 불생(不生)이온데, 어떻게 듦이 있사옵니까?

♣ 대력보살이, 말씀 사뢰오며 여쭈옵기를, 무엇이 2입(二入)이오며, 2입(二入)이 지극하여 불생(不生)의 마음이 되어, 3계심(三界心)이 일어나지 않아 실제(實際)에 든다고 하시오니, 마음은, 본래 생(生)이 끊어진 불생(不生)이온데, 어떻게 듦이 있사옵니까?

○ **222.** 2입(二入)은, 이입(理入)과 행입(行入)이다.

佛言 二入者 一謂理入 二謂行入
불언 이입자 일위이입 이위행입

부처님께옵서 말씀하옵기를, 2입(二入)이란, 첫째는 이입(理入)이며, 둘째는 행입(行入)이니라.

♣ 부처님께옵서 말씀하옵기를, 2입(二入)이란, 첫째는 참 성품에 드는 이입(理入)이며, 둘째는 일체 행(行)이 참 성품[理]을 수순하여 벗어나지 않는 행입(行入)이니라.

○ **223.** 금강심(金剛心)의 적정무위로 분별 없음이, 이입(理入)이다.

理入者 深信衆生不異眞性 不一不共 但以客塵之所翳障
이입자 심신중생불이진성 불일불공 단이객진지소예장
不去不來 凝住覺觀 諦觀佛性 不有不無 無己無他 凡聖不二
불거불래 응주각관 체관불성 불유불무 무기무타 범성불이
金剛心地 堅住不移 寂靜無爲 無有分別 是名理入
금강심지 견주불이 적정무위 무유분별 시명이입

이입[理入:참 성품에 듦]이란, 중생의 참 성품[眞性]은 일체 차별이 없음[不異]을 깊게 믿어, 하나도 아니며 더불어도 아니며, 단지, 객진[客塵:一切相]에 장애되어 가려져 있음을 알아, [참 성품은] 가는 것도 아니며 오는 것도 아님으로, 각관(覺觀)에 머물러 응시(凝視)하여, 불성(佛性)을 관(觀)하고 자세히 살피어서, [참 성품은] 유(有)도 아니며 무(無)도 아니며, 자기도 없고 남도 없으며, 범부(凡夫)와 성인(聖人)이 둘이 아닌 금강심(金剛心)의 성품[本地]에, 견고하게 머물러 벗어나지 않으며, 적정(寂靜) 무위(無爲)로 분별이 없음이니, 이것을 이름하여 이입[理入:참 성품에 듦]이라 하느니라.

♣ 무생(無生)인 참 성품[理]에 듦의 이입(理入)이란, 중생의 참 성품[眞性]은, 취사(取捨)와 분별의 일체 차별을 벗어났음을 깊게 믿어, 색수상행식(色受想行識)을 벗어난 하나도 아니며, 색수상행식(色受想行識)과

더불어한 것도 아니며, 단지, 색성향미촉법(色聲香味觸法)과 수상행식(受想行識)의 티끌이 가리어 장애되어 있음을 알아, 참 성품은 무생(無生)이므로, 상(相)이 없어 유무(有無)와 시(時)가 끊어져, 가는 것도 아니며 오는 것도 아니므로, 본각(本覺)을 관(觀)함에 머물러 참 성품을 응시(凝視)하며, 불성(佛性)을 관(觀)하여 자세히 살피어서, 본각(本覺)인 불성(佛性)은 유(有)도 아니며 무(無)도 아니며, 나도 없고 남도 없으며, 범부와 성인(聖人)이 둘 아닌, 금강심(金剛心)의 성품[本地]에 견고하게 머물러 벗어나지 않으며, 동(動)함 없는 적정무위(寂靜無爲)로, 일체 유무(有無)의 분별이 없음이니, 이것을 이름하여 참 성품에 듦인, 이입(理入)이라 하느니라.

● **이입(理入):** 이(理)에 듦이다. 진성(眞性), 무생(無生)에 듦을 이입(理入)이라고 한다. 자기의 본 성품에 듦이다.

● 이(理)와 진성(眞性)은 한 성품이다. 단지, 관점(觀點)에 따라 이름함이 다를 뿐이다. 진성(眞性)을 이(理)라고 함은, 진성(眞性)이 무자성(無自性) 무유정법(無有定法)의 섭리를 따라, 일체상(一切相)과 일체만법(一切萬法)을 창출하는 근본(根本)인 일체총지성(一切總持性)이므로 이(理)라고 하며, 이(理)를 진성(眞性)이라고 함은, 그 성품이 변하거나, 무엇에도 물듦 없는 불변(不變)의 성품이므로 진성(眞性)이라고 한다. 그러나 이(理)와 진성(眞性)은 이러한 분별이 끊어진 무생(無生)이므로 이(理)라고 하며, 진성(眞性)이라고 한다.

● 이(理)와 진성(眞性)과 본각(本覺)과 불성(佛性)은 하나의 성품이다. 그 성품의 특성과 관점에 따라, 달리 이름한 것뿐이다. 이(理)라고 함은 일체총지(一切總持)의 근본 성품이므로 이(理)라고 하며, 청정절대성(淸淨絕對性) 불변(不變)의 결정성(結定性)이므로 진성(眞性)이라고 하며, 생멸(生滅) 없고 시종(始終) 없이, 본래부터 항상 두루 밝게 깨어 있는 성품이므로 본각(本覺)이라고 하며, 그 성품이 여래(如來)의 결정

성(結定性)인 불(佛)의 성품이므로, 불성(佛性)이라고 한다.

○ **224.** 상(相)이 끊어져, 일어남도 취사(取捨)도 없음이 행입(行入)이다.

行入者 心不傾倚 影無流易 於所有處 靜念無求 風鼓不動
행입자 심불경의 영무유역 어소유처 정념무구 풍고부동
猶如大地 捐離心我 救度衆生 無生無相[續1: 無生無根]
유여대지 연리심아 구도중생 무생무상 [속1: 무생무근]
不取不捨
불취불사

행입[行入:無生行에 듦]이란, 마음을 무엇에 기울이거나 의지하지 않아서, 그림자[色聲香味觸法과 受想行識]가 흐르고 바뀌는 변화가 끊어져, 처(處)하여 있는 곳에서 생각을 고요하게 하거나 구(求)함도 없으며, 경계의 흐름이 요란하여도 동(動)함이 없어, 마치 대지(大地)와 같으며, 마음[受想行識]과 나[自我와 四大身]를 벗어나 중생을 구제하고 제도하여도, 상(相)이 끊어져 일어남이 없어, 취(取)함도 없고 버림도 없음이니라.

♣ 참 성품, 무생행(無生行)인 행입(行入)에 듦이란, 마음이, 유(有)와 무(無)의 무엇에도 이끌리거나 머물러 의지함이 없어, 색성향미촉법과 수상행식이 흐르고 바뀌는 변화가 끊어진 무생(無生) 성품에 들어, 처(處)하여 있는 곳에서 생각을 고요하게 하거나, 무상심(無相心)과 무생심(無生心)과 해탈(解脫)이나, 열반(涅槃)과 보리(菩提)를 구(求)함도 없으며, 경계의 흐름이 요란하여도 동(動)함이 없으므로, 마치 움직임이 없는 대지(大地)와 같으며, 수상행식의 마음과 4대(四大)의 몸과 자아(自我)를 벗어나, 중생을 구제하고 제도하여도, 제식(諸識)의 출입이 끊어져 무생(無生)이므로, 무엇을 취(取)함도, 무엇을 버림도 없음이니라.

□ 고(高), 논(論), 대(大), 속2(續2) 경(經)에 무생무상(無生無相)이, 속1(續1) 경(經)에는 무생무근(無生無根)으로 되어 있다.

● **행입(行入):** 깨달아 든 이입(理入)의 지혜행이다. 이는 무생공능(無

生功能)의 행이다. 이는, 결정실제(結定實際) 본각리행(本覺利行)이며, 참 성품 무생행(無生行)이다.

● 이(利): 무생공능(無生功能)이며, 무상공능(無相功能)이다. 이 경(經)에 이(利)에 듦에 대한 구절이 이어지고 있다. 이 이(利)는 성품의 공능실제(功能實際)이니, 이 경(經)에 이(利)에 듦의 뜻이 구절에 따라 두 가지의 뜻이 있다. 하나는, 이입(理入)인 무생(無生) 결정성(結定性)의 성품 공능실제(功能實際)에 듦과 또, 하나는, 무생(無生) 결정성(結定性)의 본각리행(本覺利行)인 공능실제(功能實際)를 행(行)함이다. 이입(理入)에 듦은, 무생(無生) 결정실제(結定實際)인 일미진실(一味眞實) 무생무상(無生無相)의 성품 일미(一味)에 듦이며, 또, 하나는 행입(行入)의 무생행(無生行)으로, 제식(諸識)의 출입이 끊어져 3계(三界)를 벗어나며, 또한, 보살이 중생을 구제함에 있어서, 무생(無生) 결정성(結定性)의 본각리행(本覺利行)으로, 중생을 이롭게 하는 무생공능행(無生功能行)이다. 이 일체(一切)가 일각요의(一覺了義)의 무생법(無生法)이다. 이것이 경(經)의 서두에서 밝힌, 이 경(經)은 이름하여 일미진실(一味眞實) 무상무생(無相無生) 결정실제(結定實際)인 본각리행(本覺利行)이라 하였다.

○225. 참 성품은, 출입심(出入心)이 없으면, 듦이 없이 든다.

菩薩 心無出入 無出入心 入不入故 故名爲入
보살 심무출입 무출입심 입불입고 고명위입

보살이여! 마음[本心]은 출입이 없으니, 출입의 마음[受想行識]이 끊어지면 듦이 없이 드는 까닭에, 그러함을 이름하여 듦이라 하느니라.

♣ 보살이여! 참 성품 마음은, 무생(無生)이라 출입이 없음이니, 출입의 일체 분별심인, 색수상행식 5음(五陰)의 식심(識心)이 끊어지면, 참 성품 무생심(無生心)에, 듦이 없이 드는 까닭에, 이를 일컬어 이름하여 듦이라 하느니라.

● **입불입고(入不入故):** 듦이 없이 듦이다. 만약, 색수상행식 마음이, 무생(無生)인 참 성품 밖에 있으면, 출입을 끊어, 무생(無生)인 참 성품에 들어야겠지만, 분별심인 색수상행식의 마음이 곧, 참 성품 밖에 있는 것이 아니므로, 분별심인 색수상행식 능소(能所) 출입의 마음만 끊어지면, 일체(一切)가 그대로 참 성품 이(理)인 무생(無生)의 마음이다. 그러므로, 본래 참 성품 속에 있으므로, 색수상행식이 끊어져 이(理)의 참 성품에 들어도, 듦이 없이 든다는 것이다.

○**226.** 법(法)이, 공(空)하지 않는 법(法)은 허망(虛妄)하지 않다.

菩薩 如是入法 法相不空 不空之法 法不虛棄
보살 여시입법 법상불공 불공지법 법불허기

보살(菩薩)이여! 이와 같이 든 법은, 법의 모습이 공(空)도 아님이니, 공(空)도 아닌 법(法)은, 법(法)이 허망(虛妄)하거나 여읜 것이 아니니라.

♣ 보살(菩薩)이여! 이와 같이 든, 실상(實相) 여실(如實) 법체(法體)는, 실체(實體)가 없는 공(空)도 아님이니, 공(空)하지 않은 여실(如實) 법체(法體)는, 단지, 없는 무(無)이거나, 단멸(斷滅)의 허망(虛妄)한 것도 아니며, 무명(無明)의 미혹과 출입의 분별심, 색수상행식 5음(五陰) 속에 있어도, 잃어버렸거나 여읜 것이 아니니라.

● **법상불공(法相不空):** 법의 모습이 공(空)하지 않다. 이 말의 뜻은, 성품의 실체(實體)는, 허망한 실(實)이 없는 공(空)이 아니다는 뜻이다. 무위지혜의 공(空)은, 상(相)의 성품을 깨달아, 제상(諸相)이 무자성(無自性)인 지혜의 공상(空相)이다. 실공(實空)은 일체총지성(一切總持性)인 무생실공(無生實空)이다. 무위지혜의 공(空)까지 끊어져, 무생(無生) 성품의 실제(實際) 실공(實空)에 들면, 무위(無爲)의 공상(空相)도 공견(空見)도 끊어지고, 성품의 무생실제(無生實際)인 여실(如實)에 들게 된다. 그것은 일체총지(一切總持)의 공능실제(功能實際)에 듦이다. 이는, 여실

(如實)한 무생실제(無生實際)이니, 파괴됨이 없는 결정성(結定性)의 성품이다. 이 지혜에 들면, 삼라만상 만유(萬有)의 무상공능실체(無相功能實體)를 바로 깨닫게 된다. 그 공능(功能)의 실체(實體)가 곧, 자기의 참 성품이다. 그러므로, 상(相)에 의지한 능소(能所) 분별의 자아(自我)가 끊어지면, 그 공능(功能)의 불가사의 실제(實際)인 일체총지(一切總持)의 무량공덕(無量功德)을, 두루 밝은 각명(覺明)의 지혜로 깨닫게 된다.

○ **227.** 없어지지 않는 법(法)은, 공덕(功德)이 구족하여 법(法)이 청정하다.

何以故 不無之法 具足功德 非心非影 法爾淸淨
하 이 고 불 무 지 법 구 족 공 덕 비 심 비 영 법 이 청 정

무엇 때문이냐면, 없어지지 않는 법은 공덕(功德)이 구족(具足)하여, 마음[受想行識]도 아니며 그림자[相:色聲香味觸法]도 아니므로, 법(法)이 청정(淸淨)하기 때문이니라.

♣ 무명(無明)의 미혹과 출입의 분별심과 색수상행식 5음(五陰) 속에 있어도, 잃어버리는 것이 아님은 무엇 때문이냐면, 없어지지 아니하는 법체(法體)는, 스스로 생멸(生滅)이 없는 일체총지성(一切總持性)으로, 여래장(如來藏) 공덕이 구족(具足)하고 원만하므로, 생멸(生滅)이나 유무(有無)의 흐름 속에 있어도 잃어지는 것이 아니니라. 이는, 색수상행식 분별의 마음도 아니며, 생멸(生滅)과 유무(有無)의 상(相)인 그림자도 아니므로, 생멸(生滅)이 없는 참 성품인 여실한 법체(法體)는, 무엇에도 예속되거나 치우치지 않는 여래장(如來藏)인, 청정(淸淨)한 공덕성품이니라.

● 공(空)을 생각하거나 인식하면, 공(空)이 아니다. 또는, 공(空)이 무엇이라고 정의(定義)하면, 공(空)이 아니다. 공(空)에는 공(空)이 없다. 왜냐면, 대(對)와 격(格)이 끊어졌기 때문이다. 거울 앞에 서면 거울에 상(相)이 비친다. 그러나 거울 안에 들면 거울도 나도 없다. 나를 나라고 칭하는 그것은 반연(伴緣)한 대상(對相)인 상념(想念)일 뿐, 나[我], 아니다. 나를 대상으로한 격(格)이 생기기 때문에 나를 나라고

한다. 나 안에 들면 대(對)와 격(格)이 없어, 안과 밖이 끊어져, 나라고 칭할 나가 없다. 왜냐면, 지칭할 대(對)와 격(格)이 끊어졌기 때문이다. 그러므로 위의 구절에 수상행식 마음도 아니며, 색성향미촉법 그림자도 아니며, 공덕이 구족하여 청정하다고 한 것이다. 대(對)와 격(格)이 끊어진 일체총지(一切總持)의 실제(實際)이기 때문이다.

● **격(格):** 유형무형(有形無形)의 어떤 상태가 갖추어진 것이나, 상(相)이나 상념(想念)으로 일컬을 수 있는 짜임이나 형태이다. 이는, 유형무형(有形無形)의 어떤 형태와 모습이거나, 또한, 갖추어지지 않았어도, 이것이라 칭하는 바로 그것이다.

● **구족공덕(具足功德):** 본래 성품이, 공덕이 두루 원만 구족함이다. 이 성품은, 8식(八識) 출입식(出入識)이 끊어지면, 바로 깨닫게 된다. 8식(八識) 출입식(出入識)이 끊어지면, 시방(十方) 온 우주가 사라진 원융각명(圓融覺明)인 일체무한시방각명원융원만편재성(一切無限十方覺明圓融圓滿遍在性)에 듦으로, 성품이 본래 원만공덕구족(圓滿功德具足)함을 깨닫게 된다. 불성(佛性)이 온 무한 시방 두루 원만구족(圓滿具足)함을 실증(實證)한다.

● **법이청정(法爾清淨):** 법이 청정하다는 뜻은, 법이 맑고 깨끗함을 일컬음이 아니다. 맑고 깨끗함은, 더러움에 대한 분별심이다. 무생법(無生法)의 성품이 상(相)과 식(識)과 공(空)과 일체지혜(一切智慧)를 벗어나, 무엇에도 물듦 없는 본연무연중절대성(本然無然中絕對性)인 무생결정성(無生結定性)임을 일컬음이다.

◯ **228.** 법(法)이, 마음도 그림자도 아닌 청정법(清淨法)이라 하시옵니까?

大力菩薩言 云何非心非影 法爾清淨
대력보살언 운하비심비영 법이청정

대력보살이, 말씀 사뢰오며 여쭈옵기를, 어찌하여, 마음도 아니며, 그림자[影]도 아니라고 하시며, 법(法)이 청정(淸淨)하다고 하시옵니까?

♣ 대력보살이, 말씀 사뢰오며 여쭈옵기를, 어떠한 성품이기에, 어찌하여 수상행식(受想行識) 마음도 아니라고 하시며, 어떠한 모습이기에, 상[相:色聲香味觸法]의 그림자도 아니라고 하시오며, 법(法)이 청정(淸淨)하다고 하시옵니까?

○ **229.** 여(如)는 결정성(結定性)으로, 이름도 실체(實體)도 없다.

佛言 空如之法 非心識法 非心使所有法 非空相法
불언 공여지법 비심식법 비심사소유법 비공상법

非色相法 非心有爲不相應法[論: 非心不相應法]
비색상법 비심유위불상응법 [논: 비심불상응법]

非心無爲是相應法[論: 非心無爲相應法] **非所現影 非所顯示**
비심무위시상응법 [논: 비심무위상응법] 비소현영 비소현시

非自性 非差別 非名非相非義[論: 非名非相義]
비자성 비차별 비명비상비의 [논: 비명비상의]

부처님께옵서 말씀하옵기를, 공(空)한 여(如)의 법은, 심식(心識)의 법도 아니며 마음이 소유(所有)한 법도 아니며, 공(空)한 상법(相法)도 아니며 색(色)의 상법(相法)도 아니며, 마음이 유위(有爲)에 상응(相應)하지 않는 법도 아니며 마음이 무위(無爲)에 상응(相應)한 법도 아니며, 나타난 생멸의 환영(幻影)도 아니며 뚜렷이 보이는 존재도 아니며, 자성(自性)도 아니며 차별도 아니며, 이름도 아니며 상(相)도 아니며, 실체[義:實體]도 아니니라.

♣ 부처님께옵서 말씀하옵기를, 여(如)의 실(實)인, 절대성(絶對性) 실공(實空) 결정성(結定性)인 여(如)의 법(法)은,
①무엇이든 생각하고 헤아리며 분별하는 수상행식(受想行識)인 일체(一切) 심식(心識)의 법(法)도 아니며[非心識法],
②마음이 머물러 있는 일체(一切) 만상만물만법(萬相萬物萬法)인 심(心)이 머무른 법(法)도 아니며[非心使所有法],

③상(相)이 공(空)한 공상법(空相法)도 아니며[非空相法],

④색성향미촉법(色聲香味觸法)의 색(色)의 상법(相法)도 아니며[非色相法],

⑤마음이 유위(有爲)를 벗어나, 유위(有爲)에 상응(相應)하지 않는 유위(有爲)가 아닌 법(法)도 아니며[非心有爲不相應法],

⑥마음이 무위(無爲)에 들어, 무위(無爲)에 상응(相應)하는 무위법(無爲法)도 아니며[非心無爲是相應法],

⑦찰나에 나타나 사라지는 모습[相]인, 생멸(生滅)의 환영[幻影]도 아니며[非所現影],

⑧뚜렷이 드러나 존재(存在)하는 현상(現象)도 아니며[非所顯示],

⑨자성(自性)도 아니며[非自性],

⑩차별도 아니며[非差別],

⑪일컫는 바 이름도 아니며[非名],

⑫상(相)도 아니며[非相],

⑬실체[義:實體]도 아니니라[非義].

□ 고(高), 대(大), 속1,2(續1,2) 경(經)에 비심유위불상응법(非心有爲不相應法)이, 논(論) 경(經)에는 비심불상응법(非心不相應法)으로 되어 있다.

□ 고(高), 대(大), 속1,2(續1,2) 경(經)에 비심무위시상응법(非心無爲是相應法)이, 논(論) 경(經)에는 비심무위상응법(非心無爲相應法)으로 되어 있다.

□ 고(高), 대(大), 속1,2(續1,2) 경(經)에 비명비상비의(非名非相非義)가, 논(論) 경(經)에는 비명비상의(非名非相義)로 되어 있다.

● 위의 구절은, 일체(一切) 색(色), 식(識), 견(見), 지혜(智慧)의 상(相)인, 대(對)를 벗어난, 무생(無生) 결정성(結定性)인 여(如)의 성품을 드러냄이다. 결정성(結定性)인 여(如)는, 그것이 무엇이든, 생각하거나 사유(思惟)하거나 유추(類推)할 수 있는 것이 아니다. 생각하는 그것이 무엇이든 그것은 대(對)와 견(見)에 의한 상(相)이기 때문이다. 일체(一切) 색(色), 식(識), 견(見), 지혜(智慧)의 상(相)이 끊어진 절대성(絕對性)이 곧, 여(如)이다. 무엇이든 여(如)에 대한 상념(想念)이나, 상(相)을 일으키면,

여(如)가 아닌 대(對)의 법상(法相)이다. 일체(一切) 대(對)가 사라지면 곧, 절대성(絶對性)인 결정성(結定性)이니, 여(如)이다. 일체(一切) 대(對)가 끊어지면, 이름할 것도 없고, 지칭할 것도 없다. 왜냐면, 일체(一切) 사유(思惟)와 사량(思量)의 지혜로도 유추(類推)할 수가 없기 때문이다. 왜냐면, 일체(一切) 색(色), 식(識), 견(見), 지혜(智慧)의 상(相)인, 대(對)가 끊어진 결정성(結定性)인 여(如)의 절대성(絶對性)이기 때문이다.

● 위의 구절은 어떤 경계의 인식(認識)과 상념(想念)과 분별(分別)과 궁극(窮極)의 지혜(智慧)까지도 끊어버리는 결정성(結定性)의 지혜이다. 어떤 분별의 앎이나 상념(想念)이나 지혜까지 끊어버림은, 어떤 생각을 일으키거나, 헤아리거나, 머물거나, 추측하거나, 분별하는 그 일체가 결정성(結定性)이 아닌 미혹이므로, 혹시나 그 어떤 지혜상(智慧相)이라도 일으키거나 유추하여, 결정성(結定性)이나 여(如)의 성품으로 생각하여 인식하며 머무를까봐, 한 중생이라도 잘못됨이 없도록, 중생구제를 생각하는 불(佛)의 대비심(大悲心) 연민이다. 왜냐면, 중생이 무엇을 어떻게 생각하든, 법(法)의 사유(思惟)가 위의 구절을 벗어나 있지 않기 때문이다. 만약, 위의 구절을 벗어났다면, 밝은 지혜가 있어, 불(佛)의 무한 연민의 대비심(大悲心)을 느끼게 된다. 왜냐면, 무한 대비심(大悲心)에 염려하여도 단지, 밝은 심안(心眼)을 열기를 바라며, 오직, 이 말만을 할 수밖에 없는 그 마음 연민심이, 이심전심(以心傳心)이기 때문이다.

○ **230.** 여(如)의 참 성품 실체(實體)는, 여(如)도 끊어져 없다.

何以故 義無如故[論: 如故] **無如之法**[論: 非如之法]
하 이 고   의 무 여 고 [논: 여고]   무 여 지 법 [논: 비여지법]

亦無無如 無有無如 非無如有
역 무 무 여   무 유 무 여   비 무 여 유

무엇 때문이냐면, 실체[義:實體]에는 여(如)도 없기 때문이니라. 여(如)도 끊어진 법은 역시, 여(如)가 끊어진 그것도 없느니라. 여(如)가 끊어진 것도 없으므로 여(如)는, 유(有)도 무(無)도 아니니라.

♣ 공상(空相), 색상(色相), 유위불상응(有爲不相應), 무위상응(無爲相應), 자성(自性), 실체(實體)도 아님은 무엇 때문이냐면, 실체[義:實體]에는 여(如)도 없기 때문이니라. 여(如)의 상(相)도 끊어진 법체(法體)는 역시, 여(如)가 끊어진 그 자체도 없느니라. 여(如)가 끊어진 그것도 없는 성품이므로, 여(如)는, 있음의 유(有)도 없음의 무(無)도 아니니, 유무(有無)의 무엇으로도 헤아려 알 수가 없고, 어떤 지혜와 무엇으로도 파괴할 수 없고, 허물 수 없는 결정성(結定性)이니라.

□ 고(高), 대(大), 속1,2(續1,2) 경(經)에 의무여고(義無如故)가, 논(論) 경(經)에는 여고(如故)로 되어 있다.

□ 고(高), 대(大), 속1,2(續1,2) 경(經)에 무여지법(無如之法)이, 논(論) 경(經)에는 비여지법(非如之法)으로 되어 있다.

■ 의무여고(義無如故)와 여고(如故)

의무여고(義無如故)가 논(論) 경(經)에는 여고(如故)로 되어 있다. 의무여고(義無如故)는, 실체[義:實體]는 여(如)도 없기 때문이니라. 는 뜻이다. 여고(如故)는, 여(如)이기 때문이니라. 는 뜻이다. 이 두 글만을 보면, 서로 반대되는 해석이 된다. 또한 상견(相見)으로 이 글의 뜻을 헤아리면 서로 뜻이 달라, 어느 것이 옳은가를 분별하며 헤아리게 된다. 그러나 성품에서 보면, 두 글의 뜻은 다르지 않다. 왜냐면, 그렇게 말하는 것에는 까닭이 있기 때문이다. 여(如)의 성품은 무생(無生) 결정성(結定性)이므로 어떤 분별과 사유로도 알 수가 없다. 그러나 여(如)라고 하면 아직, 여(如)의 성품을 모르면 여(如)의 상(相)을 일으키거나 여(如)의 상견(相見)을 가지므로, 그 여(如)의 상(相)을 제거하기 위해서 여(如)도 끊어져 없다고 함이다. 논(論), 경(經)에서 여(如)이기 때문이라고 함은, 일체상이 끊어진 그 무생(無生) 결정성의 성품을 바로 드러내어 여(如)의 성품이라 함이다. 모든 분별과 사량이 끊어진 성품이니,

성품의 이치에서 경(經)의 구절을 보면, 있다 하여도 그 성품이며 없다 하여도 그 성품이니, 성품은 둘이 아니므로 차별이 없으나, 중생이 그 성품을 모르는 미혹 속에 있어, 법의 분별인 미혹의 상견(相見)을 일으킨다. 그러므로, 무생결정성(無生結定性)인 여(如)의 성품을 드러내면 여(如)의 상(相)을 일으키므로, 그 미혹의 상(相)을 제거하고자 여(如)도 끊어져 없다고 한다. 없다고 하니까 중생이 또 무견상(無見相)을 일으키므로 또, 그 미혹의 상(相)을 제거하고자, 없는 것이 또 아니라고 한다. 왜 이런 설법이 이루어지는가 하면, 중생은 있다고 하면, 있다는 상견(相見)을 일으키고, 없다고 하면 없다는 상견(相見)을 일으키므로, 여(如)의 무생(無生) 결정성(結定性)을 드러내며, 있다는 상견(相見)과 없다는 상견(相見)의 양변(兩邊)을 다 제거하기 위해서이다. 여(如)의 성품에서 경(經)을 보면, 있다고 하거나 있지 않다고 하거나, 없다고 하거나 없지 않다고 하여도, 그 구절(句節)이 허물이 없으나, 상견(相見)으로 경(經)의 구절을 밝게 헤아려 보아도, 일체가 끊어진 성품을 보지 못하니, 말을 따라 법상(法相)을 일으켜 유견상(有見相)과 무견상(無見相)을 일으키므로, 유무(有無)의 양변(兩邊)에 치우친 모두를 제거하고자, 있다. 또는 없다. 있지 않다. 또는 없지 않다. 는 말을 하게 된다. 그러므로, 구절의 설(說)에 따라, 또한, 말을 따라 상견(相見)으로 헤아리고 분별하므로 상(相) 없는 성품을 알지 못해, 상심(相心)으로 경(經)의 구절을 따라 법상(法相)을 일으켜 스스로 미혹하여 혼동하고, 의아해하며 법(法)의 혼란에 빠지게 된다. 이는, 상(相)으로 경(經)을 보면 상경(相經)이 되고, 상(相) 없는 성품에서 경(經)을 보면, 일체가 무상설(無相說)인 무상경(無相經)이다. 상(相) 없는 성품에서 경(經)을 보면 여(如)도 끊어져 없다고 하면 그것이 곧, 여(如)의 성품임을 알며, 일체가 끊어진 그 자체를 바로 드러내어 여(如)라고 하면, 그 여(如)의 성품은 여(如)의 상(相)도 끊어진 실(實)임을 알고 있다.

■ 여(如)의 이해

여(如)를 법(法)의 진여(眞如)로 생각할 수도 있다. 이 진여(眞如)는 7
식(七識)이 끊어져 자아(自我)가 소멸하면, 무염진여(無染眞如)의 성품을
깨닫게 된다. 그러나 이 무염진여(無染眞如)가 8식(八識) 출입식(出入識)
이 끊어지면 무염진여(無染眞如)의 성품이 깨어진다. 이는 8식(八識) 출
입식(出入識)이 끊어지면 깨닫게 되는 불법지혜(佛法智慧) 깨달음의 비
밀스러움이다. 진여(眞如)는 파괴되거나 깨어지지 않는 것으로, 가르
침을 통해 배워 알고 있다. 그러나 그것은, 유무(有無)의 지식(知識)세
계 배움에 의한 앎의 지식(知識)인 유위유상견(有爲有想見)이니, 진여
(眞如)의 실상(實相)이 아닌 배움에 의한 상견(相見)의 법상(法相)이므로,
유위상념상(有爲想念相)인 유상진여(有相眞如)이다. 무엇이든, 불지혜
(佛智慧)에 깨어지지 않는 것은 없다. 만약, 깨어지지 않는 것이 있다
고 생각하는 그것이 상견(相見)이며, 상심(相心)이며, 상념상(想念相)이
며, 법상(法相)이다. 그러므로 지식(知識)에 의한 앎의 상념(想念)인 법
상(法相)은 실상(實相) 불법지혜(佛法智慧)에 들면, 앎의 일체상념(一切想
念)인 법상(法相)이 유(有)의 상념(想念)이므로 파괴되어 끊어진다. 상념
(想念)인 법상(法相)이 파괴되므로 법(法)의 실상(實相)에 들게 된다.

무염진여(無染眞如)를 파괴하여 원융각명지(圓融覺明智)에 드는 그 비
밀스러움을 깨닫는 것은, 7식(七識) 자아(自我)가 소멸한 이사무애(理
事無礙)의 지혜에서 무염진여(無染眞如)의 성품를 깨닫게 되나, 무염진
여(無染眞如)보다 지혜성품의 차원이 더 깊은 8식(八識) 출입식(出入識)
이 끊어진 대원경지(大圓鏡智), 사사원융지(事事圓融智)인 원융각명지
(圓融覺明智)에 들면, 무염진여(無染眞如)의 물듦 없는 본심(本心) 성품
을 타파하여 벗어나게 된다. 지식과 배움의 앎인 유상진여(有相眞如)
가, 7식(七識)이 끊어지므로 유상진여(有相眞如)가 타파되며, 무위공성
(無爲空性)인 무위진여(無爲眞如)에 증입하게 되나, 이 또한 무위상(無爲

相)이므로, 더 깊은 차원으로 지혜전변(智慧轉變)하면, 무위진여(無爲眞如), 이 또한 파괴되어 끊어진다.

진여(眞如)도, 앎과 지식의 유상진여(有相眞如)가 있으며, 유상진여(有相眞如)가 파괴된 무상진여(無相眞如)인 무위진여(無爲眞如)가 있으며, 무상진여(無相眞如)인 공성(空性) 무위진여(無爲眞如)가 파괴되어 끊어진, 진여(眞如)도 없는 결정무생(結定無生)이 있다. 진여(眞如)도 없는 결정성(結定性)이, 무생진여(無生眞如)인 실상(實相), 결정성(結定性)인 여(如)의 실체(實體)이다. 진여(眞如)의 실상(實相)에는 진여(眞如)가 없다. 진여(眞如)의 상(相)과 실체(實體)가 없는 그 성품이 진여(眞如)의 실상(實相)이다. 이는 곧, 무생(無生)의 진(眞)이며 여(如)일 뿐, 법(法)을 이름하고 일컫는 명(名)과 상(相)과 언어(言語)와 식(識)의 상념상(想念相)의 진여(眞如)가 끊어진 무생실제(無生實際)이다. 그러므로 구절(句節)에 진여(眞如)란 언어가 있어도, 그 진여(眞如)는, 진여(眞如)의 명(名)과 상(相)과 실체(實體)도 끊어진 성품이므로, 명(名)과 상(相)이 끊어진 그 실체를 드러내어 곧, 진(眞)이며, 여(如)라고 요해(了解)했다. 앎 속에, 법(法)이 파괴되지 않는 진여(眞如)도 유상진여(有相眞如)이거나 무위진여(無爲眞如)이니, 물듦 없고 깨어지지 않는 성품, 진여(眞如)를 생각하고 유추하는 그 지견(知見), 자체도 파괴되는 상념상(想念相)이다. 무엇이든 파괴되지 않는 것이 없다. 파괴되지 않는 것이 있다고 생각하는 그것이 곧, 상(相)의 상념(想念)이다. 진여(眞如)도, 배움과 지식에 의한 진여(眞如)가 있고, 지식(知識)과 관념(觀念)의 진여(眞如)를 타파하여, 관념의 진여(眞如)가 끊어진 깨달음의 공성(空性)인 무위진여(無爲眞如)가 있으며, 각력(覺力) 상승으로 시각(始覺)과 본각(本覺)이 둘 다 끊어지면, 깨달음의 무위각식(無爲覺識)까지 끊어지므로, 깨달음의 공성(空性)인 무위진여(無爲眞如)까지 끊어져, 진여(眞如)도 없는 결정성(結定性)에 들게 된다.

진여(眞如)의 실체(實體)에는 진여(眞如)도 없다. 이는, 성품이 없음이 아니다. 이 성품은 본연무연중절대성(本然無然中絶對性)인 결정성(結定性)이니, 진여(眞如)도 없는 그 실체가 곧, 진여(眞如)의 실상(實相), 참모습이다. 파괴되지 않는 진여(眞如)가 있다면 그것은 상(相)의 상념(想念)일 뿐, 실상진여(實相眞如)가 아니다. 진여(眞如)에는 진여(眞如)도 없다. 파괴되지 않는 그 무엇이 있다고 생각하거나, 물듦이 없는 무엇이 있다고 생각하는 그 자체는 진여(眞如)가 아닌, 앎에 의한 상(相)의 상념(想念)이다. 진여(眞如)의 밖에서 유추하고 생각하는 진여(眞如)와 진여(眞如)도 없는 성품 무생실체(無生實體)에서 생각하는 진여(眞如)는 다르다. 진여(眞如) 이외에 진여(眞如)도 아닌 또 다른 무엇이 있다면, 그것은 2견(二見)의 상념(想念)에 건립된 진여(眞如)이니, 그것은 실상진여(實相眞如)가 아니다. 실상진여(實相眞如)가 아닌 상(相)의 상념(想念)인 진여(眞如)는, 일체불이성(一切不二性)에 들면, 진여(眞如) 아닌 것이 파괴될 때에, 파괴되지 않는 관념(觀念)의 진여(眞如)도 더불어 파괴된다. 왜냐면, 진여(眞如)와 진여(眞如) 아님이 상(相)의 2견(二見) 상념(想念)인 대(對)의 법상(法相)이기 때문에, 진여(眞如)와 진여(眞如) 아님이 둘 다 파괴되어 끊어진다. 진여(眞如)는 이(二)도, 이(二) 없는 일(一)도 없다. 그러므로 진여(眞如)에는 진여(眞如)의 상(相)도, 진여(眞如)의 실체(實體)도 없다. 이는, 상(相)이 없음을 일컬을 뿐, 성품이 없음이 아님이니, 그것이 진여(眞如)의 실상(實相) 결정성(結定性)이다. 이는, 진여(眞如)의 명(名)과 상(相)과 상념상(想念相)의 일체 분별이 끊어진 절대성(絶對性)의 결정성(結定性)인 실상(實相)일 뿐, 성품이 없는 무견(無見)과 단멸(斷滅)이 아님이니, 이 성품은 진여(眞如)의 명(名)과 상(相)과 상념상(想念相)의 일체 분별이 끊어진, 무생(無生)의 성품이다.

지식(知識)과 관념(觀念)과 상념(想念)과 인식(認識)의 유위유상진여

(有爲有想眞如)가 타파된 6식(六識)이 끊어진 대승(大乘)의 공(空)을 또한, 초월하여, 7식(七識) 자아(自我)가 끊어져, 상(相)과 공(空)에도 물듦 없는 이사무애법계(理事無礙法界)를 깨달으면, 무위무염진여(無爲無染眞如)의 성품에 든 일승(一乘)의 원지(圓智)이다. 6식(六識)이 끊어진 대승(大乘)의 공성(空性) 지혜성품에서는, 진여(眞如)의 성품을 알지 못함은 아직, 7식(七識) 자아식(自我識)이 끊어지지 않아, 일체(一切) 분별(分別)의 염식(染識)인 자아(自我)를 벗어나지 못했기 때문이다. 그러므로, 7식(七識) 자아(自我)가 끊어지므로 상(相)과 공(空)을 벗어나, 상(相)과 공(空)에도 물듦 없는 이사무애법계(理事無礙法界)인 일승(一乘) 무염진여지(無染眞如智)에 듦으로, 무엇에도 물듦 없는 진여(眞如)의 성품을 실증(實證)하게 된다.

그러나, 8식(八識) 출입식(出入識)이 끊어진 일불승(一佛乘) 대원경지(大圓鏡智)인 사사원융법계(事事圓融法界)의 원융각명지(圓融覺明智)에 들면, 무염진여성(無染眞如性)도 파괴되어 그 흔적을 찾을 수가 없다. 일불승지(一佛乘智)에 들면, 무염진여청정성(無染眞如淸淨性)이, 7식(七識) 자아(自我)가 끊어져 무염진여(無染眞如)를 깨달은 일승원지보살(一乘圓智菩薩)의 지혜상(智慧相)임을 깨닫게 된다. 무염진여(無染眞如)의 성품이 묘법연화경법계(妙法蓮華經法界)의 지혜성품 환지보살(幻智菩薩)의 세계이다. 일불승(一佛乘) 대원경지(大圓鏡智)인 사사원융법계(事事圓融法界)의 원융각명지(圓融覺明智)가 대방광불화엄경법계(大方廣佛華嚴經法界)의 지혜성품이다. 그러나 8식(八識) 함장식(含藏識)이 끊어진 불승(佛乘)인 심부동열반지(心不動涅槃智)에 들면, 이 또한 타파하여 벗어나게 된다. 불승(佛乘)인 심부동열반지(心不動涅槃智)에 듦으로, 8식(八識) 출입식(出入識)이 끊어진 대원경지(大圓鏡智)의 사사원융(事事圓融)인 원융각명지(圓融覺明智)도 곧, 일불승(一佛乘) 각식(覺識)의 지혜상(智慧相)임을 깨닫게 된다. 그러나 불승(佛乘) 심부동열반지(心不動涅槃智)도 아직, 여(如)의 결정성을 얻지를 못하였다. 수행각력(修行覺力)이 불승(佛乘)의 심부동열반성지(心不動涅槃性智)를 타파하여 벗어나므로, 이 금강삼매경(金剛三昧經)에 나오는 여(如)와 무생(無生)과 결정성(決定性)과 여래장(如來藏)과 의(義)와 이(利)와 실제(實際)와 인(印)의 성품이 무엇인지를 명확히 깨닫게 된다. 공(空), 무위(無爲), 진여(眞如), 보리(菩提), 열반(涅槃) 등이, 무위보살지(無爲菩薩智)인 무생법인지(無生法忍智)의 깨달음 각식(覺識)의 무위지혜상(無爲智慧相)이다.

대승(大乘)의 상공지(相空智), 일승(一乘)의 무염진여지(無染眞如智), 일불승(一佛乘)의 원융각명지(圓融覺明智), 불승(佛乘)의 부동열반지(不動涅槃智)를 타파하여, 무위무생법인지(無爲無生法忍智)인 보살지혜상(菩薩智慧相)을 모두 벗어나므로, 여(如)의 결정성을 깨닫게 된다. 여(如)의 결정성이 곧, 여래(如來)의 실체(實體) 인(印)이다. 여래(如來)의 인(印)은 여래장(如來藏)의 성품이며, 불(佛)의 일체지혜총지성(一切智慧總持性)이다. 파괴되지 않는 진여(眞如)의 견(見)과 상(相)을 타파하여 벗어나므로, 깨어지지 않는 무생(無生) 결정성(結定性)에 들게 된다. 보살지혜로 생각하는 불성(佛性)도 파괴되는데, 중생의 상념(想念)인 식심(識心)의 그 무엇이든, 본래(本來) 완연(完然)한 무연원만구족(無然圓滿具足)한 무연청정절대성(無然淸淨絶對性)인 결정성(結定性)에 그 어떤 상념(想念)의 티끌이든 파괴되지 않는 것이 하나도 없다. 모든 상(相)과 깨달음과 깨달음의 지혜상(智慧相)까지 타파하여, 더 파괴하거나 파괴될 것이 끊어져, 무엇에도 파괴됨이 없는 완전한 무생(無生) 결정성(結定性)에 듦이 곧, 여(如)의 성품이다. 이는 곧, 여래결정성(如來結定性)이다. 이 여(如)의 성품에는 깨달음도, 깨달음의 지혜도 사라져 흔적이 없다. 만약, 중생의 지혜와 깨달음에 의한 그 무엇이든 파괴되지 않는 것이 있다면, 그것은 상념(想念)인 법상(法相)이다. 그 어떤 견고한 것이라도 파괴되지 않는 것이 없다. 무너지지 않는 허공(虛空)도 색(色)이므로 6식(六識)이 끊어질 때에 파괴되며, 7식(七識)이 끊어져 자아(自我)가 파괴되어 끊어지는데, 자아의식(自我意識)에 건립한 2견상(二見相)이 무엇이든, 파괴되지 않는 것이 없다. 무생(無生) 결정성(結定性)에 들면 불(佛)의 지혜까지 끊어져, 일체(一切)가, 중생의 미혹을 벗게 하는 여래(如來)의 대비(大悲)와 지혜의 무량 방편임을 깨닫게 된다.

미혹은, 다름 아닌 분별과 생각이다. 깨어지는 것이 있음도 상(相)의 상념(想念)이며, 깨어지지 않는 것이 있음도 상(相)의 상념(想念)이다. 그것은 오직, 2견(二見)의 분별 속에 존재한다. 무상불지혜(無上佛智慧)에 들어야 불성(佛性)의 비밀장(秘密藏) 여래장(如來藏)의 성품, 무생(無生) 결정성(結定性)을 깨닫게 된다. 중생의 생각과 보살(菩薩)의 지혜 속에만 파괴되지 않는 것이 있을 뿐이다. 중생이 생각하는 파괴되지 않는 그것이 무엇이든 그것은 상(相)이며, 보살(菩薩)이 파괴되지 않는 그것이 무엇이든, 그것은 각식(覺識)에 의한 무자성(無自性) 무위(無爲)성품 청정공성(淸淨空性)이다. 중생의 생각과 보살의 지혜가 파괴되면, 일체가 상념상(想念相)임을 깨닫게 된다. 여(如)의 성품을 헤아림은, 중생의 지견(知見)은 법상(法相)이며, 보살의 지견(智見)은 청정무위(淸淨無爲)의 무자성(無自性) 무위공성(無爲空性)이다. 불(佛)만이, 중생의 지견(知見)과 보살의 지견(智見)이 끊어진 성품, 결정성(結定性)이 무생(無生)의 여(如)이며, 인(印)임을 안다. 왜냐면, 이는 깨달음의 시각(始覺)과 무생본각(無生本覺)이 둘 다 끊어진, 본연무연중절대성(本然無然中絶對性)이기 때문이다. 이는, 무위보살지(無爲菩薩智)인 무생법인(無生法忍)까지 타파되어 끊어진, 여래(如來)의 결정성(結定性)이다.

보살(菩薩)은, 무위(無爲)를 깨달아 무생법인지(無生法忍智)에 들었으나, 깨달음의 지혜가 무생본각(無生本覺)에 들지 못해, 깨달음의 시각(始覺)과 무생본각(無生本覺)의 성품이 차별이 있어, 시각(始覺)과 무생본각(無生本覺)이 둘 다 끊어지지 않은 상태이다. 시각(始覺)의 공능(功

能)이 상승하여 무생본각(無生本覺)과 동일성품 불이(不二)에 들면, 시각(始覺)과 무생본각(無生本覺)의 대(對)가 끊어지니, 시각(始覺)도 무생본각(無生本覺)도 둘 다 끊어진다. 시각(始覺)과 무생본각(無生本覺)이 둘 다 끊어져 무생결정성(無生結定性)에 증입하면, 본연무연중절대성(本然無然中絶對性)인 여래결정성(如來結定性)이니 곧, 여래결정각(如來結定覺)이다. 이 성품이 여(如)이며, 무엇에도 파괴됨이 없는 무연원융결정성(無然圓融結定性)이며 무연절대성(無然絶對性)인 인(印)이다. 곧, 결정무생법인(結定無生法印)이다.

깨달음의 지혜인 시각(始覺)이, 무생본각(無生本覺)에 완전한 불이(不二)의 결정성(結定性)에 들지 못하면, 본연무연중절대성(本然無然中絶對性)인 완전한 지혜의 결정성(結定性), 불지(佛智)를 이루지 못한다. 결정성(結定性) 불지(佛智)에 드는 것은, 깨달음의 시각(始覺)과 무생본각(無生本覺)이 동일성품 불이성(不二性)인 결정성(結定性)에 듦으로, 시각(始覺)과 무생본각(無生本覺)이 둘 다 끊어져 무생결정성(無生結定性)을 이루므로, 본연무연중절대성(本然無然中絶對性)인 여래결정성(如來結定性)이며, 여래결정각(如來結定覺)이다. 시각(始覺)이 무생본각(無生本覺)의 불이성(不二性)에 들지 못하면, 시각(始覺)이 무생본각(無生本覺)과 차별 속에 있음이니, 이는, 법(法)과 지혜(智慧)의 체(體)와 용(用), 동(動)과 정(靜), 부동열반(不動涅槃)과 각명보리(覺明菩提)가 불이(不二)의 결정성(結定性)이 아닌, 서로 다른 성품인 차별지혜(差別智慧) 속에 있으므로, 법신불(法身佛)과 보신불(報身佛)과 응화신불(應化身佛)이, 불3원융일신각(不三圓融一身覺)인 결정성(結定性)을 이루지 못해, 일신(一身) 중에 3신불(三身佛)을 시현(示顯)할 수가 없어, 불지(佛智)를 이루지 못한다.

보살(菩薩)과 불(佛)의 지혜성품 차별은, 보살(菩薩)은, 깨달음의 시각(始覺)이 무생본각(無生本覺)에 이르지 못해, 시각(始覺)이 무생본각(無生本覺)의 성품과 차별이 있으므로, 시각(始覺)의 각성(覺性)이 차별 속에 있어 원융하지 못하여, 무생법신불(無生法身佛)과 각명보신불(覺明報身佛)과 수연각신(隨緣覺身)인 응화신불(應化身佛)이 각각 성품이 차별이 있어, 3불원융일신각(三佛圓融一身覺)을 이룰 수가 없다. 시각(始覺)과 무생본각(無生本覺)과 일신(一身)의 성품이 차별 속에 있으면, 본연무연중절대성(本然無然中絶對性)을 벗어났으므로, 원융각명(圓融覺明)과 부동열반(不動涅槃)의 두 성품 차별 속에, 동(動)의 각명(覺明)과 정(靜)의 열반(涅槃)에 의지해 지혜작용이 이루어지고 있음이다. 무위각명(無爲覺明)의 동(動)과 무위열반(無爲涅槃)의 정(靜)이 끊어져 동정불이(動靜不二)의 결정성(結定性)을 이루면, 본연무연중절대성(本然無然中絶對性)인 여래결정성(如來結定性)이므로, 각(覺)의 체성(體性)인 법신불(法身佛)과 각명(覺明)인 보신불(報身佛)과 수연각신(隨緣覺身)인 응화신불(應化身佛)이 한 성품 원융으로, 법보응화신(法報應化身)인 불3원융일신각(不三圓融一身覺)을 바로 일신(一身) 중에 시현(示顯)하게 된다. 일신(一身)의 수연각(隨緣覺)을 따라 시현(示顯)하는 응화신불(應化身佛)이 곧, 그대로 법신응화(法身應化)의 3불원융일신각(三佛圓融一身覺)이다.

동(動)과 정(靜), 보리(菩提)와 열반(涅槃)의 성품이 불이(不二)의 결정성(結定性)에 들지 못해, 시각(始覺)과 무생본각(無生本覺)의 성품이 차별 속에 있으면, 법신불(法身佛)이 동(動)함 없는 부동불(不動佛)이지만, 시각(始覺)과 무생본각(無生本覺)이 동일성품 불이성(不二性)에 들면, 체(體)와 용(用)이 끊어진 불이원융(不二圓融)의 결정각(結定覺)을 이루니, 수연각행(隨緣覺行)을 하는 응화일신각(應化一身覺)이 바로, 청정부동법신불(淸淨不動法身佛)이다. 왜냐면, 시각(始覺)과 무생본각(無生本覺)이 동일성품 불이성(不二性)으로, 시각(始覺)과 무생본각(無生本覺)이 둘 다 끊어진 차별 없는 한 성품 원융이니, 법보응화신불(法報應化身佛)인 3불3신(三佛三身)이 또한, 차별성이 끊어져, 불3원융(不三圓融)인 원융일신각(圓融一身覺)이기 때문이다. 만약, 법신불(法身佛)이 동(動)

함 없는 부동불(不動佛)이면, 아직, 시각(始覺)과 무생본각(無生本覺)이
동일성품 불이성(不二性)을 이루지 못해, 시각(始覺)과 본각(本覺)이 둘
다 끊어지지 않은 차별지혜 성품이므로, 동(動)과 정(靜)이 둘이며, 보
리(菩提)와 열반(涅槃)이 서로 다른 차별 속에 있음이다.

그러므로 법신불(法身佛)과 보신불(報身佛)과 응화신불(應化身佛)이
서로 다른 차별 속에 있어, 3신불(三身佛)이 한 성품 원융인 무생결정
성(無生結定性)을 이루지 못한다. 이는, 시각(始覺)과 무생본각(無生本
覺)과 일신(一身)의 성품이 서로 다른 차별 속에 있음이다. 시각(始覺)
과 무생본각(無生本覺)이 동일성품 불이(不二)로 완전한 결정성(結定性)
을 이루면 곧, 무생결정성(無生結定性)이니 이는, 여래결정성(如來結定
性)이며 여래결정각(如來結定覺)을 이룸이다. 그러면, 체용불이원융일
성(體用不二圓融一性)이니, 법보응화신불(法報應化身佛)이 원융한 한 성
품이므로, 3불원융일신각(三佛圓融一身覺)이 수연각신(隨緣覺身)인 일
신(一身) 중에 응화시현(應化示顯)이 된다. 이는, 무생법신불(無生法身
佛)과 각명보신불(覺明報身佛)과 수연응화신불(隨緣應化身佛)이 일신(一
身) 중에 시현(示顯)하니 곧, 3불3신(三佛三身)이 원융일각(圓融一覺) 속
에 차별 없는, 3불3신원융응화일신각(三佛三身圓融應化一身覺)이다. 이
것이 여(如)의 성품세계이다. 여(如)는 곧, 여래(如來)의 여(如)이며, 여
(如)는 곧, 여래(如來)의 결정성(結定性)이다. 그러므로, 여(如)는 곧, 3
신불(三身佛)이 원융한 한 성품, 결정성(結定性)이다. 이 성품이 파괴할
수 없고, 파괴되지 않는 결정성(結定性)으로 곧, 인(印)의 성품이다.
인(印)이 곧, 여(如)의 성품이며, 3신불(三身佛) 원융일성일신각(圓融一
性一身覺)이다.

◯**231.** 근본(根本) 참 성품[理]은, 그 모습을 볼 수가 없다.
何以故 根理之法 非理非根 離諸諍論 不見其相
하 이 고 근 리 지 법 비 리 비 근 이 제 쟁 론 불 견 기 상

무엇 때문이냐면, 근본 참 성품[理]의 법[法:實體]은, 참 성품[理]도 아니며 근본도 아니므로, 모든 다툼과 논란(論難)할 바를 벗어났음은, 그 모습을 볼 수가 없기 때문이니라.

♣ 여(如)는, 실(實)도 없고 여(如)도 끊어져 없으므로, 있음도 없음도 아님은 무엇 때문이냐면, 근본 참 성품[理] 결정성은, 참 성품[理]의 모습도 벗어났고, 근본 실(實)도 벗어났으므로, 모든 다툼과 논란(論難)할 바를 초월하였으므로, 그 모습을 헤아려 추측하거나 사량하여도 볼 수가 없느니라.

● 여래(如來)의 여(如)의 성품 진성(眞性)은, 불에 타지 않는다. 왜냐면, 불로 태울 수 있는 성질이 아니기 때문이다. 여래(如來)의 여(如)의 성품은 언어(言語)를 초월해 언어(言語)에 물들지 않고, 상(相)을 초월해 상(相)에 물들지 않고, 심식(心識)을 초월해 심식(心識)에 물들지 않고, 깨달음을 벗어나 깨달음의 지혜도 초월해 물들지 않는다. 그것이 여래(如來)의 여(如)의 성품이다. 무엇에도 물듦 없는 그 성품은 말로도, 상(相)으로도, 지혜로도 드러낼 수가 없다. 왜냐면 무생(無生)의 결정성(結定性)이기 때문이다. 그러나 만약, 말과 뜻과 분별과 지혜를 초월하여 지혜의 불꽃에도 타지 않는 결정성(結定性)의 실체(實體)에 들면, 여래(如來)의 성품 광명체(光明體), 인(印)을 얻게 된다. 그것을 얻으면, 무엇이라 이름할 수가 없다. 그것은 무엇으로도 일컫고 이름할 성품이 아니기 때문이다. 이름함이 상념(想念)의 티끌이며, 부질없는, 또 다른 상념(想念)의 물결을 일어나게 하기 때문이다. 그러나 일컫지 않으면, 궁극을 향한 중생구제의 길이 끊어지니, 궁극을 향한 중생구제를 위해, 말과 글에 의지해 그 성품을 드러내니, 말과 글의 실체(實體), 그 성품을 몰라, 말과 글을 헤아리며 그 뜻을 구하려 분별하므로, 보는 자마다 견해(見解)가 달라 뜻이 다르고, 듣는 자마다 추측함이 달라, 망환(妄幻)이 시방 허공에 가득하다.

◯**232.** 청정(淸淨)한 법(法)은, 생(生)도 아니며 멸(滅)도 아니다.

菩薩 如是淨法 非生之所生生 非滅之所滅滅
보 살 여 시 정 법 비 생 지 소 생 생 비 멸 지 소 멸 멸

보살이여! 이와 같이 청정(淸淨)한 법[法:實體]은, 생(生)하는 바 생(生)이 생(生)이 아니며, 멸(滅)하는 바 멸(滅)이 멸(滅)이 아니니라.

♣ 보살이여! 이와 같이 참 성품[理] 청정한 법은, 무생(無生) 성품이 므로, 생(生)하는 바 생(生)이 곧, 생(生)이 아니며, 멸(滅)하는 바 멸(滅)이 곧, 멸(滅)이 아니니라.

● 만상(萬相)이 일어나도 그 성품이 무생(無生)이므로 청정하여 생(生)이 아니며, 만법(萬法)이 사라져도 그것이 멸(滅)이 아님은, 그 성품이 무생(無生)이기 때문이다. 이 깨달음을 얻으면, 생(生)이 생(生)이 아니며, 멸(滅)이 멸(滅)이 아님을 깨닫게 된다. 그 깨달음은 곧, 자신의 생사(生死) 없는 성품의 실체(實體)를 깨달음이다.

◯**233.** 참 성품은, 생(生)도 멸(滅)도 상(相)도 아니므로 불가사의옵니다.

大力菩薩言 不可思議 如是法相 不合成 不獨成
대 력 보 살 언 불 가 사 의 여 시 법 상 불 합 성 부 독 성

不羈不絆[論: 不羈不伴] **不聚不散**[論: 不聚散]
불 기 불 반 [논: 불기불반] 불 취 불 산 [논: 불취산]

不生不滅[論: 不生滅] **亦無來相 及以去住**[論:續1,2: 及以去相]
불 생 불 멸 [논: 불생멸] 역 무 래 상 급 이 거 주 [논:속1,2: 급이거상]

不可思議
불 가 사 의

대력보살이 말씀 사뢰옵기를, 불가사의이옵니다. 이와 같은 법상(法相)은 합(合)하여 이루어짐도 아니며 홀로 이루어짐도 아니며, 끌려 다님도 아니며 묶임도 아니며, 모임도 아니며 흩어짐도 아니며, 생(生)함도 아니며 멸(滅)함도 아니며 또한, 오는 현상이나 가고 머무는 것도 끊어졌으므로, 불가사의이옵니다.

♣ 대력보살이 말씀 사뢰옵기를, 생(生)도 멸(滅)도 아닌 청정한 법(法)은 불가사의이옵니다. 이와 같은 법상(法相)은, 지수화풍 4대(四大)나 색수상행식(色受想行識)이 합하여 이루어짐도 아니며, 각각 홀로 이루어짐도 아니며, 인연(因緣)과 인과(因果)에 끌려 다님도 아니며, 하나로 합하고 뭉치며 묶임도 아니며, 인연(因緣)이 모임도 아니며 인연(因緣)이 흩어짐도 아니며, 생(生)함도 아니며 멸(滅)함도 아니며, 오는 것도 아니며 머무는 것도 아니며 가는 것도 아니므로, 불가사의이옵니다.

□ 고(高), 대(大), 속1,2(續1,2) 경(經)에 불기불반(不羈不絆)이, 논(論) 경(經)에는 불기불반(不羈不伴)으로 되어 있다.
□ 고(高), 대(大), 속1,2(續1,2) 경(經)에 불취불산(不聚不散)이, 논(論) 경(經)에는 불취산(不聚散)으로 되어 있다.
□ 고(高), 대(大), 속1,2(續1,2) 경(經)에 불생불멸(不生不滅)이, 논(論) 경(經)에는 불생멸(不生滅)로 되어 있다.
□ 고(高), 대(大) 경(經)에 급이거주(及以去住)가, 논(論), 속1,2(續1,2) 경(經)에는 급이거상(及以去相)으로 되어 있다.

□ 논경구(論經句)
불기불반(不羈不伴): 인연에 끌려다님도 아니며, 짝하여 이루어짐도 아니다.

◯ **234.**여(如)는 부사의 마음으로, 차별 없는 마음이다.
佛言 如是 不可思議 不思議心 心亦如是 何以故 如不異心
불언 여시 불가사의 부사의심 심역여시 하이고 여불이심

부처님께옵서 말씀하옵기를, 그러하니라. 불가사의이며 부사의 마음[本心]이니, 마음[識心:受想行識] 또한, 이와 같으니라. 무엇 때문이냐면, 다르지 않는 마음[體用不二無自性心], 여(如)의 성품이기 때문이니라.

♣ 부처님께옵서 말씀하옵기를, 그러하니라. 결정성(結定性)의 성품은 불가사의이며, 부사의 본성(本性)의 청정한 마음이니, 색수상행식의 식심(識心) 또한, 차별이 없어 이와 같으니라. 무엇 때문이냐면, 여(如)

의 성품에는, 본심(本心)과 식심(識心)의 성품이 둘[二]이 없어, 다르지 않는, 무자성(無自性) 무생(無生) 여(如)의 성품이기 때문이니라.

◯ 235. 중생(衆生)과 불성(佛性)이 차별 없고, 성품이 열반(涅槃)이다.

心本如故 衆生佛性 不一不異 衆生之性 本無生滅
심본여고 중생불성 불일불이 중생지성 본무생멸
生滅之性 性本涅槃
생멸지성 성본열반

마음은, 본래 여(如)인 까닭으로, 중생(衆生)과 불성(佛性)이 하나도 아니며 다름도 아니며, 중생(衆生)의 성품이 본래 생멸(生滅)이 없어, 생멸(生滅)의 성품이 본래, 열반(涅槃)의 성품이니라.

♣ 마음은, 본래 무생(無生) 결정성(結定性)으로, 상(相)이 없는 여(如)의 성품인 까닭에, 무생(無生) 여(如)에는, 중생(衆生)과 불성(佛性)이 하나인 모습도 아니며, 상(相)이 없어 다름도 아니며, 중생(衆生)의 성품이 본래 생멸(生滅)이 없어, 생멸(生滅)의 성품이, 본래, 열반(涅槃)의 성품이니라.

● 상(相)을 떠난 열반(涅槃)이 없고, 생멸(生滅)을 벗어난 열반(涅槃)이 없다. 상(相)이 열반성(涅槃性)임을 봄이 본성(本性)의 지혜이며, 생멸(生滅)이 그대로 열반(涅槃)임을 여실히 봄이, 본성(本性)을 깨달은 지혜이다. 그것을 모르면, 상(相)과 생멸(生滅)이 공(空)한 그것도 끊어진 결정성(結定性)은, 더더욱 모른다. 상(相)이 생멸(生滅)이 없으니 그 성품이 열반(涅槃)이다. 열반(涅槃)이 곧, 본성(本性)의 성품이니, 성품의 실체(實體)는 열반(涅槃)과 본성(本性)도 끊어져, 일체가 무생(無生) 결정성(結定性)이다. 그러므로 일체 불이(不二)이며, 여(如)이다. 여(如)는 같음이 아니며, 다름도 아니며, 공(空)도 아니며, 실(實)도 아니며, 중생(衆生)도 아니며, 불성(佛性)도 아니다. 그러므로 여(如)이다. 여(如)는 여래(如來)만이 안다. 왜냐면, 여래(如來)의 여(如)이기 때문이다.

그러므로 사량과 분별의 헤아림으로는 알 수가 없다. 왜냐면, 헤아림의 분별 일체(一切)가 다 상(相)을 좇아 일어나기 때문이다.

○ **236.** 상(相)이 본래 여(如)이므로, 인연(因緣)을 따라 일어남이 없다.

性相本如 如無動故 一切法相 從緣無起 起相性如 如無所動
성 상 본 여　여 무 동 고　일 체 법 상　종 연 무 기　기 상 성 여　여 무 소 동

성품과 상(相)이 본래 여(如)이며, 여(如)의 성품은 동(動)함이 끊어진 까닭으로, 일체(一切) 법(法)의 모습이 인연을 좇아 일어남이 없고, 일어난 상(相)의 성품이 여(如)이므로, 여(如)의 성품은 동(動)한 바가 없느니라.

♣ 성품과 상(相)이, 본래 적멸(寂滅)한 무생(無生)의 성품 여(如)이며, 여(如)의 성품은, 무생(無生) 결정성(結定性)이므로 동(動)함이 끊어진 까닭에, 일체(一切) 법(法)의 모습이 끊어져, 인연을 좇아 일어남이 없고, 일어난 상(相)의 성품이 또한, 무생(無生)의 성품 여(如)이므로, 여(如)의 성품은, 무생(無生) 결정성(結定性)이라 동(動)한 바가 없느니라.

○ **237.** 성(性)과 상(相)이 인연(因緣)을 따름이, 연연공공(緣緣空空)이다.

因緣性相 相本空無 緣緣空空 無有緣起
인 연 성 상　상 본 공 무　연 연 공 공　무 유 연 기

인연(因緣)의 성품과 모습이, 상(相)이 본래 공(空)하여 끊어졌으므로, 연(緣)을 따르고 연(緣)을 따름이 공(空)하고 공(空)하여, 연(緣)을 따라 일어남이 없느니라.

♣ 여(如)의 성품은, 무자성(無自性)이며 무생(無生)인 무유정법(無有定法)이니, 인연(因緣)을 따르는 수연성(隨緣性)의 성품과 모습이, 그대로 생멸(生滅) 없는 무자성(無自性)이라, 상(相)이 본래 공(空)하여 끊어졌으므로, 무자성(無自性) 수연성(隨緣性)이 인연(因緣)을 따르고 인연(因緣)을 따름이, 그대로 성품도 공(空)하고 상(相)도 공(空)하여, 성품과 상(相)이 연(緣)을 따라 일어남이 없느니라.

■ 연연공공(緣緣空空)

　연(緣)을 따르고 연(緣)을 따름이 공(空)하고 공(空)하다. 이는, 성품[性]도 연(緣)을 따르고, 상(相)도 연(緣)을 따름이, 성품[性]도 공(空)하고 상(相)도 공(空)하다. 는 뜻이다. 이는, 청정본성(淸淨本性)의 성품 무상공능(無相功能)의 실상(實相)세계이다. 곧, 일체총지(一切總持) 본성공능(本性功能)의 무상실제(無相實際)의 세계이니, 연(緣)을 따르고 연(緣)을 따름이 공(空)하고 공(空)한 것은, 청정본성(淸淨本性)의 성품이 무엇에도 치우침이 없는 본연무연중절대성(本然無然中絶對性)인 결정성(結定性)이기 때문이다. 그러므로, 연(緣)을 따르고 연(緣)을 따름이 공(空)하고 공(空)하다. 이는, 무생본성(無生本性)이 결정성(結定性)인 무생공능(無生功能)의 세계이다.

○238. 연(緣)도 망견(妄見)이니, 연(緣)이 본래(本來) 생(生)이 끊어졌다.

一切緣法 惑心妄見 現本不生 緣本無故
일 체 연 법　혹 심 망 견　현 본 불 생　연 본 무 고

일체 연(緣)의 법은, 미혹한 마음의 망견(妄見)이니, 나타남이 본래 불생(不生)임은, 연(緣)이, 본래 끊어졌기 때문이니라.

♣ 일체 연(緣)에 의한 생멸(生滅)의 법(法)은, 성품의 실상(實相)을 모르는 상심(相心)의 분별인, 미혹의 망견(妄見)이니, 나타남이 본래, 불생(不生)임은, 연(緣)이 본래 끊어진 까닭이니라.

○239. 마음이 여(如)이며, 법(法)이 공(空)하여 없다.

心如法理 自體空無
심 여 법 리　자 체 공 무

마음이 여(如)인, 법(法)의 참 성품[理]은, 자성체(自性體)가 공(空)하여 없느니라.

♣ 마음이 출입과 생멸이 끊어진, 무생(無生) 결정성(結定性) 여(如)의 법(法)인 참 성품[理]은, 자성체(自性體)가 공(空)하여 없느니라.

○ **240.** 여(如)의 공왕(空王)은, 본래 머무는 곳이 없다.

如彼空王 本無住處 凡夫之心 妄分別見
여 피 공 왕   본 무 주 처   범 부 지 심   망 분 별 견

여(如)인, 저 공왕(空王)은, 본래 머무는 곳이 없으나, 범부(凡夫)의 마음인 망념(妄念)으로, 분별(分別)하여 봄이니라.

♣ 결정성(結定性)인 여(如)의 성품, 저 공왕(空王)은 본래 머무는 곳이 없으나, 상(相)에 머무른 범부(凡夫)의 마음인 망념(妄念)으로, 상(相)을 분별하여 봄이니라.

● **공왕(空王):** 여(如)를 공왕(空王)이라 함은, 공(空)은 상(相)과 실체(實體)가 없음을 뜻하며, 왕(王)은 일체의 근본(根本)이며 근원(根源)임을 뜻함이니, 이는 결정성(結定性)임을 일컬음이다. 이는, 여(如)의 성품이 일체(一切)의 근본(根本)이며, 일체(一切)를 거느린 주(主)이기 때문이다. 공왕(空王)은, 체(體)와 상(相)과 지혜의 경계에서 논할 수 있다. 체성(體性)에는 무한(無限)에 이른 바탕이며, 근본(根本)이니 공왕(空王)이다. 상(相)에는 일체(一切) 색계(色界)와 식계(識界)의 본성(本性)이니 공왕(空王)이다. 지혜에는 일체(一切) 차별지혜를 벗어난 일체초월무상성(一切超越無上性)인 무생결정성(無生結定性)이므로 공왕(空王)이다.

○ **241.** 여(如)는 유무(有無)도 아니니, 유무(有無)는 심식의 헤아림이다.

如如之相 本不有無 有無之相 見唯心識[續1: 見惟心識]
여 여 지 상   본 불 유 무   유 무 지 상   견 유 심 식 [속1: 견유심식]

[체(體)도] 여(如)이며, [상(相)도] 여(如)인 모습은 본래, 유(有)도 무(無)도 아니므로, 유무(有無)의 상(相)은 다만, 심식(心識)으로 헤아려 봄이니라.

♣ 체(體)의 성품도 여(如)이며, 상(相)의 성품도 여(如)인 다름없는 모습은, 그 실체(實體)가 없어 유(有)도 무(無)도 아니므로, 유무(有無)의 상(相)은 다만, 상(相)에 머무른 심식(心識)의 마음으로 헤아려 봄이니라.

□ 고(高), 논(論), 대(大), 속2(續2) 경(經)에 견유심식(見唯心識)이, 속1(續1) 경(經)에는 견유심식(見惟心識)으로 되어 있다.

● **여여지상(如如之相):** 체(體)도 여(如)이며, 상(相)도 여(如)이므로, 여여(如如)의 상(相)이다. 이는 곧, 연연공공(緣緣空空)을 일컬음이다.

◯**242.** 여(如)의 법(法)은, 언설(言說)로 일컬을 성품이 아니다.
菩薩 如是心法[論: 如心之性] **不無自體 自體不有**
보 살 여 시 심 법 [논: 여심지성] 불 무 자 체 자 체 불 유
不有不無 菩薩 無不無相 非言說地
불유불무 보 살 무불무상 비언설지

보살(菩薩)이여! 여(如)의 이 마음 법(法)은, 자성체(自性體)가 없는 것도 아니며 자성체(自性體)가 있는 것도 아니므로, 유(有)도 아니며 무(無)도 아니니라. 보살(菩薩)이여! 상(相)이 없어도 없는 것이 아님이니, 언설(言說)로 드러내거나 일컬을 성품[本地]이 아니니라.

♣ 보살이여! 체(體)의 성품도 여(如)이며, 상(相)의 성품도 여(如)인 이 마음 실법(實法)은, 자성체(自性體)가 상(相)이 없으나 없는 것도 아니며, 그러나 자성체(自性體)가 상(相)이 아니니 있는 것도 아니므로, 유(有)와 무(無)에 속한 것이 아님이니, 유(有)도 아니며 무(無)도 아니니라. 보살이여! 유(有)와 무(無)가 끊어진 성품이므로, 상(相)이 없어도 없는 것도 아님이니, 이를 언설로 드러내거나 일컬을 성품[本地]이 아니니라.

□ 고(高), 대(大), 속1,2(續1,2) 경(經)에 여시심법(如是心法)이, 논(論) 경(經)에는 여심지성(如心之性)으로 되어 있다.

□ 논경구(論經句)
여심지성(如心之性): 여(如)의 마음 성품이다. 이는 무생(無生) 결정성

(結定性)인 마음의 성품, 이란 뜻이다.

◯ **243.** 진여(眞如)는 상(相)이 없어, 6행(六行) 보살이라야 알 수 있다.

何以故 眞如之法 虛曠無相 非二乘所及[論: 非二所及]
하 이 고 진 여 지 법 허 광 무 상 비 이 승 소 급 [논: 비 이 소 급]

虛空境界 內外不測 六行之士 乃能知之
허 공 경 계 내 외 불 측 육 행 지 사 내 능 지 지

무엇 때문이냐면, 진(眞)인 여(如)의 법은, 비고 비어서 상(相)이 없으니, 2승(二乘)의 소견(所見)이 미칠 바가 아니니라. 비어 공(空)한 경계(境界)는, 내외[內外:能所:色心]가 끊어져, 6행(六行)의 보살(菩薩)이라야 능히, 알 수 있느니라.

♣ 체(體)의 성품도 여(如)이며, 상(相)의 성품도 여(如)인 이와 같은 모습은, 자성체(自性體)가 있는 것도 아니며 없는 것도 아니므로, 유(有)도 아니며 무(無)도 아님이니, 언설(言說)로 일컬을 성품이 아님은 무엇 때문이냐면, 진(眞)인 무생(無生) 결정성(結定性)인 여(如)의 실법(實法)은, 비고 비어 상(相)이 끊어져, 상(相)에 의지한, 2승(二乘)의 소견(所見)이 미칠 바가 아니니라. 비어 공(空)한 경계는, 안과 밖 능소(能所)가 끊어져, 6행(六行)의 보살이라야 능히 알 수가 있느니라.

□ 고(高), 대(大), 속1,2(續1,2) 경(經)에 비이승소급(非二乘所及)이, 논(論) 경(經)에는 비이소급(非二所及)으로 되어 있다.

● 진여(眞如)의 실체를 깨닫는 것은, 7식(七識)이 끊어지면 이사무애지(理事無礙智)로 본심(本心)인 진여(眞如)에 들게 된다. 무염진여(無染眞如)에는 소승견(小乘見)인 인과상(因果相)과 인과견(因果見)이 끊어져 없다. 인과상(因果相)과 인과견(因果見)은 상법(相法)이기 때문이다. 6식(六識)이 끊어져도 상(相)이 공(空)한 이(理)의 체성(體性)에 듦으로, 소승(小乘)의 상견(相見)인 차별견을 벗어나게 된다. 이(理)의 체성도 벗어나면 대승(大乘)의 공견(空見)을 벗어나 이사무애지(理事無礙智)인 본

심(本心) 청정무염진여지(淸淨無染眞如智)에 들게 된다. 7식(七識)이 끊어져야 진여(眞如)가 무엇인지를 체달(體達)하게 된다. 그 이전에는 진여(眞如)를 안다 하여도 사량(思量)에 불과하니 이는, 다만 지식(智識)일 뿐이다. 왜냐면, 7식(七識) 자아(自我)가 끊어져야 바로 진여(眞如)의 성품에 들어, 무염진여(無染眞如)의 청정심 부사의 작용에 들기 때문이다. 진여(眞如)를 깨달은 이사무애지(理事無礙智)가 일승(一乘) 원지(圓智)의 지혜성품 청정무염진여지(淸淨無染眞如智)이다. 진여(眞如)를, 상(相)과 언어(言語)의 이름을 벗어나, 법리(法理)인 진(眞)인 여(如)로 수용하면, 또 다른 차원의 무생법리(無生法理)로 펼쳐진다. 무위진여(無爲眞如)를 벗어나 무생진여(無生眞如)의 실상실체(實相實體)에 들려면, 무생결정성(無生結定性)인 본연무연중절대성(本然無然中絶對性)인 여래결정성(如來結定性)에 들어야 한다.

◯**244.** 무엇을, 6행(六行)이라 하옵니까?

大力菩薩言 云何六行 願爲說之
대 력 보 살 언 운 하 육 행 원 위 설 지

대력보살이 말씀 사뢰오며 여쭈옵기를, 무엇을, 6행(六行)이라 하옵니까? 알고자 원하오니, 설하여 주시옵소서.

♣ 대력보살이, 말씀 사뢰오며 여쭈옵기를, 능소(能所)가 끊어진 여(如)의 법을 아는, 6행(六行)이란 무엇이옵니까? 무엇이 6행(六行)이온지 알고자 원하오니, 밝게 가름할 수 있도록, 분별해 설하여 주시옵소서.

◯**245.** 6행(六行)은, 10신 10주 10행 10회향 10지(十地) 등각(等覺)이다.

佛言 一者十信行 二者十住行 三者十行行 四者十廻向行
불 언 일 자 십 신 행 이 자 십 주 행 삼 자 십 행 행 사 자 십 회 향 행
五者十地行 六者等覺行 如是行者 乃能知之
오 자 십 지 행 육 자 등 각 행 여 시 행 자 내 능 지 지

부처님께옵서 말씀하옵기를, 첫째는 10신행이며, 둘째는 10주행이며, 셋째는 10행행이며, 넷째는 10회향행이며, 다섯째는 10지행이며, 여섯째는 등각행이니라. 이와 같이 행하는 자는, 능히 아느니라.

♣ 부처님께옵서 말씀하옵기를, 첫째는 10신행(十信行)이며, 둘째는 10주행(十住行)이며, 셋째는 10행행(十行行)이며, 넷째는 10회향행(十廻向行)이며, 다섯째는 등각행(等覺行)이니라. 이와 같이 행하는 자는, 제식(諸識)이 끊어진 결정성(結定性)인 여(如)의 성품을 능히 아느니라.

■ 6행(六行)

● **10신행(十信行):** 보살이 수행하는 52위(五十二位) 중 처음의 10위(十位)이다. 불법(佛法)에 의심 없는 믿음에 든 행(行)의 지위(地位)이다.

① 신심(信心): 마음이 근본으로 흘러들어 밝아 원묘(圓妙)함이 열리고, 진묘원(眞妙圓)을 따라 묘법(妙法)의 믿음에 항상 머물러, 심식(心識)의 일체망상(一切妄想)을 멸진(滅盡)한 성품의 중도(中道)에 들어 수순함이다.

② 염심(念心): 진실한 법(法)의 믿음이 명료한 일체원통(一切圓通)에 들어, 5음(五陰)과 3계(三界)에 장애가 없으며, 과거 무수겁(無數劫) 중에 몸을 버리고 몸을 받은 일체 윤회(輪廻)의 습기(習氣)가 나타나도, 다 능히 기억하고 잊지 않음이다.

③ 정진심(精進心): 묘(妙)한 원만(圓滿) 순수(純粹)함이 참되어, 진실하고 정미(精微)로움이 발하여, 무시(無始)의 습기(習氣)가 하나의 정미로운 밝음인 일정명(一精明)에 통(通)하여, 생각이 부사의하여 정미(精米)롭고 밝아, 진청정(眞淸淨)에 증입해 나아감이다.

④ 혜심(慧心): 마음의 정미(精米)로운 밝음이 두루 드러나며, 순수 지혜를 자연히 발(發)함이다.

⑤ 정심(定心): 지혜의 밝음이 계속 유지되며, 두루 편재(偏在)로 청정함이 원만하고, 묘한 청정성품이 충만하여 항상함이다.

⑥ 불퇴심(不退心): 청정성품에서 빛이 발(發)하여 밝아지니, 밝은 성품에 깊이 들어, 오직 정진하여 나아가며 물러남이 없음이다.

⑦ 호법심(護法心): 마음이 정진하여 나아감이, 안연(安然)함을 보호하여 지키며 잃지 않음으로, 시방여래(十方如來)의 정미(精微)로운 기운이 서로 어우름이다.

⑧ 회향심(廻向心): 각명(覺明)을 보호하여 지키므로, 능히 묘력(妙力)으로써 불(佛)의 자비광명(慈悲光明)으로 전변(轉變)하여, 불(佛)의 성품에 안주(安住)하여 향함이 마치, 쌍(雙)의 거울과 같이 광명이 서로 대(對)할 때에, 그 중에 묘(妙)한 모습[影]이 겹겹이 상(相)이 비침이, 중중상입(重重相入)이다.

⑨ 계심(戒心): 심광(心光)이 밀밀(密密)히 전변(轉變)하여, 불(佛)의 성품이 충만함을 얻으며, 무상(無上) 묘법청정(妙法淸淨)에 안주(安住)한 무위(無爲)이니, 유실(遺失)함이 없음을 얻음이다.

⑩ 원심(願心): 계(戒)에 머물러 자재(自在)하므로, 능히 시방 인연사(因緣事)를 따라 행하여도, 계(戒)를 벗어나지 않고 수순함이다.

● **10주행(十住行):** 보살이 수행하는 52위(五十二位) 중, 신위(信位)를 지나서 제11위에서 20위까지이다. 진제(眞諦)의 반야(般若)에 안주(安住)하여, 진공덕(眞功德)을 생(生)하는 지위이다.

① 발심주(發心住): 10신행(十信行)의 참된 방편(方便)으로 10주심(十住心)을 발하여, 마음 성품의 밀밀(密密)한 정미(精微)로움이 발하여 비치는, 10신(十信)의 원만(圓滿)작용인 일심(一心)을 이룸이다.

② 치지주(治地住): 마음이 밝음을 발함이, 유리(瑠璃)의 청정함과 같고, 안으로 드러남이 정미로운 귀(貴)한 금(金)과 같아, 이전(以前)의 묘심(妙心)으로 다시 지(地)를 이룸이다.

③ 수행주(修行住): 마음의 성품이 전변(轉變)하여 두루 밝음을 요달함을 얻어, 시방(十方)의 인연(因緣)을 따라 행하여도, 무엇에 머물거나

얽매임이 없음을 얻음이다.

④ 생귀주(生貴住): 행(行)이 더불어 불(佛)과 같아, 불(佛)의 정미로운 기운이 어우름이 중음신(中陰身)과 같으니, 스스로 이끌리어 다음 생(生)의 부모를 찾고 구(求)하듯, 음신(陰信)으로 명통(冥通)하듯 여래종(如來種)에 듦이다.

⑤ 구족방편주(具足方便住): 이미 도(道)의 태(胎) 속에 들어, 친히 받드는 불(佛)의 자(子)가 됨이, 이미 태(胎)를 이룸과 같아, 사람의 모습을 갖추어 부족함이 없음이다.

⑥ 정심주(正心住): 행(行)의 용모가 불(佛)과 같으며, 지혜의 심상(心相)도 또한, 불(佛)과 같음이다.

⑦ 불퇴주(不退住): 몸과 마음이 하나로, 불이(不二)의 모습으로 날마다 증장하여, 물러남이 없음이다.

⑧ 동진주(童眞住): 그릇된 소견이 생기지 않고, 보리심을 파하지 않음이 마치, 동자(童子)가 천진하여 애욕이 없는 것과 같아서, 불(佛)의 십신(十身)과 영상(靈相)이 일시에 갖추어짐이다.

⑨ 법왕자주(法王子住): 초발심에 따라, 제4위 생귀주(生貴住)에 이르면 입성태(入聖胎)라 하며, 제5위에서 제8위까지 장양성태(長養聖胎)라 하며, 이 제9위는 상형(相形)이 갖추어져 구족하여 출태(出胎)하므로, 친히 불자(佛子)가 되는 것이다.

⑩ 관정주(灌頂住): 보살(菩薩)이 이미 불자(佛子)가 되어, 불(佛)의 행(行)인 불사(佛事)를 감당할만 하므로, 불(佛)이 지수(智水)로써, 물을 정수리에 붓는 관정(灌頂)함이 마치, 인도에서 왕자(王子)가 자라면, 국왕(國王)이 손수 바닷물을 정수리에 부어, 왕위(王位)를 물려주어, 국왕(國王)이 되게함과 같다.

● **10행행(十行行):** 보살이 수행하는 52위(五十二位) 중, 10신(十信)과 10주(十住)의 자리행(自利行)이 원만함에 이르나, 이타행(利他行)의 원

만함을 위해, 중생구제 완성의 지위를 10종(十種)으로 나눈 것이다.

① 환희행(歡喜行): 이미 불자(佛子)가 되어, 구족무량(具足無量)한 여래(如來)의 묘덕(妙德)으로, 시방 중생구제의 인연을 따라 수순함이다.

② 요익행(饒益行): 능히, 일체중생(一切衆生)을 잘 이익되게 함이다.

③ 무진한행(無瞋恨行): 자각(自覺)으로, 다른 사람을 깨우쳐주며, 어긋나거나 잘못됨이 없음이다.

④ 무진행(無盡行): 모든 중생의 종류인 근기(根機)와 차별을 따라 구제하되, 미래제(未來際)가 다하도록, 3세(三世)가 차별 없이 평등하며, 시방을 통달하여, 타(他)를 이롭게 함이 다함 없음이다.

⑤ 이치난행(離癡亂行): 일체 모든 것에 두루 맞게, 여러 가지 종종법문(種種法門)으로 차별이 없으며, 일체 착오(錯誤)가 없음이다.

⑥ 선현행(善現行): 능히, 같음 가운데에 다른 상(相)을 드러내며, 하나하나의 다른 상(相)이 또한, 각각 차별 없는 동상(同相)을 드러내는, 같고 다름이 차별 없는, 원융지혜이다.

⑦ 무착행(無着行): 시방허공(十方虛空)에 미진(微塵)이 두루 구족하여, 하나하나의 티끌 속에 시방세계(十方世界)가 나타나고, 나타나는 티끌의 현상세계에 머물거나, 걸림이 없음이다.

⑧ 존중행(尊重行): 모든 현상이 드러남이, 모두 반야바라밀이다.

⑨ 선법행(善法行): 원융한 지혜를 이룸이 능히, 시방제불(十方諸佛)의 법륜(法輪)을 이룸이다.

⑩ 진실행(眞實行): 일지(一智) 일행(一行)이, 모두 청정무루(淸淨無漏)이므로, 일진무위(一眞無爲)의 성품이 본연(本然)이다.

● **10회향행(十廻向行):** 보살이 수행하는 52위(五十二位) 중, 31위(三十一位)에서 40위(四十位)까지의 행위(行位)를 마치고, 이를 닦은 자리이타(自利利他) 여러가지 행의 대비심으로, 일체중생을 구제하며 회향하는 행(行)으로, 이 공덕으로 불과(佛果)를 위해 나아가며, 깨달음에 도달하려는 지위이다.

① 구호일체중생 이중생상회향(救護一切衆生 離衆生相廻向): 신통(神通)을 만족하게 갖추고 불행(佛行)을 이미 이루어, 성품이 순수하고 맑으며, 정미롭고 참다움으로 모든 머무름이나 근심을 벗어나, 당연히 중생을 제도하여도, 제도하는 상(相)이 없는 무위심(無爲心)으로 돌아가, 열반(涅槃)의 길을 향함이다.

② 불괴회향(不壞廻向): 파괴(破壞)해야 할 것은 가히 파괴(破壞)하며, 멀리 벗어나야 할 것은, 모두 벗어남이다.

③ 등일체불회향(等一切佛廻向): 본각(本覺)이 명료(明了)하게 밝아, 각명(覺明)이 불각(佛覺)과 같음이다.

④ 지일체처회향(至一切處廻向): 정밀(精密)한 진성(眞性)의 밝음을 발하여, 불지(佛地)와 같음이다.

⑤ 무진공덕장회향(無盡功德藏廻向): 세계와 여래(如來)가 서로 상(相)이 걸림이 없는, 원융(圓融)에 듦이다.

⑥ 수순평등선근회향(隨順平等善根廻向): 불지(佛地)와 같은 경지(境地) 속에, 각각(各各) 청정인(淸淨因)을 일으켜, 인(因)을 발한 밝음에 의지하여, 열반(涅槃)의 도(道)에 듦이다.

⑦ 수순등관일체중생회향(隨順等觀一切衆生廻向): 참 본성(本性)을 이미 이루어, 시방중생(十方衆生)이, 다 나의 본성(本性)인 성품의 원만함을 성취함이다.

⑧ 진여상회향(眞如相廻向): 일체법(一切法) 일체상(一切相)이 끊어져 곧, 모두 벗어나 상(相)이 없으니 벗어남도 끊어져, 상(相)과 벗어남의, 이 둘[二]에 머무는 바 없음이다.

⑨ 무박무착해탈회향(無縛無著解脫廻向): 본래(本來)의 진(眞)을 얻은 바도 같음[如]이니, 시방(十方)이 무애(無礙)이다.

⑩ 법계무량회향(法界無量廻向): 성품의 덕(德)을 원만함을 이루어, 법계(法界)를 사량(思量)함이 끊어짐이다.

● **등각행(等覺行):** 보살이 수행하는 52위(五十二位) 중 51위(五十一位) 보살의 극위(極位)로, 그 지혜의 만덕(萬德)을 이루어, 원만한 부처님과 대개 같으므로, 등각(等覺)이다.

■ **–참고– (수능엄경首楞嚴經 제8권)**

□ 이렇게 청정함이 다한 41심(四十一心)인 간혜지(乾慧地), 10신(十信), 10주(十住), 10행(十行), 10회향(十廻向)을 다 닦고는 또, 4종(四種) 묘원가행(妙圓加行)이 있다.

● **간혜지(乾慧地):** 욕(慾)과 애(愛)가 말라 버리고, 근(根)과 경계가 대(對)하지 않으며, 현재의 이 몸은 계속해서 나지 않는다. 집착의 마음이 비어 밝으며, 순수한 이 지혜의 성품이 밝고 원만하여 시방세계에 밝으나, 이 지혜는 마른 상태로 있는 것이어서, 이름이 간혜지(乾慧地)이며, 욕(慾)의 습기(習氣)는 처음 말랐으나 아직, 여래(如來)와 더불어 법(法)의 흐름이, 물처럼 만나지 못한다.

● **4종(四種) 묘원가행(妙圓加行):** 10회향(十廻向) 다음에 닦는, 4선근(四善根)을 증득하는 지위이다. 앞에서 무상보리(無上菩提)를 구하는 여러가지 공덕을 이미 닦았으므로, 이 지위(地位)에는 견도(見道)에 들어, 유식(唯識)의 성품에 머물기 위해, 진리의 방편가행(方便加行)의 분제(分際)를 통달하므로, 가행위(加行位)라 한다.

① 난지(煖地): 곧, 불각(佛覺)으로 내 마음의 작용을 하려하나, 작용을 할 것 같아도 하지 못함은 다만, 나무의 마찰로 불을 내려 할 적에, 불이 붙을 것 같음과 같다.

② 정지(頂地): 또, 자기 마음으로 불(佛)이 행함을 이루고자 하여, 만약 의지(依支)하여도 의지(依支)가 되지 않아, 높은 산을 오름과 같아, 몸이 허공에 들었으나, 아래는 조금 걸림이 있는 것과 같음이다.

③ 인지(忍地): 마음과 불(佛)이 둘이 같아서, 중도(中道)에 잘 들려 함

이, 참[忍]으며 일하는 사람과 같아, 회임(懷妊)한 것도 아니며, 낳은 것도 아님과 같다.

④ 세제일지(世弟一地): 헤아리고 사량(思量)함이 소멸하여, 미(迷)와 각(覺)이 중도(中道)이니, 보는 바 둘이 없음이다.

● **10지(十地):** 보살이 수행하는 52위(五十二位) 중, 41위(四十一位)부터 50위(五十位)까지이다. 불지(佛智)를 생성하고 능히 주지(住持)하여 움직이지 않으며, 온갖 중생을 교화하여 이익되게 함이, 대지(大地)가 만물을 품어 윤택하게 하고 이롭게 함과 같으므로, 지(地)라고 한다.

① 환희지(歡喜地): 대보리(大菩提)를 잘 통달(通達)하여 얻어, 여래(如來)의 각(覺)과 통(通)함이니, 불(佛)의 경계(境界)를 다함이다.

② 이구지(離垢地): 다른 성품[異性]에 들어도 차별이 없으며, 차별 없는 성품[同性]도 역시, 끊어졌음이다.

③ 발광지(發光地): 성품의 청정이 극(極)에 달해, 두루 밝음이다.

④ 염혜지(焰慧地): 성품의 밝음이 극(極)에 달해, 각(覺) 원만이다.

⑤ 난승지(難勝地): 일체(一切) 같고 다름이[同異], 능히 이르지(至) 못하는 바이다.

⑥ 현전지(現前地): 무위진여(無爲眞如)의 성품이 청정하여, 밝게 드러남이다.

⑦ 원행지(遠行地): 진여(眞如)의 실제(實際)가 다[盡]함이다.

⑧ 부동지(不動地): 일체(一切)가 진여심(眞如心) 뿐이다.

⑨ 선혜지(善慧地): 진여(眞如)의 작용을 발(發)함이다.

수습지(修習地): 이 모든 보살이 이를 좇아, 이미 닦아 익히는 노력을 마쳐 공덕이 원만함이니, 여기까지가 수습지(修習地)이다.

⑩ 법운지(法雲地): 자비로운 음덕(陰德)의 묘법(妙法), 상서로운 구름 기운이, 열반(涅槃) 성품의 바다를 덮고 있다.

● **등각(等覺):** 여래(如來)는 닦음의 흐름을 벗어났지만, 이와 같은 보살은, 순행(順行)의 지극함에 이르러, 각(覺)의 실제(實際)에 든 수순(隨順)함이 있다.

● 간혜지(乾慧地)로부터 등각(等覺)에 이르면, 각(覺)이 비로소 금강심(金剛心) 중에 초건혜지(初乾慧地)이며, 이와 같이 중중(重重)으로 12번을 홑(單)으로 또는, 겹(複)으로 방편행을 다하면 묘각(妙覺)이며, 무상도(無上道)를 이룬다.

● 보살수행 55위(五十五位)는 10신(十信), 10주(十住), 10행(十行), 10회향(十廻向), 4묘원가행(四妙圓加行), 10지(十地), 등각(等覺)이다.

● **묘각(妙覺):** 자각각타(自覺覺他)의 각행원만(覺行圓滿)이니, 불가사의하여 묘각(妙覺)이라 한다. 이는 곧, 불각(佛覺)의 무상정각(無上正覺)이다.

○ **246.** 각(覺)의 성품은 출입(出入)이 없으니, 어떻게 듦을 얻사옵니까?

大力菩薩言 實際覺利 無有出入 何等法心 得入實際
대력보살언 실제각리 무유출입 하등법심 득입실제

대력보살이 말씀 사뢰오며 여쭈옵기를, 실제(實際) 각[覺:本覺]의 성품[利]은 출입(出入)이 끊어졌으니, 어떠한 법(法)과 마음으로, 그 성품 실제(實際)에 듦을 얻사옵니까?

♣ 대력보살이 말씀 사뢰오며 여쭈옵기를, 능소(能所)가 끊어진, 6행(六行) 보살이라야 결정성(結定性) 여(如)를 안다고 하오니, 실제(實際) 각[覺:本覺]의 성품[利]은, 무생(無生)의 성품으로 출입이 끊어졌사오니, 어떠한 법과 마음으로, 각[覺:本覺]의 성품 실제(實際)에 듦을 얻사옵니까?

■ **이(利)의 이해**

만약, 이(利)를, 본성 공능(功能)의 실제(實際)로 보지 않고, 무엇을 얻거나, 더하는 유상(有相)의 이익(利益)으로 본다면, 이 이(利)는 대법(對法)인, 내외(內外) 분별의 상견(相見) 유위법(有爲法)에 떨어진다. 무생공능(無生功能)이 아닌 유위법(有爲法)의 이(利)로는, 5음(五陰)인 능소(能所)의 제식(諸識)을 끊어, 본성본각(本性本覺)에 들 수가 없다. 이(利)를, 본성(本性)의 무상공능(無相功能) 실제(實際)로 수용하지 않으면, 일각요의(一覺了義)의 일미진실(一味眞實)인, 무상무생(無相無生) 결정실제(結定實際)의 본각리행(本覺利行)이 아니다. 이(利)는, 곧, 일각요의(一覺了義)의 실제(實際)이며, 일미진실(一味眞實)의 실제(實際)이며, 무상무생(無相無生)의 실제(實際)이며, 결정실제(結定實際)의 참모습 무상공능(無相功能)이며, 본각리행(本覺利行)의 실제(實際)이다. 이(利)는, 본성(本性) 공능(功能)의 실제(實際)인 무상공능(無相功能)이니, 만약, 이(利)를 상(相)으로 헤아려 이익(利益)이나 증득(證得)으로 본다면, 무상공능(無相功能)의 여(如)가 아닌 분별의 상법(相法)이므로, 무상실제(無相實際)인 여(如)의 해탈법이 아니다. 그러므로 이(利)를, 대(對)가 끊어진 절대성(絕對性) 여(如)의 성품의 실제(實際)가 아닌, 대법(對法)인 상(相)의 분별심 이익(利益)으로 보면, 무생(無生) 성품의 공능(功能)인 본각리행(本覺利行)의 이치에 맞지 않다. 이(利)는, 결정성(結定性)인 일체총지(一切總持)의 공덕성품(功德性品) 그 공능(功能)을 일컬음이니, 이는, 본성(本性) 그 자체며, 본성(本性)이 이(利)의 성품이다. 이(利)는, 일체총지(一切總持)인 본성(本性) 무상공능(無相功能)의 부사의 공덕(功德)을 일컬음이다. 그러므로 이(利)는, 무상(無相) 성품인 무생공능(無生功能) 본각리행(本覺利行)의 실제(實際)일 뿐, 얻거나 증득하는 차별성품의 이익이 아니다. 그러므로 본성(本性) 무상공능(無相功能)의 이로움으로, 무상무생(無相無生) 결정실제(結定實際)인 일각요의(一覺了義)의 일미진실(一味眞實)로, 일체중생을 해탈하게 한다. 이는, 무생공능(無生功能) 결정성(結定性)의 이로움으로 일체중생이 그 성품에 흘러들어, 본래 본성(本性)인 본각리행(本覺利行)에 들게 함이다. 성품과 이(利)의 공능(功能)은 다른 것이 아니다.

일체총지성(一切總持性)인 무생본성(無生本性)의 작용이 있으므로, 그 공능(功能)의 작용을 일러 무생공능(無生功能)이라고 하며, 무생공능(無生功能)이 상(相)이 없으므로 무상공능(無相功能)이라고 한다. 그러므로, 공능(功能)이 곧, 성품의 실제(實際)이다. 성품이란, 공능(功能)이 작용하는 그 무상성(無相性)을 일컬어 성품이라고 한다. 만약, 천지만물(天地萬物)과 만생명(萬生命)이 작용하는 일체총지공덕행(一切總持功德行)이 없으면, 성품이란 것도 존재하지 않는다. 성품이라고 함은, 만물만상(萬物萬相)과 만생명(萬生命)과 만심만행(萬心萬行)과 제불제행(諸佛諸行)의 일체총지(一切總持)인 불가사의 무상공능(無相功能)이 작용하므로, 그 공능(功能)의 작용체(作用體)를 일컬어 성품이고 한다. 이는, 성품이 있어 성품이라고 함이 아니고, 공능(功能)이 있어 그를 일러 성품이라고 한다. 그러므로, 성품이란 곧, 공능체(功能體)를 일컬음이다. 그러므로, 성품이라고 일컫는 그 실체(實體)가 곧, 공능(功能)이다. 성품이 곧, 공능실제(功能實際)이며, 공능실제(功能實際)가 곧, 성품이다. 이는 곧, 여래장(如來藏) 성품이며, 중생 본성본각(本性本覺)의 성품이다.

○ **247.** 참 성품은, 무자성(無自性)의 마음으로, 참 성품에 든다.

佛言 實際之法 法無有際 無際之心 則入實際
불언 실제지법 법무유제 무제지심 즉입실제

부처님께옵서 말씀하옵기를, 실제[實際:실자성(實自性)]의 법은, 제[際:자성(自性)]가 없는 법이니, 무제[無際:무자성(無自性)]의 마음으로 곧, 실제[實際:실자성(實自性)]에 드느니라.

♣ 부처님께옵서 말씀하옵기를, 실제(實際) 각(覺)의 성품은 출입이 없으니, 어떠한 법과 마음으로 실제(實際)에 드는가 하면, 실제(實際)인 실자성(實自性)의 법은, 실체(實體)가 없는 무자성(無自性)의 법이니, 무실체(無實體)인 무자성(無自性)의 마음으로 곧, 실제(實際)인 실자성(實自性)에 드느니라.

● **실제(實際):** 실자성(實自性)이다. 제(際)는 곧, 자성(自性)이다. 무제(無際)는 곧, 무자성(無自性)이다.

○ **248.** 무자성(無自性) 마음은, 경계 없는 지혜로 실제에 듦이옵니다.

大力菩薩言 無際心智 其智無崖[論:續1,2: 其智無涯]
대력보살언 무제심지 기지무애 [논:속1,2: 기지무애]

無崖之心[論:續1,2: 無涯之心] **心得自在 自在之智 得入實際**
무애지심 [논:속1,2: 무애지심] 심득자재 자재지지 득입실제

대력보살이 말씀 사뢰오며 여쭈옵기를, 무제심[無際心:무자성심(無自性心)]의 지혜는, 그 지혜(智慧)가 경계(境界)가 없사옵니다. 경계 없는 마음이어야, 마음의 자재(自在)를 얻어, 자재(自在)한 지혜로, 실제[實際:실자성(實自性)]에 듦을, 증득(證得)하게 되옵니다.

♣ 대력보살이, 말씀 사뢰오며 여쭈옵기를, 실제(實際)가 없는 무제심(無際心)인 무자성심(無自性心)의 지혜는, 안과 밖의 분별심인, 능소가 끊어져 경계가 없사옵니다. 능소의 경계가 끊어진 무애심(無礙心)으로, 심(心)의 자재(自在)를 얻어, 원융무애한 자재지혜(自在智慧)인, 여(如)의 성품 실제(實際)에 듦을 증득하게 되옵니다.

□ 고(高), 대(大) 경(經)에 기지무애(其智無崖)가, 논(論), 속1,2(續1,2) 경(經)에는 기지무애(其智無涯)로 되어 있다.
□ 고(高), 대(大) 경(經)에 무애지심(無崖之心)이, 논(論), 속1,2(續1,2) 경(經)에는 무애지심(無涯之心)으로 되어 있다.

○ **249.** 중생(衆生)은, 어떤 법(法)으로 실제(實際)에 들 수 있사옵니까?

如彼凡夫 軟心衆生 其心多喘 以何法御 令得堅心 得入實際
여피범부 연심중생 기심다천 이하법어 영득견심 득입실제

저 범부(凡夫)와 같이, 미약(微弱)한 마음을 가진 중생들은, 그 마음이 많이 벅차 힘들어 할 것이오니, 어떤 법으로 다스려야, 그 마음이 견고함[堅:불퇴전(不退轉)]을 얻어, 실제[實際:실자성(實自性)]를, 증득(證得)하여 들 수가 있겠사옵니까?

♣ 저 범부(凡夫)와 같이, 선근(善根)과 지혜와 의지(意志)가 미약한 마음을 가진 중생들은, 여(如)의 성품 실제(實際)에 이르기까지, 그 마음이 많이 벅차 힘들어 할 것이오니, 어떤 법으로 스스로를 다스려야, 그 마음이 견고함을 얻어, 불퇴전(不退轉)으로, 여(如)의 성품 실제(實際)를 증득하여 들 수가 있겠사옵니까?

◯ **250.** 큰 용(龍)이 놀라, 혼란한 마음에 힘들어 벅찰 것이다.

佛言 菩薩 彼心喘者 以內外使 隨使流注 滴瀝成海
불언 보살 피심천자 이내외사 수사유주 적력성해

大風鼓浪[論: 天風鼓浪] **大龍驚駭 驚駭之心 故令多喘**
대풍고랑 [논: 천풍고랑] 대룡경해 경해지심 고령다천

부처님께옵서 말씀하옵기를, 보살(菩薩)이여! 저들의 마음이 힘들어 하는 것은, 내외[內外:能所] 식심[使:識心]의 분별심[隨使:分別心]을 따라 흘러 모여, 그 모이고 쌓임이 바다를 이루어, 큰 바람에 파도(波濤)가 치니, 큰 용(龍)이 놀라 혼란(混亂)하여, 두려운 마음에 그러한 까닭에, 많이 힘들어 벅찰 것이니라.

♣ 부처님께옵서 말씀하옵기를, 보살(菩薩)이여! 여(如)의 성품 실제(實際)에 들기까지, 저들의 마음이 힘들어 하는 것은, 내외(內外) 능소(能所)의 경계심(境界心)인, 식심(識心)의 분별심(分別心)을 따라, 업력(業力)이 흘러 모여, 그 모이고 쌓임이 업(業)의 바다를 이루어, 큰 경계의 바람의 힘에, 업력(業力)의 파도가 일어나, 5음심(五陰心)에 잠긴 정식(情識)의 큰 용(龍)이 놀라 혼란하여, 두려운 마음에 경계하여 그런 까닭에, 많이 힘들어 벅찰 것이니라.

□ 고(高), 대(大), 속1,2(續1,2) 경(經)에 대풍고랑(大風鼓浪)이, 논(論) 경(經)에는 천풍고랑(天風鼓浪)으로 되어 있다.

● **천풍고랑(天風鼓浪):** 대풍고랑(大風鼓浪)이나 천풍고랑(天風鼓浪)이나 다를 바가 없다. 이는, 수행과정에 심신(心身)의 변화를 통해 일어

나는 여러 경계와 업식(業識)의 전변(轉變)으로 예기치 못한 상황에, 식심(識心)이 감당하기 어려운 각종 경계들이다. 대풍고랑(大風鼓浪)은, 식(識)의 큰 변화의 경계에 식심(識心)이 동(動)하여 혼란함이며, 천풍고랑(天風鼓浪)은, 업식(業識)의 변화로 일어나는 각종 식(識)의 경계에 식심(識心)의 혼란이다.

● **대룡경해(大龍驚駭):** 무명업식(無明業識)이 놀라서 혼란함이다. 대룡(大龍)이라 함은, 식(識)의 출입, 생멸(生滅)의 파도(波濤) 밑에 무한 세월 동안, 무명업식(無明業識)이 잠겨있기 때문이다.

○251. 3을 보존(保存)하여, 1을 지켜 여래선(如來禪)에 들어야 한다.
菩薩 令彼衆生 存三守一 入如來禪 以禪定故 心則無喘
보살 영피중생 존삼수일 입여래선 이선정고 심즉무천

보살이여! 저 중생으로 하여금 세 가지를 보존하므로, 하나를 지켜 여래선(如來禪)에 들면, 선정(禪定)에 의해 마음이 곧, 힘듦이 없으리라.

♣ 보살이여! 여(如)의 성품 실제(實際)에 들기까지, 내외(內外) 식심(識心)의 분별에 이끌리는 경계의 마음으로, 많이 벅차 힘들어 하는 저 중생으로 하여금, 세 가지를 보존(保存)하므로, 하나를 지켜 여래선(如來禪)에 들면, 선정(禪定)에 의해 마음이 곧, 힘듦이 없으리라.

○252. 어떤 것이, 3을 보존(保存)하여 여래선(如來禪)에 드는 것이옵니까?
大力菩薩言 何謂存三守一 入如來禪
대력보살언 하위존삼수일 입여래선

대력보살이 말씀 사뢰오며 여쭈옵기를, 어떤 것이, 세 가지를 보존(保存)함이며, 하나를 지키어 여래선(如來禪)에 드는 것이옵니까?

♣ 대력보살이, 말씀 사뢰오며 여쭈옵기를, 어떤 것이, 여(如)의 성품 실제(實際)에 들기 위한 세 가지를 보존(保存)함이며, 또한, 하나를 지키어 여래선(如來禪)에 드는 것이옵니까?

○**253.** 3해탈(三解脱)로, 일심(一心) 여(如)의 여래선(如來禪)에 든다.

佛言 存三者 存三解脱 守一者 守一心如 入如來禪者
불언 존삼자 존삼해탈 수일자 수일심여 입여래선자

부처님께옵서 말씀하옵기를, 세 가지를 보존(保存)하는 것은, 3해탈(三解脱)을 보존(保存)함이며, 하나를 지키는 것은, 일심(一心)의 여(如)를 지켜, 여래선(如來禪)에 드는 것이니라.

♣ 부처님께옵서 말씀하옵기를, 여(如)의 성품 실제(實際)에 들기 위해 세 가지를 보존하는 것은, 3해탈(三解脱)을 보존함이며, 하나를 지키는 것은, 일심(一心)의 여(如)를 지켜, 여래선(如來禪)에 드는 것이니라.

○**254.** 참 성품[理]을 관(觀)하여, 여(如)의 실제(實際)에 든다.

理觀心淨如[論:續1,2: 理觀心如] **入如是心地**[論:續1,2: 入如是地]
이 관 심 정 여 [논:속1,2: 이관심여] 입 여 시 심 지 [논:속1,2: 입여시지]
即[大:續1,2: 卽] **入實際**
즉 [대:속1,2: 즉] 입 실 제

마음 청정한 여(如)의 성품, 참 성품[理:眞性]을 관(觀)하여, 이 마음 성품[本地], 여(如)에 듦이 곧, 실제(實際)에 듦이니라.

♣ 마음 청정한 본성의 성품, 여(如)의 참 성품[理:眞性]을 관(觀)하여, 5음(五陰)이 끊어진 이 마음 성품[本地]인 여(如)에 듦이 곧, 무자성(無自性) 실제(實際)인, 실자성(實自性)에 듦이니라.

□ 고(高), 대(大) 경(經)에 이관심정여(理觀心淨如)가, 논(論), 속1,2(續1,2) 경(經)에는 이관심여(理觀心如)로 되어 있다.
□ 고(高), 대(大), 경(經)에 입여시심지(入如是心地)가, 논(論), 속1,2(續1,2) 경(經)에는 입여시지(入如是地)로 되어 있다.
□ 고(高), 논(論) 경(經)에는 즉입실제(即入實際)가, 대(大), 속1,2(續1,2) 경(經)에는 즉입실제(即入實際)로 되어 있다.

● 깨어지는 진여(眞如)를 타파해야, 깨어지지 않는 결정성(結定性)의 성품에 들게 된다. 무엇이든 깨어지지 않는 것은 없다. 더 깨어질 것

이 없는 결정성(結定性), 금강(金剛) 인(印)에 들면, 깨어지지 않는 그것도 사라져, 일체(一切)가 끊어진 무생(無生) 결정성(結定性)에 들게 된다. 무상구경(無上究竟)을 넘을 때까지, 깨어지는 그것이 다름이 아니라, 자기 견(見)에 의한 머무름으로 옳다고 확신하고, 바르다고 인식하는 상념(想念)의 법(法)이다. 이 상념(想念)은, 아직 자신이 벗어나지 못한 미혹의 분별심, 견(見)에 머물러 놓지 못하는 정념(情念)의 무리들이다. 망(妄)은 망(妄)으로 해결할 수가 없다. 쥐어도 망(妄)이며, 놓아도 망(妄)이다. 쥠과 놓음, 둘 다 모두 벗어나, 벗어난 그 자체도 끊어져야, 참으로 놓음이다. 왜냐면, 쥠과 놓음이 둘 다 망견(妄見)이며, 둘 다 놓은 그것도, 분별상(分別相)이기 때문이다. 왜냐면, 둘 다 놓아도 놓음이 아닌 것은, 놓은 자기가 그 속에 번연히 있기 때문이다. 자기란 다름이 아니라, 분별심을 이름하여 곧, 자기(自己)라고 한다.

◯255. 3해탈(三解脫)과 참 성품 관(觀)하는 삼매(三昧)는 무엇이옵니까?

大力菩薩言 三解脫法 是何等事 理觀三昧 從何法入
대력보살언 삼해탈법 시하등사 이관삼매 종하법입

대력보살이 말씀 사뢰오며 여쭈옵기를, 3해탈법(三解脫法), 이것은 어떠한 것이오며, 참 성품[理]을 관(觀)하는 삼매(三昧)는, 어떤 법(法)을 좇아 들게 되옵니까?

♣ 대력보살이, 말씀 사뢰오며 여쭈옵기를, 여(如)의 성품 실제(實際)에 드는, 3해탈(三解脫) 법(法)은 어떠한 것이오며, 참 성품[理]을 관(觀)하는 삼매(三昧)는, 어떤 법(法)을 좇아 들게 되옵니까?

◯256. 3해탈(三解脫)이 허공, 금강, 반야(般若)며, 여(如)가 참 성품이다.

佛言 三解脫者 虛空解脫 金剛解脫 般若解脫
불언 삼해탈자 허공해탈 금강해탈 반야해탈
理觀者[論:續1,2: 理觀心者] **心如理淨 無可不心**
이 관 자 [논:속1,2: 이관심자] 심 여 리 정 무 가 부 심 부처님께옵서 말씀하옵기를, 3해탈(三解脫)이란, 허공해탈(虛空解脫) 금강해탈(金剛解脫) 반야해탈(般若解脫)이니라. 참 성품[理]을 관(觀)하는 것은, 마음이 여(如)의 참 성품[理]이니, 청정(淸淨)하여 옳고 그름과 순(順)과 역(逆)의 분별[可不]이 없는 마음이니라.

♣ 부처님께옵서 말씀하옵기를, 3해탈이란, 색(色) 자재(自在)의 허공해탈(虛空解脫)이며, 식(識) 자재(自在)의 금강해탈(金剛解脫)이며, 심(心) 자재(自在)의 반야해탈(般若解脫)이니라. 참 성품[理]을 관(觀)하는 것은, 마음이 여(如)의 참 성품[理]이니, 일체 분별이 끊어져 식(識)의 출입이 없어 청정하여, 옳고 그름과 순(順)과 역(逆)의 분별 없는 마음이니라.

□ 고(高), 대(大) 경(經)에 이관자(理觀者)가, 논(論), 속1,2(續1,2) 경(經)에는 이관심자(理觀心者)로 되어 있다.

■ 3해탈법(三解脫法)

● **허공해탈(虛空解脫):** 색(色) 해탈이다. 색공(色空)을 깨달아, 일체 색상(色相)인 색성향미촉법의 상(相)을 벗어남이다. 허공해탈(虛空解脫)은, 색(色)의 성품이 끊어져 상공청정(相空淸淨)에 든다.

● **금강해탈(金剛解脫):** 식(識) 해탈이다. 식공(識空)을 깨달아, 일체 식상(識相)인 수상행식의 상(相)을 벗어남이다. 식(識)의 출입이 끊어져, 원융각명보리(圓融覺明菩提)에 든다.

● **반야해탈(般若解脫):** 심(心) 해탈이다. 심공(心空)을 깨달아, 일체 심상(心相)인 견(見)과 지혜를 벗어남이다. 견(見)과 지혜에도 물듦 없는, 무염청정진여(無染淸淨眞如)에 든다.

● 3해탈(三解脫)인, 허공해탈(虛空解脫)과 금강해탈(金剛解脫)과 반야해탈(般若解脫)이 원융일성(圓融一性)에 이르니, 허공금강반야(虛空金剛般若)가 곧, 원융일심(圓融一心)이다. 허공심(虛空心)은 텅비어 일체(一切)를 수용하고, 금강심(金剛心)은 파괴됨이 없어 결정각(結定覺)을 이루

고, 반야심(般若心)은 청정하여 물듦 없는 심자재(心自在)에 든다.

○ **257.** 보존(保存)함과 관(觀)함을, 어떻게 해야 하옵니까?

大力菩薩言 云何存用 云何觀之
대 력 보 살 언 운 하 존 용 운 하 관 지

대력보살이 말씀 사뢰오며 여쭈옵기를, 어떻게 함이 보존(保存)함의 행(行)이며, 어떻게 함이 관(觀)하는 것이옵니까?

♣ 대력보살이, 말씀 사뢰오며 여쭈옵기를, 어떻게 함이, 3해탈(三解脫)을 보존(保存)함의 행(行)이며, 어떻게 함이, 여(如)의 참 성품[理]을 관(觀)하는 것이옵니까?

○ **258.** 마음을 행(行)함에 불이(不二)가, 보존(保存)함의 행이다.

佛言 心事不二 是名存用 內行外行 出入不二 不住一相
불 언 심 사 불 이 시 명 존 용 내 행 외 행 출 입 불 이 부 주 일 상

부처님께옵서 말씀하옵기를, 마음을 행(行)함에 불이(不二)인 이것을 이름하여, 보존(保存)함의 행(行)이니라. 안[內:能]으로 행(行)함과 밖[外:所]으로 행(行)하는 출입(出入)이 불이(不二)인, 하나의 모습[一相:空相]에도 머무르지 않느니라.

♣ 부처님께옵서 말씀하옵기를, 무생행(無生行)에는, 마음을 행함이 능소(能所)의 둘이 없음이니, 이것을 이름하여 여(如)의 참 성품[理]을 보존(保存)함이라 하느니라. 안으로 분별하여 이것저것 헤아림의 행과 밖으로 분별하여 이것저것 헤아림의 행인, 능소(能所)의 출입이 끊어져, 안과 밖의 능(能)과 소(所)가 끊어진, 둘 없는 공(空)한 모습인 하나에도 머무르지 않음이니라.

● 능소(能所)와 출입(出入)이 끊어져 공(空)한 모습, 여(如)의 상(相)도 없는 무생(無生) 결정심(結定心)인, 무주무상행(無住無相行)을 함이다. 이는 일미진실(一味眞實) 무상무생(無相無生) 결정실제(結定實際) 본각리

행(本覺利行)이다.

○ **259.** 얻음도 잃음도 없는 청정심(淸淨心)에 듦이, 관(觀)이다.

心無得失 一不一地 淨心流入 是名觀之
심 무 득 실 일 불 일 지 정 심 유 입 시 명 관 지

마음에는 무엇을 얻음도 잃음도 없어, 하나[一:空]도 아닌, 여(如)의 성품[一地:本地], 청정심(淸淨心)에 흘러든 이것을 이름하여, 관(觀)이라 하느니라.

♣ 마음에 무엇을 얻음도 없고 무엇을 잃음도 없어, 그 마음 하나도 아닌[一不] 일미진실(一味眞實) 여(如)의 참 성품[一地:本地], 청정심(淸淨心)에 흘러든 이것을 이름하여, 관(觀)이라 하느니라.

● 이는, 지혜를 밝히는 혹관(惑觀)이 아닌, 본성을 수순하는 무상무생(無相無生) 결정실제(結定實際)의 각관(覺觀)이다. 금강삼매경의 요지(了智)인 여(如)의 결정성(結定性) 수순행(隨順行)이다.

● 혹관(惑觀)이란, 능소(能所) 대(對)의 상념분별관(想念分別觀)이다. 자아(自我)가 있어, 식(識)의 출입 속에 관행(觀行)이 이루어지니, 능소(能所)의 대(對)가 있음이 미혹이니, 혹관(惑觀)이다. 혹관(惑觀)에는, 관(觀)에 능소(能所)가 있어 관(觀)의 대상(對相)인 법(法)이 있으며, 관행자(觀行者)인 자기가 있다. 그러나, 능소(能所)의 출입식(出入識)이 타파되어 자아(自我)가 사라진 원융각명(圓融覺明)에 들면, 능소(能所)와 자아(自我)가 없어 관(觀)의 대상(對相)이 끊어지고, 관(觀)을 하는 관행자(觀行者)도 사라져 원융각명(圓融覺明) 보리(菩提)의 성품을 그대로 수연(隨緣)함이 각관(覺觀)이다. 왜냐면, 능소(能所)의 경계가 끊어져 일체(一切)가 일각(一覺) 속에 이루어지는 원융각명(圓融覺明)이기 때문이다.

● 능소(能所)의 출입이 끊어지는 경계는, 8식(八識) 출입식(出入識)이 끊어져 발하는 지혜이다. 8식 출입식이 끊어지면 안과 밖, 능소(能所)

의 출입식이 끊어져, 시방이 사라진 그 속에 온 우주가 하나의 각성각명(覺性覺明)으로 충만한, 시방원융편재각명성(十方圓融遍在覺明性)에 들게 된다. 이것이 대원경지(大圓鏡智)이다. 안과 밖이 없어 능소(能所)의 대(對)가 끊어진, 보리각성각명(菩提覺性覺明)의 충만세계이다. 이 지혜를 발함이 보리(菩提)인 각성원융각명(覺性圓融覺明)의 세계이다. 그러나, 완전한 무생(無生)의 결정성에 들어야 일체각식(一切覺識)까지 끊어진, 여(如)의 참 성품[理]인 무생(無生) 청정심(淸淨心)이다.

■ 깨달음의 세계

깨닫고 나서, 닦을 것이 있느냐? 닦을 것이 없느냐? 하는 것은, 사람에 따라 견해(見解)가 분분하다. 그것이 그럴 수밖에 없는 것은, 모두가 동일한 지혜 상황이 아니기 때문이다. 이것은, 단지, 옳고 그름인 견해(見解)의 문제가 아니라, 지혜에 대한 살핌이다. 각자(各自)가 학(學)과 증(證)의 지혜가 같지 않으니 견해(見解)가 같을 수가 없다. 그리고 깨달음과 닦음은 극히 개인적인 상황이므로, 각자에 따라 깨달음도 닦음도 차별이 있으니, 견해가 일치될 수가 없다.

이 물음에는, 명확히 무엇을 전제(前提)로 한 깨달음이며, 초점이 무엇을 전제(前提)로 한 닦음이냐의 전제(前提)가 명확해야 한다. 전제가 명확하지 않을 때는, 이 물음은 설정의 전제가 명확하지 않아, 초점이 명확하지 않은 막연한 물음이 될 수도 있다. 왜냐면, 깨달음이, 무엇을 위한 깨달음이니, 이는 단지, 깨달음이 목적이 아닌 수단이며, 또한, 닦음도, 무엇을 위한 닦음이니, 이는 단지, 그 닦음이 목적이 아닌 수단이기 때문이다. 또한, 깨달음의 차원도 천차만별이며, 닦음의 차원도 천차만별이기 때문이다. 만약, 깨달음이 더 깨달을 것이 없음에 이르렀으면 깨달음이 다했으며, 또한, 더 닦을 것 없음에 이르렀으면 닦음이 다 했다. 수행자로서 이에 대해 생각과 견해가 분분한 것은, 어쩌면 당연한 상황일 수도 있다. 왜냐면, 깨달음과 닦음에 대한 분량(分量)

인 정도(程度)를 명확히 가름할 수 있는, 법(法)적으로 확립된 명확한 기준의 잣대가 없기 때문이다. 이런 상황의 초래는, 닦을 것 없는 완전한 깨달음 상태에 대해 확인할 수 있는, 정립(正立)된 명백한 판단의 법리적(法理的) 잣대가 확고하게 설정(設定)되어 있거나 확립되어 있지 않기 때문이다. 수행의 과정이나 결과를 점검하며, 그를 확인하고 판단하여 결정지을 수 있는, 명확한 잣대의 법적 개념이 확립되어 있지 않으므로, 수행에 어떤 깨달음의 상황이어도, 그 깨달음의 상태나 과정을 바르게 점검하거나 판단할 수가 없어, 깨달음의 어떤 상황에 놓이든, 수행자 각자 자신이 바르게 가름할 수 있는 명확한 밝은 지혜가 없으면, 처음 겪는 그 지혜의 경계를 바르게 명확히 가름하거나 판단할 수가 없으므로, 상황에 따라 모호(模糊)함에 빠질 수도 있다.

부처님께옵서 무상정각(無上正覺)을 성취하셨어도, 그 지혜전변(智慧轉變)의 상세한 과정을 우리는 알 수가 없어, 무상정각(無上正覺)에 이르는 제식(諸識)의 전변(轉變) 상황과 바른 지혜전변(智慧轉變)의 과정을 명확히 모르는 이러한 문제는, 그 지혜전변(智慧轉變)과정의 상세한 바른 지혜상황(智慧狀況)인, 전변과정(轉變過程)의 지혜법리(智慧法理)를 몰라, 불지(佛智)의 완전한 무상정각(無上正覺)에 대해 경험이 없는 모든 수행자들이, 자기 스스로 해결하고 감당해야 하는 상황의 현실에 놓이게 되므로, 깨달음에 대한 각자(各自) 견해(見解)의 상황이 차별이 있어, 깨달음에 대해 각종 분별심의 이견(異見)을 가지게 된다. 이런 상황의 수행 현실은, 견고한 원(願)을 세워, 굳은 의지로 깨달음을 향하는 많은 수행자들이, 경험하지 못한 지혜의 부족으로, 수행상황에 맞닿는 경계에서, 각종 오류(誤謬)와 깨달음 과정의 다양한 지혜경계에 잘못 판단하게 되거나, 사견(邪見)에 빠질 수도 있다.

깨달음 수행의 다양한 차원 지혜 열림의 경계를 따라, 깨달음에 대한 총체적 과정 또는, 결과에 대해 가름할 수 있는, 명확한 지혜확립의 규정된 총체적(總體的) 지혜개념(智慧槪念)의 깨달음세계, 지혜법리적(智慧法理的) 잣대가 없으면, 수행 중 어떤 지혜 변화와 깨달음의 각종 상황에 맞닥뜨리더라도, 그 경계를 바르게 명확히 판단하고 가름할 수가 없다. 이에 대한 바람직한 기준과 판단의 명확한 법이 없어, 이러한 지혜의 부족은, 깨달음 과정의 다양한 상황의 판단에 오류를 범하거나, 바르게 명확히 가름할 지식과 지혜가 없어, 수행의 다양한 상황에도 바른 판단을 할 수가 없으므로, 경우에 따라서는 상황판단과 대처에, 모호함에 빠질 수도 있다. 수행이 이 상황에 놓이면, 자기 경험과 다양한 지식과 지혜에 의지해, 이 상황을 바람직한 판단으로 지혜상승을 도모하고자 하여도, 스스로 이에 대한 경험 부족과 지혜의 한계성은 어떻게 할 수가 없다.

또한, 무상각(無上覺)인 불각(佛覺)이나 불지(佛智)라 하여도, 무엇이, 또는 어떤 것이, 또는 어떤 상태가, 또는 어떤 지혜전변(智慧轉變)의 상황이어야만 무상각(無上覺)인 불각(佛覺)이며, 불지(佛智)인지를, 그에 대해 명확히 알고자 하여도, 그 지혜의 각성법리(覺性法理)와 지혜성품개념(智慧性品槪念)이 명확히 확립되어 있지 않으면, 그에 대해 알고자 하여도, 막연할 뿐이다. 그 깨달음 길의 지혜전변(智慧轉變)의 과정과 그 상승 지혜열림의 세계와 지혜상승 차별차원의 경계에 대해, 명확히 규정된 지혜법리(智慧法理)의 잣대로 가름할 수가 있고, 판단할 수가 있으며, 확인할 수 있는 명확한 실증(實證)을 토대로 한, 법의 기준이 없으면, 무상각(無上覺)인 불각(佛覺)이나 불지(佛智)을 추구하여도, 허공이 끝이 없듯 마냥, 추상적이며, 모호하거나 막연한 길일 수도 있다. 이에 대해 어떤 방법이든, 확고한 깨달음세계, 지혜정립(智慧正立)의 확립이 되어 있지 않으면, 수행자 스스로 이에 대해 항상, 옳고 그름을 가름하지 못하는 분별심의 시비와 잘못된 판단의 오류는 해결되지 않는다.

깨달았어도, 더 지혜를 밝혀야 하며, 더 닦을 것이 있는 깨달음의 수행자는, 더 닦아야 한다. 그러나, 완전한 불각(佛覺)의 깨달음으로, 더 닦을 것이 없는 수행자는, 닦을 것이 끊어져 없다. 그런데, 깨달았어도, 깨달음이 있는 그 자체가 아직, 더 깨달아야 하는, 완전하지 못한 지혜이다. 천년 동굴에 대한 이야기가 있다. 천년 동굴의 어둠은, 깨달음 한 순간의 밝음으로, 천년의 어둠을 타파할 수가 있다. 그러나, 천년 동안 어둠에 의한 습기(濕氣)는, 계속 수행으로 맑혀야 한다는 이야기가 있다. 천년 동굴을 이야기를 하고, 깨달음의 밝음으로 동굴의 어둠을 밝히며, 제도하지 못한 습기를 단숨에 제거하지 못하는 이 이야기는, 그 자체가 아직, 깨달음이 완전하지 못하여, 깨달음이 미진(未盡)한 미망(迷妄)의 견(見)이다. 왜냐면, 잠에서 완전히 깨어나면 꿈속의 환(幻)은 끊어지며, 완전히 벗어나게 된다. 천년 동굴에 대한 이 일체(一切)가 곧, 깨달음이 완전하지 못하여, 아직, 대(對)가 끊어지지 않은 미망(迷妄)의 상념(想念)이다. 천년(千年)도 없고, 동굴(洞窟)도 없고, 깨달음[悟]도 없고, 증득(證得)도 없다. 그것이, 시각(始覺)과 본각(本覺)까지 둘 다 끊어져, 동굴까지 사라진, 완전한 깨달음인 여래(如來)의 결정성(結定性) 본연무연중절대성(本然無然中絕對性)인 무연본성(無然本性)이다. 깨달음이란 언어가, 깨달았다는 말일 뿐, 그 깨달음이, 어떤 지혜에 다다른 깨달음인가를 드러내는, 지혜의 분량(分量)과 과위(果位)의 정도(程度)인, 깨달음의 지혜성품 차원을 드러내는, 언어는 아니다. 단순, 깨달았다는 것이 중요한 것이 아니다. 그 깨달음이 불각(佛覺)의 완전한 깨달음인지, 아니면, 불각(佛覺)을 향한 점차의 과정 중 하나의 깨달음인지, 그 깨달음의 지혜성품 차원을 드러내는 과위(果位)의 정도(程度)가 중요하다. 깨달음도, 깨달은 차원(次元)인 각력(覺力)의 깊이 정도(程度)에 따라, 깨달음이란 말은 같으나, 깨달음에 든 과위(果位)인 각력(覺力)의 깊이, 지혜성품의 차별차원이 있다. 완전한 밝음에는 어둠이 없다. 만약, 밝음에 어둠도 있다면 이는, 완전한 밝음이 아니다. 천년 동굴의 어둠과 습기의 이야기는 아직, 동굴이 있는 상태이니, 깨달음의 시각(始覺)과 본각(本覺)까지 둘 다 끊어진 본연무연중절대성(本然無然中絕對性)인 완전한 여래결정각(如來結定覺)이 아니다. 그러므로 깨달음의 시각(始覺)과 무생본각(無生本覺)까지 끊어진, 무생결정성(無生結定性)인 여래결정성(如來結定性)에 들지 못하였다면, 그 깨달음도 아직, 완전하지 못한 미혹각(迷惑覺)이니, 완전한 깨달음을 향한 점차의 과정 중에 있음이다. 깨달았어도, 완전한 불각(佛覺)이 아니면, 아직 더 깨달아야 한다.

깨달음의 지혜성품이 보살지(菩薩智)의 깨달음, 불지(佛智)의 깨달음이 있다. 보살지(菩薩智)의 깨달음은, 깨달음의 각성(覺性)이, 완연(完然)한 절대성, 무생결정성(無生結定性)인 무생불지(無生佛智)에 이르지 못해, 깨달음 각식(覺識)에 의해 무생법인(無生法忍)에 듦이니, 이는, 상견(相見)의 미혹을 타파하여, 공성(空性)을 깨달아 무위지혜(無爲智慧)에 듦이다. 그러나 무생법인지(無生法忍智)인 무위지(無爲智)에 들었어도, 깨달음의 차원, 식(識)이 전변(轉變)한 깊이에 따라, 지혜성품의 차별차원이 있다. 지혜성품의 차별차원이 있음은, 아직 완전한 깨달음이 아니기 때문이다. 이는, 대승(大乘)과 일승(一乘)과 일불승(一佛乘)과 불승(佛乘)의 각성지혜(覺性智慧)의 차별차원이다. 대승(大乘)은 6식(六識)이 끊어져, 상공(相空)을 깨달아 공견(空見)을 증득함이다. 일승(一乘)은 7식(七識)이 끊어져, 공견(空見)을 타파하여 무염진여(無染眞如)인 이사무애지(理事無礙智)에 듦이다. 일불승(一佛乘)은 8식(八識) 출입식(出入識)이 끊어져, 사사원융각명지(事事圓融覺明智)인 대원경지(大圓鏡智)에 듦이다. 불승(佛乘)은 8식(八識) 함장식(含藏識)이 끊어져, 부동열반지(不動涅槃智)에 듦이다. 이 부동열반지(不動涅槃智)를 타파하여 벗어나면, 여(如)의 참 성품[理] 여래지(如來智)에 들게 된다. 이 여래지(如來智)의 불각(佛覺)인 결정성(結定性)에 드는 까닭은, 청정공성(淸淨空性)의 무위법(無爲法)인 무생법인(無生法忍)을 타파해 벗어났기 때문이다. 무위법(無爲法)인 무생법인(無生法忍)을 타파해 벗어나는 것은, 깨달음 시각(始覺)의 공능이 무생본각(無生本覺)과 동일성품 불이(不二)의 결정성(結定性)에 드니, 시각(始覺)과 본각(本覺)이 둘 다 끊어져, 무위법(無爲法)인 무생법인(無生法忍)을 타파해 벗어나게 된다. 이는, 중생의 지혜성품이 상승하여, 불(佛)의 지혜성품과 동일성품인 불이(不二)의 결정성(結定性)에 듦으로, 중생도 끊어지고 불(佛)도 끊어짐이다. 왜냐면, 중생의 지혜성품이 불(佛)과 차별 속에 있으면, 중생과 불(佛)이 대(對)의 차별이 있으므로, 중생도 있고 불(佛)도 있으나, 중생의 성품이 불(佛)의 성품과 동일성품인 불이(不二)의 결정성(結定性)에 듦으로, 중생과 불(佛)의 차별인 대(對)가 끊어져, 중생과 불(佛)이, 둘 다 흔적 없이 사라진다. 결정성(結定性)이란, 여래(如來)의 성품이며, 여래(如來)의 불각(佛覺)이다. 이 경(經)에서는 여래각(如來覺)을 결정성(決定性), 여(如), 인(印) 등으로 그 지혜성품의 경계를 드러내고 있다. 인(印)은 결정성(結定性)인 무생법인(無生法印)이다. 무생법인(無生法忍)은 각식(覺識)에 의한 공청정무자성(空淸淨無自性) 무위법(無爲法)이며, 무생법인(無生法印)은 일체(一切) 무위각식(無爲覺識)이 끊어져, 시각(始覺)과 본각(本覺)까지 다 끊어진 본연무연중절대성(本然無然中絕對性)인 여래(如來)의 결정각(結定覺)이다. 무생법인지(無生法忍智)는 무위보살지(無爲菩薩智)이며, 무생법인지(無生法印智)는 불지(佛智)이다.

결정성(結定性)인 무생법인지(無生法印智)에 들지 못하면, 그 지혜경계가 각식(覺識)의 차별지혜, 동(動)과 정(靜)의 두 성품 속에 있으므로, 모든 수행은 동(動)과 정(靜)의 두 성품을 통해 수행이 이루어진다. 이것이, 각명보리(覺明菩提)와 부동열반(不動涅槃)의 정혜법(定慧法)이다. 6식(六識)이 끊어진 대승상공지(大乘相空智), 7식(七識)이 끊어진 일승무염진여지(一乘無染眞如智), 8식출입식(八識出入識)이 끊어진 일불승대원각명지(一佛乘大圓覺明智), 이는 깨달음 각성(覺性) 속에 있어도 무위동각식(無爲動覺識)이다. 8식함장식(八識含藏識)이며 12인연법의 무명(無明)이 끊어진 불승부동열반지(佛乘不動涅槃智)는 무위정각식無爲(靜覺識)이다. 각명보리(覺明菩提)의 동각식(動覺識)과 부동열반(不動涅槃)의 정각식

(靜覺識)이 둘 다 끊어져야, 일체(一切) 동(動)과 정(靜), 열반(涅槃)과 보리(菩提), 체(體)와 용(用), 시각(始覺)과 본각(本覺)이 다 끊어진 본연무연중절대성(本然無然中絶對性)인 불지(佛智)이다. 본연무연중절대성(本然無然中絶對性)을 벗어나면, 그 깨달음의 지혜가 무엇이어도, 본연무연중절대성(本然無然中絶對性)을 벗어났으므로, 동(動)과 정(靜)의 두 성품의 경계를 벗어날 수가 없다. 오로지, 불지(佛智)인 무생결정성(無生結定性)에 들어야 본연무연중절대성(本然無然中絶對性)이므로, 동(動)과 정(靜)의 두 성품이 끊어져, 벗어나게 된다. 동(動)과 정(靜)의 두 성품을 벗어난 것이 무생결정성(無生結定性)이며, 본연무연중절대성(本然無然中絶對性)이니 곧, 불지(佛智)이다. 그러하기 이전에는 동(動)과 정(靜)의 두 성품의 경계를 벗어날 수가 없다. 왜냐면, 동(動)이 곧, 각성(覺性) 일체(一切)의 용성(用性)이며, 정(靜)이 곧, 일체(一切)의 체성(體性)이기 때문이다. 정(靜)의 지혜가 부동열반(不動涅槃)이며, 동(動)의 지혜가 각명보리(覺明菩提)이다. 정(靜)의 지혜 궁극인 구경부동열반(究竟不動涅槃)과 동(動)의 지혜 궁극인 구경각명보리(究竟覺明菩提)가 무상불이(無上不二)의 결정성(結定性)으로 시각(始覺)과 본각(本覺)이 둘 다 끊어짐에 듦으로, 그것이 동(動)과 정(靜), 용(用)과 체(體), 부동열반(不動涅槃)과 각명보리(覺明菩提)가 끊어진 무생결정성(無生結定性)이다. 이는 곧, 일체법(一切法)과 일체지혜(一切智慧)가 끊어진, 무연본연성(無然本然性)인 본연무연중절대성(本然無然中絶對性)이며 곧, 불지(佛智)이다. 무생법인(無生法忍)의 지혜를 발하여 무위보살지(無爲菩薩智)에 들었어도, 그 지혜의 작용이, 용성(用性)인 각명(覺明)의 동(動)과 체성(體性)인 부동(不動)의 정(靜)의 두 성품 속에, 구경열반(究竟涅槃)과 구경보리(究竟菩提)를 증득하려고 한다. 그러나, 결정성 무생법인(無生法印)에 들면, 각성(覺性)의 체(體)와 용(用)인 구경열반(究竟涅槃)과 구경보리(究竟菩提)가 끊어진 여래(如來)의 인지(印智)에 들게 된다. 구경열반(究竟涅槃)과 구경보리(究竟菩提)가 무연본성(無然本性)인 본연무연중절대성(本然無然中絶對性)을 벗어

나, 깨달음 각식(覺識)의 정(定)과 혜(慧)에 치우친 지혜상(智慧相)이니, 그러므로 구경열반(究竟涅槃)도 완전한 각(覺)이 아니며, 구경보리(究竟菩提)도 완전한 각(覺)이 아니다. 구경각명(究竟覺明)인 대원경지(大圓鏡智)도, 그 원융각명(圓融覺明)이 각식(覺識)의 지혜상(智慧相)인 무위각(無爲覺)이며, 또한, 구경열반(究竟涅槃)인 부동열반지(不動涅槃智)도, 각식(覺識)의 지혜상(智慧相)인 무위정(無爲靜)이다.

원융각명(圓融覺明)인 대원경지(大圓鏡智)에 들면, 원융각명(圓融覺明)의 그 체성(體性)이 적멸성(寂滅性)인 부동열반성(不動涅槃性)임을 원융각명(圓融覺明)의 지혜로 보게 된다. 그러나 부동열반성(不動涅槃性)에 들 수는 없다. 대원경지(大圓鏡智)에서는 원융각명(圓融覺明)이 바로 부동열반성(不動涅槃性)과 불이(不二)인 일신(一身)임을 깨닫고 있으나 아직, 시각(始覺)과 본각(本覺)이 둘 다 끊어지지 않아, 각식(覺識)의 차별 성품 속에 있으므로, 각식(覺識)의 부동체성(不動體性)과 각명용성(覺明用性)이 완전한 불이(不二)의 결정성(結定性)을 이루지 못해, 이는, 부동열반성(不動涅槃性)과 원융각명(圓融覺明)이 일신이면(一身二面) 속에, 원융각명(圓融覺明)의 동각(動覺)에서, 체성(體性)인 부동열반성(不動涅槃性)을 인식하는 입장이다. 왜냐면, 대원경지(大圓鏡智)의 지혜성품은 원융각명(圓融覺明)인, 쌍차쌍조(雙遮雙照)의 동각(動覺)이 곧, 자기 지혜이기 때문이다. 이 지혜가 8식(八識) 출입식(出入識)이 끊어진 대원경지(大圓鏡智)이다. 대원경지(大圓鏡智)에 있을 때는 원융각명(圓融覺明)과 각명(覺明)의 체성(體性)인 부동열반성(不動涅槃性)이 깨어진다는 사실을 알 수가 없다. 왜냐면, 그 무위경계에서는 원융각명(圓融覺明)과 부동열반(不動涅槃)이 깨어지지 않는 성품임을 여실히 지혜로 각관(覺觀)하고 있기 때문이다. 그러나 대원경지(大圓鏡智)를 초월해 결정성(結定性)에 들면, 원융각명(圓融覺明)과 부동열반성(不動涅槃性)이 둘 다 타파되어 끊어진다. 그러므로, 동(動)과 정(靜), 정(定)과 혜(慧)의 무위지혜(無爲智慧) 음양이성(陰陽二性)의 두 성품이 끊어져, 둘 없는 무연불이결정성(無然不二結定性)인 무생일성(無生一性)에 들게 된다.

　무연불이결정성(無然不二結定性)인 무생일성(無生一性)에 들면, 열반성(涅槃性)인 체(體)와 각명성(覺明性)인 용(用)이 불이결정성(不二結定性)으로, 부동(不動)의 체(體)도, 각명(覺明)의 용(用)도 둘 다 끊어져, 본연무연중절대성(本然無然中絕對性)인 원융일성결정인(圓融一性結定印)이다. 이 성품은 정혜불이(定慧不二)로, 정(定)과 혜(慧)의 두 성품이 끊어져, 정(定)과 혜(慧)가 없다. 그대로 정각불이일성원융원만(定覺不二一性圓融圓滿)이다. 결정성(結定性)에 들지 못하면, 정(定)과 혜(慧)의 성품이 체(體)와 용(用)의 차별 속에 있어, 정(定)과 혜(慧)의 완전한 불이(不二)의 결정성(結定性)을 이룰 수가 없다. 그러므로, 정(定)과 혜(慧)의 성품이 서로 달라, 망동(妄動)을 정(定)으로 다스리고, 망정(妄靜)을 혜(慧)으로 다스려야 한다. 동(動)과 정(靜)이 불이(不二)의 무연일성(無然一性)인 무생(無生)결정성(結定性)을 벗어나면, 미혹(迷惑)의 망동(妄動)과 망정(妄靜)을 다스리고, 지혜를 밝히는 체(體)와 용(用)인 정(定)과 혜(慧), 두 법의 수행이 조화(調和)를 이루어야 한다. 그러나 무생결정성(無生結定性)에 들면, 체(體)와 용(用)이 둘 다 끊어져, 정혜불이(定慧不二)의 결정성(結定性)이다. 체(體)와 용(用), 동(動)과 정(靜), 정(定)과 혜(慧)의 두 성품이 있음은, 체(體)와 용(用)이 끊어진 정혜불이(定慧不二)의 성품, 둘 없는 완전한 결정성(結定性)에 이르지 못한, 차별지(差別智) 속에 있기 때문이다. 이는, 본연무연중절대성(本然無然中絕對性)인 무생(無生) 결정성(結定性)을 벗어난 지혜작용이, 동(動)과 정(靜)의 차별성(差別性)인, 대(對)의 차별지혜 속에 있기 때문이다. 정(定)과 혜(慧)의 두 성품이 동정불이(動靜不二)에 듦으로, 체(體)와 용(用)이 끊어진 결정성(結定性)인, 여래(如來)의 결정각(結定覺)에 들게 된다. 이는, 구경열반(究竟涅槃)과 구경보리(究竟菩提)의 차별성이 끊어진, 일체(一切) 장애(障礙)를 벗어나는 지혜상승작용으로, 본래의 성품 순수본연(純粹本然)으로 돌아가는, 본성귀일(本性歸一)의 본연(本然)성품, 본연섭리(本然攝理)에 의함이다.

모든 근본은 오직, 하나일지라도, 차별세계에서는 그 성품이 일어나는 체(體)가 다르다. 색성향미촉법(色聲香味觸法)의 이(理)인 체(體)는 6식(六識)이다. 그러므로 6식(六識)이 끊어지면 색상(色相)을 벗어나 색공(色空)에 들게 된다. 그러나 식(識)의 작용이 사라지지 않음은, 색계(色界)의 체(體)와 식계(識界)의 체(體)가 다르기 때문이다. 색계(色界)의 체(體)는 6근(六根)에 의한 6식(六識)이며, 식계(識界)의 체(體)는 8식(八識)의 출입식(出入識)이 아닌, 함장식(含藏識)이다. 그러므로 12인연의 무명(無明)에서 행(行)의 식(識)을 생기(生起)하는 것이다. 8식(八識) 함장식(含藏識)이 곧, 12인연의 무명(無明)이다. 식(識)의 전변(轉變)으로, 색상(色相)에 반연(伴緣)한 상식(相識)인 6식(六識)이 타파되어 끊어지면, 색상공(色相空)인 대승지(大乘智)를 발한다. 식(識)의 전변(轉變) 능식(能識)의 깊이에 따라, 7식(七識)이 타파되어 끊어지면 자아(自我)가 끊어지며, 무염진여(無染眞如)의 일승지(一乘智)를 발한다. 8식(八識) 출입식(出入識)이 타파되어 끊어지면, 원융각명(圓融覺明)의 대원경지(大圓鏡智)인 일불승지(一佛乘智)를 발한다. 8식(八識) 부동식(不動識)인 함장식(含藏識)을 타파해 끊어지면, 부동열반지(不動涅槃智)에 들어 불승지(佛乘智)를 발한다. 깨달음으로 무생법인(無生法忍)을 증득하여 든 승지(乘智)가 곧, 무위각성지혜(無爲覺性智慧)이다. 다만, 각각 승지(乘智)의 깊이인 지혜성품 차원이 다를 뿐이다. 무위법(無爲法)인 무생법인(無生法忍)을 타파하여 벗어나, 여래(如來)의 결정성(結定性)인 인(印)에 듦은, 시각(始覺)과 본각(本覺)이 둘 다 끊어지는 불가사의로, 각명보리(覺明菩提)인 동(動)과 부동열반(不動涅槃)인 정(靜)의 두 성품이, 완전한 불이결정성(不二結定性)인 무생결정성(無生結定性)에 의함이다. 이 본연(本然)의 성품, 완전한 무생불이(無生不二)의 절대성(絕對性)인 본연무연중절대성(本然無然中絕對性)을 일컫는 인(印), 의(義), 이(利), 이(理), 무생(無生), 무생인(無生印), 무생법인(無生法印), 결정(結定), 결정성(結定性), 여(如), 여래(如來), 여래장(如來藏), 무생공능(無生功能) 등이, 모두, 결정성(結定性)인, 동일성품이다.

구경부동열반(究竟不動涅槃)을 벗어나는 것은, 구경부동열반지(究竟不動涅槃智)에서 본성무상각명보리(本性無上覺明菩提)에 증입하기 때문이다. 그러면, 본성무상각명보리(本性無上覺明菩提)에 의해 구경부동열반지(究竟不動涅槃智)가 타파되어 벗어나, 본성무상각명보리(本性無上覺明菩提)에도 머물지 않고, 바로, 여래(如來)의 결정성(結定性)인 인지(印智)를 발하게 된다. 또한, 구경원융각명(究竟圓融覺明)을 벗어나는 것은, 구경원융각명보리지(究竟圓融覺明菩提智)에서 본성무상부동열반(本性無上不動涅槃)에 증입하기 때문이다. 그러면, 구경원융각명보리지(究竟圓融覺明菩提智)가 타파되어 벗어나, 본성무상부동열반(本性無上不動涅槃)에도 머물지 않고, 바로, 여래(如來)의 결정성(結定性)인 인지(印智)를 발하게 된다. 이러한 불가사의는, 구경각(究竟覺)에서 본성무상정(本性無上定)에 듦으로 벗어나고, 구경정(究竟定)에서 본성무상각(本性無上覺)에 듦으로 벗어난다. 이는, 이(理)의 참 성품 공능순리(功能順理)의 조화(造化)로, 부동열반(不動涅槃)과 각명보리(覺明菩提)의 지혜음양(智慧陰陽) 정혜이성(定慧二性)이 시종(始終) 없는 무연본래(無然本來)의 근원으로 돌아가는 본성귀일도(本性歸一道)로, 완전한 무생불이(無生不二)의 결정성(結定性)을 이루는, 자연본성근본섭리(自然本性根本攝理)이니 이는, 심오(深奧)하고 불가사의한 시방우주운행본성근본섭리(十方宇宙運行本性根本攝理)로, 절대공능중도(絕對功能中道)인 절대불이일성원만구족행(絕對不二一性圓滿具足行)이며, 실상공능본연섭리(實相功能本然攝理)이다.

구경(究竟)의 두 성품, 동(動)과 정(靜), 정(定)과 혜(慧), 열반(涅槃)과 보리(菩提)의 두 지혜성품 음양이성(陰陽二性)이, 무연청정본성(無然淸淨本性)인 본연무연중절대성(本然無然中絕對性)을 벗어난 성품이므로, 본연본성귀일(本然本性歸一)로 궁극지혜의 음양이성(陰陽二性)이 절대불이성(絕對不二性)인 결정성(結定性)에 듦으로, 완전한 지혜인 불지혜(佛智

慧)를 이루게 된다. 이는, 지혜성품이 상승하여 일체식(一切識)의 장애(障礙)를 벗어나, 본연(本然)의 완전한 무연일성(無然一性)인 자기 본래본연(本來本然)으로 돌아가는, 완전한 무연본성(無然本性), 절대(絶對) 중(中)의 섭리(攝理)이다. 이는, 더 없는 청정(淸淨) 지혜음양(智慧陰陽) 정혜이성(定慧二性)의 궁극상승발현(窮極上昇發顯)으로 이루어지는, 불가사의 절대순수순응(絶對純粹順應)인 자연본연공능(自然本然功能)의 섭리(攝理)이다. 이 결정성(結定性)이, 금강삼매경 무생지혜(無生智慧)의 결정성(結定性)이며, 인(印)이며, 불가사의 이(利)의 성품 여(如)의 세계이다.

구경열반(究竟涅槃)과 구경보리(究竟菩提)를 증득하는 것은, 2종(二種) 지혜의 특성에 의함이니, 정(定)인 열반(涅槃)의 지혜와 각(覺)인 보리(菩提)의 지혜에 의함이다. 그러나 각력(覺力)의 성품이 상승하면, 정(定)과 각(覺)이 본래 한 성품이니, 수행의 경계를 따라 정(定)의 성품 지혜 속에도 각(覺)을 발현하고, 각(覺)의 성품 지혜 속에도 정(定)을 발현하게 된다. 그러나 완전한 지혜를 이루게 되는 것은, 정(定)과 각(覺)이 동일성품으로 불이(不二)의 결정성(結定性)에 듦으로, 정(定)과 각(覺)이 둘 없는 완전한 한 성품인 결정성(結定性)의 지혜를 이루게 된다. 일체(一切) 유위상(有爲相)도 타파해 벗어나야 되지만, 보살지(菩薩智)인 무생법인(無生法忍)의 일체(一切) 무위지혜상(無爲智慧相)도 타파해 벗어나야 한다. 그래야만, 결정각(結定覺)인 여래지(如來智)에 증입하게 된다. 보살지(菩薩智)의 각성(覺性)과 열반(涅槃)은 무생법인지(無生法忍智)의 무위각성(無爲覺性)과 무위열반(無爲涅槃)이다. 무생법인(無生法忍)에 든, 대승지(大乘智), 일승지(一乘智), 일불승지(一佛乘智), 불승지(佛乘智), 이 모두가 다 무생법인지(無生法忍智)인 무위지혜(無爲智慧)의 세계이다. 일체 무위지혜(無爲智慧)를 타파하면 무생법인(無生法忍)을 벗어나, 여래(如來)의 결정성(結定性)인 인(印)에 증입하게 된다. 여래(如來)의 결정성(結定性)인 인(印)에 증입하므로, 비로소 일체(一切) 무위지혜(無爲智慧)가 파괴됨을 깨닫고, 무생법인(無生法忍)도 파괴된다는 사실을 깨달으며, 무위무생(無爲無生)도 파괴됨을 깨닫게 된다.

여래(如來)의 결정성(結定性)에 들면, 일체식(一切識)과 일체지혜(一切智慧)를 다 벗어나게 된다. 왜냐면, 일체(一切)가 본연무연중절대성(本然無然中絶對性)을 벗어난 각식(覺識)의 지혜상(智慧相)이기 때문이다. 여래(如來)의 결정성(結定性) 인(印)에는, 동(動)과 정(靜)도 끊어졌고, 정(定)과 혜(慧)도 끊어졌고, 열반(涅槃)과 보리(菩提)도 끊어졌고, 유위(有爲)와 무위(無爲)도 끊어졌고, 무명(無明)과 각명(覺明)도 끊어졌고, 중생(衆生)과 불(佛)도 끊어졌다. 그러므로, 무생(無生), 이 법구(法句)가 견(見)에 따라 수용함이 차별이 있으니, 유위견(有爲見)으로 수용하면 무생(無生)이 유위상(有爲相)이며, 무위견(無爲見)으로 수용하면 무생(無生)이 무위상(無爲相)인 무위공성(無爲空性)이며, 무생결정성(無生結定性)으로 수용하면 무생(無生)이, 유위(有爲)도 무위(無爲)도 끊어진 여래결정성(如來結定性)이며, 여래결정각(如來結定覺)인 인(印)이다.

○ **260.** 2상(二相)이 없어, 보살도로 미래에 불보리(佛菩提)를 이루리라.

菩薩 如是之人 不在二相 雖不出家 不住在家
보 살 여 시 지 인 부 재 이 상 수 불 출 가 부 주 재 가

雖無法服 [論:續1,2: 故雖無法服]
수 무 법 복 [논:속1,2: 고수무법복]

而 [論:續1,2: 而 없음] **不具持波羅提木叉戒** [續2: 戒 없음]
이 [논:속1,2: 이 없음] 불 구 지 바 라 제 목 차 계 [속2: 계 없음]

不入布薩 能以自心 無爲自恣 而獲聖果 不住二乘
불 입 포 살 능 이 자 심 무 위 자 자 이 획 성 과 부 주 이 승

入菩薩道 後當滿地 成佛菩提
입 보 살 도 후 당 만 지 성 불 보 리

보살(菩薩)이여! 이와 같은 사람은 2상(二相)이 있지 않으므로, 비록 출가(出家)하지 않았어도 재가(在家)에 머묾도 아니니라. 비록 법복(法服)도 없고, 바라제목차계를 지니어 갖추지 않아 포살(布薩)에 들지 않았어도 능히, 스스로 마음이 무위(無爲)로 자재(自在)하여, 걸림이 없는 성과(聖

果)를 얻었으므로, 2승(二乘)에 머무르지 않고, 보살도(菩薩道)에 들었느니라. 후일에는 당연히, 지혜(智慧)의 성품이 충만하여, 불보리(佛菩提)를 이루리라.

♣ 보살이여! 허공해탈(虛空解脫), 금강해탈(金剛解脫), 반야해탈(般若解脫)을 보존하여, 일심(一心) 여(如)의 청정을 지키는 사람은, 유무(有無)와 식(識)의 출입이 없으니, 비록 출가(出家)를 하지 않았어도 재가(在家)에 머묾도 아니니라. 비록 법복(法服)도 없고, 바라제목차계(波羅提木叉戒)를 지니지 않아 포살(布薩)에 들지 않았어도 능히, 스스로 무위(無爲)로 상(相)에 머묾이 없어 자재(自在)하여, 걸림 없는 성과(聖果)를 얻었으므로, 해탈(解脫)을 구하는 2승(二乘)에 머무르지 않고, 보살도(菩薩道)에 들었느니라. 후일에는 당연히, 지혜의 성품이 충만하여, 불(佛)의 보리(菩提)를 이루리라.

□ 고(高), 대(大) 경(經)에 수무법복(雖無法服)이, 논(論), 속1,2(續1,2) 경(經)에는 고수무법복(故雖無法服)으로 되어 있다.
□ 고(高), 대(大) 경(經)에 이불구지바라제목차계(而不具持波羅提木叉戒)가, 논(論), 속1(續1) 경(經)에는 불구지바라제목차계(不具持波羅提木叉戒)로, 속2(續2) 경(經)에는 불구지바라제목차(不具持波羅提木叉)로 되어 있다.

● **부재이상(不在二相):** 2상이 없다. 대(對)의 2상(二相)이니, 유무(有無), 생멸(生滅), 능소(能所), 자타(自他), 내외(內外), 출입(出入), 취사(取捨) 등이 없음이다.

● **바라제목차계(波羅提木叉戒):** 별해탈계(別解脫戒)로 하나하나의 업(業)의 행위를 벗어나는 계율(戒律)이다.

● **포살(布薩):** 계(戒)를 바탕하여 허물을 참회하며 선근(善根)을 기르는 의식(儀式)이다.

● **2승(二乘):** 소승법(小乘法)에 의지한 승(乘), 또는, 성문승(聲聞乘)과 연각승(緣覺乘)이다.

● **보살도(菩薩道):** 무생법인(無生法忍)의 무위도(無爲道)이다.

○ **261.** 열반에 들어 여래 옷을 입고, 보리좌(菩提坐)에 앉음이옵니다.

大力菩薩言 不可思議 如是之人 非出家 非不出家
대 력 보 살 언　불 가 사 의　여 시 지 인　비 출 가　비 불 출 가

何以故 入涅槃宅 著[論: 着]如來依 坐菩提座 如是之人
하 이 고　입 열 반 택　착 [논: 착] 여 래 의　좌 보 리 좌　여 시 지 인

乃至沙門 冝應敬養[大:續1,2: 宜應敬養]
내 지 사 문　의 응 경 양 [대: 속1,2: 의응경양]

대력보살이 말씀 사뢰옵기를, 불가사의이옵니다. 이와 같은 사람은 출가(出家)도 아니며, 출가(出家) 아님도 아니옵니다. 무슨 연유인가 하오면, 열반(涅槃)의 집에 들어, 여래(如來)의 옷을 입고 보리좌(菩提座)에 앉음이오니, 이와 같은 사람은 또한, 사문(沙門)이라도 응당히, 공경(恭敬)하며 공양(供養)할 것이옵니다.

♣ 대력보살이 말씀 사뢰옵기를, 불가사의이옵니다. 이와 같은 사람은 출가의 모습이 없어 출가가 아니며, 그러나, 세속을 벗어났으니 출가가 아님도 아니옵니다. 무슨 연유인가 하오면, 식(識)의 출입이 끊어진 열반(涅槃)의 집에 들어, 여래(如來)의 옷을 입고 보리(菩提)의 성품에 듦이오니, 이와 같은 사람은 또한, 사문(沙門)이라 하여도 응당, 공경하며 공양할 것이옵니다.

□ 고(高), 대(大), 속1,2(續1,2) 경(經)에 착여래의(著如來依)가, 논(論) 경(經)에는 착여래의(着如來依)로 되어 있다.
□ 고(高), 논(論) 경(經)에 의응경양(冝應敬養)이, 대(大), 속1,2(續1,2) 경(經)에는 의응경양(冝應敬養)으로 되어 있다.

○ **262.** 3계(三界)를 초월한 정각(正覺)에 들었으니, 공경 공양해야 한다.

佛言 如是 何以故 入涅槃宅 心超三界[論: 心起三界]
불 언　여 시　하 이 고　입 열 반 택　심 초 삼 계 [논: 심기삼계]

著[論: 着]如來依 入法空處 坐菩提座
착 [논: 착] 여 래 의　입 법 공 처　좌 보 리 좌

登正覺地[論:續1,2: 登正覺一地] 如是之人
등 정 각 지 [논: 속1,2: 등정각일지]　여 시 지 인

心超二我[續1,2: 心超二乘] 何況沙門 而不敬養
심 초 이 아 [속1,2: 심초이승] 하 황 사 문 이 불 경 양

부처님께옵서 말씀하옵기를, 그러하니라. 무엇 때문이냐면, 열반(涅槃)의 집에 들어, 마음이 3계(三界)를 초월하여 여래(如來)의 옷을 입고, 법이 공(空)한 곳에 들어 보리좌(菩提座)에 앉아, 정각(正覺)의 성품[地]에 들었기 때문이니라. 이와 같은 사람은, 마음이 2아(二我)를 초월하였으니, 어찌 하물며, 사문(沙門)이라 하여, 공경하고 공양하지 않겠느냐?

♣ 부처님께옵서 말씀하옵기를, 그러하니라. 무엇 때문이냐면, 출입식(出入識)이 끊어져 열반(涅槃)의 집에 들어, 욕(欲) 자재(自在)와 색(色) 자재(自在)와 식(識) 자재(自在)에 들어 3계(三界)를 초월하여, 무위(無爲)에 들어 여래(如來) 지혜의 옷을 입고, 법이 공(空)한 성품인 보리좌(菩提座)에 앉아 정각(正覺)의 성품에 증입해, 능(能)과 소(所)가 끊어져, 분별자(分別者)와 분별의 대상(對相)인, 2아(二我)가 끊어져 초월하였으니, 어찌 하물며 사문(沙門)이라 하여, 공경하고 공양하지 않겠느냐?

□ 고(高), 대(大), 속1,2(續1,2) 경(經)에 심초삼계(心超三界)가, 논(論) 경(經)에는 심기삼계(心起三界)로 되어 있다.
□ 고(高), 대(大), 속1,2(續1,2) 경(經)에 착여래의(著如來依)가, 논(論) 경(經)에는 착여래의(着如來依)로 되어 있다.
□ 고(高), 대(大) 경(經)에 등정각지(登正覺地)가, 논(論), 속1,2(續1,2) 경(經)에는 등정각일지(登正覺一地)로 되어 있다.
□ 고(高), 논(論), 대(大) 경(經)에 심초이아(心超二我)가, 속1,2(續1,2) 경(經)에는 심초이승(心超二乘)으로 되어 있다.

● **심초이아(心超二我):** 마음이 2아(二我)를 초월했다. 2아(二我)는 인아(人我)와 법아(法我)이다. 인아(人我)는, 4대(四大)의 몸과 수상행식의 작용인 분별의 식심(識心)을 나로 알고 있음이다. 법아(法我)는, 내가 인식하는 대상(對相)인 모든 삼라만상 만물과 작용하는 일체를 있다고 생각함이다. 2아(二我)의 경계는 능소(能所)이다. 능소(能所)는, 능

(能)은, 마음의 분별심(分別心)이며, 소(所)는, 감각에 의한 분별의 대상(對相)이다. 이는 마음[識心]의 안과 밖이다.

○ **263.** 여(如)의 대해(大海)는, 2승(二乘)의 지혜로는 보지 못하옵니다.

大力菩薩言 如彼一地 及與空海 二乘之人 爲不見也
대력보살언 여피일지 급여공해 이승지인 위불견야

대력보살이 말씀 사뢰옵기를, 여(如)의 저 한 성품[一地:本地]은, 일체(一切)가 공(空)한 바다이므로, 2승(二乘)의 사람은 지혜[見]가 미치지 못하며, 보지도 못하옵니다.

♣ 대력보살이 말씀 사뢰옵기를, 결정성 여(如)인 저 한 성품[一地:本地]은, 일체(一切)가 공(空)한, 여래장(如來藏) 공능(功能)의 바다이므로, 상견(相見)에 의지한 2승(二乘)의 사람은 지혜가 미치지 못하며, 보지도 못하옵니다.

○ **264.** 2승(二乘)은 삼매(三昧)를 탐착하여, 보리(菩提)를 얻지 못한다.

佛言 如是 彼二乘人 味著[論: 味着]**三昧 得三昧身**
불언 여시 피이승인 미착[논: 미착]삼매 득삼매신

於彼空海一地 如得酒病 惛醉不醒 乃至數劫 猶不得覺
어피공해일지 여득주병 혼취불성 내지수겁 유불득각

酒消始悟 方修是行[論:續1: 方脩是行]**後得佛身**
주소시오 방수시행[논:속1: 방수시행] 후득불신

부처님께옵서 말씀하옵기를, 그러하니라. 저 2승(二乘)의 사람은 삼매(三昧)의 맛을 집착하여, 삼매(三昧)를 얻은 몸으로는, 저 공(空)한 바다의 한 성품[一地:本地]에 이르려면, 술병을 얻음과 같이, 혼미(昏迷)하게 취하여 깨어나지 못해, 수 겁(劫)이 지난 뒤에도 오히려, 보리[覺:菩提]를 얻지 못하므로, 술에서 깨어나야 함을 비로소 깨닫고, 방편(方便)의 수행으로 이 행에 들어, 후일에 불각[佛身:佛覺]을 얻게 되느니라.

♣ 부처님께옵서 말씀하옵기를, 그러하니라. 저 2승(二乘)의 사람은

상심(相心)에 젖어, 멸정(滅定) 삼매(三昧)의 고요함을 집착하여 즐기며, 고요함에 젖은 몸으로는, 저 공(空)한 바다의 무생(無生)한 성품에 이르려면, 술병을 얻음과 같아, 고요한 혼미(昏迷)에 취하여 깨어나지 못하다가, 수 겁(劫)이 지난 뒤에도 오히려, 무생(無生)의 보리(菩提)를 얻지 못하므로, 고요함에 젖은 혼미(昏迷)에서 깨어나야 함을 비로소 깨닫고, 방편의 수행에 의지해 이 행에 들어, 후일에 불각(佛覺)의 몸을 얻게 되느니라.

□ 고(高), 대(大), 속1,2(續1,2) 경(經)에 미착삼매(味著三昧)가, 논(論) 경(經)에는 미착삼매(味着三昧)로 되어 있다.

□ 고(高), 대(大), 속2(續2) 경(經)에는 방수시행(方修是行)이, 논(論), 속1(續1) 경(經)에는 방수시행(方脩是行)으로 되어 있다.

○ 265. 천제(闡提)를 벗어, 6행으로 금강지(金剛智)에서 자비행을 한다.

如彼人者 從捨闡提 即[大:續1,2: 卽]入六行 於行地所
여 피 인 자　종 사 천 제　즉 [대:속1,2: 즉]입 육 행　어 행 지 소

一念淨心 決定明白 金剛智力 阿鞞跋致 度脫衆生
일 념 정 심　결 정 명 백 금 강 지 력　아 비 발 치　도 탈 중 생

慈悲無盡
자 비 무 진

저와 같은 사람은 천제(闡提)를 버림을 좇아, 곧, 6행(六行)에 들어, 그 행의 수행지(修行地)에서, 일념 청정심(清淨心)이 오롯한 결정(結定)이 명백한, 금강지혜(金剛智慧)의 힘으로 불퇴전(不退轉)에 이르러, 중생을 제도하여 해탈하게 하며, 다함 없는 자비행(慈悲行)을 하게 되느니라.

♣ 멸정(滅定) 삼매(三昧)를 탐착하는, 저와 같은 사람은, 성불(成佛)의 인성(因性)을 갖지 않은, 천제(闡提)의 미혹행(迷惑行)을 버림을 좇아, 6행(六行)인 10신행(十信行), 10주행(十住行), 10행행(十行行), 10회향행(十廻向行), 10지행(十地行), 등각행(等覺行)에 들어, 그 행의 수행지(修行地)에서, 일념 청정심이 오롯한 결정(結定)이 명백(明白)한, 금강(金

剛)지혜의 공능력으로, 본 성품의 불퇴전(不退轉)에 들어, 중생을 제도하여 해탈하게 하며, 다함 없는 자비행(慈悲行)을 하게 되느니라.

□ 고(高), 논(論), 경(經)에 즉(即)이, 대(大), 속1,2(續1,2) 경(經)에는 즉(即)으로 되어 있다.

● **아비발치(阿鞞跋致):** 불퇴전(不退轉)이다.

○**266.** 계(戒)를 지니지 않아, 사문(沙門)을 공경하지 않을 것이옵니다.

大力菩薩言 如是之人 應不持戒 於彼沙門 應不敬仰
대 력 보 살 언 여 시 지 인 응 불 지 계 어 피 사 문 응 불 경 앙

대력보살이 말씀 사뢰옵기를, 이와 같은 사람은, 응당히 계(戒)를 지니지 않았으므로, 저 사문(沙門)을, 응당히 공경(恭敬)하거나, 우러러보지 않을 것이옵니다.

♣ 대력보살이 말씀 사뢰옵기를, 이와 같은 사람은, 응당히 신구의(身口意)의 행을 다스리는, 계(戒)를 지니지 않았으므로, 저 사문(沙門)을, 응당히 공경하거나, 우러러보지 않을 것이옵니다.

○**267.** 8종식(八種識)이 멸하여 9식(九識)에 든, 청정(淸淨) 공(空)이다.

佛言 爲說戒者 不善慢故 海波浪故 如彼心地
불 언 위 설 계 자 불 선 만 고 해 파 랑 고 여 피 심 지

八識海澄[論: 八識海澂]**九識流淨 風不能動 波浪不起**
팔 식 해 징 [논: 팔식해징] 구 식 유 정 풍 불 능 동 파 랑 불 기

戒性等空
계 성 등 공

부처님께옵서 말씀하옵기를, 계(戒)를 설하는 것은, 선(善)하지 않고, 어리석은 오만(傲慢)함이, 바다의 파도처럼 물결치기 때문이니라. 저[수행자(修行者)]와 같은 마음 성품[本地]은, 8식(八識)의 바다가 맑아져 9식(九識) 청정에 흘러들어, 경계의 바람에 능히, 움직임이 없어, 파도의 물결이 일어나지 않아, 계(戒)의 성품이 평등한, 공(空)함이니라.

♣ 부처님께옵서 말씀하옵기를, 계(戒)를 설하는 것은, 아상(我相)을 일으켜 선(善)하지 않고, 어리석은 오만(傲慢)함의 치성함이, 바다의 파도처럼 물결치기 때문이니라. 그러나, 저 수행자(修行者)는, 8식(八識)의 바다가 맑아져 9식(九識) 청정에 흘러들어, 일체 경계에 능히, 움직임이 없어, 일체 식(識)의 출입인 파도의 물결이 일어나지 않아, 계(戒)의 성품이 평등한, 본성의 공(空)함에 들었느니라.

□ 고(高), 대(大), 속1,2(續1,2) 경(經)에 팔식해징(八識海澄)이, 논(論) 경(經)에는 팔식해징(八識海澂)으로 되어 있다.

■ 8식해징 9식유정(八識海澄 九識流淨)

8식(八識)의 바다가 맑아져 9식(九識) 청정에 흘러든다. 이 말은 간단하고 단순하나, 이 구(句)의 뜻은, 불각(佛覺)을 성취하는 불가사의한 실증(實證)의 세계를 품고 있다. 8식(八識)에는 2종식(二種識)이 있다. 하나는 식(識)의 출입식(出入識)이며, 또, 하나는 식(識)의 함장식(含藏識)이다. 식(識)의 출입식(出入識)은, 함장식(含藏識)에 저장 되어 있는 기억과 각종 업력의 정보를 6근, 6식, 7식(七識)의 작용에 내어 놓는 출(出)의 작업을 하며, 또한, 6근, 6식, 7식(七識)의 작용에 의한 상념(想念)과 기억과 감정과 판단과 각종 여러 상황의 식업(識業)을 저장하는, 입(入)의 작용을 하는 출입식(出入識)이다. 출입식(出入識)은 6근, 6식, 7식(七識)의 작용에, 빛보다 더 빠른 속도로 작용한다. 그러므로 출입식(出入識)은, 출입(出入)의 작용을 하므로 동식(動識)이다. 그러나, 8식(八識)의 함장식(含藏識)은 출입(出入) 없는 부동식(不動識)이므로, 동(動)함이 없어 드러나지 않음이니 함장식(含藏識)이다. 또한, 함장식(含藏識)은, 일체 3세업(三世業)을 저장해 있으므로 함장식(含藏識)이다.

8식(八識) 출입식(出入識)은, 12인연법(十二因緣法)의 근본 무명(無明) 다음인 행(行)이다. 출입(出入)이 없는 8식(八識) 함장식(含藏識)은, 12인연법(十二因緣法)의 근본 무명식(無明識)이다. 그리고, 8식(八識) 출입식(出入識)

이 끊어지면 대원경지(大圓鏡智)인 원융각명(圓融覺明)의 일불승지(一佛乘智)에 들게 된다. 또한, 8식(八識) 함장식(含藏識)이 타파되어 끊어지면 부동열반지(不動涅槃智)인 불승지(佛乘智)에 들게 된다.

그런데, 이 함장식(含藏識)의 성품이, 지혜성품의 각력에 따라 전변(轉變)한다. 이를 비유하면, 허공처럼, 어둠이 있으면 허공이 어둠의 허공이 되고, 밝음이 있으면 밝음의 허공이 되는 것과도 같다. 그러나 허공성은, 어둠도 아니며 밝음도 아니기에, 어둠과 밝음에 걸림 없이 청정한 성품 그대로이다. 그러므로 어둠과 밝음은, 상(相)의 작용 대법(對法) 속에 이루어지는 분별의 세계이다. 지혜가 밝아 허공성(虛空性)에 들면, 어둠도 밝음도 끊어진다. 이와 마찬가지로, 무명(無明)으로 행(行)이 이루어지는 12인연법(十二因緣法)에서는, 이 함장식(含藏識)을 무명(無明)이라고 했다. 또, 5음(五陰)의 출입으로 제식(諸識)이 이루어지는 유식법(唯識法)에서는 8식(八識) 함장식(含藏識)이라고 했다. 무명(無明)인 함장식(含藏識)을 타파하여 불승(佛乘)이 이 성품에 들면, 부동열반성(不動涅槃性)이다.

불승(佛乘)이, 함장식(含藏識)을 타파해 들면 무명(無明)도 없고, 함장식(含藏識)도 없는 청정부동열반성(淸淨不動涅槃性)이다. 왜, 청정부동열반성(淸淨不動涅槃性)인가 하면, 12인연법에도 무명(無明)이, 행(行)이 이루어지기 전(前)의 부동무기식(不動無記識)이며, 유식법(唯識法)에서도 8식(八識) 출입식(出入識) 전(前)의 함장식(含藏識)인 부동무기식(不動無記識)이므로, 부동무기식(不動無記識)을 타파하여 증입한 불승(佛乘)은, 12인연법의 무명부동식(無明不動識)과 유식법(唯識法)의 8식(八識) 함장부동식(含藏不動識)이 사라져, 무명(無明)도 없고, 함장식(含藏識)도 없는 심청정부동열반성(心淸淨不動涅槃性)이다. 이것이 불승(佛乘)의 지혜성품, 심청정부동열반성지(心淸淨不動涅槃性智)이다. 그러나 불각(佛覺)이 아님은, 본연무연중절대성(本然無然中絶對性)을 벗어난 부동열반각식(不動涅槃覺

識)의 작용인, 무위부동열반성지(無爲不動涅槃性智)이기 때문이다.

그리고, 불승(佛乘)의 무위부동열반성지(無爲不動涅槃性智)가 전변(轉變) 상승하면, 그 성품이 경(經)에서 설(說)하는 9식(九識) 암마라식(菴摩羅識)인 청정본성(淸淨本性)이다. 본성이므로 일체식(一切識)과 구분하여 9식(九識) 암마라식(菴摩羅識)이라 하였다. 이는, 하나의 허공이 빛이 없어 어둠의 허공이 되고, 빛이 있어 밝음의 허공이 되며, 또한, 더 지혜가 밝아 허공성(虛空性)에 증입하니, 어둠도 밝음도 끊어진 물듦 없는 허공의 본성(本性)에 듦과도 같다. 그러나, 무명(無明)의 함장식(含藏識)과 불승(佛乘)이 증입한 부동열반성(不動涅槃性)과 9식 암마라식(菴摩羅識)이 다름은, 각각 성품 차원이 다르기 때문이다. 중생식(衆生識)에 인연하여 있으니 무명(無明)과 함장무기식(含藏無記識)이며, 식(識)의 출입도 끊어져 무명(無明) 없는 그 성품에 드니 심부동열반성(心不動涅槃性)이며, 무위지혜상(無爲智慧相)까지 끊어지니, 본성결정성(結定性) 암마라식(菴摩羅識)이 밝게 드러남이다.

불승(佛乘)이, 함장식(含藏識)이 끊어진 부동열반심성(不動涅槃心性)이니, 일체 각식(覺識)의 동(動)이 끊어진 청정성품이므로, 여래(如來)의 청정(淸淨)으로 착각할 수도 있다. 왜냐면, 무명(無明)의 함장식(含藏識)도 없는 부동청정열반성(不動淸淨涅槃性)이니, 그 청정함이 이루 말할 수가 없다. 온 우주 시방이 청정부동각(淸淨不動覺)에 들게 된다. 그러므로 청정성품도, 무위부동청정성(無爲不動淸淨性)과 무생결정청정성(無生結定淸淨性)을 구분하지 않으면, 단순, 암마라(菴摩羅)란 청정(淸淨)의 언어(言語)로는 구분할 수가 없다. 그러므로 청정(淸淨)도, 그 지혜성품이 불승지(佛乘智)와 불지(佛智)를 구분하지 않으면, 언어(言語)로는, 그 성품이 불승지(佛乘智)의 성품인지, 불지(佛智)의 성품인지를 알 수가 없다. 불승지(佛乘智)의 지혜성품은 무위무생법인지(無爲無生法忍智)이며, 불지(佛智)의 지혜성품은 결정무생법인(結定無生法印智)

이다. 그러나 이 지혜성품의 차별을 드러내어도, 무위지혜(無爲智慧)의 무생법인지(無生法忍智) 속에 있으면, 이 성품의 차별과 경계를 헤아려도 알 수가 없다. 왜냐면, 무위지혜(無爲智慧)를 벗어나지 못했으므로, 무생법인지(無生法忍智)와 무생법인지(無生法印智)의 지혜성품 차별차원을 분별할 지혜가 부족하기 때문이다. 무생법인지(無生法忍智)는 제법공성(諸法空性)을 깨달아 무위지혜(無爲智慧)에 든 무위보살지(無爲菩薩智)이며, 무생법인지(無生法印智)는 무생법인지(無生法忍智)를 벗어난 무생결정성(無生結定性)인 여래결정성(如來結定性)이다. 이 성품의 차별은 인(忍)과 인(印)의 차별이다. 인(忍)은, 깨달음의 무위공성각식행(無爲空性覺識行)이 있는 무위승(無爲乘)의 지혜이며, 인(印)은, 무위공성(無爲空性)을 벗어난 결정성(結定性)인 여래결정각(如來結定覺)이다. 이 결정각(結定覺)의 성품을 경(經)에는, 결정성(決定性), 여(如), 이(理), 이(利), 의(義), 무생(無生), 인(印) 등으로 성품을 드러내고 있다.

위의 구절에서 8식(八識)의 바다가 맑아지면, 9식(九識) 청정에 흘러드는 그 과정의 실증(實證)에는, 불가사의 미묘한 지혜전변(智慧轉變)의 상승과정, 각성경계(覺性境界)의 변화들이 있다. 8식(八識)의 출입식(出入識)이 끊어지면, 식(識)의 전변(轉變) 상승각력(上昇覺力)에 따라 다소 차별이 있겠으나, 바로 본성(本性), 9식(九識) 암마라식(菴摩羅識)에 들지 않고, 8식(八識) 출입식(出入識)이 끊어진 자재(自在)인, 대원경지(大圓鏡智) 사사원융무애각명지(事事圓融無礙覺明智)에 들게 된다. 그 까닭은, 각각 식(識)의 차원이 다르기 때문이다. 식(識)이 파괴될 때에, 같은 차원 층(層)의 식(識)이 아니면, 식(識)의 성질에 따른 종류의 깊이 차원에 따라, 식(識)의 층(層)이 서로 달라 한목 파괴되지 않는다. 그러나, 수행의 각력(覺力)에 따라, 차원의 층(層)을 초월할 수는 있다. 어느 차원의 식(識)을 타파하면, 그 식(識)이 끊어진 차원의 자재(自在)에 들게 된다. 이 대원경지(大圓鏡智)는 8식(八識) 출입식(出入識)이 끊어져, 시방원융편재각명원융성(十方圓融遍在覺明圓融性)에 든 지혜이다. 그러나 이 원융각명지혜(圓融覺明智慧)여도, 8식(八識) 함장식(含藏識)이 타파되지 않아, 9식(九識) 본성, 암마라식(菴摩羅識)에 들지 못하고 있다. 8식(八識) 출입식(出入識)이 끊어진 대원경지(大圓鏡智)를 또한, 벗어나 지혜전변(智慧轉變) 상승의 길이, 수행자의 각력에 따라 두 갈래의 길이 있다. 하나는 8식(八識) 함장식(含藏識)을 타파한 불승지(佛乘智)인 청정열반부동성지(淸淨涅槃不動性智)이며, 또 하나는 여래결정각(如來結定覺)인 9식(九識) 암마라식(菴摩羅識)이다.

8식(八識) 출입식(出入識)이 끊어진 일불승지(一佛乘智)와 함장식(含藏識)을 타파하여 든 불승지(佛乘智)와 무생결정성(無生結定性)에 든 여래결정각(如來結定覺)인 인지(印智)를 실증(實證)하지 않으면, 이 불가사의 미묘한 지혜성품 전변(轉變)의 경계와 과정을 가름할 수가 없다. 그 차이는, 8식(八識) 출입식(出入識)이 끊어진 일불승지(一佛乘智)는 원융각명편재원만원융지(圓融覺明遍在圓滿圓融智)이며, 8식(八識) 함장식(含藏識)이 끊어진 불승지(佛乘智)는 부동청정열반성지(不動淸淨涅槃性智)이며, 무생법인(無生法忍)인 무위공성지혜(無爲空性智慧)가 끊어진 무생결정성(無生結定性)은 여래결정성(如來結定性)이다. 무위지혜는 무생법인지(無生法忍智)이며, 무생결정성(無生結定性)은 무생법인지(無生法印智)이다. 무생법인지(無生法忍智)는 깨달음의 시각(始覺)이 무생본각(無生本覺)에 들지 못한 무위지혜성품이며, 무생법인지(無生法印智)는 시각(始覺)과 본각(本覺)이 둘 다 끊어진 결정성(結定性)의 지혜성품이다.

일불승지(一佛乘智)는 사사원융무애각명지(事事圓融無礙覺明智)인 시방원융편재각명원융성(十方圓融遍在覺明圓融性)이 파괴된다는 것은 상상도 하지 못한다. 왜냐면, 시방세계가 원융한 시방원융편재각명(十方圓融遍在覺明) 속에 있기 때문이다. 또한, 불승지(佛乘智)는 청정무위부동열반성(清淨無爲不動涅槃性)이 파괴된다는 사실을 상상도 하지 못한다. 왜냐면, 온 우주가 청정무위부동열반성(清淨無爲不動涅槃性)이기 때문이다. 그러나, 일불승지(一佛乘智)와 불승지(佛乘智)가 일체유위상(一切有爲相)을 타파한 무위공성보살지(無爲空性菩薩智)의 각식(覺識)에 의한 지혜상(智慧相)이므로, 무위지혜상(無爲智慧相)을 타파해 벗어나면, 그 무위공성지혜(無爲空性智慧)의 세계가 파괴되는, 보살지혜상(菩薩智慧相)임을 비로소 깨달으며, 무생법인지(無生法忍智)와 무생법인지(無生法印智)의 지혜성품차별을 가름하게 된다.

출입이 끊어진 암마라식(菴摩羅識)의 청정식(清淨識)이, 8식(八識)의 함장식(含藏識)도 청정식(清淨識)이며, 함장식(含藏識)을 타파하여 든 불승지(佛乘智)의 부동청정열반성지(不動清淨涅槃性智)도 청정식(清淨識)이며, 무생결정성(無生結定性)도 청정식(清淨識)이다. 위 구절(句節)의 9식(九識) 암마라식(菴摩羅識)이 8식(八識) 함장식(含藏識)이나, 함장식(含藏識)을 타파하여 든 불승지(佛乘智)의 무위부동열반성지(無爲不動涅槃性智)가 아님을 앎은, 다음 뒷 구절에서 3신불(三身佛)을 여의지 않는 지혜성품을 드러내며, 여래장불(如來藏佛), 과족만덕불(果足滿德佛), 형상불(形像佛)에 대한 보리심(菩提心)을 발하는 구절이 나오기 때문이다. 3신불(三身佛)을 알려면, 3신불(三身佛)이 3불불3원융일신각(三佛不三圓融一身覺)임을 실증(實證)하는 지혜성품에 들어야 한다. 8식(八識) 출입식(出入識)이 끊어진 일불승지(一佛乘智)나, 8식(八識) 함장식(含藏識)이 끊어진 불승지(佛乘智)여도, 불가사의한 3신불(三身佛)에 대한 실증(實證)의 성품과 경계는 알 수가 없다. 왜냐면, 그 각성(覺性)이 일체유위상(一切有爲相)을 벗어난 무위지혜(無爲智慧)이나, 시각(始覺)과 본각(本覺)이 둘 다 끊어지지 않았으므로, 시각(始覺)과 본각(本覺)이 다른 차별성품 속에 있기 때문이다. 시각(始覺)이 상승하여 본각(本覺)과 동일성품으로, 시각(始覺)과 본각(本覺)의 차별성인 대(對)가 사라지면, 시각(始覺)과 본각(本覺)이 둘 다 끊어져 여래결정각(如來結定覺)에 증입하면, 무위지혜(無爲智慧)의 깊은 구경지혜(究竟智慧)이어도, 3신불(三身佛)의 지혜성품을 알지 못하고, 실증(實證)하지 못하는 그 까닭을 알게 된다. 왜냐면, 체(體)와 용(用)이 끊어진 본연무연중절대성(本然無然中絕對性)인 무생결정성(無生結定性)의 지혜를 이루지 못했기 때문이다. 완전한 본연불이(本然不二)의 무생결정성(無生結定性)을 이루지 못하면, 체(體)와 용(用), 정(定)과 혜(慧), 동(動)과 정(靜), 보리(菩提)와 열반(涅槃)의 2성(二性)이, 서로 성품이 차별 속에 있어, 지혜의 성품이 불이(不二)의 결정성(結定性)으로 원융하지 못하면, 완전한 원융불이자재일신각(圓融不二自在一身覺)을 이루지 못한다. 그러면, 부동열반체성법신(不動涅槃體性法身)과 각명보리원만보신(覺明菩提圓滿報身)과 수연각응화일신화신(隨緣覺應化一身化身)이 서로 성품이 차별 속에 있어 원융하지 못하여, 일신(一身) 중에 법보응화신(法報應化身)의 원융3신일각(圓融三身一覺)이 시현(示顯)되지 않는다. 지식(知識)으로는 3신불(三身佛)이 하나임을 알아도, 그 경계를 가름할 실증(實證)의 지혜가 없어, 일신(一身) 중 3신불(三身佛)이 시현(示顯)되는, 불3원융일신각체(不三圓融一身覺體)인 3신불(三身佛)의 지혜성품을 알 수가 없다.

무위(無爲)의 지혜가 깊어도, 무위(無爲)의 바탕 공성(空性)이 유위(有爲)의 대상(對相)을 두고 있어, 일체유위(一切有爲)와 일체무위(一切無爲)의 둘을 완전히 벗어나야 체(體)와 용(用), 정(定)과 혜(慧), 동(動)과 정(靜), 보리(菩提)와 열반(涅槃), 중생(衆生)과 불(佛)의 두 모습과 두 지혜상(智慧相)이 끊어져, 불이(不二)도 사라진 결정성(結定性)인 인(印)에 듦으로, 자신 일신(一身)의 작용 속에 바로, 법보응화신(法報應化身)인 불3원융일신각(不三圓融一身覺)의 지혜를 실증(實證)하게 된다. 일체(一切) 보고 듣는 응화(應化)가 법신(法身)이 화현하는 수연각(隨緣覺)인 응화신불성(應化身佛性)이며, 그 응화(應化)를 이루는 원융각명(圓融覺明)

이 보신불성(報身佛性)이며, 바로 그 법체(法體)가 법신불성(法身佛性)이다. 일신(一身) 속에 3신원융불성(三身圓融佛性)이 청정원융원만자재(淸淨圓融圓滿自在)하다. 법상(法相)이나, 상념(想念)의 환(幻) 속에 있으면, 그 지혜가 무한 밝아 아무리 추측하고 헤아려도 알 수 없는, 불가사의 3불원융일신청정묘각(三佛圓融一身淸淨妙覺)의 세계이다. 또한, 무위지혜(無爲智慧)의 무생법인지(無生法忍智)인 대승지(大乘智), 일승지(一乘智), 일불승지(一佛乘智), 불승지(佛乘智)가 구족하여도, 그 무위지혜(無爲智慧)로 아무리 추측하고 헤아려도 알 수 없는 불가사의 세계이다. 무생법인지(無生法忍智)를 벗어나, 시각(始覺)과 본각(本覺)이 둘 다 끊어져, 체(體)와 용(用)과 각식지혜(覺識智慧)까지 끊어진 원융일성여래결정각(圓融一性如來結定覺)에서 법보화신(法報化身) 3불원융일신각(三佛圓融一身覺)을 이루게 된다.

○ **268.** 제식(諸識)이 멸(滅)하여, 3불(三佛)을 벗어나지 않는다.

持者迷倒 如彼之人 七六不生 諸集滅定 不離三佛
지 자 미 도 여 피 지 인 칠 육 불 생 제 집 멸 정 불 리 삼 불

미혹(迷惑)으로 전도(顚倒)된 자가 계(戒)를 지님이니, 저와 같은 사람은, 7식(七識)과 6식(六識)이 일어나지 않으므로, 모든 집착[集]이 멸(滅)한 정(定)이니, 3불(三佛)을 벗어나지 않느니라.

♣ 미혹으로, 전도(顚倒)되어 상(相)에 머무른 자가, 신구의(身口意)를 다스리는 계(戒)를 지님이니, 8식(八識)이 끊어져, 9식(九識)의 청정성품에 흘러든, 저와 같은 사람은, 7식(七識)과 6식(六識)이 일어나지 않아, 모든 상(相)의 집착[集]이 멸(滅)한 정(定)이니, 청정자성(淸淨自性)의 3신불(三身佛)을 벗어나지 않느니라.

● **3불(三佛):** 법신불(法身佛), 보신불(報身佛), 화신불(報身佛)인 3신불(三身佛)이다. 위 구절의 3불(三佛)은 자성3신불(自性三身佛)이다. 자성법신불(自性法身佛)은 청정본성(淸淨本性)이다. 자성보신불(自性報身佛)

은 본성공능각명심(本性功能覺明心)이다. 자성화신불(自性化身佛)은 인연을 따르는 자성공능수연각행(自性功能隨緣覺行)이다. 자성3신불(自性三身佛)의 성품이 곧, 본성보리(本性菩提)의 성품이다. 자성3신불행(自性三身佛行)이 곧, 본성각명보리행(本性覺明菩提行)이다.

○ **269.** 보리(菩提)에 들어 3무상(三無相)을 수순하니, 누구나 공경한다.

而發菩提 三無相中 順心玄入 深敬三寶 不失威儀
이 발 보 리　삼 무 상 중　순 심 현 입　심 경 삼 보　부 실 위 의

於彼沙門 不無恭敬
어 피 사 문　불 무 공 경

보리(菩提)를 발하여, 3무상(三無相) 속에 수순심(隨順心)의 현묘(玄妙)함에 들어, 3보(三寶)를 깊이 공경(恭敬)하며, 위의(威儀)의 여실(如實)함을 잃지 않으므로, 저 사문(沙門)을, 공경(恭敬)하지 않음이 없으리라.

♣ 본성의 성품인 보리(菩提)를 발하여, 허공해탈(虛空解脫), 금강해탈(金剛解脫), 반야해탈(般若解脫)의 3무상(三無相)의 행(行) 속에, 상(相)이 공(空)한 공상역공(空相亦空)인 허공해탈(虛空解脫)과 이(理)가 공(空)한 공공역공(空空亦空)인 금강해탈(金剛解脫)과 지혜(智慧)가 공(空)한 소공역공(所空亦空)인 반야해탈(般若解脫)의 무상공능(無相功能) 수순각심(隨順覺心)의 현묘(玄妙)함에 들어, 자성(自性) 청정불보(淸淨佛寶)의 성품을 깊이 공경하여 수순하며, 자성(自性) 무상법보(無相法寶)의 성품을 깊이 공경하여 수순하며, 자성(自性) 무상승보(無相僧寶)의 성품을 깊이 공경하여 수순(隨順)하는, 무상법행(無相法行) 위의(威儀)의 여실함을 잃지 않으므로, 저 사문(沙門)을 공경하지 않음이 없으리라.

● **3무상(三無相):** 3무상행(三無相行)이다. 3무상행(三無相行)은 3해탈행(三解脫行)이니, 이는, 허공해탈(虛空解脫), 금강해탈(金剛解脫), 반야해탈(般若解脫)의 행(行)이다. 3해탈행(三解脫行)은 3공(三空)에 듦이니, 공상역공(空相亦空)인 상공(相空)과 공공역공(空空亦空)인 이공(理空)과 소공역

공(所空亦空)인 지혜공(智慧空)이다. 상공(相空)은 사공(事空)이며, 공공(空空)은 체공(體空)이며, 소공(所空)은 지혜공(智慧空)인 심공(心空)이다.

● **3보(三寶):** 불(佛), 법(法), 승(僧)이다. 이 구절에는 3무상행(三無相行) 속에 무상공능(無相功能)으로, 자성삼보(自性三寶)에 깊이 듦의 현묘(玄妙)함을 드러냄이다. 불보(佛寶)는 무상공능총지본성(無相功能總持本性)이며, 법보(法寶)는 무상공능원만묘법(無相功能圓滿妙法)이며, 승보(僧寶)는 무상공능수연각행(無相功能隨緣覺行)이다. 자성청정불보(自性清淨佛寶)는 청정일각(清淨一覺)이다. 자성무상법보(自性無相法寶)는 금강일성(金剛一性)이다. 자성무주승보(自性無住僧寶)는 반야일행(般若一行)이다.

■ 3공(三空)과 3해탈(三解脫)의 관계

모든 불법(佛法) 수행의 바탕인 근본과 귀결점은 본성(本性)이다. 수행법과 행함이 달라도, 근본적으로 본성의 성품을 수순하고, 섭수하며, 그 성품을 수용하는 것에 일체 수행의 뼈대와 근간(根幹)을 이루고 있다. 단지, 지혜와 근기(根機)의 차별을 따라, 그에 적절한 다양한 방편(方便)의 수용 길이 있을 뿐이다. 그러나 수많은 물줄기가 바다로 향하듯, 일체 행(行)이 향하고 수순하는 궁극의 성품이 본성(本性)이다. 모든 수행은 본성(本性)을 향하고 수순하는 방편문(方便門)이니, 수행법이 다르다하여, 그 다양한 방편의 수행법이, 궁극 본성(本性)의 근본 뜻을 달리한 것이 아니다. 왜냐면, 본성(本性)은 무엇보다 원만하고 구족하며, 부족함이 없는 절대성(絕對性)으로 일체총지(一切總持)의 충만성품이기 때문이다. 또한, 절대성(絕對性)인 본성(本性)을 벗어나므로, 무명(無明) 중생이 되어, 생사와 윤회를 거듭하며, 본성의 원만 무량공덕을 상실하기 때문이다. 그러므로, 일체 수행이 궁극 본성(本性)을 근간(根幹)으로, 지혜와 방편을 달리한 일도행(一道行)이다. 3공(三空)도 본성(本性)의 성품을 드러내며, 3해탈(三解脫) 또한, 본성(本性)의 성품을 수순하는 수행이다.

3공(三空)은 공상역공(空相亦空), 공공역공(空空亦空), 소공역공(所空亦空)이다. 3해탈(三解脫)은 허공해탈(虛空解脫) 금강해탈(金剛解脫) 반야해탈(般若解脫)이다.

공상역공(空相亦空)은 공(空)한 상(相)이니 역시, 공(空)이다. 이는 상(相)이 공(空)한 이(理)를 드러냄이다. 공공역공(空空亦空)은 공(空)한 이(理)도 공(空)하니 역시, 공(空)이다. 이는 이(理)가 공(空)한 이공(理空)을 드러냄이다. 소공역공(所空亦空)은 상(相)도 공(空)하고, 이(理)도 공(空)한 그 지혜 자체도 공(空)임을 드러냄이다. 3공(三空), 이는, 상(相)인 사(事)와 공(空)인 이(理)와 지혜(智慧)인 견(見)의 3상(三相)을 타파하여 청정본성(淸淨本性)을 드러냄이다. 3상(三相) 타파는, 상(相)을 타파하고, 공(空)한 이(理)를 타파하고, 상(相)과 이(理)를 타파한 지혜 그것도 타파함이다. 상(相)을 타파함은 상공(相空)을 드러내며, 이(理)를 타파함은 이공(理空)을 드러내며, 상(相)과 이(理)가 공(空)한 둘 다 타파함은 상(相)도, 이(理)도 공(空)한 그 지혜(智慧)도 공(空)임을 드러내어 타파하여, 공공공(空空空)인 완전한 성품, 청정본성(淸淨本性)이며, 무생결정성(無生結定性)이며, 무생본성(無生本性)에 들게 한다.

3해탈(三解脫)인 허공해탈(虛空解脫), 금강해탈(金剛解脫), 반야해탈(般若解脫)은, 청정본성(淸淨本性)을 수순하고 섭수한 수행법이다. 허공해탈(虛空解脫), 금강해탈(金剛解脫), 반야해탈(般若解脫)의 3해탈(三解脫)의 수행은, 본성을 수순하는 지혜가 있어야 가능하다. 왜냐면, 3해탈(三解脫)은 상(相)에 의지하지 않고, 본성의 청정성품을 수순하고 섭수한 수행이기 때문이다.

허공해탈(虛空解脫)은 색무상(色無相)인 색해탈자재(色解脫自在)이다. 색공(色空)을 깨달아 색공(色空)의 성품으로, 일체 색상(色相)인 색성향미촉법(色聲香味觸法)의 상(相)을 벗어남이다. 이는 색(色)의 성품이 끊어진 상공청정(相空淸淨)이다.

금강해탈(金剛解脫)은 식무상(識無相)인 식해탈자재(識解脫自在)이다. 식공(識空)을 깨달아 식공(識空)의 성품으로, 일체 식상(識相)인 수상행식(受想行識)의 상(相)을 벗어남이다. 이는 식(識)의 출입이 끊어진 원융각명(圓融覺明)이다.

반야해탈(般若解脫)은 심무상(心無相)인 심해탈자재(心解脫自在)이다. 심공(心空)을 깨달아 심공(心空)의 성품으로, 일체 심상(心相)인 견(見)과 지혜를 벗어남이다. 이는, 견(見)과 지혜에도 물듦 없는 무상청정심(無相淸淨心)이다.

허공해탈(虛空解脫)은 상공청정(相空淸淨)으로 상(相)이 끊어진 상공해탈(相空解脫)에 든다. 금강해탈(金剛解脫)은 식공청정(識空淸淨)으로 식(識)이 끊어진 식공해탈(識空解脫)에 든다. 반야해탈(般若解脫)은 심공청정(心空淸淨)으로 심상(心相)이 끊어져, 심무생(心無生)인 심공해탈(心空解脫)에 든다.

공상역공(空相亦空)인 상(相)이 공(空)함에 들면 일체상(一切相)이 끊어진 허공해탈(虛空解脫)이다. 공공역공(空空亦空)인 공(空)한 이(理)가 또한, 공(空)함에 들면 일체식(一切識)이 끊어져, 성품이 파괴 없는 금강해탈(金剛解脫)이다. 소공역공(所空亦空)인 상공(相空)과 이공(理空)의 지혜상(智慧相)이 공(空)한 지혜공(智慧空)은, 일체상(一切相)이 끊어진 바와 일체식(一切識)이 끊어진 바인, 그 지혜 또한 공(空)하여 지혜상(智慧相)이 없는, 반야해탈(般若解脫)이다.

그러나 3공(三空)과 3해탈(三解脫)로 무생본성(無生本性)에 들면, 본성(本性)에는 3공(三空)과 3해탈(三解脫)도 끊어져 없다. 3공(三空)과 3해탈(三解脫)은 미혹 분별의 제식(諸識)을 멸하여 무생본성(無生本性)에 드는 지혜의 길이다. 3공(三空)과 3해탈(三解脫)로 무생결정성(無生結定性)에 들면, 3공(三空)과 3해탈(三解脫)도 끊어진 여래결정성(如來結定性)인 여래결정각(如來結定覺)이다.

○**270.** 동(動)과 부동(不動) 없는 3공취(三空聚)에, 3유심(三有心)이 없다.

菩薩 彼仁者 不住世間動不動法[論:大:續1,2: 不住世間動不動法]
보살 피 인 자 부 주 세 간 동 부 동 법 [논:대:속1,2: 부주세간동부동법]

入三空聚 滅三有心
입 삼 공 취 멸 삼 유 심

보살이여! 저 인자는, 세간의 동(動)함이나 부동법(不動法)에도 머무르지 않으며, 3공취(三空聚)에 들어, 3유심(三有心)을 멸(滅)하였느니라.

♣ 보살이여! 저 인자[仁者:성품을 수순하는 자]는, 세간(世間)인 욕(欲)과 색(色)과 식(識)의 동(動)함이나 부동법(不動法)에도 머무르지 않으며, 공상역공(空相亦空)과 공공역공(空空亦空)과 소공역공(所空亦空)인 3공취(三空聚)에 깊이 들어, 욕유심(欲有心)인 취사심(取捨心)과 색유심(色有心)인 상주심(相住心)과 무색유심(無色有心)의 출입식(出入識)인, 3유심(三有心)을 벗어났느니라.

□ 고(高) 경(經)에 부주세간동부동법(不住世間動不動法)이, 논(論), 대(大), 속1,2(續1,2) 경(經)에는 부주세간동부동법(不住世間動不動法)으로 되어 있다.

● **3공취(三空聚):** 공상역공(空相亦空), 공공역공(空空亦空), 소공역공(所空亦空)이다.

● **3유심(三有心):** 욕계심(欲界心)인 취사심(取捨心), 색계심(色界心)인 상주심(相住心), 무색계심(無色界心)인 출입식(出入識)이다.

○**271.** 보리심(菩提心)의 3계심(三界心) 멸행(滅行)이, 불가사의이옵니다.

大力菩薩言 彼仁者
대 력 보 살 언 피 인 자

於果足滿德佛[論: 於果滿足德佛][續1,2: 果滿於足德佛]
어 과 족 만 덕 불 [논: 어과만족덕불][속1,2: 과만어족덕불]

如來藏佛 形像佛 如是佛所 發菩提心[論:續1,2: 而發菩提心]
여 래 장 불 형 상 불 여 시 불 소 발 보 리 심 [논:속1,2: 이발보리심]

入三聚戒 不住其相 滅三界心[論:續1,2: 滅三有心]
입 삼 취 계 부 주 기 상 멸 삼 계 심 [논:속1,2: 멸삼유심]

不居寂地 不捨可衆 入不調地 不可思議
부 거 적 지 불 사 가 중 입 불 조 지 불 가 사 의

대력보살이 말씀 사뢰오며 여쭈옵기를, 저 인자[仁者:성품을 수순하는 자]는, 과족만덕불(果足滿德佛), 여래장불(如來藏佛), 형상불(形象佛), 이와 같은 불소(佛所)에서 보리심(菩提心)을 발하여, 3취계(三聚戒)에 들었어도 그 상(相)에 머무르지 않으며, 3계(三界)의 마음이 멸(滅)하였어도, 적멸(寂滅)의 성품[本地]에 머물지 않아 가히, 중생을 버리지도 않으므로, 중생세계[不調地]에 듦이 불가사의이옵니다.

♣1. 대력보살이, 말씀 사뢰오며 여쭈옵기를, 저 인자[仁者:성품을 수순하는 자]는, 과(果)가 구족(具足)하고 원만(圓滿)한, 보신체(報身體)인 과족만덕불(果足滿德佛)과 법신체(法身體)인 여래장불(如來藏佛)과 수연각응화일신체(隨緣覺應化一身體)인 형상불(形象佛), 이와 같은 불(佛)의 처소(處所)에서, 보리심(菩提心)을 발하여, 3취정계(三聚淨戒)인 섭률의계(攝律儀戒)와 섭선법계(攝善法戒)와 섭중생계(攝衆生戒)에 들었어도, 그 상(相)에 머무르지 않으며, 3계(三界)의 마음이 멸(滅)하였어도, 적멸(寂滅)의 성품에 머물지 않아, 가히, 중생을 버리지도 않으므로, 중생세계에 듦이, 불가사의이옵니다.

♣2. 대력보살이, 말씀 사뢰오며 여쭈옵기를, 저 인자(仁者)는, 3해탈(三解脫)인 허공해탈(虛空解脫)과 금강해탈(金剛解脫)과 반야해탈(般若解脫) 속에, 공상역공(空相亦空)과 공공역공(空空亦空)과 소공역공(所空亦空)의 3공취(三空聚)에 깊이 들어, 용성각력공능(用性覺力功能)이 체성각(體性覺)을 두루 꿰뚫어, 용(用)과 체(體)가 끊어진, 둘 없는 원융과(圓融果)가 구족한, 보신불(報身佛)인 공능과족만덕불성(功能果足滿德佛性)과 본성공능(本性功能) 불체성법신불(佛體性法身佛)인 여래장불성(如來藏佛性)과 응화신불(應化身佛)인 수연불성원융응화일신(隨緣佛性圓融應化一身)인 형상불(形象佛), 이와 같은 3불원융공능일신여래장(三佛圓融

功能一身如來藏)인, 3신청정자성불(三身淸淨自性佛)의 불각(佛覺) 처소(處所)에서, 무상공능보리각명심(無相功能菩提覺明心)을 발하여, 무상공능원융(無相功能圓融) 속에 3취정계(三聚淨戒)의 성품에 들었어도, 그 상(相)에 머무르지 않으며, 3유심(三有心)인 욕계취사심(欲界取捨心)과 색계상주심(色界相住心)과 무색계출입식(無色界出入識)이 멸(滅)하였어도, 그 적멸성품에도 머무르지 않아, 가히, 중생을 버리지도 않으므로, 중생의 번뇌세계에 듦이, 불가사의이옵니다.

□ 고(高), 대(大) 경(經)에 어과족만덕불(於果足滿德佛)이, 논(論) 경(經)에는 어과만족덕불(於果滿足德佛)로, 속1,2(續1,2) 경(經)에는 과만어족덕불(果滿於足德佛)로 되어 있다.

□ 고(高), 대(大) 경(經)에 발보리심(發菩提心)이, 논(論), 속1,2(續1,2) 경(經)에는 이발보리심(而發菩提心)으로 되어 있다.

□ 고(高), 대(大) 경(經)에 멸삼계심(滅三界心)이, 논(論), 속1,2(續1,2) 경(經)에는 멸삼유심(滅三有心)으로 되어 있다.

■ 3신불(三身佛)

● **여래장불(如來藏佛):** 법신불(法身佛)이다. 본성불(本性佛)이며, 체불(體佛)이다. 여래장(如來藏)이 곧, 본성(本性)이다. 여래장(如來藏)은 일체공덕총지불성(一切功德總持佛性)이다. 여래장(如來藏)이라 함은, 여래(如來)의 공덕장(功德藏)이니, 이는 곧, 여래불성장(如來佛性藏)이다. 여래장(如來藏)은 여래(如來)의 일체지(一切智)와 일체행(一切行)을 창출하는 여래총지공덕장(如來總持功德藏)이다. 이는 곧, 여래공능장(如來功能藏)으로, 일체(一切) 공능(功能)이 이루어지는 본성장(本性藏)이다. 이 여래장(如來藏) 공능(功能)을, 이 경(經)에는 이(利)라고 했다. 이 공능(功能)의 이(利)에 들어, 일체중생의 5음(五陰)과 제식(諸識)을 소멸하여, 9식(九識) 암마라식(菴摩羅識)의 청정에 들게 하며, 이 이(利)의 공능행(功能行)이 곧, 일미진실(一味眞實) 무상무생(無相無生) 결정실제(結定實際) 본각리행(本覺利行)이다. 이 무상공능(無相功能)에 든 보살들에

게, 이 공능(功能)의 본각리행(本覺利行)으로 중생들을 이끌어, 이 성품에 들게 하여 구제하도록 한다.

● **과족만덕불(果足滿德佛):** 보신불(報身佛)이다. 시각공능충만불(始覺功能充滿佛)이며, 각성원만불(覺性圓滿佛)이다. 이는 원만용각불(圓滿用覺佛)이니, 시각(始覺)의 공능으로 본각(本覺)을 꿰뚫어, 시각(始覺)이 본각(本覺)의 일체총지(一切總持) 불이(不二)에 든 각성광명원만(覺性光明圓滿)인 과구족충만공덕불(果具足充滿功德佛)이다.

● **형상불(形像佛):** 응화신불(應化身佛)이다. 응화신불(應化身佛)은, 응신불(應身佛)은 인연을 따르는 수연각행불(隨緣覺行佛)이며, 화신불(化身佛)은 법신(法身)이 응화(應化) 화현(化現)하는 법신응화불(法身應化佛)이다. 이는, 시각(始覺)의 성품이 본각(本覺)의 공능에 이르러 불이(不二)의 결정성(結定性)을 이루니, 시각(始覺)과 본각(本覺)이 둘 다 끊어진 원융한 한 성품이, 청정원융수연일신각체(清淨圓融隨緣一身覺體)를 따라 인연을 수순하는 수연각행불(隨緣覺行佛)이다. 이는, 여래장불(如來藏佛)과 과족만덕불(果足滿德佛)과 형상불(形象佛)이 원융한 한 성품인 3불원융원만일신각(三佛圓融圓滿一身覺)이다. 불(佛)은 원융본성일각(圓融本性一覺)이니, 본성체(本性體)가 여래장불(如來藏佛)이며, 원융각명불이용각체(圓融覺明不二用覺體)가 과족만덕불(果足滿德佛)이며, 수연각체(隨緣覺體)인 일신각체(一身覺體)가 형상불(形象佛)이다. 각(覺)을 벗어난 3신(三身)이 없으며, 일신(一身)을 벗어난 각(覺)이 없다. 일신(一身)은 각체(覺體), 각명(覺明), 수연각신(隨緣覺身)인 법보응화(法報應化)의 3불원융일신각(三佛圓融一身覺)이다. 이는, 체·상·용(體·相·用)이 원융일성(圓融一性)인 3불원융일신각(三佛圓融一身覺)이다. 시각공능(始覺功能)이 본각(本覺)에 들어, 체각(體覺)과 용각(用覺)이 끊어진, 체용불이(體用不二)의 결정성(結定性)이 완연(完然)한 구족(具足)함이 없으면, 3불원융원만일성체(三佛圓融圓滿一性體)를 이루지 못한다. 시각공능(始覺功

能)이 원만하여 불이(不二)의 결정성(結定性)을 이루어도, 각(覺)의 수연 (隨緣) 일신(一身)이 없으면, 법신광명(法身光明)과 보신광명(報身光明)이 응화(應化)할 수 없으며, 응화수연각행일신(應化隨緣覺行一身)이 있으므로, 본심광명(本心光明)을 따라 원융원만수연일각행(圓融圓滿隨緣一覺行)이 이루어진다. 일신(一身)이, 3불원융원만일신각체(三佛圓融圓滿一身覺體)로 응화시현(應化示顯)을 하게 된다.

● **보리심(菩提心):** 아뇩다라삼먁삼보리심이다. 각심(覺心)이다. 일체식(一切識)의 출입이 끊어지고, 일체(一切) 지혜상(智慧相)까지 끊어진 무생결정심(無生結定心)이다. 이는 체용불이심(體用不二心)이며, 무생불이심(無生不二心)이며, 무생본각심(無生本覺心)이다.

● **3취계(三聚戒):** 섭률의계(攝律儀戒), 섭선법계(攝善法戒), 섭중생계 (攝衆生戒)이다. 섭률의계(攝律儀戒)는 대승보살(大乘菩薩)이 악(惡)을 제어하고 온갖 선(善)을 보존(保存)하는 계율(戒律)이다. 섭선법계(攝善法戒)는 대승보살(大乘菩薩)이 온갖 선(善)을 닦음이다. 섭중생계(攝衆生戒)는 대승보살(大乘菩薩)이 자비심(大乘菩薩)으로 중생을 이롭게 교화 (敎化)함이다.

◯**272.** 사리불(舍利弗)이, 게송(偈頌)을 올리었다.

爾時 舍利弗 從座而起 前說偈言
이 시 사 리 불 종 좌 이 기 전 설 게 언

이때 사리불이 자리에서 일어나 앞으로 나가, 게송을 올리었다.

♣ 이때, 사리불이, 여래(如來)의 심오한 설법을 듣고, 부사의 경계에 들어, 불가사의함이라, 여래(如來)의 위 없는 심오한 지혜와 더없는 자비심, 무한충만 감화(感化)의 설법에 곧, 자리에서 일어나, 앞으로 나가, 게송을 올리었다.

◯**273.** 열반(涅槃)에 머묾이 없어, 높은 곳 피안(彼岸)에도 머물지 않네.

具足波若海[論:續1,2: 具足般若海] **不住涅槃城 如彼妙蓮華**
구 족 파 야 해 [논:속1,2: 구족반야해] 부 주 열 반 성 여 피 묘 련 화

高原非所出
고 원 비 소 출

구족(具足) 바라밀[波], 반야(般若)의 바다에 들었어도
열반(涅槃)의 부사의 성(城)에도, 머물지 않으시며
저와 같은, 지혜(智慧)의 묘법(妙法) 연화(蓮華)장엄이어도
높은 피안(彼岸) 법처(法處)에도, 머물지[出所] 않으시네.

♣ 구족(具足)한 바라밀, 무생(無生) 반야(般若)의 바다에 들었어도
부사의 청정묘법 열반(涅槃)의 성(城)에도, 머무르지 않으시며
무엇에도 물듦 없는, 저와 같은 묘법 연화장엄이신 여래(如來)는
높고 높은, 부사의 근원 피안(彼岸)의 법처에도, 머물지 않으시네.

□ 고(高), 대(大) 경(經)에 구족파야해(具足波若海)가, 논(論), 속1,2(續1,2) 경(經)에는 구족반야해(具足般若海)로 되어 있다.

◯**274.** 중생구제하고자, 진흙 같은 곳에 지혜의 연꽃으로 오시었네.

諸佛無量劫 不捨諸煩惱 度世然後得 如泥華所出
제 불 무 량 겁 불 사 제 번 뇌 도 세 연 후 득 여 니 화 소 출

모든 부처님께옵서 무량한 겁(劫) 속에도
자비(慈悲)의 모든 번뇌(煩惱)를 버리지 않으시고
세간(世間) 중생을 다 구제한 연후에 증입처(證入處)에 들고자
진흙[五濁惡世] 같은 곳에 지혜의 법연[法蓮:佛]으로 오시었네.

♣ 모든 부처님께옵서 무량한 겁(劫) 세월 속에서도
일체중생을 연민하는 그 모든 번뇌를 버리지 않으시고
고통받는 모든 중생을 다 구제한 연후에 증입처에 들고자
5탁악세(五濁惡世) 진흙 같은 곳에, 법의 연꽃[佛]으로 오시었네.

● **여니화소출(如泥華所出):** 진흙[五濁惡世] 같은 곳에, 지혜의 법연 [法蓮:佛]으로 오시었네. 5탁악세(五濁惡世)를 진흙으로 표현함은, 곧, 중생계(衆生界)가 탐진치(貪瞋癡)로 오염(汚染)되고, 물들어 더럽혀진 땅 예토(穢土)이니, 늪과 같이 빠져 생사(生死)에 들게 하고, 청정심(淸淨心)이 물이 들고 오염(汚染)되어, 3계(三界)를 윤회(輪廻)하며 벗어나지 못하므로, 진흙이라고 표현했다. 연꽃은 곧, 불(佛)을 상징하며, 또한, 청정법(淸淨法)과 청정심(淸淨心)을 일컬음이다.

○ **275.** 3공취(三空聚)는, 보리(菩提)의 참된 도(道)라네.

如彼六行地 菩薩之所修[論: 菩薩之所脩] **如彼三空聚**
여 피 육 행 지 보 살 지 소 수 [논: 보살지소수] 여 피 삼 공 취

菩提之眞道[論: 菩提之直道]
보 리 지 진 도 [논: 보리지직도]

저와 같은 6행(六行)의 수행지(修行地)는
보살(菩薩)들이 닦고 행(行)하는 바이며
저와 같은 3공취(三空聚)는
보리(菩提)의 참된 도(道)라네.

♣ 10신, 10주, 10행, 10회향, 10지, 등각, 6행의 수행지는
무생(無生)의 보살들이, 여(如)의 지혜를 닦고 행하는 바이며
공상(空相), 공공(空空), 소공(所空) 저와 같은, 3공취(三空聚)의 길은
무생(無生) 여(如)의 결정성에 드는, 보리의 참된 도(道)라네.

□ 고(高), 대(大), 속1,2(續1,2) 경(經)에 보살지소수(菩薩之所修)가, 논(論) 경(經)에는 보살지소수(菩薩之所脩)로 되어 있다.
□ 고(高), 대(大), 속1,2(續1,2) 경(經)에 보리지진도(菩提之眞道)가, 논(論) 경(經)에는 보리지직도(菩提之直道)로 되어 있다.

○ **276.** 부처님처럼, 중생구제(衆生救濟) 구족(具足)한 연후에 벗어오리다.

我今住不住 如佛之所說 來所還復來 具足然後出
아 금 주 부 주　여 불 지 소 설　내 소 환 부 래　구 족 연 후 출

저도 이제, [五濁惡世] 머물 곳이 아니어도 머물러
부처님께옵서 설하시는 바와 같이
오는 바, 세세생생[還:世世生生] 다시 와서
중생구제(衆生救濟), 구족(具足)한 연후에 벗어나리다.

♣ 저도 이제, 5탁악세(五濁惡世) 머물 곳 아닌 곳에, 머물러
부처님께옵서, 중생구제 위해 다시 오시어, 설하시는 바와 같이
오는 세상, 세세생생(世世生生) 이곳에 오고, 이곳에 또, 다시 와
모든 고통 속에 헤매는, 중생구제 구족(具足)한 연후에, 벗어나리다.

● **아금주부주(我今住不住):** 저도 이제, 머물 곳이 아니어도 머물러, 라는 뜻이다. 탐진치(貪瞋癡) 3독(三毒) 중생계(衆生界)인 5탁악세(五濁惡世)는 벗어나야 하며, 5탁악세(五濁惡世)에 머물러서는 않되므로, 머물 곳이 아니어도, 머물러, 라고 했다. 이는, 중생구제(衆生救濟)를 위해, 5탁악세(五濁惡世)에 머물겠다는 뜻이다.

● **여불지소설(如佛之所說):** 부처님께옵서 설하시는 바와 같이, 라는 뜻이다. 이 뜻은, 부처님께옵서 불(佛)이 되시어도, 불각불처(佛覺佛處)의 증입처(證入處) 청정상락계(淸淨常樂界)에 계시지 않고, 다시 5탁악세(五濁惡世) 중생계(衆生界)에 오셔서 중생구제(衆生救濟) 하심을 일컬음이다.

● **내소환부래(來所還復來):** 오는 바, 생(生)이 바뀌어도 다시 오고, 또, 다시 오며, 다시 온다는 뜻이다. 이는, 세세생생(世世生生) 5탁악세(五濁惡世)에 다시 와, 중생을 구제하겠다는 뜻이다.

● **구족연후출(具足然後出):** 이 세상에 다시 오고, 다시 와 중생구제(衆生救濟) 구족(具足)한 연후에, 구제(救濟)할 한 중생(衆生)이라도 없으

면, 그때에, 이 중생계(衆生界)를 벗어나겠다는 뜻이다.

○ **277.** 모든 중생(衆生)을, 둘 없는 한 성품 정각(正覺)에 들게 하오리다.

復令諸衆生 如我一無二 前來後來者 悉令登正覺
부 령 제 중 생 여 아 일 무 이 전 래 후 래 자 실 령 등 정 각

또한, 모든 중생으로 하여금
나와 같이, 둘 없는[無二] 한 성품[如]에 이르게 하여
앞에 온 이나, 뒤에 오는 자이어도
모두로 하여금, 정각(正覺)에 오르도록 하오리다.

♣ 또한, 지혜와 성품의 차별인 모든 중생으로 하여금
나와 같이, 둘 없는 한 성품, 무생(無生) 일각(一覺)에 들게 하여
앞에 온 자이거나, 뒤에 오는 자이어도 모두 차별 없이
모두 다, 여래(如來)의 결정성 정각(正覺)에 오르도록 하오리다.

○ **278.** 그대는, 무량 중생을 생사고해(生死苦海)에서 초월하게 하리라.

爾時 佛告 舍利弗言 不可思議 汝當於後 成菩提道
이 시 불 고 사 리 불 언 불 가 사 의 여 당 어 후 성 보 리 도

[論: 成菩薩道] **無量衆生 超生死苦海**[論:續1,2: 超生死海]
[논: 성보살도] 무 량 중 생 초 생 사 고 해 [논:속1,2: 초생사해]

이때 부처님께옵서 사리불에게 말씀하옵기를, 불가사의이니라. 그대는, 당연히 후(後)에 보리도(菩提道)를 이루어, 무량 중생을, 생사(生死)의 괴로움 바다에서 초월(超越)하게 할 것이니라.

♣ 이때 부처님께옵서, 사리불에게 말씀하옵기를, 그 원력(願力)과 선근(善根)을 일으킴은, 참으로 불가사의이니라. 그대는, 당연히 후(後)에 보리도(菩提道)를 이루어, 무량 중생이, 생사(生死)의 괴로움 바다에서, 다함 없는 고통을 받음을 보며, 지혜의 대비심(大悲心)으로, 그 중생들을 구제하여, 생사(生死)의 괴로움 바다를, 초월(超越)

하게 할 것이니라.

□ 고(高), 대(大), 속1,2(續1,2) 경(經)에 성보리도(成菩提道)가, 논(論) 경(經)에는 성보살도(成菩薩道)로 되어 있다.

□ 고(高), 대(大) 경(經)에 초생사고해(超生死苦海)가, 논(論), 속1,2(續1,2) 경(經)에는 초생사해(超生死海)로 되어 있다.

○ **279.** 모두 보리(菩提)를 깨달아, 5공(五空)의 바다에 들었다.

爾時 大衆 皆悟菩提 諸小衆等 入五空海
이 시 대 중 개 오 보 리 제 소 중 등 입 오 공 해

이때 대중들이 모두, 보리(菩提)를 깨달았으며, 모든 소승(小乘)의 군중들도, 5공(五空)의 바다에 들었다.

♣ 이때 대중들이, 부처님 지혜의 설법을 듣고 모두, 보리(菩提)를 증득하였으며, 모든 소승(小乘)의 군중들도, 3계(三界)와 6도(六道)와 법상(法相)과 명상(名相)과 심식(心識)이 무생(無生)인, 5공(五空)의 바다에 들었다.

金剛三昧經 眞性空品 第六
금강삼매경 진성공품 제육

○280. 보살도(菩薩道)를, 어떻게 중생(衆生)에게 설(說)해야 하옵니까?

爾時 舍利弗 而白佛言 尊者 修菩薩道 無有名相
이시 사리불 이백불언 존자 수보살도 무유명상

三戒無儀 云何攝受 爲衆生說 願佛慈悲 爲我宣說
삼계무의 운하섭수 위중생설 원불자비 위아선설

이때 사리불이 부처님께 말씀 사뢰오며 여쭈옵기를, 세존(世尊)이시여! 보살도(菩提道)를 닦음에는 이름과 상(相)이 없다고 하시니, 3계(三戒)에 위의(威儀)가 없다면, 어떻게 섭수(攝受)하여 중생들을 위해 설(說)해야 하옵니까? 원하오니, 부처님의 자비로움으로 저희들을 위해, 베풀어 설(說)하여 주시옵소서.

♣ 이때 사리불이, 부처님께 말씀 사뢰오며 여쭈옵기를, 세존이시여! 보살도(菩提道)를 닦음에는, 이름과 상(相)이 없다고 하시오니, 3취정계(三聚淨戒)에, 마땅히 이름할 바와 모습이 없다면, 어떻게 그 법을 섭수해야 하오며, 중생들을 위해, 법(法)을 어떻게 설(說)해야 하옵니까? 원하오니, 부처님의 자비로움으로, 그 길을 가름하지 못하는, 저희들을 위해 알 수 있도록 베풀어, 설해 주시옵소서.

○281. 여(如)의 일처(一處)에서 다스리면, 모든 인연(因緣)이 끊어진다.

佛言 善男子 汝今諦聽 爲汝宣說 善男子 善不善法
불언 선남자 여금체청 위여선설 선남자 선불선법

從心化生 一切境界 意言分別 制之一處 衆緣斷滅
종심화생 일체경계 의언분별 제지일처 중연단멸

부처님께옵서 말씀하옵기를, 선남자여! 그대들은 자세히 살피어 들을 지니라. 그대들을 위해 베풀어 설하리라. 선남자여! 선(善)하거나 선(善)하지 않는 법은, 마음의 변화를 좇아 일어난 것이니라. 일체 경계가, 생각[意]과 언어(言語)의 분별(分別)이며 차별(差別)이니, 일처[一處: 如處]에서 다스리면[制], 모든 인연이 끊어져, 멸(滅)하느니라.

♣ 부처님께옵서 말씀하옵기를, 선남자여! 그대들은, 설함을 따라 자세히 사유하여, 살피며 들을지니라. 그대들을 위해, 베풀어 설하리라. 선(善)하거나 선(善)하지 않는 모든 법이, 마음의 안과 밖을 분별하는 5음(五陰)인, 능소(能所)의 출입과 변화를 좇아 일어난 것이니라. 일체 경계는, 생각[意]과 언어(言語)의 분별이며 차별이니, 하나[一:如]에 처(處)하여 다스리면[制], 모든 인연이 끊어져, 멸(滅)하느니라.

○282. 참 성품 행은, 6도(六道)가 멸(滅)해 3계(三戒)가 구족(具足)이다.

何以故 善男子 一本不起 三用無施 住於如理 六道門杜
하이고 선남자 일본불기 삼용무시 주어여리 육도문두

四緣如順 三戒具足
사연여순 삼계구족

무엇 때문이냐면 선남자여! 하나[一:如]의 근본(根本)은 일어나지 않음이니, [3취정계(三聚淨戒)] 세 가지의 작용에도 행[施]함이 없어, 여(如)의 참 성품[理]에 머물러 6도(六道)의 문(門)이 닫히고, 4연(四緣)에 여(如)의 성품을 수순(隨順)하여 3계(三戒)가 구족(具足)하니라.

♣ 하나의 근본, 여(如)의 성품에 머물러, 능소(能所) 출입의 일체식(一切識)을 다스리면[制], 모든 인연이 멸(滅)하여 끊어짐은, 무엇 때문이냐면, 선남자여! 하나[一:如]의 근본 성품은 일어나지 않으므로, 섭률의계(攝律儀戒), 섭선법계(攝善法戒), 섭중생계(攝衆生戒)인 3취정계(三聚

淨戒)의 행(行)에도 상(相)이 없어, 결정성(結定性) 여(如)의 참 성품[理]에 머물러, 6도(六道)의 문이 닫히고, 4연(四緣)에, 여(如)의 성품을 수순하여, 3취정계(三聚淨戒)가 구족하느니라.

● **3취정계(三聚淨戒):** 섭률의계(攝律儀戒), 섭선법계(攝善法戒), 섭중생계(攝衆生戒)이다.

● **섭률의계(攝律儀戒):** 대승보살(大乘菩薩)이 악(惡)의 근(根)을 제거하고 온갖 선(善)을 보존하는 것이다.

● **섭선법계(攝善法戒):** 대승보살이 일체선법(一切善法)을 닦는 것이다.

● **섭중생계(攝衆生戒):** 대승보살이 대자비심으로 일체중생을 섭수하여 이롭게 하는 것이다.

● **6도(六道):** 지옥, 아귀, 수라, 축생, 아수라, 인간, 천상이다.

○**283.** 무엇이 4연(四緣) 여(如)의 수순이며, 3계(三戒)가 구족이옵니까?

舍利弗言 云何四緣如順 三戒具足
사 리 불 언 운 하 사 연 여 순 삼 계 구 족

사리불이 말씀 사뢰오며 여쭈옵기를, 어떤 것이 4연(四緣)에 여(如)의 성품을 수순함이며, 3계(三戒)가 구족(具足)한 것이옵니까?

♣ 사리불이, 말씀 사뢰오며 여쭈옵기를, 어떤 것이, 4연(四緣)에 무생(無生) 결정성(結定性)인 여(如)의 성품을 수순(隨順)함이며, 3취정계(三聚淨戒)가 구족(具足)한 것이옵니까?

○**284.** 4연(四緣)이란 것은

佛言 四緣者
불 언 사 연 자

부처님께옵서 말씀하옵기를, 4연(四緣)이라 함은,

♣ 부처님께옵서 말씀하옵기를, 하나인 근본[一本]이 일어나지 않는, 여(如)의 성품을 수순하는 4연(四緣)이라 함은,

○285. 첫째, 택멸(擇滅)을 취하는 연(緣)이니 섭률의계(攝律儀戒)이다.

一謂作擇滅力取緣 攝律儀戒
일 위 작 택 멸 력 취 연 섭 률 의 계

첫째는 택멸의 힘을 취하는 연(緣)을 지음이니, 섭률의계(攝律儀戒)이니라.

♣ 첫째는 일체 심신(心身)의 행에, 지혜로 분별하여 멸(滅)하는, 택멸(擇滅)의 힘을 취하는 연(緣)을 지음이니, 3취정계(三聚淨戒) 중에 섭률의계(攝律儀戒)이니라.

○286. 둘째, 본성 청정 힘을 모으는 연(緣)이니 섭선법계(攝善法戒)이다.

二謂本利淨根力 所集起緣 攝善法戒
이 위 본 리 정 근 력 소 집 기 연 섭 선 법 계

둘째는 본 성품 실제[利:實際]인 청정 근(根)의 힘을 모으며, 일으키는 연(緣)을 지음이니, 섭선법계(攝善法戒)이니라.

♣ 둘째는 일체 심신(心身)의 행에, 본 성품 실제[利:實際]인 청정성품 근(根)의 힘을 모으며, 일으키는 연(緣)을 지음이니, 3취정계(三聚淨戒) 중에 섭선법계(攝善法戒)이니라.

○287. 셋째, 본성지혜 대비력(大悲力)의 연이니 섭중생계(攝衆生戒)이다.

三謂本慧大悲力緣 攝衆生戒
삼 위 본 혜 대 비 력 연 섭 중 생 계

셋째는 본성(本性)의 지혜(智慧)로 대자비력(大慈悲力)의 연(緣)을 지음이니, 섭중생계(攝衆生戒)이니라.

♣ 셋째는 본성의 청정지혜로, 대자비력(大慈悲力)의 연(緣)을 지음이니, 3취정계(三聚淨戒) 중에 섭중생계(攝衆生戒)이니라.

○288. 넷째, 일각(一覺) 지혜의 연(緣)이니, 여(如) 수순(隨順)이다.

四謂一覺通智力緣 順於如住 是謂四緣
사 위 일 각 통 지 력 연 순 어 여 주 시 위 사 연

넷째는 일각(一覺)을 통(通)한 지혜력(智慧力)의 연(緣)을 지음이니, 여(如)의 성품에 머물러 수순(隨順)함이니라. 이것이 4연(四緣)이니라.

♣ 넷째는 본성 일각(一覺)을 통(通)한 지혜, 무상공능력(無相功能力)의 연(緣)을 지음이니, 결정무생(結定無生)인 여(如)의 성품에 머물러 수순함이니라. 이것이 여(如)의 성품을 수순하는 4연(四緣)이니라.

◯ 289. 4대연(四大緣)으로 행(行)과 상(相)을 벗어나, 구함도 끊어졌다.

善男子 如是四大緣力 不住事相 不無功用 離於一處
선 남 자 여 시 사 대 연 력 부 주 사 상 불 무 공 용 이 어 일 처
則[論: 即]**不可求**
즉 [논: 즉] 불 가 구

선남자여! 이와 같이 4대연(四大緣)의 힘으로, 일체 행[事:行]과 상(相)에 머무르지 않으므로, 성품[功:功能]의 행[用:行]이 없지 않으나 어느 곳[一處]에도 머묾이 없어 곧, 가히 구할 수 없느니라.

♣ 선남자여! 이와 같이 4대연(四大緣)의 힘으로, 일체 행[事:行]과 상(相)에 머무르지 않으므로, 성품의 행함이 없지 않으나, 무엇에도 머묾이 없어, 곧, 여(如)의 마음을 어디에도 가히, 구할 수 없느니라.

□ 고(高), 대(大), 속1,2(續1,2) 경(經)에 즉(則)이, 논(論) 경(經)에는 즉(即)으로 되어 있다.

● 위의 구절은 마음이 여(如)의 성품을 수순하여, 일체 행[事]과 상(相)에 머묾이 없어, 그 마음을 어디에도 찾을 수 없음을 설함이다.

◯ 290. 여(如) 수순이 6행 통섭(通攝)이니, 불보리의 일체지(一切智)이다.

善男子 如是一事 通攝六行
선 남 자 여 시 일 사 통 섭 육 행
是佛菩提薩婆若海[論: 是佛菩提薩般若海]
시 불 보 리 살 바 야 해 [논: 시불보리살반야해]

선남자여! 여(如)의 이[是] 일사[一事:如隨順行]로 6행(六行)을 두루 통섭(通攝)함이니, 이것이 불보리(佛菩提) 일체지(一切智)의 바다이니라.

♣ 선남자여! 이와 같이, 여(如)의 일행[一事:一行]으로, 6행(六行)인 10신행(十信行), 10주행(十住行), 10행행(十行行), 10회향행(十廻向行), 10지행(十地行), 등각행(等覺行)을 두루 통섭(通攝)함이니, 이것이 불(佛)의 무상보리(無上菩提)인, 일체(一切) 지혜의 바다이니라.

☐ 고(高), 대(大), 속1,2(續1,2) 경(經)에 시불보리살바야해(是佛菩提薩婆若海)가, 논(論) 경(經)에는 시불보리살반야해(是佛菩提薩般若海)로 되어 있다.

☐ 논경구(論經句)
시불보리살반야해(是佛菩提薩般若海): 고(高), 대(大), 속1,2(續1,2) 경(經)의 시불보리살바야해(是佛菩提薩婆若海)나, 논(論) 경(經)에 시불보리살반야해(是佛菩提薩般若海)나 다를 바가 없다. 보리대해(菩提大海)가 반야대해(般若大海)이며, 반야대해(般若大海)가 보리대해(菩提大海)이다. 이것이, 일체불지혜(一切佛智慧)의 본성(本性), 여(如)의 한 성품의 대해(大海)이다. 여(如)의 성품은 일체 차별이 끊어져, 두 성품이 있을 수 없음이 보리대해(菩提大海)이며, 반야대해(般若大海)이다. 이는, 불(佛)의 일체지(一切智)의 바다이다. 차별 없는 여(如)의 절대성(絶對性)이, 인연과 방편을 따라 이름을 달리하여도, 그 성품은 차별 없는 여(如)의 절대성이 달라지지 않는다. 다만, 인연과 방편을 따라, 명(名)과 상(相)과 행(行)을 달리하고 차별이 있음은, 여(如)의 방편 무궁지혜(無窮智慧)를 따라 피어난 불지혜(佛智慧), 여(如)의 한 성품의 꽃이다. 다만 일체중생의 근기와 지혜의 성품을 따라, 여(如)의 한 성품에 들게 하는 인연사(因緣事)이니, 천차만별의 차별이어도, 명(名)과 상(相)과 행(行)이 끊어진, 차별 없는 여(如)의 한 성품의 뿌리로 피어난, 성품이 다름 없는 불지혜(佛智慧)의 꽃이다.

● **여시일사(如是一事):** 이와 같이 일사(一事)로, 또는, 여(如)의 이

일사(一事)로, 해석할 수가 있다. 이와 같이 일사(一事)로의 해석은, 위에서 설(說)한 바와 같이 일사(一事)로, 라는 뜻이다. 여(如)의 이 일사(一事)로의 해석은, 위에서 설(說)한 여(如)의 법(法) 일사(一事)로, 라는 뜻이다. 어떻게 해석하든, 이 구절의 뜻이 바뀌거나 틀린 것이 아니다. 이 구절을 어떻게 해석하느냐보다, 이 내용을 어떻게 이해하고 수용하느냐가 더욱 중요하다. 이 구절의 법리(法理)적 이해와 법(法)의 수용(收用)이 중요함은, 여(如)의 일법(一法)으로 6행(六行)을 통섭(通攝)하여 불보리(佛菩提) 일체지혜(一切智慧)의 바다에 드는, 불지혜(佛智慧)이기 때문이다. 불(佛)께옵서 여(如)의 이 일사(一事)로 6행(六行)을 통섭(通攝)하여 불보리(佛菩提) 일체지혜(一切智慧)의 바다에 드는 설(說)을 하는 까닭은, 불(佛)께옵서, 일체 경계가 생각[意]과 언어의 분별이며 차별이니, 일처[一處:如處]에서 다스리면 모든 인연이 끊어져 멸(滅)하니, 그 하나[一:如]의 근본은 일어나지 않으므로, 여(如)의 참 성품[理]에 머물러 6도(六道)의 문이 닫히고, 4연(四緣)에 여(如)의 성품을 수순하여 3계(三戒)가 구족하다는 말씀에, 사리불이 묻기를, 어떤 것이 4연(四緣)에 여(如)의 성품을 수순함이며, 3계(三戒)가 구족한 것인가를 물음에 대한 부처님의 답변이다. 여시일사(如是一事)를, 위에서 설(說)한 바와 같이 일사(一事)로 라는 뜻으로 해석하고 이해하든, 또는, 위에서 설(說)한 여(如)의 법(法) 일사(一事)로 라는 뜻으로 해석하고 이해하든, 그 뜻이 서로 다를 바가 없으나, 이 구절의 일사(一事)에 대한 명확한 이해와 일사(一事)에 대한 법(法)의 수용(收用)이, 이 구절의 중점(重點)이다. 이 일사(一事)로 통해, 6행(六行)인 10신행(十信行), 10주행(十住行), 10행행(十行行), 10회향행(十廻向行), 10지행(十地行), 등각행(等覺行)의 차별법(差別法)과 차별행(差別行)을, 6법6행(六法六行)으로 각각 별관별행(別觀別行)하지 않고, 6행(六行)을 여수순행(如隨順行)의 일사(一事)로 섭수(攝收)하여 융통(融通)하기 때문이다.

● **통섭육행(通攝六行):** 6행(六行)을 통섭(通攝)한다. 6행(六行)은 10신행(十信行), 10주행(十住行), 10행행(十行行), 10회향행(十廻向行), 10지행(十地行), 등각행(等覺行)이다. 통섭(通攝)은, 꿰뚫어 두루 통(通)한 섭수(攝收)이다. 그러므로 통섭6행(通攝六行)은, 서로 다른 6행(六行)의 차별법(差別法)인 차별행(差別行)을, 6행6법(六行六法)으로 각각 별관별행(別觀別行)하지 않고, 6행(六行)을 여일법(如一法)으로 그 성품을 두루 통(通)해 요달(了達)하여 섭수(攝收)함이다.

○ **291.** 무주행(無住行)이, 진공(眞空)이며 상락아정이며 대반열반이옵니다.

舍利弗言 不住事相 不無功用 是法眞空 常樂我淨
사 리 불 언 부 주 사 상 불 무 공 용 시 법 진 공 상 락 아 정

超於二我 大般涅槃
초 어 이 아 대 반 열 반

사리불이 말씀 사뢰옵기를, 일체 행[事:行]과 상(相)에 머무르지 않으나, 성품[功:功能]의 작용이 없지 않으니, 이 법이 진공(眞空)이며, 상락아정(常樂我淨)이며, 2아(二我)를 초월한 대반열반(大般涅槃)이옵니다.

♣ 사리불이 말씀 사뢰옵기를, 일체 행[事:行]과 상(相)에 머무르지 않으나, 여(如)의 무상(無相) 참 성품의 작용인, 공용[功用:功能]이 없지 않으니, 이 법이 상(相) 없는 참 성품 진공(眞空)이므로, 생멸 없는 여(如)의 참 성품 항상(常)함이오며, 생사고해(生死苦海)를 벗어난 참 성품, 여(如)의 바른 즐거움인 낙(樂)이오며, 생사생멸(生死生滅) 없는 참 성품 본성(本性)인, 여(如)의 참 나[我]이오며, 본래 일체에 물듦 없는 참 성품, 청정(淸淨)한 여(如)의 성품이옵니다. 이는, 2아(二我)인 자아(自我)와 일체상(一切相)을 초월한 성품, 대반열반(大般涅槃)이옵니다.

● **대반열반(大般涅槃):** 대반야열반성(大般若涅槃性)이다. 이는 무생본성부동열반성(無生本性不動涅槃性)이다. 경구(經句)의 내용에는, 무생(無生) 여(如)의 성품 진공(眞空)에 들어, 자아(自我)와 일체상(一切相)을

벗어난 것이, 대반열반(大般涅槃)이다.

○**292.** 마음 머묾 없음이 대력관(大力觀)이며, 37도품 행(行)이옵니다.

其心不繫 是大力觀 是觀覺中 應具三十七道品法
기 심 불 계 시 대 력 관 시 관 각 중 응 구 삼 십 칠 도 품 법

그 마음 얽매임 없으니, 이것이 대력관(大力觀)이옵니다. 이 각관(覺觀) 중에는 응당히, 37도품법(三十七道品法)이 온전히 갖추어졌사옵니다.

♣ 그 마음이 일체에 얽매임 없으니, 이것이 대 지혜의 힘에 의한 대력관(大力觀)이옵니다. 이 각관(覺觀) 중에는 응당히 37도품법(三十七道品法)이 온전히 갖추어졌사옵니다.

■ 대력관(大力觀)

대력관(大力觀)은, 대지혜력관(大智慧力觀)이다. 대(大)는, 여(如)의 본성 성품이며, 력(力)은, 여(如)의 본성지혜 공능(功能)의 힘이며, 관(觀)은, 성품과 불이(不二)인 여(如)의 수연성(隨緣性)이다. 관(觀)에도, 관(觀)의 대상이 끊어진 여관(如觀)인 일관(一觀)이 있으며, 관(觀)의 대상이 있는 차별관(差別觀)인, 나와 대상이 능소(能所) 속에 대(對)를 이루어 둘인 이관(二觀)이 있다. 일관(一觀)은, 자아(自我)와 대상(對相)이 끊어져, 본성을 수순하는 각행(覺行)인 불이관(不二觀)이며, 차별관(差別觀)인 이관(二觀)은, 자아(自我)와 대상(對相)이 능소(能所)의 분별 속에 끊어지지 않아, 자아(自我) 분별의 상념(想念)으로, 대상(對相)의 성품을 살피고 관(觀)하며, 지혜에 들기 위한 상념관(想念觀)이다. 일관(一觀)은 실관(實觀)으로 내외가 끊어져, 관(觀)하는 자(者)와 관(觀)의 대상이 끊어진 각관(覺觀)이다. 이관(二觀)은 자아(自我)가 있는 분별관(分別觀)으로, 나와 관(觀)의 대상이 능소(能所)의 분별 속에 대(對)를 이루어 둘이다.

■ 각관(覺觀)

각관(覺觀)은, 각성관(覺性觀)이다. 자아(自我)와 대상(對相)이 끊어져, 본성의 여실(如實)함이다. 이는 불이본성관(不二本性觀)이다. 자아(自我)나 대상(對相)이 있으면, 각관(覺觀)에 들지 못한다. 왜냐면, 능소(能所)의 분별로 자아(自我)와 대상(對相)이 있음이, 각(覺)에 들지 못한 분별심이기 때문이다. 각(覺)은 깨달음이 아니라, 본각(本覺)인 보리(菩提)이다. 본성(本性) 불이성(不二性)에 들지 못하면, 일체관(一切觀)이 대(對)를 벗어나지 못해, 분별의 상념관(想念觀)이다. 자아(自我)나 대상(對相)이 있음이 곧, 분별 속에 있음이며, 아직 분별을 벗어나지 못한 상념상(想念相)이다. 만약, 깨달았어도, 깨달음이 곧, 나이며, 깨달음 세계가 곧, 대(對)가 되므로, 아직, 완전한 깨달음이 아니다. 이는, 자타분별(自他分別)의 4상심(四相心)을 벗어나지 못했다. 4상(四相)에도 유위4상(有爲四相)과 무위4상(無爲四相)이 있다.

유위4상(有爲四相)은, 능소(能所)의 분별심(分別心)인 아상(我相)에 의한 유무(有無)와 자타분별4상심(自他分別四相心)이며, 무위4상(無爲四相)은, 깨달음에 의한 각식(覺識) 증득(證得)의 지혜상(智慧相)인 무위각식4상(無爲覺識四相)이다. 유위4상(有爲四相)의 아상(我相)은, 몸을 나로 알거나, 분별심(分別心)인 자아(自我)를 나로 인식하고 있다. 인상(人相)은, 상(相)의 차별상(差別相)이다. 인상(人相)에는 나 아닌, 타(他)와 일체 만물이 모두, 나 아닌 대상이 인상(人相)에 속한다. 중생상(衆生相)은 아상(我相)과 인상(人相)에 머물러, 분별하고 집착하는 상주상(相住相)과 상주심(相住心)이 중생상(衆生相)이다. 수자상(壽者相)은, 아상(我相)의 생명이 이어짐이니, 이는, 일체(一切) 아상(我相)과 인상(人相)과 중생상(衆生相)이 끊어지지 않고 이어지는 생멸상(生滅相)과 생멸심(生滅心)과 유무상(有無相)과 유무심(有無心)이 곧, 수자상(壽者相)이다. 유위4상(有爲四相)은 능소상(能所相)과 능소심(能所心)이 끊어지지 않은 상(相) 분별심(分別心)과 취사심(取捨心)인 무명상심(無明相心)이다.

　무위각식4상(無爲覺識四相)은, 깨달음에 의한 각식(覺識)의 지혜상(智慧相)으로, 지증4상(智證四相)이다. 이는, 깨달음을 통해 일어나는 각식(覺識)작용의 지혜상(智慧相)으로 이는, 무생법인(無生法忍)의 지혜상(智慧相)이다. 지증4상(智證四相) 중 지증아상(智證我相)은, 깨달음이 곧, 아상(我相)이다. 왜냐면, 깨달음이, 아(我) 있음에 의해 일어난 상(相)이기 때문이다. 깨달음을 얻기 전에는, 이 깨달음의 지증아상(智證我相)이 없다. 왜냐면, 일체(一切) 생멸(生滅)과 유무(有無)의 유위상(有爲相)이 상(相)이 아닌, 공(空)함을 깨달은, 깨달음이 없기 때문이다. 상(相)이 공(空)함을 깨닫기 전에는, 상(相)이 공(空)함을 깨달았다는, 깨달음의 지혜상(智慧相)인 지증아상(智證我相)이 일어날 수가 없다. 그러므로, 이 깨달음의 상(相)인 지증아상(智證我相)을 지혜상(智慧相)이라고 한다. 이 깨달음의 아(我)는, 깨달음으로 생성된 것이므로, 각아(覺我)라고 한다. 각아(覺我)란, 깨달음을 얻은 아(我)란 뜻이다. 이 각아(覺我)는, 무생결정성(無生結定性)인 완전한 불지(佛智)에 들기까지 끊어지지 않으며, 완전한 불각(佛覺)에 들므로, 시각(始覺)과 본각(本覺)이 둘 다 끊어지면, 그때 이 각아(覺我)도 끊어져, 각아(覺我)와 각아(覺我)에 의한 각식(覺識)의 지혜상(智慧相)이 모두 끊어진 완전한 지혜인 불지(佛智)에 들게 된다. 여기에 이르기까지 각아(覺我)는 깨달음에 의한 지혜작용을 하니, 이것이 각식(覺識)의 작용이다. 각식(覺識)의 작용에는 각아(覺我)가 있으며, 각아(覺我)는 끊임없이 각식(覺識)의 작용을 일으킨다. 이 깨달은 각식(覺識)의 지혜성품인 각성(覺性)이, 깨달음으로 비롯된 곧, 시각(始覺)이다. 이 시각(始覺)은 아직, 본각(本覺)에 이르지 못해, 본각(本覺)의 성품과 차별이 있어, 본각(本覺)과 대(對)를 이루고 있으므로, 시각(始覺)의 각성(覺性)이 상승(上昇)하여 본각(本覺)과 동일성품 불이(不二)의 결정성(結定性)을 이루면, 시각(始覺)도 본각(本覺)도 둘 다 끊어져, 깨달음 시각(始覺)의 지혜세계인 각아(覺我)와 각식(覺識)과 깨달음의 일체(一切) 지혜세계가 끊어져 벗어나므로 불지(佛智)를 이루게 된다.

이 각아(覺我)에 의한 각식(覺識)의 지혜작용이 지증인상(智證人相)과 지증중생상(智證衆生相)과 지증수명상(智證壽命相)이다. 지증4상(智證四相)의 근본이 지증아상(智證我相)이다. 지증4상(智證四相)이 일어나는 까닭은, 깨달은 그 깨달음이, 완전히 제식(諸識)이 모두 끊어져 무연본성(無然本性)에 든 완전한 깨달음이 아니기 때문이다. 완전한 깨달음은, 시각(始覺)과 본각(本覺)이 둘 다 끊어진 본연본성(本然本性)이니, 시종(始終) 없고 생멸(生滅) 없는 본래의 본성(本性)으로 돌아간 것이므로, 깨달음도 없고, 깨달음의 지혜도 없고, 깨달음의 상(相)도 없다. 깨달음이 없음은, 그 깨달음이 본래의 본성(本性)이기 때문이다. 깨달음의 지혜가 없음은, 그 지혜가 깨달음으로 얻은 지혜가 아니라, 본래(本來), 시종(始終) 없고 생멸(生滅) 없는 본성(本性)의 지혜이기 때문이다. 깨달음의 상(相)이 없음은, 깨달은 그 깨달음이, 깨달을 것도 없는 본래 항상한 무생본성(無生本性)이기 때문이다. 이는, 깨달아도, 깨달은 그 깨달음이, 본래의 본성(本性)을 모르는 곧, 미혹(迷惑)임을 밝게 앎으로, 깨달았다는 그 깨달음의 상(相)이 끊어져, 깨달았다는 상(相)이 없다. 그러므로 완전한 본성(本性)에 들지 못한 깨달음은, 깨달음과 깨달음으로 얻은 분별심인, 각(覺)이 완전하지 못한 미혹의 지혜상(智慧相)을 일으키며, 완전한 지혜에 이르기까지, 깨달음에 대한 각아(覺我)와 각식(覺識)의 분별심을 벗어나지 못한다. 왜냐면, 본성(本性)에 들지 못하였으므로, 본성(本性)의 성품과 그 세계를 모르니, 유무(有無)를 벗어난 깨달음이 있고, 깨달음으로 증득한 일체상(一切相)이 공(空)한 청정공성(淸淨空性)의 세계가 있기 때문이다. 이러한 깨달음에 의한 각식(覺識)의 지혜작용은, 깨달음으로부터 비롯하였으므로, 시각(始覺)이라고 한다. 시각(始覺)은 깨달음의 각성(覺性)이란 뜻이다. 시(始)가 곧, 깨달음으로 비롯되었음을 뜻하며, 각(覺)은 깨달음 지혜의 각성(覺性)이란 뜻이다. 이 시각(始覺)은 깨달음이 상승할수록 시각(始覺)의 지혜는 깊어지며, 이 시각(始覺)의 깊이인 지혜의 차원이 곧, 대승지(大乘智), 일승지(一乘智), 일불승지(一佛乘智), 불승지(佛乘智)이다. 그러므로 대승지(大乘智), 일승지(一乘智), 일불승지(一佛乘智), 불승지(佛乘智)는 시각(始覺)의 차별차원이다. 그러나, 지혜가 더없이 상승하여, 시각(始覺)의 지혜작용인 시각공능(始覺功能)의 성품이, 본각(本覺)의 성품과 동일한 한 성품 불이성(不二性)에 들면, 시각(始覺)과 본각(本覺)이 둘 다 끊어지게 된다. 그러면, 시각(始覺)도 사라지고, 본각(本覺)도 사라지게 된다. 왜냐면, 시각(始覺)과 본각(本覺)의 차별성인 대(對)가 끊어지기 때문이며, 또한, 깨달아 든 완전한 지혜의 성품이, 일체를 벗어난 절대성(絶對性)으로, 무생(無生)성품인 결정성(結定性)이기 때문이다. 시각(始覺)과 본각(本覺)의 차별성으로 대(對)가 있을 때에는, 시각(始覺)도 있고 본각(本覺)도 있으나, 시각(始覺)과 본각(本覺)이 끊어지니, 깨달음 각성(覺性)의 체(體)도, 상(相)도, 용(用)도 끊어진 일체초월성(一切超越性)인 본연무연중절대성(本然無然中絶對性)이다. 시각(始覺)과 본각(本覺)이 완전한 불이(不二)의 결정성(結定性)으로 시각(始覺)과 본각(本覺)이 둘 다 끊어져 본연무연중절대성(本然無然中絶對性)인 불지(佛智)에 들면, 그때에 완전한 본성(本性)의 성품을 깨닫게 된다. 만약, 시각(始覺)과 본각(本覺)이 둘 다 끊어지지 않아, 본성(本性)인 본연무연중절대성(本然無然中絶對性)에 들지 못하면, 완전한 본연무연중절대성(本然無然中絶對性)인 본성(本性)의 성품을 벗어났으므로, 불지(佛智)를 이루기 전에 그 지혜가 뛰어나 수승하고 밝아도, 본성(本性)을 벗어난 그 지혜로 아무리 헤아려도, 본성(本性)을 알 수가 없다. 왜냐면, 시각(始覺)도 본각(本覺)도 둘 다 끊어지지 않아, 시각(始覺)과 본각(本覺)의 차별성 속에, 완전하지 못한 깨달음의 분별심(分別心)인, 각아(覺我)에 의한 각식(覺識)의 견(見)과 지혜이기 때문이다. 그러므로 시각(始覺)과 본각(本覺)이 둘 다 끊어지지 않았으면,

무위무생(無爲無生)을 깨달아 무위공성(無爲空性)의 깨달음 속에 있어도, 그 깨달음은, 각식(覺識)의 작용인 지혜상(智慧相)이므로, 시각(始覺)과 본각(本覺)이 둘 다 끊어진, 본연무연중절대성(本然無然中絶對性)인 완전한 깨달음이 아니다. 그러므로, 무위청정무자성(無爲淸淨無自性)을 깨달았어도, 그 깨달음의 지혜로는 본성(本性)을 알 수가 없다. 왜냐면, 시각(始覺)과 본각(本覺)이 둘 다 끊어진 본연무연중절대성(本然無然中絶對性)이 본성(本性)이며, 그 성품이, 시각(始覺)과 본각(本覺)이 둘 다 끊어진 여래장(如來藏) 일체총지성(一切總持性)이며, 무생결정성(無生結定性)이기 때문이다. 무생(無生)이란, 무명심(無明心)인 미혹의 유무(有無)와 생멸심(生滅心)이 없기 때문이며, 또한, 완전하지 못한 깨달음인, 무생법인(無生法忍)의 증득(證得)에 의한 각아(覺我)와 각식(覺識)도 끊어져, 일체(一切) 깨달음 지혜의 분별심도 끊어졌기 때문이다. 결정성(結定性)이란, 시각(始覺)과 본각(本覺)이 둘 다 끊어진 성품 곧, 여래(如來)의 성품인 실상본성(實相本性)이다. 깨달음, 이는, 지증(智證)에 의한 각식(覺識)인 지증아상(智證我相)이다.

지증인상(智證人相)은, 지증(智證)인 각아(覺我)의 대상(對相)이니, 깨달음으로 얻은 지혜세계 증득상(證得相)이다. 이는 깨달음으로 증득(證得)한 무위지혜(無爲智慧)세계로 공(空), 무위(無爲), 무상(無相), 무아(無我), 진여(眞如), 각명(覺明), 보리(菩提), 부동(不動), 열반(涅槃), 청정(淸淨) 등의 무생법인지(無生法忍智)인 무위증득상(無爲證得相)이다.

지증중생상(智證衆生相)은, 깨달음 각아(覺我)의 지혜작용세계로, 공(空), 무위(無爲), 무상(無相), 무아(無我), 청정(淸淨), 열반(涅槃), 진여(眞如), 보리(菩提), 각명(覺明), 무염(無染), 원융(圓融), 해탈(解脫), 증득(證得), 무상(無上), 삼매(三昧), 구경(究竟), 반야(般若), 정견(正見), 견성(見性), 정지(正智), 정각(正覺), 아뇩다라삼먁삼보리 등의, 깨달음 각식(覺識)의 세계에 머물며 집착하는 지혜상(智慧相)이다. 이는, 깨달음과 깨달음 증득(證得)인 무위지혜(無爲智慧)를 집착하고 머무는, 무위법집(無爲法執)인 각식(覺識)의 무위지혜상(無爲智慧相)이다.

지증수자상(智證壽者相)은, 깨달음 각아(覺我)의 생명이 끊어지지 않고 이어짐이다. 이는, 깨달음의 각아(覺我)와 각식(覺識)이 끊어지지 않고, 깨달음 각식(覺識)의 지혜로, 일체 경계를 대(對)함에, 각식(覺識)의 지혜로 두루 깨달음을 비치고 작용하며, 깨달음의 수명(壽命)이 끊어지지 않고 이어짐이다. 이는, 깨달음 각식(覺識)의 지혜작용이 끊어지지 않은, 지증수명상(智證壽命相)이다.

이 지증4상(智證四相)은, 깨달음 각력(覺力)의 깊이에 따라, 그 지증4상(智證四相)의 경계가 다르다. 그러므로, 대승지(大乘智)와 일승지(一乘智)와 일불승지(一佛乘智)와 불승지(佛乘智)가 다름은, 지증4상(智證四相)의 차별차원, 각력지혜(覺力智慧)의 차원이 다르기 때문이다. 그러나, 이 지증4상(智證四相)도, 무위지혜(無爲智慧)인 무생법인지(無生法忍智)를 타파해 벗어나 결정성(結定性)에 들면, 각아(覺我)와 각식(覺識)이 끊어지므로 무위각식4상(無爲覺識四相)이 끊어져, 깨달음과 깨달음 증득(證得)의 일체(一切) 지혜세계인 지증4상(智證四相)을 벗어나게 된다. 깨달음 세계에 들면, 그 깨달음 지혜작용의 세계가 곧, 지증4상(智證四相)의 세계이다. 이는, 깨달음을 얻은 무위승(無爲乘)인 곧, 대승(大乘), 일승(一乘), 일불승(一佛乘), 불승(佛乘)의 무생법인지(無生法忍智)의 세계이다.

그러나, 능소(能所) 분별심(分別心)인 유위4상(有爲四相) 속에 머물러 있다면, 유무(有無)와 생멸상(生滅相)이 공(空)한 무위(無爲)인 무생법인지(無生法忍智)를 증득해야 한다. 그래야만 생멸(生滅)과 유무(有無)의 일체유위상(一切有爲相)을 벗어나게 된다. 왜냐면, 무생법인지(無生法忍智)의 지증4상(智證四相)은, 무위(無爲)의 깨달음을 얻어, 완전한 깨달음인 불지(佛智)에 이르는 점차의 과정이기 때문이다. 그러나, 무위각식4상(無爲覺識四相)인 지증4상(智證四相)에 머물러 있다면, 더 깊은 깨달음에 들어, 시각(始覺)과 본각(本覺)이 둘 다 끊어진, 무생결정성(無生結定性)인 여래결정성(如來結定性)의 불지(佛智)에 들어야 한다. 만약, 불지(佛智)에 들면, 불지충만각행(佛智充滿覺行)인 불지대원만공능법계행(佛智大圓滿功能法界行)에 들어야 한다. 불지대원만공능법계행(佛智大圓滿功能法界行)인 여각행(如覺行)이, 법계일여일신공덕충만법계여각대원대행원만구족불도(法界一如一身功德充滿法界如覺大願大行圓滿具足佛道)이다. 곧, 법계일여공능원만구족법계대원각명일화불도(法界一如功能圓滿具足法界大圓覺明一華佛道)이다. 이것이, 제불제행(諸佛諸行) 여래장일체공덕총지심(如來藏一切功德總持心) 원만구족대행(圓滿具足大行)이다.

○ **293.** 37도품이 하나의 실체이며, 그 법의 실체(實體)를 얻을 수 없다.

佛言 如是 具三十七道品法 何以故 四念處 四正勤
불언 여시 구삼십칠도품법 하이고 사념처 사정근

四如意足 五根 五力 七覺分[論: 七覺] **八正道等 多名一義**
사여의족 오근 오력 칠각분 [논: 칠각] 팔정도등 다명일의

不一不異 以名數故 但名但字 法不可得
불일불이 이명수고 단명단자 법불가득

부처님께옵서 말씀하옵기를, 그러하니라. 37도품법이 갖추어졌느니라. 무엇 때문이냐면, 4념처, 4정근, 4여의족, 5근, 5력, 7각분, 8정도 등, 이름함이 많아도 하나의 실체[義:實體]이니, [그 실체는 37도품법과] 하나도 아니며 다름도 아니어서, 분별을 따라 이름하고, 헤아림을 따라 수(數)를 일컫는 까닭으로, 다만 이름하여도 단지 문자일 뿐, 그 법을 가히 얻을 수 없느니라.

♣ 부처님께옵서 말씀하옵기를, 그러하니라. 여(如)의 일행(一行)으로, 6행(六行)을 한목 통섭(通攝)한 대력관(大力觀)인 각관(覺觀)은, 불(佛)의 무상보리(無上菩提) 일체(一切) 지혜의 바다이므로, 37도품법(三十七道品法)의 공덕이 온전히 갖추어 졌느니라. 무엇 때문이냐면, 4념처(四念處), 4정근(四正勤), 4여의족(四如意足), 5근(五根), 5력(五力), 7

각분(七覺分), 8정도(八正道) 등, 이름함이 많아도, 하나의 근본 여(如)의 실체(實體)이므로, 그 성품은 37도품(三十七道品法)과 하나도 아니며 또한, 다름도 아님이니, 도(道)의 분별을 따라 이름하고, 법(法)의 헤아림을 따라 수(數)를 일컫는 까닭으로, 다만 이름하고 수(數)를 헤아려도 단지 문자일 뿐, 그 법(法)의 실체(實體)를 얻을 수 없느니라.

□ 고(高), 대(大), 속1,2(續1,2) 경(經)에 7각분(七覺分)이, 논(論) 경(經)에는 7각(七覺)으로 되어 있다.

■ 37도품법(三十七道品法)

성불(成佛)을 향한 37종 수행법이다. 이 수행법은 지혜의 차원과 수행경계의 차별을 따라 어느 한 수행법이든, 그 수행법을 닦고 수용하는 지혜에 차별이 있으며, 법이 차별이 있다. 또, 수행을 하다 보면 어느 관(觀)이라도, 응용관(應用觀)을 하게 된다.

● **4념처(四念處):** 4념주(四念住)라고도 한다. 탐욕과 집착을 멸하는 4념처관(四念處觀)이다.

① 신념처(身念處): 이 몸이 부정(不淨)함을 관(觀)함이다.

② 수념처(受念處): 감각과 인식(認識) 수(受)의 일체가 고(苦)임을 관(觀)함이다.

③ 심념처(心念處): 마음이 생멸(生滅) 무상(無常)함을 관(觀)함이다.

④ 법념처(法念處): 일체가 실체(實體) 없고, 아[我:相] 아님을 관(觀)함이다.

● **4념처(四念處):** 4념처(四念處)의 무주관(無住觀)이다. 네 곳 중 수행에 몰입할 수 있는 관(觀)하기 좋은 곳을 선별하여 관찰하며, 또, 관찰함이 익숙해지면 다른 곳을 함께 관찰하면 된다. 4념처(四念處)에서 무주관(無住觀)을 하면, 무아(無我)와 무상(無相)에 증입하게 된다.

① 신념처(身念處): 몸이, 찰나에도 머묾 없는 그 자체를 면밀하게 밀

밀히 무주성(無住性)을 관찰함이다.

② 수념처(受念處): 6근(六根)으로 색성향미촉법을 받아들이는 작용이 찰나에도 머묾 없음을 면밀하게 밀밀히 무주성(無住性)을 관찰함이다.

③ 심념처(心念處): 마음의 작용이 찰나에도 머묾 없음을 면밀하게 밀밀히 무주성(無住性)을 관찰함이다.

④ 법념처(法念處): 모든 만물(萬物) 만상(萬相)이, 찰나에도 머묾 없음을 면밀하게 밀밀히 무주성(無住性)을 관찰함이다.

● **4정근(四正勤):** 악(惡)의 성품을 끊어, 선(善)의 성품을 더욱 증장하는, 네 가지 수행법이다.

① 이생지악단령영속(已生之惡斷令永續): 이미 생긴 악(惡)을 끊어, 이어짐이 없게 함이다.

② 미생지악퇴령불생(未生之惡退令不生): 아직 생기지 않은 악(惡)은, 일어나지 않도록 함이다.

③ 이생지선령증장(已生之善令增長): 이미 생긴 선(善)을, 더욱 더 증장하게 함이다.

④ 미생지선령생(未生之善令生): 아직 생기지 않은 선(善)을, 생기도록 함이다.

● **4여의족(四如意足):** 네 가지가 원만구족하도록 정진함이다.

① 욕여의족(欲如意足): 원(願)이 원만구족하도록 정진함이다.

② 정진여의족(精進如意足): 정진이 원만구족하도록 정진함이다.

③ 심여의족(心如意足): 마음이 원만구족하도록 정진함이다.

④ 사유여의족(思惟如意足): 지혜가 원만구족하도록 정진함이다.

● **5근(五根):** 성불(成佛)의 선근(善根)을 갖추는 근(根)이다.

① 신근(信根): 불법승(佛法僧) 3보(三寶)를 믿고 의지함이다.

② 정진근(精進根): 불법(佛法)을 닦고 익히며 물러남이 없음이다.

③ 염근(念根): 정법(正法)을 항상 잊지 않고 사유(思惟)함이다.

④ 정근(定根): 항상 선정(禪定)을 닦아 익힘이다.

⑤ 혜근(慧根): 항상 보리(菩提)의 지혜를 밝힘이다.

● **5력(五力):** 5근(五根)으로 일체 장애(障礙)를 다스림이다.

① 신력(信力): 신근(信根)의 힘으로 일체 사(邪)를 끊음이다.

② 진력(進力): 정진근(精進根)의 힘으로 일체 나태함을 끊음이다.

③ 염력(念力): 염근(念根)의 힘으로 일체 사념(邪念)을 끊음이다.

④ 정력(定力): 정근(定根)의 힘으로 일체 마음 혼란을 끊음이다.

⑤ 혜력(慧力): 혜근(慧根)의 힘으로 3계(三界)의 미혹을 끊음이다.

● **7각분(七覺分):** 각찰(覺察)을 7종(七種)으로 나눈 것이다.

① 택법각분(澤法覺分): 지혜로 정법(正法)을 간택함이다.

② 정진각분(精進覺分): 지혜로 정법(正法)을 행함이다.

③ 희각분(喜覺分): 지혜로 정법(正法)을 행하는 기쁨에 듦이다.

④ 제각분(除覺分): 지혜로 삿됨을 제거하는 지혜행이다.

⑤ 사각분(捨覺分): 지혜로 경계에 이끌림의 집착을 끊음이다.

⑥ 정각분(定覺分): 지혜로 선정(禪定)에 들어 산란함이 없음이다.

⑦ 염각분(念覺分): 지혜로 정(定)과 혜(慧)를 잃지 않음이다.

● **8정도(八正道):** 청정(淸淨) 실상(實相) 참 성품 정도(正道)이다.

①정견(正見): 청정(淸淨) 실상(實相) 참 성품 바로 봄이다.

②정사유(正思惟): 청정(淸淨) 실상(實相) 참 성품 사유(思惟)이다.

③정어(正語): 청정(淸淨) 실상(實相) 참 성품 말이다.

④정업(正業): 청정(淸淨) 실상(實相) 참 성품 행(行)이다.

⑤정명(正命): 청정(淸淨) 실상(實相) 참 성품 삶이다.

⑥정정진(正精進): 청정(淸淨) 실상(實相) 참 성품 정진(精進)이다.

⑦정념(正念): 청정(淸淨) 실상(實相) 참 성품 수순심(隨順心)이다.

⑧정정(正定): 청정(淸淨) 실상(實相) 참 성품 정(定)이다.

○ **294.** 하나의 실체(實體)는 여(如)이며, 일체(一切)가 구족(具足)하다.

不得之法 一義無文 無文相義[論: 無文之相] **眞實空性**
부 득 지 법 일 의 무 문 무 문 상 의 [논: 무문지상] 진 실 공 성

空性之義 如實如如 如如之理 具一切法
공 성 지 의 여 실 여 여 여 여 지 리 구 일 체 법

얻을 수 없는 법, 하나[一:如]의 실체[義:實體]는 문자가 끊어졌느니라.
문자와 모습도 끊어진 실체[義:實體]는, 진실(眞實) 공성(空性)이니라. 공
(空)한 성품 실체[義:實體]인 여(如)의 실(實)은, [체(體)도 여(如)이며, 상(相)
도 여(如)인] **여여**(如如)의 성품이니라. [체(體)도 여(如)이며, 상(相)도 여(如)
인] **여여**(如如)의 참 성품[理:眞性]은, 일체 법(法)이 구족(具足)하니라.

♣ 37도품법(三十七道品法)의 실체, 여(如)의 성품은 얻을 수 없는 법이
니, 하나[一:如]의 실체[義:實體]는 문자가 끊어졌느니라. 문자와 모습
[相]도 끊어진 실체(實體)는, 진실(眞實) 공성(空性)이니라. 공(空)한 성
품 실체[義:實體]는 여(如)의 실(實)이므로, 체(體)도 여(如)이며, 상(相)
도 여(如)인 여여(如如)의 성품이니라. 체(體)와 상(相)이 다를 바 없는
여여(如如)의 참 성품[理] 여래장(如來藏)은, 여래(如來)의 일체 지혜와
삼라만상(森羅萬相)의 일체총지(一切總持)이니, 일체가 그 공능행(功能
行)이므로, 일체 불가사의 법(法)의 공덕(功德)이 구족(具足)하니라.

□ 고(高), 대(大), 속1,2(續1,2) 경(經)에 무문상의(無文相義)가, 논(論) 경(經)에
는 무문지상(無文之相)으로 되어 있다.

○ **295.** 여(如)에 든 자는, 3계(三界) 고해(苦海)를 벗어났다.

善男子 住如理者[續2: 住於如理] **過三苦海**
선 남 자 주 여 리 자 [속2: 주어여리] 과 삼 고 해

선남자여! 여(如)의 참 성품[理]에 머무른 자는, 3계(三界)의 괴로움 바다
를 벗어났느니라.

♣ 선남자여! 진실(眞實) 공성(空性)이며, 결정성(結定性)인 여(如)의 참

성품[理]에 머무른 자는, 욕계(欲界)와 색계(色界)와 무색계(無色界)를 벗어나, 3계(三界)의 괴로움 바다를 벗어났느니라.

□ 고(高), 논(論), 대(大), 속1(續1) 경(經)에 주여리자(住如理者)가, 속2(續2) 경(經)에는 주어여리(住於如理)로 되어 있다.

□ 속2경구(續2經句)

주어여리 과삼고해(住於如理 過三苦海): 여(如)의 참 성품[理]에 머물러, 3계(三界)의 고해(苦海)를 벗어났다.

⃝ **296.** 여(如)는, 언설(言說)이 불가(不可)인데 어떻게 설법을 하시옵니까?

舍利弗言 一切萬法 皆悉言文[論: 皆悉文言]
사 리 불 언   일 체 만 법   개 실 언 문 [논: 개실문언]

言文之相[論: 文言之相] **即**[大·續1,2: 卽]**非爲義 如實之義**
언 문 지 상 [논: 문언지상] 즉 [대·속1,2: 즉] 비 위 의   여 실 지 의

不可言議[論:續1,2: 不可言說] **今者如來 云何說法**
불 가 언 의 [논:속1,2: 불가언설]   금 자 여 래   운 하 설 법

사리불이 말씀 사뢰오며 여쭈옵기를, 일체 만법이 모두 다, 말과 글이옵니다. 말과 글의 상(相)이 곧, 실체[義:實體]가 아니라고 하시오니, 여(如)의 실(實)인 실체[義:實體]는, 언설(言說)로 가히 사의[議:思議]할 수 없사온데, 지금, 여래께옵서는, 어떻게 법(法)을 설(說)하시고 계시옵니까?

♣ 사리불이, 말씀 사뢰오며 여쭈옵기를, 일체 만법이 모두 다, 법을 드러내는 말과 글이옵니다. 말과 글의 상(相)이 곧, 법을 드러내는 실체[義:實體]가 아니라고 하시오니, 여(如)의 실(實)인 실체[義:實體]는, 언설(言說)이 가능하지 않으므로 사의(思議)할 수 없사온데, 지금, 여래(如來)께옵서는, 어떻게 불가사의한 결정성(結定性)인 여(如)의 법(法)을, 설(說)하시고 계시옵니까?

□ 고(高), 대(大), 속1,2(續1,2) 경(經)에 개실언문(皆悉言文)이, 논(論) 경(經)에는 개실문언(皆悉文言)으로 되어 있다.

□ 고(高), 대(大), 속1,2(續1,2) 경(經)에 언문지상(言文之相)이, 논(論) 경(經)에는 문언지상(文言之相)으로 되어 있다.

□ 고(高), 논(論), 경(經)에 즉(即)이, 대(大), 속1,2(續1,2) 경(經)에는 즉(即)으로 되어 있다.

□ 고(高), 대(大) 경(經)에 불가언의(不可言議)가, 논(論), 속1,2(續1,2) 경(經)에는 불가언설(不可言說)로 되어 있다.

○ **297.** 여래설(如來說)은 실상(實相)을 말할 뿐, 문자(文字)가 아니다.

佛言 我說法者 以汝衆生 在生說故 說不可說 是故說之
불언 아설법자 이여중생 재생설고 설불가설 시고설지
我所說者 義語非文
아소설자 의어비문

부처님께옵서 말씀하옵기를, 내가 법을 설하는 것은, 그대와 중생들이 언설(言說)에 의지한 삶을 사는 까닭으로, 가히 설할 수 없는 것을 설함이니라. 이러한 까닭으로 설하여도, 내가 설하는 것은, 실상[義:實相]을 말할 뿐, 문자(文字)가 아니니라.

♣부처님께옵서 말씀하옵기를, 내가 법을 설하는 것은, 그대와 중생들이, 언설(言說)에 의지한 삶을 사는 까닭으로, 가히 설할 수 없는 것을, 방편(方便)으로, 중생의 언설법(言說法)에 응(應)하여 설함이니라. 이러한 까닭으로 설하여도, 내가 설하는 것은, 실(實)을 일컫는 실상[義:實相]을 말할 뿐, 실상(實相)을 벗어난 문자(文字)가 아니니라.

○ **298.** 실상(實相)의 말이 아니면 체성(體性)이 없어, 허망(虛妄)한 말이다.

衆生說者 文語非義 非義語者 皆悉空無 空無之言
중생설자 문어비의 비의어자 개실공무 공무지언
無言於義 不言義者 皆是妄語
무언어의 불언의자 개시망어

중생들의 언설(言說)은, 실상[義:實相]이 아닌 문자(文字)의 말이니라. 실상[義:實相]의 말이 아닌 것은, 모두 다 헛된[空無] 것이니라. 헛된[空無]

말은 실체[義:實體]가 없는 말이므로, 실상[義:實相]의 말이 아닌 것은, 모두, 이것은 허망(虛妄)한 말이니라.

♣ 중생들의 언설(言說)은, 언어(言語)와 문자(文字)가 실상[義:實相]을 벗어난, 중생의 사량(思量)과 분별에 의한, 실체(實體) 없는 문자(文字)의 말이니라. 실상[義:實相]이 아닌 말은, 모두 다, 언어의 실체(實體)가 없어, 공허(空虛)하여 허무(虛無)한, 허망(虛妄)한 것이니라. 실체(實體)가 없는 헛된 말은, 언어의 실상[義:實相]이 없는 말이므로, 실상[義:實相]이 없는 말은, 모두, 이것은, 중생(衆生)의 분별과 사량(思量)의 헤아림인, 허망(虛妄)한 말이니라.

● 말에 실상(實相)이 없다는 것은, 그 말의 법(法)의 실체(實體)가 없다는 뜻이다. 이는, 중생의 사량(思量)과 분별에 의한 실체(實體) 없는 상념상(想念相)의 분별상(分別相)임을 일컬음이다.

○ **299.** 실상(實相)의 말은 여(如)이며, 공(空)과 실(實)을 벗어났다.

如義語者 實空不空 空實不實 離於二相
여 의 어 자 실 공 불 공 공 실 부 실 이 어 이 상
中間不中[大:續1,2: 中間不中]
중 간 부 중 [대:속1,2: 중간부중]

여(如)의 실상[義:實相]을 말하는 것은, 실(實)이 공(空)이어도 공(空)이 아니며, 공(空)이 실(實)이어도 실(實)도 아니니, 두 모습을 벗어났으므로, 중간(中間)의 중(中)도 아니니라.

♣ 여(如)의 실체(實體)에 근본(根本)한 실상[義:實相]을 말하는 것은, 실(實)이 공(空)이어도, 그 공(空)이 여(如)의 성품 결정성(結定性)일 뿐, 중생이 생각하는, 텅 비어 없는 허망(虛妄)한 공(空)이 아니며, 공(空)이 즉, 여(如)의 성품 결정성(結定性) 실(實)이어도, 중생이 생각하는 유(有)나, 상(相)의 유위(有爲)인 실(實)이 아니니라. 그러므로, 중생의 분별인 공(空)과 실(實)의 두 모습을 벗어났으므로, 무(無)인 공(空)도

아니며, 유(有)인 실(實)도 아니며, 또한, 유(有)와 무(無)도 아닌, 중간(中間)의 중(中)도 아니니라.

□ 고(高), 논(論) 경(經)에 중간부중(中閒不中)이, 대(大), 속1,2(續1,2) 경(經)에는 중간부중(中間不中)으로 되어 있다.

○ **300.** 3상(三相)을 벗어나 견(見)의 처소(處所)가 없어, 여여여설이다.

不中之法 離於三相 不見處所 如如如說
부 중 지 법   이 어 삼 상   불 견 처 소   여 여 여 설

중(中)도 아닌 법은, 3상[三相:有·無·中]을 벗어나 견(見)의 처소가 없어, [일체(一切) 상(相)도 여(如)며, 행(行)도 여(如)며, 체(體)도 여(如)인] **여여여설(如如如說)이니라.**

♣ 중(中)도 아닌 법은, 일체 사량과 분별상(分別相)인 유(有), 무(無), 중(中)인 3상(三相)을 벗어나 견(見)의 처소가 없어, 일체(一切) 상(相)도 결정성 여(如)이며, 행(行)도 결정성 여(如)이며, 체(體)도 결정성 여(如)이므로, 유(有)도 없고 무(無)도 없고 중(中)도 없는, 여여여설(如如如說)이니라.

○ **301.** 여설(如說)은, 유무(有無)의 존재(存在)가 아님을 설(說)한다.

如無無有 無有於無 如無有無 有無於有
여 무 무 유   무 유 어 무   여 무 유 무   유 무 어 유

如有無不在[論:續1,2: 有無不在] **說不在說故**[論:續1,2: 說不在故]
여 유 무 부 재 [논:속1,2: 유무부재]   설 부 재 설 고 [논:속1,2: 설부재고]

여(如)에는 유(有)도 무(無)도 없느니라. 유(有)와 무(無)가 없음은, 여(如)에는 유(有)도 무(無)도 끊어졌기 때문이니라. 유(有)와 무(無)는 유견(有見)이나, 여(如)는 유무(有無)의 존재가 아니므로, 설(說)함이, 존재(存在)가 아닌 까닭을 설(說)하느니라.

♣ 여(如)의 성품에는, 유(有)도 무(無)도 중(中)도 없느니라. 유(有)도

무(無)도 중(中)도 없음은, 여(如)의 성품에는, 유(有)도 무(無)도 중(中)도 끊어졌기 때문이니라. 유(有)와 무(無)와 중(中)은 유견(有見)이나, 여(如)는, 유(有)나 무(無)나 중(中)의 존재가 아니므로, 여(如)의 설(說)은, 유(有)나 무(無)나 중(中)의 존재(存在)가 아닌 까닭을, 설하는 것이니라.

□ 고(高), 대(大) 경(經)에 여유무부재(如有無不在)가, 논(論), 속1,2(續1,2) 경(經)에는 유무부재(有無不在)로 되어 있다.

□ 고(高), 대(大) 경(經)에 설부재설고(說不在說故)가, 논(論), 속1,2(續1,2) 경(經)에는 설부재고(說不在故)로 되어 있다.

□ 논:속1,2경구(論:續1,2經句)

유무부재 설부재설고(有無不在 說不在故): 유무(有無)의 존재가 아니므로, [유무의] 존재가 아닌 까닭을 설하느니라.

● 유(有)도 무(無)도 중(中)도 아닌 여(如)의 실체를 일컬음이다. 여(如)는 무생결정성(無生結定性)이다. 이는, 불법(佛法) 실상(實相)인 중도(中道)의 성품을 일컬음이다. 무생결정성(無生結定性)인 여(如)의 성품이 곧, 불법(佛法) 실상(實相)인 중도(中道)이다.

■ 불법(佛法)의 중도(中道)

불법(佛法)은 중도(中道)이다. 중도(中道)는 무엇에도 치우침 없는 무유정법(無有定法)이며, 무결정성(無結定性)이 결정성(結定性)인 절대성(絶對性)이니, 유(有)도 아니며 무(無)도 아니며, 유무(有無)의 중간(中間)도 아니며, 상(相)도 아니며 식(識)도 아니며 공(空)도 아닌, 실공(實空)의 실상(實相)을 일컬음이다. 실상(實相)을 중도(中道)라 함은, 무엇에도 걸림 없고 치우침이 없는 절대(絶對) 성품이기 때문이며, 또한 일체(一切)의 근본(根本)이기 때문이다. 중도(中道)의 중(中)은, 대(對)가 없는 절대성(絶對性)으로, 유무(有無)와 상(相)과 식(識)과 공(空)과 어떤 견해(見解)와 지혜(智慧)에도 치우침 없는 절대성(絶對性)이다. 중도(中道)의 도(道)는, 그 절대성(絕對性)의 공능행(功能行)이다. 그러므로 중도(中道)의 중(中)은 일체(一切)의 근본(根本) 실상(實相)이며, 중도(中道)의 도(道)는 실상행(實相行)이다. 이는, 실상(實相)의 공능행(功能行)이다.

　실상(實相)이란, 일체(一切)의 근본(根本)으로, 일체 존재의 변함 없는 실체(實體)인, 참 본성(本性)이다. 생(生)과 멸(滅)이 아니어도 생멸(生滅)을 드러내는 근본이며, 유(有)와 무(無)가 아니어도 유무(有無)를 드러내는 실체(實體)이다. 생(生)과 멸(滅)이 아니어도 생멸(生滅)을 드러내며, 유(有)와 무(無)가 아니어도 유무(有無)를 드러냄은, 무엇에도 치우침 없고 변함 없는 절대(絕對) 성품으로, 일체(一切)의 대(對)가 끊어진 본연무연중절대성(本然無然中絕對性)이기 때문이다. 이 일체(一切)의 근본(根本) 실상(實相)인 절대성(絕對性)은, 유(有)와 무(無)와 상(相)과 식(識)과 견(見)과 색(色)과 심(心)의 그 무엇에도 치우침 없는 절대성(絕對性)이다. 이 경(經)에서는, 무엇에도 치우침 없는 이 절대성(絕對性)인 실상(實相) 본성(本性)의 무생절대중성(無生絕對中性)을 무생결정성(無生結定性)이라 하였으며, 여래장(如來藏)이라고 하였으며, 여래(如來)의 여(如)의 성품이라고 했다. 불법(佛法) 중도(中道)는 곧, 일각요의(一覺了義)인, 일미진실(一味眞實) 무상무생(無相無生) 결정실제(結定實際) 본각리행(本覺利行)이다. 일미진실(一味眞實) 무상무생(無相無生) 결정실제(結定實際) 본각리행(本覺利行)은, 제불(諸佛)의 불지불성(佛智佛性)의 세계만은 아니다. 시방법계(十方法界) 우주만물(宇宙萬物) 일체운행(一切運行)과 그 실상세계(實相世界)도 곧, 일미진실(一味眞實) 무상무생(無相無生) 결정실제(結定實際) 본각리행(本覺利行)이다. 제불제지(諸佛諸智)는 불(佛)의 세계인 것만 아니니, 시방법계(十方法界) 우주만물(宇宙萬物) 일체운행(一切運行) 그 실상세계(實相世界) 동일법성(同一法性)인 불이성(不二性)의 세계이다. 그러므로, 중도실상(中道實相)은 시방법계(十方法界) 우주만물(宇宙萬物)의 실상(實相)과 제불실상(諸佛實相)이 다를 바 없으며, 중도실상행(中道實相行)이, 시방법계(十方法界) 우주만물(宇宙萬物)의 일체운행(一切運行) 실상중도행(實相中道行)과 제불제행(諸佛諸行)의 실상중도행(實相中道行)이 다를 바 없다. 그러므로, 중도실상(中道實相)에 들면, 시방법계(十方法界) 우주만물(宇宙萬物) 일체운행(一切運行)과 동일실상불성법계(同一實相佛性法界)에 들게 된다. 중도(中道)의 실상(實相)은 곧, 만법만상(萬法萬相)의 일체총지성(一切總持性)인 곧, 여래장(如來藏) 세계이다.

중도실상(中道實相)이 일체총지(一切總持)의 본성(本性), 여(如)의 세계이다. 이는 곧, 여래장(如來藏)이며, 중도실상(中道實相)이 제불(諸佛)의 일체지혜(一切智慧)의 공덕장(功德藏)이며, 만법만물만상(萬法萬物萬相)을 출현하는 일체총지(一切總持) 여래장(如來藏)이다. 여기에 듦이, 이 경(經)에서 설한 이(利)에 듦이며, 이(利)는 곧, 중도실상(中道實相) 일체총지(一切總持)의 무상공능계(無相功能界)이다. 이는 곧, 여래장(如來藏)이다.

불법(佛法)의 중도(中道)는, 상(相), 식(識), 견(見), 지혜(智慧)를 벗어난 심·물·지(心·物·智)의 근본(根本) 본성(本性)을 일러 중도(中道)라고 한다. 중도(中道)의 중(中)은, 상(相), 식(識), 견(見), 지혜(智慧)의 일체(一切) 대(對)의 차별을 벗어난 무연무생절대성(無然無生絕對性)으로 본연무연중절대성(本然無然中絕對性)이며, 무생(無生) 결정성(結定性)이다. 중도(中道)의 도(道)는, 본성(本性)의 작용 무상행(無相行)으로, 일체공덕(一切功德)의 일체총지성(一切總持性)인 무상공능행(無相功能行)이다. 이를, 경(經)에서는, 이 실상공능행(實相功能行)을 이(利)라고 했으며, 그 실체(實體)를 의(義)라고 했으며, 그 성품을 여(如)라고 했다. 그러나, 중도(中道)를 수용(隨用)하는 지혜상응(智慧相應)의 차별에 따라, 3종중도(三種中道)의 차별법(差別法)이 있다. 첫째는 조화(調和)의 중도(中道)이며, 둘째는 무위(無爲)의 중도(中道)이며, 셋째는 실상(實相)의 중도(中道)이다.

첫째, 조화(調和)의 중도(中道)는 상(相)에 상응(相應)의 중도(中道)로, 어느 한 곳으로 치우침 없는 안정(安定)과 상생조화(相生調和)를 위한 중도(中道)이니, 이는 거문고[玄琴]의 줄을 고르게 하듯, 바람직한 선의(善意)의 좋은 결과를 위한 인행(因行)의 중도(中道)이다. 이는, 고(苦)와 낙(樂) 등의 극단(極端)에 치우침을 경계하므로, 심신(心身)의 안정(安定)과 조화(調和)를 잃지 않아, 수행의 방해(妨害)와 삶의 악영향(惡影響)을 기치지 않는 상생조화(相生調和)의 선의행(善意行)이다. 이것은, 무위(無爲)와 실상(實相)의 중도(中道)가 아닌, 상(相)에 상응(相應)한 조화(調和)의 중도(中道)이다.

둘째, 무위(無爲)의 중도(中道)는, 식(識)의 무위지혜상응(無爲智慧相應)의 중도(中道)로, 식(識)이 유무(有無)의 상(相)에 치우침 없는 공성(空性)의 중도(中道)이다. 이는, 유무(有無)의 상(相)에 머묾의 상심(相心)과 미혹을 벗어난 무위중도(無爲中道)이다. 이는, 일체(一切)의 근본(根本) 실상중도(實相中道)에는 이르지 못하였으나, 실상중도(實相中道)에 들기 위한 점차의 과정 속에 이루어지는, 지혜과정(智慧過程)의 무위중도(無爲中道)이다. 이는, 깨달음이 무위(無爲)에 들었으나, 아직, 본연무연중절대성(本然無然中絶對性)인 실상중도(實相中道)에는 이르지 못해, 지혜작용이 식(識)의 장애를 완전히 벗어나지 못한 지혜 점차의 차별지(差別智) 속에 있으므로, 무위지혜(無爲智慧)의 각식(覺識)으로 공(空), 정(定), 혜(慧), 열반(涅槃), 진여(眞如), 보리(菩提) 등에 의지해, 지혜를 더욱 밝히는 무위지혜(無爲智慧) 각성수행(覺性修行)의 세계이다. 이는, 지혜과정의 차별성품 속에 깨달음 시각(始覺)의 각식(覺識)에 의한 지혜세계이다.

이는, 실상중도(實相中道)에서 보면, 일체(一切)의 근본(根本) 실상(實相) 본연무연중절대성(本然無然中絶對性)인 완전한 결정성(結定性) 중(中)의 실상(實相)에 들지 못한, 깨달음 각식(覺識)에 의한 무위(無爲) 차별의 지혜성품세계이다. 이 무위(無爲)의 중도(中道)에 머물러 있는 차별 차원이 보살승(菩薩乘)으로, 대승(大乘), 일승(一乘), 일불승(一佛乘), 불승(佛乘)이다. 그러므로, 무위(無爲)의 중도(中道)에 머물러 있으면, 아직, 시각(始覺)과 본각(本覺)이 둘 다 끊어지지 않았으므로, 일체(一切)의 근본(根本) 본성(本性)인, 불법(佛法) 중도(中道)의 실상(實相)에는 증입하지 못했다. 그러므로, 8식(八識) 출입식(出入識)이 끊어진 일불승(一佛乘) 원융각명(圓融覺明)의 지혜작용인 쌍차쌍조(雙遮雙照)의 대원경지(大圓鏡智)나, 또는, 8식(八識) 무명함장식(無明含藏識)이 끊어진 부동열반성(不動涅槃性)의 지혜작용인 불승(佛乘)이어도, 불법(佛法) 중도(中道)의 실상(實相)에는 아직, 증입(證入)하지 못한 차별지 속에서, 무위중도(無爲中道)가 불법(佛法)의 실상중도(實相中道)라고 생각할 수도 있다. 이런 생각을 하게 되는 까닭은, 상(相)의 유무(有無)와 생멸(生滅)을 벗어나, 무위공성(無爲空性)인 무위중도(無爲中道)의 성품에 들었기 때문이다. 그러나, 이 무위지혜(無爲智慧)가 상(相)의 유무(有無)와 생멸(生滅)을 벗어났으나 이는, 무위상견(無爲相見)이므로, 무위(無爲)의 지혜상(智慧相)까지 완전히 끊어진 불법(佛法) 중도(中道)의 실상(實相)에 증입(證入)하면, 이 무위중도(無爲中道)의 지혜상(智慧相)이, 완전한 중도(中道)가 아니므로, 타파되어 깨어진다. 이 지혜는 아직, 불법(佛法) 중도(中道)의 실상(實相)에는 증입(證入)하지 못한 지혜이다.

왜냐면, 상(相)의 대(對)인 유(有)와 무(無)를 벗어났으나, 더 깊은 식(識)의 대(對) 속에 있음이니, 본연무연중절대성(本然無然中絶對性)인, 무생결정성(無生結定性)을 벗어난, 각식(覺識)의 지혜상(智慧相)에 치우친, 견(見)의 대(對)는 벗어나지 못한 차별지혜 속에 있기 때문이다. 그러므로, 지혜 점차의 차별지(差別智) 속에 있음이 아직, 완전한 지혜(智慧)인 불법(佛法) 중도(中道)의 실상(實相)에는 증입(證入)하지 못했음이다. 식(識)의 대(對)는 지혜성품의 대(對)인 차별이니, 지혜의 동

(動)과 정(靜), 정(定)과 혜(慧), 체(體)와 용(用), 열반(涅槃)과 보리(菩提) 등이 아직, 끊어지지 않은 차별성품이다. 무위지혜(無爲智慧)는, 상(相)의 대(對)인 유(有)와 무(無)를 벗어났으나, 지혜의 대(對)인, 대승(大乘), 일승(一乘), 일불승(一佛乘), 불승(佛乘)의, 점차의 차별지(差別智) 속에 있음이다. 이 무위각식(無爲覺識)의 지혜는 아직, 지혜의 대(對)인 차별성품 속에 있으므로, 시각(始覺)과 본각(本覺)이 둘 다 끊어지지 않아, 아직, 불법(佛法) 중도(中道)의 실상(實相)에는 증입(證入)하지 못하고 있다. 왜냐면, 시각(始覺)도 본각(本覺)도 완전히 끊어진 실상(實相)인, 체용불이(體用不二)의 결정성(結定性) 본연무연중절대성(本然無然中絕對性)을 벗어난 무위각식(無爲覺識)의 지혜(智慧)인, 무위상견(無爲相見) 속에 있기 때문이다. 이는, 깨달음의 시각(始覺)이 아직, 무생본각(無生本覺)에 들지 못해, 시각(始覺)과 본각(本覺)이 대(對)의 차별 속에 있으므로, 시각(始覺)과 본각(本覺)이 둘 다 끊어져야만 일체불이(一切不二)의 결정성(結定性)인 완전한 지혜, 불법(佛法) 중도(中道)의 실상(實相)이며, 본연무연중절대성(本然無然中絕對性)인 여래결정성(如來結定性)에 들게 된다. 무위지혜(無爲智慧)는, 아직, 불법(佛法) 중도(中道)의 실상(實相)에는 증입(證入)하지 못한, 불지불각(佛智佛覺)을 향한 무생법인(無生法忍)의 무위지혜(無爲智慧)이다.

셋째, 실상(實相)의 중도(中道)는, 바로 불지불성(佛智佛性)으로, 완전한 본성(本性)의 중도(中道)이니, 이는, 일체(一切) 깨달음 지혜(智慧)의 대(對)가 끊어진 본연무연중절대성(本然無然中絕對性)이다. 이는, 일체(一切)의 근본(根本) 실상(實相)에 증입(證入)한, 불법(佛法) 실상(實相)의 중도(中道)이다. 이는, 깨달음 무위(無爲)의 각종 각성지혜(覺性智慧)의 시각(始覺)과 무생본각(無生本覺)까지 둘 다 끊어져, 상(相)에 상응(相應)인 조화(調和)의 중도(中道)와 식(識)의 무위지혜상응(無爲智慧相應)인 무위(無爲)의 중도(中道)도 벗어나, 일체(一切)의 근본(根本) 실상(實相)인 본성(本性)의 참 성품 무생결정성(無生結定性)인 여래결정성(如來結

定性)이다. 이는, 시각(始覺)도 무생본각(無生本覺)도 둘 다 끊어져, 일
체(一切)의 상(相), 식(識), 견(見), 지혜(智慧)의 대(對)가 끊어진 절대성
(絕對性)으로, 여래결정성(如來結定性)인 본연무연중절대성(本然無然中絕對
性)이다. 그러므로, 불법(佛法) 실상(實相)의 중도(中道)는, 상·식·
견(相·識·見) 일체(一切)를 벗어난 절대성(絕對性)인 불지(佛智), 무생
결정성(無生結定性)에 증입해야만, 불법(佛法) 중도(中道)의 실상(實相)을
깨닫게 된다. 이 경(經)이, 일체(一切) 지혜의 대(對)가 끊어진 일각요
의(一覺了義)의 무유정법(無有定法), 무결정성(無結定性)이 결정성(結定性)
인 절대성(絕對性), 일체(一切)의 근본(根本) 실상(實相)인 본성(本性) 여
래장(如來藏), 여래결정인(如來結定印)을 드러내며, 여래결정성(如來結
定性)인 여래결정각(如來結定覺) 본연무연중절대성(本然無然中絕對性)인
실상중도(實相中道)에 이르게 한다. 이는, 무연절대성(無然絕對性)으로,
일각요의(一覺了義)인 일미진실(一味眞實) 무상무생(無相無生) 결정실제
(結定實際) 본각리행(本覺利行)이다. 그러므로, 무생법인(無生法忍)의 무
위보살지(無爲菩薩智)를 모두 벗어나, 무생결정성(無生結定性)인 완전한
불지(佛智)에 들어야, 불법(佛法)의 실상중도(實相中道)를 깨닫게 된다.
이는 곧, 여래(如來)의 성품이며, 무연결정성(無然結定性)인 절대성(絕
對性)으로, 곧, 인(印)이다.

○ **302.** 여(如)는, 유무(有無)도 아니므로 여(如)라고 한다.

不在於如 如不有如 不無如說
부 재 어 여   여 불 유 여   불 무 여 설

**존재 아님이 여(如)이니, 여(如)는 유(有)가 아니므로 여(如)이며, 무(無)
도 아니므로 여(如)라고 말하느니라.**

♣ 유(有)나 무(無)나 중(中)의 어느 존재도 아니므로 여(如)이니, 여(如)
는 유(有)도 아니므로 여(如)이며, 무(無)도 아니므로 여(如)이며, 중(中)
도 아니므로 여(如)라고 말하느니라.

■ 여(如)의 결정성(結定性)

여(如)는 무생(無生) 결정성(結定性)이므로, 유(有)나 무(無)나 중(中)이 아니다. 유(有)나 무(無)나 중(中)은, 상(相)을 헤아리는 사량(思量)과 견(見)의 분별에 의한 유위견(有爲見)이나, 무위견(無爲見)이다. 여(如)는 공(空)도 아니며, 실(實)도 아니다. 여(如)는 공(空)이어도 공(空)이 아님은, 공(空)한 성품과 공(空)한 상(相)이 없기 때문이며, 여(如)는 실(實)이어도 실(實)이 아님은, 그 성품이 결정성(結定性)이라 실체(實體)가 없기 때문이다. 그러므로 파괴됨이 없는 결정인(結定印)의 성품이다. 이는, 무생(無生) 성품이기 때문이다. 무생(無生) 성품이라고 하여 성품이 없음이 아니며, 또한, 작용이 없음이 아님이니, 일체총지성(一切總持性)이므로 시방(十方) 만물만상(萬物萬相)을 창출한다. 이 무생(無生) 성품의 작용이 무생공능(無生功能)이니, 무생공능(無生功能)이 있음은, 이 무생(無生) 성품이 일체만법총지성(一切萬法總持性)이기 때문이다. 이 무생공능(無生功能)을 경(經)에는 이(利)라고 하였으며, 이 이(利)는 상(相)이 없으므로 무상공능(無相功能)이라고 하였으며, 이를, 일미진실(一味眞實) 무상무생(無相無生) 결정실제(結定實際) 본각리행(本覺利行)이라고 하였으며, 무생실제(無生實際)라고 했다. 이 성품을 결정성(結定性), 또는 무생결정성(無生結定性), 또는 여래장(如來藏), 또는 여(如)라고 하였으며, 이 여(如)는 곧, 여래(如來)의 여(如)라고 하였다. 유위(有爲)와 무위(無爲)의 두 견해를 벗어나야만 이 결정성(結定性)의 성품을 깨닫게 된다. 이 결정성(結定性)은 무유정법(無有定法)인 아뇩다라삼먁삼보리의 실제(實際)이며, 실체(實體)이다. 일체 사량(思量)과 분별로 헤아려 알 수 없는 본연무연중절대성(本然無然中絕對性)으로, 바로 무생(無生) 일체총지성(一切總持性)인 여래장(如來藏) 결정성(結定性)이다. 그러므로 인(印)이라고 한다. 이 인(印)은 여래결정성(如來結定性)이다. 이 결정성(結定性)이 곧, 금강(金剛)이며, 이 지혜가 금강지(金剛智)이며, 제불(諸佛)의 여래지(如來智)이다. 이는, 열반(涅槃)과 보리(菩

提)가 무생불이(無生不二)인 결정성(結定性)이며, 결정각(結定覺)이다. 이는 곧, 여래결정각(如來結定覺)이며, 여래자각성지(如來自覺聖智)이다. 이는 일각요의(一覺了義)의 실체(實體)이며, 곧, 일미진실(一味眞實) 무상무생(無相無生) 결정실제(結定實際) 본각리행(本覺利行)의 성품 실체(實體)이다.

○ **303.** 천제(闡提)는, 어떤 등급에 머물러 여래(如來)의 실상에 드옵니까?

舍利弗言 一切衆生 從一闡提 闡提之心 住何等位
사 리 불 언 일 체 중 생 종 일 천 제 천 제 지 심 주 하 등 위

得至如來如來實相
득 지 여 래 여 래 실 상

사리불이 말씀 사뢰오며 여쭈옵기를, 일체중생이 일천제(一闡提)를 좇다가, 천제(闡提)의 마음으로부터 어떤 순위(順位)의 등급에 머물러야, 여래께옵서 이르신, 여래(如來)의 실상(實相)을 얻을 수 있사옵니까?

♣ 사리불이, 말씀 사뢰오며 여쭈옵기를, 일체중생이, 성불(成佛)의 인연이 없는 일천제(一闡提)의 삶을 좇다가, 일천제(一闡提)가 성불(成佛)하고자 마음을 일으켜 수행에 들면, 수행 과정에 어떤 순위(順位)의 등급(等級)에 머물러야, 여래(如來)께옵서 이르러 성취하신, 여래(如來)의 실상(實相)을 얻을 수 있사옵니까?

● **일천제(一闡提):** 성불(成佛)의 인연(因緣)을 갖고 있지 않음이다. 대개의 생명들이 일천제(一闡提)의 삶을 산다. 성불(成佛)을 하려고 생각하지도 않고, 성불(成佛)을 외면한 삶을 살며, 성불(成佛)할 생각과 원(願)과 행(行)을 일으키지 않고 삶으로, 성불(成佛)할 과(果)의 인성(因性)을 생(生)하지 않고 있다.

○ **304.** 여래(如來)의 실상(實相) 과정에까지, 5등급 수행(修行)에 머문다.

佛言 從闡提心 乃至如來 如來實相 住五等位
불 언 종 천 제 심 내 지 여 래 여 래 실 상 주 오 등 위

부처님께옵서 말씀하옵기를, 천제(闡提)의 마음으로, 여래(如來)가 이른 여래(如來)의 실상(實相)에까지, 5등급의 순위(順位)에 머무르느니라.

♣ 부처님께옵서 말씀하옵기를, 일천제(一闡提)가 성불(成佛)하려는 마음을 굳게 일으켜, 그 불퇴전(不退轉)의 마음을 좇아 수행에 들면, 여래(如來)가 이르러 성취한 여래(如來)의 실상(實相)에까지, 5등급의 수행과정에 머무르게 되느니라.

◯ **305.** 첫째 신위(信位)이니, 진여(眞如)가 망심(妄心)에 가림을 믿음이다.
一者 信位 信此身中 眞如種子 爲妄所翳 捨離妄心
일자 신위 신차신중 진여종자 위망소예 사리망심
淨心淸白 知諸境界意言分別
정심청백 지제경계의언분별

첫째는 신위(信位)이니라. 믿음은, 이 몸 가운데, 진여(眞如)의 종자(種子)가 망심(妄心)에 가린 바임을 믿으며[대승기신大乘起信], 망심(妄心)을 버리고 벗어나면[신위信位 과果의 인행因行(대승수행大乘修行)], 맑은 마음[淨心]이 청정명백(淸淨明白)하여, 모든 경계가 의식[意]과 언어(言語)의 분별과 차별임을 아느니라[신위信位 인행因行의 과果(대승공지大乘空智:대승과지大乘果智:6식멸과六識滅果)].

♣ 첫째는 청정한 물듦 없는 성품, 진여(眞如)의 믿음인 신위(信位)이니라. 믿음은, 이 몸 가운데에, 생사(生死)와 생멸(生滅)의 일체상(一切相) 그 무엇에도 물듦 없는, 청정(淸淨) 진여(眞如)의 종자(種子)가 있음이나, 일체상(一切相) 분별의 망심(妄心)에 가리어 있음을 굳게 믿어[대승기신大乘起信], 일체상(一切相) 분별의 망심(妄心)을 버리고 벗어나면[신위信位 과果의 인행因行(대승수행大乘修行)], 색성향미촉법(色聲香味觸法) 그 무엇에도 물듦 없는 맑은 마음이 청정명백(淸淨明白)하여, 일체 색성향미촉법(色聲香味觸法)의 분별인 모든 경계가, 의식(意識)과 언어(言語)의 헤아림인 분별과 차별상임을 깨달아 아느니라[신위信位 인행因行

의 과果(대승공지大乘空智:대승과지大乘果智:6식멸과六識滅果)].

● **신위(信位):** 대승심(大乘心)을 일으켜, 대승행(大乘行)으로 색성향미촉법(色聲香味觸法)이 공(空)한 대승청정지(大乘清淨智)에 듦이다. 6식(六識)이 끊어지면, 일체상(一切相)이 공(空)한 이법계(理法界), 대승공청정지(大乘空清淨智)에 들어, 일체(一切)가 공성(空性)임을 모르는 미혹에 의한 상(相)의 분별이며, 일체상(一切相)이, 의식(意識)과 언어(言語)의 분별상임을 깨닫게 된다.

○**306.** 둘째 사위(思位)이니, 경계가 나의 본식(本識)이 아님을 앎이다.

二者 思位 思者觀諸境界 唯是意言 意言分別 隨意顯現
이 자 사 위 사 자 관 제 경 계 유 시 의 언 의 언 분 별 수 의 현 현

所見境界 非我本識 知此本識 非法非義 非所取 非能取
소 견 경 계 비 아 본 식 지 차 본 식 비 법 비 의 비 소 취 비 능 취

둘째는 사위(思位)이니라. 사자(思者)는, 모든 경계를 관하여[사위관思位觀(일승관一乘觀)], 오직, 이 모두가 의식(意識)과 언어(言語)이며, 의식(意識)과 언어(言語)의 분별과 차별로, 의식(意識)을 따라 나타난 현상을 보는 바[能所相]의 경계가, 나의 본식(本識)이 아니니라[사위思位 과果의 인행因行(일승수행一乘修行)]. 이 본식(本識)을 알면 법도 아니며, 실체[義:實體]도 아니며, 대상을 취함[所取]도 아니며, 마음이 일어나 취함[能取]도 아님을 아느니라[사위思位 인행因行의 과果(일승원지一乘圓智:일승본심진여지一乘本心眞如智:7식멸과七識滅果)].

♣ 둘째는 모든 능소(能所)의 청정경계를 관(觀)하는 사위(思位)이니라. 사자(思者)는, 모든 경계가 실체 없는 무자성(無自性)임을 관(觀)하여[思位觀(一乘觀)], 오직 이 모두가, 능소(能所) 분별의 의식(意識)과 언어(言語)의 상(相)이며, 일체가, 의식(意識)과 언어(言語)의 분별과 차별로, 의식(意識)이 일어남을 따라 나타난 현상임을 보는 바, 일체 능소상(能所相) 경계의 식심(識心)인 마음이, 나의 본심(本心)이 아님을 앎이

니라[사위思位 과과果의 인행因行(일승수행一乘修行)]. 이 본심(本心)을 알면, 법(法)도 아니며, 실체[義:實體]도 아니며, 대상을 취함(所取)도 아니며, 마음을 일으켜 취함(能取)도 아님을 아느니라[사위思位 인행因行의 과과(일승원지一乘圓智:일승본심진여지一乘本心眞如智:7식멸과七識滅果)].

● **사위(思位):** 능소(能所)의 일체 경계와 일체 식(識)을 관(觀)하여, 일체 성품이 실체(實體) 없는, 무자성(無自性) 무생(無生)임을 깨달음으로, 7식(七識) 자아(自我)가 타파되어, 일체가 본심(本心)이 아닌, 자아의식(自我意識)의 일체 상념(想念)에 의한 능소상(能所相)인 언어(言語)와 상(相)의 분별에 의한 차별상임을 깨달으므로, 일체가 법(法)도 아니며 상(相)도 아니며, 실체(實體)도 없는 무자성(無自性)이니, 소취(所取)도 능취(能取)도 아님을 앎이다. 이는, 7식(七識)이 끊어져 자아(自我)가 사라지니, 능소(能所)가 사라져, 소취(所取)와 능취(能取)가 끊어진 청정본심(淸淨本心)에 들어, 일체상이 실체 없는 무자성(無自性) 청정체(淸淨體)임을 깨달음이다. 이는 무염진여본심(無染眞如本心)을 깨달은 일승원지(一乘圓智)로, 일체가 본심(本心)이 아닌 제식(諸識)의 작용 능소분별(能所分別)과 식(識)의 차별상임을 깨달음이다. 이는 이사무애청정지(理事無礙淸淨智)이다. 일체상(一切相)과 일체능소(一切能所)의 제식(諸識)에 물듦 없는 무염진여본심청정지(無染眞如本心淸淨智)이다.

◯**307.** 셋째 수위(修位)이니, 원융각명(圓融覺明)으로 얽매임을 벗음이다.

三者 修位 修者常起能起 起修同時 先以智導 排諸障難
삼 자 수 위 수 자 상 기 능 기 기 수 동 시 선 이 지 도 배 제 장 난
出離盖纏[大: 出離盖纏] [論:續1,2: 出離蓋纏]
출 리 개 전 [대: 출리개전] [논:속1,2: 출리개전]

셋째는 수위(修位)이니라. 수자(修者)는, 항상 경계가 일어남을 따라 스스로 능히 닦음을 일으키되[수위관修位觀(일불승관一佛乘觀)], **경계의 일어남과 닦음을 동시에 함이니**[수위修位 과과果의 인행因行(일불승수행一佛

乘修行)], 먼저 지혜로 이끌어 모든 장애의 어려움을 물리쳐, 업력에 덮힘과 경계에 얽매임을 벗어나는 것이니라[수위修位 인행因行의 과과(일불승원융각명지一佛乘圓融覺明智:일불승각조쌍차쌍조행一佛乘覺照雙遮雙照行:8식출입식멸과八識出入識滅果)].

♣ 셋째는 무명(無明)의 경계(境界)에 얽매임을 벗어나는 닦음인 수위(修位)이니라. 수자(修者)는, 항상 원융성품을 장애(障礙)하는 경계(境界)가 일어남을 따라, 스스로 능히 각명(覺明)작용의 닦음을 일으키되[수위관修位觀(일불승관一佛乘觀)], 경계의 일어남과 원융각명(圓融覺明) 지혜작용의 닦음을 동시에 함이니[수위修位 과과의 인행因行(일불승수행一佛乘修行)], 먼저 쌍차쌍조雙遮雙照) 원융각명(融通覺明)의 지혜로 이끌어, 모든 각명원융(覺明圓融)의 장애(障礙)를 쌍차쌍조(雙遮雙照) 원융각(圓融覺)으로 물리쳐, 무명(無明)의 업력(業力)에 덮힘과 경계(境界)에 얽매임을 벗어나는 것이니라[수위修位 인행因行의 과과(일불승원융각명지一佛乘圓融覺明智:일불승각조쌍차쌍조행一佛乘覺照雙遮雙照行:8식출입식멸과八識出入識滅果)].

□ 고(高) 경(經)에 출리개전(出離盖纏)이, 대(大) 경(經)에는 출리개전(出離盖纏)으로, 논(論), 속1,2(續1,2) 경(經)에는 출리개전(出離盖纏)으로 되어 있다.

● **수위(修位):** 지혜성품이 8식(八識) 출입식(出入識)이 끊어진 원융각명(圓融覺明) 지혜작용 속에 있으므로, 식(識)의 티끌이 일어남을 밝게 분별하는 원융각명(圓融覺明)의 지혜성품이다. 식(識)이 일어나면 곧, 원융각명(圓融覺明)의 쌍차쌍조(雙遮雙照) 지혜성품으로 그 식(識)을 제거하며, 모든 경계와 식(識)의 장애가 원융각명(圓融覺明) 속에 얽매임이 없음이다. 이는 일불승(一佛乘)인 대원경지(大圓鏡智)로 시방법계원융편재각성각명원융원만성(十方法界圓融遍在覺性覺明圓融圓滿性)의 지혜성품작용인 쌍차쌍조원융각명(雙遮雙照圓融覺明) 속에 있기 때문이다. 이 지혜성품을, 여래장품(如來藏品) 요해구절(了解句節) 362에서는 구

경지(究竟智)라고 했으며, 실다운 구족한 불(佛)의 도(道)에 듦이라고 했다. 그러나 이 지혜가 무위구경지(無爲究竟智)이므로, 원만무상불지(圓滿無上佛智)가 아니다. 그러므로 다음 수행지혜의 과정인, 넷째 행위(行位)와 다섯째 사위(捨位)가 있다. 그러나 8식(八識) 출입식(出入識)이 끊어진 대원경지(大圓鏡智)의 원융각명(圓融覺明)에 듦으로, 불성(佛性)의 원융성(圓融性)을 깨달으며, 그 원융성(圓融性)에 들게 된다. 그러므로, 일승(一乘)에서 지혜전변(智慧轉變)으로 불성(佛性)작용의 원융성(圓融性)에 듦으로, 승(乘)의 지혜작용에 불(佛)의 원융성품이 더하여, 일승(一乘)에서 일불승(一佛乘)의 지혜성품 차원으로 전변(轉變)하게 된다. 그러므로 8식(八識) 출입식(出入識)이 끊어져 대원경지(大圓鏡智)에 들면, 원융각명(圓融覺明)의 지혜성품에 듦으로 일불승(一佛乘)이라고 한다. 이 지혜의 밀밀한 과정의 차원들을 체험하지 않으면, 지혜성품의 원융(圓融)을 일러, 구경지(究竟智)라는 말에 곧, 무상불지(無上佛智)로 이해할 수도 있다. 그러나, 이 일불승(一佛乘)은 무생법인(無生法忍)인 무위지혜의 성품이다. 이 지혜에서 무생(無生) 결정성(結定性)인 여래결정각(如來結定覺)에 증입해야, 무생법인(無生法忍)의 무위지혜상(無爲智慧相)이 끊어져, 일체각(一切覺)의 작용을 벗어나, 무생무상각(無生無上覺) 불지(佛智)에 들게 된다. 이 무생무상각(無生無上覺) 불지(佛智)의 지혜성품과 경계가 아래 다음 구절에 있는 5자(五者) 사위(捨位)인 요해구절(了解句節) 309에 설해져 있다.

◯ **308.** 넷째 행위(行位)이니, 대반열반으로 공(空)한 무한(無限)에 든다.
四者 行位 行者離諸行地 心無取捨 極淨根利 不動心如
사 자 행위 행자이제행지 심무취사 극정근리 부동심여
決定實性 大般涅槃 唯性空大
결 정 실 성 대 반 열 반 유 성 공 대

넷째는 행위(行位)이니라. 행자(行者)는, 모든 수행지[修行地:動覺地]를 벗어난 것이니[행위수행 行位修行], 마음에 취사[取捨:覺行]가 끊어져 지

극한 청정근(淸淨根)의 성품 실제[利:實際]이며, 부동심(不動心) 여(如)의 성품 결정실성(決定實性)인 대반열반(大般涅槃)으로[행위行位 과果의 인행 因行(불승수행佛乘修行)], 오직 성품이 공(空)한 무한에 이르느니라[행위 行位 인행因行의 과果(불승부동지佛乘不動智:불승부동열반성지佛乘不動涅槃 性智:8식 함장식 멸과八識含藏識滅果)].

♣ 넷째는 모든 수행의 과(果)를 벗어난 행위(行位)이니라. 행자(行者) 는, 모든 동각(動覺)의 수행지(修行地)를 벗어난 것이니[행위지위行位地位 (불승지위佛乘地位)], 마음에는 지혜를 구(求)함과 미혹을 벗으려는 각행 (覺行)인, 취사(取捨)의 지혜작용이 끊어져, 지극히 청정한 근(根)의 성 품 실제[利:實際]로, 마음이 동(動)함이 없는 여(如)의 성품, 무위부동(無 爲不動) 결정실성(決定實性)인 대반열반(大般涅槃)으로[행위行位 과果의 인 행인행因行(불승수행佛乘修行)], 오직 성품이 공(空)한 무한에 이르느니라[행위 行位 인행因行의 과果(불승부동지佛乘不動智:불승부동열반성지佛乘不動涅槃性 智:8식함장식멸과八識含藏識滅果)].

● **행위(行位):** 일체(一切) 깨달음, 무위지혜의 작용, 무생법인지(無 生法忍智)의 일체동각(一切動覺)이 끊어진 대반열반성(大般涅槃性)으로, 지혜성품이 부동적멸열반성(不動寂滅涅槃性)인 불승(佛乘)의 지혜이다. 이는 8식(八識) 함장식(含藏識)이 끊어져 전변(轉變)하여 든, 무위구경 열반성지(無爲究竟涅槃性智)이다. 이 부동열반(不動涅槃)의 지혜성품에 듦으로, 승(乘)의 이름에 이사무애(理事無礙)와 사사원융(事事圓融)의 원 지(圓智) 지혜작용인 일(一)도 끊어져, 일불승(一佛乘)에서 일(一)이 제 거된 지혜성품, 승(乘)의 이름이 불승(佛乘)이다. 불승(佛乘)의 지혜성 품이 든 곳이, 유무(有無)의 사법계(事法界)와 공성(空性)의 이법계(理法 界)와 무염진여(無染眞如)의 이사무애법계(理事無礙法界)와 원융각명(圓 融覺明)의 사사원융법계(事事圓融法界)인 4법계(四法界)를 벗어나, 12인 연법(十二因緣法)의 무명(無明)인 8식(八識) 함장식(含藏識)이 타파된 지

혜성품이다. 무명(無明)과 함장식(含藏識)이 부동함장식(不動含藏識)이므로 전변(轉變)하여 드니, 무명(無明)과 함장식(含藏識)이 제거된 청정부동구경열반성(淸淨不動究竟涅槃性)이다. 일체무위동각(一切無爲動覺)인 공성대승지(空性大乘智), 무염진여일승지(無染眞如一乘智), 원융각명일불승지(圓融覺明一佛乘智)가 끊어진 지혜성품이니, 청정근(淸淨根)의 성품 실제(實際)라고 한다. 이는 무위부동열반(無爲不動涅槃)일 뿐, 무위무생법인지(無爲無生法忍智)가 끊어진 무생본성(無生本性)이 아니다. 이 지혜가 무위부동구경열반(無爲不動究境涅槃)이므로, 이 지혜가 또, 전변(轉變)하여 다음 지혜인 무상불각(無上佛覺)에 들게 된다.

무상불각(無上佛覺)이 아니면, 그 지혜가, 용각(用覺)과 체각(體覺)이 완전한 불이(不二)의 결정성(結定性)에 이르지 못해, 무생결정성(無生結定性)에 이르기까지 끊임 없이 지혜전변(智慧轉變)으로, 염식(染識)과 각식(覺識)의 지혜상(智慧相)을 벗어나, 상승하게 된다. 그러므로, 파괴되지 않고 파괴할 수 없는 완전한 체용불이(體用不二)의 결정성(結定性), 본연무연중절대성(本然無然中絕對性)인 무상각(無上覺)의 성품에 이르기까지, 각력(覺力)은 지혜전변(智慧轉變)으로 상승한다. 이 모든 지혜전변(智慧轉變)의 과정은, 깨달음의 시각(始覺)이 각력상승(覺力上昇)으로, 완전한 무생본각(無生本覺)을 회복하는 결정성(結定性)의 성품에 이르기까지 전변(轉變)하는, 지혜상승의 과정들이다. 이 지혜전변(智慧轉變)의 과정이, 대승지(大乘智)에서 일승지(一乘智)로, 일승지(一乘智)에서 일불승지(一佛乘智)로, 일불승지(一佛乘智)에서 불승지(佛乘智)로, 불승지(佛乘智)에서 결정성(結定性) 무상불각(無上佛覺)으로 전변(轉變)하는, 무상지혜(無上智慧)의 길이다. 이 과정들이 이 구절에서 설해지는, 첫째, 6식(六識)이 끊어진 대승(大乘)인 신위(信位)와 둘째, 7식(七識)이 끊어진 일승(一乘)인 사위(思位)와 셋째, 8식(八識) 출입식(出入識)이 끊어진 일불승(一佛乘)인 수위(修位)와 넷째, 8식(八識) 함장식(含藏識)이 끊어진 행위(行位)와 다섯째, 무생결정성(無生結定性)인 여래결정성(如來結定性)을 이룬 사위(捨位)에 이르기까지, 지혜전변(智慧轉變)의 상승 과정이다.

시각(始覺)의 상승으로 무생본각(無生本覺)에 증입하여, 시각(始覺)과 무생본각(無生本覺)이 동일성품 불이(不二)의 결정성(結定性)에 이르면, 지혜작용의 각식(覺識)도 끊어지고, 시각(始覺)과 무생본각(無生本覺)이 둘 다 끊어진다. 왜냐면, 시각(始覺)이 무생본각(無生本覺)의 무생공능(無生功能)을 완전히 회복하여, 시각(始覺)과 본각(本覺)의 대(對)가 끊어지는 동일성품 불이(不二)의 결정성(結定性)에 들기 때문이다. 그러므로, 용각(用覺)인 시각(始覺)도 끊어지고, 체각(體覺)인 무생본각(無生本覺)도 끊어진다. 그러므로, 무생결정성(無生結定性)에 들면, 무위(無爲)를 깨달은 무위공성(無爲空性)의 각식(覺識)과 각아(覺我)도 끊어져, 여래결정성(如來結定性)을 이루게 된다. 이는, 용(用)의 시각(始覺)이 체(體)의 본각(本覺)인 무생공능(無生功能)에 들어, 시각(始覺)과 본각(本覺)이 동일성품 불이(不二)의 결정성(結定性)인 무생일각(無生一覺)을 이룸이다.

행위(行位)인 불승(佛乘)의 지혜성품 무위부동열반성(無爲不動涅槃性)을 타파하여 벗어나 무생결정본성(無生結定本性)에 증입하면, 본연무연중절대성(本然無然中絶對性)이니, 각(覺)의 체(體)와 용(用)과 일신(一身)이 원융하여 분리(分離)되지 않는, 원융불이묘각일성(圓融不二妙覺一性)인 법보화신(法報化身) 3불원융일신각(三佛圓融一身覺)을 이루게 된다. 이 지혜성품이 무생결정성(無生結定性)이며, 이 지혜는 파괴되지 않으므로 무생법인지(無生法印智)이며, 이 성품에 듦이 여래결정성(如來結定性)이며, 이 각(覺)이 여래결정각(如來結定覺)이다. 이를 이름하여 무상불각(無上佛覺)이며, 절대무상평등각(絶對無上平等覺)이며, 절대평등무상정각(絶對平等無上正覺)이다. 이는, 경(經)의 무상법품 서두의 요해구절(了解句節) 18에, 불(佛)께서 삼매(三昧)에서 일어나 밝힌, 제불(諸佛)이 실법상(實法相)에 든 결정성(結定性)인 일각요의(一覺了義)이며, 서품,

요해구절(了解句節) 7에, 불(佛)께서 설대승경(說大乘經)을 이름하여, 일미진실(一味眞實) 무상무생(無相無生) 결정실제(結定實際) 본각리행(本覺利行)이라고 했다. 곧, 일각요의(一覺了義)인 무생실제(無生實際) 성품의 세계이다. 무생결정성(無生結定性)에 들면, 일체무생실제(一切無生實際)에 듦으로, 일체지(一切智)와 일체각(一切覺)뿐만 아니라, 열반(涅槃), 진여(眞如), 보리(菩提), 본성(本性), 본심(本心), 본각(本覺), 아뇩다라삼먁삼보리와 일체 불지혜(佛智慧)까지 다 끊어진다. 왜냐면, 무생결정성(無生結定性)인 불지(佛智)가 아니면, 일체(一切)가 본성(本性)을 벗어난 법상(法相)인 상념상(想念相)이며, 일체 지혜가 깨달음의 각식(覺識)에 의한 지혜상(智慧相)이니, 일체 명(名), 상(相), 분별(分別)의 제식(諸識)과 지혜(智慧)가 끊어지므로, 정지여여(正智如如)인 무생결정성(無生結定性)에 들게 된다. 왜냐면, 중생(衆生)의 일체세계(一切世界)뿐만 아니라, 불(佛)의 일체세계(一切世界)도 다 끊어져, 일체(一切) 명(名)과 상(相)과 깨달음의 일체 지혜까지 초월(超越)한 것이, 본연무연중절대성(本然無然中絕對性)인 무연원융(無然圓融) 무생결정성(無生結定性)이다. 이 결정성(結定性)의 각명(覺明)에는, 그 어떤 법(法)의 상념(想念)과 그 어떤 깨달음의 지혜(智慧)도 끊어져, 그 흔적을 찾을 수가 없다. 왜냐면, 만약, 무엇이라도 일컬을 무엇이 있다면, 그것은 곧, 본연무연중절대성(本然無然中絕對性)을 벗어나 치우친 식(識)의 장애(障礙)이며, 시각(始覺)과 본각(本覺)이 둘 다 끊어지지 않은 자아(自我)와 각식(覺識)의 분별상(分別相)이기 때문이다. 일천제(一闡提)가 대승(大乘)과 일승(一乘)과 일불승(一佛乘)과 불승(佛乘)과 불각(佛覺)에 이르기까지, 지혜를 전변(轉變)한 것은 다름이 아니라, 부사의 본연본성(本然本性) 무량청정심(無量淸淨心)을 장애하고 가리는, 무량차원(無量次元) 제식업력(諸識業力)의 장애(障礙)를 제거하는 과정들이다. 이 결정성(結定性)인 인(印)의 성품을 여(如)라고 했으며, 이 여(如)는 곧, 여래(如來)의 여(如)이다. 이는, 다음 사위(捨位)이니, 요해구절(了解句節) 309에 설해져 있다.

● **대반열반(大般涅槃):** 대반야열반(大般若涅槃)이다. 대반열반심(大般涅槃心)은 대반야열반심(大般若涅槃心)이다. 이는 곧, 무위체성부동심(無爲體性不動心)이다. 대반열반지(大般涅槃智)는 무위체성부동지(無爲體性不動智)로 대반야열반지(大般若涅槃智)이다. 이 구절(句節)에서 대반열반(大般涅槃)을 살펴보면, 모든 행(行)의 수행지(修行地)를 벗어난 청정근(淸淨根)의 성품 실제로, 부동심(不動心) 여(如)인 결정성이니, 일체생멸과 출입이 끊어져, 성품이 공(空)한 무한성(無限性)에 듦이다. 넷째, 행위(行位)의 구절을 보면, 불지(佛智)인것 같아도, 그러나, 이것도 초월하여, 다음 사위(捨位)에 듦은, 행위(行位)의 지혜성품이, 시각(始覺)과 본각(本覺)이 대(對)의 차별 속에, 시각(始覺)도 본각(本覺)도 둘 다 끊어지지 않아, 무생결정성(無生結定性)인 본연무연중절대성(本然無然中絕對性)을 벗어난, 무위부동열반성(無爲不動涅槃性)에 치우친, 각식(覺識)의 지혜성품이기 때문이다. 시각(始覺)이 끊어지면, 더불어 본각(本覺)도 끊어짐은, 시각(始覺)과 본각(本覺)은, 식(識)과 견(見)의 대(對)의 관계이기 때문이다. 이를 비유하면, 대(對)의 관계 속에 존재하는 앞과 뒤는, 만약, 앞이 없어지면, 더불어 뒤도 없어지는 것과도 같다. 대(對)가 끊어져도, 성품이 소멸하거나 없음이 아님은, 일체총지성(一切總持性)인 본성(本性) 무생결정성(無生結定性)은, 일체초월절대성(一切超越絕對性)이므로 단멸(斷滅)이 아니기 때문이다.

○**309.** 다섯째 사위(捨位)는, 여(如)에도 머묾 없는 여래에 이른 것이다.

五者 捨位 捨者不住性空 正智流易 大悲如相 相不住如
오자 사위 사자부주성공 정지유역 대비여상 상부주여

三藐三菩提 虛心不證 心無邊際 不見處所 是至如來
삼먁삼보리 허심부증 심무변제 불견처소 시지여래

다섯째는 사위(捨位)이니라. 사자(捨者)는, 성품의 공(空)함에도 머물지 **않으며**[사위각捨位覺], **바른 지혜**[시각(始覺)도 본각(本覺)도 벗은 각명(覺明)]**로 흘러 바뀌어**[유역流易:전변轉變(사위捨位 과果의 인행因行)], **여(如)**

의 모습 대자비로 여(如)에도 머물지 않는 모습으로, 아뇩다라삼먁삼보리의 마음도 비워 증득하지 않으며, 마음이 끝없는 무한 초월에 이르러 [무변제無邊際:무생결정성無生結定性], 견(見)의 처소(處所)가 끊어졌으니 [결정무생심結定無生心], 이것이 여래(如來)에 이른 것이니라[사위捨位 인행因行의 과果(여래결정각如來結定覺:무생여래결정성지無生如來結定性智)].

♣ 다섯째는 일체 깨달음과 깨달음의 지혜까지도 벗어난 사위(捨位)이니라. 사자(捨者)는, 본성(本性)의 완전한 무생공능(無生功能) 결정성(結定性)에 들어, 성품의 공(空)함에도 머물지 않으며[사위각捨位覺], 시각(始覺)이 본성(本性) 공능자재력(功能自在力)에 시각(始覺)도 본각(本覺)도 끊어져, 시방 우주와 심(心)이 무연불이(無然不二)의 결정성(結定性) 여래장(如來藏)에 든, 무생결정성(無生結定性)인 인(印)의 바른 지혜[正智]로 흘러 바뀌어[사위捨位 과果의 인행因行(사위각행捨位覺行:결정성인행結定性因行)], 여(如)에도 머물지 않는 성품의 모습이어서, 아뇩다라삼먁삼보리 무상보리(無上菩提)의 마음도 비워 증득(證得)하지 않으며, 시방우주(十方宇宙) 원융무애(圓融無礙)의 한 성품 속에 자재(自在)한 각명각성(覺明覺性)의 성품까지 초월하므로, 마음이 끝없는 무한함[무생무변제(無生無邊際)]도 초월하여 일체(一切) 유무(有無)와 유위무위(有爲無爲)와 공해탈자재(空解脫自在)와 보리(菩提)와 열반(涅槃)과 진여(眞如)와 불성(佛性)과 불지혜(佛智慧)와 무상각명(無上覺明) 등, 일체 견(見)과 지혜의 처소(處所)가 끊어진 결정무생심(結定無生心)이니, 제불(諸佛)의 지혜에도 머물지 않는 이것이, 여래(如來)에 이른 것이니라[사위捨位 인행因行의 과果(여래결정각如來結定覺:무생여래결정성지無生如來結定性智)].

● 위의 구절들은 여래(如來)가 증각(證覺)한 여래실상(如來實相)에 드는 수행과정 순위(順位)의 5등급[五等位]이다.

①신위(信位): 6식(六識)이 끊어진 대승상공지(大乘相空智)이다.

②사위(思位): 7식(七識)이 끊어진 일승무염진여지(一乘無染眞如智)이다.

③수위(修位): 8식(八識) 출입식(出入識)이 끊어진 일불승원융각명지(一佛乘圓融覺明智)이다.

④행위(行位): 8식(八識) 함장식(含藏識)이 끊어진 불승부동열반성지(佛乘不動涅槃性智)이다.

⑤사위(捨位): 무생결정성(無生結定性)인 무생법인지(無生法印智)로 여래결정성(如來結定性)이며, 여래결정각(如來結定覺)이다.

사위(捨位)는, 무생(無生) 결정성(結定性)으로, 상(相)과 공(空)과 무위(無爲)와 무상지혜(無上智慧)까지 끊어진 여래결정각(如來結定覺)이다. 이는, 여래결정성(如來結定性)인 인지(印智)이다. 이 성품이 무생결정성(無生結定性)인 여(如)이며, 이 성품의 부사의 무생공능행(無生功能行)이 래(來)이니, 그래서 여래(如來)이다. 무생공능행(無生功能行)에 불가사의 심(不可思議心) 무변제자비심(無邊際慈悲心)을 더불어 함께하므로, 그래서 여래(如來)는, 여(如)의 성품으로 중생구제(衆生救濟)를 위해 일대사(一大事)의 인연으로 오신 분이란 뜻이다. 여(如)의 성품은 여래(如來)의 성품이며, 결정성(結定性)인 여래장(如來藏) 성품이다. 여래장(如來藏)이란, 여래(如來)의 공덕장(功德藏)이니, 여래(如來)의 일체(一切) 지혜와 부사의 행(行)의 일체공능총지장(一切功能總持藏)이다. 장(藏)이란, 부사의 공덕장(功德藏)이니, 깨달음에 증입(證入)하면, 이 결정성(結定性)인 여래장(如來藏)에 들며, 여래장(如來藏) 성품 무상공능행(無相功能行)에 들게 된다. 이 여래장(如來藏) 공능행(功能行)이, 일미진실(一味眞實) 무상무생(無相無生) 결정실제(結定實際) 본각리행(本覺利行)이다. 이것이 무생(無生) 결정성(結定性)인 여(如)의 성품 본각(本覺)을 수순하는 여(如)의 각행(覺行)이다. 이 여(如)의 무생무상(無生無相) 성품의 실체(實體)를 일컬음이 의(義)라 하였으며, 이 여(如)의 성품 무상공능(無相功能)을 이(利)라고 하였으며, 이 성품이 일체 심(心), 식(識), 물(物)을 총섭(總攝)하고 총지(總持)한 근본 참 성품이니 이(理)라고 하였으며, 이 성품의 특성을 무생결정성(無生結定性)이라 하였으며, 이 성품이 파괴되지 않는 결정성(結定性)을 인(印)이라 하였으며, 이 여(如)의 성품이 파괴되지 않아 금강(金剛)이라 하였으며, 이 여(如)의 지혜가 파괴되지 않으므로 금강지(金剛智)라고 하였다. 이는 곧, 결정성(結定性) 여래장(如來藏) 공능(功能)인 무변장엄(無邊莊嚴) 부사의공덕(不思議功德) 일체총지법계성(一切總持法界性)이다. 이는, 일체(一切) 물(物), 심(心), 생명(生命)이 차별 없는 본연(本然)의 성품이다. 곧, 시종(始終) 없는 본연무연중절대성(本然無然中絶對性)인 무연무생청정법계성(無然無生淸淨法界性)이다. 곧, 불성장(佛性藏)이며, 이 불성공덕장(佛性功德藏)이 곧, 여래장(如來藏)인 본성(本性)이다. 이 성품이 결정성(結定性)이며, 인(印)이다.

◯310. 5종(五種)이 일각(一覺)의 작용이니, 본성(本性)을 수순함이다.

善男子 五位一覺 從本利入 若化衆生 從其本處
선 남 자 오 위 일 각 종 본 리 입 약 화 중 생 종 기 본 처

선남자여! 다섯 종류 순위(順位)의 등급이 일각(一覺)의 작용이니, 본성 성품의 실제[利:實際]를 수순하여 듦이니라. 만약, 중생을 교화(敎化)하려면, 그 본성(本性)의 성품[處]을 수순(隨順)하도록 해야 하느니라.

♣ 선남자여! ①청정한 물듦 없는 성품 진여(眞如)의 믿음인 신위(信位)와 ②능소(能所)의 청정경계를 관(觀)하는 사위(思位)와 ③경계가 일어남을 따라 닦음인 수위(修位)와 ④모든 수행의 과(果)를 벗어난 행위(行位)와 ⑤일체 깨달음과 깨달음의 지혜까지도 벗어난 사위(捨位)인 다섯 종류 순위의 등급이 본성(本性) 일각(一覺)의 작용이니, 본성(本性)의 성품 실제[利:實際]를 수순하여 듦이니라. 만약, 중생을 교화하려면, 자기(自己), 본래 본성(本性)의 성품을 수순하여 들도록 해야 하느니라.

◯311. 어떻게 함이, 본성(本性)을 수순(隨順)함이옵니까?

舍利弗言 云何從其本處
사 리 불 언 운 하 종 기 본 처

사리불이 말씀 사뢰오며 여쭈옵기를, 어떻게 함이, 그 본성(本性)의 성품을 수순(隨順)함이옵니까?

♣ 사리불이, 말씀 사뢰오며 여쭈옵기를, 어떻게 함이, 파괴됨이 없는 무생(無生) 결정성(結定性) 일각(一覺)인, 본성(本性)의 성품을 수순함이옵니까?

◯312. 자성(自性) 결정성인 보리심(菩提心)으로, 성도(聖道)를 이룬다.

佛言 本來無本處 於無處空際
불언 본래무본처 어무처공제
入實發菩提心[論: 入實發菩提] **而滿成聖道**
입실발보리심[논: 입실발보리] 이만성성도

부처님께옵서 말씀하옵기를, 본래 본성(本性)은 처소(處所)가 없어, 처(處)함이 끊어져 공(空)한 자성[際: 自性]이면, 결정성[實: 結定性]에 들어 보리심(菩提心)을 발하여, 성도(聖道)를 원만하게 이루느니라.

♣1. 부처님께옵서 말씀하옵기를, 본래 본성(本性)은 처소(處所)가 없어, 처(處)한 바인 머묾의 일체상(一切相)과 제식(諸識)의 일체 상념(想念)이 끊어지면, 결정성(結定性) 실(實)에 들어 보리심(菩提心)을 발하여, 성도(聖道)를 원만히 이루느니라.

♣2. 부처님께옵서 말씀하옵기를, 본래 본성(本性)은 처소(處所)가 없어, 처(處)한 바 머묾의 일체상(一切相)과 제식(諸識)의 일체 상념(想念)이 끊어지면, 무위(無爲)에 들어, 일체공(一切空)인 무생법인지(無生法忍智)를 발(發)하면 곧, 공제[空際: 空自性]인 일체무자성(一切無自性)이며 공성(空性)이니라. 무위지혜(無爲智慧)를 벗어나는 각력(覺力) 상승으로, 공제[空際: 空自性]인 일체(一切) 무자성(無自性)을 또한, 타파해 무생법인지(無生法忍智)인 무자성무위지(無自性無爲智)를 벗어나면, 대승청정공지(大乘淸淨空智)와 일승무염진여원지(一乘無染眞如圓智)와 일불승원융각명대원경지(一佛乘圓融覺明大圓鏡智)와 불승무위부동열반성지(佛

乘無爲不動涅槃性智)를 모두 초월해 벗어나, 시각(始覺)과 본각(本覺)이 둘 다 끊어진 무생결정성(無生結定性)에 들어 여래결정성(如來結定性)을 이루면, 여래결정각(如來結定覺)이니라. 이 인지(印智)에 듦이 무상정각(無上正覺)을 이룸이니, 성도(聖道)를 원만하게 이룸이니라.

□ 고(高), 대(大), 속1,2(續1,2) 경(經)에 입실발보리심(入實發菩提心)이, 논(論) 경(經)에는 입실발보리(入實發菩提)로 되어 있다.

□ 고(高), 대(大), 속1,2(續1,2) 경(經)에 입실발보리심(入實發菩提心)이나, 논(論) 경(經)에 입실발보리(入實發菩提)가 차별이 없다. 왜냐면, 이 성품에는 심(心)과 각(覺)이 둘이 아니기 때문이다. 심(心)과 각(覺)이 둘이면, 분별의 식심(識心)을 심(心)으로 생각하는 것이다. 이는, 7식(七識) 자아(自我)가 끊어지지 않은, 식(識)의 상념(想念) 분별심 속에 있으므로, 자아(自我)가 있어, 각(覺)을 증득하려는 유심(有心)의 작용이 일어남이다. 이것이 각(覺)과 심(心)이 둘이다. 이는 곧, 색수상행식의 5음(五陰) 속의 분별심이다. 또한 각(覺)과 심(心)이 둘이 아닌 하나인 일체공(一切空) 무위지혜(無爲智慧) 속에 있어도, 이 또한 벗어나야 한다. 왜냐면, 이(二)인 차별도 유위심(有爲心)이라 벗어나야 할 것이며, 불이(不二)인 무위공성(無爲空性) 일(一) 또한, 각식(覺識)의 무위심(無爲心)이니 벗어나야할 지혜상(智慧相)이다. 이(二)와 일(一)을 둘 다 벗어난 결정각(結定覺)에는 이(二)도, 일(一)도 없다. 그러므로 이(二)는 유위상(有爲相) 분별이며, 일(一)은 무위상(無爲相) 공심(空心)이다. 그러므로 불이(不二)의 법어(法語)도, 견(見)에 따라 수용함이 차별이 있다. 유위견(有爲見)은 유(有)와 무(無), 자(自)와 타(他), 아(我)와 법(法)이 둘이 아닌 유(有)도 무(無)도 아닌 중간(中間)의 허망(虛妄)한 유위견(有爲見)이나, 허공상(虛空相)과 무견상(無見相)의 유위상념상(有爲想念相)을 일으키며, 무위견(無爲見)은 유(有)와 무(無), 자(自)와 타(他), 아(我)와 법(法)이 공(空)하여 둘이 아닌, 무위불이(無爲不二)의 무자성일공(無自性一空)인 무위견(無爲見)을 일으킨다. 유위(有爲)와 무위(無爲)를 벗어난 결정

성(結定性)에 들면, 유(有)와 무(無), 자(自)와 타(他), 아(我)와 법(法)이 끊어진 무생결정성(無生結定性)이므로, 차별의 이(二)도, 공(空)의 일(一)도 아니다. 일체(一切)가 무생결정성(無生結定性)이다. 그러므로 각(覺)과 심(心)이 둘이 아니다. 이를 본각리행(本覺利行)이라 한다. 각(覺)과 심(心)이 둘이면, 대(對)를 벗어나지 못하여 자아(自我)가 있음이며, 유위상견(有爲相見) 분별식(分別識) 속에 있음이니, 각(覺)과 심(心)이 둘이다.

● 위의 구절은, 본래 성품은 본처(本處)가 없어 공자성[空際:空自性]에 들어 발보리심(發菩提心)으로 성도(聖道)를 이룬다. 고 했다. 이는, 말은 간결하고 간단하다. 그러나, 제식(諸識)의 작용과 업심(業心)과 업식(業識)의 장애(障礙)로 그 과정이 말처럼 간단하지 않다. 그러므로 중생이 본래 본처(本處)가 없는 공제(空際)에 드는 과정이, 식(識)의 출입 5음(五陰)이 끊어져, 시각(始覺)과 본각(本覺)이 둘 다 끊어진 무생결정성(無生結定性)인 본연무연중절대성(本然無然中絕對性)에 들어야 가능하다. 그러므로 5음(五陰)이 끊어지는 과정의 보살지(菩薩智)에 들어, 보살의 무생법인(無生法忍)의 지혜과정을 벗어나야, 불지(佛智)에 들게 된다.

이 과정의 성불도(成佛道)에는, 무명중생(無明衆生)이 자기 미혹 경계의 무명소상(無明所相)인 색성향미촉법(色聲香味觸法)을 타파한 색계공(色界空)의 깨달음으로 보살지(菩薩智)에 들어, 각각 식(識)의 차별차원 무명능식(無明能識)을 제거하는 각력지혜(覺力智慧)로 제식계(諸識界)을 타파하는 과정의 보살지(菩薩智) 수행을 거쳐, 깨달음 각식계(覺識界)까지 완전히 끊어지면 불지(佛智)에 들게 된다. 위의 구절은 이러한 과정을 단, 몇 글자로 함축해 드러냄이다. 사람 각자의 업식(業識)과 지혜차별에 따라, 성불(成佛)의 과정까지 제식(諸識)을 타파하는 그 지혜의 여정과 수행기간을 가름할 수가 없다. 단지, 몇 글자로 드러내는 그 과정을 수행으로 완성하기까지는, 불가사의한 지혜의 여정과 불퇴전(不退轉) 의지(意志)의 노력과 무한(無限) 수행정진의 세월과 생(生)이 흐를 수도 있다. 그러나 단, 몇 글자로 드러내는 위 구절의 한마디 말씀의 지혜공덕과 경계는, 불가사의하고 불가사의하다. 4대 육신(四大肉身)이 공(空)에 들고, 자아(自我)가 끊어져 소멸하여, 3세(三世) 윤회(輪廻)의 12인연(十二因緣) 무명(無明)까지 벗어나 시방법계(十方法界) 3천대천(三千大千)세계를 몰록, 타파하여 시공(時空)을 초월한 우주의 본성(本性)과 불이(不二)의 결정성(結定性)으로 불각(佛覺)을 이루는, 각력지혜의 말씀이다.

○313. 허공(虛空)을 잡음과 같아, 얻음도 얻지 못함도 아니다.

何以故 善男子 如手執彼空 不得非不得
하 이 고 선 남 자 여 수 집 피 공 부 득 비 부 득

무엇 때문이냐면, 선남자여! 손으로 저 허공을 잡음과 같음이니, 얻음도 아니며 얻지 아니함도 아니니라.

♣ 무엇 때문이냐면, 선남자여! 본성(本性)은 본래 무생(無生) 성품이므로, 본성(本性)이 처소(處所)가 없으니, 보리심(菩提心)을 발(發)하여 성도(聖道)를 이룸도, 손으로 저 허공을 잡음과 같음이니, 무생(無生)이므로 얻음도 아니며, 그러나 성품에 닮이 없지 않으므로, 얻지 아니함도 아니니라.

● 이 구절은 공제(空際)인 공자성(空自性) 결정경계(結定境界)를 드러낸다.

○314. 본성(本性)을 수순하면, 생멸심(生滅心)이 적멸(寂滅)하옵니다.

舍利弗言 如尊所說 [續1,2: 如尊者所說] **在事之先 取以本利**
사 리 불 언 여 존 소 설 [속1,2: 여존자소설] 재 사 지 선 취 이 본 리
是念寂滅
시 념 적 멸

사리불이 말씀 사뢰옵기를, 세존(世尊)께옵서 설하신 바는 여(如)의 수

순행[事]에 있어서 먼저, 본 성품 실제[利:實際]에 수순[取:隨順]하여, 이 생멸심[念:生滅心]을 적멸(寂滅)하게 하옵니다.

♣ 사리불이 말씀 사뢰옵기를, 세존께옵서 설하신 바는, 무생(無生) 결정성 여(如)의 성품 수순행[事]에 있어서 먼저, 일각(一覺)의 본 성품 실제[利:實際]에 수순[取:隨順]하여, 일체 생멸심[念:生滅心]이, 본래 무생(無生)임을 깨달음으로, 적멸에 들게 하옵니다.

□ 고(高), 논(論), 대(大) 경(經)에 여존소설(如尊所說)이, 속1,2(續1,2) 경(經)에는 여존자소설(如尊者所說)로 되어 있다.

◯315. 여(如)는 공덕총지(功德總持)이며, 원융불이(圓融不二)옵니다.
寂滅是如 摠持諸德 該羅萬法 圓融不二 不可思議
적 멸 시 여 총 지 제 덕 해 라 만 법 원 융 불 이 불 가 사 의

적멸한 이 여(如)의 성품은 모든 공덕[諸德: 일체 불지혜와 삼라만상 만법]의 총지(總持)이니, 두루 만법을 갖춘 원융불이(圓融不二)로 불가사의이옵니다.

♣ 무생결정성(無生結定性)인 적멸(寂滅)한 여(如)의 성품은, 제불(諸佛)의 일체지혜(一切智慧)와 삼라만상(森羅萬象) 만법(萬法)의 근원(根源)이며, 모든 공덕(功德)을 지닌 일체총지(一切總持)이니, 성품이 결정성(結定性)이므로, 원융불이(圓融不二)로 불가사의이옵니다.

■ 여(如)

여(如)는, 여래(如來)의 여(如)이다. 여(如)는 무생성(無生性)이라 파괴됨이 없는 결정성(結定性)이다. 결정성(結定性)이란, 유(有)도, 무(無)도, 무위(無爲)도, 공(空)도 아닌, 일체 사유(思惟)와 지혜가 끊어져 미치지 못하는 무생무상성(無生無相性)이다. 여(如)의 성품이 곧, 여래장(如來藏)이며, 여래장(如來藏)은 여래(如來)의 일체 지혜와 만물만법(萬物萬法)의 근원(根源)인 일체총섭총지(一切總攝總持)이며 곧, 여래(如來)의 성품, 불가사의 공덕장(功德藏)이다. 깨달음으로 여래장(如來藏)에

들며, 깨달음의 지혜로 곧, 여래장(如來藏) 무상공능공덕행(無相功能功德行)을 하게 된다. 이것이 본성(本性) 공능행(功能行)이며, 무생공능행(無生功能行)이며, 일미진실(一味眞實) 본각리행(本覺利行)이다. 이 본성(本性) 공능행(功能行)을 경(經)에는 각(覺)과 본성(本性)과 본각(本覺)과 무상(無相)의 이(利)라고 했으며, 일체중생을 이 본성(本性)의 실상공능(實相功能) 이(利)의 실제(實際)에 들도록 했다. 본성(本性)이 곧, 이(利)의 공능체(功能體)이며, 이 공능행(功能行)이 곧, 각(覺)의 작용이다. 각(覺)은 깨달음이 아니라 본각(本覺)인 무생보리(無生菩提)이다. 이(利)는 본각리행(本覺利行)으로 본성(本性)과 본각(本覺)의 실제(實際) 성품이며, 본성(本性)과 본각(本覺)이 곧, 이 무상공능(無相功能)의 실체(實體)이다. 공능(功能)이란, 공(功)은 성품이 가진 불가사의한 공덕(功德) 일체총지(一切總持)이며, 능(能)은 무엇에도 걸림 없는 원융무애(圓融無礙)한 일체총지(一切總持) 무상공능(無相功能)의 작용이다. 이는 곧, 무생본성(無生本性)의 불가사의한 원융무애자재(圓融無礙自在)의 원융작용이다. 이 성품 공능(功能)이 이(利)이며, 이 이(利)는 본성(本性) 무상공능(無相功能)의 성품세계이다. 제불(諸佛)의 일체지혜(一切智慧)와 만물만상(萬物萬相)의 일체조화(一切造化)가 곧, 여래장(如來藏) 본성공능(本性功能)인 이(利)의 작용이다. 이 공능(功能)의 성품이 곧, 본성(本性)이며, 불가사의한 불성원융공능계(佛性圓融功能界)인 곧, 여(如)의 성품세계이다.

○ **316.** 이 법(法)이 반야바라밀이며, 대신 대명 무상주(無上呪)입니다.

當知是法 即[大:續1,2: 即]**是摩訶般若波羅蜜 是大神呪**
당 지 시 법 즉 [대:속1,2: 즉] 시 마 하 반 야 바 라 밀 시 대 신 주

是大明呪 是無上呪[論: 是無上明呪] **是無等等呪**
시 대 명 주 시 무 상 주 [논: 시무상명주] 시 무 등 등 주

당연히 이 법을 앎이 곧, 이 마하반야바라밀(摩訶般若波羅蜜)이며, 이 대신주(大神呪)이며, 이 대명주(大明呪)이며, 이 무상주(無上呪)이며, 이 무등등주(無等等呪)이옵니다.

♣ 모든 공덕을 지닌, 일체총지(一切總持)인 여(如)의 성품, 이 법을 당연히 앎이 곧, 무생본성지혜(無生本性智慧)인, 이 마하반야바라밀(摩訶般若波羅蜜)이며, 이 대신주(大神呪)이며, 이 대명주(大明呪)이며, 이 무상주(無上呪)이며, 이 무등등주(無等等呪)이옵니다.

□ 고(高), 논(論), 경(經)에 즉(卽)이, 대(大), 속1,2(續1,2) 경(經)에는 즉(卽)으로 되어 있다.

□ 고(高), 대(大), 속1,2(續1,2) 경(經)에 시무상주(是無上呪)가, 논(論) 경(經)에는 시무상명주(是無上明呪)로 되어 있다.

□ 논경구(論經句)
고(高), 대(大), 속1,2(續1,2) 경(經)에 시무상주(是無上呪)와 논(論)의 경(經) 시무상명주(是無上明呪)는 같은 뜻이며, 차별이 없다. 왜냐면, 시무상주(是無上呪)는 위 없음을 일컬으며, 시무상명주(是無上明呪)는 위 없는 각(覺)의 밝음을 일컬음이니, 이는 시무상주(是無上呪)가 시무상명주(是無上明呪)이며, 시무상명주(是無上明呪)가 시무상주(是無上呪)이므로, 차별이 없다.

● **마하반야바라밀(摩訶般若波羅蜜):** 여(如)가 마하반야바라밀임을 뜻한다. 마하(摩訶)는 대(大)의 뜻이다. 이는 본성(本性)의 성품이다. 크고 작음의 분별 없는, 상(相) 없는 무한성(無限性)을 일컬음이다. 이는 무자성(無自性) 무변제(無邊際)이며, 반야(般若)의 체성(體性)이다. 반야(般若)는 무생(無生) 본성(本性)인 무상(無相)의 지혜이다. 마하반야(摩訶般若)는 대반야(大般若)이니, 이는 무생본성(無生本性)인 상(相) 없는 공자성(空自性), 무변제(無邊際)의 지혜이다. 바라밀(波羅蜜)은 도피안(到彼岸)이니, 고(苦)와 무명(無明)이 없는 곳이다. 이는 생멸 없고, 상(相) 없는 무변제(無邊際)의 본성(本性)이다. 그러므로 마하반야바라밀(摩訶般若波羅蜜)은 상(相) 없는 본성지혜(本性智慧)이다. 이는 무생본성심(無生本性心)이다.

● **시대신주(是大神呪):** 여(如)가 대신주(大神呪)임을 뜻한다. 대신주

(大神呪)란 대(大)는 측량하거나 헤아려 알 수 없는 상(相) 없는 무한(無限)을 일컫는다. 신(神)은, 두 가지 뜻이 있으니, 하나는, 헤아려 알 수 없는 불가사의이므로, 비밀스럽고 신비(神秘)하며 심오(深奧)함을 뜻한다. 또 하나는, 두루 통(通)하여 막힘 없고 걸림 없는 원융성을 뜻한다. 이 신(神)은 곧, 여(如)의 성품의 결정성(結定性)과 무상공능(無相功能)이다. 주(呪)는 공덕총지(功德總持)를 일컫으며, 무엇이든 불가사의를 성취하고 이룩함을 뜻한다. 그러므로 시대신주(是大神呪)는, 여(如)는 측량하거나 헤아릴 수 없는 무한 공덕총지(功德總持)의 불가사의를 성취한다는 뜻이다.

● **시대명주(是大明呪):** 여(如)가 대명주(大明呪)임을 뜻한다. 대(大)는 헤아릴 수 없는 상(相) 없는 무한(無限) 무변제(無邊際)를 일컫는다. 명(明)은 두루 밝아 어둠 없음을 뜻한다. 주(呪)는 공덕총지(功德總持)를 뜻하며, 무엇이든 불가사의를 성취함을 뜻한다. 그러므로 시대명주(是大明呪)는, 무한(無限) 끝없는 무변제(無邊際)의 밝은 지혜 공덕총지(功德總持)의 불가사의를 성취한다는 뜻이다.

● **시무상주(是無上呪):** 여(如)가 무상주(無上呪)임을 뜻한다. 무상(無上)은 일체 차별을 벗어버린 절대성(絕對性) 무상(無上)을 일컬음이다. 주(呪)는 공덕총지(功德總持)를 뜻하며, 무엇이든 불가사의를 성취함을 뜻한다. 그러므로 시무상주(是無上呪)는, 위 없는 지혜의 밝음 공덕총지(功德總持)의 불가사의를 성취한다는 뜻이다.

● **시무등등주(是無等等呪):** 여(如)가 무등등(無等等呪)임을 뜻한다. 무등등(無等等)은 두 가지의 뜻이 있으니, 하나는, 무엇이든 비교하거나 견줄 것이 없는 수승함의 뜻이다. 또, 하나는, 무엇이든 절대 평등성(平等性)임을 뜻한다. 주(呪)는 공덕총지(功德總持)를 뜻하며, 무엇이든 불가사의를 성취함을 뜻한다. 그러므로 시무등등주(是無等等呪)는, 어떤 지혜(智慧)와 선정(禪定)과 진리(眞理)와 법(法)과 도(道)라도

이와 견주거나 비교할 것이 없는 수승한, 절대 평등한 공덕총지(功德總持)의 불가사의를 성취한다는 뜻이다.

● 위의 구절의 뜻은, 여(如)는 모든 공덕의 총지(總持)이며, 여(如)는 곧, 마하반야바라밀(摩訶般若波羅蜜)이며, 시대신주(是大神呪), 시대명주(是大明呪), 시무상주(是無上呪), 시무등등주(是無等等呪)임을 밝힘이다.

○**317.** 진여(眞如)는 공성(空性)이니, 식(識)의 흔적이 없다.
佛言 如是如是 眞如空性 性空智火 燒滅諸結 平等平等
불언 여시여시 진여공성 성공지화 소멸제결 평등평등
等覺三地 妙覺三身 於九識中 皎然明淨 無有諸影
등각삼지 묘각삼신 어구식중 교연명정 무유제영

부처님께옵서 말씀하옵기를, 그렇고 그러하니라. 진(眞)인 여(如)의 공성(空性)은, 성품이 공(空)한 지혜의 불(火)이니, 모든 얽매임을 불태워 소멸하므로 평등[平等:相平等]하고 평등[平等:性平等]하여, 등각(等覺) 3지(三地)와 묘각(妙覺) 3신(三身)이, 9식(九識) 가운데 밝고 밝으며 걸림 없이 청정하여, 모든 식(識)의 그림자가 없느니라.

♣ 부처님께옵서 말씀하옵기를, 그렇고 그러하니라. 진(眞)인 여(如)의 공성(空性)은, 성품이 공(空)한 결정성(結定性)인, 지혜 각명(覺明)의 불꽃이니, 모든 얽매임인 제식(諸識)의 뿌리까지, 불살라 멸(滅)하므로, 일체 차별상(差別相)이 평등하며, 일체 차별의 성품이 평등하여, 지혜의 성품이 평등한 등각(等覺) 3지(三地)와 묘각(妙覺) 3신(三身)이, 청정본성(淸淨本性)인 9식(九識) 가운데 밝고 밝아, 두루 걸림 없이 청정하여, 모든 식(識)의 그림자가 없느니라.

● **등각삼지(等覺三地):** 등각일지(等覺一地)는 백겁(百劫)에 머물러 천삼매(千三昧)를 닦아 금강삼매(金剛三昧)에 든다. 등각이지(等覺二地)는 천겁(千劫)에 머물러 불(佛)의 위의(威儀)와 법륜(法輪)을 닦는다. 등각삼지(等覺三地)는 만겁(萬劫)에 머물러 성불(成佛) 화현(化現)하며, 제불

(諸佛)과 같이 중도행(中道行)으로 중생제도를 한다.

● **평등평등 등각삼지(平等平等 等覺三地):** 진성(眞性) 여(如)의 공성(空性)은 모든 얽매임을 소멸한 공상역공(空相亦空)인 상공평등(相空平等)이며, 공공역공(空空亦空)인 성공평등(性空平等)이며, 소공역공(所空亦空)인 지공평등(智空平等)으로, 일체(一切) 수행의 인행(因行)과 수행의 과지(果智)까지도 끊어진 무생결정성(無生結定性)의 원융각명공(圓融覺明空)으로, 등각삼지(等覺三地)도 끊어진 일체평등각(一切平等覺)이다.

● **묘각삼신(妙覺三身):** 상공(相空), 성공(性空), 지혜공(智慧空)인 3공지(三空智) 무생결정성(無生結定性)에 들면, 체(體)와 용(用)이 끊어진, 부사의 각(覺)의 체(體), 용(用), 지혜(智慧)가 원융일각(圓融一覺)인 원융묘각일신(圓融妙覺一身)을 이룬다. 그것이 체각법신(體覺法身)과 용각보신(用覺報身)과 수연각신(隨緣覺身)인 3신불원융부사의일신각(三身佛圓融不思議一身覺)이다. 묘각3신(妙覺三身)은, 분별하거나 일컬어 헤아릴 수 없는, 부사의 원융각명(圓融覺明)의 법보화신불(法報化身佛)인 3불원융일신각(三佛圓融一身覺)이다.

● 9식(九識) 본성(本性)인 무생(無生) 결정성(結定性)에 들면, 무생(無生) 성품인 상(相), 성(性), 지혜가 여(如)의 성품 평등각(平等覺)에 들어, 각명(覺明)의 체상용(體相用)인 법보화신(法報化身) 묘각3신원융(妙覺三身圓融)인 결정성(結定性), 원융일각일신(圓融一覺一身)이 두루 걸림 없이 청정하여, 모든 식(識)의 그림자가 없는 무생각명3불원융일신각(無生覺明三佛圓融一身覺)이다.

○**318.** 성품이 공(空)하므로, 공(空)한 모습도 공(空)하다.
善男子 是法非因非緣 智自用故 非動非靜 用性空故
선 남 자 시 법 비 인 비 연 지 자 용 고 비 동 비 정 용 성 공 고
義非有無[續1,2: 非有非無] **空相空故**
의 비 유 무 [속1,2: 비유비무] 공 상 공 고

선남자여! 이 법은 인(因)도 아니며 연(緣)도 아님은, 자성공능[自:自性功能] 자재작용[用:自在作用]의 본지성품[智:本智性品]인 까닭으로, 동(動)도 아니며 정(靜)도 아님은, 지혜작용의 성품이 공(空)한 까닭이니라. 그 실체[義:實體]가 유(有)도 무(無)도 아님은, 공(空)한 모습도 공(空)하기 때문이니라.

♣ 선남자여! 여(如)의 실체(實體)인 이 결정성(結定性)의 법(法)은, 무엇에 인연한 결과인, 인(因)에 의함도 아니며 연(緣)에 의함도 아님은, 자성공능(自性功能) 자재작용(自在作用)인 무생본지(無生本智)의 지혜성품인 까닭으로, 동(動)도 아니며 정(靜)도 아님은, 상(相)과 식(識)이 끊어진 지혜작용 성품이, 무생(無生) 결정성(結定性)으로 공(空)한, 공능(功能)인 까닭이니라. 이 실체[義:實體]가 유(有)도 아니며 무(無)도 아님은, 그 성품 실체(實體)는, 공(空)한 모습도 공(空)하여 끊어졌기 때문이니라.

□ 고(高), 논(論), 대(大) 경(經)에 의비유무(義非有無)가, 속1,2(續1,2) 경(經)에는 비유비무(非有非無)로 되어 있다.

○319. 실체(實體)의 관(觀)에 들어야, 여래(如來)를 본다.

善男子 若化衆生 令彼衆生 觀入是義 入是義者 是見如來
선 남 자 약 화 중 생 영 피 중 생 관 입 시 의 입 시 의 자 시 견 여 래

선남자여! 만약 중생(衆生)을 교화(敎化)하려면, 저 중생(衆生)들로 하여금, 이 실체[義:實體]의 관(觀)에 들게 해야 하느니라. 이 실체[義:實體]에 든 자(者)는, 이 여래(如來)를 보리라.

♣ 선남자여! 만약 중생을 교화(敎化)하려면, 저 중생들로 하여금, 공(空)한 모습도 끊어진, 공(空)한 성품 실체[義:實體]의 관(觀)에 들게 해야 하느니라. 이 실체[義:實體]에 증입한 자는, 공(空)한 것도 끊어져 공(空)한, 무생(無生) 결정성(結定性)의 성품, 이 여래(如來)를 보리라.

○320. 여래의관(如來義觀)은, 4선(四禪) 유정(有頂)을 초월하옵니다.

舍利弗言 如來義觀 不住諸流 應離四禪 而超有頂
사 리 불 언 여 래 의 관 부 주 제 류 응 리 사 선 이 초 유 정

사리불이 말씀 사뢰옵기를, 여래(如來)의 실체[義:實體]를 관(觀)함은, 모든 [색(色)과 상(相)과 식(識)과 심(心)과 견(見)과 일체 수행 과위(果位)의] 흐름에도 머물지 않으므로, 응당 4선(四禪)을 벗어나, 유정(有頂)을 초월(超越)함이옵니다.

♣ 사리불이 말씀 사뢰옵기를, 여래(如來)의 성품, 결정성(結定性) 실체[義:實體]를 관(觀)하는 여래실관(如來實觀)은, 모든 색(色)과 상(相)과 식(識)과 심(心)과 견(見)과 일체 수행 과위(果位)의 흐름에도 머물지 않으므로, 응당 4선(四禪)을 벗어나, 유정(有頂)을 초월함이옵니다.

■ 4선(四禪)

4선(四禪)은 색계천(色界天)의 4선정(四禪定)이다.

① 제1선(第一禪): 유심유사정(有尋有伺定)이다. 심소(心所)의 찾음[尋]과 심소(心所)의 살핌[伺]이 있는 정(定)이다. 색계(色界) 4선천(四禪天)의 초선천(初禪天)이다. 정신이 통일되어 안정은 얻었으나 오히려 사려분별(思慮分別)하는 심(尋), 사(伺)와 정(定)을 즐기는 작용이 있는 정신상태이다. 여기에는 범중천(梵衆天), 범보천(梵輔天), 대범천(大梵天)의 3천(三天)이 있다.

② 제2선(第二禪): 무심유사정(無尋唯伺定)이다. 심소(心所)의 찾음[尋]은 없고, 오직 심소(心所)의 살핌[伺]만 있는 정(定)이다. 색계(色界) 4선천(四禪天)의 제2선천(第二先天)이다. 사려분별(思慮分別)을 여의고 희락(喜樂)의 정(情)만 있는 상태이다. 여기에는 소광천(少光天), 무량광천(無量光天), 광음천(光音天)의 3천(三天)이 있다.

③ 제3선(第三禪): 무심무사정(無尋無伺定)이다. 심소(心所)의 찾음[尋]과 살핌[伺]이 멸(滅)한 정(定)이다. 색계(色界) 4선천(四禪天)의 제3선천(第三先天)이다. 희락(喜樂)을 즐기고 탐닉(耽溺)함을 버린 그 경지(境地)를 기뻐하는 정신상태이다. 여기에는 소정천(小淨天), 무량정천(無量淨

天), 변정천(遍淨天)의 3천(三天)이 있다.

④ 제4선(第四禪): 사념법사정(捨念法事定)이다. 수(受)의 희락(喜樂)과 정(定)의 열락(悅樂)을 버리고, 사수(捨受)에 주(住)하는 정(定)이다. 색계(色界) 4선천(四禪天)의 제4선천(第四禪天)이다. 찾음[尋]과 살핌[伺]의 사려분별(思慮分別)과 수(受)인 희락(喜樂)의 정(情)과 정(定)의 경지(境地) 열락(悅樂) 등을 여의어, 마음이 평정(平靜)하고 등정(等正)하다. 이는 사수(捨受)에 주(住)하는 정신상태이다. 여기에는 무운천(無雲天), 복생천(福生天), 광과천(廣果天), 무상천(無想天), 무번천(無煩天), 무열천(無熱天), 선현천(善現天), 선견천(善見天), 색구경천(色究竟天)의 9천(九天)이 있다.

● **유정(有頂):** 무색계(無色界)의 제4천(第四天)으로 비상비비상천(非想非非想天)이다. 3계(三界) 유루(有漏) 세계의 최정상(最頂上)이므로 유정(有頂)이라고 한다.

● 유(有)의 정(頂)이어도 함[作爲]이 있음이니, 이는 식(識)을 벗어나지 못한 것이다. 무상(無上)을 향한 수행길에는, 유정(有頂)의 유(有)가 무엇이냐는 것은 중요하지 않다. 또한, 유정(有頂)의 정(頂)이 무엇이냐는 것도 중요하지 않다.

그에 무심(無心)함은, 내가 가는 길, 내 정신의지가 뚫으려는 초점, 무상(無上) 정점(頂點)이 아니기 때문이다. 내가 한 발짝 내딛는 궁극 정신의지(精神意志)의 초점(焦點)을 벗어난 것이면, 그것이 무엇이든, 내 길이 아니다.

삶의 호흡을 가다듬어, 자기 심근(心根)의 궁극을 향해, 마지막 한 호흡 정신을 쏟아, 그 근본을 뚫어 해결해야 한다. 지금 호흡이 내일을 기약할 수 없는 찰나 길에, 당장 해결해야 할 무상(無上) 초점(焦點)의 시선을 멈추고, 궁극 무상(無上)도 정점(頂點)도 아닌 것에 기웃거

려 관심을 갖거나, 정신에 빈틈의 순간을 허락할 필요가 없다.

누가, 욕계천(欲界天)과 색계천(色界天)도 벗어나고, 무색계천(無色界天)도 벗어나 상무상천(上無上天)을 초월하였다 하여도 그것이, 궁극무상일도(無上一道)를 향하는 내 목숨을 대신할 것도 아니다.

한순간, 유정(有頂)뿐만 아니라 무정(無頂)도 초월하고, 초월정(超越頂)도 초월하여 일체 초월(超越)도 끊어져, 아(我), 식(識), 각(覺)의 미세한 바람도 끊어진 연후에야, 비로소 여(如)의 성품 실체(實體)를 깨닫게 된다.

쥐어도 상(相)이며 놓아도 상(相)이니, 그곳에는 반드시 식아(識我)와 각식(覺識)이 일렁이는 그림자가 있어, 초연(超然)한 상무상(上無上)이 아니다. 그러므로 유정(有頂)이든 무정(無頂)이든 또한, 초월정(超越頂)을 초월하여 벗어난 무상(無上)이어도 아직도, 쥐고 놓지 못한 것이 있다.

◯321. 모든 법(法)은 분별(分別)의 이름이니, 4선(四禪)도 이와 같다.

佛言 如是 何以故 一切法名數 四禪亦如是
불 언 여 시 하 이 고 일 체 법 명 수 사 선 역 여 시

부처님께옵서 말씀하옵기를, 그러하니라. 무엇 때문이냐면, 일체(一切) 법(法)은, 분별(分別)이 있어 이름하며, 헤아릴 것이 있어 수(數)이니, 4선(四禪) 역시, 이와 같으니라.

♣ 부처님께옵서 말씀하옵기를, 그러하니라. 무엇 때문이냐면, 일체 법을 일컬을 것 있음이 곧, 분별이니라. 분별이 있어 이름하며, 법을 헤아림이 있어 수(數)이니, 4선(四禪) 역시, 이와 같으니라.

◯322. 여래(如來)는 심자재(心自在)이니, 평등(平等)한 성품이다.

若見如來者 如來心自在 常在滅盡處 不出亦不入
약 견 여 래 자 여 래 심 자 재 상 재 멸 진 처 불 출 역 불 입

內外平等故
내 외 평 등 고

만약 여래(如來)를 본 자는, 여래(如來)는 심자재(心自在)이니, 항상 멸진처(滅盡處)에 있어, 나옴도 아니며 또한, 듦도 아님은, 내외(內外)가 끊어진 평등한 성품인 까닭이니라.

♣ 만약, 여래(如來)를 본 자는, 여래(如來)는, 무생(無生) 결정(結定)인 심자재(心自在)이니, 항상 결정무생(結定無生)인 멸진처(滅盡處)에 있어, 나옴도 아니며 또한, 듦도 아님은, 내외(內外)가 끊어진 무생결정성(無生結定性)인, 평등한 성품인 까닭이니라.

● **여래심자재(如來心自在):** 여래심(如來心)이 자재(自在)하여, 여래심자재(如來心自在)가 아니다. 무생(無生)이니 심자재(心自在)이다. 여래심자재(如來心自在)는 곧, 상재멸진처(常在滅盡處)를 일컬음이다. 항상 멸진처(滅盡處)에 있어서 상재멸진처(常在滅盡處)가 아니다. 무생(無生)이니, 상재멸진처(常在滅盡處)이다. 상재멸진처(常在滅盡處)인 까닭이 곧, 불출역불입(不出亦不入)이기 때문이다. 불출역불입(不出亦不入)이, 듦도 없고 나옴도 없어 불출역불입(不出亦不入)이 아니다. 무생(無生)이니 불출역불입(不出亦不入)이다. 그러므로, 내외평등(內外平等)이다. 이는 곧, 결정성(結定性)임을 일컬음이다. 무생(無生) 결정성(結定性)이니, 곧, 여래심자재(如來心自在)이다.

● **내외평등(內外平等):** 평등(平等)도 차별세계의 일반성(一般性)인 보편적(普遍的) 평등(平等)과 절대적(絕對的) 평등(平等)이 있다. 이 구절의 내외평등(內外平等)은 절대적(絕對的) 평등(平等)으로 성품의 평등(平等)이니, 내외(內外)의 대(對)가 끊어진 성품으로, 내외(內外) 없는 원융자재(圓融自在)의 절대성품(絕對性品)을 일컬음이다. 이는 곧, 여래(如來)의 여(如)의 성품이다. 내외평등(內外平等)인 절대성(絕對性) 이 자체가 곧, 불(佛)의 무생실상(無生實相)이다.

○ **323.** 저 모든 선관(禪觀)은, 상념(想念)의 공정(空定)이다.

善男子 如彼諸禪觀 皆爲想空定[論: 皆爲故想定]
선 남 자 여 피 제 선 관 개 위 상 공 정 [논: 개위고상정]

선남자여! 저와 같은 모든 선관(禪觀)은, 모두 함[作爲]이 있는 상념(想 念)의 공정(空定)이니라.

♣ 선남자여! 4선(四禪)과 같은 모든 선관(禪觀)은, 여래(如來)의 결정 성(結定性) 여관(如觀)인, 여래실관(如來實觀)에 들지 못해, 모두 식(識) 의 작용인 작위(作爲)가 있는, 상념(想念)의 공정(空定)이니라.

□ 고(高), 대(大), 속1,2(續1,2) 경(經)에 개위상공정(皆爲想空定)이, 논(論) 경 (經)에는 개위고상정(皆爲故想定)으로 되어 있다.

□ 논경구(論經句)

개위고상정(皆爲故想定): 모두 행함이 있는 까닭으로 상념(想念)의 정(定)이니라.

○ **324.** 여관(如觀)은 실(實)일 뿐, 상(相)을 관(觀)하거나 봄이 아니다.

是如非復彼 何以故 以如觀如實 不見觀如相
시 여 비 부 피 하 이 고 이 여 관 여 실 불 견 관 여 상

이 여(如)는, 저 관행(觀行)으로 다시 돌아가지 않느니라. 무엇 때문이냐 면, 여(如)의 성품을 관(觀)함은 여(如)의 실(實)일 뿐, 여(如)의 상(相)을 관(觀)하거나, 봄(見)이 아니니라.

♣ 이 여(如)를 관(觀)하는 여관(如觀)은, 다시, 지음[作爲]이 있는 유위 (有爲)의 유상관(有想觀)뿐만 아니라, 무위(無爲)의 무상관(無想觀)으로도 돌아가지 않느니라. 무엇 때문이냐면, 무생(無生) 결정성(結定性) 여(如) 의 성품을 관(觀)하는 여관(如觀)은, 대(對)와 생(生)과 작위(作爲)가 끊어 진 무생결정성(無生結定性)인 여(如)의 실(實)일 뿐, 여(如)의 상(相)을 관 (觀)하거나, 여(如)의 성품을 봄이 아니니라. 왜냐면, 여관(如觀)은, 자 아(自我)와 능소(能所)가 끊어진 무루(無漏)이므로, 상념(想念)도 없고,

대(對)도 끊어진 무생결정성(無生結定性)이니, 관(觀)하는 자(者)뿐만 아니라, 관(觀)의 대상(對相)인, 여(如)의 성품도 끊어졌기 때문이니라.

● 위의 구절에서, 식관(識觀)과 각관(覺觀)의 차별을 드러냄이다. 식관(識觀)은 식(識)의 출입인 능소(能所)로 관(觀)의 대상을 살핌과 봄이 있으므로, 자아상념(自我想念)으로 능소(能所)가 끊어지지 않아, 관행자(觀行者)인 능(能)과 관(觀)의 대상(對相)인 소(所)가 있음이니, 이 일체(一切)가 자아(自我) 능소상(能所相)의 분별에 의한 제식(諸識)의 상념관(想念觀)이다.

각관(覺觀)은 일체식(一切識)의 출입(出入)이 끊어져, 제식(諸識)이 없어 자아(自我)와 능소(能所)가 끊어졌다. 일체상(一切相)과 일체식(一切識)과 일체대(一切對)가 끊어진, 각성(覺性) 여(如)의 성품에 증입해 있으므로, 관(觀)을 하여도, 관행자(觀行者)가 없으므로, 관(觀)의 대상(對相)도 끊어져, 여래장(如來藏) 자성(自性)인 여실무생(如實無生)으로, 무생원융각행(無生圓融覺行)이 이루어질 뿐이다. 각관(覺觀)은, 관행자(觀行者)와 관(觀)의 대상(對相)이 끊어져, 능소(能所)가 없는 무생불이관(無生不二觀)이다.

● 대(對)가 있는 관(觀)과 봄(見)은, 자아(自我)가 끊어지지 않은 분별의 상념상(想念相) 대법행(對法行)이니, 능소(能所)와 주객(主客)이 있는 상법(相法)이다. 이는, 주객(主客)이 끊어진 실관(實觀)이 아니며, 무생(無生)의 여관(如觀)이 아니다. 여(如)의 성품을 관(觀)하는 여실관(如實觀)에는 일체 대(對)가 끊어져, 내가 곧, 여(如)이므로 관(觀)에 대(對)가 없다. 왜냐면, 자아(自我)가 없기 때문이다.

○**325.** 모든 상(相)이 적멸(寂滅)이며, 적멸(寂滅)이 여(如)의 실체이다.

諸相相已寂滅 [論:續1,2: 諸相已寂滅]
제 상 상 이 적 멸 [논:속1,2: 제상이적멸]

寂滅即如義[大:續1,2: 寂滅即如義]
적 멸 즉 여 의 [대:속1,2: 즉멸즉여의]

모든 상[相:所相:對相]과 상[相:能相:心相]이 이미 적멸(寂滅)하여, 적멸(寂滅)이 곧, 여(如)의 실체[義:實體]이기 때문이니라.

♣ 여(如)를 관(觀)하는 여관(如觀)에는 다시, 지음이 있는 상념관행(想念觀行)으로 돌아가지 않음은, 여(如)의 성품에는, 모든 법(法)의 소상(所相)인 색성향미촉법(色聲香味觸法) 대상(對相)과 능상(能相)인 수상행식(受想行識) 자아심식(自我心識)의 상(相)이 이미 끊어져, 적멸(寂滅)한 성품이므로, 그 적멸(寂滅)의 성품이 곧, 무생(無生) 결정성(結定性)인 여(如)의 실체(實體)이기 때문이니라. 이는, 관(觀)하는 자(者)와 관(觀)의 대상(對相)이 없는 여(如)의 성품으로, 일체(一切) 대(對)가 없는 성품이기 때문이니라.

□ 고(高), 대(大) 경(經)에 제상상이적멸(諸相相已寂滅)이, 논(論), 속1,2(續1,2) 경(經)에는 제상이적멸(諸相已寂滅)로 되어 있다.
□ 고(高), 논(論) 경(經)에 즉멸즉여의(寂滅即如義)가, 대(大), 속1,2(續1,2) 경(經)에는 즉멸즉여의(寂滅即如義)로 되어 있다.

● **제상상이적멸(諸相相已寂滅):** 모든 상(相)과 상(相)이 이미 적멸(寂滅)하다. 이 구절(句節)에서, 왜 제상상(諸相相)이라고 하였는가 하면, 앞의 구절에서 설한 바, 여(如)의 관행(觀行)이, 다시 상념관(想念觀)으로 돌아가지 않는 까닭이, 여관(如觀)은 색성향미촉법(色聲香味觸法)의 소상(所相)과 수상행식(受想行識)의 능상(能相)이 끊어진 여(如)의 실(實)이기 때문이며, 여(如)의 실(實)은, 일체(一切) 소상(所相)과 능상(能相)이 없기 때문이다. 또한, 제상상(諸相相)이라고 함이, 여관(如觀)이 아닌, 일체(一切) 상념관(想念觀)과 그 관(觀)의 대상(對相)이, 색성향미촉법(色聲香味觸法)과 수상행식(受想行識)이며, 그 능소(能所) 속에 일체(一切) 관행(觀行)이 이루어지기 때문이다. 제상상이적멸(諸相相已寂滅)이

라 함이, 여(如)의 성품이 능소(能所)의 출입, 내외(內外)가 끊어져, 관(觀)의 대상(對相)이 끊어진 성품이기 때문이다.

○326. 상념(想念)의 선정(禪定)은 동(動)함이니, 선(禪)이 아니다.

如彼想禪定 是動非是禪
여 피 상 선 정 시 동 비 시 선

저와 같은 상념(想念)의 선정(禪定)은, 이는 동(動)이므로 이는, 선(禪)이 아니니라.

♣ 저와 같은 상념(想念)의 선정(禪定)은 이는, 식(識)의 출입과 능소(能所) 분별의 동(動)이므로 이는, 선(禪)이 아니며, 동(動)과 정(靜)에 물듦 없는 본성(本性) 여(如)의 무생선(無生禪)이 아니니라.

○327. 선(禪)의 성품은, 동(動)함 없는 본성(本性)의 성품이다.

何以故 禪性離諸動 非染非所染 非法非影 離諸分別
하 이 고 선 성 리 제 동 비 염 비 소 염 비 법 비 영 이 제 분 별

本利義故[論:續1,2: 本義義故]
본 리 의 고 [논:속1,2: 본의의고]

무엇 때문이냐면, 선(禪)의 성품은, 모든 동(動)함이 끊어졌으므로, [동(動)과 정(靜)에] 물듦도 아니며 물들 바도 아니므로, 법도 아니며 상념(想念)인 그림자도 아니며, 모든 분별과 차별을 벗어난, 본성의 성품 실제[利:實際]이며, 실체[義:實體]이기 때문이니라.

♣ 상념(想念)의 선정(禪定)은 동(動)함이므로, 선(禪)이 아님은 무엇 때문이냐면, 선(禪)의 성품은, 모든 동(動)함을 벗어났기에, 동(動)과 정(靜)이 끊어져, 미혹(迷惑)과 상념(想念)과 제식(諸識)과 깨달음에도 물듦이 없고 물들 바도 아니므로, 법(法)도 아니며, 상념(想念)의 그림자도 아니며, 모든 분별과 차별을 벗어난, 무생(無生) 본성(本性)의 성품, 결정성(結定性) 실제[利:實際]이며, 실체[義:實體]이기 때문이니라.

□ 고(高), 대(大) 경(經)에 본리의고(本利義故)가, 논(論), 속1,2(續1,2) 경(經)에는 본의의고(本義義故)로 되어 있다.

□ 논경구(論經句)

본의의고(本義義故): 본성(本性)의 실제[義:實際] 실성[義:實性]인 까닭이니라.

● **본리의고(本利義故):** 본성(本性) 성품의 실제(實際)이며, 실체(實體)이기 때문이니라. 이(利)는 결정성(結定性)인 본성(本性)의 성품 무상공능(無相功能) 실제(實際)를 일컬음이다. 의(義)는 곧, 본성(本性)의 성품 결정성(結定性)의 실체(實體)를 일컬음이다. 실체(實體)란 본성(本性)의 무상결정성(無相結定性)의 실체(實體)를 일컬음이며, 무상공능(無相功能)의 성품 실체(實體)를 일컬음이다. 이(利)와 의(義)의 성품을 일컬어 즉, 본성(本性)이라고 한다. 이(利)는 본성(本性)의 무상공능공덕성(無相功能功德性)이며, 의(義)는 본성(本性)의 무생무상결정성(無生無相結定性)의 청정실체(淸淨實體)를 일컬음이다. 이(利)와 의(義)는 곧, 본성(本性) 성품의 실(實)인 부사의 청정체(淸淨體) 이(理)의 특성을 일컬음이니, 이는 부사의 총지공능(總持功能)과 그 청정결정성(淸淨結定性)의 여실(如實)을 드러냄이다.

○**328.** 이것이 관(觀)이며, 정(定)이며, 선(禪)이다.

善男子 如是觀定 乃名爲禪
선 남 자 여 시 관 정 내 명 위 선

선남자여! 이와 같음이 관(觀)이며, 정(定)이며, 또한, 이름함이 선(禪)이니라.

♣ 선남자여! 동(動)과 정(靜), 능(能)과 소(所), 일체 분별의 상념(想念)을 벗어나, 미혹과 깨달음에 물듦 없는 이와 같음이, 여(如)의 실관(實觀)이며, 실정(實定)이며, 또한, 이름함이 선(禪)이니라.

● 관(觀)은 동(動)과 정(靜), 능(能)과 소(所)가 끊어진, 여실(如實) 공능(功能)에 듦이다. 정(定)은, 동정(動靜)과 능소(能所)가 끊어진 여실공능불이심(如實功能不二心)이며, 선(禪)은 동정(動靜)과 능소(能所)가 끊어진, 여실공능불이행(如實功能不二行)이다. 이는 곧, 무생일법(無生一法)인 일미진실(一味眞實) 무상무생(無相無生) 결정실제(結定實際) 본각리행(本覺利行)이다.

◯ 329. 여래(如來)는, 여(如)의 성품 실(實)로써 교화(敎化)하시옵니다.

舍利弗言 不可思議 如來常以如實 而化衆生
사 리 불 언 불 가 사 의　여 래 상 이 여 실　이 화 중 생

사리불이 말씀 사뢰옵기를, 불가사의이옵니다. 여래께옵서는 항상, 여(如)의 성품 실(實)로써, 중생을 교화(敎化)하시옵니다.

♣ 사리불이 말씀 사뢰옵기를, 선(禪)에, 동(動)과 정(靜), 능소(能所)의 일체식(一切識)이 끊어져, 불가사의이옵니다. 여래께옵서는, 항상 무생결정성(無生結定性)인, 여(如)의 성품 실(實)로써, 중생을 교화(敎化)하시옵니다.

◯ 330. 둔근(鈍根)은, 어떤 방편(方便)으로 여(如)에 들 수 있사옵니까?

如是實義 多文廣義 利根衆生 乃可修之 [續1: 乃可脩之]
여 시 실 의 다 문 광 의 이 근 중 생 내 가 수 지 [속1: 내가수지]
鈍根衆生 難以措意 云何方便 令彼鈍根 得入是諦
둔 근 중 생 난 이 조 의 운 하 방 편 영 피 둔 근 득 입 시 제

이와 같이, 실(實)의 실체[義:實體]를 드러내는 글의 종류도 많고, 그 뜻[義]도 광범위하여, 지혜로운 이근(利根)의 중생은 가히, 닦을 수 있겠으나, 둔근(鈍根)의 중생은 뜻[意]을 가름하여도, 헤아리기도 어려우니, 어떤 방편(方便)으로, 저 둔근(鈍根)으로 하여금, 이 진리[眞諦]를 증득(證得)하여, 들 수가 있사옵니까?

♣ 여(如)의 성품은 이와 같이, 실(實)의 실체[義:實體]를 드러내는 언어와 문자의 종류도 많고, 그 뜻[義]을 헤아리는 의미도, 체(體)와 상(相)과 용(用)의 성품과 공능(功能)에 따라 광범위하여, 지혜로운 이근(利根)의 중생들은 가히, 닦을 수 있겠으나, 지혜가 밝지 못한 둔근(鈍根)의 중생들은, 뜻[意]을 가름하여 헤아리기도 어려우니, 어떤 방편(方便)으로, 저 둔근(鈍根)으로 하여금, 이 진리[眞諦]를 증득하여, 실상(實相)에 들 수가 있사옵니까?

□ 고(高), 논(論), 대(大), 속2(續2) 경(經)에 내가수지(乃可修之)가, 속1(續1) 경(經)에는 내가수지(乃可脩之)로 되어 있다.

● **이근(利根):** 지혜가 밝은 근기(根機)이다.
● **둔근(鈍根):** 지혜가 어두운 근기(根機)이다.

◯331. 둔근(鈍根)은, 4구게(四句偈)를 지니면 실상(實相)에 든다.
佛言 令彼鈍根 受持一四句偈 卽[大:續1,2: 卽]**入實諦**
불 언 영 피 둔 근 수 지 일 사 구 게 즉 [대:속1,2: 즉] 입 실 제
一切佛法 攝在一四偈中[論: 攝在一偈中][續1,2: 攝在一四句偈中]
일 체 불 법 섭 재 일 사 게 중 [논: 섭재일게중][속1,2: 섭재일사구게중]

부처님께옵서 말씀하옵기를, 저 둔근(鈍根)으로 하여금, 한 4구게(四句偈)를 받아 지니게 하면 곧, 실제(實際)인 진리[諦]에 들게 되느니라. 일체 불법(佛法)이, 한 4구게(四句偈) 속에 총섭(總攝)해 있느니라.

♣ 부처님께옵서 말씀하옵기를, 저 둔근(鈍根)으로 하여금, 한 4구게(四句偈)를 믿음으로 받아 지니어, 사유(思惟)하게 하면, 곧, 실제(實際)의 진리[諦]에 들게 되느니라. 일체 불법(佛法)이, 한 4구게(四句偈) 속에 모두 갖추어, 총섭(總攝)해 있느니라.

□ 고(高), 논(論), 경(經)에 즉(卽)이, 대(大), 속1,2(續1,2) 경(經)에는 즉(卽)으로 되어 있다.
□ 고(高), 대(大) 경(經)에 섭재일사게중(攝在一四偈中)이, 논(論) 경(經)에는 섭

재일게중(攝在一偈中)으로, 속1,2(續1,2) 경(經)에는 섭재일사구게중(攝在一四句偈中)으로 되어 있다.

○332. 4구게(四句偈)를 설(說)하여 주옵소서.

舍利弗言 云何一四句偈 願爲說之
사 리 불 언 운 하 일 사 구 게 원 위 설 지

사리불이 말씀 사뢰오며 여쭈옵기를, 어떤 것이, 한 4구게(四句偈)이온지, 원하오니 설하여 주시옵소서.

♣ 사리불이, 말씀 사뢰오며 여쭈옵기를, 어떤 것이 일체 불법(佛法)을 총섭(總攝)한, 한 4구게(四句偈)이온지, 모든 중생이 깨달아, 진리에 들기를 원하오니, 설하여 주시옵소서.

○333. 세존(世尊)께서, 4구게(四句偈)를 설하셨다.

於是 尊者 而說偈言
어 시 존 자 이 설 게 언

이때 세존(世尊)께옵서, 게(偈)를 설하셨다.

♣ 이때, 모든 미혹 중생을 생각하는 사리불의 염원(念願), 여래(如來) 없는 그 세상 중생에까지 연민하는 사리불의 마음을 헤아려, 부처님께옵서 대비심으로 게송을 설하셨다.

○334. 실체(實體)는, 생(生)도 아니며, 멸(滅)도 아니다.

因緣所生義 是義滅非生 滅諸生滅義 是義生非滅
인 연 소 생 의 시 의 멸 비 생 멸 제 생 멸 의 시 의 생 비 멸

인연(因緣) 따라 생(生)한 실체[義:相]
이 실체[義:相]는 멸(滅)해 생(生)이 아니네.
모든 생멸(生滅)이 멸(滅)한 실체[義:理(참모습)]
이 실체[義:理(참모습)]는 생(生)도 멸(滅)도 아니네.

♣ 인연 따라 나타난 모습 현상

이 모습이 찰나에 사라져 생겨난 것 아니네.

모든 생겨나고 사라짐도 없는 실체의 모습

이 참모습은 생겨남도 사라짐도 아니네.

● 4구게는 생멸(生滅) 없는 실상(實相)을 밝힌다.

1구(一句)는 무자성(無自性)이 연(緣)을 따름이다.

2구(二句)는 상(相)이 무자성(無自性)이니 생(生)이 아니다.

3구(三句)는 모든 생멸(生滅)이 끊어진 성품이다.

4구(四句)는 성품은 생(生)도 멸(滅)도 아닌 진(眞)이다.

1구(一句)는 무자성(無自性) 수연상(隨緣相)이다.

2구(二句)는 수연상(隨緣相)이 공(空)이다.

3구(三句)는 수연상(隨緣相)이 무생무멸(無生無滅)이다.

4구(四句)는 수연상(隨緣相)이 여(如)이다.

○**335.** 대중이, 4구게(四句偈)를 듣고, 반야(般若)의 지혜에 들었다.

爾時 大衆 聞說是偈 僉大歡喜 皆得滅生 滅生般若
이 시 대 중 문 설 시 게 첨 대 환 희 개 득 멸 생 멸 생 반 야

性空智海[續2: 性空智海 없음]
성 공 지 해 [속2: 성공지혜 없음]

이때 대중들이, 이 4구게(四句偈)의 설하심을 듣고, 모두가 대 환희(歡喜) 속에, 모두, 생(生)이 멸(滅)한 성품을 증득(證得)하여, 생(生)이 멸(滅)한 반야(般若)로, 성품이 공(空)한 지혜(智慧)의 바다에 들었다.

♣ 이때 대중들이, 이 여(如)의 성품 실상을 설하시는 4구게를 듣고, 모두 대 환희 속에, 모두가 생(生)이 멸(滅)한 무생(無生)의 깨달음을 얻어, 무생(無生) 반야(般若)로, 성품이 공(空)한 지혜의 바다에 들었다.

□ 고(高), 논(論), 대(大), 속1(續1) 경(經)에는 성공지혜(性空智海)가, 속2(續2) 경(經)에는 없다.

金剛三昧經 如來藏品 第七
금강삼매경 여래장품 제칠

○**336.** 생멸(生滅)의 실체가 불생불멸이며, 불(佛)의 보리(菩提)이옵니다.

爾時 梵行長者 從本際起 而白佛言 尊者 生義不滅
이 시 범 행 장 자 종 본 제 기 이 백 불 언 존 자 생 의 불 멸

滅義不生 如是如義 即[大:續1,2: 即]佛菩提
멸 의 불 생 여 시 여 의 즉 [대:속1,2: 즉] 불 보 리

이때 범행장자가 본제(本際)에서 일어나, 부처님께 말씀 사뢰오며 여쭈
옵기를, 세존(世尊)이시여! 생(生)의 실체[義:實體]가 불멸(不滅)이오며,
멸(滅)의 실체[義:實體]도 불생(不生)이옵니다. 이와 같이, 여(如)의 실체
[義:實體]는 곧, 불(佛)의 보리(菩提)이옵니다.

♣ 이때 범행장자가 본제(本際)에서 일어나, 부처님께 말씀 사뢰오
며 여쭈옵기를, 세존이시여! 생(生)의 실체[義:實體]가 생(生)이 아니므
로 불멸(不滅)이오며, 멸(滅)의 실체[義:實體]도 멸(滅)이 아니므로 불생
(不生)이옵니다. 생(生)도 없고 멸(滅)도 없는 결정(結定)의 성품은 이와
같이, 여(如)의 실체[義:實體]이므로 곧, 불(佛)의 보리(菩提)이옵니다.

□ 고(高), 논(論), 경(經)에 즉(即)이, 대(大), 속1,2(續1,2) 경(經)에는 즉(卽)으로
되어 있다.

● **본제(本際):** 본성실제(本性實際)이다. 본성(本性) 실(實)을 본제(本際)
라고 한다. 본제(本際)는 본자성(本自性)이며, 무생성품으로 무생(無生)
결정성(結定性)이다. 이는, 각(覺)의 실체이다.

◯**337.** 보리(菩提)의 무궁지혜의 성품은, 분별(分別)이 끊어졌사옵니다.

菩提之性 則[論: 即]**無分別 無分別智 分別無窮 無窮之相**
보 리 지 성 즉 [논: 즉] 무 분 별 무 분 별 지 분 별 무 궁 무 궁 지 상

唯分別滅[續1,2: 惟分別滅]
유 분 별 멸 [속1,2: 유분별멸]

보리(菩提)의 성품은 곧, 분별(分別)이 끊어졌사옵니다. 분별(分別) 없는 지혜는 분별(分別)이 무궁(無窮)하여도, 무궁(無窮) 성품의 모습은 오직, 분별(分別)이 끊어졌사옵니다.

♣ 보리(菩提)의 성품은, 일체식(一切識)을 벗어난 무생각명(無生覺明)이므로 곧, 일체 분별(分別)이 끊어졌사옵니다. 이 분별(分別) 없는 지혜의 성품은 무상각명(無上覺明)이라, 시방(十方) 두루 모습 없이 밝게 깨어 있어, 무엇이든 분별(分別) 없이 밝게 깨닫고, 밝게 보는 지혜의 분별(分別)이 무궁(無窮)하여도, 그 무궁(無窮) 무변지혜(無邊智慧)의 성품 모습은 오직, 분별(分別)이 끊어졌사옵니다.

□ 고(高), 대(大), 속1,2(續1,2) 경(經)에 즉(則)이, 논(論) 경(經)에는 즉(即)으로 되어 있다.

□ 고(高), 논(論), 대(大) 경(經)에 유분별멸(唯分別滅)이, 속1,2(續1,2) 경(經)에는 유분별멸(惟分別滅)로 되어 있다.

● **무분별지(無分別智) 분별무궁(分別無窮):** 분별이 없는 지혜[本智]는 분별이 무궁하다. 일체 분별이 없음은, 무생본각(無生本覺)이기 때문이며, 분별이 없어도 시방(十方) 일체 만물(萬物) 만상(萬相) 만법(萬法)의 색성향미촉법(色聲香味觸法)과 수상행식(受想行識)의 흐름과 변화를 두루 밝게 깨달음은, 일체 분별이 끊어져, 두루 밝게 깨어 있는, 밝고 밝은 원융한 각명(覺明)의 성품이기 때문이다.

● 물결이 일렁이면, 물밑이 보이지 않는다. 그러나 물결이 일렁이지 않아, 맑고 밝아, 일체를 두루 밝게 본다.

◯**338.** 실체(實體)는, 부사의(不思議) 성품으로 분별(分別)이 없사옵니다.

如是義相 不可思議 不思議中 乃無分別
여 시 의 상　불 가 사 의　부 사 의 중　내 무 분 별

이와 같이, 실체[義:實體]의 모습은, 불가사의(不可思議)이오며, 부사의
(不思議) 성품 중에는, 분별(分別)이 끊어졌사옵니다.

♣ 이와 같이, 결정무생(結定無生)의 성품인 실체[義:實體]의 모습은,
생(生)도 상(相)도 없어, 불가사의이옵니다. 분별(分別)하여 헤아리거
나 사유할 수 없는, 결정성(結定性) 부사의 성품은, 일체 분별(分別)이
끊어졌사옵니다.

◯**339.** 실체(實體)의 성품, 일성(一性)에 머물려면 어떻게 해야 하옵니까?

尊者 一切法數 無量無邊 無邊法相 一實義性 唯住一性
존 자　일 체 법 수　무 량 무 변　무 변 법 상　일 실 의 성　유 주 일 성

其事云何
기 사 운 하

세존이시여! 일체 법(法)의 수(數)는 무량무변(無量無邊)이며, 무변(無邊)
법상(法相)이오니, 일실(一實) 실체[義:實體]의 성품인 오직, 일성(一性)에
머물고자 하오면, 그 행[事:行]을 어떻게 해야 하옵니까?

♣ 세존이시여! 일체 법(法)의 수효(數爻)는 무량무변(無量無邊)이며,
그 법의 모습도, 다함 없는 무변(無邊) 법상(法相)이오니, 일실(一實) 실
체[義:實體]의 성품인 오직, 일성(一性)에 머물고자 하오면, 그 수행하
는 마음의 수순(隨順)을, 어떻게 해야 하옵니까?

◯**340.** 일체 방편법(方便法)이, 일실(一實)인 실체(實體)의 지혜이다.

佛言 長者 不可思議 我說諸法 爲迷者故
불 언　장 자　불 가 사 의　아 설 제 법　위 미 자 고

方便導故 [論: 方便道故] **一切法相 一實義智**
방 편 도 고 [논: 방편도고]　일 체 법 상　일 실 의 지

부처님께옵서 말씀하옵기를, 장자여! 불가사의이니라. 내가 설(說)한 모든 법은, 미혹(迷惑)한 자를 위한 것이니, 방편(方便)으로 인도(引導)하는 까닭은, 일체 법의 모습이, 일실(一實) 실체[義:實體]의 지혜이니라.

♣ 부처님께옵서 말씀하옵기를, 장자여! 이 법의 세계는 불가사의이니라. 내가 설(說)한 모든 법은, 미혹한 자를 위한 이끎이니, 방편(方便)으로 인도(引導)하는, 무량무변(無量無邊)의 법의 모습이, 모두가 다, 일실(一實)의 실체[義:實體]인, 지혜의 길이니라.

□ 고(高), 대(大), 속1,2(續1,2) 경(經)에 방편도고(方便導故)가, 논(論) 경(經)에는 방편도고(方便道故)로 되어 있다.

◯ **341.** 어느 방편법(方便法)이든, 같은 한 성품에 든다.
何以故 譬如一市 開四大門 是四門中 皆歸一市
하 이 고 비 여 일 시 개 사 대 문 시 사 문 중 개 귀 일 시
如彼衆庶 隨意所入 種種法味 亦復如是
여 피 중 서 수 의 소 입 종 종 법 미 역 부 여 시

무엇 때문이냐면, 비유하여, 한 도시에 네 곳으로 오는 길의 대문(大門)이 열려 있으면, 이 네 곳 길의 문(門) 중에, 모두가 어느 길의 문(門)으로 들어오든, 한 도시에 들게 되느니라. 저 여러 사람들과 같이, 자기의 뜻을 따라 들어 오듯, 가지가지 법의 차별[味]도 또한 역시, 이와 같으니라.

♣ 방편(方便)으로 인도(引導)하는 무량무변 법의 모습이, 모두가 다 일실(一實) 실체[義:實體]의 지혜임은 무엇 때문이냐면, 비유하여, 한 도시에 네 곳으로 들어오는 길의 대문(大門)이 열려 있다면, 이 네 곳의 길 중에, 모두가 어느 길의 문(門)으로 들어오든, 결국 한 도시에 들어오게 되느니라. 저 여러 사람들이, 자기의 지혜와 선근과 믿음과 인연과 뜻을 따라 들어오듯, 가지가지 법이 높고 낮거나, 깊고 얕거나, 넓고 좁거나 한, 모든 차별도 또한, 이와 같으니라.

◯ **342.** 일미(一味)의 법(法)은, 모든 법(法)을 총섭(總攝)하옵니까?

梵行長者言 法若如是 我住一味 應攝一切諸味
범 행 장 자 언 법 약 여 시 아 주 일 미 응 섭 일 체 제 미

범행장자가 말씀 사뢰오며 여쭈옵기를, 법이 만약 이와 같다면, 제가 머무는 일미[一味:一法]는 응당, 일체 모든 법[味:法]을 총섭(總攝)하옵니까?

♣ 범행장자가, 말씀 사뢰오며 여쭈옵기를, 법이 만약, 모두 한 곳으로 이르는 길이며, 법이 이와 같다면, 제가 머무는 일미[一味:一法]는 응당, 일체 모든 법[味:法]을 두루 총섭(總攝)하옵니까?

◯ **343.** 일미(一味)의 실체(實體)는, 모든 법을 총섭(總攝)한다.

佛言 如是如是 何以故 一味實義 如一大海[論: 味如一大海]
불 언 여 시 여 시 하 이 고 일 미 실 의 여 일 대 해 [논: 미 여 일 대 해]

一切衆流 無有不入
일 체 중 류 무 유 불 입

부처님께옵서 말씀하옵기를, 그렇고 그러하니라. 무엇 때문이냐면, 일미[一味:一法]의 실(實)인 실체[義:實體]는, 여(如)의 한 성품 큰 바다[一大海]이므로, 일체 뭇 종류의 흐름들이, 들지 않음이 없느니라.

♣ 부처님께옵서 말씀하옵기를, 그렇고 그러하니라. 무엇 때문이냐면, 오직 일법[一味:一法]의 실(實)인 실체[義:實體]는, 무생(無生) 결정성(結定性)인 여(如)의 한 성품 큰 바다[一大海]이므로, 일체 뭇 종류의 흐름들이 들지 않음이 없느니라.

□ 고(高), 대(大), 속1,2(續1,2) 경(經)에 여일대해(如一大海)가, 논(論) 경(經)에는 미여일대해(味如一大海)로 되어 있다.

□ 논경구(論經句)

미여일대해(味如一大海): 법[味:法]이 여(如)인 하나의 큰 바다이다. 여(如)는, 일체 법이 차별 없는 하나의 큰 바다임을 뜻한다.

◯**344.** 모든 차별법(差別法)이 바다에 이르면, 한 맛[一味]이다.

長者 一切法味 猶彼衆流 名數雖殊 其水不異 若住大海
장자 일체법미 유피중류 명수수수 기수불이 약주대해

則[論: 即]**括衆流 住於一味 則攝諸味**[論: 即攝諸味]
즉 [논: 즉] 괄 중 류 주 어 일 미 즉 섭 제 미 [논: 즉섭제미]

장자여! 일체 법의 특성[味]은 다만, 저 뭇 종류의 흐름을 따라 이름과 수(數)가 비록 다르나, 그 물은 다르지 않듯이, 만약 큰 바다에 머무르면 곧, 뭇 종류의 흐름들이 모이어, 한 맛이 되리니, 즉, 모든 종류의 맛을 총섭(總攝)함이니라.

♣ 장자여! 일체 법의 차별 특성[味]은 다만, 저 뭇 종류의 흐름을 따라, 이름과 수(數)를 일컬음이 비록 다르나, 그 물의 성품이 다르지 않듯이, 만약, 큰 바다로 흘러들면 곧, 뭇 종류의 흐름들이 모이어 한 맛이 되리니, 이는 곧, 모든 종류의 맛을 총섭(總攝)함이니라.

□ 고(高), 대(大), 속1,2(續1,2) 경(經)에 즉(則)이, 논(論) 경(經)에는 즉(即)으로 되어 있다.

◯**345.** 모든 법(法)이 한 맛이면, 어찌, 3승(三乘)이 차별있사옵니까?

梵行長者言 諸法一味 云何三乘道 其智有異
범 행 장 자 언 제 법 일 미 운 하 삼 승 도 기 지 유 이

범행장자가 말씀 사뢰오며 여쭈옵기를, 모든 법이 한 맛[一味]이오면, 어찌하여, 3승(三乘)의 도(道)는, 그 지혜가 다름이 있사옵니까?

♣ 범행장자가, 말씀 사뢰오며 여쭈옵기를, 모든 법이 한 맛이오면, 어찌하여, 성문(聲聞), 연각(緣覺), 보살(菩薩)의 3승(三乘)의 도(道)는, 그 지혜가 다름이 있사옵니까?

● **성문승(聲聞乘):** 부처님 가르침의 지혜에 의지해 수행하는, 신해행증(信解行證)을 바탕한 성문지혜(聲聞智慧)의 승(乘)이다.

● **연각승(緣覺乘):** 연기(緣起)의 이치를 깨달아 수행하는, 인연과지(因緣果智)를 바탕한 연각지혜(緣覺智慧)의 승(乘)이다.

● **보살승(菩薩乘):** 일체 상(相)이 공(空)한 이치를 깨달아 수행하는, 무생법인(無生法忍)을 바탕한 무위지혜(無爲智慧)의 승(乘)이다.

● 성문승(聲聞乘)과 연각승(緣覺乘)을 소승(小乘)이라고 한다. 승(乘)은, 각력(覺力)작용의 지혜성품을 일컬음이니, 소승(小乘)이라고 함은, 그 지혜성품이, 인과(因果)의 상(相)과 자아(自我)와 일체상 분별의 상념(想念) 속에 이루어지기 때문이다.

● 보살승(菩薩乘)을 대승(大乘)이라고 한다. 대승(大乘)이라고 함은, 일체상(一切相)이 공(空)한 실상(實相)을 깨달아, 무생법인지(無生法忍智)에 들어, 자아(自我)와 일체상(一切相)을 벗어나, 대공지혜(大空智慧)에 들었기 때문이다. 보살승(菩薩乘)은, 그 지혜의 성품이 무위공승(無爲空乘)이다.

● 모든 승(乘)을 상황에 따라, 대승(大乘)으로 수용하여 칭하는 경우와 일승(一乘)으로 수용하여 칭하는 경우가 있다. 그것은, 대승(大乘)으로 칭할 때는, 지혜의 크고 작음을 분별하지 않고, 모두가 한 성품 속에 일체 행이 이루어지므로 대승행자(大乘行者)로 수용함이며, 모두를 일승(一乘)으로 칭할 때는, 크고 작은 일체 지혜의 뿌리가 하나의 성품 지혜임을 수용하는 관점이다.

○ **346.** 물이 바다에 이르는 과정에 따라, 이름함이 다르다.

佛言 長者 譬如江河淮海 大小異故 深淺殊故 名文別故
불언 장자 비여강하회해 대소이고 심천수고 명문별고
水在江中 名爲江水 水在淮中 名爲淮水 水在河中
수재강중 명위강수 수재회중 명위회수 수재하중
名爲河水 俱在海中 唯名海水
명위하수 구재해중 유명해수

부처님께옵서 말씀하옵기를, 장자여! 비유하여, 강(江)과 하(河)와 회(淮)와 바다[海]는 크고 작음의 차별이 있어, 깊고 얕음이 다른 까닭으로, 이름함과 글이 다름이 있느니라. 물이 강(江) 중에 있으면 강물이라 이름하고, 물이 회(淮) 중에 있으면 회수(淮水)라고 이름하며, 물이 하(河) 중에 있으면 하수(河水)라 이름하고, 함께 바다[海] 중에 있으면 오직, 바닷물이라 이름하느니라.

♣ 부처님께옵서 말씀하옵기를, 장자여! 비유하여, 강(江)과 하(河)와 회(淮)와 바다[海]는, 법(法)을 수용하는 크고 작음의 차별이 있어, 그 성품과 작용이 깊고 얕음이 다른 까닭으로, 이름함과 글이 다름이 있느니라. 물이 강(江)에 도달하여 강(江) 중에 있으면 강물이라고 하고, 물이 회(淮)에 도달하여 회(淮) 중에 있으면 회수(淮水)라고 하며, 물이 하(河)에 도달하여 하(河) 중에 있으면 하수(河水)라고 하며, 물이 바다[海]에 도달하여, 함께 바다[海] 중에 있으면, 오직, 바닷물이라 이름하느니라.

◯ **347.** 진여(眞如)에 이르면 불도(佛道)이니, 3행(三行)을 통달(通達)한다.

法亦如是 俱在眞如 唯名佛道 長者 住一佛道
법 역 여 시 구 재 진 여 유 명 불 도 장 자 주 일 불 도
即[大:續1,2: 卽]**達三行**
즉 [대:속1,2: 즉] 달 삼 행

법(法)도 역시 이와 같아, 함께 진(眞)인 여(如)에 있으면 오직, 이름함이 불(佛)의 도(道)이니라. 장자여! 하나[一:如]인, 불(佛)의 도(道)에 머물면 곧, 3행(三行)을 통달(通達)하느니라.

♣ 물의 흐름도, 강(江)과 하(河)와 회(淮)와 바다[海]가 있듯이, 법(法)도 역시, 성품의 근기(根機)와 지혜와 마음의 작용에 따라 이와 같음이니, 함께 진(眞)인 여(如)의 성품 중에 있으면, 이름함이 불(佛)의 도(道)이니라. 장자여! 무생(無生) 결정성(結定性) 하나[一:如]인, 불(佛)의

도(道)에 머물면, 곧, 3행(三行)을 통달하느니라.

□ 고(高), 논(論), 경(經)에 즉(即)이, 대(大), 속1,2(續1,2) 경(經)에는 즉(卽)으로 되어 있다.

◯348. 무엇이, 3행(三行)이옵니까?

梵行長者言 云何三行
범 행 장 자 언 　 운 하 삼 행

범행장자가 말씀 사뢰오며 여쭈옵기를, 무엇을 3행(三行)이라 하옵니까?

♣ 범행장자가, 말씀 사뢰오며 여쭈옵기를, 하나[一]인 불(佛)의 도(道)에 머물면 통달(通達)하는, 3행(三行)은 무엇이옵니까?

◯349. 첫째, 사(事) 수순행(隨順行)이다.

佛言 一 隨事取行
불 언 일 수 사 취 행

부처님께옵서 말씀하옵기를, 첫째는, 사(事:相)를 수순(隨順)하여 취(取)하는 행이니라.

♣ 부처님께옵서 말씀하옵기를, 첫째는 일각(一覺) 성품의 공능행(功能行)으로, 사[事:相]의 무상청정성(無相淸淨性)을 취(取)하여 수순(隨順)하는, 일각행(一覺行)이니라.

● **수사취행(隨事取行):** 일체상(一切相)이 공(空)한 무자성(無自性) 청정성품을 취(取)하여 수순하는 행이다. 이는 소지수순행(所智隨順行)이다. 이는 색공수순행(色空隨順行)이며, 상공수순행(相空隨順行)이다. 이는 각력(覺力)이 상공(相空)을 수순하여, 일체상에 머묾이 없는 일각행(一覺行)이다. 이는 무생공지행(無生空智行)이다.

◯**350.** 둘째, 식(識) 수순행(隨順行)이다.

二 隨識取行
이 수 식 취 행

둘째는, 식(識:心)을 수순(隨順)하여 취(取)하는 행이니라.

♣ 둘째는 일각(一覺) 성품의 공능행(功能行)으로, 식(識)의 무상청정성
(無相淸淨性)을 수순(隨順)하여 취(取)하는, 일각행(一覺行)이니라.

● **수식취행(隨識取行):** 일체식(一切識)이 공(空)한 무자성(無自性) 청
정성품을 수순하는 행이다. 이는 능지수순행(能智隨順行)이다. 이는
식공수순행(識空隨順行)이며, 심공수순행(心空隨順行)이다. 이는 각력
(覺力)이 심공(心空)을 수순하여, 일체심식(一切心識)에 머묾 없는 일각
행(一覺行)이다.

◯**351.** 셋째, 여(如) 수순행(隨順行)이다.

三 隨如取行
삼 수 여 취 행

셋째는, 여(如:本)를 수순(隨順)하여 취(取)하는 행이니라.

♣ 셋째는 일각(一覺) 성품의 공능행(功能行)으로, 결정성(結定性) 여
(如)의 성품을 수순(隨順)하여 취(取)하는, 일각행(一覺行)이니라.

● **수여취행(隨如取行):** 본성(本性) 무생공능(無生功能)을 수순하는 일
각행(一覺行)이다. 본성이 무생성(無生性)이므로, 무생진성(無生眞性)인
여(如)의 결정성(結定性), 무생청정자성(無生淸淨自性)을 수순하는, 무연
본성공능수순행(無然本性功能隨順行)이다. 체상용(體相用), 색식심(色識
心), 내외중(內外中)이 끊어진 무연일성(無然一性)의 무생심행(無生心行)
으로, 무생법인지(無生法印智)의 여래결정성수순행(如來結定性隨順行)이
다. 이는, 무생(無生) 결정성(結定性)인 금강삼매행(金剛三昧行)이다. 이
금강삼매(金剛三昧)는 무생결정삼매(無生結定三昧)이다. 이는, 여래결정

성(如來結定性)이며, 무상보리각명도(無上菩提覺明道)이다. 곧, 여래일각행(如來一覺行)이다.

○ 352. 3행(三行)은, 일체 법(法)을 총섭(總攝)한다.

長者 如是三行 摠攝衆門 一切法門 無不此入
장 자 여 시 삼 행 총 섭 중 문 일 체 법 문 무 불 차 입

장자여! 이와 같은 3행(三行)은, 모든 지혜(智慧)의 문(門)을 총섭(總攝)하므로, 일체(一切) 법(法)의 지혜(智慧)의 문(門)이, 여기에 들지 않음이 없느니라.

♣ 장자여! 상공청정여수순행(相空淸淨如隨順行)인 수사취행(隨事取行)과 식공청정여수순행(識空淸淨如隨順行)인 수식취행(隨識取行)과 본성공청정여수순행(本性空淸靜如隨順行)인 수여취행(隨如取行), 이와 같은 무연일각(無然一覺) 여수순3행(如隨順三行)은, 뭇 종류의 법과 지혜를 두루 총섭(總攝)하므로, 일체 법(法)의 궁극(窮極) 지혜와 구경실상(究竟實相)의 지혜가, 여기에 들지 않음이 없느니라.

● 상(相), 식(識), 여(如)의 무생결정성(無生結定性) 수순 3무생행(三無生行)은, 일체 뭇 수행을 총섭(總攝)한 여일행삼매법(如一行三昧法)이다. 법(法)을 따라 상(相), 식(識), 여(如)로 분별하였을 뿐, 이 여(如)의 3관행(三觀行) 성품에 들면, 여(如)의 일관행(一貫行)이다. 왜냐면, 무생(無生) 결정성 여(如)의 성품에는, 상(相), 식(識), 여(如)가 차별 없는 여(如)의 성품이기 때문이다. 뭇 수행의 과지(果智)를 몰아 잡은, 통섭일관행(通攝一貫行)이다. 상(相)은 소연(所緣)이며, 식(識)은 능연(能緣)이며, 여(如)는 능소(能所)가 끊어진 성품 결정성(結定性)이다. 수사취행(隨事取行)은 소연일체(所緣一切)가 무생성품임을 수순하는 소연여각행(所緣如覺行)이며, 수식취행(隨識取行)은 능연일체(能緣一切)가 무생성품임을 수순하는 능연여각행(能緣如覺行)이며, 수여취행(隨如取行)은 본

성 무생결정성(無生結定性)을 수순하는 본성여각행(本性如覺行)이다.

■ 여각수순3행(如覺隨順三行)

수사취행(隨事取行), 수식취행(隨識取行), 수여취행(隨如取行)은 여각수순3행(如覺隨順三行)이다. 자성수순3행(自性隨順三行)인, 사(事) 무생수순(無生隨順), 식(識) 무생수순(無生隨順), 여(如) 무생수순(無生隨順) 3행(三行)은, 3해탈(三解脫)인 허공해탈(虛空解脫)과 금강해탈(金剛解脫)과 반야해탈(般若解脫)의 법과 다를 바가 없다. 허공해탈(虛空解脫)은 색성향미촉법 색자성관(色自性觀)으로 색해탈자재(色解脫自在)에 들며, 금강해탈(金剛解脫)은 제식자성관(諸識自性觀)으로 식해탈자재(識解脫自在)에 들며, 반야해탈(般若解脫)은 심자성(心自性)인 심무생관(心無生觀)으로 심해탈자재(心解脫自在)에 든다. 단지, 차이가 있다면, 3해탈(三解脫)은 해탈을 위한 행이니 이입행(理入行)이며, 사(事), 식(識), 여(如) 수순행은 여각행(如覺行)이니 행입행(行入行)이다. 그러나 실(實)에 들면, 이입(理入)과 행입(行入)이 둘이 아니니, 일체가 무연(無然) 한 곳으로 귀결되므로, 일체상(一切相), 일체행(一切行)이 무자성수순행(無自性隨順行)으로 무생본성(無生本性) 수순으로 귀결(歸結)된다. 이는 곧, 3삼매(三三昧)인 공삼매(空三昧), 무상삼매(無相三昧), 무작삼매(無作三昧)에 들며, 체상용(體相用) 3자성원융불3공여삼매행(三自性圓融不三空如三昧行)이다. 이것이 무생심(無生心) 무생행(無生行)이다. 이는, 공상역공(空相亦空), 공공역공(空空亦空), 소공역공(所空亦空)인 3공취(三空聚)이다. 그러므로, 3유심(三有心)의 욕계심(欲界心)인 취사심(取捨心), 색계심(色界心)인 상주심(相住心), 무색계심(無色界心)인 출입식(出入識)이 끊어진다. 무상(無上)을 향한 각종 모든 수행이, 각각 지혜와 수행인연을 따라, 모두가 차별 속에 그 시작은 모양이 달라도, 그 결과는 무생일심대해(無生一心大海)로 흘러든다.

○ **353.** 공(空)한 상(相)을 생(生)하지 않아, 여래장(如來藏)에 든다.

入是行者 不生空相 如是入者 可謂入如來藏 [論: 可謂入如來]
입 시 행 자 불 생 공 상 여 시 입 자 가 위 입 여 래 장 [논: 가위입여래]

이 행[行:여수순3행如隨順三行]에 든 자는, 공(空)한 상(相)을 생(生)하지 않으며, 이와 같이 든 자는 가히, 여래장(如來藏)에 듦이니라.

♣ 사(事), 식(識), 심(心)의 결정성(結定性) 무생여각(無生如覺)인, 3행(三行)에 든 자는, 공견상(空見相)도 끊어져, 공(空)한 상(相)을 생(生)하지 않으며, 이와 같이, 여(如)의 성품 실(實)에 든 자는 가히, 여래장(如來藏)에 듦이니라.

□ 고(高), 대(大), 속1,2(續1,2) 경(經)에 가위입여래장(可謂入如來藏)이, 논(論) 경(經)에는 가위입여래(可謂入如來)로 되어 있다.

□ 논경구(論經句)
여래장(如來藏)과 여래(如來)는 다를 바가 없다. 여래장(如來藏)은 여래(如來)의 일체총지(一切總持)인 여래(如來)의 성품이며, 여래(如來)는 여래장(如來藏) 성품의 부사의 공능행(功能行)이다.

■ 여래장(如來藏)

장(藏)이라 함에는 두 가지의 뜻이 함유해 있다. 하나는 여래(如來)의 일체총지(一切總持) 공덕장(功德藏)이란 뜻이다. 또, 하나는, 무생(無生)의 성품이므로, 유무심(有無心)으로는 사량하고 분별하여도 드러나지 않는 무생장(無生藏) 성품이기에 장(藏)이라고 한다. 하나는 일체총지공덕장(一切總持功德藏)임을 뜻하며, 또 하나는, 드러나지 않는 무생(無生)의 성품인 부사의(不思議) 무생장(無生藏)임을 뜻한다.

여래장(如來藏)은 여래(如來)의 성품이며, 여래(如來)의 공덕장(功德藏)이니, 곧, 일체 생명(生命)의 본성(本性)이다. 일체 생명(生命)의 본성(本性)을 여래장(如來藏)이라고 함은, 그 본성이 여래(如來)의 일체지혜(一切智慧)와 일체공덕(一切功德)을 총섭(總攝)한 일체총지성(一切總持性)이기 때문이다. 이 성품이 장(藏)임은, 일체총지(一切總持)의 공능(功能)이 함장(含藏)되어 있기 때문이며, 무생부동성(無生不動性)이므로 드러나지 않아, 식(識)과 견(見)으로 분별하고 헤아려도 알 수 없는 부사의성(不思議性)이기 때문이다. 이는, 일체 식(識)과 견(見)을 벗어난 성품, 여래장(如來藏)이며, 여래(如來)의 성품이며, 여래(如來)의 결정각(結定覺)인 여(如)의 성품이다. 바른 깨달음을 얻으면, 깨달음 즉시, 곧, 여래장(如來藏)에 들며, 여래장(如來藏) 부사의 일체총지(一切總持) 공능행(功能行)에 들게 된다. 이것이, 상공청정여수순행(相空淸淨如隨順行), 식공청정여수순행(識空淸淨如隨順行), 본성공청정여수순행(本性空淸靜如隨順行)인 여래장공능행(如來藏功能行)으로, 위 구절의 여래설(如來說) 여각3행(如覺三行)인 무생일각행(無生一覺行)이다. 이것이, 청정성품인 이(理)에 듦이며, 무생공능(無生功能) 여래장행(如來藏行)인 이(利)에 듦이다.

■ 3종(三種)의 공견(空見)

□ 범부공견(凡夫空見)

공견(空見)에는 3종(三種) 공견(空見)이 있다. 3종(三種) 공견(空見)은 범부공견(凡夫空見), 보살공견(菩薩空見), 여래공견(如來空見)이 있다. 범부공견(凡夫空見)은 유무상견(有無相見)으로 공(空)을 추측하거나 헤아려 추론하는 혹견(惑見)으로, 허공과 같이 비었다는 혹견(惑見)인 허공상(虛空相)과 무조건 없다는 혹견(惑見)인 단견(斷見)과 단멸견(斷滅見)이며, 또, 유(有)가 없다는 무견(無見)이다. 이 범부공견(凡夫空見)은 단지, 앎이 유무(有無)뿐이므로, 공(空)을 텅 빈 허공상(虛空相)이나, 유(有) 없는 무견(無見)이나, 일체가 끊어진 단멸상(斷滅相)을 생각하게 된다. 이는, 유무견(有無見)인 상견(相見)으로 공(空)을 분별하여 사량하기 때문이다. 이는, 분별과 헤아림이 유무상(有無相)에 머물러, 유

무견(有無見)으로 분별하는 공(空)의 혹견(惑見)이다. 이 유무견(有無見)을 타파하여 벗어나면, 일체가 공(空)한 지혜에 들게 된다. 이것이 보살공견(菩薩空見)이다.

□ 보살공견(菩薩空見)

보살공견(菩薩空見)은 일체 유무상(有無相)이 끊어져 공(空)한 지혜에 듦으로, 유무견(有無見)을 벗어남이다. 유무견(有無見)을 벗어난 무위지혜를, 무생법인지(無生法忍智)라고 한다. 무생법인지(無生法忍智)는, 유무(有無)의 생(生)이 없는 무위공성지혜(無爲空性智慧)이다. 이 무위공성무생(無爲空性無生)은, 공(空)을 깨달은 각식(覺識)의 지혜에 의한 인지(忍智)의 무생(無生)으로, 깨달음의 시각(始覺)이 무생본각(無生本覺)에 들지 못한 지혜인, 무위공성(無爲空性)의 무생(無生)이니, 여래결정무생(如來結定無生)이 아니다. 무생법인지(無生法忍智)의 인(忍)이라고 함은, 무위(無爲)를 수순(隨順)하는 수행위(修行位)이니, 이는, 상(相)이 공(空)함을 깨달아 무위(無爲)지혜에 증입했으나, 아직, 완전한 깨달음이 아니므로, 깨달음의 시각(始覺)이 무생본각(無生本覺)에 들지 못해, 시각(始覺)과 본각(本覺)이 둘 다 끊어지지 않아, 깨달음의 무위각식(無爲覺識)에 의지해 지혜를 더욱 밝히는, 무위공성수순행(無爲空性隨順行)이 이루어지고 있음이다. 이는 무생본성(無生本性) 여래결정각(如來結定覺)인 무생법인지(無生法印智)에 증입을 위해, 무상각(無上覺)을 향한 무위지혜의 작용이 이루어지고 있음이다. 이 지혜는, 깨달음으로 증입한 각성(覺性)인, 시각(始覺)의 차별차원에 따라, 지혜성품 무위각행지(無爲覺行智)의 차별차원이 있다.

색계(色界)인 색성향미촉법(色聲香味觸法)을 타파해 상공(相空)에 들면 무생법인(無生法忍) 무위대승공지(無爲大乘空智)의 각성행(覺性行)에 들게 된다. 이는 상공(相空)으로 이(理)의 성품에 든 대승(大乘)이다.

상공(相空)과 이공(理空)을 둘 다 벗어나면, 무생법인(無生法忍) 이사무애지(理事無礙智)인 무위일승무염진여원지(無爲一乘無染眞如圓智)의 각성행(覺性行)에 들게 된다. 이는 이사공(理事空)으로 진여(眞如)의 성품에 든 일승(一乘)이다.

색공(色空)과 이공(理空)을 둘 다 벗은 일승지(一乘智)도 타파하여 벗어나 원융각명지(圓融覺明智)에 들면, 무생법인(無生法忍)의 사사원융지(事事圓融智)인 무위일불승원융각명원지(無爲一佛乘圓融覺明圓智)의 각성행(覺性行)에 들게 된다. 이는 원융각(圓融覺)에 든 대원경지(大圓鏡智)의 일불승(一佛乘)이다.

대승지(大乘智)와 일승지(一乘智)와 일불승지(一佛乘智)를 또한, 타파해 벗어나면, 무생법인(無生法忍) 무위부동열반성지(無爲不動涅槃性智)인 불승지(佛乘智)의 각성행(覺性行)에 들게 된다. 이는 불승(佛乘)이다.

무생법인지(無生法忍智)인 대승공(大乘空), 일승공(一乘空), 일불승공(一佛乘空), 불승공(佛乘空)은 모두 상(相)이 타파된 무위공(無爲空)이다. 그러나 각종 제식(諸識)을 타파하여 든 각력(覺力) 성품차별에 따른 공성(空性)의 지혜성품, 깊이의 차원이 다르다. 대승공(大乘空)은 색상공(色相空)이며, 일승공(一乘空)은 이사무애공(理事無礙空)이며, 일불승공(一佛乘空)은 사사원융공(事事圓融空)이며, 불승공(佛乘空)은 부동열반공(不動涅槃空)이다.

대승(大乘), 일승(一乘), 일불승(一佛乘), 불승(佛乘)이 무생법인지(無生法忍智)에 증입해 들었어도, 지혜각성(智慧覺性)의 깊이인 시각(始覺)의 차별성품이므로, 금강경(金剛經), 제7 무득무설분(無得無說分)에, 일체현성 개이무위법 이유차별(一切賢聖 皆以無爲法 而有差別), 일체 현성(賢聖)이 모두 무위법(無爲法)에서 차별이 있다. 이 구절의 뜻이, 깨달음을 얻어 무생법인(無生法忍)인 무위지(無爲智)에 들었어도, 각종 제식(諸識)을 타파하여 깨달음을 얻은 각력(覺力) 깊이의 차별차원에 따라, 일체 현성(賢聖)이 지혜의 차별이 있음을 일컬음이다.

반야경(般若經)은 공설(空說)인 대승경(大乘經)이므로, 색상공지(色相空智)인 색성향미촉법(色聲香味觸法)의 색공청정(色空淸淨)을 얻었어도 자아(自我)가 끊어지지 않아, 자아(自我)의 분별심인, 아상(我相), 인상(人相), 중생상(衆生相), 수자상(壽者相)인 4상소멸(四相消滅)과 상공(相空) 위주의 설(說)이 펼쳐진다. 색상공(色相空)을 깨달으면, 초입반야(初入般若)에 들어, 반야경(般若經)의 이치가 이해가 된다. 그러나 색공견(色空見)으로는 반야경(般若經)의 깊이를 다 꿰뚫을 수는 없다. 왜냐면, 상공견(相空見)에 든 대승지(大乘智)의 지혜성품은 아직 7식(七識)이 끊어지지 않아 자아(自我)를 벗어나지 못해, 상공지(相空智)에 들었어도, 식(識)의 출입과 깨달음에 의한 공견상(空見相)을 가지므로, 5온(五蘊)이 공(空)함과 깨달음과 깨달음의 지혜(智慧)와 증득(證得)이 없음을 설(說)하여, 더 깊은 반야(般若)의 지혜로 이끎의 지혜설(智慧說)이 이루어지고 있다.

일승지(一乘智)는 사(事)와 이(理)를 벗어나므로, 사(事)와 이(理)에 걸림이 없어 원지(圓智)라고 한다. 일승지(一乘智)와 일불승지(一佛乘智)가 사(事)와 이(理)에 걸림 없는 원지(圓智)이나, 원지각성(圓智覺性)의 지혜성품 깊이가 차원이 다르다. 일승(一乘)은 무염진여원지(無染眞如圓智)이며, 일불승(一佛乘)은 원융각명편재원융원지(圓融覺明遍在圓融圓智)이다. 일승지(一乘智)는 묘법연화경(妙法蓮華經)의 지혜성품 무염진여원지(無染眞如圓智)이며, 일불승지(一佛乘智)는 대방광불화엄경(大方廣佛華嚴經)의 지혜성품 원융각명편재원만지(圓融覺明遍在圓滿智)이다.

유무(有無)의 상(相) 없음이 공(空)이며, 이사(理事)가 공(空)하여 공성(空性)을 벗어나, 이(理)와 사(事)에 걸림 없는 무애(無礙)의 성품인 원(圓)이니, 공(空)과 원(圓)을 둘 다 벗어나, 공(空)과 원(圓)도 끊어진 부동열반성(不動涅槃性)에 이르니, 이것이 불승(佛乘)이다.

불승(佛乘)이어도, 불(佛)이 아님은, 깨달음의 시각(始覺)이 무생본각(無生本覺)에 들지 못해, 지혜가 무위각식(無爲覺識)의 작용인 승(乘)에 의지해 있기 때문이다. 무생법인지(無生法忍智)에 든 대승(大乘), 일승(一乘), 일불승(一佛乘), 불승(佛乘)은, 모두 무위지(無爲智)에 증입한 무위승(無爲乘)이다. 그러므로 무생법인지(無生法忍智)에 증입해, 무위지혜(無爲智慧)의 각성작용(覺性作用)이 이루어지고 있음이, 무생법인지(無生法忍智)인 무위승(無爲乘)의 지혜세계이다.

이 무생법인지(無生法忍智)인 무위지혜(無爲智慧)를 벗어나는 까닭은, 깨달음에 의한 시각(始覺)이 상승하여, 무생본각(無生本覺)의 성품과 동일성품 불이(不二)에 듦으로, 시각(始覺)과 본각(本覺)이 둘 다 끊어져, 무생결정성(無生結定性)에 증입하므로, 무생법인지(無生法忍智)도 끊어져, 무위각식(無爲覺識)까지 끊어지니, 승(乘)의 일체 지혜작용도 끊어지므로, 곧, 여래결정성(如來結定性)인 여래결정각(如來結定覺)을 이루게 된다. 이 결정각(結定覺)이 금강삼매경(金剛三昧經)의 지혜인, 결정성(結定性)의 요지(了智)이다.

□ 여래공견(如來空見)

결정성(結定性)인 무생법인지(無生法印智)에 듦으로, 대승(大乘), 일승(一乘), 일불승(一佛乘), 불승(佛乘)의 무위공(無爲空)을 벗어난, 결정성무생공(結定性無生空)이 있으니, 이 경설(經說)에 나오는, 여(如), 결정(決定), 결정성(決定性), 무생(無生), 결정무생(決定無生), 여래장(如來藏), 실제(實際), 의(義), 이(利), 실(實), 인(印) 등이다. 이 경(經)에서 드러내는 결정성(結定性)인 공(空)을 무자성(無自性) 무위공(無爲空)으로 이해하면, 이 경(經)의 무생(無生) 결정성(結定性)의 성품과 이치를 벗어나게 된다. 이 공(空)은 곧, 무생실제(無生實際) 결정성(結定性)인 여래장(如來藏) 성품이다. 무위성공(無爲性空)과 결정성공(結定性空)의 차별은, 무위성공(無爲性空)은, 유위견(有爲見)이 타파(打破)되어 공성(空性)에 들었으나, 깨달음의 시각(始覺)이 무생본각(無生本覺)에 들지 못해, 무위각식(無爲覺識) 속에서 이루어지는 지혜세계가 무생법인지(無生法忍智)의 무위공성(無爲空性)이며, 결정성공(結定性空)은, 무생법인지(無生法忍智)를 벗어나 무위각식(無爲覺識)이 끊어져, 시각(始覺)과 본각(本覺)이 둘 다 끊어진 본연무연중절대성(本然無然中絕對性)인 무생결정성(無生結定性)이 곧, 무생법인지(無生法印智)의 결정성(結定性)인 무생공성(無生空性)이다. 이는, 무생법인지(無生法忍智)와 무생법인지(無生法印智)의 지혜성품 차별이니, 곧, 인지(忍智)와 인지(印智)의 차별성품이다. 이 차별은 무위공성(無爲空性)과 무생결정성(無生結定性)의 차별이다. 무위공성(無爲空性)은 상(相)이 공(空)한 식(識)의 전변지혜상(轉變智慧相)인 무위(無爲)의 지혜공(智慧空)이다. 그러나 무생결정성(無生結定性)은 무위공성(無爲空性)과 무위지혜상(無爲智慧相)도 끊어진 무생본성(無生本性)의 실체(實體)이며, 실제(實際)인, 무생(無生) 성품의 결정성(結定性)이다. 이는, 일체총지(一切總持)의 성품으로 본연무연중절대성(本然無然中絕對性)인 곧, 여래(如來)의 결정성(結定性)이다.

◯354. 여래장(如來藏)에 든 자는, 들어도 듦이 아니다.

入如來藏者[論: 入如來者] **入不入故**[論: 入入不入]
입 여 래 장 자 [논: 입여래자] 입 불 입 고 [논: 입입불입]

여래장(如來藏)에 든 자는, 들어도, 듦이 아닌 까닭이니라.

♣ 수사취행(隨事取行), 수식취행(隨識取行), 수여취행(隨如取行)으로 상공청정여수순행(相空淸淨如隨順行), 식공청정여수순행(識空淸淨如隨順行), 본성공청정여수순행(本性空淸靜如隨順行)인, 3무생행(三無生行)에 든 자는, 여(如)의 상(相)을 생(生)하지 않음은, 3무생행(三無生行)이 곧, 무생여래장행(無生如來藏行)에 든, 여(如)의 행이기 때문이니라. 그러므로, 여래장(如來藏) 행자(行者)는, 여래장(如來藏)에 들어도, 듦이 아니며, 또한, 여래장(如來藏)이 본래(本來) 본성(本性)이니, 여래장(如

來藏)에 들어도, 듦이 아닌 까닭이니라.

□ 고(高), 대(大), 속1,2(續1,2) 경(經)에 입여래장자(入如來藏者)가, 논(論) 경(經)에는 입여래자(入如來者)로 되어 있다.
□ 고(高), 대(大), 속1,2(續1,2) 경(經)에 입불입고(入不入故)가, 논(論) 경(經)에는 입입불입(入入不入)으로 되어 있다.

□ 논경구(論經句)
입여래자 입입불입(入如來者 入入不入): 여래(如來)에 든 자는, 들어도 듦이, 듦이 아니니라. 입여래장자 입불입고(入如來藏者 入不入故)나 입여래자 입입불입(入如來者 入入不入)이나 다를 바가 없다. 논(論)의 이 구절은 수사취행(隨事取行)인 상공청정여수순행(相空淸淨如隨順行)과 수식취행(隨識取行)인 식공청정여수순행(識空淸淨如隨順行)과 수여취행(隨如取行)인 본성공청정여수순행(本性空淸靜如隨順行)이 곧, 여(如)의 성품 수순행(隨順行)인 여래장(如來藏) 3행(三行)이니, 3행(三行)으로 여래장(如來藏)에 들어도 듦이 없다는 뜻이다. 이는, 3행(三行)이 무생행(無生行)이니, 무생행(無生行)으로 무생여래장(無生如來藏)에 들어도, 무생(無生)으로 무생장(無生藏)에 듦이니, 듦의 상(相)이 끊어졌기 때문이다. 또한, 여래장(如來藏)에 들어도, 여래장(如來藏)이 본래(本來) 본성(本性)이니, 여래장(如來藏)에 들어도 본래(本來) 본성(本性)에 듦이므로, 여래장(如來藏)에 들어도 듦이 없기 때문이다.

○**355.** 여래장(如來藏)에 들어도, 듦이 없사옵니다.
梵行長者言 不可思議 入如來藏 如苗成實 無有入處
범 행 장 자 언 불 가 사 의 입 여 래 장 여 묘 성 실 무 유 입 처

범행장자가 말씀 사뢰오며 여쭈옵기를, 불가사의이옵니다. 여래장에 듦이, 여(如)의 싹이 결실을 이룸이라[시각(始覺:用覺)이 본각(本覺:體覺)의 불이(不二)에 듦], **드는 곳이 없사옵니다.**

♣ 범행장자가, 말씀 사뢰오며 여쭈옵기를, 불가사의이옵니다. 여래

장(如來藏)에 듦이, 여(如)의 싹이 결실(結實)을 이룸이라, 시각(始覺)의 공능(功能)이 본각(本覺)에 들어, 체(體)와 용(用)이 불이(不二)의 결정성(結定性)으로 원융한 한 성품이니, 용각(用覺)이 체각(體覺)이며, 체각(體覺)이 용각(用覺)이므로, 용각(用覺)이 체각(體覺)에 들어도, 차별 없는 한 성품의 각(覺)이, 각(覺)의 성품에 듦이므로, 들어도 듦이 없사옵니다.

○**356.** 근본(根本) 성품, 본래(本來) 공능(功能)의 완연함을 이룸이옵니다.

本根利力 利成得本
본 근 이 력 이 성 득 본

본래(本來) 근본(根本) 성품, 실제[利:實際] 공능력[力:功能力]이므로, 성품 실제[利:實際] 본래(本來)의 완연(完然)한 원만(圓滿)함을 이룸이옵니다.

♣ 본래(本來) 근본(根本) 성품의 실제[利:實際] 공능력[力:功能力]의 작용인 시각(始覺)의 용심(用心)이, 무생본각(無生本覺)의 동일성품 불이(不二)의 결정성(結定性)에 듦이, 무생실제[利:無生實際]의 완전(完全)한 원만(圓滿)함을 이룸이니 이는, 본래(本來)의 성품, 무생근본각(無生根本覺)을 이룸이옵니다.

● 시각(始覺)이 본각(本覺)이 아님은, 시각(始覺)의 지혜공능(智慧功能)이 아직, 완전한 지혜성품인 본각(本覺)의 성품에 이르지 못한 각(覺)의 차별지(差別智) 속에 있기 때문이다. 그러나 시각(始覺)이 본각(本覺)임은, 본각(本覺)을 벗어나 시각(始覺)이 따로 있지 않기 때문이다. 그러나, 시각(始覺)의 깨달음이 완전한 본각(本覺)의 성품에 이르지 못했으니, 지혜를 가리는 제식(諸識)의 장애(障礙)가 완전히 끊어지지 않아, 아직, 견(見)의 장애(障礙)인 미혹을 완전히 벗어나지 못했다. 그러므로, 그 시각(始覺)이 아직, 각(覺)의 장애(障礙)를 벗어나지 못한 분별각(分別覺)인 차별지(差別智) 속에 있으므로, 그 지혜와 깨달음이 또한, 본각(本覺)은 아니다. 시각(始覺)의 지혜공능(智慧功能)이 상승하

여 본각(本覺)과 동일성품(同一性品) 불이(不二)의 완전한 결정성(結定性)에 들면, 시각(始覺)이 곧, 본래 본각(本覺)의 성품에 듦이니, 시각(始覺)이 본각(本覺)에 들어도, 듦의 상(相)이 없어, 듦이 없다. 이는, 듦이 없기 때문에 듦이 없는 것이 아니라, 듦의 상(相)이 끊어진 듦이기 때문이니 이는, 시각(始覺)과 본각(本覺)을 분별할 대(對)의 상(相)이 이미 끊어졌기 때문이다. 이는, 본래(本來)의 각(覺)이 각(覺)에 듦이므로, 듦이 듦이 없어, 듦의 상(相)이 끊어졌다. 이는, 시각(始覺)과 본각(本覺)이 불이(不二)의 결정성(結定性)으로 대(對)의 상(相)이 끊어지니, 시각(始覺)도 본각(本覺)도 둘 다 이미 끊어진 무연중절대성(無然中絶對性)인 무연무생원융결정성(無然無生圓融結定性)이기 때문이다. 이는, 시각(始覺)이 제식(諸識)의 장애(障礙)와 일체대(一切對)의 차별성(差別性)인 견(見)의 미혹을 벗어났기 때문이다. 또한 이는, 자기(自己)가 자기(自己)의 본성에 듦이니, 들어도 듦이 아니며, 그렇다고, 미혹(迷惑)을 벗어나 본래 본성(本性)에 듦이 아님도 또한, 아님이니, 이를 일컬어, 경(經)에서, 듦이 없이 듦이라 함이다. 이를 또한, 일컬어, 여래장(如來藏) 무생(無生)성품에 듦이 없이 듦이라 한다. 이는 단지, 시각(始覺)이 본래(本來)의 성품 근본각(根本覺)의 완전(完全)한 원만(圓滿)함을 이룸일 뿐, 시각(始覺)과 본각(本覺)의 대(對)가 끊어져, 들고 들지 않음의 상(相)과 견(見)의 일체(一切)가 끊어졌다. 이는, 무생(無生) 결정성(結定性)의 실제(實際) 여(如)의 성품 공능(功能)의 법리(法理)이다. 이 성품의 실제(實際)가 곧, 무생공능(無生功能)이며, 무상공능(無相功能)이니, 이를 일컬어, 경(經)에서는 본성(本性), 본각(本覺), 실제(實際), 무생(無生), 무상(無相) 성품의 이(利)라고 한다.

◯ **357.** 근본(根本) 성품 실제(實際)에 들면, 그 지혜는 얼마나 되옵니까?

得本實際 其智幾何
득 본 실 제　기 지 기 하

근본 성품 실제(實際)를 얻으면, 그 지혜(智慧)가 어느 정도이옵니까?

♣ 본래의 근본 성품 실제(實際)를 깨달아, 그 부사의 성품 실제(實際)에 들면, 그 지혜성품의 역량(力量)이, 어느 정도이옵니까?

○358. 그 지혜는 무궁(無窮)하며, 4종류(四種類)가 있다.

佛言 其智無窮 略而言之 其智有四 何者爲四
불 언 기 지 무 궁 약 이 언 지 기 지 유 사 하 자 위 사

부처님께옵서 말씀하옵기를, 그 지혜는 무궁(無窮)하니라. 간략하게 말하면, 그 지혜는 4종류(四種類)가 있느니라. 무엇이 4종류(四種類)인가 하면,

♣ 부처님께옵서 말씀하옵기를, 그 지혜는 사량(思量)과 추측으로 헤아릴 수 없는 불가사의이며, 끝이 없어 무궁(無窮)하니라. 간략하게 말하면, 그 지혜성품은 4종류(四種類)가 있느니라. 무엇이 4종류(四種類)인가 하면,

○359. 첫째 정지(定智)이니, 여(如)를 수순(隨順)함이다.

一者 定智 所謂隨如
일 자 정 지 소 위 수 여

첫째는 정지(定智)이니, 소위, 여(如)의 성품을 수순(隨順)함이니라.

♣ 첫째는 동(動)함이 없는 정지(定智)이니, 소위, 여(如)의 성품을 수순(隨順)함이니라.

● **정지(定智):** 동(動)함이 없으므로, 이 구절에서는 정지(定智)라고 한다. 왜 정지(定智)라고 하는가 하면, 7식(七識)이 끊어져, 능소(能所)의 분별식(分別識)인 자아(自我)가 끊어지니, 자아(自我)의 분별심(分別心)이 끊어져 정지(定智)에 들게 된다. 이는 평등성지(平等性智)인 무염진여(無染眞如)의 일승원지(一乘圓智)이다.

○**360.** 둘째 부정지(不定智)이니, 상(相)을 타파(打破)함이다.

二者 不定智 所謂方便破病[論:續1,2: 所謂方便摧破]
이 자 부 정 지 소 위 방 편 파 병 [논:속1,2: 소위방편최파]

둘째는 부정지(不定智)이니, 소위, 방편지[方便:方便智]**로, 병**[病:一切相
迷惑]**을 깨뜨려 파괴함이니라.**

♣ 둘째는 일체상(一切相) 무자성(無自性) 묘관찰(妙觀察)의 지혜작용이
므로 부정지(不定智)이니, 소위, 방편(方便)의 지혜로, 일체상(一切相)에
머묾의 미혹 병(病)을, 깨뜨려 파괴함이니라.

□ 고(高), 대(大) 경(經)에 소위방편파병(所謂方便破病)이, 논(論), 속1,2(續1,2)
경(經)에는 소위방편최파(所謂方便摧破)로 되어 있다.

● **부정지(不定智):** 일체상(一切相)이 공(空)한 묘관찰(妙觀察)의 지혜
작용이 있으므로 부정지(不定智)라고 한다. 이는, 유무(有無)의 상(相)
에 머무는 미혹의 병(病)이 파괴됨이다. 색성향미촉법(色聲香味觸法)의
일체상(一切相)이 공(空)하여, 6식(六識)인 색성향미촉법의 상(相)이 끊
어진 공(空)한 지혜이다. 이는 묘관찰지(妙觀察智)이니, 6식(六識)이 끊
어져 상공(相空)에 증입한 대승공지(大乘空智)이다.

○**361.** 셋째 열반지(涅槃智)이니, 경계상(境界相)이 제거(除去)됨이다.

三者 涅槃智 所謂除電覺際[論: 所謂除電覺][續1,2: 所謂慧除電覺]
삼 자 열 반 지 소 위 제 전 각 제 [논: 소위제전각][속1,2: 소위혜제전각]

셋째는 열반지(涅槃智)이니, 소위, 번개처럼 깨닫는[覺] **성품**[際]**이 제거**
(除去)**됨이니라.**

♣ 셋째는 대경(對境)인 색성향미촉법(色聲香味觸法)이 무아(無我)임을
깨달아, 색성향미촉법(色聲香味觸法)이 끊어진 열반지(涅槃智)이니, 6
근(六根)에 머물러, 색성향미촉법(色聲香味觸法)을 번개처럼 깨달아, 상
(相)을 일으키는 업식(業識)의 성품이, 제거(除去)됨이니라.

□ 고(高), 대(大) 경(經)에 소위제전각제(所謂除電覺際)가, 논(論) 경(經)에는 소위제전각(所謂除電覺)으로, 속1,2(續1,2) 경(經)에는 소위혜제전각(所謂慧除電覺)으로 되어 있다.

□ 논경구(論經句)

소위제전각(所謂除電覺): 소위, 번개처럼 깨달음이 제거됨이니라. 이는, 경계를 번개처럼 인식하여 상(相)을 일으킴이 제거됨이다.

□ 속1,2경구(續1,2經句)

소위혜제전각(所謂慧除電覺): 소위, 번개처럼 깨달음이 지혜로 제거됨이니라. 이는, 경계를 번개처럼 인식하여 상(相)을 일으킴을 지혜로 제거됨이다.

● 이 구절의 열반지(涅槃智)는, 색성향미촉법(色聲香味觸法)의 대경(對境) 인식(認識)의 수(受)의 작용, 6근(六根)이 끊어진 성소작지(成所作智)로, 상(相)을 인식하는 생멸식(生滅識)이 끊어진 열반지(涅槃智)이다.

○ **362.** 넷째 구경지(究竟智)이니, 구족불도(具足佛道)에 듦이다.

四者 究竟智 所謂入實具足佛道[論:續1,2: 所謂入實具足道]
사 자 구 경 지 소 위 입 실 구 족 불 도 [논:속1,2: 소위입실구족도]

넷째는 구경지(究竟智)이니, 소위, 실다운 구족(具足)한 불(佛)의 도(道)에 듦이니라.

♣ 넷째는 원융각명(圓融覺明)에 든 구경지(究竟智)이니, 소위, 실다운 구족(具足)한 원융각명편재원만(圓融覺明遍在圓滿)인 불(佛)의 원융도(圓融道)에 듦이니라.

□ 고(高), 대(大) 경(經)에 소위입실구족불도(所謂入實具足佛道)가, 논(論), 속1,2(續1,2) 경(經)에는 소위입실구족도(所謂入實具足道)로 되어 있다.

□ 논:속1,2경구(論:續1,2經句)

소위입실구족도(所謂入實具足道): 소위, 실(實)이 구족한 도(道)에 듦이니라.

● 이 구경지(究竟智)는, 8식(八識) 출입식(出入識)이 끊어져 증입한, 일불승(一佛乘)의 대원경지(大圓鏡智)이다. 그러나 이 구경지(究竟智)도, 무상불각(無上佛覺)은 아니다.

● 위의 구절에서 밝힌, 4지(四智)의 바른 깨달음의 성품에 대해 간략하게 밝혔다. 그러나, 각각 그 4지(四智)의 지혜성품과 경계에 대해서는 자세히 언급하거나 밝히지는 않았다. 이 금강삼매경(金剛三昧經)의 결정각(結定覺)에 이르려면, 8식(八識) 출입식(出入識)이 끊어진 대원경지(大圓鏡智)이며 구경지(究竟智)인 일불승지(一佛乘智)를 타파하여 벗어나고, 불승지(佛乘智)까지 타파하여 벗어나므로, 여래결정각(如來結定覺)에 증입하게 된다. 8식(八識) 출입식(出入識)이 끊어진 대원경지(大圓鏡智)이며 구경지(究竟智)인 일불승지(一佛乘智)의 지혜력(智慧力)으로는, 이 경(經)의 이치와 도리(道理)를 꿰뚫어 밝힐 수가 없다. 왜냐면, 8식(八識) 출입식(出入識)이 끊어진 대원경지(大圓鏡智)를 구경지(究竟智)라 하여도, 깨달음에 의한 시각(始覺)이 무생본각(無生本覺)에 들지 못해, 시각(始覺)과 본각(本覺)이 둘 다 끊어지지 않은, 무생법인지(無生法忍智)인 무위각명구경지(無爲覺明究竟智)이기 때문이다. 무위각명구경지(無爲覺明究竟智) 위에, 일체(一切) 무위동각식(無爲動覺識)이 끊어진 무위부동열반성지(無爲不動涅槃性智)인 불승지(佛乘智)가 있다. 불승지(佛乘智)까지 벗어나, 시각(始覺)과 본각(本覺)이 둘 다 끊어진 무생결정성(無生結定性)에 들어야, 금강삼매경(金剛三昧經)의 결정성(結定性)인 여(如)를 비로소 깨달아 알게 된다. 결정성(結定性)인 여(如)는, 각(覺)의 체(體)와 용(用)이 끊어진 체용불이결정각(體用不二結定覺)으로 곧, 여래결정성(如來結定性)이며, 여래결정각(如來結定覺)이다. 8식(八識) 출입식(出入識)이 끊어진 대원경지(大圓鏡智)를 구경지(究竟智)로 보면, 이 구경지(究竟智)는 무위보리구경지(無爲菩提究竟智)이며, 8식(八識) 함장

식(含藏識)이 끊어진 구경지(究竟智)는 무위열반구경지(無爲涅槃究竟智)이다. 그러나, 8식(八識) 출입식(出入識)이 끊어진 대원경지(大圓鏡智)를 구경지(究竟智)인 구족불도(具足佛道)라 함은, 여기에 들어야, 불(佛)의 원융각명시방편재원만각(圓融覺明十方遍在圓滿覺)을 깨닫기 때문이다. 그러나 불각(佛覺)의 실증(實證)에 들면, 입실구족불도(入實具足佛道)인 구경지(究竟智)의 구경각(究竟覺)도 벗어나게 된다. 왜냐면, 이 또한, 무상각(無上覺)이 아닌, 각식(覺識)에 의한 무위원융각명지혜상(無爲圓融覺明智慧相)이기 때문이다.

이 구절(句節)에서 구경지(究竟智)라고 함은, 수행나무[修行木]에 매달린 수행과일[修行果]이 익은 것과도 같다. 과일이 익어도, 아직 완연히 완숙하게 익지 않았다. 과일이 밀밀히 완전히 익으면 빛깔이 농염(濃艶)하며, 수행나무가 과일을 잡고 있어도, 스스로 과일이 나무에서 떨어진다. 왜냐면, 수행나무도 그 과일을 잡고 있을 수도 없으며, 과일 또한, 수행나무에 의지해 있을 까닭이 없기 때문이다. 수행과일이 익는 과정이 대승(大乘)에서 일승(一乘)으로 일불승(一佛乘)으로 불승(佛乘)으로 결정성(結定性)으로 완성하게 된다. 이 단계는, 물질(物質)과 결합한 6근(六根)이 끊어지고, 대상(對相)이 비치는 심상(心相)인 6식(六識)이 끊어지고, 능소(能所) 일체 취사(取捨)의 분별작용을 하는 7식(七識)이 끊어지고, 쉼 없는 업식(業識)의 출입행(出入行), 8식(八識) 출입식(出入識)이 끊어지고, 식근(識根)인 8식(八識) 부동함장식(不動含藏識)이 끊어지고, 수행나무에서 완전히 벗어난 무생(無生) 결정성에 들어 완성하게 된다. 수행 과일이 탐스럽게 익음이 일불승(一佛乘)이며, 과일이 속속들이 농염(濃艶)하게 익음이, 일체 무위각(無爲覺)의 동(動)인 동각(動覺)이 끊어진 불승(佛乘)이며, 수행나무에서 과일이 떨어짐이 결정성(結定性)이다. 과일이 땅에 떨어지면, 그 과일의 씨가, 그 나무뿌리의 땅으로 돌아감이다. 이는 용(用)이, 다시 본래의 체(體)

로 귀일(歸一)함이다. 이것이 시각(始覺)과 본각(本覺)이 둘 다 끊어진, 무생결정성(無生結定性)이다.

■ 불각(佛覺)을 향한 깨달음의 지혜세계

□ 깨달음 승(乘)의 단계

소승(小乘), 대승(大乘), 일승(一乘), 일불승(一佛乘), 불승(佛乘), 불(佛)의 깨달음 지혜성품 단계가 있다. 승(乘)이란, 불(佛)의 성취를 위한 지혜성품작용을 승(乘)이라고 한다. 불(佛)은 무생지(無生智)이므로, 승(乘)의 지혜작용이 끊어져, 승(乘)을 벗어났다.

□ 소승(小乘)의 지혜성품

소승(小乘)의 지혜성품은 상(相)과 자아(自我)가 끊어지지 않아, 상(相)과 자아(自我)에 의지한 지혜성품이다. 그러므로, 지혜가 유무(有無)와 인과(因果) 속에 있어, 지혜가 상(相)과 자아(自我)를 벗어난 법계(法界)성품에 들지 못하고, 상(相)의 차별과 인과(因果) 속에 그 지혜성품의 작용이 이루어지므로 소승(小乘)이라고 한다. 그러므로 소승(小乘)은 색수상행식(色受想行識) 5음(五陰)과 자아(自我) 분별의 사유(思惟) 속에 지혜작용이 이루어진다.

□ 대승(大乘)의 지혜성품

대승(大乘)의 지혜성품은 6경(六境)인 색성향미촉법(色聲香味觸法)이 공(空)하여, 일체경계(一切境界)를 받아들이는 6근(六根)이 끊어져, 수(受)가 공(空)하여 6식(六識) 공청정(空淸淨)에 증입한 지혜성품이다. 대승공지(大乘空智)는 색공청정지(色空淸淨智)이다. 대승(大乘)을 대승(大乘)이라고 함은, 그 지혜성품이 색상(色相)의 무아(無我)를 깨달아 허공(虛空)까지 타파하여, 상(相)이 공(空)한 이(理)의 성품에 들어, 개아(個我)의 일체 차별상이 끊어진 무한 대공성(大空性)에 들었기 때문이다. 그러므로 지혜성품이 대승지(大乘智)이다. 대승지(大乘智)에 들면, 색공청정(色空淸淨)에 들어, 이 몸이 나 아니며, 생멸생사(生滅生死)의 몸이 나 아님을 깨달으므로, 나는 윤회(輪廻)도, 생사(生死)도 없는 청정성품임을 깨닫게 된다. 색공청정(色空淸淨)에 드는 과정에 6식(六識)이 타파되어 끊어지는 찰나에 허공상(虛空相)도 타파되어, 허공상(虛空相)이 소멸하며 사라진 그곳에 공(空)한 청정성품이 두루 밝고 청량하게 드러난다. 색공청정(色空淸淨)에서 허공상(虛空相)이 타파됨은, 텅 빈 허공상(虛空相)도, 6근(六根)으로 인식하는 색상(色相)이기 때문이다. 색성향미촉법이 타파되어, 6식(六識) 청정식(淸淨識)에 들 때에, 허공상(虛空相)뿐만 아니라, 6근(六根)으로 촉각하는 일체(一切)가 더불어 끊어진다. 6근(六根)은 일체경계(一切境界)의 촉식(觸識)이니, 색성향미촉법과 결탁(結託)한 식(識)이며, 6식(六識)은 대상(對相)에 반연(伴緣)한 상식(相識)이다. 그러므로, 색성향미촉법이 공(空)하여 끊어질 때에, 소연식(所緣識)인 6근(六根)과 6식(六識)이 공(空)하여 끊어진다. 그러나, 7식(七識)은 능연식(能緣識)이므로, 소연(所緣)인 색성향미촉법의 상(相)의 6식(六識)과는 식(識)의 차원이 달라, 끊어지지 않고 있다. 대승지(大乘智)는 능식공(能識空)이 아닌 색상공(色相空)이므로, 7식(七識) 자아의식(自我意識)이 끊어지지 않고 그대로 있어, 일체상(一切相)이 공(空)함을 깨달은 공견상(空見相)을 일으키니, 이것이 대승공견지혜상(大乘空見智慧相)이다. 색공청정(色空淸淨)을 깨달아 외연(外緣)인 상(相)의 그림자 없는 6식(六識) 청정에 들었어도, 내연(內緣)인 자아의식(自我意識) 7식(七識)이 타파되지 않음은, 6식(六識)과 7식(七識)은 성품의 차원이 다르기 때문이다. 6근(六根)과 6식(六識)은 능소(能所)의 경계 중, 색계(色界)의 감수(感受)인 소(所)에 의한 외경(外境)인, 색성향미촉법(色聲香味觸法)에 반연(伴緣)한 외연식(外緣識)이며, 7식(七識)은 능소(能所)의 경계 중, 심식(心識)의 분별식(分別識)인 능식(能識)으로 자아의식(自我意識)이니, 외경(外境)에 의지식(依支識)인 6근(六根), 6식(六識)과는 식(識)의 차원이 다르다. 대승지(大乘智)는 6근(六根)의 대상(對相)인 색성향미촉법(色聲香味觸法)의 상(相)

에 반연(伴緣)한 6식(六識)이 타파되어, 색상(色相)이 공(空)한 이(理)의 성품에 증입해 있다. 이는 4법계(四法界) 중에 이법계(理法界)인 상공지(相空智)이다. 이 이법계(理法界)인 상공지(相空智)를 타파해 벗어나면, 7식(七識)이 끊어진 이사무애지(理事無礙智)에 들게 된다. 이는, 일승지(一乘智)이다.

□ 일승(一乘)의 지혜성품

일승(一乘)의 지혜성품은 7식(七識)이 타파되어 자아(自我)가 끊어진, 이사무애지(理事無礙智)에 들게 된다. 7식(七識) 자아(自我)가 타파되면 이사무애성(理事無礙性)에 들어, 이사(理事)에 걸림 없는 원지(圓智)에 들게 된다. 이사무애지(理事無礙智)인 원지(圓智)에 듦으로 그 지혜성품을 일승(一乘)이라고 한다. 7식(七識)이 끊어진 일승지(一乘智)에 증입하면, 자아(自我)가 끊어져, 무염진여지(無染眞如智)를 발하게 된다. 이사무애지(理事無礙智)가 무염진여지(無染眞如智)이다. 7식(七識)이 끊어진 일승지(一乘智)에 증입하므로, 무엇에도 물듦 없는 무염(無染)이 무엇이며, 진여(眞如)가 무엇임을 비로소 실증(實證)하게 된다. 일승지(一乘智)는, 상(相)의 생주이멸(生住異滅) 중에 멸(滅)도 끊어지고, 이(異)도 끊어지고, 주(住)도 끊어진, 부사의 생(生)만이 있으므로, 일체상(一切相)이 멸(滅)도, 이(異)도, 주(住)도 없는, 무자성(無自性) 부사의 생(生)에 들게 된다. 이것이 무자성(無自性) 환지(幻智)의 세계이다. 유무심(有無心)은 식(識)이, 물질인 상(相)과 결탁하여 상(相)에 머물러 작용하므로, 상(相)과 결탁해 혼재(混在)되어 있어, 심식(心識)의 장애로 유무(有無)를 봄이, 멸상(滅相)인 상념상(想念相)이다. 멸상(滅相)이란, 상(相)은 머묾이 없어 멸(滅)하여 끊어졌어도, 심식(心識)에는 그 상(相)의 상념상(想念相)이 멸(滅)하여 끊어지지 않고 있음이, 멸상(滅相)인 상념상(想念相)이다. 대승지(大乘智)는 유무(有無)의 상념상(想念相)인 멸상(滅相)이 끊어졌으므로, 이(異)인 상(相)의 무아성(無我性)

을 깨달아, 상주상(常住相)인 주(住)의 상(相)이, 공(空)한 공성(空性)에 들었으나, 공성(空性)은 생멸상(生滅相)이 아니므로, 공성(空性)이 끊어지지 않는 공(空)한 상공상(常空相)에 머물러 있다. 그러므로, 대승공지(大乘空智)에 들면, 상(相)의 성품인 공상(空相)이 끊어지지 않고, 맑고 청량함이 끝없이 이어진다. 이것이 상(相)의 멸(滅)이 끊어지고, 상(相)의 이(異)도 끊어지고, 상(相)의 주(住)도 끊어져, 상(相)의 성품이 공(空)한 공성(空性)에 주(住)해 있음이다. 상(相)의 성품인 공성(空性)까지 끊어지면, 끝없이 이어지는 청정공상(淸淨空相)이 끊어져, 상(相)의 멸(滅)도, 이(異)도, 주(住)도, 그리고 또한, 공성(空性)의 주(住)도 없는 부사의 생(生)에 들게 되니, 이것이 무자성(無自性) 환지보살(幻智菩薩)의 지혜성품이다. 환지보살(幻智菩薩)은 원각경(圓覺經)에 청정원각(淸淨圓覺)을 깨닫고, 원각3종자성수순행(圓覺三種自性隨順行)인 삼마발제(三摩鉢提)의 수행에 설해져 있다.

무자성(無自性) 환지(幻智)가 무염진여(無染眞如)의 세계이니, 삼라일체상(森羅一切相)이 무자성환(無自性幻)이다. 일체상(一切相)이 무자성(無自性)이라 머물 수 없는 환(幻)이며, 상(相)이 머무름이 없어, 머무를 수가 없으며, 또한 7식(七識) 자아(自我)가 끊어져 무염진여(無染眞如)의 청정성품 속에 있으니, 머무를 자(者) 또한 없다. 그러므로 환지보살(幻智菩薩)은 머묾이 없다. 일체(一切)를 보고, 듣고, 촉각하여도, 일체(一切)가 그대로 청정무자성(淸淨無自性)인 환(幻)이다. 온 시방법계(十方法界)가 청정 무염진여(無染眞如)인 일승지(一乘智)의 세계이다.

그러나 각력(覺力)이 상승하면, 이 또한 타파하여 벗어나게 된다. 일승(一乘) 이사무애법계(理事無礙法界)인 무염진여(無染眞如)를 타파하여 벗어나면, 부사의 생(生)인 무자성(無自性) 환지(幻智)가 끊어지며, 사사원융법계(事事圓融法界)인 대원경지(大圓鏡智)에 들게 되니, 이는 8식(八識) 출입식(出入識)이 끊어진 일불승지(一佛乘智)의 세계이다.

□ 일불승(一佛乘)의 지혜성품

일불승(一佛乘)은 지혜성품이 일승(一乘)에서 불(佛)의 성품이 첨가 됨은, 원융각명(圓融覺明)의 성품에 들었기 때문이다. 이는, 부사의 생(生)인 무자성(無自性) 환(幻)까지 끊어지니, 생주이멸(生住異滅)이 모 두 끊어져, 생주이멸(生住異滅) 없는 공(空)한 법계성(法界性) 원융공성 각명(圓融空性覺明)이다. 각성(覺性)이 원융한 편재원융원만각명성(遍 在圓融圓滿覺明性)에 증입(證入)하므로, 비로소 불(佛)의 원융성(圓融性) 을 깨닫게 된다. 그러므로, 일승(一乘)의 지혜성품 승(乘)의 작용에 불 (佛)의 원융성품이 하나 더하여, 일불승(一佛乘)이라고 한다. 일불승 (一佛乘)은 8식(八識) 출입식(出入識)이 끊어져, 일체(一切) 능소(能所)의 대(對)가 타파(打破)되어, 능소(能所)가 없어 시방(十方)이 없는 원융각 명(圓融覺明)에 증입하여, 생주이멸(生住異滅)이 끊어진 원융무애(圓融 無礙)한 사사원융법계(事事圓融法界)에 들었다. 8식(八識) 출입식(出入識) 이 끊어져야만, 원융(圓融)의 법어(法語)를 실증(實證)하게 된다. 일불 승지(一佛乘智)에 증입하면, 온 시방(十方)이 사라진 원융(圓融)으로, 온 우주 허공시방계(虛空十方界)의 일체(一切)가 끊어져, 원융편재각성각 명충만성(圓融遍在覺性覺明充滿性)이 온 우주 두루, 각성원융각명(覺性圓 融覺明) 성품이 구족(具足)하여, 원융(圓融)으로 충만(充滿)하다.

이 원융불성충만(圓融佛性充滿)이어도 여래각(如來覺)이 아님은, 깨달 음의 시각(始覺)이 무생본각(無生本覺)에 들지 못한, 무위원융각명(無爲 圓融覺明)이기 때문이다. 이는, 일불승(一佛乘) 각식(覺識)의 무위지혜 상(無爲智慧相)이다. 그러므로 다음 지혜성품인 불승(佛乘)에 들어도, 이 지혜상(智慧相)이 타파되어 끊어진다. 대승(大乘)으로부터 불승(佛 乘)에 이르기까지 무위보살지(無爲菩薩智)의 일체지혜(一切智慧)가 타파 되어 여래결정성(如來結定性)에 증입하게 된다.

이는, 일체상념(一切想念)의 일체식(一切識)을 점차 초월하여 식(識)

의 장애(障礙)를 벗어나므로, 불각(佛覺)을 향한 깨달음 각력상승(覺力上昇) 속에, 장애(障礙) 없는 성품이 점차 드러나는 각력지혜(覺力智慧)의 경계이다. 이 과정이, 6식(六識)이 끊어지면 상(相)이 타파되어, 상식(相識)의 장애(障礙)가 끊어져 청정공성(淸淨空性)이 드러나니, 이 지혜성품이 대승(大乘)의 지혜성품이다. 7식(七識)이 타파되면, 청정공성(淸淨空性)에 머묾의 각식(覺識)도 타파되어, 자아(自我)의 장애(障礙)가 끊어져, 더 깊은 차원의 성품인 무염진여(無染眞如)의 성품이 드러나니, 이 지혜성품이 일승(一乘)의 지혜성품이다. 8식(八識)의 출입식(出入識)이 타파되면, 무염진여(無染眞如)에 머묾의 각식(覺識)도 타파되어, 능소출입식(能所出入識)의 장애(障礙)가 끊어져, 더 깊은 차원의 성품인 원융각명(圓融覺明)의 성품이 드러나니, 이 지혜성품이 일불승(一佛乘)의 지혜성품이다. 8식(八識)의 함장식(含藏識)이 타파되면, 원융각명(圓融覺明)에 머묾의 각식(覺識)도 타파되어, 일체(一切) 동각(動覺)의 장애(障礙)가 끊어져, 더 깊은 차원의 성품인 부동열반(不動涅槃)의 성품이 드러나니, 이 지혜성품이 불승(佛乘)의 지혜성품이다. 무위체성(無爲體性)인 부동열반(不動涅槃)의 지혜성품 또한, 타파하여 벗어나면, 일체(一切) 무위각식(無爲覺識)과 일체(一切) 무위지혜상(無爲智慧相)까지 완전히 끊어진다. 그러므로, 깨달음의 일체(一切) 시각(始覺)의 각식(覺識)이 완전히 끊어져, 지혜각성(智慧覺性)의 체성(體性)과 용성(用性)이 불이(不二)의 결정성(結定性)으로 둘 다 끊어지므로, 완전한 지혜성품 무생결정성(無生結定性)인 무연무생절대성(無然無生絶對性)이 열리니, 곧, 불지(佛智)이다.

일불승지(一佛乘智)가 원융각명시방편재각성충만성(圓融覺明十方遍在覺性充滿性)에 증입하므로, 시방 우주에 두루 충만하여 구족(具足)한 불성(佛性)을 비로소 깨닫게 된다. 곧, 이것이 무위무상보리(無爲無上菩提)이며, 무위무상각명(無爲無上覺明)이다. 이 각명원융(覺明圓融)에서 쌍차쌍조(雙遮雙照)의 원융각명작용(圓融覺明作用)인 각행(覺行)이 원융(圓融)하니, 쌍차쌍조(雙遮雙照)의 원융무애각명(圓融無礙覺明)이 일불승지(一佛乘智)의 지혜성품이다.

여기에 들면, 원융각명(圓融覺明)의 체(體)와 용(用)을, 쌍차쌍조(雙遮雙照) 원융각명(圓融覺明)의 지혜로 보게 된다. 원융각명(圓融覺明)이 열반부동성(涅槃不動性)의 작용이며, 원융각명(圓融覺明)의 공능작용을 하게 하는 열반체성(涅槃體性)인 몸체를, 원융각명지혜(圓融覺明智慧) 속에 보게 된다. 이것을 보는 지혜가 일불승(一佛乘) 원융각명공능(圓融覺明功能)의 지혜성품작용이다. 일불승(一佛乘)이 원융각명(圓融覺明) 작용을 하게 하는 열반체성(涅槃體性)인 열반부동성(涅槃不動性)과 열반부동성(涅槃不動性)의 용성(用性)인 원융각명(圓融覺明)의 작용을 한목 볼 수 있음은, 일불승(一佛乘)이, 8식(八識) 능소(能所)의 출입식(出入識)이 끊어지니, 능소(能所)의 대(對)가 끊어져 원융각명지(圓融覺明智)인 쌍차쌍조(雙遮雙照)가, 자기 지혜작용이기 때문이다. 출입(出入)의 대(對)인 능소(能所)가 끊어지니, 대(對)의 장애(障礙)가 끊어져, 체(體)와 용(用)을 한목 보게 된다. 그러나 일불승(一佛乘)은, 시각(始覺)과 본각(本覺)이 둘 다 끊어진 무생결정성(無生結定性)처럼, 부동열반(不動涅槃)의 체성(體性)과 원융각명(圓融覺明)의 용성(用性)이 완전히 끊어진 결정성(結定性)이 아닌 불이(不二)로, 부동열반(不動涅槃)과 원융각명(圓融覺明)이 둘 다 끊어진 결정성(結定性)이 아니다. 그러므로, 부동열반(不動涅槃)의 체성(體性)과 원융각명(圓融覺明)의 용성(用性)이 불이일신이면(不二一身二面)인 지혜성품에서, 쌍차쌍조(雙遮雙照)의 용성(用性)이 자기 지혜로, 쌍차쌍조(雙遮雙照)의 지혜작용이 이루어진다. 이는, 체용불이일신이면(體用不二一身二面) 중, 일불승(一佛乘)의 지혜성품은, 부동열반(不動涅槃) 체(體)의 용성(用性)인, 각성원융각명(覺性圓融覺明)의 쌍차쌍조(雙遮雙照)가 일불승(一佛乘)의 지혜이기 때문이다. 일불승

(一佛乘)의 원융각명(圓融覺明) 지혜성품이, 열반(涅槃)과 각명(覺明)이 체용불이(體用不二)이나, 부동열반(不動涅槃) 체성(體性)과 일신이면(一身二面) 속에, 각명(覺明)인 용(用)의 지혜로, 각(覺)의 작용을 하는 체성(體性)인 부동열반성(不動涅槃性)을, 각명지혜(覺明智慧)로 여실(如實)히 자각(自覺)하는 입장이며, 실제(實際) 지혜작용은, 부동열반(不動涅槃) 체성(體性)의 작용인, 용(用)의 쌍차쌍조(雙遮雙照)의 원융각명(圓融覺明)이, 일불승(一佛乘) 지혜작용의 실제(實際)지혜이다. 일불승(一佛乘)은, 부동열반(不動涅槃)과 원융각명(圓融覺明)이 일신이면(一身二面)임을 자각(自覺)하며, 그 부동열반(不動涅槃) 체성(體性) 속에, 용(用)이 자기 지혜작용의 성품임을 깨닫고 있다. 유무견(有無見)의 중생(衆生)은, 자기의 실체(實體) 부동본성(不動本性)을 알지 못하여, 유무생멸상(有無生滅相)인 4대6신(四大六身)과 수상행식(受想行識)인 생멸심(生滅心)을 자기의 실체(實體)로 알고 있다. 그러나, 무명업식(無明業識)의 유무생멸상(有無生滅相)인 4대6신(四大六身)과 수상행식(受想行識)의 생멸심(生滅心)을 벗어난 일불승(一佛乘)이, 자기 성품, 각성(覺性)의 체(體)와 용(用)을 둘 다 봄은, 일불승(一佛乘)의 지혜성품이, 출입식(出入識)과 능소(能所)의 대(對)의 장애(障礙)가 타파되어 사라진, 쌍차쌍조(雙遮雙照)의 원융각명(圓融覺明)이기 때문이다.

원융각명(圓融覺明) 쌍차쌍조(雙遮雙照)의 지혜성품작용이 이루어지는 일불승(一佛乘)이, 영원히 파괴되지 않는 성품으로 보는 적멸부동열반성(寂滅不動涅槃性)을 각명지혜(覺明智慧)로 볼 수는 있으나, 원융각명(圓融覺明) 쌍차쌍조(雙遮雙照)의 지혜작용을 끊고, 열반부동성(涅槃不動性)에 즉입(卽入)할 수는 없다. 왜냐면 그 까닭은, 자기 지혜의 상태와 과정을 스스로 점검하거나, 이 상태에서 어떻게 해야 하는지를 알 수 있는, 성불(成佛)의 과정인 총체적 총섭지혜(總攝智慧)를 갖추지 못했기 때문이다. 이는, 8식(八識) 출입식(出入識)이 끊어진 식(識)

의 전변(轉變)으로, 일불승(一佛乘)의 대원경지(大圓鏡智)에 들었으나, 더 이상의 과정을 경험한 실증(實證)의 지혜가 없으니, 스스로 각성지혜(覺性智慧) 안목(眼目)의 한계(限界)에, 자기 지혜의 상태나 과정을 스스로 점검(點檢)할 수도 없고, 완전한 성불(成佛)에 이르기까지 또한, 그 과정을 증험(證驗)하지 않았으니, 자기가 식(識)의 전변(轉變)으로 얻은 그 지혜가, 성불(成佛)의 과정 중 또한, 어디쯤인지를 알 수도 없으며, 더 앞으로 나아가야 할 지혜상승의 과정을 또한, 헤아려도, 그 이상은 경험한 바가 없어 막연할 뿐, 알 수도 없다. 그러므로, 더 깊은 각성(覺性) 상승(上昇)의 불지혜(佛智慧)까지, 총체적 실증(實證)의 과정을 총섭(總攝)한 지혜가 없어, 쌍차쌍조(雙遮雙照)가 이루어지는 원융각명(圓融覺明)의 지혜작용 속에, 시방 우주가 불성충만(佛性充滿)인 불가사의한 그 지혜를 감당(堪當)하며, 그 지혜의 부사의 쌍차쌍조(雙遮雙照)의 작용 속에 머무르게 된다. 그러므로, 그 이상의 어떤 지혜가 있는지도 스스로 알 수가 없으며, 단지, 맞닥뜨린 지혜작용이 불가사의한 그런 경지(境地)임을 인식만 할 뿐임과 또한, 더 깊은 무상지혜(無上智慧)의 상승을 위해, 자기 지혜성품인 원융각명(圓融覺明)의 쌍차쌍조(雙遮雙照)를 타파하여 다시, 벗어나야 하는 지혜성품임을 모른다. 그러므로, 온 우주가 부동열반체성(不動涅槃體性)으로, 대(對)가 끊어진 원융각명작용(圓融覺明作用)의 체용불이일신이면(體用不二一身二面) 속에, 쌍차쌍조(雙遮雙照) 원융각명(圓融覺明)의 지혜작용이, 적멸부동열반성(寂滅不動涅槃性)을 근본 체성(體性)으로 한, 부사의 용성(用性)의 작용임을 실증(實證)으로 자각하며, 깨닫고 있을 뿐이다. 그러므로, 부동(不動)과 각명(覺明)이 불이(不二)로, 여실히 둘 아님의 지혜로 깨닫고 있어도, 이는, 시각(始覺)과 본각(本覺)이 둘 다 끊어지지 않은 무위각명지(無爲覺明智)이니, 지혜의 차별성인 대(對)를 벗어나지 못하여, 각명(覺明)과 부동(不動)이 한몸이어도 일신이면(一身二面)이며, 일불승(一佛乘)은 일신이면(一身二面) 중, 8식(八識) 능소출입식(能所出入識)이 끊어져 각명(覺明)에 즉입(卽入)한 지혜성품으로, 쌍차쌍조각조행(雙遮雙照覺照行)이 이루어지는 일불승(一佛乘)의 지혜성품이다. 그러나, 일불승(一佛乘)은, 원융각명(圓融覺明)의 체성(體性)인 부동열반성(不動涅槃性)을, 원융각명(圓融覺明)으로 바로 뚜렷이 깨닫고 있으므로, 자기 지혜의 근본 체성(體性)은 부동열반성(不動涅槃性)이며, 그 작용이 원융각명작용(圓融覺明作用)임을 여실히 깨닫고 있다. 그러나 일불승지(一佛乘智)를 벗어나, 시각(始覺)과 본각(本覺)이 둘 다 끊어져, 무위지혜(無爲智慧)를 타파하여 무생결정성(無生結定性)에 증입하면, 일불승지(一佛乘智)의 지혜로 보는, 각명(覺明)의 체성(體性)인 적멸부동열반성(寂滅不動涅槃性)이, 곧, 타파해 벗어나야 할 8식(八識) 함장식(含藏識)이며, 중생(衆生)의 근원, 그 처음을 알 수 없는 12인연법의 근본(根本)인 무명(無明) 성품임을 깨닫게 된다.

그러므로, 8식(八識) 함장식(含藏識)이며, 12인연법의 무명(無明)이라 하여, 성품이 탁(濁)하거나 물들거나 어두운 것이 아니다. 염식(染識)인 동식(動識)이 아니므로, 8식(八識) 부동함장식(不動含藏識)이며, 12인연법의 무명(無明)이어도, 부동열반성(不動涅槃性)인 청정정식(淸淨靜識)이다. 그러므로, 시방(十方)과 우주가 타파되어 파괴된, 일불승(一佛乘) 대원경지(雙遮雙照)의 원융각명(圓融覺明) 쌍차쌍조(雙遮雙照) 속에서도 파괴되지 않고, 청정열반부동성(淸淨涅槃不動性)으로 존재해 있는 것이다. 그러나, 시각(始覺)과 본각(本覺)이 둘 다 끊어지면, 부동열반(不動涅槃)과 각명보리(覺明菩提)가 둘 다 끊어져, 여래결정성(如來結定性)에 증입하게 된다. 그리고 일불승지(一佛乘智)에서는 시방원융각명편재각성(十方圓融覺明遍在覺性)의 쌍차쌍조(雙遮雙照)가 깨어질 수가 없고, 깨어진다는 것은 상상(想像)할 수가 없다. 왜냐면, 8식(八識) 출입식(出入識)까지 끊어졌으니 유위상(有爲相)이 아니며, 시방우주(十

方宇宙)가 불성충만(佛性充滿)으로 구족(具足)한, 상(相)을 초월한 무위각명(無爲覺明) 사사원융법계(事事圓融法界)인, 시방원융무애편재각명성(十方圓融無礙遍在覺明性)이기 때문이다. 이는, 온 시방(十方) 우주에 두루한 원융불성각명(圓融佛性覺明)이기 때문이다. 그러나, 각력상승(覺力上昇)으로 이것도 타파해 벗어나므로, 일불승지(一佛乘智)의 사사원융법계(事事圓融法界)와 시방원융각명편재각성(十方圓融覺明遍在覺性)과 원융각명쌍차쌍조(圓融覺明雙遮雙照) 등, 일불승지(一佛乘智)의 지혜성품세계가 타파되어 벗어나므로, 일불승지(一佛乘智)가 왜 그렇게 생각하며, 또한, 일불승지(一佛乘智)의 시방원융각명(十方圓融覺明)이 왜, 깨어지는지, 그 이치를 명확히 꿰뚫게 된다.

이러한 현상은, 각 깨달음의 지혜성품 속에 더불어 똑 같이 이루어진다. 대승지(大乘智) 속에 있을 때는, 허공까지 타파하여 끊어진 대승공(大乘空)이 파괴된다는 사실을, 대승(大乘)은 상상도 하지 못한다. 왜냐면, 허공성(虛空性)도 타파한 공(空)은, 상(相)이 아니기 때문이다. 또, 제상(諸相)이 타파되어 든, 무위공성(無爲空性)의 세계이기 때문이다. 그러나 대승공(大乘空)이 파괴되므로, 일승지(一乘智)에 들게 된다. 무위공성(無爲空性)이 파괴됨을 모르는 대승(大乘)은, 자기 지혜성품 청정공성(淸淨空性)을 타파하려 하지 않고, 증득한 그 공(空)의 성품을 집착하거나, 공견상(空見相)에 머무르게 된다. 일승(一乘) 또한, 마찬가지이다. 일승지(一乘智)에 들면, 온 시방 우주가 무염청정진여(無染淸淨眞如)이므로, 무염진여(無染眞如)는, 상(相)과 식(識)에도 물듦 없고, 때 묻음이 없기에, 파괴된다는 것은 상상할 수가 없다. 그러나, 무염진여(無染眞如)가 파괴되므로, 일승지(一乘智)를 벗어나, 일불승지(一佛乘智)에 들게 된다. 누구나, 시방 우주 허공 속에 삶이 이루어지고 있으면, 상(相) 아닌 허공이 파괴된다는 것은 상상할 수도 없듯이, 그 지혜성품세계의 작용 속에 있으면, 이와 역시 마찬가지이다. 원융각명(圓融

覺明) 대원경지(大圓鏡智)가 타파되어 불승지(佛乘智)에 들게 되면, 일불승지(一佛乘智)의 지혜성품작용의 일체가 파괴되어 벗어나게 된다. 왜냐면, 각각 지혜성품이 식(識)의 차원이 다르기 때문에, 식(識)의 타파(打破)인 식(識)의 전변(轉變)이 이루어지며, 지혜성품의 차원이 상승전변(上昇轉變)하게 된다. 이 지혜성품이 파괴되는 것은, 이 일체(一切)가, 깨달음에 의한 무생법인(無生法忍)의 무위성품(無爲性品) 시각(始覺)인, 각식(覺識)의 지혜상(智慧相)이기 때문이다. 불(佛)의 성품인 여래(如來)의 결정성(結定性)을, 무위공성(無爲空性)인 무생법인지(無生法忍智)로는 알 수가 없으니, 깨달음에 의한 일체(一切) 지혜까지도 타파해 벗어나야, 무생결정성(無生結定性)인 여래결정성(如來結定性)을 깨닫게 된다. 이 결정성(結定性)은, 어떤 지혜와 어떤 무엇으로도 파괴되지 않으므로 결정성(結定性)이라고 하며, 금강(金剛)이라고 하며, 인(印)이라고 한다. 그러므로, 어떤 목적과 결과와 성취를 위해 결정(決定)하고, 결단(決斷)하며, 바로 세우고, 고쳐 다잡는 행위 의지(意志)의 뜻과 정신(精神)이 담긴 결정성(決定性)이란 언어(言語)에, 불변(不變)이며 파괴됨이 없는 성품, 무생결정본성(無生結定本性)이며, 여래각성(如來覺性)인 인(印)의 성품을 담거나, 결정성(決定性)이란 이 언어(言語)로, 절대본성(絕對本性)인, 이 인(印)의 성품 여래장(如來藏)의 특성을 드러내기에는, 언어(言語)의 공덕(功德)이 부족한 한계가 있으므로, 이 경(經)의 요해(了解)에, 이 성품의 특성을 수용하고, 이 성품의 부사의 특성을 담아드러낼 수 있는 결정성(結定性)이란 언어(言語)에다 인(印)의 성품을 담아, 이 성품세계의 특성을 드러내고 있다. 일체(一切) 흠이 없고, 파괴할 수 없으며, 부족함이 없는 일체공덕(一切功德)이 구족(具足)한 완연한 절대성(絕對性), 본연무연중절대성(本然無然中絕對性)의 성품은, 일체총지공덕성(一切總持功德性)으로, 모든 생명과 우주 만물의 시종(始終) 없는 근본 성품이다. 부사의 특성 인(印)의 성품을, 언어(言語)의 성품인 공덕(功德)이 부족하여, 완전하지 못한 행위의 의지(意志)와 뜻을 가진, 결정성(決定性)이란 언어에 의지(意志)하거나 의존하지 않고, 파괴할 수도 없고, 파괴되지 않는 특성을 가진 결정성(結定性)이란 언어(言語)에, 무한초월(無限超越)의 이 성품을 담아 드러내고 있다. 이는, 결정성(結定性)인 인(印)이 곧, 법(法)의 무한 궁극(窮極) 무변제(無邊際)의 청정결인성(淸淨結印性)이기 때문이다. 이 성품이 금강(金剛)이며, 법(法)은 무생법인(無生法印)이며, 지(智)는 금강지(金剛智)이며, 여래(如來)의 성품으로 여래결정성(如來結定性)이며, 여래결정각(如來結定覺)이다. 심(心)은 무생각성심(無生覺性心)이며, 성품이 무생결정성(無生結定性)으로 곧, 본연무연중절대성(本然無然中絶對性)인 여래장(如來藏) 성품이다.

□ 불승(佛乘)의 지혜성품

일불승지(一佛乘智)에서 각력상승(覺力上昇)으로 불승지(佛乘智)에 들게 되면, 일(一)이 사라져 불승(佛乘)이 되는 까닭은, 불승(佛乘)은 일(一)의 지혜성품을 벗어났기 때문이다. 일(一)은 이사(理事)를 벗어난 원지(圓智)이니, 이사무애법계(理事無礙法界)의 일승지(一乘智)와 사사원융법계(事事圓融法界)의 일불승지(一佛乘智)가, 이(理)와 사(事)를 벗어난 걸림 없는 자재동각(自在動覺)인 원지(圓智)이므로, 지혜성품의 작용인 승(乘)에, 일(一)의 지혜성품이 들어 있다. 불승(佛乘)은, 이사무애(理事無礙)와 사사원융(事事圓融)인 원지(圓智)의 지혜 작용이 끊어져, 이(理)와 사(事)를 벗어나 걸림 없는 자재동각(自在動覺)인 원지(圓智) 일(一)의 지혜성품을 벗어나므로, 일불승(一佛乘)에서 일(一)의 지혜성품이 끊어진, 불승(佛乘)의 심부동열반성지(心不動涅槃性智)에 증입한 것이다. 불승(佛乘)이 증입한 지혜성품이, 8식(八識) 함장식(含藏識)이 타파된 전변지(轉變智)이며, 또한, 12인연법 일체중생(一切衆生)의 최초 무명(無明)이 타파되어 전변(轉變)한 지혜성품이다. 8식(八識) 함장식(含藏識)이며, 무명(無明)이 타파되어도 불(佛)이 아님은, 깨달음의 시각(始覺)이 아직, 무생본각(無生本覺)에 들지 못해, 시각(始覺)과 본각(本覺)의 두 성품이 차별 속에 있어, 시각(始覺)과 본각(本覺)이 둘 다 끊어지지 않았기 때문이다. 그러므로, 무위각식(無爲覺識)의 심부동열반성지(心不動涅槃性智)의 지혜작용이 이루어지고 있다. 이 부동열반성(不動涅槃性)이 타파되면, 시각(始覺)과 본각(本覺)이 결정성(結定性)인 불이(不二)에 듦으로, 시각(始覺)과 본각(本覺)이 둘 다 끊어져, 무생결정성(無生結定性)인 불(佛)의 결정각(結定覺)에 증입하여 불지(佛智)를 이룬다.

□ 승(乘)의 12인연(十二因緣) 소멸의 증입처

불승(佛乘)이 증입한 곳이, 12인연법(十二因緣法)의 최초 무명(無明)이 끊어진 성품이다. 처음을 알 수 없는 중생의 근원 무명(無明)이 타파되어, 지혜전변(智慧轉變)으로 심부동열반성(心不動涅槃性)에 증입해 있음이 불승(佛乘)이다. 이는 8식(八識) 중, 동(動)함 없는 부동식(不動識)인, 함장식(含藏識)이 끊어진 전변(轉變)의 지혜성품이 불승(佛乘)이다. 참으로 불가사의이다. 12인연의 무명(無明)이, 8식(八識) 함장식(含藏識)이며, 동식(動識)이 아니므로 동(動)함이 없는 부동정식(不動靜識)이다. 12인연법의 행(行)이 8식(八識) 출입식(出入識)이니, 8식(八識) 출입식(出入識)이 끊어지면, 12인연법의 행(行)이 끊어진다. 8식(八識) 함장식(含藏識)까지 끊어진 불승(佛乘)은, 12인연법의 무명(無明)까지 끊어진 지혜성품이므로, 불승(佛乘)이, 12인연의 무명(無明)이 끊어진 전변처(轉變處)에 들면, 무명(無明)도 끊어진 심부동청정열반성(心不動淸淨涅槃性)이다. 이곳이 곧, 8식(八識) 함장식(含藏識)이 끊어져 전변(轉變)한 부동청정열반성지(不動淸淨涅槃性智)이다. 불승(佛乘)이 이곳에 들면 무명(無明)도 없고, 함장식(含藏識)도 없는 심부동청정열반성(心不動淸淨涅槃性)임은, 무명(無明)과 함장식(含藏識)은, 출입(出入)의 동식(動識)이 아니므로, 무명(無明)과 함장식(含藏識)이 끊어지니, 무명(無明)과 함장식(含藏識)의 체성(體性)이 드러나므로, 심부동청정열반성(心

不動淸淨涅槃性)이다. 이는, 무량청정정식(無量淸淨靜識)이다. 요해구절(了解句節) 308에, 여래(如來)의 실상(實相)에 이르는 5등급 수행위(修行位), 제4(第四) 행위(行位)에서는, 지극한 청정근(淸淨根)의 성품, 부동심(不動心) 여(如)의 성품 결정실성(決定實性)인 대반열반(大般涅槃)으로, 오직 성품이 공(空)한 무한(無限)이라고 하였다.

불승(佛乘)이, 이 식(識)에 들면, 9식(九識) 본성 암마라식(菴摩羅識)인줄 착각할 수가 있다. 불승(佛乘)이 이 지혜성품 속에 있으면, 9식(九識) 본성(本性) 암마라식(菴摩羅識) 청정(淸淨)과 8식(八識) 함장식(含藏識)이 끊어진 부동열반성(不動涅槃性)의 청정(淸淨)을, 불승(佛乘)으로는 구분할 수가 없다. 그러므로, 부동열반성(不動涅槃性)을 본성(本性)으로 인식하게 된다. 불승(佛乘)이 부동열반성(不動涅槃性)을 곧, 본성(本性)으로 인식(認識)하여 착각(錯覺)할 수도 있음은, 불승(佛乘)은 심무위부동열반성(心無爲不動涅槃性)에 들어 있으므로, 9식(九識) 본성(本性) 암마라식(菴摩羅識)의 청정결정성(淸淨結定性)을 알지 못해, 무위부동열반성(無爲不動涅槃性)과 무생결정본성(無生結定本性)의 차별을 모르기 때문이다. 9식(九識) 본성(本性) 암마라식(菴摩羅識)에 들려면, 12인연법의 무명(無明)인 8식(八識) 함장식(含藏識)을 타파하여 전변(轉變)한, 불승(佛乘)의 지혜성품을 또한, 전변(轉變)하여, 무생(無生) 결정성(結定性)에 들어야 한다. 무생결정성(無生結定性)이, 9식(九識) 본성 암마라식(菴摩羅識)이다.

그러므로, 12인연법의 무명(無明)인 8식(八識) 함장식(含藏識)과 불승(佛乘) 부동열반성(不動涅槃性)과 9식(九識) 본성 암마라식(菴摩羅識)이 부동열반성(不動涅槃性)이어도, 식(識)의 성품 종류(種類)와 차원(次元)이 다르다. 이 성품의 특성이, 12인연법에는 중생의 근본식(根本識)이므로 무명(無明)이며, 유식(唯識)에는 8식(八識) 함장식(含藏識)이며, 불승(佛乘)에는 무명(無明)과 함장(含藏)이 끊어진 부동열반성(不動涅槃性)

이다. 또한, 이 경(經)에는 본성(本性)을 중생식(衆生識)과 분류하여, 본성(本性)을 9식(九識)으로 규정하여 암마라식(菴摩羅識)이라 한다. 성품의 이름이 다 같은 부동성(不動性)이지만, 그 부동성(不動性)의 성품 종성(種性)의 차원이 다르다. 무명(無明)과 함장식(含藏識)은 중생식(衆生識)인 함장부동무기정식(含藏不動無記靜識)이며, 불승(佛乘)이 함장식(含藏識)을 전변한 부동열반식(不動涅槃識)은 심무위부동열반성(心無爲不動涅槃性)이며, 9식(九識) 본성(本性) 암마라식(菴摩羅識)은 무생결정성(無生結定性)이다. 성품이 부동성(不動性)이어도, 부동성(不動性)의 종류(種類)인 성품의 차원이 다르다. 그러므로, 식(識)의 성품이 다르므로, 식(識)이 전변(轉變) 상승해야, 다른 차원의 성품에 증입하게 된다.

12인연의 무명(無明)인 8식(八識) 함장식(含藏識)과 불승(佛乘) 부동열반성(不動涅槃性)과 9식(九識) 본성 암마라식(菴摩羅識)이 성품의 종류와 차원이 다르므로, 성품이 부동성(不動性)이어도, 그 성품의 차별성을 가름하는 밝은 지혜가 없으면, 그 성품의 특성을 가름할 수가 없다. 그러므로, 동식(動識)이 아닌 12인연의 무명(無明)인 8식(八識) 함장식(含藏識)과 불승(佛乘)의 부동열반성(不動涅槃性)에 들어도, 다 청정식(淸淨識)이라, 9식(九識) 본성 암마라식(菴摩羅識)으로 착각할 수가 있다. 스스로 자기의 지혜성품을 벗어나기 전에는 그 차별을 명확히 알수가 없다.

그러나, 무생결정성(無生結定性)인 여래결정성(如來結定性)에 들면, 그것을 밝게 가름하게 된다. 왜냐면, 시각(始覺)과 본각(本覺)이 둘 다 끊어진 지혜성품에 들었기 때문이다. 그러므로, 무위지혜(無爲智慧)인 시각(始覺)의 상승과정과 시각(始覺)이 끊어져 무위지혜(無爲智慧)를 벗어난 전후(前後)의 성품이 다름을 명료히 실증(實證)으로 밝게 깨닫고 있기 때문이다. 또, 시각(始覺)이 무생본각(無生本覺)에 들기 전(前)의 상태와 시각(始覺)이 상승하여 무생본각(無生本覺)과 동일성품 불이(不

二)로, 시각(始覺)과 본각(本覺)이 둘 다 끊어지는 결정성(結定性)의 지혜과정과 차원을 실증(實證)으로 명확히 그 지혜성품의 차별을 밝게 알기 때문이다. 12인연의 무명(無明)인 8식(八識) 함장식(含藏識)은 동식(動識)이 아닌 중생(衆生)의 부동무기정식(不動無記靜識)이며, 불승(佛乘)의 심부동열반성(心不動涅槃性)은 무위체성(無爲體性)인 무위부동청정성품(無爲不動淸淨性品)이며, 9식(九識) 본성 암마라식(菴摩羅識)은 무생결정성(無生結定性)이다. 이 차이는, 무명(無明)과 함장식(含藏識)은 중생(衆生)의 근본(根本)인 유위(有爲)에 속한 함장부동무기정식(含藏不動無記靜識)이므로, 12인연법 무명(無明)이 8식(八識) 출입식(出入識)의 근원이 된다. 불승(佛乘)인 심부동열반성(心不動涅槃性)은 무위각식(無爲覺識)과 각아(覺我)가 끊어지지 않아, 본연무연중절대성(本然無然中絶對性)인 무생본각(無生本覺)에 들지 못해, 각식(覺識)의 작용이 끊어지지 않는다. 이것이 끊어지지 않음은, 깨달음 시각(始覺)의 지혜성품이 아직, 본연무연중절대성(本然無然中絶對性)에 이르지 못해, 무생결정성(無生結定性)인 본각(本覺)에 들지 못하고 있다. 지혜상승으로, 각(覺)의 체(體)와 용(用)이 동일성품인 완전한 불이(不二)의 결정성(結定性)에 들면, 시각(始覺)과 본각(本覺)이 둘 다 끊어져, 완전한 절대성(絶對性)인 불지(佛智)에 들게 된다. 그 결정성(結定性)이 곧, 무생결정성(無生結定性)이다. 이 성품이 곧, 상(相)과 식(識)과 깨달음의 일체 지혜의 동정(動靜)이 끊어진, 일체불이(一切不二)의 여(如)이다. 이 여(如)는, 여래(如來)의 여(如)이다. 이 성품이 본성(本性)이며, 본각(本覺)이며, 실(實)이며, 이(理)며, 의(義)이며, 이(利)며, 인(印)이며, 일미(一味)며, 무생(無生)이며, 실제(實際)며, 여래장(如來藏)이며, 일체총지성(一切總持性)인 무상공능(無相功能)의 여래장(如來藏) 성품이다.

시각(始覺)과 본각(本覺)이 둘 다 끊어져 무생결정성(無生結定性)에 증입하지 못하면, 체각(體覺)과 용각(用覺)이 완전한 불이(不二)를 이루지 못한다. 또한, 무생결정성(無生結定性)에 증입하지 못하면, 불가사의한 각명작용(覺明作用)의 무위지혜(無爲智慧) 속에 있어도, 법보화신(法報化身) 3신불(三身佛)이 일신(一身) 중에 구현(具顯)되지 않는다. 왜냐면, 본연무연중절대성(本然無然中絕對性)을 벗어난 지혜의 각식(覺識)과 각아(覺我)가, 성품의 차별지혜 속에 있기 때문이다. 그러므로, 체각(體覺)과 용각(用覺)이 대(對)의 차별 속에 있으면, 체(體)와 용(用)의 성품이 차별 없는 무연원융(無然圓融)인, 완전한 불이(不二)의 결정성(結定性)에 이르지 못해, 체각(體覺)과 용각(用覺)과 일신(一身)이, 서로 성품이 다른 차별 속에 있으므로, 둘 없는 원융한 한 성품, 서로 차별 없는 원융일신각(圓融一身覺)에 이르지 못한다. 무위지혜(無爲智慧)는, 시각(始覺)과 본각(本覺)이 성품의 차별 속에 있으므로, 일신(一身) 중에 법보화신(法報化身) 3신불(三身佛)이 구현(具顯)되지 않는다. 아무리 무위지혜(無爲智慧)의 불가사의 속에 있어도, 그 지혜가 시각(始覺)과 본각(本覺)이 둘 다 끊어진 완전한 지혜인가를 스스로 점검할 수 있는, 불지(佛智)의 기본점검법(基本點檢法)이 있다. 열반부동법신(涅槃不動法身)과 원융각명보신(圓融覺明報身)과 응화수연일신각(應化隨緣一身覺)인 법보화신3신불(法報化身三身佛)이 불3원융일성일각(不三圓融一性一覺)으로, 일신(一身) 중에 3신불원융일신각(三身佛圓融一身覺)이 구현(具顯)되며 시현(示顯)되지 않으면, 그 지혜가 불가사의해도, 지혜가 동(動)과 정(靜), 부동(不動)과 각명(覺明), 열반(涅槃)과 보리(菩提), 정(定)과 혜(慧), 체(體)와 용(用)이 무생불이(無生不二)로 원융하지 못한, 대(對)의 차별지혜 속에 있으므로, 불각(佛覺)이 아니며, 본성(本性)이며 무생결정성(無生結定性)인 여래결정각(如來結定覺)이 아니다. 이것이, 무위무생법인(無爲無生法忍)인 무위지혜(無爲智慧)와 시각(始覺)과 본각(本覺)이 둘 다 끊어진 결정무생법인(結定無生法印)인, 무생결정성(無生結定性)의 지혜성품 차별차원이다.

깨달음으로 청정(淸淨)에 들어도, 그 청정성품이 어느 지혜차원의 청정성품인가는, 그 경계를 벗어나기 전에는 스스로 가름할 수가 없다. 다만, 자기가 머무른 지혜성품을 벗어나므로, 실증(實證)을 통해 비로소 깨닫게 된다. 그러나 불지혜(佛智慧)의 전체적인 과정의 총섭실증(總攝實證)의 지혜가 없으면, 부분적인 지혜로는, 무엇이든 밝게 점검하며 가름할 수가 없다. 왜냐면, 불지혜(佛智慧)의 총체적(總體的) 흐름인, 시(始)와 종(終)의 과정을 총섭(總攝)한 지혜가 없기 때문이다.

청정성품이 대승청정(大乘淸淨)도 있으며, 일승청정(一乘淸淨)도 있으며, 일불승청정(一佛乘淸淨)도 있으며, 불승청정(佛乘淸淨)도 있으며, 여래청정(如來淸淨)도 있다. 말과 글은 같아도, 지혜성품의 종류와 차원이 서로 다르다. 대승청정(大乘淸淨)은 상공청정성(相空淸淨性)이며, 일승청정(一乘淸淨)은 무염진여청정성(無染眞如淸淨性)이며, 일불승청정(一佛乘淸淨)은 원융각명청정성(圓融覺明淸淨性)이며, 불승청정(佛乘淸淨)은 부동열반청정성(不動涅槃淸淨性)이며, 여래청정(如來淸淨)은 무생결정청정성(無生結定淸淨性)이다.

일불승(一佛乘)이 증입한 곳이, 12인연법(十二因緣法)의 무명(無明)이 전개되는 행(行)이 끊어져 전변(轉變)한 지혜성품에 증입해 있다. 이는 8식(八識) 출입식(出入識)이 끊어진 원융행(圓融行)에 증입해 있음이다. 일승(一乘)이 증입한 곳은, 12인연법(十二因緣法)에서, 행(行) 다음에 이루어지는 몸을 받기 전의 식(識)이 전변(轉變)한 지혜성품에 증입해 있다. 이는, 몸과 결탁하지 않은 자아(自我)인, 7식(七識)이 끊어진 지혜성품에 증입해 있다. 대승(大乘)이 증입한 곳은, 12인연법(十二因緣法)에서, 색(色)인 몸과 결탁한 의식(意識)이, 명색(名色) 중에, 색(色)이 공(空)한 지혜성품에 증입해 있다. 그러므로 대승(大乘)은 공(空) 속에 있으나, 자아의식(自我意識)인, 12인연법의 명(名)인 자아(自我)가, 끊어지지 않고 있다.

불승(佛乘)이 무위부동성(無爲不動性)을 타파해 무생결정성(無生結定性)에 들면, 무위지혜(無爲智慧)인 무생법인지(無生法忍智)를 벗어나, 무생결정성(無生結定性)인 여래결정성(如來結定性)에 들게 된다. 무위지혜(無爲智慧)를 타파해 벗어나므로, 비로소 여래(如來)의 여(如)를 깨달으며, 일각요의(一覺了義)인 금강삼매경(金剛三昧經)의 성품, 결정성(結定性)의 지혜와 법리(法理)와 도리(道理)를 밝게 깨우치며, 무생법인(無生法忍)과 무생법인(無生法印)의 지혜성품 차별성을 알게 되고, 보살지(菩薩智)와 불지(佛智)의 지혜성품이 다름을 명확히 분별하며, 일체총지(一切總持)의 무생(無生)성품이 무엇인가를 밝게 가름하고, 불법(佛法)의 실상중도(實相中道)를 깨우치며, 일각요의(一覺了義)의 무생실증(無生實證)이 무엇인지를 알아, 여래장(如來藏) 공능(功能)세계를 밝게 알며, 일미진실(一味眞實) 무상무생(無相無生) 결정실제(結定實際) 본각리행(本覺利行)이 무엇인지를 명확히 알게 된다.

□ 승(乘)과 5지(五智)의 관계

5지(五智)는 법계체성지(法界體性智), 대원경지(大圓鏡智), 평등성지(平等性智), 묘관찰지(妙觀察智), 성소작지(成所作智)이다.

5지(五智)는, 불성5종지(佛性五種智)로 불성5종성품지혜(佛性五種性品智慧)이다. 불성5종성품(佛性五種性品)은 부동성(不動性), 원융성(圓融性), 무염성(無染性), 무상성(無相性), 무아성(無我性)이다. 불성5종성품(佛性五種性品)인 부동성(不動性), 원융성(圓融性), 무염성(無染性), 무상성(無相性), 무아성(無我性)이 불이원융일각(不二圓融一覺)에 들면 곧, 여래결정각(如來結定覺)이다.

부동성(不動性)은 열반성(涅槃性)이며, 원융성(圓融性)은 보리성(菩提性)이며, 무염성(無染性)은 진여성(眞如性)이며, 무상성(無相性)은 상공성(相空性)이며, 무아성(無我性)은 색공성(色空性)이다.

부동성지(不動性智)가 법계체성지(法界體性智)이며, 원융성지(圓融性智)가 대원경지(大圓鏡智)이며, 무염성지(無染性智)가 평등성지(平等性智)이며, 무상성지(無相性智)가 묘관찰지(妙觀察智)이며, 무아성지(無我性智)가 성소작지(成所作智)이다.

5지(五智)에는 2종5지(二種五智)가 있다. 2종5지(二種五智)는 여래5종지(如來五種智)와 보살5종지(菩薩五種智)가 있다. 여래5종지(如來五種智)는 불성불이원만5종지(佛性不二圓滿五種智)로 여래장(如來藏) 제불원만불지(諸佛圓滿佛智)이며, 보살5종지(菩薩五種智)는 불각(佛覺)을 향한 깨달음의 시각(始覺)으로, 불성5종지(佛性五種智)를 시각상승(始覺上昇)의 각력(覺力)으로 하나하나 증입(證入)하는 무위보살5종지(無爲菩薩五種智)이니, 이는 무위각성차별지(無爲覺性差別智)이다.

무위각성지혜차별(無爲覺性智慧差別)에 따라, 불성5종성(佛性五種性)인 부동성(不動性), 원융성(圓融性), 무염성(無染性), 무상성(無相性), 무아성(無我性)에 증입한다. 부동성지(不動性智)인 법계체성지(法界體性智), 원융성지(圓融性智)인 대원경지(大圓鏡智), 무염성지(無染性智)인 평등성지(平等性智), 무상성지(無相性智)인 묘관찰지(妙觀察智), 무아성지(無我性智)인 성소작지(成所作智)를 각력(覺力)으로 그 지혜성품에 증입함이, 대승(大乘), 일승(一乘), 일불승(一佛乘), 불승(佛乘)이다. 무위지혜(無爲智慧)에 증입한 보살(菩薩)들이, 각각 지혜성품 차원이 다른, 이 5지(五智)의 지혜성품, 부사의 밀밀한 차별차원의 지혜 속에 증입해 있다.

보살5종지(菩薩五種智)는, 모두 시각상승(始覺上昇)에 의한 무위성품(無爲性品)의 차별이다. 무위법계체성지(無爲法界體性智)는 불승지(佛乘智)로, 8식(八識) 함장식(含藏識)이 끊어진 부동열반성지(不動涅槃性智)이다. 대원경지(大圓鏡智)는 일불승지(一佛乘智)로, 8식(八識) 출입식(出入識)이 끊어진 원융보리성지(圓融菩提性智)이다. 평등성지(平等性智)는 일승지(一乘智)로, 7식(七識)이 끊어진 무염진여성지(無染眞如性智)이다.

묘관찰지(妙觀察智)는 대승지(大乘智)로, 6식(六識)이 끊어진 무상공성지(無相空性智)이다. 성소작지(成所作智)는, 6근(六根)이 끊어져 대승지(大乘智)를 발하게 될 인지(因智)가 되는, 색공무아지(色空無我智)이다.

보살5종지(菩薩五種智)의 무아성(無我性)은, 색성향미촉법(色聲香味觸法)의 수(受)의 작용인 6근(六根)이 끊어진 성소작지(成所作智)이다. 무상성(無相性)은, 색성향미촉법(色聲香味觸法) 상(相)의 상념상(想念相)인 안이비설신의(眼耳鼻舌身意) 6식(六識)이 끊어진 묘관찰지(妙觀察智)이다. 무염성(無染性)은, 자아의식(自我意識) 7식(七識)이 끊어진 평등성지(平等性智)이다. 원융성(圓融性)은, 8식(八識) 출입식(出入識)이 끊어진 대원경지(大圓鏡智)이다. 부동성(不動性)은, 8식(八識) 함장식(含藏識)이 끊어진 무위체성지(無爲體性智)이다.

보살5종지(菩薩五種智)에서 성소작지(成所作智)는, 색성향미촉법(色聲香味觸法)의 아성(我性)이 끊어져, 색(色)의 무아(無我)로 6근(六根)이 끊어진, 색무아지(色無我智)에 증입한 무위지혜성품이다. 묘관찰지(妙觀察智)는, 안이비설신의(眼耳鼻舌身意)인 6식(六識)이 끊어져 증입한, 대승(大乘) 상공(相空)의 무위지혜성품이다. 평등성지(平等性智)는, 7식(七識)이 끊어져 증입한, 일승(一乘) 무염진여(無染眞如)의 무위지혜성품이다. 대원경지(大圓鏡智)는, 8식(八識) 출입식(出入識)이 끊어져 증입한, 일불승(一佛乘) 원융각명(圓融覺明)의 무위지혜성품이다. 법계체성지(法界體性智)는, 보살체성지(菩薩體性智)와 여래체성지(如來體性智)가 있다. 보살체성지(菩薩體性智)는, 무위보살지(無爲菩薩智)의 무위법계체성지(無爲法界體性智)이니, 8식(八識) 함장식(含藏識)이 끊어져 증입한, 불승(佛乘)의 무위부동열반성지(無爲不動涅槃性智)이며, 여래체성지(如來體性智)는, 대일여래(大日如來)의 법계체성지(法界體性智)이다. 불승(佛乘)의 무위체성지(無爲體性智)는, 대일여래(大日如來)의 법계체성지(法界體性智)가 아님은, 불승(佛乘)의 지혜성품이 본연무연중절대성(本然無

然中絕對性)에 증입하지 못하여, 시각(始覺)과 본각(本覺)이 둘 다 끊어지지 않았기 때문이다.

6근(六根)은, 색성향미촉법(色聲香味觸法)의 수(受)이니, 5음(五陰)의 색(色)의 수(受)이다. 색성향미촉법(色聲香味觸法)인 수(受)의 6근(六根)이 끊어지면, 색성향미촉법(色聲香味觸法)의 수(受)의 상(相)이 끊어져 안이비설신의(眼耳鼻舌身意)의 6식(六識)이 청정공성(淸淨空性)에 들게 된다. 이 지혜성품이 색상공(色相空)을 깨달아 증입한 대승공지(大乘空智)이다. 색(色)의 체성(體性)이 6식(六識)이므로, 6식(六識)은 색(色)의 이(理)의 성품이다. 그러므로 대승지(大乘智)는, 색공청정(色空淸淨) 체성(體性)인 이(理)의 성품, 6식청정지(六識淸淨智)에 증입해 있다.

색상(色相)의 체(體)와 식상(識相)의 체(體)가 같지 않다. 상(相)이 무엇이냐에 따라, 그 체성(體性)의 성품이 다르다. 상(相)이 색(色)이면, 그 체성(體性)인 이(理)는 6식(六識)이며, 상(相)이 식(識)이면, 그 체성(體性)인 이(理)는 8식(八識) 함장식(含藏識)이다. 색(色)의 체성(體性)은 6식(六識)이며, 식(識)의 체성(體性)은 8식(八識) 함장식(含藏識)임은, 색(色)은 식(識)이 생기(生起)하고, 식(識)은 무명(無明)이 생기(生起)하기 때문에, 색(色)의 근원은 6식(六識)이며, 식(識)의 근원은 무명(無明)이다. 그러므로 6식(六識)이 끊어지면 일체색계(一切色界)가 공(空)하여 끊어져 벗어나고, 무명(無明)이 끊어지면 일체식계(一切識界)가 끊어져 벗어나게 된다. 그것이 색계(色界)의 근원과 식계(識界)의 근원 성품이 차원이 다르기 때문이다. 일체(一切) 생명이나 만물만상이 그 근원의 본성(本性)이 오직, 하나임은, 이는 일체(一切)의 차별성을 벗어나, 일체(一切)를 통털어 싸잡아, 그 근본 총상(總相)을 일컫는 것이며, 일체의 근원이 오직 하나일지라도, 차별세계의 성품 별상(別相)에서는, 한 가족이라도 아들과 아버지와 할아버지와 조상들의 생성존재 인과(因果)의 근원이 다르듯, 색(色)과 식(識)의 인연생기(因緣生起) 차별성품

별상(別相)에서는, 그 근원이 같지를 않다. 그리고 각각 식(識)의 작용 성품차원이 다르므로, 식(識)이 점차 깊어지며, 각력(覺力)이 더욱 궁극을 향해 차원이 상승할수록, 제식(諸識)의 장애를 덜 받아, 식(識)의 작용이 더욱 미세하여 불가사의하며, 지혜의 성품은 어둠과 탁(濁)함과 둔(鈍)함의 장애(障礙)를 점차 벗어나, 더욱더 밝고 청정하며, 그 명료(明瞭)함과 그 밀밀(密密)함이, 더더욱 무량무한 청정(淸淨)과 명명(明明)과 방원(方圓)과 편재(遍在)와 원융(圓融)과 광명(光明)으로, 불가사의 밀밀히 깊어지며, 방(方)이 사라져 광대(廣大)해진다.

6근(六根)이 끊어진 성소작지(成所作智)는 지성소작(智成所作)이니, 색상(色相)과 색계(色界)에 머묾 없는 성소작지행(成所作智行)이다. 6식(六識)이 끊어진 묘관찰지(妙觀察智)는 지묘관찰(智妙觀察)이니, 색무자성(色無自性)인 색상공(色相空), 색자성관지(色自性觀智)의 지혜성품작용이다. 색자성관(色自性觀)에 들었어도, 식자성관(識自性觀)에 들려면, 평등성지(平等性智)에 증입해야 한다. 왜냐면, 색(色)의 성품차원과 식(識)의 성품차원이 다르기 때문이다. 색(色)은 6근(六根)으로 인식할 수가 있다. 그러나 식(識)의 작용은 색(色)의 성품과 차원이 달라, 무염(無染)과 원융(圓融)성품의 작용이므로, 6근(六根)으로는 식(識)을 인식할 수가 없다. 그러나, 식(識)의 생(生)과 멸(滅)의 작용을 인식하는 상념(想念)을 따라, 식(識)의 생(生)과 무주(無住)와 멸(滅)의 상념관(想念觀)은 할 수가 있다. 식자성관(識自性觀)인 식무자성(識無自性)을 실관(實觀)하려면, 7식(七識) 자아(自我)가 끊어져야, 식무자성(識無自性)을 실관(實觀)할 수가 있다. 왜냐면, 6식(六識)의 청정에 들었어도, 6식(六識)의 청정은 색상공(色相空)에 든 6식자재(六識自在)이므로, 식무자성(識無自性)을 관(觀)하기에는, 식(識)의 성품이 밀밀히 밝지 못하여, 식무자성(識無自性)을 실관(實觀)할 수가 없다. 왜냐면, 6식(六識) 청정이어도, 분별정식(分別情識)인 7식(七識) 자아의식(自我意識)을 벗어나지 못하여, 식(識)의 동(動)함 속에 있기 때문이다. 그러므로, 6식청정(六識淸淨)에 증입한 대승(大乘)의 무자성관(無自性觀)과 7식청정(七識淸淨)에 증입한 일승(一乘)의 무자성관(無自性觀)은 차원이 다르며, 차별이 있다. 이는, 대승(大乘)의 무자성관(無自性觀)은, 공지(空智) 속 자아(自我)의 능소(能所)에서 이루어지며, 일승(一乘)의 무자성관(無自性觀)은 공지(空智)까지 끊어져, 자아(自我) 없는 무자성실증(無自性實證)으로, 능소(能所) 없는 무자성체(無自性體), 무염진여지(無染眞如智) 속에서 이루어진다. 대승(大乘)의 무자성관(無自性觀)은 공관(空觀)이지만, 일승(一乘)의 무자성관(無自性觀)은 공관(空觀)이 아닌, 공(空)도 없는 청정진여관(淸淨眞如觀)이다. 그리고, 일승(一乘)은 무자성관(無自性觀)을 따로 할 필요가 없는 것은, 일승(一乘)의 지혜성품이, 자아(自我)와 능소(能所)가 끊어진 무자성(無自性) 실증(實證) 속에 있으므로, 무자성(無自性)이 곧, 자기 지혜의 성품이니, 무자성관(無自性觀)을 하지 않아도, 무염청정무자성(無染淸淨無自性) 실증(實證) 속에서, 지혜의 삶이 이루어지고 있기 때문이다.

대승지(大乘智)에서는 식무자성(識無自性)을 관(觀)해도, 7식(七識) 자아의식(自我意識)이 끊어지지 않았으므로, 식무자성(識無自性)을 관(觀)함이, 식(識)의 능소(能所) 대법(對法)으로 관행(觀行)이 이루어지며, 7식(七識) 자아의식(自我意識)이 끊어진 일승지(一乘智)는, 지혜성품 몸체가 바로 무자성법체(無自性法體)이므로, 식무자성(識無自性)을 관(觀)해도, 자아(自我)의 능소(能所) 대법(對法)이 끊어진, 식무자성(識無自性)인 자기 지혜성품을 바로, 실수순(實隨順)함이다. 그러므로 7식(七識)이 끊어진 일승지(一乘智)에 들면, 식무자성(識無自性)을 관(觀)하지 않아도, 식무자성(識無自性) 실증(實證) 속에 있으니, 보고, 듣고, 촉각하는 일체 사물(事物)과 일체상(一切相)이 곧, 무자성(無自性) 환(幻)이며, 그 속에 지혜의 삶이 이루어지고 있다.

대승(大乘)과 일승(一乘)의 지혜성품 차원이 다르므로, 이러한 차별은, 대승(大乘)은 색상(色相)이 끊어진 이법계(理法界)인 공심(空心)에 들어 있기 때문이며, 일승(一乘)은, 대승(大乘) 공성(空性)을 초월한, 7식(七識) 자아(自我)가 끊어진 이사무애법계(理事無礙法界)인 무염진여(無染眞如)에 들어 있기 때문이다. 대승(大乘)은 색공(色空)을 깨달아 허공상(虛空相)이 타파되어도, 7식(七識)이 타파되지 않아 자아(自我)가 있어, 색공(色空)에 증입한 공견상(空見相)을 가지며, 일승(一乘)은 7식(七識)을 타파해 자아(自我)가 끊어져 이사무애(理事無礙)의 무염진여(無染眞如)에 증입하여도, 증입한 자가 끊어져 없는 청정본심(淸淨本心)인 무염진여심(無染眞如心)이다. 그러므로, 그 각식(覺識)의 지혜성품이, 무염진여(無染眞如)인 무자성환지(無自性幻智)의 보살행(菩薩行)에 들어 있다. 여래5종지(如來五種智)는, 무생법인(無生法忍)인 무위지혜(無爲智慧)를 벗어난 5지불이원융통섭지(五智不二圓融通攝智)이므로, 성소작지(成所作智) 속에도 5지원융(五智圓融)의 각성작용이 이루어진다. 그러나, 5지증득무위차별지(五智證得無爲差別智)인 보살5종지(菩薩五種智)는, 각각 지혜성품이 다른 차별지(差別智) 속에 있으므로, 5지(五智)를 융통(融通)할 수가 없다. 무위보살지(無爲菩薩智)를 벗어나 불지(佛智)에 들면, 5지원융(五智圓融)에 들 수가 있다.

7식(七識)이 끊어져 평등성지(平等性智)에 들면, 상(相)과 공(空)의 세계인 사(事)와 이(理)를 초월해, 이사무애지(理事無礙智)인 무염진여(無染眞如)의 일승지(一乘智)에 든다. 일승지(一乘智)에 들면 무염진여지(無染眞如智)이므로, 진여(眞如)인 무염본심(無染本心)을 실증(實證)하게 된다. 일체(一切)가 무자성(無自性) 진여성(眞如性)이니, 무엇에도 물들 수 없고, 시방(十方) 천지만물(天地萬物) 일체(一切)가, 머묾 없고 뿌리 없는 무염진여(無染眞如) 무자성(無自性) 환지(幻智)의 세계이다. 이것이 무염본심(無染本心)의 세계이며, 무염진여(無染眞如)의 일승지(一乘智)인 이사무애법계(理事無礙法界)이다. 이것이 무염청정진여(無染淸淨眞如)의 무자성(無自性) 청정묘법연화법계(淸淨妙法蓮華法界)이다. 이는, 맑고 밝은 상(相) 없는 거울 속과 같다. 각력상승(覺力上昇)으로 이 경계를 또한, 타파해 벗어나면, 8식(八識) 출입식(出入識)이 끊어진 대원경지(大圓鏡智)에 들게 된다.

상(相)이 공(空)하고, 상(相)이 공(空)한 공(空)도 공(空)하고, 공(空)도 공(空)한 그 지혜도 공(空)한 공공공(空空空)에서, 지혜상승의 각력(覺力)에 따라, 7식(七識)이 끊어지면 일승지(一乘智)에 증입하며, 또는 8식(八識) 출입식이 끊어지면 일불승지(一佛乘智)에 증입하며, 또는 8식(八識) 함장식(含藏識)이 끊어지면 불승(佛乘)에 증입하며, 또는 무생결정성(無生結定性)에 들면 불각(佛覺)에 증입한다. 식(識)의 전변(轉變)으로, 8식(八識) 출입식(出入識)이 타파되어 끊어져 대원경지(大圓鏡智)에 증입(證入)하면, 홀연히 무한 시방세계(十方世界)가 사라진 지혜성품에, 시방(十方) 없는 무량 무한 온 법계가 각성각명일각원융(覺性覺明一覺圓融)이 열리어, 각성원융구족원만사사원융각명충만편재성(覺性圓融具足圓滿事事圓融覺明充滿遍在性)이 열린다. 온 우주가 불성충만(佛性充滿)인 각성원융각명(覺性圓融覺明)으로, 원융편재충만(圓融遍在充滿)한 대방광불화엄법계(大方廣佛華嚴法界)이니, 일체(一切)가 불성광명원융충만원만세계(佛性光明圓融充滿圓滿世界)이다. 이는, 각명보리본각공능계(覺明菩提本覺功能界)이다. 일체원융(一切圓融)으로, 걸림 없는 원융무애공능법계(圓融無礙功能法界)이다. 이는, 각명원융원만보리사사원융공능법계(覺明圓融圓滿菩提事事圓融功能法界)이다. 이 지혜성품에 들기 전에는 원융(圓融)과 보리(菩提)와 각명(覺明)의 실체(實體)를 알 수 없다. 이 지혜성품에 들지 않았으면, 원융(圓融)과 보리(菩提)와 각명(覺明)을 안다 하여도, 그것은 단지, 추측과 분별의 사량(思量)일 뿐이다.

또한, 7식(七識) 자아(自我)가 끊어진, 이사무애법계지(理事無礙法界

智)인 일승지(一乘智)의 지혜성품에 들지 않았다면, 무염진여(無染眞如)를 안다해도, 그것은 추측과 분별의 사량일 뿐이다. 일승지(一乘智)를 타파해 벗어나면, 무위무염진여(無爲無染眞如)가 파괴되는 각(覺)의 비밀스러운 체험을 하게 된다. 8식(八識) 출입식(出入識)이 끊어져, 일불승지(一佛智)인 대원경지(大圓鏡智)에 증입하여도, 각력공능(覺力功能)이 상승하면, 각명보리(覺明菩提)인 불성광명원융충만편재원만세계(佛性光明圓融充滿遍在圓滿世界)인 대원경지(大圓鏡智)도 타파해, 파괴되어 벗어나게 된다. 만약, 지식(知識)이나 관념(觀念)이나 지혜(智慧) 속에 깨어지지 않는 그 어떤 무엇이 있다면, 그것은 사량 분별의 상념(想念)이다. 그것이 상견(相見)이며, 상념상(想念相)이며, 법상(法相)이며, 정(定)해 봄이다. 결정성(結定性)의 지혜에 깨어지지 않는 것은 없다. 진여(眞如)이든, 열반(涅槃)이든, 보리(菩提)이든, 어떤 깨달음이든, 만약 깨어지지 않는 것이 있다고 생각하는 그것이 불성(佛性)이라도 깨어진다. 왜냐면, 그것은 분별의 법상(法相)이며, 식(識)의 상념상(想念相)이기 때문이다. 깨어지는 상념(想念), 법상(法相)의 진여(眞如)를 타파해 벗어나야, 깨어지지 않는 불가사의 무생진여(無生眞如)를 깨닫게 된다. 결정각(結定覺)에, 분별심 속에 있는 그 무엇이라도 깨어지지 않는 것이 없다. 깨어지지 않는 것이 있다고 생각하는 그것이 곧, 무명(無明)과 미혹(迷惑)의 2견(二見) 속에 있는 분별심(分別心)인 식(識)의 상념상(想念相)이다.

그러나, 이 경(經)에는 깨어지지 않고, 깰 수도 없는 성품을 드러냄이니, 곧, 무생결정성(無生結定性)이다. 이는, 허공도 아니며, 무(無)도 아니며, 무위(無爲)도 아니며, 무생법인(無生法忍)도 아니며, 지혜도 아니며, 공(空)도 아니며, 불성(佛性)도 아니며, 환(幻)도 아니다. 만약, 깨어지는 것과 깨어지지 않는 2견(二見)이 있으면, 이 경(經)의 뜻을 헤아려도 알 수가 없다. 왜냐면, 마음에는 분별심인 허(虛)와 실(實), 유(有)

와 무(無), 상(相)과 공(空), 동(動)과 정(靜), 정(定)과 혜(慧), 체(體)와 용(用), 부동열반(不動涅槃)과 각명보리(覺明菩提), 중생(衆生)과 불(佛)의 2견(二見)이 공존(共存)하기 때문이다. 지혜가 있어, 둘 아닌 불이(不二)여도 그 또한, 파괴되는 것이다. 결정성(結定性)인 여(如)는 이(二)도, 일(一)도, 불이(不二)도, 공(空)도, 무위(無爲)도 아니다. 자아(自我)의 분별과 각식(覺識)의 헤아림도 끊어지고, 일체법상(一切法相)도 끊어지고, 깨달음의 지혜까지도 끊어져, 시각(始覺)과 본각(本覺)이 둘 다 끊어져야만, 참 성품인 무생여(無生如)를 알 수가 있다. 깨어지지 않는 것이 없기에, 일체상(一切相)이 허망하며, 일체법이 허망하며, 일체 깨달음과 깨달음의 증득(證得)이 허망하며, 이름하고 분별하는, 명(名), 상(相), 분별(分別) 그것이 실체(實體)가 없어 허망(虛妄)하다. 불가사의 무생결정성(無生結定性)의 그 실체(實體)를 깨닫도록, 모든 중생에게 그 길을 안내하고자, 일각요의(一覺了義)의 여래장(如來藏) 금강삼매경(金剛三昧經)의 보살과 세존께서, 3세(三世) 갈고 닦은 위 없는 지혜를, 여래(如來) 없는 그 세상 중생들을 연민하는 대비심으로, 그 심오한 지혜의 밀밀함을 놓치지 않고, 지혜가 어두운 중생들이 무상(無上)을 향하는 지혜의 길에, 실증(實證)이 없으므로 미혹하여, 방심하거나 놓쳐서는 안 되는 각종 지혜경계, 그 섬세하고 밀밀(密密)한 미묘한 법의 세계를, 세심히 도움이 되도록 하고자, 연민을 가진 수승한 지혜의 보살들이 여래(如來)에게 그 길을 묻고, 또 묻는 그 밀밀한 물음이 끝이 없고, 세존께서도, 여래(如來) 없는 그 세상 중생들을 생각하고 염려하며, 묻는 자의 그 연민을 알기에, 또 대답하고, 또 대답함이 자세하고 자상하며, 묻는 자의 마음과 대답하는 연민의 마음이 하나되어, 묻는 자의 물음은, 여래(如來)의 말씀을 따라, 궁극을 향한 사유(思惟) 속에 밀밀한 물음이 끝이 없고, 그 연민의 물음에 무상광명(無上光明) 답변의 인연사는, 세세생생 길 없는 길을 더듬고 찾아 헤매며, 헤아릴 수 없는 생(生)의 목숨을 바쳐, 무한 극복 속에 홀로 닦은, 목숨보다 소중하고 귀한 무변광명(無邊光明)의 지혜를, 아낌 없이 그 연민의 물음을 따라 광명의 길을 열어주며, 끝없는 무한 은혜의 지혜법륜(智慧法輪) 무상묘법(無上妙法)이, 무한 무궁으로 3세(三世)와 시종(始終)이 끊어진 지혜광명을 펼친다.

쌍차쌍조원융무애각성광명대원경지(雙遮雙照圓融無礙覺性光明大圓鏡智)를 위 구절(句節) 362에서는, 구족불도(具足佛道)인 구경지(究竟智)라고 하였다. 그러나 이 구경지(究竟智)는, 여래무상각(如來無上覺)이 아닌, 무생법인무위구경각(無生法忍無爲究竟覺)이다. 대원경지(大圓鏡智)의 지혜성품에서, 각력상승으로 가는 지혜의 길이 두 갈래가 있다. 하나는 불승지(佛乘智)이며, 하나는 여래결정각(如來結定覺)이다. 만약, 무위부동열반성(無爲不動涅槃性)에 지혜각성이 증입하면, 8식(八識) 함장식(含藏識)이 타파된 불승지(佛乘智)이며, 만약, 무생결정부동열반성(無生結定不動涅槃性)에 증입하면, 8식(八識) 함장식(含藏識)이 타파된 불승지(佛乘智)를 거치지 않고 바로 초월하여, 증입한 무생결정부동열반성(無生結定不動涅槃性)까지 벗어나, 완전한 무생불이(無生不二)이며 무생결정성(無生結定性)인 여래결정각(如來結定覺)에 증입하게 된다. 만약, 여래결정각(如來結定覺)에 들게 되면, 대원경지(大圓鏡智)에서 지혜로 본, 각성각명(覺性覺明)의 체성(體性)인, 그 깊고 깊은 적적적멸부동대열반성(寂寂寂滅不動大涅槃性)이, 8식(八識) 함장식(含藏識)인, 12인연의 무명(無明)이었음을 깨닫게 된다. 대원경지(大圓鏡智)를 타파해 벗어나고 보면, 참으로 놀랍고 소중한 경험이다. 무생결정성(無生結定性)에 들면, 자연히 무상정정(無上正定)과 무상정각(無上正覺)이 둘 아닌, 무연원융불이(無然圓融不二)임을 깨닫겠지만, 이 경험을 통해, 무생결정성(無生結定性)인 여래결정각(如來結定覺)에 들기 전에는, 그 어떤 삼매(三昧)와 열반(涅槃)이든, 그것은 반드시 전변(轉變)하여, 지혜전변(智慧轉變)으로 벗어나야 할, 대(對)의 지혜(智慧)인 경계상(境界相)일 뿐, 정각(正覺)과 정지(正智)가 아님을, 명확한 실증(實證)으로 깨닫게 된 것이다.

결정본성(結定本性)은, 무생부동열반(無生不動涅槃)과 무생각명보리(無生覺明菩提)가 불이성(不二性)인, 결정무생무연일성(結定無生無然一性)이다. 이는, 무생부동열반(無生不動涅槃)이 곧, 무생각명보리(無生覺明菩提)이며, 무생각명보리(無生覺明菩提)가 곧, 무생부동열반(無生不動涅槃)으로, 불이결정무생일성본성(不二結定無生一性本性)이다. 무생결정성(無生結定性)에 들면 무상무생보리(無上無生菩提)도 끊어지고, 무상무생열반(無上無生涅槃)도 끊어진다. 둘 다 벗어나는 것은, 시각(始覺)과 본각(本覺)이 둘 다 끊어져 든 본연무연중절대성(本然無然中絕對性)은, 정혜불이무생결정성(定慧不二無生結定性)이기 때문이다. 그러므로, 일불승무위구경각(一佛乘無爲究竟覺)에서 무생결정부동열반성(無生結定不動涅槃性)에 증입하면, 일불승무위구경각(一佛乘無爲究竟覺)과 불승무위구경정(佛乘無爲究竟定)도 벗어나며, 또한, 증입한 무생결정부동열반성(無生結定不動涅槃性)까지 벗어나므로, 무생본성결정각(無生本性結定覺)과 무생본성결정정(無生本性結定定)까지 모두 벗어나, 무생결정성(無生結定性)인 여래결정성(如來結定性)에 들게 된다. 그 까닭은, 본연무연중절대성(本然無然中絕對性)을 벗어난, 각(覺)과 정(定)에 치우친 지혜성품을 모두 벗어나, 각성부동체성(覺性不動體性)과 각성각명용성(覺性覺明用性)이 완전한 불이원융(不二圓融)의 결정성(結定性)에 듦으로, 시각(始覺)과 본각(本覺)이 둘 다 끊어진, 본연무연중절대성(本然無然中絕對性)인 무생결정일성(無生結定一性)에 증입(證入)하기 때문이다.

만약, 대원경지(大圓鏡智)인 무위구경각(無爲究竟覺)에서, 무위부동열반성(無爲不動涅槃性)에 증입하면, 일불승(一佛乘)의 지혜성품작용이 타파되어 끊어지며, 8식(八識)의 함장식(含藏識)이며, 12인연의 무명(無明)이 타파된 불승지(佛乘智)인, 무위부동구경열반지(無爲不動究竟涅槃智)의 지혜성품에 들게 된다. 이는 대일여래(大日如來)의 법계체성지

(法界體性智)가 아닌, 보살체성지(菩薩體性智)인 무위부동열반성지(無爲不動涅槃性智)이다. 이는, 불승지(佛乘智)의 지혜성품인 무위체성지(無爲體性智)이다. 무위체성지(無爲體性智)는, 시각(始覺)과 본각(本覺)이 둘 다 끊어진, 무생결정본성지(無生結定本性智)가 아니다. 무생결정본성지(無生結定本性智)는, 대일여래(大日如來)의 본성법계체성지(本性法界體性智)이다. 불승(佛乘)이 불(佛)이 아님은, 시각(始覺)의 공능(功能)이 본각(本覺)에 들지 못해, 시각(始覺)과 본각(本覺)이 둘 다 끊어지지 않아, 시각(始覺)의 각식(覺識) 지혜작용이, 무위부동열반성(無爲不動涅槃性)을 수순하는, 무위승(無爲乘)의 지혜작용이 이루어지고 있기 때문이다. 이 무위체성(無爲體性)인 무위본성(無爲本性)과 결정성(結定性)인 무생본성(無生本性)은 성품의 차원이 다르다. 무위본성(無爲本性)은 일체무위법계(一切無爲法界)의 무위체성(無爲體性)이며, 무생본성(無生本性)은 본연무연중절대성(本然無然中絕對性)인 결정성(結定性)이므로, 제불법계(諸佛法界) 일체총지(一切總持)의 체성(體性)으로 곧, 여래장(如來藏)의 성품이다. 이 차이는, 무위본성(無爲本性)은 각식(覺識)의 지혜세계인 무위무생법인지(無爲無生法忍智)이며, 무생본성(無生本性)은 각식(覺識)이 끊어진 여래장(如來藏), 본연무연중절대성(本然無然中絕對性)인 결정무생법인지(結定無生法印智)이다.

불승(佛乘)이, 불승지(佛乘智)를 타파해 벗어나는 것은, 시각(始覺)이 무생본각(無生本覺)에 들어, 시각(始覺)과 본각(本覺)이 둘 다 끊어진, 무생결정성(無生結定性)에 증입하기 때문이다. 무생결정성(無生結定性)에 증입하면, 무위부동구경열반지(無爲不動究竟涅槃智)도 벗어나게 된다. 왜냐면, 본연무연중절대성(本然無然中絕對性)을 벗어나, 정(定)에 치우친 지혜성품이기 때문이며, 또한, 본연무연중절대성(本然無然中絕對性)인 무생결정성(無生結定性)에는, 각(覺)과 정(定)이 불이원융무연일성(不二圓融無然一性)이기 때문이다.

무생원융각명(無生圓融覺明)과 무생부동열반(無生不動涅槃)이 둘이 아닌 결정성(結定性)인, 불이일성원융(不二一性圓融)에 듦으로, 체(體)와 용(用)이 불이원융무연일신(不二圓融無然一身)인 부동법신(不動法身)과 각명보신(覺明報身)과 응화수연각신(應化隨緣覺身)인 화신(化身)이, 원융불3일신각(圓融不三一身覺)이 되어, 불가사의 심오(深奧)한 3불3신원융일성체(三佛三身圓融一性體)를 이루게 된다. 보고, 듣고, 행하는 응화수연(應化隨緣) 일체(一切) 수연각(隨緣覺)이 법신응화(法身應化)의 화신행(化身行)이며, 그 응화신(應化身)의 원융각명성(圓融覺明性)이 각원융원만보신(覺圓融圓滿報身)이며, 각원융원만보신행(覺圓融圓滿報身行)이 이루어지는 그 무연본체성(無然本體性)이 곧, 원융원만청정부동법신체(圓融圓滿淸淨不動法身體)이다. 무위무생법인지(無爲無生法忍智)인 대승(大乘), 일승(一乘), 일불승(一佛乘), 불승(佛乘)의 무위지혜(無爲智慧)를 벗어나, 결정성(結定性)인 여래결정각(如來結定覺)에 증입하면, 법보화신(法報化身) 3신원융일신각(三身圓融一身覺)이, 수연각(隨緣覺) 속에 자연히 3신원융일신각행(三身圓融一身覺行)이 이루어진다. 법보화신(法報化身) 3신(三身)은, 원융일성일신각(圓融一性一身覺)이니, 서로 떨어질 수도 없고, 각각 따로 행위될 수도 없으며, 수연각일신행(隨緣覺一身行)이 그대로, 법보화신(法報化身) 원융원만3불일신각행(圓融圓滿三佛一身覺行)이다.

○ **363.** 4대사(四大事)의 행(行)은, 제불(諸佛)이 설(說)한 바이다.

長者 如是四大事用 過去諸佛所說 是大橋梁 是大津濟
장자 여시사대사용 과거제불소설 시대교량 시대진제
若化衆生 應用是智
약화중생 응용시지

장자여! 이와 같이 4대사[四大事]의 행[用]은, 과거의 모든 부처님께서도 설하신 바이니라. 이는 큰 교량이며, 큰 나루를 건너는 것이니라.

만약, 중생을 교화(敎化)하려면, 응당 행함이 이 지혜여야 하느니라.

♣ 장자여! 평등성지(平等性智)인 정지(定智)와 묘관찰지(妙觀察智)인 부정지(不定智)와 성소작지(成所作智)인 열반지(涅槃智)와 대원경지(大圓鏡智)인 구경지(究竟智), 이와 같이, 4대사(四大事)의 큰 지혜의 행은, 과거의 모든 부처님께서도 설한 바이니라. 이는, 불(佛)을 성취하는 큰 교량이며, 중생을 벗어나는 큰 나루를 건너는 것이니라. 만약, 중생을 교화하려면, 응당 행함이, 이 지혜여야 하느니라.

○364. 4대사(四大事)의 큰 지혜의 작용에, 3대사(三大事)가 있다.

長者 用是大用 復有三大事
장 자 용 시 대 용 부 유 삼 대 사

장자여! 이 지혜(智慧)의 큰 작용에는 또, 3대사(三大事)가 있느니라.

♣ 장자여! 4대사(四大事)의 이 지혜의 큰 작용에는, 또, 3가지의 큰 행인, 3대사(三大事)가 있느니라.

○365. 첫째, 내외(內外)의 상(相)에 이끌림 없는 3삼매(三三昧)이다.

一者 於三三昧 內外不相奪
일 자 어 삼 삼 매 내 외 불 상 탈

첫째는 3삼매(三三昧)이니, 내외(內外)의 상(相)에 이끌리거나, 얽매이지 않음이니라.

♣ 첫째는 3가지의 삼매(三昧)이니, 밖의 상(相)의 세계와 안의 마음작용인 능소(能所)에 이끌리거나, 얽매이지 않음이니라.

○366. 둘째, 도(道)의 수순(隨順)에 택멸(擇滅)하는 대의과(大義科)이다.

二者 於大義科 隨道擇滅
이 자 어 대 의 과 수 도 택 멸

둘째는 대(大), 의(義), 과(科)이니, 도(道)를 수순(隨順)함에 선택하여 멸

(滅)함이니라.

♣ 둘째는 대(大), 의(義), 과(科)이니, 평등성지(平等性智)인 정지(定智)와 묘관찰지(妙觀察智)인 부정지(不定智)와 성소작지(成所作智)인 열반지(涅槃智)와 대원경지(大圓鏡智)인 구경지(究竟智), 4대사(四大事)의 각성작용으로, 도(道)를 수순함에 선택하여, 멸(滅)함이니라.

○367. 셋째, 여(如)의 정혜(定慧)와 자비행(慈悲行)을 갖춤이다.
三者 於如慧定[續1,2: 於如慧如定] **以悲俱利**
삼 자 어 여 혜 정 [속1,2: 어여혜여정] 이 비 구 리

셋째는 여(如)의 성품인 정(定)과 혜(慧)와 자비(慈悲)를 함께 갖추어, 이롭게 함이니라.

♣ 셋째는 4대사(四大事)를 행함에, 상(相)을 일으킴이 없고[定], 마음이 머무름이 없는[慧], 여(如)의 성품 정(定)과 혜(慧)와 자비(慈悲)를 함께 갖추어, 이롭게 함이니라.

□ 고(高), 논(論), 대(大) 경(經)에 어여혜정(於如慧定)이, 속1,2(續1,2) 경(經)에는 어여혜여정(於如慧如定)으로 되어 있다.

● **여혜정(如慧定):** 여(如)의 성품 정(定)과 혜(慧)이다. 식(識)의 출입 없음이 여정(如定)이며, 상(相)에 머뭂 없음이 여혜(如慧)이다.

○368. 3사행(三事行)이 아니면, 4지혜(四智慧)에 들지 못한다.
如是三事 成就菩提 不行是事
여 시 삼 사 성 취 보 리 불 행 시 사
則不能流入[論: 即不能流入][續1,2: 則不流入]**彼四智海**
즉 불 능 유 입 [논: 즉불능유입][속1,2: 즉불유입] 피 사 지 해
爲諸大魔所得其便
위 제 대 마 소 득 기 편

이와 같이 3사(三事)로 보리(菩提)를 성취하느니라. 행함이 이런 지혜행

[事:智慧行]이 아니면 곧, 저 4지혜(四智慧)의 바다에 능히, 흘러 들지 못하여, 모든 큰 마(魔)들의 힘에 휩쓸릴 것이니라.

♣ 이와 같이, 세 가지의 큰 지혜의 행으로, 보리(菩提)를 성취하느니라. 행함이 여(如)의 성품 행(行)이 아니면 곧, 평등성지(平等性智)인 정지(定智)와 묘관찰지(妙觀察智)인 부정지(不定智)와 성소작지(成所作智)인 열반지(涅槃智)와 대원경지(大圓鏡智)인 구경지(究竟智)의 4지혜(四智慧)의 바다에 능히, 흘러들지 못하고, 모든, 큰 5음(五陰)의 마(魔:五陰)들의 힘에 이끌려, 휩쓸릴 것이니라.

□ 고(高), 대(大) 경(經)에 즉불능유입(則不能流入)이, 논(論) 경(經)에는 즉불능유입(即不能流入)으로, 속1,2(續1,2) 경(經)에는 즉불유입(則不流入)으로 되어 있다.

○369. 성불(成佛)에까지 항상, 닦고 익혀야 한다.

長者 汝等大衆 乃至成佛 常當修習
장 자 여 등 대 중 내 지 성 불 상 당 수 습

勿令蹔失[論:續1,2: 勿令暫失]
물 령 잠 실 [논:속1,2: 물령잠실]

장자여! 그대와 더불어 대중은 성불(成佛)에 이르기까지, 항상 당연히 닦고 익히어, 잠시도 잃지 말아야 하느니라.

♣ 장자여! 그대와 더불어 대중은, 성불(成佛)에 이르기까지, 4대사(四大事)와 3삼매(三三昧)와 여혜정(如慧定)과 자비행(慈悲行)을 항상, 당연히 닦고 익히어, 잠시도, 잃지 말아야 하느니라.

□ 고(高), 대(大) 경(經)에 물령잠실(勿令蹔失)이, 논(論), 속1,2(續1,2) 경(經)에는 물령잠실(勿令暫失)로 되어 있다.

○370. 어떤 것이, 3삼매(三三昧)이옵니까?

梵行長者言 云何三三昧
범 행 장 자 언 운 하 삼 삼 매

범행장자가, 말씀 사뢰오며 여쭈옵기를, 무엇이 3삼매(三三昧)이옵니까?

♣ 범행장자가, 말씀 사뢰오며 여쭈옵기를, 어떤 것이, 4대사(四大事)인 정지(定智), 부정지(不定智), 열반지(涅槃智), 구경지(究竟智)에 드는 3대행(三大行)인, 3삼매(三三昧)이옵니까?

○ **371.** 3삼매(三三昧)는, 공(空)삼매 무상(無相)삼매 무작(無作)삼매이다.

佛言 三三昧者 所謂空三昧 無相三昧[論: 無作三昧]
불언 삼 삼 매 자 소 위 공 삼 매 무 상 삼 매 [논: 무작삼매]

無作三昧[論: 無相三昧] **如是三昧**[續2: 없음]
무 작 삼 매 [논: 무상삼매] 여 시 삼 매 [속2: 없음]

부처님께옵서 말씀하옵기를, 3삼매(三三昧)는 소위, 공삼매(空三昧), 무상삼매(無相三昧), 무작삼매(無作三昧), 이 같은 삼매(三昧)이니라.

♣ 부처님께옵서 말씀하옵기를, 4대사(四大事)인 정지(定智), 부정지(不定智), 열반지(涅槃智), 구경지(究竟智)에 드는 3삼매(三三昧)는, 공삼매(空三昧), 무상삼매(無相三昧), 무작삼매(無作三昧), 이와 같은 삼매(三昧)이니라.

□ 고(高), 대(大), 속1,2(續1,2) 경(經)에 무상삼매 무작삼매(無相三昧 無作三昧)가, 논(論) 경(經)에는 무작삼매 무상삼매(無作三昧 無相三昧)로 되어 있다.
□ 고(高), 논(論), 대(大), 속1(續1) 경(經)에 여시삼매(如是三昧)가, 속2(續2) 경(經)에는 없다.

■ 3삼매(三三昧)

● **공삼매(空三昧)**: 체상용(體相用) 중 체공삼매(體空三昧)이다.
● **무상삼매(無相三昧)**: 체상용(體相用) 중 상공삼매(相空三昧)이다.
● **무작삼매(無作三昧)**: 체상용(體相用) 중 용공삼매(用空三昧)이다.

● 3삼매(三三昧)인 공삼매(空三昧), 무상삼매(無相三昧), 무작삼매(無作三昧)는 체상용(體相用) 3자성공삼매(三自性空三昧)이다. 4대사행(四大事

行)과 3삼매(三三昧)가 다르지 않다. 4대사행(四大事行) 속에 3삼매(三三昧)가 섭수되고, 3삼매(三三昧)가 4대사행(四大事行)을 돕기도 하며, 수용하게도 한다. 그러므로 4대사행(四大事行)에 3삼매(三三昧)를 더불어 같이 함은, 4대사행(四大事行)의 여의행(如義行)을 돕는 수순행이다. 이는, 대의과(大義科)도 마찬가지이다. 3삼매(三三昧)가 3가지로 따로 떨어져 있지 않다. 용자성관(用自性觀)하고, 용상자성관(用相自性觀)하고 용자성체관(用自性體觀)하여, 체상용3관원융불3일관(體相用三觀圓融不三一觀)에 들면 된다. 행(行)을 일으킨 삼매행(三昧行)으로 삼매(三昧)에 드는 것은 유상삼매(有想三昧)이니, 본연자성삼매(本然自性三昧)를 관행수순(觀行隨順)하여, 여수순정(如隨順定)에 들면 된다.

■ 3해탈(三解脫)과 3삼매(三三昧)의 관계

3해탈(三解脫)은, 허공해탈(虛空解脫)과 금강해탈(金剛解脫)과 반야해탈(般若解脫)이다. 3삼매(三三昧)는, 공삼매(空三昧)와 무상삼매(無相三昧)와 무작삼매(無作三昧)이다. 불(佛)의 무상각(無上覺)을 향한 모든 수행은, 본성에 증입하게 하고, 본성의 성품을 수순하게 한다. 이는 본성을 벗어난 무명(無明)의 혹견(惑見)인, 능소(能所)의 제식(諸識)을 벗어나게 함이다. 그러므로 경계(境界)와 방편(方便)을 따라, 이름과 방법을 달리하나, 그 모든 수행이 자신의 미혹을 벗어, 본성의 성품을 수순하게 하는 방편법(方便法)이다. 3해탈(三解脫)과 3삼매(三三昧)에서 해탈(解脫)과 삼매(三昧)가 다름이 없으니, 만약 다름이 있다면, 그것은 차별에 의한 분별의 상념상(想念相)이다. 서로 다른 차별 속에 있으면, 3해탈(三解脫)이 해탈법(解脫法)이 아니며, 3삼매(三三昧)가 해탈삼매법(解脫三昧法)이 아니다. 3해탈(三解脫)과 3삼매(三三昧)가 상(相)과 식(識)에 머묾 없는 한 성품 행이니, 다를 바가 없다. 그러나 어떤 방편(方便)으로 본성(本性)을 수순하느냐에 따라, 성품을 수순하는 지혜와 수행 성품의 차별이 있다.

그 까닭은, 본(本) 성품에는 3본(三本)과 3행(三行)이 있기 때문이다. 3본(三本)은, 본 성품의 특성 3종성(三種性)인 열반(涅槃), 보리(菩提), 진여(眞如)이며, 3행(三行)은, 3묘용(三妙用)으로 체상용(體相用)이다. 본(本)의 3본(三本)인, 근본 성품의 특성 3종성(三種性)은, 본성(本性), 본각(本覺), 본심(本心)이다. 본성(本性)은 부동성(不動性)으로 열반성(涅槃性)이며, 본각(本覺)은 각명성(覺明性)으로 보리성(菩提性)이며, 본심(本心)은 무염성(無染性)으로 진여성(眞如性)이다.

이는, 마음 근본 성품의 3대성(三大性)으로, 불3융화(不三融化)의 원융일성(圓融一性) 속에, 심(心)의 불가사의 무량조화(無量造化)가 이루어지는 근본 성품이다. 그러므로, 근본 성품에 드는 3종도(三種道)가 있으니, 부동열반(不動涅槃)에 증입하여 근본성품에 듦과 각명보리(覺明菩提)에 증입하여 근본성품에 듦과 무염진여(無染眞如)에 증입하여 근본성품에 듦이 있다. 그러나, 근본 성품을 깨닫지 않으면, 부동열반성(不動涅槃性)이 무엇인지 깨닫지 못해, 증입하거나 수순할 수 없고, 또한, 각명보리성(覺明菩提性)이 무엇인지 깨닫지 못해, 증입하거나 수순할 수 없고, 또한, 무염진여성(無染眞如性)이 무엇인지 깨닫지 못해, 증입(證入)하거나 수순(隨順)할 수 없다.

증입하거나 수순할 수가 없는 경계에서는, 3본(三本)인 3종성(三種性)의 성품과 그 작용인 체상용(體相用)의 성품을 따라, 관(觀)을 하고, 그 자성체(自性體)를 깊이 사유(思惟)하여 들며, 관(觀)과 법(法)의 사유(思惟)가 깊어져 증입하므로, 부동성(不動性)과 각명성(覺明性)과 무염성(無染性)인 열반(涅槃), 보리(菩提), 진여(眞如)의 3종불3(三種不三) 원융일성(圓融一性)의 결정각(結定覺)에 증입하게 된다. 그러므로 불법일체관(佛法一切觀)이 3본3종성(三本三種性)을 벗어나 있지 않으니, 그 묘용(妙用)의 체상용(體相用) 성품의 자성(自性)과 그 성품의 근본을 관찰하고 사유(思惟)하며 관(觀)하게 한다.

근본 성품을 관(觀)함이 참 성품을 관(觀)하는 이관(理觀)이며, 이는 청정본성관(淸淨本性觀)으로 부동열반성(不動涅槃性)에 증입하게 된다. 모든 상(相)의 성품을 관(觀)하게 하니, 이는 상관(相觀)이며, 사관(事觀)으로 무상본성(無相本性)에 증입하게 된다. 상(相)의 묘용(妙用) 성품을 따라 관(觀)하게 하니, 이는 무주묘용관(無住妙用觀)으로 무자성(無自性)인 제행공(諸行空)에 증입하게 된다. 각자 수행의 특성을 따라 부동열반(不動涅槃)으로 증입했든, 각명보리(覺明菩提)로 증입했든, 무염진여(無染眞如)로 증입했든, 이(理)로 증입했든, 사(事)로 증입했든, 공(空)으로 증입했든, 근본(根本)에 증입하면, 3종성(三種性)의 원융에 들게 되니, 그 성품 부동(不動)이 열반본성(涅槃本性)이며, 그 성품 두루 밝음이 각명보리(覺明菩提)이며, 그 성품 물듦 없음이 무염진여(無染眞如)이다.

일체(一切) 물듦 없는 마음을 씀이 곧, 본심진여(本心眞如)이며, 무명(無明) 없이 두루 밝음이 본각보리(本覺菩提)이며, 상(相)과 식(識)과 능소(能所)와 번뇌 등에 동(動)함 없는 그것이 본성열반(本性涅槃)이다. 이 원융일성(圓融一性) 일각요의(一覺了義)에는, 3해탈(三解脫)인 허공(虛空)도 벗어났고, 금강(金剛)도 벗어났고, 반야(般若)도 벗어났다. 무엇이든, 이름함이 상(相)이니 머무름이며, 일컬을 것 있음이 상념(想念)이니 망념(妄念)이다. 그러나 이 성품을 모르면, 망(妄)과 진(眞)을 수용(隨用)한 방편(方便)인 조도관(助道觀)에 들게 하니, 그것이 3해탈(三解脫)이며, 3삼매(三三昧)이다. 그러나, 스스로 조도관(助道觀) 속에 망념(妄念)이 끊어지면, 그대로 진관(眞觀)에 들게 되나, 망념(妄念)이 끊어지지 않았으면, 조도관(助道觀)이 상념관(想念觀)인 망진관(妄眞觀)이며, 망념(妄念)이 끊어지면, 일체(一切)가 그대로 진성(眞性)에 증입하게 된다.

각명(覺明)이, 부동열반(不動涅槃)을 체성(體性)으로 하고, 부동체성(不動體性)은, 부사의 일체총지(一切總持) 공능(功能)의 공덕(功德)을, 각명(覺明)과 본심(本心)으로 유출한 그것이 본각(本覺)의 작용인 각명원융보리(覺明圓融菩提)이며, 그것이 본심(本心)의 작용인 무염청정진여(無染淸淨眞如)이다. 본각(本覺)이 열반본성(涅槃本性)을 벗어나 있는 것이 아니며, 본심(本心)이 부동열반(不動涅槃)을 벗어나 있는 것이 아니다. 그러므로 각명(覺明)이 원융(圓融)함은, 열반(涅槃)의 부사의 공능(功能)의 공덕(功德)이며, 진여(眞如)가 물듦 없는 무염청정(無染淸淨)이, 부동열반(不動涅槃)의 부사의 공능(功能)의 공덕(功德)이다.

3해탈(三解脫)인 허공성(虛空性)으로 해탈(解脫)하라 함은, 마음이 상(相)을 벗어나지 못해 해탈(解脫)하지 못하기 때문이다. 금강(金剛)으로 해탈(解脫)하라 함은, 5음(五陰)의 식(識)의 출입이 있어, 해탈(解脫)하지 못하게 때문이다. 반야(般若)로 해탈(解脫)하라 함은, 상(相)에 머묾의 분별심 지견(知見)이 있으므로, 해탈(解脫)하지 못하기 때문이다.

3삼매(三三昧)인 공(空)으로 해탈(解脫)하라 함은, 공(空)이 아니므로 해탈(解脫)하지 못하기 때문이다. 무상(無相)으로 해탈(解脫)하라 함은, 상(相)이 있어 해탈(解脫)하지 못하기 때문이다. 무작(無作)으로 해탈(解脫)하라 함은, 식(識)의 작용이 있어, 해탈(解脫)하지 못하기 때문이다.

3해탈(三解脫)과 3삼매(三三昧)의 성품 6성(六性)인 허공성(虛空性), 금강성(金剛性), 반야성(般若性), 공성(空性), 무상성(無相性), 무작성(無作性)이 곧, 본(本) 성품이다. 허공성(虛空性)이 본성공성(本性空性)이며, 금강성(金剛性)이 본성무상성(本性無相性)이며, 반야성(般若性)이 본성무작성(本性無作性)이다.

공성(空性)이 허공성(虛空性)이며, 무상성(無相性)이 금강성(金剛性)이며, 무작성(無作性)이 반야성(般若性)이다. 해탈(解脫)이라 함은, 머물 것이 없어 머묾이 없음이며, 삼매(三昧)라 함은 마음이 동(動)함이 없음이다. 벗어날 것이 있어 벗어났다면, 아직, 아상(我相)을 끊지 못해

해탈(解脫)이 아니며, 삼매(三昧)에 들었다면, 그것이 상념상(想念相)이라, 환(幻)의 유심소작(有心所作)이다. 아(我)가 있으면, 도(道)를 보는 눈이 둘이 아니라, 천(千) 개를 얻고, 만(萬) 개를 얻었어도 밝게 보지 못함은, 그것이 곧, 분별이기 때문이다. 그러나 만약, 아(我)가 끊어지면, 일체(一切)가 대(對)가 끊어져, 분별할 상(相)과 분별할 자(者)가 없어, 일체(一切)가 허공성(虛空性), 금강성(金剛性), 반야성(般若性), 공성(空性), 무상성(無相性), 무작성(無作性)이니, 3해탈(三解脫)과 3삼매(三三昧)도 끊어져, 해탈상(解脫相)도 끊어졌다.

○ **372.** 무엇이, 대의과(大義科)이옵니까?

梵行長者言 云何於大義科
범 행 장 자 언　운 하 어 대 의 과

범행장자가 말씀 사뢰오며 여쭈옵기를, 무엇이 대(大), 의(義), 과(科)이옵니까?

♣ 범행장자가, 말씀 사뢰오며 여쭈옵기를, 무엇이 4대사행(四大事行)에서, 도(道)를 수순하여 택멸(澤滅)하는, 대(大), 의(義), 과(科)이옵니까?

○ **373.** 대(大)는 4대, 의(義)는 5음 18계 6입, 과(科)는 본식(本識)이다.

佛言 大謂四大 義謂陰界入等 科謂本識
불 언　대 위 사 대　의 위 음 계 입 등　과 위 본 식

是謂於大義科 [論:續1,2: 是爲於大義科]
시 위 어 대 의 과　[논:속1,2: 시위어대의과]

부처님께옵서 말씀하옵기를, 대(大)는 4대(四大)이며, 의(義)는 5음(五陰), 18계(十八界), 6입(六入) 등이며, 과(科)는 본식(本識)이니라. 이것이 대(大), 의(義), 과(科)이니라.

♣ 부처님께옵서 말씀하옵기를, 대(大), 의(義), 과(科)의 대(大)는, 지수화풍(地水火風) 4대(四大)와 이 몸이며, 의(義)는 5음(五陰), 18계(十八界),

6입(六入) 등이며, 과(科)는 본식(本識)이니라. 대(大), 의(義), 과(科)가 여(如)의 성품임을 깨달으며, 또한, 체상용(體相用)의 자성(自性)을 관(觀)하는 3삼매(三三昧)인 무작(無作), 무상(無相), 공삼매(空三昧)에 들어, 여혜정(如慧定)으로 여(如)의 성품인 정(定)과 혜(慧)와 자비(慈悲)를 함께 갖추어, 여정(如定)으로 식(識)의 출입이 없고, 여혜(如慧)로 마음이 무엇에도 머무름이 없으며, 여(如)의 성품 정(定)과 혜(慧)와 자비(慈悲)를 함께 갖추어 이롭게 해야 하느니라. 이것이 대(大), 의(義), 과(科)이니라.

□ 고(高), 대(大) 경(經)에 시위어대의과(是謂於大義科)가, 논(論), 속1,2(續1,2) 경(經)에는 시위어대의과(是爲於大義科)로 되어 있다.

● 대(大)가 지수화풍(地水火風) 4대(四大)임은, 지대(地大), 수대(水大), 화대(火大), 풍대(風大)이기 때문이며, 4대(四大)는 색성(色性)의 근본(根本) 대종(大種)이다. 지(地), 수(水), 화(火), 풍(風)을 대(大)라고 함은, 각각이 색계(色界)의 근본이며, 또한, 결정성(結定性)이기 때문이다. 지대(地大)의 성품은 엉기고 뭉치며 형태를 이루는 성질이다. 수대(水大)의 성품은 끌어당기고 흡수하며 젖는 성질이다. 화대(火大)는 뜨겁고 열을 발생하며 불로 태우고 빛을 내는 성질이다. 풍대(風大)는 흩어지며 사라지고 소멸하게 하는 성질이다. 물질이든 생명체이든 사람이든 자신이 지닌 4대성(四大性)을 가진 차별성품에 따라 그 특성이 있음이니, 지성(地性)의 성품이 많거나 강하면 형태가 결정되어 굳는 성질이 강하다. 수성(水性)이 많거나 강하면 끌어당겨 흡수하고 젖게하는 성질이 강하다. 화성(火性)의 성품이 많거나 강하면 열정적이고 빛을 내는 성질이 강하다. 풍성(風性)이 많거나 강하면 유동(流動)이 심하고 흩어지며 사라지게 하는 성질이 강하다. 모든 상(相)의 모습은 4대성(四大性)의 차별상(差別相)이다. 여기에 차별 식성(識性)이 결합하여 그 조화(造化)가 무량무변무궁(無量無邊無窮)이다.

● 의(義)가 5음(五陰), 18계(十八界), 6입(六入)임은, 의(義)는 실체(實體)

를 일컬으므로, 실체(實體)를 일컫는 대상, 그 자체가 곧, 5음(五陰), 18계(十八界), 6입(六入) 등의 세계이기 때문이다.

● 과(科)가 본식(本識)임은, 대(大)인 지수화풍(地水火風) 4대(四大)와 의(義)인 5음(五陰), 18계(十八界), 6입(六入) 등이 곧, 본식(本識)의 세계 하나의 총상(總相)인 과(科) 속에 이루어지는 별상(別相)인 과종(科種)이 기 때문이다. 그러므로 본식계(本識界)가, 대(大)인 지수화풍(地水火風) 4대(四大)의 색성향미촉(色聲香味觸)과 6근(六根)의 색(色)의 세계와 의 (義)인 5음(五陰), 18계(十八界), 6입(六入) 등의 세계이다. 본식(本識)은 식(識)의 작용이 일어나는 근본성품이니 곧, 여(如)의 본성(本性)이다. 일체가 본성(本性)을 벗어난 것은 없으며, 일체가 본성(本性)의 부사의 무상공능총지(無相功能總持)의 작용이다.

○**374.** 이 지혜는, 열반(涅槃)에 머묾 없는 보살도(菩薩道)이옵니다.

梵行長者言 不可思議 如是智事 自利利人 過三界地
범 행 장 자 언　불 가 사 의　여 시 지 사　자 리 이 인　과 삼 계 지
不住涅槃 入菩薩道
부 주 열 반　입 보 살 도

범행장자가 말씀 사뢰옵기를, 불가사의이옵니다. 이와 같은 지혜의 행 [事]은 자신을 이롭게 하고, 사람들을 이롭게 할 것이옵니다. 3계(三界) 의 성품[地]을 벗어나 열반(涅槃)에도 머물지 않고, 보살도(菩薩道)에 들 게 하옵니다.

♣ 범행장자가 말씀 사뢰옵기를, 불가사의이옵니다. 4대사(四大事)와 3삼매(三三昧)와 대의과(大義科)와 여혜정(如慧定)과 여(如)의 자비행(慈 悲行), 이와 같은 지혜의 행은, 자신을 보리도(菩提道)로 이롭게 하고, 사람들을 여(如)의 지혜로 이롭게 할 것이옵니다. 이러한 4대사행(四 大事行)은, 3계(三界)의 성품을 벗어나, 열반(涅槃)에도 머물지 않고, 보살도(菩薩道)에 들게 하옵니다.

◯**375.** 분별(分別)을 벗어나면, 성품이 불멸(不滅)이옵니다.

如是法相 是生滅法 以分別故 若離分別 法應不滅
여 시 법 상 시 생 멸 법 이 분 별 고 약 리 분 별 법 응 불 멸

이와 같은 법(法)의 모습에서는, 이 생멸법(生滅法)은 분별(分別)과 차별(差別)인 까닭으로, 만약 분별(分別)과 차별(差別)을 벗어나면, 법(法)은 응당히 불멸(不滅)이옵니다.

♣ 평등성지(平等性智)인 정지(定智)와 묘관찰지(妙觀察智)인 부정지(不定智)와 성소작지(成所作智)인 열반지(涅槃智)와 대원경지(大圓鏡智)인 구경지(究竟智)의 4대사행(四大事行)과 3삼매(三三昧)와 대의과(大義科)와 여혜정(如慧定)의 이와 같은 법(法)의 행(行)에는, 이 생멸법(生滅法)은, 상(相)에 의지한 분별(分別)과 차별(差別)인 까닭으로, 만약, 제식(諸識)의 분별(分別)과 차별(差別)을 벗어나면, 생멸(生滅) 없는 법(法)은, 응당 불멸(不滅)이옵니다.

◯**376.** 여래(如來)께옵서, 게송(偈頌)을 설(說)하셨다.

爾時 如來 欲宣此義 而說偈言
이 시 여 래 욕 선 차 의 이 설 게 언

이때 여래께옵서, 이 실상[義:實相]을 베풀고자, 게송을 설하시었다.

♣ 이때, 여래께옵서, 일체 차별을 벗어난, 불가사의한 이 실상[義:實相]을 베풀고자, 게송을 설하시었다.

◯**377.** 분별(分別)이 멸(滅)하면, 법(法)은 생(生)도 멸(滅)도 아니다.

法從分別生 還從分別滅 滅諸分別法 是法非生滅
법 종 분 별 생 환 종 분 별 멸 멸 제 분 별 법 시 법 비 생 멸

법(法)은 분별을 좇아 일어나
다시 분별을 좇아 멸(滅)하느니라.
모든 분별하는 법(法)이 멸(滅)하면

이 법(法)은 생(生)도 멸(滅)도 아니니라.

♣ 법(法)은, 분별하는 상념(想念)을 따라 일어나고
다시, 분별하는 상념(想念)을 따라, 멸(滅)하느니라.
모든, 분별하는 법(法)이, 무생(無生)임을 깨달으면
이 법(法)은, 자성(自性)이 없어, 생(生)도 멸(滅)도 아니니라.

○378. 범행장자(梵行長者)가 뜻을 베풀고자, 게송(偈頌)을 읊었다.

爾時 梵行長者 聞說是偈 心大欣懌 欲宣其義 而說偈言
이 시 범 행 장 자 문 설 시 게 심 대 흔 역 욕 선 기 의 이 설 게 언

이때 범행장자가 이 게(偈)를 설하심을 듣고, 마음이 크게 기쁨으로 충만하여, 그 실상[義:實相]을 널리 베풀고자 게송(偈頌)을 읊었다.

♣ 이때 범행장자가, 여래께옵서 설하시는 이 실상(實相)의 게송을 듣고, 생멸이 끊어진 실상(實相)에 드니, 마음이 크게 기쁨으로 충만하며, 그 실상[義:實相]을 널리 베풀고자, 게송을 읊었다.

○379. 법(法)이 본래(本來) 적멸(寂滅)이며, 무생(無生)이옵니다.

諸法本寂滅 寂滅亦無生
제 법 본 적 멸 적 멸 역 무 생

모든 법(法)이, 본래(本來) 적멸(寂滅)이오니
적멸(寂滅) 또한, 무생(無生)이옵니다.

♣ 모든 법(法)이, 본래(本來) 생멸(生滅) 없는, 적멸(寂滅)이오니
적멸(寂滅) 또한, 적멸(寂滅)하여, 무생(無生)이옵니다.

○380. 생멸법(生滅法)은, 무생(無生)이 아니옵니다.

是諸生滅法 是法非無生
시 제 생 멸 법 시 법 비 무 생

이 모든 생멸(生滅)하는 법(法)은

이 법(法)은, 무생(無生)이 아니옵니다.

♣ 이 모든 생멸(生滅)하는 법(法)은
이 법(法)은, 생멸(生滅)하여 무생(無生)이 아니옵니다.

◯ 381. 생멸(生滅)이 무생(無生)이 아님은, 단상(斷常)이기 때문입니다.

彼則不共此 爲有斷常故
피 즉 불 공 차　위 유 단 상 고

저것이 곧, 이것[無生法]과 함께하지 않음은
단(斷)과 상(常)이 있다고 하기 때문이옵니다.

♣ 저 생멸법이 곧, 무생법(無生法)과 함께하지 않음은
생멸로 끊어짐과 유무로 항상함이 있다고 하기 때문이옵니다.

◯ 382. 무생(無生)은, 둘 없는 공(空)에도 머물지 않사옵니다.

此則[論: 此即]**離於二 亦不在一住**
차 즉 [논: 차즉] 이 어 이　역 부 재 일 주

이는 곧, 두 모습이 끊어진 것이어서
또한, 하나[空]에도 머물러 있지 않사옵니다.

♣ 이 무생법(無生法)은 곧, 생멸, 단상(斷常), 유무가 끊어져
또한, 생멸, 단상, 유무 없는 하나[空]에도 머물지 않사옵니다.

◯ 383. 만약 설(說)한 법(法)이 있다면, 환(幻)이옵니다.

若說法有一 是相如毛輪
약 설 법 유 일　시 상 여 모 륜

만약, 설(說)한 법(法)이 하나라도 있다면
이 상(相)은, 모륜[毛輪:幻]과 같사옵니다.

♣ 만약, 설한 법이 생멸 없는 무생(無生) 하나라도 있다면
이 법상(法相)은, 미혹으로 일으킨 환(幻)과 같사옵니다.

● 모륜(毛輪): 환(幻)의 모습이다.

○384. 모든 것은, 전도(顚倒)된 허망(虛妄)한 것이옵니다.

如燄水迷倒 爲諸虛妄故
여 염 수 미 도   위 제 허 망 고

아지랑이를 물로 착각[迷倒]함과 같아서
모든 것이 허망(虛妄)한 까닭이옵니다.

♣ 아지랑이를 물로 앎과 같이 미혹으로 전도(顚倒)됨이니
설한 법 있음이, 모두 미혹으로 전도된 허망한 환(幻)이옵니다.

● 염(燄): 불꽃 염(燄)이다. 불꽃 염(燄)이 아지랑이임은, 뜨거운 햇볕에 피어오르는 아지랑이를, 염(燄)으로 표현했기 때문이다.

○385. 법(法)이 없음은, 공(空)과 같사옵니다.

若見於法無[續1: 若見于法無] **是法同於空**
약 견 어 법 무 [속1: 약견우법무]   시 법 동 어 공

만약, 법(法)이 없음을 본다면
이 법(法)은, 공(空)과 같사옵니다.

♣ 만약, 설한 법이 무생(無生)이라 없음을 깨달으면
이 설한 모든 법은, 상(相)이 없어 적멸한 공(空)과 같사옵니다.

□ 고(高), 논(論), 대(大), 속2(續2) 경(經)에 약견어법무(若見於法無)가, 속1(續1) 경(經)에는 약견우법무(若見于法無)로 되어 있다.

○386. 설(說)한 법(法)은, 실체(實體)가 없사옵니다.

如盲無目倒[論:續2: 如盲無日倒] **說法如龜毛**
여 맹 무 목 도 [논:속2: 여맹무일도]   설 법 여 구 모

맹인(盲人)이 눈이 없어, 전도[顚倒]됨과 같음이니
설하신 법(法)은, 거북의 털과 같사옵니다.

♣ 설한 법이 있음은, 맹인이 눈이 없어, 전도(顚倒)됨과 같음이니 설한 법은 상(相)이 없어, 거북의 털과 같아, 실체가 없사옵니다.

□ 고(高), 대(大), 속1(續1) 경(經)에 여맹무목도(如盲無目倒)가, 논(論), 속2(續2) 경(經)에는 여맹무일도(如盲無日倒)로 되어 있다.

□ 논경구(論經句)

여맹무일도(如盲無日倒): 맹인(盲人)이, 태양이 없다 함과 같이, 전도됨이다.

○387. 설(說)함을 듣고, 두 견해(見解)를 벗어났사옵니다.

我今聞佛說 知法非二見
아 금 문 불 설　지 법 비 이 견

제가 지금, 부처님의 설(說)하심을 듣고
법이, 두 견해(見解)를 벗어났음을 알았사옵니다.

♣ 제가 지금, 부처님께옵서 설하오신, 생멸의 실상을 듣고
법이 생멸, 유무, 단상(斷常)의 두 견해가 없음을 알았사옵니다.

○388. 중(中)에도 머묾 없음은, 무주(無住)인 까닭이옵니다.

亦不依中住 故從無住取
역 불 의 중 주　고 종 무 주 취

또한, 중(中)에도 머무르거나 의지하지 않음은
머물거나, 취함이 없음을 따르는 까닭이옵니다.

♣ 또한, 생멸, 유무, 단상 없는 중에 머물거나 의지하지 않음은
머물고 취할 수 없는, 무생(無生)의 성품을 따르는 까닭이옵니다.

○389. 설(說)하신 법(法)은, 무주(無住)를 수순(隨順)하는 것이옵니다.

如來所說法 悉從於無住
여 래 소 설 법　실 종 어 무 주

여래(如來)께옵서, 설(說)하신 법(法)은
모두, 머무름이 끊어진 성품을, 수순(隨順)하는 것이옵니다.

♣ 여래께옵서 설(說)하신, 여(如)의 법은
모두, 머물 수 없는 무생(無生)을, 수순(隨順)하는 것이옵니다.

○ 390. 무주처(無住處) 여래(如來)에 예경(禮敬) 올리옵니다.

我從無住處 是處禮如來
아 종 무 주 처 시 처 예 여 래

제가 수순(隨順)함은, 머무를 곳이 끊어졌사오니
이곳의 여래(如來)에게, 예경(禮敬)을 올리옵니다.

♣ 제가 수순함은, 머무를 곳이 끊어진, 무생(無生)이오니
이 무생(無生) 성품, 여래(如來)에게, 예경(禮敬)을 올리옵니다.

○ 391. 예경(禮敬)의 여래상(如來相)은, 부동지(不動智)이옵니다.

敬禮如來相 等空不動智
경 례 여 래 상 등 공 부 동 지

지극히 공경(恭敬)하며, 예경(禮敬)하는 여래(如來)의 모습은
일체 차별(差別) 없는, 공(空)한 부동지(不動智)이옵니다.

♣ 지극히 공경(恭敬)하며, 예경(禮敬)하는 여래(如來)의 모습은
일체 차별이 끊어진, 공(空)한 성품, 부동지(不動智)이옵니다.

● **부동지(不動智):** 무생(無生) 결정성(結定性)인 부동지(不動智)이다.
이는, 본성부동지(本性不動智)이다. 지(智)는 곧, 본지(本智)이니, 본각
(本覺)이다. 부동지(不動智)는, 무생본각(無生本覺)이다.

○ 392. 무주신(無住身)에, 지극한 공경(恭敬)의 예경(禮敬)을 올리옵니다.

不著[論: 不着]**無處所 敬禮無住身**
불 착 [논: 불착] 무 처 소 경 례 무 주 신

집착(執着) 없어, 처소(處所)가 끊어진 곳에서
머묾 없는 성품[身:體]에, 지극한 공경(恭敬)의 예(禮)를 올리옵니다.

♣ 머묾 없는 공(空)한 성품, 무생처(無生處)에서
부동지(不動智) 무주(無住)의 성품에, 공경(恭敬)의 예(禮)를 올리옵니다.

□ 고(高), 대(大), 속1,2(續1,2) 경(經)에 불착(不著)이, 논(論) 경(經)에는 불착(不着)으로 되어 있다.

● 요해구절, 390~393의 실상(實相), 무주처(無住處)와 무주신(無住身)과 무주심(無住心)에 대해, 금강반야바라밀경(金剛般若波羅蜜經)의 여리실견분(如理實見分) 4구게(四句偈)인, 범소유상 개시허망 약견제상비상 즉견여래(凡所有相 皆是虛妄 若見諸相非相 卽見如來)로 살펴볼 수가 있다.

범소유상 개시허망 약견제상비상 즉견여래(凡所有相 皆是虛妄 若見諸相非相 卽見如來)는, 무릇 있는 바 상(相)은, 모두 이것은 허망(虛妄)한 것이니, 만약, 모든 상(相)이 상(相)이 아님을 보면, 곧, 여래(如來)를 보느니라. 는 뜻이다.

①범소유상(凡所有相)이란, 무릇 있는 바 상(相)이다. 이는, 색성향미촉법(色聲香味觸法)의 색상(色相)과 수상행식(受想行識)의 심상(心相)인 일체상(一切相)이다.

②개시허망(皆是虛妄)은, 모두 이것은 허망(虛妄)한 것이다. 여기에서 허망(虛妄)이란, 마음이 상(相)을 인식(認識)하는, 허망(虛妄)이 아니다. 이는, 상(相)의 모습 실체(實體)가, 허망(虛妄)임을 드러냄이다. 이는, 일체상(一切相)이 실체(實體) 없는, 공성(空性)인 환(幻)임을 일컫음이다. 상(相)의 모습 허(虛)는, 일체상(一切相)이 실체(實體)가 없는, 공성(空性)임을 일러 허(虛)라고 하였으며, 망(妄)은 일체상(一切相)이 실체(實體)가 없는 환(幻)임을 일러, 망(妄)이라고 하였다. 그러므로, 이 4구게(四句偈)에서 허망(虛妄)이란, 마음 인식(認識)의 허무(虛無)나 허망(虛妄)을 일컫음이 아니고, 일체상(一切相)이 실체(實體) 없는, 공(空)

한 환(幻)임을 일컬음이다.

③약견제상비상(若見諸相非相)은, 만약, 모든 상(相)이 상(相)이 아님을 봄이다. 이는, 일체상(一切相)이 실체(實體)가 없는 청정무자성(淸淨無自性)인, 공(空)한 실상(實相)을, 여실(如實)히 봄을 일컬음이다.

④즉견여래(卽見如來)는, 곧, 여래(如來)를 봄이다. 여기에서 여래(如來)는, 일체상(一切相)의 실상(實相)인, 불생불멸(不生不滅)의 여래장(如來藏) 성품, 무생실상(無生實相)을 일컬음이다. 이는 곧, 여(如)의 실상(實相)이다.

무주처(無住處)는 즉견여래처(卽見如來處)이며, 무주신(無住身)은 즉견여래신(卽見如來身)이며, 무주심(無住心)은 즉견여래심(卽見如來心)이다.

무주(無住)는, 어느 곳에도 머묾이 없으나, 성품이 없지 않은 무주(無住)이니, 그러므로, 무변제(無邊際)이며, 무주처(無住處)는, 어느 곳에도 머묾이 없으나, 그 실체(實體)가 없지 않은 무주처(無住處)이니, 그러므로, 무변제처(無邊際處)이며, 무주신(無住身)은, 어느 곳에도 머묾이 없으나, 그 체성(體性)이 없지 않은 무주신(無住身)이니, 그러므로, 무변제신(無邊際身)이며, 무주심(無住心)은, 어느 곳에도 머묾이 없으나, 마음이 없지 않은 무주심(無住心)이니, 그러므로, 무변제심(無邊際心)이다. 무주(無住)며 무변제(無邊際)임은, 상(相)이 없는 무변절대성(無邊絕對性)인, 곧, 무생(無生) 여래장(如來藏) 여(如)의 성품이기 때문이다.

○**393.** 일체처(一切處)에서, 여래(如來)를 뵈옵니다.

我於一切處 常見諸如來
아 어 일 체 처 상 견 제 여 래

나는, 일체(一切) 모든 곳에서
항상하신 모든, 여래(如來)를 뵈옵니다.

♣♣ 나는, 일체 모든 곳에, 두루 충만하고, 구족(具足)하며

항상하신, 부동지(不動智) 모든, 여래(如來)의 실상(實相)을 뵈옵니다.

○ **394.** 항상한 법(法)을, 설(說)해주옵소서.

唯[續1,2: 惟]**願諸如來 爲我說常法**
유 [속1,2: 유] 원 제 여 래 위 아 설 상 법

오직, 원하오니 모든, 여래(如來)께옵서는
저희들을 위해, 항상한 법(法)을 설하여 주시옵소서.

♣ 오직, 간곡히 원하오며, 청하오니, 모든 여래(如來)께옵서는
저희에게, 생사생멸 없는, 항상한, 여(如)의 법을 설해 주옵소서.

□ 고(高), 논(論), 대(大) 경(經)에 유(唯)가, 속1,2(續1,2) 경(經)에는 유(惟)로 되어 있다.

○ **395.** 항상한 법(法)을 설(說)하리라.

爾時 如來 而作是言 諸善男子 汝等諦聽 爲汝衆等
이 시 여 래 이 작 시 언 제 선 남 자 여 등 체 청 위 여 중 등

說於常法
설 어 상 법

이때 여래께옵서, 이렇게 말씀하옵기를, 모든 선남자여! 그대들은 자세히 살피어 들을지니라. 그대들을 위해, 항상한 법(法)을 설하리라.

♣ 이때 여래께옵서, 이렇게 말씀하옵기를, 모든 선남자여! 그대들은, 설하는 법의 밀밀한 이치와 성품을, 자세히 살피어, 들을지니라. 그대들이, 끝없는 모든 중생을, 구제하려는, 깊은 연민의 간곡한 서원과 원력의 뜻을 따라, 깊고 깊은, 항상한 법(法)을 설할 것이니라.

○ **396.** 항상하는 법은, 모든 망념(妄念)된 단견(斷見)과 분별을 벗어났다.

善男子 常法非常法 非說亦非字 非諦非解脫 非無非境界
선 남 자 상 법 비 상 법 비 설 역 비 자 비 제 비 해 탈 비 무 비 경 계

離諸妄斷際
이 제 망 단 제

선남자여! 항상하는 법은, 항상하는 법도 아니니, 언설이 아니며 또한, 문자도 아니며, 진리[諦]도 아니며 해탈도 아니며, 무(無)도 아니며 경계도 아니므로, 모든 망념(妄念)된 단견(斷見)과 분별[際]을 벗어났느니라.

♣ 선남자여! 항상하는 여(如)의 법은, 항상하는 상법(相法)이 아니니, 언설로 드러낼 수 있는 것도 아니며, 또한, 문자도 드러낼 수 있는 것도 아니며, 진리라고 일컬을 것도 아니며, 해탈이라 할 것도 아니며, 무(無)라 할 것도 아니며, 경계도 아니므로, 모든 망념(妄念)된 단견(斷見)과 분별의 헤아림을 벗어났느니라.

○397. 요견식(了見識)은 항상하며, 적멸(寂滅)이다.
是法非無常 離諸常斷見 了見識爲常 是識常寂滅
시 법 비 무 상　이 제 상 단 견　요 견 식 위 상　시 식 상 적 멸
寂滅亦寂滅
적 멸 역 적 멸

이 법(法)은, 항상함이 없는 것도 아님이니, 모든 상견(常見)과 단견(斷見)을 벗어난, 요견식(了見識)은 항상하느니라. 이 식(識)은, 항상 적멸(寂滅)이며, 적멸(寂滅) 또한, 적멸(寂滅)하느니라.

♣ 이 성품은, 항상함이 없는 것도 아님이니, 모든 것이, 항상함을 보는 상견심(常見心)과 모든 것이, 멸(滅)함을 보는 단견심(斷見心)을 벗어난, 요견식(了見識)은, 생멸(生滅)과 생사(生死) 없이, 항상하느니라. 이 요견식(了見識)은, 항상 생멸과 생사가 끊어져, 적멸하며, 적멸한 그 자체도 또한, 끊어져, 적멸한, 무생(無生)의 성품이니라.

● **요견식위상(了見識爲常):** 요견식(了見識)은 항상하다. 이 식(識)은 5음(五陰)이 아닌, 본성각명(本性覺明)을 일컬음이다. 요견식(了見識)이라 함은, 이 성품은, 생사와 생멸(生滅) 없이, 항상 두루 밝게 깨어 있

는, 일각(一覺)의 성품이다. 무엇이든 밝게 보고, 밝게 깨닫는 각명성품 일각(一覺)이니, 일각지(一覺智)를, 5지(五智)로 요별하면, 5종지(五種智)가 된다. 이것이 대일여래(大日如來)의 5지(五智)인 법계체성지(法界體性智), 대원경지(大圓鏡智), 평등성지(平等性智), 묘관찰지(妙觀察智), 성소작지(成所作智)이다. 이 5지(五智)는, 일각(一覺)의 성품을, 심(心)의 공능작용의 특성을 따라 분별한 것이다. 이 원융무애각명성(圓融無礙覺明性)인 요견식(了見識)은, 생사생멸(生死生滅) 없이, 항상 두루 밝게 깨어 있는, 무생본각(無生本覺)의 성품이다.

◯**398.** 적멸(寂滅)을 얻은 자는, 항상 적멸(寂滅)한 성품을 본다.

善男子 知法寂滅者 不寂滅心 心常寂滅 得寂滅者 心常眞觀
선 남 자 지 법 적 멸 자 부 적 멸 심 심 상 적 멸 득 적 멸 자 심 상 진 관

선남자여! 법(法)이 적멸(寂滅)임을 아는 자는, 마음을 적멸(寂滅)하게 하지 않느니라. 마음은 항상 적멸(寂滅)하여, 적멸(寂滅)을 얻은 자(者)는, 마음이 항상 참[眞] 성품임을 보느니라.

♣ 선남자여! 법이 무생(無生)인 적멸(寂滅)임을 아는 자는, 마음을 적멸(寂滅)하게 하지 않느니라. 마음은 항상 적멸(寂滅)한 성품이니, 적멸(寂滅)을 얻은 자는, 마음이 항상 적멸(寂滅)한 참[眞] 성품, 무생(無生)임을 보느니라.

◯**399.** 미혹(迷惑)이 분별(分別)이며, 분별(分別)이 모든 법(法)이다.

知諸名色 唯是癡心 癡心分別 分別諸法
지 제 명 색 유 시 치 심 치 심 분 별 분 별 제 법

모든 것을 이름하고, 색[色:色聲香味觸法]을 앎이 오직, 이 미혹의 마음이니라. 미혹의 마음이 분별(分別)이니, 분별함이 모든 법(法)이니라.

♣ 모든 것을 이름하고, 수상행식(受想行識)의 마음과 색성향미촉법(色聲香味觸法)의 색(色)과 지수화풍(地水火風) 4대(四大)의 몸과 모든 유

무(有無)의 법(法)과 종류와 세계를 분별하여 앎이, 제법(諸法)이 무생(無生)임을 모르는 오직, 이 미혹의 마음이니라. 미혹의 마음이 분별이니, 모든 미혹(迷惑)의 분별(分別)이 곧, 제법(諸法)이니라.

● 미혹과 분별과 마음이 따로 있는 것이 아니다. 미혹이 분별이며, 분별이 마음[識心]이니, 분별의 마음이 곧, 미혹 그 자체이다. 분별이 곧, 나이며 미혹이다. 분별하는 미혹 그 자체를 나라고 하며, 마음이라고 하니, 나와 마음은 곧, 분별을 일컬음이다. 그 나와 마음은, 분별인 미혹을 일컬을 뿐, 곧, 나의 진실한 참 성품은 아니다. 분별은, 마음이 아닌, 능소(能所)의 헤아림인 분별(分別)이다.

○ 400. 법(法)의 성품을 깨달으면, 글과 말에 이끌리지 않는다.
更無異事 出於名色 知法如是 不隨文語[續1,2: 不隨文說]
갱 무 이 사 출 어 명 색 지 법 여 시 불 수 문 어 [속1,2: 불수문설]

다시, 차별(差別) 상[事:相]이 없으면, 이름과 색[色:色聲香味觸法]에서 벗어나, 법(法)이, 이 여(如)임을 알아, 글과 말에 이끌리지 않느니라.

♣ 다시, 참 성품에 차별(差別) 상[事:相]이 없으면, 이름의 차별세계와 색계의 차별세계를 벗어나, 법(法)이 이름과 색(色)이 끊어진, 이 여(如)의 성품임을 알아, 법(法)을 분별하는 헤아림인, 일체 차별의 글과 언어의 상(相)에 이끌리지 않느니라.

□ 고(高), 논(論), 대(大) 경(經)에 불수문어(不隨文語)가, 속1,2(續1,2) 경(經)에는 불수문설(不隨文說)로 되어 있다.

● 갱무이사(更無異事): 다시 차별 상(相)이 없다. 이는, 일체 분별상(分別相)이 없음이다. 분별(分別), 그 자체가 곧, 차별이며, 차별이 곧, 상(相)이다. 상(相), 그 차체가 다름이 있음이며, 차별이 있음이다. 차별 따라 이름하고, 분별함이 차별 상(相)이며, 색(色)과 심(心)의 차별 상이 곧, 분별이니, 갱무이사(更無異事)는, 분별이 끊어진, 무생적멸

지(無生寂滅智) 본심(本心)인, 부동지(不動智)이다.

○ **401.** 마음 실체(實體)는, 분별의 내가 아니므로 적멸(寂滅)을 얻는다.

心心於義 不分別我 知我假名 即[大:續1,2: 即] 得寂滅
심 심 어 의 불 분 별 아 지 아 가 명 즉 [대:속1,2: 즉] 득 적 멸

마음 본심(本心)의 실체[義:實體]는, 분별(分別)하는 내가 아니므로, 나[我]라고 이름함이 헛된 것임을 앎으로 곧, 적멸(寂滅)을 얻느니라.

♣ 마음 본심(本心)의 실체[義:實體]는, 모든 것을 분별(分別)하는 내가 아니므로, 나[我]라고 일컫고 이름함이 곧, 실체 없는 헛된 환(幻)임을 앎으로 곧, 적멸의 무생(無生) 본심(本心)을 얻느니라.

□ 고(高), 논(論), 경(經)에 즉(即)이, 대(大), 속1,2(續1,2) 경(經)에는 즉(即)으로 되어 있다.

○ **402.** 적멸(寂滅)을 얻음이, 아뇩다라삼먁삼보리이다.

若得寂滅 即[大:續1,2: 即] 得阿耨多羅三藐三菩提
약 득 적 멸 즉 [대:속1,2: 즉] 득 아 뇩 다 라 삼 먁 삼 보 리

만약, 적멸(寂滅)을 얻으면 곧, 아뇩다라삼먁삼보리를 얻음이니라.

♣ 만약, 분별(分別)의 이름과 생멸상(生滅相)이 끊어진 적멸(寂滅)을 얻으면 곧, 아뇩다라삼먁삼보리를 얻음이니라. 왜냐면, 일체 분별이 끊어진 무생(無生) 성품이 곧, 아뇩다라삼먁삼보리이기 때문이니라.

□ 고(高), 논(論), 경(經)에 즉(即)이, 대(大), 속1,2(續1,2) 경(經)에는 즉(即)으로 되어 있다.

○ **403.** 범행장자(梵行長者)가, 게송(偈頌)을 읊었다.

爾時 長者梵行 聞說是語 而說偈言
이 시 장 자 범 행 문 설 시 어 이 설 게 언

이때 범행장자께서 이 설하심의 말씀을 듣고, 게송을 읊었다.

♣ 이때 범행장자께서, 생멸 없고 차별 없는 항상한 이 무생(無生) 적 멸(寂滅)의 설법을, 자세히 살피어 듣고, 게송을 읊었다.

◯ **404.** 명(名) 상(相) 분별(分別)과 진여 정묘지가 이루어 다섯이옵니다.

名相分別事 及法名爲三 眞如正妙智 及彼成於五
명상분별사 급법명위삼 진여정묘지 급피성어오

명(名)과 상(相)과 분별사(分別事)는
법을 이름함이 셋이 되며
진여(眞如)와 정묘지(正妙智)가
저것과 이루어 다섯이 되옵니다.

♣ 이름함과 상(相)과 헤아리어 분별함이
상(相)의 법을 일컬음이니 명(名), 상(相), 분별(分別) 셋이며
성품 진여(眞如)와 지혜 정묘지(正妙智)가
저것과 이루어 다섯이 되옵니다.

● **5법(五法):** 모든 법의 종류를 분별한 다섯 가지이다.

① 상(相): 일체상(一切相)이다.

② 명(名): 일체명(一切名)이다.

③ 분별(分別): 일체 상(相)과 명(名)을 따라 분별함이다.

④ 정지(正智): 일체 상(相)과 명(名)과 분별(分別)이 실체(實體) 없음을 아는 바른 지혜이다.

⑤ 여여(如如): 일체 상(相)과 명(名)과 분별(分別)이 끊어진 본성(本性)이다.

● 요해구절(了解句節) 55에도 5법(五法)에 대한 구절이 있다.

◯ **405.** 단견(斷見) 상견(常見)은 생멸(生滅)이니, 항상함이 아니옵니다.

我今知是法 斷常之所繫 入於生滅道 是斷非是常
아금지시법 단상지소계 입어생멸도 시단비시상

나는, 이제 이 법(法)을 알았사오니

단견(斷見)과 상견(常見)에 얽매인 바는
생(生)하고 멸(滅)하는 도(道)에 듦이므로
이는 끊어짐이니, 이것은 항상함이 아니옵니다.

♣ 나는, 이제 항상한, 무생법(無生法)을 깨달아 알았사오니
생멸(生滅)의 단견(斷見)과 항상 한다는 상견(常見)은
상견(相見)이니, 생(生)하고 멸(滅)하는 도(道)에 듦이므로
이는, 무생(無生)이 끊어짐이니, 이것은, 항상함이 아니옵니다.

○ **406.** 공(空)한 법(法)은, 인연이 불생(不生)이라 불멸(不滅)이옵니다.

如來說空法 遠離於斷常 因緣無不生 不生故不滅
여 래 설 공 법 원 리 어 단 상 인 연 무 불 생 불 생 고 불 멸

여래(如來)께옵서 설하신 공(空)한 법은
단견(斷見)과 상견(常見)을 멀리 벗어나
인(因)과 연(緣)이 없어, 일어나지 않으므로
생(生)이 아닌 까닭에, 멸(滅)도 아니옵니다.

♣ 여래께옵서, 설하신 진실한 공(空)한 법은
상견(相見)인 단견(斷見)과 상견(常見)을 멀리 벗어나
인(因)과 연(緣)이 끊어져, 인연이 일어나지 않으므로
생(生)이 일어나지 않는, 까닭에, 멸(滅)도 아니옵니다.

○ **407.** 인연(因緣)을 집착해도, 필경 얻지 못하옵니다.

因緣執爲有 如探空中華 猶取石女子[續1,2: 猶如石女子]
인 연 집 위 유 여 채 공 중 화 유 취 석 여 자 [속1,2: 유여석여자]

畢竟不可得
필 경 불 가 득

인연(因緣)을 집착(執着)함이 있으면
허공(虛空) 중에 꽃을 취(取)하려 함과 같음이니

마치, 석녀(石女)가 자식을 가지려함과 같아
필경(畢竟) 가히, 얻지를 못하옵니다.

♣ 생멸에 머물러 인연을 집착함이 있으면
허공 중에 환(幻)과 같은 꽃을 취하려 함과 같음이니
마치, 석녀(石女)가 자식을 가지려함과 같아서
얻고자 하여도 끝내, 가히 얻지를 못하옵니다.

□ 고(高), 논(論), 대(大) 경(經)에 유취석여자(猶取石女子)가, 속1,2(續1,2) 경(經)에는 유여석여자(猶如石女子)로 되어 있다.

○ **408.** 여(如)에 의지하므로, 여실(如實)을 얻사옵니다.

離諸因緣取 亦不從他滅 及於己義大 依如故得實
이 제 인 연 취 역 부 종 타 멸 급 어 기 의 대 의 여 고 득 실

모든, 인연(因緣) 취(取)함을 벗어나고
또한, 밖의 생멸(生滅)함을 좇지 않으면
자기와 5음[義:五陰·十八界·六入]과 4대[大:四大]도 닿지 않아
여(如)에 의지(依支)한 까닭으로, 여실(如實)을 얻사옵니다.

♣ 모든, 인연상을 집착하는, 상(相)을 취함을 벗어나고
또한, 밖의 일체 경계, 생멸함에 머물러 좇지 않으면
자기와 5음[義:5음·18계·6입]과 4대(四大)가 끊어져
여(如)에 의지한 까닭으로, 항상한 여실(如實)을 얻사옵니다.

○ **409.** 진여(眞如)는 자재(自在)이니, 만법(萬法)은 여(如)가 아니옵니다.

是故眞如法 常自在如如[續1: 當自在如如] **一切諸萬法**
시 고 진 여 법 상 자 재 여 여 [속1: 당자재여여] 일 체 제 만 법

非如識所化[論: 不如識所化]
비 여 식 소 화 [논: 불여식소화]

이런 까닭에, 진(眞)인 여(如)의 법은

항상, 자재(自在)하여 여여(如如)하므로
일체(一切) 모든, 만법(萬法)은
식(識)의 변화이므로, 여(如)가 아니옵니다.

♣ 이런 까닭에, 진(眞)인 여(如)의 법은
항상, 상(相)과 식(識)을 벗어나, 자재(自在)하여 여여(如如)하므로
일체, 모든 심(心)과 색(色)의 일체상(一切相) 만법(萬法)은
식(識)의 변화이므로, 여(如)가 아니옵니다.

□ 고(高), 논(論), 대(大), 속2(續2) 경(經)에 상자재여여(常自在如如)가, 속1(續1) 경(經)에는 당자재여여(當自在如如)로 되어 있다.
□ 고(高), 대(大), 속1,2(續1,2) 경(經)에 비여식소화(非如識所化)가, 논(論) 경(經)에는 불여식소화(不如識所化)로 되어 있다.

● **상자재여여(常自在如如):** 성품이 상자재(常自在) 여여(如如)이다. 여여(如如)는 상(相)인 일체 모든 만법이 불생(不生)이라 여(如)이며, 식(識)인 수상행식이 생멸이 없어 불생(不生)이라 여(如)이다. 여(如)에는 이(二)가 없다. 상(相)과 식(識)을 두고 상자재여여(常自在如如)가 아니다. 상(相)과 식(識)이 불생(不生)이므로 여여(如如)이다. 이는, 상(相)과 식(識)으로는 헤아려 알 수 없는 무생(無生)인 부동지(不動智)이다.

○**410.** 설(說)한 법(法)은, 생멸(生滅)이 끊어져 열반(涅槃)이옵니다.

離識法即空[大:續1,2: 離識法卽空] **故從空處說 滅諸生滅法**
이 식 법 즉 공 [대:속1,2: 이식법즉공] 고 종 공 처 설 멸 제 생 멸 법
而住於涅槃
이 주 어 열 반

법(法)은 곧, 공(空)하여 식(識)을 벗어났으니
그러므로, 공(空)을 수순(隨順)하여 설하는 곳에는
모든, 생멸(生滅)의 법(法)이 끊어져
열반(涅槃)에 머무르옵니다.

♣ 설하신 법은 곧, 공(空)하여 모든, 식(識)을 벗어났으니
그러므로, 공(空)의 성품을 따라, 수순하여 설하는 법은
모든, 생멸(生滅)의 법이 끊어져 불생(不生)이므로
생멸(生滅) 없는 무생(無生) 성품, 열반(涅槃)에 머무르옵니다.

□ 고(高), 논(論) 경(經)에 즉(即)이, 대(大), 속1,2(續1,2) 경(經)에는 즉(即)으로
되어 있다.

○411. 멸(滅)에 머뭄 없는 열반(涅槃)이니, 여래장(如來藏)이옵니다.

大悲之所奪 涅槃滅不住 轉所取能取 入於如來藏
대 비 지 소 탈 열 반 멸 부 주 전 소 취 능 취 입 어 여 래 장

대자비(大慈悲)를 빼앗기실[베푸실] 때에도
멸(滅)에 머무르지 않은 열반(涅槃)이므로
밖을 취함[所取]도, 안을 취함[能取]도 끊어져[轉]
계신 곳이, 여래장(如來藏)이옵니다.

♣ 대자비(大慈悲)를 빼앗겨 베푸실 때에도
생멸을 멸(滅)하여 머무른 열반(涅槃)이 아니므로
본래 무생(無生)이라, 능소를 취함이 끊어진, 무생처(無生處)이니
항상 계신 곳이, 무생(無生) 성품인, 여래장(如來藏)이옵니다.

● **대비지소탈(大悲之所奪)**: 대자비를 빼앗김이다. 대자비를 베풂
을, 범행장자가 대자비를 빼앗기실 때로 표현한 까닭은, 불(佛)에게
법(法)을 청법(請法)할 때에, 여래(如來)의 대비심(大悲心)으로 법(法)을
베풀어 주실 것을 청원(請願)하였기 때문이다. 불(佛)은 대비심(大悲心)
을 발할 뿐, 대비(大悲)를 빼앗기는 바가 아니나, 청법자(請法者)가 범
행장자 자신이며, 또한, 범행장자 자신이 청법(請法)한 물음에, 불(佛)
께옵서 수고로움을 마다하시지 않고, 아낌없이 자상히 베풀어 주신
설법을 듣고, 무한 감사의 은혜로움에 올리는 자신의 게송(偈頌)이기
때문이다. 대비지소탈(大悲之所奪)이라고 이렇게 표현함은, 의심을 따

라 세밀히 묻는 청법(請法)에, 큰 지혜와 대비심으로 자세한 깊은 지혜의 가르침을 베풀어주신 크나큰 은혜로움과 무한 감사함에 대한 자신의 송구한 마음, 그리고, 크나큰 기쁨과 감사의 표현이다.

● **열반멸부주(涅槃滅不住):** 멸(滅)에 머무르지 않는 열반(涅槃)이다. 이 열반(涅槃)은 유위열반(有爲涅槃)이나, 상념열반(想念涅槃)이나, 무위열반(無爲涅槃)이 아닌, 무생결정성(無生結定性)인 무생열반(無生涅槃)이다. 무생열반(無生涅槃)이 아니면, 일체열반(一切涅槃)이 식심(識心)의 작용에 의한 차별열반(差別涅槃)이므로 동(動)과 정(靜)이 둘이 되어, 설(說)은 동(動)이며 열반(涅槃)은 정(靜)이니, 설(說)에 들면 열반을 벗어나게 된다. 그러나 무생열반(無生涅槃)이므로 동(動)과 정(靜)이 끊어져, 멸(滅)에 머무르지 않는 열반이므로 설(說) 속에 있어도, 열반을 벗어나지 않는다. 그러므로 능소(能所)가 끊어져, 항상 계신 곳이 무생성품 여래장(如來藏)이라고 한다. 무생열반(無生涅槃)은 본성열반(本性涅槃)이므로, 열반성품이 동(動)과 정(靜) 둘 다 끊어져, 무엇에도 파괴되거나 부서지지 않는다. 왜냐면, 무생결정성(無生結定性)이기 때문이다. 그러므로, 능소(能所)가 끊어진 여래장(如來藏)이라고 한다.

◯**412.** 대중이 설(說)함을 듣고, 여래장(如來藏) 바다에 들었다.

爾時 大衆 聞說是義 皆得正命 入於如來如來藏海
이시 대중 문설시의 개득정명 입어여래여래장해

이때 대중들이, 이 실상[義:實相]의 설하심을 듣고, 모두, 바른 지혜의 명(命)을 얻어, 여래(如來)의 성품, 여래장(如來藏) 바다에 들었다.

♣ 이때 대중들이, 본래 무생(無生) 결정성(結定性)인, 이 실상[義:實相]의 설하심을 듣고, 모두, 바른 불지혜(佛智慧)의 정명(正命)을 얻어, 여래(如來)의 성품, 여래장(如來藏) 지혜의 바다에 들었다.

金剛三昧經 總持品 第八
금강삼매경 총지품 제팔

○**413.** 대중이 아직, 의심사(疑心事)가 다 풀어지지 않았사옵니다.

爾時 地藏菩薩 從衆中起 至于佛前[續1,2: 至於佛前]
이 시　지 장 보 살　종 중 중 기　지 우 불 전 [속1,2: 지어불전]

合掌踞跪[論:續1: 合掌胡跪] **而白佛言 尊者 我觀大衆**
합 장 호 궤 [논:속1: 합장호궤] 이 백 불 언　존 자　아 관 대 중

心有疑事 猶未得決
심 유 의 사　유 미 득 결

이때 지장보살이 대중 속에서 일어나, 부처님 전에 이르러 무릎을 꿇어 합장하고, 부처님께 말씀 사뢰오며 여쭈옵기를, 세존이시여! 제가 대중을 살펴보니, 마음속에는, 해결되지 못한 의심사(疑心事)가 남아 있어, 아직도, 법을 얻으려 결단(決斷)한 바를, 얻지 못한 것이 있사옵니다.

♣ 이때, 지장보살이, 대중 속에서 일어나, 부처님 전에 이르러 무릎을 꿇어 합장하고, 부처님께 말씀 사뢰오며 여쭈옵기를, 세존이시여! 제가 대중의 마음을 살펴보니, 여래께옵서, 무생법(無生法)을 설하셨사오나, 지혜가 부족하여, 마음속에는 법을 바르게 분별하거나, 헤아리지 못한 의심사(疑心事)가 남아 있어, 아직 법에 대한 미진함이 있으므로, 일각요의(一覺了義)의 무생법(無生法)을 증득하려는, 결단한 바를 아직도, 얻지를 못한 것이 있사옵니다.

□ 고(高), 논(論), 대(大) 경(經)에 지우불전(至于佛前)이, 속1,2(續1,2) 경(經)에는 지어불전(至於佛前)으로 되어 있다.

□ 고(高), 대(大), 속2(續2) 경(經)에 합장호궤(合掌蹦跪)가, 논(論), 속1(續1) 경(經)에는 합장호궤(合掌胡跪)로 되어 있다.

○414. 여래(如來)의 자비(慈悲)로, 대중의 의심사를 풀어 주옵소서.

今者如來 欲爲除疑 我今爲衆 隨疑所問 願佛慈悲 垂哀聽許
금 자 여 래 욕 위 제 의 아 금 위 중 수 의 소 문 원 불 자 비 수 애 청 허

지금 여래(如來)께옵서는, 원(願)함을 따라, 미혹의 의심(疑心)을 제거해 주옵시니, 제가 지금 대중을 위해, 의심(疑心)하는 바를 따라 묻고져 하옵니다. 간곡히 원(願)하오니, 부처님의 자비로움으로, 불쌍히 여기시어 허락해 주시오며, 들음을 따라, 베풀어 주시옵소서.

♣ 지금 여래께옵서는, 누구이든 그 원(願)함을 따라, 마음에 미혹의 의심(疑心)을 제거해주옵시니, 제가, 지금 대중을 위해, 대중의 의심(疑心)을 따라, 묻고져 하옵니다. 간곡히 원하오니, 부처님께옵서는, 중생을 깊이 연민하는 자비로움으로, 이들의 지혜가 부족하여, 무생(無生)의 설법을 이해하지 못함을 불쌍히 여기시어, 아직, 지혜가 깊지 못하여, 설하신 법을 이해함에 미치지 못함이오니, 가슴속 의심이 남아 있는 미진한 바를, 묻는 것을 허락해 주옵시며, 의심하는바 들음을 따라, 이들이 자세히 살피고, 이해할 수 있도록, 불(佛)의 원만한 대비를, 베풀어 주시옵소서.

○415. 중생을 구제하고자 하니, 마땅히 물어라. 베풀어 설하리라.

佛言 菩薩摩訶薩 汝能如是 救度衆生 是大悲愍
불 언 보 살 마 하 살 여 능 여 시 구 도 중 생 시 대 비 민

不可思議 汝當廣問 爲汝宣說
불 가 사 의 여 당 광 문 위 여 선 설

부처님께옵서 말씀하옵기를, 보살마하살이여! 그대는 능히, 이와 같이

중생들을 구제하고 제도하고자, 이렇게 큰 자비심(慈悲心)으로, 깊이 가엾이 여기며, 연민(憐愍)하여 근심함이 불가사의하도다. 그대는, 마땅히 널리 물을지어다. 그대들을 위해 베풀고, 설할 것이니라.

♣ 부처님께옵서 말씀하옵기를, 보살마하살이여! 그대는 능히 이와 같이, 중생들을 구제하고 제도하고자, 이렇게 한량없는 큰 자비심으로, 가슴 깊이 중생들을 가엾이 여기며, 연민하여 근심하는, 대비의 서원을 가짐이 불가사의하도다. 그대는 마땅히, 대중의 남은 의심을 따라, 널리 물을지어다. 그대가, 중생들을 생각하는, 끝없는 연민의 대비심 서원과 대중이 의심하는 바의 뜻을 따라, 그대들을 위해, 당연히 베풀며, 자세히, 설할 것이니라.

○416. 모든 법(法)이, 인연(因緣)으로 생긴 것이 아니라고 하시옵니까?

地藏菩薩言 一切諸法 云何不緣生
지 장 보 살 언 일 체 제 법 운 하 불 연 생

지장보살이 말씀 사뢰오며 여쭈옵기를, 일체 모든 법(法)이 어찌하여, 인연(因緣)으로 생긴 것이 아니라고 하시옵니까?

♣ 지장보살이, 말씀 사뢰오며 여쭈옵기를, 일체 모든 법이, 생(生)하고 멸(滅)함이 인연(因緣)을 따름이온데, 어찌하여, 인연(因緣)으로 생긴 것이 아니라고 하시옵니까?

○417. 여래(如來)께서 실상(實相)을 베풀고자, 게(偈)를 설하였다.

爾時 如來 欲宣此義 而說偈言
이 시 여 래 욕 선 차 의 이 설 게 언

이때 여래(如來)께옵서 이 실상[義:實相]을 베풀고자, 게(偈)를 설하시어 말씀하시었다.

♣ 이때 여래께옵서, 이 인연을 벗어난 참 성품, 무생(無生)의 실상[義:實相]을 베풀고자, 게(偈)를 설하시어, 말씀하시었다.

◯418. 법성(法性)이 없는데, 인연에서 어찌 법(法)을 생(生)하겠느냐?

若法緣所生 離緣可無法 云何法性無 而緣可生法
약법연소생 이연가무법 운하법성무 이연가생법

만약, 법(法)이 인연(因緣)으로 소생(所生)한다면
인연(因緣)이 사라지면 가히, 법(法)도 없음이니
어찌, 법(法)의 성품이 없거늘
인연(因緣)으로 가히, 법(法)을 생(生)하겠느냐?

♣ 만약, 법(法)이 인연(因緣)에서 생(生)한 바이면
인연(因緣)이 사라지면 가히, 법(法)도 끊어짐이니
어찌, 법(法)의 성품이 공(空)하여 인연(因緣)도 끊어졌거늘
인연(因緣)으로 어떻게 가히, 법(法)을 생(生)하겠느냐?

● 성품이 공(空)하여 인연이 적멸상(寂滅相)이다. 또한, 일어난 상(相)이 공(空)하여 적멸상(寂滅相)이다.

◯419. 법(法)이 무생(無生)이면, 법(法)을 좇는 마음이 일어나옵니까?

爾時 地藏菩薩言 法若無生 云何說法 法從心生
이시 지장보살언 법약무생 운하설법 법종심생

이때 지장보살이 말씀 사뢰오며 여쭈옵기를, 법(法)이 만약 무생(無生)이오면, 어찌하여 법(法)을 설하시오며, 법(法)을 좇는 마음이 일어나옵니까?

♣ 이때 지장보살이, 말씀 사뢰오며 여쭈옵기를, 인연을 따르는 법이 만약, 무생(無生)이오면, 어찌하여, 법을 설하시오며, 법이 무생(無生)이온데, 법을 좇는 마음이 일어나옵니까?

◯420. 법(法)은 허공(虛空)의 꽃과 같아, 있는 것이 아니다.

於是尊者 而說偈言 是心所生法 是法能所取 如醉眼空華
어시존자 이설게언 시심소생법 시법능소취 여취안공화

是法然非彼
시 법 연 비 피

이에 세존께옵서 게를 설하여 말씀하옵시니,
이 마음에서 소생(所生)한 법(法)은
이 법은, 마음의 분별[能取]과 경계의 분별[所取]로 취함이니
술 취한 사람의 눈에 보이는, 허공의 꽃과 같아
이 법[分別法]은 그러하나, 저 법[無生法]은 아니라네.

♣ 이에 세존께옵서, 게를 설하여 말씀하옵시니,
이와 같이 분별(分別)의 마음에서 소생(所生)한 법(法)은
이 법은, 마음의 헤아림[能取]과 경계를 분별[所取]하여 취함이니
이는, 술 취한 사람의 눈에 보이는, 허공의 환(幻)과 같음이니
분별하는 법은 그러하나, 저 무생법(無生法)은 아니라네.

○421. 법(法)은, 상대(相對) 없이 스스로 이루어지옵니까?

爾時 地藏菩薩言 法若如是 法則[論: 法即]無待 無待之法
이 시 지 장 보 살 언 법 약 여 시 법 즉 [논: 법 즉] 무 대 무 대 지 법

法應自成
법 응 자 성

이때 지장보살이 말씀 사뢰오며 여쭈옵기를, 법(法)이, 만약 그와 같다면, 법은 곧, 상대[待:對]가 없사옵니다. 상대[待:對]가 없는 법(法)은, 법(法)이 응당 스스로 이루어지옵니까?

♣ 이때 지장보살이, 말씀 사뢰오며 여쭈옵기를, 법이 만약, 마음의 분별[能取]과 경계[所取]를 벗어난 바 같으면, 법은 곧, 일체 대상(對相)이 끊어졌사옵니다. 대상(對相)이 끊어진 법은, 법이 응당, 인연이 없이 스스로 이루어지옵니까?

□ 고(高), 대(大), 속1,2(續1,2) 경(經)에 법즉무대(法則無待)가, 논(論) 경(經)에는 법즉무대(法即無待)로 되어 있다.

◯ 422. 이루어지고 사라짐이, 머묾이 끊어진 것이다.

於是 尊者 而說偈言 法本無有無 自他亦復爾
어 시　존 자　이 설 게 언　법 본 무 유 무　자 타 역 부 이

不始亦不終 成敗則[論: 成敗即]不住
불 시 역 부 종　성 패 즉　[논: 성 패 즉]　부 주

이에 세존께옵서 게(偈)를 설하여 말씀하옵시니,
법(法)은, 본래 유(有)도 무(無)도 없으니
자(自)와 타(他) 역시, 또한 이와 같으니라.
시작[始:生]이 없어 또한, 마침[終:滅]도 없음이니
이뤄지고 사라짐이 곧, 머묾이 끊어진 것이라네.

♣ 이에 세존께옵서, 게를 설하여 말씀하옵시니,
법은, 본래 유(有)도 없고 무(無)도 없으니
자(自)와 타(他) 역시 없어, 또한 이와 같으니라.
생(生)이 없어 또한, 멸(滅)이 없음이니
이루어지고 사라짐이 곧, 머묾이 끊어진 것이라네.

□ 고(高), 대(大), 속1,2(續1,2) 경(經)에 성패즉부주(成敗則不住)가, 논(論) 경(經)에는 성패즉부주(成敗即不住)로 되어 있다.

◯ 423. 본래(本來) 열반(涅槃)이면, 이 법(法)의 성품이 여(如)이옵니까?

爾時 地藏菩薩言 一切諸法相 即[大:續1,2: 卽]本涅槃
이 시　지 장 보 살 언　일 체 제 법 상　즉　[대:속1,2: 즉]　본 열 반

涅槃及空相亦如是 無是等法 是法應如
열 반 급 공 상 역 여 시　무 시 등 법　시 법 응 여

이때 지장보살이 말씀 사뢰오며 여쭈옵기를, 일체 모든 법의 모습이 곧, 본래 열반(涅槃)이오면, 열반(涅槃)과 공상(空相) 또한, 이와 같사오니, 이 같은 법(法)들은 없으므로, 이 법(法)이 응당, 여(如)이옵니까?

♣ 이때 지장보살이, 말씀 사뢰오며 여쭈옵기를, 일체 모든 법의 모습이 곧, 생멸(生滅) 없는 열반(涅槃)이오면, 열반(涅槃)과 공상(空相) 또

한, 이와 같아, 본래 생멸(生滅) 없는 무생(無生)이므로, 열반(涅槃)이며 공상(空相)이오니, 이 같은 법(法)들은, 생멸(生滅)과 상(相)이 없으므로, 이 법이 응당, 여(如)이옵니까?

□ 고(高), 논(論), 경(經)에 즉(即)이, 대(大), 속1,2(續1,2) 경(經)에는 즉(即)으로 되어 있다.

○424. 법(法)의 성품은 여(如)도 끊어졌으니, 여(如)이다.

佛言 無如是法 是法是如
불 언 무 여 시 법 시 법 시 여

부처님께옵서 말씀하옵기를, 이 법(法)의 성품은 여(如)도 끊어졌으니, 이 법(法)이 이러하므로, 여(如)이니라.

♣ 부처님께옵서 말씀하옵기를, 이 법(法)의 성품은, 무생(無生)이므로 상(相)이 없어, 여(如)도 끊어졌으니, 이 법(法)이 이러하므로, 여(如)라 하느니라.

○425. 마음도 법(法)도 공적(空寂)하여, 그 성품이 적멸(寂滅)이옵니다.

地藏菩薩言 不可思議 如是如相 非共不共 意取業取
지 장 보 살 언 불 가 사 의 여 시 여 상 비 공 불 공 의 취 업 취
即[大:續1,2: 即]**皆空寂 空寂心法 俱不可取**[論: 俱不俱取]
즉 [대:속1,2: 즉] 개 공 적 공 적 심 법 구 불 가 취 [논: 구불구취]
亦應寂滅
역 응 적 멸

지장보살이 말씀 사뢰옵기를, 불가사의이옵니다. 이 같은 여(如)의 모습은, [生滅과] 함께하거나 [生滅과] 함께 하지 않은 것도 아니어서, 뜻[意]으로 취[能取]하고 업(業)으로 취[所取]함이 곧, 다 공적(空寂)하옵니다. 마음[能心]도 법[所相]도 공적(空寂)하여, 다 가히 취하지 못하는 것이오니, 역시, 응당 적멸(寂滅)이옵니다.

♣ 지장보살이 말씀 사뢰옵기를, 불가사의이옵니다. 이 같은 여(如)의 실체는, 생멸과 함께하는 것도 아니며, 생멸과 함께 하지 않는 것도 아니어서, 생각[意]으로 취[取:能取]하고, 경계를 따라 업(業)으로 취[取:所取]함이, 다 취(取)할 수 없는 곧, 공적(空寂)한 것이옵니다. 분별심의 마음[心:識心:能所心]도, 모든 경계인 법[法:諸相:所相]도 모두, 공적(空寂)하여, 다 가히 취(取)하지 못하는 것이오니 역시, 응당 생멸(生滅)이 끊어진, 적멸(寂滅)한 성품이옵니다.

□ 고(高), 논(論), 경(經)에 즉(即)이, 대(大), 속1,2(續1,2) 경(經)에는 즉(即)으로 되어 있다.
□ 고(高), 대(大), 속1,2(續1,2) 경(經)에는 구불가취(俱不可取)가, 논(論) 경(經)에는 구불구취(俱不俱取)로 되어 있다.

□ 논경구(論經句)

구불구취(俱不俱取): 다 함께 취하지 못하옵니다. 능소상(能所相)인 분별심 능심(能心)과 모든 경계(境界) 소상(所相)인 법(法)이 본래 적멸하여 취할 수 없음을 일컬음이다.

○**426.** 적멸(寂滅)한 성품은 공(空)함도 끊어져, 적멸(寂滅)의 마음도 없다.

於是 尊者 而說偈言 一切空寂法 是法寂不空
어시 존자 이설게언 일체공적법 시법적불공
彼心不空時 是得心不有
피심불공시 시득심불유

이에 세존께옵서 게를 설하시어 말씀하옵시니,
일체가, 공(空)하여 적멸(寂滅)한 법(法)이니
이 법(法)은, 적멸(寂滅)하여 공(空)함도 끊어졌네.
저 마음, 공(空)함도 끊어질 시(時)에
적멸[是:寂滅]을 얻은, 마음이 있음도 끊어지네.

♣ 이에 세존께옵서 게를 설하시어 말씀하옵시니,

일체가, 공(空)하여 적멸(寂滅)한 법이니
이 법의 적멸(寂滅)한 성품에는, 공(空)함도 끊어졌다네.
저 분별의 마음이 적멸에 들어, 공(空)함까지도 끊어질 때에
적멸을 얻은, 깨달은 마음, 또한, 적멸하여, 있음도 끊어진다네.

● **일체공적법(一切空寂法):** 일체(一切)가, 공(空)하여 적멸(寂滅)한 법이다. 이는, 요해구절 424에서 밝힌, 여(如)도, 끊어진 여(如)의 실제(實際), 여실법(如實法)을 드러냄이다. 이 구절(句節)의 일체(一切)란, 색성향미촉법(色聲香味觸法)의 색법(色法)과 수상행식(受想行識)의 심법(心法)과 공(空)한 지혜의 공(空)한 법(法)과 공(空)한 지혜도 끊어져 적멸(寂滅)한 적멸법(寂滅法)이다. 이 여실법(如實法)에 대한 것은 다음 구절(句節)에 있다.

● **시법적불공(是法寂不空):** 이 법(法)은, 적멸(寂滅)하여 공(空)함도 끊어졌다. 이 여실(如實) 법체(法體)는, 적멸(寂滅)도 끊어진 적멸(寂滅)이며, 공(空)함도 끊어진 공(空)이니, 일체 적멸상(寂滅相)의 적멸성(寂滅性)과 일체 공상(空相)의 공성(空性)이 끊어져, 일체 적멸지(寂滅智)와 일체 공성지(空性智)까지 끊어졌다. 이 여(如)의 법체(法體)는, 무연절대성(無然絶對性)으로 무생결정성(無生結定性)이다.

● **피심불공시(彼心不空時):** 저 마음, 공(空)함도 끊어질 때[時]이다. 이는, 일체상(一切相)과 일체심(一切心)이 공(空)함을 아는, 그 지혜(智慧)까지 끊어질 때를 일컬음이다. 이는, 공(空)한 지혜상(智慧相)과 지혜견(智慧見)이, 더 깊은 지혜의 실상심(實相心)에 의해 끊어짐이다. 실상심(實相心)이란, 여(如)의 무생심(無生心)이다.

● **시득심불유(是得心不有):** 적멸(寂滅)을 얻은 마음이 있음도 끊어진다. 적멸(寂滅)을 얻은 마음이란, 공(空)한 지혜까지 끊어져, 적멸(寂滅)한 여(如)의 마음이다. 이는, 무생(無生) 여(如)의 심(心)이니, 적

멸(寂滅)도 끊어진, 무생적멸심(無生寂滅心)이며, 공(空)함도 끊어진, 무생심(無生心)이다. 이 구절은, 무생(無生) 여(如)의 적멸심(寂滅心)까지 또한, 끊어짐을 일컬음이다. 이는, 앞에 424구절에, 이 법(法)의 성품은 여(如)도 끊어졌으니, 이 법(法)이 이러하므로, 여(如)의 성품이라고 하였다. 이는, 여(如)의 상(相)까지 끊어진 마음이다.

○**427.** 이 법(法)은 3제(三諦)인 색·공·심 역시, 멸(滅)하였사옵니다.

爾時 地藏菩薩言 是法非三諦 色空心亦滅 是法本滅時
이 시 지 장 보 살 언　시법비삼제　색공심역멸　시 법 본 멸 시

是法應是滅
시 법 응 시 멸

이때 지장보살이 말씀 사뢰옵기를, 이 법[法:如:一切空寂滅法]**은, 3제**[三諦:色·空·心]**가 아니므로, 색**(色)**이 공**(空)**한 마음도 또한, 멸**(滅)**하였사옵니다. 이 법**[法:色이 滅한 空心]**이, 본래**[本來:本性] **따라 멸**(滅)**할 시**(時)**에, 이 법**[法:色이 空한 마음도 滅하여 얻은 如의 寂滅心]**도 따라**[應:從:本性隨順]**, 이것**[是:色이 空한 마음도 滅하여 얻은 如의 寂滅心인 如의 마음]**도 멸**(滅)**하여, 끊어지옵니다.**

♣ 이때 지장보살이 말씀 사뢰옵기를, 법(法)의 성품은 여(如)도 끊어졌으니, 이 법(法)이 이러하므로 여(如)라고 하시며, 일체(一切)가 공(空)하여 적멸(寂滅)한 법(法)이니, 이 법(法)은 적멸(寂滅)하여 공(空)함도 끊어져, 저 마음 공(空)함도 끊어질 시(時)에, 적멸(寂滅)을 얻은 마음이 있음도 끊어진다 하시오니, 일체(一切)가 공(空)한 여(如)의 적멸법(寂滅法)은, 3제(三諦)인 색성향미촉법(色聲香味觸法)의 색(色)과 공(空)한 지혜(智慧)인 공가중(空假中)의 공(空)의 지혜와 수상행식(受想行識)의 심(心)이 아니므로, 일체(一切) 색법(色法)과 공법(空法)과 심법(心法)도 역시, 끊어졌사옵니다. 색(色)이 공(空)함을 깨달아 얻은 공(空)한 마음이, 본래(本來) 본성(本性)의 성품을 따라 수순(隨順)하므로, 공(空)

한 지혜의 마음도 멸(滅)하여 끊어지옵니다. 그 공(空)한 지혜의 마음이 끊어질 시(時)에, 그 공(空)한 지혜의 마음도 멸(滅)한 적멸심(寂滅心)에 듦이니, 그 여(如)의 적멸심(寂滅心)도 또한, 본래(本來) 본성(本性)의 성품을 따라 수순(隨順)하므로, 이 여(如)의 적멸심(寂滅心)까지도 멸(滅)하여 끊어지옵니다.

● 이 구절(句節)은, 앞 426구절(句節), 불설(佛說)의 말씀을 지장보살이, 다시 한번 그 부사의(不思議) 심오(深奧)한 뜻을 풀어 옮긴 것이다. 이에 대한 것은, 앞의 424구절(句節)에서, 이 법(法)의 성품은 여(如)도 끊어졌으니, 이 법(法)이 이러하므로 여(如)이니라. 함에 대해, 이어지는 구절(句節)들이다.

1구(一句) 시법비삼제(是法非三諦)가 일체공적법(一切空寂法)이다.
2구(二句) 색공심역멸(色空心亦滅)이 시법적불공(是法寂不空)이다.
3구(三句) 시법본멸시(是法本滅時)가 피심불공시(彼心不空時)이다.
4구(四句) 시법응시멸(是法應是滅)이 시득심불유(是得心不有)이다.

1구(一句) 일체공적법(一切空寂法)이 시법비삼제(是法非三諦)이다.
2구(二句) 시법적불공(是法寂不空)이 색공심역멸(色空心亦滅)이다.
3구(三句) 피심불공시(彼心不空時)가 시법본멸시(是法本滅時)이다.
4구(四句) 시득심불유(是得心不有)가 시법응시멸(是法應是滅)이다.

①이 법[法:如]이 3제[三諦:色空心]가 아님이, 일체(一切)가 공(空)한 적멸법[寂滅法:如]이기 때문이다.
②색(色)이 공(空)한 마음도 또한, 멸(滅)함이, 이 법[法:如]은 적멸(寂滅)하여 공(空)함도 끊어졌기 때문이다.
③이 법[法:色이 滅한 空心]이 본래[本來:本性] 따라 멸(滅)할 시(時)가, 저 마음 공(空)함도 끊어질 시(時)이다.
④이 법[法:色이 空한 마음도 滅하여 얻은 如의 寂滅心]도 따라[應:從:本性隨

順] 이것[是:色이 空한 마음도 滅하여 얻은 如의 寂滅心인 如의 마음]도 멸(滅)함이, 이[是:空心이 滅한 寂滅心인 如]를 얻은 마음 있음도 끊어짐이다.

①일체(一切)가 공(空)한 적멸법[寂滅法:如], 이 법[法:如]은 3제[三諦:色空心]가 끊어진 것이다.
②이 법[法:如]은 적멸(寂滅)하여 공(空)함도 끊어졌음이, 색(色)이 공(空)한 마음도 또한, 끊어졌음이다.
③저 마음 공(空)함도 끊어진 시(時), 이 법[法:色이 滅한 空心]이 본래[本來:本性] 따라 멸(滅)한 시(時)이다.
④이[是:空心이 滅한 寂滅心인 如]를 얻은 마음 있음도 끊어짐이, 이 법[法:色이 空한 마음도 滅하여 얻은 如의 寂滅心]도 따라[應:從:本性隨順], 이것[是:色이 空한 마음도 滅하여 얻은 如의 寂滅心인 如의 마음]도 멸(滅)함이다.

묘법연화경(妙法蓮華經) 방편품(方便品)에도 이와 같은 말씀이 있다.
제법종본래(諸法從本來): 모든 법이 본성의 성품을 따라
상자적멸상(常自寂滅相): 항상 그 성품이 적멸한 모습이니
불자행도이(佛子行道已): 불자행(佛子行)이 이 도(道)이니
내세득작불(來世得作佛): 내세(來世)에 얻을 불(佛)을 지음이다.

제법종본래(諸法從本來): 모든 법이 참 성품 상(相) 없음을 따라
상자적멸상(常自寂滅相): 항상 머묾 없는 청정한 참 성품 모습이니
불자행도이(佛子行道已): 불자행(佛子行)이 참 성품 청정한 행이니
내세득작불(來世得作佛): 내일의 모습 불(佛)의 참 성품 행이다.

● **시법비삼제(是法非三諦):** 이 법(法)은 3제(三諦)가 아니옵니다. 이 구절(句節) 내용의 과정은, 요해구절 424에, 여(如)도 끊어진 여(如)의 법(法)에 대한 경설(經說)이 이어지는 내용의 구절(句節)이다. 이 구절(句節)에, 이 법(法)은 색공심(色空心)의 3제(三諦)가 아니라고 함은, 바로 앞 구절(句節)에서, 부처님께서 설(說)한, 일체공적법(一切空寂法)인, 일체(一切)가 공(空)한 적멸법(寂滅法)이다. 이 법(法)이란, 일체(一切)가

공(空)한 적멸법(寂滅法)으로, 여(如)도 끊어진 여(如)의 법(法)이다.

● **색공심역멸(色空心亦滅):** 색(色)이 공(空)한 마음도 역시 멸(滅)하였사옵니다. 이는, 앞 구절 불설(佛說)의 시법적불공(是法寂不空)인, 이 법(法)은 적멸(寂滅)하여 공(空)함도 끊어진 법(法)이다. 여(如)도 끊어진 여(如)의 법(法)인, 일체(一切)가 공(空)한 적멸법(寂滅法)에는 색(色), 공(空), 심(心), 3제(三諦)도 끊어진 여(如)의 법(法)이란 뜻이다. 이는 색성향미촉법(色聲香味觸法)의 색법(色法)과 수상행식(受想行識)의 심법(心法)뿐만 아니라, 일체(一切)가 공(空)한 지혜(智慧)와 그 공(空)한 심법(心法)까지 끊어졌음을 일컬음이다.

● **시법본멸시(是法本滅時):** 이 법(法)이 본래(本來) 본성(本性)의 성품을 따라 수순(隨順)하여 멸(滅)할 시(時)이다. 이 구절(句節)은, 앞의 불설(佛說)에 피심불공시(彼心不空時)인, 저 마음 공(空)함도 끊어질 시(時)를 일컬음이다. 이 법(法)이란, 색(色)이 공(空)한 지혜의 마음이다. 본멸시(本滅時)란, 색(色)이 공(空)한 지혜의 마음이, 본성(本生)의 청정무자성(清淨無自性) 무상무생(無相無生)의 성품을 수순(隨順)하여, 색(色)이 공(空)한 지혜의 마음도 멸(滅)하여 끊어지는 시(時)이다. 이는, 일체(一切) 색성향미촉법(色聲香味觸法)의 색(色)이 공(空)함을 깨달은 지혜의 마음이, 그 본성(本性)의 청정성품을 따라 수순(隨順)하므로, 색(色)이 공(空)한 지혜의 마음까지도 끊어짐이다.

● **시법응시멸(是法應是滅):** 이 법(法)을 따라[應:從:隨順] 이것이 멸(滅)하옵니다. 이 구절(句節)은, 앞의 불설(佛說)에 시득심불유(是得心不有)의 법으로, 색(色)이 공(空)한 마음도 멸(滅)하여 얻은 여(如)의 적멸성(寂滅性)인 적멸심(寂滅心)도 끊어짐이다. 이 법(法)이란, 색(色)이 공(空)한 지혜의 마음이, 본래(本來) 본성(本性)인 청정무자성(清淨無自性) 무생(無生)성품을 수순하여, 공(空)한 지혜의 마음도 끊어지므로, 공심(空心)도 멸(滅)한 적멸성(寂滅性)에 듦이니, 이 여(如)의 적멸성(寂滅

性)을 일러, 이 법(法)이라고 하였다. 응(應)이란, 본래본성(本來本性)의 성품을 수순(隨順)함이다. 그러므로, 시법응(是法應)이란, 공심(空心)이 청정무자성(淸淨無自性) 무생(無生)성품을 수순하여 적멸성(寂滅性)에 든 그 적멸심(寂滅心)도 또한, 본래본성(本來本性)인 청정무자성(淸淨無自性) 무생(無生)성품을 수순함이다. 응시멸(應是滅)은, 공(空)도 끊어져, 적멸성(寂滅性)에 든 적멸심(寂滅心)이 또한, 본래본성(本來本性)의 청정무자성(淸淨無自性) 무생(無生)성품을 수순하여, 적멸성(寂滅性)에 든 여(如)의 적멸심(寂滅心)까지 끊어짐이다. 이는, 여래(如來)의 청정성품인, 본성(本性)의 무생공능(無生功能)을 수순함이다. 이 구절(句節)들은, 앞 426구절(句節) 불설(佛說)의 말씀을 지장보살이, 다시 한 번 그 법(法)의 심오(深奧)하고 중요한 깊은 뜻을 풀어 옮긴 것이다. 이 구절(句節)의 내용에서 중요한 것은, 본래본성(本來本性)의 청정무자성(淸淨無自性) 무생(無生)성품을 수순하므로, 일체(一切) 색성향미촉법(色聲香味觸法)의 색상(色相)이 끊어져, 제상(諸相)이 공(空)한 지혜에 들며, 공(空)한 지혜에 든 그 마음도, 본래본성(本來本性)을 수순하므로, 공성(空性)도 끊어진 적멸성(寂滅性)에 들며, 적멸성(寂滅性)에 든 그 여(如)의 적멸심(寂滅心)도 또한, 본래본성(本來本性)의 청정무자성(淸淨無自性)인 무생(無生)성품을 수순하므로, 적멸성(寂滅性)인 여(如)의 적멸심(寂滅心)도 끊어져 벗어남이다. 앞의 불설구(佛說句)인, 일체공적법 시법적불공 피심불공시 시득심불유(一切空寂法 是法寂不空 彼心不空時 是得心不有)와 이 구절(句節)인 시법비삼제 색공심역멸 시법본멸시 시법응시멸(是法非三諦 色空心亦滅 是法本滅時 是法應是滅)이, 일체(一切) 해탈법(解脫法)인 부사의(不思議)한 깨달음 해탈(解脫)의 도(道)와 무상지혜(無上智慧) 대각(大覺)의 불(佛)을 성취하는, 청정한 참 성품, 무생(無生) 여(如)의 여래장(如來藏)의 진리(眞理), 일미진실(一味眞實) 무상무생(無相無生) 결정실제(結定實際) 본각리행(本覺利行)인 심청정도(心淸淨道)이다.

● 공(空)을 인식함에도, 시(時)의 흐름인 무상(無常)과 무주(無住) 속에 인식하는 생멸견(生滅見)의 공견(空見)이 있고, 시(時)가 끊어진 자성공(自性空)이 있다. 법의 자성(自性)을 보지 못하면, 시(時)의 흐름 속에 상념(想念)의 사유(思惟)를 통해, 무상(無常)과 무주(無住)로 공(空)을 인식하나, 이것은 상념(想念)의 업력(業力)으로, 생멸이 끊어진 자성(自性)을 보지 못하므로 상(相)에 이끌림을 제거하여, 상(相)의 자성(自性)인 공(空)과 무아(無我)에 접근하는 방편(方便)이니, 이는, 자성(自性)이 공(空)함을 깨닫기 위한 차제적 방편(方便)이다. 시(時)가 끊어지면, 상(相)이 머묾과 머묾이 없음이 둘 다 끊어진다. 자성(自性)에는 시(時)의 흐름인 전후(前後)가 끊어졌으므로, 현상에는 그 자체의 현재 찰나도 없어 시(時)가 끊어졌다. 그러므로 일체상(一切相)이 뿌리 없는 환(幻)임을, 자성(自性)을 깨닫는 지혜를 통해 터득하게 된다. 시(時)의 존재는 상(相)의 상속(相續) 생멸견(生滅見)이며, 시(時)가 있음이 상(相)의 생멸을 보는 상념(想念) 의식(意識)에 존재할 뿐이다. 그러나 상(相)의 자성(自性)에는 시(時)가 존재하지 않기에, 인연을 따라 뿌리 없는 환(幻)과 같은 일체상을 창출하게 된다. 상(相)의 자성(自性)을 보는 무생(無生)의 지혜에는 시(時)가 없어, 상(相)의 상속(相續)인 생멸이 끊어졌다.

■ 여(如)와 공·가·중(空·假·中)

색·공·심(色·空·心)이 끊어진 여(如)인 무생결정성(無生結定性)에는 공·가·중(空·假·中)을 건립할 법(法)과 체성(體性)이 없다. 왜냐면, 본연무연중절대성(本然無然中絶對性)은 무생(無生) 여래장(如來藏)이므로, 체(體)와 용(用), 상(相)과 공(空), 정(定)과 혜(慧), 시각(始覺)과 본각(本覺), 일체 대(對)의 차별성품과 차별지혜가 끊어진, 무생결정절대성(無生結定絶對性)이기 때문이다. 상(相), 견(見), 식(識), 대(對), 분별(分別)이 끊어지고, 시각(始覺)과 본각(本覺)이 둘 다 끊어지면, 체(體)와 용(用)이 끊어져, 공·가·중(空·假·中)도 없다. 무생결정성(無生結定性)

인 본연무연중절대성(本然無然中絶對性)에는 건립할 공(空)도, 가(假)도, 중(中)도 끊어져 없다.

공·가·중(空·假·中)을 건립하려면, 공(空)과 가(假)와 중(中)을 건립할 법(法)이 있어야 한다. 공·가·중(空·假·中)의 건립은 무생법인(無生法忍)의 무위공성법(無爲空性法)에서는 가능하다. 왜냐면, 상(相)이 공(空)함을 깨달아 무위공성(無爲空性)에 들었으나, 무위공성(無爲空性)의 바탕이, 대(對)인 상(相)을 바탕하여 건립되기 때문이다. 상(相)과 공(空)의 관계는 상(相)이 즉, 공(空)이다. 그러므로 상(相)이 실(實)이 아닌 가(假)이다. 공(空) 또한, 실(實)이 아니므로, 가(假)인 상(相)을 드러낸다. 그러므로, 성품은 가(假)도, 공(空)도 아닌 중(中)이다. 이 논리(論理)와 법(法)과 견(見)과 관(觀)과 사유(思惟)는, 시각(始覺)과 본각(本覺)이 둘 다 끊어지지 않은, 동(動)과 정(靜), 체(體)와 용(用), 상(相)과 공(空)의 무위지혜(無爲智慧)에서 건립된다.

그러나, 체(體)와 용(用)이 끊어지면, 사유(思惟)하거나 관(觀)하거나 건립할 법(法)이 끊어져, 공(空)과 가(假)와 중(中)이, 견(見)과 상(相)을 벗어나지 못한 분별임을 깨닫게 된다. 무생결정성(無生結定性)인 실공(實空) 실체(實體)의 여래장(如來藏)에 들면, 일체(一切) 법(法)과 상(相)과 견(見)과 심(心)과 깨달음 일체 지혜도 끊어져, 무엇에도 의지할 것이 없으니, 공(空)도, 가(假)도, 중(中)도 건립할 법(法)과 상(相)이 없어, 건립할 수가 없다. 체(體)와 용(用)이 둘 다 끊어진 결정성(結定性)에 들면, 색(色), 식(識), 심(心), 견(見), 지혜(智慧)의 일체(一切) 대(對)가 끊어진 절대성(絶對性)이므로, 일체 사량(思量)과 분별(分別)을 벗어나, 깨달음도, 어떤 지혜도 내세우거나 건립할 법(法)이 끊어졌다. 왜냐면, 체(體)와 용(用)이 끊어진 본연무연중절대성(本然無然中絶對性)이므로, 공(空)도 가(假)도 중(中)도 내세울 법(法)도 끊어진 무생결정절대성(無生結定絶對性)이기 때문이다.

내세울 법(法)인, 상(相)과 공(空)이 공존하는 가(假)의 세계에는, 상(相)과 공(空)의 관계 속에 있으므로, 공(空)과 가(假)와 중(中)의 사유(思惟)와 분별이 가능하다. 그리고, 여(如)의 무생결정절대성(無生結定絶對性)뿐만 아니라, 상(相)과 공(空)을 벗어난 이사무애지(理事無礙智)의 일승(一乘)이나, 사사원융무애지(事事圓融無礙智)의 일불승(一佛乘)이나, 부동열반성지(不動涅槃智)의 불승(佛乘)이어도, 공·가·중(空·假·中)이 끊어진다. 왜냐면, 상(相)과 공(空)을 둘 다 벗어난 지혜성품이기 때문이다. 또한, 시각(始覺)과 본각(本覺)이 끊어져, 체(體)도 용(用)도, 둘 다 끊어진 무생결정성(無生結定性)인 본연무연중절대성(本然無然中絶對性)에는, 무엇을 건립하거나 세울 일체(一切) 법(法)도 지혜(智慧)도 끊어져, 일체(一切) 대(對)와 견(見)이 끊어졌다. 무엇을 분별하여 법(法)을 세우고 건립하며, 공·가·중(空·假·中)을 일컬음이, 상(相)의 분별이며, 견(見)의 분별이다. 공(空)과 가(假)를 일컫거나, 공·가·중(空·假·中)을 분별하여 사유(思惟)하거나, 관(觀)함이, 아직, 시각(始覺)과 본각(本覺)이 둘 다 끊어지지 않아, 상(相)의 분별을 벗어나지 못했음이다.

관(觀)할 것 있음이, 시각(始覺)과 본각(本覺)의 대(對)뿐만 아니라, 아직, 능소(能所)의 대(對)도 벗어나지 못했음이다. 실상(實相)을 보는 지혜(智慧)의 상승은, 유무(有無)를 벗어나면, 유무(有無) 없는 공성(空性)의 무위중(無爲中)에 든다. 더 지혜각력(智慧覺力)이 실상(實相)을 향해 상승하면, 유무(有無) 없는 공성(空性)의 무위중(無爲中)도 초월(超越)해, 실상실제(實相實際)의 절대성(絶對性)에 듦으로, 일체(一切) 상(相)과 견(見)과 식(識)과 지혜(智慧)도 끊어져, 어떤 것을 내세우거나 건립(建立)할 법(法)도 존재하지 않은, 완연(完然)한 초월성(超越性)인 절대성(絶對性)이다. 왜냐면, 일체(一切) 상(相)과 견(見)과 식(識)의 세계가 끊어져 초월(超越)한, 실상실제(實相實際)의 절대성(絶對性)인 결정성(結定性)에 들었기 때문이다. 그러므로, 완전한 실상실제(實相實際)의 절대성(絶對性)에 들기 전에는, 완전한 실상실제(實相實際)의 절대성(絶對性)인 결정성(結定性)의 지혜가 아니다. 공·가·중(空·假·中)을 관(觀)함이 상(相)의 분별관(分別觀)이다. 공·가·중(空·假·中)은 상(相)을 분별하는 상분별관(相分別觀)이니, 만약, 공(空)이어도, 그 공(空)은 상(相)의 상념(想念)을 벗어나지 못했고, 또한, 가(假)이어도, 그 가(假)는 상(相)의 상념(想念)을 벗어나지 못했다. 또한, 중(中)이어도, 그 중(中)은 가(假)와 공(空)에 의지함이라 상(相)의 상념(想念)을 벗어나지 못했다. 능소(能所)가 끊어지고, 또한, 무위(無爲)의 시각(始覺)과 본각(本覺)이 둘 다 끊어지면, 무위(無爲)의 공·가·중(空·假·中)도 끊어져 벗어나니, 관(觀)할 자(者)도, 관(觀)할 대상(對相)도 끊어진다. 왜냐면, 상(相)과 공(空), 심(心)과 식(識), 유위(有爲)와 무위(無爲), 열반(涅槃)과 보리(菩提), 체(體)와 용(用), 중생(衆生)과 불(佛)의 일체(一切) 대(對)가 끊어진 절대성(絶對性)이기 때문이다.

공·가·중(空·假·中) 3법(三法)은, 불법(佛法)의 실상중도(實相中道)가 아니다. 불법(佛法)의 실상중도(實相中道)는 상(相), 견(見), 법(法), 분별(分別)이 끊어져, 중(中)도 끊어진 무생결정성(無生結定性)이며 여래결정성(如來結定性)이, 불법(佛法)의 실상중도(實相中道)이다. 이는, 중(中)이 있어 중(中)이 아니다. 상(相), 공(空)뿐만 아니라, 중(中)도 끊어져 없어, 그 성품을 일컬어 실상(實相)이며, 중(中)이라고 한다. 이는, 실상실제(實相實際)인 무생결정성(無生結定性)으로 본연무연중절대성(本然無然中絶對性)이다. 이는, 여래장(如來藏) 성품이므로, 공(空)도, 가(假)도, 중(中)도 건립하거나 세울 법(法)이 없다. 만약, 공·가·중(空·假·中)을, 불법(佛法)의 실상중도(實相中道)로 생각하면, 이는, 망견공화(妄見空華)이다. 이 망견공화(妄見空華)를 벗어나려면, 시각(始覺)과 본각(本覺)이 둘 다 끊어져, 무위지혜(無爲智慧)를 벗어나, 무생결정성(無生

結定性)인 본연무연중절대성(本然無然中絕對性)에 들면, 실상실제(實相實際)인 여래장(如來藏) 여래결정성(如來結定性)이니, 공·가·중(空·假·中)의 허(虛)와 실(實)을 밝게 가름하므로, 여래(如來)의 불법실상중도(佛法實相中道)의 뜻이 어디에 있는가를 명확히 깨닫게 된다. 여래결정성(如來結定性)에는 공·가·중(空·假·中)을 건립할 법(法)이 없어, 불법(佛法)의 실상중도(實相中道)가 아님을 깨달으면, 공·가·중(空·假·中)이 무위공성(無爲空性)의 분별상(分別相)임을 깨닫게 된다.

사유(思惟)를 벗어난 공·가·중(空·假·中)의 지혜, 상(相)이 가(假)임을 깨닫는 것은, 상(相)의 무아(無我)를 깨달아 무아지(無我智)에 들면, 5식(五識)이 끊어져 색성향미촉(色聲香味觸)이 무아(無我)이므로, 상(相)이 가(假)임을 깨닫게 된다. 이는, 성소작지(成所作智)이다. 상(相)이 공(空)임을 깨닫는 것은, 상(相)의 상념상(想念相)이 끊어져, 6식(六識)이 끊어지면, 색성향미촉법(色聲香味觸法)이 공(空)한 지혜에 들게 된다. 이는, 묘관찰지(妙觀察智)이다. 중(中)은, 상(相)과 공(空)의 이사(理事)를 벗어난 원지(圓智)이니, 7식(七識) 자아(自我)가 끊어지면, 상(相)도 공(空)도 끊어져 초월한 이사무애법계(理事無礙法界)에 들어, 이사(理事)에 걸림 없는 무염진여(無染眞如)의 무애지(無礙智)에 든다. 이는, 평등성지(平等性智)이다. 8식(八識) 출입식(出入識)이 끊어져, 상(相)과 공(空)도, 이사무애법계(理事無礙法界)의 무염진여(無染眞如)도 끊어져 초월한, 걸림 없는 사사원융법계(事事圓融法界)의 원융각(圓融覺)에 든다. 이는, 대원경지(大圓鏡智)이다. 상(相)과 공(空)을 벗어난 이사무애법계(理事無礙法界)와 사사원융법계(事事圓融法界)에 들어도, 아직, 불법(佛法)의 실상중도(實相中道)인 실공실중(實空實中)에는 들지 못했다. 공·가·중(空·假·中)은 무위각식(無爲覺識)의 동(動)의 지혜이니, 8식(八識) 함장식(含藏識)이 끊어지면, 일체(一切) 무위동각식(無爲動覺識)이 끊어져, 부동열반성지(不動涅槃性智)에 들게 된다. 이는, 무위체성지(無爲體性智)이다. 이 무위체성(無爲體性)인 부동열반성지(不動涅槃性智)에는 무위동각식(無爲動覺識)의 작용인 공·가·중(空·假·中)의 지혜도 끊어진다. 왜냐면, 공·가·중(空·假·中)의 지혜는, 무위동각식(無爲動覺識)에 의한 공성(空性)의 분별지혜상(分別智慧相)이기 때문이다. 공·가·중(空·假·中)이 끊어진 부동열반성지(不動涅槃性智)에 들어도 아직, 시각(始覺)과 본각(本覺)이 둘 다 끊어지지 않아, 불법(佛法)의 실상중도(實相中道)에는 들지 못했다. 무위지혜(無爲智慧)의 각식(覺識)이 끊어지면, 시각(始覺)과 본각(本覺)이 둘 다 끊어져, 무생결정성(無生結定性)인 여래결정각(如來結定覺)에 듦으로, 불법(佛法)의 실상중도(實相中道)인 본연무연중절대성(本然無然中絶對性)을 깨닫게 된다. 본연무연중절대성(本然無然中絶對性)에는 중(中)도 없어, 시종(始終) 없는 실공실중(實空實中) 무변제(無邊際)인 결정성(結定性) 본연무연중절대성(本然無然中絶對性)이다. 이는, 절대성(絶對性)이므로 중(中) 없어 실상(實相)이라고 하며, 이 실상(實相)은 절대성(絶對性)이므로, 무엇에도 이끌림이나 치우침이 없는 본연무연절대성(本然無然絶對性)이므로 중(中)이라고 하며, 이것이 절대실상(絶對實相)이니 중(中)이며, 이 중(中)에는 중(中)이 없어, 본연무연중절대성(本然無然中絶對性)이다. 이 성품에는, 공·가·중(空·假·中)을 건립할 법(法)도, 지혜(智慧)도, 분별(分別)도, 사유(思惟)도, 관(觀)도, 논리(論理)도 끊어져 없다. 그러므로 중(中)이다. 곧, 불법(佛法)의 실상(實相)이며, 여래장(如來藏) 본성공능(本性功能)의 절대성(絶對性)인 중도(中道)이다.

3공취(三空聚)인 공상역공(空相亦空), 공공역공(空空亦空), 소공역공(所空亦空)의 실제(實際)에 들어도, 공·가·중(空·假·中)이 끊어지며, 3해탈(三解脫)인 허공해탈(虛空解脫), 금강해탈(金剛解脫), 반야해탈(般若解脫)의 실제(實際)에 들어도 공·가·중(空·假·中)이 끊어지며, 3삼매(三三昧)인 공삼매(空三昧), 무상삼매(無相三昧), 무작삼매(無作三昧)의 실제(實際)에 들어도 공·가·중(空·假·中)이 끊어진다. 또한, 일각요의(一

覺了義)인 일미진실(一味眞實) 무상무생(無相無生) 결정실제(結定實際) 본각리행(本覺利行)에 들어도 공·가·중(空·假·中)이 끊어진다. 왜냐면, 무생(無生) 여래장(如來藏)에는 능소(能所)와 제상(諸相)과 제식(諸識)과 견(見)의 일체가 끊어졌기 때문이다. 여래장(如來藏) 성품에는 공·가·중(空·假·中)이 미망(迷妄)이며, 상(相)의 상념(想念)인 분별이다. 공(空)도 분별의 상(相)이며, 가(假)도 분별의 상(相)이며, 중(中)도 분별의 상(相)이다. 지혜가 더 밝아지면, 공·가·중(空·假·中)이 끊어진다. 왜냐면, 능소(能所)와 제상(諸相)과 제식(諸識)과 견(見)의 일체 지혜(智慧)가 끊어진 성품, 결정성(結定性)인 본연무연중절대성(本然無然中絶對性)에 들기 때문이다. 이는, 실상실제(實相實際)인 여래장(如來藏) 진성실제(眞性實際)이며, 여래(如來)의 결정성(結定性)이다.

본연무연중절대성(本然無然中絶對性)에는, 무엇이든 건립하고 세울 법(法)이 끊어진 결정성(結定性)이니, 만약 건립하거나 세울 법(法)이 있으면, 상(相), 식(識), 견(見), 지혜의 대(對)를 벗어나지 못한 미망(迷妄)의 분별상(分別相)이다. 왜냐면, 실상실제(實相實際)인 시종(始終) 없는 근본(根本)인 무연본성(無然本性) 무생청정결정성(無生淸淨結定性)에는 공(空)도, 가(假)도, 중(中)도 끊어진 본연무연중절대성(本然無然中絶對性)이기 때문이다. 시종(始終) 없는 근본(根本) 성품은 공·가·중(空·假·中)이 끊어졌으므로, 부사의(不思議) 일체총지성(一切總持性)이며, 불성여래장(佛性如來藏)이다. 여래장(如來藏)은, 공·가·중(空·假·中)의 공(空)도 아니며, 가(假)도 아니며, 중(中)도 아니다. 무생실공(無生實空) 결정성(結定性)인 만법일체초월(萬法一切超越)의 불성여래장(佛性如來藏)이 아니면, 일체제불(一切諸佛)의 불가사의 공능장엄(功能莊嚴)과 불지혜(佛智慧)와 만법만물만상(萬法萬物萬相)이 출현하는 일체총지성(一切總持性)이 아니다. 그러므로, 공·가·중(空·假·中)의 공(空) 또는, 중(中) 그 자체가, 상(相)의 가(假)를 바탕하여, 서로 의지해 건립한 지혜상(智慧相)의 3법(三法)이니, 여래장(如來藏) 무생실공(無生實空) 결정성(結定性)인 만법일체총지성(萬法一切總持性)이 될 수가 없다. 왜냐면, 공·가·중(空·假·中)의 공(空)과 중(中)은, 무생본성(無生本性)인 여래장(如來藏) 실공(實空)이 아닌, 공견(空見)의 지혜상(智慧相)이므로, 일체(一切) 만법(萬法) 만상(萬相)과 여래(如來)의 일체지혜(一切智慧)의 공덕(功德)을 유출(流出)하는, 불성공덕장(佛性功德藏)인 일체총지성(一切總持性)이 아니기 때문이다. 일체총지성(一切總持性)인 공능실제(功能實際) 여래장(如來藏)이 곧, 일각요의(一覺了義)인 일미진실(一味眞實) 무상무생(無相無生) 결정실제(結定實際) 본각리행(本覺利行)의 총지공능장(總持功能藏)이다. 이는 곧, 불법(佛法) 실상중도(實相中道)인 본연무연중절대성(本然無然中絕對性)이다. 그러므로, 법(法)을 건립한 공·가·중(空·假·中)은 일체공능총지성(一切功能總持性) 실공(實空)이 아닌, 공견(空見) 분별지(分別智)의 지혜상(智慧相)이다.

공·가·중(空·假·中)은, 무위지혜상(無爲智慧相)의 일체(一切) 대(對)를 벗어나지 못한, 공견(空見)의 지혜상(智慧相)일 뿐, 일체(一切) 공덕유출(功德流出)의 일체총지성(一切總持性)이며, 여래결정성(如來結定性)인 실공(實空) 불성장(佛性藏)이 아니므로, 불법(佛法) 실상중도(實相中道)의 여래장(如來藏)이 아니다. 실상반야(實相般若)의 무생청정심(無生淸淨心)에 들어도, 공·가·중(空·假·中)은 분별심(分別心)이라 끊어진다. 2견(二見)이 있으면 분별이며, 2상(二相)이 있어도 분별이며, 2심(二心)이 있어도 분별이며, 이(二) 없는 일(一)인 공(空)이어도 분별이며, 이(二)와 일(一)이 없어도, 없는 그것이 곧, 상(相)이며, 분별이니, 견(見)의 분별 자(自)가 있으면, 법(法)인 분별을 벗어날 수가 없다. 법(法)이란 곧, 분별을 일컬음이다. 지혜의 체(體)와 용(用)이 끊어지고, 동(動)과 정(靜)도 끊어지고, 열반(涅槃)과 보리(菩提)도 끊어져, 시각(始覺)과 본각(本覺)도 끊어지면, 법(法) 없음이 무엇인지를 깨닫게 된다. 상(相)

이 공(空)하여 상(相)을 벗어났다 하여도, 공(空)을 일컬음이 곧, 상(相)이니, 상(相)을 벗어나지 못했음이다. 왜냐면, 공(空)은 상(相)의 그림자를 벗어나지 못해, 상(相)을 바탕하여 공(空)이 건립되기 때문이다. 상(相)을 벗어났어도 견(見)을 벗어난 것이 아니며, 견(見)을 벗어났어도 지(智)를 벗어난 것이 아니며, 지(智)를 벗어났어도, 제불여래(諸佛如來)의 일체총지(一切總持), 한 광명(光明)의 관문(關門)이 남아 있다.

공·가·중(空·假·中)의 건립은, 상(相)이 실체(實體) 없는 가(假)임을 볼 때에 가(假)로 인하여 공(空)이 건립된다. 만약, 가(假)의 법(法)이 없으면, 공(空)이 건립되지 않는다. 그리고 가(假)와 공(空)이 바탕이 되어 중(中)이 건립된다. 만약, 가(假)와 공(空)을 건립할 법(法)이 없으면, 중(中)의 법(法)이 건립되지 않는다. 그러므로, 공·가·중(空·假·中)의 법(法)은, 공(空), 가(假), 중(中)이 서로 의지해 건립되므로, 서로 벗어날 수 없는 공견(空見)의 분별법(分別法)이다. 이는, 상(相)이 가(假)인 공(空)임을 깨달은, 공견(空見)의 분별법(分別法)이며, 분별상(分別相)이다. 공·가·중(空·假·中)의 3관(三觀)으로 중(中)의 원융이어도, 이는, 공(空)과 가(假)를 벗어나지 못함은, 공심(空心)의 중(中)인 견(見)과 지혜상(智慧相)이니, 시각(始覺)과 본각(本覺)이 둘 다 끊어진 무생결정성(無生結定性) 실상실제(實相實際)인 일체초월(一切超越) 본연무연중절대성(本然無然中絶對性)인 여래결정성(如來結定性)이 아니기 때문이다. 공견(空見)의 분별로서는 공·가·중(空·假·中)을 벗어날 수가 없으며, 시각(始覺)과 본각(本覺)이 둘 다 끊어져, 공·가·중(空·假·中)의 무위(無爲)를 벗어나기 전에는, 이 경계를 밝게 가름할 수가 없다. 공(空)이 가(假)로 성립된 공(空)이 아닌, 시종(始終) 없는 무생실공(無生實空) 불성여래장(佛性如來藏)에 들면, 가(假)도 없어 공(空)도 끊어지고, 중(中)도 끊어진다. 가(假)가 끊어지면, 공(空)도, 중(中)도 의지처가 없어, 그 설자리를 잃는다. 그러므로, 불법실상중도(佛法實相中道)는 중(中)이 없어 실(實)이며, 실상중도(實相中道)이다. 그러므로, 무생결정절대성(無生結定絕對性)인 중(中)이다. 이를, 무생결정성(無生結定性)이라고 하며, 본연무연중절대성(本然無然中絕對性)인 실상여래장(實相如來藏)이다. 이 행(行)이 실상중도행(實相中道行)이며, 중도행(中道行)은 실상행(實相行)이며, 이를 무상공능행(無相功能行)이라고 함이니, 이 경(經)에서 설(說)한 곧, 이(利)이다. 이는, 곧, 실상행(實相行)으로, 일체(一切) 상(相), 식(識), 견(見), 지혜가 끊어진 곧, 여래장행(如來藏行)이며 곧, 제불행(諸佛行)이며, 본성(本性)과 본각(本覺)의 실제행(實際行)이다. 그러므로 경설(經說)에, 일체 상(相)과 견(見)을 벗어난, 이 이(利)의 성품에 들어, 이 이(利)의 행(行)에 들도록 이끌고 있다. 이것이 곧, 일각요의(一覺了義)인 일미진실(一味眞實) 무상무생(無相無生) 결정실제(結定實際) 본각리행(本覺利行)이다.

중(中)도 공성(空性)의 중도(中道)가 있으며, 결정성(結定性)인 실상중도(實相中道)가 있다. 공성(空性)의 중도(中道)는, 상(相)의 공견(空見)인 지혜상(智慧相)으로, 유위법(有爲法)을 벗어난 무위공성(無爲空性)인 무위지혜상(無爲智慧相)이며, 결정성(結定性)인 실상중도(實相中道)는, 무위지혜(無爲智慧)를 벗어난 본연무연중절대성(本然無然中絕對性)인 여래장(如來藏) 성품으로, 여래(如來)의 일체지혜(一切智慧) 일체총지(一切總持)와 만법만물만상(萬法萬物萬相)의 일체총지성(一切總持性)인 무생실상실공(無生實相實空)이다. 이는, 여래(如來)의 무생(無生)성품이다. 시각(始覺)과 본각(本覺)이 둘 다 끊어지면, 공(空)도, 가(假)도, 중(中)도 끊어지니, 무생결정성(無生結定性)인 여(如)의 성품 본연무연중절대성(本然無然中絕對性)에 들어, 체(體)와 용(用)이 둘 다 끊어진 결정실제(結定實際)인 여래결정성(如來結定性)에 듦으로, 불법(佛法) 실상(實相) 실공(實空)인 결정성(結定性), 여래장(如來藏) 인(印)의 절대성(絕對性) 실중(實中)을 깨닫는다. 곧, 불지불각(佛智佛覺)인 인(印)의 성품이다.

○**428.** 법(法)이 본래(本來) 무자성(無自性)이며, 상(相)의 성품이다.

於是 尊者 而說偈言 法本無自性 由彼之所生
어시 존자 이설게언 법본무자성 유피지소생

不於如是處 而有彼如是
불어여시처 이유피여시

이에 세존께옵서 게을 설하시어 말씀하옵시니,
법(法)은, 본래(本來) 무자성(無自性)이니
저[無自性]로 말미암이 생(生)하는 바이네.
[無自性은] 이[生滅]와 같은 곳이 아니어도
저[無自性]가 이[生滅]와 같이 있다네.

♣ 이에 세존께옵서 게를 설하시어 말씀하옵시니,
법은, 본래 성품이 무자성(無自性)이니
저 무자성(無自性)으로 말미암아, 생(生)하는 바이네.
무자성(無自性)의 성품은, 이 생멸(生滅)의 모습이 아니어도
저 무자성(無自性)의 성품이, 이 생멸과 같이 있다네.

● 앞의 426구절에서는, 일체(一切)가 공(空)하여 적멸(寂滅)한 법(法)
이며, 이 법(法)은 적멸(寂滅)하여 공(空)함도 끊어져, 적멸(寂滅)을 얻
은 마음이 있음도 끊어졌다고 하시며, 또한, 427구절에서는, 3제(三
諦)인 색(色), 공(空), 심(心)도 없으며, 색(色)이 공(空)한 마음도 또한,
멸(滅)하고, 공(空)한 지혜의 마음도 멸(滅)한 적멸성(寂滅性)인, 여(如)
의 적멸심(寂滅心)도 끊어졌다고 하니, 여(如)의 실상(實相)인 무생(無
生) 성품을 모르는, 상(相)의 분별심(分別心)을 가진 자는, 3제(三諦)인
색(色), 공(空), 심(心)도 부정(否定)하고, 실상지혜법(實相智慧法)인 여
(如)의 실상법(實相法)도 부정(否定)할 수가 있으므로, 그 사견(邪見)을
미연(未然)에 타파하고자, 3제(三諦)인 색(色), 공(空), 심(心)과 여(如)의
실상무자성(實相無自性)이 없지 않은 법(法)을 드러내 보이어, 미혹(迷
惑)의 분별심(分別心)으로 일으키는, 사견사심(邪見邪心)을 타파함이다.

■ 무자성지혜(無自性智慧)의 차별

색·공·심(色·空·心)이 끊어져 적멸(寂滅)한 무자성(無自性)의 성품이 인연을 따라 부사의 생(生)을 드러내어도, 생멸상(生滅相)이 무자성(無自性)이 아니다. 무자성(無自性)이 생멸상(生滅相)이 아니어도, 생멸(生滅)의 성품이 무자성(無自性)이니, 생멸(生滅)과 같이 있다고 함이다. 상(相)이 상(相)이 아님을 깨달음은, 상(相)이 무자성(無自性)이기 때문이다. 상(相)이 무자성(無自性)임을 깨달음이 곧, 상(相)이 공(空)임을 깨달음이다. 공(空)임을 깨달음이 곧, 상(相)의 무자성(無自性)을 깨달음이다. 상(相)의 무자성(無自性)을 깨달으면, 상(相)의 상속(相續)과 생멸상(生滅相)이 끊어지게 된다. 상(相)을 벗어난 무자성(無自性)이 없고, 무자성(無自性)을 벗어난 상(相)이 없다. 왜냐면, 상(相)의 성품이 무자성(無自性)이며, 상(相)은 무자성(無自性) 성품의 작용으로 무자성(無自性) 묘유(妙有)의 상(相)을 드러내기 때문이다. 그런데, 이 무자성(無自性)을 이해함이, 무위공성(無爲空性)의 무자성(無自性)이 있으며, 색·공·심(色·空·心)이 끊어지고, 색·공·심(色·空·心)이 끊어진 적멸심(寂滅心)까지 끊어져, 무결정성(無結定性)이 결정성(結定性)인 결정무생(結定無生)의 무자성(無自性)이 있다. 무위공성(無爲空性)의 무자성(無自性)은, 색·공·심(色·空·心)이 끊어지지 않은, 공가중(空假中)의 무자성(無自性)이며, 색·공·심(色·空·心)이 끊어진 결정무생(結定無生)의 무자성(無自性)은, 공가중(空假中)까지 끊어진, 절대결정성(絕對結定性)이다. 그러므로, 무위공성(無爲空性)인 무자성견(無自性見)은, 무자성(無自性)이 무위공청정(無爲空淸淨)인 공가중무자성(空假中無自性)이며, 색·공·심(色·空·心)이 끊어진 결정무생(結定無生)의 무자성(無自性)은, 무위공청정(無爲空淸淨)인 공가중무자성(空假中無自性)이 끊어진, 무생(無生) 여(如)의 성품, 무생결정성(無生結定性)인 여래장(如來藏) 무생성품(無生性品)이다. 이러한 차별은, 실상실제(實相實際)인 무자성(無自性)을 보는 지혜성품이 서로 다르기 때문이다. 무위공청정(無爲空

淸淨)인 공가중무자성(空假中無自性)의 지혜성품은, 공성(空性)을 깨달은 각식(覺識)에 의한 무위공성(無爲空性)의 지혜성품이며, 색·공·심(色·空·心)이 끊어진 결정무생(結定無生)의 무자성(無自性)의 지혜성품은, 시각(始覺)과 본각(本覺)이 둘 다 끊어져, 각식(覺識)까지 끊어진 무생결정성(無生結定性)인 본연무연중절대성(本然無然中絶對性)의 지혜성품이다. 이는, 상(相)을 보는 지혜가, 무위공성지혜(無爲空性智慧)는 공가중(空假中)의 공상(空相)과 공성(空性)의 성품을 보며, 무생결정성(無生結定性)의 지혜는, 상(相)을 보되, 체(體)와 용(用)이 끊어진 절대성(絶對性) 그대로, 무생결정성(無生結定性)인 본연무연중절대성(本然無然中絶對性)이다. 그러므로, 무위공청정(無爲空淸淨)인 공가중무자성견(空假中無自性見)은 체(體)와 용(用)이 둘 다 끊어진 불이(不二)의 결정성(結定性)이 아니므로, 체(體)와 용(用)의 대(對)의 분별(分別)인, 상(相)의 무자성상속(無自性相續)에 의한 지혜분별상(智慧分別相)이 있고, 색·공·심(色·空·心)이 끊어진 결정무생(結定無生)의 무자성견(無自性見)은, 체(體)와 용(用)의 대(對)가 끊어진 결정성(結定性)이므로, 일체(一切)가 무변제(無邊際)인 초월성(超越性), 무생결정성(無生結定性)을 벗어나 있지 않다. 그러므로, 상(相)이 그대로 무자성상속(無自性相續)과 무자성생멸(無自性生滅)도 끊어진 절대성(絶對性)이며, 무생적멸상(無生寂滅相)인 무생무변제(無生無邊際)의 적멸원융법신결정성(寂滅圓融法身結定性)의 묘용(妙用)이다. 이는 곧, 여래장공능(如來藏功能) 일체총지성(一切總持性)인 무생공능(無生功能)이며, 무상공능총지성(無相功能總持性)인 이(理)에 의한 이(利)의 공능실제(功能實際)이다. 이는, 곧, 여래장(如來藏) 실상공덕총지성(實相功德總持性)의 무상공능(無相功能)인, 묘용묘법(妙用妙法)이다.

○ 429. 제법(諸法)이 무생무멸(無生無滅)이면 어찌, 한 성품이 아니옵니까?

爾時 地藏菩薩言 一切諸法 無生無滅 云何不一
이시 지장보살언 일체제법 무생무멸 운하불일

이때 지장보살이 말씀 사뢰오며 여쭈옵기를, 일체 제법(諸法)이 무생(無生)이며 무멸(無滅)이오면, 어찌하여 하나가 아니옵니까?

♣ 이때 지장보살이, 말씀 사뢰오며 여쭈옵기를, 일체상(一切相)이 생(生)함도 끊어져 무생(無生)이오며, 멸(滅)함도 끊어져 무멸(無滅)이라 하시며, 또한, 생멸(生滅)과 함께 한다 하옵시니, 어찌하여, 생멸(生滅)이 없는, 하나가 아니옵니까?

● 앞에서 이어져 온 구절에서는, 일체(一切)가 공적법(空寂法)이니, 일체(一切)가 끊어졌다고 하시며, 또 위의 구절에서는, 무자성(無自性)이므로 생멸(生滅)과 같이 있다고 하니, 유무심(有無心)의 분별(分別)에서는, 그 뜻을 헤아려도 알 수가 없으므로, 앞에서 이어져 온 구절에서 말씀하신, 일체(一切)가 끊어진 법(法), 그 하나가 아님을 묻게 됨이다.

◯ 430. 일체가 공(空)이니 이름, 언설, 법(法)이 능소(能所)를 취함이다.

於是 尊者 而說偈言 法住處無在 相數空故無
어 시 존 자 이 설 게 언 법 주 처 무 재 상 수 공 고 무
名說二與法 是則[論: 是即]**能所取**
명 설 이 여 법 시 즉 [논: 시 즉] 능 소 취

이에 세존께옵서 게(偈)를 설하시어 말씀하옵시니,
법(法)이, 머문 곳이 있을 수 없고
모습(相)과 수(數)가 공(空)한 까닭으로 없음이니
이름과 언설(言說) 두 가지와 더불어 법(法)이
이것이 곧, 마음으로 헤아리고[能取], 경계를 취함[所取]이네.

♣ 이에 세존께옵서, 게를 설하시어 말씀하옵시니
법(法)이, 무자성(無自性)이므로 머문 곳이 있을 수 없고
일체 상(相)과 가지가지 수(數)가 공(空)하여, 실체가 없음이니
이름함과 언설의 두 가지와 더불어 헤아림의 법(法)이
이것이 곧, 마음으로 헤아리고[能取], 경계를 취[所取]함이니라.

□ 고(高), 대(大), 속1,2(續1,2) 경(經)에는 시즉(是則)이, 논(論) 경(經)에는 시즉(是即)으로 되어 있다.

◯431. 일체 법상(法相)이, 생멸(生滅)과 중(中)에도 머물지 않사옵니다.

爾時 地藏菩薩言 一切諸法相 不住於二岸 亦不住中流
이시 지장보살언 일체제법상 부주어이안 역부주중류

이때 지장보살이 말씀 사뢰오며 여쭈옵기를, 일체 모든 법상(法相)이 두 곳[生滅]에 머물지 않음이니, 역시, 중(中)의 흐름에도 머물지 않사옵니다.

♣ 이때 지장보살이, 말씀 사뢰오며 여쭈옵기를, 일체 모든 법의 모습이, 생(生)과 멸(滅), 두 곳에 머무르지 않음이오니, 역시, 생(生)도 멸(滅)도 아닌, 공(空)인 중(中)의 흐름에도 머물지 않사옵니다.

◯432. 심식(心識)이 머묾 없다면, 어찌 식(識)이 일어나옵니까?

心識亦如是 云何諸境界 從識之所生
심식역여시 운하제경계 종식지소생

심식(心識) 또한, 이와 같사오면, 어찌하여, 모든 경계(境界)가 식(識)을 따라 일어나옵니까?

♣ 심식(心識) 또한, 이와 같이 생멸(生滅)이 없사오면, 어찌하여, 모든 경계가, 능소(能所) 분별의 식(識)을 따라 일어나옵니까?

◯433. 식(識)이 무생이면 어찌, 능생(能生)과 소생(所生)이 있사옵니까?

若識能有生 是識亦從生 云何無生識 能生有所生
약식능유생 시식역종생 운하무생식 능생유소생

만약, 식(識)이 능히 생(生)함이 있다면, 이 식(識)은 역시 생(生)을 좇음이오니, 어찌하여 식(識)이 무생(無生)이온데, 능생(能生)과 소생(所生)이 있사옵니까?

♣ 만약, 식(識)이 능히, 생(生)함이 있다면, 이 식(識)이 역시, 생(生)

을 좇아 능(能)과 소(所)의 분별을 일으킴이니, 어찌하여, 식(識)이 본래 무생(無生)이온데, 어떻게 마음으로 헤아리고, 분별하는 능(能)을 생(生)하고, 밖의 경계를 분별하고 헤아리는, 소(所)를 생(生)함이 있사옵니까?

○ **434.** 소생(所生)과 능생(能生)은, 능연(能緣)과 소연(所緣)이다.

於是 尊者 而說偈言 所生能生二 是二能所緣
어 시 존 자 이 설 게 언 소 생 능 생 이 시 이 능 소 연

이에 세존(世尊)께옵서 게를 설하시어 말씀하옵시니,
소생(所生)과 능생(能生)의 둘은
이것이, 능연(能緣)과 소연(所緣)의 둘이라네.

♣ 이에 세존께옵서, 게를 설하시어 말씀하옵시니,
대상의 분별인 소생(所生)과 마음의 헤아림인 능생(能生)의 둘은
이것이, 비침[照]의 능연(能緣)과 비침[照]의 소연(所緣)인 둘이라네.

● **능생(能生)과 소생(所生):** 대(對)의 분별심 동식(動識)이다.
● **능연(能緣)과 소연(所緣):** 대(對)가 끊어진 각(覺)의 작용이다.
● **능생(能生):** 마음이 일으킨 상념(想念) 분별의 헤아림이다.
● **소생(所生):** 경계를 일으킨 대상(對相) 분별의 헤아림이다.
● **능연(能緣):** 대(對) 끊어진 각명(覺明)에 그대로 비침[照]이다.
● **소연(所緣):** 대(對) 끊어진 각명(覺明)에 그대로 비침[照]이다.

● 각(覺)은 무생결정성(無生結定性)이므로, 각명(覺明)에는 능소(能所)가 끊어져, 생멸(生滅)의 능소심(能所心)이 없다. 능소(能所)가 그대로 무생(無生) 무멸심(無滅心)이다. 일체상(一切相)이 본성(本性) 각명(覺明)에 의해 두루 밝음이 드러나고, 물듦 없고 생멸 없어, 3세(三世) 없는 진여심(眞如心)이, 일체상(一切相)을 두루 물듦 없이 수용한다. 이 일체(一切)가 본각(本覺) 무생공능(無生功能)의 원융조화(圓融造化)이다. 곧,

생멸이 끊어진 무상각(無上覺), 아뇩다라삼먁삼보리이며, 3세(三世)가 끊어진 청정무상(淸淨無相) 반야(般若)의 광명이며, 무염청정(無染淸淨) 일심법계(一心法界)이다. 그대로 청정묘법연화계(淸淨妙法蓮華界)이며, 화엄장엄(華嚴莊嚴) 원융법계(圓融法界)이다. 만약, 한 생각 일어나면 본심각명(本心覺明)을 잃어 식신(識身)에 떨어지니, 능소(能所) 자타(自他) 분별심의 무명(無明)에 얽매여, 진여일심(眞如一心)이 3세(三世) 몽중환(夢中幻) 생멸상(生滅相) 속에 헤매게 된다.

○ **435.** 본래 자성(自性)이 없어, 취(取)할 것 있음이 공(空)한 꽃이다.

俱本各自無[論: 俱本名自無] **取有空華幻**
구 본 각 자 무 [논: 구본명자무] 취 유 공 화 환

모두, 본래 각각, 자성(自性)이 없어
취할 것 있음이, 공(空)한 꽃이며, 환(幻)이라네.

♣ 능연(能緣)과 소연(所緣) 모두, 본래 각각, 자성(自性)이 없어
취(取)할 것 있음이, 실체 없는 공(空)한 꽃이며, 환(幻)이라네.

□ 고(高), 대(大), 속1,2(續1,2) 경(經)에 구본각자무(俱本各自無)가, 논(論) 경 (經)에는 구본명자무(俱本名自無)로 되어 있다.

□ 논경구(論經句)
구본명자무(俱本名自無): 모두 본래 이름할 자성(自性)이 없다.

○ **436.** 식(識)이 생(生)하지 않을 시(時), 경계(境界)가 일어나지 않는다.

識生於未時 境不是時生
식 생 어 미 시 경 불 시 시 생

식(識)이 생(生)하지 않을 시(時)
경계(境界)가 일어난 때가 아니라네.

♣ 식(識)이 생(生)하지 않을 시(時)
능(能)과 소(所)의 경계(境界)가 일어난 때가 아니라네.

○ **437.** 경계(境界)가 일어난 시(時) 아니면, 식(識)이 멸(滅)이다.

於境生未時 是時識亦滅
어 경 생 미 시   시 시 식 역 멸

경계(境界)가 일어난 시(時)가 아니면
이 시(時)에, 식(識)은 역시 멸(滅)이라네.

♣ 능(能)과 소(所)의 경계가 일어난 시(時)가 아니면
이 시(時)에, 식(識)은 역시 멸(滅)이라 무생(無生)이라네.

○ **438.** 경계(境界)와 식(識)이 본래 함께 끊어져, 있음이 아니다.

彼即本俱無[大:續1,2: 彼卽本俱無] **亦不有無有**
피 즉 본 구 무 [대:속1,2: 피즉본구무]   역 불 유 무 유

저 경계(境界)와 식(識)이 곧, 본래(本來) 함께 끊어졌으니
또한, 있는 바가 없어, 있음이 아니라네.

♣ 저 능(能) 소(所)의 경계와 식(識)이 함께 끊어져
또한, 능소(能所)가 있는 바가 없어, 능소(能所) 있음이 아니라네.

□ 고(高), 논(論), 경(經)에 즉(即)이, 대(大), 속1,2(續1,2) 경(經)에는 즉(卽)으로
되어 있다.

○ **439.** 생(生)도 식(識)도 없어, 경계를 좇을 바 없다.

無生識亦無 云何境從有
무 생 식 역 무   운 하 경 종 유

생(生)이 없어, 식(識)도 또한 없음이니
어찌, 경계(境界)를 좇을 바 있으리요.

♣ 생(生)을 일으킴이 없어, 분별의 식(識)도, 또한 없음이니
어찌, 경계를 분별하여, 좇음이 있으리요.

○ **440.** 법상(法相)이 공(空)하여, 경계와 지혜가 적멸(寂滅)이옵니다.

爾時 地藏菩薩言 法相如是 內外俱空 境智二衆 本來寂滅
이시 지장보살언 법상여시 내외구공 경지이중 본래적멸

이때 지장보살이 말씀 사뢰옵기를, 법상(法相)은 이와 같이, 내외(內外)가 함께 공(空)하오니, 경계와 지혜 둘이 모두, 본래 적멸이옵니다.

♣ 이때 지장보살이, 말씀 사뢰옵기를, 일체 법상(法相)은 이와 같이, 능소(能所) 내외(內外)가 함께 공(空)하오니, 경계(境界)와 경계(境界)를 깨닫는 지혜, 두 가지 모두가 끊어져, 본래 생멸 없는 적멸(寂滅)이라, 무생(無生)이옵니다.

○ **441.** 실상(實相) 진공(眞空)은 여(如)의 법이니, 모일 수 없사옵니다.

如來所說 實相眞空 如是之法 卽[大:續1,2: 卽]**非集也**
여래소설 실상진공 여시지법 즉 [대:속1,2: 즉] 비 집 야

여래(如來)께옵서 설하신 실상(實相) 진공(眞空)은, 이 여(如)의 법(法)이므로 곧, 모일[集] 수 없사옵니다.

♣ 여래께옵서 설하신, 실상(實相) 진공(眞空)은, 내외(內外)가 공(空)하고, 경계와 경계를 깨닫는 지혜가 모두, 본래 적멸한 이 여(如)의 법이므로, 인연으로 모여 생멸(生滅)을 이루고, 능소(能所)로 분별하여 머무르고 집착하는, 이같이 업(業)을 쌓고, 모을[集] 수가 없사옵니다.

☐ 고(高), 논(論), 경(經)에 즉(卽)이, 대(大), 속1,2(續1,2) 경(經)에는 즉(卽)으로 되어 있다.

○ **442.** 여실법(如實法)은, 색도 없고 머묾도 없어 일본리법(一本利法)이다.

佛言 如是 如實之法 無色無住 非所集 非能集
불언 여시 여실지법 무색무주 비소집 비능집

非義非大[續1,2: 非義非文] **一本利法**[論:續1,2: 一本科法]
비 의 비 대 [속1,2: 비의비문] 일 본 리 법 [논:속1,2: 일본과법]

深功德聚
심 공 덕 취

부처님께옵서 말씀하옵기를, 그러하니라. 여(如)의 실법(實法)은 색[色聲香味觸法]도 없고 머묾도 없어, 소집(所集)도 아니며 능집(能集)도 아니어서, 의[義:五陰,十八界,六入]도 아니며 대[大:地水火風]도 아니므로, 하나의 근본 실제[利:實際]의 법으로, [여래장공능(如來藏功能)의] 깊은 공덕을 갖추었느니라.

♣ 부처님께옵서 말씀하시옵기를, 그러하니라. 여(如)의 실(實) 법은, 색(色)인 색성향미촉법도 끊어졌고, 머묾도 끊어졌고, 경계를 분별하여 머묾의 소집(所集)도 아니며, 마음으로 헤아리어 머묾의 능집(能集)도 아니며, 상(相) 없는 무생(無生) 성품이므로, 대·의·과(大·義·科)인 색수상행식(色受想行識) 5음(五陰)과 6진(六塵)과 6근(六根)과 6식(六識)인 18계(十八界)도 아니며, 지수화풍 4대(四大)도 아니며, 하나의 근본 실제[利:實際]의 법으로, 여래장(如來藏) 일체총지(一切總持) 무상공능(無相功能)의 불가사의한, 깊은 공덕을 갖추었느니라.

□ 고(高), 논(論), 대(大) 경(經)에 비의비대(非義非大)가, 속1,2(續1,2) 경(經)에는 비의비문(非義非文)으로 되어 있다.
□ 고(高), 대(大) 경(經)에 일본리법(一本利法)이, 논(論), 속1,2(續1,2) 경(經)에는 일본과법(一本科法)으로 되어 있다.

□ 속1,2경구(續1,2經句)
비의비문 일본과법(非義非文 一本科法): 의[義:5음·18계·6입]도 아니며, 문자도 아니며, 하나의 근본 과법[科法:本識法]이다.

□ 논경구(論經句)
비의비대 일본과법(非義非大 一本科法): 의[義:5음·18계·6입]도 아니며, 4대(四大)도 아니며, 하나의 근본 과법[科法:本識法]이다.

● **대의과(大義科):** 대(大)는 4대(四大)이며, 의(義)는 5음(五陰), 18계

(十八界), 6입(六入) 등이며, 과(科)는 본식(本識)이다. 요해구절 373에 있다.

□ 일본리법(一本利法)과 일본과법(一本科法)

일본리법(一本利法)은 본성공능(本性功能) 일체총지(一切總持) 여래장(如來藏) 성품의 법이다. 일본리법(一本利法)은, 하나의 근본 이(利)의 법이니, 이(利)가 무상공능(無相功能) 무상실제(無相實際)의 공덕총지(功德總持)이니, 이는 여래장(如來藏) 성품 본성공능(本性功能)의 법이다.

일본과법(一本科法)은 별상(別相)에서는, 염정(染淨)의 경계를 따라 달라진다. 일본과법(一本科法)은 본식(本識)인 과(科)가 염법(染法)이냐, 정법(淨法)이냐에 따라 달라진다. 염법(染法)이면, 본식(本識)인 과(科)는 12인연법 무명행(無明行), 그리고, 8식(八識) 함장출입식(含藏出入識)이 염식(染識)의 근본 본식(本識)이 된다. 염식(染識)의 본식(本識)이, 12인연법의 무명(無明)과 행(行), 그리고, 8식(八識) 함장식(含藏識)과 출입식(出入識)임은, 무명(無明)과 함장식(含藏識)은 동식(動識)이 아니므로, 동식(動識)인 12인연의 행(行)인 8식(八識)의 출입식(出入識)이 있어야만 염식(染識)의 법계가 갖추어지기 때문이다. 그러나 본식(本識)인 과법(科法)이 정법(淨法)이면, 청정본성(淸淨本性)이다. 위 구절의 일본리법(一本利法)과 일본과법(一本科法)의 다음 구(句)로 이어지는, 여래장(如來藏) 공덕인 심공덕취(深功德聚)와 연이어 이어지는 지장보살의 구절을 통해, 심공덕취(深功德聚)가 정법(淨法)인 청정여래장(淸淨如來藏) 공덕총지(功德總持)의 일본리법(一本利法)이며, 일본과법(一本科法)인 부사의 무상공능(無相功能)의 청정조화(淸淨造化)임을 알 수가 있다. 그러나 또한, 별상(別相)을 벗어나, 총상(總相)에서 염법(染法)이어도, 청정본성(淸淨本性)이 염정(染淨)을 가리지 않고 일체(一切)를 총섭(總攝)함이니, 청정본성(淸淨本性)이 염법(染法)과 정법(淨法)을 총섭(總攝)하는 총상(總相)에서는 일본과법(一本科法)이다.

◯ 443. 불가사의(不可思議)이며, 부사의(不思議) 총섭(總攝)이옵니다.

地藏菩薩言 不可思議 不思議聚
지 장 보 살 언 불 가 사 의 부 사 의 취

지장보살이 말씀 사뢰옵기를, 불가사의이오며, 부사의(不思議) 총섭(聚: 總攝)이옵니다.

♣ 지장보살이 말씀 사뢰옵기를, 능(能)과 소(所)가 끊어져 불가사의 이옵니다. 여실법(如實法)이며, 일본리법(一本利法)인 여래장(如來藏) 성품은, 일체 공덕을 갖춘 불가사의 일체총지(一切總持)의 총섭(總攝)이 옵니다.

◯ 444. 제식(諸識)이 불생(不生)이며, 끊어졌사옵니다.

七五不生[續2: 七六不生] 八六寂滅[續2: 八五寂滅] 九相空無
칠 오 불 생 [속2: 칠육불생] 팔 육 적 멸 [속2: 팔오적멸] 구 상 공 무

7식(七識) 5식(五識)이 불생(不生)이며, 8식(八識) 6식(六識)이 적멸(寂滅) 이며, 9식(九識) 상(相)도 공(空)하여 끊어졌사옵니다.

♣ 7식(七識)과 5식(五識)이 끊어져 불생(不生)이며, 8식(八識)과 6식(六識)이 무생(無生)이므로 적멸(寂滅)이며, 9식(九識)의 상(相)도 공(空)하여 끊어져 적멸(寂滅)이옵니다.

□ 고(高), 논(論), 대(大), 속1(續1) 경(經)에 75불생(七五不生)이, 속2(續2) 경(經)에는 76불생(七六不生)으로 되어 있다.
□ 고(高), 논(論), 대(大), 속1(續1) 경(經)에 86적멸(八六寂滅)이, 속2(續2) 경(經)에는 85적멸(八五寂滅)로 되어 있다.

◯ 445. 유무(有無)가 공(空)하여, 끊어졌사옵니다.

有空無有 無空無有
유 공 무 유 무 공 무 유

유(有)가 공(空)하여 있는 바가 없으며, 무(無)도 공(空)하여 있는 바가 끊 어졌사옵니다.

♣ 능소(能所), 상(相), 식(識), 일체유(一切有)가 공(空)하여, 있는 바가 없으며, 일체(一切)가 끊어져, 무(無)도 공(空)하여, 있는 바가 끊어졌사옵니다.

○446. 여(如)의 성품, 법의 실상(實相)도 공(空)하옵니다.

如尊者所說[論: 如尊所說] **法義皆空**
여 존 자 소 설 [논: 여존소설] 법 의 개 공

세존(世尊)께옵서 설하신 바 여(如)의 성품, 법(法)의 실체[義:實體]도, 다 공(空)하옵니다.

♣ 세존께옵서 설하신 바, 여(如)의 성품인 법(法)의 실체[義:實體]도, 무생(無生) 결정성(結定性)이므로, 공(空)한 그 자체도 다 끊어졌사옵니다.

□ 고(高), 대(大), 속1,2(續1,2) 경(經)에 여존자소설(如尊者所說)이, 논(論) 경(經)에는 여존소설(如尊所說)로 되어 있다.

○447. 공(空)에 들면 모든 업(業)도 끊어져, 원(願)도 없사옵니다.

入空無行 不失諸業 無我我所 能所身見 內外結使
입 공 무 행 불 실 제 업 무 아 아 소 능 소 신 견 내 외 결 사
悉皆寂靜 故願亦息[續1,2: 故諸願亦息]
실 개 적 정 고 원 역 식 [속1,2: 고제원역식]

공(空)에 들면 행(行)도 끊어져, 모든 업(業)의 과실(過失)도 끊어지므로, 나와 나의 것도 없으며, 능소(能所)의 신견(身見)과 내외에 묶임이 모두, 다 적정(寂靜)이오니, 그러므로 원(願)하는 바도 역시, 끊어지옵니다.

♣ 실공실체(實空實體)인 여(如)의 실제(實際)에 들면, 제식(諸識)과 능소(能所)의 일체행(一切行)도 끊어져, 모든 능소(能所)의 업(業)을 짓는 허물의 과실(過失)도 끊어지므로, 나와 내 것도 없으며, 안과 밖 능소(能所) 분별의 신견(身見)과 내외에 얽매임인 묶임이 모두, 다 공(空)하여 무생적정(無生寂靜)이오니, 그러므로 취사(取捨)의 구함과 원(願)하는

바도 역시, 끊어지옵니다.

□ 고(高), 논(論), 대(大) 경(經)에 고원역식(故願亦息)이, 속1,2(續1,2) 경(經)에는 고제원역식(故諸願亦息)으로 되어 있다.

○ **448.** 여(如)는 공(空)한 법(法)이니, 훌륭한 약(藥)이옵니다.

如是理觀 慧定眞如 尊者常說 寔如空法[續1,2: 實如空法]
여 시 이 관 혜 정 진 여 존 자 상 설 식 여 공 법 [속1,2: 실여공법]
即[大:續1,2: 卽]**良藥也**
즉 [대:속1,2: 즉] 양 약 야

이와 같이 참 성품[理]을 관(觀)하는, 정혜(定慧)의 진성(眞性) 여(如)의 성품을, 세존(世尊)께옵서 항상, 설하셨사옵니다. 참으로 여(如)는, 공(空)한 법(法)이오니 곧, 훌륭한 약(藥)이옵니다.

♣ 이와 같이, 참 성품[理]을 관(觀)하는, 정혜(定慧)의 진(眞)인 여(如)의 성품을, 세존께옵서 항상, 설하셨사옵니다. 참으로 여(如)는, 실공(實空)의 법이오니 곧, 일체상(一切相)의 미혹을 벗고, 무상(無上) 지혜를 이루며, 여(如)의 실상(實相)에 드는, 훌륭한 양약(良藥)이옵니다.

□ 고(高), 논(論), 대(大) 경(經)에 식여공법(寔如空法)이, 속1,2(續1,2) 경(經)에는 실여공법(實如空法)으로 되어 있다.
□ 고(高), 논(論), 경(經)에 즉(即)이, 대(大), 속1,2(續1,2) 경(經)에는 즉(卽)으로 되어 있다.

○ **449.** 법성(法性)은 공하므로 무생(無生)이며, 마음도 무생(無生)이다.

佛言 如是 何以故 法性空故[論: 空故] **空性無生 心常無生**
불 언 여 시 하 이 고 법 성 공 고 [논: 공고] 공 성 무 생 심 상 무 생

부처님께옵서 말씀하옵기를, 그러하니라. 무엇 때문이냐면, 법(法)의 성품이 공(空)한 까닭이니라. 공(空)한 성품은 생(生)이 끊어졌으므로, 마음이 항상 무생(無生)이니라.

♣ 부처님께옵서 말씀하옵기를, 그러하니라. 무엇 때문이냐면, 법

(法)의 성품은 무자성(無自性)이므로, 실체(實體)가 공(空)한 까닭이니라. 공(空)한 성품은 생(生)이 끊어졌으므로, 마음이 역시, 공(空)한 성품이니, 항상 무생(無生) 적멸(寂滅)이니라.

□ 고(高), 대(大), 속1,2(續1,2) 경(經)에는 법성공고(法性空故)가, 논(論) 경(經)에는 공고(空故)로 되어 있다.

○450. 공(空)한 성품은 멸(滅)도 끊어져, 마음도 머묾 없다.

空性無滅 心常無滅 空性無住 心亦無住
공 성 무 멸 심 상 무 멸 공 성 무 주 심 역 무 주

공(空)한 성품은 멸(滅)도 없으므로 마음도, 항상 멸(滅)도 없으며, 공(空)한 성품은 머묾이 없어 마음 역시, 머묾이 없느니라.

♣ 공(空)한 성품은 실체가 없어, 무자성(無自性)이므로, 멸(滅)이 없으니, 마음도 역시 공(空)한 성품이니, 항상, 멸(滅)이 없으며, 공(空)한 성품은 실체(實體)가 없어 머묾이 없으니, 마음 역시 공(空)한 성품이므로 실체(實體)가 없어, 머묾이 없느니라.

○451. 공성(空性)은 무위(無爲)며 출입(出入)이 끊어져, 18계 5음이 없다.

空性無爲 心亦無爲 空無出入 離諸得失
공 성 무 위 심 역 무 위 공 무 출 입 이 제 득 실

界陰入等[論:續1,2: 陰界入等] **皆悉亦無**
계 음 입 등 [논:속1,2: 음계입등] 개 실 역 무

공(空)한 성품은 무위(無爲)이므로 마음 역시, 무위(無爲)이며, 공(空)은 출입이 끊어져, 모든 얻음과 잃음을 벗어났으므로, 18계(十八界)와 5음(五陰)과 6입(六入) 등, 모두가 다 역시, 끊어졌느니라.

♣ 공(空)한 성품은 무위(無爲)이므로, 마음 역시, 공(空)한 성품이니 무위(無爲)이며, 공(空)은 식(識)의 출입이 끊어져, 모든 취사(取捨)인 얻음과 잃음을 벗어났으므로, 18계(十八界)와 5음(五陰)과 6입(六入)

등, 일체가 다 역시, 끊어졌느니라.

□ 고(高), 대(大) 경(經)에 계음입등(界陰入等)이, 논(論), 속1,2(續1,2) 경(經)에는 음계입등(陰界入等)으로 되어 있다.

◯452. 여(如)의 공(空)한 법(法)에, 모든 유(有)가 파괴(破壞)된다.

心如不著[論: 心如不着] **亦復如是**
심 여 불 착 [논: 심여불착] 역 부 여 시

菩薩 我說空法[論:續1,2: 我說諸空] **破諸有故**
보 살 아 설 공 법 [논:속1,2: 아설제공] 파 제 유 고

마음이 여(如)이니, 집착이 없어 또한, 역시 이와 같느니라. 보살이여! 내가 설(說)한 공(空)한 법(法)에, 모든 유(有)가 파괴되느니라.

♣ 마음이 공성(空性)이니, 불생(不生)이며 여(如)이므로, 생(生)이 없어, 일체 집착이 끊어진 성품이니라. 그러므로, 역시, 일체 상(相)과 식(識)과 생멸(生滅)과 능소(能所)의 일체상(一切相)에 머묾도 끊어졌느니라. 보살이여! 내가 설한 공(空)한 법에는, 일체(一切) 유(有)의 상(相)과 식(識)과 경계(境界)와 무명(無明)과 법상(法相)과 일체 증득(證得)과 깨닫고 얻은 지혜상(智慧相)까지 파괴되느니라.

□ 고(高), 대(大), 속1,2(續1,2) 경(經)에 심여불착(心如不著)이, 논(論) 경(經)에는 심여불착(心如不着)으로 되어 있다.
□ 고(高), 대(大) 경(經)에 아설공법(我說空法)이, 논(論), 속1,2(續1,2) 경(經)에는 아설제공(我說諸空)으로 되어 있다.

□ 논:속1,2경구(論:續1,2經句)
아설제공 파제유고(我說諸空 破諸有故): 내가 설한 모든 공(空)에는 모든 유(有)가 파괴되느니라.

◯453. 유(有)가 실(實)이 아니며, 실(實)이 없음[斷滅]이 아니옵니다.

地藏菩薩言 尊者 知有非實 如陽焰水
지 장 보 살 언 존 자 지 유 비 실 여 양 염 수

知實非無 如火性生[論: 如實非無 如火性王] 如是觀者
지실비무 여화성생 [논: 여실비무 여화성왕] 여시관자
是人智也[論: 是人智耶]
시인지야 [논: 시인지야]

지장보살이 말씀 사뢰오며 여쭈옵기를, 세존이시여! 유(有)가 실(實)이 아님을 앎으로, 아지랑이[陽焰]와 물이 다를 바 없으며[如], 실(實)이 없음[無:斷滅]이 아님을 앎으로, 불[火]의 성품이 생(生)함과 같사옵니다. 이와 같이 관(觀)하는 자는, 이 사람이 지혜로운 사람이옵니까?

♣ 지장보살이 말씀 사뢰오며 여쭈옵기를, 세존이시여! 일체(一切) 유(有)가 자성(自性)이 없어 무자성(無自性)이므로, 실체(實)가 없음을 깨달아 앎이, 아지랑이[陽焰]와 물도 실체가 없어 무자성(無自性)이므로, 일체(一切) 차별상이 끊어져, 아지랑이와 물의 성품이 다를 바 없음을 알며, 또한, 여(如)이며 무생(無生)이라고 하여, 여(如)의 실(實)이 무견(無見)과 단멸(斷滅)인 없음이 아님을 깨달아 앎이, 불[火]의 성품이 실체가 없어, 그 성품 무자성(無自性)을 따라, 부사의 실공(實空)인 생(生)이 일어남과 같음을 알고 있사옵니다. 이와 같이, 법의 성품을 관(觀)하는 자는 이 사람이 지혜로운 사람이옵니까?

□ 고(高), 대(大), 속1,2(續1,2) 경(經)에 지실비무 여화성생(知實非無 如火性生)이, 논(論) 경(經)에는 여실비무 여화성왕(如實非無 如火性王)으로 되어 있다.
□ 고(高), 대(大), 속1,2(續1,2) 경(經)에 시인지야(是人智也)가, 논(論) 경(經)에는 시인지야(是人智耶)로 되어 있다.

□ 논경구(論經句)

여실비무 여화성왕(如實非無 如火性王): 여(如)의 실(實)은 무(無)가 아니므로 불[火]의 성품 왕(王)과 같다. 이는, 무생(無生) 공성(空性)은 없는 것이 아니므로, 화대(火大)인 화왕(火王)은 눈에 보이지 않아도 온 시방에 두루 가득 충만하다. 그러므로 불[火]이 일어날 조건을 갖추면 불[火]이 어디에든 일어나듯, 무생(無生)의 성품 또한, 눈에 보이는 상(相)이 아니어도, 불[火]의 성품이 인연을 따라 나타나듯, 무생(無生)의 성품이 일체상을 통해 드러남이 같다는 뜻이다. 화성왕(火性王)은 화대(火大)인, 불[火]의 성품을 일컬음이다. 그러므로, 지실비무 여화성생(知實非無 如火性生)이나, 여실비무 여화성왕(如實非無 如火性王)이나 뜻이 다를 바가 없다.

● **양염(陽焰):** 볕 양(陽)이다. 불꽃 염(焰)이다. 양염(陽焰)을 아지랑이라 함은, 뜨거운 햇볕에 피어오르는 아지랑이를 양염(陽焰)으로 표현했기 때문이다.

■ 지유비실 여양염수(知有非實 如陽焰水)

유(有)가 실(實)이 아님을 앎으로, 아지랑이와 물이 다를 바 없음이다. 이는, 아지랑이를 물로 보는 것도 아니며, 물을 아지랑이로 보는 것도 아니다. 제법무자성(諸法無自性) 청정공(淸淨空)에 들면, 일체 차별상이 그대로 다를 바 없는 평등성품임을 깨닫는다. 물과 불이 다르고, 나무와 돌이 다르며, 허공을 나는 새와 물 속에 있는 물고기가 달라도, 다를 바 없는 평등성품이다. 청황적백흑(靑黃赤白黑)의 모습 그대로, 대소장단(大小長短) 생긴 모양 그대로, 차별 없는 성품에 들게 된다. 이는 상견(相見)의 분별심인, 같거나 다른 것이 아니다. 생긴 모습과 차별상 그대로, 그 성품이 차별 없는 평등성품에 들게 된다. 같은 것도 상견(相見)이며, 다른 것도 상견(相見)이며, 같지 않고 다르지 않은 그것도 상견(相見)이다. 일체 분별할 것이 끊어지면, 일체 차별상이 평등한 성품에 들게 된다. 이는 성품의 평등일 뿐, 상(相)의 같음이 아니다. 산은 높이 솟아 있고, 바다는 낮게 두루 펼쳐져 있다. 그대로 산과 바다가 평등한 성품에 들게 된다. 그러므로 상(相)의 분별심이 끊어지게 된다. 일체 차별상이 그대로 공(空)한 평등성품에 들게 된다. 아지랑이와 물이 다름은 분별이며, 또한, 같아도 분별이다. 같음과 다름이 차별이니, 차별도 벗어나고, 같음도 벗어나고, 차별도 없고 같음도 없는 그것도 벗어나면, 있는 그대로, 모습 그대로, 성품의 평등에 들게 된다. 왜냐면, 성품의 무생성(無生性)에는 차별도, 같음도, 차별도 없고 같음도 없는 그것도 없기 때문이다. 같고 다른 그 자체가 2견(二見)의 분별심이며, 이(異)의 차별심이다. 그러므로 있고 없는 것도 차별심이며, 없고 없는 것도 차별심이며, 있는 것도 없는 것도 없는 그것도 차별심이다. 나 있고, 상(相) 있으면 그 차별심을 벗어날 수가 없다. 나 없고, 상(相) 없음을 깨달으면, 일체 차별경계를 벗어나게 된다. 이는 사량과 분별로 헤아려 알 것이 아니다. 왜냐면, 나, 있기 때문이다. 나, 그것이 곧, 일체 분별심이기 때문이다. 일체 분별심이 끊어지면, 보는 형상과 듣는 소리가 성질이 달라도, 서로 다를 바 없는 평등성품에 들게 된다. 왜냐면, 보이는 형상과 듣기는 소리가 그 성품과 성질이 차별 없는 공(空)한 평등성품이기 때문이다. 또한, 보고 듣는 그 성품 자체가 일체 평등성품이기 때문이다. 그러므로 보이는 그대로, 듣기는 그대로 서로 차별 없는 성품의 평등에 들게 된다. 이 평등은 성품의 평등일 뿐, 분별심의 같거나 다름의 평등이 아니다. 분별심에는 같음과 다름은 있어도, 성품의 평등에는 같음도 없고, 다름도 없다. 왜냐면, 분별 그 자체가, 곧, 같고 다름에 의한 차별심이기 때문이다. 성품의 평등은 일체 차별, 그 자체가 곧, 차별 없는 평등한 성품임을 깨달음이다. 그러므로, 같고 다름에 의한 차별심이 끊어지며, 일체 분별심이 끊어진다. 이것이 성품의 평등이다. 보는 것이나 듣는 것이나, 있는 그대로, 생긴 그 모습 그대로 차별 없는 평등심을 가지게 된다. 이것이 성품의 평등에 든, 차별 없는 일체 자성평등(自性平等)의 세계이다. 제각각 상(相)이 달라도 성품 평등에 드는 까닭이, 무위공성(無爲空性)에 들어 7식(七識) 자아(自我)가 끊어지면, 자아(自我)가 없으므로 무염진여(無染眞如)인 청정본심에 들어, 시방 일체 만물 만상이 그대로 차별상이어도, 성품이 차별 없는 일체 무자성(無自性) 평등성품에 들게 된다. 이것이 이사무애지(理事無

礙智)인 일승(一乘)의 지혜세계이다. 평등이란 법어(法語)가, 같고 다름을 분별하는 차별상에서 생각하는 상(相)의 평등이 아니다. 상(相)의 평등은 곧, 분별에 의한 4상심(四相心)의 차별심이며, 차별상이다. 일체(一切) 상(相)의 분별심(分別心)인 차별심(差別心)을 벗어나, 무위지혜(無爲智慧)에 들면, 성품의 평등에 들게 된다. 이는 일체상(一切相)이 무자성(無自性)이며, 무위공성(無爲空性)임을 깨달아, 취사(取捨)의 제식(諸識)과 자아(自我)의 소멸로 상(相)의 분별심이 끊어진, 일체가 차별 없는, 자성평등성지(自性平等性智)에 듦이다.

● 여염수미도 위제허망고(如燄水迷倒 爲諸虛妄故): 아지랑이를 물로 착각함과 같아서 모든 것이 허망한 까닭이옵니다. 384요해구절과 위의 453요해구절이 아지랑이를 봄이 다름은, 384구절은 여래(如來)가 설한 법이 있다고 보는 법상(法相)인 상견(相見)의 전도(顚倒)를, 아지랑이를 물로 잘못 봄을 비유하였으며, 453구절은 일체상(一切相)의 성품이 공(空)하여 무자성(無自性)이므로, 일체 차별상이 다를 바 없는, 성품의 평등을 드러내니, 아지랑이와 물이 다를 바 없는 여(如)의 성품임을 일컬음이다.

■ 지실비무 여화성생(知實非無 如火性生)

실(實)이 없음이 아님을 깨달아 앎으로, 불[火]의 성품이 생(生)함과 같사옵니다. 무생(無生)은 생멸(生滅)이 없을 뿐, 성품이 없음이 아니다. 그러나, 무생(無生)이라고 하면, 유위견(有爲見)이 있으면, 없는 무(無)나 단멸(斷滅)로 생각할 수도 있다. 왜냐면, 일체(一切)가 무생(無生)임을 모르기 때문이다. 그리고 무생(無生)의 실(實)을 깨달으려면, 일체상(一切相)이 공(空)함을 깨달은 무위견(無爲見)을 또한, 벗어나, 무생(無生) 결정성 여래결정각(如來結定覺)에 들어야 한다. 무위지혜(無爲智慧)로도 이 깊이를 꿰뚫을 수가 없음은, 무위지혜(無爲智慧)도 무위(無爲)의 깨달음 각식(覺識)에 치우쳐, 시각(始覺)과 본각(本覺)이 둘 다 끊어지지 않은 지혜작용이기 때문이다. 무위(無爲)의 지혜상(智慧相)인 각식(覺識)을 벗어나 만약, 무생(無生) 결정성(結定性)에 들면, 무생법인(無生法忍)의 무위지혜(無爲智慧)도 벗어나야 할 각식(覺識)의 지혜상(智慧相)임을 깨닫는다. 무생법인(無生法忍)의 무위지혜상(無爲智慧相)을 타파하기 전에는 이 사실을 알 수가 없음은, 스스로 일체상(一切相)이 공(空)한 지혜를 깨달았다는 무위상념(無爲想念)과 그 깨달음 각식(覺識)의 지혜상(智慧相)이 있기 때문이다.

지실비무 여화성생(知實非無 如火性生)은 실(實)이, 없는 무(無)가 아니므로, 불[火]의 성품이 생(生)함과 같이 알고 있음은, 무생실(無生實)은 화성(火性)이나 다를 바가 없음을 뜻한다. 화성(火性)은 곧, 여래장(如來藏) 결정성(結定性)의 성품이니, 불[火]의 성품이 눈에 보이지 않아도, 시방 우주에 두루 충만하나, 불[火]이 나지 않음은, 불[火]이 일어날 인연을 갖추지 못했기 때문이다. 그러나 조건성을 따라 시방 어디에도 불[火]이 일어남은, 불[火]의 성품이 인연상을 따르는 것이다. 그와 마찬가지로, 무생(無生)의 실성(實性)은 상(相)이 아니므로 드러나지 않고, 나타나지 않아도, 불[火]의 성품이 나무에 인연하여 불[火]이 일어나는 것처럼, 6근(六根)과 만상(萬相)을 인연하여, 없지 않은 무생(無生) 성품의 실(實)이 드러남을 일컬음이다. 이는, 곧, 보고 듣는 무생(無生) 실(實)의 본각심(本覺心)이 없지 않은 부사의 작용을 드러냄이다.

● 일체(一切)가 망견공화(妄見空華)인 실체 없는 허공의 꽃이다. 일체(一切)가 무자성(無自性)을 벗어나지 않는 결정실(結定實)을 따라, 일체(一切) 차별상이 끊어졌다. 만약, 여기에 무견(無見)을 일으키면 망견(妄見)이며, 차별상을 보면 또한, 망(妄)의 분별견(分別見)이며, 일체(一切) 차별상이 그대로 공(空)한, 실상평등(實相平等)의 무자성(無自性)이

면, 일체(一切)가 그대로 생멸(生滅)이 끊어진 무자성(無自性) 무생실상
(無生實相)이니, 무염진여(無染眞如)의 법화경(法華經)이요, 원융각명(圓
融覺明)인 화엄경(華嚴經)의 실제(實際)이다. 상(相)이 그대로 무자성(無
自性)이니, 일체상(一切相)이 수연성(隨緣性)을 따라 차별상(差別相)이어
도, 일체가 생멸 없는 무자성(無自性) 공성(空性)이므로, 일체 차별 그
대로 연연공공(緣緣空空)인 청정무염(淸淨無染) 물듦 없는 묘법연화법
계(妙法蓮華法界)이며, 일체상(一切相)이 공성(空性)이며, 결정무생(結定
無生) 무연원융성(無然圓融性)이니, 일체 시방(十方)이 명(名)과 상(相)이
끊어진, 원융불이불일사사원융(圓融不二不一事事圓融)인 화엄장엄법계
(華嚴莊嚴法界)이다.

■ 의명(義命)

근본 성품이 두루 통해, 대(對)가 끊어진 성품에서 글을 보면, 글
이 숨고 나타남이 보이므로, 나타난 글만 보는 것이 아니라, 숨어
나타나지 않은 글까지 보이게 된다. 근본 성품에 어두우면, 숨은 글
을 보지 못해, 글에 의지해서 성품의 이치를 찾으려하니, 광명(光明)
을 다 드러내지 못한, 숨은 글을 보지 못하므로, 언설(言說)을 따라
밝게 글을 새기고 헤아려도, 성품의 이치와 순리를 잃거나 벗어나
므로, 구절(句節)에 따라서는 글의 본뜻이 상하기도 한다. 글을 수용
함에는 글의 뜻을 따르는 것 보다, 성품의 이치를 따라 글을 수용하
다 보면, 글에서 글의 이치를 벗어난 일각요의(一覺了義)의 실체, 일
체총지(一切總持)의 여래장(如來藏) 광명성품 바다의 물결 속에 의구
[義句:實句]가 밝게 드러난다. 글에서 글을 벗어난 성품에 들면, 무
상(無上)의 길을 열어, 무연일각(無然一覺)에 눈을 뜨게 된다. 글은 글
을 따르는 것에 있는 것이 아니라, 글에 담은 뜻을 뚫어, 명(名)과 상
(相)이 끊어진 궁극(窮極)의 실체(實體), 전후(前後) 없는 심(心)의 성품
을 통(通)하여, 성품의 무연광명(無然光明)에 들어야 한다. 글의 의지

(意志)는, 글보다도, 더 없는 보물을 가리키는 일 점의 종지(宗旨)이니, 그 보물은 누구나 가지고 있는 심명불광(心明佛光)이다. 그 광명(光明)은, 글의 머리뿐만 아니라, 글의 그림자까지 예리하게 베어버리는, 그 무엇도 범(犯)할 수 없는 심인일광(心印一光)이다. 글은 종(縱)으로 읽으나 횡(橫)으로 읽으나, 뜻이 근본(根本), 한 곳으로 흘러 두루 통하면, 글이 제 몫의 역할은 다한 바이다. 성명(性明)의 이치를 드러내는 종(縱)에 막히어, 횡(橫)을 통(通)하려 두루 살펴도 글의 뜻을 다 뚫지 못해, 글에 얽매여 헤매이거나 묶이게 된다. 성품에는 글이 없으니, 성품의 이치(理致)에 막혀, 글에 성품이 상응(相應)하지 못하면, 심근광명(心根光明)이 두루 통(通)하지 못하여, 심인불광(心印佛光)이 막힌다. 묵연(默然)히 앉아 성품이 두루 통(通)하면, 횡(橫)의 글을 종(縱)의 실(實)로 두루 통(通)하고, 종(縱)의 심광(心光)을 두루 드러내는 횡(橫)의 의명(義命)을 두루 밝게 꿰뚫어 통(通)하여, 모든 글의 뜻을, 근본 성품 일광(一光)의 종(縱)으로도, 만사(萬事)의 법리(法理) 횡(橫)으로도, 두루 그 명(命)을 살아 있게 한다.

○ **454.** 관(觀)이, 일체(一切) 적멸(寂滅)이니 불(佛)을 봄을 잃지 않는다.

佛言 如是 何以故 是人眞觀 觀一寂滅 相與不相 等以空取
불 언 여 시 하 이 고 시 인 진 관 관 일 적 멸 상 여 불 상 등 이 공 취

空以修空故[論:續1,2: 以修空故] **不失見佛 以見佛故 不順三流**
공 이 수 공 고 [논:속1,2: 이수공고] 불 실 견 불 이 견 불 고 불 순 삼 류

부처님께옵서 말씀하옵기를, 그러하니라. 무엇 때문이냐면, 이 사람은 진관(眞觀)이므로, 관(觀)에 일체가 적멸(寂滅)하여, 상(相)과 상(相) 아님이 더불어 평등한 공(空)을 수순함[取]이니, 공(空)으로써 공(空)을 닦는 까닭으로 불(佛)을 봄을 잃지 않으며, 불(佛)을 보는 까닭으로 3계(三界)의 흐름을 따르지 않느니라.

♣ 부처님께옵서 말씀하옵기를, 그러하니라. 무엇 때문이냐면, 이

사람은 여(如)의 진관(眞觀)이므로, 관(觀)에 일체가 적멸(寂滅)하여, 상(相)과 상(相) 아님이 성품이 더불어 평등한, 실공(實空)을 수순함이니라. 일체가 공심(空心) 속에 공(空)을 수연(隨緣)하므로, 여래(如來)의 결정성(結定性) 여(如)의 진성(眞性)인, 불(佛)을 봄을 잃지 않으며, 불(佛)을 보는 까닭으로, 3계(三界)의 흐름을 따르지 않느니라.

□ 고(高), 대(大) 경(經)에 공이수공고(空以修空故)가, 논(論), 속1,2(續1,2) 경(經)에는 이수공고(以修空故)로 되어 있다.

○ 455. 3해탈(三解脫)이 하나의 체성이며, 성품이 끊어져 공(空)하다.

於大乘中 三解脫道 一體無性 以其無性故空
어 대 승 중 삼 해 탈 도 일 체 무 성 이 기 무 성 고 공

대승(大乘) 가운데 3해탈[空三昧, 無相三昧, 無作三昧]의 도(道)가 하나의 체성(體性)이므로, 각각 성품도 끊어졌느니라. 그 성품이 끊어진 까닭은, 공(空)하기 때문이니라.

♣ 대승(大乘) 가운데는, 3해탈(三解脫)인 공삼매(空三昧), 무상삼매(無相三昧), 무작삼매(無作三昧)의 도(道)가, 차별 없는 하나의 체성(體性)이므로, 각각 성품이 끊어졌느니라. 그 각각 성품이 끊어진 까닭은, 공(空)하기 때문이니라.

■ 3해탈도(三解脫道) 일체무성(一體無性)

제5품 입실제품(入實際品) 요해구절 256에서는, 3해탈을 허공해탈(虛空解脫), 금강해탈(金剛解脫), 반야해탈(般若解脫)을 설하였다. 그러나, 이 구절에서는 제7품 여래장품 요해구절 371에서 설한 3삼매(三三昧)인 공삼매(空三昧), 무상삼매(無相三昧), 무작삼매(無作三昧)로 3해탈법(三解脫法)을 설하신다. 그러나, 3해탈(三解脫)과 3삼매(三三昧)가 그 체성(體性)이 같아, 또한, 다를 바가 없다. 3해탈(三解脫)인 허공해탈(虛空解脫)이 공(空)한 체성이며, 금강해탈(金剛解脫)이 무상(無

相) 체성이며, 반야해탈(般若解脫)이 무작(無作) 체성이기 때문이다. 그러므로, 공삼매(空三昧)로 허공해탈(虛空解脫)에 들며, 무상삼매(無相三昧)로 금강해탈(金剛解脫)에 들며, 무작삼매(無作三昧)로 반야해탈(般若解脫)에 든다. 왜냐면, 일체가 무상(無上)의 근본에 이르면 본연일성(本然一性)인 본성(本性)으로 귀결되므로, 그 성품 공(空)은 체성(體性)이며, 그 성품 무상(無相)은 체상(體相)이며, 그 성품 무작(無作)은 체용(體用)이다. 공심체(空心體)를 청정심(淸淨心)인 허공해탈(虛空解脫)로 드러내며, 공심상(空心相)을 무상심(無相心)인 금강해탈(金剛解脫)로 드러내며, 공심용(空心用)을 무작심(無作心)인 반야해탈(般若解脫)로 드러낸다. 그러나, 성품은 공(空)하여 체상용(體相用)이 없으니, 체상용(體相用)이 무생일성(無生一性)이다. 그러나, 부사의 용(用)이 있으니, 그 드러나는바 모습을 상(相)이라 하며, 용(用)과 상(相)이 있으니, 그 근본 체(體)를 일컬으나, 이는 단지, 밝은 지혜로 드러내어 무명(無明)의 미혹을 제거함일 뿐, 성품은 체상용(體相用)이 끊어졌다.

그러므로, 체(體)가 있어 체(體)라 함이 아니며, 상(相)이 있어 상(相)이라 함이 아니며, 용(用)이 있어 용(用)이라 함이 아니다. 성품에는 체(體)가 없어 체(體)가 공(空)임을 밝히니, 그 성품 공(空)임을 깨달아 상(相)에 머무른 무명(無明)의 뿌리가 끊어져 본래청정(本來淸淨)으로 돌아가고, 성품에는 상(相)이 없어 상(相)이 공(空)임을 밝히니, 그 성품 공(空)임을 깨달아 상(相)에 머무른 미혹(迷惑)의 집착이 끊어져 본래청정(本來淸淨)으로 돌아가고, 성품에는 용(用)이 없어 용(用)이 공(空)임을 밝히니, 그 성품 공(空)임을 깨달아 분별의 취사(取捨)가 끊어져 본래청정(本來淸淨)으로 돌아간다.

본성(本性)의 성품, 본연일성(本然一性)의 청정(淸淨)을 잃으면, 심(心)이 본성(本性)의 청정공(淸淨空)을 벗어난 미혹으로 무명(無明)에 떨어져, 상(相)에 얽매여 아픔과 괴로움의 고해(苦海)를 헤매게 된다. 이 모든 설(說)의 불지혜(佛智慧)는, 본래 청정본성(淸淨本性)인 무생공(無生空)으로 돌아가는, 일체총지(一切總持)의 무량공덕(無量功德) 본성귀일(本性歸一)의 청정지혜(淸淨智慧)이다. 청정본성공(淸淨本性空)에 들면, 이 시방 우주 무한(無限) 무궁(無窮) 청정성(淸淨性)이 곧, 본래 자기의 본(本) 모습이다. 그것이 곧, 본마음이다. 지금, 보고 듣는 그 마음작용도, 시방 우주 무한(無限) 무궁(無窮) 청정성(淸淨性)인 바로 그 마음이다. 그 마음은 생멸이 없어 동(動)함이 없으니 열반성(涅槃性)이라고 하며, 그 마음은 시방 두루 무한으로 밝게 깨어있으니 각명보리(覺明菩提)라고 하며, 무엇에도 물듦이 없으니 무염진여(無染眞如)라고 한다. 그것이 본성(本性)이며, 본각(本覺)이며, 본심(本心)이다.

그러므로 본성(本性)이 열반(涅槃)이며, 본각(本覺)이 보리(菩提)이며, 본심(本心)이 진여(眞如)이다. 깨달음이란, 다름이 아니라 자기본성(自己本性)이 생멸 없는 적정열반(寂靜涅槃)이며, 두루 밝은 각명보리(覺明菩提)이며, 물듦 없는 무염진여(無染眞如)인 이 성품을 깨달음이다. 자기본성(自己本性) 이것을 모르면 무명중생(無明衆生)이라 한다. 무명(無明)은 자기본성(自己本性)이 적정열반(寂靜涅槃)이며, 각명보리(覺明菩提)이며, 무염진여(無染眞如)인 이 성품을 모름이다. 중생은 안과 밖 능소(能所)의 분별로, 원융원만(圓融圓滿) 일체총지(一切總持)인 시방 우주 무한(無限) 무궁(無窮) 청정성(淸淨性)이, 바로 자기임을 깨우치지 못하고 살아가는 불성(佛性)들이다. 불성(佛性)은 생멸 없어 적정열반(寂靜涅槃)이며, 시방 두루 밝게 깨어있어 각명보리(覺明菩提)이며, 무엇에도 물듦 없어 무염진여(無染眞如)이다. 이 성품은 곧, 너나 없는 본연(本然)의 성품으로 열반(涅槃), 보리(菩提), 진여(眞如)인 무한 청정여래(淸淨如來)의 성품이다. 생멸 없이 시방 두루 밝게 깨어 있는, 물듦 없는 너나 없는 성품인, 시방 우주 무한(無限) 무궁(無窮) 청정성(淸淨性)이 곧, 무염원융본성(無染圓融本性)인 청정불성(淸淨佛性)이다. 이 마음 잃지 않음이 공삼매(空三昧), 무상삼매(無相三昧), 무작삼매(無作三昧)이며, 이 마음을 씀이 곧, 허공해탈(虛空解脫), 금강해탈(金剛解脫), 반야해탈(般若解脫)이다. 이는, 내가 나를 잃지 않은 본(本) 마음 성품이며, 본(本) 마음 모습이며, 본(本) 마음 행이다. 본(本) 마음 성품이 허공해탈(虛空解脫)이며, 본(本) 마음 모습이 금강해탈(金剛解脫)이며, 본(本) 마음 행이 반야해탈(般若解脫)이다. 본(本) 마음 성품 잃지 않음이 공삼매(空三昧)이며, 본(本) 마음 모습 잃지 않음이 무상삼매(無相三昧)이며, 본(本) 마음 행을 잃지 않음이 무작삼매(無作三昧)이다. 본(本) 마음 성품이 생멸 없는 부동성(不動性)인 열반(涅槃)이며, 본(本) 마음 모습이 상(相)이 없이 두루 밝아 원융성(圓融性)이니 보리(菩提)이며, 본(本) 마음 행이 물듦 없는 무염성(無染性)이니 진여(眞如)이다. 본(本) 마음 성품 그대로 드러내니 허공해탈(虛空解脫)이며, 본(本) 마음 모습 그대로 드러내니 금강해탈(金剛解脫)이며, 본(本) 마음 행 그대로 드러내니 반야해탈(般若解脫)이다. 이것이 바로, 청정불성(淸淨佛性)이며, 청정불심(淸淨佛心)이며, 원만불지혜(圓滿佛智慧)이며, 열반보리진여(涅槃菩提眞如)의 불지혜(佛智慧)의 행(行)이다. 이는 곧, 생멸 없이 시방 두루 밝게 깨어 있는 물듦 없는 마음 열반심(涅槃心)이며, 보리심(菩提心)이며, 진여심(眞如心)이다. 이, 불성(佛性)을 씀이 불성행(佛性行)이며, 대각불심(大覺佛心)이며, 여래장심(如來藏心)이며, 일각요의(一覺了義)의 일미진실(一味眞實) 무상무생(無相無生) 결정실제(結定實際) 본각리행(本覺利行)인 무생결정심(無生結定心)이다.

열반불심(涅槃佛心)은, 동(動)함 없는 시방 우주 무한(無限) 무궁(無窮) 청정성(淸淨性)을 항상 잃지 않음이다. 보리불심(菩提佛心)은 시방 우주 무한(無限) 무궁(無窮) 청정성(淸淨性)이 항상 밝게 깨어있게 함이다. 진여불심(眞如佛心)은 시방 우주 무한(無限) 무궁(無窮) 청정성(淸淨性)이 항상 청정하게 하여, 무엇에도 물들게 하거나 더럽히지 않음이다. 이것이 무상불도(無上佛道)의 길이다. 나의 3세청정불성(三世淸淨佛性)인, 시방 우주 무한(無限) 무궁(無窮) 청정성(淸淨性)을 항상 잃지 않음이 구경부동열반심(究竟不動涅槃心)인 대반열반심(大般涅槃心)이다. 나의 3세청정불성(三世淸淨佛性)인, 시방 우주 무한(無限) 무궁(無窮) 청정성(淸淨性)이 항상 두루 밝게 깨어있게 함이 구경각성각명심(究竟覺性覺明心)인 대각보리심(大覺菩提心)이다. 나의 3세청정불성(三世淸淨佛性)인, 시방 우주 무한(無限) 무궁(無窮) 청정성(淸淨性)을 항상 물듦 없이 청정(淸淨)하게 하여, 무엇에도 더럽히지 않음이 구경무염진여심(究竟無染眞如心)인 대원진여심(大圓眞如心)이다.

○**456.** 공(空)하므로, 상(相)과 지음과 구(求)함이 끊어졌다.

空故無相 無相故無作 無作故無求
공 고 무 상　무 상 고 무 작　무 작 고 무 구

공(空)한 까닭으로 상(相)이 없으니, 상(相)이 끊어진 까닭으로 지음[作]도 끊어졌느니라. 지음이 끊어진 까닭으로 구(求)함도 끊어졌느니라.

♣ 공삼매(空三昧), 무상삼매(無相三昧), 무작삼매(無作三昧)가 그 체성(體性)이 같아 공(空)한 까닭으로, 3삼매(三三昧)의 행(行)에 아(我)도, 상(相)도 없으니, 아(我)와 상(相)이 끊어진 까닭으로, 3삼매(三三昧)의 행(行)에 지음[作]의 상(相)도 끊어졌느니라. 지음의 상(相)이 끊어진 까닭으로, 구(求)함도 끊어졌느니라.

○**457.** 마음이 청정(淸淨)하여 불(佛)을 봄으로, 정토(淨土)에 든다.

無求故無願 無願故以是知業故須淨心[論:續1,2: 以是業故淨心]
무 구 고 무 원　무 원 고 이 시 지 업 고 수 정 심 [논:속1,2: 이시업고정심]
以心淨故 便得見佛[論:續1,2: 見佛] **以見佛故 當生淨土**
이 심 정 고　편 득 견 불 [논:속1,2: 견불]　이 견 불 고　당 생 정 토

구(求)함이 끊어진 까닭으로 원(願)도 없느니라. 원(願)이 끊어진 까닭

에, 이 업[業:淸淨業]의 지견(知見)으로 말미암아 마침내, 마음이 청정(淸淨)에 이르니, 마음이 청정(淸淨)한 까닭으로 순히, 불(佛)을 봄을 얻느니라. 불(佛)을 보는 까닭으로, 당연히 정토(淨土)에 드느니라.

♣ 3해탈행(三解脫行)으로, 공(空)하여 상(相)이 없어, 지음의 상(相)이 끊어지니, 구(求)함도 끊어진 까닭으로, 원(願)이 끊어진 청정성품(淸淨性品)에 드느니라. 원(願)이 끊어진 청정성품(淸淨性品)에 든 까닭으로, 이 청정업(淸淨業)의 지견(知見)을 따라, 마침내 마음의 본성(本性)인 청정(淸淨)에 이르니, 마음이 청정(淸淨)한 까닭으로, 순히, 청정(淸淨) 결정성(結定性)인 불(佛)을 봄을 얻느니라. 불(佛)을 보는 까닭으로, 당연히, 자성정토(自性淨土)에 드느니라.

□ 고(高), 대(大) 경(經)에 무원고이시지업고수정심(無願故以是知業故須淨心)이, 논(論), 속1,2(續1,2) 경(經)에는 이시업고정심(以是業故淨心)으로 되어 있다.
□ 고(高), 대(大) 경(經)에 편득견불(便得見佛)이, 논(論), 속1,2(續1,2) 경(經)에는 견불(見佛)로 되어 있다.

○458. 3화(三化)를 닦아 정혜(定慧)가 원만하여, 3계(三界)를 초월한다.
菩薩 於是深法 三化勤修 慧定圓成 卽[大:續1,2: 卽]超三界
보 살 어 시 심 법 삼 화 근 수 혜 정 원 성 즉 [대:속1,2: 즉] 초 삼 계
보살이여! 이 깊은 법(法)의 3화[三化:空·無相·無作三昧]를 부지런히 닦아, 정(定)과 혜(慧)를 원만히 이루어 곧, 3계(三界)를 초월하느니라.

♣ 보살이여! 이 깊은 법, 3해탈(三解脫) 행(行)인, 공삼매(空三昧), 무상삼매(無相三昧), 무작삼매(無作三昧) 3화행(三化行)을 부지런히 닦아, 정(定)과 혜(慧)를 원만히 이루어, 곧, 3계(三界)를 초월하느니라.

□ 고(高), 논(論), 경(經)에 즉(即)이, 대(大), 속1,2(續1,2) 경(經)에는 즉(卽)으로 되어 있다.

● 공삼매(空三昧), 무상삼매(無相三昧), 무작삼매(無作三昧)가, 다 성품이 무자성(無自性)인 공(空)이다. 공(空)은 체공(體空)이며, 무상(無相)은

상공(相空)이며, 무작(無作)은 행공(行空)이다. 체공(體空)은 적멸부동공(寂滅不動空)이며, 상공(相空)은 무아공(無我空)이며, 용공(用空)은 무주공(無住空)이다. 공(空)에는 체상용(體相用) 3공(三空)이 없으나, 묘유(妙有)의 행(行)을 따라 성품을 관(觀)하니 행자성관(行自性觀)이 무주관(無住觀)이며, 행공관(行空觀)이다. 생멸(生滅)하는 상(相)을 따라 성품을 관(觀)하니 상자성관(相自性觀)이 무아관(無我觀)이며, 상공관(相空觀)이다. 행(行)과 상(相)의 체성(體性)을 관(觀)하니, 적멸관(寂滅觀)이며, 부동관(不動觀)이며, 청정공관(淸淨空觀)이다. 그러나 공(空)의 성품은 체상용(體相用) 3공(三空)이 없어, 원융일관(圓融一觀)에 드니, 청정무주공성(淸淨無住空性)에서 부사의 체상용(體相用) 3화(三化)의 묘유묘행(妙有妙行)인 이사무애사사원융법계(理事無礙事事圓融法界)의 심청정(心淸淨) 부사의원융각명지(不思議圓融覺明智)를 열게 된다.

■ 정(定)과 혜(慧)

정(定)과 혜(慧)도, 3종정혜(三種定慧)가 있다. 3종정혜(三種定慧)는 유위정혜(有爲定慧)와 무위정혜(無爲定慧)와 불각정혜(佛覺定慧)가 있다. 유위정혜(有爲定慧)는 상견정혜(相見定慧)이며, 무위정혜(無爲定慧)는 공견정혜(空見定慧)이며, 불각정혜(佛覺定慧)는 여래결정성(如來結定性)이다.

유위정혜(有爲定慧)인 상견정혜(相見定慧)는 범부정혜(凡夫定慧)이며, 무위정혜(無爲定慧)인 공견정혜(空見定慧)는 보살정혜(菩薩定慧)이며, 불각정혜(佛覺定慧)는 여래결정성(如來結定性)인 제불심(諸佛心)이다.

유위정혜(有爲定慧)의 정(定)은 단지 상념(想念)의 마음을 고요히 함이며, 유위정혜(有爲定慧)의 혜(慧)는 법의 성품을 관(觀)하고 사유(思惟)하며, 신해행증(信解行證)을 위해 노력함이다.

무위정혜(無爲定慧)의 정(定)은 상(相)에 이끌림 없는 공심(空心)이며, 무위정혜(無爲定慧)의 혜(慧)는 견(見)과 식(識)과 지혜상(智慧相)에 머물지 않음이다.

불각정혜(佛覺定慧)는 정혜불이(定慧不二)이므로, 정(定)과 혜(慧)가 끊어진 무생심(無生心)이다. 왜냐면, 무생심(無生心)은 정(定)과 혜(慧)가 불이원융일성(不二圓融一性)인 여래결정성(如來結定性)이기 때문이다. 그러나, 부사의 결정심(結定心)의 묘용(妙用)이 없지 않으니, 불각정혜(佛覺定慧)의 정(定)은 무생심(無生心)이며, 혜(慧)는 무생행(無生行)이다.

여래결정성(如來結定性)에는 정(定)과 혜(慧)가 둘이 아니다. 그러나 정(定)과 혜(慧)를 더불어 닦게 함은, 정(定)으로 생멸심을 끊으며, 혜(慧)로 상(相)에 머묾을 끊어, 정혜불이(定慧不二)의 절대결정성(絕對結定性)인 본연(本然) 본성(本性)에 들게 하기 위함이다.

무생결정성(無生結定性)인 결정본연성(結定本然性)을 벗어나면, 정혜불이결정성(定慧不二結定性)인 본연무연중절대성(本然無然中絕對性)을 벗어나므로, 심(心)의 동·정(動·靜) 이성(二性)이 정혜불이각명결정성(定慧不二覺明結定性)을 잃어 청정결정심(淸淨結定心)이 흐려져 가려지고 무명심(無明心)이 되어 미혹하니, 미혹으로 일으킨 동정심(動靜心)은 불이(不二)인 본연일성정혜(本然一性定慧)를 둘 다 잃으므로, 정(定)을 잃어 식(識)을 일으키고, 혜(慧)를 잃어 만상(萬相)에 머무르게 된다. 그러므로, 정(定)으로 무명(無明)의 생멸심(生滅心)인 출입식(出入識)을 벗어나게 하고, 혜(慧)로 만상(萬相)에 머무름의 미혹을 벗어나게 한다. 정(定)인 열반(涅槃)으로 심(心)의 생멸(生滅)인 출입이 끊어져, 본성열반(本性涅槃)에 들게 하고, 혜(慧)인 각명(覺明)으로 상(相)이 공(空)한 무상(無相)을 깨닫게 하여, 상(相)에 머묾 없는 심(心)의 각명(覺明)으로, 본성각명(本性覺明)에 들게 한다. 부동열반(不動涅槃)으로 본성(本性)에 들든, 각명보리(覺明菩提)로 본성(本性)에 들든, 열반(涅槃)과 보리(菩提)는 본래 한 성품이므로, 본성에 들면, 시각(始覺)과 본각(本覺)이 둘 다 끊어져, 결정본연성(結定本然性)인 정혜불이결정성(定慧不

二結定性)을 이루게 된다. 왜냐면, 본성(本性)은 본연무연중절대성(本然無然中絶對性)이므로, 열반(涅槃)과 보리(菩提)가 따로 없는, 정혜불이결정성(定慧不二結定性)이기 때문이다. 정혜불이결정성(定慧不二結定性)을 이루면, 곧, 무생결정성(無生結定性)이며, 무생(無生)인 여(如)의 성품이다. 정(定)과 혜(慧), 열반(涅槃)과 보리(菩提)가 둘이면 여(如)의 성품이 아니며, 무생결정성(無生結定性)이 아니다. 여(如)의 무생결정성(無生結定性)에는 정(定)과 혜(慧), 열반(涅槃)과 보리(菩提)가 불이성(不二性)이므로, 정(定)과 혜(慧)도 끊어져 없고, 열반(涅槃)과 보리(菩提)도 끊어져, 그 성품도, 그 모습도, 그 흔적도 없다.

무생결정성(無生結定性)인 결정본연성(結定本然性)에 있는 제불심(諸佛心)은, 그대로 마음이 정혜불이원융심(定慧不二圓融心)이다. 이를 벗어나므로, 식(識)의 출입(出入)과 상(相)에 머묾의 미혹이 있어, 이를 제거하고자, 본연본성(本然本性)의 성품을 수순하게 하는 정(定)과 혜(慧)를 더불어 쌍(雙)으로 닦게 한다. 정(定)인 열반(涅槃)으로 생멸심(生滅心)을 멸하여 미혹의 출입심(出入心)이 끊어져, 무루열반본성(無漏涅槃本性)에 들게 하며, 혜(慧)인 각명(覺明)으로 공성(空性)을 밝게 깨달아 상(相)에 머묾의 미혹을 제거하여, 각명보리본성(覺明菩提本性)에 드는, 정혜겸수(定慧兼修)의 정혜수행문(定慧修行門)을 건립하게 된다. 여기에, 수행심 일체행(一切行)을 조도(助道)하는 방편(方便)인 계(戒)의 문(門)을 더하여, 3학도(三學道) 계정혜(戒定慧)의 법으로 모든 수행의 기본 바탕을 이루게 된다.

정(定)의 수행은 식(識)의 출입(出入)인 생멸심(生滅心)을 멸(滅)하여 열반본성(涅槃本性)에 들게 하고, 혜(慧)의 수행은 상(相)에 머묾을 타파하기 위해, 일체 상(相)의 자성(自性)인 공성(空性)을 깨닫는 견성(見性)으로, 각명(覺明)의 보리본각(菩提本覺)에 들게 한다. 그러나 최종(最終) 불각(佛覺)에 들 때는, 본연무연중절대성(本然無然中絶對性)을 벗어난 각(覺)에 치우친 각명보리(覺明菩提)를 타파하지 않으면, 여래결정각(如來結定覺)에 들 수가 없으므로, 각명보리(覺明菩提)가 무생본성무상열반(無生本性無上涅槃)에 증입하므로, 각명보리(覺明菩提)도 벗어나고, 또한, 무생본성무상열반(無生本性無上涅槃)도 벗어나, 정혜불이원융(定慧不二圓融)의 결정무생(結定無生)인, 여래결정각(如來結定覺)에 증입하게 된다. 이는, 본연(本然) 정혜불이(定慧不二)의 본연무연중절대성(本然無然中絕對性)을 이룸이다.

또한, 부동열반(不動涅槃)에 들어도 최종(最終) 불각(佛覺)에 들 때는, 본연무연중절대성(本然無然中絕對性)을 벗어나 정(定)에 치우친 부동열반(不動涅槃)을 타파하지 않으면, 여래결정각(如來結定覺)에 들 수가 없으므로, 부동열반(不動涅槃)이 무생본성무상보리(無生本性無上菩提)에 증입하므로, 부동열반(不動涅槃)도 벗어나고, 또한, 무생본성무상보리(無生本性無上菩提)도 벗어나, 정혜불이원융(定慧不二圓融)의 결정무생(結定無生)인 여래결정각(如來結定覺)에 증입하게 된다. 이 또한, 본연(本然) 정혜불이(定慧不二)의 본연무연중절대성(本然無然中絕對性)을 이룸이다.

각명보리(覺明菩提)이든, 부동열반(不動涅槃)이든 본연무연중절대성(本然無然中絕對性)을 벗어나, 정(定)과 혜(慧)에 치우친 각식(覺識)의 지혜상(智慧相)이므로, 완전한 결정불성(結定佛性)에 들지 못한다. 각(覺)과 정(定)에 치우친 지혜상(智慧相)을 타파하여 무생결정성(無生結定性)에 증입(證入)하므로, 각(覺)과 정(定)이 둘이 아닌 원만구족(圓滿具足)한 지혜인, 체(體)의 열반(涅槃)과 용(用)의 각명(覺明)이 체용불이원융결정성(體用不二圓融結定性)인 무상불각(無上佛覺)을 성취하게 된다. 무엇이든 치우침이, 본연(本然)의 완전한 결정성(結定性)을 이루지 못한 원인이니, 그 원인이 무명(無明)인 유무(有無)와 생멸(生滅)의 미혹에 의한 것이든, 깨달음의 무위지혜(無爲智慧)에 의한 것이든, 동(動)과 정(靜)의 차별성품 차별세계인 대(對) 속에 있음이다.

유위(有爲)의 미혹인 동(動)과 정(靜)은, 생(生)과 멸(滅), 유(有)와 무(無)이며, 깨달음 각식(覺識)의 동(動)과 정(靜)은, 정(定)과 혜(慧), 열반(涅槃)과 보리(菩提)이다. 무생결정성(無生結定性)에 들면, 미혹의 동정(動靜)과 각식(覺識)의 동정(動靜)이 모두 끊어져, 생멸유무(生滅有無)와 정혜(定慧)인 열반(涅槃)과 보리(菩提)의 일체가 끊어진다. 왜냐면 본연무연중절대성(本然無然中絶對性)에는, 생멸(生滅)과 유무(有無)는 무명미혹(無明迷惑)에 치우친 분별이며, 정(定)과 혜(慧), 열반(涅槃)과 보리(菩提)는 깨달음 각식(覺識)에 치우친 지혜상(智慧相)이기 때문이다. 생멸(生滅)과 유무(有無)는 지혜가 공성(空性)에 들면 타파해 벗어나며, 정(定)과 혜(慧), 열반(涅槃)과 보리(菩提)는 무생결정성(無生結定性)에 들면 타파하여 끊어진다. 그러므로, 생멸(生滅)과 유무(有無)를 벗어나 공성(空性)에 들어 있어도, 완전한 무상지혜(無上智慧)가 아니다. 그 지혜가 정(定)의 열반(涅槃)과 혜(慧)의 보리(菩提) 속에 있어도, 지혜의 시각(始覺)이 무생본각(無生本覺)에 들지 못해, 무상불지(無上佛智)가 아니다. 그러므로 만약, 그 지혜가 정(定)의 열반(涅槃)이어도, 일체(一切) 차별 지혜의 대(對)가 끊어진 완전한 성품인 본연무연중절대성(本然無然中絶對性)을 벗어난 정(定)의 열반(涅槃)에 치우쳐 있으며, 또한, 그 지혜가 혜(慧)의 보리(菩提)이어도, 완전한 성품인 본연무연중절대성(本然無然中絶對性)을 벗어난 혜(慧)의 보리(菩提)에 치우쳐, 정혜불이(定慧不二)의 완전한 결정성(結定性)을 이루지 못했다. 본연무연중절대성(本然無然中絶對性)이 곧, 정·혜(定·慧)와 열반·보리(涅槃·菩提)와 체·용(體·用)이 불이(不二)로, 시각(始覺)과 본각(本覺)이 둘 다 끊어진 결정성(結定性)이다. 이는 곧, 불(佛)의 진성(眞性)이다.

일체상(一切相)이 공(空)한 무위(無爲)를 깨달아 무위지혜(無爲智慧)에 증입함이, 생멸(生滅) 없는 공(空)한 무생법인지(無生法忍智)를 발(發)함이다. 무위지혜(無爲智慧)에 든 각력(覺力)의 깊이 차별차원에 따라, 대승(大乘)과 일승(一乘)과 일불승(一佛乘)과 불승(佛乘)의 지혜성품 차별이 있다. 승(乘)은, 무상불각(無上佛覺)을 향한 지혜성품의 작용이니, 대승(大乘), 일승(一乘), 일불승(一佛乘), 불승(佛乘)은, 무위지혜(無爲智慧)에 증입한 무생법인지(無生法忍智)의 지혜성품 차별차원이다.

일체상(一切相)이 공(空)한 무위(無爲)에 증입한 대승(大乘), 일승(一乘), 일불승(一佛乘), 불승(佛乘)의 무위지혜를 지혜상(智慧相)이라고 함은, 깨달음을 얻어 무위(無爲)에 들었어도, 완전한 지혜 정혜불이(定慧不二)의 본연무연중절대성(本然無然中絕對性)을 벗어난, 각식(覺識)의 동(動)과 정(靜)에 치우친 지혜작용에 의한 세계이기 때문이다. 그 지혜작용의 차별차원이 대승(大乘), 일승(一乘), 일불승(一佛乘), 불승(佛乘), 각식(覺識)의 차별차원이다. 그러므로, 무위지혜에 들면, 각식(覺識)인 각아(覺我)의 지혜전변(智慧轉變) 상승을 따라 무상각(無上覺)을 향하며, 본연무연중절대성(本然無然中絕對性)에 증입하므로, 무위작용의 각식(覺識)과 각아(覺我)가 끊어지며, 무위지혜까지 끊어져, 무생결정성(無生結定性)을 이루게 된다.

본연무생결정성(本然無生結定性)을 벗어나면, 2종성(二種性)의 갈래가 있으니, 그것은, 각식(覺識)과 무명식(無明識)이다. 각식(覺識)은 공성종성(空性種性)이며, 무명식(無明識)은 무명종성(無明種性)이다. 각식(覺識)인 공성종성(空性種性)과 무명식(無明識)인 무명종성(無明種性)이 발생하는 것은, 심(心)의 작용이 본연무연중절대성(本然無然中絕對性)인 무생결정본성(無生結定本性)을 벗어난 동정이심(動靜二心) 때문이다. 각식(覺識)인 공성종성(空性種性)은 그 식(識)의 작용이 무위공성(無爲空性) 속에 이루어지며, 무명식(無明識)인 무명종성(無明種性)은 그 식(識)의 작용이 생멸(生滅)과 유무(有無) 속에 이루이진다. 이러한 차별은, 정혜불이(定慧不二)의 본연절대성(本然絕對性)을 벗어나므로, 절대성(絕對性) 성품이 균등하지 못한 차별차원의 식(識)의 작용성품 성질에 따라, 2종성(二種性)

의 법계차별성품(法界差別性品)의 종성(種性)으로 차별화된다. 이는 곧, 심(心)의 3종성(三種性)의 갈래로 나뉘어짐이니, 심(心)의 3종성(三種性)은 불종성(佛種性)과 보살종성(菩薩種性)과 무명종성(無明種性)이다. 불종성(佛種性)은 무생결정성(無生結定性)으로, 본연무연중절대성(本然無然中絕對性)인 본성종성(本性種性)이며, 보살종성(菩薩種性)은 제법공성(諸法空性)인 무위종성(無爲種性)이며, 무명종성(無明種性)은 생멸유무법(生滅有無法)의 차별상(差別相) 무리[衆] 속에 있는 중생종성(衆生種性)이다.

정혜(定慧)도 식(識)의 종성(種性) 차별차원에 따라, 다양한 성질로 변형되어 나타난다. 정(定)과 혜(慧)도 식(識)의 근원에서 살펴보면, 식(識)의 동(動)과 정(靜)이다. 동(動)과 정(靜)은 곧, 식(識)의 작용을 일컬음이다. 식(識)의 동(動)과 정(靜)이 무위공성(無爲空性) 속에 이루어지고 있으면 정(定)과 혜(慧)의 공성종성(空性種性)이며, 그 작용하는 식(識)은 무위각식(無爲覺識)이며, 그 식(識)의 세계는 무위공성(無爲空性) 무생법인지(無生法忍智)의 세계이다. 이는 무위보살지(無爲菩薩智)의 세계이다.

식(識)의 동(動)과 정(靜)이 생멸유무(生滅有無) 속에 이루어지고 있으면, 그 성품이 색(色)과 상계(相界)의 무명종성(無明種性)이며, 그 작용의 식(識)이 무명식(無明識)이며, 그 식(識)의 세계는 생멸유무(生滅有無)의 상(相)의 차별세계이다. 이는, 무명중생계(無明衆生界)이며, 그 일체 작용과 삶이 생멸유무(生滅有無)의 상(相)의 차별세계 속에 이루어진다. 여기에, 상(相)의 취사(取捨)의 욕(欲)에 의한 성품이면 욕계종성(欲界種性)이며, 성품이, 취사(取捨)의 욕(欲)은 없으나 상(相)에 머묾의 성품이면 색계종성(色界種性)이며, 성품이, 상(相)에 머묾은 없으나, 식(識)의 출입(出入)이 있는 성품이면 무색계종성(無色界種性)이다.

공성종성(空性種性)이든, 무명종성(無明種性)이든, 본연무연중절대성(本然無然中絕對性)인 본연무생결정성(本然無生結定性)을 벗어나, 무연중절대성(無然中絶對性)을 잃어, 식(識)의 동(動)과 정(靜)을 생기(生起)하니, 무위공성종성(無爲空性種性)이라 하여도, 본연무연중절대성(本然無然中絶對性)인 무생결정성(無生結定性)에 들기 전에는, 무위공성(無爲空性)의 작용인, 무위열반(無爲涅槃)과 무위각명(無爲覺明)의 각식(覺識)작용인 동(動)과 정(靜)을 벗어날 수가 없다. 그러므로, 각식(覺識)이 동각(動覺)의 궁극에 달(達)하면 구경각(究竟覺)이라고 하며, 각식(覺識)이 정각(靜覺)의 궁극에 달(達)하면 구경정(究境定)이라고 한다. 그러나 이 궁극(窮極)이 지혜상(智慧相)임은, 본연무연중절대성(本然無然中絶對性)을 벗어난 각식(覺識)의 작용이기 때문이다. 그러므로 구경각(究竟覺)과 구경정(究境定)을 벗어나려면, 무위(無爲)의 동(動)과 정(靜)의 작용인 각식(覺識)을 벗어나는 길뿐이다. 그 길은, 무명(無明)은 무명(無明)으로 끊거나 벗어날 수 없으며, 또한, 무위(無爲)는 무위(無爲)로 끊거나 벗어날 수가 없다. 식(識)의 모습 동(動)과 정(靜), 그리고, 동(動)과 정(靜)의 작용을 일으키는 식(識)이 무명식(無明識)이든, 각식(覺識)이든, 본연무연중절대성(本然無然中絶對性)인 무생결정성(無生結定性)으로만 완전히 타파하여 끊을 수가 있다. 이는 곧, 동(動)과 정(靜)이 끊어진 완전한 지혜, 무생결정성(無生結定性)인 본연무연중절대성(本然無然中絶對性)에 드는, 동정불이결정성(動靜不二結定性)의 그 길뿐이다. 그러나 무생결정성(無生結定性)에 들고자 하여, 인위적으로 증입할 수 있는 것이 아니다. 무위구경각(無爲究竟覺)과 무위구경정(無爲究境定)의 각식(覺識)이, 일체(一切) 무명염식(無明染識)의 장애(障礙)를 타파(打破)하여 벗어나므로, 그 각력(覺力)의 지혜상승으로, 정혜불이(定慧不二)의 완전한 결정성(結定性)을 이루어, 시각(始覺)과 본각(本覺)이 둘 다 끊어지므로, 깨달음 무위각식(無爲覺識)과 각아(覺我)가 타파되어, 본연무연중절대성(本然無然中絶對性)인 무생결정성(無生結定性)에 들게 된다. 지혜상승(智慧上昇)이란, 일체(一切) 동(動)과 정(靜)에 치우친 모든 차별차원의 제식(諸識)을 소멸하는, 지혜작용이다. 제식(諸識)이 소멸되면, 동(動)과 정(靜), 정(定)과 혜(慧), 체(體)와 용(用), 부동열반(不動涅槃)과 각명보리(覺明菩提)에 치우친 각식(覺識)의 작용도 끊어져, 본연무연중절대성(本然無然中絶對性)인 무생결정성(無生結定性)에 들게 된다. 왜냐면, 본연무연중절대성(本然無然中絶對性)인 무생결정성(無生結定性)을 벗어난 식(識)의 동(動)과 정(靜)의 작용이 끊어지므로, 동정불이본성(動靜不二本性)인 본연무연중절대성(本然無然中絶對性)에 증입하기 때문이다.

각식(覺識)이 끊어져 구경각(究竟覺)과 구경정(究境定)을 벗어나는 그 불가사의한 과정은, 각식(覺識)이 청정각명동(淸淨覺明動)의 궁극에 달(達)한 극(極)에 이르런 구경각(究竟覺)이, 각력상승으로 본연무연무상정(本然無然無上定)에 듦으로, 각식(覺識)도 끊어지고 구경각(究竟覺)도 끊어져, 무생결정성(無生結定性)인 본연무연중절대성(本然無然中絶對性)에 들게 된다. 또한, 각식(覺識)인 정식(定識)이 청정부동정(淸淨不動靜)의 궁극에 달(達)한 극(極)에 이르런 구경정(究境定)이, 각력상승으로 본연무연무상각(本然無然無上覺)에 듦으로, 각식(覺識)도 끊어지고 구경정(究境定)도 끊어져, 무생결정성(無生結定性)인 본연무연중절대성(本然無然中絶對性)에 들게 된다. 그러므로, 대승(大乘), 일승(一乘), 일불승(一佛乘), 불승(佛乘)에 증입한 무생법인(無生法忍)의 일체(一切) 무위지혜(無爲智慧)를 일러 지혜상(智慧相)이라고 함은, 그 지혜는 본연무연중절대성(本然無然中絶對性)을 벗어난, 각식(覺識)의 동(動)과 정(靜)에 치우친 지혜작용이기 때문이다. 무생결정성(無生結定性)을 벗어나면, 지혜가 아무리 밝아도, 식(識)의 동(動)과 정(靜)을 벗어날 수가 없다. 그러므로 무생결정성(無生結定性)에 든 제불여래(諸佛如來)는 본연무연중절대성(本然無然中絶對性)의 지혜이므로, 일체(一切)에 평등(平等)한 절대성(絶對性) 불지혜(佛智慧)는, 열반(涅槃)과 보리(菩提)에 치우친 지혜상(智慧相)이 없다. 그것이, 무상열반(無上涅槃)도 끊어진 무상열반(無上涅槃)이며, 무상보리(無上菩提)도 끊어진 무상보리(無上菩提)이다. 그러므로 무상(無上)에 들면, 무상열반(無上涅槃)에는 열반(涅槃)이 끊어져 없고, 무상보리(無上菩提)에는 보리(菩提)가 끊어져 없다. 그것이 무상불지(無上佛智)의 세계, 본연무연중절대성(本然無然中絶對性)이며, 무생결정성(無生結定性)인 여래장(如來藏)이다.

무생법인지(無生法忍智)인 무위지혜(無爲智慧)를 벗어나, 무생결정성(無生結定性)인 무생법인지(無生法印智)에 증입하면, 정(定)과 혜(慧)가 끊어진, 결정성(結定性)이다. 결정성(結定性)은 곧, 여래결정성(如來結定性)이며, 시종(始終) 없는 무생불변(無生不變)인 인(印)이다. 무생법인지(無生法忍智)는 보살지(菩薩智)인 무위무생법인지(無爲無生法忍智)이며, 무생법인지(無生法印智)는 불지(佛智)인 여래결정각(如來結定覺)이다.

무생(無生)도 생멸무생(生滅無生)이 있으며, 무위무생(無爲無生)이 있으며, 결정무생(結定無生)이 있다. 생멸무생(生滅無生)은 생멸심(生滅心)으로 유(有)가 생(生)하지 않은 무생(無生)이다. 생멸무생(生滅無生)이 끊어지면, 무위무생(無爲無生)에 들게 된다. 무위무생(無爲無生)은 공성(空性)을 깨달아 무위지혜(無爲智慧)에 증입한 보살지(菩薩智)인, 생멸(生滅)과 유무(有無) 없는 무위청정공성(無爲淸淨空性)이다. 무위청정공성(無爲淸淨空性)이 끊어지면, 결정무생(結定無生)에 들게 된다. 결정무생(結定無生)은 무연절대성(無然絶對性)으로, 청정공성(淸淨空性)도 끊어진 결정성(結定性)인 여래(如來)의 성품이다. 이는, 무위무생(無爲無生)의 일체지혜 정(定)과 혜(慧), 체(體)와 용(用)의 지혜음양이성(智慧陰陽二性)이 끊어진 무연절대성(無然絶對性)인 결정성(結定性)이다. 생멸무생(生滅無生)은 유무상견(有無相見)이며, 무위무생(無爲無生)은 무위공성견(無爲空性見)이며, 결정무생(結定無生)은 정(定)과 혜(慧), 체(體)와 용(用)이 끊어진, 시종(始終)없는 원융법계성(圓融法界性)인 무생결정성(無生結定性)으로 여래결정성(如來結定性)인 불지정견(佛智正見)이다.

무위무생(無爲無生)이 끊어져, 정(定)과 혜(慧)의 이성(二性)이 끊어진 결정성(結定性)에 들면, 정(定)과 혜(慧)가 한 몸이라, 상(相)과 식(識)과 지혜(智慧)의 체(體)도 용(用)도 끊어진다. 그러므로, 상(相)과 식(識)과 지혜(智慧)의 체(體)도 없고, 용(用)도 없어, 일체(一切)가 절대성(絶對性)인 무생결정성(無生結定性)이며, 일체행(一切行)이 그대로 일각원융원만구족성(一覺圓融圓滿具足性)이니, 무생부동열반본성(無生不動涅槃本性)과 무생각명보리본각(無生覺明菩提本覺)과 무생무염진여본심(無生無染眞如本心)의 성품이 무연원융자재(無然圓融自在)하여 차별 없는 한 성품 원융이니, 일심원융원만결정성(一心圓融圓滿結定性)이다.

열반부동체성(涅槃不動體性)과 보리각명체성(菩提覺明體性)과 진여무염체성(眞如無染體性)이 부사의 결정성(結定性)인 원융일성조화(圓融一性造化) 속에, 원융일각일신체(圓融一覺一身體)를 이루니, 바로 일신(一身)의 몸 그대로, 법신(法身), 보신(報身), 응화신(應化身), 3신불원융일성(三身佛圓融一性)인 부사의 여래장공능(如來藏功能)에 들게 된다. 이 몸이 법계일신각체(法界一身覺體)이니, 이 몸을 떠나, 불(佛)의 응화신(應化身)이 따로 없고, 이 몸을 떠나, 불(佛)의 보신(報身)이 따로 없고, 이 몸을 떠나, 불(佛)의 법신(法身)이 따로 없다. 있는 그대로, 생긴 모습 그대로 3신불(三身佛)이 원융원만구족일신각(圓融圓滿具足一身覺)을 이루게 된다. 3신불(三身佛)의 성품이, 일신각체(一身覺體)를 떠난 법신(法身)이 없고, 일신각체(一身覺體)를 떠난 보신(報身)이 없으며, 일신각체(一身覺體)를 떠난 응화신(應化身)이 없다. 3신불(三身佛)의 각(覺)의 일체 차별상이 절대결정성(絶對結定性)으로 끊어져, 3신불성(三身佛性)이 일신(一身) 중에 원융하여, 있는 그대로, 생긴 모습 그대로 3불원융일신원만각(三佛圓融一身圓滿覺)이다.

유위(有爲)나 무위(無爲)의 정(靜)과 동(動) 속에 있으면, 체(體)와 용(用), 정(定)과 혜(慧), 시각(始覺)과 본각(本覺), 열반(涅槃)과 보리(菩提)

의 성품이 서로 무연불이절대결정성(無然不二絕對結定性)을 이루지 못해, 본연무연중절대성(本然無然中絕對性)을 벗어난 차별성품 속에 있어, 법신(法身)과 보신(報身)과 응화신(應化身)이 서로 성품이 대(對)의 차별로 원융할 수가 없으니, 각각 차별세계 속에 성품이 다른 3종신(三種身)으로 분리되어, 법신(法身), 보신(報身), 응화신(應化身)이 원융원만조화(圓融圓滿造化)의 원융3신일각원융결정성(圓融三身一覺圓融結定性)을 이룰 수가 없다. 왜냐면, 아직, 시각(始覺)과 본각(本覺)이 둘 다 끊어지지 않아, 본연무연중절대성(本然無然中絕對性)인 무생결정성(無生結定性)을 벗어난 차별지혜 성품 속에 있기 때문이다. 무위지혜(無爲智慧)인 무생법인지(無生法忍智)도, 깨달음의 시각(始覺)이 무생본각(無生本覺)에 들지 못해, 체(體)와 용(用), 상(相)과 공(空), 정(定)과 혜(慧), 동(動)과 부동(不動), 열반(涅槃)과 보리(菩提) 등, 아직 지혜상(智慧相)이 두 극(極)의 2견상(二見相)을 벗어나지 못해, 무위보살지(無爲菩薩智)에 들었어도, 법보화신(法報化身) 3신불(三身佛)의 원융일신각(圓融一身覺)을 실증(實證)하지 못하여, 3신불(三身佛)이 원융(圓融)한 일신원만각(一身圓滿覺)의 경계를 알 수가 없다.

왜냐면, 대공대승(大空大乘)이어도 공견지혜(空見智慧)에 들어 공(空)을 벗어나지 못해, 지혜성품이 6식(六識)이 끊어진 지혜성품, 6식자재(六識自在)를 벗어나지 못하고 있다.

무염진여(無染眞如)인 이사무애지(理事無礙智)의 일승(一乘)이어도, 그 지혜성품이 7식(七識)이 끊어진 지혜성품, 7식자재(七識自在)를 벗어나지 못하고 있다.

원융각명대원경지(圓融覺明大圓鏡智)인 사사원융무애지(事事圓融無礙智)의 구경각(究竟覺)을 얻은 일불승(一佛乘)이어도, 그 성품이 8식출입식(八識出入識)이 끊어진 대원경지(大圓鏡智)의 지혜성품, 8식출입식자재(八識出入識自在)를 벗어나지 못하고 있다.

청정부동열반성지(清淨不動涅槃性智)인 8식함장식(八識含藏識)이 끊어져, 근본 무명(無明)을 타파한 구경열반(究竟涅槃)을 얻은 불승(佛乘)의 지혜성품이어도, 심부동청정구경열반성(心不動清淨究竟涅槃性)인 8식함장식자재(八識含藏識自在)를 벗어나지 못하고 있다.

대원경지(大圓鏡智)가 구경각(究竟覺)이라, 높고 높은 각명원융보리(覺明圓融菩提)의 지혜(智慧)이어도, 본연무연중절대성(本然無然中絕對性)인 무생결정일성(無生結定一性)에 들지 못해, 3신불(三身佛)을 찾아 각명시방원융보리(覺明十方圓融菩提) 속에 헤매고, 부동체성지(不動體性智)가 구경열반(究竟涅槃)이라, 깊고 깊은 부동청정열반(不動清淨涅槃)의 지혜(智慧)이어도, 본연무연중절대성(本然無然中絕對性)인 무생결정일성(無生結定一性)에 들지 못해, 3신불(三身佛)을 찾아 부동적멸청정열반(不動寂滅清淨涅槃) 속을 헤맨다.

지혜성품각식법계(智慧性品覺識法界)에 머물러 있으면, 그 법계(法界) 밖을 볼 수가 없음은, 각식(覺識)의 작용이 그 지혜성품을 벗어나지 못하고 있기 때문이다. 무엇이든, 그 성품과 지혜가 파괴되는 것은, 인(印)의 결정성(結定性)이 아니기 때문이다. 상(相)이든, 식(識)이든, 지혜(智慧)이든, 유위(有爲)이든, 무위(無爲)이든, 결정성(結定性)에 들면, 일체(一切)가 파괴된다. 왜냐면, 일체(一切) 상(相)과 견(見)과 지혜(智慧)와 각식(覺識)까지 끊어진 무생결정성(無生結定性)이기 때문이다. 이는, 일체(一切) 생명(生命)과 우주(宇宙)의 근본(根本)으로, 시종(始終) 없는 본연무연중절대성(本然無然中絕對性)이므로 무엇에도 물듦이 없어, 잡되거나 분별(分別)인, 상(相), 식(識), 견(見)의 지혜상(智慧相)에 오염됨이 없는 결정성(結定性)의 성품으로 청정원융(清淨圓融)하며, 불가사의 일체총지(一切總持)의 공능(功能)이 원만구족(圓滿具足)하기 때문이다. 각(覺)이든, 열반(涅槃)이든 그 성품이 무생결정성(無生結定性)이 아니면, 그 성품은 깨어지는 각명(覺明)이며, 부동(不動)이다. 무생결정성(無生結定性)에 들면, 시각(始覺)과 본각(本覺)이 끊어진 결정성(結定性)인 각명보신(覺明報身)이 그대로 열반법신(涅槃法身)이며, 보고 듣는 응화신(應化身)이 그대로 법신수연각(法身隨緣覺)의 불신(佛身)인 응화신(應化身)이니, 결정성(結定性) 그대로 여래결정성(如來結定性)이며 여래결정각(如來結定覺)이므로, 원융3불일신각(圓融三佛一身覺)이 원만구족(圓滿具足)이다.

○ **459.** 여래께옵서 설(說)하신 법(法)은, 생멸(生滅)이 끊어졌사옵니다.

地藏菩薩言 如來所說 無生無滅 即[大:續1,2: 卽]**是無常**
지장보살언 여래소설 무생무멸 즉 [대:속1,2: 즉] 시 무 상

滅是生滅
멸 시 생 멸

지장보살이 말씀 사뢰오며 여쭈옵기를, 여래(如來)**께옵서 설하신 바는, 생**(生)**도 없고 멸**(滅)**도 없으며 곧, 이것은 항상함도 없음이오니 이는, 생**(生)**과 멸**(滅)**이 끊어진 것이옵니다.**

♣ 지장보살이, 말씀 사뢰오며 여쭈옵기를, 여래께옵서 설하신 바, 공(空)한 성품은, 본래 무생(無生)이므로, 생(生)도 없고 멸(滅)도 없으며, 곧, 이것은, 본래 상(相)이 없어, 항상함도 없음이오니, 이는, 생(生)과 멸(滅)이 끊어진 것이옵니다.

□ 고(高), 논(論), 경(經)에 즉(即)이, 대(大), 속1,2(續1,2) 경(經)에는 즉(卽)으로 되어 있다.

○ **460.** 생멸(生滅)이 멸한 적멸(寂滅)은 항상하여, 끊어짐이 없사옵니다.

生滅滅已 寂滅爲常 常故不斷
생 멸 멸 이 적 멸 위 상 상 고 부 단

생멸(生滅)**이 이미 멸**(滅)**한 것은 적멸**(寂滅)**이므로 항상하며, 항상한 까닭으로 끊어짐이 없사옵니다.**

♣ 생멸(生滅)이 이미 멸(滅)한 성품은, 적멸(寂滅)한 무생(無生)의 성품

이므로 항상하며, 항상한 까닭으로 생멸(生滅)이 없어, 끊어짐이 없사옵니다.

◯461. 항상하는 법은, 3계의 동(動)과 부동법(不動法)을 벗어났습니다.

是不斷法 離諸三界動不動法
시 부 단 법 이 제 삼 계 동 부 동 법

이 끊어짐이 아닌 법(法)은, 모든 3계(三界)의 동(動)과 부동(不動)의 법(法)을 벗어났사옵니다.

♣ 유무(有無)나 생멸(生滅)로, 이 끊어짐이 아닌 적멸(寂滅)한 성품의 법은, 무생(無生)의 성품이므로, 욕계(欲界) 유무(有無)의 취사심(取捨心)과 색계(色界) 색성향미촉법(色聲香味觸法)의 상주심(相住心)과 무색계(無色界) 능소(能所)의 출입심(出入心)이며 상념(想念)인, 모든 3계(三界)의 동법(動法)과 부동법(不動法)을 벗어났사옵니다.

◯462. 어떤 법(法)에 의지해야, 유위법을 벗어난 일문(一門)에 드옵니까?

於有爲法 如避火坑 依何等法 而自呵責[續1,2: 而自訶責]
어 유 위 법 여 피 화 갱 의 하 등 법 이 자 가 책 [속1,2: 이자가책]
入彼一門
입 피 일 문

유위법(有爲法)은 불구덩이와 같아 벗어나야 하오니, 어떤 법에 의지해야만 스스로를 제도[呵責]하여, 저 일문(一門)에 들 수가 있겠사옵니까?

♣ 생멸(生滅)하는 유위법(有爲法)은, 생사(生死)의 고해(苦海)에 드는 길이므로, 불구덩이와 같아 벗어나야 하오니, 어떤 법에 의지해야만 스스로를 제도[呵責]하여, 저 생멸(生滅)이 끊어진, 적멸(寂滅)한 일문(一門)에 들 수가 있사옵니까?

□ 고(高), 논(論), 대(大) 경(經)에 이자가책(而自呵責)이, 속1,2(續1,2) 경(經)에는 이자가책(而自訶責)으로 되어 있다.

○ **463.** 3대사(三大事)에 마음을 가책해, 3대제(三大諦) 행에 들어야 한다.

佛言 菩薩 於三大事 呵責其心[續1,2: 訶責其心] 於三大諦

불언 보살 어 삼 대 사 가 책 기 심 [속1,2: 가책기심] 어 삼 대 제

而入其行

이 입 기 행

부처님께옵서 말씀하옵기를, 보살이여! 3대사(三大事)에서 그 마음을 가책(呵責)해, 3대제(三大諦)의 그 행에 들어야 하느니라.

♣ 부처님께옵서 말씀하옵기를, 보살이여! 3대사(三大事)에서 그 마음을 가책(呵責)하여, 자신을 제도해야 하며, 3대제(三大諦)의 그 행에 들어야 하느니라.

□ 고(高), 논(論), 대(大) 경(經)에 가책기심(呵責其心)이, 속1,2(續1,2) 경(經)에는 가책기심(訶責其心)으로 되어 있다.

○ **464.** 3사(三事)에 가책과 3제(三諦)의 일행(一行)이 무엇이옵니까?

地藏菩薩言 云何三事 而責其心 云何三諦 而入一行

지 장 보 살 언 운 하 삼 사 이 책 기 심 운 하 삼 제 이 입 일 행

지장보살이, 말씀 사뢰오며 여쭈옵기를, 어떠한 3사(三事)에서 그 마음을 가책(呵責)해야 하오며, 무엇이, 3제(三諦)에 드는 일행(一行)이옵니까?

♣ 지장보살이, 말씀 사뢰오며 여쭈옵기를, 어떠한 3사(三事)에서, 그 마음을 가책(呵責)하여, 자신을 제도해야 하오며, 무엇이, 3대제(三大諦)에 드는 일행(一行)이옵니까?

○ **465.** 3대사(三大事)는 인·과·식이니, 본래 공(空)함을 좇아 없느니라.

佛言 三大事者[論: 三事者] 一謂因 二謂果 三謂識

불언 삼 대 사 자 [논: 삼사자] 일 위 인 이 위 과 삼 위 식

如是三事 從本空無 非我眞我 云何於是 而生愛染

여 시 삼 사 종 본 공 무 비 아 진 아 운 하 어 시 이 생 애 염

부처님께옵서 말씀하옵기를, 3대사(三大事)는 첫째는 인(因)이며, 둘째

는 과(果)이며, 셋째는 식(識)이니라. 이와 같은 3사(三事)는, 본래(本來) 공(空)함을 수순[從:隨順]하여 없으므로, 아(我)도, 진아(眞我)도 아니니, 어찌 이것에 애착(愛着)하며, 물듦을 일으키겠느냐?

♣ 부처님께옵서 말씀하옵기를, 3대사(三大事)는, 첫째는 인(因)을 지음이며, 둘째는 과(果)를 받음이며, 셋째는 이를 분별하여 집착하며, 일으키는 식(識)이니라. 이와 같은 3사(三事)는, 본래(本來) 공(空)함을 좇아 없으므로, 인(因)을 지음과 과(果)를 받음과 이를 집착하는 식(識)이, 아(我)도, 진아(眞我)도 아니니, 어찌 이것을, 애착(愛着)하며, 물듦을 일으키겠느냐?

□ 고(高), 대(大), 속1,2(續1,2) 경(經)에 삼대사자(三大事者)가, 논(論) 경(經)에는 삼사자(三事者)로 되어 있다.

● **3대사(三大事):** 인(因), 과(果), 식(識)의 3대사(三大事)는 12인연사(十二因緣事)이다.

○**466.** 3사(三事)에 얽매여 고해(苦海)에 듦이니, 벗어나야 한다.

觀是三事 爲繫所縛[論: 爲繫所飄] **飄流苦海 以如是事**
관 시 삼 사　위 계 소 박 [논: 위계소표]　표 류 고 해　이 여 시 사
常自呵責[續1,2: 常自訶責]
상 자 가 책 [속1,2: 상자가책]

이 3사[三事:因·果·識]를 관(觀)하여서, 얽매이며 묶이어 고해(苦海)로 흘러들어 떠돌게 되는 이와 같은 3사[事:三事]에, 항상 자신을 가책(呵責)하여 제도해야 하느니라.

♣ 인(因)을 지어 과(果)를 받으며, 식심(識心)이 이를 집착해, 생사(生死) 속에 윤회(輪廻)하는, 이 3사(三事)를, 밀밀히 관(觀)하여서, 인(因)을 지음과 과(果)를 받음과 식(識)이 이에 얽매이는바 묶이어, 고해(苦海)로 흘러들어 떠돌게 되는, 이와 같은 3사(三事)에, 항상, 자신을 가책(呵責)하여 다스리며, 제도를 해야 하느니라.

□ 고(高), 대(大), 속1,2(續1,2) 경(經)에 위계소박(爲繫所縛)이, 논(論) 경(經)에는 위계소표(爲繫所飄)로 되어 있다.

□ 고(高), 논(論), 대(大) 경(經)에 상자가책(常自呵責)이, 속1,2(續1,2) 경(經)에는 상자가책(常自訶責)으로 되어 있다.

◯ **467.** 3대제(三大諦) 첫째는 보리도(菩提道)이니, 평등한 진리(眞理)이다.

三大諦者[論:續1,2: 三諦者] **一謂菩提之道 是平等諦**
삼 대 제 자 [논:속1,2: 삼제자] 일 위 보 리 지 도 시 평 등 제

非不平等諦[論: 非不等諦]
비 불 평 등 제 [논: 비불등제]

3대제(三大諦)는, 첫째는 보리(菩提)의 도(道)이니라. 이는 평등(平等)한 진리이므로, 불평등(不平等)의 진리가 아니니라.

♣ 유위법(有爲法)을 벗어나, 적멸(寂滅)에 이르는 3대제(三大諦)는, 첫째는 보리(菩提)의 도(道)이니라. 이는, 본성(本性) 성품의 평등한 진리이므로, 본성(本性)을 벗어나 분별하는, 불평등(不平等)의 차별인, 유위법(有爲法)의 평등한 진리가 아니니라.

□ 고(高), 대(大) 경(經)에 삼대제자(三大諦者)가, 논(論), 속1,2(續1,2) 경(經)에는 삼제자(三諦者)로 되어 있다.

□ 고(高), 대(大), 속1,2(續1,2) 경(經)에 비불평등제(非不平等諦)가, 논(論) 경(經)에는 비불등제(非不等諦)로 되어 있다.

◯ **468.** 둘째 대각정지(大覺正智)이니, 바른 지혜를 얻는 진리(眞理)이다.

二謂大覺 正智得諦 非邪智得諦
이 위 대 각 정 지 득 제 비 사 지 득 제

둘째는 대각(大覺)이니라. 바른 지혜[正智]를 얻는 진리이므로, 삿된 지혜로 얻는 진리가 아니니라.

♣ 둘째는 대각(大覺)이니라. 이는 본성(本性) 성품의 바른 지혜를 얻는 진리이므로, 본성(本性)을 벗어나 분별하는, 삿된 유위법(有爲法)의

지혜로 얻는, 진리가 아니니라.

○ **469.** 셋째 정혜(定慧)이니, 차별 없는 행(行)의 진리(眞理)이다.

三謂慧定 無異行入諦 非雜行入諦[續1,2: 非離行入諦]
삼 위 혜 정 무 이 행 입 제 비 잡 행 입 제 [속1,2: 비이행입제]

셋째는 정혜(定慧)이니라. 차별 없는 행(行)에 드는 진리이므로, 잡행(雜行)으로 드는 진리가 아니니라.

♣ 셋째는 정혜(定慧)이니라. 이는 본성(本性) 성품의 행(行)으로, 차별 없는 행(行)에 드는 진리이므로, 본성(本性)을 벗어나 분별하는, 유위법(有爲法)의 분별심인, 잡행(雜行)으로 드는 진리가 아니니라.

□ 고(高), 논(論), 대(大) 경(經)에 비잡행입제(非雜行入諦)가, 속1,2(續1,2) 경(經)에는 비이행입제(非離行入諦)로 되어 있다.

□ 속1,2경구(續1,2經句)

비이행입제(非離行入諦): 본성(本性) 정혜(定慧)를 벗어난 유위행(有爲行)으로 드는 진리가 아니니라.

● 본성정(本性定)은, 생멸심(生滅心)이 없는 무생열반심(無生涅槃心)이며, 본성혜(本性慧)는, 상(相)에 머묾 없는 무상각명심(無相覺明心)이다. 그러므로, 본성정(本性定)은 무생심(無生心)이며, 본성혜(本性慧)는 무상심(無相心)이다. 본성정(本性定)인 무생심(無生心)이 본성혜(本性慧)인 무상각명심(無相覺明心)이며, 본성혜(本性慧)인 무상심(無相心)이 본성정(本性定)인 무생열반심(無生涅槃心)이다. 본성(本性)은, 무연절대성(無然絕對性)이므로 정혜(定慧)의 성품이 따로 없으니, 수연(隨緣)을 따라도, 본성(本性)의 정혜성(定慧性)을 잃지 않음이니, 생멸심(生滅心)이 없음이 본성정(本性定)이며, 상(相)에 머묾 없는 무상심(無相心)이 본성혜(本性慧)이다. 이는 곧, 생멸(生滅), 출입(出入), 머묾 없는 본성심(本性心)이다.

○**470.** 3제(三諦)를 닦아, 불(佛)의 보리(菩提)를 이룬다.

以是三諦 而修佛道 是人於是法 無不得正覺 得正覺智
이 시 삼 제　이 수 불 도　시 인 어 시 법　무 불 득 정 각　득 정 각 지

流大極慈 已他俱利 成佛菩提
유 대 극 자　기 타 구 리　성 불 보 리

이 3제(三諦)의 불도(佛道)를 닦는 이 사람은, 이 법(法)으로 정각(正覺)을 얻지 아니함이 없느니라. 정각(正覺)의 지혜(智慧)를 얻어, 무한 지극한 대자비(大慈悲)의 흐름을 따라, 자타(自他)를 함께 이롭게 하므로, 불(佛)의 보리(菩提)를 완성(完成)하느니라.

♣ 이 3제(三諦)인 보리도(菩提道)와 대각정지(大覺正智)와 정혜행(定慧行)의 불(佛)의 도(道)를 닦는 이 사람은, 이 법(法)으로, 보리(菩提)의 바른 깨달음인, 정각(正覺)의 지혜를 얻지 못함이 없느니라. 정각(正覺)의 지혜를 얻은 본성보리(本性菩提)의 성품으로, 무한 지극한 대자비(大慈悲)의 흐름을 따라, 자타(自他)를 함께 이롭게 하므로, 불(佛)의 보리(菩提)를, 원만히 완성하느니라.

■ 3대제(三大諦)

　3대제(三大諦)는 보리도(菩提道), 대각정지(大覺正智), 정혜행(定慧行)이다. 보리도(菩提道)는 원융본각행(圓融本覺行)이며, 대각정지(大覺正智)는 원융본각원만대각지(圓融本覺圓滿大覺智)이며, 정혜행(定慧行)은 본각수연행(本覺隨緣行)이다.

　3대제(三大諦)는 본각일도일실(本覺一道一實)인 여(如)의 일실도(一實道)로, 이 경(經) 일체(一切) 수행도(修行道)를 총섭(總攝)하고 통섭(通攝)한 본각일실일도통섭행(本覺一實一道通攝行)이다.

　이 경(經)에서 설한, 3공취(三空聚)인 공상역공(空相亦空), 공공역공(空空亦空), 소공역공(所空亦空)과 3해탈(三解脫)인 허공해탈(虛空解脫), 금강해탈(金剛解脫), 반야해탈(般若解脫)과 3삼매(三三昧)인 공삼매(空三昧),

무상삼매(無相三昧), 무작삼매(無作三昧)와 3행(三行)인 수사취행(隨事取行), 수식취행(隨識取行), 수여취행(隨如取行)과 2입(二入)인 이입(理入), 행입(行入)과 3취정계(三聚淨戒)인 섭률의계(攝律儀戒), 섭선법계(攝善法戒), 섭중생계(攝衆生戒)와 여혜정(如慧定)과 대(對), 의(義), 과(科) 등을 총섭(總攝)하고 통섭(通攝)한, 여(如)의 일실일각도(一實一覺道)이다.

보리도(菩提道)는, 무상불각행입도(無上佛覺行入道)이니, 원융본각이입행(圓融本覺理入行)인 이입도(理入道)이다. 정혜행(定慧行)은, 능소경계불입원만각행(能所境界不入圓滿覺行)이니, 원융본각행입행(圓融本覺行入行)인 행입도(行入道)이다. 대각정지(大覺正智)는, 이입행입불이원융원만대각지(理入行入不二圓融圓滿大覺智)이다.

3대제(三大諦)는 곧, 여각일실원만일도행(如覺一實圓滿一道行)이다. 보리도(菩提道)는 무생결정본각이입일도행(無生結定本覺理入一道行)이며, 정혜행(定慧行)은 무생결정본각수연행입행(無生結定本覺隨緣行入行)이며, 대각정지(大覺正智)는 무생결정본각원융원만대각지(無生結定本覺圓融圓滿大覺智)이다.

무상일각정도(無上一覺正道)에는 두 성품이 없고, 일체 차별이 끊어진 무상일각일성(無上一覺一性)이 불이원융원만일실(不二圓融圓滿一實)일 뿐이다. 그러므로, 일체 차별도(差別道)가 일성일도(一性一道)에 융섭(融攝)되고, 일체 차별각(差別覺)이 일도일성(一道一性)에 섭수(攝收)되어 통섭(通攝)된다.

무상일성(無上一性)에는 차별의 이(二)가 없으니, 일체(一切)에 원융(圓融)하고, 일체(一切)를 융통(融通)하며, 일체(一切)를 융섭(融攝)하고, 일체(一切)를 총섭(總攝)한다.

보리도(菩提道)는, 상(相), 식(識)이 끊어진 여(如)의 성품, 무생결정성(無生結定性) 이입행(理入行)이다.

정혜행(定慧行)은, 상(相), 식(識)이 끊어진 여(如)의 성품, 무생결정성(無生結定性) 행입행(行入行)이다. 정혜행(定慧行)의 정행(定行)은 보리(菩提)의 성품을 수순하여 능소(能所)가 끊어져, 상심(相心)과 식심(識心)의 능소출입(能所出入)이 없음이며, 혜행(慧行)은 보리(菩提)의 성품을 수순하여, 상(相)과 식(識)의 경계(境界)에 능소(能所)의 분별과 머묾이 없음이다.

대각정지(大覺正智)는, 상(相), 식(識)이 끊어진 여(如)의 성품, 이입결정성지(理入結定性智)와 행입결정성지(行入結定性智)가 원융원만불이성(圓融圓滿不二性)인 여래결정성원융원만대각지(如來結定性圓融圓滿大覺智)이다.

■ 3대제(三大諦)와 이입(理入)과 행입(行入)

3대제(三大諦)가, 불법(佛法)의 일체 수행을 총섭(總攝)하고 통섭(通攝)하며 융섭(融攝)하여 섭수(攝收)한다. 3대제(三大諦)는, 보리도(菩提道), 대각정지(大覺正智), 정혜행(定慧行)이다. 보리도(菩提道)는 무상불각도(無上佛覺道)이니 각(覺)의 이입행(理入行)이며, 정혜행(定慧行)은 능소대심일여행(能所對心一如行)이니 각(覺)의 행입행(行入行)이며, 대각정지(大覺正智)는 대각(大覺)은 큰 깨달음이 아니라, 본성각명(本性覺明)이 대각(大覺)이니, 대각(大覺)은 본성각명대원만각(本性覺明大圓滿覺)이다. 정지(正智)는 정(正)도 사(邪)도 끊어진, 본성각명정지(本性覺明正智)이니, 이는, 이입행정지(理入行正智)와 행입행정지(行入行正智)이므로, 곧, 이입(理入)과 행입(行入)이 불이(不二)인 이입사행불이본성각명정각지(理入事行不二本性覺明正覺智)이다. 그러므로 대각정지(大覺正智)는, 이입행(理入行)과 행입행(行入行)의 원융불이원만성취(圓融不二圓滿成就)인, 본성각명원만대각정지(本性覺明圓滿大覺正智)이다. 무상지(無上智)와 무상도(無上道)에 두 법이 있을 수 없고, 두 지혜가 있을 수가 없다. 만약, 무상지(無上智)와 무상도(無上道)에 두 법이 있고, 두 지혜가 있다면, 그것은 불이대원성(不二大圓性)에 드는 원만성취를 위한 조도

융화(助道融化)의 방편법(方便法)이다. 보리도(菩提道)와 정혜행(定慧行)이 둘이 아니며, 보리도(菩提道)와 정혜행(定慧行)이, 대각정지(大覺正智)와 다른 법이 아니다. 보리도(菩提道)와 정혜행(定慧行)이 대각정지(大覺正智) 입행(入行)과 대각정지(大覺正智) 여실만행(如實萬行)이다.

보리도(菩提道) 이입행(理入行)에 정혜행(定慧行)을 수용하여 들며, 정혜행(定慧行)은 보리도(菩提道)가 정혜행(定慧行) 실천의 행입행(行入行)이다. 그러므로 보리도(菩提道)와 정혜행(定慧行)은 서로 다른 것이 아니며, 서로 융통(融通)하고 보정(補正)하며 조도(助道)하는, 일심각행불이원융법(一心覺行不二圓融法)이다. 보리도(菩提道)가 정혜행(定慧行)이며, 정혜행(定慧行)이 보리도(菩提道)이다. 일심각행(一心覺行)에는, 본성무연일성일각(本性無然一性一覺)을 수순하므로, 성품도, 지혜도, 일체 분별과 차별을 벗어나, 둘이 없고, 차별이 없으니, 보리도(菩提道)와 정혜행(定慧行)이 따로 있거나, 다를 수가 없다. 정혜(定慧)의 실성(實性)을 벗어나면, 보리도(菩提道)가 아니며, 보리(菩提)의 실성(實性)을 벗어나면, 정혜행(定慧行)이 아니다. 일각일심(一覺一心)이 두루 밝아, 보리도(菩提道)의 실상행(實相行)을 일러 정혜도(定慧道)라 이름하며, 정혜행(定慧行)의 실상도(實相道)를 일러 보리도(菩提道)라 한다. 보리도(菩提道)도 대각정지행(大覺正智行)이며, 정혜행(定慧行)도 대각정지행(大覺正智行)이다. 그러므로, 보리도(菩提道)와 정혜행(定慧行)이 곧, 대각정지행(大覺正智行)으로 섭수되고, 통섭(通攝)하여 수용된다. 무상지(無上智)인 무상도(無上道)에 이르는 각(覺)의 지혜를, 보리도(菩提道)와 정혜행(定慧行)과 대각정지(大覺正智)의 3대제로 이끎은, 지혜근성(智慧根性)의 차별 따라, 무상일각3행도(無上一覺三行道)를 수용하도록, 여래(如來)의 대비심 방편으로, 3대제(三大諦) 각(覺)의 일심광명(一心光明) 지혜3문(智慧三門)을 열어놓았다. 보리정혜2문(菩提定慧二門)이 곧, 대각정지(大覺正智) 일문(一門)에 섭수되고 수용됨은, 3도행무상과(三道行無上果)

가 무상일성일각(無上一性一覺)이니, 무상대각정지(無上大覺正智)의 길이 곧, 무상일성보리도(無上一性菩提道)와 무상일성정혜행(無上一性定慧行)이기 때문이다. 그것은, 무상(無上)에는 이성(二性)도, 2법(二法)도, 2도(二道)도, 2심(二心)도, 2상(二相)도, 2각(二覺)도, 2과(二果)도 없기 때문이다. 3대제(三大諦)인 보리도(菩提道), 정혜행(定慧行), 대각정지(大覺正智)는 각(覺)의 무상일각일도(無上一覺一道)이다. 단지, 3대제(三大諦)로 분별함은, 무상일성일각(無上一性一覺)을 하나로 융통(融通)하지 못하는 심량근기(心量根機)와 지혜근성(智慧根性)을 따라, 차별심근(差別心根)의 각행(覺行)을 원만하게 하는, 각(覺)의 방편일도(方便一道)이다.

보리도(菩提道)는 일심각(一心覺)이며, 일심각행(一心覺行)이 정혜행(定慧行)으로 이루어진다. 보리도(菩提道)의 정행(定行)은, 능소(能所)의 생멸심(生滅心)과 출입식(出入識)이 없음이며, 보리도(菩提道)의 혜행(慧行)은, 능소(能所)의 경계와 일체상에 머묾이 없음이다. 보리도(菩提道)에 정혜행(定慧行)으로 이루어짐이, 곧, 대각정지법(大覺正智法)이며, 대각정지행(大覺正智行)이다.

정혜행(定慧行)에 보리도(菩提道)를 행함은, 정혜행(定慧行)의 실성(實性)과 원융원만(圓融圓滿)이 보리도(菩提道)이기 때문이다. 정행(定行)의 보리도(菩提道)를 행함이, 청정각(淸淨覺)으로 능소(能所)의 생멸심(生滅心)과 출입식(出入識)이 끊어져 없고, 혜행(慧行)의 보리도(菩提道)를 행함이, 청정각(淸淨覺)으로 일체식(一切識) 능소(能所)와 일체상(一切相) 경계에 머묾이 없다. 정혜행(定慧行)으로 보리도(菩提道)가 이루어짐이 곧, 대각정지법(大覺正智法)이며, 대각정지행(大覺正智行)이다. 그러므로 보리도(菩提道)와 정혜행(定慧行)으로, 대각정지(大覺正智)의 원만구족성취(圓滿具足成就)를 이루게 된다.

보리도(菩提道)와 정혜행(定慧行)이, 대각정지원만행입(大覺正智圓滿行入)이니, 보리도(菩提道)와 정혜행(定慧行)의 일체(一切)가, 각(覺)의 이입(理入)과 행입(行入)으로 귀결(歸結)된다. 보리도(菩提道)는 심각명(心覺明)이며, 정혜행(定慧行)의 정행(定行)은, 능소(能所) 경계 없는 부동심(不動心)이니, 이는, 능소출입식(能所出入識)과 생멸심(生滅心)이 없음이며, 혜행(慧行)은, 능소(能所) 경계의 일체상(一切相)과 일체식(一切識)에 머묾이 없음이다.

이입(理入)과 행입(行入)은, 각(覺)의 모든 수행문(修行門)을, 이입(理入)과 행입(行入)으로 정의(定義)하여 정립(正立)함이다. 이입(理入)과 행입(行入)의 정의(正義)는, 이입(理入)은, 각(覺)을 수순하여 일심각(一心覺)에 듦이며, 행입(行入)은, 일체사(一切事)에 각(覺)을 잃지 않고 수순하여, 일심각(一心覺)을 행함이다. 이입(理入)과 행입(行入)이 곧, 보리도(菩提道)이며, 정혜행(定慧行)이다. 이입(理入)의 보리도(菩提道)와 정혜행(定慧行)이 있으며, 행입(行入)의 보리도(菩提道)와 정혜행(定慧行)이 있다. 이입(理入)과 행입(行入)의 보리도(菩提道)와 정혜행(定慧行)이 달라, 따로 있는 것이 아니다. 단지, 이입(理入)에, 일심각(一心覺)을 수순하여 듦에, 정혜보리행(定慧菩提行)을 수용함이며, 행입(行入)의 일심각행(一心覺行)에, 수연상(隨緣相)의 경계와 인연을 따라, 정혜보리행(定慧菩提行)을 수용함이다. 이입(理入) 일심각(一心覺)이 원만하여 이입(理入)이 끊어지고, 행입(行入) 일심각(一心覺)이 원만하여 행입(行入)이 끊어져, 이입(理入)과 행입(行入)이 불이(不二)로 둘 다 끊어져, 원융원만(圓融圓滿)이면, 곧, 대각정지원만행(大覺正智圓滿行)이다. 이 일체(一切)가, 여(如)의 총섭일각(總攝一覺)이며, 원융대각(圓融大覺) 각원만진실(覺圓滿眞實)이다.

■ 불법총섭3문(佛法總攝三門)

불법총섭3문(佛法總攝三門)이 있으니, 불학문(佛學門)과 불수문(佛修門)과 불여문(佛如門)이 있다. 불학문(佛學門)은 계정혜(戒定慧)의 문(門)이며, 불수문(佛修門)은 이입(理入)과 행입(行入)과 교화(敎化)의 문(門)

이며, 불여문(佛如門)은 여리(如理)와 여사(如事)와 자비(慈悲)의 문(門)이다. 불법총섭3문(佛法總攝三門)이 일심총섭행문(一心總攝行門)이다.

불학문(佛學門)의 계정혜(戒定慧)는, 정혜(定慧) 원만(圓滿)의 일체행(一切行) 불학문(佛學門)이, 정혜행(定慧行) 무위계문(無爲戒門)이다.

불수문(佛修門)의 이입(理入)과 행입(行入)과 교화(敎化)는, 이입(理入)과 행입(行入)의 원만(圓滿) 일체행(一切行) 불수문(佛修門)이, 자타중생구제(自他衆生救濟)의 무생교화문(無生敎化門)이다.

불여문(佛如門)의 여리(如理)와 여사(如事)와 자비(慈悲)는, 여리(如理)는, 이입(理入)이 지극하여 원융원만(圓融圓滿)하여, 이입(理入)이 끊어져 원융불이여각(圓融不二如覺)에 듦이 여리(如理)이며, 여사(如事)는, 행입(行入)이 지극하여 원융원만(圓融圓滿)하여, 행입(行入)이 끊어져 원융불이여각(圓融不二如覺)에 듦이 여사(如事)이다. 여리(如理)와 여사(如事)의 여(如)는, 무생여각(無生如覺)이다. 곧, 무생결정성(無生結定性)인 여실(如實)의 성품이다. 여리(如理)와 여사(如事)의 원만(圓滿) 일체행(一切行)이, 불여문(佛如門)인 무한자비(無限慈悲)의 원융문(圓融門)이다.

불학문(佛學門)과 불수문(佛修門)과 불여문(佛如門), 이 일체(一切)가, 불법총섭3문(佛法總攝三門)이니, 불법승(佛法僧) 3보(三寶)의 승(僧)은, 계정혜(戒定慧)로, 정혜(定慧)를 원만하게 하는 일체행(一切行)의 불학문(佛學門)이며, 불법승(佛法僧) 3보(三寶) 법(法)의 승(乘)은, 이입(理入)과 행입(行入)을 원만하게 하는, 자타중생구제(自他衆生救濟)의 불수문(佛修門)이며, 불법승(佛法僧) 3보(三寶)의 불(佛)은, 여리(如理)와 여사(如事)의 자비행(慈悲行)인, 불여문(佛如門)이다.

불법총섭3문(佛法總攝三門)인, 불학문(佛學門)과 불수문(佛修門)과 불여문(佛如門)이, 불법일체총지문(佛法一切總持門)이며, 불법일체총지법(佛法一切總持法)이며, 불법일체총지행(佛法一切總持行)이다. 이는, 자성

3보(自性三寶)와 자성3신(自性三身)과 3신불도(三身佛道)의 길이다. 이것
이, 3대제(三大諦) 보리도(菩提道)와 정혜행(定慧行)과 대각정지(大覺正
智)의 원만불도(圓滿佛道)이다. 일체불법(一切佛法)과 일체불법행(一切佛
法行)이, 불법총섭3문(佛法總攝三門)인, 불학문(佛學門)과 불수문(佛修門)
과 불여문(佛如門), 여기에 모두 다 귀결(歸結)된다.

■ **3무도(三無道)**

궁극(窮極) 무상(無上)
일성일명(一性一明) 일심도(一心道)에
3무도(三無道)가 있다.

1무(一無)는 무주(無住)이다.
2무(二無)는 무자(無自)이다.
3무(三無)는 무연(無然)이다.

주(住) 있음이 무명(無明)이며, 미혹(迷惑)이다.
자(自) 있음이 상(相)이며, 아(我) 있음이다.
연(然) 있음이 견(見)이며, 법(法) 있음이다.

외(外) 있음이 외도(外道)이다.
외(外) 없는 내(內) 있음이 소승도(小乘道)이다.
내외(內外) 없음이 정도(正道)이다.

주(住) 있음이 외도(外道)이다.

주(住) 없는 자(自) 있음이 소승도(小乘道)이다.
주(住)와 자(自) 없는 연(然)도 없으면 정도(正道)이다.

정(正)은
본래 그대로 진(眞)이니 정(正)이다.
그 진(眞)의 도(道)이니 정도(正道)이다.

정도(正道)에는
3정(三正)이 있다.

1정(一正)은 외정(外正)이니 주(住)가 없음이다.
2정(二正)은 내정(內正)이니 자(自)가 없음이다.
3정(三正)은 내외(內外) 없는 연(然)도 없어 본래 진(眞)이다.

주(住)가 있음은 1정(一正)을 잃음이다.
자(自)가 있음은 2정(二正)을 잃음이다.
주(住)와 자(自) 없는 연(然)이 있음이 3정(三正)을 잃음이다.

주(住)는 상(相)과 취사(取捨)이다.
자(自)는 아(我)와 자성(自性)이다.
연(然)은 견(見)과 법상(法相)이다.

주(住)가 있으면 그것이 상(相)이며
취사(取捨)가 있음이다.

자(自)이 있으면 그것이 아(我)이며
자성(自性)이 있음이다.

연(然)이 있으면 그것이 견(見)이며
법상(法相)이 있음이다.

정도(正道)는
3무도(三無道)이니
주(住) 있으면 무명(無明)이며, 미혹이니
주(住) 없는 1무(一無), 무주(無住)이게 하고

주(住) 없는 1무(一無)에 자(自) 있으면
상(相)이며, 아(我) 있음이니
2무(二無), 무자(無自)이게 하고

무자(無自)에 든 연(然) 있으면
견(見)과 법상(法相)을 벗어나지 못했음이니
3무(三無), 무연(無然)에 들어야 한다.

1정(一正)은 주(住) 없음이다.
2정(二正)은 자(自) 없음이다.
3정(三正)은 연(然) 없음이다.
이것이 진(眞)이니, 바로 정(正)이다.

3무(三無)가 본(本)이며, 심(心)이다.

3정(三正)이 본(本)이며, 각(覺)에 드는 도(道)이다.

정(正)이 진(眞)이니
진(眞)이 심(心)이며, 각(覺)이다.

진(眞)이 여(如)이니
심(心)과 각(覺)이 불(佛)이다.

3무(三無)가 여(如)이며
3정(三正)이 여도(如道)이며
3무(三無)가 진(眞)이며, 여(如)이니 여래(如來)이다.

여(如)는
주(住), 자(自), 연(然) 없어 3무(三無)이다.

3무(三無)에
외(外) · 내(內), 상(相) · 자(自), 견(見) · 법(法) 없어 3정(三正)이다.

3무(三無)가
여(如)이며, 불(佛)이다.

3정(三正)이
무상불도(無上佛道) 보리도(菩提道)이다.

3무(三無)가
무생(無生) 결정성(結定性)이며

3정(三正)이
주(住), 자(自), 연(然) 없는, 궁극 무상도(無上道)이다.

3무(三無)가
3세(三世) 제불(諸佛)이며

3정(三正)이
3세(三世) 제불(諸佛)의 법(法)이다.

3무3정(三無三正) 심(心)에
자비(慈悲) 무한(無限) 꽃 연화(蓮華)가 피어나니
그대로 진불(眞佛)이다.

이것이
3무불심(三無佛心) 3정보리도(三正菩提道)
3세(三世) 제불(諸佛)의 불지혜정도(佛智慧正道)이다.

1불심(一佛心)이 청정무주(淸淨無住)이며
2불심(二佛心)이 청정무자(淸淨無自)이며
3불심(三佛心)이 청정무연(淸淨無然)이다.

1보리정도(一菩提正道)가 각명무주(覺明無住)이며

2보리정도(二菩提正道)가 각명무자(覺明無自)이며
3보리정도(三菩提正道)가 각명무연(覺明無然)이다.

1보리정도(一菩提正道)에 주(住)가 끊어져 원융하고
2보리정도(二菩提正道)에 자(自)가 끊어져 원융하고
3보리정도(三菩提正道)에 연(然)도 끊어져 원융하니
주(住)도, 자(自)도, 연(然)도 끊어진 원융보리(圓融菩提)에
주(住), 자(自) 없는, 연(然)도 견(見)도 법(法)도 없다.

3무불심(三無佛心)
1불심(一佛心) 열리니 주(住) 없어 한 연꽃 피어나고
2불심(二佛心) 열리니 자(自) 없어 두 연꽃 피어나고
3불심(三佛心) 열리니 연(然) 없어 세 연꽃 피어나니
청정묘법연화장엄법계(淸淨妙法蓮華莊嚴法界)이다.

3정보리도(三正菩提道)
1보리도(一菩提道)가 열리니 1불광(一佛光)이 열리고
2보리도(二菩提道)가 열리니 2불광(二佛光)이 열리고
3보리도(三菩提道)가 열리니 3불광(三佛光)이 열리어
시방원융대방광불화엄장엄법계(十方圓融大方廣佛華嚴莊嚴法界)이다.

3무(三無)가
3대제(三大諦) 정법(定法)이며

3정(三正)이

3대제(三大諦) 혜법(慧法)이다.

정혜(定慧)가 곧, 본성일법(本性一法)이니
정(定)은 부동(不動) 열반(涅槃)이며
혜(慧)은 각명(覺明) 보리(菩提)이다.

정(定)은 심(心)이 동(動)함이 없음이며
혜(慧)는 상(相)에 동(動)함이 없음이다.

정(定)은 심(心) 생멸(生滅)이 없음이며
혜(慧)는 상(相) 취사(取捨)가 없음이다.

정(定)은 심(心) 부동(不動) 열반(涅槃) 본성(本性)이며
혜(慧)는 상(相) 부동(不動) 원융(圓融) 본각(本覺)이다.

정(定)은 내(內) 3무(三無) 부동(不動) 열반(涅槃)이며
혜(慧)는 외(外) 3정(三正) 원융(圓融) 보리(菩提)이다.

3무3정(三無三正) 정혜(定慧)에 내외(內外)가 끊어져
내외(內外) 없어 원융무애(圓融無礙)이니
3무3정(三無三正) 정혜(定慧) 그대로
본성각명(本性覺明) 열반보리일심(涅槃菩提一心)이다.

내외(內外) 끊어진 3무(三無)가
그대로 부동(不動) 청정열반법신(淸淨涅槃法身)이며

내외(內外) 끊어진 삼정(三正)이
그대로 각명(覺明) 원만보리보신(圓滿菩提報身)이며

열반보리(涅槃菩提) 정혜원만(定慧圓滿)
수연자비(隨緣慈悲) 응화일신(應化一身) 일체행(一切行)이
그대로 백천만응화신(百千萬應化身)이다.

혜(慧)가 내(內)로 밝음[覺]이 향하면 정(定)이며
정(定)이 외(外)로 밝음[覺]이 향하면 혜(慧)이며

보리(菩提)가 내(內)로 밝음[明]이 향하면 부동열반(不動涅槃)이며
열반(涅槃)이 외(外)로 밝음[明]이 향하면 원융보리(圓融菩提)이다.

정·혜(定·慧)와 열반·보리(涅槃·菩提)가 한 성품이니
동(動)함 없어 정(定)이니, 열반(涅槃)이며
두루 밝아 원융(圓融)하여 혜(慧)이니, 보리(菩提)이다.

정·혜(定·慧)와 열반·보리(涅槃·菩提)는
본래 안과 밖이 없으나
안과 밖을 분별하여
내(內)의 성품 이름하여 심(心)이라 하며
외(外)의 성품 이름하여 상(相)이라 한다.

정(定)과 열반(涅槃)은 내(內) 심청정부동(心清淨不動)이며

혜(慧)와 보리(菩提)는 외(外) 상청정부동(相清淨不動)이니
청정부동(清淨不動)은 내·외(內·外)와 심·상(心·相)이 끊어져
내외불이(內外不二) 심상불이(心相不二) 시방청정(十方清淨)
원융각명본성일명(圓融覺明本性一明)이다.

3무정(三無定)에 일체(一切) 청정(清淨) 무생정(無生定)이며
3정각(三正覺)에 일체(一切) 원융(圓融) 무생각(無生覺)이니

시종(始終) 없는 무연일심(無然一心) 본연(本然)으로
주(住), 자(自) 없는 연(然)도 끊어져, 견(見)도 법(法)도 없어

3무3정(三無三正)이 무상보리도(無上菩提道)이니
시방(十方) 일체(一切) 청정열반3무정(清淨涅槃三無定)이며
시방(十方) 일체(一切) 각명보리3정혜(覺明菩提三正慧)이다.

이것이,
궁극(窮極) 무상(無上)
3무상(三無相)

무상불각(無上佛覺) 보리도(菩提道)
정혜원만(定慧圓滿) 3대제(三大諦) 정지(正智)이니

일성일명(一性一明) 일심광명(一心光明) 무변제(無邊際)
곧, 원만대각(圓滿大覺)이다.

○**471.** 인연 없는 부동법(不動法)으로 어찌, 여래(如來)에 들게 되옵니까?

地藏菩薩言 尊者 如是之法 則[論: 即]**無因緣 若無緣法**
지장보살언 존자 여시지법 즉[논: 즉]무인연 약무연법

因則[論: 因即]**不起 云何不動法入如來**[續1,2: 云何不動法得入如來]
인 즉 [논: 인즉]불 기 운 하 부 동 법 입 여 래 [속1,2: 운하부동법득입여래]

지장보살이 말씀 사뢰오며 여쭈옵기기를, 세존(世尊)이시여! 이와 같은
법(法)은 곧, 인(因)과 연(緣)이 없사옵니다. 만약, 연(緣)이 없는 법(法)이
오면 인(因)이 곧, 일어나지 않으리니, 어찌하여 부동법(不動法)으로 여
래(如來)에 들게 되옵니까?

♣ 지장보살이, 말씀 사뢰오며 여쭈옵기를, 세존이시여! 3대제(三大
諦)의 법(法)으로 정각(正覺)의 지혜를 얻어 불(佛)의 보리(菩提)를 완성
한다고 하시오니, 이와 같은 법은 곧, 인(因)과 연(緣)이 없사옵니다.
만약, 연(緣)이 없는 법이오면, 인(因)이 곧, 일어나지 않으리니, 어찌
하여, 인(因)과 연(緣)을 지음이 없는 부동법(不動法)으로, 여래(如來)에
들게 되옵니까?

□ 고(高), 대(大), 속1,2(續1,2) 경(經)에 즉(則)이, 논(論) 경(經)에는 즉(即)으로
되어 있다.
□ 고(高), 대(大), 속1,2(續1,2) 경(經)에 인즉불기(因則不起)가, 논(論) 경(經)에
는 인즉불기(因即不起)로 되어 있다.
□ 고(高), 논(論), 대(大) 경(經)에 운하부동법입여래(云何不動法入如來)가, 속
1,2(續1,2) 경(經)에는 운하부동법득입여래(云何不動法得入如來)로 되어 있다.

□ 속1,2경구(續1,2經句)
운하부동법득입여래(云何不動法得入如來): 어찌하여 부동법으로 여
래에 듦을 얻게 되옵니까?

● 여래(如來)에 드는 것이, 인(因)이나 연(緣)으로 드는 것이 아니다.
일체(一切) 분별(分別), 능소(能所) 출입(出入) 인연(因緣)의 소멸로, 여래
(如來)에 들게 된다. 인연(因緣)은 지음이며, 생멸(生滅)과 출입의 행이

있음이니, 생(生)의 법으로써 무생부동(無生不動)에 들 수가 없다. 왜냐면, 인(因)과 연(緣)과 생(生)이 끊어진 것이 무생(無生)이며, 부동(不動)이기 때문이다. 무생부동결정성(無生不動結定性)이 여래(如來)의 성품이다. 그러므로, 인(因)과 연(緣)과 생(生)이 끊어진 무생(無生)과 부동(不動)도 끊어진 결정성(結定性)이 여래(如來)의 성품이다.

◯**472.** 여래(如來)께옵서, 게(偈)를 설하셨다.

爾時 如來 欲宣此義 而說偈言
이 시 여 래 욕 선 차 의 이 설 게 언

이때 여래(如來)께옵서, 이 실상[義:實相]을 베풀고자, 게를 설하여 말씀하시었다.

♣ 이때 여래(如來)께옵서, 인(因)과 연(緣)이 없는 부동법(不動法)도 끊어져, 여래(如來)에 드는, 이 까닭의 실상[義:實相]을 베풀고자, 게를 설하여 말씀하시었다.

◯**473.** 모든 법(法)의 모습은 공(空)하여, 부동(不動)도 끊어졌다.

一切諸法相 性空無不動
일 체 제 법 상 성 공 무 부 동

일체 모든 법(法)의 모습은
성품이 공(空)하여, 부동(不動)도 끊어졌느니라.

♣ 일체(一切) 모든, 생멸(生滅)하는 법(法)의 모습은
그 실체가 없어, 성품이 공(空)하여, 부동(不動)도 끊어졌느니라.

◯**474.** 이 법을 일컬을 시(時), 법이 전후(前後)가 끊어져 적멸(寂滅)이다.

是法於是時 不於是時起 法無有異時 不於異時起
시 법 어 시 시 불 어 시 시 기 법 무 유 이 시 불 어 이 시 기
法無動不動 性空故寂滅
법 무 동 부 동 성 공 고 적 멸

이 법(法)을 일컬을 시(時)

이 시(時)가 일어났음(起)이 끊어져

법(法)이 전후(前後)의 시(時)에는 있은 바가 없어

전후(前後)의 시(時)에는 일어남이 없으니

법(法)이 동(動)도 부동(不動)도 끊어져

성품이 공(空)한 까닭에 적멸(寂滅)이니라.

♣ 생멸하는 이 법(法)의 모습을 일컬을 시(時)에는

시(時)는 머묾 없어 이 시(時)가 생(生)한 것이 끊어져

머묾 없는 생(生)의 모습이 전후(前後)의 시(時)에는 있은 바 없어

전후(前後)의 시(時)에는 일어난 모습이 없으니

법(法)의 상(相)이 동(動)도 부동(不動)도 끊어져

상(相)의 성품이 공(空)한 까닭에 적멸(寂滅)이니라.

○ 475. 법(法)이 공(空)해, 상(相)이 적멸(寂滅)하여 인연이 끊어졌다.

性空寂滅時 是法是時現 離相故寂住 寂住故不緣
성 공 적 멸 시 시 법 시 시 현 이 상 고 적 주 적 주 고 불 연

성품이 공(空)하여 적멸(寂滅)한 시(時)

이 법(法)은 이 찰나[時:刹那]에만 나타나

상(相)은, 사라진 까닭에 머묾이 끊어진 적멸(寂滅)이니

머묾이 끊어져 적멸(寂滅)인 까닭에 인연도 끊어졌느니라.

♣ 생멸상(生滅相)의 성품이 공(空)하여 적멸한 시(時)

이 모습은 이 찰나 시(時)에만 나타나, 그 모습 간 곳 없어

상(相)은, 사라진 까닭에 모습이 없어, 적멸(寂滅)이며 공(空)이니

생(生)이 적멸(寂滅)도 끊어져 무생(無生)이니, 인연도 끊어졌느니라.

○ 476. 인연(因緣)이 불생(不生)이니 생멸이 없어, 성품이 공적(寂滅)하다.

是諸緣起法 是法緣不生 因緣生滅無 生滅性空寂
시 제 연 기 법 시 법 연 불 생 인 연 생 멸 무 생 멸 성 공 적

이 모든 인연(因緣)으로 일어난 법(法)은
이 법(法)은 인연(因緣)을 생(生)하지 않으므로
인연(因緣)으로 생(生)하고 멸(滅)함도 끊어져
생(生)과 멸(滅)의 성품이 공적(寂滅)하니라.

♣ 이 모든 인연(因緣)으로 일어난 모습은
이 모습은 끊어져, 인연(因緣)을 생(生)하지 않으므로
인연(因緣)의 모습이 끊어져, 생(生)하고 멸(滅)함도 없으니
생(生)과 멸(滅)의 일체(一切) 성품이, 공적(空寂)하니라.

○477. 법(法)이 일어나도 연(緣)이 끊어져, 일어남도 없다.
緣性能所緣 是緣本緣起 故法起非緣 緣無起亦爾
연 성 능 소 연　시 연 본 연 기　고 법 기 비 연　연 무 기 역 이

연(緣)의 성품이 능연(能緣)과 소연(所緣)이니
이 연(緣)이 본래 연(緣)으로 일어나나
법(法)이 일어나도 연(緣)이 아닌 까닭에
연(緣)이 일어남이 역시, 끊어졌느니라.

♣ 연(緣)의 성품이 능연(能緣)과 소연(所緣)이니
이 능연(能緣)과 소연(所緣)이 본래 연(緣)을 따라 일어나나
일체상(一切相)이 일어나도 공(空)하여 연(緣)이 끊어진 까닭에
능연(能緣)과 소연(所緣)이 또한, 일어나도 연(緣)이 끊어졌느니라.

○478. 인연(因緣)이 생멸(生滅)하는 모습이어도, 생멸(生滅)이 끊어졌다.
因緣所生法 是法是因緣 因緣生滅相 彼則無生滅
인 연 소 생 법　시 법 시 인 연　인 연 생 멸 상　피 즉 무 생 멸

인연(因緣)으로 소생(所生)한 법(法)
이 법(法) 이 인연(因緣)은
인연(因緣)으로 생(生)하고 멸(滅)하는 모습이어도

저것이 곧, 생멸(生滅)이 끊어졌느니라.

♣ 인연(因緣)으로 소생한 법(法)의 모습
이 법(法)의 모습, 이 인연(因緣)은
인연(因緣)으로 생(生)하고 멸(滅)하는 모습이어도
그 모습이 공성(空性)이니 곧, 생(生)과 멸(滅)이 끊어졌느니라.

○479. 법이 전후(前後) 없는 시(時)에, 자성(自性)이 일어나 출몰한다.

彼如眞實相 本不於出沒 諸法於是時 自生於出沒
피 여 진 실 상 본 불 어 출 몰 제 법 어 시 시 자 생 어 출 몰

저 여(如)의 진실(眞實)한 모습은
본래(本來) 나타나고 사라짐이 아니므로
모든 법(法)이, 전후(前後) 없는 이 시(時)에
자성(自性)이 홀연히 일어나 출몰(出沒)하느니라.

♣ 저 생멸(生滅)하는 성품, 여(如)의 진실(眞實)한 모습은
본래(本來) 나타나고 사라짐이 아니므로
모든 법(法)이 전후(前後)가 끊어진 적멸(寂滅)한 이 시(時)에
자성(自性)이 공(空)한 모습으로 홀연히 나타나 사라지느니라.

○480. 지극한 청정(淸淨) 성품을 얻음이, 본래(本來)의 본성(本性)이다.

是故極淨本 本不因衆力 即[大:續1,2: 卽]**於後得處**
시 고 극 정 본 본 불 인 중 력 즉 [대:속1,2: 즉] 어 후 득 처

得彼於本得[論:續1,2: 得得於本得]
득 피 어 본 득 [논:속1,2: 득득어본득]

이런 까닭에 지극한 청정(淸淨) 본성(本性)은
본래 인연(因緣)들의 세력이 끊어졌으므로
곧, 후(後)에 증득(證得)하여 드는 곳[處]
그 얻음[證得]이, 본래(本來)의 것을 얻음이니라.

♣ 자성(自性)이 공(空)한 이런 까닭에, 지극한 청정 본성은
본래 모든 인연(因緣)들의 세력이 끊어졌으므로
곧, 후(後)에 깨달음으로 증득(證得)하여, 얻음이 있어도
그 얻음이, 인연세력이 끊어진, 본래 청정한, 본성을 얻음이니라.

□ 고(高), 논(論), 경(經)에 즉(即)이, 대(大), 속1,2(續1,2) 경(經)에는 즉(卽)으로
되어 있다.
□ 고(高), 대(大) 경(經)에 득피어본득(得彼於本得)이, 논(論), 속1,2(續1,2) 경
(經)에는 득득어본득(得得於本得)으로 되어 있다.

□ 논:속1,2경구(論:續1,2經句)
득득어본득(得得於本得): 얻는 그 얻음이 본래의 성품을 얻음이니라.

◯**481.** 대중의 의심(疑心)이 끊어져, 지장보살이 게송(偈頌)을 올렸다.
爾時 地藏菩薩 聞佛所說 心地快然 時諸衆等 無有疑者
이 시 지 장 보 살 문 불 소 설 심 지 쾌 연 시 제 중 등 무 유 의 자
知衆心已 而說偈言
지 중 심 이 이 설 게 언
**이때 지장보살이 부처님의 설하심을 듣고, 마음 성품이 맑고 상쾌하였
다. 그때 모든 대중들은, 미혹(迷惑)의 남은 의심(疑心)들이 끊어지니,
대중의 마음을 이미 알고, 게송으로 말씀을 올리었다.**

♣ 이때 지장보살이, 부처님의 설하심을 듣고, 간절한 연민의 대비
심으로, 미혹의 눈을 열어주고자 물은, 물음에 대해, 여래(如來)의 자
상하고 명확한, 지혜의 가르침으로, 일체 의심(疑心)이, 풀어지도록
해주시오니, 마음 깊이 청량하여 기쁨이며, 마음 가득 맑은 성품이
충만으로 상쾌하였다. 그때, 모든 대중이, 미혹의 남은 의심(疑心)들
이, 남김없이 끊어지니, 지장보살이, 대중의 마음을 이미 알고, 게송
으로 말씀을 올리었다.

○ **482.** 대중의 의심(疑心)이 끊어지며, 2승(二乘)도 깨달음을 얻었다.

我知衆心疑 所以慇固問 如來大慈善 分別無有餘
아 지 중 심 의　소 이 은 고 문　여 래 대 자 선　분 별 무 유 여

是諸二衆等 皆悉得明了
시 제 이 중 등　개 실 득 명 료

제가, 대중의 마음에 풀리지 않은, 미혹의 의심을 알고
간절함을 따라, 심히 깊고 견고한, 물음을 물었사오나
여래께옵서, 끝없는 무한 자비의, 은혜로운 공덕을 베푸시어
법을 분별하여, 미진한 의심의 남음이 없도록 해주시오니
이 모든, 2승(二乘)의 군중들은
모두 다, 깨달음의 밝음을, 얻었사옵니다.

♣ 제가, 대중의 마음에 풀리지 않은, 미혹의 남은 의심을 알고
간절한 마음을 따라, 깊은 의심의 밀밀한 물음을 물었사오나
여래께옵서, 끝없는 무한 연민과 자상한 마음의 은혜로운 공덕으로
알 수 없는, 깊은 법을, 명확히 분별하여, 의심이 없도록 해주옵시니
설법을 듣고도, 미혹으로 그 뜻을 모르는, 모든, 2승의 군중들도
모두 다, 무생적멸(無生寂滅)의 깨달음으로, 밝음을 얻었사옵니다.

● **소이은고문(所以慇固問):** 심히 깊고 견고한 물음을 묻다. 무상(無上) 지혜의 밝음이 없으면 헤아려도 이해할 수 없고, 풀 수도 없으며, 알 수도 없어 해결되지 않는 물음이다. 그것을 알려면, 위 없는 밝음의 불지혜(佛智慧)가 요구되는, 알 수 없는 의심(疑心)의 물음이란 뜻이다. 능히, 여래(如來)의 지혜로만 알 수 있으므로, 불(佛)이 아니면, 그 누구도 풀 수 없는 물음이기에, 견고한 물음이라고 하였다.

○ **483.** 여래와 같이, 중생구제의 본 서원(誓願)을 버리지 않겠사옵니다.

我今於了處 普化諸衆生 如來之大悲 [論:續1,2: 如佛之大悲]
아 금 어 요 처　보 화 제 중 생　여 래 지 대 비 [논:속1,2: 여불지대비]

不捨於本願
불 사 어 본 원

저도 이제, 이르는 곳[了處]마다
널리, 모든 중생을 구제하겠사오며
여래(如來)의 끝없는 큰 자비로움과 같이
중생구제, 본래의 서원(誓願)을 버리지 않겠사옵니다.

♣ 저도, 이제, 발길이 닿고, 이르는 곳마다
고통을 받는, 모든 중생을 연민으로, 널리, 구제하겠사오며
여래(如來)의 무한 사랑과 끝없는 자비로움에, 힘입어 본받아
세세생생, 중생구제, 본래 서원(誓願)을 되새기며, 놓지 않겠사옵니다.

□ 고(高), 대(大) 경(經)에 여래지대비(如來之大悲)가, 논(論), 속1,2(續1,2) 경(經)에는 여불지대비(如佛之大悲)로 되어 있다.

□ 논:속1,2경구(論:續1,2經句)
여불지대비(如佛之大悲): 부처님의 끝없는 무한 대비와 같이, 라는 뜻이다.

◯ **484.** 서원(誓願)을 따라, 일자지(一子地)에서 중생구제를 하겠사옵니다.
故於一子地 而住於煩惱
고 어 일 자 지 이 주 어 번 뇌

그같이, 서원(誓願)을 따라 일자지(一子地)에 머물러
중생의 번뇌 속에 머물겠사옵니다.

♣ 마치, 외아들을 향한, 끝없는 연민의 행을, 놓지 않듯이
중생의 아픔과 고통의 번뇌 속에, 함께 머물겠사옵니다.

● **일자지(一子地):** 외아들의 자리이다. 여기에는 두 가지의 뜻이 함유되어 있다. 하나는, 부처님의 외동아들과 같이, 부처님의 지혜와 자비를 물려받아 중생구제를 함이다. 또, 하나는, 중생을 외동아들과

같이 생각하여 잊지 않고, 그 번뇌 속에 더불어 함께하며 구제함이다.

◯ **485.** 이 보살(菩薩)의 이름으로, 악도(惡道)와 고난(苦難)을 벗어난다.

爾時 如來 而告衆言 是菩薩者 不可思議
이 시 여 래 이 고 중 언 시 보 살 자 불 가 사 의

恒以大慈[論: 恒以大悲] **拔衆生苦 若有衆生 持是經法**
항 이 대 자 [논: 항이대비] 발 중 생 고 약 유 중 생 지 시 경 법

持是菩薩名者[論:續1,2: 持是菩薩名]
지 시 보 살 명 자 [논:속1,2: 지시보살명]

即[大:續1,2: 卽] **不墮於惡趣 一切障難 皆悉除滅**
즉 [대:속1,2: 즉] 불 타 어 악 취 일 체 장 난 개 실 제 멸

이때 여래(如來)께옵서 대중들에게 이르시기를, 이 보살(菩薩)은 불가사의이니라. 항상 대자비(大慈悲)로써, 중생의 고통을 제거하여 구제하구나. 만약, 중생이 있어 이 경(經)의 법(法)을 가지며, 이 보살(菩薩)의 이름을 지니는 자는 곧, 악도(惡道)에 떨어지지 않으며, 일체 장애(障礙)와 고난(苦難)이 모두 다 소멸(消滅)되어, 제거되느니라.

♣ 이때 여래(如來)께옵서, 대중들에게 이르시기를, 이 보살(菩薩)이 중생을 향한, 연민의 부사의 경계와 대비본원(大悲本願)의 서원행(誓願行)이, 세세생생 끝없는, 그 진실한 공덕세계는, 불가사의이니라. 항상 연민과 대비(大悲)로써, 중생의 아픔과 번뇌의 고통을 제거하여, 구제하구나. 만약, 중생이 있어, 이 경(經)의 법(法)을 가지며, 이 보살의 이름을 지니는 자는 곧, 악도(惡道)에 떨어지지 않으며, 일체 장애(障礙)와 고난(苦難)이 모두, 다 소멸(消滅)되어, 벗어날 것이니라.

□ 고(高), 대(大), 속1,2(續1,2) 경(經)에 항이대자(恒以大慈)가, 논(論) 경(經)에는 항이대비(恒以大悲)로 되어 있다.
□ 고(高), 대(大) 경(經)에 지시보살명자(持是菩薩名者)가, 논(論), 속1,2(續1,2) 경(經)에는 지시보살명(持是菩薩名)으로 되어 있다.
□ 고(高), 논(論), 경(經)에 즉(即)이, 대(大), 속1,2(續1,2) 경(經)에는 즉(卽)으로 되어 있다.

◯ **486.** 보살(菩薩)이 화신(化身)이 되어, 속히 보리(菩提)를 얻게 한다.

若有衆生 [續1,2(있음): 持此經者] **無餘雜念 專念是經**
약 유 중 생 [속1,2(있음): 지차경자] 무 여 잡 념 전 념 시 경

如法修習 爾時 菩薩 常作化身 而爲說法 擁護是人
여 법 수 습 이 시 보 살 상 작 화 신 이 위 설 법 옹 호 시 인

終不蹔捨 [論:大:續1,2: 終不暫捨] **令是人等**
종 부 잠 사 [논:대:속1,2: 종부잠사] 영 시 인 등

速得阿耨多羅三藐三菩提
속 득 아 녹 다 라 삼 먁 삼 보 리

만약 중생이 있어, [속1,2: 이 경을 지니는 자가] 잡념(雜念) 없이 오로지, 이 경(經)에 전념하여 법(法)과 같이 닦고 익히면, 이때 보살(菩薩)이 항상, 화신(化身)이 되어 법(法)을 설할 것이며, 이 사람을 옹호(擁護)하여, 끝내 잠시도 방심(放心)하지 않으리라. 이런 사람들로 하여금, 속히 아녹다라삼먁삼보리를 얻게 하리라.

♣ 만약, 중생이 있어, 이 경(經)에 믿음을 일으켜, 선근(善根)과 신심(信心)을 다하며, 잡념 없이 오로지, 이 경(經)에 전념하여, 법(法)과 같이 닦고 익히면, 이때 이 보살(放心)이, 항상, 화신(化身)이 되어, 이 사람을 이끌고, 이 경(經)의 법을 설할 것이며, 이 사람을 옹호하여, 끝내 잠시도, 방심하지 않으리라. 이런 믿음과 선근(善根)의 사람들로 하여금, 속히, 아녹다라삼먁삼보리를 얻게 하리라.

☐ 고(高), 논(論), 대(大) 경(經)에 없는 지차경자(持此經者)가, 속1,2(續1,2) 경(經)에는 있다.

☐ 고(高) 경(經)에 종부잠사(終不蹔捨)가, 논(論), 대(大), 속1,2(續1,2) 경(經)에는 종부잠사(終不暫捨)로 되어 있다.

◯ **487.** 이것이 대승(大乘) 결정성을 요달(了達)한 실체, 대승결정요의이다.

汝等菩薩 若化衆生 皆令修習如是 大乘決定了義
여 등 보 살 약 화 중 생 개 령 수 습 여 시 대 승 결 정 요 의

그대들 보살은, 만약 중생을 교화(敎化)하려면, 모두로 하여금, 이와 같이 닦고 익히게 해야 하느니라. 이것이, 대승(大乘) 지혜의 결정성(結定性)을 요달(了達)한 실체(實體)인, 대승결정요의(大乘結定了義)이니라.

♣ 그대들 보살은, 만약 중생을 교화(敎化)하려면, 모두로 하여금, 이와 같이, 무생(無生) 성품인 결정성(結定性)을 닦고, 익히게 해야 하느니라. 이것이 일각요의(一覺了義)인, 대승(大乘) 지혜의, 결정성(結定性)을 요달(了達)한 실체(實體)인, 대승결정요의(大乘結定了義)이니라.

金剛三昧經 流通品 第九
금강삼매경 유통품 제구

○488. 대승(大乘) 총섭(總攝)인 결정성(結定性)은, 불가사의옵니다.

爾時 阿難 從座而起 前白佛言 如來所說 大乘福聚
이 시 아 난 종 좌 이 기 전 백 불 언 여 래 소 설 대 승 복 취

決定斷結 無生覺利 不可思議
결 정 단 결 무 생 각 리 불 가 사 의

그때, 아난이 자리에서 일어나, 부처님 전에 말씀 사뢰오며 여쭈옵기를, 여래(如來)께옵서 설하신, 대승복(大乘福)의 총섭(總攝)인 결정성(結定性)으로, 일체 얽매임을 끊어버리는 무생(無生) 본각(本覺)의 실제[利:實際]는, 불가사의이옵니다.

♣ 그때, 아난이 곧, 자리에서 일어나, 부처님 전에 말씀 사뢰오며 여쭈옵기를, 여래께옵서 설하신, 대승(大乘)의 수승한 무생복(無生福)의 총섭(總攝)인, 무생(無生) 결정성(結定性)으로, 일체(一切) 얽매임을 끊어버리는, 무생(無生) 본각(本覺)의 실제[利:實際]인, 대승결정요의(大乘結定了義)는, 불가사의이옵니다.

○489. 경(經)의 이름이 무엇이며, 경을 지니는 복(福)이 얼마나 되옵니까?

如是之法 名爲何經 受持是經 得幾所福 願佛慈悲
여 시 지 법 명 위 하 경 수 지 시 경 득 기 소 복 원 불 자 비

爲我宣說
위 아 선 설

이와 같은 법(法)을, 이름함이 무슨 경(經)이라 하오며, 이 경(經)을 받아 지니오면, 그 복(福)을 얼마나 얻게 되옵니까? 원하오니, 부처님의 자비로움으로 저희들을 위하사, 베풀어 설해주옵소서.

♣ 이 일각요의(一覺了義), 여(如)의 법(法)을 이름함이, 무슨 경(經)이라 하오며, 이 경(經)을 받아 지니오면, 그 복(福)의 공덕은, 얼마나 얻게 되옵니까? 원하오니, 부처님의 자비로움으로 저희들을 위하사, 그 지혜(智慧)와 공덕(功德)의 세계를 베풀어, 설해주옵소서.

○**490.** 이 경은 제불(諸佛)이 옹호하며, 여래(如來)의 일체지혜에 든다.

佛言 善男子 是經名者 不可思議 過去諸佛之所護念
불 언 선 남 자 시 경 명 자 불 가 사 의 과 거 제 불 지 소 호 념

能入如來一切智海
능 입 여 래 일 체 지 해

부처님께옵서 말씀하옵기를, 선남자여! 이 경(經)의 이름은, 불가사의 이니라. 과거(過去)의 모든, 부처님께서도 지키시고 옹호(擁護)하는 바이며 능히, 여래(如來)의 일체, 지혜(智慧)의 바다에 드느니라.

♣ 부처님께옵서 말씀하옵기를, 선남자여! 이 경(經)의 이름은, 헤아려 측량하기가 불가사의이니라. 과거의 모든, 부처님께옵서도, 이 경(經)을 지키고, 옹호(擁護)하는 바이며, 이 경(經)의 공덕(功德)으로, 능히, 여래(如來)의 일체(一切) 지혜(智慧)의 바다에 드느니라.

○**491.** 모든 경(經) 중에 이 경(經)을 지니면, 더 구(求)할 것이 없다.

若有衆生 持是經者 則[論:即]**於一切經中**
약 유 중 생 지 시 경 자 즉 [논: 즉] 어 일 체 경 중

無所悕求[論:續1,2: 無所希求]
무 소 희 구 [논: 속1,2: 무소희구]

만약, 중생이 있어, 이 경(經)을 지니는 자(者)는 곧, 일체(一切) 경(經) 중에, 더 바라고, 구(求)할 것이 없느니라.

♣ 만약, 중생이 있어, 이 경(經)을 지니는 자는 곧, 여래(如來)의 일체(一切) 불지혜(佛智慧)의 바다에 듦으로, 일체(一切) 모든 경전(經典) 중에 으뜸이니, 더 수승(殊勝)한 법(法)을 구하고자 원(願)해도, 구(求)할 수 없느니라.

□ 고(高), 대(大), 속1,2(續1,2) 경(經)에 즉(則)이, 논(論) 경(經)에는 즉(即)으로 되어 있다.

□ 고(高), 대(大) 경(經)에 무소희구(無所悕求)가, 논(論), 속1,2(續1,2) 경(經)에는 무소희구(無所希求)로 되어 있다.

● 이 경(經)의 공덕(功德)과 지혜(智慧)가 모든 경전(經典) 중에 뛰어나 출중(出衆)하며, 수승(殊勝)함을 드러냄이다.

○ 492. 이 경(經)은, 모든 경전(經典)의 요체(要諦)이며 근본 으뜸이다.

是經典法 摠持衆法 攝諸經要 是諸經法 法之繫宗
시 경 전 법 총 지 중 법 섭 제 경 요 시 제 경 법 법 지 계 종

이 경전(經典)의 법(法)은, 모든 경전(經典) 법(法)의 총지(總持)이며, 모든 경전(經典)의 요체(要諦)를 통섭(通攝)하였으므로 이 경(經)은, 모든 경법(經法)의 법(法)의 근본(根本)이며, 으뜸인 종(宗)이니라.

♣ 이 경전(經典)의 법(法)은, 모든 경전(經典) 법의 총지(總持)이며, 모든 경전(經典)의 근본(根本) 요체(要諦)를 통섭(通攝)하였으므로, 이 경(經)은, 모든 경전(經典) 법(法)의 근본(根本) 뿌리인 핵심(核心)이며, 으뜸인 종(宗)이니라.

● 이 경(經)은, 모든 경(經)의 근본(根本) 요체(要諦)를 총섭(總攝)하고 통섭(通攝)한, 무상총지(無上總持)의 경(經)이므로, 모든 경(經)을 초월(超越)한, 무상(無上)의 가치와 법(法)의 진실한 일체공덕총지(一切功德

總持)를 갖추어 총섭(總攝)하고, 융섭(融攝)하였음을 드러냄이다.

○ 493. 경명(經名)이, 섭대승경 금강삼매 무량의종(無量義宗)이다.

是經名者 名攝大乘經 又名金剛三昧 又名無量義宗
시 경 명 자 명 섭 대 승 경 우 명 금 강 삼 매 우 명 무 량 의 종

이 경명(經名)은, 이름이 섭대승경(攝大乘經)이며, 또, 이름이 금강삼매(金剛三昧)이며, 또, 이름이 무량의종(無量義宗)이니라.

♣ 이 경(經)은, 일체(一切) 대승법(大乘法)을 모두, 총섭(總攝)하였으므로, 이름이 섭대승경(攝大乘經)이며, 또, 부사의(不思議) 무생결정삼매(無生結定三昧)이므로, 이름이 금강삼매(金剛三昧)이며, 또, 한량없는 수승(殊勝)한, 무량한 모든 법(法)과 도(道)의 근본(根本)이며, 근간(根幹)의 뿌리이므로, 이름이 무량의종(無量義宗)이니라.

● **섭대승경(攝大乘經):** 이 경(經)이, 일체 모든 가르침의 대승법(大乘法)을 총섭총지(總攝總持)하였음을 일컬음이다.

● **금강삼매(金剛三昧):** 이 경(經)이, 파괴됨이 없는 무생결정성(無生結定性)인 여래결정성(如來結定性)이며, 여래결정각(如來結定覺)임을 일컬음이다.

● **무량의종(無量義宗):** 이 경(經)이, 모든 법(法)과 경전(經典)의 무량무상법(無量無上法)과 무량무상도(無量無上道)와 무량무상지혜(無量無上智慧)를 총섭(總攝)하고, 융통(融通)하며, 통섭(通攝)한 무량무상공덕총지경(無量無上功德總持經)임을 일컬음이다.

○ 494. 이 경(經)을 지님은, 백천제불(百千諸佛)의 공덕을 지님과 같다.

若有人受持是經典者 即[大:續1,2: 卽]**名受持百千諸佛**
약 유 인 수 지 시 경 전 자 즉 [대:속1,2: 즉] 명 수 지 백 천 제 불

如是功德 譬如虛空 無有邊際 不可思議 我所囑累
여 시 공 덕 비 여 허 공 무 유 변 제 불 가 사 의 아 소 촉 루

唯是經典
유 시 경 전

만약 사람이 있어, 이 경전(經典)을 받아 지니는 사람은 곧, 백(百) 천(千) 제불(諸佛)의 명호(名號)를 받아 지니는, 이와 같은 공덕(功德)이 있느니라. 비유하면, 허공(虛空)이 끝이 없어 불가사의함과 같으니라. 내가 거듭, 당부하는 것은 오직, 이 경전(經典)뿐이니라.

♣ 만약, 사람이 있어, 이 경전(經典)을 받아지니는 사람은 곧, 백(百) 천(千) 제불(諸佛)의 명호(名號)를 얻으며, 그 공덕(功德)을 보전(保全)하여 지니는, 이와 같은 공덕(功德)이 있느니라. 비유하면, 허공이 끝이 없어 불가사의함과 같으니라. 내가 거듭 당부하는 것은 오직, 이 경전(經典)뿐이니라.

□ 고(高), 논(論), 경(經)에 즉(即)이, 대(大), 속1,2(續1,2) 경(經)에는 즉(卽)으로 되어 있다.

● 이 경전(經典)의 법(法)이, 천불천경(千佛千經)의 무상공덕(無上功德)의 도(道)를 총섭(總攝)해 담았고, 만불만경(萬佛萬經)의 무상공덕(無上功德)의 지혜를 총지(總持)해 담았으니, 이 부사의 불지혜(佛智慧)의 상무상경(上無上經)인 무상무변법(無上無邊法)의 무한공덕총지(無限功德總持)에 반드시 의지(依支)하라는, 간곡한 대비심(大悲心) 당부의 연민, 부처님의 말씀이시다.

○ 495. 어떤 사람이, 이 경(經)을 받아지니옵니까?

阿難言 云何心行 云何人者 受持是經
아 난 언 운 하 심 행 운 하 인 자 수 지 시 경

아난이 말씀 사뢰오며 여쭈옵기를, 어떤 마음으로 행하오며, 어떤 사람이, 이 경(經)을 받아 지니옵니까?

♣ 아난이, 말씀 사뢰오며 여쭈옵기를, 섭대승경(攝大乘經)이며, 금강

삼매(金剛三昧)이며, 무량의종(無量義宗)인 이 경(經)을, 어떤 마음으로 행하오며, 어떤 사람이, 이 경(經)을 받아 지니옵니까?

○ **496.** 이 경(經)을 지니는 자는, 법(法)을 얻음도 잃음도 없다.

佛言 善男子 受持是經者 是人心無得失
불 언 선 남 자 수 지 시 경 자 시 인 심 무 득 실

부처님께옵서 말씀하옵기를, 선남자여! 이 경(經)을 받아 지니는 자(者)는, 이 사람의 마음은, 얻음도 잃음도 없느니라.

♣ 부처님께옵서 말씀하옵시기를, 선남자여! 이 경(經)을 받아 지니는 자는, 불가사의한 무생공능(無生功能)의 성품이니, 이 사람은 섭대승지(攝大乘智)이며, 금강삼매결정심(金剛三昧結定心)이며, 무량의종지(無量義宗智)이니, 일체유위(一切有爲)와 일체무위(一切無爲)를 모두 벗어난 무변제(無邊際)인 절대성(絶對性)이니, 얻고 잃을 것도 없는 상명무상심(上明無上心)인 무생결정성지(無生結定性智)이니라.

○ **497.** 항상 범행(梵行)으로, 3유(三有)를 집착하지 않는다.

常修梵行 若於戲論 常樂靜心 [論: 常樂淨心] **入於聚落**
상 수 범 행 약 어 희 론 상 락 정 심 [논: 상락정심] 입 어 취 락
心常在定 若處居家 不著三有
심 상 재 정 약 처 거 가 불 착 삼 유

항상 범행(梵行)을 닦으므로 만약, 희론(戲論)에도 항상, 고요한 마음을 즐기느니라. 대중 생활에서도 마음이 항상 정(定)에 있으므로, 만약, 집의 처소(處所)에 있어도, 3유(三有)를 집착하지 않느니라.

♣ 항상 청정한 범행(梵行)을 닦아, 그 본 성품을 잃지 않으며, 만약, 희론(戲論)에도, 시비심(是非心)이나 이끌림이 없어, 항상 고요한 마음을 즐기느니라. 대중 생활 속에서도, 마음이 항상 정(定)에 있으므로, 능소(能所)의 경계심이 없어, 고요하여 산란함이 없으며, 만약,

그 집의 처소(處所)에 있어도, 상(相)의 취사(取捨)가 없어 욕청정(欲清淨)이며, 소연(所緣)의 취사(取捨)가 없어 색청정(色清淨)이며, 능연(能緣)의 취사(取捨)가 없어 식청정(識清淨)이니, 3계심(三界心)인 3유(三有)를 집착하지 않느니라.

□ 고(高), 대(大), 속1,2(續1,2) 경(經)에 상락정심(常樂靜心)이, 논(論) 경(經)에는 상락정심(常樂淨心)으로 되어 있다.

● **희론(戲論):** 희론(戲論) 중에는 4종(四種)의 정법희론(正法戲論)이 있다. 첫째, 실상(實相)을 벗어나, 실상(實相)이 없는 법(法)을 논하는 것이다. 둘째, 정견(正見)을 벗어나, 사견(邪見)으로 법(法)을 논하는 것이다. 셋째, 사리(事理)를 벗어나, 왜곡(歪曲)된 법(法)을 논하는 것이다. 넷째, 불법(佛法)을 파괴하거나 비방하는, 허망하고 삿된 말이다. 희론(戲論)은, 사리(事理)를 벗어나 허망하거나 삿된 것으로, 허망무실(虛妄無實)한 망념(妄念)의 말이나, 논란(論難)을 일컬음이다.

○ **498.** 이 사람은, 현세(現世)에 5종(五種)의 복(福)이 있다.
是人現世 有五種福 一者 衆所尊敬 二者 身不橫夭
시 인 현 세 유 오 종 복 일 자 중 소 존 경 이 자 신 불 횡 요
三者 辯答邪論[續1: 辯答裹論] 四者 樂度衆生
삼 자 변 답 사 론 [속1: 변답사론] 사 자 낙 도 중 생
五者 能入聖道 如是人者 受持是經
오 자 능 입 성 도 여 시 인 자 수 지 시 경

이 사람은, 현세(現世)에 5종(五種)의 복(福)이 있느니라. 첫째는 대중에게 존경을 받음이니라. 둘째는 몸의 횡액(橫厄)이나 요절(夭折)하지 않음이니라. 셋째는 사론(邪論)에도 변재(辯才)의 지혜로 답변을 잘 하느니라. 넷째는 중생을 구제하고 제도함을 즐거워하느니라. 다섯째는 능히 성도(聖道)에 듦이니라. 이와 같은 사람이, 이 경(經)을 받아지님이니라.

♣ 이 사람은 현세에서 5종복(五種福)이 있느니라. 첫째는 대중에게

존경(尊敬)을 받음이니라. 둘째는 몸의 재앙(災殃)과 액난(厄難)인 횡액(橫厄)이나, 요절(夭折)하지 않음이니라. 셋째는 바른 지혜를 벗어난 사론(邪論)에도, 분별의 지혜로 답변을 잘하느니라. 넷째는 중생을 구제하고 제도함을, 자심(慈心)으로 즐거워하느니라. 다섯째는 무생(無生)을 수순하여 능히, 성도(聖道)에 듦이니라. 이와 같은 사람이, 이 경(經)을 받아지님이니라.

□ 고(高), 논(論), 대(大), 속2(續2) 경(經)에 변답사론(辯答邪論)이, 속1(續1) 경(經)에는 변답사론(辯答衰論)으로 되어 있다.

○ **499.** 그 사람은, 중생제도하므로 공양(供養)을 받을 수 있사옵니까?

阿難言 如彼人者 度諸衆生 得受供養不[論: 得受供不]
아 난 언 여 피 인 자 도 제 중 생 득 수 공 양 부 [논: 득수공부]

아난이 말씀 사뢰오며 여쭈옵기를, 그와 같은 사람은, 모든 중생을 제도하므로, 공양(供養)을 받거나, 얻을 수 있지 않겠사옵니까?

♣ 아난이, 말씀 사뢰오며 여쭈옵기를, 그와 같은 사람은, 법의 공덕을 갖추어, 모든 중생을 제도하므로 법의 복전(福田)이오니, 공양(供養)을 받거나, 얻을 수 있지 않겠사옵니까?

□ 고(高), 대(大), 속1,2(續1,2) 경(經)에 득수공양부(得受供養不)가, 논(論) 경(經)에는 득수공부(得受供不)로 되어 있다.

○ **500.** 대복전(大福田)을 지음이니, 대지혜로 권(權)과 실(實)을 베푼다.

佛言 如是人者 能爲衆生 作大福田 常行大智 權實俱演
불 언 여 시 인 자 능 위 중 생 작 대 복 전 상 행 대 지 권 실 구 연

부처님께옵서 말씀하옵기를, 이와 같은 사람은, 능히 중생을 위해 대복전(大福田)을 지음이니라. 항상, 대지혜(大智慧)의 행으로, 권(權)과 실(實)을 함께 베푸느니라.

♣ 부처님께옵서 말씀하옵시를, 이와 같은 사람은, 능히 중생을 위해

수승한 대복전(大福田)을 지음이니라. 항상 대지혜(大智慧)의 행으로 근기(根機)를 따라, 지혜의 방편(方便)인 권(權)의 부사의 지혜와 여실(如實)한 법을 깨닫는 실(實)의 부사의 지혜를, 두루 함께 베푸느니라.

● **권실(權實)**: 권교(權敎)와 실교(實敎)이다. 권교(權敎)는, 상대의 선근(善根)과 근기(根機)와 지혜와 믿음과 뜻의 차별에 따라, 그에 알맞은 방편법(方便法)의 가르침이다. 실교(實敎)는, 차별 없는 불변(不變)의, 실상실법(實相實法)의 가르침이다.

○**501.** 4의승(四依僧)이니 공양을 받으며, 그대들의 선지식(善知識)이다.

是四依僧 於諸供養 乃至頭目髓腦 亦皆得受 何况衣食
시 사 의 승　어 제 공 양　내 지 두 목 수 뇌　역 개 득 수　하 황 의 식

而不得受 善男子 如是人者 是汝知識 是汝橋梁
이 부 득 수　선 남 자　여 시 인 자　시 여 지 식　시 여 교 량

何况凡夫 而不供養
하 황 범 부　이 불 공 양

이는 4의승(四依僧)이니, 모든 공양(供養) 내지 머리, 눈, 골수, 뇌도 또한, 다 받을 수 있음이니, 어찌 하물며, 옷과 음식을 받지 못하겠느냐? 선남자여! 이와 같은 사람은 그대들의 선지식(善知識)이며, 그대들의 교량(橋梁)이거늘, 어찌 하물며, 범부(凡夫)의 공양(供養)을 못 받겠느냐?

♣ 이는 4의승(四依僧)이니, 모든 공양(供養) 내지, 머리, 눈, 골수, 뇌도 또한, 다 받을 수 있음이니, 어찌 하물며, 옷과 음식을 받지 못하겠느냐? 선남자여! 이와 같은 사람은, 그대들이 의지해야 할 선지식(善知識)이며, 그대들이 의지할 교량(橋梁)이거늘, 어찌 하물며, 범부(凡夫)의 공양(供養)을 못 받겠느냐?

● **4의승(四依僧)**: 도(道)를 구하는 자가 의지할 수 있는, 4종류의 사람이다. 열반경(涅槃經)에는 ①삼현(三賢)과 사선근(四善根) ②수다원, 사다함 ③아나함 ④아라한, 이다. 대승의장(大乘義章)에는 ①지전(地前): 10

지(十地) 이전의 10회향(十迴向), 10행(十行), 10주(十住), 10신(十信) 등이다. ② 초지(初地)~7지(七地) ③8지(八地)~9지(九地) ④10지(十地)이다.

● 성불(成佛)을 위해 도(道)를 구(求)함에는, 반드시 자신의 지혜를 이끌어 줄, 의지(依支)해야 할 선지식(善知識)이 있어야 한다. 불(佛)이 세상에 계실 때는 당연히, 불(佛)에 의지(依支)해야 한다. 불(佛)이 세상에 계시지 않을 때는, 불법(佛法)의 경(經) 중에, 자신의 근기(根機)와 지혜(智慧)와 원(願)을 따라, 자신이 의지(依支)할 수 있는 경(經)을 면밀히 점검하고 살펴 선택하여, 그에 의지(依支)하고 수행해야 한다. 그리고 지혜 있는 이를 항상 가까이하여 존중(尊重)하고 존경(尊敬)하며, 법(法)을 묻고 경청(傾聽)하며, 자신의 지혜와 수행을 항상 점검하고 살펴야 한다. 이 요해(了解) 중에는, 대승(大乘), 일승(一乘), 일불승(一佛乘), 불승(佛乘)이 가까이해야 할 선지식(善知識)이다. 마땅한 지혜자(智慧者)의 인연이 없어도, 항상, 무상불지(無上佛智)의 이 경전(經典)에 의지(依支)해, 무상(無上)의 도(道)와 수승한 지혜를 구하고, 진실한 믿음으로 가까이 하며, 정법수행(正法修行)의 청정발원(淸淨發願)과 원력수행(願力修行)을 쌓아가다 보면, 그 원력(願力)의 인연사(因緣事)를 따라, 눈에 보이지 않는 시방법계(十方法界) 중중무진(重重無盡) 불보살(佛菩薩)님의 가피력으로, 원(願)하는 바 결과를 반드시 성취할 것이다. 정법지혜(正法智慧)를 위한 일심(一心)의 청정원력발원(淸淨願力發願)도, 불가사의한 인연으로 불법선과(佛法善果)를 얻는, 결정적 요인(要因)이 된다.

◯ **502.** 경(經)을 받으며, 공양(供養)하면 얼마나 복(福)을 얻사옵니까?

阿難言 於彼人所 受持是經 供養是人 得幾所福
아난언 어피인소 수지시경 공양시인 득기소복

아난이 말씀 사뢰오며 여쭈옵기를, 저 사람에게서 이 경(經)을 받아 지니오며, 이 사람이 공양(供養)을 올리면, 얼마나 복(福)을 얻사옵니까?

♣ 아난이, 말씀 사뢰오며 여쭈옵기를, 저 사람에게서, 이 경(經)을 받아 지니오며, 경(經)을 받은 이 사람이 또한, 경(經)을 준 저 사람에게 공양(供養)을 올리면, 얼마나 그 복(福)을 얻사옵니까?

◯ 503. 이 사람이, 공양(供養)을 올리는 것은 불가사의(不可思議)이다.

佛言 若復有人 持以滿城金銀 而以布施
불언 약부유인 지이만성금은 이이보시

不如於是人所受持是經一四句偈
불여어시인소수지시경일사구게

供養是人[續1,2: 없음] **不可思議**[論: 없음]
공양시인[속1,2: 없음] 불가사의[논: 없음]

부처님께옵서 말씀하옵기를, 만약, 다시 어떤 사람이 있어, 성(城)에 가득한 금(金)과 은(銀)을 가지고 보시(布施)하여도, 이 사람이, 이 경(經)의 한 4구게(四句偈)만이라도 받아 지니는 것만 같지 못함이니, 이 사람이 공양(供養)을 올리는 것은, 불가사의이니라.

♣ 부처님께옵서 말씀하옵기를, 만약, 다시 어떤 사람이 있어, 성(城)에 가득한 금(金)과 은(銀)을 가지고 보시(布施)를 하여도, 이 사람이, 이 경(經)의 가르침이나, 무생(無生)의 한 4구게(四句偈)만이라도, 받아 지니는 것만 같지 못함이니, 이 사람이, 저 사람에게 공양(供養)을 올리는 그 공덕(功德)은, 불가사의이니라.

☐ 고(高), 논(論), 대(大) 경(經)에 공양시인(供養是人)이, 속1,2(續1,2) 경(經)에는 없다.

☐ 고(高), 대(大), 속1,2(續1,2) 경(經)에 불가사의(不可思議)가, 논(論) 경(經)에는 없다.

◯ 504. 모든 중생이, 이 경(經)으로 본심(本心)을 잃지 않게 해야한다.

善男子 令諸衆生 持是經者 心常在定 不失本心
선남자 영제중생 지시경자 심상재정 불실본심

若失本心 當即[論: 即當][大: 當即][續1,2: 即當]**懺悔**
약 실 본 심　당 즉 [논: 즉당] [대: 당즉] [속1,2: 즉당] 참 회

懺悔之法 是爲清涼
참 회 지 법　시 위 청 량

선남자여! 모든 중생(衆生)으로 하여금, 이 경(經)을 지니는 자(者)이게 하여, 마음이 항상 정(定)에 있어야 본심(本心)을 잃지 않느니라. 만약, 본심(本心)을 잃으면, 마땅히 곧, 참회(懺悔)하리니, 참회(懺悔)의 법(法)으로, 이로써 청량(清涼)해지느니라.

♣ 선남자여! 모든 중생으로 하여금, 이 경(經)을, 지니는 자(者)이게 하여, 마음이, 항상 무생(無生) 본성(本性)의 성품 정(定)에 있어야, 본심(本心)을 잃지 않느니라. 만약, 본심(本心)을 잃으면, 마땅히 곧, 참회(懺悔)하리니, 참회(懺悔)의 법(法)으로, 이로써, 본심(本心)에 들어, 마음이 청량(清涼)해지느니라.

□ 고(高) 경(經)에 당즉(當即)이, 논(論) 경(經)에는 즉당(即當)으로, 대(大) 경(經)에는 당즉(當即)으로, 속1,2(續1,2) 경(經)에는 즉당(即當)으로 되어 있다.

◯505. 참회(懺悔)는, 지난 죄(罪)의 과오(過誤)를 벗어남이 옵니다.

阿難言 懺悔 先罪不入 於過去也
아 난 언　참 회　선 죄 불 입　어 과 거 야

아난이 말씀 사뢰옵기를, 참회(懺悔)는, 지난 죄(罪)에 들지 않음이오니, 과오(過誤)를 벗어남[去]이 옵니다.

♣ 아난이, 말씀 사뢰옵기를, 본심(本心)을 잃은 참회(懺悔)는, 지난 죄(罪)에 들지 않음이오니, 잘못의 과오(過誤)를 벗어남[去]이 옵니다.

◯506. 어두운 방에 등(燈)을 밝히면, 어둠이 사라진다.

佛言 如是 猶如暗室 若遇明燈 暗即[大:續1,2: 暗即]**滅矣**
불 언　여 시　유 여 암 실　약 우 명 등　암 즉 [대:속1,2: 암즉] 멸 의

부처님께옵서 말씀하옵기를, 그러하니라. 다만 어두운 방[暗室:無明]과 같아서 만약, 등[燈:覺]의 밝음을 만나면, 어두움[暗:無明]이 곧, 사라지느니라.

♣ 부처님께옵서 말씀하옵기를, 그러하니라. 다만, 본심(本心)을 잃음이, 어두운 무명(無明)의 방[室]과 같아서, 만약, 각(覺)의 등(燈)의 밝음을 만나면, 본심(本心)을 잃은 무명(無明)의 어두움이 곧, 사라지느니라.

□ 고(高), 논(論) 경(經)에는 암즉(暗即)이, 대(大), 속1,2(續1,2) 경(經)에는 암즉(暗卽)으로 되어 있다.

◯ **507.** 참회(懺悔)는, 잘못의 허물을 벗어남을 말하느니라.

善男子 無說悔先所有諸罪 而以爲說 入於過去
선 남 자 무 설 회 선 소 유 제 죄 이 이 위 설 입 어 과 거

선남자여! 지난 있는 바 모든 죄(罪)가 없어짐을 참회[悔]라 말하니라. 그러므로 설(說)하는 뜻은, 든[入] 과오(過誤)를 벗어남[去]이니라.

♣ 선남자여! 지난 있는 바, 모든 죄(罪)의 허물을 벗어남을, 참회[悔]라 말하니라. 그러므로, 설(說)하는 뜻은, 청정본심(淸淨本心)을 잃은, 지난 잘못에 든[入] 허물의 과오(過誤)를, 벗어남[去]이니라.

◯ **508.** 어떻게 함을 이름하여, 참회(懺悔)라고 하옵니까?

阿難言 云何名爲懺悔
아 난 언 운 하 명 위 참 회

아난이 말씀 사뢰오며 여쭈옵기를, 어떻게 함을 이름하여, 참회(懺悔)라고 하시옵니까?

♣ 아난이, 말씀 사뢰오며 여쭈옵기를, 지난 잘못에 든 허물의 과오(過誤)를 벗어남을, 참회(懺悔)라고 말씀하시오니, 어떻게 함을 이름하여, 참회(懺悔)라고 하시옵니까?

◯509. 진실관(眞實觀)에 들어, 죄(罪)가 멸하여 보리(菩提)를 이룬다.

佛言 依此經教 入眞實觀 一入觀時 諸罪悉滅 離諸惡趣
불언 의차경교 입진실관 일입관시 제죄실멸 이제악취

當生淨土 速成阿耨多羅三藐三菩提
당생정토 속성아녹다라삼막삼보리

부처님께옵서 말씀하옵기를, 이 경(經)의 가르침에 의지(依支)해, 진실관(眞實觀)에 듦이니라. 일입관시[一入觀時:如入觀時]에 모든 죄(罪)가 다 멸(滅)하여, 모든 악취(惡趣)를 벗어나 당연히 정토(淨土)에 들어, 속히, 아녹다라삼막삼보리(阿耨多羅三藐三菩提)를 이루느니라.

♣ 부처님께옵서 말씀하옵기를, 이 경(經)의 가르침에 의지(依支)해, 여(如)의 진실관(眞實觀)에 듦이니라. 무생결정성(無生結定性)인 여(如)의 성품 일입관시(一入觀時)에, 모든 악도(惡道)를 벗어나, 당연히 자성(自性) 청정정토(淸淨淨土) 일입돈각(一入頓覺)에, 여래결정각(如來結定覺)인 아녹다라삼막삼보리(阿耨多羅三藐三菩提)를 이루느니라.

■ 대비심(大悲心)의 염원(念願)

이 경(經)의 마무리에, 부처님께옵서 참회(懺悔)를 언급하며, 설하시는 진실한 까닭은, 경(經)의 앞부분, 무상법품(無相法品) 서두에 해탈보살(解脫菩薩)이, 여래(如來) 없는 미래세상, 정법(正法)도 사라져, 상(相)을 좇아 사는 5탁(五濁) 중생들을 연민하여, 염려하며 걱정이 되어, 여래(如來)에게, 이 경(經)의 첫 물음인 요해구절(了解句節) 20, 21, 22, 23에 대해, 부처님께옵서 잊지 않고, 경(經)을 끝맺으며, 여래(如來) 없어, 정법(正法)이 사라진 미래세상, 5탁(五濁) 중생들을 연민하여 구제하는, 대비심(大悲心)의 염원(念願)과 의지(依支)할 불(佛)과 정법(正法)이 없는 세상 중생들을 위한, 진실한 염려의 연민심(憐愍心) 당부(當付)의 말씀으로, 경(經)을 끝맺음한다. 이는, 여래(如來) 없고, 정법(正法)이 사라져도, 이 경(經)의 법(法)에 반드시 의지(依支)해, 5

탁악세(五濁惡世)에 청정본심(淸淨本心)을 잃어, 상(相)을 좇아 지은, 그 어떤, 크고 작은 잘못의 무슨 허물이든, 선죄(先罪)의 많은 모든 악업(惡業)이, 이 경전(經典)에 의지(依支)해, 모두 소멸하여 악도(惡道)를 벗어나고, 아뇩다라삼먁삼보리를 증득하여 해탈(解脫)하며, 청정정토(淸淨淨土)의 여래장(如來藏), 여래결정성(如來結定性)에 들기를 오직, 염원(念願)하는, 불(佛)의 대비심(大悲心) 연민의 말씀이시다. 이는 비록, 시절(時節) 인연(因緣)이 불(佛)이 없고, 정법(正法)이 사라졌어도, 반드시 이 경(經)에 의지(依支)해, 지난 모든 선죄(先罪)를 모두 벗어나고, 위 없는 깨달음을 얻어, 청정자성정토(淸淨自性淨土)에 들기를 간곡히 당부하는 말씀으로, 이 경(經)의 마무리의 끝맺음을 하심이다.

해탈보살(解脫菩薩)이 곧, 자리에서 일어나, 무릎을 꿇어 합장하고, 부처님께 말씀 사뢰옵기를, 세존이시여! 만약, 부처님께옵서 멸도(滅度)하신 뒤에, 정법(正法)이 세상에서 사라지고, 상법(像法)이 머무는 세상, 말겁(末劫) 중에는, 5탁(五濁) 중생들이, 많은 모든 악업(惡業)을 지어, 3계(三界)를 윤회(輪廻)하며, 벗어나지 못할 때가 있을 것이옵니다.

원하오니, 부처님의 자비로움으로, 후세(後世)의 중생들을 위해, 일미결정(一味結定) 진실(眞實)을 베풀어 설하여 주시오며, 그 중생들로 하여금, 저희와 동등(同等)하게, 다 같이, 해탈(解脫)하게 하시옵소서.

부처님께옵서 말씀하옵기를, 선남자여! 그대는, 능히 세간(世間)을 벗어나는, 결정 인(因)을 나에게 물어서, 저 중생들을, 간절히 구제하고자 하는구나. 저 중생들로 하여금, 세간(世間)을 벗어나는, 과(果)를 획득하게 하는 것, 이것은, 일대사(一大事)이므로, 불가사의이니라.

보살이여! 큰 지혜의 사랑과 큰 지혜의 연민으로 말미암아, 법(法)을 청(請)하구나. 내가 만약 설하지 않으면 곧, 법을 아끼어 인색하며, 탐착함에 빠짐이 되느니라. 그대들은, 일심으로, 자세히 살피고,

자세히 살피며, 들을 지니라. 그대들을 위해 베풀며, 설(說)하리라.

경(經)의 끝맺음에, 이 경(經)의 첫 물음, 연민의 인연을 따라, 경(經)의 끝마무리로, 매듭을 짓는다. 정법(正法)이 사라진 미래세상(未來世上), 그 중생들을 염려하여 구제하려는, 해탈보살 연민의 첫 물음을, 새겨 잊지 않으시고, 시절(時節)의 인연(因緣)이 여래(如來)도 없고, 정법(正法)도 사라져, 의지(依支)할 곳 없는, 5탁(五濁) 무명(無明) 세상의 중생들을, 연민하여 구제하시려는, 부처님의 끝마무리 말씀은, 경(經)이 끝났어도, 가슴에 순수(純粹)의 울림, 여운(餘韻)이 남아, 깊은 사유(思惟)를 하게 한다. 미래 중생들을 염려하여, 생각하는 부처님의 연민, 깊은 대비심(大悲心)의 말씀이, 가슴 깊이, 연연(戀戀)함이 남아, 경(經)은 끝났어도, 부처님의 연민심은, 가슴에 법연(法蓮)의 향기가 되어, 애틋이, 잔잔히 피어올라, 부처님 생각에 잠기게 된다. 삶이 아픔이 많은 세상, 불(佛)이 계시지 않은 지금, 또한, 정법(正法)이 사라졌어도, 부처님의 말씀을 따라, 모든 중생이, 불지혜(佛智慧)의 바다, 일체총지(一切總持)인, 위 없는 지혜광명(智慧光明)의 이 경(經)에 의지(依支)해, 모두가, 그 어떤 아픔의 크고 작은 허물, 무명(無明)의 선죄(先罪)가 있어도, 부처님의 연민, 그 간곡한, 염원(念願)을 따라, 이 경(經)에 반드시 의지(依支)해, 모두가, 크고 작은, 모든 아픔의 선죄(先罪)를 다 소멸하여, 위 없는, 청정(淸淨)한 깨달음, 아뇩다라삼먁삼보리를 성취할 것이며, 그 어떤, 모든 아픔의 고통도, 모두 벗어나, 모두, 부처님 지혜광명의 말씀을 따라, 해탈(解脫)하여, 일체 아픔과 미혹 없는, 자성(自性), 청정정토(淸淨淨土)에 들 것이다.

○**510.** 경(經)을 마치니, 모두 무한 환희심으로 받들어 행(行)하였다.

佛說是經已 爾時 阿難 及諸菩薩 四部大衆 [續1,2: 四部之衆]
불 설 시 경 이　이 시　아 난　급 제 보 살　사 부 대 중 [속1,2: 사부지중]

皆大歡喜 心得決定 頂禮佛足 歡喜奉行
개 대 환 희 심 득 결 정 정 례 불 족 환 희 봉 행

부처님께옵서 이 경(經)의 설하심을 마치시니, 이때 아난과 모든 보살과 4부대중(四部大衆)이, 모두, 대(大) 환희(歡喜)의 부사의 심(心) 결정성(結定性)을 얻어, 무한 대비(大悲)의 부처님 발에, 지극한 마음으로 이마를 조아리며, 무한 감사와 무한 기쁨과 무한 공경(恭敬)의 예경(禮敬)을 올리며, 모두, 깊은 감명(感銘)과 감동(感動)과 환희심(歡喜心)으로, 이 경(經)의 지혜(智慧)의 말씀을 받들어, 행(行)하였다.

♣ 부처님께옵서, 이 경(經)의 설하심을 마치시니, 이때, 아난과 모든 보살과 4부 대중이, 부처님의 끝없이 깊은 지혜와 무한 연민의 은혜와 대비심의 가피력으로, 모두, 청정일각(淸淨一覺) 여래장공덕대해(如來藏功德大海)의 성품, 심(心) 결정성(結定性)에 들어, 깊고 큰 깨달음에 환희하며, 크나큰 무한 은혜와 끝없는 연민의 대비심, 부처님 발에, 지극한 마음으로 이마를 조아리며, 더 없는 무한 감동과 무한 감사와 무한 은혜의 가르침에, 지극한 공경(恭敬)의 예경(禮敬)을 올리며, 부처님의 무한 큰 은혜인 연민의 가르침, 일각요의(一覺了義)의 일미진실(一味眞實) 무상무생(無相無生) 결정실제(結定實際) 본각리행(本覺利行)인, 이 경(經)의 지혜광명(智慧光明)을 열어주신, 무한 은혜에 감사하며, 합장 공경(恭敬)하여, 이 경(經)의, 위 없는 무생(無生) 결정성(結定性)의 가르침에, 깊은 감명(感銘)과 감동(感動)과 환희심(歡喜心)의 기쁨으로, 이 경(經)을, 깊이 공경(恭敬)하여 받들며, 행(行)하였다.

□ 고(高), 논(論), 대(大) 경(經)에 사부대중(四部大衆)이, 속1,2(續1,2) 경(經)에는 사부지중(四部之衆)으로 되어 있다.

각(覺)의 비밀장(秘密藏)

각(覺)의 비밀장(秘密藏)에는 3종장(三種藏)이 있다.

첫째는 중생장(衆生藏)인 유위장(有爲藏)이며
둘째는 보살장(菩薩藏)인 무위장(無爲藏)이며
셋째는 여래장(如來藏)인 무생장(無生藏)이다.

첫째, 중생장(衆生藏)인 유위장(有爲藏)은, 중생(衆生)의 공덕세계(功德世界)인 6근(六根), 6식(六識), 7식(七識), 8식(八識) 출입식(出入識)과 함장식(含藏識)의 세계이다.

둘째, 보살장(菩薩藏)인 무위장(無爲藏)은, 대승(大乘), 일승(一乘), 일불승(一佛乘), 불승(佛乘), 무생법인(無生法忍)의 세계이다.

셋째, 여래장(如來藏)인 무생장(無生藏)은, 무생결정성(無生結定性)인 여래결정성(如來結定性), 여래결정각(如來結定覺)의 세계이다.

각(覺)의 비밀장(秘密藏) 3종장(三種藏)인 유위장(有爲藏), 무위장(無爲藏), 무생장(無生藏)이, 본성일각(本性一覺)의 부사의 3종(三種) 차별차원 성품의 공능계(功能界)이다.

유위장(有爲藏)의 근원은 8식(八識) 함장식(含藏識)이며
무위장(無爲藏)의 근원은 불승(佛乘) 부동열반성(不動涅槃性)이며
무생장(無生藏)의 근원은 무생(無生) 결정성(結定性)이다.

유위장(有爲藏)의 주(主)는 무명(無明) 자아의식(自我意識)이다.
무위장(無爲藏)의 주(主)는 공성(空性) 무위각식(無爲覺識)이다.
무생장(無生藏)의 주(主)는 결정(結定) 무생본성(無生本性)이다.

성불(成佛)의 과정은
유위장(有爲藏)이 타파되어 중생장(衆生藏)을 벗어나고
무위장(無爲藏)이 타파되어 보살장(菩薩藏)을 벗어나고
무생장(無生藏)인 여래장(如來藏)에 증입(證入)함이다.

중생장(衆生藏)인 유위장(有爲藏)은 유무생멸심(有無生滅心)이며
보살장(菩薩藏)인 무위장(無爲藏)은 무위공성심(無爲空性心)이며
여래장(如來藏)인 무생장(無生藏)은 무생결정심(無生結定心)이다.

유위장(有爲藏)이 타파되면 중생장(衆生藏)이 끊어지고
무위장(無爲藏)이 타파되면 보살장(菩薩藏)이 끊어지고
무생장(無生藏)은 파괴 없는 인(印)인 여래장(如來藏)이다.

유위장(有爲藏)이 파괴되지 않음은
유위장(有爲藏)의 근원(根源)인, 12인연 무명(無明), 8식(八識) 함장식(含藏識)이, 끊어지지 않았기 때문이다.

무위장(無爲藏)이 파괴되지 않음은

무위장(無爲藏)의 근원(根源)인, 불승(佛乘) 부동열반성(不動涅槃性)이,
끊어지지 않았기 때문이다.

무생장(無生藏)이 파괴되지 않음은
무생장(無生藏)의 근원(根源)이, 무생(無生) 결정성(結定性)이기 때문이다.

유위장(有爲藏) 성품은
무위장(無爲藏)과 무생장(無生藏) 성품을 알 수가 없고

무위장(無爲藏) 성품은
무생장(無生藏) 성품을 알 수가 없다.

무생장(無生藏) 성품에 들려면
유위장(有爲藏) 성품과 무위장(無爲藏) 성품을 벗어나야 한다.

그것을 벗어나는 과정이
유위장(有爲藏)은, 유위장(有爲藏)세계가 타파되어 끊어진
공성(空性)을 깨달아야 한다.

유위장(有爲藏) 성품이
유위장(有爲藏)이 공성(空性)임을 깨달으면
무위장(無爲藏)에 들게 된다.

그러면,
유위장(有爲藏) 성품, 무명(無明) 자아의식(自我意識)이 끊어져

무위장(無爲藏) 공성(空性), 무위각식(無爲覺識)으로 전변(轉變)한다.

무위공성(無爲空性) 무위각식(無爲覺識)은
무위장(無爲藏) 차별차원 지혜전변(智慧轉變)의 과정
대승(大乘), 일승(一乘), 일불승(一佛乘), 불승(佛乘)으로
각식(覺識)이 궁극(窮極)을 향해 전변(轉變) 상승하여
지혜가 구경(究竟)의 극(極)에 달(達)하면

과실(果實)이, 완숙(完熟)히 무르익어 농염(濃艶)하여
의지(依支)한 나뭇가지에서 저절로 떨어지듯
무위장(無爲藏) 나무의 각식(覺識) 가지에서
저절로 떨어져

무위장(無爲藏) 각식(覺識)을 벗어나
자기 존재, 우주의 근원(根源) 무생(無生) 결정성(結定性)
시방 무한(無限) 무궁(無窮) 청정성(淸淨性) 대각보리심(大覺菩提心)
여래장(如來藏) 여래결정각(如來結定覺)에 든다.

무생장(無生藏), 우주(宇宙)의 시종(始終) 없는 근원(根源)
무생(無生) 결정성(結定性)에 들어
여래결정각(如來結定覺)의 지혜로 두루 시방(十方)을 둘러보면
시방(十方) 그대로 무생열반(無生涅槃) 법신불(法身佛)이며
보고 듣는 그대로 무생보리(無生菩提) 보신불(報身佛)이며
수연일신(隨緣一身)이 삼라만상 불이(不二)의 한 몸, 한 성품이니
무생진여(無生眞如)의 응화수연일신각(應化隨緣一身覺)이 그대로

법신(法身) 응화(應化)의 화신불(化身佛)이다.

수연(隨緣) 일신(一身)이
각체(覺體)가 되어, 수연각(隨緣覺)을 따라 응화(應化)하니
그대로 수연각신(隨緣覺身) 응화일신불(應化一身佛)이며

시방편재(十方遍在) 원융각명(圓融覺明)
무생원만성(無生圓滿性)이 보고 들음이 확연하고 역력하니
그대로 명명요요(明明了了) 보신불(報身佛)이며

수연(隨緣)을 따라 응화일각일신불(應化一覺一身佛)로 화현하고
명명요요불(明明了了佛)이 되어 시방법계 두루 밝게 깨어 있음이
무생부동법신불(無生不動法身佛)의 생생한 조화(造化)이다.

명(明)이 본(本)과 불이(不二)이니
용(用)과 체(體), 시(始)와 본(本)이 일성(一性)으로

일신(一身)의 수연각(隨緣覺) 응화(應化)가
그대로 법신불(法身佛)의 작용이며

시방 두루 명명요요(明明了了) 밝게 깨어 있음이
그대로 법신불(法身佛)의 작용이다.

두두물물 밝게 보고, 소리소리 밝게 들음이
그대로 명명요요(明明了了) 각명보신불(覺明報身佛)이며

청황적백 장단대소(長短大小) 시방 두루 밝게 깨닫고
명료히 밝고 밝은 원융각명보신불(圓融覺明報身佛)이다.

법신불(不動佛)은 부동불(不動佛)이라 볼 수 없으나
일신(一身)을 통해, 부동법신(不動法身)이 숨김 없이 드러나고

원융각명(圓融覺明) 보신불(報身佛)은, 본래 무명(無明)이 없어
본래 그 모습 그대로 숨기고 감춤 없이
일신광명(一身光明)을 두루 밝고 밝게 드러낸다.

법보화신(法報化身) 3신불(三身佛)이 다만 분별하여 셋일 뿐
셋 없어, 하나도 없는 무형원융일각(無形圓融一覺)이다.

3신불(三身佛)이 만약, 셋이면 분별의 중생장(衆生藏)이며
만약, 하나이면, 그 또한 미혹의 무명장(無明藏)이니
3신불(三身佛)은 셋과 하나 없는 원융일각(圓融一覺)이다.

일신(一身)을 벗어난 법신불(法身佛)이 없고
일신(一身)을 벗어난 보신불(報身佛)이 없으며
일신(一身)을 벗어난 화신불(化身佛)이 없다.

6근(六根) 아닌 법신불(法身佛)이 있으니 중생이며
6근(六根) 아닌 보신불(報身佛)이 있으니 중생이며
6근(六根) 아닌 화신불(化身佛)이 있으니 중생이다.

6근(六根)이 법신불(法身佛)이면 무명견(無明見)이며
6근(六根)이 보신불(報身佛)이면 무명견(無明見)이며
6근(六根)이 화신불(化身佛)이면 무명견(無明見)이다.

중생(衆生)은, 미혹 분별의 이름이며
무명(無明)은, 전도몽상(顚倒夢想)의 모습이다.

만약, 일신(一身) 그대로
법보화신(法報化身) 3불원융일신각(三佛圓融一身覺)이면,
법보화신(法報化身) 3신불(三身佛)이
무명견(無明見), 망견공화(妄見空華)의 분별상(分別相)임을
깨닫게 된다.

일신(一身)이
그대로 수연각신(隨緣覺身) 응화일신불(應化一身佛)이면
일신(一身)이 그대로 법보화신(法報化身) 원융일신(圓融一身)
3불원융일신각(三佛圓融一身覺)이다.

처음[始]
그가, 무량식(無量識)을 전변(轉變)하여 중생천(衆生天)를 벗어나고
무량(無量) 지혜를 전변(轉變)하여 무상불(無上佛)을 이루어도
처음[始] 본(本), 바로 그 모습이다.

그 까닭은,
지난 날을 돌아보면
각(覺)은 변하거나 끊어지지 않고

지(智)도 변하거나 끊어지지 않고
승(乘)만, 궁극무상(窮極無上)을 향해 전변(轉變)했을 뿐이다.

각(覺)이 변하거나 끊어지면 본각(本覺)이 아니며
지(智)가 변하거나 끊어지면 본지(本智)가 아니다.

각(覺)이 변하거나 끊어지지 않으므로 본(本)이며
지(智)가 변하거나 끊어지지 않으므로 본(本)이니
무생(無生)이며 결정성(結定性) 인(印)이다.

상(相)을 타파하여 대승(大乘) 공성(空性)에 들고
공성(空性)을 타파하여 일승(一乘) 진여(眞如)에 들고
진여(眞如)를 타파하여 일불승(一佛乘) 보리(菩提)에 들고
보리(菩提)를 타파하여 불승(佛乘) 열반(涅槃)에 들고

무량식(無量識)을 전변상승(轉變上昇)하여 깨닫고
무량(無量) 지혜전변(智慧轉變)하여 무상천(無上天)을 타파하여
무생(無生) 결정성(結定性)에 들어, 무상각(無上覺)을 또, 뚫어
무상불지(無上佛智)를 열어 무상불(無上佛)이어도
처음[始], 본(本), 바로 그 모습이다.

이는,
시(始)와 종(終)이 없어
하늘 땅, 시방(十方)이 열리기 전(前) 그 모습
변하지 않는 결정성(結定性)이니

곧, 여(如)이므로 변함이 없고, 파괴됨이 없어
일러, 불(佛)이며, 여래(如來)라고 한다.

여(如)는
시방 무상광명(無相光明) 두루 밝게 깨어 있어, 각(覺)이며
청황적백, 대소장단, 밝게 요별(了別)하니, 지(智)이며
일체(一切)에, 두루 응화(應化)하니, 심(心)이며
시종(始終) 없는, 여(如)의 성품이니
무생(無生)이며, 결정성(結定性) 인(印)이므로
파괴할 수 없고, 파괴되지 않는, 금강성(金剛性)이다.

천지만물 유무(有無) 일체를 인식하는 감각(感覺),
눈귀코혀몸뜻으로 색계(色界)를 촉(觸)하는 6근(六根)
색계(色界) 반연(伴緣)의 상념상(想念相)인 6식(六識)
이 일체를 분별하고 판단하며 행위하는 7식(七識)
일체 3세식업(三世識業)을 출입하는 8식(八識) 출입식(出入識)
일체 3세식업(三世識業)을 저장한 8식(八識) 함장식(含藏識)
5, 6, 7, 8식 출입식(出入識)과 함장식(含藏識)을 파괴하고
12인연법(十二因緣法) 무명(無明)을 파괴하고

무량(無量) 식(識)을 전변(轉變)하여, 깨닫고
무량(無量) 지혜전변(智慧轉變) 상승(上昇)으로
삼천대천세계(三千大千世界) 무상천(無上天)을 뚫어
일체천(一切天) 허공(虛空)도 파괴하고
5음(五陰)과 능소(能所)의 제식(諸識)을 파괴하고

각(覺)의 비밀장(秘密藏) 933

허공(虛空)을 파괴한 공성(空性)을 또한, 파괴하고
시방 연화장엄(蓮華莊嚴) 무염진여(無染眞如)도 파괴하고
시방원융각명편재원융(十方圓融覺明遍在圓融)인 구경각(究竟覺)
각명보리(覺明菩提) 쌍차쌍조(雙遮雙照)도 파괴하고
시방청정부동구경열반성(十方淸淨不動究竟涅槃性)도 파괴하고
더, 타파하거나 파괴할 것 없는
무생(無生) 결정성(結定性), 여래결정각(如來結定覺)에 들어
무상불(無上佛)이어도

일체(一切), 모두
다, 타파하고, 파괴되어, 끊어져 사라져도
처음[始], 본(本), 그는, 변하거나 끊어지지 않고
각식(覺識)의 무한 차별차원, 궁극 상승(上昇) 무상(無上)인
승(乘)만, 전변(轉變)했을 뿐이다.

깨달음,
시각(始覺)이 승(乘)이니
시각(始覺)이, 지혜차별차원 전변(轉變)하여
대승(大乘), 일승(一乘), 일불승(一佛乘), 불승(佛乘),
무생결정성(無生結定性) 무생체각(無生體覺)에 들어
시각(始覺)과 본각(本覺)이 둘 다 파괴되어, 끊어져도
처음[始], 본(本), 그는, 명명요요부동(明明了了不動)으로
시종(始終) 없어, 그대로이다.

처음[始],
그는 파괴되거나 변하지 않고

그대로 시종(始終) 없고, 동정(動靜) 없는
여여명명(如如明明), 부동지불(不動智佛)이다.

처음[始],
그가 곧, 여(如)이며
무생(無生) 결정성(結定性), 인(印)이니
처음[始], 본(本), 그가, 그대로다.

시각(始覺)이
궁극(窮極) 무상각(無上覺), 무상불지(無上佛智)
무한(無限) 무변제(無邊際), 상무상상(上無上上)을 향하니
승(乘)만, 무한 상승(上昇) 전변(轉變)하고, 전변(轉變)한다.

시각(始覺)이
무상각(無上覺)을 두루 꿰뚫어
시각(始覺)도, 무상각(無上覺)도, 홀연히 흔적 없이 사라지니
처음[始], 본(本), 그가, 더욱 밝아 명료(明了)하다.

무량(無量)
무상법(無上法), 일체총지(一切總持)
일체(一切) 상·중·하(上·中·下)와
일체(一切) 색·식·심(色·識·心) 모두, 다
환(幻)이 되어, 흔적 없이 사라져도
각(覺)은, 부동(不動)으로 변하거나 끊어지지 않고,
불가사의, 궁극(窮極) 시각(始覺)의 환(幻)을 따라
승(乘)만, 전변(轉變)했을 뿐이다.

처음[始], 본(本),

그가, 곧, 시(時)와 3세(三世) 끊어진

무연청정법신(無然淸淨法身)인, 부동각(不動覺)이니,

본연무연중절대성(本然無然中絶對性)이며

여래결정성(如來結定性)인

무생(無生) 여(如)이며,

불(佛)이니,

곧, 인(印)이다.

印